寿光年鉴

寿光年鉴编纂委员会　编

2016

方志出版社
Publishing House of Local Records

图书在版编目（CIP）数据

寿光年鉴．2016 /《寿光年鉴》编纂委员会编．—
北京 ：方志出版社，2016.12
ISBN 978-7-5144-2333-4

Ⅰ．①寿… Ⅱ．①寿…Ⅲ．①寿—2016—年鉴
Ⅳ．①Z525.24

中国版本图书馆CIP数据核字（2016）第326207号

寿光年鉴（2016）

编　　者：《寿光年鉴》编纂委员会
责任编辑：刘方圆
出 版 人：冀祥德
出 版 者：方志出版社
地址　北京市朝阳区潘家园东里9号（国家方志馆4层）
邮编 100021
网址 http://www.fzph.org
发　　行：方志出版社发行中心
电话（010）67110500
经　　销：各地新华书店
印　　刷：山东千运印业有限公司
开　　本：889×1194　1/16
印　　张：51
字　　数：1184千字
版　　次：2016年12月第1版　2016年12月第1次印刷
印　　数：0001～1000册
ISBN 978-7-5144-2333-4　定价：300.00元

《寿光年鉴》编纂委员会

（2015年11月）

《寿光年鉴》审编人员

编 辑 说 明

一、《寿光年鉴》以马列主义、毛泽东思想、邓小平理论、“三个代表”重要思想和科学发展观为指导，坚持辩证唯物主义和历史唯物主义的观点和实事求是的原则，客观记述寿光自然和社会的历史与现状。《寿光年鉴》是在中共寿光市委领导下，由寿光市人民政府主办，寿光市史志办公室编纂的地方性、综合性、资料性工具书。

二、《寿光年鉴》2016 卷系创刊以来的第 5 卷，主要内容的记述时限为 2011 年 1 月 1 日至 2015 年 12 月 31 日。为反映事物全貌，给读者以完整印象，部分资料适当上溯或下延。

三、本卷《寿光年鉴》采取分类编辑法。全书设 22 个类目，即特载、大事记、全市概况、中共地方组织、地方权力机关、地方行政机关、政协地方组织、群众团体、法治军事、经济监督管理、农业、工业、商贸服务业、交通邮电、城乡建设、财税金融、教育科技、文化旅游、卫生体育、社会民生、镇街区概况、人物。记述形式分类目、分目、条目 3 个层次，条目为主要信息载体和基本撰写形式，年鉴多数内容在条目中记载。

四、全书资料大部分由寿光市各部门及镇街区提供，主要统计数据以市统计局公布的统计资料为准，有些使用了有关业务部门、单位的数据。为使年鉴资料准确无误、真实可靠，各供稿单位所供稿件均经该单位领导审核。各撰稿人在相应条目后署名，以示负责。

五、本卷《寿光年鉴》的编辑出版，得到各级各部门领导的关怀和支持，是广大年鉴工作者通力合作、辛勤劳动所取得的丰硕成果，在此一并致谢。

六、《寿光年鉴》2016 卷内容涉及各行各业，面广量大，加之我们水平有限，错误与疏漏在所难免，敬请广大读者给予指正。

2015 年 4 月 8 日，市委书记朱兰玺（右二）调度重大工业项目建设进度

2015 年 8 月 19 日，市委副书记、市长赵绪春（中）检查安全生产工作

巨淀湖风景区

圣城一角

魅力东城

寿光农产品物流园

商场一角

寿光弥河风景区

寿北盐田风光

王口拦河闸夜景

目 录

特 载

大事记

全市概况

中共地方组织

地方权力机关

地方行政机关

政协地方组织

群众团体

法治 军事

经济监督管理

农 业

工 业

商贸服务业

交通 邮政 通信

建设 环保

财政 税务 金融

教育 科技

文化 旅游

卫生 体育

社会 民生

镇街区概况

人 物

特　　载

坚定转调决心　主动创新作为
努力开创“城乡一体均衡寿光”建设新局面

——孙明亮同志在全市三级干部会议上的讲话

（2011年2月18日）

同志们：

这次全市三级干部会议，主要任务是回顾总结2010年工作，表彰先进集体和先进个人，安排部署今年的目标任务，动员全市上下坚定转调决心，主动创新作为，努力开创“城乡一体均衡寿光”建设新局面。下面，我讲两个方面的问题。

一、2010年工作取得显著成绩

过去一年，全市上下围绕建设“城乡一体均衡寿光”这一总体目标，全力以赴抓发展，千方百计促转型，坚持不懈惠民生，经济保持快速增长，社会持续和谐稳定，各项工作都取得了新的业绩。主要表现在六个方面：

（一）突出均衡发展，综合实力快速提升。坚持以均衡理念谋划发展，统筹推进规划、产业、建设、文化、民生、党建“六个一体化”，综合竞争力显著增强。2010年，全市完成地区生产总值470亿元，同比增长14.2%；实现财政总收入56.2亿元，其中地方财政收入32.3亿元，同比分别增长27.4%和28.6%，地方财政收入跃入全省前三强；完成固定资产投资271.1亿元，为历年之最，增长22.7%；农民人均纯收入达到9495元，比上年增长1200多元；各项存款余额394.6亿元，较年初增加68亿元。先后荣获省部级荣誉100多项，成为“中国最具创新力城市”、全国“十大生态休闲宜居城市”。在潍坊市年终观摩点评中，以较大优势位列第一。

（二）加快产业提升，转型升级成效显著。工业经济提质增效。坚持以增量投入促转调，开工建设过千万元工业项目282个，其中过亿元项目104个，完成工业投入207.4亿元，全市规模以上工业企业实现主营业务收入1006.7亿元、利税96.5亿元、利润71.7亿元，同比分别增长30.2%、32.8%和39.7%，晨鸣纸业、巨能电力及羊口、侯镇、洛城、古城、营里、上口、台头、田柳、化龙等工业投入都超过10亿元，晨鸣纸业、巨能电力、联盟化工、墨龙机械、鲁丽集团、凯马汽车、富康制药、新龙电化、鲁清防水、天成食品、大地盐化、泰丰底盘、蔡伦申兴、华东橡胶、寿光青啤实现利税过亿元。科技创新不断增强，新增博士后科研工作站、院士工作站各1处，高新技术产业产值占比提高2个百分点。资本运作再创佳绩，成功发行10亿元治污减排债券，博润实业、墨龙A股2只股票成功上市，全年共募集资金73.8亿元。外经外贸保持强劲态势，全市完成招商引资155.6亿元，实际利用外资2.2亿美元，占到全潍坊的1／3以上，进出口总额16.1亿美元，同比增长51%。圣城、洛城、文家、侯镇、上口等镇街道和市委办、人大办、市府办、政协办、建设局、财政局、招商局等单位招商引资成绩突出。现代农业快速发展。深入实施 “五化”战略，规划建设了总长58公里的西外环生态农业走廊，入驻高端农业项目18个，全市新建500亩以上的绿色有机蔬菜基地47个、标准化畜牧园区64个，新申报认定绿色、有机食品基地6万亩，成为“山东省出口农产品质量安全示范区”和“国家第一批现代农业示范区”；成功培育出4个自主知识产权蔬菜新品种，全市种苗年繁育能力达8亿株，有6个农产品成为国家地理标志产品，新增数量居全国县级市首位。羊口、稻田、纪台的农业品牌建设成效明显，孙家集街道三元朱、化龙镇李家、营里镇北岔河、台头镇北孙的蔬菜园区建设，稻田镇西丹河、文家街道吕家、田柳镇王高六、纪台镇三官的畜牧园区建设，规模大，效益好，典型示范作用明显。三产服务业持续繁荣。现代物流迅速崛起，农产品物流园二期全面完成，成功发布“中国·寿光蔬菜指数”，国际商贸城、渤海物流园全面开工。生态旅游不断提升，弥河生态农业观光园成为国家AAAA级景区，全市AAAA级景区达到3处，建成和在建的四星级以上酒店7家，第十一届菜博会参观人数达到186万人次。现代商贸蓬勃发展，全福元商业集团销售额突破30亿元，新增1万平方米以上的大型商业网点3处，全市实现社会消费品零售总额136.6亿元，同比增长19.2%。

（三）坚持统筹协调，城乡面貌焕然一新。注重市、镇、村联动发展，不断加大统筹力度，城镇化进程进一步加快。城市建设全面升级，按照“生态、文化、现代”理念，全力加快中心城区建设，先后开工弥水绿洲、中南世纪星城等重点项目142个，新开工高层建筑153栋，全市建成、在建高层建筑达到321栋。城市功能不断完善，全面完成东环路景观绿化、东城热源厂等88项市政工程，顺利通过国家卫生城市复审验收。七大片区建设指挥部、建设局、财政局、规划局、交通局、城建投、土地储备中心等单位突出项目建设，全力以赴推进，为城市建设做出了积极贡献。小城镇功能日益完善，全面推进城乡环卫、供水、交通、绿化、执法一体化延伸，完成小城镇建设投入15.3亿元，城镇承载力和带动力不断增强。各镇街道大力发展镇域经济，羊口、侯镇、古城、洛城、台头、田柳的工业项目建设，圣城、文家的商贸服务业发展，化龙、营里、台头、上口的农业园区建设成效显著；为推进北部开发，各镇街道都在寿北落实了一批大项目，孙家集、营里、化龙、田柳、纪台等落实了2个以上的项目。去年，圣城、羊口、侯镇、古城、洛城5个镇街道地方财政收入过亿元，圣城、文家增幅超过50%。农村社区建设稳妥推进，编制完成了全市农村社区建设总体规划，开工500户以上农村社区46个，建设公寓楼500多栋，节约土地7000多亩。孙家集街道三元社区、羊口镇中心社区、古城街道怡尚苑社区、洛城街道浮桥社区、台头镇大圪社区、文家街道文盛家园社区、田柳镇薛家社区、上口镇开元社区、侯镇文苑社区、营里镇西黑社区、稻田镇西刘营社区，建设规模大、推进速度快，在全市发挥了典型带动作用。

（四）注重生态文明，环境承载全面增强。不断加大环保投入，投资11.5亿元，先后开工建设了羊口、侯镇等镇区污水处理厂、城市污水深度处理等54项治污减排工程，实现了污水处理全覆盖；全面加大生态修复力度，重点实施了70多项绿化工程，全市完成植树1550万株，林木覆盖率达到17%以上；深入开展环保联合执法和区域河流污染整治，张僧河、小清河全部达到鱼类稳定生长条件，全年完成生态建设投入28.2亿元，是历年来投入最大的一年，全市生态环境质量明显改善。扎实推进节能攻坚，对全市991家企业实施了分类处置，取缔关停137家，停产治理70家，全市万元GDP能耗同比下降4.9%，COD和SO_2削减量全面完成年度任务。加快发展文化事业，坚持“文化兴市”，积极推进文化体制改革，数字电视整体转换全部完成，文化产品创作成果丰硕，新建成村级标准文化大院100处，电影大厦等36个重点文化项目建设进展顺利，文化软件园已入驻企业83家，完成产值近2亿元，成为山东省唯一的县级文化产业示范基地。“市民素质提升年”活动扎实有效，涌现出了李善海等先进典型，形成了“文依净”志愿服务品牌，城市更加文明，社会更加和谐，环境更加优美。

（五）着力改善民生，幸福指数大幅提高。不断加大民生事业投入，市财政直接用于民生的投入达到15.9亿元，年初确定的“八大民生工程”全面落实。公共服务日益完善，开工建设了投资6.2亿元的康复中心、投资4.4亿元的城区供热等40项民生重点工程；城乡教育更加均衡，投资3.1亿元新建、改造学校58处，镇街道中心学校全部达到省级标准，我市农村学前教育发展模式在全国推广；医疗保障更加完善，市财政拿出6000多万元，率先实行基本药物制度改革，为参合农民报销医药费1亿多元，新农合参合率达到98.9%，完成了第六次人口普查工作。社会保障不断健全，加快推进社保扩面工作，重点推开新型农村养老保险，参保农民达到57.7万人，为60岁以上老人发放基础养老金1.1亿元；提高了城乡低保和“五保”供养标准，“五保”老人集中供养率达到85%以上；加大就业帮扶力度，全市新增就业1.7万人，城镇登记失业率控制在1.9%以下。社会形势和谐稳定，投入1900万元在镇街道全部设立综治维稳中心，开展了“矛盾纠纷大排查、大调处、大整治”活动，解决各类问题2万多件，为经济发展提供了良好的社会环境。教育局、民政局、卫生局、人社局、文广新局、广播电视台等单位立足自身职能，积极改进服务，促进了民生事业发展；经信局、商务局、粮食局、公路局、工商局等单位积极参与干部下基层活动，为农村解决了大量实际问题；公安局、法院、检察院、司法局、安监局以及圣城、孙家集、稻田、纪台、化龙等镇街道积极化解矛盾，消除安全隐患，维护了全市和谐稳定。

（六）加强党的建设，发展保障坚实有力。强化基层党建创新。采取“部门＋村”“企业＋村”“强村＋弱村”等形式，建立了150多个联合党组织，探索实行的党员队伍纯洁机制、乡镇党委书记考核奖惩等做法，得到了中组部和省、市领导的高度肯定，首届中国农村党建论坛和中国镇长论坛在我市举行。扎实开展“千名干部访万户”活动，加大结对帮扶力度，密切了党群干群关系。强化干部队伍建设。积极推进学习型党组织建设，依托“弥水大讲堂”，培训干部4000多人次，组织到胶东、广东、浙江等地区进行考察学习，广大党员干部的发展境界和创业干劲不断提升；深入开展“创先争优”活动，我市“三请三让”的工作机制在全国推广。强化党风廉政建设。创新廉政教育形式，成立了全国第一家农村基层党风廉政建设研究会；整合各类监督平台，大力拓展“寿光民声”的网络监督作用，畅通了社情民意表达渠道。建设局、规划局、发改局、交通局、国土局、经信局、环保局、科技局、海关办事处、行政服务中心等单位，立足自身职能，改进服务手段，全市干部作风、行政效能和服务水平不断提升。

可以说，去年是寿光历史上综合实力提升最快的一年，是群众百姓得到实惠最多的一年，是城乡面貌变化最大的一年，也是我们面对挑战，创新开拓，成效卓著的一年。回顾一年来的工作，我们强烈感受到，成绩的取得，主要得益于四个方面：

一是得益于我们有一个清晰明确的思路目标，引领全市上下争先进位、率先发展。去年，我们顺应发展趋势，在更高层次上谋划寿光发展，明确提出了建设“城乡一体均衡寿光”的思路目标。一年来，全市上下在市委、市政府的带领下，以“六个一体化”为各项工作的总抓手，创新实干、争创一流，工作境界和发展质量全面提升。省委以及新华社、人民日报等中央媒体对我市的均衡发展做法给予了充分肯定，大力推广。一年来的实践证明，我们的思路是完全正确的、是符合寿光实际的，只要我们始终坚定发展信念，开阔发展思路，提升发展境界，科学务实大干，寿光的发展步伐就会更加稳健、更加有力、更加快速。

二是得益于我们有一股重点突破的豪迈气魄，鼓舞全市上下锐意进取、攻坚克难。始终坚持从实际出发，创造性地开展工作，以点带面推动整体突破。围绕转调发展，我们果断提出寿北大开发战略，不到半年时间就落实过亿元先进制造业项目20多个，加快了工业转型升级；围绕农业提升，全面启动西外环生态农业走廊建设，推动农业向现代高端跨越；围绕城市建设，全力突破高层，城市现代气息凸显。实践证明，只要我们抓住重点，就能突破难点，只要我们用活优势，就能变成胜势，不断开创各项工作的崭新局面。

三是得益于我们有一种勇立潮头的创新意识，促使全市上下追求卓越、永争一流。去年以来，全市上下始终以创新找出路，以创新求突破，各项工作亮点纷呈。各部门、单位立足职能特点，全力服务均衡发展。财政局、计生局、农业局、发改局、信访局、残联、团市委等部门荣获省部级以上荣誉；海洋渔业局、国土局、畜牧局、统计局、审计局、地税局、物价局、经管局、农机局、质监局、体育局、旅游局、总工会、机关党工委、妇联、文化市场执法局、房管中心等单位在潍坊市同行业考核中位列第一；金融办、人民银行、农商行、农业银行、工行等金融机构，创新金融服务模式，为转调发展提供了充足的资金保障。实践证明，只要我们敢于打破常规、善于创新，各项工作就能在竞争中勇立潮头、越位争先、跨越发展。

四是得益于我们有一支无私奉献的干部队伍，带领全市上下凝心聚力、激情创业。全市广大党员干部紧紧围绕市委的工作部署，吃苦在前，冲锋在前，推动全市发展迈上了新的台阶。市级班子成员之间密切配合、分工协作，一起包项目、靠片区，特别是人大、政协的同志，在德峰书记、茂兴主席的带领下，人手都有大项目，盯在一线抓落实，为全市党员干部做出了表率。各镇街道、各部门讲政治、顾大局、比贡献，既承担独立任务，又为全市发展搞好服务，确保了政令畅通。各大中型企业积极扩规模、上项目，以实际行动助推转调发展。广大农村干部身处基层，吃苦耐劳，无怨无悔，为农村的稳定发展做出了积极贡献。实践证明，只要我们心往一处想、劲往一处使，锐意进取，团结拼搏，我们就能实现率先发展、全面发展。在此，我代表市委、市政府，对全市广大党员干部群众一年来的辛勤努力和倾情奉献，表示崇高的敬意和衷心的感谢！

二、关于2011年的工作

今年是“十二五”规划的开局之年，也是建设“城乡一体均衡寿光”的突破之年，更是我们加快推进转型升级、实现更好更快发展的关键一年。做好今年的工作，对于抢占“十二五”时期发展的主动权、全面推进经济社会均衡发展具有十分重要的意义。能不能顺应新形势、应对新挑战，能不能增创新优势、再创新辉煌，上级领导殷切期望，人民群众拭目以待。全市上下必须以更加坚定的信心、更加昂扬的斗志，全力以赴，加压奋进，努力推动经济社会在更高层次上实现更大跨越。

今年全市工作的总体要求是：全面贯彻落实党的十七大和十七届五中全会精神，以科学发展观为指导，紧紧围绕开创城乡一体均衡寿光建设新局面“一个目标”，重点实施北部滨海开发、东部新城建设、西部市场物流“三大突破”，全面加快工业转型、农业高端、三产特色、城乡融合、生态文明、群众生活“六大提升”，突出抓好党的建设、改革创新和执行力“三大保障”，努力推动经济社会科学发展、和谐发展、率先发展、全面发展。主要目标是：力争全年完成地区生产总值540亿元，同比增长15%；完成固定资产投资328亿元，同比增长24%；实现财政总收入67.5亿元，其中地方财政收入40亿元以上，同比分别增长20%以上；农民人均纯收入达到1万元以上。工作中，要突出抓好以下三个方面：

（一）实施“三大突破”，集中精力攻坚，全力打造发展新亮点

1、全力突破北部滨海开发。围绕“两年见成效、五年大发展”目标，把寿北作为经济发展的主战场，更大规模、更高水平地推进开发建设，全力做强西部双王城生态经济、中部羊口先进制造业、东部侯镇海洋精细化工“三大园区”，确保尽快大见成效。重点打好“三大攻坚战”：一是项目落实攻坚战。羊口要围绕“五年打造千亿级产业基地”目标，加强项目引进和落实，全面加快中鸿机械、泰丰合金、奥泰机械、东宝钢管等在建项目的推进，争取年内再引进过亿元先进制造业项目30个以上。侯镇要定位“全国海洋精细化工基地”，突出产业链条延伸，加快项目引进，争取再落实过亿元高新高端项目10个以上。今后，新上项目要向寿北地区倾斜，市四大班子、副县级以上单位、市直十大口、各镇街道、特大型企业要继续发挥表率作用，年内至少引进1个过2亿元项目落户寿北，市直各部门、大型企业至少引进1个过亿元项目。二是新区建设攻坚战。坚持基础先行，高标准抓好镇区、园区的设施配套，今年羊口基础设施投入不能低于10亿元。要加快推进羊口新港、防潮大坝、南环路等重点基础工程，高标准完善园区配套设施，加强土地储备，全面提升项目承载力。要立足打造“环渤海特色工业城市”，提高羊口镇区开发标准，积极推进行政中心南移，抓好行政商务中心建设，配套完善居住、商务、休闲等设施，加快聚集现代化城市要素；整合工贸职专、二职专，在羊口建设高标准的技工学校，为企业发展培养高素质技术人才，争取用3-5年时间，把潜力巨大的滨海新区建成创业之城、财富之城、未来之城。三是生态建设攻坚战。坚持走生态发展之路，注重生态保护与经济开发并重，一方面要加大生态投入，重点抓好双王城水库、羊田路、西外环、营子沟、新海路、生态林场等六大区域绿化，使寿北的生态面貌有一个大变化、大提升。另一方面，要严把新上项目关，重点引进高新、先进制造业项目，工业领导小组、园区以及发改、经信、审计、环保等单位，要严格开发建设标准，确保把寿北建成高端产业的聚集区、现代繁荣的创业区和生态建设的示范区，依靠寿北的全面崛起，支撑未来发展，实现跨越赶超。

2、全力突破东部新城建设。寿光的城市发展要按照“一河两片、跨河发展”思路，加快弥河两岸的开发，力争到2015年形成东部新城区、西部老城区各25万人口的城市发展布局。今年优先突破东城，着力建设现代都市型新区，突出抓好“三大重点”：一是以都市新区的定位抓规划。要突出“现代宜居、滨水生态”两大特色，高档次规划，高标准开发，全力抓好蔬菜博览、体育休闲、风景旅游、商业中心、总部经济、生态居住“六大功能区”建设，打造国内一流的城市会客厅和中央商务区。规划局负责，对新区的各类规划和专项设计，要舍得投入，大搞签名式设计、大师级作品，以一流规划建设高品位新城。二是以都市新区的标准拉框架。要做好沿河发展文章，加快新城向东、向南扩张步伐，进一步拉开城市发展框架。要优先完善路网、管网、绿化等基础配套，重点抓好金光街东伸、洛兴街东伸、文庙街东伸等主干道路新建改造，加强弥河东西两岸贯通连接，尽快在新城扎起“六纵五横”路网框架，为大发展打好基础。三是以都市新区的要求建精品。要积极吸引大公司，开展“插图式、组团式”开发，全力抓好凯宝皇都、中南世纪星城、威尼斯小镇等重点项目，争取年内新增高层建筑50栋以上。要突出文化生态气息，加强弥河生态开发，原则上弥河两岸3公里内严控工业项目；加快体育馆、游泳馆、博物馆、市民活动中心建设，配套集文化雕塑、精品景观、市民休闲于一体的大型文体公园，提升城市文化品位。要大力发展总部经济，鼓励大企业在东城设立总部大楼和研发中心，打造总部精品建筑群。今年，要调整鼓励建高层的政策，采取评选“城市精品工程”等办法，以奖代补，确保建成一批精品工程、地标建筑，以东城开发的大突破，带动整个城市建设的大提升。

3、全力突破西部市场物流。以打造半

岛乃至环渤海区域性物流中心为定位，把做强西部市场物流作为服务业提升的重要突破口，全力加快“一城三园三带”建设。一城：即，国际商贸城，要在抓好五金建材区、商务办公区建设的基础上，抓紧启动其他功能区建设，尽快扎起框架。三园：即，农产品物流园、渤海物流园和晨鸣物流园。农产品物流园要完善交易配套设施，抓好蔬菜价格指数发布，三期争取尽快建成；渤海物流园要加强路网等基础配套，全面加快建设进度；晨鸣物流园要争取尽快开工。“一城三园”领导小组要加大包靠力度，切实加快项目推进；要充分发挥园区的平台作用，积极吸引一批“航母”级的大型物流企业，全力做大规模，实现物流产业集聚发展。三带：即，以“一城三园”建设为带动，在西部菜都路、潍高路、北环路沿线和周边，高标准布局酒店餐饮、金融信息、商务服务等配套产业，形成三条物流配套产业带，加速西部物流板块的全面崛起。“三带”建设由商务局牵头，一定要规划好、布局好、控制好，提高开发档次，争取2-3年内形成规模、建成特色。同时，在北部，依托羊口新港，尽快启动临港物流园建设，促进临港运输、仓储、配送等产业的发展，争取用5年时间建成西部国家级、北部省级“两大物流城”，通过物流业的大发展，迅速做大现代服务业总量，打造全省服务业发展新高地。

（二）推进“六大提升”，力促转型升级，着力增创发展新优势

1、强化“三项措施”，着力提升工业转型发展水平。坚持“工业强市”不动摇，瞄准高端高质高新方向，加快推进结构调整和产业优化，提高全市工业经济的整体质量。

一是加大科学投入。继续把科学投入作为推动转调的主动力，力争年内完成工业投入200亿元以上。要做到三个坚定不移：坚定不移抓项目建设，实施“大项目带动”战略，重点抓好87个投资过亿元的项目。经信局负责，对晨鸣高档纸、凯马汽车、泰丰10万辆电动轿车等41个续建项目，倒排工期，挂图作战，确保项目快投产、快见效；对联盟20万吨糖醇、墨龙高端石油装备、万龙40万套摩托车配件、华东橡胶1200万套子午胎等46个拟建项目，加快立项、土地、环评等手续办理，争取上半年全部开工。坚定不移抓招商引资，继续实行招商任务分配制度，既考核招商总量，也考核引进个数，年内镇街道一个过2亿元工业项目、部门一个过亿元工业项目的任务必须完成，确保全年完成招商引资160亿元。要突出抓好产业链招商，围绕“八个500亿级产业基地”，大力引进关联度高、质量好的项目，拓展延伸产业链条，打造国家级产业基地。统计局负责，抓好招商项目考核认定，一个项目只允许申报一个单位。对引进的10亿元以上项目，年内车间全面开工、设备进入安装阶段的，可以对引荐单位“一票肯定”。坚定不移抓要素保障，要大力推进企业资本运作，年初金正食品已经上市，要继续抓好康跃增压器、蔬菜产业集团、大地盐化、海慧食品等企业的上市，争取再增加股票2支以上。要继续抓好银企对接活动，畅通使用外汇、社会资金、私募基金等多元化融资渠道，确保年内新引进金融机构2家以上，新增贷款60亿元、力争80亿元，为项目建设提供充足的资金保障。

二是优化产业结构。调整优化产业结构，是推动工业转型的加速器，必须采取强力措施，坚决打好产业转型这场硬仗。主要做好“三篇文章”：做好传统产业“改造提升”文章。积极推动造纸、化工等传统产业的高新化改造，加快用高新技术、先进装备、先进工艺改造提升原有生产线，各企业要学习晨鸣、巨能、联盟的做法，连年大投入，不断上项目，确保企业技改投入占新增投入的比重达到60%以上，真正以大企业的转型，带动全市产业的转型。做好新兴产业“培育壮大”文章。围绕新能源、新材料、新医药、新能源汽车、节能环保五大产业，抓紧布局一批高新技术、新兴产业项目，特别是对康跃增压器、万龙实业、树山集装箱等22家成长型企业，加强引导扶持，促其快速膨胀，真正成为全市转调发展的主力军。今年市里将大幅增加高新技术产业发展基金，加大产业扶持力度，力争2011年新增省级企业技术中心3家，高新技术企业5家以上，高新技术产业占比提高2个百分点以上。做好城区企业“腾笼换鸟”文章。抓紧制定城区企业搬迁计划，城区内生产性企业都要“退城进园”，在土地、税收等方面给予政策优惠，巨能金玉米、联盟、富康老厂等企业年内要有实质性突破，三年内全部搬迁完毕。

三是力促节能降耗。节能降耗是刚性任务，也是倒逼企业转型升级的重要抓手。重点开展好三项行动：深入开展“项目达标”行动，新上项目一律进行用能评估审查，重点发展循环经济、低碳经济项目，对高耗能项目一律拒批。深入开展“对标降耗”行动，突出抓好17家高耗能企业，加强企业节能技术改造，综合利用环保控制、产业政策等手段，降低重点企业能耗水平。深入开展“综合整治”行动，把节能降耗与淘汰落后产能结合起来，对小化工、小造纸等行业进行清理整顿，对列入计划的落后设备、工艺，尽快淘汰改造，真正以铁的决心和铁的手腕，确保年内万元GDP综合能耗下降5%，不折不扣完成上级下达的节能减排任务。

2、主攻“一园两端”，着力提升农业高端化发展水平。立足抢占现代农业发展制高点，全力攻坚高端农业，加快推进由分散种植向基地园区、由注重数量向提高质量、由蔬菜生产向种子种苗“三个转变”，始终保持寿光农业的领先优势。

一园，即全面推进农业园区建设。园区是今后现代农业发展的大方向。要突出抓好三个方面：一要大建园区，按照“集中连片、规模经营、绿色有机”原则，加快推进现代农业园区建设，力争年内新建绿色有机园区40个，新增高标准蔬菜大棚2万个以上，3-5年内使80万亩蔬菜全部达到绿色有机水平。畜牧业也要借鉴农业园区做法，推进畜牧养殖园区化，重点抓好寿北大型畜牧业循环经济示范园区建设，争取今年新建标准化畜牧园区40个以上，打造国家级肉类养殖基地。二要打造亮点，全力加快西外环生态农业走廊建设，完善规划编制，提高建设标准，重点抓好交通、水利等基础设施建设，争取今年再引进高产高效高端农业项目50个，全力打造我市现代农业对外展示窗口。三要强化培训，今年要对全市农民免费开展一次大规模、全覆盖式的教育培训活动，积极推广绿色有机生产新技术、新模式，靠一批懂技术、会管理、善经营的新型农民，来助推寿光现代农业的大发展。

前端，大力发展种苗产业。这是我市农业保持领先地位的战略选择，必须抓紧抓好，率先突围。要加大蔬菜良种研发和推广力度，积极对接中国蔬菜种子产业基地建设，吸引国内外高等农业院校、国外知名种子企业，来寿光设立科研基地，今年争取研发蔬菜新品种4个，种子产业实现产值过亿元，逐步打造中国“蔬菜种子硅谷”。要出台优惠政策，鼓励龙头企业、种植大户介入和发展种苗产业，通过联合、兼并等方式，整合我市现有种苗企业，力争年内新增种苗企业30家，年育苗能力达到10亿株以上。要抓紧启动西外环种苗展览展示大厅建设，培育发展30家大型育苗中心，打造国内最大的种苗示范推广基地。

高端，全力打造品牌产品。坚持走“品牌兴农”之路，加大品牌创建力度，真正让“寿光蔬菜”成为高端农产品的代名词。单体品牌，积极争创国家地理标志产品和中国名牌农产品，鼓励扶持企业加强商标注册和营销推介，提高知名度，确保年内新申报国家地理标志产品2个以上，绿色有机产品80个以上。要在提高农产品品质的同时，积极运用市场的手段，搞好品牌的包装、宣传、推介，大力发展创意农业，实现农业的高品质、高收益。整体品牌，要学习借鉴菜博会的成功运作经验，争取在寿光多举办全国性的农业品牌推介会，通过主流媒体发布广告、大中城市设立品牌专卖柜等多种形式，加大“寿光蔬菜”整体品牌的宣传推介力度，真正以高品质的生产、市场化的运作，实现农民收入的高增长。要精心筹备好菜博会，加大创新力度，在展览展示方面要体现互动性，让采摘园成为新亮点；在科技含量方面要体现前沿性，国际国内最先进的成果都要集中体现；在文化内涵方面要体现农圣特色，让展会的文化底蕴更加浓厚，确保办出更大规模、更好效益，把寿光这块“金字招牌”擦得更亮，叫得更响。

3、做强“三大业态”，着力提升三产规模特色发展水平。按照商贸走高端、物流上规模、旅游抓开发、新兴快发展的思路，全面做大服务业总量，力争三产服务业占比增长1-2个百分点。

一是提升商贸流通。主要抓好两点：(1)突出大规模，要适当控制沿街小门店，鼓励发展大型卖场，今年争取在城市东部再建设1-2处大型商贸网点，推进城市商贸圈向东发展。要加大国际知名商贸企业的引进力度，争取沃尔玛、红星美凯龙等落户我市。(2)坚持特色化，要高标准打造特色商业街区，重点规划建设风味美食、茶艺酒吧、健身疗养、美容保健和休闲娱乐“五大特色街区”，原有老特色街要重新升级布局，以高档次、特色化的消费，集聚人气、凝聚商机。商务局负责，抓紧拿出东城商贸和“五大特色街区”规划，进一步繁荣城市经济。

二是开发生态旅游。生态旅游是服务业发展重点，必须有大动作、大项目、大突破，全力做靓南部弥河湿地、北部自然生态“两大旅游板块”，进一步叫响“蔬菜之乡·生态寿光”旅游品牌。南部弥河湿地，要以国家AAAAA级景区标准，聘请世界知名公司搞好设计开发，建设高档次的大型游乐设施和蔬菜主题公园，加快晨鸣健康会所等项目进度，打造主题休闲景区。北部自然生态，要以西外环为轴线，进一步整合各类旅游资源，建设区域性知名生态景点。巨淀湖，要突出红色旅游，坚持市场化运作，引进大企业搞开发，今年必须启动，争取建成“北方沙家浜”；双王城水库，要融入旅游要素，今年重点完成绿化和基础设施配套，打造“北方小西湖”；小清河湿地，要做好与滨海旅游结合文章，带动整个寿北旅游业的发展。同时，要突出抓好星级酒店创建、旅游产品开发等工作，加大宣传推介，靠特色景点和配套服务，让寿光成为江北生态旅游目的地。

三是培强新兴产业。瞄准新兴服务业态，促其快速膨胀规模，不断培植新的经济增长点。要着力发展服务外包，全力推进软件园开发建设，重点发展软件研发、动漫设计、电子商务以及物联网经济，争取再引进企业50家以上，产值突破5亿元。要繁荣发展会展经济，充分利用好现有展馆设施，积极探索市场化办展模式，农业、农机、文化、体育等部门，都要加强与上级部门、行业协会的沟通协调，争取每年举办2-3次全国乃至国际性的展会。今年，新举办国家级以上展会的部门单位，年底可以考虑“一票肯定”。

4、突出“三大节点”，着力提升城乡融合发展水平。统筹推进城市、小城镇、农村社区建设，全面提升建设、管理和服务配套水平，率先构筑城乡融合、一体化发展新格局。

一是提升品位档次，打造特色个性城市。按照“生态、文化、现代”城建理念，进一步提升建设标准，彰显城市特色和个性。要突出抓好“建、管、通、靓”四个重点：建，就是高品位建设。要继续推动高层开发，突出抓好正阳花园、巨能嘉苑等40个重点项目推进，力争年内新增高层建筑100栋以上，推动城市继续长“高”；要加快推进城中村改造，把老居住区全部纳入改造计划，全面提高城市居民生活品质。管，就是精细化管理。尽快启动数字城管二期工程建设，扎实开展精品街区、精品路段、精品小区等创建活动，全力优化城市环境。特别是要抓好规划的批后管理，严查规划违法行为，确保规划的严肃性、权威性。通，就是解决交通拥堵。加快推进铁路搬迁工作，突出抓好学院路南伸、幸福路改造等道路工程，向东打通广场街、新兴街、健康街“三街”，构建四通八达、畅通无阻的城市道路体系，缓解城区交通压力，方便群众出行。靓，就是做靓城市形象。要以争创“国家生态园林城市”为动力，建精品、上档次、增绿量。加快实施弥河上游、南环路、北环路等“一河三园十一街十七路”绿化工程，多栽植大树、长青树和乔灌木，形成层次分明、四季常绿的绿化景观体系；要高标准提升亮化美化档次，对重要建筑、城市出入口、主干道路、游园绿地等重点区域，进行亮化提升，突出菜乡特色，设置主题雕塑，让我们的城市彰显特色，塑造个性，生态宜居。

二是注重功能完善，建设繁荣生机中心镇。适应城镇化新趋势，全面实施“星城战略”，加快中心镇建设，实现“中心城市带动，群星环绕发展”。抓好两个重点：一要加快基础设施建设，按照“七个一”的标准，即改造一条特色鲜明的街景、开发一片交易活跃的商贸区、建设一处整洁优美的休闲广场，打造一批设施完备的新型社区、实施一批重点产业支撑项目、完善一批城镇基础配套设施、形成一套新型城镇建设管理体制，进一步优化城镇功能布局，全面提升承载力和吸引力。羊口、侯镇要率先突破，打造标杆。稻田、纪台、化龙、台头等出入口镇，要积极作为，加大投入，进一步做靓寿光“门户”。其他镇街道也要因地制宜，提高建设档次，改善镇区环境，争取在城镇面貌上再有一个大提升。二要注重发展特色产业，坚持以产业发展为支撑，根据区位条件和产业基础，加快差异化、特色化发展，着力培植一批工业强镇、农业强镇、商贸强镇、旅游强镇，壮大镇级经济实力，争取三年内，所有镇街地方财政收入超过5000万元，其中一半以上的镇街过亿元。

三是坚持积极稳妥，建设美丽有序新社区。搞好农村社区建设，改善农村居住条件，是广大农民热切期盼的惠民工程，必须紧抓不放，深入推进。主要把握好四点：一要坚持原则，必须充分尊重群众意愿，村级班子基础好、村集体经济实力强、95%以上群众签字同意“三条原则”缺一不可，市里不下硬指标、不砸硬任务，确保把好事办好。二要完善政策，进一步明确具体收费标准，尽量做到少收或不收，原则上城区以外属于群众宅基地改造的，只收取工本费，切实减轻老百姓负担。三要培养典型，重点抓好市里确定的24个农村社区建设，争取创出经验，建成样板，真正发挥好示范带动作用。特别是列入挂钩试点计划的村，一定要加快建设进度，确保按时按质通过考核验收。四要抓好配套，凡新建社区，必须配套完善水、电、暖、汽等基础设施和便民医疗、社区服务等公共设施，抓好社区规范化管理和后续保障等工作，让农民群众真正享受城市生活。

5、优化“两大环境”，着力提升生态文明建设水平。牢固树立生态文明理念，切实加强环境保护和文化强市建设，促进生态文明与经济增长良性互动、协调发展。

一是以建成国家生态市为目标，优化生态环境。坚持不懈抓好环境保护，加大综合整治力度，切实解决好群众关注的环保问题，真正让老百姓看到环境变化，享受到环保建设成果，年内确保通过国家生态市验收。重点实施“四大工程”：⑴“清水工程”，要加快城北污水处理厂二期、台头、上口、稻田镇区污水处理厂等51项治污减排工程建设，所有排污管网全部安装在线监控设备，确保年内新增污水处理能力10万吨以上。⑵“蓝天工程”，突出抓好重点区域、重点行业的大气污染治理，加快实施晨鸣热电、巨能热电等13处低氮燃烧技术工程，加大机动车尾气治理力度，切实改善全市大气环境质量。⑶“修复工程”，重点抓好丹河、桂河、北洋河等河流生态修复任务，确保境内河流水质全部达到恢复鱼类生长标准，切实解决过境河流污染问题。⑷“绿色工程”，大力开展造林绿化，及早行动、及早安排，突出重点、提高质量，争取年内完成植树1500万株，林木覆盖率达到20%以上。

二是以创建全国文明城市为统领，优化人文环境。大力实施“文化兴市”战略，推动文化大发展大繁荣，凝聚力量、激发活力、促进和谐。突出抓好三个方面：健全完善文化设施，加大公共财政投入，在城市，积极推进老年活动中心、电影大厦、报业大厦、文化园、王高塔等重点文化项目建设，提升城市文化品位；在农村，继续推进“五大惠民工程”，年内建成100家标准化村级文化大院，城乡阅报栏建设实现全覆盖，切实保障群众公共文化权益。积极推进文化创新，依托蔬菜博览会等活动，举办高水平的文艺演出，争取每年举办1-2次，全面提高寿光知名度。要充分发挥各类协会的作用，搞好文艺精品创作，组织好第二届中华农圣文化节，努力打造一批体现优秀历史文化、反映寿光时代精神的艺术、影视精品。要坚持正确舆论引导，着力突破中央高端主流媒体，加大寿光经济社会发展宣传力度，进一步叫响“城乡一体均衡寿光”品牌。扎实开展文明创建，重点抓好“万千百十”工程，深入开展文明村（社区）、文明站所、文明之夏等群众性精神文明创建活动，力争创建成更多的省级、国家级基层文明单位，努力提高全社会文明素质，尽快创建成为全国文明城市。

6、践行“十项承诺”，全力提升群众生活品质水平。民之所需，政之所为。对民生问题，必须舍得投入、加大投入，今年市财政将投入15亿元，进一步扩大公共服务覆盖范围，提升全市人民幸福指数。在此，我代表市委、市政府郑重作出“十项承诺”：

一是让孩子们享受均衡、安全的优质教

育。市里拿出3000万元，突出抓好校舍改造和校车接送，年内完成26处校舍建设改造任务，保证5万名中小学生接送安全。二是让人民群众都能享受基本医疗服务。市里拿出2.06亿元，全面实施基本药物零差率销售，将“新农合”补贴由113元提高到200元，公共卫生服务补贴由15元提高到25元，逐步解决城乡群众看病难、看病贵问题。三是让老年居民享有基本生活保障。出资800万元，重点把4.6万名城镇非从业人员，全部纳入新农保范围，新增各类参保人员1万人以上，基本实现社保全覆盖。四是让困难群众得到及时有效救助。出资4100万元，年内将城市和农村居民低保标准，分别提高到每人每月330元和每人每年1800元，全面提高社会救助水平。五是让全市人民享受更加便捷的公共交通。市里补助4000万元，对200公里城乡和农村道路进行升级改造。争取利用三年时间，把全市乡村道路全部提升一遍，进一步优化城乡客运布局，加快实现城乡公交一体化。六是让北部村民尽快喝上卫生洁净水。投资3000万元，加快农村安全饮水工程建设，全面完成上口、营里、稻田等镇85个村的供水管道铺设，解决好7万人的饮水安全问题。七是让农民增收的基础更加牢固。实施农田基础设施“三年修复工程”，今年投资2500万元，突出抓好农田水利建设，安装低压管道265公里，改善灌溉面积3.8万亩。争取三年内，把全市农林管网全面修复，增强农业抗灾保收能力。八是让困难家庭不断改善居住条件。进一步扩大廉租房、经济适用房受益面，今年再新建100套廉租房、400套经济适用房，逐步解决城镇低收入家庭住房困难。九是让每名寿光人都有充分就业机会。面向所有困难群众开展帮扶援助行动，开发公益就业岗位300个，新增就业人员1.2万人，切实消除零就业家庭。十是让广大群众过上更加平安和谐的幸福生活。严格落实社会治安责任制，加强矛盾纠纷排查调处，深入开展严打整治斗争，突出抓好农村治安管控，严厉打击农村“霸痞”分子，市里投资3000万元，在农村重点部位、重要出入口，全部安装监控摄像头，实现全市视频监控网络全覆盖，真正把寿光建成全省乃至全国最安全、最稳定、群众最满意的地区之一。

（三）强化“三大保障”，落实支撑措施，确保发展目标的实现。实现均衡发展新突破，根本在领导，关键靠落实。重点强化“三大保障”。

1、强化党的建设，提高执政水平。抓党建就是抓发展，抓发展必须抓党建。要以深入开展“创先争优”活动为契机，积极探索党建与经济发展互促共进的新机制，让党建工作始终引领经济社会发展全局。今年的党建工作，必须有实招、有硬招，在全国出经验、创典型，真正叫响我市党建品牌。突出抓好四个重点：一是加强农村基层组织建设。重点抓好“两个关键”：1、配强村级班子。要结合村级换届选举，选好村级带头人，真正配强一批像三元朱村、东关社区、城里社区、西浊北村这样，有责任心、心里装着群众、能够带领群众发家致富的村班子，增强村级组织的凝聚力和战斗力；要提高农村干部待遇，充分体现市委、市政府对基层工作的重视和支持，建立健全农村干部工资待遇、养老保险等方面的激励保障机制，为农村基层干部解除后顾之忧，创造一个良好的工作环境，让他们放手干、大胆干，促进农村发展和长治久安。2、壮大村级经济。发展村级事业，经济基础是前提。要全力实施村级经济振兴工程，组织部牵头，制定鼓励村级发展企业、合作社、农业园区等的政策措施，在土地、税费、手续办理等方面给予扶持，进一步壮大村级经济，实现强村富民。二是加强干部队伍建设。要深入开展学习型党组织建设和学习崔效杰活动，让事业至上、勇于开拓、推动发展成为党员干部的基本追求。要继续办好“弥水大讲堂”，定期邀请国内著名专家学者进行授课，每年至少两次到省内、国内最先进的地区学习，开阔干部眼界，提高发展境界。今年要把全市农村干部全面培训一遍，切实提高农村工作的能力和水平。要转变用人导向，建立干部“一线培养”机制，优先从重点工作一线、项目建设一线、招商引资一线和艰苦条件一线选拔使用干部，激励干部干事创业。要抓好寿光专业人才库建设，围绕我市重点产业，有针对性地引进技术型、创新型、补缺型、领军型人才，力争年内再引进高层次人才300名以上，为均衡发展提供强大的人才支撑。三是加强党风廉政建设。要严格落实党风廉政建设责任制，深入推行廉政风险“四步防控”机制，全面强化对重点领域、重点岗位和重点人员的监督管理，严格规范工程招投标、土地招拍挂、政府采购等行为，尽快实现监、管、办“三分离”，所有政府投资项目必须审计，接受全社会监督，让权力在阳光下运行。党员干部要严格自律，认真遵守《党员领导干部廉洁从政若干准则》等各项规定，进一步树立干部队伍的良好形象。四是高度重视群众工作。要在办好惠民工程的同时，从改善作风、优化服务入手，切实做好宣传教育、组织引导、联系服务群众的工作，进一步夯实群众基础。要把群众满意作为群众工作的“第一标准”，一切工作都要围绕群众所需、所盼展开。组织部、政法委、纪委、宣传部负责，扎实开展好“干部包村联户”活动，帮助农村发展，解决群众困难，密切干群关系，真正让和谐、稳定、向上的农村环境，成为全市均衡发展的牢固基石。要切实转变干部作风，在全市开展以人为本、执政为民为主题内容的“干部作风建设年”活动，着力解决群众关心的突出问题。市纪委要扎实搞好“行风万人评”活动，继续办好“寿光民声”，创办“聚焦软环境”专题，聘请群众监督员、联络员，充分发挥群众对软环境的监督作用，全面提升服务质量，真正使我们的工作让群众理解、让群众接受、让群众支持、让群众满意。

2、强化改革创新，增强发展动力。没有创新就没有突破，没有突破就不能发展。工作中，要重点把握好三点：一要提升工作境界。要跳出山东看寿光，从全国范围内找标杆，从更高境界上谋划发展，今年要在全市开展“学先进、比创新、争一流”活动，各单位都要确立全新的工作标杆，跟全国最好的学，跟最好的比，学出动力，比出干劲，全力提升发展层次。要成立专门领导小组，由组织部牵头，将学习标杆统一列出单子，制定学习赶超方案，学什么、怎么学、达到什么标准都要从时间上量化，这项工作3月底前要全面对接一次，半年总结一次，年终评比一次，评出先进，对落后单位要进行问责。二要创新体制机制。要以农村综合配套改革试点为契机，全方位加大创新力度，激活发展的内生动力。要围绕重点产业发展，建立加快高新技术、先进制造业、现代服务业、现代农业有效投入的机制，促进各类要素向产业发展聚集。要综合运用资本、资源手段，引导企业在寿北上大项目、上好项目，加快转调步伐；要敢于打破镇村行政区划，发展大型农业园区，推动农业向高端跨越；要充分发挥市场在资源配置中的主导作用，办多大事筹多少钱，以市场手段加快城市发展。各镇街道、各部门，都要对照赶超目标，找准工作的创新点，拿出人无我有的办法，全力寻求工作突破。三要勇于攻克难点。当前，我们面临的最大难题是土地和资金，要全力克服“等靠要”思想，主动出击，破除制约发展的难题。土地方面，要认真研究城市发展和沿海开发土地问题，利用今年土地“省到县”的机遇，加强向上对接，保证发展用地；资金方面，要抓住资本市场相对宽松的机遇，引导企业开辟低成本融资渠道，扩大股权、产权交易，积极对接深港沪融资机构，综合运用各种方式扩大融资规模，为大项目建设提供强力资金支持。

3、强化执行力提升，狠抓工作落实。三分战略，七分执行，科学正确的决策，必须依靠坚强有力的执行来实现。要重点抓好三个方面：一是强化考核督查。考核结果直接体现工作成绩。要着力健全以绩效为核心的考核评价体系，今年考核进一步加大对项目投入、财税贡献的考核权重，对镇街道更加突出镇区、园区、社区和项目建设等重点工作的考核，特别要加大对寿北落户项目的考核权重；对市直部门，更加注重对创新服务、社会事业建设、落实民生政策等重点任务的考核。上级对我市的考核要全力争先进位，寿光的各项工作就是要在全国进前列，全省争一流，全省30强考核要上位次，潍坊市各项考核力争第一、确保前三，进不了前三就是失职。二是切实落实责任。要强化工作执行力，对全市重点工作和重点项目实行一项任务、一名领导、一套班子、一个方案、一抓到底的“五个一”推进机制，确保工作高效有序推进。市级领导要率先垂范，大力推行一线工作法，带头做好对接，跑资金、跑项目、跑政策，强力推进包靠工作；各镇街道要瞄准全年目标任务，抓好细化分解，层层落实责任，强力推进实施，确保更大突破；各部门要强化全局意识，主动服务项目，合力攻坚破难，为全市发展作出应有贡献；广大农村干部要带头贯彻市委决策，把主要精力用在发展经济、维护和谐、富裕群众上，加快实现强村富民。三是严格兑现奖惩。要强化奖惩激励机制，把考核结果直接作为干部使用和奖惩的主要依据，全面推行“干事对账”制度，年内在全国拿出首创性做法、在领域内实现大突破的，都可以考虑给予“一票肯定”；对存有“一票否定”的，一律不予奖励；对落实不力、工作没有起色的，坚决采取组织措施，以“硬任务、硬考核、硬兑现”保证各项任务目标的落实。

同志们，新的目标孕育新的希望，新的任务具有新的挑战，新的征程更需新的作为。让我们紧密团结在以胡锦涛同志为总书记的党中央周围，深入贯彻落实科学发展观，以更加饱满的热情，更加振奋的精神，更加扎实的作风，凝心聚力，开拓进取，务实大干，为加快建设“城乡一体均衡寿光”而努力奋斗！

加压奋进求突破 创新创业谋新篇
努力在更高层次上实现城乡一体均衡发展新跨越

——孙明亮同志在全市三级干部会议上的讲话

（2012年2月7日）

同志们：

这次全市三级干部会议，主要任务是回顾总结2011年工作，表彰先进集体和先进个人，安排部署今年的目标任务，动员全市上下加压奋进求突破，创新创业谋新篇，努力在更高层次上实现城乡一体均衡发展新跨越。下面，我讲两个方面的问题。

一、2011年工作取得显著成绩

去年以来，全市上下紧紧围绕“城乡一体均衡寿光”建设这一目标，团结拼搏，创新实干，经济社会始终保持了持续快速发展的强劲态势。主要表现在六个方面：

（一）奋力争先、均衡发展，综合实力全面增强。牢固树立均衡理念、争先意识，寿光发展迈上了新台阶，影响力和知名度不断提升。2011年，全市完成地区生产总值542亿元，同比增长12.1%；实现财政总收入69.2亿元，其中地方财政收入41.6亿元，同比分别增长23%和28.8%；完成固定资产投资297亿元，同比增长23.5%；农民人均纯收入达到11253元，比上年增加1700多元。先后荣获“中国改革10强县市”、“全国科技进步示范市”、“省级文明城市”等省部级以上荣誉100多项，成为江北地区唯一荣获“中国人居环境奖”的县级市。

（二）抓住重点、矢志攻坚，三大突破成效显著。滨海开发大见成效。全力推进先进制造业园区、高新技术产业园和侯镇项目区建设，成立了双王城生态经济区，新开工过亿元项目52个。全面提升寿北承载能力，投资16亿元开工建设了中心商务区、职工服务中心、防潮大坝、渤海大道一期等重大基础设施项目，发展框架全面扎起。羊口、侯镇工作标准高、投入力度大，发挥了“主力军”作用；圣城、古城、文家、洛城、营里、化龙、台头、上口等镇街道紧盯紧靠、全力参与，项目多、投入大。东城新区迅速崛起。加快城市“东跨南扩”步伐，全面启动东城新区建设，晨鸣研发中心、海化牡丹花园、卡诺岛一期等22个项目建成投用，企业总部群、“两馆一中心”、中南世纪星城、屯田社区等18个项目建设进展顺利，新开工高层建筑59栋。西部物流初具规模。全面加快“一城三园三带”建设，农产品物流园日交易量突破1500万公斤，国际商贸城一期建设进展顺利，渤海物流园全面开工，我市被确定为“全省首批农村物流试点市”。

（三）加大投入、加速转调，产业结构不断优化。新型工业集聚壮大。坚持以增量投入促转调，开工建设过亿元项目106个，完成工业投入165亿元，规模以上企业实现主营业务收入1290亿元，利税100亿元，晨鸣纸业、鲁清石化、联盟化工、巨能控股、大地盐化和侯镇、羊口、古城、洛城、圣城、营里、稻田、化龙等镇街道工业投入超过10亿元，晨鸣纸业、巨能控股、联盟化工、鲁丽集团、墨龙机械、富康制药、鲁清石化、大地盐化、新龙集团实缴税金过亿元。科技创新不断增强，新增大地盐化、威能电源院士工作站2家，省级以上高新技术企业6家，高新技术产业占比提高了2个百分点。资本运作再创佳绩，金正食品成功上市，晨鸣纸业发行了全国首支境外人民币中期票据，全市新增贷款95亿元，总量和增量、增幅均居潍坊市第一，新增贷款比第二名多50亿、比第三名多60多亿，被确定为“全省县域金融创新发展试点市”。金融办、人民银行、农业银行、潍坊银行、农商行等金融机构，创新金融服务模式，为经济发展提供了充足的资金保障。招商引资成效显著，完成招商引资163亿元。圣城、羊口、侯镇、文家、孙家集等镇街道和市委办、人大办、市府办、政协办、城建投、招商局、财政局、教育局等单位招商引资成绩突出。高端农业优势凸显。全力主攻“一园两端”，全市新建大型蔬菜园区48处、标准化畜牧园区65处，西外环现代农业走廊入驻高端农业项目25个；成功培育蔬菜新品种4个，种苗年繁育能力达到10亿株，全省80%以上的蔬菜种苗源自我市；新认定绿色农产品153个，新增国家地理标志产品3个，总数达到11个，居全省县级市首位，成为国家级“出口食品农产品质量安全示范区”。化龙、台头、上口、洛城、稻田、纪台等镇街道农业品牌建设成效明显，孙家集街道三元朱、化龙镇崔家、台头镇北孙、古城街道临泽二、纪台镇王牟的农业园区建设，田柳镇东头、台头镇马家、文家街道南马店、稻田镇西丹河的畜牧园区建设，规模大、效果好，示范作用强。第三产业持续繁荣。现代商贸蓬勃发展，销售收入过亿元企业达到9家，全福元商业集团突破40亿元，连续9年稳居全国县级同行业首位，缤纷五洲商城等重点项目建成投用，全年实现社会消费品零售总额150亿元。会展旅游实现突破，中国（寿光）国际水利农机装备展成功举办，第十二届菜博会参观人数达到201万人次，圣城、侯镇成为全省旅游强镇。

（四）统筹推进、互动融合，城乡面貌大幅改善。注重市、镇、村联动发展，不断加大统筹力度，促进城市与镇村共同繁荣。城市品位全面提升。全力加快中心城区建设，先后开工新城明珠、正阳花园、苏州园等93项重点项目，全市建成、在建高层建筑达到476栋；完成了学院路南伸、农圣街改造等58项市政工程，顺利通过国家卫生城市复核。建设局、规划局、财政局、国土局、交通局、城建投等单位紧抓紧靠，全力以赴，为城市建设做出了积极贡献。镇域实力不断增强。注重培植镇域企业、优势产业，圣城、侯镇、羊口、古城、文家、洛城等6个镇街道地方财政收入过亿元，文家、侯镇增幅超过40%。全面配套完善城镇供水、供电、亮化等基础设施，全年完成小城镇建设投入16.6亿元，羊口、侯镇创建成为国家级环境优美镇。社区建设成效显著。积极稳妥推进农村社区建设，新开工500户以上社区31个，对全市700多个村进行了环境综合整治，城乡垃圾处理基本实现一体化，全省生态文明乡村建设现场会，对我市做法进行了重点推介。洛城街道桥南李社区、圣城街道梨园社区、侯镇水岸家园社区、化龙镇北柴社区，建设规模大；孙家集街道三元朱社区、古城街道怡尚苑社区、圣城街道三官庙社区、文家街道锦都花园社区、上口镇兴业家园社区，配套档次高；田柳镇凤翔苑社区、羊口镇渤海明珠社区、纪台镇堠坡社区，推进速度快，在全市发挥了示范带动作用。

（五）以人为本、注重民生，社会发展稳定和谐。始终把群众满意作为第一标准，年初确定的“十项承诺”全面兑现，市财政用于民生领域的投入达到29.4亿元。公共服务体系不断健全。开工建设了总投资6.2亿元的职业教育中心、总投资4.4亿元的城北供热等36项民生重点工程。城乡教育更加均衡，投资3.3亿元新建、改建学校19处，更换高标准校车260多辆，寿光一中成为潍坊市唯一一所同时具有清华大学、北京大学推荐资格的学校；医疗卫生更加完善，在潍坊率先实现了镇村基本药物“零差率”销售，新农合参合率达到99.8%，全年为参合农民报销医药费1.98亿元，有效缓解了群众看病难、看病贵问题。社会保障能力全面增强。大力推进社保扩面工作，把城镇非从业人员全部纳入社保范围，基本实现了社保全覆盖；加大弱势群体救助力度，“五保”老人集中供养标准由每人每年2400元提高到3000元，在潍坊市率先为60岁以上老人发放基础养老金1亿元；全力做好就业工作，新增城镇就业1.8万人，城镇失业率控制在1.7%以内。生态文明建设成果丰硕。投资8.5亿元开工建设了51项治污减排工程，对488家企业实施了分类治理，对丹河、阳河等河流进行了生态修复，成为首家省级生态市。大力开展植树造林，完成植树1660万株，林木覆盖率达到20.1%。扎实推进“全国文明城市”创建，新建高标准农家书屋110个，文化大院覆盖率达到96%以上，在全省率先实现了数字电视全覆盖。社会管理工作创新突破。推行了网格化管理模式，全市所有村庄配齐了“民情档案”，群众工作经验在全国推广，“寿光民声”作为全省唯一入选项目，荣获第六届“中国地方政府创新奖”提名奖。公安局、信访局、法院、民政局、经信局以及营里、田柳、洛城等镇街道工作措施到位，矛盾化解及时，维护了全市和谐稳定。

（六）创先争优、强基固本，党的建设全面加强。基层组织更加坚强有力。切实加强领导班子建设，圆满完成了市、镇、村三级换届选举，基层党组织战斗力明显增强。深入推进城乡党建一体化，探索实行了“五联”工作机制，建立了179个新型联合党组织，被评为“全省基层党建工作先进市”。党员队伍更加充满活力。积极推进学习型党组织建设，依托“弥水大讲堂”，培训干部3000多人次，广大党员干部的发展境界和创业干劲不断提升。统筹推进各类人才队伍建设，我市被评为“全省人才工作先进单位”。扎实开展创先争优活动，我市“三请三让”工作机制、党员队伍纯洁机制得到了中组部和省、市领导的充分肯定。干部作风更加务实高效。严格落实党风廉政建设责任制，推行了“五廉”系统工程和廉政风险“四步防控”机制，我市农村党风廉政建设经验在全国推广。深入开展 “包千村联万户”活动，解决各类问题2万多件，为经济发展提供了良好的社会环境。财政局、规划局、油区办、法院、公安局、广电集团等单位积极参与下基层活动，为农村解决了大量实际问题；发改局、科技局、建设局、国土局、人社局、农业局、民政局、统计局、商务局、司法局、农机局、人民银行、房管中心、海洋渔业局、档案局、科协、总工会等单位工作成效明显，荣获了省部级以上荣誉；环保局、计生局、卫生局、工商局、交通局、质监局、行政服务中心等单位，立足职能，转变作风，服务效能不断提升。

回顾刚刚过去的一年，寿光经济发展、

社会和谐，变化显著、成绩喜人。感触最深的有三点：⑴变化最大的，是寿北的强势崛起。一年来，我们抢抓“蓝黄”开发重大机遇，矢志不渝，奋力攻坚，以每周不低于3亿元的投入力度，全面打响“三大攻坚战”，短短一年时间，寿北发生了翻天覆地的变化，发展势头前所未有，崛起态势日益强劲，正在成为我市率先发展的核心支撑，正在成为我市突破发展的战略空间，只要我们持之以恒地抓下去，寿北的发展不可估量，寿光的发展也一定会乘势而上、越位争先。⑵提升最快的，是群众的幸福感和满意度。我们始终把民生幸福作为工作的出发点和落脚点，千方百计加大投入，坚持不懈改善民生，市财政用于民生的支出，占全市新增财力的89%。目前，我市人均一部移动电话，一半以上的家庭用上了宽带网络，每3户拥有一辆小汽车，人均住房面积达到41平方米，户均存款达到10万元。可以说，今天的寿光，人民生活更加富足，城乡环境更加宜居，社会环境更加和谐，每一名寿光人都从亲身经历的变化中，切实感受到了均衡发展的显著成就，感受到了作为寿光市民的自豪和幸福。⑶影响最深的，是我们发展理念、发展境界的不断提升。我们始终把理念创新作为引领发展的第一动力，从“城乡一体均衡发展”到“六个一体化”的全面提出，从“三大突破”的全面推进到“争当全省科学发展排头兵”的传承创新，在市十三次党代会上，我们又提出了构筑“五大均衡指标体系”、增创“五大发展优势”，进一步丰富了均衡发展的内涵，找准了符合寿光实际的发展路径。实践必将充分证明，只要我们坚定不移地以“均衡理念”引领前进方向，寿光的发展就一定能够再攀新高、再创辉煌。

成绩来之不易，必须倍加珍惜。寿光的发展是上级党委、政府正确领导、关心支持的结果，是历届班子科学决策、创新实干的结果，也是广大干部群众同心同德、无私奉献的结果。发展使我们更加深刻地体会到，寿光的进步归根结底在于我们有一个好班子、一支好队伍、一方好百姓。领导班子是寿光发展的坚强核心，一切力量来源于团结。市级领导班子始终走在前面、干在实处，分工协作、密切配合，一起包项目、靠片区，特别是人大、政协的同志，在德峰书记、茂兴主席的带领下，人手都有大项目，盯在一线抓落实，为全市党员干部作出了表率。党员干部是寿光事业的中流砥柱，一切业绩来源于实干。全市广大党员干部始终坚定发展信念，勤勤恳恳、尽职尽责，形成了众志成城、推动发展的强大合力。特别是奋斗在一线的广大农村干部，扎根基层，任劳任怨，不计得失，为农村的稳定发展做出了积极贡献。人民群众是寿光进步的主体力量，一切成就归功于人民。广大群众识大体、顾大局，积极响应市委、市政府号召，为均衡建设献计出力、勤劳奉献，成为全市科学发展、跨越赶超的坚强后盾。在此，我代表市委、市政府向在座的同志们、向全市广大党员干部群众，表示崇高的敬意和衷心的感谢！

二、关于2012年的工作

今年是新一届市委班子的开局之年，也是“城乡一体均衡寿光”建设的全面提升之年。做好今年工作，对于把握新一轮发展主动权、全面完成市十三次党代会提出的目标任务，具有极其重要的意义。当前，寿光发展已经跃上了新平台，站在新的起点上，面对复杂多变的经济形势，我们既面临难得机遇，也面临严峻挑战。从宏观经济看，国际经济受金融危机、债务危机“叠加冲击”，下行风险压力加大；国内经济不确定性、不稳定性上升，区域竞争、转型发展更加激烈，给我们带来极大的困难和挑战。但要清醒地看到，危机之中有机遇，经济发展长期向好的基本态势并没有改变，世界经济持续低迷，对我们的基础工业特别是先进制造业、高新技术产业发展，不会产生本质影响，甚至为我们加快转型升级、实施赶超跨越提供了重大机遇。从我市实际看，近年来，我们在应对金融危机的实践中积累了宝贵经验，驾驭全局和领导发展的能力得到全面提升。特别是全市企业经受住了信贷收紧的考验，并在逆境中实现膨胀发展，一批过10亿的大项目相继开工，滨海开发全面突破，寿北战略空间的优势进一步凸显。只要我们最大限度地用好自身优势，化挑战为机遇，变压力为动力，主动出击，创新作为，就一定能在新一轮竞争中率先胜出。

基于以上分析，市委确定，今年全市工作的总体要求是：坚持以邓小平理论和“三个代表”重要思想为指导，深入贯彻落实科学发展观，紧紧围绕深化城乡一体均衡寿光建设、争当全省科学发展排头兵“一个总目标”，把今年作为“转型升级年”，全力抓好寿北新型工业、东城新区建设、西部市场物流、双王城生态经济和社会管理创新“五大重点”，突出做到工业转型、农业高端、三产繁荣、城乡融合、生态文明、民生幸福“六个争先”，着力强化战斗力、凝聚力、执行力“三项保障”，以更加有力的举措、更加高效的作风，凝心聚力促发展、自我加压抓落实，加快建设幸福宜居、魅力彰显、文明和谐的现代化中等城市，奋力开创经济社会科学发展、和谐发展、率先发展、均衡发展新局面。主要目标是：确保主要经济指标增幅高于潍坊市平均水平，力争全年完成地区生产总值610亿元，实现财政总收入80亿元，其中地方财政收入50亿元，完成固定资产投资360亿元，农民人均纯收入达到12200元；确保节能减排等刚性指标全面完成，社会持续和谐稳定。工作中，突出把握好以下三个方面：

（一）狠抓“五大重点”，集中全力攻坚，构筑率先发展的强力支撑。“五大重点”是全年工作的主攻方向，也是事关寿光长远发展的战略支点，必须创新举措，积极作为，确保尽快大见成效。

1、全力抓好寿北新型工业。继续把寿北作为全市转型发展、跨越发展的主战场，以高新技术产业园、先进制造业园区为突破，高效率推进、高层次开发，全力打造“千亿级滨海新型工业基地”，争创省级开发区。工作中，要着力抓好“三大提速”：⑴全面提速高新技术产业园建设。高新技术产业园是推进我市传统产业转型、支撑寿光未来发展的战略关键，必须集中精力、优先突破。按照“一年成型、两年见效”的目标，加快项目引进，年内确保新开工过2亿元的高新技术项目15个以上，全力打造10平方公里的高新技术产业聚集区。市四大班子、副县级以上单位、市直十大口、各镇街道，年内至少引进1个过2亿元的项目，市直各部门、大型企业至少引进一个过亿元项目。侯镇项目区要定位“全国海洋精细化工基地”，坚持错位发展、产业提升，力争年内开工过2亿元项目10个以上。⑵全面提速先进制造业园区建设。先进制造业是滨海开发的支柱产业，必须持之以恒、快速推进。要切实加快鲁清芳烃、新耀玻璃镀膜、健元春高档膜等40个在建项目的推进，年内争取60%以上的项目建成投产。要全面铺开二期建设，争取今年再开工过3亿元的先进制造业项目20个以上，形成一期、二期滚动开发、递进发展的良好态势。项目审定领导小组、羊口镇以及发改、经信、环保、安监等单位，要严格项目审批，坚决杜绝“圈地”行为，有污染、高耗能项目一律拒批，确保实现集约开发、科学开发。⑶全面提速基础设施配套建设。加快推进滨海新城开发，行政商务中心、职教中心、职工生活中心要尽快建成投用，医疗保健中心、文体中心、客运服务中心要抓紧开工建设，渤海大道东伸、防潮大坝二期等22项重点工程要全面加快建设进度，确保年内完成基础设施投入10亿元以上，力争用3-5年时间，让寿北地区创造全市一半以上的产值，真正以寿北的强势崛起，带动全市经济社会的跨越发展。

2、全力抓好东城新区建设。最近省里发布了“黄河三角洲城镇发展规划”，把我市和东营、滨州一起定位为50万人以上的大城市。我们要抢抓先机、顺势而为，以东城新区建设为带动，力争用3-5年的时间，再造一个寿光新城区。一是以大城市的定位抓规划，打造魅力彰显的新区。按照“生态、文化、现代”的理念，全力抓好总部经济、商业中心、生态居住等“六大功能区”建设，特别是要做大、做活弥河“水”的文章，以水增加城市魅力、以水涵养城市灵气，对弥河两岸、圣城街两侧实施高点规划、梯次开发，尽快形成“东西并起、跨河而立”的城市风貌。规划局负责，对新区的各类规划和专项设计，要舍得投入，聘请大师名家，以顶级规划建设高品位东城。二是以大城市的标准抓开发，打造现代大气的新区。大力实施“集群式、插图式”开发，建设一批地标性建筑，全力加快企业总部群、中南世纪星城等30个重点项目建设，年内争取再开工高层建筑100栋以上。要把弥河两岸3公里全部纳入严控范围，集中力量推进屯东、屯西、东七、赵仕、桑仕等重点区域的城中村改造，拓展新区发展空间。三是以大城市的要求抓配套，打造生态宜居的新区。加快体育馆、游泳馆、市民健身活动中心、东城森林公园等重点项目建设，确保年内全部建成；以城市路网、管网为重点，加快金光街东伸、顺河路北伸等13条道路的规划建设，全面提升新区形象和档次。

3、全力抓好西部市场物流。坚定不移突破“一城三园三带”，加快西部城区大发展、大变化、大繁荣。突出抓好“三个坚定不移”：一是坚定不移抓项目。学习淄博、即墨等地经验，转变招商理念，出台最优惠政策，千方百计引进像义乌商品城、临沂批发市场那样的金牌合作者，吸引一批“航母级”大型物流企业，真正以好的政策、好的项目实现西部物流板块的突破性进展。二是坚定不移抓推进。年内国际商贸城一期、渤海物流园一期要建成投用，国际商贸城二期、渤海物流园二期、晨鸣物流园要尽快开工建设。圣城、文家、古城以及发改局、商务局、国土局、规划局等单位要发挥职能作用，对项目建设中存在的问题，主动协调、搞好服务，集中力量尽快解决。三是坚定不移抓品牌。农产品物流园要抓好规范管理，加快规模扩张，真正建成具有国际影响力的农产品物流中心。同时，以寿光港建设为契机，加快临港物流园建设，争取年内2个泊位建成启用；整合改造稻田、田马瓜果市场，打造区域性果蔬配送、集散中心，全力构筑西部市场物流、北部临港物流、东部果蔬物流“三足鼎立”新格局，争取3-5年内，全市百亿级物流基地达到2个以上。

4、全力抓好双王城生态经济。规划建设双王城生态经济区，是拓展寿光生态空间、实现可持续发展的战略决策之举，是提升我市“蓝黄”开发层次、增强区域竞争力的重要动力引擎，必须赋予特殊政策，倾力开发打造。突出抓好“三个关键”：一是大手笔规划。按照“生态、旅游、文化”的发展定位，以创建国家AAAAA级景区为标准，抓紧制定战略性总体规划、重点区域控制性规划，以大手笔、高起点的规划引领新区建设。要加快推进基础设施配套，尽快开工双王城东西大道、巨淀湖进湖路等“六路两环”路网建设，全面提升原有路网，用高标准道路扎起生态区发展框架。二是大思路开发。学习借鉴国内外生态旅游开发的成功经验，做到“三个打破常规”：(1)在开发手段上要打破常规。加强市场化运作，尽快成立投资开发中心，整合辖区内国有资产，积极引进国内外知名旅游企业参与开发，争取以最小的财政投入实现最快的开发速度、最大的开发效果。(2)在项目建设上要打破常规。加快推进国家湿地公园、双王城生态绿化、林海文化苑等项目建设，全力打造环渤海区域重要的生态新区、旅游新区、文化新区。(3)在开发重点上要打破常规。突出抓好生态商务区、双王城水库、巨淀湖、林海生态博览园“四大区域”的突破，精心布局景区开发，全面配置旅游、休闲要素，争取“一年奠定基础，三年初具规模，五年新区崛起”。三是大力度倾斜。超常规的发展，必须要有超常规的政策作保障，市直有关部门必须全力配合，财政资金重点倾斜，土地指标优先考虑，手续办理一路“绿灯”。下步，市委、市政府决定成立领导小组，快速决策、快速建设，确保各项工作全面推进，争取短时间内见到开发成效。

5、全力抓好社会管理创新。以打造“全省乃至全国最安全、最稳定、最和谐、最幸福的地区”为目标，重点抓好“四个创新”：一是创新基层基础管理平台。充分发挥“民情档案”、“网格化”管理模式的基础平台作用，及时、全面地掌握群众需求，特别是对城市社区，要完善功能、强化管理，实现基层基础管理的动态化、全覆盖。二是创新矛盾排查化解机制。建立健全社情民意调查、矛盾纠纷滚动排查机制，注重从源头上预防和化解矛盾。维稳办负责，加快市维稳信息指挥中心建设，强化矛盾排查预警，对一般性问题就地解决，重大疑难问题挂牌督办；对劳资纠纷等专业问题，要强化协商调解，努力把问题解决在基层、解决在萌芽状态。三是创新群众诉求解决渠道。切实抓好“寿光民声”、“行风热线”等民生直通平台的管理运行，对群众反映的问题限时办结，做到事事有着落，件件有回音。注重网络舆情监控和分析研判，及时发布主流观点，主动回应网民关切，让网络成为良好互动的桥梁。四是创新公共安全管理体系。深入开展“平安寿光”建设，不断强化社会治安综合治理，严厉打击各类违法犯罪活动。严格落实安全生产责任制，实行日常监管和集中整治相结合，安监局负责，在重点行业、重点部位、重点企业建立实时在线安全监控系统，层层落实主管部门责任、属地管理责任、专职人员责任，确保社会持续和谐稳定，为经济发展提供坚实保障。

（二）围绕“六个争先”，强势推进工作，增创均衡发展的领先优势。“六个争先”是事关均衡发展的根本性工作，必须创新作为、快速突破，为均衡发展夯实基础。

1、实施“四动战略”，在工业转型升级上争先。坚持“工业强市”不动摇，瞄准高端高新高质方向，坚定不移抓投入、上项目、促转调，全面提升工业经济的整体质量。

一是科学投入拉动。加快转型升级、加快传统产业改造是我市长远发展的必然选择，我们要以更大的决心、更大的魄力、更大的力度，坚决打好转型升级这场硬仗。要引导晨鸣纸业、巨能控股、联盟化工等骨干企业，通过改造提升、转移提升、多元提升、扩张提升“四个提升”，全力推进结构调整、战略转型。要继续实施大项目、好项目带动战略，靠优势增量促转型、促升级，全力抓好80个投资过亿元项目建设，确保年内完成工业投入200亿元以上。对晨鸣涂布白牛卡纸、泰丰电动车、墨龙高端石油装备等12个投资过10亿元的续建项目，要倒排工期，快速推进，尽快投产达效；对富康奥美拉唑、永力起重机等27 个新建项目，要全力以赴抓好前期准备工作，争取及早开工。经信局要高度重视今年的工业运行，密切监控市场供求和政策走向，强化重点项目的跟踪管理，为转型发展搞好服务。

二是骨干企业带动。充分发挥大中型企业在转型发展、产业提升方面的主力军作用，加快培植壮大骨干企业集群。大型以上企业，要以进入“全国企业500强”为目标，持续加大投入，拉长产业链条，争取早日进入；中型企业，要学习鲁清防水的做法，抢抓滨海开发机遇，加大投入、快上项目，尽快跻身大型企业行列；成长型企业，特别是康跃科技、赛维科技等44家省成长型中小企业，要加大技术研发力度，靠科技手段实现跨越发展。发改局、经信局、科技局以及金融单位，要从土地、资金等方面重点扶持，全力打造企业发展第二梯队，年内确保规模以上企业实现主营业务收入1500亿元，其中过亿元的120家，过百亿的5家以上。

三是招商引资促动。围绕“八个500亿级产业基地”，突出抓好寿北先进制造业园区、高新技术产业园、双王城生态经济区三大重点区域的招商，项目规模越大越好，科技含量越高越好，质量效益越强越好，力求形成“引一个带一批”的连锁效应。要继续实行任务分配制度，各镇街道一个过2亿元、部门一个过亿元工业项目的任务，必须不折不扣完成，确保全年完成招商引资实际投资额170亿元以上。督查局、统计局负责，进一步创新完善考核办法，对引进10亿元以上的大项目、好项目，过2亿元的国家级高新技术项目，都可以考虑加大分值，给予“一票肯定”，进一步调动全市上下招商引资积极性。

四是科技创新驱动。大力扶持企业原始创新、集成创新和自主创新，加大引才引智力度，积极建设山东半岛蓝色经济工程研究院，力争年内申报省级以上技术创新项目30项以上，新增潍坊市级以上技术中心和工程中心7家，全市高新技术产值占比达到29%以上，引进领军型、专家型、技术型各类高层次人才100名以上。金融是现代经济的核心，要加快推进县域金融创新发展试点，鼓励企业通过发行票据、上市等方式进行多元化融资，确保年内新引进、组建金融服务机构2家，新增贷款100亿元，社会融资总量达到160亿元以上。金融办要搞好康跃科技、蔬菜产业集团等20家企业的上市培育，力争年内新增股票2支以上。

2、加快“五大转型”，在农业高端跨越上争先。着眼寿光农业的战略性提升，全力主攻高端农业，加快推进农业转型，始终保持寿光农业领先优势。

一是向绿色优质农业转型。始终把农产品质量安全放在首要位置，严格落实属地管理责任，全面加强市镇村三级监管体系建设，实现蔬菜生产、流通、销售各个环节的无缝隙覆盖。农业局、食品药品监督管理局、各镇街区要突出抓好大棚、基地、市场、超市的检验检测，发现问题，严厉打击、严管重罚。同时，加大外来农产品质量检测力度，严防不合格蔬菜进入我市。农安办牵头，农业局、公安局、质监局、工商局等单位，要大密度开展专项整治行动，确保寿光蔬菜成为全国最安全、最放心的蔬菜。

二是向种苗农业转型。以打造“全国蔬菜种业硅谷”为目标，重点抓好总投资4.5亿元的“国家蔬菜种业创新创业基地”建设，争取年内引进科研机构、企业3-5家，自主研发、合作研发具有自主知识产权的蔬菜新品种10个以上，年育苗能力达到12亿株以上。农业局负责，积极向上争取，力争年内获得蔬菜种子进出口经营权，为种苗发展打开国际通道。

三是向园区农业转型。以总投资6.8亿元、占地5万亩的西外环“国家级现代农业示范区”为带动，引导农业龙头企业、专业合作组织大力发展基地型、组织型农业园区，加快建立集“生产管理、农资配送、技术指导、品牌创建、市场营销”于一体的现代农业服务体系，实现由分散种植向公司化、规模化、集约化转变，争取年内每个镇街区组建1-2处500亩以上的农业园区，全市新增绿色优质蔬菜基地5万亩以上。

四是向品牌农业转型。学习推广“马家沟芹菜”、我市“桂河芹菜”的创牌经验，坚持向品牌要效益，全面加大品牌认证、农超对接力度，在家乐福、沃尔玛等大型超市建立直销专柜，靠知名品牌、高端营销实现蔬菜生产的优质优价，争取年内新认证绿色优质产品80个、国家地理标志产品4个以上。农业局要全力以赴做好“中国蔬菜协会”筹建工作，争取尽快获批。

五是向创意农业转型。高水平办好第十三届菜博会，力争在展览展示、市场运作、文化交流上办出更大规模、更好效益、更高知名度，努力打造全国农展第一品牌、创意农业典范榜样。对太阳能光伏大棚、自动化微机管理、无土栽培等现代农业新技术加大扶持力度，搞好与文化、旅游的深度融合，建设一批农业科普、生态观光等创意项目，不断提高我市农业的附加值和竞争力。

3、坚持“三业并举”，在三产持续繁荣上争先。把三产服务业作为提升产业层次的关键举措，全力做大做强，力争年内服务业增加值占比提高1-2个百分点。

一是突破生态旅游业。全面打响我市“两菜两水两圣人”的旅游新概念，“两菜”：即“蔬菜之乡”这个品牌和菜博会这个平台，“两水”：即双王城生态经济区和弥河景区，“两圣人”：即农圣贾思勰和文圣仓颉，全面融入景区开发和旅游推介，打响“蔬菜之乡、生态寿光”旅游品牌。旅游局负责，进一步搞好旅游景点、旅游板块之间的整合衔接，充分展示我市旅游形象、亮点特色。坚持用抓工业的理念抓旅游项目，学习泰安方特欢乐世界、潍坊金宝乐园的运作模式，融合各类资本，开发建设主题娱乐公园，不断增强我市旅游产业的硬实力，全力争创省级旅游度假区。

二是提升现代商贸业。优化商贸网点布局，加快推进城市商贸圈向东拓展，全面启动红星美凯龙城市综合体、全福元商城、沃尔玛超市等大型商贸项目建设，加快家乐福等国际知名企业入驻。注重特色商贸业发展，全力推进“五大特色街区”建设，进一步提升渤海路、银海路商业街品质，确保学院路步行街尽快建成使用，全年实现社会消费品零售总额160亿元以上。

三是壮大新兴服务业。以软件园为支撑，大力发展研发设计、电子商务、服务外包等新兴产业，争取年内软件园产值突破5亿元。依托菜博会品牌，积极发展会展经济，着力引进国内外知名展会代理机构，探索市场化办展模式。农业、农机、文化、体育等部门，要全面加强与国家部委、国家级行业协会的合作，争取年内举办2-3次国家级、国际性展会，培育新的经济增长点。

4、做靓“三个节点”，在城乡加速融合上争先。统筹推进城市、小城镇、农村社区建设，加快公共资源向镇村倾斜，努力构建城乡互动、协调发展新格局。

一是城区要搞好“四化”建设。⑴建设精品化。把精品意识、质量观念注入城市建设的全过程，全面加快“两馆一中心”、水木清华等重点项目建设，把“农圣故里、蔬菜之乡”独有元素全面融入城市建设，做到片区是亮点、单体是精品，努力打造一批百年工程和地标性建筑，增添城市魅力，提升城市品位。建设局、规划局负责，抓好城建“年度十大精品工程”评选，使精品工程成为城市建设的典范和“风向标”。⑵管理精细化。加快“数字城管”建设，对道路拥挤、停车难、占道经营等问题，进行分类施治、人性化管理。投资1700万元，在渤海路、圣城街、农圣街、文圣街、银海路等主要路段，安装智能化监管系统，全面改善交通状况。加快推进益羊铁路改线工程，尽快打通健康街西伸、银海路北伸等城市主干道，改造提升幸福路南段、龙泉街等32条市区道路，进一步方便群众出行。⑶城市园林化。园林绿化体现着城市底蕴、城市品位，要全面实施城市绿荫行动和文化园林建设，精心抓好弥河上游、明珠公园等41项城区绿化工程，确保新增城市绿地面积418公顷以上。⑷设施景观化。按照“一街一景、一路一品”要求，重点抓好光明路、菜都路等12项路灯改造工程，搞好LED节能改造，全面提升城市亮化档次。建设部门负责，在城市主要街区加快配套一批文化雕塑、精品景观，进一步提升城市形象，全力争创“联合国人居环境奖”。

二是镇区要突出“特色”发展。坚持“小城市”的定位，加快城镇向规模化、高层化发展，推动人口与特色产业集聚，力争年内完成基础设施投入16亿元以上，地方财政收入过2亿元的镇街道达到4个以上。重点抓好“三个层面”：⑴打造明星镇。羊口、侯镇要有前瞻性规划，充分考虑自身产业优势，加快镇区、园区连片开发，全力打造产业发达、功能完善、人口集中的镇域经济体，力争率先突破，尽快进入全国百强镇。圣城要立足区位优势，大力发展金融保险、商贸服务、总部经济和新兴服务业，进一步加快城中村改造步伐，建设高端中心商务区。⑵突破中心镇。洛城、文家、古城要主动对接城市发展，打造各具特色、优势互补的城市板块；上口、孙家集、营里、田柳要按照省级中心镇的发展定位，全面提升建设档次，不断壮大镇域经济实力。⑶提升重要节点镇。稻田、纪台、化龙、台头等出入口镇，要继续加大环境综合整治和亮化美化力度，争取年内城镇面貌再有一个大提升，充分展示寿光均衡发展的新形象。

三是社区要注重“统筹”规划。坚持“分类建设、完善配套、稳妥推进”的原则，扎实推进农村社区建设。重点把握好“三个方面”：⑴分类推进。注重因地制宜、科学规划，既鼓励建设高层、多层楼房，又要加快特色村庄建设，宜楼则楼、宜平房则平房，不搞“一刀切”，努力打造风格鲜明、满足不同层次需求的新型社区。今年，每个镇街区都要确定1-2个社区进行重点打造，力争全市新开工500户以上社区25个以上。⑵保证质量。社区建设既要注重规模，更要严把质量。建设局、各镇街区负责，加大质量检查力度，对施工单位实行全方位监管，真正把社区建设打造成群众满意工程。⑶规范管理。积极探索农村社区管理新办法，加快实行物业化管理，配齐卫生室、图书室、超市等服务设施，全力推进环卫、供暖、排水、公交的一体化延伸，切实解决环境“脏乱差”、设施不配套问题，全面提升农村居民生活品质。

5、突出“两大创建”，在生态文明建设上争先。把文化、生态作为实现均衡发展的重要支撑，全力创建“文化寿光”、“生态寿光”，切实增强寿光的影响力、辐射力和竞争力。

一是创建“文化寿光”。大力实施“文化强市”战略，争取用3-5年的时间，把寿光打造成既有经济硬实力、又有文化软实力的“经济文化强市”。突出抓好“四大文化工程”：⑴文化底蕴挖掘工程。寿光历史源远流长，齐民文化、盐文化、名人文化、红色文化都具有强盛的历史穿透力，值得我们大力传承发扬。要深入挖掘、认真梳理名人轶事、历史典故、民风民俗、非物质文化遗产，全面加大“三修”力度，修复文化遗存、修缮文物遗迹、修整历史景点，全方位保护开发，尽快形成寿光历史文化品牌。⑵文化项目建设工程。深入开展“文化项目建设年”活动，全面启动盐业遗址公园、历史文化中心、王高塔文化遗址、陈少敏纪念馆等历史文化项目，加快推进电影大厦、报业大厦、寿光书城等文化产业项目，力争年内实现文化产业投入30亿元，努力争创国家级文化产业示范基地。突出抓好城乡基层阅报栏、文化大院等群众公益项目建设，力争年内新增公共电子阅览室100处，以重点项目的全面推进实现文化建设的快速提升。⑶文化事业振兴工程。围绕我市科学发展的生动实践、涌现出的先模人物，充分发挥各类文艺协会的作用，对重点文艺创作项目进行立项资助，力争年内推出1-2部反应时代风貌、体现寿光特色的精品力作，全力冲刺省级、国家级文艺大奖；鼓励社会资本进入文化领域，对广电集团、新华书店、蓝狐动漫、宇翔国际等文化企业进行重点培育，壮大我市文化产业梯队，全面提升文化发展实力。⑷群众文化繁荣工程。高度重视社会主义核心价值体系建设，广泛开展群众性精神文明创建活动，注重发挥城市社区、农村社区的基层阵地作用，扎实推进文明单位、文明村镇创建，今年重点开展一次全市群众文化大会演活动，努力在全市营造看主流、学先进、扬正气的良好风尚，全力争创“全国文明城市”。

二是创建“生态寿光”。全面加大环境整治力度，切实解决好群众关注的环保问题，真正让老百姓感受到“生态寿光”创建成果。重点开展“四项行动”：⑴大气整治行动。对城区、台头镇区、侯镇项目区等六大片区继续进行专项治理，对88家重点企业实施综合整治，开展PM2.5监测，确保大气质量实现根本性好转。⑵河流修复行动。加快推进总投资8.3亿元的35项治污减排工程，全力抓好桂河、尧河等重点河流修复治理，确保年内7条河流全部达到稳定恢复鱼类生长标准。⑶节能降耗行动。对30家大中型企业进行高新化改造，抓好22家重点能耗企业的治理整顿，确保完成各项节能降耗刚性指标。⑷生态绿化行动。重点实施“一路一河两场三区”农村绿化工程，确保年内完成成片造林3.6万亩，植树1800万株以上，创建成为“国家生态市”。

6、抓好“十大惠民投入”，在民生幸福和谐上争先。始终坚持“均衡发展、注重民生”的理念，把改善民生作为第一追求，集中财力办大事、惠民生，确保市财政直接用于民生事业的投入达到15亿元以上，进一步提升群众幸福指数。

一是均衡教育投入。市财政出资6000万元，抓好校舍改造、校车安全等教育重点工程建设，不断优化教育资源配置。二是医疗便民投入。市财政出资1个亿，将基本药物“零差率”销售覆盖到村级卫生室；出资1.95亿元，将新农合财政补助标准由每人每年200元提高到240元，切实降低群众就医负担。三是群众健身投入。市财政投资730万元，新建彩虹公园、燕家游园等一批公共体育场所，满足群众健身娱乐需求。四是城乡就业投入。市财政出资800万元，加大就业创业扶持力度，确保年内新增城镇就业1.5万人。五是社会救助投入。市财政出资5500万元，提高城乡低保救助标准；筹资1000万元，对中低收入重病患者实行医疗救助，有效解决困难群众因病返贫问题。六是环境整治投入。市财政出资3100万元，建设新的垃圾处理厂填埋区；投资2000万元，解决全市乡级以上道路的卫生清理问题。七是生态环保投入。加快总投资41.8亿元的联盟化工、富康制药、金玉米三大企业退城进园步伐，富康制药老厂4月份完成搬迁，联盟老厂8月份全部停产，金玉米立即启动，确保城区大气质量彻底改善。八是安全饮水投入。市财政投资1亿元，启动自来水三厂迁址新建；投资2000万元，继续实施农村安全饮水工程，解决上口、侯镇5万人饮水安全问题。九是乡村道路建设投入。投资2.5亿元，对全市335公里乡村道路进行维修改造，全面改善城乡交通条件。十是安全稳定投入。投资1100万元，在全市重点部位和村庄增加视频监控探头2750个，实现视频监控全覆盖，不断提升人民群众的安全感和满意度。

（三）夯实“三项保障”，强化基础支撑，营造加快发展的浓厚氛围。奋斗目标已经明确，能否在更高层次上实现更好更快发展，根本在领导，关键在落实。

1、强化党的建设，全面提升党员干部的战斗力。按照“围绕发展抓党建，抓好党建促发展”的理念，抓基层、强班子，全力构筑城乡一体党建新格局。一是加强基层组织建设。以创先争优活动为载体，深入开展“信仰、信念、信心”主题教育活动，深化党员队伍纯洁机制建设，激励广大党员比学赶超、永葆先进。扎实开展两新组织“建组织、扩覆盖”活动，让党组织进社区、进基地、进产业链，不断扩大党组织覆盖面。以“基层组织建设年”活动为契机，进一步加大基层党建创新力度，积极推进强村、弱村建立联合党组织，充分发挥强村辐射带动作用，促进共同富裕、共同发展。组织部负责，确定3-5个经济强村进行全面试点，争取尽快趟出路子、创出经验，真正叫响我市党建品牌。二是加强干部队伍建设。深入开展学习型党组织建设，围绕均衡发展、“蓝黄”开发、社会管理创新等突出问题，定期邀请高层次专家学者举办专题讲座，每年定期到发达地区学习、考察，全面提升党员干部发展境界。树立鲜明的干部任用导向，坚持从项目一线、基层一线、招商引资一线选拔使用干部，激励党员干部干事创业。全面加强村级班子建设，重点抓好“三个关键”：⑴提高待遇。建立健全农村干部工资待遇、养老保险金等方面的激励保障机制，为农村基层干部解除后顾之忧。⑵强化培养。积极拓宽大学生村干部成长成才的有效途径，采取考选、招聘、下派等方式充实农村支部书记队伍，着力打造乐义式优秀农村干部群体。⑶科学考核。

组织部、各镇街区负责，建立完善村干部绩效考核办法，让村支部书记“比学赶超看”，实行考核结果与绩效工资挂钩，切实解决“干与不干一个样、干好干坏一个样”的问题，进一步激发农村干部干事创业的积极性。三是加强党风廉政建设。严格执行党风廉政建设责任制，全面推进“五廉”系统工程，加强重点领域、重点岗位、重点人员监督管理，围绕“一把手”监督、“三公”经费公开等问题开展专项治理，不断规范工程招投标、土地招拍挂、政府采购等制度，严厉惩处“三乱”行为，为均衡发展创造良好环境。

2、转变工作作风，全面提升党员干部的凝聚力。大力弘扬真抓实干之风，以工作境界的不断提升凝聚力量、引领发展。工作中，重点把握好三点：一是提升标杆敢于突破。强化夺标意识，做到潍坊领先、全省率先、全国争先。各镇街区要“归零”以前成绩，在新起点上实现新作为，基础条件好的，要立足自身优势，不断突破自我，敢于超越标兵，持续扩大领先优势；基础条件差的，要选准突破点、找准主攻点，以招商引资和项目建设的强力推进，不断越位争先。承担上级考核指标的部门单位，要按照“潍坊前三是基准、全省先进是正常、全国前列是目标”的要求，全力争先进位，确保潍坊考核进前三、争第一，全省30强考核稳步前移，在全市形成百舸争流、奋勇争先的生动局面。二是全面优化服务效能。各部门单位要围绕“转型升级年”活动，对重点企业、重点项目落实专人、全程服务，权限内的马上办，涉及上级部门的协助办，以优质高效的服务助推均衡发展。发改、经信、国土、环保、安监等部门，要立足自身职能，找准上级政策与服务发展的结合点，积极为项目建设排忧解难。市纪委负责，筛选10-20个新建重点项目，进行挂牌督办，从立项、建设到投产，在审批、收费、服务等方面实行全程监督，对“吃拿卡要”、刁难勒索行为，该曝光的曝光，该处理的处理，决不姑息迁就。三是扎实做好群众工作。不断强化群众观念、宗旨意识，切实改进新形势下群众工作的手段和方法，引导群众运用理性的办法、法治的渠道表达利益诉求，维护合法权益。把群众满意作为第一追求，在办好惠民项目的同时，从改善作风、优化服务入手，建立干部直接联系和服务群众的长效机制，进一步夯实群众基础。组织部负责，扎实开展好后进村帮扶整治活动，选派机关党员干部到后进村担任“第一书记”，帮助群众解决实际困难，促进经济发展，密切干群关系，以亲民为民的实际行动赢得群众的拥护和支持。

3、狠抓工作落实，全面提升党员干部的执行力。开辟新境界，实现新发展，既要有科学正确的决策，更要有坚强有力的执行。一要强化目标考核。进一步调整完善目标绩效考核办法，考核导向上，更加突出新发展、新变化，镇街区不论强弱，部门不论大小，不看资格看贡献、不看基础看发展、不看过程看结果；考核重点上，更加注重项目建设，特别是继续加大高新项目、先进制造业项目、生态建设和文化产业项目的考核分值，真正以项目论英雄、以项目定成败。二要强化责任落实。紧紧围绕全年任务目标，继续发扬盯上、靠上、豁上、摽上、拼上的“五上”精神，大力推行“一线工作法”，敢于担当、敢于突破、敢于负责，不折不扣地把市委的决策部署落到实处。市级领导要率先垂范，特别是对事关全局的重大项目、包靠工作，要深入一线，靠前指挥，亲力亲为，狠抓落实。各镇街区要树立长期作战思想，围绕项目建设、镇区建设、社区建设和安全稳定等重点工作，分解任务、落实责任、全力突破。各部门单位要算好“时间账、任务账、差距账”，积极主动跑部进省，争资金、争项目、争政策。广大农村干部要带头贯彻市委决策，把主要精力用在发展经济、促进和谐上，加快实现强村富民。三要强化督查奖惩。进一步强化奖惩激励机制，把考核结果作为干部选拔任用的主要依据，对在全国创出经验、在领域内实现重大突破的，都可以考虑“一票肯定”。建立工作落实警示约谈制度，对市委安排的工作实行全程纪实、台账管理，对落实不力、工作没有起色的，要坚决采取组织措施，靠科学严明的用人导向，在全市营造你追我赶、竞相发展的浓厚氛围。

同志们，新的目标鼓舞人心，新的使命催人奋进。让我们更加紧密地团结在以胡锦涛同志为总书记的党中央周围，深入贯彻落实科学发展观，以更加饱满的热情、更加扎实的作风，振奋精神，凝心聚力，创新实干，为争当全省科学发展排头兵、开创城乡一体均衡寿光建设新局面而努力奋斗！

高扬率先旗帜 增创发展优势
在更高水平上建设“城乡一体均衡寿光”

——孙明亮同志在全市三级干部会议上的讲话

（2013年2月26日）

同志们：

这次全市三级干部会议，主要任务是回顾总结2012年工作，表彰先进集体和先进个人，安排部署今年的目标任务，动员全市上下高扬率先旗帜，增创发展优势，努力在更高水平上建设“城乡一体均衡寿光”。下面，我讲两个方面的问题。

一、2012年工作取得显著成绩

去年以来，全市上下紧紧围绕“城乡一体均衡寿光”建设这一目标，攻坚克难、创新实干，经济社会保持了持续、快速、健康发展的良好态势。主要表现在六个方面：

（一）综合实力显著增强。全年完成地区生产总值618亿元，同比增长13.2%；实现财政总收入82.8亿元，其中地方财政收入55亿元，同比分别增长19.8%和32.2%，地方财政收入列全省县域第二位；农民人均纯收入超过12800元，同比增长13.8%，先后荣获省部级以上荣誉90多项。在潍坊市组织的群众满意度调查中，我市首次获得第一名；在最新的全省县域经济综合实力排名中，我市首次进入前五强，实现历史性跨越。

（二）重点工作全面突破。寿北开发大见成效，新上过2亿元项目22个，有26个项目建成投产，开工建设了寿光新港、防潮大坝二期等33项重点基础工程。去年，寿北地区实现主营业务收入465亿元，占全市总量的30%。羊口镇干劲足、作风硬，一手抓项目，一手抓配套，充分发挥了主力先锋作用，在潍坊市镇域科学发展考评中列第一位。东城新区强势崛起，企业总部群、“两馆一中心”、全福元商业综合体、体育公园等33个重点项目快速推进，尧河路、豪源路等道路工程进展顺利，屯西、董家、东七等17个村实施了拆迁改造，坤都木业、华天新能源等16家企业实施了整体搬迁。洛城街道工作扎实、措施有力，拆迁力度大，为新区开发打下了坚实基础。西部物流初具规模，以新汽车站全面启用为带动，红星美凯龙、国际商贸城一期、五洲国际商城、渤海物流园等一批大项目相继开工建设；农产品物流园交易量、交易额领跑全国。圣城街道主攻大商贸项目，城市经济动作大、发展快、一年一个新台阶。文家街道注重市场建设，狠抓物流项目，带动了西部板块全面提升。双王城开发快速推进，全面铺开了洰淀湖湿地开发、海洋湿地研发中心等25个过亿元项目，实施了总投资7.2亿元的“3个万亩”生态林场、7万亩湿地改造等绿化提升工程，发展框架全面扎起，成为“全省首批生态旅游示范区”。双王城生态经济区在基础差、底子薄的情况下，扎实苦干、艰苦创业，短时间内实现了各项工作的高效推进、快速突破。

（三）转型升级步伐加快。工业经济逆势上扬，全市新建、续建过亿元项目127个，完成工业投入183亿元，主营业务收入突破1500亿元大关，过亿元企业达到140家，其中晨鸣纸业、巨能控股、联盟化工、鲁丽集团、鲁清石化等5家企业过百亿。狠抓经济运行质量，市财政设立1亿元过桥资金，为35家企业解决了燃眉之急。晨鸣纸业、巨能控股、联盟化工、墨龙机械、大地盐化、鲁清石化、鲁丽集团、富康制药、建设集团、新龙集团、寿光青啤等11家企业实缴税金过亿元。科技创新不断增强，新增综合院士工作站2家，高新技术产业占比达到35.2%，分别高出省、潍坊市6.4个百分点和8.3个百分点，有13家企业进入潍坊50强，占全潍坊的1/4。完成招商引资175亿元，实际利用外资1.9亿美元，占全潍坊的1/4。现代农业继续领先，新增标准化蔬菜园区38个、潍坊市级以上农业龙头企业17家，新增国家地理标志产品6个，总数达到17个，居全省县级首位；蔬菜产业集团成功并购2家荷兰知名种业公司，自主研发蔬菜新品种10个，开创了县级种子研发的先河。稻田镇大搞市场建设、狠抓高端农业，各项工作都有新变化、新提升。孙家集街道强化农业创新，品牌优势更加突出。古城赵家、田柳袁桥的农业园区建设，洛城后寨、营里西浊北的畜牧园区建设，规模大、效果好，示范作用强。第三产业持续繁荣，大力发展现代商贸业，全市实现社会消费品零售总额175亿元，总量、增幅均居潍坊市第一，有9家商贸企业销售收入过亿元，其中全福元商业集团达到46亿元，连续10年稳居全国县级同行业首位。大力发展现代金融业，全市新增贷款109亿元，总量、增量均居潍坊市第一，金融办、人民银行、银监办、工商银行、中国银行等单位创新力度大，农村商业银行全年贷款余额达到144亿元，上缴税金3亿元。第十三届菜博会参观人数达到212万人次，签约额381亿元。

（四）城乡面貌持续改善。城市品位明显提升，先后开工中南世纪星城、银海玉苑等100多项重点项目，全面实施了金光街东伸、广场街过铁路等75项市政工程，全市建成、在建高层达到620栋，成为首批国家“智慧城市”试点市。规划局、住建局、城建投、园林处、房管中心等单位紧抓紧靠、全力以赴，为城市建设做出了积极贡献。

域实力全面增强，全市完成小城镇基础设施投入19亿元，新增11处“国家级环境优美镇”。侯镇的小城镇建设，规划标准高、投入力度大，配套设施完善，走在了全市前列。圣城、羊口、侯镇、文家、古城、洛城6个镇街地方财政收入过2亿元，其中圣城、羊口过4亿元，羊口、文家、化龙、侯镇增幅超过50%。营里镇创新发展思路，大力发展市场物流业，找准、抓住了镇域经济的突破点。化龙镇以项目为抓手，财源建设办法多、效果好，镇域实力不断提升。新农村建设扎实推进，全市新建农村社区29个、公寓楼518栋，对500多个村进行了硬化、绿化和亮化，被确定为“全省首批乡村文明行动示范市”。古城街道依托区、街合一优势，抓项目、抓社区，综合实力不断提升，开发区考核列潍坊第一、全省前十。羊口五居委、台头大埝、化龙北柴的社区建设，上口北方吕、纪台魏家的道路硬化，孙家集三元朱、稻田西刘营的净化，文家桑家、双王城郭井子的绿化，圣城三官庙、侯镇地沟的亮化，工作措施到位、村容村貌变化大。

（五）**群众生活更加幸福**。“十大惠民投入”全面完成，市财政用于民生领域的投入达到40亿元，占财政总支出的63%。交通方面，投入5000万元，在全省率先开通城乡公交；投入1.6亿元，开展了村级公路网化建设，320个村的交通条件得到改善。教育方面，投资6000万元，实施了校车接送、校舍改造、学生安全饮水“三大工程”，潍坊科技学院招收新生首次突破万人大关，专升本录取率连续9年全省第一，我市被确定为“全省社区教育示范区”、“全国教育信息化试点市”。就医方面，把城镇居民医保补贴从200元提高到240元，为260万人次报销医药费2.5亿元。保障方面，市财政拿出1.9亿元，提高了城乡低保、基础养老、五保老人、孤儿救助“四类标准”，为17万60岁以上老人发放养老金1.2亿元。生态文明方面，启动了PM2.5检测，实施了总投资10亿元的35项治污减排工程，完成了总投资5.6亿元的88个大气治理项目，关停污染企业74家，顺利通过“国家环保模范城市”复核、“国家生态市”验收。开工建设了王高塔文化遗址等40个重点文化项目，全面启动了“群众文艺大会演”，参与群众100多万人次，中宣部对我市做法给予充分肯定。台头镇统筹抓好企业转型、农业园区、畜牧养殖，在潍坊市镇域农业考评中获得第一名。田柳镇以文化创建为切入，工业项目、农业项目、文化项目稳扎稳打、全面提升。社会管理创新方面，扎实开展“干部直接联系服务群众”活动，对全市975个村、2.4万户群众进行帮扶，解决问题1.2万件。纪台镇抓发展有韧劲、抓稳定有办法，发展基础更加坚实。公安局、信访局、法院、教育局、安监局、建工处、司法局等单位，立足自身职能，改进服务手段，维护了社会和谐稳定。

（六）**党的建设全面加强**。党建品牌更具影响。扎实开展选派“第一书记”推动“包千村联万户”活动，探索建立了“合作社里建支部，党员带着社员富”的党建新路子，我市党员队伍纯洁机制做法，被中组部认定为十七大以来处置不合格党员的五种模式之一。习近平总书记对我市发挥现代农业优势、为贵州省培训干部的做法给予充分肯定。上口镇坚持以党建促发展，在农业创新、三产发展方面成效明显。卫生局、水利局、建设银行、文广新局、物价局等单位在“包千村联万户”活动中，为基层解决了大量实际问题。干部作风高效务实。全市广大党员干部发扬“四敢”精神、倡树“三实”作风，抢机遇、破难题，办成了一批事关长远的大事难事：总投资160亿元的国华大电厂，历经6年成功获批；全长22公里的益羊铁路，历经3年全线开工；总投资42亿元的“三大企业搬迁”，去年实现重大突破；总投资10亿元的寿光新港，历经6年全面开工。今年，我们又有47个项目入选省重点技改“盘子”，项目个数、投资额均居全省首位。发改局、经信局、财政局、交通局、科技局、国土局、商务局、海关办事处等单位争项目、争资金、争政策，为全市发展做出了突出贡献；公安局、环保局、人社局、农业局、民政局、海洋与渔业局、盐务局、总工会、统计局、农业银行、文化执法局、旅游局、广播电视台等单位，取得了省部级以上荣誉；检察院、地税局、工商局、计生局、招商局、统战部、农工办、畜牧局、农机局、体育局、林业局、粮食局、档案局、经管局、妇联、残联、机关党工委、引黄济青管理处等单位，在潍坊市同行业考核中位列第一。工作执行坚强有力。面对困难挑战，全市上下坚定信心、创新求变，从市级领导到基层一线，从各镇街区到部门企业，从党员干部到社会各界，一条心、一股绳，同心同德、众志成城，形成了一个声音喊到底、一气呵成干到底的良好局面。

在此，我代表市委、市政府，向在座的同志们、向全市广大党员干部群众，表示崇高的敬意和衷心的感谢！

二、关于2013年的工作

党的十八大提出，到2020年实现全面建成小康社会的宏伟目标，并鼓励有条件的地方，在现代化建设中继续走在前列。寿光作为全省、全国县域发展较快的县市，近年来，通过坚持不懈推进均衡发展，综合实力全面提升，已经具备了向更高层次冲击的基础和条件。下步，我们要进一步提升发展境界、树立全新目标，着眼于率先建成高水平小康社会、率先在全省基本实现现代化，敢于突破、敢为人先，努力在新一轮竞争中争先进位、跨越赶超。

基于上述要求，今年全市工作的总体部署是：坚持以党的十八大精神为指导，紧紧围绕“深化城乡一体均衡发展、加快实现两个率先”的总目标，大力实施“新型工业化、农业高端化、全域城镇化、城乡生态化”四大战略，突出抓好“工业经济、现代农业、城镇化建设、生态文明、社会管理创新、民生改善”六大重点，全面强化“党的建设、作风建设、廉政建设”三大保障，努力把寿光建设成为文明富庶、生态宜居、美丽幸福的现代化城市。主要目标是：确保全年完成地区生产总值700亿元以上，力争实现财政总收入100亿元，其中地方财政收入66亿元以上，完成固定资产投资440亿元以上，农民人均纯收入达到14600元以上。

（一）实施“四大战略”，以更高的定位率先突破

1、新型工业化战略。没有雄厚的工业实力做支撑，“两个率先”就无从谈起。要以寿北“千亿级新型工业基地”为主阵地，加快推进“三个转型”：即产业从“粗放发展”向“链条集约”转型、企业从“资源依赖”向“创新驱动”转型、产品从“初级加工”向“品牌科技”转型，争取年内完成工业投入230亿元以上，主营业务收入1800亿元以上，到“十二五”末，主营业务收入超过3000亿元，高新技术产业占比超过40%，从根本上改变传统产业“一枝独大”的局面。

2、农业高端化战略。作为“中国蔬菜之乡”，我们有责任在农业高端化上快速突破、趟出路子。今后，寿光的农业要体现“两

个在内、两个在外”：即标准制定、技术研发在内，生产基地、销售市场在外，加快发展“农业总部经济”，争取每年推广设施农业新技术80项以上，自主研发蔬菜新品种10个以上，五年内占有全国40%以上的市场份额，让寿光农民逐步摆脱高强度劳动，依靠高端、科技、品牌致富增收，让寿光品牌走向全国、引领全国。

3、全域城镇化战略。近年来，我们全力推进“城乡一体均衡发展”，已在城镇化建设上先行一步，打下基础。下一步，要按照“富裕农民、转移农民、就地城镇化”的要求，以每年不低于20亿元的投入，全力做到产业发展、基础设施、社会服务向镇村“三个倾斜”，确保实现“两个提前”，即提前实现中央“两个倍增”的目标，提前实现全省城镇化率63%的目标，全力打造城镇化建设“寿光模式”。

4、城乡生态化战略。生态是寿光未来发展的最大潜力、最大财富。下一步，我们要以双王城开发为突破，以生态整治为重点，持之以恒地加大资金投入、加大环境保护，既要“金山银山”，也要“碧水蓝天”，努力实现经济发展与生态建设之间的均衡，使寿光的天更蓝、水更清、环境更优美，成为“美丽中国”的示范区、样板区。

（二）突出“六大重点”，以更强的举措推进发展

1、狠抓“三个关键”，全面增创工业经济领先优势。大力实施“新型工业化”战略，关键要“做大、做强、做百年企业”：

做“大”，就是加大投入、全面突破寿北开发。全力抓好“三个开发”：⑴高效开发。坚定不移实施大项目、好项目带动战略，主攻“大项目、高科技、外向型、集群式”，重点抓好羊口先进制造业园区、高新技术产业园、临港物流园和侯镇海洋精细化工园，对鲁清芳烃、英利高档纤维等70个在建项目，要狠抓猛促、加快进度，确保年内竣工投产30个以上；对墨龙高端石油装备、中钢研稀土新材料等20个拟建项目，要紧盯紧靠，加快手续办理，争取年内新落地过2亿元项目30个以上。要继续实行任务分配制度，各镇街道年内至少引进1个过2亿元的项目；22个重点经济部门，都要确定一名班子成员专抓寿北，年内至少引进一个项目、办成一件实事，力争全年完成招商引资190亿元以上。⑵集约开发。寿北土地是我们的宝贵资源、最大优势，要按照“有序性、可控性、可持续”原则，倍加珍惜、集约利用。项目审定领导小组负责，严把项目审批关，做到“三个一律”：高耗能、有污染项目，不论投资多大，一律不上；投资低于2亿元的项目，一律拒批；虚假空置、“圈地”项目，一律清除。⑶配套开发。重点抓好总投资20亿元的羊口客运中心、文体中心等“六大中心”建设，配套完善文化、娱乐、餐饮等服务设施，靠宜居宜业的环境聚集人气、汇集商气，全力打造10万人口的工业新区、滨海新城。力争用3年左右时间，让寿北地区创造全市一半以上的产值，以寿北的强势崛起，带动全市经济社会的跨越发展。

做“强”，就是转型升级、全面提升核心竞争力。重点抓好“四个一批”：⑴攻坚一批核心技术。各大中型企业要学习借鉴联盟化工、富康制药、康跃科技的做法，积极参与国家标准、行业标准制定，力争年内全部建立技术研发机构，研发投入占比达到3%以上。⑵打造一批品牌强企。各大中型企业要学习鲁丽集团、仙霞服装的做法，大力实施“一企一标”工程，培育一批寿光本土自主品牌，力争年内新增驰著名商标15件以上。

经信局负责，进一步改进大中型企业动态管理办法，“倒逼”企业转调发展，力争年内150家企业主营业务收入过亿元。(3)壮大一批新兴产业。市政府负责，围绕新能源、新材料、新医药等战略新兴产业，制定出台我市发展规划，筛选50家成长型企业重点扶持，力争高新技术产业占比提高1-2个百分点。科技局、经信局负责，学习昆山、江阴等地做法，规划建设“科技创新孵化器”，为创业人才免费提供科研平台，形成区域性“创新洼地”。(4)培育一批上市企业。金融办负责，重点抓好蔬菜产业集团、大地盐化等20家企业的上市培育，力争年内新增股票2支以上。要加快推进县域金融创新试点，继续用好中小企业过桥资金，鼓励企业通过发行票据、债券等方式进行多元化融资，力争年内新引进金融机构2家以上，新增贷款120亿元以上，为企业发展提供充足的资金保障。

做“百年企业”，就是强化管理、加快建立现代企业制度。企业越是加快发展，越要注重内部管理。各企业要加快与国际接轨，全面建立现代企业制度，舍得高薪聘请高端人才，大力发展“能人经济”，力争引进一个人才、带动一个项目、壮大一个产业。经信局负责，大力实施“青年企业家跨越成长计划”，组织企业负责人特别是青年企业家，到国内外顶级高校、一流名企学习深造，全力造就一支懂经营、会管理、有远见的企业家队伍；同时，组织市内优秀专业人才进行专题讲座，不断提升企业员工整体素质。组织部、人社局、科技局负责，全面实施高层次创新创业人才“双百计划”，制定“寿光英才”评选奖励办法，每年重奖1-2名贡献突出、业绩突出的高层次人才，今年争取引进各类高层次人才200名以上，实现国家“千人计划”零突破。

2、瞄准“六化方向”，全面增创现代农业领先优势。

一是标准化。蔬菜安全事关寿光老百姓的饭碗，必须以铁的手腕、铁的办法，确保蔬菜安全万无一失。市政府负责，探索推行、定期发布“寿光蔬菜质量白皮书”，全面提升寿光农业的公信力、美誉度。农安办牵头，各镇街区、农业、公安、质检、工商等单位，要大密度开展集中整治行动，出现蔬菜质量安全重大问题的，所在镇街区“一票否决”；同时，加大村头地边市场规范力度，严厉打击欺行霸市、坑农害农行为，切实维护菜农利益。

二是园区化。积极引导企业、合作组织发展“工厂化”、“联合型”、“股份制”园区，大力推广自动化智能温室、水肥一体化、太阳能光伏大棚等新技术。今年，集中打造羊青路、羊田路、昌大路“三条生态农业走廊”，突出抓好国际生态农场、江苏绿港等高端项目，力争年内新建改建蔬菜园区20个、标准化畜牧园区30个以上。

三是种苗化。以打造“全国蔬菜种业之都”为目标，全面推进“蔬菜种子创新创业基地”、“蔬菜种业科技孵化器”两大国家级研发平台建设，力争年内新引进科研机构3家以上。农业局负责，加大运作力度，尽快把寿光蔬菜种苗标准上升为“国家标准”，筹备好全国蔬菜种苗展示交易会，让“寿光种苗”成为新的金字招牌。

四是品牌化。学习借鉴桂河芹菜、浮桥萝卜的创牌、用牌经验，争取每个园区、每家合作社都有自己的主打品牌，力争年内新认定绿色食品80个以上、地理标志产品5个以上。大力发展“订单农业”，加强与乐购、家乐福等高端超市开展“农超对接”，力争年内70%以上园区蔬菜，以品牌形式进入市场。

五是组织化。今年中央一号文件，发展新型农民合作社、培育壮大龙头企业是重点。要积极推广蔬菜产业集团、稻田燎原合作社经验做法，鼓励农村土地向种植大户、家庭农场、农民合作社流转，引导农民“抱团发展”、规避风险。市政府负责，尽快拿出专业合作社、农业龙头企业扶持办法，力争年内新增潍坊市级以上专业合作社示范社 10 家以上、龙头企业 10 家以上。

六是国际化。鼓励引导农业企业“走出去”，到国外参股、并购，开展技术合作、商业合作。今年，要充分利用中荷高端农业示范项目，与荷兰种子协会等国际研发机构，全面加强合作，加快引进新技术、新产品，尽快把我市打造成“国际四大蔬菜中心”之一。

3、坚持“三个同步”，全面增创城镇化建设领先优势。

一是规划同步。坚持“全域城镇化”理念，坚定不移抓好寿北新型工业、双王城生态经济、东部新城建设、西部市场物流“四大板块”，把“四大板块”作为城镇化建设的突破口，作为今后一段时期全市的重点和核心，全力突破、重点打造，以“四大板块”的快速崛起，带动城镇化建设的全面提升。城镇化领导小组负责，围绕产业发展、城乡建设、公共服务、机制体制等层面，抓紧制定我市总体规划、具体意见，全面加速城镇化进程。

二是建设同步。突出抓好“四个层面”：⑴中心城区。东城，按照“开放、包容、大气”的理念，以“寿光浦东”的定位，全力打造国内一流的城市会客厅、中央商务区。今年，重点抓好屯西、洛西、东马等 20 个村的整体改造，加快推进企业总部群、“两馆一中心”、洛城商务区等 75 个项目建设，确保城市建设“单体是精品、片区是亮点、整体是典范”，力争年内 50 家企业入驻企业总部群，新建高层 200 栋以上，两年内全市高层突破 1000 栋，实现东城建设的大突破、大提升。老城，加快实施老汽车站、南魏钢材市场等地块的开发改造，加快推进银海路北伸、圣城街雨污分流等 101 项市政工程，突出抓好健康街、广场街、新兴街等城区破损道路的改造提升，努力争创“联合国人居环境奖”。⑵新型城镇。按照“小城市”的定位，加快建设“集约、智能、绿色、低碳”的新型城镇，力争全年完成小城镇建设投入 25 亿元以上。羊口、侯镇要以“全省百镇建设示范行动”为契机，率先突破，打造标杆；稻田、台头等镇要加快改造提升，进一步做靓寿光“门户”；古城要以金海路、银海路北伸为契机，主动融入中心城区；其他镇街区也要因地制宜，提高建设档次，争取镇区面貌有新的提升。市政府负责，研究具体办法，在土地、资金等方面扶持重点镇发展。⑶中心社区。以条件成熟的中心村为依托，加大投入、完善配套，吸引周边村、偏远村组建大型中心社区。下一步，社区建设要严格标准，城市社区不少于 3000 户，农村社区不少于 500 户；社区服务中心面积，城区不低于 2000 平方米、农村不低于 1000 平方米，并全面配套污水处理、供暖供气等基础设施。今年，每个镇街区都要确定 1-2 个中心社区，进行重点打造，切实发挥示范引领作用。⑷特色村庄。坚持因地制宜、分类推进，加快建设风格鲜明、生态宜居的特色村。各镇街区要狠抓农村环境整治，狠抓大街小巷的硬化亮化，狠抓房前屋后的绿化美化，彻底清理“三大堆”，全面改善农村环境。要大力开展植树造林，突出抓好小清河生态林场、双王城环库林场、侯镇龙泽生态林场等重点绿化工程,确保全年完成植树1600万株以上,全力建设“美丽乡村”。

三是产业发展同步。大力发展“三大经济”:城市经济,重点发展市场物流业、现代商贸业。市场物流业,坚定不移突破西城,农产品物流园三期、半岛建材物流城、晨鸣物流园争取上半年开工建设;国际商贸城二期、五洲国际商城、田马瓜果批发市场二期争取尽快建成投用。市政府负责,研究出台物流业扶持政策,努力打造辐射环渤海地区的“百亿级物流基地”。现代商贸业,突出抓好全福元商业综合体、红星美凯龙等100个服务业重点项目建设,力争年内服务业占比提高1.5个百分点。镇域经济,坚持差异化、特色化发展,宜工则工、宜商则商、宜农则农,对镇区老站所、小企业、废弃用地,加快关停并转、拆旧建新,实施“腾笼换鸟”、“退二进三”,为镇域发展腾出空间,年内力争8个镇街地方财政收入过亿元,羊口、侯镇力争三年内进入全国百强镇。村集体经济,大力推广东关社区股份制改革、上口付二村创办合作社的做法,通过强弱村联合、优化资源配置、开展有偿服务等多种模式,进一步壮大集体经济。组织部、财政局负责,制定出台考核办法,激励村干部多方探索、干事创业,并加大财政转移支付力度,年内消除集体收入5万元以下村。

4、加快“三大创建”,全面增创生态文明领先优势。

一是创建“生态寿光”。突出抓好“三大重点”:(1)狠抓生态建设。双王城开发是拓展寿光生态空间的战略之举,必须坚定不移、全力推进。今年,开发重点要从抓规划、打基础,转到抓项目、打名气上,对海洋湿地研发中心、盐业博物馆等25个在建项目,要严格标准、加快推进,力争尽快建成投用;对洰淀湖生态旅游区、林海湿地休闲区等重点区域,要坚持保护与开发并重,努力实现生态效益、社会效益的有机统一。市级层面,要进一步加大扶持力度,做到包靠强度、资金投入、政策倾斜“三个不变”;镇街、部门层面,都要为生态开发争政策、争项目、搞服务,项目达到一定规模的,可以抵顶寿北工业项目任务。(2)狠抓旅游开发。全面启动弥河生态度假区、双王城生态旅游区两个AAAAA级景区创建,大力发展“农家乐”、“生态游”等特色旅游项目,精心规划旅游线路,变“一日游”为“两日游”,全力打响“魅力菜乡、生态寿光”旅游品牌。(3)狠抓生态治理。要以争创“国家生态文明示范市”为目标,重点抓好总投资7.8亿元的41项治污减排工程,严格查处偷排暗排、超标排放等违法行为,解决好桂河、丹河等过境河流的污染问题;加大大气整治力度,抓好53家大气污染企业的综合整治,有效减少雾霾天气。市政府牵头,环保、公安、质检、经信、工商等部门,联合开展“打击环境违法行为”专项行动,全面强化“属地管理”责任,对不达标企业,该治理的治理、该停产的停产、该拆除的拆除;对环保治理不到位、造成严重影响的,要严格追究相关企业、部门、镇街责任,绝不姑息迁就。

二是创建“文化寿光”。着力打造“三大品牌”:(1)地域文化品牌。深入挖掘菜文化、盐文化、红色文化等历史文化资源,扎实开展“文化产业项目推进年”活动,突出抓好历史文化中心、陈少敏纪念馆等重点文化项目,确保年内完成文化产业投入20亿元以上。(2)节会文化品牌。菜博会组委会负责,精心筹备好第十四届菜博会,全力打造中国农展会第一品牌。宣传部牵头,筹办好首届文化产业博览会,全面提升寿光文化的影响力。

(3)群众文化品牌。宣传部、广播电视台负责，继续开展好第二届“群众文艺大会演”，筹办“周末群众大舞台”，进一步丰富群众精神文化生活。采取以奖代补形式，扶持100个文化先进村建设；积极开展图书、电影、演出免费下基层活动，采取政府出钱“买文化”、京剧团免费演出等形式，为群众送上“文化大餐”。

三是创建“文明寿光”。要以争创“全国文明城市”为抓手，扎实开展“文明菜乡、信用寿光”等精神文明创建活动，组织开展“寿光好人”、“寿光好家庭”评选，倡树社会正气，传递社会“正能量”。同时，加大反面典型的曝光力度，发挥好警示教育作用。报社、电视台要开辟专栏，大力宣传“文依净”、“冬暖行动”、“新龙助孤”等社会公益活动，在全社会营造知荣辱、讲正义、促和谐的浓厚氛围。

5、实现“三个下沉”，全面增创社会管理创新领先优势。

一是服务下沉。新形势、新任务对群众工作提出新要求。广大党员干部要把群众当亲人、把群众当朋友，想群众所想、急群众所急，在政策制定、矛盾处理等涉及群众切身利益的问题上，学会换位思考，学会耐心疏导，使我们的工作让群众理解、让群众支持、让群众满意。

二是干部下沉。当前，干群沟通少、信息不对称，是造成工作被动的重要原因。组织部、政法委负责，深入开展选派“第一书记”推动“包千村联万户”、“干部直接联系服务群众”活动，市级班子成员每人包靠一个薄弱村、一个困难企业；市直各部门、单位要联系1个薄弱村，每名机关干部联系1户困难户，每季度都要联系、走访一次，知民情、接地气，帮助群众解决实际问题。

三是管理下沉。以“平安创建”为抓手，全面落实属地管理责任、主管部门责任，维稳办、公安、安监、信访、消防等单位负责，定期开展社会治安、矛盾纠纷、安全生产排查整治行动，对排查出的问题，实行“台账销号”制度，确保社会持续和谐稳定。要进一步创新城市社区管理办法，全面推广向阳社区试点经验，公安、计生、人社、民政、房管等单位，要把与居民有关的业务全部延伸、下放到社区，尽快实现功能到位、人员到位、作用发挥到位。

6、做到“三个更加注重”，全面增创民生改善领先优势。民生高于一切、重于一切。今年市财政用于民生领域的投入不低于25亿元，进一步提高群众的幸福感和满意度。

一是更加注重社会事业。全面推进职教中心、东城学校等重点项目，继续实施校车接送、校舍改造、农村学生安全饮水工程，重点抓好部分农村薄弱学校的改造提升，进一步改善学生交通、生活条件。全面落实中医院药物“零差率”销售制度，抓好中医院病房大楼、东城医院等6项卫生重点工程，进一步解决群众看病难、看病贵问题。继续加大群众健身投入，为100个村配套体育健身设施，三年内实现村级全覆盖。

二是更加注重社会保障。把“新农合”纳入城镇医保范围，把20种疾病纳入农村大病保障，实现城乡居民基本医疗保险并轨运行。进一步提高五保供养、城乡低保标准，对鳏寡孤独、重特大疾病患者进行困难帮助，让困难群众得到及时救助。开展“困难群体就业援助活动”，年内新增就业岗位1.5万个，切实消除“零就业”家庭。

三是更加注重公共服务。围绕道路畅通工程，对老羊青路、寿济路等县级道路进行改造提升，完成农村公路网化工程；全面普及城乡公交一体化，加快建设公共自行车服务系统，在城区投放公共自行车2000辆，让群众出行更加便捷。围绕安全饮水，继续加大投入，解决好315个村、25万群众的安全饮水问题，确保全市100%的村实现集中供水。围绕社会安全，在重点部位、重要出入口全部安装监控探头，搭建全覆盖、立体化治安防控网络，切实保障人民群众生命财产安全。

实现“两个率先”的任务目标，既要立足当前，以重点工作的全面推进，实现经济社会的快速发展；又要着眼长远，抓住事关寿光未来发展的支撑性项目，超前谋划、持续发力，在新一轮竞争中奠定领先优势。今年，我们筛选了事关长远的“八大项目”，作为争先进位、跨越赶超的强力引擎，集中攻坚、奋力突破、全力推进。这八大项目分别是：

⑴总投资160亿元、强力拉动寿北开发的国华大电厂；

⑵总投资7.8亿元、全长22公里的益羊铁路改线；

⑶总投资10亿元、一期建设9个泊位的寿光新港；

⑷总投资45亿元、提升寿光形象的地标建筑--企业总部群；

⑸总投资3亿元、连接东西两城的弥河隧道；

⑹总投资3.9亿元、年供水4000万立方的南水北调配套工程；

⑺总投资9亿元的国家级现代农业示范区和中荷高端农业示范项目；

⑻总投资100亿元的“智慧寿光”建设。

这“八大项目”，涉及工业、农业、城建、社会事业各个领域，对全市发展具有不可估量的推动作用。各相关镇街区、部门单位要高度重视，强化措施，已经开工的要全力推进，尚未开工的要跟上工作，争取尽快取得实质性进展。

（三）强化“三大保障”，以更加有力的执行加快落实

1、强化党的建设。主要抓好“三件事”：一是抓好教育实践活动。组织部负责，结合学习贯彻十八大精神，扎实开展党的群众路线教育实践活动，对全市党员干部进行新一轮大规模轮训，突出抓好村“两委”成员、市直部门单位中层干部培训，大力弘扬敢于超越、敢于挑战、敢于担责、敢于领先的“四敢”精神，倡树为人真实、工作务实、干事扎实的“三实”作风，全力打造一支创业有激情、内心有热情、服务有真情的“三有”干部队伍。二是抓好村级班子建设。村干部与群众联系最密切、最直接，一言一行最能代表党和政府形象。广大农村干部特别是村支部书记，要放下“官架子”、消除“特权思想”，多在发展经济、服务百姓上动脑子、下功夫，以实际行动赢得群众信赖、支持和拥护。组织部负责，探索推行村支部书记“公职化”管理，采取回请、下派、考选等办法，选拔一批思路宽、能力强、作风硬的优秀人才担任村支部书记。今年，要根据村级班子工作实绩，从全市选出10个先进党支部书记，从变化大的薄弱村中选出10个优秀党支部，年底进行表彰奖励。同时，加大公开选拔力度，考选一批优秀基层干部，充实镇街领导班子和公务员队伍。三是抓好党建品牌创新。十八大把“纯洁性建设”上升为党建三条主线之一，我们要继续探索创新，严把入口、畅通出口，对不合格党员，该教育的教育、该清退的清退；发展新党员都要集中培训、集中公示，建立完善党员队伍“能进能出”的长效机制。要围绕服务型党组织建设、城市社区党建和农民专业合作社党建等方面，拿出实招、创出经验，真正叫响我市党建品牌。

2、强化作风建设。突出抓好“三个提升”：一是进一步提升发展境界。当前，寿光正处在跨越发展的关键时期，我们决不能沾沾自喜、停步不前，躺在“功劳簿”上睡大觉，必须对寿光百万人民负责、对寿光历史负责，敢于在全省、全国扛红旗、站排头，努力实现越位争先、率先发展。组织部负责，在全市开展“对标、赶标、夺标”活动，各镇街区、部门单位要在全省、全国找出自己的学习标杆，学什么、比什么、达到什么标准，都要明确时限进度，一季一通报，年底看效果、算总账。二是进一步提升服务质量。各部门单位要严格执行限时办理、一口收费等措施，对各类收费，能减则减、能免则免，有弹性的执行下限，确保全年行政提速 30% 以上。市纪委负责，学习移动公司“服务满意度现场打分”做法，对全市所有审批、服务、收费窗口，安装现场评价系统，一月一排名，一年一总评，对连续两年排在后10名的个人，该调离的调离，该辞退的辞退；后5名的单位，第一年班子通报批评，连续两年集体诫勉。三是进一步提升执行力。全市上下要紧紧围绕全年目标，敢担当、敢突破，不折不扣地把市委决策落到实处。今年对各镇街区的考核，要打破原来三类划型，区别重点镇、一般镇，体现差异化、特色化，更加注重财政收入、农民收入、集体收入的增幅，更加注重重点工作的变化，进一步激发各镇街区竞相发展的活力。年底，要依据考核结果，严格兑现奖惩。这次会后，市级领导全部到基层、到工地、到现场，一般性会议不再报道，只报道现场调度会议，现场解决问题，加快工作推进。

3、强化廉政建设。广大党员干部特别是领导干部，要牢固树立“文明节俭、勤政高效”的理念，认真执行廉洁从政的各项规定，不干预微观经济活动、不插手村级事务，自觉接受社会监督，为全市干部做出表率。广大农村党员干部，要严格落实党务、村务公开制度，尤其是严格执行财务管理的各项规定，重要事项必须集体研究、民主公开，坚决杜绝暗箱操作，坚决防止不民主、不干事、不廉洁行为。市纪委负责，加强对重点领域、重点岗位、重点人员的监督管理，按照市委改进工作作风、密切联系群众“九项规定”的要求，围绕铺张浪费、工作日午间饮酒等问题，加大明查暗访力度，对违反规定的，一查到底，严肃处理，努力在全市营造风清气正、加快发展的良好氛围。

同志们，实干成就事业，奋斗铸就辉煌。让我们紧密团结在以习近平同志为总书记的党中央周围，在党的十八大精神指引下，团结带领全市人民，振奋精神、自我加压，创新实干、奋勇争先，为加快推进“两个率先”、建设“城乡一体均衡寿光”而努力奋斗！

加快转型升级 深化改革创新
全力推动“城乡一体均衡寿光”再上新台阶

——孙明亮同志在全市三级干部会议上的讲话

（2014年2月21日）

同志们：

这次全市三级干部会议，主要任务是回顾总结2013年工作，表彰先进集体和先进个人，安排部署今年的目标任务，动员全市上下加快转型升级、深化改革创新，全力推动“城乡一体均衡寿光”再上新台阶。下面，我讲三个方面的问题。

一、攻坚克难、主动作为，2013年工作取得显著成绩

去年以来，全市上下按照“一四六三”的工作部署，全力以赴稳增长、促转型、惠民生，经济社会快速发展，各项事业全面进步。主要表现在六个方面：

（一）更加注重均衡发展，综合实力全面增强。2013年，全市完成地区生产总值701亿元，同比增长11.2%；实现财政总收入97亿元，其中地方财政收入70.69亿元，同比分别增长16%和19.7%，地方财政收入居全省县域第二位、税收收入居第一位；城镇居民人均可支配收入、农民人均纯收入分别达到29130元、14408元，同比分别增长10.1%和12.5%；先后荣获“全国生态文明建设试点示范市”、“全国社会管理综合治理先进集体”等省部级荣誉80多项，连续6届被评为“全国科技进步先进市”，成为江北地区唯一荣获“联合国人居环境奖”的县级市；在最新的全省县域综合实力排名中，我市跃居前3强；在潍坊市综合考核中位居第一、获一等奖；在潍坊市科学发展群众满意度调查、社会治安群众满意度调查中，我市均以较大优势位居第一。

（二）更加注重转型升级，三次产业提质增效。新型工业集聚壮大。从规模总量看，全市规模以上企业实现主营业务收入1739亿元、利税135亿元，有29家企业主营业务收入过10亿元，其中晨鸣纸业、联盟化工、鲁丽集团、鲁清石化、巨能控股5家过百亿、占潍坊的1/3；晨鸣纸业、巨能控股、联盟化工、富康制药、供电公司、鲁丽集团、建设集团、大地盐化、墨龙机械、青岛啤酒、鲁清石化等11家企业实缴税金过亿元。从发展质量看，全市高新技术产业占比达到37.2%，高于潍坊8.2个百分点、全省6.97个百分点，实现四年翻番，提前两年完成“十二五”目标；兰典生物等3个项目入选国家“863”计划，新增国家级创新战略联盟2家、全省仅5家，国家“千人计划”达到4人，连续三年被评为“全省人才工作先进市”。从发展后劲看，全市完成招商引资197亿元，完成进出口总额26.4亿美元、居潍坊首位，实际利用外资1.9亿美元、占潍坊总量的1/4；永通塑业在齐鲁股权交易中心成功挂牌，全市债券融资总量达到80亿元，占全潍坊的70%；完成工业投入165.3亿元，新建、续建过亿元项目162个，鲁丽重工、昊华子午胎、墨龙高端石油装备、康成木业、联盟汽车天然气钢瓶等重点项目进展顺利，巨能生物蛋白、元鸣生物聚葡萄糖等25个项目投产达效；全面启动了寿光（滨海）产业园建设，寿北地区完成工业产值560亿元、占全市总量的三分之一，“千亿级新型工业基地”强势崛起。羊口、侯镇坚持项目建设、基础配套统筹推进，为寿北开发做出了积极贡献；台头、洛城、营里、化龙、圣城、稻田、孙家集、纪台等镇街全力参与，引进项目都在2个以上。高端农业领跑全国。建立了全国唯一的“蔬菜分子育种公共实验平台”，有8家国家级种苗研发机构入驻，新申报、审定蔬菜新品种15个、总数达到35个，居全国县级第一。全市家庭农场发展到619家，新增国家级标准园区3处、国家地理标志证明商标5个。孙家集、营里、稻田、纪台、化龙、洛城、文家等镇街的高端农业，洛城东斟灌、田柳王高五、化龙崔家、文家桑家、侯镇李桥、稻田西稻田、孙家集泽科、上口付二、双王城牛头镇村的土地流转，营里晋家疃、田柳东头、稻田宋三、文家吕家、台头马家庄的畜牧园区，有特色、效益好，示范作用强。第三产业持续繁荣。全国首家荷兰模式电子拍卖市场落户我市，红星美凯龙、半岛建材物流城、车配龙国际汽车广场等22项重点项目进展迅速，新增限额以上服务业企业447家，三产税收对财政的贡献率提高5.2个百分点。菜博会被评为国家AAAAA级专业展会、全国仅3家，三元朱村通过国家AAAA级景区验收，我市成为“中国十佳品牌会展城市”。有32家商贸企业销售收入过亿元，其中全福元商业集团达到55亿元。圣城、文家、稻田的物流项目，动作大、进展快，推动了“物流板块”的快速突破、全面升级。

（三）更加注重互动融合，城乡建设亮点纷呈。中心城市魅力彰显。全面实施了新一轮城市总体规划，成为全省第一家启动总规修编的县级市；全力加快东城开发，企业总部群、全福元商业综合体、世纪泰华城等75个重点项目高效推进，21个城中村实施了整体拆迁改造，全市高层总数达到750栋，城市建设的品质、档次不断提升；“智慧城市”试点工作扎实推进，公安、建设、交通、国土、计生等数据平台实现并网运行，城市管理迈入数字化时代；全面实施了总投资6.6亿元的公园街、健康街、尧河路等103项市政工程，成为城市道路改造力度最大、功能提升最快的年份之一。洛城、圣城、古城、文家等街道在重点项目建设中，积极配合、全力支持；规划局、建设局、国土局、财政局、园林处、城建投、房管中心等单位，各司其职、密切配合，为城市建设做出了突出贡献。镇域实力显著增强。全市完成小城镇建设投入25亿元，有7个镇街地方财政收入过亿元，其中，羊口、侯镇、圣城过5亿元，古城、洛城、文家过2亿元，营里成为第七个“亿级镇”，古城、侯镇、孙家集、羊口、纪台、洛城、营里、田柳等镇街增幅都在40%以上。经济开发区在全省综合考核中居潍坊第一、全省第六；侯镇在全省首批“百强示范镇”年度考核中，是潍坊唯一进入前6名的重点镇；羊口成为全省第二批“百强示范镇”。新农村建设稳妥推进。全市新建大型农村社区20个，90%以上的村庄开展了环境综合整治、受益群众达到60万人，基本消除了集体经济收入5万元以下村，营里镇所有村集体收入超过10万元。圣城东关、城里、台头北洋头、纪台玉皇庙、化龙丰三、上口西堤、营里西浊北、古城野虎、双王城寇家坞发挥优势、盘活资产，村集体经济不断壮大；洛城丁楼、孙家集范于、古城周家、稻田南河崖、台头禹王沟、田柳邵家岭的社区建设，推进速度快、形象效果好；羊口侯辛、上口双井口、圣城赵旺铺、化龙板桥、双王城郭井子的净化、硬化，孙家集三元朱、侯镇河沟、田柳北岭、洛城牟西的绿化、亮化，工作措施到位、村容村貌变化大。

（四）更加注重生态文明，环境质量明显改善。双王城生态开发大见成效。总投资58亿元的生态商务区、党员实训基地等30个生态旅游项目进展顺利，双王城水库成功蓄水，海洋湿地研发中心基本完工，洰淀湖生态湿地公园一期开园运行，去年“十一”期间，游客人数突破10万人次，被评为全国“美丽乡村”创建试点区，成为均衡寿光建设的靓丽名片。环保整治大见成效。全年完成生态环保投入29亿元，对532家企业实施了分类治理，关停污染企业35家；确定了34处永久性保护绿地，完成植树造林1600万株，在潍坊率先实现了污水处理、卫生直管全覆盖，顺利通过了“国家生态市”验收。文明创建大见成效。全面推进历史文化中心、中华汉文化产业园等61项重点文化项目，扎实开展了第二届群众文艺大会演等活动，参与群众100多万人次；大力开展“四德”工程建设和“寿光好人”评选，先后涌现出2位全国道德模范、3位全国重大典型、5位中国好人；成功举办了第四届中国农业电视评估年会、2013中国（寿光）文化产业博览会，开创了全省县级举办文博会的先河，成为全省“文化强省建设先进市”。

（五）更加注重民生普惠，社会发展和谐稳定。全年财政用于民生领域的投入达到50.3亿元，占财政总支出的64.2%。社会事业全面推进。新建改建学校19处，职教中心一期建成启用，潍坊科技学院专升本考取人数居全省第一，全市高考重点本科上线人数、上线率连续10年居全省县级第一，是“全国县域义务教育发展基本均衡市”。全面加快人民医院门诊病房大楼、东城医院等重点项目建设，省级标准化卫生所覆盖率达到100%；市财政补贴1.08亿元，对所有镇村医疗机构、中医院实施了药品“零差率”销售，为群众报销医药费3.1亿元。服务体系日益完善。全年为17万、60岁以上老人发放养老金1.4亿元；市财政出资5394万元，对全市2万名城乡低保人员提高了补贴标准；总投资3.3亿元的农村公路网化工程全面完成，887个村的道路状况显著改善；在城区投放公共自行车3000辆，群众出行更加环保便捷；解决了421个村、27万群众的安全饮水问题，农村集中供水实现全覆盖，被评为“全国农村饮水安全工程示范市”。社会管理不断加强。建成了全国首个政法信息共享平台，扎实开展了选派“第一书记”推动“包千村联万户”、“干部直接联系服务群众”活动，解决各类问题2.3万余件，被评为“全省信访工作先进单位”。交通局、建设局、地税局、房管中心、盐务局、卫生局、水利局等单位，帮扶力度大，群众反映好。公安局、法院、检察院、信访局、安监局和洛城、营里、古城、羊口、化龙、台头、纪台、上口、双王城等镇街区工作措施到位，矛盾化解及时，维护了全市持续和谐稳定。

（六）更加注重作风转变，党的建设全面加强。党建创新扎实有效。全面加强城郊村党建工作，组织开展了党政机关、企事业单位党员“双报到”活动，归纳总结了不合格党员6大类、75项具体表现，在“全国发展党员和党员管理工作座谈会”上作了典型发言，被省委确定为“处置不合格党员工作试点市”。服务环境持续优化。创新实施了“服务窗口满意度现场打分”制度，压缩、减免行政审批事项196项。发改局、环保局、经信局、物价局、质监局等单位，提高工作效能，服务质量不断提升。干部作风务实高效。严格落实中央“八项规定”，围绕破除“四风”问题，在公务接待、工作日午间禁酒等方面进行了专项整治，营造了风清气正、干事创业的浓厚氛围，成为“全省农村党风廉政建设联系点”。洛城、圣城、纪台、田柳、稻田和广播电视台、人社局、卫生局、农机局、规划局等单位工作扎实、群众认可，在全市群众满意度电话调查中名列前茅。

回顾一年来的工作，成绩来之不易、经验值得总结：

一是发扬“四敢”精神，咬定标杆不放松，取得了一些全省率先、全国领先的优异成绩。全市上下争先进、创一流，各项工作亮点纷呈。我市地方财政收入在全省县域排名，从08年的第6位提升到目前的第2位，县域综合实力从第9位上升到第3位；成为江北地区唯一拥有“中国人居环境奖”、“联合国人居环境奖”两项殊荣的县级市。检察院、人社局、科技局、环保局、国土局、农业局、交通局、水利局、司法局、信访局、体育局、老干局、总工会、文广新局、市联社、广播影视集团等单位，获得了省部级荣誉称号；发改局、教育局、规划局、统计局、党校、商务局、农工办、机关党工委、档案局、粮食局、审计局、海洋与渔业局、农机局、药监局、文化执法局、机关事务管理局、经管局、科协、党史、妇联、团市委、台办等单位在潍坊同行业考核中位列第一。实践证明，无论面对什么困难，只要我们敢于超越、敢于挑战、敢于担当、敢于领先，就一定能在逆势发展中率先突围、率先胜出。

二是倡树“三实”作风，矢志攻坚求突破，推进了一批意义重大、影响深远的大事要事。面对复杂严峻的发展态势，坚持以大项目、好项目提质量、增后劲，国华寿光电厂全面开工，寿光新港开港运行，益羊铁路西移、德大、黄大“三条铁路”基本完工，联盟、富康、金玉米“三大企业搬迁”取得重大突破。特别是在国家大范围清理、规范展会市场的大环境下，我们紧盯目标、锲而不舍、全力争取，第十五届菜博会率先在全省获得国家部委批复。实践证明，只要我们把全部心思、全部精力放在谋发展、抓落实上，就一定能攻坚克难、越位争先，开创均衡发展新局面。

三是争当“三有”干部，锐意创新抓落实，打造了一支敢闯敢试、作风扎实的干部队伍。市级领导班子吃苦在前、冲锋在前，分工协作、密切配合，特别是人大、政协的同志，人手都有大项目，盯在一线抓落实，为全市党员干部作出了表率。各镇街区、各部门单位讲政治、顾大局，勤勤恳恳、尽职尽责，确保了政令畅通、工作落实。各大中型企业积极抓技改、上项目、创品牌，助推转型发展。广大农村干部扎根基层、任劳任怨，为农村稳定发展做出了积极贡献。在此，我代表市委、市政府，向在座的同志们、向全市广大党员干部群众，表示崇高的敬意和衷心的感谢！

二、把握主线、明确重点，全力推动均衡发展迈上更高层次

年前，中央相继召开的十八届三中全会、经济工作会和农村工作会，提出了一系列新思想、新论断，特别是习近平总书记视察山东时，作出了“腾笼换鸟、凤凰涅槃”的重要指示，要求全省痛下决心、狠下功夫，在转型升级方面取得新突破。作为寿光，必须深刻把握中央精神，率先落实、率先突破，加快工作指导的根本性转变，全力当好转型升级的排头兵、领头雁。在发展理念上，打破“简单以GDP论英雄”的传统观念，不层层加码、盲目攀比，要总量更要质量、要增幅更要效益，全面实现发展速度、质量、效益的有机统一。在发展路径上，坚持用“腾笼换鸟、凤凰涅槃”的思路，进一步扭转产业结构偏重、层次偏低的状况，加快三次产业结构由“二三一”向“三二一”转变。在发展追求上，更加注重生态环保，更加注重民生改善，更加注重群众满意，全力增创均衡协调、可持续发展的新优势。

基于上述要求，今年工作总体思路是：全面贯彻落实党的十八大、十八届三中全会精神，坚持稳中求进总基调，以“深化城乡一体均衡寿光建设”为总目标，加快推动工作指导重大转变，把转型升级、改革创新贯穿经济社会发展各个层面、各个领域，全面加快三次产业、生态环保、新型城镇化、民生事业、社会治理 “五大升级”，突出抓好金融、农村、财税、行政体制 “四项改革”，不断强化教育实践活动、基层组织建设、执行力提升“三大保障”，努力实现经济社会均衡化、可持续、内涵式发展。主要目标是：确保全年实现财政总收入108亿元以上，其中地方财政收入突破80亿元，同比分别增长11%和13.2%以上；城镇居民人均可支配收入、农民人均纯收入同比分别增长10.5%以上；确保各项刚性指标全面完成，社会持续和谐稳定。

“五大升级”：

（一）实施“三大计划”，加快推进三次产业全面升级

1、工业上，实施“提质增效”计划，突出抓好“四项举措”强力转型：

⑴以存量优化强力转型。重点抓实“三个关键”：一是寿北园区抓提升。坚定不移地把寿北作为“腾笼换鸟、凤凰涅槃”的主战场，坚持以“亩产论英雄”，健全项目退出机制，用单位面积税收衡量项目质量，对安全环保不达标、项目建设无进展、土地长期闲置的企业厂房，坚决进行清理。市政府牵头，羊口、侯镇、经信、发改、国土、环保等单位参与，对闲置土地、厂房开展“二次招商”，提高土地利用率。同时，全力加快寿光新港万吨级航道、疏港道路等配套项目建设，确保年内寿北完成基础设施投入15亿元以上。二是传统企业抓高端。要突出企业在转调中的“主力军”作用，引导大型企业学习晨鸣集团组建财务公司、打造团队精神的经验，富康制药参与国际标准制定、引进高端人才的做法，苦练内功、强化管理，创新物联网营销模式，全力打造行业首企、百年企业。发改、经信等部门负责，筛选37家成长型企业进行重点扶持，催生一批科技含量高、市场前景好的战略新兴企业。三是优势产业抓集聚。要围绕石油装备、海洋化工、生物医药等优势产业，加快上下游企业集中布局，实现产能对接、资源共享，力争年内过300亿元的产业集群达到5个以上。经信、发改等部门负责，尽快出台产业集群培育计划，延伸产业链条、壮大产业优势。

⑵以优质增量强力转型。今年寿北开发的工作重心，要从“抓开工”转向“抓投产”，对国华寿光电厂、英利高档纤维、鲁丽产业园等项目，重点调度、全力推进，确保年内竣工投产30个以上；对寿光（滨海）产业园要狠抓不放、快见成效；对巨能工业园、鲁丽光伏发电等拟建项目，要完善手续、加快进度，争取新开工过2亿元项目30个以上。经信、发改、羊口、侯镇等单位负责，逐个企业找出投产障碍，全力以赴加快解决。下步，要全面转变招商理念，变“招商引资”

为“选商引资”，不搞无底线的政策比拼，靠发展环境、资源条件、产业优势，吸引项目、吸引投资，确保全年完成招商引资200亿元以上。

(3)以节能降耗强力转型。重点抓好“三个环节”：一要强化源头控制。发改、经信、国土、环保、安监等部门负责，严把新上项目质量关，进一步提高节能、环保、安全“三大门槛”，对燃煤项目、化工项目、高耗能项目一律拒批，不供地、不办手续。二要加快技术改造。经信、科技等部门负责，加快实施“百企改造升级行动”，鼓励企业抓技改、抓管理、抓装备更新，力争年内完成技改投入190亿元以上。三要淘汰落后产能。经信、财政、金融、环保等部门负责，根据全省六大传统产业转型升级计划，运用信贷、电价、水价等倒逼手段，逐行业、逐企业制定转型措施，坚决淘汰落后产能，确保万元GDP能耗同比下降4%以上。

(4)以科技创新强力转型。加快工业化与信息化的深度融合，全力打造企业研发、科技孵化、人才智力“三大平台”，加快推进寿光科技创新企业孵化器、基因生物科技研发平台建设，抓好防水材料、橡胶轮胎产业联盟建设；引导鼓励企业参与行业标准制定，掌握话语权、标准权，力争年内大中型企业全部建立研发机构，全市高新技术产业占比提高1-2个百分点。组织、人社、科技、经信等部门负责，全面实施高层次人才“双百计划”，推进“经营管理人才‘三年万人’培训工程”，力争年内新增院士科研工作站2家、国家“千人计划” 2人、高层次创新创业人才40名以上。

2、农业上，实施“品牌提升”计划，重点抓好“两个在内、两个在外”：

“两个在内”：就是优质安全生产在内、种苗研发在内。

(1)优质安全生产在内：要把“沃土工程”作为事关农业安全的核心工程，农业局负责，严格控制过度施肥，以科技手段改良土壤，对入围企业、参与农户从政策、资金、信贷等方面进行扶持，确保每年改良土壤5万亩以上；同时，要探索推行农产品质量保险试点，为寿光蔬菜质量安全贴上“保险标签”。农业、公安、工商、质监等单位负责，持续开展质量安全整顿活动，下猛药、出重拳，确保群众“舌尖上的安全”。

(2)种苗研发在内：立足打造“中国蔬菜种业硅谷”，依托国家现代蔬菜种业创新创业基地、中荷合作交流中心两大科研平台，大力推行蔬菜产业集团商业研发模式，加快国家级分子育种试验室、创新创业基地研发中心建设，全面加强与绿港国际、瓦格宁根大学和荷兰种子协会交流合作，年内与8家以上国内外研发企业开展实质性合作，力争培育蔬菜新品种10个以上。农业局负责，筹备好首届中国蔬菜新品种展示会，全面提升寿光种苗影响力。

“两个在外”：就是市场服务在外、品牌影响在外。

(1)市场服务在外：要保持寿光农业的领先优势，必须加快从“蔬菜种植”向“标准技术”转变，让全国各地成为寿光标准、寿光技术的消费市场。农业局负责，加强与科研部门的战略合作，围绕蔬菜全产业链发展，做生产标准、做技术标准、做种苗研发标准，力争用5年左右时间，打造成为中国蔬菜的标准形成中心、成果转化中心、技术孵化中心。科技、规划等部门负责，积极向上对接，做好前期规划，全力争创“黄三角国家农业高新技术开发区”，力争成为全国第二家国家级农业高新区。

(2)品牌影响在外：要从战略高度重新审视现代农业发展方向，把脉寿光农业前景，瞄准“有机、品牌”方向，积极探索有机农业、生态农业发展新模式。市政府牵头，聘请农业部高层次专家，尽快拿出我市农业品牌总体规划；农业局负责，全面加大对接力度，争取“国家级蔬菜批发市场”定名我市，确立寿光蔬菜的定价权、话语权。要学习借鉴菜博会的成功经验，争取在寿光多举办全国性的农业品牌推介会，加大“寿光蔬菜”整体品牌的宣传推介力度。要高标准办好第十五届菜博会，进一步扩大展示规模、创新展览方式、丰富展会内涵，确保办出新的境界、办成新的标杆，把寿光这块“金字招牌”擦得更亮、叫得更响。

3、三产上，实施“电商融合”计划，扎实推进“五十百千”工程，加快电子商务与传统服务业的全面融合，把服务业打造成最具活力、最具贡献力的支柱产业，确保年内服务业比重提高1-2个百分点。重点培强“四大经济”：

(1)电商经济。全市上下特别是各大中型企业，要顺应“电商时代”的发展潮流，把握“电商时代”的重大机遇，把电商理念、电商模式应用到企业生产、市场营销、财务管理、原料采购等各个方面，努力在电商经济中抢得主动、赢得先机。市政府牵头，商务、经信等单位负责，尽快出台全市电子商务总体规划，加强与阿里巴巴、京东商城、苏宁易购等知名电商洽谈，加快推进中国（寿光）农资电子商务总部基地、电子商务大厦等电商项目建设，力争年内引进知名电商企业3家以上。

(2)物流经济。坚定不移突破西部物流板块，晨鸣物流园、农产品物流园三期要扫清制约障碍，尽快开工建设；半岛建材物流城、寿光蔬菜电子交易市场、燎原冷链配送中心要加大推进力度，确保年内投用；临港物流园力争引进5个过亿元物流项目。圣城、文家、羊口、稻田要主动搞好服务，加快项目推进，全力打造百亿级物流基地。商务、发改、规划等单位负责，进一步完善物流发展规划，加快实现由“遍地开花”向“重点突破”转变，争创“全国农产品现代流通综合示范区”；同时，加大向上对接力度，争取设立青岛保税区寿光功能区。

(3)商贸经济。要抢抓消费税改革机遇，大力推进消费性服务业发展，加强与家乐福等国际知名企业对接，加快推进红星美凯龙、车配龙国际汽车广场等大型商贸项目，确保快推进、早投用，力争年内实现消费品零售总额230亿元。商务、规划等单位负责，重点规划发展一批特色商业街区，特别是结合金玉米搬迁，科学摆布潍坊科技学院、东城全福元周边商业规划，集中打造以学院路商业街为中心的商贸圈，推动商贸中心向东城拓展。

(4)创意经济。要以企业总部群、软件园为依托，集聚一批研发、金融、结算中心等项目，形成“总部经济平台”、“研发设计平台”、“创新孵化平台”。要以城投·太阳城等养老项目建设为契机，探索社会养老模式，创建健康养老品牌，使养生养老产业走在全国前列，全力培育新的经济增长点。

（二）打好“三大攻坚战”，加快推进生态环保全面升级

一是放大“河湖优势”，打好生态开发攻坚战。弥河、洰淀湖是我们生态建设的最大潜力和优势，要围绕“一河一湖”，加大地下水、地表水保护力度，全力打造美丽寿光生态画卷。(1)坚定不移突破双王城开发。今年，双王城要把开发重点，转到打品牌、见成效上来，充分发挥洰淀湖资源优势，按照世界眼光、国内一流标准，全面实施“湖城同建”，强化市场运作，全方位配置“游购娱、吃住行”等旅游元素，加快推进洰淀湖二期、盐业博物馆等项目建设，力争年内6个项目建成投用，确保实现“三年大见成效”的既定目标，全力创建国家生态旅游示范区。⑵坚定不移突破弥河开发。按照“上游绿色湿地、中游城市滨水、下游生态旅游”的布局，科学制定生态保护、产业发展规划，设立永久性生态区域，全力打造绿色生态廊道。林业、规划、水利、建设等部门负责，加快推进滨河湿地公园等重点项目建设，突出抓好22项绿化工程，确保全年植树1200万株，林木覆盖率提高1.5个百分点。

二是实施“蓝天计划”，打好雾霾治理攻坚战。以“蓝天白云，繁星闪烁”为目标，全面实施两大行动：⑴燃气换煤行动。市政府牵头，建设、发改、环保、规划、经信等部门负责，积极推进“煤改气”、“油改气”，严格控制煤炭消费总量，逐步降低煤炭消费比重。城区，以改造“燃煤锅炉”为抓手，设立“禁燃区”，年内全面拆除10吨以下锅炉；园区，加快推进天然气管道进园，争取尽快实现产业园区集中供气，从能源结构上为雾霾整治打下坚实基础。⑵大气整治行动。环保局负责，重点抓好羊口、侯镇102家企业的分类处置、关停并转，抓好56家废气污染企业的全面治理，确保金玉米老厂6月底前停产搬迁；在15个镇街区全部安装PM2.5监测设备，定期公布监测结果，力争PM2.5浓度三年下降20%以上，全力争创“国家生态文明示范市”。

三是坚持“铁腕治污”，打好环保执法攻坚战。要建立节能减排预警联席会议制度，严格按照企业实际排放量征收排污费，对高排放企业制定产能、产量控制方案，对完不成减排任务的企业，实行项目限批；对排放不达标的企业，实施限期治理，治理不达标的一律关停。各企业是节能减排的主体，必须强化社会责任、克服短期行为，要早认识、快行动，自觉淘汰落后产能、加大环保投入，做到合法经营、达标排放。市政府牵头，环保、公安、质监、经信等部门负责，坚持科技治理、经济处罚、法律手段“三管齐下”，深入开展“打击环境违法行为”专项行动，持续打好“八大战役”，对偷排偷放、恶意污染造成严重环境事故的，要依法追究相关企业、部门、镇街责任。

（三）抓实“三大节点”，加快推进新型城镇化全面升级

一是打造生态宜居、包容大气的现代化城市。⑴东城建设要更加注重出精品。东城突破战略已经实施三年，成效全面显现，今年要全力抓好三个一批：建成投用一批功能性项目，坚持“单体是精品、片区是亮点、整体是典范”，加快推进企业总部群、全福元商业综合体、体育馆等重点项目，确保年内有20个项目投用，实现城建项目大突破、城市形象大提升。回迁启用一批惠民型社区，在稳妥推进东马家、尧水等27个村庄拆迁改造的基础上，重点抓好屯西、董前等10个村庄的安置启用工程。下一步，城市建设要从严控制房地产项目，村庄改造必须做到“两个100%”，即：拆迁改造同意率100%、拆迁改造方案同意率100%，真正做到好事办好、群众满意。配套完善一批支撑性设施，高标准完成永乐路拓宽改造、豪源路北伸等7个基础设施项目，特别是对供热、燃气、排污等配套设施，要逐步建立综合管沟，健全管护档案，全力打造百年地下工程。⑵老城改造要更加注重强功能。稳步推进老旧地块、老旧小区的改造提升，全力抓好光明路、迎宾路等21条城区道路改造，加快实施排水、亮化等54项市政工程，全面提升城市功能。特别是抓住益羊铁路西移的时机，进一步完善规划，提前筹划好城市绿带、铁路遗址公园建设，全力打造新的城市景观。(3)城市管理要更加注重精细化。加快推进“智慧城市”建设，突出抓好公共服务呼叫中心建设，努力实现城市管理精细化、服务功能网络化。今年，要把城市管网安全作为整治重点，建设、规划、电力等部门负责，重点排查管线质量、运行监测、基础管理等方面内容，确保管网设施安全运行。

二是打造特色鲜明、功能完善的实力城镇。各镇街区要立足产业基础，加快推进特色园区建设，全方位吸引人口、产业、资金向城镇聚集，确保全年完成小城镇建设投入30亿元以上，8个镇街地方财政收入过亿元。五个街道要按照“三集中”的要求，立足区位优势，完善道路框架，主动融入城区，打造各具特色、优势互补的城市板块。羊口、侯镇要按照“小城市”的定位，抓住全省“百镇建设示范行动”机遇，一手抓园区建设，一手抓镇区提升，走“产城一体”发展路子，力争尽快进入“全国百强镇”行列，建设成为地方财政收入过10亿元的区域性小城市。营里、田柳、上口要按照省级中心镇定位，实施“一镇一品一特色”战略，努力培植“当家”产业，全面提升镇域实力，带动城镇化建设上档升级。稻田、台头、纪台、化龙等出入口镇，要扎实开展镇区环境综合整治，加大绿化、亮化投入力度，全面提升镇区形象，做靓寿光门户。

三是打造环境整洁、群众舒心的美丽乡村。要深刻把握“人的城镇化”这一核心思想，充分尊重群众意愿，特别是在村庄建设改造上，不搞大拆大建，不下硬性任务，把重点放在完善基础设施、搞好环境综合整治上，促进农民就地城镇化。今年，要在全市开展以“绿化、硬化、净化、亮化、美化”为主要内容的“千村整治、百村示范”行动，各镇街区要筛选一批中心村、特色村，分类施治、重点打造，全面优化农村居住环境，让群众生活更加方便、更加舒心，真正把新型城镇化建设打造成群众满意工程。

（四）办好“十大惠民工程”，加快推进民生事业全面升级。今年，要从群众看得见、摸得着的身边小事入手，切实办好事关民生的“十大惠民工程”。

(1)教育普惠工程，启动寿光一中羊口校区、职教中心二期等30项教育重点工程，加快农村学校供暖改造，特别是进一步加大农村幼儿园投入，科学布局、规范管理，切实让农村孩子方便就学。(2)医疗便民工程，加快推进中医院病房大楼、东城医院等工程建设进度，全面完成177处村卫生室的新建、改建工作，深化完善基本药物制度，同步改善城乡医疗服务条件。(3)社保就业工程，全面推进新农合、城镇居民医保整合并轨，把城乡居民基本医疗财政补助标准提高到320元；加大困难群体就业帮扶力度，确保年内新增就业岗位1.5万个。(4)基础养老工程，制定出台居家养老服务政策，适时把高龄津贴范围扩大到80岁以上，实现老有所养。(5)公交畅通工程，进一步优化公交线路和站点布局，投放新能源公交车180辆，新开通公交线路15条，让群众出行更加便捷。(6)路网交通工程，抓好总投资5.6亿元的寿济路、三号路等10条骨干道路维修改造，确保总投资7.7亿元的益羊铁路全线通车、总投资30亿元的寿光新港全面投用，形成畅通高效的立体式交通网络。(7)农村水利工程，抓好第三水厂迁建、南水北调配套等工程，完成双王城净水厂4条、36公里的输水管道铺设，抓好弥河下游、桂河的综合治理，全面解决农业用水问题。(8)社会救助工程，开展好“朝阳助学”、“爱心助残”等关爱活动，继续提高城乡低保、五保供养标准，确保弱势群体得到及时救助。(9)文体建设工程，新建100处标准化文体广场，为100个庄户剧团更新演出器材，培训1000名文艺带头人，全面丰富群众的精神文化生活。(10)公共安全工程，在全市所有小区安装监控系统，对宾馆、网吧、道路交通等1400多处视频监控进行整合，进一步提升群众安全感。

（五）提升“三种能力”，加快推进社会治理全面升级

一是坚持重心下沉，提升群众工作能力。把握好“三项原则”：(1)联系群众。建立联系服务群众的长效机制，继续开展“干部直接联系服务群众”活动，在联系方式上由“走访式”向“常态化”转变，及时帮助解决实际问题，知民情、接地气，和群众打成一片，赢得群众信任支持。(2)尊重群众。各镇街区要学习借鉴东斟灌村“自主、自治、自我服务”的经验做法，对村庄事务等具体问题，都要让群众自主决策、自主实施、自主管理。(3)维护群众。各镇街区、各部门单位要把群众满意作为工作出发点，在重大政策制定前，都要进行风险评估，凡是符合群众利益的事情，要坚决办好；凡是违背群众利益的事情，坚决不办。

二是塑造人文精神，提升文化引领能力。突出抓好“三个着力点”：(1)深化文明创建行动。以争创“全国文明城市”为抓手，继续开展“寿光好人”评选、“我为菜乡添光彩”等创建活动，充分发挥志愿者作用，大力开展社会公益活动，筹备好群众文化艺术节，办好文化惠民实事，传递正能量、倡导新风尚。(2)践行社会主义核心价值观。宣传部牵头，成立好人事迹报告团，到基层巡回宣讲优秀传统文化、宣讲道德诚信规范，努力让社会主义核心价值观，转化为群众的自觉信念、自觉行动。(3)坚持正确舆论导向。宣传部负责，健全舆论引导机制，对网络特别是微信、微博，要正确引导、善于运用，始终让主流思想引领舆论导向。

三是守住安全底线，提升掌控处置能力。重点抓好“三个方面”：(1)创新信访维稳机制。政法委牵头，坚持以法治思维、法律手段做好信访维稳工作，引导群众通过法律手段解决纷争、运用法律武器维护权益，把涉法、涉诉信访纳入法治轨道，提高信访处结率，在全社会营造“解决问题用法、化解矛盾靠法”的法治环境。(2)深化平安寿光建设。公安局负责，严厉打击各类违法犯罪活动，着力构筑“严防、严管、严打”相结合的大治安格局，全面提升社会治安管控水平。(3)强化安全生产监管。牢固树立“底线思维”，扎实开展“打非治违”专项行动，各镇街区以及安监、建设、药监等部门，要出实招、出硬招，突出抓好化工企业、建筑工地、食品药品等重点领域的安全整治，坚决杜绝重特大安全事故的发生。

“四项改革”：

一是深化金融改革。突出抓好三个重点：(1)完善融资体系。全面推开“保证保险贷款”等创新业务，积极运用金融租赁、债券、票据等多种方式，提高直接融资能力，确保债券市场融资60亿元以上。(2)规范民间信贷。金融办、公安局负责，完善民间借贷备案登记制度，规范金融秩序，筑牢金融风险“防火墙”。(3)加快企业上市。鼓励企业到“新三板”、齐鲁股权交易中心挂牌交易，确保年内新增上市和挂牌企业3家以上。

二是深化农村改革。重点抓好两个层面：⑴改革农村产权制度。经管局负责，扎实搞好农村集体资产改制，加快推进农村土地经营权确权登记；全面推广“东斟灌经验”，积极探索集体土地所有权、经营权、承包权“三权”分置并行机制，推进农业适度规模经营，确保年内新增家庭农场500家以上；依托农村产权交易服务中心，把农村土地承包经营权、集体林权等纳入市场公开交易，切实增加农民财产性收入。⑵改革农村户籍制度。公安局负责，尽快建立城乡统一的户口登记制度，逐步放开城镇落户限制，确保农村转移人口有序市民化。

三是深化财税改革。重点围绕三个方面进行：⑴围绕增收节支，加快建立稳定的财政收入增长机制、可持续的财政投融资机制，统筹各类政府性收入，全面推行预算管理和集中支付制度，切实提高财政资金使用效率。⑵围绕防控债务风险，市政府负责，建立债务预警机制，实施偿债准备金制度，把债务纳入全口径预算管理，镇街区举债发展，必须经市政府研究通过。⑶围绕理顺市镇财税关系，进一步调整完善市、镇之间财权、事权相匹配的财税体制，特别是对基础较差的镇街，加大转移支付力度，增强基层财政“造血”功能，促进镇街区均衡发展。

四是深化行政体制改革。正确处理政府与市场的关系，属于政府范畴的，要坚决管好；属于市场范畴的，政府要坚决退出。突出抓好三个关键：⑴转变职能。全面加快事业单位分类改革，重点抓好食品药品、工商、质监等单位的管理体制改革，进一步理顺关系、提高效能。⑵规范服务。尽快启用新行政服务中心，依托“智慧寿光”建设平台，加快网上审批服务系统研发，确保审批事项压减到全省最低；加快组建“中介服务超市”、公共资源交易中心，实行违规中介“黑名单”制度，全力打造竞争充分、透明高效的中介服务市场。⑶强镇扩权。要坚持真放权、放实权、放到位，抓紧梳理下放我市第二批放权事项，除国家规定事项外，把规划建设、社会管理等方面的权限，最大程度下放到试点镇，全面激发镇域发展的内生动力。

三、开拓进取、干事创业，为实现全年目标提供坚实保障

奋斗目标已经明确，能否在更高层次上实现转型升级、均衡发展，根本在领导，关键靠落实。重点夯实“三大保障”：

（一）高标准开展“群众路线教育实践活动”。做到“三个走在前列”：

一是创新方式方法，在活动开展上走在前列。组织部负责，成立教育活动办公室，牵头抓好整个活动的组织协调、督导推进等工作，特别是要围绕学习教育、解决问题“两个关键”，在抓好“规定动作”的基础上，针对不同行业、不同部门、不同领域，全面创新“自选动作”，加快建立长效机制，确保教育实践活动走在潍坊、全省乃至全国的前列，真正办成示范工程、群众满意工程。

二是破除“四风”问题，在整改落实上走在前列。要以整风精神开展活动，以“照镜子、正衣冠、洗洗澡、治治病”为总要求，对形式主义、官僚主义、享乐主义和奢靡之风进行大排查、大扫除，对各类问题“把脉开方”，做到“真批评”、“真出汗”、“真整改”。广大党员干部特别是领导干部，要严格落实党风廉政建设责任制，在厉行节约、廉洁自律等方面带头整改、带头执行、带头落实，切实发挥好示范、表率作用，以良好的党风带政风、促民风。

三是做好结合文章，在推动发展上走在

前列。各镇街区、各部门单位要把开展教育实践活动、推动均衡发展紧密结合起来，及时把活动激发出来的干劲，转化为推动发展的强大动力，围绕转型升级、生态环保、民生改善等重点工作，对照全年目标，选准着力点、找准突破点，推动各项工作继续在行业内、系统内争先进位，确保活动、发展“两不误、两促进”。

（二）高水平加强基层组织建设。突出把握好以下三点：

一是抓思想建设，提振干事创业的精神状态。无论形势怎么变化，全市党员干部都要始终保持积极向上、敢于担责的激情斗志，坚决克服改革创新的畏难情绪，坚决克服“庸懒散浮”的低迷状态，越有困难越向前、越有压力越奋进，全面提振 “精气神”， 打造“四敢三实三有”的干部队伍。各镇街区、各部门单位要确立更高的思想境界、更高的目标定位，认真学习创新力度大、转型升级快的先进典型，努力营造奋勇争先、创新突破的生动局面。

二是抓基层党建，构筑实干为民的牢固根基。重点抓好“三件事”：1、推进社区组织实体化。组织部负责，在抓好洛城、圣城、羊口、侯镇试点的基础上，尽快总结经验、拿出方案，在全市面上进行推广，逐步实现社区组织实体化，争取在全省乃至全国创出经验、做出示范。2、提高农村干部待遇。农村干部身处基层、非常辛苦，要根据全市农民人均纯收入的增长，同步提高农村干部工资待遇，让大家放手干、大胆干，切实解除后顾之忧。3、搞好新一轮党员登记。今年，省里把我市确定为处置不合格党员试点，组织部负责，进一步完善党员登记办法，建立党员诚信管理体系，持续放大寿光党建品牌影响力。

三是抓作风建设，营造服务发展的最优环境。要把今年作为“干部作风转变年”，重点抓好两个层面：1、部门层面，基层和企业反映，以前是“门难进、脸难看、事难办”，现在是“门好进、脸好看、但事依然难办”，突出表现在：有的不给好处不办事，给了好处乱办事；有的程序繁琐，“只说不能办、不说怎么办”，让群众来回跑；有的只顾部门利益，有利就争，无利就拖，等等，影响了发展环境、影响了干群关系。市纪委负责，进一步加大专项检查力度，坚决消除部门权力“自留地”，打破吃拿卡要“潜规则”，特别是要把部门中层人员作为检查、监督重点，曝光查处一批反面典型，全力营造全省最优的发展环境。2、农村干部层面，也存有不少问题：有的工作方法简单粗暴，既不善做耐心细致的思想工作，又强推硬办，伤害了群众感情；有的班子软弱涣散，拉帮结派、闹不团结，村庄面貌长期得不到改变；有的家长作风严重，办事不公开、不民主、不透明，群众意见很大，等等。各镇街区要进一步强化村“两委”成员，特别是村支部书记的教育、管理，建立长效监督约束机制，确保村干部按法律办事、按制度办事、按规范办事。组织部负责，指导完善村级班子考核办法，抓好村“两委”成员大轮训，全面增强基层班子的凝聚力、战斗力。

（三）高效率推进执行力提升。倡树“三个导向”：

一是倡树“不简单以GDP论英雄”的发展导向。不简单以GDP论英雄，不是不发展、不要GDP，而是追求高质量、高效益的发展，追求绿色低碳、生态环保的GDP。各镇街区、各部门单位，要深刻把握中央精神，树立更加科学的发展观、政绩观，进一步转变执政理念，正确处理好经济发展与生态环保的关系、经济发展与改善民生的关系、经济发展与安全稳定的关系，实现安全发展、和谐发展、科学发展、均衡发展。

二是倡树“凭实绩用干部”的用人导向。要进一步健全干部考核评价体系，坚持“以发展论英雄，凭实绩用干部”，不能简单的以票取人、以票定高低，大力选拔干事创业的能人、褒奖实绩明显的功臣、激励德才兼备的干部，真正让想干事、会干事、干成事、不出事的同志有舞台、有位子、有奔头。

三是倡树“实绩与潜绩并重”的考核导向。今年考核，不仅看经济总量、增幅等“显性指标”，更要看社会和谐、群众满意度等“隐性指标”。督查局负责，根据上级考核导向变化，制定完善我市科学发展考核办法，加大对质量效益、生态环保、民生改善、安全生产、新增债务等方面的考核权重，更加注重看增长、看亮点、看成效，以鲜明的导向、有力的举措推动各项任务高效落实。

同志们，加快转型升级、深化改革创新，是时代的要求，是人民的心声，更是全市党员干部的政治责任、历史使命。让我们紧密团结在以习近平同志为总书记的党中央周围，以更加务实的作风、更加坚定的信心、更加昂扬的斗志，凝心聚力、团结实干，为在更高层次上建设 “城乡一体均衡寿光”而努力奋斗！

适应新常态　当好排头兵
奋力开创“品质寿光”建设新局面

——朱兰玺同志在全市三级干部会议上的讲话

（2015年3月3日）

同志们：

今天召开这次会议，既是一次总结、动员会，更是一次作风建设会，主要有三个目的：一是总结成绩、激励先进；二是明确目标、加压鼓劲；三是改进作风、狠抓落实，动员全市上下收心收神、调整心态，迅速进入角色，以更高的热情、更大的力度，适应新常态，当好排头兵，奋力开创“品质寿光”建设新局面。下面，我讲五个方面的问题：

一、正确认识和充分肯定2014年的工作

去年，全市上下紧紧围绕“建设品质寿光，创造美好生活”的目标，积极适应新常态、应对新挑战，经济社会实现了平稳较快发展，全市实现财政总收入107亿元，其中公共财政收入79.2亿元，同比分别增长10.5%和12%，先后荣获“国家生态市”、“全国首批民生改善十佳典范城市”、“全国文明城市提名城市”等省部级荣誉50多项。可以说，去年的发展充满挑战，我们的奋斗尤为艰辛，取得的成绩来之不易：

（一）各镇街区抓项目、强实力，镇域发展更具活力。全市有8个镇街地方财政收入过亿元，其中3个过5亿元。羊口、侯镇积极上项目、抓配套，在全省示范镇考核中分列第5、第7位，成为“全国重点镇”。羊口坚持以大项目助推寿北品质开发，国华电厂、英利纤维、兰典生物、健元春高档膜、山橡防水等一批重点项目实现突破，培育形成了生物基新材料、石油装备等一批国内领先的产业集群。侯镇按照小城市的发展定位，在抓好昊华轮胎、鲁丽木材、永康化学等项目的基础上，不断加大小城镇建设投入，连续3年投入5亿元以上。圣城、洛城、古城、文家等街道充分发挥区位优势，积极对接融入城区，打造城市特色板块。圣城发挥核心商贸主体作用，主攻电商物流、商务楼宇、特色街区，红星美凯龙、中百益家园、西城全福元等一批大型商场先后投用，为城市发展注入了新活力；洛城一手抓东城建设，稳妥推进土地拆迁、项目建设，一手抓基层组织建设，探索实施的村级治理“三自”工作法、“网上阳光村务监督平台”等做法在全省推广；古城借助区街合一优势，抓项目、建社区，经济开发区在全省考核排名中，位列潍坊第一、全省第三；文家注重市场建设，全面推进半岛建材物流城、东宇商城、传化“公路港”等重点项目，区域性物流中心初具规模。营里、台头立足实际、突出特色，重点培育特色优势产业，找准抓住了镇域经济的突破点。营里大力发展建材物流、光伏农业，持续放大产业优势，综合实力进一步提升；台头瞄准高端、高效方向，做大做强防水材料产业，主导、参与制定国家和行业标准31项，成为“国家火炬计划特色产业基地”。稻田、田柳、孙家集、纪台、上口、化龙等镇街创新农业发展模式，走基地化种植、专业化生产、品牌化营销的路子，各项工作都有大变化、新提升。稻田注重发展品牌农业、高效农业，成功运行了全国第一家荷兰模式蔬菜电子拍卖市场，首月交易额突破7亿元；田柳一手抓文化旅游，一手抓农业合作组织建设，实现了村集体、合作社、村民的三方共赢；孙家集在全市率先实施了天然气“村村通”工程，农村生产生活条件有了较大提升；纪台探索发展高效循环农业，在“美丽乡村”建设上狠下功夫，镇村面貌明显改善；上口不断加大农业结构调整力度，大力发展特色农业，园区建设成效明显；化龙加快种苗园区建设，种苗年繁育能力达6.5亿株，占全市总量的近一半。双王城全面加快生态旅游开发，15个生态文化项目建成投用，洰淀湖景区成为“国家AAAA级旅游景区”。

（二）广大企业抓创新、增后劲，转型升级步伐加快。面对市场低迷的严峻形势，全市企业积极应对、共克时艰，工业经济实现了稳中向好。⑴大型骨干企业发挥了“领头羊”作用。全市规模以上企业实现主营业务收入1770亿元，同比增长4.5%。巨能控股、晨鸣纸业、大地盐化、供电公司、联盟化工、鲁丽集团、墨龙石油机械、富康制药、建设集团、新龙电化、青岛啤酒、卫东化工等企业实缴税金过亿元；晨鸣纸业、鲁清石化、鲁丽集团、联盟化工、巨能控股等5家企业主营业务收入过百亿元，占潍坊总数的1/3。⑵科技领军企业发挥了“生力军”作用。富康制药、墨龙石油机械、英利实业、泰汽控股、昊华轮胎、康跃科技等企业，注重引进国外先进设备，加快了“机器换人”进程；富康制药、英利实业、兰典生物、永力重工、默锐科技、墨龙石油机械、光耀玻璃等企业，重科技、引人才，企业规模迅速扩张，“科技换芯”成效明显。目前，我市高新技术产业占比达到39.46%，高出全省平均水平8个百分点。“寿光专家人才创新创业家乡行”活动成果丰硕，选聘了14名科技镇长，全市国家“千人计划”专家达到10人、院士工作站达到9家，均居潍坊县域首位。康跃科技成功上市，成为IPO开闸以来潍坊首家、省内第2家在国内上市的企业，映康牧业、同星化工完成场外挂牌，全市累计从资本市场融资13.6亿元。⑶重点项目企业发挥了“强引擎”作用。全市完成固定资产投资498.3亿元，总量居潍坊市第一，华东橡胶、联盟化工、鲁清石化、大地盐化等4家企业完成投入过10亿元，鲁丽30万方集成材、慧通管材、富士板材、福麦斯轮胎等27个项目竣工投产。全市进出口总额达到33亿美元，实际到账外资2亿美元，鲁清石化、晨鸣纸业、昊华轮胎、墨龙石油机械等企业进出口总额突破2亿美元。全福元商业集团成为唯一的县级“全国连锁百强企业”，全市实现社会消费品零售总额230.9亿元。

（三）各部门单位抓改革、转作风，发展环境更加优化。围绕改革创新，全面启动六大领域、32项改革任务，公布了权力清单、服务清单和负面清单，取消、冻结、下放行政审批事项69项，我市被确定为“省级行政审批规范化管理试点单位”。编办、住建局、国土局、经信局、政务服务中心管理办公室等单位，立足职能、主动服务，工作效能大幅提高。围绕服务发展，坚持求新思变、确保实效，在争政策、争资金、争荣誉上想办法、出实招。财政局推行了“过桥资金”与企业信用挂钩制度，提高了资金的使用效率；发改局加大向上对接力度，争取各类资金1.7亿元；规划局充分发挥职能，在全省率先完成了城市总体规划修编；潍坊科技学院去年立项国家自然科学基金项目2项、国家星火计划项目8项，软件园成为“国家级科技孵化器”。围绕保障民生，坚持以实打实的举措、点对点的服务，为群众办好事、解难题，各项工作走在了全省前列。人社局、环保局、民政局、国税局、地税局、科技局等单位，积极参与“包千村联万户”活动，切实解决了一批群众关心的热点、难点问题。特别是城建投利用不到5个月的时间，顺利完成了金玉米原供热区域的切换，冬季供暖得到群众一致好评。公安局、法院、检察院、司法局、信访局等单位，积极化解矛盾，消除问题隐患，促进了全市持续和谐稳定。

（四）广大农村干部办实事、讲奉献，群众生活更加美好。一年来，以王乐义、马景海、李新生等同志为代表的一批新、老村支部书记，坚持务实作风、为民情怀，团结带领农村群众抓经济、抓建设、抓稳定，为全市的发展夯实了基层基础，我们应该为他们鼓掌、点赞。一是涌现了一批村强民富的小康村。去年，我市农民人均纯收入达到16065元，总量居潍坊各县市区首位。圣城东关、城里、洛城屯西、羊口齐庄、田柳王高五、台头北洋头立足实际，从资源、区位、经济条件上找优势，村集体经济稳步发展。文家桑家、侯镇草碾子的“淘宝村”建设，洛城东斟灌、稻田张家营前、古城北孙云子、田柳邢姚一、纪台齐家的蔬菜园区，营里西浊北、孙家集河崖王、稻田管村的畜牧园区，标准高、规模大、效益好。二是涌现了一批美丽整洁的生态村。我市被评为首批“全省生态文明乡村建设示范市”，有17个村成为省级“美丽乡村”。纪台李家官庄、洛城西刘、稻田崔西、上口贾王、田柳邵岭的农村社区建设，古城尚家、羊口菜央子、化龙板桥、圣城赵旺铺、洛城南李家、侯镇侯三的生态文明乡村建设，搞得有声有色，村庄面貌明显改善。三是涌现了一批文明稳定的和谐村。圣城燕家、洛城浮桥、孙家集胡营二、上口河疃、营里东道口、双王城寇家坞六、羊口南宅科的和谐创建扎实有力；稻田西刘营、营里北岔河、圣城九巷、纪台玉皇庙倡树文明新风、开展移风易俗，深受群众欢迎；文家桑家营子、侯镇刘家官庄、双王城寇家坞四、古城桥子、纪台东刘、台头三座楼的文体活动丰富多彩，为社会传输了“正能量”。

成绩的取得，主要得益于四个方面：

一是得益于我们有一个清晰明确的思路目标，引领全市上下转型发展、内涵提升。我们自觉加快工作指导重大转变，明确提出了“建设品质寿光，创造美好生活”的奋斗目标，全力推进产业、城市、生活、生态、社会“五大品质”建设，群众的幸福感、满意度大幅提升。可以说，我们的思路完全符合中央发展导向、符合寿光发展实际。实践证明，只要我们坚持发展不动摇、咬定发展不放松，一切为了群众、心里装着群众，就一定能够凝聚全市力量，再攀新高、再创辉煌。

二是得益于我们有一股锲而不舍的精气神，鼓舞全市上下锐意进取、攻坚克难。去年是我们直面矛盾最多、遭遇困难最大的一年，全市上下坚定信心、迎难而上，创造性地开展工作，办成了一批实实在在的大事要事：国华电厂所有手续成功获批，益羊铁路完成整体迁移，“三大企业”搬迁全部完成，“生物基材料产业集群”成为三大国家级产业集群之一，菜博会成为全省仅保留的8大展会之一，特别是我市作为孙伟常务副省长、杜昌文书记教育实践活动的联系点，总结推广的“网上阳光村务监督平台”、村级治理“三自”工作法、周末问政、教育延时服务等创新性做法，得到了省委、潍坊市委主要领导的批示肯定，中央巡回督导组对我市活动开展给予了充分肯定。实践证明，只要我们始终保持时不我待、只争朝夕的精神和抓铁有痕、踏石留印的作风，就能在复杂严峻的形势下沉着应对、趋利避害，推动各项工作迈上新的台阶。

三是得益于我们有一种争先进位的进取意识，促使全市上下改革创新、永争一流。去年以来，全市上下始终以改革找出路，以创新求突破，各项工作亮点纷呈。各部门单位立足职能特点，全力服务发展大局，农业局、商务局、环保局、教育局、经管局、海洋与渔业局、档案局、林业局、粮食局、市联社等单位，取得了省部级以上荣誉；农工办、人社局、农机局、总工会、老干局、地震局、机关事务局、文化执法局、党史研究室、机关党工委、台办、工商联、团市委等单位在潍坊市同行业考核中位列第一。实践证明，无论形势如何变化，只要我们坚持高点定位，大胆改革创新，就一定能在逆势发展中率先突围、走在前列。

四是得益于我们有一支无私奉献的干部队伍，带领全市上下凝心聚力、激情创业。全市广大党员干部紧紧围绕市委的工作部署，从市级领导到基层一线，从各镇街区到部门企业，从党员干部到社会各界，一条心、一股绳，敢担当、能吃苦，推动全市发展迈上了新的台阶。特别是人大、政协的同志，靠项目、靠现场，盯在一线抓落实，为全市党员干部作出了表率。实践证明，只要我们心往一处想、劲往一处使，就能实现率先发展、全面发展、品质发展。在此，我代表市委、市政府，对全市广大党员干部群众一年来的辛勤努力和倾情奉献，表示崇高的敬意和衷心的感谢！

二、牢固树立转型升级、品质发展的新理念

认识新常态、适应新常态、引领新常态，是当前和今后一个时期经济发展的大逻辑；

统筹推进“四个全面”，是总领时代发展、社会变革的战略布局，我们必须在这一大背景下思考、摆布全市工作。

一要把握大势、保持定力。习总书记对山东工作的重要批示中，要求“山东在全面建成小康社会进程中走在前列”；省委对潍坊提出了“走在前列、起好带头作用”的总体目标；孙伟常务副省长春节前来我市调研，要求寿光“当好县域排头兵，高标准、严要求推进各项工作”；杜昌文书记参加潍坊市人代会寿光代表团审议讨论时，要求我们“继续走在前列，当好排头兵”。上级的要求归根结底还是一句话，就是要我们加快发展，并且是有质量、有效益的发展。在发展这个问题上，我们决不能动摇、更不能怀疑，必须坚定不移地把发展作为适应新常态、解决问题的根本之策。特别是我们一定要抢抓国家拉内需、稳增长的机遇，在大势面前不犹豫、不糊涂，勤于思、敏于行，做机遇面前的明白人，顺势而动、精准发力，确保寿光在新一轮竞争中率先胜出、走在前列。

二要把握关键、突出重点。市委十三届七次全会对全年工作作了总体部署，指导思想是：全面贯彻落实党的十八大和十八届三中、四中全会精神，以习总书记视察山东重要讲话和重要批示精神为指引，紧紧围绕“建设品质寿光，创造美好生活”的总目标，坚持稳中求进工作总基调，主动适应经济发展新常态，全面深入创建全国文明城市，奋力开启品质发展、内涵提升的新征程。总的抓手是：全面突破事关全局的“710重点工程”，全力推进新型工业、高效农业、现代服务业、新型城镇化、生态环保、民生事业“六个新提升”，不断强化改革创新、依法治市、从严治党“三大保障”，确保各项任务目标圆满完成，社会持续和谐稳定。

“710重点工程”是支撑品质发展的重中之重，是当前及今后一个时期全市工作的总抓手，要全部成立推进小组，把每项工作都具体化，体现在看得见、摸得着的实物工作量上，把责任落实到市级班子成员、落实到镇街区、部门单位，层层分解任务、级级传递压力，确保每一项重点工程尽快大见成效。

三要坚定信心、砥砺前行。当前，宏观经济低位运行，经济景气指数比较低，客观上我们面临一些困难。在发展的道路上，有一些矛盾和困难是正常的，但比困难更可怕的是畏惧困难，比挑战更可怕的是不敢挑战，精神上后退一步，行动上就会一溃千里。多年来的实践充分证明：越是困难多、压力大的时候，越是大浪淘沙、优胜劣汰的关键时期，越是“凤凰涅槃、破茧成蝶”的转型时期，关键看面对困难的态度、勇气、斗志和办法。今天寿光的产业基础、经济条件与伯祥书记当年相比，不知道要好多少，那个时候能够做到领先争先，现在没有理由做不到。全市党员干部必须坚定发展信心，鼓劲不泄劲，始终做到困难矛盾面前敢于作为、风险考验面前敢于负责，牢牢把握工作的主动权，抢占新一轮发展的制高点。

三、全面推进和深化各项改革

改革是当前的主旋律、主动力，全市上下必须高度统一思想，深刻把握“为什么改、怎么改、改什么”，增强改革自觉、坚定改革定力。市委的总体要求是：只要有利于品质发展、有利于转型升级、有利于群众生活，就要大胆试、大胆改，以改革的先人一步，赢得发展的快人一拍。

（一）向改革要办法。当前，破解发展困境不是没办法，而是没找到办法。要破除“走老路最保险”的惰性思维，向改革要出路、找办法，以改革破解深层次矛盾和问题。一是要转型升级的办法，新常态下“过冬”，不能被动等靠、指望大气候“转暖”，必须通过颠覆旧观念催生新模式、激活新动力。要改变财政直接贴补、定向奖励的老办法，变“大水漫灌”为“精准喷灌”，运用产业引导基金、创业投资引导基金、科技发展基金等办法，进行精准帮扶、助推企业转型升级。特别是各企业要创新资本运作、兼并重组等方式，运用股权激励、期权激励、技术入股、成果买断等手段，吸引和用好各类高层次人才，真正靠创新赢得“起跑线”优势。二是要改善民生的办法，以“市场化、社会化”为方向，优化资源配置，引导社会力量积极参与民生建设，全力破解制约民生发展的难题。要尽快拿出政府向社会购买服务的实施办法，完善购买服务目录，凡涉及民生的事务型管理服务，都要尽量引入竞争机制，通过委托经营、特许经营、战略合作等办法向社会购买服务。特别是在教育、医疗、环保等与群众利益密切相关的问题上，一定要“找好点、牵好线、织好网”，只要群众有需求，就要先行先试、大胆探索。智慧办要学习借鉴外地先进经验，加快推进免费Wi-Fi建设，确保年内实现城区公共场所全覆盖。三是要解决新矛盾的办法，当前社会处于“三期”叠加阶段，出现了一些多发性新矛盾、新问题，老办法、旧手段已不能很好解决。要积极探索运用法治的方式、改革的方法化解矛盾纠纷，进一步完善集体决策、风险评估、公开听证等制度，及时引导群众诉求、回应群众关切。特别是村支部书记，要改变过去“靠辈份、靠嗓门、靠脾气”的办事思维，学习推广村级治理“三自”工作法，为实现农村长治久安打下坚实基础。

（二）向改革要资源。要把改革作为破解资源制约的根本途径，充分激活各类“沉睡资本”，让一切要素的活力竞相迸发。金融方面，要抓住降息降准、存款保险、利率市场化改革的机遇，探索实施农村合作金融试点，借助财政融资平台发行小微企业扶持债，积极推广小微企业转贷试点、信用贷款等新模式，发挥好小贷公司“金融毛细血管”的作用，全力构建金融科技融合发展先行区。各企业要善于运用私募股权、资产证券化、场外市场挂牌、成立财务公司等多种手段融资，有效破解融资难、融资贵问题。财税方面，要深入研究新常态下的财政资金使用方式，发挥政府投资“四两拨千斤”的作用，通过资金补助、基金注资等方式，调动各类资本投向高新技术产业、高端制造装备产业等领域，以资金链撬动产业链、创新链。对新建基础设施项目要优先采用PPP模式，用社会资源、市场力量释放发展活力。对今年上级重点实行的资源税、消费税、环境保护费改税等改革，要密切关注、积极跟进。土地方面，要坚持开源、节流双管齐下，建立城乡建设用地市场平台，探索推行“先租后让、长期租赁、弹性年期出让”等差异化供地制度，促进土地要素高效配置。农业方面，要通过产权改革激发农民创新创业活力，全面推广物联网、生物防治、水肥一体化等新技术，全力抓好蔬菜质量安全这条“生命线”，争创农村改革试验区和国家现代农业示范区，真正推动寿光农业实现“裂变式”发展，继续保持寿光农业的领先优势。水资源方面，要大力推进水务体制改革，抓住我市成为“中国—以色列示范水城市”机遇，积极推广海水淡化、中水回用、雨洪水综合利用等新技术，大力发展节水经济，建设节水型城市，真正把水资源利用好，把“漏斗”补好，争取在全省、全国创出经验、趟出路子。

（三）向改革要效率。松开绳子才能甩开膀子，卸下包袱才能轻装上阵。要坚定不移地下好简政放权“先手棋”，打造最优的市场环境、营商环境。“简政”要更高效、更务实。大力实施“流程再造”，抓紧完善以“1大平台、4张清单和6项改革”为主要内容的行政审批改革架构，加快建设一站式网上办事大厅，力争做到项目最少、流程最优、办得最快、服务最好。“放权”要更彻底、更到位。要加大对重点镇权力下放力度，制定好权限事项表、下放时间表“两个表”，不仅要下放审批核准事项，也要尽快下放规划、用地、环评等审批权限。组织部牵头，今年重点抓好农村便民服务点建设的探索推广，争取尽快见到成效、创出经验。这里，对改革工作再次强调：要紧扣改革动向，准确把握上级脉搏，把能做的先做起来，能干的先干起来，特别对已经确定的六大领域、32项重点改革任务，坚持“谁牵头、谁主管、谁负责”，推进工作项目化，列出问题清单、逐项整改、强力推进，把改革红利转化为发展新动能。

四、全面倡树“讲认真、敢担当、重实干”的工作作风

（一）“讲认真”，就是要发扬“钉钉子”精神，做事不应付、不凑合，干一件成一件，不达目的不罢休。习总书记一再强调“讲认真是我们党的根本工作态度”。对党员干部来说，讲认真必须把握好“三条标准”：一是用心。“人生处处留心皆学问”，用心做事才能把事做好，这就需要我们学在平时、琢磨在平时、功夫下在平时，时刻做工作的有心人。广大党员干部要把全部心思用在发展主业上，决不能浮在表面、一知半解、流于形式，真正把工作深进去、沉下去，对工作多研究、多推敲，做到心中有数、眼中有活、手中有招，什么时候我们谈工作如数家珍，抓发展明明白白，工作才算是真用心了，只有这样，发展才能经得起群众评判、经得起时间检验。二是用力。要牢固树立“执行就是能力、执行就是水平”的理念，对市委、市政府的决策部署，决不能言语上狂风暴雨、行动上微风细雨，搞上有政策、下有对策。市委的态度非常明确，只要是定下的工作、明确的任务，既要看结果又要看过程，既要有速度又要有态度，做到有部署、有执行、有结果。三是争主动。现在已是3月份，距离菜博会开幕仅一个多月时间，客观地说，上半年留给我们抓发展、抓项目的时间不多了。从现在起，大家要始终保持紧迫感、压力感，不等、不靠、不拖，以快节奏抢时间，以高效率推工作。特别是新调整的班子，要找准突破口，把工作干到点子上，用新的思路、新的举措，脚踏实地把目标变成现实，这样才能在新的岗位上干得更好、干到极致。

（二）“敢担当”，就是把分内的事办好，困难面前不绕行，矛盾面前不回避，关键时候敢于亮剑、敢于担责。当前部分干部存有“灰色心态”：有的认为干得多失误就多，对上级政策资金不去跑、不去盯，怕承担责任，一心当“太平官”、“甩手掌柜”，放任机遇从手中丧失；有的遇到矛盾问题上推下卸，问起来一推六二五，出了问题装聋作哑，千方百计强调客观原因，费尽“心思”，推卸责任、撇清自己；有的抱怨“为官不易”，组织管得严了，群众监督多了，就“悠着干”、不想干。这些“新常态综合症”，与发展格格不入，与担当相差甚远。寿光干部历来有敢担当的好传统，我们必须时刻想着责任，时刻拎着“乌纱帽”为民干事，才能对得起这个位置，不负责、不尽责，就要被问责、被交流，直至被撤换。下步，各镇街区、各部门单位，对今年目标任务中涉及的重大项目、重点工作，都要责任分解到人，问责追溯到人，特别是对向上争取、项目建设、安全稳定等涉及面广的工作，市级分管领导要建立常态化联席会议推进机制，定期督促检查、对账盘点，对推进不力、不担当的，严格执行镇街区、部门“双向问责”，该调整的坚决予以调整，真正以硬责任、硬担当，确保全年任务目标高效落实。

（三）“重实干”，就是脚踏实地、不尚空谈，用成绩说话。全市党员干部要坚持“实”字当头、“干”字为先，脚踏实地地干，坚持不懈地干，在实干中形成共识，在实干中解决问题，在实干中实现“品质寿光”的愿景。各镇街区，要牢牢把握发展、稳定两条主线，围绕项目建设、财政收入、民生改善和基层组织建设等重点工作，每年都要谋划几件大事进行重点研究、重点突破，确保各项工作年年都有新变化。特别是党委书记要稳住神、安住心，学会“弹钢琴”，善于抓重点，做到抓稳定守土有责、抓发展干则必成。各部门单位，要按照“走在前列、当好排头兵”的要求，在抓好常规性工作的基础上，把创新性工作、亮点性工作作为重中之重，打造一批在全省、全国有影响力的经验和典型。各部门单位都要确定今年的创新性亮点工作，督查局要进行专项督查。各窗口服务单位，有的出现了脸热心冷的“新衙门作风”：钱不敢收了，事也不办了；脸好看了，但冠冕堂皇的拒绝也多了，让群众碰“软钉子”。有关单位要对照“风调雨顺、无病虫害”的要求，认真反思“为品质发展做什么、为基层群众办什么、为企业项目解决什么”，打通“最后一公里”，走稳“最后一步路”，用干部的“辛苦指数”赢得群众的“满意指数”。各企业家，要深入研究新常态，学会新常态下生存和发展的新本领，摒弃守摊、守成思想，继续保持敢为人先、创新创业的激情，做到发展永不停步、永不满足，争取每年在转型升级上都有新项目、新动作、新发展。

五、坚定不移推进党要管党、从严治党

坚持“把抓好党建作为最大的政绩”，把全面从严治党要求落实到党的建设各个方面，为“品质寿光”建设提供坚强组织保障。

（一）必须强化规矩意识，严管干部队伍。对于一个政党来说，纪律和规矩是生命线；对于一名党员来说，纪律和规矩是高压线。在十八届四中全会上，习总书记指出了“七个有之”等无视党的政治纪律和政治规矩的行为：搞任人唯亲、排斥异己的有之；搞团团伙伙、拉帮结派的有之；搞匿名诬告、制造谣言的有之；搞收买人心、拉动选票的有之；搞封官许愿、弹冠相庆的有之；搞自行其是、阳奉阴违的有之；搞尾大不掉、妄议中央的有之。习总书记讲的“七个有之”，在我们基层或许没有那么严重，但也是有不同程度存在的。下步，每名党员干部都要牢树“党纪严于国法”理念，严守必须维护组织权威、必须维护班子团结、必须遵循组织程序、必须服从组织决定、必须管好亲属和身边工作人员“五个必须”的规矩，在政治上讲忠诚、组织上讲服从、行动上讲纪律，决不能因为不守纪律、不讲规矩走错路、摔跟头。纪委肩负监督执纪之责，必须把监督执纪的责任担起来，把“严管厚爱”与“抓早抓小”统一起来，真正使纪律成为“硬杠子”、“高压线”。

（二）必须强化基层基础，严抓班子建设。今年，农村基层工作要围绕基层服务型党组织建设，突出抓好党员联系户、农村便民服务点、农村社区片区一体化等重点工作，

加大工作创新力度，全面夯实农村基层基础。特别是年前我们基本完成了村“两委”的换届选举，无论是连任的还是新当选的，群众把大家选上来是对我们的信任，干得好才能真正得到群众拥护。各位村支部书记要学习先进、找准目标，比着干、鼓着劲干，抓好领办合作社、便民服务点建设、美丽乡村建设等硬任务，争取每年都为村里办成几件实在事，决不能干了三年还“涛声依旧”。要扎实开展教育实践活动“回头看”，每年定期召开高质量民主生活会，进一步完善党员队伍纯洁机制，深入抓好问题的整改落实，始终保持基层队伍的纯洁性和战斗力。

（三）**必须强化底线思维，保持清正廉洁**。反腐败没有禁区、没有特区、更不会有盲区，广大党员干部一定要端正思想，坚决克服懈怠和侥幸心理，始终做到干净干事、清白做人，加快从“不敢腐”转向“不想腐”。要以高度政治自觉落实履行好“两个责任”，特别是领导干部要切实提高警觉，不能有一俊遮百丑的想法，做好工作是本分、是职责，是应该的，但是廉洁出问题是两码事，必须牢牢把党风廉政建设和反腐败工作放在心上、抓在手上。要认真开展“三严三实”专题教育，始终保持狠刹“四风”的高压态势，抓常抓细抓长，以“连根拔”的韧劲整治“四风”，以“零容忍”的态度铁面执纪，真正让“铁规”发力、让“禁令”生威。党员干部要时刻绷紧拒腐防变这根弦，警钟长鸣、坚守底线，做到心中有党、心中有民、心中有责、心中有戒，用源源不断的清风正能量，回报组织的重托、人民的信任，全力营造风清气正的政治生态。

同志们，新常态需要新作风、新常态需要新作为，让我们紧密团结在以习近平同志为总书记的党中央周围，团结带领全市人民，以更加强烈的政治责任感，更加振奋的精神状态，更加务实的工作作风，奋力拼搏、开拓进取，为推动“品质寿光”建设迈上新台阶而努力奋斗！

政府工作报告

——2011年1月19日在寿光市第十五届人民代表大会第五次会议上

寿光市市长　朱兰玺

各位代表：

现在，我代表市政府向大会作工作报告，请予审议，并请各位政协委员和其他列席会议的同志提出意见。

一、2010年工作回顾和过去五年成就

2010年是“十一五”规划执行的决胜年。一年来，我们在市委的正确领导下，在市人大及其常委会的依法监督和市政协的大力支持下，以建设“城乡一体均衡寿光”为目标，紧紧围绕市十五届人大四次会议提出的各项要求，抢抓发展新机遇，集聚发展新优势，努力开创科学发展新局面，为“十一五”建

设划上了圆满句号。全年预计实现地区生产总值473亿元，同比增长13.2%；财政总收入56.2亿元，其中地方财政收入32.3亿元，同比分别增长27.4%和28.6%；预计完成全社会固定资产投资273亿元，同比增长23%。

（一）经济实力和竞争力不断增强

农业基础更加稳固。大力发展现代农业，重点建设了国家现代农业示范区和47处绿色有机蔬菜基地，新建标准化畜牧园区64个，新认定绿色有机食品基地5.4万亩、绿色有机食品91个。积极推进农业品牌创建，“乐义”蔬菜成为中国驰名商标，寿光毛蚶、浮桥萝卜等6个农产品成为国家地理标志产品。完成“中国•寿光蔬菜指数”编制工作，成功培育4个具有自主知识产权的蔬菜新品种，全市种苗繁育能力达到8亿株。加快土地流转和产业化经营，全年流转土地2.3万亩，新发展农民专业合作社111家、潍坊市级以上重点龙头企业17家。实行农业投入品登记备案制度，健全完善农产品质量安全检测和监管体系，我市创建成为全国农业标准化生产示范市。

工业经济快速发展。积极把握国家宏观调控新形势，制定出台加快工业经济转方式调结构的办法措施，引导企业靠科学投入促转调。全年累计开工建设工业项目282个，其中过亿元项目104个，完成工业投入207.4亿元，同比增长37.6%；预计完成高新技术产业投入91.4亿元，高新技术产业产值比重达到25.4%。墨龙180石油套管、晨鸣9.8万吨生活用纸等36个重点项目相继建成投产，成功创建为中国海洋化工产业基地、中国石油装备产业基地和中国建筑防水产业基地。强化节能降耗预警调控，大力发展循环经济，预计全市万元GDP能耗同比下降5%；规模以上工业企业实现主营业务收入1006.7亿元、利税96.5亿元、利润71.7亿元，同比分别增长30.2%、32.8%和39.7%。

服务业发展明显加速。盛凯大厦、丽都国际广场等项目相继建成投用，渤海物流园、国际商贸城等大型物流园区开工建设，全年新开工过5000万元服务业项目82个。农产品物流园日均交易量突破千万公斤，进入中国最具品牌价值商品市场50强。大力发展会展经济，成功举办第十一届蔬菜博览会，展出品种2000多个，展示效果和对外影响达到历史最高水平，蔬菜科技博览园成为全省服务业重点园区。做大做强生态旅游业，弥河湿地公园建成投用，晨鸣生态湿地温泉旅游度假区动工建设，生态农业观光园、三元朱村分别被评为国家AAAA级、AAA级旅游景区。精心培育新兴服务业，动漫设计、软件研发、服务外包等企业发展到84家，软件园创建成全省研究生联合培养基地。全年预计实现社会消费品零售总额126.3亿元，同比增长18.8%。

（二）区域活力和发展动力不断显现

寿北开发强势推进。把寿北地区作为转型发展的主阵地，规划建设双王城生态经济区、羊口先进制造业区和侯镇海洋化工园区，引导政策、资金、服务重点向寿北倾斜。双王城水库、德大铁路等重大基础设施项目动工建设，中新路、进港路一期等园区道路竣工通车，寿北地区全年完成基础设施投入7.6亿元，承载能力显著增强。重点培育发展先进制造业和新能源、新材料等战略性新兴产业，元鸣生物、旭锐新材料等一批过亿元项目开工建设，初步形成新的经济隆起带。

对外开放步伐加快。瞄准新兴产业和重点地区，大力开展以商招商和产业招商，先后引进中鸿机械、重庆力帆等符合国家产业政策的重点项目47个，实际投资额20.4亿元。

对外贸易实现新增长，新批外资项目16个，实际到账外资2.1亿美元；有出口实绩的企业达到163家，预计完成进出口总额15.5亿美元，其中出口创汇9.5亿美元。成功举办海峡两岸精致农业合作洽谈会，对外经济技术合作取得新突破。

支撑能力持续增强。积极稳妥开展城乡建设用地增减挂钩试点，强化土地集约利用，保障了全市重点项目用地需求。博润实业、墨龙A股实现首发上市，成功发行10亿元治污减排债券，全年从资本市场募集资金73.8亿元。引进交通银行、招商银行2家金融机构，设立2家小额贷款公司，新增贷款60亿元，金融创新“寿光模式”在全国推广。加大科技创新力度，新增博士后科研工作站和院士工作站2家、潍坊市级以上技术中心和工程中心14个。成立卤水精细化工和设施蔬菜2个产业技术创新战略联盟，申请专利670件，新创驰名著名商标9件、省名牌产品11个。我市被评为中国最具创新力城市。

（三）城乡面貌和生态环境不断改善

城市建设纵深推进。全力加快城市七大片区建设，开工中南世纪星城等重点项目142个，新建在建高层建筑255栋，房地产开复工面积381.7万平方米。组织实施市政重点工程88项，建成东城、城南2个热源厂和城北、科技工业园2个供水厂，新建改造城区道路37公里、排水管道61公里，新增城市绿地190公顷。深入开展中国人居环境奖创建活动，全面加强城市精细化管理，建成数字城管系统一期工程，我市被评为全省城乡环境综合整治示范市和中国十佳休闲宜居生态城市，顺利通过国家卫生城市复审。

镇村建设成效明显。通过土地挂钩、村企共建等多种模式，加快农村集中居住区建设和危房改造。全年开工建设农村社区46个，建设公寓楼502栋。加快小城镇基础设施配套，累计投入5.4亿元，新修改造农村道路312公里，新建上口、道口2处加压站，铺设入村供水管道74公里。积极推进城乡环卫、城管执法向镇村延伸，新建生活垃圾中转站21座，配套建设村级垃圾收集设施，40%的村实现垃圾集中清运处理。积极开发利用沼气、太阳能等绿色能源，我市成为国家首批绿色能源示范市。

生态环境不断优化。重点推进大西环、新海路等8项农村绿化工程，全年完成成片造林3.5万亩，总植树1550万株，林木覆盖率达到18.1%。投资11.5亿元，实施54项治污减排重点工程，建成10处污水处理厂和13个脱硫项目，新增污水日处理能力13万方。加强环保联合执法和区域河流污染整治，严格执行污染物总量控制制度，关停取缔污染企业137家，对张僧河、塌河、营子沟等河流进行清淤治理，张僧河水质稳定达到恢复鱼类生长标准，COD和二氧化硫年度减排任务全面完成。21项指标达到国家生态市考核要求，新创建4个省级生态镇，生态市创建步伐不断加快。

（四）人民生活质量和幸福感不断提高

人民生活水平持续改善。预计城镇居民人均可支配收入达到22860元、农民人均纯收入9260元，全市各项存款余额达到394.6亿元。在全省率先实行国家基本药物制度，市财政半年拿出3353万元用于药品差价补贴，523种药物实行零差率销售。全面落实国家支农惠农政策，兑付粮食直补、农机具购置等各类补贴1.5亿元。全年销售各类“家电下乡、以旧换新”产品13.7万台（部），新增机动车4.1万辆，其中小汽车2.9万辆。

社会保障体系日益完善。积极落实援企

稳岗政策，全年新增城镇就业2.1万人，农村劳动力转移就业1.1万人。加大社会保险扩面征缴力度，城乡参保人数达到84.8万人，社保基金征缴额突破13亿元。不断提升社会保障水平，农村低保标准提高到每人每年1600元，城镇提高到每人每月310元，企业退休职工养老金提高到人均每月1216元，五保老人集中供养率达到85%。首批80套廉租住房全部实物配租到位，140户低收入家庭享受廉租住房政策。扎实开展“新农保”试点，农民参保率达到98%以上，为60周岁以上农村老人发放基础养老金1.05亿元，征缴额和参保率均列全省试点县首位。提高失地农民养老保障金、“新农合”财政补助标准和城镇医疗保险最高支付限额，全年为参合农民报销医药费1.02亿元。积极开展社会救助，全年募集慈善资金500万元，发放各类救助金3010万元。

各项社会事业均衡发展。投资3.6亿元，新建改建建桥中学、明珠小学等学校58处，标准化学校建设水平明显提高。深入开展全国文明城市创建活动，新增村级标准化文化大院100处、农家书屋200个，顺利完成有线电视数字化整体转换，成功举办首届中华农圣文化节。加快发展医疗卫生事业，启动市人民医院门诊楼等重点工程建设，完成村级卫生室标准化改造103处。新建省级标准化计生服务室200处，我市被评为全国计划生育优质服务先进市。

和谐稳定基础更加坚实。坚持社会矛盾预防和化解并重，健全市级班子成员接访制度，开展“千名干部下基层”、“千名干部访万户”活动，成立矛盾纠纷调处中心，建立信息预警和“大调解”工作体系，妥善处置各类社会矛盾，全市信访总量较大幅度下降。加强社会治安综合治理，开展安全隐患排查整顿，全年没有发生重大刑事案件和安全事故。

（五）政府效能和服务水平不断提升

认真贯彻落实市委决策，自觉接受人大的法律监督和政协的民主监督，全年办理人大代表议案建议52件、政协委员提案115件，按时办结率均达100%。加快推进政府机构改革，精简部门、单位8个，工作效率进一步提高。深化网上审批系统和集中收费中心平台建设，大力推行限时办理、一口收费和后置收费，全年共办理各类审批事项2.4万件。加强预算资金管理，优化财政支出结构，强化政府投资审计和经济责任审计，实现了“阳光行政”。加大政务公开力度，发挥寿光民声、行风热线、市长公开电话和交通公共信息平台作用，进一步畅通了社情民意表达渠道。

各位代表！2010年是“十一五”规划实施的最后一年。经过五年的不懈努力，全市经济社会发展取得了丰硕成果。

过去的五年，国民经济实现了质量并重的重大转变，进入了又好又快的新时期。地区生产总值年均增长14.5%，财政总收入和地方财政收入分别是2005年的2.8倍和3.2倍；农民人均纯收入、城镇居民人均可支配收入年均分别增长10%和15%以上；全社会固定资产投资累计完成904亿元，预计万元GDP能耗五年下降24%。全市经济持续保持较快增长，先后创建成为国家园林城市、国家卫生城市和国家环保模范城市。

过去的五年，产业结构实现了协调发展的重大转变，进入了优化升级的新时期。累计完成工业投入765亿元，规模以上工业企业主营业务收入、利税、利润年均分别增长17.7%、15.9%和19.2%，高新技术产业产值比重提高16个百分点。全市农业龙头企业发展到410家，“三品”基地面积发展到71万亩，现代农业实现了向更高层次跨越。五年开工建设投资过千万元的大型商贸流通项目69个，社会消费品零售总额年均增长19.2%，三次产业比例预计调整到14.2：52.2：33.6。

过去的五年，城乡建设实现了统筹发展的重大转变，进入了整体跨越的新时期。完成城市总体规划和城乡统筹规划修编，同步推进新区建设和旧城改造，城乡功能和布局更加完善。五年累计投入39.8亿元用于小城镇基础设施建设，城镇化水平达到55.5%。积极推进农村住房改造，建设新型农村社区81个、公寓楼914栋，农民生活条件有了较大改善。

过去的五年，改革开放实现了深化提升的重大转变，进入了创新创业的新时期。调整优化镇街行政区划，加快扩权强镇步伐，扎实开展农村综合配套改革，全面实施文化、教育、卫生、社会保障等各项社会事业改革，发展活力和后劲不断增强。经济外向度明显提高，进出口获权企业发展到564家，进出口总额、出口创汇年均分别增长21.8%和20.1%。

过去的五年，社会建设实现了民生优先的重大转变，进入了共建共享的新时期。“十一五”期间，全市用于民生领域的财政支出达到48.7亿元，占地方财政支出的40.8%，建成文化中心、寿光一中、市民健身中心、社会福利中心等一批民生重点工程，公共服务能力明显增强。率先推行“新农保”、“新农合”，健全基本养老、基本医疗、社会救助、最低生活保障等各项制度，社会保障体系更加完善。全市机动车保有量达到37.1万辆、互联网用户17.5万户，城乡居民生活水平显著提升。援川工作圆满结束，对口支持安塞取得重大成效。统计、编制、气象、档案、侨务、人防、机关事务、民族宗教、妇女儿童等工作也取得了新成绩。我市荣获全国文化先进市、全国民政工作先进市、国家科技进步示范市、全省教育工作示范市等一批荣誉称号。

各位代表！五年来，全市人民用勤劳和智慧、激情与拼搏，谱写了寿光发展的新篇章。在此，我谨代表市政府，向为寿光建设和发展作出卓越贡献的全市广大人民群众，致以崇高的敬意！向给予政府工作大力支持的人大代表和政协委员，向各民主党派、工商联、各人民团体、无党派和社会各界人士，向离退休老同志，向驻寿部队、武警官兵和公安民警，向驻寿单位，向所有参与、关心和支持寿光现代化建设的海内外朋友，表示衷心的感谢！

在充分肯定成绩的同时，我们也清醒地看到发展中存在的困难和问题：经济总量还不够大，服务业比重提升不快；高新技术产业比重相对偏低，节能环保压力仍然较大；城乡发展还不够均衡；社会保障体系还需完善；政府公共服务水平和依法行政能力有待进一步提高等等。对这些问题，我们将高度重视，在今后的工作中努力加以解决。

二、今后五年政府工作的奋斗目标和2011年工作安排

“十二五”时期是全面建成小康社会的关键时期，我们必须始终保持清醒的头脑，切实增强发展意识和竞争意识，不断抢抓新机遇，增创新优势，实现新跨越。根据市委的安排部署，市政府组织制定了《寿光市国民经济和社会发展第十二个五年规划纲要（草案）》，提请本次大会一并审议。

到2015年，全市经济社会发展的主要预期目标是：地区生产总值达到1000亿元，年均增长12%以上；财政总收入达到150亿元，地方财政收入85亿元，年均分别增长20%以上；城镇居民人均可支配收入、农民人均纯收入分别达到4万元和1.5万元，年均分别增长12%和10%；全社会固定资产投资累计完成2300亿元；外贸进出口规模达到32亿美元；社会消费品零售总额年均增长18%；高新技术产业产值比重达到35%；城镇化率达到60%；全面完成节能减排指标；三次产业结构比例调整到8.5 ∶ 51.5 ∶ 40，率先全面建成小康社会。

各位代表！2011年是执行“十二五”规划的开局之年。今年政府工作的总体要求是：按照市委确定的“一三六三”的工作思路，坚持以科学发展观为指导，全面贯彻党的十七大及十七届三中、四中、五中全会精神，紧紧围绕建设“城乡一体均衡寿光”这一总体目标，坚持经济发展与改善民生并重，加快北部滨海新区、东部新城建设、西部市场物流三大突破，着力推动经济发展方式转变和产业结构调整，努力实现富民强市新跨越。经济社会发展的主要预期目标是：完成地区生产总值540亿元；实现财政总收入67.5亿元，其中地方财政收入38.1亿元；完成全社会固定资产投资328亿元；城镇居民人均可支配收入、农民人均纯收入分别增长8%以上。

具体实践中，将着力做好以下六个方面的工作：

（一）突出增量投入，在优化经济结构和壮大经济总量上谋求更大突破

持续加大工业投入。坚持“工业强市”不动摇，把项目建设放在工业经济发展的首位，以项目建设促科学投入，以科学投入促优势产业调整和新兴产业培育。围绕汽车制造、石油装备、海洋化工、轻工食品、新型材料等优势产业，突出抓好凯马20万套汽车零部件、墨龙高端石油装备、力帆40万套摩托车零部件等50个新型工业项目。积极培育生物医药、节能环保、新型能源等战略性新兴产业，加快泰丰锂电池、元鸣生物20万吨聚葡萄糖等项目建设，确保全年完成工业投入200亿元，以增量投入带动存量调整。加强工业经济运行监测，强化中小企业培育，不断壮大规模企业群体，力争年内规模以上工业企业实现主营业务收入1150亿元、利税105亿元、利润80亿元。

全力推进寿北开发。坚持把寿北地区作为融入“三区”开发的重要突破口，切实抓好寿光港、德大铁路、双王城水库等项目建设，加快推进开发区南环路等道路工程，尽快启动临港物流园建设，不断增强寿北地区的吸引力和承载力。对中鸿机械、泰丰汽车合金等已经落地的20多个过亿元项目，在政策、资金等资源要素上重点倾斜，促其尽快投产达效；对尚未开工的健元春包装新材料、昊华子午胎等项目，抓紧完善前期工作，尽快开工建设，确保年内寿北地区工业投入过百亿元，全力打造生态经济的示范区、低碳经济的试验区、高端产业的聚集区。

加快突破现代服务业。突出抓好农产品物流园、渤海物流园、国际商贸城等大型物流项目建设，高标准抓好菜都路改造开发，着力培育以农产品物流园和国际商贸城为依托，以菜都路为纽带的现代物流业隆起带。继续完善渤海路、银海路、正阳路、学院路的商业功能，加快推进全福元商城、沃尔玛连锁超市等大型商业项目，集中打造功能完善、业态齐全的中央商务区。全力办好第十二届蔬菜博览会，努力打造中国农展会第一品牌。认真做好“中国·寿光蔬菜指数”发布工作，不断提升蔬菜产业影响力和竞争力。集中抓好蔬菜高科技示范园、林海生态博览园等六大景区的上档升级，大力发展生态旅游产业，培强做大寿光旅游品牌。持续抓好软件园的运营和升级，积极引进服务外包企业，大力发展软件研发、动漫设计等新兴产业，带动服务外包产业发展。扎实推进工业企业非核心业务剥离，壮大服务业发展规模，全年实现社会消费品零售总额145亿元，服务业在三次产业中的比重提高1.5个百分点。

强化创新能力建设。认真实施科技创新项目，积极推进产学研联合，切实加强院士、博士后工作站等创新平台建设，力争年内新增潍坊市级以上工程中心3家、技术中心4家，高新技术产业产值比重达到27%。加大重点领域领军人才与创新团队的引进培养力度，年内引进硕士以上高层次人才200名，引进培养各类专业技术人员2000名，以人才结构优化促进产业转型升级。继续深化品牌发展战略，确保年内申请专利700件，新创5件驰名著名商标和3个省以上名牌产品，努力建设品牌大市、品牌强市。

（二）突出内涵建设，在提升城市品位和构建宜居环境上谋求更大突破

坚持以人为本的建设理念，以完善功能、拓展空间、提升形象为重点，协调推进城市建设，全力打造生态宜居的现代化城市。

用现代化理念优化城乡规划布局。按照基础设施完善、公共服务健全、城市管理高效的要求，超前谋划城市总体规划修编，统筹抓好水电暖、道路交通、商业服务、医疗卫生等基础设施和公共服务规划，集中抓好寿光滨海新区、双王城生态经济区、企业总部群等重点区域和重点项目规划，加快建立层次分明、配套完善的城乡规划体系，以科学的规划引导城市经济转型升级。健全完善规划批后管理制度，加大规划执法、监督检查和舆论监督力度，确保规划落到实处。

用精品化工程推进城市片区开发。加快东城新区开发，带动城市建设上档升级。突出抓好丽景花园、威尼斯小镇等40个重点项目，力求把每个项目建成精品工程、地标建筑。深入推行房地产项目综合验收机制，探索实行住房质检合格证制度，重点抓好水木清华、正阳花园等居住小区建设，力争全年完成房地产开发投资40亿元，施工面积420万平方米。加快金玉米公司和联盟化工、富康制药老厂等企业退城进园步伐，争取利用3年时间完成整体搬迁，为城市发展腾出空间。稳妥推进桥南李等10个城中村和南关等3个旧住宅区改造。积极引导建筑企业转型升级，力争全年完成建筑业总产值过百亿元，实现利税9亿元。

用战略性眼光抓好基础设施建设。按照立足实际、着眼长远、适度超前、逐步到位的原则，强化公共服务资源的统筹、集约、整合利用，配套完善城市基础设施，突出抓好南环路中段、幸福路改造等道路工程，逐步构建主干线相通、支路线相连的城市道路体系。加快推进北环路、南环路等“一河两园十一街十七路”绿化工程，力争年内新增城市绿化面积332公顷。不断完善城市排水网络，切实抓好寿济路、金光街等5项排水工程建设，尽快实现雨污分流。稳步实施老城区供热管网改造、晨鸣热电厂汽改水管网改造及供热站监控体系建设，推进供热计量改革，提高供暖效果。

用精细化模式推动城市长效管理。注重城市内涵提升，突出抓好数字城管二期工程建设，继续配套城市管理机械设施，不断提高城市管理数字化、机械化覆盖率。深化城市环境综合整治，稳步提高城市硬化、绿化、美化、净化、亮化管理水平。大力开展城管执法“进社区、进企业、进工地”活动，全面加强与服务对象之间的沟通，积极构建“和谐城管”。探索建立市政服务标准化模式，努力为广大市民提供优质高效的公共产品和服务。

（三）突出城乡统筹，在推进城乡一体发展和提高新农村建设水平上谋求更大突破

坚持以农民增收为核心，积极探索统筹城乡发展的新模式，在重点领域、关键环节实现突破，加快构建城乡一体发展新格局。

大力发展现代农业。加快土地流转，改变种养模式，逐步实现农业生产的规模化、集约化。切实抓好国家现代农业示范区和寿北大型畜牧业循环经济示范区建设，配套完善园区基础设施，鼓励实施土壤改良工程，确保年内新认定绿色有机蔬菜基地3万亩、标准化畜牧示范园区40个。继续加强农产品质量监管体系建设，健全完善农业投入品和蔬菜大棚登记备案制度，大力推广绿色、有机蔬菜种植关键技术，抓好农民技术培训，努力争创国家出口农产品质量安全示范区，逐步实现农产品质量标准的国际化。鼓励扶持企业开展品牌创建工作，积极争创国家地理标志产品和中国驰名商标，确保年内新申报绿色有机产品80个以上。研究制订种苗行业生产标准，规范种苗产业健康发展，加大蔬菜良种研发和推广力度，力争年内培育建设年育苗能力3000万株以上的种苗企业30家，全市年育苗规模达到10亿株。积极推动龙头企业上档升级和农民专业合作社建设，力争年内新增潍坊市级以上重点龙头企业15家，新发展农民专业合作社80家。切实加强蔬菜销售网络建设，大力发展农超对接、网络直销等新型销售方式，逐步构建由生产基地直接向消费终端配送的高端销售网络。

切实抓好镇村建设。积极推进镇街道驻地集中居住区建设，加快城镇交通、供水、热力、燃气、环保等基础设施和公共服务配套，推动小城镇向城市转型。不断强化镇区精细化管理，全面提高小城镇建管水平。高标准编制全市社区建设总体规划，制订农村社区基础设施和公共服务配套标准，完善各项规划建设审批手续，力争全年完成社区住房1.5万户，每个镇街道新建1个以上新型农村社区。立足地域特点，发挥产业优势，繁荣发展镇域经济，年内地方财政收入过亿元的镇街道达到6个。

持续改善农村条件。科学编制水利工程建设规划，积极推进农村安全饮水、小型农田水利和双王城水库配套等水利项目，逐步完善寿北农田水网灌溉体系，确保全年新增节水灌溉面积3.8万亩。切实抓好镇村道路维修改造，提升农村道路管护质量，方便人民群众出行。加快推进城乡环卫一体化，不断完善垃圾中转站配套设施，争取年内全部村庄基本实现垃圾集中清运处理。大力开展植树造林，切实抓好大西环绿化提升、羊田路绿化、双王城水库环库林场等农村重点绿化工程，确保完成成片造林2万亩，林木覆盖率达到20%以上。严格落实支农惠农政策，及时兑现各项涉农补贴，鼓励农民优化种养结构，推动农村非农产业发展，引导农民就地就业或转移就业，持续促进农民增收。

（四）突出改革开放，在创新体制机制和保障发展能力建设上谋求更大突破

深入推进各项改革。积极推进农村经济组织体制、农村生产社会化、农村土地管理等五大领域改革，努力打造农村综合配套改革“寿光模式”，为全省乃至全国深化经济体制改革创出经验。不断扩大扩权强镇成果，扎实做好羊口省级经济发达镇试点工作，努力探索镇级管理新体制。继续抓好农村金融创新和信用渠道建设，大力推广农户组建联保体、中小企业信用联盟等新型贷款模式，积极破解农村经济发展的资金难题。继续巩固国家基本药物制度改革成果，积极稳妥推进公立医院改革，鼓励引导社会资本发展医疗卫生事业，加快建立多元化办医格局，不断提高医疗服务水平。

强化财政金融支撑。坚定不移地发展壮大税源经济，千方百计拓宽收入渠道，严格财政支出管理，为经济发展提供强有力的资金保障。充分发挥财政资金的导向作用，强化重大设施项目融资，吸引社会资本参与经济发展和社会建设。积极开展政银企交流活动，努力构建全方位、多层次的金融服务体系，争取年内新引进和组建金融服务机构2家，金融机构贷款余额较年初增加60亿元。引导大型企业加强融资队伍建设，畅通使用外汇、利用基金等多元化融资渠道。加快推进康跃增压器、金正食品等企业上市融资，争取年内新增上市股票2支。

努力扩大对外开放。坚持科学招商理念，提高项目准入门槛，注重引进拥有自主知识产权和先进终端产品的企业，坚决拒绝环评不过关、投资密度低、不符合产业政策的项目。继续完善招商引资项目到资额考核办法，实施招商项目跟踪督查机制，务求引进的项目快落地、早投产，全年完成招商引资实际投资额160亿元，实际利用外资2.2亿美元，新兴产业项目在到位资金中的比重达到30%以上。统筹抓好新兴市场拓展和传统市场开发，加大自主品牌产品和高附加值产品出口份额，争取全年实现进出口总值16.8亿美元，其中出口11亿美元。深入实施“走出去”战略，力争年内完成境外投资项目2个。强化劳务输出培训，规范外派劳务市场管理，全年完成外派劳务合同额2300万美元，建成全省首家承接政府间国际援外培训的县级市。

（五）突出生态文明，在集约利用资源和增强持续发展能力上谋求更大突破

以争创国家生态市为契机，全面推进生态环境建设，确保全市能耗持续降低、污染物大幅减排、持续发展能力明显增强。

坚持不懈地抓好环境保护。严格落实污染物排放总量控制，积极推进重点流域、重点区域、重点行业综合整治，确保顺利通过国家环保模范城市复核和国家生态市验收。深入开展环保执法专项行动，突出抓好异味、烟尘、扬尘、汽车尾气等大气综合治理，加快实施晨鸣热电、巨能热电等13处低氮燃烧技术工程，确保重点区域空气质量明显改善。积极开展过境河流生态修复，确保境内河流水质始终保持恢复鱼类生长标准。扎实推进城市综合污水处理厂污泥无害化处置、城市生活垃圾处理厂深度处理工程，加快污水处理厂和镇街配套管网建设，不断提高污水处理能力，全面完成COD、二氧化硫、氨氮、氮氧化合物削减任务。

持续不断地抓好节能降耗。严格节能总量控制和刚性约束，加快淘汰落后产能，强化重点企业能耗监控，积极抓好新龙集团锅炉余热发电、晨鸣集团电机系统节能改造等12个重点节能项目建设，确保年内万元GDP能耗同比下降5%。加快发展循环经济，大力推行清洁生产，力争年内新增资源综合利用企业10家。严格执行建筑节能强制性标准，全面抓好新建建筑节能和既有建筑节能改造，大力推广应用太阳能建筑一体化、地源热泵等住宅产业化新技术，争取年内建成2处节能示范小区。

积极有为地抓好资源集约利用。抓住土地资源、水资源等关键环节，制定促进资源集约利用的办法措施，着力提高资源利用率。认真实施新一轮土地利用总体规划修编，切实强化建设用地批后管理，狠抓土地违法违规检查，坚决处置闲置土地，严防新的违法占地发生。加大土地整理和复垦力度，重点抓好古城土地综合整治等项目，确保耕地占补平衡。鼓励企业建设多层厂房、立体厂房，切实提高土地利用水平。加快推进晨鸣集团中水回用、默锐化学再生水利用等资源再利用工程建设，合理开发利用污水处理厂达标排放水资源，努力实现水资源可持续利用，争取年内万元 GDP 取水同比下降 11.47%。按照“以盐治溴、溴盐平衡”的原则，合理开发、科学利用卤水资源，严防卤水资源流失。

（六）突出共建共享，在促进民生改善和构建和谐社会上谋求更大突破

坚持把持续改善民生作为经济发展的最终目的，加快推进社会建设，高度关注弱势群体，逐步建立覆盖城乡、制度健全、相互衔接的社会保障体系，让广大人民群众共享改革发展成果。

优先发展社会事业。扎实推进校舍安全工程和标准化学校建设，切实抓好新文家中学等 26 处校舍新建改造工程，逐步完善老城区教育基础设施，改善农村教育教学条件，不断优化城乡义务教育资源配置。大力发展学前教育，整合提升职业教育，努力办好高等教育，积极开展素质教育，注重教育内涵发展，全面提升教育质量。深化“市民素质提升年”活动，加强社会主义核心价值体系建设，不断提高全市人民的整体素质。加快推进人民医院门诊大楼、中医院病房大楼等卫生基础设施建设，尽快完成 89 处村卫生室提升工程，逐步健全公共卫生服务体系。扎实开展食品药品安全专项整治，确保群众饮食用药安全。大力发展老龄和残疾人事业，不断完善老年人、残疾人保障和服务体系，全面完成全国第六次人口普查，扎实做好人口计生工作。不断完善社区规模以上健身设施，启动市民活动中心等公共活动场所建设。扶持发展休闲娱乐、文化旅游等文化产业，提高文化场馆利用率，建成 100 处标准化村级文化大院，实现农家书屋全覆盖。

健全完善社保体系。实行积极的就业政策，促进以创业带动就业，确保年内新增就业 2 万人，城镇登记失业率控制在 3% 以内，积极创建省级优秀创业型城市。扎实推进社保扩面和基金征缴，年内完成社保扩面 1 万人，征缴各项社会保险 15 亿元。妥善做好新、旧农村养老保险制度的衔接工作，探索实施城镇居民养老保险办法，逐步实现城乡养老保险制度全覆盖。进一步提高新农合筹资标准和报销比例，不断增强新农合的保障能力。大力发展法律服务，完善法律援助体系，维护公民合法权益。切实抓好保障性住房建设，及时发放廉租住房补贴，逐步改善低收入家庭的住房条件。不断完善以城乡低保、农村五保为主体，以教育医疗、灾民救助等为辅助的新型社会救助体系，大力发展慈善事业，妥善解决好困难群众的基本生活问题。

不断加强社会管理。高度重视村委会、居委会自治能力建设，规范住宅小区物业公司和业主委员会管理，建立完善人口、计生、社保等信息资源共享机制，有效整合社会管理资源，健全基层管理和服务体系，全面加强社会特殊群体的服务管理，努力打造县级社会管理品牌。深化“平安莱乡”建设，逐步完善城乡技防设施，始终坚持常态化、全时段布警防控，扎实开展严打整治、打霸治痞等专项行动，始终保持对各类邪教和黑恶势力的高压态势，切实增强人民群众的安全感。高度重视群众来信来访，全面落实维稳风险评估制度，完善网格化信息报送体系，及时有效地化解矛盾纠纷，最大限度地减少不和谐因素。全面启动“六五”普法，积极开展法治创建活动。严厉打击囤积居奇、哄抬物价等扰乱市场行为，规范市场运行秩序。继续做好双拥工作，切实维护妇女、儿童和残疾人的合法权益。高度重视抗旱防汛、防震减灾工作，增强灾害防御能力。大力开展企业安全生产标准化创建活动，扎实开展隐患排查治理，坚决防范和遏制重特大事故发生。健全完善公共安全预防和应急处置机制，加快应急救援呼叫中心与应急救援指挥平台建设，不断提高应对突发事件处置能力，努力为人民群众创造和谐稳定的社会环境。

今年，市政府将围绕群众关心的热点难点问题，着力办好与人民群众生产生活密切相关的12件实事。

1、财政出资1.2亿元，将“新农合”补助标准由113元提高到200元。

2、财政出资6500万元，巩固完善基本药物制度，在镇街道卫生院和村卫生室全部实施基本药物零差率销售。

3、财政出资2100万元，将公共卫生服务补助标准由15元提高到25元，更好地为群众提供建立居民健康档案、健康教育、预防接种、传染病防治、高血压糖尿病等慢性病管理、儿童保健、孕产妇保健、老年人保健和重性精神疾病管理等9项服务。

4、财政出资3600万元，用于城乡低保救助金的发放。财政出资100万元，加强孤儿救助工作，按照社会散居孤儿每人每月600元、集中供养孤儿每人每月1000元的标准发放补助。积极开展慈善救助，募集资金500万元，加大对特殊困难群体的救助力度。

5、财政出资396万元，将4.6万名城镇非从业人员纳入新农保范围，基本实现社保全覆盖。

6、财政补贴1000万元，实施学生接送安全工程，逐步解决全市5万名需接送的中小学生交通安全问题。财政补贴2000万元，加快中小学布局调整和校舍改造工程建设。

7、投资3000万元，其中财政补助1000万元，加快农村安全饮水工程建设，铺设主管道40公里，建设上口、营里、稻田等镇85个村入村管道130公里。

8、财政补助4000万元，对200公里乡级道路进行改造。争取利用三年时间，基本完成乡级道路维修改造。

9、财政投资5000万元，实施兴隆路中段、健康街梨园段、学院路南伸、洛兴街东伸、健康街东伸等工程，打通城市断头路，缓解城区交通压力，方便群众出行。

10、加大污染治理力度，财政投资4000万元，对桂河、丹河、张僧河、北阳河进行生态修复；加强台头工业园、渤海化工园、侯镇项目区、田柳项目区、经济开发区的大气污染综合治理，逐步改善空气质量。

11、财政筹资3140万元，年底前基本实现城乡环卫一体化。财政投资300万元，组织开展城市综合整治，解决市区背街小巷及卫生死角管理问题。

12、投资5.5亿元，启动建设市民活动中心、体育馆和游泳馆；财政投资1000万元，建设水木清华公园、环翠游园等城市绿地游园，丰富群众文化生活，改善居民休闲娱乐条件。

三、全力打造高效有为政府

新形势、新目标、新任务对政府工作提出了新要求。我们必须大力弘扬求真务实、奋发有为的精神，切实增强廉洁奉公、执政为民的意识，不断推动政府自身建设，更好地为发展服务、为基层服务、为群众服务。

切实提高依法行政能力。自觉接受市人大及其常委会的依法监督和市政协的民主监督，加强与社会各界的联系沟通，进一步提高人大议案、建议和政协提案的办理质量。结合全市电子政务建设，重点推进财政预算、重大项目实施、社会公益事业、部门审批权限等领域的政府信息公开，自觉接受新闻媒体和社会舆论监督。落实行政执法责任制，规范行政处罚自由裁量权，认真做好规范性文件的审查、备案、清理和行政复议工作。完善民主决策程序，健全重大事项集体决策、专家咨询论证、社会公示听证制度，不断增强政府工作的透明度。

切实提高执行落实能力。坚定不移地执行市委的各项工作部署，健全重点工作、重点项目推进机制，做到责任明确、敢抓善管、协调有序。进一步简化工作程序，大力倡导雷厉风行的工作作风，确保各项工作高效推进。强化考核奖惩，更加突出项目投入、社会效益、财税贡献、民生改善的考核权重，明确激励导向，推动工作落实。加大政务督查力度，对全市的各项工作，细化措施、确定时限、跟踪督查，不断提高政府的执行力和落实力。

切实提高公共服务能力。深化行政审批制度改革，加强网上审批系统建设，加大现场审批执行力度，实施重点项目代理审批，强化各镇街道审批服务职能，打造市镇一体化行政服务平台。强化领导干部和公务员队伍的法制学习、教育培训、督查考评，提升服务基层、服务企业的能力水平。畅通社情民意表达渠道，充分发挥寿光民声、企业双评、市长公开电话等平台的作用，广泛征集社情民意，帮助企业和群众解决实际难题，不断提高政府服务能力。

切实提高廉洁从政能力。严格贯彻落实党风廉政建设责任制，进一步规范土地出让、建设工程招投标、政府采购制度，扎实推进惩治和预防腐败体系建设。实行政府投资项目必审制，加大对重点领域、重点部门、重点资金、重点项目的审计力度，严肃查处违纪违法案件。时刻牢记为人民服务的宗旨，坚持艰苦奋斗、勤俭办事、廉洁勤政，把全部精力放在促进科学发展、保障改善民生上，全力打造公正清廉、务实高效的政府形象。

各位代表！立足新起点，实现新发展，人民寄予厚望，发展重任在肩。让我们在市委的坚强领导下，通过全市人民的共同努力，依靠发展富民强市，依靠发展改善民生，依靠发展促进和谐，聚精会神搞建设，一心一意谋发展，为圆满完成“十二五”规划确定的宏伟目标，为加快推进“城乡一体均衡寿光”建设而努力奋斗！

附：

《政府工作报告》有关概念和项目说明

1、“一三六三”的工作思路：即一个目标、三大突破、六大提升、三大保障。

一个目标：努力开创“城乡一体均衡寿光”建设新局面。

三大突破：突破北部滨海新区、突破东部新城建设、突破西部市场物流。

六大提升：一是全力提升工业转型发展水平，二是全力提升农业高端化发展水平，三是全力提升三产规模特色发展水平，四是全力提升城乡融合发展水平，五是全力提升生态文明建设水平，六是全力提升群众生活品质水平。

三大保障：即强化党建保障、强化创新保障、强化执行力保障。

2、“三区”开发：即黄河三角洲高效

生态经济区、山东半岛蓝色经济区、胶东半岛高端产业聚集区开发。

3、寿光滨海新区：即将整个寿北（主要包括羊口、侯镇、营里3镇）约995平方公里的区域，科学规划建设双王城生态经济区、羊口先进制造业区、侯镇海洋化工区等功能区。

4、国家基本药物制度：是对基本药物目录制定、生产供应、采购配送、合理使用、价格管理、支付报销、质量监管、监测评价等多个环节实施有效管理的制度。

5、"三品"基地：是指无公害农产品基地、绿色食品基地、有机食品基地。

6、寿光港：由龙口港集团有限公司投资建设，总投资9.5亿元，主要建设5000吨级泊位9个，同时配套建设道路、堆场、码头等基础工程及后方物流园区。

7、企业总部群：位于圣城街以南，顺河路以西，西邻弥河。项目规划总占地450亩，总建筑面积60万平方米，一期占地200亩，建筑面积40万平方米，将全市有条件的规模以上工业企业集中到区内办公，建成一个呼应周边自然景观和城市景观、现代化气息浓郁的企业办公建筑群。建筑群全部为高层建筑，单体面积超过3万平方米。

8、"一河两园十一街十七路"绿化工程："一河"即弥河河道生态建设。"两园"即在东环路与北环路交叉口西南角建设水木清华公园、郭家路与公园街交叉口东南角建设环翠游园。"十一街"即广场街、安阳街、安顺街西段、洛兴街、圣城街东段、健康街中段（渤海路—晨鸣路）、健康街中段（晨鸣路—兴隆路）、文庙街东伸、金东街西伸、安顺街东伸、金光街弥河以东段。"十七路"即兴仕路、北环路、南环路、银海路南伸、大沂路、新海路、西环路西侧、羊田路、特钢路、幸福路北段、学院路南伸、北海路、兴隆路中段、弥河东坝辅路、自康路、幸福路中段、银海路北伸。

政府工作报告

——2012年1月7日在寿光市第十六届人民代表大会第一次会议上

寿光市市长　朱兰玺

各位代表：

现在，我代表市政府向大会作工作报告，请予审议，并请各位政协委员和其他列席会议的同志提出意见。

一、过去四年和2011年工作回顾

2008年以来，我们在市委的坚强领导下，在市人大及其常委会的依法监督和市政协的大力支持下，全面贯彻落实科学发展观，抢抓机遇，务实大干，圆满完成了市十五届人大历次会议确定的目标任务。

四年来，我们始终突出科学发展第一要务，综合实力不断增强。地区生产总值、地

方财政收入、进出口总额分别迈上500亿元、40亿元、20亿美元的新台阶，高新技术产业产值比重较2007年提高11.6个百分点，规模以上工业企业主营业务收入突破千亿大关。

四年来，我们始终坚持城乡统筹第一导向，人居环境明显改善。着力提升中心城区辐射带动能力，城市建成区面积扩大到49.5平方公里，城区绿化覆盖率达到44%。四年完成小城镇建设投入49亿元，城镇化水平达到55.5%。城乡环卫、污水处理、安全饮水等一体化工程加快实施，通过国家卫生城市复核，获得国家绿色能源示范市等荣誉称号。

四年来，我们始终围绕人民满意第一追求，民生福祉稳步提升。城镇居民人均可支配收入、农民人均纯收入年均分别增长17.1%和12.8%。建成文化中心、建桥学校等一批重点民生工程，在全省率先实施新农保、新农合试点和基本药物制度，市财政用于民生领域的支出累计达到77.9亿元。被评为全国文化先进市、全国民政工作先进市和全国计生优质服务先进市。

四年来，我们始终立足效能提升第一要求，政府自身建设持续加强。认真贯彻落实市委决策，自觉接受市人大依法监督和市政协民主监督，人大议案、建议和政协提案按时办结率均达100%。坚持廉洁勤政，推进民主决策和政务公开，畅通社情民意表达渠道，财政资金使用规范透明，法制政府、阳光政府建设成效显著。

2011年，我们以建设“城乡一体均衡寿光”为目标，团结带领全市人民，凝心聚力，创新实干，经济社会实现较快发展。预计实现地区生产总值540亿元，同比增长11%；预计完成全社会固定资产投资328亿元，同比增长21%；实现财政总收入69.2亿元，其中地方财政收入41.6亿元，同比分别增长23%和28.8%；预计实现农民人均纯收入10700元、城镇居民人均可支配收入26000元。

（一）突出寿北开发，工业经济快速发展。

寿北开发不断加快。累计投入16亿元，建设了防潮堤一期、渤海大道一期等重大基础设施，开工了中心商务区、职工服务中心等配套项目，启动了高新技术产业园，寿北地区承载能力明显增强。着力培育先进制造业和“四新一海”等战略性新兴产业，东宝钢管、金利源医疗器械等11个项目建成投产，健元春包装新材料、天隆绿色节能灯等50个过亿元项目开工建设，寿北地区完成工业投入150亿元。

工业经济加快转型。全年开工工业项目106个，凯马20万辆卡车扩能、联盟乙撑胺等一批大项目竣工投产，科迪电子超声波热量表等16个新兴产业项目动工建设。规模以上工业企业预计实现主营业务收入1290亿元、利税100亿元、利润74亿元，利税过亿元的企业达到15家。全市新增潍坊市级以上工程中心和技术中心11个，新创墨龙、银宝等驰名著名商标9件、省名牌产品19个，节能减排任务全面完成，工业发展质量稳步提升。

（二）突出西部物流，现代服务业更加繁荣。

现代物流初具规模。国际商贸城、渤海物流园顺利推进，农产品物流园二期竣工投用，日均交易量突破千万公斤，成功发布“中国·寿光蔬菜指数”。天富地下商城、缤纷五洲等商贸项目建成投用，全福元商城等项目开工建设，农家店建设、家电下乡、以旧换新等工程顺利推进，全市销售收入过亿元的商贸企业发展到9家。预计实现社会消费品零售总额147亿元，同比增长17.3%。

文化旅游更具活力。体育馆、游泳馆、市民活动中心等文化项目开工建设，全市30万户有线数字电视实现整体转换，动漫设计、教育培训等文化企业发展到138家，完成文化产业投入10.8亿元，创建成为省级文明城市。第十二届蔬菜博览会和国际水利农机展成功举办，滨河城市湿地公园、牡丹园被评为AAA级旅游景区。

（三）突出东城开发，城乡建设纵深推进。

城市建设品位提升。企业总部群、中南世纪星城等93个过千万元城建项目动工建设，全市房地产开复工面积449万平方米。投入5.2亿元，实施市政重点工程34项，新修改造农圣街中段、学院路等城区道路17公里，新增绿化面积337公顷。大力开展城市环境综合整治，建成启用数字城管二期工程，深入推进供热计量改革，荣获中国人居环境奖，顺利通过国家生态园林城市现场验收。

镇村建设稳步推进。不断完善城镇供水、供电、亮化等基础设施，新修改造农村道路280公里，完成小城镇建设投入16.6亿元。地方财政收入过5000万元的镇街达到7个，其中过亿元的6个，新建500户以上农村社区31个。建设生活垃圾中转站17处，城乡环卫一体化基本实现全覆盖。羊口、侯镇成为国家级环境优美乡镇，3个镇被评为国家级生态镇。

生态水平不断提高。投资6.5亿元，实施51项污染治理工程，新建污水处理厂5处，污水日处理能力达到28万方。深入开展大气污染整治行动，关停取缔污染企业115家，区域空气质量明显好转，主要污染物控制指标全部达标。大力推进规模造林、组团绿化，实施大西环绿化等8项重点工程，完成成片造林4.7万亩，林木覆盖率达到20.1%。创建成为省级生态市，并通过国家级生态市技术核查。

（四）突出园区建设，农业基础更加巩固。

现代农业加速发展。新建高标准蔬菜园区48个、60亩以上畜牧园区65个、大型渔业园区4个。新发展种苗企业30家，成功培育蔬菜新品种4个，新认定绿色农产品153个，寿光文蛤、老河口白蛤等3个农产品成为国家地理标志产品，被确定为全国基层农技推广示范县、全国平安渔业示范县。

质量安全成效显著。健全完善三级监测网络，创新实施农业投入品网上登记备案制度，积极开展农产品质量安全整治，全社会的农产品质量意识进一步增强，被评为全省农产品质量安全先进单位。狠抓食品药品安全整治，严厉打击地沟油、非法使用食品添加剂等违法犯罪行为，保障食品药品安全。

水利工程扎实推进。加快建设双王城水库、丹河治理等16项水利工程，完成投资5.6亿元；积极推进区域河流生态修复，维修改造病危桥涵21座，河流水质明显改善。启动投资3300万元的农田水利重点县项目，新增节水灌溉面积3.8万亩。投资3000万元，铺设上口、营里、稻田等镇入村管道80公里，解决54个村近6万人的饮水安全问题。

（五）突出改革创新，发展活力持续提升。

改革开放不断深化。扎实开展农村综合配套改革，农村金融创新发展、新农保经办模式等典型经验在全省推广。稳妥推进强镇扩权，设立滨海（羊口）经济开发区，整合双王城水库、机械林场、清水泊农场等资源，组建了双王城生态经济园区。积极拓宽引资渠道，组织上海、江浙等专题招商活动，引进了威力起重机、鸿昌机械等一批先进制造业和战略性新兴产业项目。

支撑能力显著增强。加强金融服务体系建设，全市银行机构发展到12家，贷款余额达到419亿元，较年初增加94.7亿元；晨鸣集团、富康制药等5家企业通过人民币中期票据、区域集优票据等方式，募集资金27.3亿元，我市被确定为全省县域金融创新发展试点市。强化土地集约利用，实施土地挂钩、盐田复垦置换等项目，节余用地指标3500多亩，保障了全市用地需求。

（六）突出民生改善，社会事业协调发展。

社会保障不断完善。深入开展新农保试点，为60周岁以上农村居民发放基础养老金1亿元。提高城乡低保标准，城镇、农村低保分别提高到每人每月330元和每人每年2000元。农村五保集中、分散供养标准分别提高到每人每年3000元和2000元，五保老人集中供养率达到87%。新农合补贴标准提高到200元，为参合农民报销医药费2亿元。积极开展社会救助，发放慈善救助金520万元。2300套保障性住房全面开工，为134户低收入家庭发放廉租住房补贴32万元。人力资源市场和农民工服务中心建成投用，城镇登记失业率控制在1.19%。

民生事业协调推进。投资3.3亿元，新建改建职教中心等学校19所，教育事业实现均衡优质发展。投资5亿元，开工建设人民医院门诊楼、皮防站综合楼等工程，新市立医院建成启用。全面落实国家支农惠农政策，兑付粮食直补、农机购置、渔船燃油补贴等各类补贴2.9亿元。2011年政府工作报告确定的12件实事中，提高新农合补助标准、镇村道路建设等9项基本完成，财政累计投入资金4.97亿元；校舍改造、城区道路修建、环翠游园建设等正在积极推进。

社会管理不断加强。启动安全生产监管与应急救援平台建设，安全生产“一岗双责”落实到位。市长公开电话受理办结咨询意见建议4800多项，“寿光民声”网站点击量突破2800万次，成功入围“中国地方政府创新奖”，全市信访总量同比下降12%。强化流动人口计生管理，开展空挂户口清理清查，人口生育水平保持稳定。深化“平安莱乡”建设，在城乡重点部位安装监控设施，治安防控能力进一步提高。地震、油区、粮食、物价、气象、司法、档案、史志、老龄、残联、外事侨务、机关事务、民族宗教、妇女儿童、网络通讯等工作都取得了新成绩。

各位代表！四年来，全市人民围绕“城乡一体均衡寿光”建设，在抢抓机遇中保持率先发展，在攻坚克难中谋求科学发展，在统筹兼顾中促进和谐发展，经济社会发展取得了可喜成绩，为今后五年打下了坚实基础。成绩的取得，是市委正确领导的结果，是市人大依法监督、市政协大力支持的结果，是全市百万人民团结奋斗的结果。在此，我谨代表市政府，向为寿光建设和发展作出卓越贡献的全市人民，致以崇高的敬意！向给予政府工作大力支持的人大代表和政协委员，向各民主党派、工商联、各人民团体、无党派和社会各界人士，向离退休老同志，向驻寿部队、武警官兵和公安民警，向驻寿单位，向所有参与、关心和支持寿光现代化建设的海内外朋友，表示衷心的感谢！

在肯定成绩的同时，我们也清醒地认识到，全市经济社会发展还存在一些矛盾和问题：产业结构还有待优化，新兴产业和服务业比重相对偏低，节能减排压力仍然较大；

城乡一体化进程还需加快，民生事业发展与群众的期盼仍有差距；安全生产和食品、农产品质量安全任务依然繁重，政府效能和管理水平有待进一步提高等。对此，我们将采取有力措施，认真加以解决。

二、今后五年政府工作的奋斗目标和2012年工作安排

今后五年，是寿光全面建设小康社会的关键时期。我们必须增强发展意识和竞争意识，不断抢抓新机遇，增创新优势，实现新跨越。政府工作的总体要求是：按照中共寿光市第十三次代表大会确定的发展思路，深入贯彻落实科学发展观，围绕“深化城乡一体均衡寿光建设，争当全省科学发展排头兵”这一总体目标，高扬发展主旋律，加快转变发展方式，着力调整产业结构，持续扩大对外开放，推进社会管理创新，不断开创全面建设小康社会新局面，努力把寿光建设成为经济繁荣、生活富裕、生态优良、社会文明的现代化中等城市。总体奋斗目标是：

建设更具实力、充满活力的新寿光。更加注重结构转调，大力发展新型工业、现代农业和现代服务业，积极推进自主创新和改革开放，一二三产业实现协调快速发展。到2016年，全市地区生产总值达到1100亿元，年均增长12%；财政总收入达到200亿元，其中地方财政收入100亿元，年均分别增长23.7%和19.2%；全社会固定资产投资年均增长20%，综合实力和区域竞争力显著提升。

建设功能完善、设施先进的新寿光。更加注重设施配套，积极抢抓“蓝黄”开发重大机遇，加快推进水利、交通、能源等基础设施建设，德大铁路、黄大铁路建成投运，益羊铁路完成整体搬迁，寿光港、双王城水库建成启用，区域承载能力明显增强。

建设城乡一体、生态宜居的新寿光。更加注重城乡统筹，促进公共资源均衡配置，推进生态文明乡村建设，城乡管理、城乡公交、公共设施一体化基本实现，全面完成节能减排刚性指标。到2016年，城市建成区面积扩大到50平方公里，城镇化率达到60%，城乡绿化覆盖率达到25%以上，生态建设水平进一步提高。

建设公平有序、和谐幸福的新寿光。更加注重民生改善，创新社会管理机制，健全完善各项保障制度，加快推进基本公共服务均等化。到2016年，城镇居民人均可支配收入、农民人均纯收入分别达到4.2万元和1.8万元，年均分别增长10%和12.5%，人民群众的幸福感和满意度大幅提升。

各位代表！新一届政府的美好愿景，最根本的措施是依靠人民，最根本的目的是为了人民。我们将凝聚全市人民的智慧和力量，把寿光建设成为投资创业的广袤热土、生态宜居的美好家园。

各位代表！2012年是新一届政府的开局之年，也是实施“十二五”规划承上启下的重要一年，做好今年工作至关重要。全面分析当前面临的发展形势，综合考虑各方面因素，今年经济社会发展的主要预期目标是：完成地区生产总值610亿元；实现财政总收入78亿元，其中地方财政收入48亿元；完成全社会固定资产投资395亿元。

实现上述目标，必须认真做好以下五个方面的工作：

（一）坚持以结构调整为主线，注重转型升级，坚定不移促民富。

按照“速度与效益并重、规模与质量并举”的发展要求，突出项目带动，强化科学投入，着力构建结构优化、绿色安全、效益良好的现代产业体系。

大力发展新型工业。始终把抓投入、上

项目作为工业做大做强和转型升级的重要举措，突出抓好鲁清MCC装置、顺华1200万套轿车轮胎等80个过亿元项目建设，确保全年完成工业投入200亿元。推动传统产业转型升级，积极引进和开发新技术、新工艺、新产品，加快企业技术更新和产品换代，延伸产业链条。大力培育新能源、新材料、新医药等战略性新兴产业，通过政府引导、规划引领、政策扶持，培强做大康跃科技、天隆新能源等优势成长型企业，确保年内新兴产业实现产值160亿元。强化质量支撑、科技支撑、人才支撑，狠抓企业自主创新，注重人才引进，争取年内新增潍坊市级以上技术中心和工程中心7家，新创驰名著名商标5件、省级以上名牌产品3个，高新技术产业产值比重达到29%以上。及时研判、准确把握经济发展走势，加强企业调度和运行分析，帮助企业破解难题、提质增效，确保全市规模以上工业企业实现主营业务收入1500亿元、利税110亿元、利润80亿元。

培强做大现代服务业。继续抓好渤海物流园、国际商贸城等大型物流项目建设，不断增强农产品物流园、田马批发市场集散能力，大力发展第三方物流，全力打造区域性物流中心。加快推进全福元商城、沃尔玛超市等商贸项目建设，积极引进国内外知名连锁企业入驻，力争年内销售收入过亿元的商贸企业发展到10家，全市实现社会消费品零售总额160亿元。大力发展服务外包及软件研发、动漫创意等新兴产业，确保年内完成服务外包执行额1300万美元。继续完善蔬菜高科技示范园、林海博览园等旅游景区的服务功能，不断提升旅游品牌影响力。精心筹备好第十三届蔬菜博览会，丰富节会内涵，提高办会效果，努力打造国内农展会第一品牌。

巩固提升现代农业。加快推进现代农业示范区建设，大力发展设施农业，建成高标准蔬菜园区20个、标准化畜牧园区40个、无公害渔业基地5万亩。健全完善农业投入品登记备案制度，加大农产品质量检测频次和覆盖范围，强化农业技术推广和动植物疫病防控，增强农业园区、涉农企业、种植农户的质量安全意识，切实保障农产品质量安全。加快推进蔬菜种子创新创业基地建设，建立健全“育繁推”一体化运行模式，继续抓好品牌产品认证和现有品牌的规范管理，力争年内新认定高端农产品80个、地理标志产品4个，新研发蔬菜品种4个。继续实施近海渔业资源修复工程，大力发展外海远洋捕捞，力争全年实现渔业总产值55亿元。规范发展农业龙头企业和农民专业合作社，确保年内新增潍坊市级重点农业龙头企业15家、农民专业合作社80家，流转土地2万亩。完善农产品流通体系，大力推广直接配送、农超对接等新型销售模式，不断提高农产品附加值。

（二）坚持以开放创新为动力，注重集约集聚，集中精力造民福。

强化开放带动、创新驱动、要素推动，加快建设现代化经济园区、产业新区，着力打造产业新高地、发展新优势。

全力推进寿北开发。按照“特色开发、产业聚集、设施配套”的要求，全面加快“三大经济板块”建设，努力争创省级经济开发区。突出抓好寿光港、双王城水库、防潮堤二期、进港路东伸、丰南路等基础设施，开工建设医疗保健中心、文体中心、客运服务中心等服务设施，不断增强寿北地区的承载力和吸引力。尽快启动先进制造业产业园二期工程，不断加快高新技术产业园建设，深入实施侯镇海洋精细化工园区开发，积极推进中鸿机械、昊华轮胎等79个续建项目建设，开工金航塑业、骏腾顺丁橡胶等43个过亿元项目，力争年内天成食品、润华科技等20个项目竣工投产。围绕建设生态新区、旅游新区，科学编制双王城生态经济园区发展规划，抓紧启动核心区建设，着力搞好项目引进和市场运作，确保年内取得实质性进展。

全力推进区域融合。充分发挥我市地处“蓝黄”两区重要节点的区位优势，积极做好项目筛选、包装和申报工作，努力将先进制造业产业园和海洋精细化工园列为省重点特色园区。瞄准国内外知名企业，有针对性地开展区域招商、项目招商和产业招商，力争年内完成招商引资额170亿元，实际到账外资2.5亿美元。加快潍坊检验检疫局寿光办事处建设，鼓励优势企业开展对外投资，不断优化进出口产品结构，推进加工贸易转型升级，力争年内完成进出口总额23亿美元。

全力推进金融创新。充分发挥金融在经济社会发展中的先导和催化作用，切实抓好县域金融创新发展试点工作，鼓励金融机构创新产品和服务，扩大“五权”抵押贷款覆盖范围，努力破解农村融资难题。积极开展银企对接活动，探索建立风险投资机制和创业担保基金，鼓励企业通过区域集优票据、集合票据、上市等方式进行多元化融资，力争年内新设金融机构2家，新增上市股票2支，社会融资总量达到160亿元以上。规范民间借贷市场，鼓励和扩大民间投资，引导社会资本参与经济发展和社会建设。加强税收征管，狠抓财源培育，不断增强财政资金支撑经济社会发展的能力。

（三）坚持以城乡统筹为重点，注重均衡发展，全力以赴顺民意。

按照立足实际、适度超前、一体发展的思路，完善城乡功能布局，强化城乡建设管理，不断提升城乡一体化发展水平。

提升城区档次。科学编制东部新城、益羊铁路城区段景观等重点区域规划，全面启动益羊铁路改线工程，突出抓好企业总部群、两馆一中心等重点项目建设，集聚发展总部经济、会展经济、电子商务等新兴业态，打造城市经济新亮点。加快推进城区道路和排水工程建设，尽快完成重点路段路灯更新，不断完善城区功能。深化国家生态园林城市创建工作，按照建设“民生园林”的目标要求，全面实施城市绿荫行动和文化园林建设，精心组织弥河上游、明珠公园等41项城区绿化工程，确保新增城市绿地面积418公顷，达到“黄土不见天，树荫连成片”的效果。继续推行供热计量改革，稳步推进老城区供热管网“汽改水”工程，完成城北热源厂、城南换热站及渤海路周边供热管网改造，不断满足群众供暖需求。加快屯田、桥南李等城中村改造步伐，强化房地产开发管理，全面推行房地产项目建设条件意见书和竣工综合验收备案制度，重点抓好新城明珠二期等商业住宅区建设，力争全年完成开发投资42亿元，开复工面积430万平方米。

加快镇村建设。统筹搞好基础设施建设，不断提高小城镇承载发展、集聚产业、服务居民的能力，力争全年完成小城镇建设投入16亿元。制定农村社区建设扶持政策，积极推进大型农村集中居住区建设，每个镇街道重点打造1-2处示范样板社区，不断改善农民群众居住条件。立足各镇街区现有基础，着力发展特色产业、品牌产业和生态产业，提升镇域经济发展水平。

强化城乡管理。建立城区地下管网信息系统，完善数字化城市管理平台，强化“网格”管理和部门联动，推进城市管理信息化、精细化。推行建筑市场准入和质量安全巡查制度，提高建筑工程质量。抓好社区综合服务中心建设，推进基本公共服务向社区延伸，努力提升计生、社保、卫生等为民服务水平。深入开展城市环境综合整治行动，突破老旧小区、背街小巷等管理薄弱环节，消除管理盲区和卫生死角。加强生态文明乡村建设，规范农村社区物业管理，逐步将全市村庄及路域卫生清理全部纳入城乡环卫一体化范围，努力实现农村环境卫生的持续改善和长久保持。

（四）坚持以环境保护为前提，注重生态建设，千方百计解民忧。

牢固树立生态文明理念，倾注更大精力改善城乡居民生态环境，努力实现经济发展低碳化、居住环境生态化。

不断强化节能减排。认真落实投资项目节能评估审查制度，积极实施锅炉窑炉改造、余热余压利用等十大节能工程，突出抓好垃圾焚烧发电项目，加快推进默锐中水回用等35项治污减排工程和城北、纪台、稻田、上口污水处理厂建设，配套完善古城、孙家集、台头、营里污水收集管网，新建社区生活污水处理项目10个以上，确保年内新增日污水处理能力2万方。建立完善排污权交易制度，实行污水处理费计量征收，全面完成COD、二氧化硫、氨氮、氮氧化合物削减任务。

推进资源集约利用。严格落实国家土地管理制度，切实规范土地出让行为，坚决查处违法用地、违法采矿案件，积极争创全省国土资源节约集约模范市。扎实开展城乡建设用地增减挂钩，加快土地综合整治项目建设，强化设施农用地批后监管，确保全市耕地总量动态平衡。积极推广农田高效节水灌溉模式，加快综合污水处理厂污水再生利用等项目建设，确保顺利通过国家节水型城市复核。大力发展循环经济，加快替代能源开发应用，强化秸秆综合利用，全面推进太阳能建筑一体化、新型墙材等新技术、新材料，努力争创全国可再生能源示范市。

持续改善生态环境。认真开展环保执法专项行动，健全完善环境风险防范与应急管理机制，切实加强危险废物综合利用和管理，严格控制农村面源污染，实现规模化养殖废水、废物无害化处理。加快推进滨海湿地海洋特别保护区建设，加强海洋污染防治和海洋生态保护，促进海洋经济可持续发展。深入实施弥河综合治理和重点河流生态修复，扎实搞好小清河扬水站灌区改造和病危桥涵加固，切实加强巨淀湖湿地和沿海滩涂湿地保护，确保年内7条河流全部达到稳定恢复鱼类生长标准。深入推进大气污染综合整治，落实 “一企一策”分类处置办法，实施新龙电化、大地盐化低氮技术改造和巨能特钢、巨能热电除尘工程，确保大气环境质量持续好转。大力开展植树造林，重点实施双王城环库林场、丹河生态绿化等工程，确保全年完成成片造林3.6万亩。科学编制新一轮生态规划，积极实施重点生态工程，全力建设“生态寿光”。

（五）坚持以民生改善为目标，注重社会建设，全心全意谋民利。

围绕人民群众关注的问题，创新社会管理，突出民生优先，让改革发展成果最大限度的惠及全市人民。

加快推进社会事业。继续抓好职业教育中心建设，确保年内一期工程建成启用；持续抓好学生接送和校舍安全工程，加快教师教育基地建设，优化全市教育资源配置。加快推进人民医院门诊病房大楼、东城新区分院、皮防站综合大楼等工程建设，做好中医院改革试点工作，不断提高医疗服务水平。大力发展残疾人保障事业，不断完善残疾人社会保障和服务体系。加快流动人口信息交换平台建设，加强实有人口实名制管理，提高流动人口计生服务管理水平。大力实施全民健身工程，新建3-5处公共体育健身场所，努力满足群众健身需求。

提高社会保障水平。充分发挥人力资源市场、农民工服务中心的资源配置作用，力争年内大中专毕业生就业率达到90%以上，城镇登记失业率控制在3%以内。健全完善城乡居民养老保险和医疗保险制度，稳步推进新旧养老制度账户合并，加快新农合与城镇居民医疗保险并轨运行，努力实现全市城乡居民养老保险和医疗保险一体化。持续抓好社保扩面和基金征缴，力争全年新增各类参保人员5000人，各项基金征缴额达到15.6亿元。进一步提高城乡低保标准，扩大高龄老人补贴范围，加快保障性住房建设，不断改善困难群体的生活条件。健全完善慈善资金管理和监督制度，最大限度地发挥慈善救助资金的作用。

努力建设文化强市。以“三大创建”活动为抓手，加快推进盐业遗址公园、历史文化中心、佛教文化园等重点文化工程，配套完善市镇村三级文化基础设施，力争年内创成全国农业和农村题材影视拍摄基地。大力发展文化产业，全力抓好王高塔文化遗址、陈少敏故居及纪念馆等文化项目，努力争创国家级文化产业示范基地。深入实施文化惠民“五大工程”，全力打造中华农圣文化艺术节、文明之夏等文化品牌，积极创作群众喜闻乐见、通俗易懂的文化产品，形成较为完善的“15-20分钟”城乡公共文化服务圈。大力推进社会主义核心价值体系建设，深入开展“法制寿光”、“诚信寿光”、“文明交通”等创建活动，努力在全社会形成知荣辱、讲正气、作奉献、促和谐的良好风尚。

推进社会管理创新。充分发挥“寿光民声”网络平台监督服务作用，认真做好社情民意的收集研判，重视初信初访和信访积案处置，不断提高信访案件处结率。积极构建和谐劳动关系，广泛开展农民工工资支付、整治非法用工等专项执法行动，全面推行劳动用工备案、工资集体协商和“一书两金”制度，切实维护劳动者的合法权益。深入开展“安全生产基础管理深化年”活动，严格落实安全生产“一岗双责”和重大事故查处挂牌督办制度，重点抓好危化企业、人员密集场所和高层建筑消防安全，加强渔船监督管理，坚决遏制较大以上事故发生。严厉打击价格垄断、哄抬物价行为，维护市场经济秩序稳定。深入开展食品药品安全专项整治，确保群众饮食用药安全。健全群体性事件应对预案，完善城乡视频监控网络，强化网上舆情引导处置，严厉打击各类违法犯罪行为，切实维护社会和谐稳定，全力建设“平安寿光”。

各位代表！改善民生、增进福祉是群众的企盼，更是政府的责任，今年将切实办好12件实事：

1、市财政出资1000万元，继续抓好中小学校舍改造工程，进一步提升中小学建设水平；市财政投资2000万元，继续实施学生接送安全工程，确保学生乘车安全；投资2200万元，在全市14处初中建设塑胶化操场，改善学生活动条件；投资800万元，逐步解决农村小学生在校饮水安全问题。

2、投资5.4亿元，加快人民医院门诊病房大楼和东城新区分院建设；市财政出资9000万元，在镇卫生院、村卫生室全部实施基本药物制度，所有药品实行“零差率”销售；财政出资1.95亿元，将新农合财政补助标准由每人每年200元提高到240元，有效解决城乡居民“看病难、看病贵”问题。

3、市财政投资4000万元，实施张僧河西支弥河至巨淀湖段生态修复工程；加快联盟化工、巨能金玉米、富康制药退城进园步伐，投资4亿元，对城区、北洛、台头镇区、渤海化工园、侯镇项目区、老道口镇区等六大片区实施大气污染综合治理，进一步提升全市生态环境质量。

4、市财政投资1100万元，继续在全市重点部位和剩余村庄安装视频监控探头2750个，实现视频监控全覆盖；投资1700万元，在圣城街、金光街、农圣街、文圣街、金海路、银海路等主要路段安装智能化交通监控管理系统，提升城市道路智能化管理水平，缓解城区道路交通压力。

5、市财政投资1亿元，迁址新建自来水三厂，为城区居民提供优质自来水；投资2000万元，其中市财政配套1000万元，继续实施农村安全饮水工程，基本解决全市农村居民的饮水安全问题。

6、市财政配套1.14亿元，争取上级无偿补助1亿元，镇村自筹资金3780万元，实施全省“村级公路网化示范县”项目，维修改造村级道路335公里；市财政投资3000万元，对一号路、寒留路、羊田路、卧甲路等县级道路及部分园区道路进行维修，新建改造道路27公里，优化交通资源配置，推进城乡公交一体化，建设“畅通寿光”。

7、市财政投资4400万元，对张僧河东支、工业污水沟、岳家沟、西张僧河、尧河等部分河段进行清淤疏浚、暗渠封闭，解决排水问题。

8、市财政投资1400万元，打通建桥路、北海路过圣城街雨水通道，改造龙泉街排水管道，建设张僧河东支雨水分流闸和金光街金玉米公司段排水管道，解决城区部分道路雨季积水问题。

9、市财政投资3170万元，建设幸福路北段、寿济路、银海路北伸污水管道以及寿济路、张僧河西支污水提升泵站，解决城区北部雨水污水出口问题。

10、市财政投资3100万元，建设库容35万立方米的垃圾处理厂第五卫生填埋区；投资2000万元，解决全市乡级以上道路路域卫生清理问题，净化城乡环境。

11、市财政出资4000万元，提高城乡低保、孤儿救助标准和补助水平；募集慈善资金500万元，实施一批慈善救助项目，使各类困难群体得到及时有效救助。

12、加快文体设施建设，新建高标准公共电子阅览室100处；市财政投资730万元，新建商务小区、彩虹公园、燕家游园等一批公共体育场所，满足人民群众文化娱乐健身需求。

三、建设高度负责的人民满意政府

坚持“政府就是服务、服务就是义务”的工作理念，围绕全年任务目标，转变职能，创新服务，狠抓落实，努力建设顺应时代要求、适应科学发展的人民满意政府。

把能力建设落实到破解难题、服务发展上来。始终坚持把加快发展作为第一要务，注重学习，善谋思进，切实加强对宏观形势的分析研究，积极应对发展中遇到的新情况、新问题，将工作重点聚焦到转变发展方式、优化经济结构、改善民生上来，将主要精力投放到影响经济社会发展全局的疑难问题解决上来，通过对上争取、对内挖潜、对下盘活等多种途径，有效化解资金、用地、拆迁等发展难题，不断提高在复杂形势下驾驭全局的能力、在多元格局中服务群众的能力、在困难局面中开拓创新的能力，在更高层次上服务大局、服务发展。

把作风建设落实到提升效能、快速落实上来。建立健全“提速增效、重抓落实”的长效机制，倡导快节奏、高效率的工作作风，引导各级干部把思想集中到干事业上，把精力凝聚到抓落实上。加大督查力度，对重点工作、重点工程、重点项目，实行跟踪督查，动态监控，务求实效。继续深化网上审批服务系统建设，组建审批代理服务团队，对市里确定的重点项目实行包揽式服务，缩短手续办理时限。切实减少会议和文件，用更多时间深入企业、深入一线，现场解决问题，现场推进工作，确保上级和市委决策全面高效落实。

把制度建设落实到公开透明、诚实守信上来。自觉接受市人大的法律监督和市政协的民主监督，主动听取民主党派、工商联、人民团体和社会各界意见，认真办理人大议案、建议和政协提案，确保办结率达到100%。坚持民主决策和政务公开，重视公务员职业道德和行政执法队伍建设，严格按照法定权限和程序行使权力、履行职能。加强政府系统诚信体系建设，强化对政府部门和工作人员的诚信教育，认真落实市里出台的政策措施，及时兑现各项承诺，全力打造言必信、行必果的诚信政府、责任政府，以良好的政务诚信，引领和带动商业诚信、社会诚信等社会信用建设。畅通社情民意表达渠道，抓好市长公开电话、行风热线和寿光民声等便民服务平台运行，不断提高群众的参与度和满意度。

把廉政建设落实到慎用权力、加强监管上来。全面落实党风廉政建设责任制，加强领导干部监督管理，时刻注重廉洁自律，严肃查处违法违纪行为，形成既廉洁又勤政、既干事又干净的工作氛围。加强对重点部门、政府投资项目、领导干部经济责任审计，加快公共资源交易平台建设，对建设工程、土地出让和政府采购等重点领域实行统一监管。认真抓好政风行风建设，严查违规行政检查、行政审批等行为，不断优化全市经济发展软环境。大力弘扬艰苦奋斗、勤俭节约的优良传统，从严控制和压缩因公出国出境、公务用车购置及运行、公务接待三项经费支出，把有限的资金和资源更多地用于发展经济和改善民生。

各位代表！宏伟的蓝图引领我们开拓创新，美好的未来激励我们奋力拼搏！让我们在市委的坚强领导下，团结和带领全市人民，聚精会神抓发展，积极作为惠民生，提速增效抓落实，为全面开创均衡寿光建设新局面而努力奋斗！

附：

《政府工作报告》有关概念和项目说明

1、**“四新一海”战略性新兴产业**：即新能源、新材料、新医药、新信息和海洋开发及高端装备制造产业，这些产业都是知识技术密集、物质资源消耗少、成长潜力巨大的产业，是我市重点扶持发展的产业。

2、**“一书两金”制度**：是我市为防止企业拖欠职工工资，在全省率先探索建立的一种工资保障制度。“一书”即防范处置企业拖欠工资工作目标责任书，由市政府与镇街区、企业主管部门层层签订。“两金”即企业工资保障金和欠薪应急周转金。企业工资保障金是指企业按照一定标准向政府指定的银行专户存储的专项资金，企业在出现拖欠、克扣工资行为时，将由劳动监察机构从专户中提取工资保障金先行支付给职工。目前，全市已有69家单位缴存了工资保障金，到账金额99万元。欠薪应急周转金由市财政出资500万元设立，实行专户管理，专款专用。

3、**十大节能工程**：即燃煤工业锅炉窑炉改造工程、区域热电联产工程、余热余压利用工程、节约和替代石油工程、电机系统节能工程、能量系统优化工程、建筑节能工程、绿色照明工程、政府机构节能工程、节能监测和技术服务体系建设工程。

4、**“村级公路网化示范市”项目**：是自2011年开始，在全省范围内实施的一项村级道路改造提升工程，主要以解决村级“断头路”、村与村通达路为重点，并硬化1至2条村内主要街道。2011年，我市被确定为全省首批“村级公路网化示范市”，计划利用2年时间完成村级道路改造。

5、**三大经济板块**：即滨海（羊口）经济开发区主要规划为三大经济板块，分别是双王城生态经济园区、羊口先进制造业园区、侯镇海洋精细化工园区。

6、**“蓝黄”两区**：即黄河三角洲高效生态经济区、山东半岛蓝色经济区，分别于2009年、2011年上升为国家战略，我市处于两区交叠的重要节点位置。

7、**“网格”管理**：即依托网格地图技术，将我市原四环以内约50平方公里的城区版图划分为1243个单元网格，由信息采集员统一进行数据采集，集中进行事件处理，实现城市管理的信息化、标准化、精细化、动态化，是我市数字化城管中的一种全新管理模式。

8、**文化惠民“五大工程”**：即镇街区综合文化站和基层文化阵地建设工程、文化信息资源共享工程、农村电影放映工程、广播电视村村通工程、农家书屋建设工程。

9、**历史文化中心**：位于弥河生态农业观光园内，是由墨龙石油机械股份有限公司董事长张恩荣个人出资3亿元建设的集历史纪念、文化创作和交流、旅游、城市景观功能于一体的大型公益文化项目。

10、**“三大创建”活动**：即争创全国文明城市、国家公共文化服务体系建设示范区和文化强省建设先进县市。

政府工作报告

——2013年2月21日在寿光市第十六届人民代表大会第三次会议上

寿光市市长 朱兰玺

各位代表：

现在，我代表市政府向大会报告工作，请予审议，并请各位政协委员和其他列席会议的同志提出意见。

一、2012年工作回顾

一年来，我们在市委的正确领导下，在市人大及其常委会的依法监督和市政协的大力支持下，突出转型升级，强化创新引领，着力改善民生，全市经济社会保持平稳较快发展。

（一）综合实力和创新能力在拼抢赶超中跃上新台阶。

经济运行稳中有升。全年完成地区生产总值618亿元，实现财政总收入82.8亿元，其中公共财政预算收入55亿元；城镇居民人均可支配收入达到29260元，农民人均纯收入12805元；金融机构存贷款余额分别比年初增加113亿元和109亿元。

改革开放不断深化。扎实开展羊口镇行政管理体制和事业单位改革，农村集体经济组织产权制度改革深入推进。大力发展外向型经济，完成进出口总额22亿美元、利用外资1.9亿美元，其中，出口16.5亿美元，同比增长14.1%，完成招商引资实际投资额174.8亿元。

创新能力明显增强。启动人才“双百计划”，成立防水材料产业技术创新联盟，山东半岛蓝色经济工程研究院等6个省级以上技术创新平台落户我市，新创驰名著名商标13件、省名牌产品11个，蔬菜大棚用品质量监督检验中心成为省级质检中心。引进组建金融机构6家，设立企业发展过桥资金，晨鸣集团、城投公司等8家企业通过中期票据、信托融资等方式，募集资金68亿元。创建中国（寿光）蔬菜种业科技创新孵化器，收购、控股荷兰1家种子机构和1家现代农场，新培育10个蔬菜新品种。

（二）经济结构和发展质量在转型升级中实现新突破。

产业结构优化升级。规模以上工业企业实现主营业务收入1542亿元、利税113亿元、利润81.5亿元，高新技术产业产值比重达到35.2%。新建标准化蔬菜园区38个、畜牧园区73个、省级现代渔业园区3个，新发展农民专业合作社180家、潍坊市级以上农业龙头企业17家，新认定国家地理标志产品6个。成功举办第十三届菜博会，我市被评为中国十佳品牌会展城市。国际商贸城一期等重大物流项目投入运营，红星美凯龙等88个过亿元服务业项目开工建设，“个转企”工作扎实推进，实现社会消费品零售总额175亿元，服务业占比提高1.9个百分点。

科学投入较快增长。全年完成固定资产投资361亿元，同比增长23.6%。重点调度的80个过亿元项目中，晨鸣高档涂布白牛卡纸等30个竣工投产，金玉米生物蛋白等50个进展顺利，累计开工投资过亿元的工业项目127个，完成工业投入183亿元。加大向上对接力度，105个项目入选省级技术创新项目计划，6个项目列入蓝黄“两区”重点建设项目盘子，累计争取各类扶持资金6.7亿元。

寿北开发成效显著。双王城水库、寿光港等基础设施进展顺利，永力起重机械等22个过2亿元新型工业项目开工建设，联盟“4060”等26个项目竣工投产，国华电厂获批开展前期工作，寿北园区全年完成基础设施投入18亿元、工业投入140亿元，实现主营业务收入465亿元。双王城生态经济区建设快速推进，引进落实海洋湿地研发中心等25个生态文化旅游项目，生态新区开发框架初步扎起，被确定为省级生态旅游示范单位。

（三）城乡建设和生态环境在一体融合中展现新面貌。

城市面貌不断改善。新一轮城市总体规划编制完成，开工企业总部群等一批城建重点项目，整体搬迁8个城中村。企业退城进园步伐加快，富康制药完成搬迁，联盟老厂全部停产。城市功能更加完善，益羊铁路改线开工建设，广场街过铁路等14条道路竣工通车，南环路等12项排水工程建成启用，农圣公园等15项绿化工程加快推进，全年新修改造城区道路28公里、排水管道75公里，新建改建城市绿化面积200公顷，被确定为全省城市绿荫行动示范市。

镇村建设快速推进。加快推进公路交通、安全饮水等公共服务向镇村延伸，村级公路网化工程改造道路356公里，铺设入村供水管道343公里，完成小城镇建设投入19亿元，公共财政预算收入过2亿元的镇街达到6个。妥善处置农业生产垃圾，农村环境面貌持续改善，被确定为全省乡村文明行动示范市。新建农村社区29个、公寓楼518栋，成为全省农村住房建设与危房改造工作先进市。

环境质量持续提升。启动实施生态寿光规划编制，积极推进三大万亩林场等重点绿化工程，完成成片造林3万亩，总植树1600万株。实施35项治污减排工程，建成2处污水处理厂，关停取缔74个污染项目，污染物排放得到有效控制。对张僧河西支、尧河等5条河流进行治理，境内河流稳定达到恢复鱼类生长标准。深入开展大气污染综合治理，启动PM2.5监测，重点片区空气质量实现根本好转，顺利通过国家环保模范城市复核和国家生态市验收。

（四）民生福祉和社会事业在协调推进中获得新改善。

社会保障更趋完善。农村、城镇低保标准分别提高到每人每年2500元和每人每月400元，农村五保老人集中和分散供养标准分别提高到每人每年4900元和2500元，社会散养和机构养育孤儿基本生活费分别提高到每人每月1000元和1500元。企业离退休人员养老金人均月增235元，城乡居民基础养老金提高到每人每月60元，城乡居民医疗保险补助标准提高到240元。全力促进城乡统筹就业，城镇登记失业率控制在1.44%以下。启动实施重特大疾病医疗救助工程，发放各类救助金7852万元，建设保障性住房1440套，困难群体生活条件逐步改善。

社会管理持续加强。积极开展“打非治违”和安全生产集中排查整治专项行动，安全生产事故总量同比下降7.4%。集中进行食品药品安全专项整治，加强农产品质量日常检测，努力保障人民群众饮食用药安全。建立网络舆情导控机制，开展矛盾纠纷排查和信访积案化解，社会大局持续稳定。全面启动智慧寿光建设，初步建成社会信用信息等电子管理平台，开展社区管理规范化建设试点，数字寿光地理信息公共服务平台荣获中国地理信息产业优秀工程金奖。

民生工程扎实推进。实施学生安全接送、中小学校舍改造和农村小学生在校安全饮水工程，文家中学、明珠小学建成启用，全市新建学校面积20.7万平方米，被确定为全省社区教育示范区，科技学院成为全省研究生培养基地。严格实施基本药物“零差率”销售，完成中医院公立医院改革，新建续建人民医院东城分院等5项重点工程，医疗保障水平稳步提高。积极推进历史文化中心等40个文化项目建设，成功举办首届群众文艺大会演和第六届全民运动会。城乡公交开通运行，新汽车站投入使用，南大路等8条县级道路改造完成，群众出行更加方便。去年人代会确定的12件实事进展顺利，城乡低保提标、视频监控系统安装等11项基本完成，自来水三厂搬迁等正在积极推进，市财政用于民生事业的支出达到40亿元。

（五）服务效能和自身建设在创先争优中开创新局面。

认真落实市委决策，自觉接受市人大的法律监督和市政协的民主监督，人大议案、政协提案按时办结率均达100%。严查违规行政检查、行政审批和涉企收费行为，全年共办理各类行政审批服务事项2万多件，发展软环境不断优化。强化政府投资和经济责任审计，监督机制日益健全。开通政府微博，建立新闻发布制度，政务公开力度不断加大。充分发挥市长公开电话、寿光民声、信访接待中心等平台作用，累计受理群众诉求4.5万件，社情民意表达渠道更加畅通。地震、油区、粮食、气象、档案、史志、侨务、人防、机关事务、民族宗教、妇女儿童等工作也取得了新成绩。

过去的一年，各位人大代表、政协委员积极建言献策，提出了很多好的意见、建议，有力地促进了经济社会发展和政府工作改进。在新的一年里，衷心希望大家一如既往地关心和支持政府工作，多提宝贵意见、建议，我们将认真研究，主动抓好落实。

各位代表，过去的一年，我们在推进科学发展的道路上迈出了坚实步伐，成绩来之不易，发展令人振奋！这是市委正确领导的结果，是市人大依法监督、市政协大力支持的结果，是全市百万人民团结奋斗的结果。在此，我谨代表市政府，向为寿光建设和发展作出卓越贡献的全市人民，致以崇高的敬意！向给予政府工作大力支持的人大代表和政协委员，向各民主人士、工商联、人民团体、无党派和社会各界，向离退休老同志，向驻寿部队、武警官兵和公安民警，向驻寿单位，向所有参与、关心和支持寿光现代化建设的海内外朋友，表示衷心的感谢！

在取得成绩的同时，我们也清醒地看到经济社会发展还存在不少问题，政府工作与人民的期待仍有差距，主要表现在：经济运行仍面临很多困难；高新技术产业总量偏小，自主创新能力不强，转型升级压力较大；城乡建设、生态环保等方面仍有不少薄弱环节，民生福祉需要进一步改善；社会管理创新任务较重，行政效能和作风建设还需加强等等。对此，我们一定高度重视，采取切实有效措施，认真加以解决。

二、2013年工作安排

各位代表，今年是全面贯彻落实党的十八大精神的开局之年，也是实施“十二五”规划承前启后的关键一年。做好今年的工作，责任重大，意义深远。根据市委确定的工作思路，政府工作的总体要求是：以党的十八大精神为指导，牢牢把握科学发展主题，紧扣加快转变发展方式和提高增长质量效益主线，依靠创新驱动，促进转型升级，加快城乡均衡发展，提升生态文明建设水平，努力把寿光建设成为文明富庶、生态宜居、美丽幸福的现代化城市。主要目标是：地区生产总值增长12%，公共财政预算收入增长18%，全社会固定资产投资增长20%，城镇居民人均可支配收入和农民人均纯收入分别增长12%。重点做好六个方面的工作：

（一）围绕区域发展、整体提升，着力优化空间发展布局。

按照“总体规划、错位发展”的原则，立足区域特点，集聚发展要素，全力构建特色鲜明的区域经济板块。

寿北新型工业。加快推进国华电厂等重大项目，重点实施羊口南环路东伸等10条道路建设，配套完善水、电、汽、暖等服务设施，确保完成基础设施投入15亿元。切实抓好英利实业等70个过亿元项目建设，争取顺华轮胎年产1200万套轿车轮胎等30个项目竣工投产，寿北全年完成工业投入145亿元、实现主营业务收入600亿元，全力打造千亿级新型工业基地和先进制造业发展平台。

东城商务新区。突出抓好企业总部群等功能设施配套，加快建设全福元商业综合体等大型商业项目，积极推进洛盛街、尧河路等新区道路，整体改造屯西、褚庄等20个城中村，全面提升新区载体功能。坚持本土培育和外地引进相结合，大力发展研发中心、物流中心、结算中心、展览展示等功能型总部，力争年内50家企业入驻企业总部群。积极发展金融保险、法律咨询等高端服务业，不断提高综合服务水平，切实把东城新区打造成集总部经济、会展旅游、休闲娱乐于一体，向东辐射稻田、向南辐射纪台的商务新区。

西部物流新城。科学编制现代物流业发展规划，研究出台加快物流业发展的扶持政策，规范整合城区专业市场，积极引进高端物流企业，不断提升物流业发展层次。突出抓好半岛建材物流城等现代物流园区和大型商贸项目，积极运作农机销售、建材交易等专业市场，配套完善商业贸易、汽车维修等服务设施，全力培植功能布局完善、产业发展集聚的百亿级现代物流基地。

双王城生态旅游。坚持开发与保护并重，重点实施双王城水库水厂一期和南水北调配套工程，扩建双王城环库林场，加快推进洰淀湖生态旅游区、现代国际农场等项目，完善基础设施建设，启动国家级生态旅游示范区等重点景区创建工作，加大市场运作和招商引资力度，着力引进生态、文化和旅游产业项目，全力打造生态文明建设示范区。

（二）围绕转型发展、调优结构，着力打造现代产业体系。

按照“一产抓高端、二产抓升级、三产抓拓展”的工作思路，优化升级产业结构，提高经济增长质量和效益。

提升发展现代农业。坚持把“种苗化、园区化、组织化”作为农业转型的主攻方向，积极引进知名种业机构，培强做大寿光蔬菜种业集团，加快蔬菜种业“育繁推”一体化进程，推动种苗业跨越发展。加快土地流转，推进农业园区建设，完善提升羊青路现代农业走廊，规划启动羊田路现代农业园区，力争年内新建改建蔬菜园区20个、标准化畜牧园区30个、现代渔业园区3个，努力争创全国设施农业示范市。不断扩大沃土工程覆盖范围，引导农业园区、涉农企业和种植农户自觉使用生物肥料，从事绿色生产。强化农业投入品登记备案和追溯制度，严格农业执法，加大检测力度，确保农产品质量安全。深入开展农超对接、直销配送，强化高端蔬菜品牌创建，确保年内新认证绿色农产品80个、国家地理标志产品5个，全力争创全国农产品现代流通综合示范区试点市。积极构建新型农业经营体系，鼓励发展家庭农场，全面落实支农惠农政策，加快农村劳动力转移，持续促进农业增效和农民增收，确保年内培育潍坊市级以上重点龙头企业10家、农民专业合作社示范社10家。

优化发展新型工业。坚持把项目建设作为工业发展的重要支撑，以项目促投入、优结构、增后劲，突出抓好墨龙高端石油装备等62个重点调度项目，确保全年完成工业投入230亿元。扎实推进传统产业改造升级，重点抓好投资20亿元的健元春新型薄膜等120个技改项目建设，鼓励产业链上的优势企业兼并重组、整合资源，提高竞争力，促进机械、化工、橡胶、防水等产业提质增效。鼓励扶持新兴产业发展，抓好投资21亿元的中钢研稀土深加工等48个新兴产业项目，不断壮大新兴产业规模。加快实施骨干企业扩张和中小企业培育工程，力争年内新增规模以上企业60家。强化经济运行调度、分析和监测，优化资源要素配置，确保全年规模以上工业企业实现主营业务收入1750亿元、利税115亿元、利润85亿元。

加快发展现代服务业。坚持把发展服务业作为推动产业结构优化升级的重要举措，启动实施“五十百千”工程，切实抓好农产品物流园等5个大型物流园区和红星美凯龙等10个城市商业综合体建设，加快推进果菜批发市场二期等100个投资过亿元的服务业重点项目，扶持发展1000家限额以上服务业企业，力争年内社会消费品零售总额达到195亿元。精心筹备好第十四届蔬菜博览会，集中打造一批省级旅游度假区，大力推介“菜乡之旅”精品旅游线路，全面提升“魅力菜乡·生态寿光”旅游品牌。积极引进培育软件设计、动漫创意等服务外包企业，不断壮大新兴服务业发展规模。

（三）围绕统筹发展、城乡互动，着力建设现代宜居城市。

按照“全域城镇化”的发展理念，强化完善城区功能，同步推进镇村建设，加快城乡一体化向纵深发展。

提升中心城区内涵。加快旧城改造步伐，突出抓好绿地游园、地下管网配套建设，集中搞好南魏钢材市场、全福元购物中心等地块开发，大力实施拆旧改丑和道路改造，提高城市内在品质。切实抓好三水厂迁建等公用事业项目建设，重点实施银海路北伸等46项道路工程、东城工业园雨污水管道等6项排水工程、农圣街等5项亮化工程，提升城市配套和公共服务水平。深入推进“城市绿荫行动”，组织实施农圣街绿化改造等32项绿化工程，确保年内新增城市绿化面积453公顷。合理引导住房消费，力争年内完成房地产开发投入45亿元，开复工面积460万平方米。深入开展城市环境综合整治，加快城市公共自行车服务系统建设，全力争创国家生态园林城市和联合国人居环境奖。

构建新型城镇体系。以“人的城镇化”为核心，按照产业发展与城镇建设相融合的原则，高标准编制新型城镇化发展规划，全面构筑均衡对等的城乡发展格局。统筹推进基础设施和公共服务设施向镇村延伸，加快寿济路等骨干道路改造步伐，力争全年完成小城镇建设投入25亿元。认真实施省“百镇建设示范行动”，争取年内羊口镇、侯镇进入全省十强行列。按照“因地制宜，错位发展，形成特色”的理念，引导各镇街区发挥地域优势培强特色产业，力争年内公共财政预算收入过亿元的镇街达到8个。加快户籍制度改革，深化城乡环卫一体化，不断扩大城乡公交覆盖范围，全力提高城镇管理水平。

推进美丽乡村建设。按照“五化、十通、十有”的标准，深入开展农村环境综合整治，稳妥推进农村集中居住区建设，力争年内新建农村社区20个。加强村庄规划管理，倡导绿色农房建设，推广太阳能、节煤灶等节能技术，提高农民居住质量。围绕城乡生态环境改善，切实抓好农村饮水安全、弥河综合治理等八大水利工程，集中实施小清河生态林场、荣乌高速绿化带等重点绿化工程，全面完成村级公路网化工程，全力建设美丽乡村。

（四）围绕创新发展、开放带动，着力提升经济发展活力。

坚持以开放的思维引领工作，用创新的办法破解难题，以改革的手段激发活力，推动经济社会在更高层次上实现跨越发展。

强化科技创新引领。坚持创新驱动战略，用好用活高新技术产业发展基金和人才开发专项资金，突出科技和人才支撑，推动转型升级。鼓励企业积极参与国际标准和国家标准制订，大力开发创新产品，确保年内争创省、潍坊科技进步奖18项，申报专利1400项。

发挥创新平台的示范带动作用，加快科技研发、技术引进和成果转化，力争年内新增化工与环保、海洋生物与生态环保等3家院士（博士后）科研工作站，认定潍坊市级以上企业技术中心和工程中心7家，创成潍坊（寿光）省级农业高新技术产业示范区。深入实施人才“双百计划”，启动蓝黄“两区”高技能人才队伍建设工程，努力为经济社会发展提供人才智力支持。

持续深化改革开放。统筹推进农村综合配套改革，抓好农村土地承包经营权登记、集体经济产权制度和强镇扩权改革，推动经营体制创新，增强镇村发展后劲。巩固完善基本药物制度，深化公立医院改革，鼓励社会资本参与股份制医院建设，提升全市医疗服务水平。加强外贸企业跟踪服务，支持企业参与解决国际贸易争端，扶持富康制药、金盾轮胎等骨干出口企业做大做强，支持我市企业到境外收购企业、资源，鼓励在境外设立研发中心，不断提高经济外向度。

全力加强要素支撑。强化税收征管，培植优势财源，确保财政收入稳定增长。充分发挥财政资金的杠杆作用，引导社会资金向重点项目、重点园区和战略性新兴产业集中。深入推进县域金融创新试点，加强银企对接交流，强化融资平台建设，引导企业通过直接上市、股权交易、发行债券等多种方式融资，力争全年新增贷款120亿元、上市股票1-2支、金融机构2家。稳妥开展民间融资规范试点，强化金融机构监督管理，确保金融产业健康发展。加快推进土地综合整治和增减挂钩，盘活盐田、未利用地和农村集体建设用地，保障城乡用地需求。以“七争”工作为抓手，及时研究上级政策动向和最新举措，努力争取上级资金、政策等资源要素支持。

（五）围绕绿色发展、环保优先，着力构建区域生态文明。

把生态建设放在更加突出的位置，启动国家生态文明示范市创建，强力推进节能减排和环境保护，不断提升资源集约利用水平，全力打造天蓝、地绿、水净的美好家园。

深入推进节能减排。加强节能技术改造，实施联盟造气炉节能改造、能源综合利用和装置优化等一批重点节能项目，推动企业节能降耗，确保万元GDP能耗同比下降4.1%。大力发展循环经济，积极推行清洁生产，力争新增清洁生产审核企业15家。严格执行污染物总量控制和排污权有偿交易制度，加快综合、城北、东城污水处理厂升级改造，抓好金太阳热电脱硝等41项减排工程，确保完成年度减排任务。

切实加强环境保护。巩固水环境治理成果，继续对全市排污口实施规范化整治，分类处置33家小造纸企业，实施城区危化企业退城进园，对洰淀湖等河流湖泊实施生态修复，确保境内河流水质持续好转。定期开展环境执法专项行动，扎实推进大气污染综合整治，确保大气质量持续改善。严格控制农药化肥和畜禽养殖等农业面源污染，加强危险废物管理，实现农业垃圾、废水、废物的规范化管理和无害化处理。开展垃圾分类处理试点，强化再生资源回收利用和垃圾循环利用，积极发展生态环保产业，优化全市环境质量。

节约集约利用资源。严格落实“招拍挂”制度，加大闲置土地清查处置力度，坚决查处违规违法用地行为。严把工业项目用地准入关，规范设施农业用地秩序，加强城中村改造、单位自有地块开发用地和卤水资源开采管理，努力争创全国国土资源节约集约模范市。严格落实建筑节能强制性标准，大力建设绿色节能建筑、可再生能源建筑和低碳社区。加快推进垃圾焚烧发电、污泥制肥等项目建设，不断提高资源综合利用水平。强化水政执法，加快实施节水灌溉试点市工程，力争新增高效节水灌溉面积5万亩，确保通过国家节水型城市复核。

（六）围绕和谐发展、共建共享，着力提高群众生活品质。

按照“以人为本，民生优先”的原则，加强社会建设，创新社会管理，最大限度地提高全市人民的幸福感和满意度。

优化公共服务。突出抓好职教中心、东城学校等校舍工程，加快实施学前教育三年行动计划，提升发展基础教育、职业教育、高等教育，努力争创全国县域义务教育均衡发展示范市。加快推进卫生设施建设，积极抓好村卫生室改造和乡村医生培训，大力推广“先诊疗后结算”的医疗服务模式，继续完善临床路径管理和单病种定额付费方式，不断提高全市医疗服务水平。突出做好高校毕业生、困难家庭等重点群体就业工作，鼓励发展社会养老服务机构，积极推进保障性住房建设，广泛开展慈善捐助活动，高度关注残疾人、低保户、农民工等弱势群体的生产生活，逐步改善困难群体的生活质量。

建设文化强市。突出“一区一园”文化产业集群建设，积极推进重点文化工程，确保全年完成文化产业投入20亿元。启动“社区书吧”建设试点，强化基层文化设施配套，加快构建功能完善的公共文化服务网络。继续实施文化惠民“五大工程”，开展“双百双千”基层文艺人才培训，办好第二届群众文艺会演和“高雅艺术演出季”活动，丰富人民群众精神文化生活。加强社会主义核心价值体系建设，组织开展“寿光好人”评选活动，发挥典型人物的示范引领作用，不断提升市民素质，全力争创全国文明城市。

创新社会管理。加快推进集行政审批、便民服务、质量安全、电子商务等功能于一体的智慧寿光建设，不断提升公共服务水平。强化安全生产监管和重大危险源监控，落实企业分级监管和专家包靠制度，抓好安全生产应急管理示范点建设，坚决杜绝重特大事故发生。扎实开展食品药品安全专项整治，加快病死畜禽和餐厨垃圾无害化处理项目建设，确保群众饮食用药安全。继续抓好城市社区规范化建设，加强流动人口计生管理，严厉打击“两非”行为，提高人口生育质量。健全社会稳定风险评估机制，深入开展矛盾纠纷排查调处活动，强化智能交通管理和城乡视频巡控，严厉打击违法犯罪行为，努力创造安全稳定的社会环境。

全力办好事关长远的八大项目和五个方面民生实事：八大项目：1、总投资160亿元的国华电厂项目；2、总投资7.8亿元、全长22公里的益羊铁路改线项目；3、一期投资10亿元、9个5千吨泊位的寿光港项目；4、总投资45亿元、城市新地标企业总部群项目；5、总投资3亿元、连接东西两城的弥河隧道项目；6、总投资3.9亿元、年供水4000万方的南水北调配套项目；7、国家级现代农业示范区和中荷高端农业示范项目；8．智慧寿光建设。

五个方面民生实事：1、教育发展方面：重点抓好19处校舍改造和13处农村薄弱学校建设；继续推进学生安全接送工程和农村学校安全饮水工程，不断改善办学条件。2、人民健康方面：全面落实中医院药物“零差率”销售制度；吸引民间资本多元化办医，建设中医院门诊病房大楼、人民医院东城分院，不断改善群众医疗条件。3、社会保障方面：将“新农合”参合农民全部纳入城镇居民医保范围，将医疗保险财政补助标准由每人每年240元提高到280元，实现城乡居民基本医疗保险并轨运行；启动实施20类重大疾病医疗保险；继续实施城乡居民重特大疾病医疗救助，提升群众医疗保障水平。4、群众生活方面：继续实施农村安全饮水工程，确保集中供水覆盖人口达到100%；实施城乡视频监控三期工程，在城区主要干道的110个路口安装高清监控探头，在城区及省级道路安装卡口50处，扩大视频监控覆盖范围。5、交通出行方面：加快建设金海路北伸、银海路北伸、金光街过河隧道及东伸等城区道路；全面完成一号路西段、三号路、盐古路等县级道路和农村公路网化工程；继续实施公交一体化工程，合理设置公交站点、换乘站、停车场等公共交通配套设施，完善市镇村三级公交网络；建设公共自行车服务系统，设立站点60个，投放自行车2000辆，有效解决“最后一公里”出行问题。

三、切实加强政府自身建设

各位代表，新的一年，我们将狠抓作风建设，强化绩效管理，恪尽职守，积极作为，努力开创政府工作新局面。

改进工作作风，建设求真务实政府。坚持把作风建设贯穿于政府工作的全过程。严格落实中央关于改进作风的“八项规定”，切实改进文风会风，把更多精力用在谋发展、抓落实上；对重点工作、重点项目，坚持现场调度，把问题解决在一线。牢固树立执政为民理念，充分发挥市长公开电话、行风热线、寿光民声的作用，及时解决群众反映的热点难点问题，切实维护好群众的切身利益。认真开展“作风建设深化年”活动，严查影响发展环境的违法违规案件，努力营造求真务实的良好氛围和高效公平的发展环境。

强化绩效管理，建设高效服务政府。坚持把提速增效贯穿于政府工作的全过程。加快行政服务中心建设，健全审批服务标准体系，将与企业和群众密切相关的事项全部纳入服务中心，坚决取消各类违规收费，真正为群众和企业提供“一站式”服务，努力争创全省服务标准化试点单位。强化政府绩效管理，围绕市委作出的决策、人代会确定的目标，推行工作目标化、目标项目化、项目责任化的工作方法，做到督查上跟踪到位、工作上落实到位，确保政府工作经得起群众评判和实践检验。

推进依法行政，建设公平诚信政府。坚持把公平守信贯穿于政府工作的全过程。牢固树立法治观念，严格按照法定权限和程序履行职责，不断提高依法化解矛盾、推动发展、维护稳定的能力。认真开展“信用建设年”活动，突出抓好政务诚信，以政府诚信建设带动全社会诚信建设，努力打造“诚信寿光·信用菜乡”品牌。坚持重大事项集体决策，健全专家咨询论证、社会公示和听证等制度，实现依法决策、科学决策、民主决策。坚决贯彻执行市委决策，自觉接受市人大及其常委会的依法监督和市政协的民主监督，认真办理人大议案和政协提案，不断提高办理质量和效率。深入推进政务公开，加快完善政府网站建设，充分发挥政务微博的作用，及时认真回应群众关切，确保行政权力阳光运行。

坚持廉洁勤政，建设风清气正政府。坚持把反腐倡廉贯穿于政府工作的全过程。严格落实党风廉政建设责任制，健全惩治和预防腐败体系，切实增强各级领导干部的公仆意识和自律意识。继续加强政府投资项目审计、领导干部经济责任审计，加快公共资源交易中心建设，规范招投标和政府采购等公共资源管理行为，从源头上预防腐败。厉行勤俭节约，严格执行车辆配备等有关规定，深入推行公务卡制度，严控公务支出，真正把财政资金用到发展最需要、群众最受益的地方。

各位代表，回顾过去，成绩来之不易；立足现在，任务光荣艰巨；展望未来，前景催人奋进。让我们在市委的坚强领导下，以党的十八大精神为指导，深入贯彻落实科学发展观，紧紧团结和依靠全市人民，解放思想、振奋精神，开拓创新、锐意进取，为全面深化“城乡一体均衡寿光”建设而努力奋斗！

附：

《政府工作报告》有关概念和项目说明

1. **人才“双百计划”**：这是我市实施科技兴市战略、促进转型升级的一项重要措施。具体是指从2012年开始，利用5年时间，从国内外引进100名高层次创新人才、100名高层次创业人才。其中，高层次创新人才是指我市独立设立技术中心或研发中心的企业，以及科研机构、产业园区，以“人才＋项目”方式引进的掌握关键技术并承担项目的高层次研发、管理专家；高层次创业人才是指以“人才＋项目”的方式，带技术、带项目、带资金来我市投资创（领）办战略性新兴产业企业和科技型企业的高层次人才。

2. **中国（寿光）蔬菜种业科技创新孵化器**：由寿光蔬菜产业控股集团投资2亿元，整合山东省蔬菜工程技术研究中心、国家大宗农产品产业体系寿光综合试验站、中国农业大学寿光蔬菜研究院和设施蔬菜产业技术创新战略联盟等优势资源，组建成立的一处集蔬菜良种研发、试验示范、良种繁育和展销推广于一体的现代化蔬菜种子产业基地。

3. **“个转企”**：是2012年我市为提升服务业发展层次开展的一项具体工作，即个体工商户转型升级为企业，转型后属于小型微型企业的，依法减免企业注册（变更）登记费、年检费、补（换）营业执照工本费。

4. **城市绿荫行动**：指通过加快林荫路、林荫公园、林荫停车场、林荫庭院小区和立体绿色等五大绿化工程建设，全力推进生态园林、民生园林和文化园林建设进程。

5. **百镇建设示范行动**：是省委省政府2012年提出的加快全省城镇化发展的工作规划，计划在全省选择100个示范镇，每年安排不少于5000亩的新增建设用地计划指标和10亿元的专项资金等扶持政策，促进示范镇在“十二五”期间，地区生产总值、公共财政预算收入、农民人均纯收入、新增建成区、新增镇区人口方面都有较大幅度提升，争取进入全国先进行列。侯镇位列其中。

6. **新型农村社区“五化、十通、十有”标准**：“五化”即硬化、绿化、亮化、净化、美化；“十通”即通路、水、电、气、暖、排污、公交、电话、宽带、有线电视；“十有”即有学校、卫生服务站、文化健身中心、商场超市、群众工作室、治安警卫室、图书阅览室、党员服务室、计划生育服务室、综合服务大厅等。

7. **“七争”**：即争资源、争项目、争牌子、争指标、争政策、争机构、争先行先试，目的是通过争取上级支持，实现借力发展。

8. **排污权有偿交易**：指在“总量控制”前提下，将排污权有偿出让给排污者，并允许在二级市场上进行交易，可有效推动治污减排工作由政府的强制行为转变为企业自觉的市场行为。

9. **临床路径管理**：指针对一个病种，制定出医院内医务人员必须遵循的诊疗模式，使病人从入院到出院依照该模式接受检查、手术、治疗、护理等医疗服务，可以有效地提高医疗质量，降低医疗费用，减少医疗风险。目前我市已在人民医院、中医院、妇幼保健院等3家医院，对64个病种实行临床路径管理。

10. **“一区一园”文化产业集群**：即以双王城生态经济区、软件园为主要载体的文化建设阵地。

11. **社区书吧**：计划选择3-4处人文环境较好、居民素质较高、硬件设施较完善的城市社区进行试点，配备各类图书、杂志及电脑、液晶电视、DVD播放器等多媒体视听设备，打造成集书店、图书馆、咖啡厅、文化沙龙、信息平台等于一体的多功能文化艺术综合体，让居民在家门口就能享受到文化服务。

12. **文化惠民“五大工程”**：是我市为丰富群众文化生活实施的文化惠民工程，即镇街区综合文化站和基层文化阵地建设工程、文化信息资源共享工程、农村电影放映工程、广播电视“村村通”工程、农家书屋建设工程。

13. **“双百双千”基层文艺人才培训**：即以文化馆、文体协会和文艺志愿者队伍为骨干，开展以“百名文化辅导员百场培训和千村千名基层文艺骨干”为主要内容的“双百双千”活动。

14. **高雅艺术演出季**：计划在一段时间内集中邀请国内一流院团到我市演出，形成一批业内有影响、社会有反响的特色文化活动品牌，全面提升城市文化层次和品位。

15. **计划生育“两非”行为**：即非医学需要鉴定胎儿性别、非医学需要人工终止妊娠。

16. **城乡居民基本医疗保险并轨运行**：即整合城镇居民医疗保险和“新农合”资源，实现统一部门管理、统一经办机构、统一医疗保障制度、统一缴费标准、统一保险待遇，缩小城乡差距。

政府工作报告

——2014年2月17日在寿光市第十六届人民代表大会第四次会议上

寿光市市长 朱兰玺

各位代表：

现在，我代表市政府向大会报告工作，请予审议，并请各位政协委员和其他列席会议的同志提出意见。

一、2013年工作回顾

去年以来，我们在市委的坚强领导下，在市人大及其常委会的依法监督和市政协的大力支持下，坚持科学发展，持续改善民生，经济社会实现了平稳较快发展。

（一）坚持稳中求进，发展质量实现“三个提升”。

综合实力持续提升。全年完成地区生产

总值701.3亿元，实现财政总收入97亿元，其中公共财政预算收入70.69亿元；完成进出口总额26.4亿美元；金融机构存贷款余额分别较年初增加72.5亿元和68.2亿元，分别达到639.6亿元和588.5亿元。

产业层次不断提升。规模以上工业企业实现主营业务收入1739亿元、利税135.1亿元、利润97.4亿元，高新技术产业产值占比提高到37.2%。新流转土地5.5万亩，新建规模化农业园区75个，发展家庭农场619家，新注册地理标志证明商标5件，被确定为全国农业综合标准化示范市。服务业“五十百千”工程快速推进，红星美凯龙、蔬菜电子交易市场等项目进展顺利，新增限额以上服务业企业447家，全年实现社会消费品零售总额204亿元，服务业占比达到39%，较年初增长2.3个百分点。成功举办第十四届菜博会和首届文博会，菜博会成为全国3家AAAAA级农业专业展会之一。

环境质量日益提升。全面启动美丽寿光环保专项行动，集中推进170项环境治理工程，关停取缔和搬迁改造污染企业35家，启动丹河等3条河流综合治理，新建改造6家污水处理厂，积极推进环库林场等5项重点绿化工程，区域环境质量逐步好转，创成联合国人居环境奖。

（二）坚持转型引领，重点工作实现“三个突破”。

重大项目实现突破。全面实施强企培育计划，重点调度的62个项目中，巨能生物蛋白等25个项目竣工投产，昊华轮胎等37个项目进展顺利，完成工业投入165.3亿元。寿光港一期、双王城水库、羊口防潮堤等一批重大基础设施项目建成投用，国华电厂、益羊铁路改线顺利推进，全年完成固定资产投资407亿元。

科技创新实现突破。设施蔬菜和卤水化工产业创新联盟成为国家级试点联盟，新争取省以上科技计划项目33个，3个项目入选国家“863”计划项目库。省级农业高新技术产业示范区启动实施，国家蔬菜种业创新创业基地、蔬菜分子育种实验室和蔬菜育种研发中心开工建设，新申报审定蔬菜品种15个。新增潍坊市以上企业技术中心和工程中心12家，申请专利1660件。积极推动人才“双百计划”，新引进各类高层次人才426人、国家“千人计划”特聘专家4人，连续三年被评为全省人才工作先进单位。

板块开发实现突破。寿北引进落实中澳高端石油装备等54个过亿元项目，健元春特种薄膜等23个项目竣工投产。寿光（滨海）产业园全面启动。东城新区全福元商业综合体等59个项目开工建设，企业总部群进展顺利。西部物流板块新落户半岛建材物流城等物流项目9个，百亿级现代物流基地初步形成。双王城盐业博物馆等30个生态旅游项目快速推进，洰淀湖生态旅游区创成国家AAA级旅游景区，成功打响“水上王城”生态旅游品牌。

（三）坚持均衡发展，城乡建设实现“三个同步”。

城乡基础设施同步推进。新型城镇化发展规划编制完成，世纪泰华城等一批城建项目开工建设，新修改造道路36公里、绿地150公顷、排水管道102公里，提请市人大常委会审议确定了34处永久性保护绿地，公共自行车三期投入使用。小城镇建设步伐加快，农村公路网化工程全面完成，农村安全饮水实现全覆盖，新建农村社区20个，公共财政预算收入过2亿元的镇街达到6个。侯镇在全省首批百镇建设示范行动年度考核中列第6位，羊口镇成为全省第二批示范镇。

城乡社会事业同步发展。深入推进薄弱学校改造、校园安全饮水等重点工程，职教中心一期建成启用，我市顺利通过全国县域义务教育发展基本均衡市验收，被确定为全国社区教育实验区。启动改造177处村卫生室，东城医院等6项重点工程进展顺利，医疗卫生条件不断改善。大力实施失独家庭关爱行动，扎实开展人口性别比治理，人口计生服务水平不断提高。积极推进历史文化中心等项目建设，卤水制盐工艺等2个项目列入省级非物质文化遗产名录，双王城盐业遗址群被确定为国家级文物保护单位，成功举办第二届群众文艺大会演和中日韩青少年橄榄球比赛，我市被评为文化强省建设先进市。

城乡居民生活同步提升。实现农民人均纯收入14408元、城镇居民人均可支配收入29130元。城镇新增就业1.8万人，农村劳动力转移就业1.4万人。城乡低保、五保供养、基础养老金、企业离退休人员养老金和居民医疗保险财政补助标准稳步提高。累计发放重大疾病、孤儿、残疾人等各类救助金8260万元，建设保障性住房1553套。全面落实国家支农惠农政策，兑付粮食、良种等各类补贴2.6亿元。启动电力惠民四大工程，完成一户一表改造10729户。去年人代会确定的五个方面民生实事基本完成，财政用于民生事业的投入达到50.3亿元，占财政总支出的64.2%。

（四）坚持创新发展，保障能力实现“三个加强”。

发展能力不断加强。积极推进简政放权，取消审批事项164项，下放13项，减免行政事业性收费项目19个。启动实施“营改增”、乡镇国库集中支付等财税制度改革，扎实开展食品药品工商质监管理体制改革，撤并事业单位9个。有序推进农村产权制度改革，23个村改制为农村经济专业合作社，91个村完成土地承包经营权确权登记。新引进成立浦发银行等金融机构3家，推出蔬菜订单等创新融资业务，全年累计从债券市场融资80亿元。开展海域使用权换发国有土地使用证工作，组织实施土地增减挂钩和单独选址项目，有效保障了城乡建设用地需求。

社会治理不断加强。扎实开展联合治超和打非治违等安全生产大检查，关停非法企业205家，安全生产事故总量同比下降50.8%。强化农产品质量日常检测和农资市场整治，集中实施食品药品安全专项行动，查扣假冒伪劣食品120吨。积极开展矛盾纠纷排查和信访积案化解，城乡视频监控网络实现全覆盖，群众安全感进一步增强。认真开展第三次经济普查。全面启动智慧寿光建设，我市成为首批国家智慧城市试点市。

自身建设不断加强。严格遵守中央八项规定以及加强作风建设的各项要求，认真落实市委决策，自觉接受市人大及其常委会的法律监督和市政协的民主监督，人大代表议案和政协委员提案全部按时办结。加强财政投资审计，实施政府投资项目委托代建，监督机制更加健全。规范政府常务会议等议事程序，成立专家咨询委员会，科学决策机制更加完善。通过新闻发布会、政府网站、微信平台、政府公报等多种形式，积极推进政务公开。整合28条政府服务热线，建立公共服务呼叫中心，打造便民服务品牌。在潍坊市群众满意度调查中列第一位。油区、档案、史志、侨务、对台、机关事务、民族宗教、妇女儿童等事业持续发展，粮食、物价、人防、地震、盐务、气象、供销等工作取得新成绩。

各位代表，回顾过去一年所取得的成绩，离不开市委的正确领导，离不开市人大及其常委会的依法监督和市政协的大力支持，离不开全市百万人民的团结奋斗。在此，我谨代表市政府，向为寿光建设和发展作出卓越贡献的全市人民，致以崇高的敬意！向给予政府工作大力支持的人大代表和政协委员，向各民主人士、工商联、人民团体、无党派和社会各界，向离退休老同志，向驻寿部队、武警官兵和公安民警，向驻寿单位，向所有参与、关心和支持寿光现代化建设的海内外朋友，表示衷心的感谢！

在取得成绩的同时，我们也清醒地看到经济社会发展还面临不少矛盾和问题，主要表现在：转型升级任务仍然艰巨，节能减排压力加大，自主创新能力不足；生态环保依然有不少薄弱环节，民生事业与人民群众的期待仍有差距；政府自身建设有待加强，发展环境仍需优化等。对此，我们将高度重视，采取更加务实有效的措施，认真加以解决。

二、2014 年工作安排

各位代表，2014 年是全面贯彻落实党的十八届三中全会精神、全面深化改革的第一年，也是完成“十二五”规划目标任务的关键一年。做好今年的工作，事关全局，影响深远，意义重大。今年政府工作的总体要求是：全面贯彻党的十八大和十八届三中全会精神，认真落实市委十三届五次全体（扩大）会议部署要求，坚持稳中求进、稳中有为的工作总基调，积极做好改革创新、转型升级和改善民生三篇文章，转变发展理念，创新社会治理，激发市场活力，努力提高经济发展质量和效益，推动经济持续健康发展、社会更加和谐稳定。主要目标是：地区生产总值增长 10%，公共财政预算收入增长 13.2%，全社会固定资产投资增长 18%，城镇居民人均可支配收入和农民人均纯收入均增长 10.5%。围绕实现上述目标，着力做好四个方面的工作：

（一）把提质增效作为最关键的目标，狠抓转型升级，优化产业发展结构。

坚持用“腾笼换鸟”“凤凰涅槃”的思路和办法，积极推动三次产业结构由“二三一”向“三二一”转变，服务业在三次产业中的比重再提高 1 个百分点以上。

强力推进工业转型。坚持把转型升级和节能减排作为工业发展的核心环节，突出高端引领、打造链条、培育集群、优化布局，全面提升工业发展层次。一是做优做强产业集群。按照“传统产业高新化、高新产业集群化”的思路，大力开展产业链条招商、填空式招商和集群式招商，不断延长和完善产业链条，力争年内过 300 亿元的产业集群达到 5 个。优先发展新兴产业集群，加快科技成果转化和产业空间开拓，全力推进兰典生物、申沃新能源客车等 45 个新兴产业项目，集中打造新能源汽车、生物化工等新兴产业集群，确保年内高新技术产业产值占比达到 38%。改造传统产业集群，引导钢铁、化工等行业企业，通过加大研发投入、引进先进设备、改造传统工艺等措施，向产业链高端迈进，全力打造石油化工、新型防水材料等优势产业集群。强化园区产业集聚功能，更加注重高新技术产业园区、寿光（滨海）产业园等园区的产业摆布、项目把关和功能配套，统筹安排水利、交通、能源等重大基础设施，突出抓好国华电厂、益羊铁路改线、寿光港二期、南水北调配套工程等基础设施建设，不断增强园区承载能力。严格执行集约节约用地制度，建立工业项目合理退出机制，对多年难以投产的项目，坚决收回项目用地进行二次招商，不断提高土地集约利用效益。

二是全力培育旗舰型企业。强化问题导向意识，定期召开工业联席会议，密切关注用工、融资等生产成本变化，及时研究解决工业运行中存在的问题，督促企业加强财务和内部管理的规范化、制度化，鼓励和支持各类企业进行股份制改造。深入实施强企培育计划，科学编制产业专项规划，集中筛选18家优势企业进行重点培育，从土地、信贷、人才等资源要素方面重点倾斜，鼓励企业通过市场手段开展兼并重组，全力打造一批竞争实力强劲的行业首企。坚持引进来和走出去相结合，加快形成以技术、品牌、质量、服务为主要内容的出口竞争新优势，力争年内完成进出口总额26亿美元。

三是下大力气推进节能减排。严格总量控制，根据土地、能耗、环境等承载能力，建立产能利用预警制度和协同监管机制，严禁产能过剩行业新增产能。深入贯彻落实《国务院关于化解产能严重过剩矛盾的指导意见》，明确淘汰和退出落后产能的标准、进度，制定完善节能降耗配套政策，支持有条件的企业全球布局产业链，搞好境外资源开发、优势产能转移、国际研发合作，坚定不移地化解过剩产能。深化工业化与信息化“两化”融合，加快能源网和运筹网建设，尽快实现能源消耗全程监控，以刚性节能减排倒逼产业转型升级，确保万元GDP能耗同比下降4%以上，引导产能利用回归合理区间。

培强培优现代农业。一是种苗产业。完善扶持种业发展的政策措施，继续加大蔬菜种业研发机构、研发企业的引进力度，集中推进天津德瑞特、江苏绿港等9家种业研发中心项目，扶持蔬菜产业集团等种业企业开展优势品种研发，加快育繁推一体化进程，力争年内培育蔬菜新品种10个，育苗能力达到14亿株，全力提升寿光蔬菜的核心竞争力。

二是规模经营。以解决好地怎么种为导向，加快农村土地承包经营权流转步伐，鼓励发展多种形式的规模经营，力争年内流转土地5万亩，新发展家庭农场500家，更好地解放农村劳动力，促进农民增收。围绕加快省级农业高新技术产业示范区建设，重点推进国际生态农场、渤海粮仓科技示范工程等农业园区项目，力争年内新建改建标准化农业园区65个。

三是品牌培育和推广。强化技术创新、标准制定和农产品认证，全力打造安全、优质、生态的“寿光蔬菜”整体品牌，力争年内新认证绿色食品60个、国家地理标志产品4个。依托龙头企业和专业合作社，加强对寿光蔬菜的宣传推介和策划营销，集中包装推介乐义蔬菜、桂河芹菜、斟灌彩椒等特色品种，切实培育一批有影响力的单体品牌。

四是农业科技。加强对根线虫等病虫害防治的课题研究，集中解决一批关键性技术难题。整合国家农业科技研发推广资金，持续加大农业科技投入，积极推广菜沼综合利用、水肥一体化、自动化微机管理等农业新技术，切实提升我市农业科技化水平。

五是质量安全。改进和深化实施沃土工程，示范推广轮作换茬、无土栽培等种植模式，积极引导绿色生产。严格落实农业投入品准入、登记备案制度，探索实施专业化统防统治绿色控害模式，从源头上保障蔬菜品质。大力实施菜农集中培训工程，全面提高菜农的质量意识、安全意识和品牌意识。加大蔬菜检测频度和力度，强化质量安全追溯体系建设，努力构建农产品质量安全长效机制，确保人民群众“舌尖上的安全”。

提升发展现代服务业。一是发展电子商务。鼓励各类企业做好实体市场和虚拟市场结合文章，积极利用电子商务延伸销售网络，提高企业电商化水平。加强与阿里巴巴、恩源科技等知名电商企业合作，建设农资电子商务总部基地，推动电子商务产业集群发展。引导农产品物流园、果菜批发市场开展农产品拍卖和电子交易，形成线上线下同步推进、互为补充的农产品营销网络，全力打造农产品电子商务中心。

二是发展商贸物流。突出抓好晨鸣物流园、安顺物流园等15个重点项目建设，全力打造百亿级现代物流基地。依托寿光港，大力发展航运和临港物流，成立寿光市航运服务中心和黄河三角洲物流服务中心，年内争取引进过亿元物流项目5个，集中打造临港物流基地，积极筹建青岛保税区寿光功能区。大力发展冷链物流和边境贸易，提高农产品附加值。加快推进车配龙国际汽车广场等商品服务中心建设，集中打造学院路等新型商业街区，力争年内社会消费品零售总额同比增长14%。

三是发展金融。以打造优良的金融生态环境为核心，积极引进金融机构，鼓励和扶持企业通过多层次资本市场开展直接融资，力争年内新增上市或挂牌企业3家，债券市场融资60亿元以上。深化保证保险贷款等创新业务，着力推进信贷资产证券化等金融产品创新，为广大企业提供方便快捷、低成本的各类贷款。高度关注金融风险，推动政策性融资担保公司增资扩股，组建民间资本管理公司，严厉打击企业和个人高息揽储、高息放款及恶意逃避银行债务行为。以争创“农村信用体系建设全国试验区”为契机，不断完善社会信用体系建设，让诚信观念深入人心。

四是发展新兴服务业。放手发展审计评估、金融中介、认证检测等中介服务业，鼓励发展健康和养老服务业，持续发展工业设计、服务外包等创意产业，不断壮大新兴服务业规模。精心筹备第十五届菜博会，办好首届中国蔬菜新品种展示会，不断丰富展会内涵。突出“生态、蔬菜”旅游特色，完善发展规划，整合优势资源，科学设置线路，加快构建“南蔬菜、北生态”的旅游格局。

（二）把新型城镇化作为最优先的路径，提升城镇内涵，打造优美人居环境。

按照“生态优美、产城融合、宜居宜业”的目标定位，全力打造以主城区为核心、小城市为链接、中心社区为支撑、新型农村社区为单元的新型城镇化体系。

完善城区功能配套。以5个街道为重点，以城市社区为载体，以设施配套和公共服务为抓手，吸引更多人口向主城区集聚。推动东城新区集群式开发，完善道路、排水等基础设施，配套建设全福元商业综合体等服务设施，提升新区承载功能。加快旧城改造步伐，抓好老车站等重点地块开发，开工道路、地下管网、绿化美化等54项市政设施工程，持续完善城市功能。加强公共交通建设，优化公交线路设置，增加公交车辆和站点，方便群众出行。研究制定物业管理办法，规范小区物业管理，抓好居民用水用电一户一表、供暖计量收费改造，着力解决冬季供暖室温低、停车位少、水电公摊过高等市民反映强烈的突出问题，切实提高物业全行业服务水平。

推进城乡融合发展。以“人的城镇化”为核心，尽快完善进城务工人员户籍、医疗、计生、保险等配套政策，引导农村居民有序向城镇转移。统筹配套各镇街区基础设施，同步推进产业发展，实现产城一体、融合发展。坚持因地制宜，充分尊重群众意愿，根据全市总体规划、区域产业特点、基础设施配套和群众生产生活习惯，采取多种方式，加快新型农村社区建设。深化城乡环卫一体化成果，开展农村环境综合整治，抓好天然气村村通和农村改厕工作，推动美丽乡村建设。

建设生态文明家园。按照“源头严控、过程严管、后果严惩”的要求，扎实开展美丽寿光环保专项行动，继续打好“八大战役”，努力让寿光的天更蓝、水更绿、空气更清新。严格实施总量减排，深入开展排污权交易，科学治理农业面源污染，确保主要污染物稳定达标排放。提高排污项目审批门槛，严禁新上“三高”项目，强化污染企业治理，凡是不达标的，停产整顿，整改不达标的，坚决关停。狠抓水环境治理和城乡自备井整治，统筹保护好地下水资源。继续加强大气污染治理，有效控制扬尘污染，完成金玉米及城区危化企业搬迁，加快锅炉煤改气等清洁能源替代步伐，抓好“黄标车”淘汰，不断改善空气质量。加大市场运作力度，加快双王城生态经济区建设，积极推进滨海国家湿地公园、洰淀湖生态修复工程等生态项目和环城林带工程，完成成片造林3万亩，打造优美生态环境。

（三）把改革创新作为最重要的手段，致力体制创新，激发经济社会发展活力。

把改革创新贯穿于经济社会发展各个领域各个环节，最大限度释放改革红利，为经济社会发展注入强大动力。

全面深化改革。深入推进行政管理体制改革，加快事业单位分类改革，全面完成食品药品工商质监管理体制改革，加快扩权强镇步伐，逐步形成高效运转的行政管理体制。统筹推进农村集体经济组织产权、集体林权等农村综合配套改革，加快推进农村土地承包经营权确权登记，赋予农民更多财产权利，增强农村发展活力。强化财政体制改革，全面实行预算管理和集中支付，统筹各类政府性收入，建立可持续的财政投融资体制机制，不断提高财政管理的科学化水平。继续深化城乡公交一体化、医疗卫生等民生领域改革，注重吸引民间资本参与教育、卫生等社会建设，为人民群众提供更好服务。

实施创新驱动。围绕制约产业发展的技术瓶颈，搭建公共创新平台，引领产业创新发展。强化企业创新主体作用，加快防水材料、橡胶轮胎产业联盟建设，筹建科技创新企业孵化器、基因生物科技研发平台，推进企业与科研院所联合创新，推动现有研发平台上档升级，力争年内防水材料联盟晋升为省级示范联盟，新增潍坊市以上企业技术中心和工程中心9家。大力实施国家“863”计划、省自主创新等重大专项，力争年内潍坊市以上科技计划项目立项15项。积极推进品牌创建，加强知识产权保护，创建全国蔬菜种业等知识产权交易平台，鼓励企业参与国家和行业标准制定，实现由“寿光制造”向“寿光创造”“寿光标准”转变，力争年内新增驰名著名商标5件、省名牌产品5个、专利授权1100件。

强化人才支撑。紧紧围绕产业发展需求，全面落实高层次人才“双百计划”，积极开展招才引智活动，大力引进高层次创新创业人才、高技能实用人才和高素质管理人才，力争年内新引进高层次创新创业人才40名。加强政企、校企合作，畅通人才交流培养渠道，创建留学生创业园、技师工作站等服务载体，充分发挥人才引领支撑作用。整合放大各类人才扶持政策效应，配套完善住房、子女入学等保障措施，建成高层次人才俱乐部，选树一批产业领军人才，最大限度激发创新活力和创业激情。

（四）把改善民生作为最重大的责任，真正利民惠民，营造和谐稳定社会环境。

始终坚持服务为本、民生为先理念，把更多的公共资源用于发展社会事业、帮助弱势群体，努力提升群众的幸福感和满意度。

加大公共服务力度。努力办好人民满意教育，抓好寿光一中羊口校区、特殊教育学校、职教中心二期建设，实施农村学校标准化建设工程，强化学校周边商店、网吧等环境整治，持续改善办学条件和教育环境。启动全民终身学习教育活动，试点职业教育与普通学校互联互通，提升职业教育服务经济发展的能力。努力提高人民健康水平，加快推进东城医院、中医院病房大楼建设，完成危旧村卫生室改建工作，大力改善医疗条件。推广乡村医生签约服务和家庭责任医生制度，扩大单病种质量控制范围，加大全科医生培养力度，不断提高卫生服务能力和水平。广泛开展全民健身活动，加大城区广场、公园、农村社区的体育设施建设力度，为100个行政村新建体育健身设施，推动公共体育事业均衡发展。加快发展文化事业，大力推进以“一区一园”为主阵地的文化创意旅游基地建设，抓好双王城盐业遗址公园、呙宋台省级遗址公园等重点文化项目，组织举办第二届文博会和首届群众文化艺术节，确保年内完成文化产业投入30亿元。深入开展文化建设先进村创建活动，完善提升农村文体广场和数字化农家书屋，推动文化服务向基层倾斜、向农村延伸。加强网络舆情汇集分析，建设文化市场监控平台，营造良好的文化环境。深化文明城市创建，围绕“信义菜乡”品牌，深入实施“五信共建”“我为菜乡添光彩”和“寿光好人”评选活动，全面提升社会文明水平。

提高社会保障能力。统筹城乡社会保障，深化新农合和城镇居民医疗保险合并成果，将城乡居民医疗保险人均筹资标准由360元提高到400元。加强和改进最低生活保障工作，推动城乡医疗一站式救助与居民医疗保险、大病商业保险的联网运作，积极开展“慈心一日捐”等慈善活动，切实抓好残疾人保障工作，提升困难群众生活水平。完善养老服务体系建设，制定出台居家养老服务政策，抓好太阳城等养老服务中心建设，科学布局城市社区日间照料中心和农村幸福院，推动养老服务快速发展。深化创业型城市建设，大力开展就业技能和创业培训，扶持民营资本建立农民工中介服务机构，打造农民工服务品牌，确保城镇登记失业率控制在3%以内。

不断创新社会治理。深化“智慧寿光”建设，抓好光纤入户、智能电网、城市一卡通等重点项目，实现部门信息资源共享，全面提升社会管理的数字化、智能化水平。创新城市社区和农村社区管理体制，推进便民服务向社区延伸，切实增强服务功能。加强流动人口的计生管理，严厉查处“两非”行为，提高人口生育质量。强化食品药品安全监管，推进固废处理中心、食品安全检测中心和食品安全追溯体系建设，严厉打击食品安全违规行为，保障群众饮食用药安全。充分发挥保险参与社会管理的作用，积极推广食品安全保险、安全生产责任保险和政策性农业保险，切实保障群众利益。严格落实安全生产“一岗双责”制度，加大安全生产检查督查力度，强化企业安全生产主体责任，保持安全生产形势稳定。加强应急队伍建设，抓好视频监控加密工程，严厉打击各类违法犯罪行为，增强人民群众的安全感。做好新形势下群众工作，完善领导接访制度，深入化解社会矛盾，确保群众安居乐业、社会安定有序。

三、加强政府自身建设

各位代表，新的一年，我们将把“让人

民群众过上更好的生活”作为政府最主要的追求，切实提高服务能力和工作效率，努力为人民服务、让人民满意。

积极践行群众路线。坚持把“一切为了群众、一切依靠群众”贯穿于政府工作全过程，群众想什么我们就做什么，群众要求什么我们就谋划什么，多解决群众最关心、最直接、最现实的利益问题，多办顺民心、解民忧、惠民生的实事、好事，努力做到问政于民、问需于民、问计于民。对群众反映强烈的突出矛盾和问题，敢于面对、敢于担当、积极破解，努力打造群众贴心的政府、群众支持的政府。今年政府将切实办好5项工程30件民生实事。

切实转变政府职能。正确处理政府与市场的关系，放开用活市场这只“看不见的手”，管住用好政府这只“看得见的手”，更多地依靠市场力量配置资源。政府重点把精力放在优化发展环境、弥补市场功能失灵的关键环节，努力寻求政府与市场的最佳结合点，把政府该办的事办好。对事关全局、事关民生的经济发展规划、重大基础设施建设、公共服务、社会保障、环境保护等重点领域，政府将切实发挥作用，履行好责任。积极落实国家放宽投资准入政策措施，探索实施投资准入负面清单管理模式，清理规范各类优惠政策，构建公平公正的竞争环境，让各类市场主体在公平竞争中焕发活力。政府及其工作人员必须带头践行社会主义核心价值观，带头讲诚信，以政务诚信带动社会诚信建设，努力打造言必信、行必果的诚信政府。

强化政府绩效管理。坚持运用法治思维和法治方式深化改革、推动发展、化解矛盾，严格依照法定权限和程序行使权力、履行职责。大力弘扬求真务实、立说立行的工作作风，集中整治“四风”问题，确保政令畅通，提升政府执行力。大力推行目标管理，层层分解任务，强化政务督查、效能监察和行政问责，确保各项决策部署全部落实到位。积极推进预算绩效管理，“花钱必问效，无效必问责”，对100万元以上的政府投资项目，全部实行跟踪问效，选取村级公路网化、农村安全饮水、环卫一体化、校园安全饮水等重点民生工程开展审计并公开，切实提高资金使用绩效。尽快启用新行政服务中心，行政审批事项全部进入，积极推行网上审批、网上办事，中介机构面向全国招商，真正实现“一站式”服务。第一时间落实上级公布的简政放权事项，编制市级行政审批目录，从源头上减少权力寻租空间，让老百姓和投资商不求人就能办成事，打造“风调雨顺、无病虫害”的营商环境。

深入推进廉政建设。坚决贯彻市委各项决策部署，自觉接受市人大及其常委会的法律监督、政协民主监督和社会监督，认真办理人大代表议案、建议和政协委员提案，确保满意度和办结率均达100%。认真贯彻落实党风廉政建设责任制，扎实推进惩治和预防腐败体系建设，坚决查处各类违法违纪案件，切实纠正损害群众利益的不正之风，让人民群众时时处处都感受到公平正义。强化行政监察和审计监督，加快公共资源交易中心建设，规范招投标、政府采购等公共资源管理行为，加强政务公开，真正用制度管权、管事、管人，让权力在阳光下运行，从源头上预防和治理腐败。提倡勤俭节约，反对铺张浪费，严格执行公务接待、办公用房、车辆配备等有关规定，大幅压减一般性支出和“三公”经费支出，把更多的资金用在改善民生上。

各位代表，事业凝聚人心，实干赢得未来。让我们以党的十八大和十八届三中全会精神为指导，深入贯彻落实科学发展观，在市委的坚强领导下，紧紧依靠全市百万人民，与时俱进促转型，改革创新增活力，为让全市百万人民生活得更加美好而努力奋斗！

附件1：

2014年民生实事工程

一、保障救助工程。

1．城乡居民基本医疗财政补助标准提高到320元；

2．适时将80岁以上老年人纳入高龄补贴范围；

3．统筹抓好太阳城养老服务中心、城市社区日间照料中心和农村幸福院建设，加快构建以居家养老为主、机构养老为辅、日间照料为补充的社会化养老服务体系；

4．加大残疾人救助力度，针对残疾儿童开展康复救助活动，为残疾学生和贫困残疾人子女提供资助；

5．全面完成村级卫生室改建任务，深化和完善基本药物制度，不断提升基本公共卫生服务均等化水平；

6．创新模式，加快市中医院病房大楼、东城医院一期工程和羊口医院新院建设，深入推进公立医院改革，注重引进民间资本建设民营医院，满足人民群众不同层次的医疗服务需求。

二、教育惠民工程。

7．继续完善提升学生接送安全工程；

8．继续抓好农村学校标准化建设工程，特别是加快老、旧、危学校改造；

9．全面完成农村学校供暖改造提升工程；

10．将校园安全饮水工程实施范围扩大到学前教育和高中阶段；

11．争取利用2-3年的时间，在已经完成标准化改造的农村小学，全部建设塑胶化操场；

12．适时增加班主任津贴，将班主任津贴提高到人均每月300元。

三、畅行安居工程。

13．推进光明路、横一路等21项城区道路建设，完成寿济路、三号路等10条道路维修改造工程；

14．继续推进城乡公交一体化改革，全面完成农村客运班线公交化改造，着力改革城市公交运营模式，收购城市公交车110辆，投放新能源公交车180辆，新开通公交线路15条；

15．逐步实施城区背街小巷维修改造，改善永安路等老旧道路的通行条件；

16．对金玉米公司供热范围内的居住小区换热站及二级管网进行改造，确保居民冬季取暖效果；

17．出台物业管理办法，加快老旧小区用水用电一户一表改造步伐，推进老旧小区视频监控系统建设，切实提升物业管理水平和居民生活质量；

18．争取利用3年时间，集中实施农业台区电网改造、智能配网自动化改造、综合能源利用和智能微网等电力惠民工程。

四、环境改善工程。

19．强化城市扬尘防控措施，集中实施57个大气污染治理项目，在15个镇街区安装PM2.5监测仪，确保年内空气质量明显改善；

20．对非法自备井实施永久性封闭；完成5处污水处理厂升级改造，新建1处镇区污水处理厂，配套建设31.5公里污水管网；完成营子沟、弥河等“四沟五河”综合治理；实施小清河生态环境综合治理，建设10个生态项目；全面启动洰淀湖区域水生态修复工程，提升区域水环境质量；

21. 在弥河下游开工建设1600亩湿地，在2处污水处理厂出口种植水生植物；

22. 对禁燃区内10吨以下锅炉实施拆除，建设加气站6处，加快天然气村村通和工业园区集中供气建设步伐，确保城市居民管道燃气普及率达到95%以上，煤炭消费总量控制在2010年水平；

23. 实施33项污染治理减排工程，对晨鸣工业园等五大园区的186家企业进行分类处置，增加空气优良天数；

24. 逐步扩大"黄标车"限行区域，继续实行"黄标车"提前淘汰补贴，对达到报废标准的车辆一律强制报废；

25. 结合智慧寿光建设，大力推行数字环保，规划建设小清河入海口水质自动监测站，在境内河流断面安装在线监控设备；

26. 实行测土配方施肥技术示范到村，建设上口镇等2处大型沼气工程，新建15处畜禽粪污处理设施示范工程；

27. 开工建设益羊铁路沿线等城市防护林带；

28. 完成生活垃圾焚烧发电无害化处理项目一期和生活垃圾处理厂第六填埋区工程建设；建设10处城区公共厕所。

五、文体建设工程。

29. 新建100处村级标准化文体广场，培训1000名基层文艺带头人，为100个庄户剧团配备器材；

30. 继续实施农民体育健身工程，为100个行政村配备体育健身器材。

附件2：

《政府工作报告》有关概念和项目说明

1. **服务业"五十百千"工程**：这是我市为促进服务业发展确定的一项重大工程，即临港物流园等5个大型物流园区，东城全福元等10大城市商业综合体，100个投资过亿元的服务业重点项目，限上批零住餐、商贸流通等服务业企业增加到1000家以上。具体项目根据进展情况实行动态管理。

2. **国家蔬菜种业创新创业基地**：由农业部与省政府签署合作备忘录共同推进，主要在寿光建设种业创新基地、创业园区、研发中心、展示交易中心、种子健康检验中心等，力争到2020年，初步发展成为全国规模最大、具有国际先进水平的蔬菜种业创新创业平台和展示服务中心。

3. **人才"双百计划"**：这是我市实施人才强市、促进转型升级的一项重要措施。具体是指从2012年开始，利用5年时间，从国内外引进100名高层次创新人才、100名高层次创业人才。

4. **国家"千人计划"**：主要是围绕国家发展战略目标，从2008年开始，利用5-10年的时间，在国家重点创新项目、重点学科、重点实验室、中央企业和国有商业金融机构、以高新技术产业开发区为主的各类园区等，引进2000名左右人才，并有重点地支持一批能够突破关键技术、发展高新产业、带动新兴学科的战略科学家和领军人才回国（来华）创新创业。

5. **永久性保护绿地**：仓圣公园、人民广场等34块绿地经第十六届人大常委会第十三次会议审议通过，纳入首批永久性保护绿地。永久性保护绿地被确认后，不得随意占用、破坏或改变用途。

6. **百镇建设示范行动**：是省委、省政府2012年提出的加快全省城镇化发展的工作规划，计划在全省选择100个示范镇，每年安排不少于5000亩的新增建设用地指标和10亿元的专项资金等扶持政策，争取进入全国先进行列。侯镇、羊口镇位列其中。

7. **电力惠民四大工程**：即一户一表改造工程，对城区小区居民和农村居民进行一户一表改造，解决不同程度均摊公用电费及搭车收费问题；智能配网自动化改造工程，对全市城区所有10千伏配电线路环网进行改造，实现城区配电自动化全覆盖；农电安全管理示范工程，对存在严重安全隐患的农业台区进行标准化改造，并进行接收管理，从根本上改善农村用电安全管理状况；节能降耗技术引领工程，充分发挥电力技术支撑作用，推动建设能源综合利用项目，协助完成节能减排总量控制目标。

8. **营改增**：即将原来由地税部门征收的营业税改为由国税部门统一征收的增值税。改征增值税全部完成后，作为地方主体税种的营业税被取消。

9. **政府投资项目委托代建**：即政府投资项目通过招标等方式，选择专业化的项目管理单位负责项目实施，严格控制项目投资、质量、安全和工期，项目竣工验收后交付使用。2013年，我市出台了《寿光市政府投资项目委托代建办法》，原则上对政府投资项目实行委托代建模式。

10. **能源网**：即涵盖全市重点能耗企业的能源管理信息平台，对推进节能降耗具有较大作用。通过分析评估企业能源需求与运用状况，规划高效可行的节能方案，协助企业降低能源成本，提高能源利用效率，加快企业转型升级。目前，我市在与台湾电机电子工业同业公会合作建设之中。

11. **运筹网**：即统一的电子采购平台。通过选取合适企业作为中心厂商，建立实时采购信息收集系统，将中心厂商及供应链厂商的购销信息整合到运筹网平台，提高商业交易效率。目前，我市在与台湾电机电子工业同业公会合作建设之中。

12. **渤海粮仓科技示范工程**：由科技部和中科院牵头组织实施，是环渤海区域粮食增产、农业增效的一项重大科技工程。我市以寿北现有未利用土地28.3万亩为载体，争取纳入“渤海粮仓科技示范工程”粮食增产核心示范区。

13. **八大战役**：2013年9月，潍坊市启动实施“386”环保行动，确定了环保领域的“八大战役”，我市9月23日进行了动员部署。“八大战役”即消灭污水直排战役、自备井整治战役、河道生态修复战役、推行“煤改气”战役、整治空气异味污染战役、淘汰“黄标车”战役、防控城市扬尘污染战役和治理农业面源污染战役。

14. **“三高”项目**：即高能耗、高排放、高环境风险项目。

15. **“一区一园”文化创意旅游基地**：即以双王城生态经济区、软件园为主要载体的文化建设阵地。

16. **数字化农家书屋**：是对传统农家书屋的有益补充和数字化升级，利用卫星或网络数字发行系统，将高品质的多媒体文件、电子图书、杂志、报纸、音像等内容以数字化方式直接、适时、快速、高效地投送到每一个农家书屋，并通过电视、投影仪、智能手机、平板电脑等设备进行观看和阅读。

17. **“五信共建”评选活动**：活动主要对全市所有菜农、蔬菜专业合作社、蔬菜经销业户、农资经销业户和农业龙头企业进行综合评定，分别评选“文明信用蔬菜专业合作社”、“文明信用农资经销业户”、“文明信用农业龙头企业”、“文明信用蔬菜经销业户”和“文明信用菜农”，对评选出的文明信用单位和个人提供各类贷款优惠政策。

18. “两非”行为：计生术语，即非医学需要鉴定胎儿性别、非医学需要人工终止妊娠。

19. “三公”经费：即市财政拨款安排的因公出国(境)、公务接待和公务用车费用。

政府工作报告

——2015年2月4日在寿光市第十六届人民代表大会第六次会议上

寿光市市长 赵绪春

各位代表：

现在，我代表市政府向大会报告工作，请予审议，并请各位政协委员和其他列席会议的同志提出意见。

一、2014年工作回顾

去年以来，我们在市委的坚强领导下，在市人大及其常委会的依法监督和市政协的大力支持下，积极攻坚克难，坚持改革创新，加快转型升级，不断改善民生，经济社会实现持续稳步发展。

（一）抢抓机遇谋突破，转型发展和竞争优势同步提升。

经济发展稳中有进。全年完成地区生产总值762亿元、固定资产投资498.3亿元，实现公共财政收入79.2亿元；完成进出口总额33亿美元，招商引资实际投资额达到190亿元；农民人均纯收入和城镇居民人均可支配收入分别达到16065元和31810元；金融机构存贷款余额分别达到732.6亿元和673.3亿元。

产业结构持续优化。全年完成工业投入277.2亿元，规模以上工业企业实现主营业务收入1770.4亿元、利税129.3亿元、利润92.2亿元，预计高新技术产业产值占比提高到38.2%，经济开发区列全省省级开发区第三名，生物基材料产业化集群成为全国三大生物基材料产业集群之一。新流转土地5万亩，新发展农业园区31个、家庭农场473家，13个蔬菜新品种通过省级审定（鉴定），沃土工程推广面积5万亩，根结线虫防治取得阶段性成果，“寿光蔬菜”指数纳入山东价格指数体系正式发布。服务业“五十百千”工程深入推进，红星美凯龙、中百益家园等35个项目建成投用，新设立境外企业6家，组建善融商务寿光特色馆，电子商务企业发展到320家；成功举办第十五届菜博会、第二届文博会和设施蔬菜品种展。全年实现社会消费品零售总额230.9亿元，服务业增加值占比达到40.8%。

支撑能力不断增强。新成立“西甜瓜”和全钢载重轮胎2家产业技术联盟，新增潍坊市级以上企业技术中心和工程中心15家、重点实验室4个，27个项目获省级以上科技计划立项，申请专利2110件，国家蔬菜种业创新创业基地建设进展顺利，新型防水材料产业基地被认定为国家火炬特色产业基地，中印软件园发展中心成为国家级科技企业孵化器。深入实施人才“双百计划”和“科技镇长”选聘制度，新增各类高层次人才348名、国家“千人计划”2名、享受国务院特贴专家1名、院士工作站3个。金融科技服务中心组建运营，金融风险防范化解机制更加完善，康跃科技实现深交所上市，映康牧业、同星化工分别在齐鲁和上海股权交易中心挂牌，全年从资本市场融资13.64亿元。行政管理体制改革稳步推进，压缩行政事业编制358名；城乡公交改革基本结束，我市成为全省城乡公交一体化示范市；农村产权交易服务中心组建成立，830个村完成土地承包经营权确权登记。我市被确定为全省县域经济科学发展综合试点市。

（二）建管并举促统筹，城乡一体和区域配套更趋协调。

空间布局进一步优化。寿北开发加快推进，健元春高档薄膜、昊华全钢子午线轮胎等30个重点项目竣工投产，英利绿色纤维、鲁丽定向刨花板等42个过亿元项目开工建设，寿光（滨海）产业园快速推进。国华寿光电厂正式通过国家发改委核准，寿光港9个泊位建成投用，双王城水库配套工程积极推进，德大铁路全线贯通，寿北地区承载能力显著增强。东城新区基础设施更加完善，全福元家居一期等重点项目建成投用，仙霞大厦等37个项目启动建设。寿济路改建工程部分路段竣工通车，益羊铁路城区段完成改线，城市发展空间更加广阔。

功能品质进一步提升。城市总体规划修编通过评审，银海路北伸、金玉米原供热区域热源切换等60项市政工程建成投用，新建改造城区道路33.7公里、排水管道48.6公里，步行和自行车系统建设经验在全省推广。小城镇和“美丽乡村”建设扎实推进，完成小城镇建设投入30亿元，羊口镇和侯镇进入全省百镇建设示范镇十强，被评为国家重点镇；新建农村社区12个，完成农村危房改造610户，牛头镇村成为全省首批传统村落，三元朱村被评为国家AAAA级旅游景区。

管理能力进一步增强。扎实开展城市环境综合整治，重点推进集贸市场、“五小”行业、交通秩序、城中村等领域集中治理，顺利通过国家卫生城市复审验收，成为全国县级文明城市提名城市。积极推进智慧寿光建设，社会信用信息管理平台启动运行，数字化城管经验在全省推广，城乡环卫一体化满意度调查名列全省前茅。

（三）广拓渠道惠民生，保障水平和幸福指数稳步提高。

社会保障不断完善。城镇新增就业1.1万人，农村劳动力转移就业9000多人，成为省创业先进城市和劳动关系和谐城市。完成城乡居民医疗保险整合并轨，城乡居民医疗保险财政补助标准提高到每人每年320元，城乡居民养老保险基础养老金标准提高到每人每月75元，农村居民最低生活保障标准提高到每人每年3100元，农村五保集中供养和分散供养标准分别提高到每人每年7000元和4000元。新开工公租房2077套、棚户区改造3890套，累计发放重特大疾病、残疾人等各类救助金5830万元，兑付惠农补贴资金1.1亿元。财政用于民生事业的投入达到54亿元，占财政总支出的65%。去年人代会确定的30件民生实事有27项已完成，其余3项正在推进之中。

社会事业均衡推进。实施农村中小学冬季供暖改造提升等10项教育惠民工程，新建改建幼儿园21处，世纪教育集团东城校区和寿光一中羊口校区建成启用，被评为全国义务教育发展基本均衡市。完成167处农村卫生室建设改造，人民医院门诊病房大楼和羊口分院建成启用，妇幼保健院公立医院改革启动实施，为基层增补60种常用药品并实行零差率销售。大力开展免费孕前优生检查，人口计生服务水平不断提高。新建社区日间照料中心4处、农村幸福院27处。举办了首届群众文化艺术节，卤水制盐技艺列入国家级非物质文化遗产名录，新建村级标准化文体广场100处，寿光籍运动员首获亚运会金牌。

社会治理持续强化。扎实开展“六打六治”打非治违、“严查严整严打”等专项整治行动，健全完善安全监管责任体系，安全管理逐步实现常态化长效化。积极开展矛盾纠纷排查和信访积案化解，组织实施打黑除恶、打霸治痞、“安民”专项行动。设立922名村级食品安全和农产品质量安全协管员，组建成立市检验检测中心，成为国家首批食品安全检测资源整合试点单位。

（四）标本兼治优环境，生态文明和美丽寿光加快建设。

绿色发展能力持续加强。全面开展闲置低效利用土地清查，组织实施土地增减挂钩项目8个，节余土地1036亩，累计盘活闲置低效用地5900亩。加强钢铁、化工、热电等重点行业治理，实施节能技改重点工程11项，18家企业通过清洁生产审核验收，全面完成淘汰落后产能年度计划，全市煤炭消费总量同比减少20万吨，预计万元产值能耗同比下降3.1%。

区域环境质量持续改善。扎实开展“三八六”环保行动，实施169个环境治理项目，关停整改环境污染企业105家，推进晨鸣、鲁清脱硫脱硝等减排工程42项，新建改造污水处理厂9处，建成LNG、CNG加气站6座，淘汰黄标车15238辆，封闭自备井498眼，垃圾焚烧发电一期、领航生物污泥制肥等项目建成投用，在15个镇街区全部安装PM2.5监测设备，我市空气优良天数比上年同期增加16天，重度污染以上天数减少15天。

生态建设水平持续提升。完成农圣公园、益羊铁路防护林带等绿化工程31项，新增改建城市绿地480公顷，实施成片造林4万亩，全市林木覆盖率达到25.3%。滨海国家湿地公园二期等生态工程开工建设，丹河生态湿地、小清河河口海岸带整治修复等生态工程建成投用，新增湿地面积4150亩，疏浚河道110多公里，洰淀湖景区成为国家级水利风景区和AAAA级旅游景区。稳妥推进城乡供水整合，水资源综合利用水平显著提高，创成国家生态市和全省生态文明乡村建设示范市。

（五）降本增效转职能，政务服务和权力运行更加规范。

行政效能不断增强。认真贯彻市委决策，自觉接受市人大的法律监督和市政协的民主监督，办理人大代表议案建议75件、政协委员提案129件，办复率均达到100%。认真开展第三次经济普查。深化行政审批制度改革，编制完成行政审批事项目录，累计办理各类行政审批服务事项2万多件。全面完成权力清单、服务清单和负面清单梳理审核并对外公布，压减行政审批事项156项，压减比例达到42%。

机关作风不断优化。扎实开展党的群众路线教育实践活动，组织文风会风、“庸懒散浮”等一系列专项整治活动，机关“四风”问题得到根本好转。积极推进政府信息公开，通过政府网站及“两微一端”主动公开政府信息1.3万余条，公共服务呼叫中心办理群众反映事项1.5万余件，寿光民声受理群众帖子2.7万条，阳光村务监督平台浏览量达到13万次，社情民意表达渠道更加畅通。充分发挥专家咨询委员会作用，规范民主议事程序，集体研究事关全市发展的重大事项，政府决策更加科学民主。

自身建设不断深化。严格执行中央八项规定和上级党风廉政建设要求，全面启动预算管理制度改革，镇街财政实施集中支付制度。加强政府投资项目招投标监督，完成15个政府投资项目和12个经济责任项目审计，全市“三公”经费支出压减30%。推进户外广告等公共资源市场化配置，交易行为进一步规范。油区、档案、史志、对台、外事侨务、机关事务、民族宗教、妇女儿童等事业持续发展，粮食、人防、地震、盐务、气象、供销等工作取得新成绩。

各位代表，过去一年，我们面临的形势异常严峻，肩负的任务异常繁重，付出的努力异常艰辛，取得的成绩来之不易。这是市委统揽全局、坚强领导的结果，是市人大、市政协有力监督、鼎力支持的结果，是全市上下戮力同心、共克时艰的结果。在此，我谨代表市政府，向为寿光经济社会发展作出积极贡献的全市人民，致以崇高的敬意！向给予政府工作大力支持的人大代表和政协委员，向各民主人士、工商联、人民团体、无党派和社会各界，向离退休老同志，向驻寿部队、武警官兵和公安民警，向驻寿单位，向所有参与、关心和支持寿光现代化建设的海内外朋友，表示衷心的感谢！

在总结成绩的同时，我们也清醒地看到，全市经济社会发展还面临不少困难和问题。主要表现在：经济下行压力较大，自主创新能力不强，资源利用效率不高，转型升级任务仍然艰巨；生态环保依然有不少薄弱环节，增长方式需要加快转变；群众对公共服务的需求日益增强，民生事业有待加快发展；社会治理创新任务较重，行政效能和作风建设还需加强等等。特别是“11.16”火灾事故，暴露出安全生产和工作作风方面还存在许多薄弱环节。对此，我们将高度重视，采取更加务实扎实的措施，认真加以解决。

二、2015年工作安排

今年是全面深化改革的关键之年，是全面推进依法治国的开局之年，也是全面完成“十二五”规划的收官之年。我国经济发展步入降速提质新常态，寿光也进入转型升级、科学发展的重要关口，我们必须坚持底线思维、增强机遇意识、强化责任担当，准确把握近期目标和长期发展的平衡点，准确把握改革发展的着力点，准确把握经济社会发展和改善人民生活的结合点，突出主题主线，强化创新创优，注重民本民生，推动我市在新常态下实现科学发展、持续发展、品质发展。今年政府工作的总体要求是：全面贯彻落实党的十八大和十八届三中、四中全会精神，以习近平总书记视察山东重要讲话和重要批示精神为指引，按照市委确定的“建设品质寿光，创造美好生活”的总目标，牢牢把握稳中求进总基调，主动适应经济发展新常态，以事关全局的“710重点工程”为总抓手，狠抓改革创新，突出转型升级，强化风险防控，加强民生保障，统筹推进新型工业化、信息化、城镇化、农业现代化，实现经济平稳健康发展和社会和谐稳定。主要目标是：地区生产总值增长8%以上，公共财政预算收入增长6%以上，全社会固定资产投资增长12%以上，城镇居民人均可支配收入增长9%，农民人均纯收入增长10%，城镇登记失业率控制在3%，完成潍坊市下达的节能减排和环保目标任务。围绕实现上述目标，着力做好五个方面的工作：

（一）以更大决心深化改革创新，充分激发区域发展新活力。

坚定不移地深化改革创新是适应新常态的根本出路。我们将按照抓重点、破难点、增亮点的要求，以更强决心深化改革，以更大力度推进创新，以更宽视野扩大开放，不断增创科学发展新优势。

释放综合改革能量。发挥市场在资源配置中的决定性作用，大力推进经济社会各个领域和环节的改革。扎实开展行政管理体制改革、扩权强镇改革、开发区体制机制改革，最大限度地提升效能、改进服务。继续深化财税体制改革，规范各类税收优惠政策和非税收入管理，强化政府性债务风险预警和防控化解，不断优化财政支出结构。创新重点领域投融资机制，强化PPP等融资模式运用，引导社会资本参与教育、医疗、养老、文化等公共设施建设。创新开展金融改革，探索股权质押、商标权质押等抵押贷款新模式，狠抓企业股份制改造和创业板、新三板上市挂牌，加强银行机构不良贷款化解、民间借贷监测预警和企业资金链安全，维护区域金融环境稳定。稳妥推进农村综合改革，巩固农村土地承包经营权确权登记颁证成果，规范农村产权交易服务中心运营，引导农村土地有序流转。继续深化医疗卫生体制改革、教育综合改革等社会事业改革，稳妥实施养老并轨改革，优化大众创业、万众创新政策环境，全面激发经济社会发展活力。

提升科技创新能力。突出企业创新主体作用，完善产学研协同机制，支持企业加快技术创新、模式创新、管理创新、产品创新，争取年内新认定潍坊市级以上企业技术中心、工程中心、重点实验室等研发机构9家以上，实施省级技术创新项目30项以上。研究出台扶持创新政策，强化知识产权保护，确保年内新增中国驰名商标1件、省著名商标3件、省名牌产品3个、专利授权1400件。积极争创黄河三角洲国家级农业高新技术开发区，加快推动高新技术嫁接改造传统产业，力争年内高新技术产业产值占比提高到39%。着力强化人才智力支撑，深入实施“双百计划”和“桑梓人才计划”，加快建设高层次人才创业园，完善引进、培养、使用人才的政策机制，着力培养和引进一批创新创业团队、产业领军人才和实用技能人才。坚持职业教育发展和产业需求结合，争取年内培育高技能人才1500人，推动产业技术工人队伍发展壮大。

拓展对外开放领域。围绕产业链、供应链、价值链等关键环节，积极对接央企、上市公司等产业关联企业，实施精准招商、敲门招商，确保年内完成招商引资200亿元，实际利用外资1亿美元。大力实施技术、品牌、营销、服务“四带动”出口战略，争创一批国家级和省级外贸转型示范基地、科技兴贸创新基地，积极筹建青岛保税区寿光功能区，力争年内完成外贸进出口总额34亿美元，出口过千万美元的企业达到35家。积极对接、主动参与国家“一路一带”建设，支持具有比较优势的企业到境外建立生产基地、并购国外品牌、构建营销网络，力争年内新设立境外企业4家、投资额6000万美元。积极发挥软件园优势，大力开展服务外包，争取年内离岸外包执行额达到5000万美元。

（二）以更大力度加快转型升级，全力构建现代产业新体系。

产业是经济的支柱，也是新常态下推进转型发展的关键支撑。我们将持续扩大有效投入，全力做优做强工业，做特做精农业，做活做大服务业，努力形成三次产业融合互动、齐头并进发展新格局。

力推有效投入稳健增长。发挥投资在拉动经济发展中的关键作用，以项目建设为载体，全面实施“710”工程，特别是对富康新医药产业园等50个重点项目，在领导力量、资源要素等方面重点倾斜，全力以赴加快项目建设，以项目建设进度保障资金投入速度。持续推进寿北品质开发，加快国华寿光电厂、寿光港、黄大铁路等重大设施项目的运作实施，突出抓好山橡防水、橡胶新材料绿色联合体等一批过亿元项目，强力推进“十大新兴基地”工程，力争年内寿北地区新开工过亿元项目30个，完成工业投入过百亿元。切实强化银企合作，设立各类产业投资基金，发挥财政资金杠杆作用，以良好的财政金融环境保障投资。

力推工业强市提质增效。抓住并用好国内外产业加快调整升级的历史性机遇，集中实施腾笼换鸟、机器换人、科技换芯、电商换市“四换”工程，加快打造寿光工业升级版，力争年内主营业务收入过亿元的企业达到130家。深入实施百企转型升级和强企培育计划，集中推进20个投资过亿元的技改项目和一批“机器换人”项目，鼓励企业通过资产重组、技术联合、产业联盟等多种形式膨胀规模、提升实力，推动传统产业链向终端延伸，价值链向高端拓展。围绕新能源、新医药、新材料等新兴产业，切实抓好兰典生物琥珀酸、雅丽新材料等20个新兴产业项目，壮大新兴产业发展规模，以优质增量带动工业结构转调。密切关注工业经济运行，定期召开工业联席会议，及时研究解决各类融资、债务化解、手续办理等问题，确保实体经济健康运行。

力推服务经济上档升级。重点发展研发设计、第三方物流、融资租赁、节能环保等生产性服务业，推动制造业服务化。大力引进数据中心、云计算等公共服务平台，做大产业金融、总部经济、电子商务等新型业态，提升改造商贸流通业。加快推进商贸、金融、教育等服务业集聚区建设，突出抓好学院路商贸服务区、东城全福元城市综合体等商贸流通项目，引导餐饮住宿业向大众消费转型，确保全年社会消费品零售总额达到260亿元。集中推进晨鸣物流园、康成木材综合加工等重点物流工程，培育繁荣半岛建材物流城、国际商贸城等现有市场。扶持本地电商平台建设，推进特色商品电商进市，扎实做好电子商务人才培训，力争年内电子商务营业额达到120亿元。精心筹备好第十六届蔬菜博览会，开发培育洰淀湖等特色旅游景点，积极培育健康养老、文化创意、商务中介、信息服务等新兴产业，不断壮大服务业发展规模。

力推现代农业高效发展。坚持把“六大产业体系”建设作为推进农业转型升级的重要措施来抓。种子种苗产业体系，重点抓好国家现代蔬菜种业创新创业基地研发中心建设，强化本土蔬菜种子研发和商业化蔬菜育种体系构建，全力办好春秋两季设施蔬菜品种展，力争年内新建3处蔬菜种业育繁基地，通过省级以上审定（鉴定）的蔬菜新品种数量不少于去年。标准化生产体系，集中推进东斟灌斟都蔬菜生产基地等重点农业项目，加快羊青路、羊田路、大沂路“生态农业走廊”建设，大力实施“品牌提升”计划，争取年内新认定“三品”农产品30个以上。产地环境改良体系，继续深入实施设施蔬菜沃土工程、根结线虫防治工程、绿色植保工程“三大工程”，力争年内推广生物有机肥5万亩以上、根结线虫防治技术1.5万亩以上。质量安全监管体系，重点推动村两委领办农民专业合作社，完善农业投入品登记备案和经营告知制度，加大蔬菜质量检测频率，全力维护蔬菜质量安全。农业面源污染治理体系，重点规范蔬菜废弃物利用和病死畜禽无害化处理，加强畜禽养殖场标准化改造、粪污处理和搬迁整治，有效改善农业生态环境。蔬菜市场追溯体系，加快质量安全追溯平台建设，开展好区域试点，尽快实现全域化蔬菜质量安全追溯。

（三）以更高定位提升城市品质，加快构建城乡一体新格局。

新型城镇化建设，是新常态下保持经济增长的强大引擎。我们将按照强功能、提品位、促统筹的要求，突出以城带乡、城乡互动，注重精致建设、精细管理，加快建设现代化中等城市。

集中抓好中心城区建设。大力实施旧城改造，抓好城区破损道路、背街小巷和地下设施改造提升，集中推进羊临路改造、尧河路北伸等26项道路工程，城区雨污分流节点改造等8项雨污分流工程，力争年内新建改造城区道路24公里、排水管网71公里。积极推进老旧小区改造试点，合理布局城区集贸市场，规划实施雨水收集利用工程，推动供热企业直供到户。加快东城新区建设，继续抓好德润绿城、中南世纪星城、世纪泰华等城建项目建设，稳步推进旧村改造，规划建设新能源、新医药、汽车配件等3个特色产业园，着力打造产城融合、宜居宜业的城市新区。深入实施“211”绿色建筑行动，积极争创国家康居示范工程，推进房地产业开发由量到质转变。以“全国文明城市”创建为契机，更加注重精细化管理，集中抓好莱都路等重点路段综合整治，继续完善数字化城管系统，下大气力解决群众关心的市容秩序、交通拥堵等问题，不断提升城市管理水平。

重点提升镇域发展层次。加快老旧镇区改造提升和城镇骨干道路建设，不断推进基础设施和公共服务向镇村延伸。按照小城市规划标准，突破羊口、侯镇2个“副中心”，加快羊口科教园、侯镇锦绣华城等重点项目建设，配套完善基础设施，提升辐射带动能力，力争3–5年内建设成为10万人的小城市。抓好城乡公交运营管理，加快镇村公交设施建设，力争年内实现公交车全覆盖。

大力推动美丽乡村建设。集中实施“美丽乡村”建设行动，全面推进大棚垃圾处理、天然气改灶、农村改厕，完善卫生医疗、养老保障、文化娱乐等公共服务设施，大力开展移风易俗活动，提升农村居民生活质量。按照以人为本、因地制宜的原则，稳妥开展农村集中居住区建设，同步搞好基础设施配套和危旧房屋改造，不断提升农村居住水平。加大土地整治力度，探索实施农村集体建设用地入市交易，积极推进土地增减挂钩试点，实施基本农田土地整理等项目，不断提升农村土地利用水平。

（四）以更严标准保护生态环境，努力建设绿色和谐新家园。

实行最严格的环保制度，大力推进生态文明建设，是适应新常态的必然选择。我们将牢固树立“绿水青山就是金山银山”理念，坚持远近结合、标本兼治，全力打好环保攻坚战，促进人与自然和谐发展。

扎实推进“三八六”工程。加强六大片区空气污染治理，抓好联盟石化酸性气回收、鲁清石化异味处理等项目建设，实行各镇街区空气质量月通报制度，力争年内PM2.5浓度再下降10%。强化露天料场扬尘综合整治，加快黄标车淘汰步伐，切实做好有机废气和危险废物处理。积极推进巨能热电等22项重点减排工程，加快20吨以上燃煤锅炉脱硫除尘改造，坚决完成“十二五”减排目标。探索推行企业污水处理第三方治理模式，在全市1042处排污点安装视频监控系统，实现视频图像与数据系统联网，推动企业废水废气稳定达标排放。落实排污权交易和新增大气污染物倍量替代措施，分类处置未批先建企业，对符合条件的企业尽快完善手续，不符合产业政策、存在污染问题的企业坚决关停，确保按时完成“三八六”行动各项任务目标。

扎实推进生态文明建设。坚持生态红线、区域保护与产业发展、城乡建设同步规划、同步推进，优化生态空间布局。严把新上项目关口，同步推进高耗能行业产量压减，支持产能过剩企业通过兼并重组、转型转产、产能置换等方式，整合压缩过剩产能。积极推行清洁生产，加快13个循环经济项目建设，大力发展循环经济。认真开展土地集约利用评价，强化分期供地、工业用地先租赁后出让等制度，不断提升土地集约节约利用水平。全面实施“大水务”战略，扎实推动南水北调续建配套工程、弥河综合整治、中小河流治理等水资源综合利用工程，全面推进“中国－以色列示范水城市”建设，统筹解决好地表水开发、客水利用和水资源长效管理问题。编制完成生态文明示范市建设规划，积极创建全国生态文明示范市。

扎实推进城乡造林绿化。按照“现代化滨河花园城市”的定位，加快推进弥河东方绿洲、滨河大道南伸绿化等在建工程建设，实施弥河下游东岸绿化、羊青路绿化等绿化工程，进一步完善提升城市绿地系统。高标准建设铁路搬迁地块城市绿廊，积极推进仓圣公园等绿地游园改造，全力打造特色化城市休闲空间。持续扩大双王城生态经济区生态林种植面积，加快推进洰淀湖区、滨海湿地公园商务区建设，大力发展农业庄园，切实改善寿北生态环境。加强森林资源保护，强化森林资源动态监测，扎实开展组团式绿化和绿色屏障建设，积极引导社会资本投资造林绿化，确保全年完成成片造林3万亩，总植树1200万株，林木覆盖率提高1.5个百分点。

（五）以更实举措发展民生事业，积极促进公共服务均等化。

政府工作的根本目的是让人民群众过上好日子。我们将牢固树立底线思维，完善托底政策，把握民意脉动，强化民生保障，不断提升人民群众的幸福指数。

健全社会保障制度。推进社保体系建设，继续提高城乡低保、农村五保供养标准，率先启动职工长期护理保险试点，不断扩大社保覆盖范围。全面推行劳动合同、劳动用工备案和“一书两金一卡”等制度，提高企业劳动合同签订率，构建和谐劳动关系。深入开展创业型城市创建，新建1处创业孵化基地，力争全年新增城镇就业11000人，农村劳动力转移就业8000人。推进养老服务体系建设，继续抓好城投·太阳城、仙霞仁和居等养老项目，组建运营养老产业集团，切实维护老年人合法权益。积极开展多种形式的慈善活动和惠残扶贫工程，做好各类弱势群体的生活保障工作。积极吸引社会力量参与保障性住房建设，完善准入和退出机制，确保保障政策真正惠及困难家庭。

加快社会事业发展。深入实施教育惠民工程，抓好农村学校校舍改造，优化农村师资力量配置，促进城乡教育均衡发展。加快东城医院、中医院病房大楼建设，创新家庭医生、乡村医生签约等公共卫生服务，不断提高医疗服务水平。大力推动公共文化服务提升工程，抓好历史文化中心、文化艺术中心、市民阅读中心等文化设施建设，推进“核心价值观五进”“双百双千”“文化惠民E点通”等文化服务工程，办好第三届文化产业博览会、市民读书节、群众文化艺术节等文化活动，满足群众多样化文化需求。积极实施体育健身工程，不断提升全民身体素质和健康水平。

创新社会治理体制。优化社会治理结构，促进政府行政管理与基层群众自治良性互动。规范城市社区管理，将计生、社保、卫生等公共服务落实到社区，切实解决便民服务“最后一公里”问题。组织多种形式普法教育培训，深化“法律服务千村行”等普法活动，加强司法行业行风专项整治，全面提高司法服务水平。健全社会矛盾预防化解长效机制，充分发挥法律在信访和维权工作中的权威作用，妥善化解重点疑难信访事项和农民工欠薪问题，确保社会矛盾预警及时、化解有效、处置得当。完善政府电子政务平台，建设政务信息数据中心，抓好居民健康卡、运筹网、能源网、网上菜博会等项目建设，加快建设智慧寿光。加强流动人口计生服务，严厉打击“两非”行为，不断提高出生人口素质。扎实做好食品安全全过程监管，确保人民群众饮食用药安全。切实抓好应急工作，提高地震、火灾等突发事故的处置能力。坚持把完善体制机制和夯实基层基础作为安全生产工作的重点，集中开展好“六打六治”、人员密集场所消防安全等专项整治行动，严格落实安全生产工作日制度和安全生产实名制管理办法，强化全民安全教育和基层执法人员培训，确保安全生产形势稳定。深化社会治安管理，深入推进“大数据”“警务云”建设应用，严厉打击毒品违法犯罪和影响社会民生的违法行为，确保社会和谐稳定。

三、全面加强政府自身建设

各位代表，新常态、新挑战更需新作为，我们将始终坚持为民、高效、公正、清廉不动摇，始终带着责任和感情，依法履行职责使命，切实加强自身建设，努力开创政府工作新局面。

更加密切联系群众。坚定不移地走群众路线，巩固和发展党的群众路线教育实践活动成果，以“钉钉子”精神，坚决完成市政府承诺的整改事项，使作风建设落地生根、成为新常态。完善领导干部联系群众、包靠企业制度，主动“接地气、连民心”，真正做到面对面解决问题，心贴心为民解忧。充分发挥政务网站、公共服务呼叫中心、寿光民声等平台作用，认真倾听社情民意，化解矛盾问题，使政府工作更加合民心、顺民意。围绕群众所想所盼，切实办好10件民生实事，把爱民、为民、惠民体现在具体行动上。

持续提升服务效能。大力倡树“立说立行、扎实细致”的工作作风，始终保持昂扬向上的精神状态，围绕市委决策，说了干、定了办，出实招、办实事，切实提高政府执行力。深入推进行政审批制度改革，加大简政放权力度，加快行政服务中心和中介超市建设，推动由事前审批向事中事后监管转变，全力打造“一站式”服务平台，真正实现进一个门、办一切事。着力推进政府购买服务，制定购买服务目录，引入竞争机制，提高公共服务质量和效率。强化机关效能监察，坚决治理“庸懒散浮”行为，严明纪律、严肃问责，以强有力的措施推动软环境持续改善。

全面推进依法治市。深入贯彻依法治市意见，依法全面履行政府职责，严格执行权力清单、服务清单和负面清单制度，制定责任清单，真正做到法定职责必须为、法无授权不可为，确保政府各项工作始终运行在法治轨道上。政府及其工作人员带头学法、守法、用法，以法治政府建设推动依法治市，进一步增强全社会办事依法、遇事找法、解决问题用法的思想自觉和行动自觉。深化行政执法体制改革，推进执法重心下移，探索推动安全生产、劳动保障、市场监管等领域在镇级的综合执法试点，真正实现公正文明执法。坚持重大事项集体决策，健全公众参与、专家论证、风险评估、合法性审查等制度，确保政府决策科学、民主、合法。自觉接受市人大及其常委会的法律监督和政协民主监督，高度重视社会舆论监督，及时办理人大代表议案和政协委员提案，充分听取社会各界的意见建议，凝聚各方智慧推进政府工作。

大力推进廉政建设。强化清正廉洁的底线意识，坚决贯彻执行党风廉政建设“一岗双责”制度，加大责任追究力度，严肃查处各类违法违纪案件，切实纠正损害群众利益的不正之风。突出重点领域风险防范，加强审计监督、执法监察和廉政监察，加快公共资源交易中心建设，强化政府重点投资项目、公共资源交易的全程监管，实现权力规范运行。继续强化政务公开，深化预算管理制度改革，实施规范透明的预算制度，全力打造阳光政府。厉行节约反对浪费，从严控制会议、接待培训等经费支出，稳妥推进公务用车制度改革，加大公务卡推广力度，切实降低行政运行成本，将更多的财力用在保重点、惠民生、促发展上。

各位代表，改革蓝图令人鼓舞，发展使命催人奋进。让我们在市委的坚强领导下，在市人大、市政协的监督支持下，团结依靠全市人民，以逢山开路、遇河架桥的开拓精神，以踏石留印、抓铁有痕的执着劲头，主动适应新常态，重塑发展新动力，为“建设品质寿光、创造美好生活”而努力奋斗！

附件 1:

2015 年民生实事工程

1．全面提升社会保障水平，将全市80余万名城乡居民的基本医疗保险财政补助标准提高60元，达到每人每年380元；将城乡居民基础养老金最低标准由每人每月75元提高到85元；2.4万名企业退休人员的基本养老金提高10%；将城市、农村居民最低生活保障标准分别提高600元、400元，达到每人每年6000元、3500元；农村五保集中、分散供养标准分别提高600元、500元，达到每人每年7600元、4500元。

2．投资6200万元，继续搞好农村义务教育学校校舍标准化建设，实施学校厨房提升工程，全面提升农村学校办学条件。

3．抓好保障房建设，新建公共租赁住房1677套，棚户区改造1755套，切实解决好中低收入家庭的住房困难。

4．深入实施文化惠民和农民体育健身工程，继续抓好100处村级文体小广场建设，配套完善文化和体育健身设施，丰富群众文体生活。

5．每年为65岁以上老年人开展免费查体；对全市4.3万名35-64周岁的农村妇女免费开展“两癌”筛查，利用3-5年时间完成全市所有适龄妇女的“两癌”筛查工作。

6．出资150万元，对全市住院重症精神病患者实行全额补助，减轻其治疗费用负担，解决患者家庭因病致贫、因病返贫问题。

7．以推进供暖设施改造、公共环境建设、基础设施提升为重点，启动实施老旧居民小区改造，切实提高和改善老旧小区居民居住条件和生活环境。

8．开工建设6.2公里的益羊铁路城市绿廊工程，打通建新街、银海路、正阳路等丁字路口，拆除圣城街铁路立交桥及文圣街等铁路道口，提升城市品质；完成古槐路、学院路、和平巷等10条城区道路改造，对寿济路、羊田路、南大路、寒五路等9条骨干道路进行维修改造；新建改建50公里老旧镇村公路，不断改善群众出行条件。

9．投资10.5亿元，持续改善水和大气环境质量。重点实施新龙集团废水处理等30个水污染治理项目和巨能电厂脱硫脱硝升级改造等45个大气污染治理项目，升级改造企业污水治理设施，开展有机废气、露天扬尘、异味等综合整治；建设重点排污点全域实时视频监控系统，切实改善我市生态环境。

10．全面实施“大水务”战略，建成南水北调寿光续建配套工程，实现工业用水由地下水向地表水转换；组织开展城乡集中供水地表水工程建设，利用3年时间，全市城乡居民饮水实现“同质、同源、同价”集中供水，工业园区全部实现以地表水为主的统一供水。

附件2：

《政府工作报告》有关概念和项目说明

1. **沃土工程**：这是我市全面改良土壤、提高土壤肥力的一项重要工程。具体是指从2014年开始，利用7年时间，由市财政每年出资800万元，补贴推广2.5万吨以上微生物肥料等土壤改良技术，培肥土壤地力，改善土壤物理性状，实现土壤资源可持续协调利用。力争到2020年全市所有土壤全部改良一遍。

2. **服务业“五十百千”工程**：这是我市为促进服务业发展确定的一项重大工程，即5个大型物流园区，10大城市商业综合体，100个投资过亿元的服务业重点项目，限上批零住餐、商贸流通等服务业企业增加1000家以上。具体项目根据进展情况实行动态管理。

3. **人才“双百计划”**：这是我市实施人才强市、促进转型升级的一项重要措施。具体是指从2012年开始，利用5年时间，从国内外引进100名高层次创新人才、100名高层次创业人才。

4. **国家“千人计划”**：主要是围绕国家发展战略目标，从2008年开始，利用5-10年的时间，在国家重点创新项目、重点学科、重点实验室、中央企业和国有商业金融机构、以高新技术产业开发区为主的各类园区等，引进2000名左右人才，并有重点地支持一批能够突破关键技术、发展高新产业、带动新兴学科的战略科学家和领军人才回国（来华）创新创业。

5. **“美丽乡村”建设**：这是国家为适应城乡发展一体化新形势，发挥财政资金引领撬动作用，由财政部启动实施的一项试点工作。具体是指发挥一事一议民主决策、农村民生需求导向和以县为主统筹使用的制度优势，通过试点先行，重点抓好试点村的公益事业建设、中心村和农村新社区建设、农村基础设施和公益事业的长效管护机制建立健全等。目前，我市已完成9个村的试点工作。

6. **百镇建设示范行动**：这是省委、省政府2012年提出的加快全省城镇化发展的工作规划，计划在全省选择100个示范镇，每年安排不少于5000亩的新增建设用地指标和10亿元的专项资金等扶持政策，争取进入全国先进行列。目前，我市侯镇、羊口镇位列其中，并进入全省十强。

7. **智慧寿光**：主要是指利用信息化手段，对现代城市的功能形态布局、运行管理等进行重新整合和改造，推动“数字寿光”向“智慧寿光”跨越。具体工作是构建三个平台、打造一把钥匙，即政府行政服务平台、城市公共服务平台、电子商务服务平台和市民卡系统。目前，我市已完成城市公共服务平台、公安视频警务云、房产管理系统、公共服务呼叫中心等项目建设。下步，将进一步推进部门数据业务集中管理，构建全市统一协同办公体系，完善基地型电商服务功能，实现“网上菜博会”试运行。

8. **“六打六治”打非治违专项整治行动**：这是国家安委会在全国统一部署的一项安全生产专项行动。主要打击危化品非法经营运输行为，整治无证经营等问题；打击非煤矿山企业“三超一改”等行为，整治图纸造假、图实不符问题；打击油气管道违法违规行为，整治管道周边乱建、乱挖、乱钻问题；打击客车货车非法营运行为，整治无证经营等问题；打击违规施工行为，整治层层转包、违法分包问题；打击消防安全违法行为，整治消防安全隐患问题。我市按照上级要求，从2014年8月份开始在全市集中展开。

9. **“严查严整严打”专项整治行动**：这是潍坊市在全市范围内集中开展的一次安全生产专项整治行动。利用3个半月的时间，集中精力打好隐患整改歼灭战，做到清出底子、拉出单子，确保隐患全面、彻底整改到位，完成一个、销号一个，进一步夯实安全生产基础，杜绝各类安全生产事故发生。我市根据潍坊市统一要求，从2014年11月份开始在全市集中展开。

10. **“三八六”环保行动**：这是潍坊市委、市政府2013年提出的环保战略行动。计划利用3年时间，通过强化组织协调、执法监管、倒逼机制、市场作用、自身建设、督查考核等6项保障机制，打好消灭污水直排、自备井整治、河道生态修复、推行“煤改气”、整治空气异味污染、淘汰黄标车、防控城市扬尘污染、治理农业面源污染等8大战役，确保实现总量减排和水、气环境质量改善三大目标。

11. **“两微一端”**：即政府微博、政府微信和移动APP客户端。

12. **桑梓人才计划**：这是我市招才引智的一项重要举措。具体是指利用我市在外寿光籍专家人才优势，通过搭建人才服务和交流对话平台、建立人才数据库、举办人才家乡行活动等方式，鼓励在外寿光籍专家人才带着技术、项目和团队回寿光，为家乡发展献言献智。

13. **“211”绿色建筑行动**：根据国务院《绿色建筑行动实施意见》和山东省《绿色建筑实施方案》的要求，潍坊市从2014年开始，启动实施了“211”绿色建筑行动。即计划利用2年的时间打造绿色建筑项目100个、总面积1000万平米。

14. **“一书两金一卡”**：即防范处置企业拖欠工资工作目标责任书、工资保障金、应急周转金和农民工实名制工资支付银行卡。通过与各镇街、主管部门和企业签订责任书，企业在专门账户缴存“工资保障金”，财政出资设立“应急周转金”等方式，预防企业欠薪行为的发生，维护职工和农民工的合法权益。

15. **家庭医生服务**：即由社区（乡村）医生与城乡居民通过签约形式建立的一种契约式服务关系，服务内容包括提供基本公共卫生服务、基本医疗服务、健康状况评估和转诊服务等。根据签约内容，医疗机构为居民提供的相关服务统称为家庭医生式服务。目前，我市16处镇街卫生院、10处社区卫生服务机构开展了家庭医生签约及服务工作，签约居民76.35万人，签约率72.6%。

16. **“双百双千”**：即开展以“百名文化辅导员百场培训和千村千名基层文艺带头

人”为主要内容的文化人才培育活动，带动培育万名基层文艺骨干，实现镇镇都有文艺培训班，村村都有文艺带头人。

17. **文化惠民E点通**：即依托寿光宣传网，建立寿光市网上公共文化服务互动平台，采用网上公布文化服务内容、网上征求群众意见等形式，为群众提供“点对点”“面对面”的菜单式文化服务，推动文化惠民项目与群众文化需求的有机对接。

18. **“两非”行为**：计生专业术语，即非医学需要鉴定胎儿性别、非医学需要人工终止妊娠。

大事记

2011年

1月4日　寿光市2011年第一批重点项目开工奠基仪式在羊口经济区举行，潍坊市委书记、市人大常委会主任张新起，潍坊市政协主席赵兴涛，潍坊市人大常委会党组书记、第一副主任李守玉，潍坊市委常委、副市长王献玲，潍坊市委常委、纪委书记解维俊，潍坊市委常委、秘书长刘德成；寿光市委书记、市人大常委会主任孙明亮，寿光市委副书记、市长朱兰玺，寿光市人大常委会党组书记、第一副主任杨德峰，寿光市政协主席王茂兴，寿光市委副书记杨建华等参加。

1月10日　在“2010齐鲁精英人物风云榜”颁奖典礼上，晨鸣集团董事长陈洪国被评为“十大齐鲁精英”。

1月14日　山东省国土资源厅执法监察局局长王桂鹏带领检查组到寿光，对2009年度土地卫片执法检查工作进行检查验收。潍坊市副市长夏芳晨，寿光市委副书记、市长朱兰玺陪同检查。

1月15日　寿光市被山东省人民政府授予全省农产品质量安全先进单位称号。

1月16日　第二届中国村歌十大金曲评选晚会在北京人民大会堂揭晓，圣城街道王口社区的村歌《我爱家乡王口美》获第二届中国村歌十大金曲称号，并夺得中国村歌作词金奖和作曲金奖2项大奖。

1月20日　寿光市软件园入选省级公共服务平台名单。此次全省共确定50多个公共服务平台，济南软件园、青岛软件园和寿光市软件园被确定为软件产业的省级公共服务平台。

1月25日　晨鸣纸业集团董事长陈洪国、巨能控股集团董事长田其祥被潍坊市委、市政府授予潍坊市功勋企业家称号。

1月30日　国家商务部党组成员、部长助理房爱卿一行8人，在省商务厅巡视员王德福，潍坊市副市长王树华，寿光市委副书记、市长朱兰玺，市委常委、副市长王惠玲等陪同下，到寿光春节期间提供蔬菜等生活必需品的市场进行调研，并召开座谈会。

2月12日 中共寿光市委作出《关于开展向崔效杰同志学习活动的决定》。

2月18日 山东半岛蓝色经济区建设恳谈会项目推介会在北京人民大会堂举行。市委常委、副市长李宝华参加会议。在推介会现场，寿光与北京晟坤农业科技有限公司合作的耐生盐碱海洋蔬菜科技产业一体化项目进行签约，项目总投资额达30亿元。

2月18日 上午10点左右，在羊口镇顺和船务有限公司，一艘江苏籍油轮丽阳号发生爆炸并燃起大火，近3个小时大火被扑灭。爆炸发生时共有14名船员在船上，其中3人死亡、2人轻伤、6人失踪。

2月23日 台头镇、化龙镇、纪台镇、上口镇被山东省环保厅授予“省级环境优美乡镇”称号。

2月25日 寿光市与河北省乐亭县缔结友好县市签约仪式在晨鸣国际会议中心举行。寿光市委书记、市人大常委会主任孙明亮，市委副书记、市长朱兰玺，市人大常委会党组书记、第一副主任杨德峰，市政协主席王茂兴及乐亭县领导出席签约仪式。

2月27日 2010“感动寿光”年度人物暨年度新闻揭晓，滨海新区建设者，“文依净”志愿者群体，新龙集团董事长、总经理李法曾，纪台一中教师李善海，来自济宁泗水的“破烂王”颜廷义，国家女子盲人门球队队员范菲菲，全福元职工王栋，园林处工程科科长李泽，市出租车司机田有民，潍坊科技学院中印计算机软件学院印方执行总裁巴苏获“感动寿光”年度人物。潍坊科技学院党委书记崔效杰获“感动寿光”年度人物特别奖。

2月28日 滨河城市湿地公园被山东省住房和城乡建设厅授予山东省人居环境范例奖。

3月5日 2011年中国（萧山）花木节暨2010年全国十佳花卉颁奖典礼在浙江（中国）花木城举行，山东红梅园艺科技有限公司获2010年全国十佳花木种植企业称号。

3月7日 寿光市被国家住房和城乡建设部授予 2010年中国人居环境奖称号。全国仅有25个城市获此称号。

3月11日 寿光政银企合作交流会暨手牵手金融服务网开通仪式在晨鸣大酒店举行。市委书记、市人大常委会主任孙明亮出席并讲话，市委副书记、市长朱兰玺代表市政府与15家银行签订战略合作协议，部分银行与企业签订贷款授信协议，签约金额达385亿元。

3月16日 山东省委常委、副省长王军民到寿光调研。先后到潍坊威能环保电源有限公司项目基地、凯马20万辆卡车及零部件生产基地考察。

3月17日 商务部部长陈德铭一行到寿光调研。省委常委、副省长王军民，省商务厅厅长吕在模，潍坊市委副书记、市长许立全，潍坊市副市长陈白峰，寿光市委书记、市人大常委会主任孙明亮，寿光市委常委、副市长王惠玲，寿光市委常委、办公室主任林立星陪同。陈德铭一行先后到市蔬菜高科技示范园、东方誉源现代农业集团、全福元东城店和农产品物流园等地进行实地调研，对寿光商贸流通工作给予充分肯定。

3月17日 中央电视台到寿光拍摄原寿光县委书记王伯祥先进事迹纪录片。

3月17日 泰汽电动车有限公司与中科院化学研究所的工程塑料项目合作意向书签订仪式在北京举行。签约仪式上，以泰丰冠名的“化学所泰丰科技奖学金”成功设立。市委副书记、市长朱兰玺出席。

3月22日 山东省贸促会、省会展业协会筹办的第四届山东省会展行业年会召开，中国（寿光）国际蔬菜科技博览会被评为山东省政府系列优秀展会。

3月30日 市体育馆、游泳馆、市民活动中心项目奠基仪式举行，市委书记、市人大常委会主任孙明亮，市人大常委会党组书记、第一副主任杨德峰，市政协主席王茂兴，市委常委、副市长李宝华，市委常委、办公室主任林立星，市人大常委会副主任李广前出席。

3月30日 在广州举行的首届中国县级医院竞争力100强排行榜上，市人民医院在全国100强医院中获第20名。

3月31日 数字寿光地理信息公共服务平台上线试运行暨省国土测绘院寿光分院揭牌仪式举行。山东省国土测绘院院长董同玉，寿光市委常委、副市长李宝华出席揭牌仪式。

4月9—10日 国家行政学院社会管理创新研究院院长姜平一行，到寿光就社会管理工作进行调研，调研组先后到孙家集街道三元朱村、晨鸣集团、市法院、市公安局等地就有关问题进行调研。

4月12—13日 省生态办省级生态县（市区）核查组一行到寿光，对创建省级生态市工作进行核查。核查组通过查看现场、审核档案资料、听取汇报、组织调查问卷、观看生态市创建专题片等方式，对寿光创建省级生态市工作进行详细核查后，一致认为，寿光市基本达到省级生态市建设标准，同意通过核查。市委副书记、市长朱兰玺陪同。

4月14日 大型现代吕剧《百姓书记》在潍坊科技学院国际会议中心上演。《百姓书记》是根据原寿光县委书记王伯祥真实事迹改编的现代吕剧。本剧通过一系列既涵盖时代特点又利于戏剧冲突的典型事例，极富感染力地展示王伯祥同志勤政爱民、敢闯敢干、鞠躬尽瘁、廉洁自律的公仆精神。2012年9月25日该剧在中央电视台戏曲频道播出。

4月18日 原中央军委委员、总政治部主任于永波上将，在济南军区副政委王健、二十六军军长马宜明，潍坊市委常委、秘书长刘德成，潍坊军分区司令员张宁东，在寿光市委书记、市人大常委会主任孙明亮，寿光市人大常委会党组书记、第一副主任杨德峰陪同下，到蔬菜高科技示范园和弥河生态农业观光园视察。

4月19日 国家旅游局党组成员、中纪委驻局纪检组长刘金平，在山东省旅游局党组成员、省纪委驻局纪检组长王元生，寿光市政协副主席、统战部部长杨茂森等陪同下，先后到蔬菜高科技示范园、弥河生态农业观光园、三元朱村、滨河生态湿地考察，对寿光依托当地现代农业做大做强生态农业旅游的做法给予充分肯定。

4月20日 寿光蔬菜研究院续约签署暨国家大宗蔬菜产业技术体系寿光综合试验站揭牌仪式在菜博会新闻发布中心举行。中国农业大学副校长王涛，中国农科院蔬菜花卉研究所所长、国家大宗蔬菜产业技术体系首席科学家杜永臣发表讲话，市委副书记、市长朱兰玺致辞，市委常委孙吉海主持仪式。

4月23日 在山东省镇域经济论坛暨首届年会上，侯镇获山东盐化工产业第一镇称号。

4月25日上午 夏荆山佛教文化艺术展在市文化中心开幕。夏荆山，寿光市稻田官路村人，旅居海外多年，是当代国学艺术大师、世界知名佛教善信檀越和佛教绘画艺术家。

4月30日 海关总署署长于广洲一行，在副省长才利民，潍坊市委副书记、市长许立全，潍坊市副市长王树华及寿光市领导孙明亮、朱兰玺、桑文军陪同下，到菜博会、潍坊海关驻寿光办事处调研。

5月4日 纪念“五四”运动九十二周年暨寿光市杰出青年人物表彰大会召开。王德永、杨磊、张新坤、郑东营、耿世平、葛孚银、王素燕、张伟、赵巧玲、崔燕当选为第六届寿光市十大杰出青年，王义、王涛、张学刚、李青、李恒、李群洲、杨晓东、徐姗姗、郭勇、程文等当选为第二届寿光市十大杰出青年卫士，王学清、田长伟、张风太、张华胜、苗乃辉、范承龙、姚永强、桑君德、郭百礼、魏光波等当选为第四届寿光市十大杰出青年企业家。

5月6日 第三届全国联墨名家邀请展暨第二届全国楹联论坛峰会在寿光举行。寿光市被授予中国楹联书法创作基地、山东省楹联书法创作基地称号，并举行揭牌仪式。中国楹联学会会长孟繁锦，中国楹联学会顾问、工程兵学院原政委、少将孙之贵，中国长城将军书画院院长、少将崔根峰出席开幕式。

5月17日 现代农业发展与国家粮食安全暨“渤海粮仓”与资源节约型高效农业战略高峰论坛在德州禹城举行。中科院院长白春礼，省委常委、副省长孙伟出席。会上，市委副书记、市长朱兰玺代表寿光与中科院生命科学与生物技术局，就建设绿色蔬菜生产示范基地签署合作协议，双方建成科技创新联盟，共同推动先进绿色农业技术科研成果的示范、推广和应用。

5月17日 市工商联、寿光农村商业银行银商合作暨盐业商会授信签约仪式举行。市工商联与寿光农村商业银行签署战略合作协议，寿光农村商业银行为盐业商会颁牌授信，授信额度达16亿元。市委副书记杨建华、市政协副主席杨茂森出席。

5月25日 中宣部、司法部联合召开全国第七次法制宣传教育工作会议，寿光市委、市政府被表彰为2006-2010年全国法制宣传教育先进单位。

5月26日 第二十六集团军政治部主任徐忠波少将带队，到寿光参观考察蔬菜高科技示范园，潍坊市委常委、秘书长刘德成，寿光市委书记、市人大常委会主任孙明亮，寿光市委副书记杨建华，寿光市委常委、办公室主任林立星，寿光市委常委、人武部政委高立华陪同。

6月3日 上口镇贾王益民土地专业合作社成立暨揭牌仪式举行，成为全市首家农民土地专业合作社。

6月10日 陈少敏故居重建工作启动仪式在孙家集街道举行。

6月16日 山东省经信委公布2011年山东省新型工业化产业示范基地名单，全省共有28家申报基地通过审核，潍坊市仅有2家入选，寿光申报的“寿光经济开发区石油装备产业基地”榜上有名。

6月16日 “2011国际文化旅游品牌节暨国际旅游品牌表彰宣传活动”在北京召开，孙家集街道被大会授予中国最佳生态文化旅游观光镇称号。

6月22日上午 《寿光市纪检监察志》出版发行座谈会召开。中央纪委中国方正出版社副社长曹轩宁，省纪委常委、监察厅副厅长刘凤岐，省纪委副厅级巡视员、宣教室副主任杨方臣，寿光市委副书记、市长朱兰玺，市委副书记杨建华，市委常委、纪委书记王教法等参加会议。

6月25日 联盟化工搬迁暨侯镇项目区部分重点项目集中奠基仪式举行。

6月28日 道德的传承——全国道德模

范与身边好人现场交流活动在潍坊举行，本次交流活动由中共中央宣传部、中央文明办主办。在交流活动现场，原寿光县委书记王伯祥（敬业奉献好人代表）、三元朱村党支部书记王乐义（全国道德模范）、北海养殖有限公司董事长李学海（全国道德模范）接受记者专访。同时，多年无私帮助贫困学生的市隆泰建安有限公司的李林海被列入1至5月份“中国好人榜”。

7月9日 国家能源局、财政部、农业部在北京联合召开全国农村能源工作会议暨国家绿色能源示范县授牌仪式，寿光市被正式授牌命名为首批“国家绿色能源示范市（县）”。

7月26日 在山东省林业产业大会上，寿光渤海省级森林公园入围山东省首批十处森林旅游胜地。

8月6日 省委书记、省人大常委会主任姜异康到寿光滨海（羊口）经济开发区进行视察。姜异康指出，寿光地处“蓝黄”开发关健节点，区位特殊，优势明显，要瞄准“高端、高质、高效”和“循环、低碳、绿色”方向，加快转方式调结构步伐，积极发展战略性新兴产业，全力培植高效生态产业集群，加快融入“蓝黄”开发。

8月8日 寿光市被山东省文明委授予全省未成年人思想道德建设工作先进县（市、区）称号。

8月11日 省委常委、副省长孙伟一行12人到寿光视察。孙伟对寿光经济社会发展等工作给予充分肯定。他指出，近年来，寿光凭借扎实的农业基础，大力发展蔬菜产业，形成现代农业发展新格局，经济实力不断提升；着力开发寿北地区，重点培育发展先进制造业和新能源、新材料等战备性新兴产业，区域活力不断显现；积极把握国家宏观调控新形势，依靠科技投入，走生态发展之路，实现构幸福均衡寿光。

8月19日 第一届市长特邀联络员聘书仪式举行。市委副书记、市长朱兰玺同志为20位来自不同行业的非公有制经济代表人士颁发聘书。

8月22日 晨鸣杯“文明之夏”广场系列文化活动在人民广场举行闭幕式暨颁奖晚会。该系列活动自7月20日开幕，历时一个多月，共组织文艺演出26场，参演人员2000多人，观众总人数30万人次。市委常委、宣传部长刘永辉，市人大常委会副主任郑建民，副市长刘煜东，市政协副主席崔建军为获奖单位个人颁奖。

8月29日 第十三次全省普法依法治理工作会议在济南召开，市普法办被省委、省政府表彰为2006－2010年全省普法依法治理先进单位。

8月31日 国家环保模范城市复核工作调度会议召开，市委副书记、市长朱兰玺要求，各镇街、各部门要充分利用现在至国家环保部复核这段时间，重点解决好垃圾处理场、污泥无害化处置工程、机动车尾气检测、集中式饮用水源地、环境安全、企业环境监管、河流生态修复等方面的问题，确保环保模范城市复核成功。

9月3日 国家“十一五”科技支撑计划课题——村镇住宅土地利用分区管制技术研究山东示范点现场会在寿光召开，与会领导和专家参观田柳镇福泰庄园社区和古城街道怡和园社区现场，并召开座谈会。座谈会上举行寿光、广饶示范点授牌仪式，田柳镇福泰庄园社区和广饶县大营社区获全国村镇住宅土地利用分区管制技术研究示范村称号。国土资源部规划司巡视员殷卫平，省国土资源厅副厅长宇向东，寿光市委副书记、市长朱兰玺，寿光市委常委、副市长李宝华出席会议。

9月9日 寿光市被山东省委、省政府授予省文明县（市、区）称号。同时被山东省文明委授予全省未成年人思想道德建设工作先进县（市、区）称号。

9月27日 市广播电视台被中国广播电视协会城市（县级）工作委员会评为全国县级十佳电视台。

10月11日 省创建创业型城市绩效评估组一行5人，在省发改委总工程师王广利带领下，对寿光市创建省级创业型城市工作进行考评。市委常委、副市长李宝华陪同。

10月19日 山东寿光（上海）投资合作恳谈会及项目签约仪式在上海大厦举行，这是寿光市根据潍坊“招商月”活动部署开展的一次重大招商活动。潍坊市政协副主席李传恒及寿光市领导朱兰玺、刘煜东出席签约仪式。在此次仪式上，寿光市集中签约项目10个，合同投资额60.2亿元。

10月22—23日 中央组织部和中央维稳办在云南普洱召开做好新形势下群众工作经验交流会。中共中央政治局委员、中央书记处书记、中央组织部部长李源潮，国务委员、中央维护稳定工作领导小组副组长、公安部部长孟建柱出席会议。会上，来自全国各地的8个基层先进单位进行发言交流，市委书记、市人大常委会主任孙明亮代表寿光市，作题为《传承为民理念夯实基层基础以群众工作助推科学均衡发展》典型发言。

10月26日 兴业银行潍坊寿光支行开业，这是兴业银行济南分行在山东省设立的首家县域支行。

10月27日 《中国档案报》社编辑主任冯喆、编辑孙昊，在山东省档案局长唐传喜、潍坊市档案局长王保民陪同下，到寿光采访档案工作促三农发展情况，先后到稻田田园果菜生产有限公司、市房管局、档案馆考察。

11月5日 在昆明召开的2011年全国军转宣传工作会议上，市人社局被国务院军转办授予全国军转宣传工作先进单位称号。

11月6日 2011中国（寿光）国际水利建设暨农机装备展览会开幕式在寿光国际会展中心举行。山东省副省长贾万志，潍坊市委副书记、市长许立全，农业部农机化司副司长刘恒新，中国贸促会会务部副部长刘振华，省政府办公厅副主任高洪波，省贸促会会长刘方会，省商务厅副厅长曹文，省水利厅副巡视员赵青，潍坊市委常委、副市长王献玲，寿光市领导孙明亮、朱兰玺、杨德峰、王茂兴等出席开幕式。8日闭幕，现场成交水利、农机机械产品1300多件（套），总贸易额达1750万元。

11月7日 第六届中国地方政府创新奖25个入围项目正式揭晓，“寿光民声”入围该奖项。

11月16日 国家质检总局办公厅下达《关于全国出口食品农产品质量安全示范区建设的情况通报》，寿光成为继安丘之后潍坊第二家国家级出口食品农产品质量安全示范区。

11月21—23日 国家民政部档案馆馆长闫志壮带领社会主义新农村建设档案工作示范县考评验收组一行，到寿光进行考评验收。通过实地考察和现场评估，寿光顺利通过验收，成为山东省首家社会主义新农村建设档案工作示范县。

12月12日 国家林业局同意建设山东寿光滨海国家湿地公园（试点），总规划面积945公顷。

12月15日 山东泰汽车辆有限公司举

办的省政府采购泰汽电动汽车发车仪式隆重举行，山东省政府采购的50辆丰驰系列电动轿车被纳入山东省政府采购用车行列。

12月20日 在山东省颁发的《关于命名山东省旅游强乡镇特色村的通知》中，寿光市圣城街道和侯镇获山东省旅游强乡镇称号。

12月30日 在北京召开的“第八届中国医疗卫生事业创新峰会暨2011年度中国医疗品牌总评榜颁奖盛典”上，寿光市人民医院获“2011全国患者满意度十佳医院”称号。

12月31日 寿光卤水综合利用产业基地被科技部批复为国家火炬计划特色产业基地，潍坊市再添国字号产业基地。至此，潍坊市国家火炬计划特色产业基地达到6家，总数居全省第2位。

2012年

1月5日 副省长夏耕带领省直有关部门负责人，在潍坊市委书记许立全，市委常委、副市长王献玲，市委常委、秘书长刘德成等陪同下，走访慰问寿光市部分城乡困难职工、群众和老党员，给他们送去了祝愿和生活慰问金。市委书记、市人大常委会主任孙明亮，市委副书记、市长朱兰玺，市委常委、副市长李宝华，市委常委、办公室主任武治强陪同。

1月8日 在中国改革（2011）年会上，寿光被评为“2011中国改革县（市、区）10强”。

1月8日 在北京举行的第六届中国地方政府创新奖选拔暨颁奖大会上，“寿光民声”项目成为山东省唯一入选项目，并获得“第六届中国地方政府创新奖”提名奖。

1月11日 在山东省建筑业工作会议暨山东省建筑业协会第四届会员代表大会上，寿光被评为山东省建筑业十强县。

2月5日 孙明亮当选为中共潍坊市第十一届委员会常务委员会委员。

2月20—21日，全省城市管理工作座谈会在菏泽召开，寿光作为唯一县级市在会上作典型发言。

3月1日 寿光市被中国农业机械工业协会授予“中国大棚卷帘机之乡”称号。

3月1日 全省县域经济考核调度会议召开。全省县域经济评价考核指标主要从结构优化与经济发展、民生状况与社会发展、生态建设与可持续发展等方面来评定。市委常委、副市长李宝华参加。2011年，山东省县域经济实力继续增强，龙口、邹平、寿光、滕州、诸城5个县（市）地方财政收入超过40亿元。

3月2日 山东寿光蔬菜产业集团有限公司被山东省科技厅授予“山东省星火科技先进集体”称号。

3月6日 2012年寿光政银企合作交流会召开。潍坊市委常委，寿光市委书记、市人大常委会主任孙明亮致辞，市委副书记、市长朱兰玺代表市政府与15家银行签订830.3亿元的合作协议。其中6家驻寿银行与寿光企业签订46.5亿元的贷款授信协议。

3月7日 文化寿光建设工作会议召开。全市以“三大创建”（创建全国文明城市、国家公共文化服务体系建设示范区和文化强省建设先进县市）为抓手，大力实施社会主义核心价值体系推进行动、公益性文化事业提升行动、现代传播体系发展行动、文化产业壮大行动、文化创作繁荣行动、文化体制机制创新行动、文化人才队伍建设行动等“七大行动”，全面推进文化强市建设。市委常委、宣传部长徐莹，市人大常委会副主任傅小妹，市领导桑文军，市政协副主席寇振彦出席。

3月19日 山东省委常委、副省长孙伟一行40人，到寿光调研小清河流域生态环境综合治理工作。调研组先后调研晨鸣纸业集团中水回用项目、巨淀湖生态治理工程、小清河流域综合治理工程等。孙伟表示，寿光生态经济建设成果值得肯定，下一步要继续因地制宜，按照保护与适度开发并重的原则，做好小清河流域治理工作，提高治理水平。潍坊及寿光市领导刘曙光、孙明亮、夏芳晨、朱兰玺、孙成华、武治强、袁世俊陪同调研。

3月20日 寿光被国家水利部确定为全国第二批水土保持监督管理能力建设县。

3月23日 由寿光农村商业银行主发起控股设立的安徽芜湖泰寿村镇银行开业，这是该行控股设立的第3家村镇银行，该行也成为山东省农信系统设立村镇银行数量最多的银行。市领导毛德荣出席开业典礼。

3月29日 2011年度山东省纳税百强排行榜暨山东税务系统第21个税收宣传月新闻发布会发布2011年度山东省纳税百强排行榜。晨鸣集团和巨能控股2家企业入围，排名分别为57位和70位。潍坊市6家，寿光市占2家。

4月21日 中共中央政治局常委、中央纪委书记贺国强，在山东省委书记、省人大常委会主任姜异康，省委副书记、省长姜大明，潍坊及寿光市领导许立全、刘曙光、孙明亮、朱兰玺等陪同下，先后到寿光蔬菜高科技示范园、上口镇口子村，就“三农”工作情况进行调研。在市蔬菜高科技示范园，贺国强强调要加强农业科技创新和技术推广，做大做强特色优势产业，积极探索中国特色农业现代化之路。在上口镇口子村的麦田里，他要求加大生产投入，抓好田间管理，制定防灾预案，稳定农民种粮积极性，千方百计夺取夏粮丰收。

4月22日 第29届潍坊国际风筝会重点招商引资项目签约仪式在潍坊金茂国际大厦举行，市委副书记、市长朱兰玺参加。寿光2项签约项目分别是圣城时代广场城市综合体项目、高档家具生产项目。圣城时代广场城市综合体项目，由山东东宇集团股份有限公司与银座集团股份有限公司在圣城街道合资兴建，总投资38亿元，其中外方投资20亿元，主要建设大型汽车交易市场、大型城市综合体等项目；高档家具生产项目，由广东省宜华木业股份有限公司在滨海（羊口）经济开发区兴建，总投资30亿元，主要生产销售实木地板、复合地板及实木家具等。

4月26日 在山东省庆祝“五·一”国际劳动节暨富民兴鲁劳动奖状（章）获得者表彰大会上，市总工会职工维权服务中心获“全国工人先锋号”称号，寿光泰丰集团公司董事长张风太获山东省富民兴鲁劳动奖章，寿光市邮政局孙家集支局获“山东省工人先锋号”称号。

4月27日 鲁丽集团“金鲁丽”商标被国家工商总局认定为中国驰名商标。

4月28日 潍坊市公布了第十九届优秀企业家名单，市默锐化学有限公司董事长杨树仁，坤都建设集团有限公司董事长马红新，坤隆石油机械股份有限公司董事长吴法祥，圣龙钢结构有限公司董事长任成武，博润实业有限公司董事长王金淼5位企业家获得潍坊市第十九届优秀企业家称号。

5月7日 2011年度中国连锁百强榜单正式发布，山东全福元商业集团以40.92亿元销售额列全国百强榜第78位，继续稳居全国县级同行首位。

5月17日 “山东慈善奖”颁奖大会在济南召开，市慈善总会“慈善菜乡行动”被授予“山东省慈善奖”，在全省县级单位中，仅有寿光市获此称号。

5月18日 在全国公安系统英雄模范立功集体表彰大会上，市公安局被公安部授予全国优秀公安局称号。

5月22日 “中国海盐之都”揭牌仪式在晨鸣国际大酒店举行。中国盐业协会理事长董志华，山东省盐务局局长于志群，原潍坊市市长王伯祥，寿光市委副书记、市长朱兰玺共同为“中国海盐之都”揭牌。副市长牟杰主持揭牌仪式。

5月31日 省“两区”办下达2012年度全省蓝黄“两区”100个重点项目名单，寿光6个项目入选，居全省各县市区首位。其中果菜批发市场项目、天成标准化肉鸭繁育基地项目、山东墨龙高端石油装备项目、苦卤综合利用4个项目列入黄三角高效生态经济区重点项目，坤隆高端石油机械项目、大地盐化12万吨硫酸钾2个项目列入山东半岛蓝色经济区重点项目。

6月6日 新汽车站启用暨城乡公交开通庆典仪式在新汽车站举行，省交通运输厅总工程师伊大迈，省交通运输厅道路运输局客运管理处处长吴汝明，市领导孙明亮、朱兰玺、王茂兴、房师平、王安文出席仪式并为新汽车站启用暨城乡公交开通剪彩。寿光成为省内率先开通城乡公交的县级市之一，也是潍坊市第一家开通城乡公交的县市。

6月14日 寿光被山东省人民政府表彰为全省农村住房建设与危房改造工作先进县（市、区）。

6月29日 在北京人民大会堂召开的全国创先争优表彰大会上，中国农业银行山东寿光市支行党委被中共中央组织部授予全国创先争优先进基层党组织称号，全国农行系统仅有2家支行获此称号。

7月28日 寿光林海生态博览园第六届荷花节暨宁国寺全堂佛像开光仪式在林海生态博览园举行，赏荷度夏、拜佛祈福正式成为林海第6大旅游品牌。市领导刘广斌、杨茂森出席。

7月 寿光市被国家发展改革委、水利部授予全国农村饮水安全工程示范县称号。

8月3日 山东省中小企业办公室公布130个“十二五”期间各级中小企业专项资金重点支持的产业强镇名单，圣城街道、台头镇、侯镇入围。

8月7日 滨河城市湿地公园被国家住房城乡建设部批准为“国家城市湿地公园”。

8月10日 侯镇被山东省人民政府确定为“百镇建设示范行动”示范镇。

8月19日 2012第三届中国产业发展大会在北京召开。侯镇被授予“中国产业集群经济示范镇”称号，全国共有22个乡镇（街道）获此称号；同时，侯镇盐化工产业集群被授予“中国县域产业集群竞争力100强”。

9月2日 第18届鲁台经贸洽谈会潍坊市重点合作项目签约仪式在潍坊富华国际会议中心多功能厅举行，潍坊市及寿光市领导许立全、刘曙光、王献玲、苏立科、陈白峰、赵志远、孙明亮、杜业栋、刘德成、花兆贤、王树华、刘广斌参加签约仪式。在此仪式上，寿光集中签约项目2个，由田柳镇引荐的新型高档建材项目和洛城街道引荐的大型畜禽养殖及深加工项目，合同投资额2.8亿美元。

9月3日 省海洋与渔业厅、财政厅、发改委联合公布了第一批66个省级现代渔业示范园区名单，市林海省级现代渔业示范园区（休闲渔业园区）、海恒威省级现代渔业示范园区（浅海设施养殖园区）、羊口中心渔港省级现代渔业示范园区（渔港经济园区）成功获选，入选项目数居潍坊市首位。

9月15日 2012年度中国中小城市综合实力百强（科学发展百强县）榜单发布，寿光市名列第29位。

9月25日 山东省设施蔬菜产业技术创新综合院士工作站和山东省卤水精细化工产业技术创新综合院士工作站获山东省委组织部、科技厅、财政厅、人社厅、科协联合批复。寿光院士工作站达6家。

9月27日 由市盐务局组织申报的“寿光海盐”地理标志证明商标通过国家工商行政管理总局商标局审定。这是全国海盐产业获批的地理标志第一张证明商标。注册有效期限自2012年12月28日至2022年12月28日。

10月10日 市国土资源局的“数字寿光地理信息公共服务平台”项目被中国地理产业协会授予2012年度中国地理信息产业优秀工程金奖。

10月12日 福布斯发布2012年度中国400富豪榜。其中，墨龙集团的张恩荣父子排名第315位，财富为34.7亿人民币，系寿光唯一上榜者。

10月16日 寿光被山东省人民政府授予“山东省服务业发展先进县市”称号。

10月19日 国家科技部公布2012年国家火炬计划重点高新技术企业，寿光宇虹防水材料有限公司入选。

10月22日 圣城街道城里村被司法部、民政部确定为第5批全国民主法治示范村。

10月29日 山东省知识产权局通报2012年“中国专利山东明星企业”名单，泰丰制动、晨鸣纸业、跃龙橡胶、新龙科技、康跃科技、汇源建材、鸿泰建设、巨能集团、银宝轮胎、大地盐化、宏源防水等11家企业入选，前4家为今年新认定企业。

10月31日 孙家集街道三元朱村入选全省“2012年好客山东休闲汇最佳休闲村”，圣城街道仓圣社区入选全省“2012年好客山东休闲汇最佳休闲社区”。

11月1日 市人民政府与山东移动潍坊分公司建设“智慧寿光”战略合作签约仪式举行。潍坊政协副主席李传恒，寿光市委副书记、市长朱兰玺，寿光市副市长王安文出席签约仪式，寿光是省内开展“智慧城市”建设的首个县级市。

11月1日 寿光市与四川省西昌市缔结友好县市签字仪式在晨鸣国际大酒店举行。市委常委、副市长李宝华，副市长刘广斌、衣艳荣出席签字仪式或陪同参观。

11月6日 寿光蔬菜产区被国家质检总局批准为国家级出口食品农产品质量安全示范区。

11月15日 教育部公布全国首批56个教育信息化区域综合试点单位，寿光市被确定为全国首批试点单位。

11月21日 寿光建设集团承建的潍坊妇幼保健院门诊综合楼项目获“2011—2012年度国家优质工程奖”，成为2012年寿光市唯一获此称号的建筑企业，也是寿光建设集团连续第4年摘得此冠。

11月22日 国家人社部公布了首批国家示范职业技能鉴定所（站）名单，市职业技能鉴定所入选，是全国唯一入选的县级政府职能部门鉴定所，潍坊市仅此一家。

11月22日 《均衡之路——中国县域发展的寿光经验》首发仪式举行。该书由中国社会科学院农村发展研究所课题组编撰、人民出版社出版，中央农村工作领导小组副组长、办公室主任陈锡文作序。该书详细总结近年来寿光城乡一体均衡发展的成功经验，充分肯定寿光在政治、经济、文化、社会及生态建设等方面取得的丰硕成果，内涵丰富、可读性强。市领导赵绪春、徐莹、傅小妹、冯道俊、寇振彦出席首发仪式。

11月23日 在2012年度山东省科学技术奖励大会上，寿光申报的4项科技成果全部获得省科技进步奖，获奖数量位居潍坊各县市区第一位。其中，富康制药申报的“奥美拉唑大品种关键技术改造”项目获得省科技进步一等奖，兄弟科技申报的项目获得二等奖，康跃科技申报的“高功率四缸商用发动机涡轮增压器研制开发”和蔬菜产业控股集团申报的“蔬菜穴盘育苗技术集成创新与示范”项目获得三等奖。

11月30日 寿光市被山东省精神文明建设委员会确定为首批“乡村文明行动”省级示范县（市、区）。

12月1日 在济南举行的2012中国会展业年度研讨会暨济南会展经济论坛上，寿光当选“2012年度中国十佳品牌会展城市”，成为唯一当选的县级市。

12月10日 红梅园艺、市神农现代农业被山东省旅游局确定为农业旅游示范点。

12月13日 全市城乡居民基本医疗保险工作会议召开，对明年工作进行安排部署。将城镇居民医疗保险和新农合进行整合，统称城乡居民基本医疗保险。财政出资1.95亿元，新农合财政补助标准由每人每年200元提高到240元，农合办将12种慢性病剥离出来实行专项管理，并提高报销比例。

12月15日 中国民生银行潍坊寿光支行开业。中国民生银行济南分行行长陈焕德，市领导朱兰玺、杨德峰、王茂兴、毛德荣出席。

12月16日 山东省旅游局下文发布2012年国家AAA级旅游景区名单，市宏源酒文化博物馆榜上有名。

12月21日 寿光市被国家农业部授予全国粮食生产先进县称号。

12月24日 寿光市城市绿荫系统建设项目被山东省住房和城乡建设厅表彰为“山东人居环境范例奖”。

12月24日 化龙镇、纪台镇、台头镇、上口镇、营里镇、田柳镇、古城街道、圣城街道、文家街道、洛城街道、孙家集街道11个镇街被国家环保部授予“国家级生态乡镇”称号。至此，14个镇街全部入选。

12月25日 寿光被山东省农业厅认定为全省农村集体“三资”（资金、资产、资源）管理示范县，成为潍坊市唯一入选县市。

12月29日 山东省旅游局、省环保厅联合下文公布山东省首批“省级生态旅游示范单位”名单，寿光双王城生态旅游区成为潍坊市唯一获得此称号的旅游区。

12月31日 市蔬菜产业集团的“七彩庄园”、汇源建材集团的“汇源”、大地盐化集团的“艳珊”3件商标被国家工商总局认定为中国驰名商标。全市总数达到15件。

12月31日 由中央文明办主办、中国文明网承办的“我推荐、我评议身边好人”活动揭晓，圣都建设集团董事长、总经理刘来田入选2012年12月诚实守信“中国好人”榜。

12月31日 省文明办印发《关于表彰山东省优秀志愿服务组织和优秀志愿者的决定》，市“文依净”志愿者协会被评选为山东省优秀志愿服务组织。

12月31日 省海洋与渔业厅、省旅游局联合验收评定小组公布了第六批“省级休闲渔业示范点”，寿光市赋海贝类养殖有限公司生态休闲渔业园和寿光市圣湖度假村榜上有名。全市“省级休闲渔业示范点”数量达到5家，位列潍坊各县市区之首。

2013年

1月1日 零时起，潍高路寿光收费站正式被撤销。至此，寿光公路收费站全部撤销。

1月4日 凌晨4时40分，寿光百货大楼购物中心发生火灾。至12时30分，明火被彻底扑灭，火灾未造成人员伤亡。

1月7日 寿光市发改局被评为全国优秀农村经济动态监测点。

1月14日 山东省政府确定将11个湖泊纳入山东省首批湖泊保护名录，寿光市洰淀湖名列其中。潍坊市仅此一家。

1月16日 潍坊（寿光）省级农业高新技术产业示范区获得省政府正式批复。并入选2012年山东蓝黄“两区”十大新闻，与滨州、东营并称为“全国农业现代化的三朵金花”。

1月18日 寿光羊口渔港被国家农业部、国家安全监管总局确定为第二批全国文明渔港。

1月21日 寿光大葱商标经国家工商总局认定为地理标志证明商标。

1月21日 寿光市获全省卫生应急示范市称号。

1月27日 市作家柴良的2首原创歌曲《我的家乡甜草岗》《我爱裴岭我的家》入选“乡音·乡情·乡亲”全国首届乡村联欢晚会。其中《我爱裴岭我的家》获“中国村歌十大金曲”奖，《我的家乡甜草岗》获“中国十佳村歌”奖，柴良获“全国公益之星”称号。

1月28日 山东省科协批复建立同意“潍坊科技学院农业科学院士专家工作站”和“潍坊科技学院环境科学院士专家工作站”。至此，全市已建立院士工作站6家，院士专家工作站2家。

1月29日 由住建部组织召开的国家智慧城市试点创建工作会议上，寿光被确定为首批国家智慧城市试点单位。

2月7日 山东新龙集团有限公司被潍坊市人民政府授予“潍坊市市长质量奖”。

2月26日 市环卫处工人张玉森被国家住房和城乡建设部授予全国优秀环卫工作者称号。

3月5日 寿光市总工会被全国总工会授予全国职工互助保障工作先进单位称号。

3月7日 寿光市被全国普法办表彰为第二批“全国法治县（市区）创建活动先进单位”。

3月10日 寿光弥河生态省级旅游度假区正式获得省政府批复，成为全市首家省级旅游度假区。

3月14日 山东省副省长赵润田一行12人到寿光调研现代农业发展情况。调研组先后对寿光种苗研发、农产品安全、农产品物流等工作进行考察。赵润田指出，寿光市是农业大市，要进一步把“三农”工作摆在更加突出位置；要抓住“蓝黄”两区优势，在更高起点上发展高效、生态、现代农业，推动“三农”工作不断取得新成绩。潍坊市委常委、副市长孙起生，潍坊市委常委、寿光市委书记孙明亮，寿光市委副书记、市长朱兰玺，寿光市委常委、副市长王惠玲，寿光市委常委、办公室主任武治强陪同调研。

3月15日 侯镇扩权强镇改革试点工作推进会议召开。会议下发了《寿光市侯镇扩权强镇改革试点方案》，23个权力下放部门与侯镇签订授权委托书。会议要求，相关部门要切实把权力下放到位，侯镇要抓住改革东风，接好下放权力，抓好责任落实，推进侯镇开创改革发展新局面。市委常委、副市长李宝华，市委常委、组织部长王教法出席。

3月25日 寿光市人民检察院被最高人民检察院授予第五届全国先进基层检察院称号。

4月8—10日 山东省委常委、常务副省长孙伟带领省直相关部门负责人一行，到寿光专题调研现代职业教育体系建设，并召开座谈会。孙伟指出，寿光近几年在推进现代职业教育工作上思路广，点子多，工作创新力度大、模式先进，寿光的现代职业教育工作走在全省甚至全国的前列，堪称是现代职业教育体系建设的“先锋队”，寿光经验可在全省推广。潍坊市委书记杜昌文，潍坊市委副书记王献玲，潍坊市委常委、寿光市委书记孙明亮，潍坊市委秘书长刘德成，潍坊市副市长王桂英，潍坊市市政协副主席李传恒，寿光市委副书记、市长朱兰玺，寿光市人大常委会主任杨德峰，寿光市委常委、办公室主任武治强，寿光市人大常委会副主任李昌武，寿光市副市长刘广斌陪同调研。

4月13日 国务委员、公安部部长郭声琨到寿光调研公安工作，看望慰问基层民警。郭声琨一行参观蔬菜高科技示范园，到市公安局刑事科学技术实验室、情报大队进行实地调研，充分肯定市公安局刑事科学技术建设和应用取得的成绩，对寿光党委政府高度重视公安科技工作的做法给予高度评价。国务院副秘书长肖亚庆，公安部党委委员、部长助理李伟，公安部办公厅主任胡家福，省委常委、政法委书记才利民，省长助理、省公安厅厅长徐珠宝，潍坊市委副书记、市长刘曙光，潍坊市委常委、寿光市委书记孙明亮，寿光市人大常委会主任杨德峰，寿光市委副书记、政法委书记赵绪春，寿光市委常委、办公室主任武治强，寿光市副市长孙亚峤参加活动。

4月19日 全国人大常委会委员、农委主任委员陈建国带队调研。陈建国指出，寿光现代农业走在全国前列，蔬菜种植和种苗研发为全国做出贡献，非常了不起。下一步，寿光要继续瞄准高端，盯住远端，为中国农业发展做出更大贡献。省人大常委会副主任贾万志，潍坊市委书记杜昌文，潍坊市委常委、寿光市委书记孙明亮，潍坊市委秘书长刘德成，潍坊市人大常委会副主任李世光，寿光市人大常委会主任杨德峰，寿光市委常委、办公室主任武治强，寿光市人大常委会党组书记、副主任林立星陪同。

4月23日 晨鸣集团铜版纸工厂抄纸丙组被中华全国总工会授予全国工人先锋号称号。

4月25日 中国农科院寿光蔬菜病虫害防治研究中心揭牌。

4月25日晚 潍坊交运集团潍城分公司司机宋丰升（稻田镇宋家稻庄二村人），回潍坊途中经过青银高速淄博段时，被迎面而来的货车刹车轮毂击中，造成五根肋骨断裂及肺部挫伤，但他仍然坚持着减速、变换车道、拉手刹、打开双闪，把客车安全地停靠在应急车道上，车上37名乘客安全后，他才肯去医院。人们称赞其为潍坊“最美司机”。继获“中国好人”之后，8月9日被授予富民兴鲁劳动奖章，2014年4月获全国五一劳动奖状。

4月26日 寿光被省工商局确定为全省商标战略实施示范县（市、区）。

5月3日 双王城盐业遗址群被国务院确定为第7批全国重点文物保护单位。

5月4日 现代农业产业园入选第一批山东半岛蓝色经济区海洋特色产业园和黄河三角洲高效生态经济区特色产业园名单。

5月7日 《百鸟朝凤》、卤水制盐技艺入选山东省第三批省级非物质文化遗产名录。

5月27日 市委政法委被中央综治委、人事部表彰为全国社会管理综合治理先进集体。

6月10日 作为南水北调东线山东段试通水单元之一的胶东输水干线正式试通水。长江水经过输水干渠注入双王城水库。这标志着双王城水库在调试运行验收通过的基础上正式全面试通水。本次试通水，预计总冲库水量1000万立方米，占水库总容量的1/6。进入汛期后，将进行正式通水，最终冲库水量将达到3740万立方米。

6月20日 省商务厅公布2012年度全省134个省级经济开发区综合评价结果，寿光市经济开发区进入前10强，位居全省第6位，成为潍坊市唯一进入全省前10强的省级经济开发区。

6月28日 “寿光小枣”“寿光韭菜”2件商标经国家工商总局认定为地理标志证明商标。

7月1日 寿光市被山东省委、省政府被授予山东省人才工作先进单位称号。

7月4—5日 全国人大常委会副委员长吉炳轩一行，在省人大常委会副主任贾万志等陪同下到寿光视察，了解城镇化建设、现代农业及生态旅游等方面的情况。潍坊市委书记杜昌文，潍坊市人大常委会党组书记、第一副主任胡岗，潍坊市委常委、寿光市委书记孙明亮，寿光市人大常委会主任杨德峰，寿光市委常委、办公室主任武治强等陪同。

7月5日 省国土资源厅城乡建设用地增减挂钩项目验收组，到寿光市就城乡建设用地增减挂钩项目进行验收。验收组先后到古城街道垒村项目区、杨庄项目区，台头镇大坨项目区，清水泊农场清水泊社区项目区进行现场勘察、验收。验收组一致认为全市各项目区在规划推进中，拆旧、复垦、安置各环节工作达到相关要求，同意通过验收。市委常委、副市长李宝华陪同。

7月16日 山东省经信委公布第三批省高端装备制造产业基地（园区）名单，共认定基地（园区）13家，寿光被认定为石油装备产业园区。

7月16日 《财富》中文网发布“2013年中国500强排行榜”，晨鸣集团再次入选，位列第223位。同时，6月26日再次蝉联世界品牌实验室发布的“2013年（第十届）中国500最具价值品牌排行榜”。

7月17日 寿光建设集团被中共山东省纪委、中共山东省委组织部、中共山东省委宣传部、山东省经济和信息化委员会、山东省监察厅、山东省国资委、山东省总工会、山东省工商业联合会8个部门联合授予山东省厂务公开民主管理示范单位称号。

7月19日 侯镇斜庙子村国钦芳拿到首家家庭农场经营执照，这是全市第一个经工商部门注册登记并核准同意的家庭农场。

7月24日 山东省住房和城乡建设厅、山东省文物局公布山东省第三批历史文化名镇名单，全省共确定8个镇为省级历史文化名镇，侯镇凭借丰厚的历史文化底蕴和丰富的文化资源成功入围，成为寿光市唯一一个“山东省历史文化名镇”。

7月25日 寿光市被中共山东省委宣传部确定为全省四德工程建设示范县（市、区）。

8月7日 在中央文明办主办的“我推荐我评议身边好人”活动中，寿光建设集团董事长魏金明荣登2013年度7月“诚实守信好人”榜，成为寿光第五位“中国好人”。

8月7日 寿光市被山东省委、省政府授予全省信访工作先进单位称号。

8月8日 寿光被省财政厅确定为全省首批美丽乡村建设试点县，将获财政补助资金750万元。全省共确定8个试点县，寿光作为潍坊市唯一一个试点县成功入选。

8月14日 寿光市体育局被国家体育总局授予“2009-2012年度全国群众体育先进单位”称号。

8月18日 中国城市发展研究会城市研究所发布《中国城市创新报告(2013)》评测结果。在综合创新能力中，寿光在全国县级市中列第43位，进入全国县级市前50强。

8月28日 山东省农业厅、省旅游局联合公布第二批山东省休闲农业与乡村旅游示范点名单，寿光市双王城生态经济园区榜上有名。

8月29日 全国工商联在京发布2013年中国民营企业500强榜单，山东联盟化工集团公司位列248名、山东寿光鲁清石化有限公司位列440名。

9月7日 由大众报业集团组织发起的“蓝色经济推动力风云榜”正式揭晓，寿光入选蓝色经济最具竞争力县域城市十强。山东威能环保电源有限公司入选蓝色经济十大新锐企业。

9月9日 在第十二届全运会上，文家街道南马店村人刘海萍与队友组成的山东代表队获皮划艇静水女子500米四个皮艇决赛冠军。

9月27日 寿光被省委、省政府授予首届山东省文化强省建设先进市称号。

10月4日 环保部下发的《关于开展第六批全国生态文明建设试点工作的通知》，寿光市成为第6批全国生态文明建设试点地区之一。

10月11日 寿光“卤水精细化工产业技术创新战略联盟”被科技部列入2013年度产业技术创新战略联盟拟试点名单，成为山东省海洋领域首批入选国家试点的3个联盟之一。

10月14日 市总工会被中华全国总工会命名为全国工会职工法律援助维权服务示范单位。

10月17日 来自人民日报、新华社、中央人民广播电台、经济日报、光明日报等中央级媒体的记者一行，深入寿光采访原寿光县委书记王伯祥的先进事迹，采访团一行深入有关镇街、村庄，向基层百姓了解他们眼中的王伯祥，了解王伯祥在寿光任职期间寿光发生的变化；并与王伯祥在寿光共事过的同事、朋友座谈，深入挖掘并宣传王伯祥勤政为民、踏实苦干的执政理念和工作作风。副市长刘广斌陪同。10月23日，新华社刊发通讯《“老百姓的事，再小也是大事”——记山东寿光“百姓书记”王伯祥》，介绍王伯祥任寿光县委书记时“时刻装着百姓的事”的先进事迹。

10月21日 《2013年中国中小城市绿皮书》在京发布，公布了2013年度中国中小城市综合实力百强县市名单，寿光市在榜单中列第28名。

10月26日 第十四届文华奖颁奖仪式在青岛大剧院举行。由市委宣传部与山东省吕剧院共同创作的吕剧《百姓书记》获文华大奖，这是全市文艺创作首次获此荣誉，取得历史性突破。

10月31日 在贵阳召开的2013年度全国军转宣传工作会议上，市人社局被国务院军转办评为全国军转宣传工作先进单位。

这是该局连续6年获此称号，也是全国县级部门中唯一获得此项称号的单位。

11月1日 市华天新能源的1兆瓦光伏农业蔬菜大棚发电项目成功并入国家电网。并网发电后，1兆瓦光伏农业蔬菜大棚年发电量近160万度，光伏农业蔬菜大棚实现发电、种菜双丰收，将打造观光、旅游、采摘、示范四位一体的综合模式，成为全市新能源领域建设的一大亮点。11月9日，华天1兆瓦光伏蔬菜大棚一体化项目举行并网仪式。

11月13日 农业部下发《关于公布“美丽乡村”创建试点名单的通知》，双王城生态经济区、孙家集镇岳寺高村榜上有名。

11月15日 寿光市被国家科技部评为全国科技进步先进市。

11月28日 洛城街道东斟灌村被中国计划生育协会授予第4批全国计划生育基层群众自治示范村。

11月28日 台头镇被中国楹联学会授予中国楹联文化镇称号。这是山东省第一个获此称号的乡镇。

12月5日 寿光被山东省区域办授予全省蓝色经济区建设先进县称号。

12月10日 经市委批准，市档案馆正式向社会开放第九批档案。这次开放的档案形成时间自1979年至1983年，共有88个全宗的档案6953卷。

12月13日 省旅游局公布第十一届旅游商品创新设计大赛系列活动旅行评选结果，品维果蔬获得2013山东省旅游商品十佳品牌称号（土特产品类）；全福元商厦获得2013山东省大型旅游购物十佳品牌称号。

12月16日 省城镇化工作领导小组办公室下发《关于2012年度全省“百镇建设示范行动”考核情况的通报》，侯镇在全省100个示范镇年度综合考核中排名第6名，潍坊市9个示范镇中排名第一。

12月16日 在北京举行的全国县域经济发展座谈会上，北京中郡经济研究所发布了《2013县域经济发展报告》，寿光市入选2013年度中国县域经济与县域基本竞争力百强县市，排名第29位。

12月19日 寿光被国家标准化委员会确定为国家优质蔬菜产业综合标准化示范市。

12月21日 中宣部、文化部、国家广播电视总局、新闻出版署在北京联合召开的第四届全国服务农民、服务基层文化建设先进集体表彰会上，市新华书店被授予全国服务农民服务基层文化建设先进集体称号。

12月31日 国家质量监督检验检疫总局公布全国144个国家级出口食品农产品安全示范区名单，寿光成功获选，产品品种为蔬菜。

12月31日 寿光市国家税务局稻田税务分局税收管理员臧英，山东寿光建设集团有限公司党委书记、董事长、总经理魏金明被潍坊市文明委授予第四届“潍坊市道德模范”称号。侯镇二中学生张志伟获第四届潍坊市道德模范提名奖。

12月31日 省经信委、省统计局联合公布2012年度山东省工业企业100强名单，晨鸣纸业、巨能控股、联盟化工3家企业入选，入选企业数量居潍坊市首位。

2014年

1月6日 “寿光小黄瓜”“寿光胡萝卜”2件商标经国家工商总局认定为地理标志证明

商标。

1月8日 “中国县域网络形象排行榜（2013）暨县（区、市）级政府网络履职绩效排行榜”公布，寿光成功入选中国县域网络形象“十佳县市奖”，位列第6位。

1月10日 市人社局被山东省委、省政府授予全省人民满意的公务员集体称号。

1月11日 在北京举行的2014全国乡村春晚上，《纪台，可爱的故乡》被评为中国第五届村歌大赛十大金曲，桑家庄村村歌《故乡爱在俺心上》为十佳村歌。市文广新局获最佳组织奖。

1月15日 中国国际贸促会农业行业分会公布2012—2013年度农业会展分类认定结果，中国（寿光）国际蔬菜科技博览会成为全国三家AAAAA级专业展会之一，展会的资质及认可度、高新技术含量、展览展示效果、展商观众评价、实现经贸效果均获得最高级别的A级认定。

1月27日 农业部、国家安全监管总局公布第2批“全国平安渔业示范县”名单，寿光市通过首批“全国平安渔业示范县”复审。

2月12日 2013年度潍坊市市长质量奖揭晓，山东墨龙石油机械股份有限公司榜上有名。

2月18日 寿光市被山东省人民政府授予山东省创业先进城市称号。

2月18日 寿光美景“TOP20”名单揭晓，这20处景观分别为：弥水环翠、水韵王城、圣苑叠翠、银刹晴岚、国色盈香、银滩映日、银杏承云、荷风莲韵、绿色硅谷、欧域风情、港纳归帆、丰碑流芳、圣都夜韵、天涯播翠、艺海泽芳、宁国禅钟、世纪之门、银桥卧波、古槐葳蕤、不沉湖光。

2月25日 寿光富康制药有限公司泰山学者蓝色产业计划专家彼得•普劳克斯入选首批泰山学者蓝色产业计划专家名单。

2月26日 山东省潍坊市委、市政府下发《关于表彰2013年度全市工业发展标兵的通知》，共表彰战略新兴产业标兵企业10家，传统产业提升标兵企业10家，节能降耗标兵企业10家。山东泰丰制动系统科技股份有限公司、山东寿光鲁清石化有限公司获“工业转型升级标兵企业”称号；山东泰汽投资控股有限公司获“节能降耗标兵企业”称号；山东晨鸣纸业集团股份有限公司获“突出贡献企业”称号。晨鸣、巨能、联盟、鲁清、富康、新龙、墨龙、鲁丽、健元春、凯马、卫东化工、默锐科技、顺福昌橡塑、银宝轮胎等14家企业入选“2013年度潍坊市工业百强企业”。

3月6日 “山东好人”2013十大年度人物颁奖典礼举行，市国税局职工臧英作为敬业奉献的典范入选“山东好人”2013十大年度人物。

3月11日 寿光市被全国普法办授予全国六五普法中期先进县（市、区）称号。

3月15日 由新浪网、新浪微博主办，“新浪山东”承办的新浪山东首届旅游政务微博暨山东最受欢迎景区、最具潜力景区揭晓。中国•水上王城巨淀湖风景区以“亲水望湖，风景秀美无边；生态旅游，水上倾情巨献；旅途漫漫，全家出行新选”理由入选最具潜力景区，也是潍坊地区唯一入围的景区。

3月17日 燕法周当选第11周“山东好人之星”。燕法周，古城街道临泽二村村民。他助人为乐，帮助五保户修缮房屋，给困难户送去温暖；提供人力物力帮助村民建棚致富，他将自己试验成功的种植技术毫不保留传授；每天定时定点在村里“巡逻”，被大家亲切称为安全“守护神”。

4月21日 中国连锁经营协会发布“2013中国连锁百强”，全福元集团位列第73位，继续领航全国县域商业。

4月25日 寿光被国家海洋局确定为全国海洋防灾减灾综合示范区。

5月14日 鲁丽集团被国家林业局确定为首批国家林业重点龙头企业。

5月16日 寿光市被环保部授予国家生态市称号。

5月20日 全省县域经济科学发展试点工作会议上，寿光市被省发改委确定为山东省县域经济科学发展城乡统筹试点县。

5月22日 寿光经济开发区入选省级经济开发区10强，位居第3位。

5月26日 教育部公布国家级示范县评审专家组推荐的首批59个国家级农村职业教育和成人教育示范县创建单位，寿光市位列其中。

5月27—31日 连续最高气温达35℃以上，5月29日日最高温达到40.2℃。

6月8日 山东省政府办公厅印发《山东省县域经济科学发展试点方案》，寿光市被确定为城乡统筹试点县。

7月8日 省委常委、常务副省长、省委赴潍坊督导组组长孙伟，就群众路线教育实践活动到寿光进行专题调研。调研组一行先后实地查看纪台镇为民服务中心、前曹村卫生室、华源秸秆处理项目、玉皇庙社区沼肥能源站项目和建桥学校，对寿光整改落实群众意见建议的经验做法给予充分肯定，并就如何更好地践行群众路线、为群众办实事提出具体要求。省委督导组第一副组长、省政府办公厅巡视员张述存，省市赴寿光联合督导组组长岳滨，潍坊及寿光市领导杜昌文、孙明亮、朱兰玺、赵绪春、武治强参加调研。

7月21日 侯镇、羊口镇被住建部、国家发改委等7部门确定为全国重点镇。

8月1日 康跃科技股份有限公司A股发行，并在深交所创业板挂牌上市。当天募集资金1.6万元。到此，寿光共有7家上市企业、10支上市股票。市委书记朱兰玺，市委常委、副市长李宝华出席深圳证券交易所上市仪式。

8月16日 第三届“中国城市公益慈善指数”发布典礼举行，寿光获六星级慈善城市称号。

8月18日 2014中国民营企业500强名单公布，鲁清石化连续第2年入选，位列第326位，较去年提升124个位次。

9月1日 由中国企业联合会、中国企业家协会举办的“2014中国企业500强发布会暨2014中国500强企业高峰论坛”在重庆举行。晨鸣纸业集团再次入选，以491.2亿元的营业收入位列榜单第244位。

9月17日 中华纸业杂志社正式公布2013年中国主营收入20强造纸企业榜单，晨鸣纸业再次入选并高居排行榜首位。

9月19日 国家旅游局和国家开发银行在天津联合举办2014全国优选旅游项目发布会。第一批共135个，巨淀湖风景区入选。

9月28日 水利部公布第14批国家级水利风景区名单，巨淀湖水利风景区入选。

9月29日 2014中国政府“友谊奖”颁奖仪式在北京举行，受聘于市康跃科技股份有限公司的美国专家阿诺德·史蒂夫先生获国家“友谊奖”。成为继2011年印度软件专家巴苏之后，又一位获此称号的外国专家。

9月30日 在第17届仁川亚运会女子皮划艇四人皮艇500米决赛中，寿光运动员刘海萍与队友任文君、黄杰仪、马青组成的中国队获金牌，这是寿光历史上获得的首枚亚运会金牌。

10月20日 古城街道被列入潍坊市级扩权强镇改革试点镇。

10月25日 寿光市被国家发改委确定为全国首批县级食品安全检验检测资源整合试点市。

10月29日 市委书记朱兰玺做客由省委组织部主办，齐鲁网特别策划的系列视频访谈栏目《一把手谈第一资源》，详细介绍寿光市人才工作思路、人才引进政策、人才发展环境。

11月1日 中郡研究所发布2014年中国百强县排名榜，寿光排名第29位。同时，跻身2013年全国网络消费百强县，位列第92名，是潍坊市唯一入选的县市区。

11月11日 寿光卤水制盐技艺被国务院列入第四批国家级非物质文化遗产代表性项目名录。

11月16日 18时40分，化龙镇龙源食品有限公司发生火灾，造成18人死亡、13人受伤，过火面积5000平方米。事故发生后，省委书记姜异康做出批示，要求全力组织救治伤员，妥善处理善后工作，尽快查明事故原因，认真回应社会关切，及时予以处理。事故的直接原因是：龙源食品有限公司保鲜恒温库内沿墙敷设的制冷风机供电线路接头过热短路，引燃墙面聚氨酯泡沫保温材料，引发火灾。

11月22日 寿光滨海国家湿地公园被国家体育总局、国家旅游局、中国奥运会授予“2014年中国体育旅游精品项目”称号。

11月23日 羊口、侯镇入选2013年度山东省示范镇综合考核20强，并给予每个镇800万元的资金奖励。羊口、侯镇分别位列第5位和第7位。

12月26日 寿光水上王城·洰淀湖风景区获国家AAAA级旅游景区称号。

12月30日 寿光市被山东省人民政府授予全省农业机械化先进县称号。

2015年

1月12日 寿光市城市绿荫系统建设项目被住建部授予2014年中国人居环境范例奖。

1月14日 孙家集街道三元朱村党支部书记王乐义获第5届山东省省长质量奖。

1月31日 在北京召开的“2014城市民生建设与民生保障高层论坛暨全国优秀民生改善典范城市发布会”上，寿光被评为全国首批民生改善十佳典范城市。

2月12日 市康跃科技股份有限公司王航入选2014年度享受国务院附属政府特殊津贴人员。

2月28日 在全国精神文明建设工作表彰暨学雷锋志愿服务大会上，寿光被中央文明委授予第4届“全国文明城市提名城市（县级）”称号。市委书记朱兰玺参加习近平总书记接见，并出席表彰大会。

3月11日 副省长赵润田一行7人，到寿光调研水价综合改革、地下水漏斗区治理和土壤修复工作。调研组到龙泽水库、引黄济青宋庄泵站、双王城水库调研考察。潍坊市委书记杜昌文，潍坊市委常委、副市长孙起生，寿光市委书记朱兰玺，寿光市委常委、副市长王惠玲陪同。

3月23日 在第十五届山东旅游业务洽谈会暨青岛旅游商谈会上，市蔬菜高科技示范园被评选为山东省十大观赏文化乐游地。

4月10日 寿光被中华诗词学会授予中国诗词之乡称号。

4月21日 中国连锁经营协会发布“2014中国连锁百强”榜单，山东全福元商业集团列全国第73位，县级第一位。5月27日，山东省商会、山东零售业协会公布2015年山东省零售业50强名单，山东全福元商业集团名列第9位。

4月27日 山东新龙集团宁夏新龙蓝天科技股份“新三板”专场挂牌仪式在北京举行。宁夏新龙蓝天科技股份有限公司是新龙集团全资子公司，1月22日批复挂牌，成为寿光第3家在“新三板”成功挂牌的企业。

4月28日 寿光蔬菜产业控股集团董事长杨明被授予全国劳动模范称号。

4月29日 寿光健元春有限公司董事长赵世龙、寿光实验小学张丽被授予山东省富民兴鲁劳动奖章。晨鸣集团特种纸平切车间被授予山东省工人先锋号。

5月11日 中国县域电子商务大会主办权申报地决赛在杭州举行，经过筛选答辩，寿光市获得2016年中国县域电子商务大会主办权。市委副书记、市长赵绪春代表寿光进行申办陈述。

6月30日 山东百兴福农资连锁股份有限公司挂牌仪式在齐鲁股权交易中心举行，该公司成为2015年度齐鲁股权交易中心第16批挂牌企业。市政府党组成员步砚伟出席挂牌仪式。

7月8—9日 第二届中国县域电子商务峰会在杭州桐庐召开。市委副书记、市长赵绪春受邀出席大会，并参加交接仪式。会上，寿光被授予全国电子商务创新型示范市称号。

7月31日 “见义勇为”好人李新明入选2015年7月“中国好人榜”榜单。李新明，男，孙家集街道岳寺李村村民。2014年7月5日下午，李新明在弥河吕家橡胶坝处游玩时，勇救3名落水少年。

8月5日 天成集团控股的山东路期宠物食品股份有限公司在北京“新三板”成功挂牌，成为今年以来全市第3家挂牌“新三板”的企业。市委常委、副市长李宝华出席挂牌仪式。

8月10日 中国（寿光）国际蔬菜科技博览会被中国国际贸易促进委员会农业行业分会、中国农业展览协会认定为AAAAA级展会。

8月17—18日 以色列驻华大使马腾、参赞高飞一行到寿光参观访问。先后到晨鸣集团总部、晨鸣污水处理厂、蔬菜产业集团、双王城水库、中材默锐环保科技有限公司、墨龙海水淡化厂、戴威农业科技、海泽拉种子公司、蔬菜高科技示范园等地参观。市委书记朱兰玺会见马腾一行，赵绪春、宋执湖参加接见并陪同考察。

8月18日 寿光市绿园农庄被国家旅游局授予中国乡村旅游模范户，寿光瑰丽饭店获评中国乡村旅游金牌农家乐，马宣英、王志生获评中国乡村旅游致富带头人。

8月22日 全国县域经济专业研究机构社会智库中郡研究所发布《2015县域经济发展报告》，第15届全国县域经济与县域基本竞争力百强县揭晓，寿光全国排名第24位，比上年度前移1个位次。

10月9日 由人民日报社人民网、国家行政学院政治学部联合主办的2015全国创新社会治理典型案例颁奖典礼暨经验交流会在北京举行。“东斟灌乡村治理模式”——基层党组织核心引领下的民主自治案例，入围2015年度全国创新社会治理最佳典型案例。

10月13—15日 在2015城市固体废物处理技术与设备国际展览会暨中国城市环境卫生协会年会上，寿光市环卫处被评为全国环境卫生行业争优创新先进单位，环卫处监察科被评为全国环境卫生行业争优创新先进基层班组。

10月16日 市委书记朱兰玺走访慰问102岁的盛和居小区张张氏、90高龄的原县史志办主任王冠三、全国劳模王乐义，为他们送上节日祝福和慰问品。市委常委、办公室主任武治强参加。

10月23日 在全国产品质量提升工作会上，寿光市建筑防水卷材被国家质量监督检验检疫总局授予质量提升示范项目称号。

10月29日 省委副书记龚正一行到寿光就现代农业进行专题调研。先后到现代农业产业园、金百利现代农业公司、洛城街道东斟灌村调研。他指出，寿光蔬菜将外界对现代农业的认识提到一个新的高度，下一步要再接再厉，积极搭建好科技创新、品牌建设、营销网络＋优质服务的“3+1”体系，确保寿光现代农业这块“金字招牌”长盛不衰。潍坊市委书记杜昌文，市委副书记王献玲，市委常委、办公室主任孙明亮，寿光市领导朱兰玺、王惠玲、武治强陪同调研。

11月13日 市委书记朱兰玺冒雨对老旧小区改造工程进行现场调度。先后到南关小区、三里小区进行查看，询问改造过程中存在的困难，并现场帮助协调解决。副市长宋执湖参加。

11月13日 市委副书记、市长赵绪春到临港项目区指挥部调研，听取指挥部关于项目区发展规划、5000吨级航道工程、大沂路北伸工程、航道防沙堤与防潮建设、寿光港一类口岸开放、保税仓库建设、项目区道路建设及融资合作等工作情况汇报。市领导方新启、王安文参加调研。

11月17日 由寿光建设集团建设的寿光市人民医院门诊楼获2014—2015年度中国建设工程鲁班奖。建设集团成立62年首创鲁班奖。

11月24日 深圳前海交易中心寿光防水企业专场挂牌仪式在深圳证券交易所举行。市正大防水、华丰防水、金海防水、凯鑫防水、晨光防水、迪宝防水、黄河防水、兴源防水、天元防水、宝源防水、龙舟建材、东茂防水、金旭防水、正源防水、巨盛防水、英凯防水、博源防水、雨燕防水、旭鑫防水、万宝等20家防水企业同时在深圳前海交易中心成功登陆“新四版”。市委常委、副市长高翔出席。

12月18日 寿光市被国务院确定为全国农村“两权”（农村承包土地经营权、农民住房财产权）抵押贷款试点县市。

12月23日 陈少敏纪念馆、牛头镇抗日武装起义纪念馆、中共寿光县委成立旧址入选第2批山东省党史教育基地。

12月28日 由市汇金股权投资推荐的14家企业正式登陆齐鲁股权交易中心。至此，全市场外挂牌企业数量达到91家。市政府党组成员步砚伟出席挂牌仪式。同日，化龙镇15家企业同时在深圳前海股权中心成功登陆新四版。

（葛怀圣）

全市概况

自然环境

【地理环境】 寿光市地处山东省中北部，潍坊市西北部，渤海莱州湾南畔。北纬36°41′～37°19′，东经118°32′～119°10′。东靠潍坊市潍城区、寒亭区、滨海经济技术开发区，西邻东营市广饶县，南接青州市和昌乐县，北濒渤海莱州湾。辖9个镇、5个街道和1个生态经济园区，81个社区、894个行政村。东西最大距离48公里，南北最大距离60公里，总面积1990.1平方公里。

城区位于市境西南部，处北纬36°52′，东经118°44′。直线距离至北京市400公里，至济南市165公里，至潍坊市37.5公里，至青州市区31公里，至广饶县城35.5公里，至昌乐县城20.5公里。

【土地资源】 至2015年12月，全市土地总面积2985173.7亩（199011.58公顷），其中：耕地1535265.6亩（102351.04公顷），园地52970.1亩（3531.34公顷），林地41118.75亩（2741.25公顷），草地6972.3亩（464.82公顷），城镇村及工矿用地546755.7亩（36450.38公顷），交通运输用地152848.05亩（10189.87公顷），水域及水利设施用地384203.55亩（25613.57公顷），其他土地265039.65亩（17669.31公顷）。人均土地2.78亩，人均耕地1.43亩。

2011—2015年寿光市土地资源情况统计表

表1 单位：公顷

年份	土地总面积	农用地		建设用地		未利用地		农用地中耕地	
		面积	占%	面积	占%	面积	占%	面积	占%
2011	199012	140944.90	70.82	39600.78	19.90	18465.90	9.28	103545.40	52.03

续表

年份	土地总面积	农用地		建设用地		未利用地		农用地中耕地	
		面积	占%	面积	占%	面积	占%	面积	占%
2012	199012	140555.31	70.63	40160.78	20.18	18295.49	9.19	103130.26	51.82
2013	199012	140280.94	70.49	40928.2	20.57	17802.44	8.94	102870.29	51.69
2014	199012	139904.52	70.30	41381.52	20.79	17725.54	8.91	102500.78	51.50
2015	199012	139698.39	70.20	41628.22	20.92	17684.57	8.88	102351.04	51.43

【矿产资源】 寿光市矿产资源相对贫乏，探明储量的矿种较少。全市共发现矿产11种，其中查明储量的矿产6种。已发现并开采的主要有石油、天然卤水、建筑用砂、砖瓦黏土等。年产原盐459万吨。石油由胜利油田统一开采。砖瓦黏土已全部禁采。截至2015年12月，共有矿产企业35家，其中溴素厂20家、盐场5家、溴盐联产10家。

（钟云山）

【河 流】 境内共有弥河、丹河、小清河、塌河、桂河、崔家河、西张僧河、张僧河东支、织女河、阳河、龙泉河、乌阳河、王钦河、伏龙河、跃龙河、益寿新河16条河流。

（李全德）

【气 候】 2011年，平均气温13.6℃，年降水量817.4毫米，年日照时数2146.3小时。3月份日照时数为历史同期最多值，7月、10月、11月日照时数为历史同期最少值。2011年度气温较历年偏高，降水量较历年偏多，日照较历年偏少，全年遭遇的气象灾害较少，综合评价农业上属于丰收年。2012年，平均气温13.8℃，年降水量499.4毫米，5月份降水量仅0.4毫米，是该月自建站以来降水最少的一年；12月份降水量35.6毫米，偏多，列1961年以来同期第二位。年日照时数2413.0小时。2012年度气温较常年偏高，降水、光照均偏少，全年遭遇的气象灾害相对较少，综合评价农业上属于丰收年。2013年，平均气温14.1℃，年降水量589.5毫米，年日照时数2583.8小时。2013年气温较常年偏高，降水、光照均偏多，遭遇的气象灾害较少，综合评价农业上属于丰收年。2014年，平均气温15.1℃，年降水量484.0毫米，年日照时数2330.0小时。2014年气温较常年偏高，降水偏少，光照偏少。2014年春夏遭遇旱灾，对农业生产不利，综合评价农业上属于平年。2015年度平均气温14.0℃，年降水量499.9毫米，年日照时数2331.3小时。2015年寿光气温偏高，降水、日照均偏少，夏秋全市遭遇旱灾，对农业生产不利，综合评价农业上属于平年。

2011—2015年寿光市气候主要指标统计表

表2

年份	年均气温（℃）	最高温		最低温		年降水量（毫米）	年日照时数（小时）
		度数（℃）	出现日期	度数（℃）	出现日期		
2011	13.6	36.2	7.9	−12.9	1.16	817.4	2146.3

续表

年份	年均气温（℃）	最高温		最低温		年降水量（毫米）	年日照时数（小时）
		度数（℃）	出现日期	度数（℃）	出现日期		
2012	13.8	37.9	7.3	−12.7	12.24	499.4	2413.0
2013	14.1	39.8	7.3	−13.1	1.4	589.5	2583.8
2014	15.1	40.3	7.21	−9.8	2.10	484.0	2330.0
2015	14.0	38.4	6.6	−10.9	2.9	499.9	2331.3

2011—2015 年各月气候主要指标统计表

表 3

年份	月份	气温（℃）			降水量（毫米）	日照时数（小时）
		平均气温	最高气温	最低气温		
2011	1	−4.6	8.5	−12.9	0.1	197.2
	2	1.2	17.4	−9.9	17.4	132.0
	3	7.9	24.9	−3.8	0.3	260.7
	4	14.4	33.6	−0.6	14.4	235.1
	5	20.7	33.3	11.2	56.4	242.6
	6	26.2	36.1	17.1	26.1	226.6
	7	27.2	36.2	19.6	209.7	117.0
	8	25.5	34.4	18.3	245.2	129.2
	9	20.2	29.4	11.5	129.4	160.9
	10	15.3	26.6	3.8	4.4	164.0
	11	9.3	19.9	−3.0	91.4	117.5
	12	0.2	11.3	−8.2	22.6	163.5
2012	1	−2.1	8.3	−10.4	2.1	116.2
	2	0.0	12.7	−10.7	0.0	199.2
	3	5.9	23.9	−5.1	8.4	191.2
	4	16.1	31.7	0.9	29.8	259.7
	5	23.2	34.9	13.2	0.4	281.5
	6	25.9	37.2	14.8	83.6	212.3
	7	27.9	37.9	20.3	78	197.7
	8	25.8	35.4	14.7	170.4	194.5
	9	21.2	32.6	10.0	34.8	189.7
	10	16.4	28.7	4.5	19.0	222.5
	11	6.4	19.6	−2.2	37.3	183.1
	12	−1.7	8.8	−12.7	35.6	165.4
	1	−2.5	9.3	−13.1	13.0	157.2
	2	0.7	13.8	−11.8	24.4	158.7

续表

年份	月份	气温（℃）			降水量（毫米）	日照时数（小时）
		平均气温	最高气温	最低气温		
2013	3	7.9	31.2	−4.3	12.9	240.2
	4	12.5	31.0	0.1	19.9	265.2
	5	21.0	36.5	8.0	64.4	239.2
	6	25.0	36.3	12.6	33.6	235.4
	7	27.8	39.8	21.2	353.9	152.8
	8	28.9	37.9	15.0	22.7	266.3
	9	22.9	35.5	10.4	4.3	212.6
	10	15.9	31.0	3.9	4.1	238.1
	11	7.6	23.0	−6.6	36.1	201.4
	12	0.9	15.3	−7.8	0.2	216.7
2014	1	1.9	15.5	−7.8	3.3	166.5
	2	1.8	17.8	−9.8	16.4	170.5
	3	11.4	29.0	−2.7	0.0	230.6
	4	16.7	30.2	5.0	11.2	218.4
	5	23.2	40.2	8.1	64.6	306.9
	6	24.3	35.0	16.4	161.7	187.3
	7	27.9	40.3	18.2	48.6	214.1
	8	26.3	34.6	19.6	61.6	194.1
	9	21.9	33.2	12.9	46.9	121.8
	10	16.4	29.7	4.6	24.0	185.1
	11	8.5	19.6	−0.5	46.3	131.8
	12	0.6	13.5	−6.9	2.7	202.9
2015	1	0.2	13.0	−9.0	12.7	179.9
	2	1.5	19.3	−10.9	9.6	183.0
	3	8.8	25.0	−6.7	2.9	250.0
	4	14.2	31.3	−1.3	80.0	234.5
	5	20.5	33.9	8.8	27.6	247.8
	6	25.2	38.4	15.5	24.0	239.7
	7	27.0	38.3	14.8	58.6	179.3
	8	26.0	36.1	17.3	142.9	200.9
	9	21.2	31.0	11.0	28.8	18.1
	10	15.7	29.1	0.3	7.5	206.5
	11	6.2	21.2	−9.5	104.6	74.6
	12	1.3	12.6	−7.5	0.7	150.0

政区 人口 民族

【行政区划】 2011年12月，将双王城生态经济园区办公室变更为寿光市双王城生态经济园区管理委员会，管辖区域为双王城水库区域、机械林场区域、巨淀湖区域、牛头镇村（7个村）、寇家坞村（7个村）、卧铺村、吴家卧铺村、李家坞村、六股路村、郭井子村、南木桥村、北木桥村，原行政区划不变。2015年，寿光市有圣城街道、文家街道、洛城街道、古城街道、孙家集街道5个街道，稻田镇、侯镇、纪台镇、化龙镇、上口镇、田柳镇、营里镇、台头镇、羊口镇9个镇，双王城生态经济园区1个经济园区。

【人　口】 人口状况。2015年，全市总人口1073831人，其中男性541568、女性532263。全市城镇人口574521人，乡村人口499310人。

2011—2015年寿光市人口及变动情况统计表

表4　　单位：人

年份	总户数	总人口				自然增长		机械增长	
		合计	男	女	其中非农业人口	出生	死亡	迁入	迁出
2011	324286	1046317	528076	518241	486157	11209	6659	4672	2362
2012	327372	1050982	530266	520716	488117	11041	8166	3971	2156
2013	329542	1057497	533327	524170	490784	11504	6002	3316	2175
2014	330533	1066901	538343	528558	503031	–	–	–	
2015	3316666	1073831	541568	532263	–	12968	6159	2955	2006

年龄构成。2011年，全市总人口104.6万人。2015年，全市总人口107.4万人，其中18岁以下19.4万人，60岁以上22.5万人。

2011—2015年寿光市人口年龄分布情况表

表5　　单位：人

年份	总数	18岁以下	18—34岁	35岁—59岁	60岁以上
2011	1046317	191652	251313	419718	193634
2012	1050982	192032	250466	415903	192581
2013	1057497	190486	251715	412410	202886
2014	1066901	194467	251371	410201	201862
2015	1073831	193946	251953	403315	224617

【民　族】 2015年，全市已查明共有民族41个，其中汉族1072362人、满族274人、哈尼族217人、彝族196人、蒙古族131人、回族99人、壮族92人、傣族67人、白族57人、

傈僳族50人、苗族49人、朝鲜族38人、土家族33人、黎族30人、拉祜族16人、佤族16人、布依族15人、藏族13人、普米族10人、达斡尔族9人、瑶族8人、景颇族4人、纳西族4人、侗族3人、畲族3人、锡伯族3人、仡佬族3人、俄罗斯族2人、基诺族2人、仫佬族2人、怒族2人、羌族2人、阿昌族1人、布朗族1人、鄂伦春族1人、鄂温克族1人、京族1人、毛南族1人、撒拉族1人、水族1人、土族1人；另外，暂时未确定民族的有10人。

国民经济和社会发展概况

【2011年寿光市国民经济和社会发展统计公报】 2011年，在市委、市政府的正确领导下，全市人民以科学发展观为指导，围绕"一三六三"的工作思路和"城乡一体均衡寿光"这一总体目标，以"三大板块"为突破口，认真贯彻落实国家宏观调控政策，坚持积极作为、科学务实的工作基调，攻坚克难，奋力前行，全市经济转方式调结构取得显著成效，经济运行质量进一步提升，社会事业全面进步，民生状况不断改善，取得了"十二五"开门红。

经初步核算，2011年全市实现地区生产总值542.4亿元，同比增长12.1%，其中：第一产业增加值72.7亿元，同比增长4.3%；第二产业增加值280.6亿元 ，同比增长13.9%；第三产业增加值189.1亿元，同比增长12.7%。一、二、三产业结构比为13.4:51.7：34.9，产业结构进一步优化。

一、农业。2011年，农业以高端跨越为目标，依靠科技创新引领支撑现代农业加速发展。全年新建高标准蔬菜园区48个、60亩以上畜牧园区65个、大型渔业园区4个。新发展种苗企业30家，成功培育蔬菜新品种4个，新认定绿色农产品153个，寿光文蛤、寿光缢蛏、老河口白蛤3个农产品成为国家地理标志产品。完成农林牧渔业增加值72.7亿元，同比增长4.3%。全年粮食播种面积139.9万亩，同比下降0.6%，粮食总产66.3万吨，同比增长1.7%，其中：小麦总产32.3万吨，同比增长1.6%，单产462.2公斤，同比增长1.8%；秋粮总产34.0万吨，同比增长1.8%，单产486.0公斤，同比增长2.5%。棉花种植面积28.8万亩，同比增长1.1%，总产18852吨，同比下降2.9%。水果总产量9.7万吨，同比下降11.8%。瓜菜播种面积85.6万亩，同比增长1.1%，总产439.1万吨，同比增长0.1%。林业生产稳定增长。全年完成造林面积3133公顷，同比增长0.3%；新增农田林网面积3333公顷，与上年持平；成林抚育面积7700公顷，同比增长2.7%；本年新增育苗面积195公顷，同比增长2.6%；四旁植树500万株，同比下降16.7%。畜牧业平稳发展。年末全市牛存栏0.6万头，同比下降14.3%，出栏0.5万头，同比增长25.0%；生猪存栏41.7万头，同比增长10.0%，出栏58.4万头，同比增长10.0%；羊存栏10.1万只，同比增长9.8%，出栏10.9万只，同比下降0.9%；家禽存栏1794.7万只，同比增长11.7%，出栏6865.9万只，同比增长15.4%。全年肉类总产量15.4万吨，同比增长15.8%；禽蛋产量1.9万吨，同比下降9.5%；奶类总产量0.9万吨，同比下降30.8%。渔业生产稳中有升。全年水产品产量17.8万吨，同比增长6.6%，实现产值11.7亿元，同比增长5.7%。海洋捕捞13.4万吨，同比增长3.9%；海水养殖3.7万吨，同比增长19.4%；

淡水养殖0.7万吨，与上年持平。

二、工业。2011年，全市工业以滨海开发为突破，大力培植先进制造业和高新技术产业，加快结构调整，推进自主创新，努力开拓市场，工业经济保持了平稳较快发展态势。全市472家规模以上工业企业[3]实现主营业务收入1290.1亿元，利税100.4亿元，利润75.1亿元，同比分别增长30.9%、5.4%和5.6%。

2011年寿光市主要工业产品产量表

表6

产品名称	产品产量	较上年同比增减（%）
机制纸及纸板	2160156吨	17.5
原盐	4120412吨	-8.8
化学肥料（折纯）	699224吨	5.8
合成氨	825502吨	8.3
载货汽车	82262辆	-24.1
啤酒	209641吨	4.7
服装	1460万件	-13.7
人造板	1694291立方米	31.7
饲料	1017464吨	-6.6
精制食用植物油	98240吨	15.0
化学药品原药	35189吨	37.6
橡胶轮胎外胎	6219588条	20.7
锂离子电池	109643自然只	28.3
发电量	223177万千瓦时	-18.4
供电量	403859万千瓦时	27.7

三、固定资产投资和建筑业。2011年，全市完成固定资产投资[4]297.2亿元，同比增长23.5%。其中城镇以上投资198.9亿元，房地产投资54.6亿元。其中：一产完成投资额9.3亿元，同比下降58.1%；二产完成投资额164.4亿元，同比增长38.9%；三产完成投资额123.5亿元，同比增长43.7%；投入结构比由2010年的11.4:47.9:40.7调整为2011年的3.1:55.3:41.6。

全市完成建筑业总产值106.7亿元，同比增长17.8%，其中建筑工程产值完成92.1亿元，安装工程产值完成8.9亿元。房屋建筑施工面积完成1371.3万平方米，比上年增长20.1%。

全市房地产开发企业完成固定资产投资54.6亿元，同比增长26.1%；房屋施工面积532.2万平方米；其中新开发面积259.4万平方米；房屋竣工面积65.2万平方米；商品房销售面积127.7万平方米。

全年开工建设廉租房、公共租赁房和经济适用房等保障性住房2300套，施工面积119152平方米，竣工面积38436平方米，开工建设的保障性住房完成计划的178%；农村危房改造1796户，竣工面积203147平方米，农村危房改造完成计划的200%。

四、交通运输、邮电。交通运输业保持快速健康发展。2011年，全市维修改造农村公路313公里，全市公路通车总里程达到3848公里，柏油路通车里程达到3099公里，油路密度达到每百平方公里155.2公里，形成了高速公路、干线公路、农村公路协调发展的现代路网格局。全年新增营运货车4356辆，更新班线客车62辆，新增公交车14辆。到2011年底，全市营运性机动车保有量达到21595辆，全年完成公路客运量2143万人次，旅客周转量10.2亿人公里，完成货运量3019万吨，货物周转量105.6亿吨公里。

邮政电信业综合实力不断增强。2011年，全市完成邮政业务总量6122万元，同比增长67.2%。电信业发展迅速。截至年底全市移动基站已达到690余处，网络实现无缝隙覆盖，网络覆盖率达到99%以上，移动电话用户规模达到113万户。3G网络基础设施建设成效显著，已完成240多个3G基站的建设工作。全市宽带用户累计达到17.7万户。

五、国内贸易。农产品物流园二期竣工投用，成功发布“中国·寿光蔬菜指数”，缤纷五洲等商贸项目建成投用，国际商贸城、渤海物流园、全福元商城等项目进展顺利，农家店建设、家电下乡、以旧换新等工程顺利推进。全市实现社会消费品零售总额149.6亿元，同比增长18.5%，其中限额以上社会消费品零售额84.3亿元，同比增长25.3%。批发业零售额39.8亿元，同比增长18.2%；零售业零售额100.9亿元，同比增长19.5%；住宿业零售额8068万元，同比增长18.6%；餐饮业零售额8.1亿元，同比增长18.9%。

六、外经、外贸、招商、旅游。全年新批外资项目13个，合同外资2.5亿美元，实际到账外资1.5亿美元；实现对外承包劳务营业额2007万美元，实现外派劳务493人；完成服务外包合同24份，合同额1177万美元，执行额969.8万美元。全市累计新增备案登记外贸企业93家，获权企业达到587家，有进出口实绩的企业达到164家，其中出口过千万美元的企业有21家。全年完成外贸进出口总额21.6亿美元，同比增长34.5%，其中出口14.4亿美元，进口7.2亿美元，同比分别增长46.4%和15.5%。

2011年全市符合投资规模要求的招商引资项目271个，实际投资额163.1亿元，完成指导性计划的101.9%，同比增长4.8%。其中农业项目57个，实际投资额10.9亿元；工业项目160个，实际投资额130.4亿元；三产项目54个，实际投资额20.4亿元；争取上级部门下拨的无偿资金56笔，共计1.4亿元。

“中国优秀旅游城市”品牌进一步做大做强。依托全市历史地理文化，着力打造了“绿色旅游”“红色旅游”“蓝色旅游”三张牌。截至年底全市拥有国家AAAA级旅游景区3处，AAA级旅游景区2处，AA级旅游景区2处，全国首批农业旅游示范点2处，省农业旅游示范点3处，省工业旅游示范点1处，省旅游特色村1处，省旅游强乡镇5处，“山东省旅游下乡工程示范点”1处，“好客山东”旅游强乡镇1处，旅行社21家，星级酒店7家。

七、财政、金融。财政收支稳定增长。全市完成财政总收入69.2亿元，同比增长23.0％。地方财政收入完成41.6亿元，同比增长28.8％，其中：增值税收入5.0亿元，同比增长3.9％；营业税收入8.7亿元，同比增长35.7％；企业所得税收入3.9亿元，同比增长40.6％。地方财政支出完成44.0亿元，同比增长23.5％，其中：一般公共服务支出5.1亿元，同比增长4.9％；教育事业费支出14.5亿元，同比增长37.8％；城乡社区事务支出6.0亿元，同比增长13.0%。

金融市场运行平稳。年末全市银行机构发展到12家，“寿光金融模式”受到肯定并得以在全国推广，被确定为全省县域金融创新发展试点市。全年金融机构本外币各项存款余额463.8亿元，较年初增加69.2亿元。其中：城乡居民储蓄存款余额281.0亿元，较年初增加27.7亿元。本外币各项贷款余额419.0亿元，较年初增加94.7亿元，其中：短期贷款291.8亿元，较年初增加86.9亿元；中、长期贷款125.6亿元，较年初增加11.4亿元。

八、城建、环保。城市建设品位提升较快。企业总部群、中南世纪星城等93个过千万元城建项目动工建设，全市房地产开复工面积449万平方米。投入5.2亿元，实施市政重点工程34项，新修改造农圣街中段、学院路等城区道路17公里，新增绿化面积337公顷。大力开展城市环境综合整治，建成启用数字城管二期工程，深入推进供热计量改革，获中国人居环境奖，顺利通过国家生态园林城市现场验收。

镇村建设稳步推进。不断完善城镇供水、供电、亮化等基础设施，新修改造农村道路280公里，完成小城镇建设投入16.6亿元，新建500户以上农村社区31个。城乡环卫一体化基本实现全覆盖。投资2100多万元，建设生活垃圾中转站17处，配齐了垃圾清运车辆和处理设备，对农村生活垃圾实行村收集、镇运转、市处理。大力推广使用清洁新能源。全市沼气村发展到100个，户用沼气池1.4万个，太阳能总集热面积达9万平方米，羊口、侯镇、稻田3个镇被评为国家级生态镇。

生态水平不断提高。投入53.9亿元，开工建设了54项治污减排工程，新建污水处理厂5处，污水日处理能力达到28万立方米，所有镇街道全部配齐污水处理厂和管网，实现了城乡污水处理全覆盖。深入开展大气污染整治行动，关停取缔污染企业115家，区域空气质量明显好转，主要污染物控制指标全部达标。大力推进规模造林、组团绿化，实施大西环绿化等8项重点工程，完成成片造林4.7万亩，林木覆盖率达到20.1%。创建成为省级生态市，并通过国家级生态市技术核查。完成全市节能减排目标。开工建设了双王城水库、丹河治理等16项水利工程，完成投资5.6亿元；积极推进区域河流生态修复，维修改造病危桥涵21座，河流水质明显改善。启动投资3300万元的农田水利重点县项目，新增节水灌溉面积3.8万亩。投资3000万元，铺设上口、营里、稻田等镇入村管道80公里，解决54个村近6万人的饮水安全问题。

九、科技、教育、卫生、文化、体育。科技事业硕果丰硕。全年新增省级以上高新技术企业6家，省级产业技术创新战略示范联盟2个，潍坊市级以上工程技术研究中心9个，获得省、潍坊市科技成果奖45个，列入国家、省科技计划项目21个。在全省各县市区率先建设了蔬菜产业信息服务系统，成为全省推进农村农业信息化示范省建设的四大产业视频信息服务系统之一。新增省级院士工作站2个，省级国际科技合作研究中心1个。新创驰名著名商标9件、省名牌产品19个。被科技部评为“2011年全国县(市)科技进步考核科技进步先进县(市)”。

教育事业再创佳绩。2011年，全市被清华大学、北京大学录取18人，保送全国重点大学37人。教科研中心教研课题获省政府成果二等奖，“初高中衔接教学研究”和教研员“六个一”工作法在潍坊市推广；成功举办了“汉语桥—美国高中生夏令营”活动。实施“学生接送安全工程”。全市拿出专项资金1000万元，采取“以奖代补”形式，为学生发放乘车补贴，发放安全运营奖。截至年底全市已更换新标准校车269辆，以融资租赁方式投资1000多万元集中购置了27辆仿美式大鼻子校车，用以解决学生上下学交通安全问题。标准化学校建设取得新进展。全年投资1.5亿元开工建设校舍面积9.9万平方米。计划总投资6.2亿元的市职业教育中心一期工程主体已经基本完成，预计2012年9月即可交付使用。投资2亿多元，新建、改扩建幼儿园92处，所有镇（街道）中心幼儿园全部达到省级示范园标准，有9处幼儿园通过省级示范园验收。

卫生事业全面推进。自2010年6月实施基本药物制度后，2011年全市镇街卫生院住院病人次均费用下降了24.8%，门（急）诊病人次均费用下降了20.4%。2011年12月31日起在一体化管理的村卫生室全面实施基本药物制度，全市镇村医疗机构全部告别药品加成销售时代。新农合更加惠民便民。人均财政补助标准从上年的113元提高到200元，并将门诊报销比例从上年的20～30%提高到了35～45%，一级医院住院报销比例从70%提高到了85%，补偿最高限额由6万元提高到了10万元。与潍坊医学院附属医院、潍坊市中医院等6处三级医院签订了即时报销协议，实现了参合农民在潍坊“出院即报”医药费。全年累计为99万人次的参合农民报销医药费1.9亿元。城乡居民均等享有基本公共卫生服务。基层医疗机构为城市居民建立健康档案10.8万份，为农村居民建立健康档案66.5万份，建档率约76%。全年申报卫生科研立项24项、潍坊市重点学科1个、重点中医专科6个、省级重点中医专科1个。全年法定报告传染病总发病率控制在较低水平。全市卫生系统医疗废物全部委托潍坊市医疗废物集中处置中心代处理。

文化出版事业蓬勃发展。截至年底全市拥有村级标准化文化大院876个、农家书屋913家，公共文化基础设施、农村电影放映工程、广播电视村村通、文化信息资源共享工程覆盖率达到100%，面向镇街、企事业单位、社区（村）举办各类培训班达50多期，培训人员达9000多人次；辅导发展了60多家庄户剧团，编排文艺节目70多个，送书下乡10万册，送文艺演出320场。举办了多场主题节日活动。着力打造了春节、中华农圣文化艺术节、文明之夏等重大系列节庆活动，举办“国学大师进菜都”、“清风颂”全国廉政文化书画展、“激情广场—爱国歌曲大家唱”等各种高层次文化活动10多场。创办各种文化网站7个，出版《圣城流韵》、《菜乡诗联》等文学作品集10余部，举办诗词、散文、小说等培训班6期。完成了第三次文物普查。全市境内文物遗址增加到300余处；实施铁路西移、弥河大道等工程的文物勘探；公布了3处市级和13处县级文物保护单位；拥有潍坊市级非遗项目17项。佛教文化园、王高塔等历史文化遗产的创建复建工作进展顺利。

体育工作再创佳绩。成功举办了中美女排对抗赛、全国女排四强邀请赛等大型国内外体育赛事，大力开展全民健身运动，组织举办了2011人民广场体育大舞台系列活动，参与市民千余人次，观众近10万人次，全年共开展各类群众体育赛事30余场次，全市体育人口达到40%以上；社区体育设施覆盖率达100%。竞技体育工作勇夺佳绩。2011年潍坊市十八届运动会上，获得实得金牌、综合金牌、综合总分三项第一和实得总分第二的历届最好成绩。

十、人民生活与人口。城镇居民收入增长明显。城镇居民人均可支配收入25986元，同比增长13.7%；城镇居民人均消费性支出17963元，同比增长12.0%。

农村居民收入继续增加，生活水平进一步提高。据农村住户抽样调查测算，2011年，全市农村居民人均纯收入首次突破万元大关，达到11253元，同比净增1758元，同比增长18.5%。人均生活消费支出9365元，同比增加837元，同比增长9.8%。

饮食结构日趋合理，主食消费减少副食

消费增加，并向着精细、多样化发展。2011年全市农村居民人均消费粮食182公斤，同比减少28公斤；消费肉及肉制品16.6公斤，同比增加2.5公斤；消费蛋类15.6公斤，同比增加1.5公斤；消费水产品7.4公斤，同比增加1.2公斤；消费水果类26.2公斤，同比增加8.5公斤；消费油脂类7.9公斤，同比增加1.7公斤。

居住环境进一步改善。2011年末，农村人均居住面积达53.7平方米，同比增加1.6平方米。卫生水饮用率达100%，用电户达100%。

各类家庭耐用物品及高档家电拥有量继续增加。2011年末，农村百户家庭拥有洗衣机97台，同比增加5台；电冰箱103台，同比增加9台；空调机30台，同比增加7台；热水器70台，同比增加13台；电动自行车107辆，同比增加33辆；家用计算机51台，同比增加11台；生活用汽车27辆，同比增加9辆。

人口继续保持低速增长。年末全市总人口1046317人，其中：男528076人，女518241人。全年出生人口11209人，死亡人口6659人。人口出生率10.75‰，死亡率6.39‰，人口自然率4.36‰。

【2012年寿光市国民经济和社会发展统计公报】 2012年，面对复杂严峻的国内外经济形势，全市上下在市委、市政府的正确领导下，紧紧围绕“一五六三”的工作思路和部署，积极作为、科学务实、管理创新，主要经济指标稳步上升，各项社会事业全面发展，城乡面貌显著改善，居民收入持续增长，生活水平全面提高，社会和谐安定。

一、综合。经济运行持续向好。全年完成地区生产总值（GDP）618.1亿元，按可比价计算同比增长13.2%，其中：第一产业完成增加值78.5亿元，同比增长5.5%；第二产业完成增加值312.7亿元，同比增长15.8%，其中工业增加值262.5亿元，同比增长16.8%；第三产业完成增加值226.9亿元，同比增长12.1%。一、二、三产业对经济增长的贡献率分别为5.5%、63.1%和31.4%，分别拉动GDP增长0.7、8.3和4.2个百分点。三次产业比重由上年的13.4:51.7: 34.9调整为12.7: 50.6: 36.7，产业结构进一步优化。

二、农业。2012年完成农林牧渔业总产值150.4亿元、增加值78.5亿元，按可比价计算各增长5.5%。

农业生产稳步增长。据全面统计，全市粮食播种面积138.6万亩，同比下降0.9%，粮食总产68.2万吨，同比增长2.9%。其中：夏粮总产32.9万吨，同比增长1.9%，单产476.1公斤，同比增长3.0%；秋粮总产35.3万吨，同比增长3.8%，单产508公斤，同比增长4.5%；棉花播种面积28.4万亩，同比下降1.4%，总产19614吨，同比增长4.0%；水果总产量10.4万吨，同比增长7.2%；瓜菜播种面积85.5万亩，同比下降0.1%，瓜菜总产444.6万吨，同比增长1.3%。高端农业迅猛发展。全市新增标准化蔬菜园区38个，自主研发蔬菜新品种10个，新认定绿色农产品92个，国家地理标志产品达到17个，种苗年繁育能力达到12亿株。

林业生产平稳发展。全市完成造林面积2667公顷，同比下降14.9%；本年新增育苗面积275公顷，同比增长41.0%；四旁植树500万株，与上年持平；年末农田林网面积达到85907公顷，同比增长0.3%；活立木蓄积量79.0万立方米，同比增长11.4%；林木覆盖率达到22.1%，比上年提高2.0个百分点。

畜牧业生产稳定增长。全市新增60亩

以上标准化畜牧园区73个。年末全市牛存栏0.5万头，同比下降16.7%，出栏0.5万头，与上年持平；生猪存栏47.7万头，同比增长14.4%，出栏76.5万头，同比增长31.0%；羊存栏11.2万只，同比增长10.9%，出栏11.4万只，同比增长4.6%；家禽存栏2164.4万只，同比增长20.6%，出栏7615.3万只，同比增长10.9%。全年肉类总产量17.0万吨，同比增长10.4%；禽蛋产量2.1万吨，同比增长10.5%；奶类总产量0.9万吨，与上年持平。

渔业生产稳中有升。全市完成渔业总产值13.6亿元，按可比价计算增长5.0%。水产品产量18.8万吨，同比增长5.6%。海洋捕捞13.0万吨，同比下降3.0%；海水养殖5.1万吨，同比增长37.8%；淡水养殖0.7万吨，与上年持平。

三、工业。工业生产稳定增长。至2012年底，全市规模以上工业企业达到501家，同比增加29家，完成工业总产值1519.0亿元，工业增加值同比增长18.3%。

经济效益明显好转。全市规模以上工业实现主营业务收入1542.2亿元，利润81.5亿元，利税113.4亿元，同比分别增长19.1%、8.6%和13.1%。工业品产销率为97.7%。

装备制造业快速增长。全市80家装备制造业企业实现主营业务收入206.3亿元，同比增长21.8%；实现利润14.1亿元，同比增长30.2%；实现利税17.7亿元，同比增长37.2%。装备制造业增加值占规模以上工业增加值比重为13.1%，较年初提高0.86个百分点。

高新技术产业发展迅速。全市高新技术产业产值534.2亿元，同比增长19.0%，占规模以上工业总产值比重为35.2%，较年初提高2.98个百分点。

工业产品产量持续增长。全市统计范围内的65种主要产品产量，有48种产品产量同比增长，锂离子电池、橡胶轮胎等产品产量同比增长25%以上。

2012年寿光市主要工业产品产量表

表7

产品名称	产品产量	较上年增减（%）
机制纸及纸板	2387607吨	10.5
原盐	4137032吨	4.9
化学肥料（折纯）	699630吨	0.1
合成氨	871572吨	5.6
载货汽车	85099辆	3.5
啤酒	199602千升	−4.8
服装	1285万件	−11.8
人造板	1851188立方米	9.5
饲料	1255232吨	24.3
精制食用植物油	17425吨	−23.5
化学药品原药	42563吨	21.0
橡胶轮胎外胎	8420850条	29.6
锂离子电池	155623自然只	41.9
发电量	240528万千瓦时	7.8
供电量	470673万千瓦时	16.5

四、固定资产投资、房地产、建筑业、保障房。固定资产投资增长较快。2012年，全市在建固定资产投资项目412个，完成固定资产投资360.7亿元，同比增长23.6%。其中，计划总投资过亿元项目196个，完成投入296.2亿元，同比增长16.6%。投资按产业划分，一产投资完成16.6亿元，同比增长

21.0%；二产投资完成182.7亿元，同比增长24.3%；三产投资完成161.4亿元，同比增长23.0%。投资结构比由2011年的3.1:55.3:41.6调整为2012年的4.6:50.7:44.7。投资按区域划分，城镇以上投资完成236.0亿元，同比增长18.6%；农村投资完成124.7亿元，同比增长26.9%。房地产开发投资增长较快，商品房销售趋缓。全市房地产开发企业完成投资76.7亿元，同比增长40.5%。其中，住宅投资51.0亿元，同比增长13.8%；商业营业用房和办公楼投资21.4亿元，同比增长178.5%。商品房销售面积129.7万平方米，同比增长1.6%；商品房销售额完成46.6亿元，同比增长7.6%。建筑业发展平稳。全市资质以内68家建筑业企业完成产值131.9亿元，同比增长15.5%；完成主营业务收入119.7亿元，同比增长14.5%；实现营业利润5.5亿元，同比增长16.1%；新签合同额109.5亿元，同比下降2.9%。保障性安居工程进展顺利。全市开工建设廉租房、公共租赁房和经济适用房等保障性住房1863套，竣工964套，完成开工计划的129.8%，完成竣工计划的185.4%；实际货币补贴41户，完成计划的136.7%；农村危房改造3016户，完成计划的120.6%。

五、交通运输、邮电。交通运输业快速发展。2012年，重点交通工程建设不断推进，完成交通建设投资近8亿元。农村公路网化工程完成510公里，占网化总工程量的85%。全市公路通车总里程达到3848公里，柏油路通车里程达到3099公里，油路密度达到每百平方公里155.2公里。全年新增营运货车2224辆，更新班线客车23辆，新增城乡公交车37辆。年末全市营运性机动车保有量达到19307辆，全年完成公路客运量2218万人次，同比增长3.5%；旅客周转量10.6亿人公里，同比增长3.9%。完成货运量3217万吨，同比增长6.6%；货物周转量110.9亿吨公里，同比增长5.0%。

邮政电信业保持增长。全市完成邮政业务总量6464万元，同比增长5.6%。年末全市移动基站已达到900余处，其中，3G网络基础设施建设成效显著，已建成3G网络基站500多个，移动网络基本实现无缝隙覆盖。全市固定电话用户17.5万户，移动电话用户120万户。全市固定上网用户数达到23.9万户。

六、国内贸易。国内消费市场平稳发展。全市实现社会消费品零售总额175.0亿元，同比增长16.9%。其中限额以上单位实现社会消费品零售额93.2亿元，同比增长19.9%。按消费形态分，批发业实现零售额40.3亿元，同比增长3.2%；零售业实现零售额123.4亿元，同比增长21.2%；住宿业实现零售额1.0亿元，同比增长16.6%；餐饮业实现零售额10.3亿元，同比增长24.3%。

商贸流通体系建设日趋完善，城乡消费环境进一步改善。国际商贸城一期、渤海物流园全福元配送中心、寿光果菜批发市场一期、全福元商城等重点项目已投入使用；红星美凯龙城市综合体、五洲国际商城、国际商贸城二期等大型商贸项目建设进展顺利；新建标准化农家店110家，农家店乡镇覆盖率达到100%，流通现代化水平进一步提升；建设了再生资源回收体系信息平台及分拣中心，部分社区垃圾回收亭安装完毕；获“中国十佳品牌会展城市”。

七、外经、外贸、招商、旅游。对外贸易平稳增长。全市外贸获权企业达到753家，有出口实绩的180家，其中出口过千万美元的31家，过亿美元的3家。全年完成进出口总额22.0亿美元，同比增长1.7%。其中出口16.5亿美元，同比增长14.1%；进口5.5亿美元，同比下降23.4%。

利用外资和对外经济技术合作持续增长。合同利用外资3.0亿美元，同比增长20.0%；实际到账外资1.9亿美元，同比增长28.2%。境外项目投资结构进一步优化。新设立境外企业5家，投资额达3920万美元，全市境外企业达到20家。寿光蔬菜产业集团收购荷兰两家种子公司，建设了7000平方米荷兰模式智能温室，增强了企业开拓国际市场的能力；市软件园入园企业达到102家，实现产值4.8亿元。承接服务外包合同46份，离岸接包合同额4326万美元，执行金额2899万美元；完成对外承包工程营业额2432万美元，同比增长21.2%，外派劳务586人，获批“山东省对外劳务合作服务平台”。

招商引资成效显著。全市以“蓝黄两区”建设为契机，凭借资源、区位等优势，利用蔬菜博览会、鲁台经贸洽谈会等招商平台，采取区域招商、项目招商和产业招商等多方式引进外商投资。全年符合投资规模要求的招商引资项目223个，实际投资额174.8亿元。其中，农业项目36个，实际投资额11.2亿元；工业项目124个，实际投资额121.7亿元；三产项目63个，实际投资额40.7亿元；争取上级部门下拨的用于项目建设的无偿资金55笔，折算到位资金1.2亿元。

旅游收入较快增长。全年接待国内外游客512.7万人次，其中国内游客509.1万人次，旅游业总收入42.1亿元。《走进蔬菜硅谷——寿光》旅游专题宣传片拍摄完成。年末全市拥有国家AAAA级旅游景区3处，AAA级旅游景区3处，AA级旅游景区2处，全国农业旅游示范点2处，山东省农业旅游示范点5处，山东省工业旅游示范点1处，山东省旅游特色村1处，山东省旅游强乡镇6处。现有旅行社21家，星级酒店9家。

八、财政、金融。财政收支较快增长。全市完成财政总收入82.8亿元，同比增长19.8%。公共财政预算收入完成55.0亿元，同比增长32.2%，其中：增值税收入4.8亿元，同比下降4.0%；营业税收入11.0亿元，同比增长25.5%；企业所得税收入4.2亿元，同比增长7.9%。公共财政预算支出完成63.7亿元，同比增长27.4%，其中：一般公共服务支出6.1亿元，同比增长19.0%；教育事业费支出18.7亿元，同比增长26.8%；城乡社区事务支出6.1亿元，同比增长2.0%。

金融市场运行平稳。2012年民生银行入驻寿光，全市拥有银行机构13家。年末金融机构本外币各项存款余额567.1亿元，较年初增加112.5亿元。其中：城乡居民储蓄存款余额326.0亿元，较年初增加50.4亿元。本外币各项贷款余额520.1亿元，较年初增加108.9亿元，其中：短期贷款385.5亿元，较年初增加93.7亿元；中、长期贷款133.0亿元，较年初增加14.7亿元。

九、城建、环保。城市品位提升较快。2012年，全市以争创“联合国人居环境奖”为目标，加快推进企业总部群、两馆一中心等100多项城建项目，高层建筑达到620栋。全年新修、改造城区道路28公里，排水管道102公里，新增城市绿化面积200公顷，被确定为全省城市绿荫行动示范市。城镇化水平逐步提高，城镇化率达到53.98%。

镇域服务功能明显增强。2012年，全市加快推进公路交通、安全饮水等公共服务向镇村延伸，村级公路网化工程开工农村道路356公里，铺设入村供水管道343公里，全年完成小城镇建设投入19亿元。农村环境面貌显著改善，被确定为全省乡村文明行动示范市。新建农村社区29个，公寓楼518栋，被省政府评为全省农村住房建设和危房改造工作先进市。

生态水平不断提高。2012年，启动实施生态寿光规划编制，积极推进丹河生态绿化、三大万亩林场等重点绿化工程。组织对张僧河西支和尧河等5条河流综合治理，境内河流稳定达到恢复鱼类生长标准。全市强化污水处理费征收管理，实行排污权有偿交易，共实施39项治污减排工程，建成3处污水处理厂，拆除6家燃煤电厂脱硫旁路，关停取缔74家污染企业，污染物排放得到有效控制。以城区、渤海工业园等六大片区为重点，深入开展大气污染综合治理，全面启动PM2.5监测，重点片区空气质量实现根本好转，顺利通过国家环保模范城市复核和国家生态市考核验收。

十、科技、教育、文化、卫生、体育。科技事业实现新突破。山东半岛蓝色经济工程研究院、国家火炬寿光卤水综合利用特色产业基地、青岛国家海洋科学研究中心卤水高新技术产业孵化基地三个重大科技创新平台落户；获批山东省新能源汽车自主创新示范园；新增1家产业技术创新战略联盟、1家省级生产力促进中心；建设1家国际合作科学研究中心、1家省级高新技术创业服务中心、2家综合院士工作站；建立7家潍坊市级以上工程技术研究中心、2家潍坊市级重点实验室；1家企业被认定为国家火炬计划重点高新技术企业；1家企业被认定为省级创新型（试点）企业；35个科技计划项目获国家科技部、省科技厅立项；52项科技成果获得省、潍坊科技进步奖，其中1项获得省科技进步一等奖。

教育事业再创佳绩。素质教育全面深化。全市39名学生获得全国奥赛一等奖，39名学生保送全国重点大学；22名学生考取清华、北大，居全省各县、市、区第一位。全年新建学校面积9.2万平方米，文家中学、明珠小学建成启用。寿光被教育部确定为全国社区教育示范区。完成国家教育规划纲要提出的学前教育发展目标，全市0–3周岁婴幼儿受教育率达到80%以上，学前三年入园率为99.8%以上，学前一年入园率达100%，被评为全省学前教育先进市。农村小学安全饮水工程已全面推开。

文化事业蓬勃发展。全市975个村（居）委会配套建设文化大院876个、农家书屋913个，建成电子阅览室100个，农村电影放映、文化信息资源共享工程覆盖率均达到100%。完成寿济路扩建建设工地的考古调查与勘探工作，新发现遗址8处。古籍保护工作被省政府授予山东省第二批古籍重点保护单位荣誉称号。5个非物质文化遗产项目列入省级名录，17个非物质文化遗产项目列入潍坊市级名录。申报第三批潍坊市级非遗项目11项，代表性传承人10人，制作完成民间传统舞蹈“荷花秧歌”的摄录、整理工作。深入实施文化惠民工程，积极推进历史文化中心、王高塔文化遗址修复工程等40个文化项目建设，并开展首届群众文艺大会演，参与群众超过100万人次。

卫生事业更趋完善。2012年底，全市共有各类医疗卫生机构700个，实有床位6905张，卫生技术人员9022人，其中执业（助理）医师以上人员3915人，城乡医疗水平进一步提高。新农合保障水平逐步提高。新农合参合农民总数达到79.7万人，参合率达到100%，人均筹资额提高到310元，全市共筹集基金2.5亿元。市中医院开启全市公立医院改革破冰之旅。中医院、16处镇街卫生院及所有实行一体化管理的村卫生室全部实施基本药物制度，并执行基本药物“零差率”销售政策。新建人民医院东城分院等5项重点工程进展顺利。医疗保障水平稳步提高。财政对城乡居民医疗保险补助标准提高到每人每年240元。启动实施重特大疾病医疗救助工程，发放各类救助金6000万元。

体育工作再创佳绩。组织举办了以“我参与、我运动、我健康”为主题的第六届全民运动会。2012年7-9月份组队参加潍坊市包括篮球、排球、摔跤等在内的19个项目的锦标赛，获金牌246枚，银牌74枚，铜牌86枚，共获奖牌406枚，奖牌总数列潍坊各县市区第一位。拥有体育类俱乐部7个，其中新成立象棋协会分会、乒乓球协会分会和体育舞蹈协会。

十一、社会保障。社会保障事业健康发展。参保人员继续增加。年末全市城镇职工基本养老参保人数16.1万人，其中退休人员2.8万人；新型农村养老保险参保人数59.8万人。工伤、失业、生育保险参保人数分别达到12.9万人、8.2万人和7.2万人。享受城镇低保540人；享受农村低保25669人；享受五保供养老人1079人，其中集中供养975人；社会散养孤儿91人。保障标准和力度继续提高。企业离退休人员人均月增养老金235元；农村和城镇低保标准分别提高到每人每年2500元和每人每月400元；农村五保老人集中供养和分散供养分别提高到每人每年4900元和2500元；社会散养和机构养育孤儿基本生活费分别提高到每人每月1000元和1500元；城乡居民基础养老金提高到每人每月60元。城镇登记失业率1.46%。

十二、人民生活与人口。城乡居民收入持续增加，生活水平稳步提高。据百户调查，2012年城镇居民人均可支配收入29260元，同比增长12.6%；城镇居民人均消费性支出20100元，同比增长11.9%。农村居民人均纯收入达到12805元，同比增长13.8%；农村人均生活消费支出9832元，同比增长5.0%。

饮食结构日趋合理，主食消费量减少副食消费量增加，并向精细化、营养化发展。2012年全市农村居民人均消费粮食179公斤，同比减少3公斤；消费肉及肉制品16.6公斤，与上年持平；消费蛋类17.1公斤，同比增加1.5公斤；消费水产品7.8公斤，同比增加0.4公斤；消费水果类34.2公斤，同比增加8.0公斤。

居住条件进一步优化。年末农村人均居住面积达56.0平方米，同比增加2.3平方米，其中：人均居住楼房面积达到10.1平方米，同比增加1.2平方米。饮用卫生水普及率达100%。

各类家庭耐用物品及高档家电拥有量持续增加。年末全市百户农村家庭拥有洗衣机99台，比上年增加2台；电冰箱103台，与上年持平；空调机37台，比上年增加7台；热水器81台，比上年增加11台；家用计算机63台，比上年增加12台；生活用汽车43辆，比上年增加16辆。

人口继续保持低速增长。年末全市总人口1050982人，其中：男530266人，女520716人，男女性别比为101.8:100。全年出生人口11041人，死亡人口8168人。人口出生率10.53‰，死亡率7.79‰，人口自然增长率2.74‰。

【2013年寿光市国民经济和社会发展统计公报】 2013年，全市上下在市委、市政府的正确领导下，围绕“一四六三”工作部署，统筹稳增长、促转型、惠民生，主要经济指标稳中有进，各项社会事业取得新进步，城乡一体均衡发展，居民收入持续增加，社会

和谐稳定。

一、综合。初步核算，全年完成地区生产总值（GDP）701.3亿元，按可比价计算，同比增长11.2%。其中，第一产业增加值86.4亿元，同比增长3.6%；第二产业增加值341.3亿元，同比增长11.9%；第三产业增加值273.6亿元，同比增长12.7%。一、二、三产业对经济增长的贡献率分别为4.0%、57.6%和38.4%，分别拉动GDP增长0.4、6.5和4.3个百分点。三次产业结构比由上年的12.7：50.6：36.7调整为12.3：48.7：39.0，三产比重同比提高2.3个百分点，产业结构进一步优化。

二、农林牧渔业。全年完成农林牧渔业总产值164.6亿元，按可比价格计算增长3.6%。

主要农作物产量增加。全市粮食播种面积137.6万亩，同比下降0.7%；粮食总产68.7万吨，同比增长0.7%。其中，夏粮总产33.5万吨，同比增长1.8%；平均单产489.6公斤，同比增长2.8%。秋粮总产35.2万吨，与上年持平；单产509.1公斤，同比增长0.2%。棉花播种面积27.8万亩，同比下降2.1%；总产15036吨，同比下降23.3%。水果总产量10.5万吨，同比增长1.0%。瓜菜播种面积84.9万亩，同比下降0.7%；总产452.5万吨，同比增长1.8%。高端农业快速发展。新申报、审定蔬菜新品种15个，总数达到35个；新增国家级标准园区3处、国家地理标志证明商标5个。全市家庭农场发展到619家。

林业生态建设成效明显。全年完成造林面积2987公顷，同比增长12.0%；新增育苗面积443公顷，同比增长61.1%；四旁植树410万株，同比下降18.0%；年末农田林网面积达到85907公顷，与上年持平；活立木蓄积量89.4万立方米，同比增长13.2%；林木覆盖率达到23.8%，同比提高1.7个百分点。

畜牧业生产平稳增长。年末生猪存栏49.1万头，同比增长2.9%，出栏82.1万头，同比增长7.3%；羊存栏11.7万只，同比增长4.5%，出栏12.8万只，同比增长12.3%；家禽存栏1939.4万只，同比下降10.4%，出栏7373.0万只，同比下降3.2%。全年肉类总产量17.1万吨，同比增长0.6%；禽蛋产量2.3万吨，同比增长9.5%；奶类总产量0.6万吨，同比下降33.3%。

渔业持续稳定发展。完成渔业总产值14.9亿元，按可比价增长9.9%。水产品产量20.6万吨，同比增长9.6%。海洋捕捞13.6万吨，同比增长4.6%；海水养殖6.3万吨，同比增长21.6%；淡水养殖0.7万吨，与上年持平。

农业机械化水平进一步提高。农业机械总动力139.1万千瓦。全年完成机耕面积169.9万亩，机播面积186.4万亩，机收面积152.3万亩，机耕水平、机播水平和机收水平分别达到100.0%、74.4%、60.8%。

农田水利基本建设成效显著。完成农田水利基本建设投资5.8亿元，建成各类水利工程1503处，新增改善灌溉面积9.1万亩，发展节水灌溉面积4.8万亩，建成“旱能浇、涝能排”高标准农田4.3万亩。

三、工业。工业生产平稳增长。规模以上工业企业完成总产值1700.1亿元，同比增长11.2%；增加值同比增长13.2%。

企业规模不断扩大。规模以上工业企业达到515家，同比增加14家；户均收入3.4亿元，同比增加0.3亿元，同比增长9.9%。其中，年主营业务收入过亿元的企业157家，同比增加17家；过10亿元的企业29家，同比增加5家；过100亿元的企业5家。

经济效益稳步回升。规模以上工业企

业实现主营业务收入1739.0亿元，同比增长14.6％；实现利润97.4亿元，同比增长20.5％；实现利税135.1亿元，同比增长21.0%。

高新技术产业较快发展。实现高新技术产业产值632.4亿元，同比增长16.4％；占规模以上工业产值的比重达到37.2%，比年初提高2.0个百分点。

工业品产量增长。在统计范围内的106种主要产品中，有56种产品产量同比增长或持平，其中锂离子电池、橡胶轮胎、机制纸及纸板等产品产量同比增长25%以上。

2013年寿光市主要工业产品产量表

表8

产品名称	单位	产品产量	同比增长（%）
原盐	万吨	418.79	1.2
饲料	万吨	122.11	−22.4
啤酒	千升	225289	12.9
服装	万件	1352	11.2
人造板	立方米	1724882	−6.5
机制纸及纸板	万吨	299.25	26.3
合成氨	万吨	110.82	27.2
化学肥料（折纯）	吨	922539	31.9
化学药品原药	吨	44564	4.7
橡胶轮胎外胎	万条	1441.98	46.5
钢材	万吨	395.72	2.9
载货汽车	辆	72938	−14.3
锂离子电池	自然只	218412	52.5
发电量	万千瓦时	261657	5.8
供电量	万千瓦时	593057	26.0

工业投入量质齐升。完成工业投资165.3亿元，同比增长9.0%。129个投资项目已有46个项目建成投产。计划投资5000万以上工业项目121个，其中过亿元项目107个，实际完成投资154.1亿元，占全部固定资产投资的37.9%。

四、固定资产投资和建筑业。固定资产投资较快增长。全年完成固定资产投资406.5亿元，同比增长19.3%。其中，计划总投资过亿元项目267个，完成投入337.4亿元，同比增长13.9%。按产业划分，一产投资完成16.0亿元，同比增长13.0%；二产投资完成165.3亿元，同比增长9.0%；三产投资完成225.2亿元，同比增长27.3%。投资结构比由上年的4.6:50.7:44.7调整为3.9:40.7:55.4。按区域划分，城镇以上投资完成234.3亿元，同比下降0.7%；农村投资完成172.2亿元，同比增长38.1%。

战略新兴产业不断壮大。以富康制药、天力药业、蓝典生物科技为代表的新医药和生物产业不断壮大，全年完成战略性新兴产业投资93.4亿元，同比增长13.0%，占全部工业投资的57.0%。

房地产开发投资增长较快。全年房地产开发投资92.3亿元，同比增长28.1%。其中，住宅投资51.8亿元，同比增长10.3%；商业营业用房和办公楼投资35.4亿元，同比增长67.8%。房屋施工面积964.3万平方米，同比增长29.4%；本年房屋竣工面积102.0万平方米，同比下降5.0%。商品房销售面积129.0万平方米，同比增长10.9%；商品房销售额完成54.0亿元，同比增长29.5%。

建筑业发展较快。全年完成建筑业总产值159.9亿元，同比增长21.2%。全员劳动生产率为31.5万元/人，同比增长12.9%。实现主营业务收入149.2亿元，同比增长

24.7%；营业利润 8.0 亿元，同比增长 45.5%。

安居工程进展顺利。全年开工建设廉租房、公共租赁房和经济适用房等保障性住房 1553 套，竣工 1313 套。实际货币补贴 26 户。

五、交通运输、邮政和电信业。交通基础设施建设力度加大。全年完成交通建设投资 7.5 亿元。公路通车总里程达到 3341 公里，柏油路通车里程达到 2462 公里，油路密度达到每百平方公里 167.9 公里。

交通运输量进一步增加。全年新增营运货车 3334 辆，更新班线客车 23 辆，新增城乡公交车 21 辆，年末营运性机动车 18871 辆。全年完成公路客运量 2282 万人次，同比增长 2.9%；旅客周转量 11.0 亿人公里，同比增长 3.8%；完成货运量 3426 万吨，同比增长 6.5%；货物周转量 118.9 亿吨公里，同比增长 7.2%。

邮政电信业稳步发展。邮电业务总量 7.9 亿元，同比增长 9.0%。其中，邮政业务总量 6593 万元，同比增长 2.0%；电信业务总量 7.2 亿元，同比增长 9.1%。年末电话用户总数为 142.3 万户，其中，固定电话用户 16.6 万户，移动电话用户 125.7 万户。

六、国内贸易。国内消费市场运行平稳。社会消费品零售总额 204.3 亿元，同比增长 16.8%。其中限额以上企业实现社会消费品零售额 109.2 亿元，同比增长 17.7%。按消费形态分，批发业实现零售额 46.6 亿元，同比增长 16.2%；零售业实现零售额 144.4 亿元，同比增长 17.0%；住宿业实现零售额 2.2 亿元，同比增长 17.1%；餐饮业实现零售额 11.1 亿元，同比增长 13.7%。

七、外经、外贸和旅游。进出口贸易稳中有升。全年完成进出口总额 26.4 亿美元，同比增长 20.4%。其中，出口 18.9 亿美元，同比增长 14.7%；进口 7.5 亿美元，同比增长 37.4%。出口过千万美元的企业 32 家，过亿美元的 4 家。

利用外资实现双增。新批外资项目 15 个，合同利用外资 2.2 亿美元，同比增长 24.8%，实际到账外资 1.9 亿美元，同比增长 1.8%。

对外经济技术合作取得突破。全年设立境外企业 6 家，投资额达 5504 万美元，同比增长 40.4%。服务外包稳步发展。新签服务外包合同 38 份，离岸接包合同额 7075 万美元，执行金额 4200 万美元。外派劳务形势喜人。完成对外承包工程营业额 3162 万美元，同比增长 30.0%，外派劳务 794 人次。

旅游业保持较快发展。全年接待境内外游客 572.4 万人次，同比增长 11.6%。其中国内旅游人数 568.9 万人次，同比增长 11.7%；国际入境游客 3.5 万人次，同比下降 2.5%。旅游总收入 48.6 亿元，同比增长 15.6%。其中国内旅游收入 47.2 亿元，同比增长 16.6%；国际旅游收入 0.2 亿美元，同比下降 11.2%。全市 A 级景区 9 家，其中，AAAA 级旅游景区 3 处，AAA 级旅游景区 4 处，AA 级旅游景区 2 处。

八、财政和金融。财政收支稳步增长。财政总收入 97.0 亿元，同比增长 16.0%，其中公共财政预算收入完成 70.7 亿元，同比增长 19.7%。公共财政预算收入中增值税完成 5.2 亿元，同比增长 7.7%；营业税完成 15.6 亿元，同比增长 13.4%；企业所得税完成 3.7 亿元，同比下降 29.7%；个人所得税完成 0.7 亿元，同比增长 3.7%。公共财政预算支出 78.4 亿元，同比增长 23.0%。民生支出保障有力。教育支出 23.1 亿元，同比增长 23.6%；科学技术支出 2.5 亿元，同比增长 13.2%；社会保障和就业支出 7.1 亿元，同比增长 34.6%；医疗卫生支出 5.2 亿元，同比增长28.6%；节能环保支出3亿元，同比增长61.6%；城乡社区事务支出7亿元，同比增长13.3%；农林水事务支出14.2亿元，同比增长18.5%；住房保障支出0.7亿元，同比增长16.8%。

金融市场态势良好。年末14家银行机构本外币各项存款余额639.6亿元，比年初增加72.5亿元。其中，居民储蓄存款余额352.7亿元，比年初增加26.7亿元；本外币各项贷款余额588.5亿元，比年初增加68.2亿元。其中，短期贷款余额为432.8亿元，比年初增加47.1亿元；中长期贷款余额为154.1亿元，比年初增加21.2亿元。

债券和股权融资取得新进展。发行各类债券12只，融资80亿元，其中发行地方企业债融资4.8亿元，公司债融资5亿元，短期融资券38亿元，区域集优票据7.2亿元，非公开定向债务融资工具15亿元，4家企业成功发行9亿元中小企业私募债。场外股权交易取得新进展，1家企业在齐鲁股权交易中心挂牌。

新型金融组织发展迅速。小额贷款公司9家，注册资本11.5亿元，贷款余额12.9亿元。融资性担保公司5家，资产总额达到5.2亿元。

保险业健康发展。驻寿保险机构36家，其中财产险公司18家，人身险公司15家，保险代理机构3家。实现保费收入11.7亿元，同比增长9.5%，各项赔给付3.3亿元，同比增长40.8%。其中，财产险实现保费收入5.1亿元，同比增长11.4%，赔款支出2.9亿元，同比增长39.9%；人身险实现保费收入6.6亿元，同比增长8.1%，赔给付0.4亿元，同比增长48.0%。

九、科学技术。科技事业持续发展。3个项目列入国家863计划。山东省自主创新专项立项2项，省级以上科技计划项目立项33项。获得省科技进步奖5项，潍坊市科技进步奖53项。博士后科研工作站6家。

专利工作成绩显著。全年专利申请总量1660件，授权专利总量950件，同比分别增长42.7%和15.6%。其中，发明专利申请量448件，同比增长15.5%；发明专利授权量71件，同比增长10.9%。中国专利山东明星企业11家。

品牌创建工作成效显著。全年共申报51个山东名牌产品、4个山东省服务名牌，分别有37个产品和3个服务项目进入山东省名推委的公示名单。山东墨龙石油机械股份有限公司新获潍坊市市长质量奖，潍坊市市长质量奖总数达到4个。新评寿光市市长质量奖5个。企业新创驰名商标1件，总量达16件。新注册地理标志证明商标5件，总量达到11件。新认定省著名商标4件，总量达58件。

人才工作实现新突破。全年引进各类高层次人才436人，外国专家172人次，组织执行专家项目12个。设立海外人才工作站1处。

十、城乡建设、环境保护和安全生产。城乡一体协调发展。全市信息化水平不断提高，“智慧城市”建设有序推进。完成新型城镇化发展规划，组织实施市政工程103项，开工建设银海路北伸、广场街改造等35项道路工程，新修、改造道路36公里、绿地150公顷、排水管道102公里。小城镇建设步伐加快。农村公路网化工程全面完成，农村安全饮水实现全覆盖，全年完成小城镇基础设施和公共服务设施建设投入25.0亿元；新建农村社区20个，新建楼房543栋，续建楼房112栋，完成主体21106户；完成农村危房改造1006户。年末城镇化率达到55.24%。

环境保护取得实效。启动美丽寿光环保专项行动，集中推进170项环保治理工程，关停取缔和搬迁改造污染企业35家，启动丹河等3条河流综合治理，新建改造6家污水处理厂，推进环库林场等5项重点绿化工程。集中开展大气污染综合治理和油气回收工程，整顿102个大气污染项目，停产11家鱼粉加工厂，区域环境质量逐步好转，大气环境质量明显改善。

全年累计发生各类生产安全事故32起，累计死亡7人，同比分别下降50.8%和56.3％。

十一、教育、文化、卫生和体育。教育事业均衡发展。年末共有普通高校1所，在校学生1.7万人；中职学校2所，在校学生2.3万人；普通高中6所，在校学生2.8万人；初中34所，在校学生3.7万人；小学111所，在校学生6.6万人；特教1所，在校学生147人；幼儿园165所，在校学生3.1万人。素质教育扎实推进，全市34名学生获得全国奥赛一等奖，13名学生被清华、北大录取。正式通过国家级“全国县域义务教育发展基本均衡县”验收，被教育部确定为全国社区教育实验区。

文化事业成果丰硕。历史文化中心、中华汉文化产业园等61项重点文化项目建设进展顺利，卤水制盐工艺等2个项目列入省级非物质文化遗产目录，双王城盐业遗址被确定为国家级文物保护单位。

卫生服务水平稳步提升。市人民医院门诊楼投入使用，城乡医保标准进一步提高。全市城乡居民建立纸质健康档案88.38万份，建档率84.47%。年末共有各类医疗卫生机构696个，实有床位6975张，卫生技术人员10692人，其中执业（助理）医师以上人员4471人。

全民体育运动深入开展。承办第二十一届中日韩青少年运动会橄榄球比赛和山东省青少年七人制橄榄球冠军赛两项大型赛事；组织“文明之夏人民广场体育大舞台”和“体育彩票杯”廉政主题系列体育活动；全国十二届运动会取得金牌3枚、银牌5枚、铜牌1枚的优异成绩。

十二、人口、居民生活、就业和社会保障。人口继续保持低速增长。全年出生人口9737人，合法生育率98.2%，人口自然增长率3.5‰，出生人口男女性别比为108.5：100。年末户籍总人口1057497人，其中，男533327人，女524170人，男女性别比为101.7:100。

居民收入持续增加。全年农民人均纯收入达到14408元，同比增长12.5%；人均生活消费支出11944元，同比增长21.5%。

就业形势稳定。全年新增城乡就业32048人，其中，城镇新增就业18377人，农村劳动力转移就业13671人。城镇登记失业率1.43%。

社会保障事业健康发展。参保人员继续增加，年末全市城镇职工基本养老参保人数16.48万人，其中退休人员3.06万人；城乡居民养老保险参保人数62.3万人。工伤、失业、生育保险参保人数分别达到13.1万人、8.7万人、7.5万人，社保基金总收入达到20.06亿元。保障标准和力度继续提高。企业离退休人员人均月增养老金223元，人均月养老金达1724元；城乡居民基础养老金提高到每人每月65元。

【2014年寿光市国民经济和社会发展统计公报】 2014年，面对严峻复杂的经济形势，全市上下紧紧围绕“建设品质寿光，创造美好生活”总目标，主动适应经济发展新常态，坚持改革创新，加快转型升级，不断改善民

生，经济社会实现稳步发展，社会事业全面进步。

一、综合。初步核算，全年完成地区生产总值（GDP）762.0亿元，按可比价计算同比增长9.4%。其中，第一产业增加值91.7亿元，同比增长4.8%；第二产业增加值359.1亿元，同比增长9.9%；第三产业增加值311.2亿元，同比增长10.2%。一、二、三产业对经济增长的贡献率分别为5.9%、57.1%和37.0%，分别拉动GDP增长0.6、5.3和3.5个百分点。三次产业结构比由上年的12.3：48.7：39.0调整为12.0：47.2：40.8，三产比重同比提高1.8个百分点，产业结构进一步优化。

二、农林牧渔业。全年完成农林牧渔业总产值174.8亿元，按可比价计算同比增长4.6%。

主要农作物产量略增。粮食播种面积140.1万亩，同比增长1.8%，粮食总产69.0万吨，同比增长0.4%，其中，夏粮总产33.8万吨，同比增长0.9%；秋粮总产35.2万吨，与上年持平。棉花播种面积23.8万亩，同比下降14.4%，总产1.6万吨，同比增长6.7%。水果总产量9.3万吨，同比下降11.4%。瓜菜播种面积83.8万亩，同比下降1.3%，瓜菜总产450.9万吨，同比下降0.4%。全市通过省级审定、鉴定蔬菜新品种13个。种苗年繁育能力达到14亿株。全市新增家庭农场473家，共计1085家。

林业生态建设扎实推进。全年完成造林面积2670公顷，同比下降10.6%；新增育苗面积650公顷，同比增长46.7%；四旁植树460万株，同比增长12.2%；年末农田林网面积85907公顷，与上年持平；活立木蓄积量95.8万立方米，同比增长7.2%；林木覆盖率25.3%，同比提高1.5个百分点。

畜牧业生产稳定。年末生猪存栏48.6万头，同比下降1.0%，出栏87.3万头，同比增长6.3%；牛存栏0.3万头，出栏0.4万头，同比分别下降40.0%和20.0%；羊存栏13.9万只，出栏14.1万只，同比分别增长18.8%和10.2%；家禽存栏1772.7万只，出栏7052.9万只，同比分别下降8.6%和4.3%。全年肉类总产量17.5万吨，同比增长2.3%；禽蛋产量2.2万吨，同比下降4.3%；奶类总产量0.6万吨，与上年持平。

渔业生产保持增长。全年完成渔业总产值16.0亿元，按可比价计算同比增长7.3%。水产品产量21.0万吨，同比增长1.9%，其中海洋捕捞13.6万吨，与上年持平；海水养殖6.6万吨，同比增长4.8%；淡水养殖0.8万吨，同比增长14.3%。

农业机械化水平进一步提高。全市农业机械总动力139.2万千瓦。全年完成机耕面积168.2万亩，机播面积182.0万亩，机收面积147.9万亩，机耕水平、机播水平和机收水平分别达到100%、73.4%、59.7%。

农村水利基本建设进展顺利。全市完成农田水利基本建设投资1.6亿元，建成各类水利工程2209处，新增改善灌溉面积9.7万亩，发展节水灌溉面积2.4万亩，建成“旱能浇、涝能排”高标准农田5.0万亩。

三、工业。工业生产平稳增长。规模以上工业完成总产值1757.1亿元，同比增长5.3％。其中，轻工业完成产值429.8亿元，同比下降1.1%；重工业完成产值1327.4亿元，同比增长7.5%，轻重工业之比为24.5：75.5。

企业规模不断扩大。规模以上工业企业达到478家，户均主营业务收入3.7亿元，同比增加0.3亿元，同比增长9.7%。其中，年主营业务收入过亿元的企业132家，过

10亿元的企业30家，过50亿元的企业7家，过100亿元的企业5家。

经济效益增速下降。规模以上工业实现主营业务收入1770.4亿元，同比增长4.5％；实现利润92.2亿元，同比下降2.2％；实现利税129.3亿元，同比下降1.3%。

高新技术产业较快发展。实现高新技术产业产值693.4亿元，同比增长11.9％；占规模以上工业总产值的比重达到39.5%，比年初提高2.3个百分点。其中增长较快的行业有通用设备制造业、化学原料和化学制品制造业、医药制造业等行业。

工业投入结构优化。全市完成工业投入277.2亿元，其中技术改造投资264.4亿元，同比增长60.0%；占固定资产投资的比重为54.7%，同比提高14.1个百分点。高新技术产业投资154.8亿元，同比增长17.4%，高于固定资产投资增速1.6个百分点。先进制造业投资55.2亿元，同比增长20.9%，高于固定资产投资增速5.1个百分点。

工业品出口快速增长。规模以上工业完成出口交货值127.2亿元，同比增长13.8%，增速同比提高10.5个百分点。其中增长较快的行业有橡胶和塑料制品业、木材加工和木制品业、化学原料和化学制品制造业等行业。

工业品产量实现增长。在统计范围内的93种主要产品中，有40种产品产量同比增长或持平，其中锂离子电池、橡胶轮胎、发电量等产品产量同比增长25%以上。

2014年寿光市主要工业产品产量表

表9

产品名称	单位	产品产量	同比增长（%）
原盐	万吨	485.97	16.0
饲料	万吨	92.64	−16.6
啤酒	万千升	23.51	4.3
服装	万件	842.54	−39.5
人造板	万立方米	175.96	7.4
机制纸及纸板	万吨	297.97	−0.8
合成氨	万吨	106.39	−4.0
化学肥料（折纯）	万吨	89.01	−3.5
化学药品原药	万吨	4.90	8.5
橡胶轮胎外胎	万条	1836.61	27.4
钢材	万吨	303.61	−23.3
载货汽车	万辆	5.98	−18.0
锂离子电池	万自然只	34.94	60.0
发电量	亿千瓦时	44.53	29.5
供电量	亿千瓦时	67.46	13.8

四、固定资产投资和建筑业。固定资产投资增速趋缓。全年完成固定资产投资498.3亿元，同比增长15.8%。其中计划总投资过亿元项目282个，完成投入396.3亿元，同比增长17.5%。按产业划分，一产投资完成18.4亿元，同比增长14.9%；二产投资完成284.8亿元，同比增长67.8%；三产投资完成195.1亿元，同比下降13.4%。三次产业投资结构比由上年的3.9：40.7：55.4调整为3.7：57.1：39.2。

房地产开发投资下滑明显。全年房地产开发投资60.7亿元，同比下降24.3%。其中住宅投资34.4亿元，同比下降24.2%；商业营业用房投资12.5亿元，同比下降31.5%。房屋施工面积842.1万平方米，同比下降6.7%；本年房屋竣工面积117.2万平方米，同比增长14.9%。商品房销售面积96.2万平方米，同比下降16.6%；商品房销售额完成37.9亿元，同比下降17.5%。商品房现房待售面积83.2万平方米，同比增长140.0%。

建筑业发展速度放缓。全年完成建筑业总产值161.7亿元，同比增长1.1%；签订合同额176.7亿元，同比下降1.4%。实现主营业务收入142.6亿元，同比下降4.5%；营业利润7.5亿元，同比下降6.0%；利税总额12.5亿元，同比下降7.2%。

五、交通运输、邮政和电信业。交通基础设施建设积极推进。全年完成交通基础设施投资7.5亿元。公路通车总里程3350公里，其中柏油路通车里程2480公里，公路密度每百平方公里167.9公里。

交通运输业稳步发展。全年新增营运货车2675辆，更新班线客车13辆，新增城乡公交车59辆，新投放60辆电汽混合动力和20辆纯电动城市公交车，年末营运性机动车21492辆。全年完成公路客运量571万人次，同比减少2.1％；旅客周转量3.7亿人公里，同比减少1.0％；完成货运量4398万吨，同比增长1.7％；货物周转量98.3亿吨公里，同比增长5.6％。

邮政电信业运行平稳。邮电业务总量9.2亿元，同比增长2.4%。其中邮政业务总量0.7亿元，同比增长2.3％；电信业务总量8.6亿元，同比增长2.4％。年末电话用户总数为141.1万户，其中固定电话用户16.2万户，移动电话用户124.9万户。

六、国内贸易。国内消费市场稳步发展。社会消费品零售总额230.9亿元，同比增长13.0%，其中限额以上企业实现社会消费品零售额122.2亿元，同比增长9.5%。按消费形态分，批发业实现零售额57.0亿元，同比增长15.5%；零售业实现零售额158.7亿元，同比增长12.8%；住宿业实现零售额2.3亿元，同比下降7.8%；餐饮业实现零售额12.9亿元，同比增长12.4%。

电子商务产业发展较快。完成电子商务交易额120.0亿元。利用第三方电子商务平台的中小企业达到200余家，电子商务企业总数320家，网络店铺4500家，获2013年全国网络消费百强县市第92位。寿光软件园获批山东省电子商务示范基地。

七、外经、外贸和旅游。进出口贸易较快增长。全年完成进出口总额33.0亿美元，同比增长24.7%。其中出口20.4亿美元，同比增长8.0%；进口12.6亿美元，同比增长66.5%。新增外贸经营者备案登记企业86家，有进出口实绩的企业突破200家，出口过千万美元的企业40家，过亿美元的企业5家。

利用外资、到账外资有降有升。新批外资项目14个，合同利用外资2.1亿美元，同比下降4.2%；实际到账外资2.0亿美元，同比增长1.4%。

对外经济技术合作积极推进。全年设立境外企业6家，投资额1.0亿美元。服务外包稳步发展，市软件园入园企业120家，实现产值6亿元，新签服务外包合同55份，执行金额0.8亿美元。外派劳务形势良好，完成对外承包工程营业额0.4亿美元，外派劳务914人次。

旅游业发展稳定。全市共有A级景区9处，其中AAAA级景区5处，AAA级景区2处，AA级景区2处。全市共有星级饭店8家，其中4星级饭店3家，3星级饭店5家。

八、财政和金融。财政收支稳步增长。财政总收入107.2亿元，同比增长10.5%，其中公共财政预算收入完成79.2亿元，同比增长12.0%。公共财政预算收入中增值税完成6.8亿元，同比增长31.9%；营业税完成15.8亿元，同比增长1.3%；企业所得税完成

3.9 亿元，同比下降 7.0%；个人所得税完成 0.9 亿元，同比增长 40.1%。公共财政预算支出 82.7 亿元，同比增长 5.5%。民生支出保障有力。教育支出 24.1 亿元，同比增长 4.1%；社会保障和就业支出 8.6 亿元，同比增长 20.4%；医疗卫生支出 6.0 亿元，同比增长 16.1%；农林水事务支出 14.4 亿元，同比增长 1.4%；住房保障支出 0.8 亿元，同比增长 20.9%。

金融市场运行稳健。年末 14 家银行机构本外币各项存款余额 732.6 亿元，比年初增加 93.0 亿元，其中居民储蓄存款余额 406.3 亿元，比年初增加 53.6 亿元。本外币各项贷款余额 673.3 亿元，比年初增加 84.8 亿元，其中，短期贷款余额 495.0 亿元，比年初增加 62.0 亿元；中长期贷款余额 174.2 亿元，比年初增加 20.1 亿元。

资本市场融资进展顺利。康跃科技在深圳证券交易所创业板上市，股权融资 1.64 亿元。映康牧业在齐鲁股权交易中心精选板挂牌，场外挂牌企业达到 3 家；同星化工在上海股交中心 Q 板挂牌，首次登陆省外股权交易市场。鲁清石化、东宇工贸、神润发海洋化工、金海小额贷款公司 4 家企业共发行债券 12.0 亿元。

新型金融组织发展迅速。招商证券寿光营业部开业，证券类机构达到 2 家；设立鑫发展、弘泰 2 家民间资本管理公司，注册资本总额 8000 万元；完成寿光金政融资担保公司增资扩股工作，注册资本由 2 亿元增至 5 亿元；恒丰银行潍坊寿光支行获批筹建。

保险行业持续健康发展。驻寿保险机构 36 家，其中财产险公司 18 家，人身险公司 15 家，保险代理机构 3 家。全年实现保费收入 13.6 亿元，同比增长 15.4%；各项赔给付 3.5 亿元，同比增长 5.5%。其中，财产险实现保费收入 5.8 亿元，同比增长 13.6%；赔款支出 3.0 亿元，同比增长 3.1%。人身险实现保费收入 7.7 亿元，同比增长 16.7%；赔款支出 0.5 亿元，同比增长 23.1%。

九、科学技术。科技事业取得新突破。2 个项目列入国家 863 计划，2 个项目获得国际科技合作专项立项，2 个项目获得山东省自主创新专项立项，省级以上科技计划项目立项 27 项；获得潍坊市级以上科技奖励 32 项。获批国家级孵化器 1 个，潍坊市级孵化器 1 个；寿光新型防水材料基地被认定为国家火炬特色产业基地；获批建设省级企业院士工作站 3 个，总量达 8 个；新认定高新技术企业 12 家，总量达 36 家；获批省级示范工程技术研究中心 1 个、潍坊市级工程技术研究中心 6 个，潍坊市级重点实验室 4 个；成立 2 家产业技术创新战略联盟。博士后科研工作站 6 个。

专利产品成绩显著。全年专利申请总量 2164 件，专利授权总量 1515 件，同比分别增长 30.4% 和 59.5%。其中，发明专利申请量 347 件，同比下降 22.5%；发明专利授权量 97 件，同比增长 36.6%。中国专利山东明星企业达 11 家。

品牌创建工作有序推进。企业新创驰名商标 1 件，总量达 17 件；新创著名商标 4 件，续展著名商标 17 件，总量达 58 件。新评山东名牌称号 3 个，总量达 58 个。3 家企业被评为潍坊市知识产权示范企业，4 家企业被评为潍坊市知识产权试点企业。新评山东省省长质量奖 1 个；新评潍坊市市长质量奖 2 个，总量达 6 个；新评寿光市市长质量奖 3 个，总量达 8 个。新注册地理标志证明商标 3 件，总量达 14 件。

人才建设取得新成绩。全年引进高层次人才 348 名，外国专家 172 人次，组织执行专家项目 6 个，有 3 名外国专家分获“齐鲁友谊奖”、“国家友谊奖”和“鸢都友谊奖”；新增1名国家“外专千人计划”专家，全市国家“千人计划”外国专家达到3人。

十、城乡建设、环境保护和安全生产。城乡统筹发展步伐加快。扎实开展城市环境综合整治，组织实施市政工程101项，其中道路工程32项。新修改造城区道路33.7公里、排水管道48.6公里，新增改建城市绿地480公顷，顺利通过国家卫生城市复审验收。小城镇和“美丽乡村”建设扎实推进。完成小城镇基础设施和公共服务设施建设投入30.1亿元，羊口镇和侯镇进入全省百镇建设示范镇十强。新建农村社区12个，新建楼房265栋，续建楼房86栋，完成主体11632户；完成农村危房改造1110户。年末城镇化率达到56.62%。

环境保护成效显著。“386”环保行动进展顺利，封闭自备井498眼，实施脱硫脱硝等减排工程42项；对羊口、台头等6大片区的87家企业进行大气污染综合治理，对35家涉水企业污水排放口、生物指示池等进行规范化改造，关停企业158家，停产治理企业10家，限期整改企业168家。主要污染物二氧化硫、二氧化氮、PM10、PM2.5年均浓度同比分别改善31.00%、21.57%、7.98%、17.43%。

全年发生各类生产安全事故23起，死亡24人。

十一、教育、文化、卫生和体育。教育事业持续健康发展。年末共有普通高校1所，在校学生2.0万人；中职学校2所，在校学生1.6万人；普通高中6所，在校学生2.7万人；初中34所，在校学生3.5万人；小学105所，在校学生6.6万人；特教1所，在校学生104人；幼儿园163所，在校学生3.2万人。素质教育扎实推进，全市10名学生获得全国奥赛一等奖，9名学生被清华、北大录取。被教育部确定为第一批国家级农村职业教育和成人教育示范县创建单位。

文化事业成果丰硕。历史文化中心、中华汉文化产业园等61项重点文化项目建设进展顺利。图书馆现存图书85万册，其中电子图书10万册，纸质图书75万册。11部古籍图书列入山东省珍贵古籍名录，被省政府命名为山东省重点古籍保护单位。“寿光卤水制盐技艺”列入国家级非物质文化遗产代表性项目名录，“月宫图”、“闹海”、“百鸟朝凤”、“宏源白酒传统酿造技艺”等5个项目列入省级非物质文化遗产代表性项目名录。

卫生服务水平进一步提升。完成167处农村卫生室建设改造，人民医院门诊病房大楼和羊口分院建成启用，妇幼保健院公立医院改革启动实施，基层增补60种常用药品并实行零差率销售。大力开展免费孕前优生检查，人口计生服务水平不断提高。全市城乡居民建立纸质健康档案92.3万份。免疫规划疫苗常规接种率达99.77%。新建社区日间照料中心4处，农村幸福院27处。年末共有各类医疗卫生机构717个，实有床位5306张，卫生技术人员7282人，其中执业（助理）医师以上人员3148人。

全民体育运动广泛开展。组织“人民广场体育大舞台”和“体育之星”系列体育活动，吸引5万人次基层体育爱好者参加。农村群众体育活动阵地不断拓宽，全民健身工程受益村达220个。在第十七届韩国仁川亚运会获得寿光市首枚亚运会金牌。

十二、人口、居民生活、就业和社会保障。人口继续保持低速增长。全年出生人口16964人，合法生育率94.6%，户籍人口自然增长率9.7‰。年末户籍总人口1066901人，其中男 538343 人，女 528558 人，男女性别比为 101.9:100。

居民收入稳步提高。全年农民人均纯收入 16065 元，同比增长 11.5%；人均生活消费支出 10550 元，消费支出占纯收入的比重达 65.7%。

农村生活条件继续改善。全市农村居民人均居住面积 58.8 平方米，其中人均居住楼房面积 12.2 平方米。集中供水覆盖人口达 100%，安全卫生水饮用率达 100%。百户家庭拥有洗衣机 100 台，电冰箱 103 台，空调机 61 台，热水器 86 台，电动自行车 125 辆，家用计算机 71 台，生活用汽车 55 辆。

就业形势稳定。全年新增城乡就业 20979 人，其中，城镇新增就业 11449 人，农村劳动力转移就业 9530 人。城镇登记失业率 1.33%。

社会保障体系不断完善。参保人员继续增加，年末全市城镇职工基本养老参保人数 17.1 万人，其中退休人员 3.27 万人；城乡居民养老保险参保人数 59.71 万人。工伤、失业、生育保险参保人数分别为 13.2 万人、9.6 万人、7.8 万人，社保基金总收入 23.9 亿元。保障标准继续提高，企业退休人员人均月增养老金 263.5 元，人均月养老金 1900 元；城乡居民基础养老金提高到每人每年 900 元；农村居民最低生活保障标准提高到每人每年 3100 元；农村五保集中供养和分散供养标准分别提高到每人每年 7000 元和 4000 元。

【2015 年寿光市国民经济和社会发展统计公报】 2015 年，在经济下行压力持续加大的环境下，全市上下紧紧围绕“建设品质寿光，创造美好生活”总目标，主动适应新常态，积极应对新挑战，坚持改革创新增活力，优化结构促转型，凝心聚力惠民生，经济社会实现稳步发展，社会事业全面进步。

一、综合。初步核算，全年完成地区生产总值（GDP）806.9 亿元，按可比价计算同比增长 8.3%。其中，第一产业增加值 93.2 亿元，同比增长 4.6%；第二产业增加值 367.5 亿元，同比增长 8.0%；第三产业增加值 346.2 亿元，同比增长 9.9%。一、二、三产业对经济增长的贡献率分别为 5.9%、52.8% 和 41.3%，分别拉动 GDP 增长 0.5、4.4 和 3.4 个百分点。三次产业结构比由上年的 12.0：47.2：40.8 调整为 11.5:45.5:42.9，三产比重同比提高 2.1 个百分点，产业结构进一步优化。

二、农业。全年完成农林牧渔业总产值 183.7 亿元，按可比价计算同比增长 4.6%。

主要农产品产量平稳。粮食播种面积 131.3 万亩，同比下降 6.3%，粮食总产 63.4 万吨，同比下降 8.2%。其中，夏粮播种面积 66.8 万亩，同比下降 2.6%，夏粮总产 33.0 万吨，同比下降 2.5%；秋粮播种面积 64.4 万亩，同比下降 9.8%，秋粮总产 30.4 万吨，同比下降 13.6%。棉花播种面积 21.1 万亩，同比下降 11.6%，总产 1.2 万吨，同比下降 26.7%。水果总产量 6.2 万吨，同比下降 33.3%。瓜菜播种面积 85.0 万亩，同比增长 1.4%，瓜菜总产 461.2 万吨，同比增长 2.3%。全市通过审定、鉴定的蔬菜品种达到 46 个，其中有 5 个蔬菜新品种通过省级审定。全市农民专业合作社已发展到 2352 家，已取得认证资格证的家庭农场 1315 家。

林业发展态势良好。全年完成造林面积 2798 公顷，同比增长 4.8%；育苗面积 1069 公顷，同比下降 2.2%；四旁植树 320 万株，同比下降 30.4%；活立木蓄积量 101.8 万立方米，同比增长 6.3%；林木覆盖率 26.8%，同比提高 1.5 个百分点。

畜牧业生产稳定。年末生猪存栏46.1万头，同比下降5.2%，出栏88.2万头，同比增长1.0%；牛存栏0.7万头，同比增长129%，出栏0.3万头，同比下降42.0%；羊存栏14.3万只，出栏14.2万只，同比分别增长3.0%和0.7%；家禽存栏1705万只，出栏6726万只，同比分别下降3.8%和4.6%。全年肉类总产量16.7万吨，同比下降4.7%；禽蛋产量2.9万吨，同比增长30.6%；奶类总产量1.0万吨，同比增长65.1%。

渔业生产保持增长。全年完成渔业总产值17.4亿元，按可比价计算同比增长7.1%。水产品产量21.6万吨，同比增长2.8%，其中海洋捕捞13.7万吨，与上年持平；海水养殖7.1万吨，同比增长6.9%；淡水养殖0.76万吨，同比增长1.9%。

农业机械化水平稳步提升。全市农业机械总动力141.2万千瓦。全年完成机耕面积169.6万亩，机播面积177.1万亩，机收面积142.8万亩，机耕水平、机播水平和机收水平分别达到100.0%、74.5%和60.1%。

农村水利基本建设取得新成效。全市完成水利工程建设投资3.2亿元，建成南水北调续建配套工程，供水泵站2座，供水管线总长85公里；建设农村安全饮水工程，解决10.3万农村居民的饮水安全问题；对桂河、织女河进行治理，疏浚长度39.2公里；建设省级农田水利项目，新增节水灌溉面积0.8万亩。

三、工业和建筑业。工业生产平稳增长。规模以上工业完成总产值1860.5亿元，同比增长6.2％；增加值同比增长8.7％。其中，轻工业完成产值446.4亿元，同比增长4.2%；重工业完成产值1414.1亿元，同比增长6.9%，轻重工业之比为24.0：76.0。全市29个行业大类中有23个行业产值实现增长，9个行业产值过60亿元。

经济效益稳定增长。规模以上工业实现主营业务收入1889.6亿元，同比增长7.9％；实现利润98.0亿元，同比增长7.4％；实现利税136.7亿元，同比增长6.7%。

企业规模不断扩大。全市455家规模以上工业企业户均收入达4.2亿元，同比增加0.3亿元。年主营业务收入过亿元的企业174家，同比增加45家。其中，过10亿元的企业30家，过50亿元的企业7家，过100亿元的企业5家。

百亿级产业发展取得新成效。全市八个百亿级产业中，橡胶新材料、石油装备、木制品、新型防水材料和生物医药五个产业收入超过50亿元，其中橡胶新材料和石油装备两个产业收入突破百亿元。新能源产业快速发展，实现主营业务收入16.1亿元，同比增长205.8％；生物基新材料产业项目投产，主营业务收入实现零突破。

高新技术产业引领增长。实现高新技术产业产值757.4亿元，同比增长7.1％；占规模以上工业的比重达到40.7%，比年初提高1.3个百分点。其中增长较快的行业有通用设备制造业、专用设备制造业、汽车制造业、化学原料和化学制品制造业等。

工业品出口稳定增长。规模以上工业完成出口交货值160.4亿元，同比增长10.1%，增幅高于总产值3.9个百分点。其中增长较快的行业有橡胶和塑料制品业、专用设备制造业、化学原料和化学制品制造业等。

超七成工业品产量增长。在统计范围内的99种工业品中，有75种产品产量同比增长，占比为75.8％。其中，锂离子电池、橡胶轮胎外胎、初级形态塑料、鲜冷藏肉、人造板、烧碱、饲料、钢材等46种产品产量同比增长超过10%。

2015 年寿光市主要工业产品产量表

表 10

产品名称	单位	产品产量	同比增长（%）
原盐	万吨	459.47	−5.5
饲料	万吨	118.81	17.9
产品名称	单位	产品产量	同比增长（%）
啤酒	万千升	20.87	−11.2
服装	万件	851.90	1.1
人造板	万立方米	212.83	21.2
机制纸及纸板	万吨	271.59	−11.0
合成氨	万吨	110.73	4.1
化学肥料（折纯）	万吨	82.80	−3.8
化学药品原药	万吨	5.05	3.2
橡胶轮胎外胎	万条	2199.91	55.6
钢材	万吨	349.97	15.3
载货汽车	万辆	5.17	−13.5
锂离子电池	万自然只	131.90	277.5
发电量	亿千瓦时	41.86	−6.0
供电量	亿千瓦时	66.60	−1.3

建筑业实现平稳发展，新签合同额保持增长。全年完成建筑业总产值 172.7 亿元，同比增长 6.8%。签订合同额 198.2 亿元，同比增长 12.2%，其中，本年新签合同额 133.1 亿元，同比增长 25.3%。房屋施工面积 1505.0 万平方米，同比增长 0.2%；竣工产值 88.4 亿元，同比下降 5.1%。

四、固定资产投资。固定资产投资规模放大，增速趋缓。全年完成固定资产投资 575.6 亿元，同比增长 14.1%。其中计划总投资过亿元项目 239 个，完成投资额 382.5 亿元，同比下降 3.5%。按产业划分，一产投资完成 29.0 亿元，同比增长 57.5%；二产投资完成 331.1 亿元，同比增长 16.3%；三产投资完成 215.5 亿元，同比增长 10.4%。三次产业投资结构比由上年的 3.7：57.1：39.2 调整为 5.0：57.5：37.5。

八大百亿级产业投资实现较快增长。八大百亿级产业全年完成固定资产投资 165.9 亿元，同比增长 26.8%，占全部固定资产投资的比重为 28.8%。其中，以英利绿色纤维一体化项目为代表的生物基新材料产业完成投资 25.3 亿元，同比增长 77.2%；以国华电厂为代表的清洁煤电产业完成投资 56.1 亿元，同比增长 491.0%；以山橡防水为代表的新型防水材料产业完成投资 20.4 亿元，同比增长 65.5%；以鲁丽木业、康成木材为代表的木制品产业完成投资 21.8 亿元，同比增长 41.6%。

房地产开发投资平稳增长，商品房现房待售面积持续增加。全年房地产开发投资 67.7 亿元，同比增长 11.5%，其中住宅投资 48.4 亿元，同比增长 40.6%；商业营业用房投资 9.9 亿元，同比下降 20.9%。房屋施工面积 870.5 万平方米，同比增长 3.4%；本年房屋竣工面积 141.2 万平方米，同比增长 20.5%。商品房销售面积 99.0 万平方米，同比增长 3.0%；商品房销售额 39.0 亿元，同比增长 3.0%。商品房现房待售面积 100.2 万平方米，同比增长 20.4%。

五、国内贸易。国内消费市场发展稳定。全市实现社会消费品零售总额 268.8 亿元，同比增长 12.0%，其中限额以上企业实现社会消费品零售额 132.2 亿元，同比增长 8.6%。按消费形态分，批发业零售额 67.3 亿元，同比增长 12.7%；零售业零售额 183.1 亿元，同比增长 11.8%，住宿业零售额 2.8 亿元，同比增长 17.2%，餐饮业零售额 15.6 亿元，同比下降 15.8%。

电子商务产业快速发展。完成电子商务交易额 138.9 亿元，同比增长 46.2%。利用第三方电子商务平台的中小企业超过 200 家，电子商务企业总数 380 家，网络店铺 5800 家。

六、对外经济。对外贸易规模继续扩大。全年完成进出口总额 35.6 亿美元，同比增长 7.9%。其中出口 20.9 亿美元，同比增长 2.5%；进口 14.6 亿美元，同比增长 16.7%。新增外贸经营者备案登记企业 90 家，有进出口实绩的企业突破 260 家，出口过千万美元的企业 44 家，过亿美元的企业 3 家。

利用外资、到账外资稳中有升。新批外资项目 19 个，合同利用外资 2.2 亿美元，同比增长 3.1%；实际到账外资 2.0 亿美元，同比增长 1.5%。

对外经济技术合作稳步发展。全年设立境外企业 6 家，投资额 0.8 亿美元。服务外包稳步发展，市软件园入园企业 142 家，实现产值 4 亿元，新签服务外包合同 46 份，执行金额 0.9 亿美元。外派劳务形势良好，完成对外承包工程营业额 0.4 亿美元，外派劳务 997 人次。

七、交通、邮电和旅游。交通基础设施建设不断完善。全年完成公路建设投资 2.6 亿元，组织实施农圣街西伸、安顺街东伸、安顺街跨弥河大桥、三号路拓宽改造等 4 个交通重点项目，维修改造 4 条县道和 2 座危桥，改造提升镇村道路 74 公里。公路通车总里程 3360 公里，其中柏油路通车里程 2522.8 公里，公路密度每百平方公里 168.8 公里。寿光港一期 13 个码头全部建成，其中 9 个投产运营，全年完成货物吞吐量 702 万吨，同比增长 49.8%。

交通运输业稳步发展。全年新增营运货车 2643 辆，更新班线客车 1 辆，新增纯电动城乡公交车 66 辆、纯电动城区公交车 312 辆，年末营运性机动车 17542 辆。全年完成公路客运量 546 万人次，同比减少 4.4%；旅客周转量 3.77 亿人公里，同比增长 1.9%；完成货运量 4627 万吨，同比增长 5.2%；货物周转量 98.9 亿吨公里，同比增长 1.0%。

邮政电信业运行平稳。邮电业务总量 9.7 亿元，同比增长 4.3%。其中邮政业务总量 0.7 亿元，同比增长 3.6 %；电信业务总量 9.0 亿元，同比增长 4.4%。年末电话用户总数为 138.5 万户，其中固定电话用户 15.4 万户，移动电话用户 123.2 万户。

旅游业健康发展。全市共有 A 级景区 9 处，其中 AAAA 级景区 5 处，AAA 级景区 2 处，AA 级景区 2 处。全市共有星级饭店 4 家，其中 4 星级饭店 1 家，3 星级饭店 3 家。

八、财政和金融。财政综合实力明显提升。财政总收入 115.8 亿元，同比增长 8.3%，其中一般公共预算收入完成 90.1 亿元，同比增长 13.7%。一般公共预算收入中增值税完成 8.9 亿元，同比增长 30.2%；营业税完成 18.0 亿元，同比增长 14.2%；企业所得税完成 3.6 亿元，同比下降 8.4%；个人所得税完成 0.9 亿元，同比下降 9.7%。一般公共预算支出 94.9 亿元，同比增长 14.7%。民生支出保障有力。教育支出 24.3 亿元，同比增长 1.0%；社会保障和就业支出 10.4 亿元，同比增长 21.9%；医疗卫生支出 7.4 亿元，同比增长 22.2%；农林水事务支出 17.4 亿元，同比增长 20.5%；住房保障支出 1.1 亿元，同比增长 30.1%。

金融市场态势良好。年末 15 家银行机构本外币各项存款余额 844.5 亿元，比年初增加 113.6 亿元。其中，居民储蓄存款余额 468.0 亿元，比年初增加 57.7 亿元。本外币各项贷款余额 748.8 亿元，比年初增加 75.5

亿元。其中，短期贷款余额为543.5亿元，比年初增加48.5亿元；中长期贷款余额为189.5亿元，比年初增加15.3亿元。

企业上市挂牌工作进展顺利。全年新增99家挂牌（托管）企业，金正食品等5家企业在新三板挂牌，路斯股份、金正食品实行了“做市商”交易制度；百兴福农资等28家企业在齐鲁股权交易中心挂牌，佰利恒等2家企业实现股权托管；华银食品等9家企业在上海股权托管交易中心挂牌；正大防水等55家企业在深圳前海股权交易中心挂牌，场外挂牌企业达102家。

企业债券融资突破100亿元。年内晨鸣纸业成功发行36亿元短融、65亿元超短融、26亿元中期票据，寿光农商银行发行6亿元次级债，金海公司发行5亿元私募债、城建投发行3.2亿元中期票据、金财公司发行6亿元小微企业增信集合债券，累计募集资金147.2亿元，超过银行新增贷款增量。

企业私募股权融资取得新突破。先后成立了现代农业基金、港口物流基金和转型升级基金等总规模60多亿元的8支产业引导基金。其中，现代农业基金总规模30亿元，由市财政出资6亿元，平安银行整合银行、信托、基金等各类金融业态资源投入24亿元，目前该基金已投资5亿元用于鲁丽集团木业升级项目、投资4亿元用于兰典生物基新材料项目。“新三板”挂牌企业金正食品通过定向增发募集资金1.56亿元，威能环保电源引入股权私募投资0.65亿元。

新型金融组织发展迅速。恒丰银行潍坊寿光支行开业，银行数量达到15家；新引进的深圳前海创亿达融资租赁公司已正式运行。

保险行业保持健康发展。驻寿保险机构40家，其中财产险公司21家，人身险公司15家，保险代理机构4家。全年实现保费收入16.8亿元，同比增长24.0%，各项赔给付3.7亿元，同比增长8.0%。其中，财产险实现险保费收入6.2亿元，同比增长6.7%，赔款支出3.2亿元，同比增长8.1%；人身险实现保费收入10.6亿元，同比增长37.0%，赔款支出0.51亿元，同比增长7.0%。

九、科学技术。科技创新工作成绩显著。获得国家科技进步二等奖1项，获得国家技术发明二等奖1项，获得山东省科技进步三等奖1项，获得潍坊市级以上科技奖励29项；2个项目列入国家星火计划，5个项目列入国家火炬计划，2个项目列入山东省自然科学研究基金，3个项目列入山东省重点研发计划，1个项目列入山东省自主创新重大专项立项，潍坊市级以上科技计划项目立项39项；新认定高新技术企业10家，总量达到38家；获批省级示范工程技术研究中心3家、省级重点实验室1家，潍坊市级工程技术研究中心3家、潍坊市级重点实验室3家、潍坊市级孵化器1家；成立1家潍坊市级产业技术创新战略联盟。

专利产品成果丰硕。全年专利申请总量2343件，专利授权总量1890件，同比分别增长8.3%和24.8%。其中，发明专利申请量473件，同比增长36.3%；发明专利授权量153件，同比增长57.7%。

品牌创建工作取得新突破。企业新创驰名商标4件，总量达21件；新创著名商标6件，续展著名商标17件，总量达66件。新评山东名牌7个，总数达65个。新注册地理标志证明商标1件，总量达15件。

人才队伍建设力度加大。全年引进高层人才356人，外国专家202人次，执行国家高端外国专家项目1个，新增享受国务院政府特殊津专家1人、山东省有突出贡献的中青年专家1人，设立了全省首家省级技师工作站，2人入选“山东省首席技师”。新增“外专千人计划”专家1人，全市国家“外专千人计划”专家达到3人。

十、城乡建设、环境保护和安全生产。城市基础设施建设稳步推进。注重新区建设和旧城改造同步推进，重点实施仓圣公园改造、圣城街立交桥打通等市政工程71项，组织开展了三里、南关两个老旧小区改造工程。新修改造城区道路19.2公里，排水管道52公里；加快天然气输配设施建设，铺设高压管网24公里，中低压管网71公里，建成调压计量站2处、调峰储备站1处；新增改建城市绿地250公顷，累计栽植乔灌木2600万株，成功创评“国家生态园林城市”。

新型城镇化工作扎实开展。被确定为全省新型城镇化试点市，投入30.1亿元配套完善小城镇基础设施和公共服务设施。新建新型农村社区10个，新建农房3500户，完成农村危房改造100户。年末城镇化率达到58.12%。

环境保护工作取得实效。深入推进燃煤企业脱硫脱硝、重点行业异味整治、企业污水治理设施升级改造等工作，投资11.4亿元完成了143项点源污染治理工程。对侯镇项目区67家企业74个项目进行了分类整治，关闭取缔29个项目，停产治理15个项目，30个项目实施了限期治理。优良以上天气同比增加23天，主要污染物二氧化硫、二氧化氮、PM10、PM2.5平均浓度同比分别改善32.4%、7.5%、11.3%、7.9%，主要河流COD和氨氮平均浓度同比分别改善19.8%和18.7%。

全年共发生生产安全事故21起，同比下降12.5%，死亡9人，同比下降64.0%。发生火灾事故654起，同比下降6.9%。

十一、教育、文化、卫生和体育。教育事业协调稳定发展。开展集团化办学，改革世纪教育集团，组建文正基础教育集团；推进中小学教师“县管校聘”，组织414名城乡教师交流轮岗，实现城乡教师优势互补、均衡搭配。教育重点工程建设顺利，开工建设77处标准化校舍，改造提升25处中小学食堂，完成11处农村学校塑胶操场建设；新安装389台饮水机，实现农村学校安全饮水全覆盖。年末共有普通高校1所，在校学生16862人；中职学校3所，在校学生14918人；普通高中7所，在校学生23627人；初中34所，在校学生33018人；小学100所，在校学生66518人；幼儿园164所，在园人数34613人。

公共文化服务体系日益完善。历史文化中心、文化艺术中心、市民阅读中心等重点文化项目建设进展顺利，市图书馆尼山书院建成。图书馆现存图书85.4万册，其中电子图书10万册，纸质图书75.4万册。新建5处镇街综合性文化服务中心，新建化龙、上口2处镇图书馆，有13个镇街建设了图书馆分馆以及镇图书馆。顺利通过文化强省建设先进县市复查，获“中国民间文化之乡”、“中国农耕文化博览园”等荣誉称号。“寿光卤水制盐技艺”列入国家级非物质文化遗产代表性项目名录，“月宫图”、“闹海”、“百鸟朝凤”、“宏源白酒传统酿造技艺”、“寿光蔬菜生产习俗”列入山东省级非物质文化遗产代表性项目名录，共有1项国家级非遗项目、6项省级非遗项目。

卫生服务水平全面提升。依托人民医院、中医院、妇幼保健院挂牌成立三大医疗集团，市人民医院成功创评三级乙等综合医院。新建羊口、化龙、台头、孙集、马店5处数字化接种门诊，田柳镇卫生院病房楼启用。为全市10703名小学生进行了牙齿窝沟封闭。抽调160名专业人员组建成立16支卫生应急专业处置队伍，建立完善突发公共卫生事件应急处置预案。全市建立居民电子健康档案93.6万份。全市免疫规划“八苗”全程接种率为95.3%。年末共有各类医疗卫生机构699个，实有床位5254张，卫生技术人员5862人，其中执业（助理）医师以上人员2230人。

体育事业健康发展。组织“人民广场体育大舞台”和“体育之星”系列体育活动，吸引8万人次体育爱好者参加。农村群众体育活动阵地不断拓宽，全民健身工程受益村达268个。

十二、人口、居民生活、就业和社会保障。人口保持低速增长。全年出生人口12698人，户籍人口自然增长率6.4‰。年末户籍总人口1073831人，其中男541568人，女532263人，男女性别比为101.8：100。

居民可支配收入和生活消费支出增加。据抽样调查，全市居民人均可支配收入25121元，同比增加2162元，同比增长9.4%。人均生活消费支出15047元，消费支出占可支配收入的比重为59.9%。

饮食结构日趋合理，生活水平进一步提高。主食消费不断减少，副食消费持续增加，并向着多样化发展。居民全年人均消费粮食156.8公斤，同比减少0.5公斤；消费肉及肉制品18.2公斤，同比增加1.0公斤；消费蛋类17.1公斤，同比增加0.6公斤；消费奶类11.8公斤，同比增加0.9公斤；消费水产品11.1公斤，同比增加0.4公斤；消费油脂类7.5公斤，同比增加0.3公斤。

居民生活条件不断改善。全市居民人均居住面积42.7平方米，同比增加1.2平方米。安全卫生水饮用率达100%，家庭热水器拥有率达94%，卫生厕所拥有率达50%。百户家庭拥有洗衣机109台、彩色电视机121台、微波炉31台、抽油烟机71台、移动电话机241部、照相机21台、电冰箱110台、空调机99台、电动自行车136辆、家用计算机71台、生活用汽车60辆。

就业形势总体保持稳定。全年新增城乡就业21443人，其中，城镇新增就业11927人，农村劳动力转移就业9516人。城镇登记失业率1.33%。

城乡社会保障体系日趋完善。参保人员继续增加，年末全市城镇职工基本养老参保人数17.6万人，其中离退休人员3.5万人。城乡居民养老保险参保人数59.75万人。工伤、失业、生育保险参保人数分别为13.4万人、10.7万人和8万人。城市低保对象364人，农村低保对象15503人，农村五保供养人员898人，社会散养孤儿89人。保障标准和保障力度继续提高，企业退休人员养老金提高到每人每月2094元；城乡居民基础养老金提高到每人每年1020元；城乡低保标准分别提高到每人每年5760元和3400元；农村五保集中、分散供养标准分别提高到每人每年7200元和4200元。

中共地方组织

中共寿光市委员会

【管理机构】 2015年，市委工作部门设有办公室、组织部、市纪律检查委员会机关（与市监察局合署）、宣传部、统战部、政法委、编办、市直机关工委。其中，市委办公室于2013年8月将内部科室信息科更名为信息调研室，主任由副科级干部担任；2014年7月，成立中共寿光市委全面深化改革领导小组办公室（简称市委改革办），市委改革办作为常设性工作机构，设在市委办公室，同时将市综合配套改革办公室并入市委改革办，不再单独设置，市委改革办内设调研科、协调联络科、督促指导科。

【领导成员】

2011—2015年中共寿光市委领导班子成员任职情况表

表1

届别	职务	姓名	任职时间	备注
第十二届委员会（2011年1月—2011年12月）	书记	孙明亮	2011.01—2011.12	–
	副书记	朱兰玺	2011.01—2011.12	–
		杨建华	2011.01—2011.11	–
		赵绪春	2011.11—2011.12	–
	常委	高文庆	2011.01—2011.11	–
		方新启	2011.01—2011.12	–

续表

届别	职务	姓名	任职时间	备注
第十二届委员会（2011 年 1 月—2011 年 12 月）	常委	李宝华	2011.01—2011.12	–
		王惠玲（女）	2011.01—2011.12	–
		王教法	2011.01—2011.12	–
		李华刚	2011.01—2011.11	–
		刘永辉	2011.01—2011.12	–
		林立星	2011.01—2011.12	–
		孙成华	2011.01—2011.12	–
		高立华	2011.01—2011.12	–
		孙吉海	2011.01—2011.11	–
		徐　莹（女）	2011.11—2011.12	–
第十三届委员会（2011 年 12 月—2015 年 12 月	书记	孙明亮	2011.12—2014.02	–
		朱兰玺	2014.02—	–
	副书记	朱兰玺	2011.12—2014.02	–
		赵绪春	2011.12—	–
		邱　旺	2014.03—	–
	常委	李宝华	2011.12—	–
		王惠玲（女）	2011.12—	–
		王教法	2011.12—2015.01	–
		刘永辉	2011.12—2013.10	–
		徐　莹（女）	2011.12—	–
		孙成华	2011.12—	–
		高立华	2011.12—2013.05	–
		武治强	2011.12—	–
		李志平	2013.05—	–
		侯法强	2014.03—	–
		高　翔	2014.08—	挂职
		袁世俊	2015.01—	–

【市委常委（扩大）会议】 2011年市委常委（扩大）会议。共召开13次市委常委（扩大）会议。2011年2月9日上午，市委书记孙明亮在市委201会议室主持召开第4次市委常委（扩大）会议，会议共研究11项议题：关于全市三级干部会议筹备问题；关于三干会报告起草问题；关于全市三级干部会议表彰奖项评选问题；关于2010年度镇（街道）和部门（单位）综合考核问题，2011年度要在加大“三大突破”考核权重的同时，继续突出寿北项目建设这个重点；关于优秀农村党组织书记评选问题，要求对评选出的优秀农村党组织书记按照每人1万元的标准进行现金奖励；关于机关事业单位优秀工作者评选问题；关于招商引资工作奖励问题，一个招商引资项目只能界定一个引荐单位；关于商贸流通业及外资外贸外经考核奖励问题；关于潍坊市委组织部长会议精神贯彻问题；关于潍坊市群众工作会议和政法维稳工作会议精神贯彻问题，确定成立全市机关干部“包千村联万户”活动领导小组，活动办公室设在市委政法委；关于潍坊市纪委十届八次全会精神贯彻问题。

4月26日下午，市委书记孙明亮在市委201会议室主持召开第7次市委会议，共研究6项议题：关于潍坊市群众工作现场会议精神贯彻问题；关于对潍坊市综治、平安建设责任书进行责任分解和对社会治安综合治理状况差的镇街实行黄牌警告问题；关于潍坊市以人为本、执政为民现场会议精神贯彻问题；关于全省实施“乡村文明行动”电视电话会议精神贯彻问题；关于地方铁路寿平线寿光至广饶段项目建设问题，益羊线寿光段改线工程的建设可由省地铁局统一负责施工，寿光市负责搞好协调监督，确保工程质量；关于2011年企业划型与动态管理实施办法修订问题，要求市经信局负责，根据市委常委会研究的意见，进一步修改完善企业划型与动态管理实施办法后印发执行。

6月24日下午，市委书记孙明亮在市委201会议室主持召开第8次市委常委会议，会议研究8项议题：传达中组部纪念中国共产党成立90周年党建研讨会有关精神和省委副书记刘伟对寿光工作的希望和要求；关于纪念建党90周年大会筹备问题，要求市委组织部牵头，做好庆祝中国共产党成立90周年大会筹备和各类先进的评选工作；关于健全应急处置机制建设问题，市政府负责，组建成立政府应急处置指挥中心；关于公共资源交易平台建设问题，可先行梳理目前的交易行为和交易项目，试运行后，入驻公共资源交易平台办公；关于党纪政纪处分决定执行问题；关于政府投资项目审计问题；关于解决一建公司垫资建设市政工程款问题，确定将文圣街以南、弥河以西圣城街道南马范村约300亩土地，以每亩75万元挂牌出让给一建公司开发，用以偿还其垫资建设的工程款，多退少补；关于城中村、单位自有地块改造建设和七大片区土地刚性底价问题，要求城中村改造要严格执行市政府公布的片区土地刚性底价，低于刚性底价的，一律不予审批。

7月23日下午，市委书记孙明亮在市委201会议室主持召开第9次市委常委（扩大）会议，会议共研究4项议题：关于第16届鲁台会动员会议精神贯彻问题；关于全国农村党风廉政建设工作座谈会议精神贯彻和迎接潍坊市党风廉政建设责任制专项检查考核问题；关于全省深入推进学习型党组织建设视频会议精神贯彻问题；关于张新起书记“转方式、调结构”调研座谈会议精神贯彻问题。

8月29日上午，市委书记孙明亮在市委201会议室主持召开第10次市委常委会议，会议共研究7项议题：关于潍坊市深入推进党群共建及窗口单位和服务行业为民服务创先争优现场会议精神贯彻问题；关于潍坊市县镇领导班子换届工作座谈会精神贯彻问题；关于潍坊市政法委书记社会管理创新专题研讨班及读书会精神贯彻问题；关于开展构建和谐劳动关系工作问题，确定成立市构建和谐劳动关系工作领导小组，领导小组下设办公室，办公室设在市人社局，具体负责构建和谐劳动关系的日常工作；关于富康制药老厂搬迁问题，参照金玉米公司、联盟化工集团的搬迁优惠政策，按等量搬迁投资额6比4的比例解决搬迁资金，若富康制药老厂提前1年（2012年6月30日前）完成搬迁，奖励500万元，若不能按期提前完成搬迁，相应扣减富康制药政策补助500万元；关于支持金融产业发展问题；关于企业职工工资集体协商问题。

9月29日上午，市委书记孙明亮在市委201会议室主持召开第11次市委常委会议，会议共研究5项议题：关于有关工业园区工业项目用地政策问题，进一步规范城区工业园区新上工业项目土地出让价格，由原来每亩11.5万元提高到每亩不低于23万元；关于设立双王城生态园区党委问题，设立双王城生态园区党委，规格为正科级机构，领导职数按镇（街道）党（工）委职数配备；关于提高离休干部医疗费统筹标准问题，从2012年起，离休干部医疗统筹费标准从11000元提高到15000元，医药费超支负担办法不变；关于表彰“十一五”期间节能先进集体和个人问题；关于金融机构信贷投入绩效考核奖励问题，人民银行负责，把年初制定的放贷额度从60亿提高到80亿。

11月3日上午，市委书记孙明亮在商务小区6号楼214会议室主持召开第12次市委常委会议，会议共研究4项议题：关于第十二届菜博会总结表彰暨第十三届菜博会筹备问题；关于全省严肃换届纪律工作视频会议精神贯彻问题；关于全国做好新形势下群众工作经验交流会议精神贯彻问题；关于做好新形势下征兵工作问题。

11月26日上午，市委书记孙明亮在市委201会议室主持召开第13次市委常委会议，会议确定，一是寿光滨海（羊口）经济开发区负责，突出抓好项目建设，以项目建设带动经济开发区快速发展；要进一步加大工作力度，切实抓好滨海高新技术产业园、先进制造业园区二期、寿光（羊口）新港、新区引水、渤海大道二期、新区防潮大坝、新区文体卫服务设施、新区道路等八大重点基建工程。二是市财政局负责，积极筹措资金，进一步加大对寿光滨海（羊口）经济开发区基础设施建设资金的扶持力度。三是市金融办、财政局负责，抓紧申报注册融资担保公司，尽快投入运营，解决好园区项目融资难题。四是市财政局负责，针对卫东盐场部分盐田已做融资抵押影响项目落地问题，采取置换、交换等办法，及时解除已落实项目的用地抵押，确保项目尽快落地。

2012年市委常委（扩大）会议。共召开12次市委常委（扩大）会议。2012年1月4日下午，市委书记孙明亮在市委201会议室主持召开第1次市委常委（扩大）会议，会议共研究6项议题：关于《政府工作报告》起草问题；关于推进文化寿光建设打造文化强市问题，将500万元文化建设专项资金列入今年财政预算；关于羊青路改造问题；关于公立医院改革问题；关于2011年财政预算执行、2012年财政收支预算安排和2012年政府投资项目问题；关于安全生产问题，春节前后，市级领导班子成员要按照分工，周密安排，严格排查，切实抓好不稳定因素、安全生产隐患的集中整治工作，确保不出问题。

1月14日下午，市委书记孙明亮在市委201会议室主持召开第2次市委常委会议，会议共研究4项议题：关于全市三级干部会议发言单位确定问题；关于50强企业评选、大中型企业法人代表考核奖励、大中型企业划型问题，严格按照《寿光市企业划型与动态管理实施办法》规定的标准和要求，依据实缴税金这个标准，突出动态管理这个特点，组织搞好2012年大中型企业的划型和排序；关于金融机构信贷投入绩效考核问题；关于安全生产问题。

2月5日下午，潍坊市委常委、寿光市委书记孙明亮在市委201会议室主持召开第3次市委常委（扩大）会议，会议共研究9项议题：关于全市三级干部会议筹备问题；关于三干会报告和《中共寿光市委2012年工作要点》起草问题；关于2011年度镇（街道）、市直部门（单位）工作实绩综合考核问题；关于全市三级干部会议表彰奖项评选问题，对2011年度评选的50名优秀农村党组织书记，分别给予1万元现金奖励；关于调整市社会治安综合治理、市维护社会稳定工作等领导小组问题；关于在全市建立全覆盖的干部直接联系群众制度问题；关于全市2011年度商贸流通及外经贸工作考核奖励问题；关于2011年度招商引资项目引荐人奖励问题；关于兑现高新技术产业发展政策奖励问题。

2月29日上午，潍坊市委常委、寿光市委书记孙明亮在市委201会议室主持召开第4次市委常委（扩大）会议，会议共研究8项议题：关于全省蓝黄“两区”建设工作领导小组第二次（扩大）会议精神贯彻问题；关于生态林场建设问题；关于潍坊市政法维稳暨平安潍坊建设工作会议精神贯彻问题；关于全国全省在创先争优活动中开展基层组织建设年视频会议和全国全省严肃换届纪律、深入整治用人上不正之风推进视频会议精神贯彻问题；关于潍坊市表彰大会暨干部作风建设会议精神贯彻问题；关于加强滨海经济开发区招商项目考核问题；关于寿光生态文明建设规划编制情况和生态山东建设会议精神贯彻问题；关于潍坊市人口计生工作会议精神贯彻问题。

4月10日下午，潍坊市委常委、寿光市委书记孙明亮在市委201会议室主持召开第5次市委常委会议，会议共研究4项议题：关于寿光市创业促进会和“YBC”寿光办公室成立问题，成立寿光市创业促进会和“YBC”寿光办公室，为社团法人组织，常设机构，当年由市财政投入200万元，2013年至2015年由市财政每年分别投入100万元作为创业专项资金；关于在全市集中开展矛盾纠纷排查调处活动及调整完善领导接访机制和信访积案化解问题；关于综合治理出生人口性别比问题；关于寿光市社会信用信息平台建设问题。

4月16日上午，潍坊市委常委、寿光市委书记孙明亮在市委201会议室主持召开第6次市委常委会议，会议共研究8项议题：关于《人民日报》评论员文章精神学习贯彻问题；关于东城医院规划建设问题，由市财政给予贷款贴息补助，自2012年起，每年补贴500万元，连补3年；关于2012年村级公路网化工程项目问题；关于城乡公交一体化实施问题；关于《2012年度企业划型与动态管理实施办法》问题；关于《2012年度招商引资工作考核办法》及招商引资指导性计划分配问题；关于调整理顺干部管理体制和开展基层组织建设年问题；关于国务院第五次廉政会议和潍坊市纪委第十一届二次全会精神贯彻及有关案件处理问题。

5月29日下午，潍坊市委常委、寿光市委书记孙明亮在市委201会议室主持召开第7次市委常委（扩大）会议，会议共研究9项议题：关于山东省第十次党代会精神贯彻问题；关于潍坊市食品安全工作会议精神贯彻及制定出台《食品安全工作考核办法》等问题；关于市公安局表彰奖励问题；关于中组部基层组织建设年推进工作视频会议精神贯彻问题；关于东城学校详细规划方案问题；关于2012年度利用外商直接投资、外贸进出口、对外经济技术合作工作考核办法和商贸流通业考核奖励办法的修订问题；关于传达潍坊市民政工作会议暨老龄工作会议精神问题，将农村低保标准提高到每人每年2500元，城镇低保标准提高到每人每月360元，农村五保集中供养标准提高到每人每年3300元，分散供养标准提高到每人每年2500元；关于提高2008年自主招聘大学生村干部期满续聘后有关待遇和进一步加强对特需岗位工作人员管理问题；关于潍坊市人民政府《关于开展城乡居民社会养老保险试点实施意见》贯彻问题。

6月22日下午，潍坊市委常委、寿光市委书记孙明亮在市委201会议室主持召开第8次市委常委会议，会议共研究7项议题：关于庆祝中国共产党成立91周年有关活动筹备问题；关于着力解决发生在群众身边腐败问题及纠风工作会议贯彻问题；关于化龙镇巡查试点工作问题；关于市京剧团转企改制问题，按照"老人老办法、新人新办法"的原则，改制后新进人员的工资、保险等由公司自行负责；关于2011年全市机关事业单位年度考核问题；关于羊口镇行政管理体制改革问题，羊口镇党政主要负责人按副县级规格配备；关于潍坊市委对台工作会议精神贯彻问题。

9月24日下午，潍坊市委常委、寿光市委书记孙明亮在市委201会议室主持召开第10次市委常委会议，会议共研究6项议题：关于市公共陵园规划建设问题；关于市综治委更名及职责调整问题；关于进一步加强事业单位监督管理问题；关于城乡公交一体化推进问题；关于规范化工项目建设问题；关于寿尧路、金海路改造问题。

11月5日下午，潍坊市委常委、寿光市委书记孙明亮在市委201会议室主持召开第11次市委常委会议，会议共研究7项议题：关于物流业招商引资工作考核问题；关于支持扩权强镇及省级开发区加快发展问题，对羊口镇、侯镇、寿光经济开发区加大扶持力度，推动强镇和开发区加快发展、率先发展；关于高技能人才引进培养及给予市发改局等记三等功问题；关于第十四届菜博会及菜博会表彰动员大会筹备问题；关于全国、全省及潍坊市创先争优活动总结交流会议精神及贯彻问题；关于潍坊市深化扩权强镇改革工作会议精神及侯镇扩权强镇问题；关于鼓励企业兼并重组问题，制定2~3年内全市企业发展的目标、具体计划和推进措施，指导和帮助企业通过兼并重组等方式进一步做大做强。

12月14日上午，潍坊市委常委、寿光市委书记孙明亮在市委201会议室主持召开第12次市委常委会议，会议共研究10项议题：关于农民专业合作社党建及村级运转经费保障问题；关于县镇党委领导班子内部制度建设问题；关于镇（街区）党（工）委书记向市纪委全会述廉问题；关于旅游业发展问题；关于引进民资多方参与筹建股份制医院问题，医院正常经营回报率达到下限以上、10%以下时，由市财政将投资者回报率补贴至10%；若因运行问题回报率达不到下限时，市财政不予补贴；关于寿光市公立医院综合改革试点工作实施方案和财政补偿方案问题；关于全市城乡居民基本医疗保险参保问题；关于加快蔬菜种业发展问题；关于2011年度节能奖评选问题；关于历史文化中心等2个项目规划方案问题。

2013年市委常委（扩大）会议。共召开12次市委常委（扩大）会议。2013年2月6日上午，潍坊市委常委、寿光市委书记孙明亮在市委201会议室主持召开第1次市委常委（扩大）会议，会议共研究8项议题：关于全国、全省组织部长会议精神和寿光市贯彻落实意见问题；关于全市三级干部会议表彰奖项评选问题；关于2013年《政府工作报告》起草和三干会发言单位确定问题；关于2013年国民经济和社会发展建议计划问题；关于2013年重点建设项目和重点服务业项目筛选问题，确保2013年工业投入不低于240亿元；关于2013年市政工程建设计划问题；关于2013年重点调度工业项目筛选问题；关于2012年财政预算执行情况和2013年财政收支预算安排问题。

2月23日上午，潍坊市委常委、寿光市委书记孙明亮在市委201会议室主持召开第2次市委常委（扩大）会议，会议共研究3项议题：关于全市三级干部会议筹备问题；关于全市三级干部会议报告和《2013年市委工作要点》起草问题；关于2012年度镇（街区）和市直部门（单位）工作实绩综合考核问题。

3月1日下午，潍坊市委常委、寿光市委书记孙明亮在市委201会议室主持召开第3次市委常委会议，会议共研究3项议题：关于全省维护稳定电视电话会议和潍坊市政法工作会议精神的贯彻问题；关于潍坊市纪委十一届四次全会精神的贯彻问题，市委、市政府与各镇（街区）、各部门（单位）签订《2013年度党风廉政建设责任书》；关于潍坊市宣传思想文化工作会议精神的贯彻问题。

4月10日下午，潍坊市委常委、寿光市委书记孙明亮在市委201会议室主持召开第4次市委常委会议，会议共研究4项议题：关于中组部调研党员登记工作问题；关于党员领导干部有关违纪案件问题；关于特殊教育学校、车配龙国际汽车广场等项目规划设计方案问题；关于寿光市“强企”培育计划问题，将部分高新技术企业和发展前景好的企业一并纳入“强企”培育计划，强企培育计划不低于50家，确保到2015年底，无特殊情况强企主营业务收入达到3000亿元以上。

5月18日上午，潍坊市委常委、寿光市委书记孙明亮在市委201会议室主持召开第5次市委常委（扩大）会议，会议共研究5项议题：潍坊市今年下半年的观摩交流活动；关于2012年机关事业单位工作人员年度考核问题；关于山东省水生态文明城市创建问题；关于弥河郊野公园建设及方案问题；关于全市环保工作问题。

5月24日下午，潍坊市委常委、寿光市委书记孙明亮在市委201会议室主持召开第6次市委常委会议，会议研究1项议题，即关于在潍坊滨海经济开发区成立寿光工业园问题，前期首先开发疏港路两侧的3112亩土地，争取近期落地3～5个大项目，抓紧确定晨鸣集团物流项目，利用晨鸣集团在潍坊港租用泊位的有利契机，争取尽快在滨海经济开发区新上占地1000亩的晨鸣集团物流项目。

6月3日下午，潍坊市委常委、寿光市委书记孙明亮在市委201会议室主持召开第7次市委常委(扩大)会议,会议研究2项议题:关于加快推进新型城镇化问题；关于第5次市委常委（扩大）会议确定事项落实问题。

7月31日下午，潍坊市委常委、寿光市委书记孙明亮在市委201会议室主持召开第8次市委常委（扩大）会议，会议研究4项议题：关于《中共山东省委关于深入学习贯彻习近平总书记一系列重要讲话精神的意见》文件精神的贯彻问题；关于“文化寿光”建设和全省社会主义核心价值体系建设“四德”工程工作会议精神的贯彻问题；关于寿光（滨海）产业园建设问题；关于潍坊市计生工作会议精神的贯彻问题。

8月23日下午，潍坊市委常委、寿光市委书记孙明亮在市委201会议室主持召开第9次市委常委会议，会议首先学习中央八项规定等有关内容，并研究5项议题：关于开展党的群众路线教育实践活动问题；关于离任村主职干部生活补贴发放问题；关于在新型社区建设中充分发挥党组织和党员作用问题；关于深化平安潍坊建设工作会议精神贯彻问题；关于潍坊市领导干部党风党纪教育辅导报告会和纪检监察工作调度会精神贯彻问题。

9月2日上午，潍坊市委常委、寿光市委书记孙明亮在市委201会议室主持召开第10次市委常委（扩大）会议，会议研究3项议题：关于《2013年企业划型与动态管理实施办法》修订问题；关于规范涉企奖励政策问题；关于国家现代蔬菜种业创新创业基地研发中心规划问题。

10月7日上午，潍坊市委常委、寿光市委书记孙明亮在市委201会议室主持召开第11次市委常委会议,会议共研究4项议题:关于上级组织工作系列会议精神贯彻问题；关于离任村主职干部生活补贴发放问题；关于潍坊市纪检监察机关党的群众路线教育实践活动调度会议精神贯彻问题；关于全省机构编制法规政策培训和全市事业单位绩效考评问题。

12月3日下午，潍坊市委常委、寿光市委书记孙明亮在市委201会议室主持召开第12次市委常委会议，会议研究3项议题：关于学习贯彻《党政机关厉行节约反对浪费条例》等文件精神问题，严格遵守中央规定，以身作则、带头示范，对办公用房超标准的，按要求整改到位；关于全市离任村主职干部摸底和补助发放情况问题；关于菜博会筹备问题。

2014年市委常委（扩大）会议。共召开18次市委常委（扩大）会议。2014年1月2日下午，潍坊市委常委、寿光市委书记孙明亮在市委201会议室主持召开第1次市委常委会议，会议研究6项议题：关于全省组织工作会议精神的贯彻问题；关于全市食品药品工商质监管理体制改革问题；关于景新园经济适用房销售方案问题；关于东黄输油管线搬迁问题；关于设立羊口新区寿光一中校区问题；关于潍坊市金融工作会议精神的贯彻问题。

1月24日下午，潍坊市委常委、寿光市委书记孙明亮在市委201会议室主持召开第2次市委常委（扩大）会议，会议共研究3项议题:关于贯彻落实省“两会”精神问题;关于潍坊市学习“枫桥经验”预防化解社会矛盾工作会议精神的贯彻问题；关于全市信访工作问题。

2月7日上午，潍坊市委常委、寿光市委书记孙明亮在市委201会议室主持召开第3次市委常委会议，会议共研究10项议题：

关于2014年全市三级干部会议筹备问题；关于2014年全市三级干部会议发言单位筛选问题；关于2014年政府工作报告起草问题；关于2014年全市三级干部会议表彰问题；关于潍坊市宣传文化工作会议精神贯彻问题；关于潍坊市环境保护委员会第一次会议精神贯彻问题；关于全市治污减排工作问题，对高耗能、高污染、高排放的项目一律不审批、不供地、不办手续；关于设施蔬菜沃土工程实施问题；关于节能降耗考核奖评选问题；关于2013年度突出贡献企业评选和2014年大中型企业划型问题。

2月16日下午，潍坊市委常委、寿光市委书记孙明亮在晨鸣国际大酒店君贤厅主持召开第4次市委常委会议，会议研究5项议题：关于三干会报告和《中共寿光市委2014年工作要点》起草问题；关于加强农村文化建设的若干政策问题；关于2013年度十件大事和2014年群众最期盼的十件实事征集评选问题；关于2013年财政预算执行情况和2014年财政收支预算安排问题；关于城乡居民基本医疗保险整合问题。

3月8日下午，市委书记朱兰玺在市委201会议室主持召开第5次市委常委（扩大）会议，会议共研究4项议题：关于2013年度市直部门（单位）考核问题；关于潍坊市委政法工作会议精神贯彻问题；关于全市安全生产工作问题；关于2013年全市治污减排奖励问题，研究制定全市2014年治污减排考核奖惩办法，对“386”环保专项行动中的任务目标，必须坚定不移地完成。

3月21日下午，市委书记朱兰玺在商务小区1号楼201会议室主持召开第6次市委常委（扩大）会议，会议共研究3项议题：关于2013年度潍坊各县市区科学发展综合考核情况及下步考核问题；关于2014年群众信访工作考核奖惩办法和市级领导包靠重点信访案件问题；关于城市公共交通改革问题，抓紧推进城市公交改革。

4月3日上午，市委书记朱兰玺在市委201会议室主持召开第7次市委常委（扩大）会议，会议研究8项议题：关于市纪委有关案件处理问题；关于潍坊市委常委集体到东斟灌村和三元朱村调研情况及全市贯彻落实问题；关于全面深化改革问题；关于全省政府职能转变机构改革暨事业单位改革和编办主任电视会议及潍坊市编办主任会议精神贯彻落实问题；关于2014年招商引资工作考核问题；关于寿光市全域化农产品质量安全追溯体系建设问题；关于全市地下水资源保护问题，做好“保护地下水，建设大水务”工作；关于信访工作有关问题。

5月13日上午，市委书记朱兰玺在市委201会议室主持召开第8次市委常委（扩大）会议，会议研究4项议题：关于省发改委第一季度全省经济社会发展形势和下步工作建议文件学习贯彻问题；关于组织工作和教育实践活动有关会议精神贯彻问题；关于上级惩防体系规划实施意见贯彻问题；关于市纪委有关案件处理问题。

6月5日下午，市委书记朱兰玺在市委201会议室主持召开第9次市委常委（扩大）会议，会议研究7项议题：关于习近平总书记在参加兰考县委常委班子专题民主生活会时的讲话精神学习贯彻问题；关于潍坊市纪委与县市区党政负责人谈话精神的贯彻问题；关于金融科技服务中心组建问题；关于加快蔬菜产业转型升级问题；关于全市地表水综合利用问题；关于推动天然气使用问题；关于全市百企转型升级问题。

8月12日上午，市委书记朱兰玺在商务小区1号楼201会议室主持召开第11次市委常委（扩大）会议，会议共研究5项议题：关于教育实践活动；关于信访工作；关于计划生育工作；关于潍坊城镇化工作暨提升市区动员会议精神的贯彻问题；关于寿光市“三八六”环保行动。

8月25日上午，市委书记朱兰玺在市委201会议室主持召开第12次市委常委会议，会议研究2项议题：关于寿光专家人才创新创业家乡行活动筹备工作；关于全市水资源调查评价成果及水问题分析情况。

9月10日下午，市委书记朱兰玺在商务小区1号楼201会议室主持召开第13次市委常委（扩大）会议，会议共研究5项议题：关于市委十三届六次全体（扩大）会议报告起草情况；关于重点改革工作推进情况；关于“全民国防教育日”宣传活动；关于寿光市建筑业农民工维权服务中心组建工作；关于寿光市物业管理等办法。

10月9日上午，市委书记朱兰玺在市委201会议室主持召开第14次市委常委（扩大）会议，会议共研究9项议题：关于市委工作规则起草情况；关于促进全市经济持续健康发展的意见；关于党的群众路线教育实践活动和村“两委”换届选举工作；关于潍坊市突破滨海现场调度会议精神贯彻情况；关于有关企业破产清算工作；关于城乡低保、五保供养标准调整情况，将农村低保标准由每人每年2700元提高到3100元，农村五保集中供养标准由每人每年6400元提高到每人每年7000元，分散供养标准由每人每年3600元提高到每人每年4000元；关于2015年居民基本医疗保险参保工作，2015年全市居民基本医疗保险参保筹资标准，分110元、200元两个档次执行，由参保居民自主选择参保档次；关于推进新型城镇化工作；关于市纪委有关案件处理问题。

10月21日下午，市委书记朱兰玺在市委201会议室主持召开第15次市委常委（扩大）会议，会议共研究4项议题：关于习近平总书记、姜异康书记在中央、省群众路线教育实践活动总结大会上的讲话学习情况；关于上级组织工作重要事项报告制度落实工作；关于村“两委”换届选举有关会议精神及全市工作进展情况；关于全国县级文明城市创建工作现场会议精神及全市贯彻情况。

10月30日下午，市委书记朱兰玺在市委201会议室主持召开第16次市委常委（扩大）会议，研究防止发生系统性金融风险问题。

11月17日晚上，市委书记朱兰玺在市委201会议室主持召开第17次市委常委（扩大）会议。会议听取关于“11.16”龙源食品有限公司火灾事故情况、伤员救治情况及新闻舆情情况。会议要求，一要全力做好伤员救治工作，二要做好舆情引导工作，三要扎实做好善后处理工作，四要配合做好事故调查工作，五要做好安全生产隐患排查工作，确保不再出现类似事故。

12月23日下午，市委书记朱兰玺在市委201会议室主持召开第18次市委常委（扩大）会议，会议共研究7项议题：关于潍坊市委十一届七次全体会议精神贯彻情况；关于潍坊市人大工作会议精神贯彻情况；关于教育实践活动整改落实“回头看”和村“两委”换届选举工作；关于益羊铁路城区段两侧景观概念性规划设计方案，明年工程资金总投入规模要控制在3亿元以内；关于第十五届菜博会总结表彰和第十六届菜博会筹备工作；关于安全生产工作；关于全市禁毒工作。

2015年市委常委（扩大）会议。共召开16次市委常委（扩大）会议。2015年1月9日上午，市委书记朱兰玺在市委201会议室主持召开第1次市委常委（扩大）会议，会议共研究3项议题：关于2014年度工作情况及2015年度工作打算；关于《寿光市2015年党的建设工作要点》制定情况；关于中国－以色列示范水城市情况。

1月22日上午，市委书记朱兰玺在市委201会议室主持召开第2次市委常委会议，会议共研究8项议题：关于市委十三届七次全体（扩大）会议讲话及《中共寿光市委2015年工作要点》起草情况，进一步修改、调整、完善全委会议讲话及《中共寿光市委2015年工作要点》，市委工作报告中，2015年公共财政预算收入目标要同比增长6%、力争8%；关于《2015年政府工作报告》起草情况；关于全面推进依法治市实施意见；关于深化平安潍坊建设会议精神贯彻情况；关于2015年全市重点项目情况；关于加快推进村两委领办合作社工作实施意见；关于寿光市2014年财政预算执行情况和2015年财政收支预算安排；关于市纪委有关案件处理问题。

2月11日下午，市委书记朱兰玺在市委201会议室主持召开第3次市委常委会议，对合并单位工作进行部署。

2月25日上午，市委书记朱兰玺在市委201会议室主持召开第4次市委常委（扩大）会议，会议共研究4项议题：关于全市三级干部会议筹备情况、2014年度镇（街区）科学发展考核情况及2014年度先进单位和先进个人表彰情况；关于市委书记朱兰玺在全市三级干部会议上的讲话起草情况；关于2015年市级部门预算压减情况；关于学习省委书记姜异康参加省十二届人大四次会议潍坊代表团审议讨论时的重要讲话。

4月7日下午，市委书记朱兰玺在市委201会议室主持召开第5次市委常委（扩大）会议，会议共研究6项议题：关于严肃农产品质量安全、安全生产、生态环保、清理闲置土地等重点领域工作纪律和严禁领导干部插手干预工程建设问题；关于全国精神文明建设工作表彰暨学雷锋志愿服务大会精神及贯彻落实意见；关于2015年政府投资项目问题，积极申报国家开发银行和农业发展银行的政策性贷款，争取更多的PPP项目落地；关于加强镇街区财政收入管理实施意见问题；关于全市经济运行考核办法及细则情况；关于第二批双百计划人选和人才项目管理办法。

5月7日上午，市委书记朱兰玺在市委201会议室主持召开第6次市委常委（扩大）会议，会议共研究5项议题：关于加强党员群众服务体系建设工作；关于2014年度市直部门（单位）工作实绩综合考核情况；关于济青高铁（寿光段）建设情况；关于全市信访工作；关于再次提高机关事业单位人员津补贴标准及乡镇人员特岗津贴标准政策。

5月30日上午，市委书记朱兰玺在市委201会议室主持召开第7次市委常委（扩大）会议，会议共研究4项议题：关于全市计划生育工作，社会抚养费去年返还比例最少不低于15%，今年返还比例要提高到30%，其中20%用于计划生育基层基础建设和设备更新；关于贯彻落实潍坊市干部人事档案专项审核工作会议精神的情况；关于老旧小区改造实施方案制定情况，今年选取2～3个有代表性的小区先行试点，总结经验，逐步推广；关于促进经济社会发展有关扶持政策。

6月19日下午，市委书记朱兰玺在市委201会议室主持召开第8次市委常委会议，会议共研究4项议题：关于全国农村基层党建工作座谈会议精神的贯彻问题；关于成立寿光市百亿级产业推进小组问题；关于“七·一”拟表彰先进单位和优秀个人问题；

传达山东省委巡视组 2015 年县市区首轮专项巡视情况。

7 月 23 日下午，市委书记朱兰玺在市委 201 会议室主持召开第 9 次市委常委（扩大）会议，会议共研究 5 项议题：关于潍坊市卫生计生工作会议精神贯彻问题；关于全市议事协调机构精简问题；关于扩权强镇及镇级综合执法试点工作；关于易制毒化学品专项整治和禁毒工作；关于全省县以下机关公务员职务与职级并行制度实施工作会议精神贯彻问题。

8 月 10 日上午，市委书记朱兰玺在市委 201 会议室主持召开第 10 次市委常委会议，会议共研究 3 项议题：学习讨论姜异康在省委十届十二次全体会议上的讲话；学习讨论杜昌文在潍坊市领导干部会议上的讲话；关于 2015 年度镇（街区）、市直部门（单位）考核办法。

8 月 21 日上午，市委书记朱兰玺在市委 201 会议室主持召开第 11 次市委常委（扩大）会议，会议共研究 2 项议题：学习贯彻习近平等中央领导近期对安全生产工作的一系列重要指示批示和姜异康在全省安全生产专题会议上的讲话精神；关于对集体经济薄弱村运转经费进行补助问题。

9 月 23 日晚，市委书记朱兰玺在市委 201 会议室主持召开第 12 次市委常委会议。会议确定，以市委、市政府“两办”文件印发关于《进一步规范机关事业单位人员调动工作意见》和《进一步规范国有企业员工招聘工作的意见》。《关于通过政府购买服务方式解决单位人员不足问题的意见》要再深化、再研究，继续修改完善，待论证成熟后再提交。

10 月 12 日上午，市委书记朱兰玺在市委 201 会议室主持召开第 13 次市委常委（扩大）会议，会议共研究 6 项议题：关于落实省委第四巡视组反馈意见的整改方案；关于推进开发区转型升级创新发展的实施意见；关于省委政协工作会议贯彻落实问题；关于新型城镇化综合试点工作；关于企业债务化解情况；关于市纪委有关案件处理问题。

11 月 12 日下午，市委书记朱兰玺在市委 201 会议室主持召开第 14 次市委常委（扩大）会议，会议共研究 4 项议题：关于十八届五中全会精神和《中国共产党廉洁自律准则》《中国共产党纪律处分条例》学习贯彻问题；关于落实省委巡视组整改要求进一步明确部分县级干部分工问题；关于第十七届菜博会筹备工作；关于东城高级中学、世纪风华学校和屯田学校规划方案。

11 月 30 日上午，市委书记朱兰玺在市委 201 会议室主持召开第 15 次市委常委会议，会议共研究 5 项议题：关于省委巡视组反馈意见整改落实情况；关于贯彻潍坊市委党的群团工作会议精神情况；关于潍坊市基层党建工作会议贯彻落实情况；关于传达落实潍坊市委统战工作和民族工作会议精神情况；关于临港项目区发展规划情况和临港项目区工作开展情况。

12 月 30 日上午，市委书记朱兰玺在市委 201 会议室主持召开第 16 次市委常委会议，会议共研究 3 项议题：关于全省县乡人大工作座谈会精神贯彻落实情况；关于创建全国文明城市测评情况；关于派驻安全生产督导组及严格落实党政同责严厉打击安全生产领域非法行为情况。

【市委全委（扩大）会议】 中共寿光市第十二届委员会。第九次全委（扩大）会议。2011 年 1 月 13 日，市委召开第十二届九次全委（扩大）会议，贯彻潍坊市委十届十一次全体会议精神，动员全市广大党员干部进一步振奋精神、创新争先，全面实现“城乡一体均衡寿光”的新突破。市委副书记、市长朱兰玺传达潍坊市委十届十一次全体会议精神，对“十二五”规划纲要（草案）进行说明。市委书记孙明亮做重要讲话。

第十次全委（扩大）会议。2011 年 8 月 10 日，在市委召开十二届十次全委（扩大）会议，贯彻省委九届十二次全体会议、潍坊市委理论学习读书会和十届十二次全体会议精神，回顾总结上半年工作，安排部署下半年任务，动员全市上下力度再加大、措施再强化、境界再提升、作风再务实，确保圆满完成今年任务目标。市委书记孙明亮做重要讲话。

第十一次全委会议。2011 年 12 月 23 日，市委召开全委会议，主要任务是听取召开中共寿光市委第十三次代表大会筹备工作情况汇报，通报十二届市委准备提交市十三次党代会审议的工作报告主要内容，征求与会人员对十三届市委委员、候补委员和市纪委委员候选人安排方案的意见，通报市十三次党代会代表和寿光市出席潍坊市十一次党代会代表候选人预备人选推选情况。市委书记孙明亮做重要讲话。

中共寿光市第十三届委员会。第一次全委会议。2011 年 12 月 26—28 日，中共寿光市委召开中共寿光市第十三次代表大会，选举产生中共寿光市第十三届委员会，选出新一届市委常委、书记和副书记，通过市纪委第一次全会的选举结果。会上，市委书记孙明亮做重要讲话，要求：一是做到“三个牢记”，牢记组织重托，牢记群众期盼，牢记发展责任。二是提高“三种能力”，提高驾驭全局的能力，提高创新突破的能力，提高处理复杂局面的能力。三是坚持“三个带头”，带头狠抓落实，带头搞好团结，带头廉洁自律。

第二次全委（扩大）会议。2012 年 8 月 1 日，市委召开十三届二次全体（扩大）会议，总结上半年工作，安排部署下半年任务，动员全市上下进一步强化责任、加压鼓劲，以更大的决心、更大的力度，确保经济社会持续健康快速发展。市委书记孙明亮做重要讲话。

第三次全委会议。2013 年 1 月 5 日，市委召开十三届三次全体会议，全面总结 2012 年工作，市委书记孙明亮做重要讲话，摘要如下：一是突出进位争先，牢牢把握正确政治方向，实现理论武装、工作谋划、目标提升的同步部署。二是突出寿北开发，增创转型升级领先优势，实现发展速度、发展质量、发展效益的有机统一。表现出“三大态势”：“千亿级新型工业基地”强势崛起，“百亿级骨干企业集群”快速扩张，“100 个过亿元重点项目”全面突破。三是突出种苗研发，增创高端农业领先优势，实现产业特色、组织程度、综合效益的明显增强。全面加快“三个转变”：加快由分散种植向基地园区转变，加快由注重数量向提高质量转变，加快由蔬菜生产向种业研发转变。四是突出市场物流，增创三产规模领先优势，实现市场物流、现代商贸、新兴服务的互动融合。主要打造“三大亮点”：打造最具区域竞争力的市场物流，打造最具品牌影响力的现代商贸，打造最具发展推动力的新兴服务业。五是突出新区建设，增创城乡一体领先优势，实现城区品质、城镇功能、村庄面貌的全面提升。六是突出生态开发，增创生态文明领先优势，实现环境建设、绿色低碳、文化事业的协调推进。七是突出民生改善，增创社会建设领先优势，实现公共服务、社会保障、和谐稳定的统筹并举。八是突出党建创新，增创党的建设领先优势，实现队伍建设、基层组织、廉政建设的全面加强。重点抓“三个关键”：着力打造激情创业的干部队伍，着力打造坚强有力的战斗堡垒，着力营造风清气正的发展环境。

第四次全委（扩大）会议。2013 年 8 月 28 日，市委召开十三届四次全体（扩大）会议，回顾总结当年工作，安排部署下步工作任务，动员全市上下强化责任、加压鼓劲，确保圆满完成全年目标。市委书记孙明亮做重要讲话，摘要如下：一是积极主动、创新突破，各项工作成效显著。二是锁定目标、集中攻坚，全力增创均衡寿光发展新优势。工作把握上，做到“三个坚定不移”：加快发展坚定不移，转型升级坚定不移，争先进位坚定不移。三是转变作风、强化执行，不断凝聚均衡发展的强大合力。

第五次全委（扩大）会议。2014 年 1 月 13 日，市委召开十三届五次全体（扩大）会议，主要是深入贯彻落实十八届三中全会和省委、潍坊市委全委会议精神，回顾总结去年工作，研究部署 2014 年思路措施，动员全市广大党员干部进一步认清形势、锐意改革、创新突破，在更高层次上开创“城乡一体均衡寿光”建设新局面。市委书记孙明亮做重要讲话，摘要如下：一是关于 2013 年工作的基本评价。二是关于全年的经济形势、工作把握。把握好稳中求进的总基调，把握好改革创新的新要求，全面加快“四个转变”：发展理念由“GDP 优先”向“质量效益优先”转变，发展定位由“传统粗放发展”向“均衡协调发展”转变，发展路径由“资源扩张驱动”向“创新驱动”转变，考核导向由“重视显绩”向“更重潜绩”转变。三是关于全年的发展目标和工作重点。全年工作的初步设想是：紧紧围绕“深化城乡一体均衡寿光建设、加快实现两个率先”这一总目标，把改革创新、转型升级贯穿经济社会发展各个层面、各个领域，全力推动经济社会实现均衡化、可持续、内涵式发展。确保全年实现财政总收入 108 亿元以上，其中地方财政收入突破 80 亿元，同比分别增长 11% 和 13% 以上；农民人均纯收入达到 15800 元，同比增长 10.5% 以上；确保节能减排等刚性指标全面完成，社会持续和谐稳定。四是关于春节前后的工作。

第六次全委（扩大）会议。2014 年 9 月 12 日，市委召开十三届六次全体（扩大）会议，主要任务是回顾总结 2014 年以来的工作，安排部署下步任务，动员全市上下准确把握形势、统一思想认识，加压奋进、创新实干，全面建设品质寿光，努力让寿光人民生活得更美好。市委书记朱兰玺做重要讲话，摘要如下：一是正确看待成绩，以清醒的认识、坚定的信念，进一步增强加快发展的紧迫感、压力感、责任感。二是锁定全新目标，以战略的眼光、攻坚的姿态，全面开启转型升级、科学发展的新征程。下步工作奋斗目标是：建设品质寿光、创造美好生活。主要经济指标预期，力争年内完成 GDP780 亿元，公共财政预算收入达到 80 亿元，高新技术产业占比较年初提升 1~2 个百分点，城镇化率达到 57% 以上；三年内 GDP 达到 900 亿元以上，公共财政预算收入突破 100 亿元，确保生态环保、节能减排等刚性指标全面完成，社会持续和谐稳定。

第七次全委（扩大）会议。2015 年 1 月 23 日，市委召开十三届七次全体（扩大）会议，主要任务是贯彻落实中共十八届四中全会和省委、潍坊市委全会以及中央、省市经济工作会议精神，回顾总结 2014 年工作，安排部署2015年的任务目标，动员全市上下适应新常态、强化新举措，努力开创“品质寿光”建设新局面。市委书记朱兰玺做重要讲话，摘要如下：关于2015年工作，总体思路是：全面贯彻落实中共十八大和十八届三中、四中全会精神，以习近平总书记视察山东重要讲话和重要批示精神为指引，紧紧围绕“建设品质寿光，创造美好生活”的总目标，坚持稳中求进工作总基调，主动适应经济发展新常态，以事关全局的 “710重点工程”为总抓手，全力推进新型工业、高效农业、现代服务业、新型城镇化、生态环保、民生事业“六个新提升”，全面强化改革创新、依法治市、从严治党“三大保障”，奋力开启品质发展、内涵提升的新征程。主要目标是：确保全年完成财政总收入114.5亿元，同比增长7%，其中公共财政收入同比增长6%、力争8%；城镇居民人均可支配收入、农民人均纯收入同比分别增长9%、10%以上；确保安全生产、生态环保等指标刚性完成，保持社会持续和谐稳定。

第八次全委（扩大）会议。2015年8月31日，市委召开十三届八次全体（扩大）会议，主要任务是深入贯彻省委十届十二次全体会议和潍坊市领导干部会议精神，回顾总结今年以来的工作，安排部署下步任务，动员全市上下统一思想，认清形势，把握新机遇，迎接新挑战，奋力开创品质寿光建设新局面。市委书记朱兰玺做重要讲话，摘要如下：进一步统一思想、凝聚发展共识。面对当前形势，全面形成“三个共识”：发展是第一要务；稳增长是首要前提；调结构是主攻方向。面对发展实际，牢牢把握好“三项原则”：怎么有利于发展就怎么干；什么问题突出就突破什么；什么手段管用就采用什么手段。面对历史责任，全力打造“强、富、好、优、高”的品质之城，让群众拥有更多的获得感、幸福感。强，就是产业强，力争用3年左右的时间，进一步调优调强三次产业，工业主营业务收入达到2200亿元以上，培育具有较强竞争力的骨干企业100家以上，高新技术产业产值占比每年提高1~2个百分点。富，就是百姓富，力争3年左右，城镇居民人均可支配收入达到3.5万元、农民人均纯收入超过2万元，在全省率先全面建成小康社会。好，就是保障好，力争3年左右，交通、客运、天然气、无线网络基本实现城乡一体，教育、卫生、养老逐步实现均等化，确保市财政用于民生领域投入每年都保持在60%以上。优，就是环境优，力争3年内城镇化率达到62%以上，空气优良天数达到180天以上，让“蓝天白云、繁星闪烁”成为寿光的新常态。高，就是社会文明程度高。

【政策研究与信息调研】 政策研究。市委研究室紧紧围绕全市转型发展、新型城镇化、改革创新、社会管理、民生稳定等领导重视、群众关心的问题，深入农村、社区、企业，开展调查研究，掌握第一手资料，形成大量有情况、有分析、有建议的调研报告、呈阅件等，同时做好领导讲话、交流发言、项目推介等工作，为市委领导科学决策提供依据，推动全市经济社会持续健康快速发展。

2011—2014年，在孙明亮担任寿光市委书记期间，先后撰写全市三级干部会议、领导骨干会议、东城建设调度会议、寿光滨海经济开发区建设推进大会等各类会议讲话323篇，在全省县域经济交流会议、全省生态文明乡村建设现场会、城镇化建设交流会议、省政协工作会议等会议交流发言材料138篇，撰写新型城镇化调研、生态文明调研、社会治理调研等各类调研文章 182 篇，提交各类情况汇报、主持词、致辞、呈阅件等材料 210 篇，在市级以上刊物上发表文章 120 余篇，其中在国家级刊物发表 16 篇。

2014—2015 年，在朱兰玺担任寿光市委书记期间，撰写全市三级干部会议、群众路线教育实践活动动员大会、三严三实专题教育大会、省委巡视组巡视动员大会、全市城建服务业项目大会、创建全国文明城市大会会议讲话等材料 212 篇，全省政协工作会议、潍坊市经济运行分片座谈会、潍坊市突破滨海调度会议等会议交流发言材料 85 篇，经济转型调研、大水务调研、生态文明调研等各类调研文章 120 余篇，各类情况汇报、主持词、致辞、呈阅件等材料 143 余篇。其中，上报的《关于寿光市洛城街道推行“网上阳光村务平台”的情况汇报》，省委书记姜异康、省长郭树清作出重要批示；《深化农村金融改革不断注入“三农”发展活力——寿光探索走农村普惠型金融的路子》，省长郭树清作出重要批示；《中共寿光市委关于开设〈百姓关注〉电视问政栏目的情况汇报》，省委副书记龚正作出重要批示。先后在市级以上刊物发表文章 82 篇，其中在国家级刊物发表 12 篇。

信息调研。信息调研室是市委办公室内部科室之一，2011—2015 年，共采编上报信息 4826 篇，信息上报和采用情况一直位居潍坊市县市区前列，连年被潍坊市委办公室评为潍坊市党委系统信息报送先进单位。

中共寿光市纪律检查委员会

【管理机构】 2011 年，市纪委内设办公室、干部室、审理室、信访室、党风廉政建设室、教育研究室、纠风室、监察综合室、执法监察室、第一纪检监察室、第二纪检监察室，市机关效能监察中心、市经济发展软环境投诉中心挂靠市纪委。2013 年 11 月，撤销党风廉政建设室和纠风室，设立党风政风监督室；撤销执法监察室，设立执法和效能监督室；增设第三纪检监察室。2011 年 1—11 月，王教法任纪委书记；同年 11 月—2013 年 10 月，刘永辉任纪委书记；2014 年 3 月始，侯法强任纪委书记。

【队伍建设】 2011 年以来，市纪委、监察局更加注重干部学习教育培训，机关内部常年开展每月读一本书、晨读一刻钟等学习活动。2011 年 8 月，举办全市纪检监察干部业务培训班，并组织全市 111 名纪检监察干部进行业务考试。2012 年，在全市纪检监察系统开展政策法规集中学习活动，出台《关于鼓励纪检干部学习培训的实施办法》，对在职取得大学专科、本科毕业证书，获得硕士以上学位，考取专业资格证书的纪检干部，给予相应的一次性补助。2013 年，举办农村纪检干部培训班 4 期，对镇街、村和非公企业纪检干部进行在职培训。2014 年，参加潍坊市级以上培训 10 次 50 余人。2015 年，全市纪检干部人均培训达到 72 个学时。2011—2015 年，市纪委、监察局机关新进 17 名年轻干部，其中研究生学历 7 人，本科学历 10 人。

【党风廉政建设】 **廉政责任制**。2011 年，制定《全市党的基层组织实行党务公开的实施意见》，编制党务公开基本目录，建立党务公开新闻发言人制度；制定《寿光市农村集体“三资”管理办法》，镇街成立农村集体资金委托代理中心和招投标中心，对集体资金和账目实行“双代管”“双印鉴”。创办“寿光民声”网络监督服务平台，全市78个部门、企事业单位和14处镇街全部上线接受群众的咨询求助、投诉举报，构建网络、电视、广播、报纸、电话、专报“六位一体”的复合反馈模式，接受群众留言12万多条，受理解决民声问题7.5万多件，群众满意度达97%以上，被中央纪委称为“扩大基层民主的寿光实践”，在全国反腐倡廉建设创新经验交流会上作介绍，并入围第六届中国地方政府创新奖。制定完善“六好六有六否一防”（六好六有即遵守党纪国法好、社会稳定有保障，落实廉政责任好、诺述评考有依据，开展廉政教育好、乡风文明有载体，执行廉政制度好、管理监督有机制，勤廉双优形象好、便民服务有实效，廉政建设效果好、和谐发展有跨越；六否即对村两委成员和党员遵纪守法、计划生育、社会综治、支农惠农政策落实、安全生产、环境保护六个方面出现问题的，实行一票否决）标准，全市创建“农村党风廉政建设示范村”228个，其中16个获潍坊市级“廉政建设示范村”称号，省委农村基层党风廉政建设联席会议在寿光市召开现场会。2012年，在全市所有行政村（社区）全面推行“双否决终审制”，将所有村级事务决策纳入“首次否决、二次否决、镇级终审、决议公示”的流程处理，解决各类问题935件，村级事务决策领导小组指导“双否决”事项218件，全市涉农信访同比下降30%。潍坊市委、潍坊市政府在寿光市召开农村党风廉政建设工作经验交流现场会，推广寿光市落实“123”农廉工程的相关经验。制定出台《关于开展村务监督委员会集中监督活动的意见》，按照第一季度集中承诺、第二季度集中公开、第三季度集中质询、第四季度集中评议的要求，加强对村级事务民主决策、“三务”（党务、村务、财务）公开、集体“三资”（资金、资源、资产）管理和便民服务落实情况的监督，全市335个村监委共开展集中监督活动900多次。全面实行农村财务“双印鉴”（每村在银行开立一个基本账户，留存两套印鉴，一套是村里的印鉴，一套是镇街道经管部门的印鉴）制度和“农村财务网络化”管理，解决镇街挪用村级资金以及北部乡镇行政村盐业资产入账不统一等问题。建设集农村党风廉政建设平台、行政事项运行监察平台、寿光民声网络监督服务平台、纪委监察局办公平台于一体的寿光市纪委数字化指挥协调中心，打造“1+4+N”（一个中心，四个平台，N个系统）网络化纪检监察工作模式。2013年，出台《2013年全市党风廉政建设和反腐败工作任务分工意见》，把纪律建设、作风建设、反腐倡廉建设3大项57小项内容分配到29个牵头单位，抓好协调推进。印发《关于建立工作台账加强对2013年度党风廉政建设目标任务落实情况日常考核的通知》，实行日常考核情况定期报送和汇报制度。制定印发《关于开展2013年度落实党风廉政建设责任制、推进惩治和预防腐败体系建设自查工作的通知》《寿光市2013年度落实党风廉政建设责任制百分考核实施细则》，抓好党风廉政建设责任制的自查和考核工作。出台《关于兑现2013年度村务监督委员会主任待遇的指导意见》《关于2013年度实行指导性考核促进村监委作用发挥的意见》，调动基层工作积极性。开展以“一个短信平台、一场电视专访、一本学习集子、一套工作指南、一次会诊座谈会、一系列工作调研”为主要内容的“六个一”活动，编印下发《“双否决终审制”践行集》《“双否决终审制”

应知应会工作手册》，编辑制作《民主之花在这里绽放》宣传片和《深化推进“双否决终审制”电视报道合集》。新华社《山东内参》以《寿光探索村监委“双否决终审制”规范村权运行》为题刊发寿光市村监委建设的创新做法。制定出台《寿光市关于改进工作作风、密切联系群众的九条意见》，完善《工作日午间禁酒》《停止新建楼堂馆所和清理办公用房》等一系列制度，狠抓作风转变。在全市党政机关开展会员卡专项清退活动和严禁机关党员干部兼职取酬自查自纠活动，98个部门单位参与专项活动，6768名党员干部填写会员卡清退情况登记表，真正做到“零持有、零报告”和“零兼职取酬”。2014年，协调市委、市政府与15个镇街区、103个市直部门单位签订《2014年度党风廉政建设责任书》，明确责任分工，构建权责明确的责任体系。加大对责任制落实的日常考核力度，对52项目标任务进行细化，完善考核标准，建立考核管理台账。开展镇街区党（工）委书记和市政府工作部门主要负责人向市纪委全会述廉制度，16名市级党政领导班子成员、14名镇街区党（工）委书记、26名政府工作部门主要负责人向市纪委全会述廉，切实把“一岗双责”落到实处。开展“五清”（清房、清车、清股、清兼职、清公款消费）和小金库专项治理行动，共腾退办公用房面积7878平方米，清理超标超编车辆196辆，规范干部企业兼职14人，查处小金库专项治理典型案件3起。开展涉农、惠农资金专项检查，共查处违规办理低保、骗取粮食直补、乱收费等涉农惠农资金问题14起。开展“庸懒散浮”专项治理，加大明察暗访力度和频率，查处上班睡觉、玩游戏等违反工作纪律行为35起，对25起典型案件进行点名道姓通报曝光。对全市各级党政机关、企事业单位开展自建培训中心专项清理整治工作，全市15个镇街区， 85个部门单位，14个国有企业和7个国有金融企业全部进行自查。在全市创新推行“网上阳光村务监督平台”，对农村基层权力运行进行制约和监督，全市15个镇街区973个村的村级事务全部在网上进行公开。中央电视台《新闻联播》《中国纪检监察报》、新华社《山东内参》、山东电视台《新闻联播》《大众日报》等多家媒体报道，省委书记姜异康作出“这是一个新的探索实践，要注意跟踪了解，在有条件的地方加以推广”的重要批示。2015年，协助市委抓好责任制落实，建立党委班子主体责任、纪委监督责任、党政领导班子成员岗位职责、党委主要负责人第一责任人责任、党委班子成员主体责任“五个清单”，其中班子43条，党委主要负责人17条，领导班子成员10条，纪委监督责任30条，筑牢责任体系。研发党风廉政建设“两个责任”管理系统，将全市15个镇街区、101个部门单位党风廉政建设主体责任、监督责任目标任务集成为网络数据库，集目标管控、责任分解、动态监督、过程留痕、考核评价于一体，实现监督考核由“一次性”向“常态性”、由“人为性”向“科学性”转变。中央、省等媒体进行报道推广，潍坊市委常委、纪委书记李在武给予充分肯定并作重要批示。严格责任追究，先后对17个单位在“两个责任”落实中未能正确履行“一岗双责”的25名班子成员进行批评教育，对预警提醒整改不力的36个单位分管领导进行约谈。严查群众身边“四风”和腐败问题，抓住重要时间节点开展明察暗访35次，查处违反八项规定精神案件22起24人，工作日午间饮酒问题6起7人，公车私用问题7起7人。针对危房改造资金、粮食直补等领域，每季度开展一次集中整治，查处损害群众利益案件307起325人，点名道姓通报曝光典型案件100起108人。全面开展“为官不为”专项整治，查处问题21起28人，通报曝光8起10人。利用“寿光民声”强化对部门履职情况的督导，督办热难点问题238件，并以96.5分的成绩通过国家级服务业标准化试点项目验收。完善“网上阳光村务监督平台”，建设“惠农资金监管平台”，将关系农民群众直接利益的13类24项惠农政策全部纳入，点击量达19万余次。开展市纪委常委同镇街区、部门单位党政主要负责人、纪委书记廉政谈话，镇街纪委同基层站所负责人、村“两委”负责人廉政谈话“两级”廉政谈话，查纠问题743个；开展“四级”述廉，组织市级党政领导班子成员向市纪委全会述廉，镇街区党委书记、市直部门主要负责人向市纪委全会述廉，镇街纪委书记、部门单位纪检组长、纪委书记向市纪委常委会述职述责述廉和驻在单位领导班子成员向派驻组述廉工作，强化党内监督实效。完善派驻巡查工作机制，完成18个单位的全面巡查和14个单位的专项巡查，发现和纠正问题179个。

廉政宣传。2011年，市纪委、监察局强化宣传声势，编发《活动简报》46期，对农业、工业、三产服务业等37个部门行业以人为本、执政为民的先进经验和典型做法进行刊发。在寿光电视台和《寿光日报》开设活动专栏，对部门单位“一把手”为民服务的做法进行访谈报道，累计报道75次。2012年，制作《廉是一种力量》《廉洁从政之基》等廉政公益宣传片，选取四知太守杨震等故事制作廉政动漫短片。在《潍坊晚报（今日寿光）》开设《古今百廉》专栏，刊发66期古今廉政故事。创办内部交流刊物《党风廉政简报》，印发72期，刊登稿件150余篇，对64个部门单位的经验进行交流。2013年，编辑出版廉政读本《古今百廉》，通过100个古今廉政故事，使广大党员干部在潜移默化中受到廉政文化的熏陶。组织开展“权与检”摄影展，选取198幅优秀照片，涵盖权力监督制约、为民服务等内容，营造浓厚的文化氛围。2014年，以古今廉政人物故事为蓝本制作10集《古今廉事菜乡新说》廉政动漫专辑，拍摄《真假局长》廉政微电影，均获得潍坊市廉政文化艺术作品展演活动一等奖，并在电视台进行播放，弘扬社会正气，传递正能量。2015年，每半月和重要节假日向副科级以上党员领导干部发送廉政短信4万余条，使广大党员干部始终保持对纪律规矩的尊崇和敬畏之心。

廉政教育。2011年，组织开展“以人为本、执政为民”主题实践活动，突出办好“十一件实事”，重点解决党员干部感情上“冷”、作风上“浮”、工作上“庸”、生活上“奢”、纪律上“散”等5大问题。活动中，编印《学习资料汇编》，通过多种形式对全市党员干部进行学习教育。编辑制作《弥水荡涤2》警示教育片，对全市5万多名党员干部进行警示教育。发放调查问卷1000余份，组织干部作风问卷调查活动。组织全市104个镇街、部门单位开展“一把手”讲党课活动，对党员干部进行“品行建设”辅导。主题实践活动得到上级领导的充分肯定，潍坊市委在寿光市召开主题实践活动现场会。《中国纪检监察报》对寿光市主题实践活动相关做法进行报道，人民网、大众网、中国网络电视台新闻中心等也先后多次进行播发。2012年，组织开展“恪守从政道德、保持党的纯洁性”主题教育活动，组织90多个部门单位“一把手”进行公开承诺和警示教育等活动，组织100多个单位开展“一把手”讲廉政党课活动，努力解决党员干部思想、作风和廉洁自律等方面存在的主要问题。开展“转作风提升执行力”专题调研活动，将每年9月、10月作为专题调研月，对市发改局、环保局、洛城街道、园林处、纪台镇、教育局、城管执法局、台头镇等9个镇街、部门单位进行调研，进一步挖掘、总结、提炼部门单位在党风廉政建设、转变工作作风、提升执行力等方面的经验，推动全市作风转变。2013年，组织开展全市副科级以上党员干部德廉知识测试，1288名党员干部参加测试，及格率为91.3%，达到以考促廉、以考促学的目的。在全市25个垂管部门开展“打造快乐民生、服务千家万户、落实群众路线教育实践活动”，切实转变服务理念，提升服务质量。在寿光民声网站开设“新风尚、新作风、新人物”党风廉政建设视频专栏，弘扬新风正气，共播出12期。组织118名镇街纪检监察干部开展党纪政纪知识测试，在纪检监察系统内部发送十八大精神、各级纪委全会精神等廉政飞信4万多条。建立反腐倡廉网络舆情工作机制，完善联席会议制度，加大网络舆情的分析研判，搜集并上报有价值舆情信息90余条。2014年，结合群众路线教育实践活动，深入开展“四个一”（看一部警示教育片、听一场廉政报告会、读一本廉政书籍、接受一次现场教育）活动，增强党员干部廉洁履职意识。全市各镇街区、市直各部门共计组织各类廉政党课、辅导讲座130余场次。在《寿光日报》和寿光电视台开设专栏，集中报道各单位落实党风廉政建设主体责任方面的工作目标、措施和成效，共对42个部门单位主要负责人进行专栏访谈。承办参加潍坊市《惩防体系规划》知识竞赛，寿光市代表队获得潍坊市第1名。举办“为民务实清廉”主题演讲比赛。将党员干部德廉知识测试范围延伸到党政机关和事业单位每名党员干部，组织3379名党员干部参加测试，合格率90%以上。发挥典型案件的警示教育作用，制作拍摄《弥水荡涤3》警示教育片，组织全市3万多名党员干部观看，获得潍坊市廉政文化艺术作品展演活动精品奖，实现警示教育全覆盖。开展廉政短信提醒，向全市副科级以上领导干部发送廉政短信2万余条，着力打造“指尖”上的廉政教育课堂。2015年，把纪律教育作为党委理论学习中心组学习和干部教育培训重要内容，在各类党员干部培训班全部开设反腐倡廉教育课程。扎实开展“守纪律、讲规矩、做表率”主题教育活动，举办主题演讲比赛，4人获得潍坊市一等奖，2人参加潍坊市汇报演出。加大典型示范教育力度，积极选树主题教育活动中涌现的先进典型，其中市司法局洛城所所长作为潍坊市5名典型之一参加潍坊市先进事迹报告会。邀请上级领导专家作辅导报告，4月份邀请中国纪检监察学院原副院长李永忠作新常态下反腐倡廉形势专题辅导报告，10月份邀请中国纪检监察报社原社长李本刚围绕“坚持从严治党，树立守纪律讲规矩意识”作党风党纪辅导报告。召开全市领导干部警示教育会议，利用十八大以来全市查处的17起违纪违法典型案件对领导干部进行教育警示。选取十八大以来全国纪检监察系统公开通报的200起典型案例，编印《十八大以来全国纪检系统公开通报典型案例汇编》，作为全市党员干部警示教育读本，以案明纪、以案促教。组织党员干部“零距离”旁听职务犯罪庭审，共组织2次40余人参加旁听。组织全市257名正科级党员领导干部参加德廉知识学习测试，及格率达95%。将德廉知识测试向农村基层延伸，组织3199名农村党员干部开展德廉和党风党纪知识学习，及格率达94.2%。利用报纸、电视、微信、网站、机关大楼电子显示屏等多种渠道，加强对新颁布《准则》和《条例》的集中宣传学习。建成全国县级首家体验式廉政教育基地，运用声、光、电技术和全国及寿光当地典型事例，通过“图文布展+多媒体演示+互动体验+主题造型”四位一体形式，使党员领导干部从感官上直接体验到权、钱、色的诱惑之害，在看、听、感、悟中接受警示教育，全年接待党员干部参观学习3000余人次，被评为潍坊市廉政教育基地。

廉政文化。2011年，编辑出版《寿光市纪检监察志》，是中国方正出版社出版的全国第一部县级纪检监察志书。组织“地税杯”以人为本、执政为民知识竞赛和“规划杯”以人为本执政为民演讲比赛；举办清风颂“建设杯”全国以人为本、执政为民廉政书画展，共征集来自全国各地的作品1087幅，展出优秀作品300多幅，中国方正出版社副社长曹轩宁，省纪委副书记崔瑛，省纪委常委、监察厅副厅长刘凤岐，潍坊市委副书记崔建平，潍坊市委常委、市纪委书记解维俊等领导出席开展仪式，山东电视台、《潍坊日报》、潍坊电视台等有关媒体进行宣传报道。2012年，在《寿光日报》、寿光电视台等媒体开辟专栏对全市77个单位开展活动情况进行宣传报道。与检察院合作，创办网上警示教育大厅，开展警示教育。2013年，深入推进廉政文化建设，按照创建活动内容和标准，积极选点推荐。市公路局、烟草专卖局、国税局开发分局等3个单位被评为潍坊市廉政文化示范点，市烟草专卖局被评为省级廉政文化示范点。举办廉政主题系列文体活动，通过电子打靶、趣味体育比赛等活动载体，使600多名干部受到教育。2014年，开展廉政格言警句、廉政书画、廉政主题楹联、廉政故事等编创活动，征集到格言警句663条，廉政故事40余篇，诗词楹联、书画作品130余幅，让党员干部在参与创作的过程中受到勤廉思想熏陶。深入推进廉政文化示范点创建工作，对已有的潍坊市级示范点进行检查复审，对出现违纪问题的进行摘牌。2015年，编辑出版《寿光市廉政诗词楹联汇编》，拍摄制作《心灵的守望》廉政微电影，教育党员干部始终坚守信念。开展红色廉政文化征文活动，其中《革命老人李植庭二三事》作为上报作品被省纪委评为优秀奖。充分挖掘寿光市历史和红色文化资源，将革命传统教育与廉政教育相结合，依托陈少敏故居、张玉山故居、李植庭纪念馆、牛头镇抗日指挥部旧址（马保三故居）等革命遗址，打造红色资源特色廉政文化品牌，弘扬社会正气。开通运行市纪委监察局网站，打造反腐倡廉网络舆论新高地，共发布信息930余条。

纠风工作。2011年，被国务院纠风办确定为工作联系点。组织开展纠风专项治理工作，开展强农惠农政策落实情况“回头看”活动，组织抽查重点涉农部门和镇（街道）7个，涉及项目13个，资金7000多万元。全面清理规范庆典、研讨会、论坛活动，撤销庆典活动1项；规范药品集中采购工作，全年药品采购总金额18929万元，药品降价总额3785万元。组织45个市直部门（单位）开展“行风热线”上线90次，解答群众反映的热点问题545个。对全市98个市直部门（单位）、36个副科级以上具有执法职能的行政事业单位和公共服务单位的工作进行网上评议。积极推进公共资源交易平台建设工作，规划功能布局。扎实推进科技防腐工作，进行权利事项梳理，共梳理各类行政权力事项2144项。2012年，开展教育乱收费问题专项整治，随机抽取7所学校进行重点检查，组织家长、教师和学生代表共226人进行教育收费情况问卷调查，发现4个方面的问题，并进行全面整改。开展公路“三乱”专项治理，共组织公路“三乱”暗访9次，专项集中检查2次，停车场专项检查1次，查出收费、执法、服务和停车场管理不规范等问题14个，提出整改建议15条。在公路“三乱”治理中实施“执法服务监督卡”制度，共发放卡片500多张。组织79个部门参加“行风热线”上线，解答群众反映的热点问题527个。开通“寿光市行风热线”政务微博，发布微博892条；在寿光“开心论坛”，共发帖213条，上传部门（单位）政策性问题164个；开辟“行风热线”网站，上传政策性文件20个，信息专报37期，音频、视频资料141期。对全市98个市直部门(单位)、34个副科级以上具有执法职能的行政事业单位和公共服务单位的工作进行网上评议。开展网上评议执法部门（单位）中层干部工作，对45个行政执法部门（单位）583名中层正职干部严格规范执法、优质高效服务和廉洁自律情况进行评议。深入推进科技防腐进程，筹划建设各项业务系统及电子监察系统。2013年，配合市委政法委，在全市范围内开展建设领域劳务工资问题综合治理，共排查建设项目187个，施工项目435个，存在问题项目22个，涉及金额3703万元，办结农民工上访事件190起，涉及民工3100余人，协调解决拖欠工资达3000余万元。开展公路“三乱”问题专项治理，纠正违法现象5起。组织81个市直部门（单位）完成162次“行风热线”上线工作，发布微博682条，上传“行风热线”音、视频162期。对全市99个市直部门（单位）、34个副科级以上具有执法职能的行政事业单位和公共服务单位的工作进行网上评议。建设部署行政执法业务系统及行政处罚、政府信息公开、社保基金和住房公积金等4个电子监察系统，基本完成科技防腐工作。2014年，根据机构调整，市政府纠风办与市纪委党风政风监督室合署。开展涉农问题专项检查，共抽查15个镇街区的79个村、65个基层站所，发现问题12个，全部进行整改。组织74个市直部门（单位）完成148次“行风热线”上线工作，共解答民生热点问题462个，回答热线问题751个，切实维护群众利益。对全市103个市直部门（单位）进行网上评议。2015年，组织市教育局、交通局、环保局、安监局等9个单位开展重点领域、重点部门专项整治活动，共查处违规办学行为15起；查处驾校乱收费、车站服务不到位等各类案件20多件；分类整治污染企业277家，其中限期整改111家，关闭38家，立案查处92家；打击安全生产违法行为1200余起，整治违规违章行为6000余起，关闭化工企业48家。组织56个市直部门（单位）参加“行风热线”上下半年112次上线，选取市人社、公安、卫计、市场监管、住建等5个民生热点单位所辖12个部门（单位）集中上线，参加民声“专题周”共26次上线，接听群众热线电话552次，解答群众关心的热点问题945个，群众满意度达到100%。对全市100个市直部门（单位）进行党风政风网上评议。

软环境建设。2011年，制定《全市经济发展软环境建设工作考核办法》，对寿光民声、行风热线、机关效能等工作进行科学细化、量化。坚持“网上双评”制度，评议结果媒体通报，纳入市委、市政府对各部门、镇街综合考核。组织人大代表、政协委员、企业法人代表召开大型座谈会2次，每季度开展1次企业发展环境问题暗访，先后暗访企业56家。联合市行政服务中心、政府法制办等部门单位开展2次行政审批专项检查。全年共受理并查处涉软环境案件46起。2012年，对“寿光民声”网站进行改版，群众诉求渠道更加畅通。投资150多万元，建设寿光市党风廉政监督监察中心，对各部门单位行政审批、征收和处罚等权利事项、工作纪律进行实时监控。筛选20个新建重点项目作为“软环境监测点”，实行挂牌督办，坚持每月走访1次，面对面征求企业意见建议，召开联席会议协调解决反映突出的问题。全年受理投诉66起，查处“三乱”案件28起，100名责任人受到追究。2013年，全面开展“庸懒散浮”专项治理活动，坚持每月组织1次对行政服务中心及各窗口单位工作纪律明察暗访，采取现场拍摄、随机抽查的方式，对全市各级机关、各镇街基层站所工作纪律及执法单位现场执法情况进行大规模的明察暗访活动。筛选10个项目作为软环境建设监测点，与新建重点项目作为重点联系企业（项目），实行挂牌保护。开展全市行政执法检查活动，发现部分单位执法存在行政处罚自由裁量权使用不当、违规执法、不作为等问题，责令各单位进行整改落实，对违规行为进行严肃查处。2014年，强化纪律松弛和“庸懒散”专项治理，对全市200多个部门单位、镇街基层站所全部进行明察暗访，查处违反工作纪律案件43起；积极推进行政审批提速，对行政审批事项进行全面清理，全力推进有审批权的部门入驻新政务服务中心，对中介机构梳理并建立中介机构数据库，对行政审批制度改革措施落实加大监督检查力度；对企业项目建设中特别是工程建设领域涉及的行政审批、收费等工作进行专题调研，研究并出台《关于明确企业项目建设中涉及的收费问题的通知》，切实减轻企业负担。全年共查办涉软环境案件98起，其中给予党政纪处分85人次。

【案件查处】 信访举报。2011—2015年，市纪委高度重视信访举报受理工作，制定和完善相应的工作制度，实行领导负责制和限时办结制，做到件件有着落，事事有回音，有效化解党群和干群之间矛盾，为全市经济社会发展创造良好环境。

2011—2015年寿光市受理信访举报情况统计表

表2

项目＼年份	2011	2012	2013	2014	2015
共受理信访举报（件次）	203	183	256	450	424
来信（件次）	122	119	148	305	189
来访（人次）	32	23	42	44	47
来电（件次）	38	39	31	83	44
网络举报（件次）	12	2	35	18	162
反映乡科级及以上干部问题（件次）	29	25	65	59	78

续表

项目＼年份	2011	2012	2013	2014	2015
反映农村党员干部问题（件次）	116	89	164	239	166
反映单位问题（件次）	29	37	–	76	79
其他问题（件次）	6	6	–	8	20

检查审理。2011年审理处结案件73起，给予党政纪处分73人；2012年审理处结案件108起，给予党政纪处分110人；2013年审理处结案件106起，给予党政纪处分126人；2014年审理处结案件269起，给予党政纪处分296人；2015年审理处结案件391起，给予党政纪处分407人。

执法监察。2011年，扎实推进加快转变经济发展方式监督检查，严查违规变更规划调整容积率的违法违规行为，共查出私自变更规划项目7个，未及时办理规划手续项目16个，未办规划手续私自开工项目70个。开展2010年度违法违规用地专项整治行动，共查处违法用地9宗，面积227.76亩，拆除违法用地25宗，退回土地68.2亩。加强对环境保护政策措施落实的监督检查，共开展整治违法排污企业保障群众健康环保专项行动10次，取缔关停企业68家，停产治理企业12家，下达限期整改通知书256份，对108家企业下达处罚决定。开展政策性农业保险落实情况执法检查，检查签单保费1935.6万元、赔付资金754.5万元。开展强农惠农政策落实情况专项检查，共检查14处镇（街道）和6个市直部门单位，涉及资金7000多万元。制定下发《全市行政审批事项监督检查实施方案》，对全市46个行政部门行政审批制度改革有关事项落实情况进行全面检查。2012年，探索实行"紧贴市委、市政府决策式"监督检查新模式，开展全市涉及房地产项目收费情况专项检查，共发现自立名目违规收费等6大类33个问题。开展国有资产管理使用情况执法检查，针对检查中发现的部分单位财务管理问题，开展"六个一"（举办一期培训班、开展一次学习活动、组织一次考试、调整一批财务人员、进行一次谈话、制定出台一个意见）活动，集中培训352名财会人员，有11名调离财会岗位。2013年，对全市具有行政执法职责的54个部门单位开展行政执法检查活动，检查采取集中明察和重点暗访同步进行的方法，成立6个检查组和20个暗访组，全面检查各行政执法部门2012年以来的行政执法案卷和相关的资金账目，共发现涉及行政处罚自由裁量权使用不当、违规执法、不作为等问题31个，纠正不规范档案227卷，查处行政执法不规范案件11起，处理相关责任人18人，

源头治理。2011年，出台《关于加强工程建设领域中介机构管理的意见》，加强对工程建设领域中介机构的监督管理，对政府投资建设项目全面实施"廉政告知书"制度。开展在建项目规划情况的执法检查，共检查建设项目87个，建筑企业76家，共查出存在问题项目23个，对25家建筑企业采取停工整改等处罚措施。参与重点项目招投标75项，节约资金8621.08万元，节约率达到18.8%。完成经济责任审计项目24个，查

出违纪违规资金额6104万元，管理不规范金额49426万元，提出改进建议49条。制定《公共资源交易电子监察实施细则(试行)》等配套制度，着手推进公共资源交易平台，让权力依照“科技+制度”模式阳光运行。积极推进网络平台建设，建成电子政务服务平台和行政审批业务运行系统。2012年，积极运用科技手段防治腐败，按照“制度+科技”理念，高标准建设集农村党风廉政建设平台、行政事项运行监察平台、寿光民声网络监督服务平台、纪委监察局办公平台于一体的寿光市纪委数字化指挥协调中心，打造“1+4+N”（一个中心，四个平台，N个系统）网络化纪检监察工作模式。探索实行执法服务监督卡制度，畅通投诉渠道，规范执法服务行为。开展对商业银行、电信行业、物流领域、大型零售企业、教育、涉农、征地拆迁等7个重点领域的专项治理工作，组织开展教育乱收费、公路“三乱”、食品安全专项整治行动，共查处违纪违法案件18起。加强工程建设领域项目信息公开和诚信体系建设，发布各类信息700余条。进一步严格规范招投标相关程序，对110个项目进行招投标监督，招标额10.9亿元，节省资金2.3亿元，节约率达18.7%。抓好国有土地储备和招拍挂工作，共将210宗国有建设用地项目进行公示，其中成交141宗，成交金额26.93亿元。2013年，扎实开展公路“三乱”专项治理，对“执法服务监督卡”使用情况进行不定期抽查。开展农民工欠薪问题专项治理，共排查建设项目187个，施工项目435个，存在问题项目22个，涉及金额3703万元。加强经济责任审计工作，完成审计项目18个，查处违规违纪行为金额6395.9万元，管理不规范金额8508.3万元，提出改进建议46条。2014年，创新监督治理模式，延伸农村基层监督触角，创新推行“网上阳光村务监督平台”，对农村基层权力运行进行制约和监督。深入治理违反规定收送礼金、有价证券和支付凭证等问题，在农村商业银行设立廉政账户，拓宽党员干部拒礼拒贿的渠道。制定《寿光市建立健全惩治和预防腐败体系2013—2017年工作规划实施意见》，进一步健全惩防体系、作风建设、权力运行监督制约等制度规范，形成常态化、长效化的新机制。出台《关于加强作风建设继续落实作风建设月报制度的通知》《关于严格实行工作日中午无例外禁酒的通知》等制度规定，建立作风建设长效机制。2015年，完善“网上阳光村务监督平台”，构建“惠农资金监管平台”，将粮食补贴、低保五保、计生补贴等关系农民群众直接利益的13类24项惠农政策全部纳入，接受社会监督，反映基层干部违规违纪的举报同比下降32.2%。制定《关于村级纪检委员履行职责、发挥监督作用的意见》，明确5项职责、4项权利，推动村级纪检委员切实履行职责，加强农村基层权力运行监督。督导相关部门做好“中介超市”的承接和管理工作，确保引进信用度高、服务质量好的中介机构，共有36类中介，173家中介机构入驻。

组织工作

【管理机构】 2011—2015年，市委组织部共设9个科室，分别为办公室、调研科、干部科、组织科、人才工作科、干部教育科、干部监督科、农村干部科、宣传科。设正科级行政单位3个，分别为市委组织员办公室（挂靠市委组织部）、市委党的建设领导小组办公室（与市委组织员办公室合署办公）、市党建研究会（与市委组织员办公室合署办公），副科级行政单位1个，即干部信息管理中心。设正科级事业单位1个，即市农村党员干部现代远程教育管理中心（与党员电教中心合署办公）；副科级事业单位1个，即党员电化教育中心。配备部长1名，常务副部长1名，副部长3名，另配兼职副部长2名（分别由市机构编制委员会办公室主任、市人力资源和社会保障局局长兼任）。

（葛树涛、赵晓东、桑德春）

【筹备中共寿光市第十三次代表大会】 2011年12月26—28日，在寿光市晨鸣国际大酒店召开中国共产党寿光市第十三次代表大会。会前，起草《中共寿光市委关于召开中国共产党寿光市第十三次代表大会的请示》，并报送潍坊市委组织部审批；起草《关于中共寿光市委换届人事安排问题的请示》和《关于寿光市纪委换届人事安排问题的请示》，分别报潍坊市委组织部和潍坊市纪委审批。12月4日，召开市第十三次党代会代表选举工作会议，对出席市第十三次党代会代表推选工作进行安排部署。全市共划分为28个选举单位，组织基层党组织和党员进行层层酝酿推荐，并在考察公示的基础上，分别召开党代表大会、党员大会或党代表会议，对出席中共寿光市第十三次党代会的代表进行选举，共选出代表400名。其中，各级领导干部228名，经济、科技、文教、卫生、体育等专业技术人员83名，工人30名，农民52名，其他劳动者7名；妇女79名，离退休人员5名。在市第十三次党代会上，市委书记孙明亮代表中共寿光市第十二届委员会作题为《深化均衡建设，增创领先优势，奋力开启寿光科学发展的新征程》的工作报告。会议审议并通过《中共寿光市委关于加强自身建设的决定》。大会选举产生中共寿光市第十三届委员会委员45名，候补委员8名。中共寿光市委十三届一次全会选举孙明亮、朱兰玺、赵绪春、李宝华、王惠玲（女）、王教法、刘永辉、徐莹（女）、孙成华、高立华、武治强等11人为常委，孙明亮当选市委书记，朱兰玺、赵绪春为副书记，刘永辉为纪委书记。各镇街区党委也严格按照程序，进行换届选举。

（李炳泉、李秀生、程燕燕）

【干部人事制度改革】 2011—2015年，按照中央和省委、潍坊市委关于深化干部人事制度改革的要求，坚持党管干部原则，不断强化工作措施，积极探索选人用人新机制，大力培养选拔信念坚定、为民服务、勤政务实、敢于担当、清正廉洁的好干部。完善干部管理体制，制定出台《关于调整理顺干部管理体制的意见》，从干部管理权限、管理程序和管理办法等方面，对全市干部管理体制进行调整理顺，明确市委常委会议、“五人领导小组”会议和市委组织部部长办公会议研究干部的程序要求。创新干部评价方式，制定干部“德”的评价标准，进一步细化政治品德、职业道德、社会公德和家庭美德“四德”考核指标，并采用反向测评的手段，在定向考察书面征求意见时一并发放《“德”的反向测评表》，增强干部考察的全面性、准确性。强化选人用人制度化建设，研究制定以《寿光市科级干部选拔任用工作流程》为主体，以《领导班子和领导干部综合分析研判办法》《组织系统信访工作管理办法》《干部考察员管理办法》《基层人武干部选拔任用管理办法》等7个办法为配套的“一揽子”制度规定，对干部工作的具体环节和程序步骤进行规范，使干部选拔任用和监督管理工作有据可依、有章可循。加大干部日常考核考察力度，综合分析年度考核、经济责任审计、召开民主生活会等渠道发现的问题，定期对镇街区、市直部门（单位）领导班子进行综合分析研判，深入分析和监测领导班子运行状况，准确评价和把握领导干部德才表现，对存在的突出问题及时抓好督促整改。

（卢法贵、丁平、李飞）

【干部监督管理】 2011—2015年，按照从严治党、从严管理干部的要求，坚持将功夫下在平时，积极拓宽监督渠道，创新监督方式，丰富监督内容，不断健全干部日常化、长效化管理监督机制。从严抓好组工信访，建立完善《群众举报工作百分制考核办法》，规范组工信访受理处理工作，对受理的群众举报案件，实行"周汇总、月分析、季通报、年排名"，确保信访总量和通报数量维持在较低水平。落实干部监督联席会议制度，加强与纪检、政法、检察等8个执法执纪部门的经常性沟通联系，建立干部监督"数据库"，及时收集、筛选和整理干部监督信息，有效提升干部监督整体合力。从"两代表一委员"、优秀基层党组织书记、干群直联"网格长"和离退休党员干部中，聘任53名组织工作监督员，随时听取他们的意见建议，及时掌握干部日常表现，促使党员干部自觉讲规矩、守纪律。创新干部任前公示形式，制定《寿光市领导干部任前公示办法》，对新任的镇街党政正职和市直部门主要负责同志，在《寿光日报》上刊登任职公告，面向全市干部群众听取对拟任人选的反映和意见。制定《领导干部因私出国（境）审批管理暂行办法》，进一步明确审批权限、审批程序、护照管理办法等内容，严明事由条件，严格审查审批，严格程序步骤，领导干部因私出国（境）审批管理工作更加规范。

（卢法贵、丁平、张坤）

【干部教育培训】 2011—2015年，认真贯彻落实《干部教育培训工作条例》，每年制定下发全市干部教育培训计划，指导全市的干部教育培训工作。充分发挥干部教育培训联席机制的作用，按照分级分类和"谁主管、谁负责"的原则，建立党委统一领导，组织部门牵头抓总，有关部门各负其责、分工协作的"大培训"格局。每年下发年度培训重点项目计划，实行培训班次审批备案制度，实现培训渠道、培训资源和培训经验的共享，解决部分部门单位培训工作缺乏近期和长远规划等问题。研发干部教育培训管理系统，加强工作的统筹性。注重发挥市委党校培训主阵地作用，在主体班次中加大党性教育的比重，重点上好重温入党誓词、革命历史教育、警示教育、交流体会"四堂课"。紧贴市委市政府总体工作部署，主动适应全市转型发展、品质发展新目标，特别是新常态下对领导干部素质能力要求的新变化，实行"菜单式"教学，根据不同班次的实际需要，有针对性地设计城乡一体化、品质寿光发展等系列专题。注重培训管理，制定"十严禁"培训纪律，出台《进一步加强学风建设的意见》，严格执行"零请假"制度。采取点名调训、集中轮训等形式，年均培训科级干部600余人次。不断提高培训层次，全面提升党员干部、各类人才能力素质。5年来，先后组织企业家赴新加坡国立大学举办产业品质发展培训班；组织青年企业家、重点产业企业负责人、有关职能部门分管负责人等赴江苏省江阴市、复旦大学、浙江大学等地举办电子商务、产业转型升级和素质能力提升等培训班；组织党务组工干部等赴江西井冈山举办党性修养专题培训班等共10多期，培训党员干部、各类人才1000多人次。全面加强培训载体建设，依托全市红色资源，规划建设“两馆三基地”（寿光党史展览馆、党建成果展览馆，现代农业培训基地、党员干部党性教育基地、警示教育基地），张玉山故居（2012年5月）、马保三故居（2012年12月）相继修缮完成，胡锦涛总书记视察寿光七周年党建成果展览馆（2012年4月）、陈少敏纪念馆（2014年6月）、李植庭纪念馆新馆（2015年12月）相继落成并投入使用。陈少敏纪念馆、马保三故居、李植庭纪念馆成为潍坊市党性教育教学点。依托现代农业优势，规划以三元朱现代农业培训基地、蔬菜高科技示范园、农产品物流园、农业高新技术产业示范区等4个教学现场为主的“一线四点”现代农业培训路线。2012年，省委组织部把寿光市定为全省党员干部现代农业培训基地。5年来，为江苏、贵州、安徽、甘肃等30多个省区市培训农村实用人才1.2万人次。在2012年7月17日召开的全国党校校长会议上，习近平总书记对寿光立足现代农业优势为贵州省培训党员干部的做法给予充分肯定。

（卢法贵、丁平、张云昌）

【基层党组织建设】 2011—2015年，全市各级党组织在市委正确领导下，积极创先争优，筑牢基层基础，有效地增强基层党组织的凝聚力和战斗力。2011年，寿光市被评为全省基层党建工作先进市。截至2015年12月底，全市共有基层党组织3056个，其中党工委11个（包括市直机关党工委1个、街道党工委5个、双王城生态经济园区党工委1个、新经济组织党工委1个、新社会组织党工委1个、离退休干部党工委1个、农民专业合作社党工委1个）、党委98个（包括镇党委9个、建制村党委1个、机关企事业单位党委66个、民办非企业党委2个、社区党委20个）、党总支165个（设在镇街区的党总支125个，包括村、社区党总支93个；设在市直部门单位的党总支40个）、党支部2782个（其中设在镇街区的党支部1975个，设在市直部门单位的党支部807个）。全市共有党员65584名，其中组织关系在镇街区的58502名（在村、社区的36547名），组织关系在市直部门单位的7082名；共有妇女党员11700名。

（李炳泉、李志军）

【农村基层组织建设】 2011—2015年，坚持抓基层、打基础，农村基层组织建设取得新进展。一是不断加强村级班子和干部队伍建设，努力实现有人办事。把选配好农村党组织书记作为村级班子建设的重中之重来抓，坚持长远规划，提前培养，逐步使用，培育农村党组织书记的“源头活水”。拓宽思路“选”。顺利完成2011年和2014年2次村“两委”换届选举工作，大胆选用具备破解农村发展难题的理念和思路的人才，让优秀人才进入村“两委”班子，探索建立致富能手—党员—村级后备干部—村干部“四位一体”的递进培养体系。完善大学生村干部成长成才机制，出台量化考核办法，建立大学生村干部淘汰机制和创业导师制度，进一步增强大学生村干部扎根基层、创先争优的主动性。先后选拔1260多名优秀人才进入农村党组织班子，有97人直接被推选为党组织书记，其中大学生村干部4名。多种形式“育”。依托潍坊科技学院，举办农村党组织书记学历培训班，109人取得大专学历。每年举办3次—4次农村党组织书记论坛，组织优秀村党组织书记交流经验、探讨工作。采取“小班化”模式，分经济强村、薄弱村、新任职村、村务规范化村等，对村干部分期分批轮训。精选村级班子建设、党群服务站建设、发展壮大村集体经济等村级治理机制工作典型10大类、101个村，打造10条观摩路线，组织农村党组织书记现场观摩学习。依托市委党校、市农村党组织书记培训学院，先后举办培训班66期，累计培训8000多人次。其中，到上海、浙江、江苏、临沂、泰安等地举办农村党组织书记培训班15期，培训800多人次，增强党性意识，提高履职能力。清淤除障“引”。采取部门包村、干部驻村、强村和企业帮村等措施，整合资源、集中力量整顿工作薄弱村。从2012年起，连续4年开展选派“第一书记”推动“包千村联万户”活动，对薄弱村进行帮扶。严格监督“管”。健全完善村“两委”班子及成员任期和年度目标、承诺践诺、述职评议、经济责任审计等制度，从岗位目标、村务公开、财务支出、集体资产处置、重大事项决策听证等方面划定“硬杠子”。落实待遇“留”。认真落实上级规定，建立农村干部待遇保障机制，将农村主职干部工资全部列入市镇财政预算，按照既保障待遇又注重实绩的原则，固定补贴由市财政承担，绩效补贴由镇街财政承担；对考选的大学生村干部工资，全部由市、镇街财政列支。全面落实农村干部退职待遇保障制度，对累计任职10年以上的1900多名离任村党组织书记和村委会主任，按照每任职1年补贴10元的标准，市财政每年拿出400万元，统一发放退职生活补贴。落实激励措施，先后选拔1名优秀农村党组织书记和1名大学生村干部担任镇街副职，选拔16名做出突出贡献的农村党组织书记挂任镇街副职，考录20名农村干部担任镇街公务员。对做出贡献的农村干部，大力宣传表彰，优先提名推荐为各级人大代表、政协委员和先进模范。二是积极发展壮大村级集体经济，努力实现有钱办事。把发展壮大集体经济作为加强农村基层组织建设的基础性、战略性工作来抓，着力破解村集体增收难题。树立“新理念”。先后开展“解放思想万里行”“放眼江浙看发展”等活动，每年分期分批组织农村党组织书记到江、浙、沪等先进地区参观学习。在全市选树19个发展集体经济典型村，组织农村党组织书记观摩学习。将发展集体经济与政治经济待遇挂钩，每年评选50名发展集体经济“优秀农村党组织书记”，每3年评选一次发展集体经济“十佳农村党组织书记”，在全市营造学先进、比发展、争一流的浓厚氛围。指出“好路子”。探索推广特色产业、资源开发、建设园区、流转土地等八条集体增收途径。对有资源资产优势的村，通过建设农业、畜牧业园区，发展盐化工、滩涂养殖产业等壮大集体经济；对有资本优势的村，通过参股、投融资、BOT等方式，发展集体经济；对有区位优势的村，通过兴建工业园区、标准厂房、专业市场、仓储基地等形式，筑巢引凤，增加集体收入；对无资金、资产、资源但特色产业明显的村，通过开展有偿微利服务增加集体收入。2015年，全市集体年经营性收入5万元以上的村达到85%以上。落实“好政策”。对集体经营性收入5万元以下的村，实行市镇财政兜底，使其村级运转经费全部达到5万元以上。三是加快推进依法依规治村，努力实现有章理事。推广东斟灌村“三自”（自主议事、自治管理、自我服务）管理模式，实现由“替民做主”向“群众自主”转变，得到各级领导的充分肯定。推行“网上阳光村务监督平台”，实现由“暗箱操作”向“公开民主”转变。2014年，把全市975个村的6大项、37小项的村务、财务等问题，全部纳入网上监督平台，群众可以通过电脑、移动终端24小时对村务进行监督，有效解决村级事务不公开不透明、干群关系不融洽不和谐等问题。2015年底，平台点击量突破16万人次，全市因村级事务不透明引发的信访问题大幅下降，基层治理的规范化、信息化水平全面提升。省委书记姜异康对此作出重要批示，中央电视台《新闻联播》、山东电视台《山东新闻联播》等媒体进行宣传报道。

（李秀生）

【推行村级治理“三自”工作办法】 2012年始，寿光市东斟灌村党支部充分发挥领导核心作用，坚持以法治村、以制治村，探索实施“三自”工作机制，通过领办斟都果菜、土地股份和资金互助3个合作社，充分尊重群众主体地位，组织群众民主协商，真正做到群众的事群众说了算，为解决村级管理制度困局提供有益借鉴，成为全市村级治理的生动样板，得到各级领导的充分肯定，被评为第三届全国基层党建创新优秀案例和2015年度全国创新社会治理最佳典型案例。寿光市对这一做法及时进行总结，制定出台《寿光市党组织领导下的村级治理“三自”工作办法》，召开现场推进会，将这一做法推广到全市975个村，并通过专题培训等形式培训农村干部4200多人次。新华社、大众日报、潍坊日报等主流媒体对东斟灌村经验进行重点宣传报道，刊发宣传稿件100多篇。

（程燕燕）

【建设“4+1”党群服务体系】 2015年3月始，围绕打通服务群众“最后一公里”，提升基层治理能力，提高服务党员群众水平，寿光市构建以市、镇街、社区、村四级服务平台和党员干部直接联系服务群众为主要内容的“4+1”党员群众服务体系，有效解决干部服务意识不强、群众办事找不到人等问题，初步形成人往基层走、事在基层办、难在基层解的良好局面。建好服务阵地，市一级，新建政务服务中心，进驻44个市直部门、58家中介、280个服务窗口，办理审批服务事项916项，事项入驻率达94.7%。镇街一级，建设党员群众服务中心，设立“一站式”服务大厅，设置社会保障、人口计生等开放式服务窗口，承接、办理行政审批、社会管理和公共服务等事项。社区一级，设立党员群众服务中心，因地制宜配套服务大厅、卫生室、警务室和会议室、听证室、谈心室等，可一室多用。村一级，依托现有村级活动场所，设立党群服务站，为群众提供各类服务。全市15个镇街、94个农村社区和883个村党群服务中心(站)全部建成投用。下沉服务力量，956名机关干部下沉到社区工作服务，每个社区工作人员不少于6人，每个村至少配备1名代办员。整合服务资源，将各职能部门多头、分散提供的医疗卫生、文化教育、社会保障、金融保险、邮政通讯等服务资源，向党群服务中心集聚整合，促进公共服务和社会化、市场化服务向基层延伸、向群众覆盖。健全服务机制，建立公开公示、经费保障、监督考核等制度，促进平台高效有序运行。省委、省委组织部和潍坊市委、潍坊市委组织部领导均给予高度关注和肯定，山东电视台、大众日报等主流媒体、刊物刊发寿光的经验做法。

（程燕燕）

【深化党员队伍纯洁机制】 2009年始，寿光市针对处置不合格党员标准不具体、程序难启动、推进缺抓手等问题，从党籍管理入手，探索实行党员定期登记办法。工作中，既积极探索推进，又慎重稳妥操作，至2015年共先后开展三轮党员登记工作，共处置不合格党员351名。其中，暂缓登记党员180名，不予登记党员171名。2013年，作为省委确定的处置不合格党员工作试点单位，结合开展党的群众路线教育实践活动，认真做好处置不合格党员工作。广泛开展“不合格党员具体表现”征集活动，归纳确定《寿光市不合格党员75种具体表现》；对937名失业职工、离退休人员、大中专毕业生和退役军人中的党员组织关系进行规范理顺，有效解决党员组织关系“空挂”问题；召开由纪检、组织、政法、信访、计生、工商、税务、金融、质检、农业等部门参加的党员诚信信息采集联席会议，对违法违纪和违反社会诚信党员进行筛查。对违法违纪的党员，移交纪检机关处理。对有其他不合格党员表现的党员，及时向所在党组织反馈，作为处置不合格党员的重要依据。全市各级党组织严格按照提出登记申请、组织评议认定、严格审查审批、加强教育帮扶等程序步骤，做到规范操作、准确认定、妥善处置。通过党员登记，探索畅通党员出口途径，打通自愿退党党员主动退出、不符合党员条件党员组织处置退出的通道。增强党员党性观念，强化党员管理监督，纯洁党员队伍。2010年“七·一”前，省委宣传部、省委创先争优活动领导小组办公室专门下发通知，将寿光市探索建立的党员队伍纯洁机制列为重大典型，在省内主流媒体进行集中宣传报道。时任中组部部长李源潮先后4次作出批示予以肯定，2012年中央组织部把寿光市党员定期登记做法列为十七大以来全国处置不合格党员的5种模式之一。2013年9月，在全国发展党员和党员管理工作座谈会上，寿光市以《开展党员定期登记，疏通党员队伍出口》为题，作交流发言。

（李炳泉、李秀生、程燕燕）

【农民合作社党建工作】 2012年始，寿光市顺应农民合作社迅猛发展的新形势，创新组织设置，完善工作机制，探索“合作社里建支部，党员带着社员富”党建工作新路子，有效扩大党在农村的组织覆盖和工作覆盖。健全组织领导、激励助推、管理引导“三项保障体系”，凝聚农民合作社党建工作合力；创新单独组建、社村（企）合建、社社联建、派员指导组建“四种设置方式”，实现农民合作社党组织全覆盖；健全明确职责、有坚强班子、有规范制度、有工作经费、有活动阵地、有活动载体 “六有工作规范”，促进农民合作社党建工作开展；搭建互助合作、教育培养、服务创新、发展致富“四个工作平台”，激发农民合作社党建工作活力。

（程燕燕）

【城郊村改造建设】 2013年8月至9月，组织力量到洛城、古城、圣城、田柳等镇街，对城郊村、城中村改造和土地增减挂钩项目建设进行调研，形成调研报告，在寿光日报《菜都先锋》刊登2个专版，并在头版头条配发评论文章，总结推广洛城、古城和田柳农村社区建设经验，制定加强城郊村党建工作推动社区建设的意见，召开全市城郊村党建工作会议，举办2期农村社区建设村党组织书记培训班，保障农村社区建设顺利推进。6月20日，寿光市在中组部和全国党建研究会联合举办的“纪念中国共产党成立九十周年党建研讨会”上做交流发言；《人民日报内部参阅》刊登寿光市的经验做法。

（李秀生）

【集体经济薄弱村实行市财政兜底补助】 2015年，寿光市出台《经济薄弱村运转经费补助办法》，每年从市财政拨付专项资金，对集体经济薄弱村运转经费实行兜底补助，保障村级组织正常运转。在补助标准上，根据村人口数、村“两委”日常开支额等确定村级运转经费最低标准，集体经济收入低于最低标准的，市财政予以补足。具体标准是，对500人以下的村补助到5万元，501～1000人的村补助到5.4万元，1001人以上的村补助到6万元。经济薄弱村运转经费补助实行动态管理，一年一申报，一年一审批，一年一发放，严格按照自主申报、组织审核、公开公示、资金发放4个环节进行，只用于村干部绩效补贴、村级办公和服务经费等支出，不能用于偿还村级债务、投资大额工程项目等。补助资金实行专账管理，村里使用资金时，须向镇街党委、政府提出申请，经批准后方可使用。对资金管理使用情况，组织、财政、经管等部门采取抽查、暗访等形式，每年组织2次核查，发现违规使用的，从下年度财政补助资金中扣减违规使用金额，并从严追究镇街相关责任人和村党组织书记的责任，最大限度地保障补助资金专款专用。当年，市财政共拿出680万元，对249个村的运转经费进行补助。

（李秀生）

【农村干部补贴待遇提标扩面】 2011年7月，研究制定《全市村“两委”主职干部补贴报酬统筹发放办法》。村党组织书记的岗位补贴和绩效补贴，按照不低于2010年全市农民人均纯收入（9495元）的1.5倍和0.5倍确定，固定补贴每人每年1.42万元，每月1183.3元，绩效补贴每人每年平均4700元；其他村“两委”主职干部的固定补贴及绩效补贴按党支部书记的70%确定。1000人以下的村3职，1001人以上的村5职。岗位补贴由市镇两级财政承担。视财力情况，将镇（街道）财政负担比例划分为三个档次，第一档次的镇（街道）财政负担80%，第二档次的镇（街道）财政负担60%，第三档次的镇（街道）财政负担40%，其他部分由市财政承担。具体档次的划分，由市财政局在每年年初根据各镇（街道、区）上年财力情况确定，每月发放一次。绩效补贴主要由村集体承担，由镇（街道、区）每年年底根据村干部实绩考核情况报市委组织部审核，按年度发放。从2015年11月开始，提高村“两委”干部补贴报酬，村党组织书记按照2014年农民人均纯收入2倍标准发放，其他村主职干部按村党组织书记的70%确定。全市共为3465名村干部落实补贴待遇，2015年发放岗位补贴4960多万元。

（李秀生、王延国）

【大学生村干部选聘管理】 2008年始，寿光市共选聘大学生村干部490名，2015年在岗113名，其中2008年寿光市自行选聘16名，2009年潍坊市选聘93名，2010年、2011年省选聘36名，2013年、2014年、2015年省选调大学生村干部28名。健全教育培养机制，针对每名大学生村干部的专业特点和知识需求、职业规划，有针对性地采取分类指导培训，强化个性化、菜单化、递进式培养，把不是党员的大学生村干部培养成党员、把大学生村干部党员培养成村“两委”干部。依托洛城街道励志蔬菜专业合作社建立全市大学生村干部创新创业实践基地，分批组织大学生村干部参加不少于半个月的封闭式培训，提升为民服务本领。健全管理考核机制，坚持实行市委组织部、镇街党委和村委联合考核，认真组织开展“群众评议大学生村干部”活动，通过群众现场质询、打分测评等方式，让群众来评价大学生村干部。健全激励保障机制，严格落实大学生村干部工资福利待遇，统一缴纳社会基本保险。对政治上要求进步、符合党员条件的大学生村干部，及时吸收入党；对政治素质好、带富能力强、协调能力强的大学生村干部，适时推选为村级党组织书记。在寿光日报、寿光电视台等新闻媒体设立大学生村干部专栏，定期宣传报道优秀大学生村干部的先进事迹和工作经验。

（程燕燕）

【开展“两新”组织党建工作规范化建设】 2011—2015年，各镇街区党委、市直有关部门单位对“两新”组织党建工作重视程度不断提高，积极创新，强化措施，狠抓落实，“两新”组织党建工作成效明显。一是规范化建设进一步推进。2011年8月，根据上级统一安排，全面开展“两新”组织“建组织扩覆盖”活动，共建立非公有制企业党组织211个，社会组织党组织96个。2015年，在全市全面开展“两新”组织党建规范化建设，组织50名企业党组织书记到浙江考察学习，着力打造29个市级非公有制企业党建工作示范点，每个对评为示范点的企业党组织由市管党费补助1万元。市里出台《关于组织开展非公有制企业党建规范化建设的意见》《关于推行非公有制企业党组织分类管理的实施意见》，采取单建、联建、统建等模式建立党组织，推行党组织领导班子与企业管理层交叉任职，建立落实党员教育培训、民主评议、党务公开等制度，每年初按不低于在职职工年度工资总额5‰的比例由财务列支党组织工作经费，对党建工作不重视、党组织和党员作用发挥不好的“两新”组织及负责人，一律不推荐提名为各级“两代表一委员”，一律不得评为劳动模范等各类先进。对各企业党组织每季度一评估、每年一定型，全市非公有制企业党组织规范化建设达标率达到95%以上。二是党组织和党员作用进一步发挥。广泛开展新“三会一课”、亮身份、“党员提案”“党员三进入”等活动。各企业党组织深入挖掘自身潜能，寿光电商协会“O2O”党员管理模式、宏源集团“源动力”工程建设、新龙电化集团“红色新龙”、鑫海集团“党员执行力”工程、圣都建设集团党员“三进入”、墨龙集团党组织“绩效化”管理、洰淀湖旅游有限公司“红色洰淀、活力党建”等都在实践中取得较好成效。羊口镇建立园区党委，依托园区党委统筹抓好企业党建工作，实现企业党的组织和工作全覆盖；台头镇成立商会党委，设立产业协会党总支，探索一条非公有制企业党建工作新路子。三是党建工作理念进一步转变。各镇街区和市直部门单位坚持以融合的理念抓党建，组织引导企业党组织将党建工作与生产经营、企业文化、群团组织、人才工作等结合，拓宽党建工作思路，实现党建工作与企业发展联动推进、深入融合，涌现出仙霞集团“孝”文化、齐民思酒业有限公司“酒”文化等工作典型。非公有制企业党组织分类管理工作模式被潍坊市委组织部推广，全市非公有制企业党建工作上新台阶。

（王延国）

【构建区域化城市社区党建工作新格局】 2011—2015年，实施构建区域化城市社区党建工作新格局工作。一是优化组织设置，构建共治格局。按照“三有一化”（有人管事、有钱办事、有场所议事，构建区域化党建新格局）要求，组织13个城市社区成立“大党委”，将社区内的机关、学校、企业等全部纳入社区党组织统筹管理，共选出城市社区党委书记13名、委员143名、党代表637名。“大党委”牵头成立居委会、业主委员会、综治站、物业公司、服务站等，构建“六位一体”工作机制，拓宽为民服务渠道。建立“兼职委员纪实墙”“纪实卡”，对社区干部发挥作用情况及时记录在案，并定期向社会公示。二是健全社工队伍，配强工作力量。通过派、考、聘等多种方式抓好专职社工队伍建设，先后派遣13名街道科级干部和28名机关干部到社区工作，面向社会招聘30名高校毕业生、40名下岗失业人员，并从居民中选举100名小组长充实到社区一线工作。三是加大资金投入，强化基础保障。按照每个社区办公服务用房面积不少于300平方米的标准，采取市政府划拨闲置资产、购买、租赁等方式建立社区服务中心，按照打造便民服务中心、文体活动中心、医疗卫生服务中心“三个中心”的要求，统筹配置各类生活要素和服务场所，初步形成金融、超市、美容、维修、家政等生活服务“一刻钟幸福圈”。加大经费保障力度，社区工作经费达到696万元，其中市财政投入资金380万元，街道自筹300万元，社区自筹5.2万元，驻区单位提供帮扶资金11万元。同时，按照每个社区不少于20万元的标准，为每个社区落实为民服务经费。四是完善管理机制，加强民主治理。推行社情民意建言会、社区工作联席会、社区事务评议会“三会”工作模式，共决策事项158件次，党员群众满意率达到100%。五是搭建数字平台，提高办事效率。把数字化理念引入社区管理，建设三维“数字社区”平台，联通党的建设、实有人口、物业管理等十大系统，数据信息交换共享，使社区管理服务更加立体、直观。深入开展“民情大走访”活动，全体社工利用晚上和周末时间，逐一深入到居民家中调查走访，摸清6万户居民家庭和5068家商业门店基本情况，并将数据全部录入“数字社区”平台，社区内商圈分布、居民分布、家庭构成等情况一目了然，为民服务更加方便快捷。

（王延国）

【党员队伍建设】 2011—2015年，寿光市认真贯彻上级部署和要求，牢牢把握加强党的执政能力建设、先进性和纯洁性建设这条主线，贯彻控制总量、优化结构、提高质量、发挥作用的总要求，努力建设一支信念坚定、素质优良、规模适度、结构合理、纪律严明、作用突出的党员队伍。

发展党员工作。一是完善制度体系，健全完善优秀分子谈话制、入党积极分子备案制、组织员谈话制、预备党员转正答辩制等11项制度，进一步严格发展党员程序。落实专兼职组织员持证上岗制度，制定《寿光市组织员管理办法（试行）》，对经测试成绩合格的由市委组织部统一颁发组织员工作证，开展工作时持证上岗。兼职组织员实行聘任制，每个聘期2年，对不适宜继续担任组织员的及时进行调整。市委组织部和各党（工）委分别对所聘兼职组织员履职情况进行年度积分考核，每年评选出一定数量的优秀组织员予以表彰，对工作不胜任的及时调整，对出现违纪违规问题的严肃追究责任。印发《关于进一步做好“两新”组织发展党员工作的通知》，实行“两新组织”党组织与流出地或户籍所在地党组织双向政审，双向公示。对每批发展党员工作，都进行全面检查，检查结果全市通报，并列入全市基层党建工作考核。二是实施系统控制。建立发展党员全面质量管理体系，将发展党员整个过程细化为5个阶段、30个环节，每一环节都提出明确的量化指标和具体要求，做到分级赋权、动态管理、全程控制、全程监管，实现发展党员网上登记、网上提报、网上审批。三是严格关系转接。严把组织关系转接关口，对所有转接组织关系的党员档案，特别是转入组织关系党员的档案材料，进行严格审查。通过现场询问党员本人、审查党员档案、向组织关系转出地发函致电确认等方式，对党员信息逐一核实甄别，坚决防止“曲线入党”，增强党员的身份意识。2011—2015年，全市共发展党员4606名，其中女党员1554名，占33.7%。

党员教育培训工作。一是健全教育载体。开办《寿光党建》电视栏目和《菜都先锋》党建专版，开通“寿光党建”微信公众号，对寿光党建网站进行改版升级，综合运用报纸、电视、网络、手机等媒介，立体化、全方位打造“四位一体”党建工作宣传平台。同时，整合全市红色资源、寿光党建和现代农业优势，打造寿光市现场教学点，健全党员教育培训载体。二是分类组织实施。根据上级要求，每年在市委党校、市农村党组织书记培训学院分期分批举办农村“两委”成员培训班，镇街区分期分批对党员进行集中轮训，党委书记亲自讲党课，确保党员参加学习培训时间累计不少于24学时。三是开办“流动党校”，联合市委党校组织开展“流动党校”送学活动，以市委党校教师为主要力量，根据机关事业单位党员、农村党员、社区党员、“两新”组织党员等不同党员类型设计课程，确保党员教育培训的效果。

党员管理工作。一是搭建载体发挥作用，围绕增强党员身份意识，指导镇街探索农村党员发挥作用的有效载体。在上口镇试点开展农村党员“亮身份、当巷长”活动，引导党员参与村级治理，实现“小事不出巷，大事不出村”。在纪台镇试行党员干部联户责任区制度，孙家集街道试点实施“百名党员”蔬菜质量安全示范带动工程，稻田镇试点建立党员告诫谈话制度，侯镇试点实行党员积分制管理，激发农村党员队伍活力。二是发挥典型带动作用，每年“七·一”前夕，评选表彰一批优秀共产党员、优秀党务工作者、先进基层党组织，并通过寿光日报《菜都先锋》专版、电视台“寿光党建”栏目、寿光党建微信和网站，集中宣传他们的典型经验和先进事迹。2014年始，评选表彰两批“最美共产党员”“最美基层干部”，并隆重举行颁奖典礼进行表彰，在全市营造比学赶超、干事创业的浓厚氛围。三是研发党费收缴管理系统，制定下发《关于进一步做好党费收缴、使用和管理工作的通知》，进一步明确不同类型党员党费收缴比例及党费收缴计算基数。根据《中国共产党党费收缴、使用和管理的规定》和上级有关要求，研发党费收缴管理系统，设有党员信息、信息管理、组织关系转接、统计分析、系统管理、通知公告等6个功能菜单，实现基数自动计算、缴费在线提交、组织关系转接、报表系统自动生成，解决党费收缴管理中存在的“糊涂账”问题，实现对全市每个党组织、每名党员党费收缴情况的实时动态掌控。

2015年底，全市党员总数达到65584名，其中女党员11700名，占17.8%。35岁以下的12280名，占18.7%；36～45岁的12747名，占19.7%；46～55岁的14418名，

占 22.0%；56 ~ 60 岁的 6520 名，占 9.9%；60 岁以上的 19619 名，占 29.2%。大专及以上学历的 21130 名，占 32.3%；中专、高中学历的 18518 名，占 28.2%；初中以下学历的 25936 名，占 39.5%。

（李炳泉、李志军）

【人才工作】 2011—2015 年，全市大力实施人才强市战略，不断创新人才引进、培养和服务机制，为经济和社会发展提供强大智力支撑。全市连续四次被评为全省人才工作先进单位，2014 年，市委书记朱兰玺参加省委组织部举办的“一把手谈第一资源”齐鲁网视频访谈活动。2015 年，全市拥有国家“千人计划”专家 14 人，省“泰山学者”和“泰山产业领军人才”18 人，其中，蓝色团队和种业团队各 1 个，与企业合作的“两院”院士 17 人，潍坊市“鸢都学者”和高层次创新创业人才 27 人，享受国务院特殊津贴专家 18 人。“大人才”工作格局初步形成。制定出台《寿光市中长期人才发展规划纲要（2011—2020 年）》《关于党管人才工作的实施意见》《寿光市人才工作领导小组工作规则》等政策文件，健全理顺人才工作机制。2012 年 10 月，召开全市创新创业人才工作会议，2014 年 1 月召开全市人才暨科技创新工作会议，6 月召开全市人才工作领导小组（扩大）会议。市人才办配备 3 名专职工作人员，15 个镇（街道、区）设立科技人才办，分别配备 3 ~ 5 名工作人员，市委宣传部、人社局、科技局等职能部门分别成立专门工作机构。为提高人才工作者素质，到苏州大学举办寿光市人才工作者培训班。将人才工作纳入镇（街道、区）科学发展综合考核、市直部门综合考核和招商引资考核，提高镇（街道、区）和各部门单位抓人才工作的积极性，形成市委统一领导、组织部牵头抓总、职能部门齐抓共管、园区和企业广泛参与的人才工作格局。人才引进渠道有效拓展。制定出台《关于实施高层次创新创业人才“双百计划”的意见》，市财政每年列支 3000 万元设立人才开发专项资金，从 2012 年起，5 年内从国内外引进高层次创新创业人才各 100 名。至 2015 年，引进“双百计划”两批共 68 人，采取“人才 + 项目”形式引进的 20 个项目达到国际先进或填补国内空白。制定“双百计划”项目管理办法，实现契约化管理，推动人才项目务实高效开展。为吸引寿光籍在外高层次人才献智献策、回乡创业发展，2014 年中秋节前夕举办寿光专家人才创新创业家乡行活动，邀请高层次人才 170 名，现场推介高科技项目成果 26 个，18 个项目达成合作意向。2015 年实施“桑梓人才计划”，建立 1400 多人的桑梓人才信息库，先后在济南、北京举办桑梓人才技术项目对接交流会，共邀请寿光籍高层次人才 130 多名，现场推介技术项目 125 项，发布人才和技术需求 243 项，达成合作意向 35 项，聘请 20 名寿光籍专家组建人才工作顾问团。2014 年结合镇（街道、区）各自特点和产业需求选聘 14 名科技镇长，搭建高校与寿光市产学研合作的桥梁，帮助引进高层次人才 12 名、高新技术项目 17 项。在国家千人计划网设立“双百计划”申报窗口，宣传寿光市创新创业环境，提高对高层次人才吸聚能力。与领英中国签订战略合作协议，成为继上海、重庆、无锡之后，第一个与领英合作的县级市，借助领英的全球职场社交平台，推进招才引智全球化。各支人才队伍建设统筹推进。先后实施农村实用人才“三创三带”示范带动工程、企业经营管理人才“三年万人”培训工程、“寿光文化之星”工程、

“专家带徒”人才培养工程等重点人才工程，设立1000万元的高级能人才专项基金，培训经营管理人才1万多人，评选“寿光文化之星”61名，121人取得社会工作者职业证书，全市各类专业技术人才总量达8.5万人，4人被评为“山东省有突出贡献的中青年专家”，8人获得“山东省文化之星”称号。人才管理服务水平不断提高。完善市领导和职能部门联系专家人才制度，定期召开人才工作领导小组会议、高层次人才迎新春座谈会、企业家座谈会等会议，及时解决人才关心的热点难点问题，全面落实健康查体、休假考察、培训培养、津贴发放等待遇，全力做好各类人才的关爱工作，在全市营造爱才、重才、用才的良好氛围。出台《寿光市高层次人才服务证管理规定》，为全市80多名博士及以上高层次人才发放服务证，凭证可享受以“两通、三免、四优先”（行政审批服务“绿色通道”，就医“绿色通道”；免费游览市内所有旅游景点，免费办理公共图书馆阅览证或借书证，免费乘坐市域内的公交车；优先照顾高层次人才子女入学，优先推荐做出突出贡献的高层次人才作为市“两代表一委员”和“荣誉市民”，优先推荐申报专业技术资格、重大人才资助项目和人才评选表彰活动，优先参加由市委、市政府及市直部门组织的高层次人才学习交流活动）为主要内容的优先优惠政策。依托省人才信息平台建设集人才需求和项目发布、专家评审、人才考核评估、人才服务事项办理于一体的人才寿光网络服务平台。2014年，成立高层次人才联谊会，配备专职工作人员10名，为高层次人才开展学术交流、资源共享等提供载体。优先推荐做出突出贡献的高层次人才作为“两代表一委员”和“荣誉市民”等，先后有30多名优秀人才被授予寿光市“劳动模范”“荣誉市民”等称号。

（葛树涛、李效宪）

【开展各类学习、帮扶活动】 开展创先争优争做圣城先锋活动。按照中央统一部署，从2010年4月开始，全市以建设“城乡一体均衡寿光”为主题，以争做圣城先锋为载体，采取公开承诺、领导点评、群众评议、评选表彰等四种方式，在2301个基层党组织和60936名党员中，深入开展创先争优争做圣城先锋活动。抽调28名副科级以上领导干部，组成14个督导组，巡回基层进行督查。发挥群团组织优势，积极开展党群共建创先争优。以城乡党建一体化新模式为载体，探索建立“五联”工作机制，大力开展城乡联建创先争优。深入开展“亮身份、作承诺、见行动、当先锋”及“六学”活动，举办“寿光杯”摄影大赛，组织创先争优活动诗歌楹联创作，营造浓厚氛围。选树王伯祥、王乐义、崔效杰、李善海等典型个人，其中王乐义入选全国“双百”人物、全省“双百先锋”。组织开展“学先进、比创新、争一流”活动，各单位在全国范围内找标杆，全力提升发展层次。2010年6月，寿光市被中央创先争优活动领导小组办公室确定为信息直报点，被评为2010年度潍坊市创先争优强堡垒做先锋活动先进单位。寿光市采取“三步法”开展领导点评、在加快转调中创先争优的做法，先后被中央、省和潍坊市活动简报刊发推广。以群众满意为标准，健全完善“三请三让”工作机制，努力把创先争优活动建成群众满意工程的做法，2010年被中央活动简报刊发推广，时任中共中央政治局委员、中央书记处书记、中组部部长李源潮作出批示，予以肯定。

（李秀生、程燕燕）

开展纪念胡锦涛总书记视察寿光七周年系列活动。2012年，下发《关于做好2012年“党员专题活动日”的通知》，组织开展“十个一”（重温一遍入党誓词、通学一遍总书记讲话原文、撰写一篇心得体会、举办一次党建成果展、开展一次谈心谈话、组织一次走访慰问、进行一次党性教育、进行一次演讲、开展一系列研讨）活动。4月8日，在寿光烈士陵园革命烈士纪念馆前举办全市预备党员“信仰、信念、信心”主题演讲宣誓大会，206名预备党员庄严宣誓，光荣入党，5名预备党员代表作精彩演讲。同日，召开全市永葆党的先进性和纯洁性座谈会，9个单位和个人交流发言。举办“胡锦涛总书记视察寿光七周年党建成果展”。各基层党组织也都扎实开展一系列专题活动，《寿光日报》、寿光电视台开设专栏进行集中报道，《大众日报》、山东《支部生活》《党员干部之友》《潍坊日报》等媒体给予宣传报道。

（李秀生）

开展选派第一书记推动“包千村联万户”活动。2012年始，寿光市连续4年先后选派第一书记233人次，进驻209个薄弱村结对帮扶。明确提出第一书记要发挥指导、帮助、参谋、协调“四个作用”，完成宣讲政策、摸清实情、健全班子、发展经济、解决问题、建章立制“六大任务”和严守政治、组织、群众、工作、廉政、保密、财经、学习“八项纪律”。实行大组长制，每个镇（街道、区）设立一个大组，及时调度活动进展情况，协调解决难题难事。建立联系包靠、部门帮扶、承诺公示、进度展示、督导调度、考核激励“六项制度”。联系包靠制度，市级领导班子成员分工包靠镇街区，每名市级班子成员联系1个薄弱村，定期到包靠联系单位蹲点调研。市直包村部门单位和镇街区主要负责人带头深入薄弱村，走访慰问困难党员群众，指导推进驻村工作。部门帮扶制度，市直驻村工作队员所驻村同时是派出部门单位的所包村。包村部门单位充分发挥职能作用，把包村工作列入年度工作计划，加大人力、物力、财力投入，积极为所包村提供资金、政策、技术、信息等服务。承诺公示制度，驻村第一书记和工作队员将姓名、职务、联系电话、工作纪律等，在所驻村公开栏内公开；将年内承诺办好的252件具体实事好事，在村务公开栏内和寿光日报、电视台、寿光党建网上公示，接受社会监督。进度展示制度，驻村第一书记工作承诺进展情况，每月在所驻村公开栏内公示一次，每季度在寿光日报、电视台、寿光党建网上展示一次。督导调度制度，镇街区党委每月至少召开一次调度会，及时掌握驻村工作情况，研究解决难题难事；每个镇街区确定一名第一书记担任大组长，定期调度工作，帮助把关定向，提高活动质量；驻村“第一书记”和工作队员，每月至少向派出单位汇报一次工作，争取领导支持；市里通过季度调度、半年交流、年终总结等方式加强调度指导，定期不定期督查驻村工作，发现问题，及时解决。考核激励制度，制定考核办法，对驻村第一书记进行量化计分，半年考核一次。依据考核成绩，发放生活补贴，奖勤罚懒。对工作成绩突出的，发放“流动红旗”；对工作进展缓慢、迟迟打不开局面的，予以通报批评，确实不胜任的，及时予以调换。每年底，对包村工作先进单位和驻村工作优秀个人，予以表彰奖励。同等情况下，优秀驻村“第一书记”和工作队员，优先提拔重用。选派第一书记工作开展4年来，共调整充实班子61个，增加集体收入4152多万元，市直部门单位共提供帮扶资金和实物折款4482.5万元，帮助整修、新建文体广场或村级活动场所143处，硬化生产路、村内街巷521千米，新建、整修排水沟340.3千米，新上变压器209台，整修用电线路262.5千米，安装路灯1474盏，所驻村群众的生产生活条件有明显改善。

（李秀生、刘栋）

开展向臧英同志学习活动。臧英同志1954年4月出生，1980年参加税务工作，1983年11月加入中国共产党，胶南市人，是寿光市国税系统一名普通税收管理员。参加税收工作30多年来，他时刻牢记党的根本宗旨和税务干部的神圣职责，扎根基层，爱岗敬业，恪尽职守，秉公执法，无怨无悔，默默奉献，忠实践行“忠诚、法治、尽责、和谐、创新、发展”的国税精神，在平凡的岗位上做出不平凡的业绩，多次被评为潍坊市国税系统文明税务工作者，2012年获潍坊市创先争优优秀共产党员、“山东好人”等荣誉称号。臧英是寿光市创先争优活动中涌现出的先进典型，是共产党员的优秀代表，是国税系统党员干部学习的榜样。2012年11月和2013年8月，市委和潍坊市委、潍坊市政府分别作出决定，号召全市党员干部学习臧英同志牢记宗旨、坚定信念的政治品质，爱岗敬业、恪尽职守的责任意识，扎根基层、服务群众的优良作风，克己奉公、淡泊名利的高尚品格，并于2012年10月22日、2013年6月28日分别举办2次臧英同志先进事迹报告会，在全市掀起学习臧英同志先进事迹的高潮。

（李秀生）

开展在职党员“双报到”活动。2013年11月，组织机关企事业单位在职党员开展到居住城市社区、到原籍村“双报到”活动，接受监督，发挥作用。到居住城市社区报到的党员，积极参加社区组织的医疗服务、科普讲座、文艺演出等志愿活动，帮扶困难户、病残户或失独户，及时排忧解难。到农村报到的党员，主动参加农村党组织活动，为群众办实事、好事；动员亲属支持村“两委”工作，协助做好群众工作。建立“报到党员参加活动纪实簿”，记录党员为民办实事情况，与党员所在单位加强联系，定期通报，反馈党员现实表现。共有9135名党员到社区报到，14497名党员到农村报到，分别占应报到人数的88.8%和89.7%，有2504在职党员认领服务岗位，办各类实事好事480多件。

（李秀生）

开展党的群众路线教育实践活动。按照中央统一部署，2014年3—12月，寿光市扎实开展党的群众路线教育实践活动。把学习教育贯穿活动始终，坚持领导带头学、带着问题学、典型引领学、分类指导学。全市四大班子、15个镇街区、78个市直部门、2981个基层党组织，分别召开专题民主生活会、组织生活会，达到“团结—批评—团结”的目的。建立探索实施“周末问政”——群众意见建议集中答复制度，创新推出学生放学“延时服务”、患者“诊后回访”等特色做法，集中解决群众反映的农村道路、幼儿入园、基本药物短缺、饮水安全、大棚垃圾等315个热点难点问题，进一步密切党群干群关系。中央第六巡回督导组派人参加市委常委班子专题民主生活会，并对寿光市做法给予充分肯定。省委常委、常务副省长孙伟，潍坊市委书记杜昌文都把寿光市确定为联系点，孙伟先后5次亲临寿光，到洛城、凯马集团等20多个单位进行实地调研、了解情况，并为全市党员干部作专题辅导；杜昌文先后12次到寿光市现场指导，对活动开展和寿光发展精准把脉，提出明确要求，深入镇村、部门、企业座谈调研、解决问题。2014年3月31日，潍坊市委常委集体到洛城街道东斟灌村、孙家集街道三元朱村调研，为全市党员干部践行群众路线作出示范和表率。

（李炳泉、李秀生、程燕燕）

开展“三严三实”专题教育活动。根据中央统一部署，寿光市自2015年5月起，在全市76名在职县级领导干部中开展“三严三实”专题教育。5月15日，市委书记朱兰玺带头为全市领导干部讲党课，随后28名县级领导干部分别为所在单位、分管领域或工作联系点的干部群众上党课30堂。分3个专题开展学习研讨，举办“弥水大讲堂”集体学习，每月编印一期《党员干部理论学习推荐文章》发放给领导干部自学。6月12日，组织赴临沂红色教育基地接受党性教育。与龙江电影公司合作拍摄电影《王伯祥》，组织各级党员干部分期分批观看达1万余人次，并采取送电影下乡的方式到各村巡回放映。7月22日，该片在济南举行首映式，被纳入山东省委理论学习中心组“三严三实”专题教育学习研讨内容。整个学习研讨期间，全市共组织集中学习和外出参观16次，领导班子和领导干部自查自纠不严不实问题500余条。坚持边学边查边改，市委组织部与市纪委成立联合督查组，对公安局、信访局等32个部门单位进行督查。扎实开展专项整治，征集社会各界对全市“三严三实”专题教育和影响全市转型发展的共性问题意见建议84条，将意见建议梳理汇总后反馈到相关责任单位，形成整改台账。自12月下旬开始，四大班子分别召开专题民主生活会，潍坊市委常委、政法委书记苏立科参加寿光市委常委班子专题民主生活会，其他各级党组织分别召开“三严三实”专题民主生活会，全市崇严尚实氛围更加浓厚。

（葛树涛、赵晓东）

承办全国农村党组织书记培训示范班。2015年6月25—29日，中组部在寿光市举办全国农村党组织书记培训示范班。全国31个省市区和新疆生产建设兵团的新任农村党组织书记代表96人，以及省市区和新疆生产建设兵团党委组织部观摩人员32人，共128人参加培训。培训期间，围绕学习习近平总书记系列重要讲话精神、农村基层党组织建设、提高村级治理能力、农村发展党员和党员教育管理等内容，安排9场专题讲座、3场视频教学；围绕当前农村基层党建工作面临的新情况新问题，当好农村党组织书记的思路和措施，组织全体学员开展2次分组讨论；邀请劳光荣、李振生、王再德、田苏辉、王乐义等5名优秀农村党组织书记，结合工作实际介绍工作经验；组织学员到寿光市洛城街道党员群众服务中心、洛城街道东斟灌村、寿光市蔬菜高科技示范园和孙家集街道三元朱村进行参观考察；举办学员论坛，组织7名学员代表交流学习体会。中组部党员教育中心副主任赵安华出席开班典礼并作动员讲话，6月29日下午举行结业式，山东省委组织部副部长刘炳国作培训总结。此次培训班，得到各级领导和培训班学员的充分肯定。

（程燕燕）

宣传工作

【管理机构】 2015年，市委宣传部共设5个科室，分别为办公室、新闻科、文化科、综合科、研究室。设正科级行政单位1个，为寿光市精神文明建设委员会办公室。设正科级事业单位1个，为寿光市新闻网络管理中心。配备常委部长1名，常务副部长1名，副部长2名。

【理论教育】 规范学习制度。在严格执行已有学习制度的基础上，每年年初，制定下发《全市理论学习和学习型党组织建设工作要点》《全市党委（党组）中心组理论学习安排意见》等系列文件，对各级党委中心组学习形式、学习内容等做出具体安排，狠抓各项学习制度的落实。

扎实开展活动。2011—2015年，在全市党员干部中先后开展学习中共十七届六中全会，十八大和十八届三中、四中、五中全会精神以及习近平总书记系列重要讲话精神等活动。同时，按照上级要求，先后组织开展“双创双评”（单位创先争优、个人创一流业绩和评先进、评后进）、理论宣传“五进”（进机关、进社区、进农村、进学校、进企业）、党的群众路线教育和“三严三实”等系列专题活动，建成“国税大讲堂”“国土大讲堂”等品牌讲堂、宣教基地100多个。5年间，市委中心组共组织开展各类理论学习150多次，举办“弥水大讲堂”专题辅导报告会60多场次，2次被评为全省先进县级党委中心组，在中央、省和潍坊市刊发理论文章130余篇。

【思想政治工作】 企业政工专业职务评审工作。坚持科学、客观、公正的原则，不断完善政工专业职务评审工作机制，严格准入条件，注重工作实际，规范评审程序，确保企业政工专业职务评审工作的质量。2011—2015年，全市共评出高级政工师16名，政工师30名，助理政工师43名。

企业宣传工作。2011年始，围绕引导全市企业主动适应经济发展新常态，营造良好发展环境、增强发展活力，先后组织开展中共十八大及十八届三中、四中、五中全会精神学习和学习型党组织建设等活动，开展争创思想政治工作“五优”（优秀政工企业、政工干部、政研会、政研会干部、政工论文）活动。2015年，积极开展“厚道鲁商”倡树行动，寿光市被确定为山东省“厚道鲁商”品牌三级联创试点县（市区），山东仙霞服装有限公司、山东全福元商业集团被确定为试点企业。2015年11月27日，潍坊市在寿光市召开“厚道鲁商”现场观摩会，推广寿光工作经验。

（卢凯）

【新闻宣传工作】 2011—2015年，寿光新闻宣传始终坚持“团结、稳定、鼓劲”的宣传方针，对内突出导向，凝聚力量，指导市内媒体根据全市中心工作和重大部署，策划开展系列宣传栏目，对外突出特色，展示形象，有效提升寿光的知名度。

新闻宣传。一方面，围绕全市中心工作和重大部署，对经济及社会事业各个方面的工作亮点进行全方位宣传，相继在《人民日报》、新华社、《光明日报》《经济日报》《农民日报》《大众日报》《潍坊日报》等全国、省和潍坊市主流报刊刊发各类稿件7500余篇，在中央人民广播电台、中央电视台、山东电视台等媒体刊播新闻2600余条，为全市经济社会发展营造良好的舆论氛围。2013年，与大众日报社合作推出《大众日报》省内第一个县域版——《寿光观察》（后更名为《寿光视窗》），发行范围覆盖济南市区和潍坊地区，年发行量约7.5万份。至2015年底，共刊发59期。围绕全市中心工作和重大部署进行重点报道，并开设“寿光文化之星”等专题栏目，突出地方特色，强化寿光市在更高层面的宣传推介。2014年，围绕阳光村务监督平台，中央电视台《新闻联播》、中央人民广播电台《新闻与报纸摘要》、山东电视台《新闻联播》和《大众日报》等中央、省级主流媒体进行集中报道，发表重头稿件10篇；围绕王伯祥、王乐义事迹和东斟灌村基层治理经验等在潍坊市级以上主流媒体刊发稿件46篇，扩大寿光市教育实践活动的影响力。2015年，新华社推出4篇《国内动态清样》稿件，对寿光市工作经验进行重点剖析，并呈送中央领导，其中国务院副总理汪洋对蔬菜转型升级等2篇稿件做出重要批示。另一方面，突出重点，做好重大主题宣传。坚持超前运作、精心策划、大胆创新，先后成功组织庆祝建党90周年、“美丽寿光”、菜博会、文博会等重大活动的宣传，并针对“品质寿光”建设、文明城市创建、现代农业、经济转型等进行策划、宣传、推介，进一步提高寿光的知名度。2011年，在庆祝建党90周年之际，市内媒体统一开设“红旗飘飘”专栏，对全市涌现出的17个先进基层党组织和17名优秀共产党员先进事迹进行集中宣传报道。2013年，组织《寿光日报》和寿光电视台记者赴苏南和浙江先进县市区就行政提速、招商引资、美丽乡村建设、强镇扩权等方面进行学习，刊发大量深度经验报道。该做法得到潍坊市委书记杜昌文的高度肯定，要求在潍坊市范围内学习借鉴。2014年，组织市内媒体到太仓进行集中采访学习，刊发系列报道。

形象宣传。5年来，立足寿光市特色，不断加强城市宣传，进一步提升对外宣传力度。2011年，以总书记视察寿光六周年为契机，编撰制作《春风化雨》和《为了总书记的嘱托》两本画册，集中展示寿光市加快“城乡一体均衡寿光”建设和对口支援安塞的巨大成就。2013年，制作完成高清城市形象宣传片《中国·寿光》，获第六届中国旅游电视周旅游电视专题类最佳作品一等奖；制作外宣画册《中国寿光》。2014年，策划制作“游菜乡、品菜香”旅游推介片，在央视四套循环播出，在京沪高铁进行3个月集中推介；与香港亚视合作，摄制《魅力寿光、活力之城》招商片，在其相关频道播出。

（刘瑞全）

典型宣传。5年来，寿光市先后推出李林海、臧英、张敏敏、李新明等一大批模范榜样，在社会上引起强烈反响。2011年5月，李林海入选4月份“中国好人榜”。5月，寿光市文明创建经验被确定为全省重大典型，《大众日报》、山东电视台等11家媒体齐聚寿光市进行集中采访报道。7月，寿光市典型选树经验得到中国文明网的重点关注。9月，崔效杰、李林海获山东省第三届道德模范提名奖。2012年10月，寿光市举办臧英同志先进事迹报告会。11月，中共寿光市委作出在全市开展向臧英同志学习的决定。2013年1月，刘来田入选2012年12月份“中国好人榜”。2月，“寿光好人”建设活动正式启动，在市内媒体开设专题（栏），每天报道1位好人，让群众365天都有榜样可学。8月，魏金明入选7月份“中国好人榜”。同月，臧英获山东省第四届道德模范提名奖。9月，寿光市“四德工程”建设经验被省委宣传部作为深入推进社会主义核心价值体系建设的全省重要典型。10月，省委副书记、省长郭树清在新华社《山东参考》清样对臧英的先进事迹作出重要批示。12月，省委宣传部研究确定将臧英作为全省重大典型，在全省集中开展学习宣传。12月，臧英、魏金明当选潍坊市第四届道德模范。2013年，寿光市评选推出“寿光好人”近200名，对入选“好人”开展免费旅游、免费体检、免费看电视、免费体检、送礼品等“九免一送”关爱活动，规划建设现代好人游园。2014年1月、3月，杨丙光、燕法周分别当选“山东好人之星”。5月，寿光市首届“最美十佳孝心少年”名单揭晓，王志晗等10位孝心少年光荣当选。9月，孙彦芹当选“潍坊市十大孝星”。10月，张敏敏入选9月份“中国好人榜”。2014年，寿光市全面打造“好人365”道德品牌，评选、宣传“寿光好人”200多名，组织事迹报告会100余场。2015年3月，寿光市第五届道德模范颁奖典礼举行，李玉金、王建立等12人当选。8月，李新明入选7月份“中国好人榜”。9月，寿光市举行“公民道德宣传日”系列主题活动，通过市领导走访慰问道德模范、身边好人，成立道德大学堂，建立500万元的道德模范关爱基金，广泛动员社会各界关心、支持公民道德建设。12月，张敏敏当选潍坊市第五届道德模范。

（袁京勇）

舆情管理。一是强化网络舆情监控。2011年，组建网络舆情监管队伍，对网上涉寿舆情实现全方位、即时化监控。对监测到的重要舆情，实行三级研判制度，并以《网上舆情》《舆情专报》形式迅速上报市领导，对一般性舆情，直接给责任单位下发《网络舆情处置通知单》，把问题解决在萌芽状态。同时，加强对中国寿光网、中国蔬菜之乡网等市内重点网站的监督管理，至2015年共删除各类不良信息2万多条。二是完善网络新媒体平台。2011年始，开通官方微博“蔬菜之乡——寿光”，创办寿光宣传网、微信公众平台“寿光发布”和“寿光全媒体服务平台”，搭建起四位一体的网络宣传新平台，至2015年共发布各类宣传信息4万余篇（条），吸引粉丝10万余人。组织举办中国网络媒体菜乡行、全省县级媒体看寿光等网络媒体采风活动，集中发表对外宣传稿件2000多篇，营造网上宣传寿光的良好态势。三是加强网评员队伍建设。整合各镇街区、市直部门精干力量，组建成立120多人的网络舆情信息员队伍，针对网上热点敏感问题，建立新马甲“权威信息发布”等，及时、准确发布突发事件有关信息，回应网民质疑，正确引导网上舆论。至2015年，共组织安排120多个专题的网上舆论引导，发表主帖1万多条，跟帖评论5万多条。同时，按照中宣部和省委宣传部对舆情信息工作的要求，围绕宣传思想文化工作重点任务，不断拓宽收集渠道、提高信息质量，积极做好舆情信息报送。5年间，共编写上报各类舆情2万多条，完成专题调研约稿100多篇，其中被中宣部综合采用200多篇，被省委宣传部采用5000多篇，寿光市舆情信息工作稳居全省前3名，潍坊市第1名。

（李利涛）

新闻发布。围绕新闻发布工作的制度化、规范化、常态化建设，寿光市不断制定完善新闻发布制度，组建培训新闻发言人队伍，拓展整合新闻发布平台。5年间，先后组织召开新闻发布会50余场次。2012年，组建170人的市委、市政府及各部门单位新闻发言人队伍。2015年，建立新闻发布选题制度，年初制定全年新闻发布计划。同时，围绕社会关注的热点难点定期选取发布主题。构建全媒体信息发布平台，建立起集报纸、电视、电台、网站、微博、微信、手机客户端于一体的新闻发布渠道，有效提升发布效果。制定下发《关于建立健全信息发布和政策解读机制的实施意见》，对新闻发言人、新闻发布工作联络人进行重新登记，进一步推动新闻发布制度的规范化、常态化。

（刘瑞全）

【文明创建活动】 **文明城市创建**。2011年，寿光“统筹城乡文明创建、促进经济社会均衡发展”的经验做法得到省委宣传部充分肯定。5月，省文明办以鲁文明办[2011]13号文件转发寿光市“统筹城乡文明创建、打造幸福均衡寿光”经验。《大众日报》、山东电视台、《农村大众》《齐鲁晚报》、大众网等省内11家媒体齐聚寿光市进行集中采访报道。9月，寿光市被省委、省政府命名表彰为第三届“省级文明城市”。2012—2013年，寿光市持续推进文明城市创建活动。2013年6月，国家统计局山东省调查总队对寿光市精神文明建设重点工作进行测评，10月省文明委通报测评情况，寿光市在全省96个受测评县（市、区）中名列第二。2014年3月，文化寿光建设暨文明城市创建工作动员大会召开，掀起新一轮文明城市创建热潮。10月13日，寿光市被中央文明委确定为“全国文明城市提名城市”，获得参评全国文明城市的“通行证”，11月寿光市高分通过第四届省级文明城市测评验收。2015年2月28日，全国精神文明建设工作表彰暨学雷锋志愿服务大会在北京召开，市委书记朱兰玺作为“全国县级文明城市提名城市”代表参加会议并受到总书记习近平等中央领导的亲切接见。4月10日，市委召开创建全国文明城市推进大会，突出“一项工程”（社会主义核心价值观宣传普及工程）、“三大建设”（诚信制度化、志愿服务制度化、文明旅游法治化建设）、“九个规范”（规范社区管理、店铺管理、行业服务、公益宣传、交通管理、文化环境、市场秩序、市容环境、镇村创建）等重点工作，吹响冲刺全国文明城市的号角。12月28日，省文明办组织对寿光市全国文明城市创建工作进行实地测评，寿光市以高分通过测评。12月29日，寿光市作为唯一县级市在全省网络精神文明建设座谈会议上作典型发言，文明网站建设经验在全省推广。

文明村镇创建。2011年，寿光市把“乡村文明行动”作为统筹城乡发展的基础工程，通过实施农村社区建设、城乡环卫一体化和城乡环境综合整治，不断改善环境质量；通过倡导新风尚、发展新文化和培育新农民，不断提高道德素质；通过加大资金投入，积极推动基础设施、公共服务和社会保障向镇村倾斜，不断促进成果共享，初步形成城乡互动、协调发展的良好局面。

2012年，寿光市不断深化以“以文明作担保、以诚信作抵押”为主要内容的文明信用联动联评活动，推动形成“守信光荣、失信可耻”的政策导向、利益机制和社会环境。3月，省委宣传部副部长、省文明办主任刘宝莅到寿光调研，对寿光市开展“文明信用联动联评”、推进城乡环卫一体化、打造城乡特色文化圈等经验做法给予充分肯定。8月，寿光市《推进城乡一体、共享现代文明——“乡村文明行动”寿光模范研究报告》获全省宣传文化系统“三个一切”（一切为了群众，一切依靠群众，一切服务群众）群众路线主题教育活动理论研究优秀成果奖。9月，人民网、新华网、新浪网、搜狐网、凤凰网和《大众日报》、山东电视台、《农村大众》等70多家媒体到寿光市采访报道。11月，寿光市高分通过省实施“乡村文明行动”督查组考核验收，被省文明委命名表彰为首批“‘乡村文明行动’省级示范县（市、区）”。

2013年，围绕新环境、新文化、新风尚，不断深化“乡村文明行动”。1月，寿光市被评为“全省生态文明乡村建设工作先进县（市、区）”。8月，寿光市被确定为全省首批“美丽乡村”建设试点市。

2014年，围绕“百镇千村”示范行动，深化“乡村文明行动”。侯镇被评为省级文化特色建设示范镇，全市“乡村文明家园”示范村达到8个，分别为羊口镇齐庄社区，文家街道桑家庄村、菜都社区、大尧村，洛城街道洛东村，稻田镇东稻田村，圣城后朴里村，古城怡尚苑社区），数量居全省前列。2015年5月5日，市委召开“美丽乡村”建设动员大会，号召全市上下实施“环境利民、文化育民、和谐安民”三大工程，努力为百万人民创造美好生活，共建成市级示范村141个。11月10日，寿光市印发《关于实施精神文明“十化”工程，推进美丽乡村建设的意见》，强调农村精神文明“一手抓村容环境、一手抓村风民俗”。

文明单位（行业）创建。全市各级文明单位创建工作扎实有效，至2015年全市共有全国文明单位1个，省级文明单位27个，潍坊市级文明单位47个，均居潍坊市前列。县级文明单位每2年评选1次，实行动态管理。各级文明单位积极参与市文明委组织的“文明帮扶”“牵手工程”等活动，发挥自身人才、信息、资源优势，积极履行社会责任，提供物资、资金支持近千万元，展示良好的对外形象。

公民思想道德建设。2007年始，寿光市组织开展道德模范评选活动，2011年、2014年又分别评选表彰第四届、第五届道德模范，共评出寿光市级道德模范52名、提名奖获得者60名。其中，王乐义、李学海被评为全国道德模范，形成全国独有的道德选树“寿光现象”。

2012年，出台《在全市开展“修身律己做有礼的寿光人”主题教育实践活动的实施意见》，组织实施“文明信用联动联评”“信义菜乡、五信共建”“安全文明出行”“道德讲堂”等道德教育实践活动。6月，寿光市在全省“四德”工程建设现场观摩会议上作典型发言。

2013年，不断深化“四德工程”，持续提升城乡文明程度和群众文明素质。7月，寿光市在全省社会主义核心价值体系建设“四德工程”工作会议上作典型发言，被评为2012—2013年度全省“四德工程示范县（市、区）”，寿光市“四德”工程建设经验成为深入推进社会主义核心价值体系建设重要典型，在全省推广。同时，承办“学雷锋·在行动——全省道德模范与身边好人现场交流活动”。

2014年，持续开展“寿光好人”建设活动，至2015年共评选、宣传“寿光好人”近600名。其中，有56人被评为“潍坊好人”，18人被评为“山东好人”，9人入选“中国好人榜”。王乐义、王伯祥分别于2006年、2009年被确定为全国重大典型。臧英于2013年当选“山东好人”年度人物，并被确定为全省重大典型。

2015年，以创建全国文明城市为统领，不断深化公民思想道德建设，社会主义核心价值观“五进”、好家风好家训征集、手绘文化墙等特色活动深入开展。11月20日，寿光市《山东寿光广建“德治”平台打造“美德寿光”》经验做法在新华社《山东参考》清样第47期刊发，潍坊市委书记杜昌文作出批示，要求“请常委各同志和各县市区委书记阅研，望宣传部多总结一些这样的典型，引导和推动全市文明创建工作深入开展”。潍坊市委常委、宣传部长初宝杰对寿光市创建全国文明城市工作经验做法作出批示，要求“请文明办进一步调研寿光信用信息共享平台的经验做法，如可行，可组织在全市推广”。12月31日，寿光市顺利通过全省“四德工程示范县（市、区）”复审。

【文化建设】 5年来，寿光市以建设“文化寿光”为目标，坚持“文化事业抓繁荣、文化产业抓项目、文艺创作抓精品、文化活动抓普及”，各项工作同步推进、均衡发展。

文化事业。2011年，启动建设建筑面积7.5万平方米，投资5.5亿元的“两馆一中心”（体育馆、游泳馆、市民活动中心）项目，在全省率先实现数字电视全面覆盖。2012年，寿光市被确定为全省数字影院建设先进典型。2013年，省委宣传部对寿光市“文化惠民”做法高度评价，全省“文化惠民、服务群众”16件实事工作现场新闻发布会在寿光市召开，寿光市被省委、省政府评为“文化强省建设先进市”。2014年，制定出台《加强农村文化建设的若干政策》《加快全市书画市场发展的意见》等一系列政策性文件，激发全民参与文化建设的热情。2015年，全市新建文体小广场150多个，为15个镇街区的综合性文化服务中心和185个村文化大院配备文化器材，顺利通过文化强省建设先进市复审，成功获评“第二届文化强省建设先进市”。

文化产业。2011年，大力推进全市核心层文化产业投入，对文化产业投入情况实行月通报制度，文化产业投入实现快速增长。2012年，确定为全市“文化项目建设年”，在全省率先成立县级文化企业联合会，潍坊市文化产业现场会在寿光市召开。2013年，牛头镇抗日武装起义指挥部旧址马保三故居落成。2014年，成立画廊协会，有效推动书画产业发展。科苑数字入选国家重点文化产品和服务出口企业，软件园入选山东省重点文化产业园区。陈少敏故居及纪念馆建成投用。2015年，出台《寿光市文化产业发展规划（2015—2020年）》，确立“24210”（两区、四带、十大基地、十大产业）的文化产业发展总体布局，全市在建投资过千万元的文化产业项目达到40个。2013年始，连续3年举办中国（寿光）文化产业博览会，开全省县级城市举办文博会之先河。2015年举办的第三届中国（寿光）文化产业博览会，参观游客达42万人次，实现交易额3.2亿元，合同签约额8.5亿元。

文艺创作。2011年，出版《王乐义大棚菜答疑》系列丛书，98集动漫片《超级优优》成功在中央电视台14频道播出，并入选国家广电总局推荐的2011年第一批优秀国产动画片。大型吕剧《百姓书记》被文化部确定为全国27台现实题材优秀剧目，被评为第十届山东省精神文明建设“文艺精品工程”，成功在央视播出。2012年，创办《文化寿光》专刊，组织召开全市首次文艺创作大会，开展重点文艺创作立项资助、“寿光文化之星”工程评选、群众性文体协会补助奖励等多项活动。2013年，开展首届村（镇、部门、企业）歌大赛和首届微电影大赛，出版寿光市第一部群众原创歌曲专辑。现代吕剧《百姓书记》

获文华奖，是寿光首次获得中国政府文化艺术最高奖。2014年，在全市开展“中国梦、菜乡情”文艺创作活动，精选部分优秀作品编印《中国梦·菜乡情》。2015年，电影《王伯祥》被国家广电总局电影局确定为全国17部重点影片之一，在济南举办电影《王伯祥》首映式，省委常委、宣传部长孙守刚，潍坊市委书记杜昌文等出席活动，并将电影列入全省各级“三严三实”学习内容。

文化活动。2011年，承办中央电视台“激情广场－爱国歌曲大家唱”活动。2012年，启动全市群众文艺大会演，实现全市城乡全覆盖。2013年，组织开展“文化惠民进千村、服务群众乐万家”送文化器材下乡活动，为全市所有村（居）文艺队伍免费配发音响器材。开展以“百名文化辅导员百场培训和千村千名基层文艺骨干”为主要内容的“双百双千”活动。2014年，组织开展首届群众文化艺术节，举办首届广场舞大赛，形成覆盖城乡、贯穿全年的群众性文化活动品牌。2015年，策划开展“千人同跳四德歌，万众共创文明城”千名文艺人才大培训活动，实现文化活动与文明创建的深度融合。9月，寿光市获中国民间文化之乡、中国农耕文化博览园2项殊荣，中国民协同时将2项荣誉授予1个县级市，在全国尚属首次，全国政协委员、中国文联副主席杨承志亲临现场授牌。

（王兵）

统一战线工作

【管理机构】 2011年，市委统战部（市民宗局）内设办公室、经济科、民族宗教科。2015年，设立寿光市民族宗教事务局，与市委统战部合署办公，列入政府工作部门，不计入政府机构个数。市委统战部（市民宗局）内设办公室、经济科、民族宗教科，核定行政编制10人。

【党外人士】 **民主党派**。2015年，全市共有民主党派成员11人，其中民盟成员8人、民进成员1人、致公党党员1人、九三学社成员1人。民主党派成员中，有8人担任县级以上政协委员。

党外知识分子。全市党外知识分子数量逐年增加。至2015年10月，全市共有党外知识分子（大专以上学历、中级以上专业技术职务）5.8万人，占知识分子总数的68％。在党外知识分子中，具有大学专科学历的2.6万人，大学本科学历的3.1万人，研究生学历以上的800多人；获得学士学位的2万多人，硕士学位的1000多人，博士学位的26人；具有中级、副高、正高专业技术职称的分别有6572人、749人、46人。省“泰山学者”中党外知识分子2人，潍坊市高层次创新创业人才中党外知识分子5人，“鸢都学者”中党外知识分子1人。按照“近、中、远”期目标，进一步完善党外知识分子工作三级人才库，2011年开发“寿光市统一战线信息管理系统”，2015年进一步更新完善基础人物、重点人物、代表性人物三级人才库，形成市委统战部、15个镇（街）区、27个部门（单位）、潍坊科技学院、市民宗局、市工商联等均可操作使用的动态管理服务系统。2011年6月，成立寿光市党外知识分子联谊会，并在4个党外知识分子比较集中的市直部门单位和潍坊科技学院成立党外知识分子联谊会分会。2012年，组织党外代表人士深入开展“进社区、进园区、进老区，送人才、送科技、送法律、送信息、送温暖”活动，先后举办健康普及、法律咨询、科技下乡、捐资助学等活动32场次，2万余人受益。2013年，深入开展“百名专家教授联百企”活动，共组织专家教授对接活动22次，联系企业53家，达成合作意向46项，签订协议12个，为企业培训科技人才1018人，创造经济效益1.3亿元。鼓励党外知识分子积极投身创新创业热潮，争当创新创业的“领头雁”。其中无党派人士李美芹博士科研小组研发的拥有自主知识产权的名贵花木及蔬菜新品种在第十五届中国（寿光）国际蔬菜科技博览会展出，得到市委市政府主要领导的高度重视。2015年9月，建立寿光市党外知识分子联席会议制度，27个单位作为成员单位参会并明确工作职责，同时开展一次大调研活动，摸清全市党外知识分子的数量、规模和分布，掌握一批新的代表人士。至2015年，全市党外知识分子中有46人担任各级人大代表，有55人担任各级政协委员，有47人担任副科级以上领导职务，有5人分别担任省、潍坊市知联会理事。

党外干部。2011年，市委组织部出台《寿光市科级干部选拔任用工作流程》，与统战部建立党外干部工作联席会议制度，做到共同制定规划、共同物色选拔、共同培养教育、共同协商考察、共同向市委推荐，形成党外干部工作规范化机制。市委统战部与组织部联合对党外干部进行调训，每年举办党外干部培训班1次，2013年、2015年分别在山东省社会主义学院、中央统战部干部培训中心北京怀柔分部举办培训班。至2015年，先后推荐选派25名党外干部到镇（街、区）、重点项目、信访维稳部门以及村（居）、社区、企业等挂职锻炼或任职；先后组织120名党外代表人士到经济发达地区、中西部地区、少数民族地区考察学习，参与社会服务。2015年，全市共有党外科级以上干部50人，其中副县级干部5人、正科级干部9人、副科级干部36人。

【宣传调研】 按照全省和潍坊市统战理论调研宣传要求，针对寿光市统战工作实际，有计划地开展调研活动。5年来，先后组织党外代表人士召开座谈会17次，组织党外代表人士到企业、农村、学校等一线调查研究32次，为党委、政府正确决策提供第一手资料。以党外知识分子联谊会理事为主体，建立“党外博士智囊团”，每年开展参政议政重点课题调研活动，2012年以来共形成高质量调研报告18篇，市政府主要领导专题听取汇报并给予高度评价。2011—2015年，共有37篇调研文章被《山东统一战线》《潍坊统一战线》等核心刊物采用，20多篇文章获省和潍坊市统战部表彰奖励，连年被评为“山东省统战宣传工作先进单位”“潍坊市统战宣传工作先进单位”“潍坊市民族宗教信息工作先进单位”。

【宗教工作】 2011年始，以宗教团体建设年为切入点，支持指导宗教团体抓好思想建设、组织建设、制度建设、教风和人才建设，提高寿光市基督教三自爱国会、寿光市佛教协会2个宗教团体的自我管理能力和办教水平。2014年12月，完成市基督教三自爱国会、市佛教协会2个宗教团体换届工作，充实13名教职人员进入团体领导班子。积极引导宗教与社会主义社会制度相适应，支持和帮助宗教组织开展宗教公益慈善工作，2012年支持和帮助市基督教三自爱国会建成并投入使用信望爱老人院，2014年、2015年又帮助市基督教三自爱国会建成并投入使用博爱老人院，宗教公益慈善养老能力达到200人，收养人数达到150人，实现自养和服务社会的双赢。2015年8月，省宗教局在寿光市举办全省宗教公益慈善工作现场会，推广寿光经验。同时，举办潍坊市五大宗教慈善书画展览，受到社会好评。

2015年，全市共有满族、彝族、回族等41个少数民族，少数民族常驻人口2194人（其中户籍人口822人），流动人口保持在3000人左右（其中来自青海化隆、大通等地的穆斯林300人左右）；以基督教、佛教为主的信教群众1.5万多人。全市共有宗教团体2个，分别是基督教三自爱国会和市佛教协会；共有宗教活动场所51处，其中基督教46处、佛教3处、天主教和道教各1处。

市直机关党建工作

【管理机构】 2011—2015年，市直机关党工委内设2个科室。2015年，拥有干部职工8人；下辖14个党委、12个党总支、189个党支部，共有党员4427名。

【组织建设】 **班子建设**。5年来，党工委注重抓以下三方面工作：一是合理设置基层党组织。对新建单位及时督促帮助建起党组织，对原建单位中党员人数多、下属机构分散的党组织，按照便于工作、便于活动的原则，根据组织设置规定进行合理调整，改设党总支、新建党支部，从而健全组织，理顺关系。2011年4月，金融工作办公室、住房公积金管理中心分别成立党支部，2011年10月，市文化广播新闻出版局撤销党总支成立党委，下辖5个支部。二是及时调整增补基层组织班子成员。对因工作调动等原因造成缺职少员的班子按程序及时进行调整充实，使班子健全率保持在100%。三是对基层组织到届班子及时进行换届。2011年，对到届的党委、总支、支部集中进行换届，总支书记、支部书记都是由单位正、副职担任。新一届班子结构更加合理，战斗力更强，达到精干、高效的要求。

发展党员工作。认真贯彻发展党员工作方针和原则，严格执行《中国共产党发展党员工作细则》，正确处理发展数量与质量、需要与计划的关系，加强对发展党员工作的宏观调控和微观指导，严格发展程序和标准，严把党员“入口”关。继续实行发展党员工作失误追究制度和发展党员公示制度，实现发展党员工作的规范化、程序化。通过严格工作程序，提高透明度，保证发展党员工作的质量。工作中，注重发展那些责任感与事业心强、热心服务基层和群众的优秀分子入党；注重改善党员队伍的年龄、文化、性别和行业分布结构，优先在优秀青年、妇女、知识分子和生产一线干部群众中发展党员；注重加强对入党积极分子的选拔培养，实行跟踪培养考察，利用多种方式对其进行教育培训。党工委每年定期举办培训班，对其进行理论培训和党性教育。5年来，累计培训入党积极分子1147名，发展党员238名，其中女党员占发展总数的31.7%,35岁以下的青年党员占84.6%,具有大中专文化程度的占82.3%。

党员管理工作。在坚持党日活动、党员组织生活会、党员电化教育、民主评议党员和评先树优制度的同时，党工委认真落实党费收缴、工作汇报、党员组织关系管理各项制度和规定，注重加强对流动党员的管理。5年来，先后有75个基层党组织被市委授予“先进基层党组织”称号；有169名党务工作者和党员被市委授予“优秀党务工作者”“优秀共产党员”称号。

【思想建设】 5年来，市直机关党工委始终坚持把思想政治建设作为首要工作任务来抓，每年都根据形势发展需要，从市直机关实际出发，有针对性地组织开展一些教育活动，做到思想政治建设常抓常新、坚持不懈。2011年组织开展创先争优活动，评选“共产党员先锋岗”400多人；2012年组织承办全市创先争优活动事迹报告会；2013年组织开展“不合格党员具体表现”大讨论，组织系统内3300多名党员就不合格党员的具体表现进行讨论和征集，共征集意见1.2万多条；2014年扎实开展党的群众路线教育实践活动；2015年开展“三严三实”教育活动，取得预期效果。

【帮扶工作】 5年来，在每年“七·一”、春节等节日，对系统内中华人民共和国成立前入党的老党员、生活困难党员、群众以及党员模范进行走访慰问，为他们送去节日的祝福和党组织的关怀与温暖。市直机关青年志愿者队伍开展志愿服务活动上千次，为贫困学生捐款5.3万多元，救助失学儿童百余名，涌现出市级青年文明号94个。市直机关工会组织开展各种形式的“送温暖”活动、访谈帮活动、资助特困职工子女上学等活动，受到社会各界群众好评。

【文体活动】 2011年，举办“学党史、强党性、创先争优见行动”演讲比赛；2012年举办党员“姓党、知党、爱党”主题演讲比赛，组织全市预备党员庆祝建党91周年宣誓仪式；2013年举办党员“信仰、信念、信心”主题演讲比赛；2014年与市纪委、市委组织部联合举办“为民、务实、清廉”主题演讲比赛；2015年先后举办“品质寿光、幸福生活”书画摄影展、“守纪律、讲规矩、做表率”演讲比赛、“创新创优标兵”评选活动等。

信访工作

【管理机构】 2011年，市信访局内设文秘科、接访科、处信科、督查科、信访事项复查办公室5个科室，行政编制11人。2012年8月，信访事项复查办公室变更为市信访局所属事业单位，股级规格，核编3人。2013年8月，处信科加挂网上信访科牌子。2014年2月，市委群工办整建制并入市信访局，为隶属于市信访局的正科级事业单位，编制10人，下设调研科、督查科、综合科3个科室。2014年5月，根据市编委会编制精简压缩要求，市信访局行政编制压缩为10人，市委群工办编制压缩为9人。

【信访制度建设】 2011年，在全市开展信访工作规范化建设年活动，推动全市信访工作组织建设、工作制度、工作程序、工作行为的规范化、标准化、法制化建设。2013年，市委、市政府两办印发《关于进一步落实信访联席会议制度做好信访工作的意见》，制定定期例会、集中交办、分析研判、积案化解、督导通报、考核奖惩6项工作制度，有效维护全市和谐稳定。2014年，认真落实国家信访局《关于进一步规范信访事项受理办理程序引导来访人依法逐级走访的办法》规定，开展集中宣传活动，引导信访人依法逐级走访。2014年、2015年连续2年在全市开展重点信访案件和信访积案攻坚化解活动，市联席会议筛选一批重点信访案件，包靠落实到每位市级领导班子成员，开展重点信访案件百日集中化解活动。推行“领导包案、小组化解”工作法，确定的87起重点信访案件化解息访率达到86%。2015年，印发《寿光市信访基础业务工作中存在问题的通报》，对在信访工作中存在的程序不规范、职责不清、超期办理、履职尽责不到位、弄虚作假等问题进行整改，为推进信访工作制度改革、推进信访工作法制化建设筑牢工作基石。9月，《山东省信访条例》颁布，全市开展集中宣传活动，有力推进《条例》的贯彻落实。2011—2015年，共受理群众来信来访11186起，案件处结率98%以上，结服率90%以上。

【案件处理】 2011—2015年，建立市级领导牵头、市联席会议抓总、有关责任单位配合的工作联动机制。市委书记对重点信访案件亲自过问、亲自批示。政法委书记每周主持召开1次信访维稳工作碰头会，集中研究调度重要信访案件，推进工作开展。坚持不稳定因素月排查、月报告制度，重点关键时期实行日排查、日汇报、零报告制度，将问题化解关口前移，确保矛盾纠纷在初始阶段得到化解。对排查出的问题矛盾，全部建立工作台账，实行“销号制”，限期妥善化解。对处理难度大、涉及部门多、多次重复上访及可能造成不良影响的重要信访事项，市信访局编辑《重要来访专报》和《重要信访情况通报》呈报市级有关领导，督促责任单位落实责任，有效化解信访问题。共编发《重要来访专报》86期，《重要信访情况通报》59期。每年都以市委、市政府两办名义制定下发《寿光市信访工作考核奖惩办法》，将信访总量和增量、信访事项处结率和满意率、积案化解、复查复核等工作全部进行量化，打分考核，每月通报。

2011—2015年寿光市信访案件受理情况表

表3

年份	信访(件次)	处结(件次)	处结率(%)
2011	1556	1536	98.7
2012	1865	1839	98.6
2013	2342	2309	98.5
2014	2898	2867	98.9
2015	2525	2499	98.9

【领导公开接访】 2011年，市委、市政府每年制定印发《关于开展市委书记大接访的实施方案》《关于实行党政领导干部公开接待群众来访的意见》等文件，2014年市委、市政府两办下发《关于进一步加强市级领导干部接访工作的通知》。市信访局提前一周排出每月市级领导接访时间表，市委书记、市长及市委、市政府其他领导班子成员轮流到市信访局接访，如遇特殊情况不能按期接访的，由市委办公室或市政府办公室协调其他市级领导补位接访；各镇（街、区）、市直部门主要负责人每月5日、15日、25日在各自单位公开接访，其他领导班子成员工作日轮流接访，推行“首接负责制”“分工负责制”“专项接访负责制”“补位制”相结合的领导接访方式。对接待的群众来访，接访领导做到“一包到底”，分管领导积极搞好配合，确保“案结事了”“事了人服”。2011—2015年，共落实接访市级领导680人（次），接待群众来访1060起，处结率

达到98.3%；镇（街、区）、市直部门领导接访4859起，处结率达到97.5%。

党校工作

【管理机构】 5年来，市委、市政府对党校建设高度重视，党校的领导班子、内部机构和教职工队伍建设实现又好又快发展。2015年，党校内设办公室、教务处、教研室、培训处、信息处、总务处共6个副科级中层处（室）。全校编制38人，实有教职工36人。共有聘任专职教师29人，其中高级讲师9人、讲师17人、助理讲师3人。具有研究生学历6人、本科学历23人。

【干部培训】 2011—2015年，市委党校认真贯彻落实《中国共产党党校工作条例》《干部教育培训工作条例》，按照全市党员干部培训计划，对主体班次做到开齐办全、学制规范、规模适度，教学效果得到市委和学员的充分肯定。教学工作中，不断优化教学布局，创新教学方式，班主任竞争上岗、任课教师竞争授课、相关处室考核监督，实现“以竞争促质量，以规范求效益”。一是精彩内容提高学员。在加大中国特色社会主义理论体系教学力度的同时，针对各班次培训对象的特点和求知需求，坚持教学出题目、科研做文章、成果进课堂，把当前社会上的难点、热点和焦点问题及时充实到教学内容中，增强培训的针对性，课题更新率每年都保持在40%以上，并把全部培训内容分为必修课和选修课，以菜单式呈现在学员面前，供学员选学。二是灵活方式吸引学员。坚持以开放的态度，兼收并蓄，不断创新教学方式、培训模式。研讨式、案例式、讲座式等教学方式交互运用，使课堂学习更加活泼生动；拓展训练、军事训练、礼仪训练等集体活动穿插进行，提升学员的团队精神和个人修养；经验介绍、小组研讨、班级交流等论坛活动有序开展，使肃静的课堂和活跃的氛围有机融合，为教学相长提供良好的平台。三是严格制度规范学员。按照学员调训抓规范、入学抓教育、管理抓落实、学习抓考核的工作流程，不断加强学员党性教育和学风建设。通过设立临时党支部，建立起组织部、党校、班主任、班委会和学习小组“五位一体”的管理体系。“学员定位、小组定点、班级自治、量化考核”的管理模式不断完善，有力保证培训效果的稳步提升。四是周到服务感动学员。本着“严格管理、热情服务”的原则，学习上耐心解答学员疑惑、诚心指导学员实践，活动中热心组织集体活动、精心安排教学现场，服务上做到人性化管理、精细化服务。5年间，共举办科级干部培训班23期，农村干部培训班37期，培训学员11083人次，学员满意率都在98%以上。寿光市委党校的教学管理工作经验多次在各级教学管理工作会议上作典型发言，得到各级组织部门和党校领导的高度评价。市委党校还充分发挥职能作用，配合市委中心工作，选调骨干教师积极开展理论宣讲。5年共开展大型宣讲20多次，宣讲220场，听众6.2万多人次，有力地推动全市各项教育活动的扎实开展。

【科研工作】 市委党校在健全机构、完善制度的基础上，把科研作为综合考核的重要部分，按照“四为服务”（为推进党的理论创新服务，为提高党校教学质量服务，为党委和政府的决策服务，为社会主义经济建设、政治建设、文化建设、社会建设和党的建设服务）的方针，瞄准科研进党委决策视野、进党报党刊和进党校系统的“三个方向”，保质量、抓精品。通过多种措施，不断提高教职工的科研积极性。5年来，围绕市委中心工作和经济社会热点问题，确定重点课题，组织人员深入基层详细调研，开展集体研讨攻关，在丰富教学专题和授课内容的同时，科研工作实现重大突破，呈现出成果多、精品多的良好局面。共完成市级以上研究课题55项，在国家刊物发表文章180篇，先后有33篇调研成果被市委领导签批。

【业余函授教育】 市委党校按照善始善终办好业余教育的要求，严格程序、严格管理，认真组织在校学员的教学、考试、答辩等工作，及时足额缴纳学费，保证业教质量。5年来，分别与省委党校、山东农业大学和山东财经大学联合开展研究生和本专科学历教育，共招生269人，毕业269人，其中研究生21人、本专科248人。2013年始，根据新的形势和要求，市委党校不再举办函授教育。

【社会培训】 为适应全国各地各类领导干部异地培训的需要，市委党校组建专门负责外地培训班次的中层处室“培训处”，不断加大宣传力度，广泛开展社会培训工作，开拓党校的办学渠道，增强党校的办学活力，振兴党校，宣传寿光。5年来，按照“专业、务实、合作、共赢”的原则，充分发挥“蔬菜之乡”的品牌优势和党校的设施优势、师资优势，丰富和发展“进门是课堂、出门是现场”的特色培训。丰富的教学内容、精彩的现场教学和优质的接待服务，吸引全国31个省（市、区）党员干部前来培训学习和参观考察。2011—2015年，共接待全国各地各类培训班次和参观团队213个，累计培训18643人次，其中仅贵州省就有116个班次、9320人次。2015年6月，成功承办中组部全国农村党组织书记培训示范班，来自全国31个省（市、区）和新疆生产建设兵团的96名农村党组织书记和32名省级组织部门观摩人员参加培训，培训效果得到中组部、省委组织部领导的充分肯定和学员高度评价，为全国各地农村党组织书记培训班做出示范，培训教学方式全国推广。农业部党校现场教学基地（2012年12月）、贵州省党员干部实训基地（2011年4月）等先后在党校挂牌成立，真正做到立足寿光，服务全国。

（褚俊东）

老干部工作

【管理机构】 市委老干部局为正科级行政单位，编制4人，下辖老干部活动中心、老年大学、干休所、关工委办公室4个副科级财政全额拨款事业单位和第二干休所1个股级事业单位，共有干部职工23人。截至2015年12月，全市共有离退休干部6621人，其中离休干部374人，退休干部6247人；有离退休干部党组织96个，离退休干部专（兼）职工作人员326人。2011—2015年，按照中央和省、市委关于全面做好离退休干部工作的部署要求，牢牢把握为党的事业增添正能量的价值取向，积极开拓、主动服务，努力推动老干部工作转型发展，各项工作走在省、潍坊市前列。5年来，先后被评为“全省老干部工作先进集体”“全省关心下一代工作先进集体”“潍坊市老干部服务管理工作先进单位”“潍坊市老干部工作创新奖一等奖”“潍坊市敬老模范单位”等称号，有120名老干部参与“老有所为奉献奖”创评，78名离退休干部和34个离退休干部党支部受到上级表彰。

【离退休干部党建工作】 健全完善离退休干部党工委。2010年6月，成立寿光市离退休干部工作委员会，2013年设立基层组织科。2015年，全市15个镇街区全部建立党总支，并依托党组织成立离退休干部协会分会，实现离退休干部党组织全覆盖。2013年12月—2014年5月，按照上级要求对全市离退休干部党组织（协会）进行换届。2015年，开展“离退休干部党建工作规范提升年”活动，鼓励退职干部担任离退休干部党支部书记，提升离退休干部党建规范化水平。全市离退休干部党组织达96个，老干部社团达46个，离退休干部党支部书记平均年龄降至63.5岁。

创新“协会建支部、支部带协会”模式。2013年，按照“老年社团建支部、党旗凝聚老干部”的思路，大力推行“协会建支部、支部带协会”模式，实现离退休干部组织管理全覆盖、双促进，增强老干部的组织维系度。这一做法被确定为2014年度潍坊市离退休干部党建创新项目，2015年被省委老干部局刊发经验文章在全省推广。

加强离退休干部党建考核。2011年，以创先争优活动为契机，制定《寿光市“五好”离退休干部党支部考核细则》，按照“五有”（有场所、有学习设施、有学习资料、有制度版面、有学习园地）标准进行规范建设。2015年，市委将离退休干部党建工作纳入对各镇街区、市直部门全市科学发展综合考核，制定印发《全市离退休干部党建工作考核办法》《全市离退休干部党建工作考核细则》，有效推动全市离退休干部党建工作的开展。

做好社区离退休干部工作。以“党员到社区报到”为契机，通过“五有”标准建组织、三大平台抓凝聚、四进社区促服务，规范有序推进全市社区离退休干部党建工作，14个城市社区离退休干部党支部全部实现组织健全、制度落实、活动经常、管理规范的目标。2012年，学院社区、向阳社区为潍坊市社区服务管理现场会提供现场。2015年10月，向阳社区、龙泉社区、温泉四季花园在潍坊市社区离退休干部党建工作观摩中获一致好评。

定期返还离退休干部党费。严格按规定将全市离退休干部党费50%返还基层支部的同时，留成10%作为离退休干部党工委专项经费，5年来共返还党费36万元，80%以上的离退休干部党支部实现活动机构、人员、经费、场所“四落实”。

积极推进老干部工作信息化建设。2012年，开通寿光老干部工作信息网，设立时政要闻、工作动态、党建园地、夕阳驿站等栏目12个，平台累计发帖1600余条，访问2万余次。2014年依托省老干部之家建立起寿光网上党建平台，全市96个离退休干部党支部、协会完成网上落户工作，157人担任网上管理员，发帖讨论1200余次。

【老干部待遇】 组织老干部外出参观考察。2008年始，每年都由市委副书记或常委组织部长带队，组织副县级以上实职老干部到省外发达地区参观考察，增强老干部关心发展、支持发展的热情。5年来，先后组织老干部到北京、上海、南京、山西等地参观考察12次，市内参观20次。

加强老干部思想政治教育。2011—2015

年，依托老干部党校、老干部活动中心、老年大学，定期邀请专家学者为老干部上党课、做形势报告20多次。积极向全市离退休干部党组织和个人赠阅《老干部参考》《支部生活》《潍坊老干部》等书刊4万多份，全市《老干部之家》《老年教育》每年发行达3200余份，居潍坊市各县市区之首。

建立定期沟通联系机制。5年来，坚持重大政策出台、重要人事变动、重要工作调整时，及时向老干部通报和征求意见制度，切实保障老干部对党内事务的知情权、监督权。每年定期组织副县级以上老干部参观全市经济社会发展情况。坚持每2个月召开一次副县级以上老干部代表座谈会，向老干部通报全市经济社会运行情况和老干部工作情况，并虚心听取意见建议。每年春节、“七·一”前，分别召开由市委书记、市长参加的“迎春茶话会”“三老一优”座谈会。2011—2015年，在党的创先争优、群众路线、三严三实等方面广泛细致地征求老干部意见和建议共126条。全市各级党组织共召开老干部代表座谈会142次，征求意见建议1560多条。

全面落实生活待遇。2011年，以建党90周年为契机，各级各单位分头走访486名老干部、老党员和特困离休干部，向他们发放建党90周年纪念章、慰问信和慰问卡。2015年9月1日，以抗战胜利70周年为契机，为全市37名抗战离休干部发放抗战勋章每人1枚，发放一次性慰问金每人5000元。建立离休干部医疗费统筹金正常增长机制，每年增长1000元，2015年增长到每人1.8万元。2014年，抗战期间离休干部护理费增长到2100元，解放战争期间离休干部护理费增长到1700元。2015年10月，积极落实上级文件要求，全面提高离休干部工资标准。

做好异地安置离休干部服务管理工作。5年来，先后有云南、广西、杭州、福建、江西、济南、青岛、东营、东平等地市区到寿光市看望异地安置老干部及遗属43人。

加强对定点医院的协调监督。2014年为离休干部设立市人民医院、中医院2处定点医院。

健全完善离休干部及遗属特殊困难帮扶机制。2012—2015年，对离休干部及遗属进行走访、慰问，共发放慰问金5.8万元。

积极为老干部解决实际难题。5年来，协调解决老干部免费乘坐公交车、第二干休所集体供暖、老年大学招生范围小等老干部关心的问题。2013年，投资100多万元对市委、市政府家属院和第二干休所门球场进行改造。老干部活动中心、干休所、第二干休所等单位，通过财政拨拨、自筹资金300余万元，各部门（单位）投入1200多万元，对全市老干部活动室、学习室、活动器材进行维护更新。

【文化养老】 **建设新老干部活动中心、老年大学**。2011年，按照“科技含量高、适合老年人用，10年内不落后”的标准，市委、市政府投资1.2亿元建设面积1.8万平方米的新老干部活动中心、老年大学。2014年全部竣工，2015年争取财政支持300多万元高标准配套内部设施，打造成一个集教学、娱乐、健身、休闲于一体的综合性学习活动场所。

学习活动阵地向基层延伸。依托城市社区资源，共享共建，建设老年大学镇街、社区分校。2015年，先后建成向阳社区、屯田社区2处老年大学社区分校和四季花园活动站1处；老年大学在校学员800余人，课程设置26门。

文体活动广泛开展。充分发挥老干部活动中心、老年大学的主阵地作用，每年3月举办庆“三·八”门球赛；5月举办老干部“长寿杯”门球赛；每年不定期举办老干部诗词楹联、书画展览、趣味运动会等，做到月月有活动，四季有比赛，叫响一批老干部活动品牌。2011—2015年，先后开展“建党90周年”书画展、“老年大学建校25周年”师生书画展、“党的群众路线”征诗征联、“抗战胜利70周年”书画摄影展、“离退休制度建立30周年”征文、“口述历史·红色印迹”征文、“人品·官德·家风”征文、“我说抗战”征文等活动，组织老干部参与“农圣文化艺术节”“文明之夏”“群众大舞台”“市民节”等全市大型公益文化活动并多次获奖，极大地丰富老干部精神文化生活。全市各部门(单位)共开展各类文体娱乐活动2.2余次，印发各类征文集4万本，书画摄影集3.2万本，文体活动宣传册8万余本。2014年，为潍坊市老干部文化建设经验交流会提供现场。

老干部社团建设成效显著。5年来，先后成立老干部诗词楹联协会、老年书画研究会、老年大学舞蹈艺术团等老干部社团组织，坚持自我管理、自我服务、自觉学习、自觉服务群众制度，成为全市弘扬先进文化、构建社会和谐的重要力量。市离退休干部协会、老年书画研究会3次获得“农圣文化奖”，受到市委表彰。老年大学舞蹈艺术团先后下乡演出15次，到老年中心慰问演出8次，参加全市广场舞大赛10次。十八届五中全会前夕，老年大学舞蹈艺术团依托周末群众大舞台举办“庆重阳·迎盛会”老干部专场演出，获得良好的社会效益。以老干部为主体的市诗词楹联协会深入开展诗词进校园、进社区、进机关、进企业、进家庭活动，推动诗词文化发扬光大。2015年5月，寿光市被中华诗词学会授予“中华诗词之乡”美誉。

【发挥老干部正能量】 **积极引导老干部施智展才**。2011年始，深入开展“展示阳光心态、体验美好生活、畅谈发展变化”活动，引导老干部崇德向善，知足知福，促进正能量发挥。根据老干部党员自身特长，引导他们在社区规划、文明创建、“品质寿光”建设等方面发挥作用，量力而行担任小区治安“联防员”、邻里关系“调解员”、环境卫生“清洁员”、文明新风“宣传员”、组织工作“监督员”。5年来，先后有125名老干部参与社会管理、54名副县级以上老干部参与文明创建工作、6名正县级老干部担任组织工作监督员、1000多名“五老”(老干部、老战士、老教师、老专家、老模范)积极充当维护社会大局的“稳定器”、精神文明的“传播者”、关心下一代成长的“辅导员”、文化建设的“热心人”。

关心下一代工作成效显著。2011年，中国关工委主任顾秀莲亲临寿光检查指导，对寿光市关心下一代工作给予充分肯定。2013年底，理顺关工委办公室隶属关系，把关工委工作纳入老干部工作范畴，2015年2月升格为副科级事业单位。健全完善基层关工委组织网络，2015年全市15处镇街、33所初中、6所高中全部成立关工委，选优配强关工委班子。不断加强青少年思想道德建设，2015年组建两史、孝德、法制等3大宣讲团，围绕社会主义核心价值观在全市中小学开展宣讲活动128场次，受教育学生6万多人。积极为青少年办实事，2015年探索创新“小学午餐工程”建设，全市投资2723万元，新建和改造提升小学食堂25处，有效解决因小学午餐条件给孩子和家长带来的种种不便，被群众称为真正的“民心工程”。

2014年10月为潍坊市中小学厨房建设会议提供现场。扎实开展“四点半学校”建设工作，有针对性地开展“延时服务”，2015年全市有10处学校纳入潍坊“四点半学校”示范点建设，全市“四点半学校”达28处，有效解决“钥匙儿童”问题，受到社会的广泛欢迎。2015年3月，全省关工委“四点半学校”建设现场会在寿光市召开。做好初中毕业生继续教育工作，从源头上预防青少年犯罪。经过深入细致工作，2014年动员800多名初中生继续上学。2015年，联合市文明办、寿光日报社成立寿光传统文化宣传教育中心，招募150名志愿者成立讲师团，集中培训12次，传统文化宣传教育在全市深入开展。12月27日，“全市儒学讲堂开学典礼”在孙家集街道举行，“儒学进农村”活动正式启动。充实完善80多名 “五老”网吧监督员队伍。

深入开展老干部典型选树活动。2010年，开展“老有所为奉献奖”创评活动，大力弘扬宣传老干部离岗不离党、退休不褪色，无私奉献、服务社会的先进事迹。积极推荐老干部参与“模范老人”“寿光好人”“寿光市道德模范”等评选，倡树尊老助老新风。5年来，先后有120名老干部参与评选“老有所为奉献奖”，78名离退休干部、34个离退休干部党支部的先进事迹在市内媒体报道，16名老干部被评为寿光市最美共产党员，36名老干部被评为“寿光好人”，12名老干部被评为“寿光模范老人” 。

党史工作

【党史编研】 5年来，常规性编辑出版《中国共产党寿光市历史资料》，每个年度1册，共5册，计300万字。坚持高标准、严要求，在原设栏目的基础上，进行合理调整、充实，更好地彰显党史存史资政功能。

2011年，编辑出版《寿光市革命遗址通览》，共收集整理寿光地区新民主主义革命时期（1919-1949）的革命历史遗存资料，分革命旧址、纪念设施、烈士墓、附录等4部分，以图文并茂的形式展现张玉山故居、马保三故居等一批重要革命遗址，计5万余字、图片100余幅。

2012年，编辑出版《中共寿光历史简明读本》（1924—1949），该书共计10万余字、珍贵历史图片40余幅，全方位、多角度地记述1924年至1949年间寿光党组织带领全县人民艰苦奋斗、奋勇前进的光辉历程，既是回顾寿光党组织建立、成长和发展历史的珍贵资料，同时也是寿光开展党员干部革命传统教育培训的规范教材。

2014年，配合党的群众路线教育实践活动，组织力量进一步整合党史资源，编辑出版《红色记忆》一书。该书计20余万字，辑录建国前在寿光工作、战斗过的老同志撰写的回忆录及部分党史专题文章50余篇，再现寿光党组织带领人民群众前赴后继、顽强奋斗的历史画卷。该书向全市各级党组织免费发放，为教育党员干部践行群众路线提供良好教材。

2015年3月始，正式启动《中共寿光历史》（1949—1978）的编纂工作。《中共寿光历史》（1949—1978），是中共寿光党史正本，旨在全面准确地记载从1949年新中国成立，到1978年中共十一届三中全会召开的29年间，寿光党组织带领全县人民艰苦奋斗、艰辛探索、奋发图强和谋求发展的历史，公正客观地总结29年革命实践中积累的历史经验教训。编写组在查阅大量原始档案资料的基础上，已经完成全部专题的撰写，并形成《中共寿光历史（1949—1978）》初稿。

【史料征集】 2013年，组织整理《山东省抗战时期人口伤亡和财产损失（惨案卷）》寿光市材料。通过进村入户深入调查，征集证人证言、查找历史资料、撰写调查报告，整理出抗日战争时期日本侵略军在寿光田柳镇、牛头镇村等镇村制造的惨绝人寰的惨案4起，累计被害者达174人，是日本侵略军侵略寿光罪行的铁证。

2013年，编写《山东省抗战时期人口伤亡和财产损失课题调研资料汇编（潍坊卷）》寿光市材料。在2006年全国抗战调研工作基础上，进一步深入调查研究，编写出《抗战时期山东省寿光市人口伤亡和财产损失调研报告》《日军对寿光盐业资源掠夺的调研报告》等。

2014年，做好口述史资料整理工作。通过走访、采访等多种方式，整理出《张文通访谈录》《信树铭回忆录》等书籍20余篇、10万余字，对于进一步整理挖掘寿光党组织革命、建设和改革具有重要作用。

2015年，完成对《寿光市抗战时期人口伤亡名录》的校审工作，明确寿光市抗战时期4000余名伤亡人员的姓名、性别、籍贯等条目。

【宣传利用】 **依托公众媒体，进行党史宣传。**依托大众日报、潍坊日报、寿光日报等媒体，广泛宣传寿光党组织所走过的光辉历程和带领全市人民所取得的辉煌成就，先后编发《鞠躬尽瘁心向党——追忆山东省最早的农村党支部书记张玉山的革命事迹》《英勇抗战革命一生名著山东——追忆八支队总指挥马保三》《光辉的历程》《革命老人李植庭》等党史文章，编发曹世范、王克山等“首批著名抗日英烈”等纪念文章，计100余篇，30万字。

加强革命遗址的保护利用和纪念场馆的建设工作。2011年始，参与中共寿光历史展览馆、寿光县委成立旧址——张玉山故居、陈少敏纪念馆、牛头镇抗日武装起义指挥部旧址——马保三故居、李植庭纪念馆等革命遗址的开发建设、保护修缮和展厅布展工程。组织整理革命纪念场馆资料，申报山东省党史教育基地。2015年底，牛头镇抗日武装起义指挥部旧址、张玉山故居、陈少敏纪念馆等3处场馆被确定为第二批山东省党史教育基地。

加强部门协作，推动党史教育进机关、进社区、进校园。2011年始，免费向全市中小学发放党史书籍6万余册。2011年，组织“学党史、增党性、当先锋”知识竞赛活动，应市委组织部及部门单位要求，举办党史讲座20余场。2013年，配合省委党史研究室宣传“声像工程”项目——齐鲁红色文化讲坛，录制题为《三千里游击、四十年革命，功著齐鲁丹心耿》的专题节目。2014年组织开展“永远的旗帜、光辉的历程”党史进校园系列活动。2015年，围绕庆祝抗战胜利70周年，与文广新局联办“纪念抗战胜利70周年”展览。

【其他工作】 2011年，按照中央、省、潍坊市要求，认真做好《中国共产党历史》（第二卷）的征订工作。先后组织各基层党委及市直各部门、正科级以上事业单位订阅《中国共产党历史》（第二卷）及《学习读本》共500余本；各基层党总支和党支部订阅《中国共产党简史》《中国共产党新时期简史》

等党史教材近万册，进一步普及党史教材。同年，按照省委、潍坊市委党史研究室要求，组织全市人民参与山东省庆祝建党90周年党史知识竞赛答卷工作，共收回答题卡2万余张，在全市营造人人学习党史的良好氛围。

2014年，以群众路线教育活动为契机，积极响应并参与群众路线征文活动，撰写的《党的群众路线的历史由来、内涵意义及践行要求》论文，在潍坊市教育活动办公室组织的征文活动中获得优秀奖，并获寿光市政府农圣文化奖。

2015年，围绕加强红色廉政文化建设，组织编写的《革命老人李植庭两三事》，获全省“红色廉政文化征文”优秀奖，并入选省纪委《红色廉政文化之光》作品集。

【队伍建设】 5年来，市党史室领导班子坚持从严治室、严以律己、从严带队伍，并采取切实有效措施，抓好机关作风建设，提高工作效能，推动党史工作科学发展，使全室呈现干事创业、团结和谐的良好氛围。同时，努力建设学习型机关和学习型干部队伍，加强业务学习，提高业务能力，全室干部的政治素质和业务素质明显提高，工作积极性明显增强，为开展好新形势下的党史工作打下坚实基础。2014年，市党史室被省人社厅、省委党史研究室，联合授予全省党史系统先进工作集体。

档案工作

【管理机构】 2001年12月全市机构改革，确定保留档案馆，为市委办公室领导的事业单位，挂市档案局牌子，授权行使有关行政管理职能。2011—2015年，市档案局设有办公室、业务指导科、档案管理科、编研科、机关文件管理中心5个科室。拥有工作人员16人，其中副研究馆员1人、馆员6人。

【档案馆工作】 2011—2015年，全市档案工作锐意进取，开拓创新，着力提升档案社会影响力，各项工作取得新的成绩。2011年被评为全省档案系统先进集体；2012年被确定为国家社会主义新农村建设档案工作示范县；2013—2015年连续3年被评为全省档案宣传工作先进单位；2014年通过国家一级档案馆复审，被评为全省档案利用工作最佳服务窗口单位；2015年，被国家档案局、教育部确定为第三批全国中小学档案教育实践基地。2015年，寿光市档案馆存档案6大门类、190个全宗。其中，馆藏档案94728卷，寄存档案23585卷，农村土地确权登记颁证档案10662盒（19.6万卷），资料19990册，照片13223幅。

档案征集。2012年7月印发《寿光市重大活动档案管理办法》，对全市重大活动档案的收集、整理、移交、保管和利用工作进行规范。2011—2015年，先后接收全市婚姻登记4938盒、社保档案5147卷，洛城街道东斟灌村民主管理档案30卷，农村土地承包经营权确权登记颁证档案10662盒（19.6万卷），各种书籍资料855册，拍摄、收集重大活动照片档案3447幅。

档案管理。对档案库房综合智能管理系统进行更新维护，安装监控大屏幕、加湿机、消毒机，更换监视器、红外线防盗报警探头、视频摄像机等设备，加强对库房内温湿度精确记录和调控，落实“九防”（防火、防盗、防高温、防潮湿、防光、防尘、防鼠、防虫、防污染）措施，确保档案安全。

档案开发利用。以加强爱国主义教育基地和中小学档案教育社会实践基地建设为重点，每年组织开展“档案馆开放日”“国际档案日”活动，先后有现代中学、世纪学校、建桥中学、徐家学校、潍坊科技学院、山东大学历史文化学院、寿光日报小记者团的学生和社会各界人士2000余人到档案馆参观。2011年共接待档案利用者768人次，提供利用档案资料2530卷（册）；2012年接待查询1600多人次，查阅馆藏档案资料4800多卷（册）。2013年12月，对馆藏1979—1983年的档案进行开放鉴定，共鉴定档案8327卷，其中开放档案6953卷、控制使用档案1374卷。全年共接待查询档案2300多人次，提供利用档案资料6500多卷（册）。2014年3月4—15日，举办“学习雷锋好榜样”——雷锋事迹档案史料展，共展出档案史料、珍贵照片、宣传画册、纪念实物等1000多件（册）；6月9日，举办“档案史料展览进学校进社区”活动，挖掘馆藏档案资料，使用各类珍贵照片100多张，制作展览版面48块；10月23日在市第七中学举行与市教育局联合组织建设中小学档案教育社会实践基地启动仪式；12月25日，国家档案局档案馆（室）司综合档案处处长刘芸一行5人，对寿光“全国中小学档案教育实践基地”“国家一级档案馆”进行验收和复审。市档案馆成为山东省首家获“全国中小学档案教育社会实践基地”的县级档案馆。全年共接待查询档案2900多人次，提供利用档案资料6200多卷（册）。2015年，共接待查询档案1560多人次，提供利用档案资料6253卷（册）。

【档案信息化建设】 2012年制定《寿光市数字档案馆建设实施方案》，至2015年完成数字档案馆服务中心、机房装修工程和设备安装，全面完成馆藏档案数字化加工工作，共录入档案10万卷、144万条，1058页，初步建成数字档案馆。已有圣城、田柳、洛城、羊口、文家、古城6个镇街实现远程在线查档，是潍坊市第一个实行馆室一体化的县市。

【机关、企事业档案工作】 认真组织一年一度的机关、企事业单位文书立卷工作。2011年组织全市172个市、镇（街道）机关、有关企事业单位共立卷4800卷（盒）。2012年组织全市172个市、镇（街道）机关、有关企事业单位共立卷4079卷（盒）。2013年组织全市172个市、镇（街道）机关、有关企事业单位共立卷4195卷（盒）。2014年组织全市162个市、镇（街道）机关、有关企事业单位共立卷4257卷（盒）。2015年组织市直165个市、镇（街道）机关、有关企事业单位共立卷4268卷（盒）。

开展机关、企事业单位档案规范化管理工作。2011—2014年，组织指导圣城街道财政所和稻田镇、开发区、化龙镇、双王城国土所通过省特级档案规范化管理验收；市委办公室、市政府办公室、统计局、人力资源中心、文家街道国土所、小清河管理处和圣城街道、文家街道、羊口镇等6个镇街统计工作室通过省一级档案规范化管理验收；稻田镇统计工作室、市婚姻登记处通过省二级档案规范化管理验收。2015年组织指导市地税局、规划局通过省档案工作科学化管理先进单位验收，15个镇街区统计工作室全部通过省档案工作科学化管理合格单位验收，是全省首个镇街区统计工作室全部达到档案工作科学化管理标准的县市。

2014年，印发《关于开展行政执法案卷档案管理执法检查的通知》，与市法制办联合对50个执法部门的执法业务档案进行检查，并以市政府办公室文件进行通报。

【农业农村档案工作】 5年间，每年一次对农村档案整理进行组织指导和检查，工作中深入乡村，分片包干，现场指导培训，通过印发行政村档案整理材料收集范围和验收标准，按时完成全市975个行政村档案集中整理，保证档案整理质量。2011年11月21—23日，民政部档案馆馆长闫志壮带领国家社会主义新农村建设档案工作示范县考评验收组，到寿光进行考评验收，成为全省首家社会主义新农村档案工作示范县。2012年5月19日，山东省社会主义新农村档案工作示范县创建活动推进会在寿光召开。同月，古城街道、文家街道、稻田镇通过山东省社会主义新农村档案工作示范镇验收，成为全省新农村建设档案工作示范镇。2013年12月，圣城街道、羊口镇创建山东省社会主义新农村建设档案工作示范镇，圣城街道延庆寺社区创建山东省新农村建设档案工作示范村分别通过验收。2015年，指导全市农村土地承包经营权确权登记颁证档案整理。8月18日，潍坊市农村土地承包经营权确权登记颁证档案工作现场推进会在寿光召开，市档案局作典型发言。

【档案宣传和档案编研】 2011—2015年，加强档案宣传工作，先后在《中国档案》《中国档案报》《山东档案》《寿光日报》等报刊、档案网站发表档案理论宣传文章123篇，其中2011年11篇、2012年29篇、2013年16篇、2014年32篇、2015年35篇。

积极开展档案编研工作，2012—2015年连续4年编辑印刷《寿光市大事记》；编辑出版《民国版＜寿光县志＞点校本》《寿光市档案馆指南（二）》《兰台春秋—2001-2013发表文章汇编》《寿光抗日烽火》；指导编辑《侯镇志》《文化侯镇》《西浊北村志》《东浊北村志》等。2013年，配合省档案局、山东电视台搞好陈少敏、八支队、魏一斋、活捉王耀武、辛亥革命等纪录片的拍摄，先后在山东电视台播出。2015年，为寿光电视台提供馆藏历史大事资料、图片，共同制作《寿光历史上的今天》栏目，在《菜乡播报》栏目播出。《寿光历史上的今天》《侯镇志》《兰台春秋》《寿光抗日烽火》先后获山东省档案学优秀成果一等奖，《民国版＜寿光县志＞点校本》获二等奖；2015年12月，《寿光抗日烽火》获山东省优秀档案编研成果二等奖。

（葛怀圣）

机构编制工作

【管理机构】 2010年2月，根据《寿光市人民政府机构改革实施意见》规定，寿光市机构编制委员会办公室（简称市编办）单独设置，既是市委工作部门，也是市政府工作部门，列入市委工作部门序列。内设综合科、行政机构编制科、事业机构编制科、监督检查科4个科室，下设寿光市人民政府行政审批制度改革办公室（正科级行政机构）、事业单位登记管理局（副科级参照公务员法管理事业单位）。至2015年机构设置未变。5年来，先后获得“山东省机构编制工作先进集体”“山东省机构编制信息宣传工作先进单位”“潍坊市机构编制工作先进单位”“潍坊市机构编制信息宣传工作先进单位”“寿光市群众满意机关”“寿光市优秀基层党组织”“寿光市党风廉政建设先进单位”等荣誉称号。2015年，市编办在潍坊市科学发展综合考核和潍坊市机构编制管理绩效考核中取得双第一。

【政府机构改革】 2011年始，落实2010年2月全市政府机构改革成果，加强对政府工作部门、行政编制、部门领导职数、部门内设机构、政府直属事业单位的编制管理。2014年，根据潍坊市委、市政府批复的《寿光市人民政府职能转变和机构改革实施意见》，将食品药品、工商、质监部门进行整合组建市市场监督管理局；将全市现有检验检测机构进行整合，组建市检验检测中心；将市卫生局、计划生育局进行整合，组建市卫生和计划生育局；整合工程建设项目招投标、土地使用权和矿业权出让、国有产权交易、政府采购等平台，建立统一规范的公共资源交易平台，成立市公共资源交易中心。2015年，根据省政府办公厅印发的《关于推进市县不动产登记职责和机构整合的意见》（鲁政办字〔2015〕188号）和潍坊市政府办公室印发的《关于县（市）不动产登记职责和机构整合的意见》（潍政办字〔2014〕116号）文件精神，印发《寿光市不动产登记职责和机构整合实施方案》（寿政办发〔2015〕154号），在市国土资源局加挂不动产登记局牌子，成立市不动产登记中心，隶属于市国土资源局，为公益一类事业单位，副科级规格。

【镇街机构改革】 2011年始，落实2010年2月全市乡镇机构改革成果，重点实施转变镇街政府职能，控制镇街机构编制，改革镇街事业站所管理体系和创新镇街行政运行机制等4项工作。2014年，根据《中共潍坊市委办公室转发〈市委组织部等四部门关于解决镇街干部力量薄弱问题的意见〉的通知》要求，重新核定全市镇街行政编制数额，向扩权强镇改革试点镇核增部分编制，用于服务群众和保障民生等领域。

【事业单位改革】 事业单位分类。根据中共十八大报告提出的“推进事业单位分类改革”要求，在巩固、运用好事业单位清理规范成果的基础上，结合市委、市政府印发的《寿光市分类推进事业单位改革实施意见》，严格把握社会功能这个唯一标准，科学合理划分事业单位类别，将现有事业单位划分为承担行政职能、从事公益服务和从事生产经营活动3个类别，做好职能剥离、机构调整等工作，积极构建公共服务新格局。2012年11月，召开全市分类推进事业单位改革工作会议，对事业单位预分类工作进行部署安排。2015年，对全市442家事业单位进行分类，其中公益一类387家、公益二类23家。

事业单位清理规范。2011年9月，根据省及潍坊市事业单位清理规范工作会议精神，制定印发《事业单位清理规范工作方案》，组织开展全市事业单位清理规范工作，于2012年3月底结束。其间，共对121个事业单位进行重点核查，按照各自实际分别提出清理规范意见建议。

事业单位法人治理结构试点。2015年，选取教育、卫生、文化系统中圣城中学、中医院、妇保院、文化馆作为试点单位，出台《试点工作实施方案》。11月，组织召开全市事业单位法人治理结构试点单位首届理事会成立大会，并指导试点单位分别组织召开第一届理事会议。首届理事会的召开，标志着寿光市法人治理结构试点工作进入新阶段。

【扩权强镇改革】 2012年8月，潍坊市人民政府《关于进一步深化扩权强镇改革加快推进小城镇建设和发展的意见》（潍政发〔2012〕31号），将侯镇确定为潍坊市扩权强镇改革试点镇。2014年10月，潍坊市委办公室、潍坊市政府办公室《关于进一步深化扩权强镇改革试点工作的意见》（潍办发〔2014〕38号），将古城街道纳入潍坊市扩权强镇改革试点。试点的主要目的是按照加强基层政权建设、统筹城乡协调发展的要求，以扩权强镇为重点，突破试点镇经济社会发展中遇到的体制机制障碍，理顺职责关系，优化组织机构，提高社会管理和公共服务能力，发挥试点镇在区域经济社会发展中的辐射带动作用。试点主要内容是创新体制机制；下放管理权限；加大财政扶持力度；完善相关配套政策。试点中，通过授权委托、交办或集中办公等方式，将涉及24个部门的91项权限下放到羊口镇，涉及23个部门的82项权限下放到侯镇，并实行动态管理。2014年，对失去下放意义、暂不适宜下放的20项权限予以取消和收回。2015年，对羊口、侯镇梳理下放第二批权限，涉及7个部门的19项审批服务事项和6个部门的行政处罚事项。将13个部门的90项行政审批服务事项和部分行政处罚事项下放到古城街道。

2013年，积极争取省编办支持，设立羊口公安分局。2015年，根据潍坊市委办、潍坊市政府办《关于进一步深化扩权强镇改革试点工作的意见》(潍办发〔2014〕38号)，制定出台寿光市《关于进一步深化经济发达镇行政管理体制改革暨扩权强镇改革试点工作的意见》，探索在3个试点镇街综合设置工作机构，实行人员统一安排、编制分类管理。

2015年始，开展镇级综合执法，制定出台寿光市《镇级综合执法试点工作实施意见》，采取联合执法和委托执法相结合方式，探索“7+X”模式，将市直部门在城镇管理、国土资源管理、环境保护、安全生产等7个领域的行政处罚权，以及相应的行政强制权和监督检查权下放到试点镇实施，并根据试点镇实际，羊口镇增加油气管道领域，侯镇和古城街道增加文化市场领域。

【行政审批制度改革】 2014年始，全市推行行政审批制度改革。7月，经编委会议研究同意并报潍坊编办批复，成立寿光市人民政府行政审批制度改革办公室，具体负责指导、协调全市的行政审批制度改革工作。建立行政审批制度改革联席会议制度，印发《行政审批制度改革重点任务及责任分工》，完善行政审批制度改革办公室与法制办、行政服务中心等部门间的协调配合机制。加大对行政审批制度改革工作的考核力度，健全完善行政审批制度改革考核指标体系及评估办法，把行政审批制度改革工作作为深化改革重点督查事项，纳入全市科学发展观和绩效考核体系。同年，寿光市被省编办确定为省级行政审批规范化管理试点市。

推进“两集中四到位”改革。2014年7月底，全市启动行政审批“两集中、四到位”工作。指部门行政审批职能向一个科室集中，科室向行政服务中心集中，最终实现全市审批服务事项进驻中心到位，中心窗口授权到位，窗口工作人员配备到位和网上办理到位，构建起“审管分离、权责挂钩”和“审批一条龙、服务一站式”的行政审批工作新机制。至2015年，共为全市35个部门单位设置审批服务科及相关机构，推进部门单位审批服务职能向政务服务中心集中授权到位。

编制公开市级、镇级“三张清单”。“三张清单”指政府部门单位、各镇街区权力清单，服务清单和责任清单。至 2015 年，共公布市级行政权力清单和服务清单，包含权力事项 4286 项、服务事项 454 项，并逐项绘制公开权力运行流程图；公布 38 个市直部门单位责任清单。镇级“三张清单”确定 15 个镇（街区）权力事项共计 26876 项，服务事项 2162 项；确定 15 个镇（街区）主要职责 180 项，具体责任事项 765 项，追责情形 1710 项，事中事后监管制度 45 项。

精简审批事项。严格执行《行政审批事项目录管理办法》，分 5 批承接上级取消下放事项，至 2015 年底，共承接审批事项 103 项，取消 71 项，工商登记前置改后置 134 项，下放审批服务事项 35 项。2015 年，参照省市印发的行政许可通用目录，印发《寿光市市级行政审批事项目录》，确定行政审批事项 269 项，100% 入驻政务服务中心、分中心，并实现审批系统实时更新。

推进行政审批规范化。实现投资项目模拟审批，企业设立工商登记证、组织机构代码证、税务登记证“三证合一”，深入开展区域性专项评估评审，创新“三联审批”工作机制，即实行投资项目联合会审、联合测绘、联合验收，优化建设工程项目审批流程。至 2015 年底，寿光市投资项目审批时间平均缩短 3~6 个月，成本缩减 30%，效率提高 90%。

建立健全事中事后监管体系。2015 年，出台《关于加强行政审批事中事后监管的实施意见》，明确食品药品安全、安全生产、环境保护三大领域事中事后监管方案，将取消后仍需监管、保留的审批事项全部纳入监管范围，逐条逐项制定监管办法。

加强中介行业监管。2015 年，出台《关于规范行政审批中介服务的意见》，编制完成《市直部门（单位）行政审批前置中介服务收费项目清单》，公布涉及 26 项审批事项的 32 项前置中介服务收费事项，有效规范中介行为，激发市场活力。

【事业单位监管】 完善事业单位监管制度。2011 年始，落实省政府关于加强事业单位监督管理的意见精神，印发中共寿光市委办公室、寿光市人民政府办公室《关于加强事业单位监督管理工作的意见的通知》，对事业单位绩效考核、信用等级评价、建立法人治理结构、健全联席会议制度、完善监管联动机制到加强登记管理提出具体实施办法。2012 年，通过网站、《寿光日报》等渠道刊登“事业单位监督管理政策解读”等内容，对事业单位监管政策进行解读宣传。定期组织召开事业单位法人监督管理工作联席会议，联合市人民法院等 16 个部门单位出台《寿光市事业单位法人监督管理工作联席会议制度》，进一步完善事业单位法人监督管理工作协调机制。为加强全市事业单位监管工作，出台《寿光市事业单位法人监督管理工作联席会议制度》《寿光市事业单位法人信用等级评定办法》及寿光市事业单位印章管理办法。

事业单位年检和年度报告公开。2011 年以来，全市事业单位年度年检率始终保持 100%。2014 年始，事业单位法人年检制度改为年度报告公开制度。

事业单位绩效考评。2011 年，按照省、潍坊市要求，首先在公益属性强、服务范围广、覆盖面较大的基层医疗卫生系统开展基层医疗卫生机构绩效考评试点工作，取得初步成效。2012 年，将市级公立医院纳入试点范围，会同卫生主管部门对绩效考评指标进行适当调整，采取共性指标和个性化指标相结合的方式，对公立医院、镇街卫生院和社区卫生服务中心采取差异化的考评。在总结2年试点经验的基础上，2013年又将教育和建设系统所属事业单位纳入考评范围。2014年，考评范围进一步扩大，市直部门（单位）所属186家事业单位纳入考评范围，最终确定A级事业单位28家、B级单位153家、C级事业单位5家。考评结果按考评等级量化赋分后，计入主管部门年度工作综合考评总成绩；教育、卫生等部门内部考核使用事业单位绩效考评结果。考评结果以市委、市政府综合考核表彰文件进行表彰，落实“四挂钩”（即与干部使用、评先树优、绩效考核奖励、机构编制挂钩）政策，考评的激励约束作用不断显现。2015年，事业单位绩效考评范围扩大到机构编制管理的事业单位，实现全覆盖。在逐步扩大范围的同时，不断完善考评体系，建立健全市级领导点评、部门单位互评、满意度测评、网上评议、主管部门评价和相关职能部门评价的“5+X”评价体系，进一步增强考评的科学性和实效性。

事业单位法人信用等级评定。2013年，引入“五星”标准积极开展事业单位法人信用等级评定工作，经严格审定、公示，确定蔬菜科技博览会组委会办公室等43家五星级信用单位，金融工作办公室等67家四星级信用单位，渔政监督管理站等4家三星级信用单位。

【政务公益域名及网站标识管理】 2011—2015年，寿光市域名续费注册率达到100%。2014年，全市共492家机关事业单位申请网络标识，加挂率达到100%。

【机构编制管理】 2015年底，全市市级党政群机关49个，其中，市委工作部门9个，政府序列部门24个，市政府派出机构4个，部门管理机构2个，群众团体6个，按《党章》《宪法》规定设置机构4个。行政编制总计1804名，实有行政人员1643人；机关工勤人员121人。其中：市直党政群机关行政编制1100名，实有行政人员1074人；机关工勤人员121人。14处镇街行政编制704名，实有行政人员569人。政法系统政法专项编制875名，实有行政人员857人；机关工勤人员84人。其中：公安局行政编制547名，实有544人；机关工勤实有43人。法院行政编制156名，实有145人；机关工勤实有19人。检察院行政编制95名，实有93人；机关工勤实有20人。司法系统行政编制70名，实有58人，机关工勤实有2人。森林公安局编制8名，实有7人。全市事业单位共计430个（正处级1个、副处级7个、正科级85个、副科级76个、股级205个、不定规格56个）。事业编制总计17942名（全额拨款15463名，差额补贴2058名，自收自支421名）；实有18265人（全额拨款15777人，差额补贴1916人，自收自支572人）。其中：市直事业单位340个（全额拨款285个，差额补贴32个，自收自支26个）。事业编制17324名（全额拨款14845名，差额补贴2058名，自收自支421名）；实有17486人（全额拨款15200人，差额补贴1881人，自收自支405人）。市直事业单位中，普通中小学编制9438名，实有10035人；公立医院编制665名，实有559人；乡镇（街道）卫生院编制1093名，实有1003人。镇街事业单位均为全额拨款事业单位，共计82个，事业编制618名，实有567人。

严控机构编制。5年间，落实山东省委省政府《关于严控机构编制确保财政供养人员只减不增的意见》精神，确保机构编制总量不得突破2012年底总量。先后印发《关于进一步加强编制使用管理的意见》《关于转发＜关于印发山东省机关事业单位编制使用审核与人员经费管理办法的通知＞的通知》《关于机关事业单位编制使用审核有关问题的通知》《关于补充完善机关事业单位工作人员调整工作程序的通知》《关于进一步加强机构编制管理严格规范机关事业单位用编程序的通知》等文件，对机关事业单位工作人员增减、中层领导干部领导职数核定、单位用编计划申请等工作程序进行规定，明确组织、编办、人社、财政等部门的职责，规范机构编制工作流程，确立编制部门作为人员变动、调整的龙头部门。2012年，市编办会同组织部、人社局制定出台《寿光市机关事业单位借调工作人员管理暂行办法》，解决全市干部借调工作中程序不明、管理不严等问题。

机构编制实名制管理。5年间，建立完善与组织、人社、财政等部门每月联动机制，及时维护实名制信息数据，做好机构编制实名制公示，将全市党政群、镇（街道）机关和政府直属及机关所属事业单位的机构、职能及人员编制情况，在单位网站进行实名制公示，接受社会监督。加快推进机构编制综合管理信息系统建设力度，采用点对点的物理隔离方式将全市机关事业单位和各镇街区接入省政府专网。2015年10月起，全市各部门、单位用编进人计划申报、增员入编、减员出编等机构编制业务全面实现远程网上办理。

机构和人员编制核查。2014年，对全市部门单位机构性质、规格、内设机构、编制数量、实有人员基础信息、领导职数及配备、编外人员等内容逐一进行审核。通过核查，对全市46个党政群机关、14处镇街区、411个事业单位的机构人员信息录入“山东省机构编制综合信息系统”，建立完善机构编制信息档案。

精简压缩编制。2014年，根据鲁办发〔2014〕4号文件精神，科学制定寿光市精简压缩编制方案和各部门压缩编制数量，共压缩行政编制60名，压缩事业编制298名。

事业单位招聘。2011年始，市编办认真履行职责，从严制定招考计划，从源头上杜绝超编满编进人现象。2013—2015年，分别核定事业单位招聘计划230名、310名、419名。

机构调整撤销。2014年，市编委下发《关于取消部分医疗机构行政级别的通知》，先后取消3所公立医院、2所专科医院和14处镇街卫生院行政级别，合理核定各医院人员编制总量，明确院长不再套用行政级别，实行院长聘任制。同时，按照潍坊市统一部署，取消26所市属和镇街中小学校行政级别，由市及以上教育行政部门归口管理，校长全部取消行政级别，由教育行政部门聘任，实行职级制管理。2015年12月，报经潍坊市编办批复同意，撤销生态林场、清水泊生态林场和科技职业教育管理服务中心3个副县级事业单位。

机构编制监督检查。2011年始，将机构编制管理工作纳入全市科学发展工作实绩考核，不断推动各单位机构编制工作规范化、程序化。会同市审计局印发《2015年度推进简政放权政策落实情况跟踪审计工作方案》，对市直有关部门（单位）取消和下放行政审批事项、推进简政放权政策措施落实情况进行跟踪审计。开展机构编制执行情况评估工作，制定《寿光市机构编制执行情况评估实施细则（试行）》。2013年以来，先后对统计、司法、教育等20个部门的机构编制执行情况进行评估。

机构编制工作进党校常态化。为加强机构编制违纪预防教育，强化各级领导干部的机构编制法制意识，2012年始，编办与市委组织部、市委党校协调配合，将机构编制管理内容列入市委党校领导干部培训教学计划。

（唐跃）

督查工作

【重点督查】 坚持督大事、督实事、督难事，重点抓市委、市政府重大决策、重要事项、重要会议、重点工作和重点工程等督查事项，以及市委、市政府主要领导批办交办会办等事项贯彻落实情况的督查。5年间，共开展决策督查、专项督查、重点督查等300多次，下发《督办通知单》298期，办理领导批办交办会办事项1996件，形成《市委领导批示办理情况专报》105期，上报省和潍坊市委督查室《督查专报》48期，办结率100%，确保“件件有着落，事事有回音”。

【创新督查】 坚持机制创新、制度创新、方法创新，建立健全“四包四联”重点工作推进机制、督查台账制度、“周督查月通报”制度、会议事项分解督办制、领导批示件联动办理制等15项督查工作机制，推行督查交办、督查催办、督查通报“三部曲”，推动督查工作由形象督查向深度督查转变、由静态督查向动态督查转变、由被动督查向主动督查转变。5年间，共编发《督查通报》135期，《督查专报》86期，“创新三大机制推进工作落实”等30多篇文章在省级和潍坊市级刊物上发表。

【舆论监督】 面对新常态，适应新常态，实现新作为。2015年始，先后在寿光电视台、寿光日报、寿光电视台微信客户端等市内主流媒体和网络上开辟《督查聚焦》《百姓关注》2个舆论监督栏目，利用电视、报纸、网络等新闻媒体进行“问政”监督，搭建起“政府主导、媒体引导、群众参与”抓落实、促发展的工作新平台，形成主动曝光、限时整改、公开反馈的舆论监督新常态。2015年全年共播出《督查聚焦》47期，《百姓关注》36期。

【督查考核】 坚持用考核来调动领导者、服务者、经营者的工作积极性。5年间，不断完善镇（街区）科学发展考核办法、部门（单位）绩效考核评价办法和企业划型动态管理考核评价办法，做到经济社会发展与群众满意度调查、定性考核与定量考核、奖优指标与罚劣指标、观摩点评与日常督查、考核结果与干部使用等“五个结合”；实施市级领导和镇（街区）党政正职评议、企业负责人评议、镇（街区）业务分管领导对口评议、群众满意度电话访问评议、行政审批服务随机评议等“五评”措施，突出企业实缴税金的考核，对实缴税金达到规定标准的企业，在项目用地、上市融资、环保指标、人才引进等方面优先扶持，全力推进大众创业、万众创新。

对台工作

【管理机构】 中共寿光市委台湾工作办公

室（简称市台办）成立于2004年8月，挂市人民政府台湾事务办公室牌子，为正科级行政单位。2013年10月，注册成立“寿光市对台文化交流协会”，业务主管部门为市台办，王金城任会长，潘庆龄任党支部书记。同年11月1日，召开市对台文化交流协会成立大会。协会职能是立足发挥协会的特点和优势，搭建互动交流平台，密切人员往来，凝聚和团结广大台胞，增进友谊，拓展广泛合作渠道，推动更多的台胞台商台属和社会各方力量投入到寿台文化大交流、大合作、大发展之中，促进台湾同胞对寿光的了解认识。至2015年，协会已吸收会员53人。

2011—2015年，连年获得潍坊市县市区对台工作量化考核第一名和潍坊市对台工作先进集体荣誉。2013—2015年，连年被市政府记集体三等功奖励。2013年、2015年分别获得“全省台办系统先进集体”称号。

【台胞与台属工作】 2011年，寿光市定居台胞2人；至2015年寿光市暂住台胞13人。

组织活动。5年间，每年的中秋节、春节均组织在寿台胞和各级台联会会长、副会长及部分台属代表召开座谈会，通报全市经济、社会成就和对台工作情况，与台胞台属共叙友谊、加深了解。2011年寿光市台属张友良当选潍坊市台联会副会长，2014年寿光市台联会会长田长伟当选潍坊市台联会副会长，同时有8位台属当选潍坊市台联会理事。

接待服务。主要集中在每年的4月、5月的菜博会期间和9月的鲁台会期间，日常到寿光参观考察的台胞台属有各类团体100人左右，也有单行者，呈逐年上升趋势。2011年，共接待台胞382人，2012年接待411人，2013年接待533人，2014年接待567人，2015年接待602人。在潍坊市各县市区中，寿光市接待台胞数量最多。不断完善台胞台属服务制度，高质量开展“台资企业走访季”等活动，密切与台胞台属的联系。2015年台湾农产品精品展期间，协调潍坊科技学院选拔100名在校大学生担当志愿者，专门为展商陪展服务；动员市晨鸣医院分批宴请200多名台商，抽调6名得力人员主靠台湾富贵集团展位，推动该院与台湾富贵集团达成肾透析、医疗美容2大项目合作，并在该院设立台宝GO实体店。

台胞、台属公益慈善活动。2011—2015年，台胞陈树生为现代中学捐款8万元；台胞李瞻设立“李瞻优秀贫困生奖学金”，出资5万元奖励50名品学兼优的优秀大学生；台胞李宗正设立“王元淑奖学金”，出资3万元奖励纪台中学30名优秀学生；台商刘竹承出资资助全市贫困生10名共30余万元；台属田长伟出资180多万元资助30多名贫困孩子完成学业。

【台资与台属企业】 2011年始，不断加强台资与台属企业服务工作。2013年，全市新获批台资企业2家，分别是山东万象生物科技有限公司和寿光市玮琪数码科技有限公司。至2015年，全市共有台资企业21家，总投资2.3亿美元，实际利用台资1.1亿美元；共有台属企业23家，总投资15.3亿元人民币。

【经贸文化交流】 举办台湾农产品精品展示展销会（台湾馆）。2013年，菜博会期间，市台办牵头创新举办首届“台湾农产品精品展示展销会”并获得圆满成功，至2015年每届菜博会均在最重要位置单独设立台湾馆。通过这一平台，累计实现交易额3亿多元，300多万人次到场参观采购，达成合作意向

100多个，邀请台湾基层民众千余人次参展参会，增进友谊，推动对台经贸合作，获市委、市政府充分肯定。2014年，市委、市政府在滨海（羊口）工业园区划出2092亩土地，建设寿光市“台湾高新产业园”。

举办两岸农业交流活动。2011年，举办“海峡两岸现代农业合作恳谈会”。2012年始，每年举办一届“海峡两岸休闲观光农业交流会”，连续4年被评为国台办重点和省台办优秀交流项目。5年间，先后推动1个市场、1个合作社、3个村与台湾相关单位缔结友好姊妹关系，引进台资项目4个，总投资2.1亿元。项目类型既有农业种植，也有文化产业，更有中华购、台宝购先进电子商务项目，以农业为突破口推动寿光各领域对台经贸合作，达到很好的“以点带面”效果，2015年全市仍有7个合作项目正在积极洽谈中。2015年的第四届海峡两岸休闲观光农业交流会，将论坛馆设于第十六届菜博会台湾馆之中，展会结合，展中有会、会上看展，提高交流会的实际效果。在举办展会过程中，实行“一边招展招商、一边洽谈合作”的新模式，在展会开幕前就促成11个项目签约。

举办鲁台青少年武术文化双向交流活动。以寿光少林武术院（华夏国术院）为主要载体，与台湾武术总会联合举办“鲁台青少年武术文化交流活动”。2011—2015年，每年8月暑假期间，台湾武术总会都会组织台湾南部、中部、北部大中小学100余名台湾青少年来寿光交流，每年11月寿光市定期组织潍坊地区20～30名青少年武术爱好者赴台进行武术文化交流。5年间累计交流青少年达1500多人次，鲁台青少年武术文化交流活动连续被评为国台办重点和省台办优秀交流项目。每次活动期间，两岸青少年武术爱好者同吃同住，同台献艺，在交流中互相学习，共同成长，加深彼此间的了解和感情；每次活动结束分别之际，总会看到两岸小朋友难舍难分、相拥而泣的感人场景。

举办“海盐文化精品展”两岸盐业交流合作活动。2014年，推动寿光市默锐集团与台盐集团合作，引进台盐资金和先进技术等，总投资2亿元建设凤沙氏日化品、盐博物馆等项目，帮助企业实现由单一海盐生产向集盐产品深加工、海洋产品深加工、盐文化展示等于一体的转型，推动企业做大做强，开启两岸盐文化交流的重要篇章。

积极开展赴台交流。2011—2015年，全市共有经贸、医疗卫生、体育、文化、教育等31个团组、319人次，随团41人次赴台考察交流。

（潘庆龄）

地方权力机关

概况

5年间，市人大常委会牢牢把握正确政治方向，紧紧围绕市委决策部署，认真履行宪法和法律赋予的各项职权，不断加强工作监督和法律监督，创新工作方式方法，完善代表工作机制，为推动全市经济社会发展作出积极贡献。2011年9月19日，省人大常委会在寿光市召开人民权利报宣传工作座谈会。2013年9月11日至12日，潍坊市人大工作座谈会在寿光市召开，潍坊市人大常委会党组副书记、副主任刘明珂主持会议，潍坊市人大常委会副主任花兆贤、李世光、秘书长王秀禄以及寿光市领导朱兰玺、杨德峰、赵绪春参加会议。会议认为，寿光市认真贯彻潍坊市委决策部署，招商与转调创、城镇化、改善民生、社会管理等工作成效显著，在推动科学发展进程中发挥带头和引领作用。

【管理机构】 2012年，市十六届人大二次会议，选举杨德峰为市人大常委会主任，实现人大常委会主任的专职配备。2015年2月，根据省委《关于进一步加强和改进人大工作的意见》（鲁发[2014]21号）和潍坊市委《关于进一步加强和改进人大工作的意见》（潍发[2014]22号）文件精神，市人大常委会设立预算工作委员会，正科级规格，配备主任1名，为市人大常委会的工作机构，承担市人大及人大常委会预算审查监督服务职能。4月24日，市十六届人大常委会第二十六次会议，任命圣城、文家、洛城、古城、孙家集5个街道人大工作室主任，街道党工委书记不再兼任街道人大工作室主任。4月28日—5月10日，全市9个镇分别召开人民代表大会，选举产生镇人大主席，镇党委书记不再兼任人大主席。市委组织部和市人大办公室联合发文，确定1名兼职人大工作人员，协助镇街人大主席（主任）处理人大日常工作。

【工作监督】 把市委重大决策、“一府两院”着力推进、人民群众普遍关注的事项作为履职重点，积极运用法治思维和法治方式谋划推进工作，使人大履职与市委要求、政府工作、社会关切合拍合力。依法决定重大事项，及时把党委意图变为全市人民意志，围绕预算调整和决算、加强城市永久性绿地保护、寿光市城市总体规划（2013—2030）、对益羊铁路城区段两侧用地实施保护和建设管控、对古树名木资源分级实施保护等作出一系列决议决定。抓住工业转型、自主创新、寿北开发、农业高效、蔬菜安全、三产提升、生态环保、城乡统筹等战略重点，通过听取专项工作报告、视察、调查等多种方式，努力推动经济社会快速发展。加大对安全生产、道路交通、教育卫生、养老就业、社会保障等群众关心关注问题的监督力度，持续促进民生改善，共组织开展工作监督88项。坚持党管干部和依法任免相结合的原则，依法进行人事任免。2012年、2015年，先后组织开展“寿光人民勋章”推选活动，在全市营造学先进、比贡献、创一流的良好氛围。

【法律监督】 5年间，把保证宪法和法律实施放在突出位置，作出“六五”普法和依法治市规划决议，加快推进依法治市进程。积极开展法律监督，突出与经济社会发展、群众利益密切相关的法律监督，先后组织对《环保法》《就业促进法》《电力法》《海域管理使用法》《义务教育法》《预防未成年人犯罪法》《安全生产法》《道路交通安全法》《产品质量法》《促进科技成果转化法》《农业机械化促进法》《动物防疫法》《城乡规划法》《城市房地产管理法》《劳动争议调解仲裁法》《残疾人保障法》《土地管理法》《畜牧法》《消防法》《道路运输条例》《劳动保障监察条例》等多部法律法规进行执法检查，促进法律的贯彻实施。加大对司法部门监督力度，对市公安局、检察院、法院、司法局进行工作评议，对法院民商事审判、执行，检察院法律监督、化解矛盾维护稳定，司法局普法、依法治理工作，公安局社会治安管理等进行调查，开展“人民满意派出所、检察室、法庭、司法所”评选，任命人民陪审员，支持和促进公正司法，推进民主法治建设。

【代表工作】 2011—2015年，坚持代表主体地位，积极搭建代表履职平台，不断激发代表履职热情，代表作用得到有效发挥。制定出台代表履职守则、常委会组成人员守则，举办代表法、组织法、选举法学习培训班，开展潍坊人大代表述职评议和“寿光市优秀人大代表”评选活动，支持和激励代表依法履职。加强代表小组规范化建设，按照“四有”（有场所、制度、计划、档案）标准，指导建成25个代表活动室，通过下发活动内容建议、开展联动视察等形式，不断提高代表小组活动实效。制定公民旁听常委会、不驻会委员联系工作委员会制度，邀请代表列席常委会会议，积极组织代表参加有关视察调查和工作评议活动，进一步密切常委会与代表、群众的联系。每年集中开展“双联”（常委会组成人员联系代表、代表联系选民）活动，广泛征求代表群众对人大常委会及一府两院工作的建议意见，同人代会代表建议批评意见一并转交市政府办理，一批群众利益诉求问题得到解决。认真做好代表议案建议办理工作，深入调研形成议案处理意见，并通过多种形式，加强议案建议督办工作，促进议案建议的落实。

【工作创新】 2011年始，把加强和改进监督工作作为突出重点，在完善监督形式、拓展监督内容、提高监督实效等方面进行有益探索。一是探索刚性监督方式。制定出台《寿光市人大常委会专题询问暂行办法》《寿光市人大常委会质询办法》。2014年，围绕大气污染防治工作开展首次专题询问，收到良好效果。二是完善工作评议制度。将政府序列部门、垂直管理部门和有执法权的事业单位全部列入评议范围。5年间，共对31个部门进行工作评议，2013年对驻寿银行机构进行集中评议，每年常委会都对镇街人大工作进行评议，同时指导镇街人大评议基层站所，推动评议工作向基层延伸。三是开展二次审议。凡是常委会审议事项，相关单位都要书面汇报整改结果；对于事关全市发展大局和涉及群众切身利益的重要事项，实行二次审议。5年间，先后对财政预算执行和财政收支审计、软环境建设、新型农村合作医疗、食品安全、校园周边环境综合整治等多项重点议题进行二次审议。四是实施连续监督。对于事关全市经济社会发展和群众普遍关注的问题，抓住不放、持续推进，对环保工作、农产品质量安全、安全生产、工业发展等重点问题年年持续监督。五是票决测评被任命干部。制定《关于对政府组成部门主要负责人和法院、检察院副职负责人进行年度履职测评的办法》，把政府部门主要负责人、法院、检察院副职负责人全部纳入测评范围，促进被任命干部依法办事、勤勉敬业。

【自身建设】 2011年始，自觉坚持党的领导，紧扣市委决策依法行使各项职权，圆满完成市委交付的多项调研任务，为市委决策提供重要依据。大力加强作风建设，2014—2015年深入开展党的群众路线教育实践活动和“三严三实”专题教育活动，按照中央和省、市委部署要求，坚持从严从实，通过召开民主生活会，深刻查摆问题，认真抓好问题整改，强化政治意识、责任意识、担当意识，推进作风建设常态化、长效化。常委会不断健全工作机构，设立预算工作委员会，强化制度保障，提高工作规范化水平。加强对镇街人大工作的指导，2015年开展镇街人大规范化建设。重视人大机关组织、思想和廉政建设，机关干部素质能力进一步提高，为人大及其常委会依法履职、开展工作提供良好服务保障。

代表选举

按照山东省委、省人大常委会和潍坊市委、潍坊市人大常委会的部署要求，寿光市第十六届和镇第十八届人民代表大会同步进行换届选举，时间2011年1中旬—12月底。

【寿光市第十六届人大代表选举】 此次选举，从市委到镇(街道)党(工)委都非常重视，列入重要议事日程。市委多次召开会议研究选举工作，要求各级各部门高度重视、精心组织，周密安排，做到组织领导、工作班子、工作任务、选举经费四落实。市人大常委会召开会议，批准市镇两级人大换届选举工作安排意见，依法任命市镇两级选举委员会组成人员。在选举的各个阶段，市人大常委会领导成员深入基层了解情况，帮助基层解决问题，确保每个环节都严格按法律程序办事。市选举委员会先后7次召开各镇（街道）、市直换届选举工作指导组负责人会议，交流工作经验，统一思想认识，研究解决工作中存在的问题，有力地指导全市换届选举工作。

按照法定程序，全市依法登记选民808622人，参加投票选举选民666504人，参选率82.42%。选举日是2011年12月16日。

寿光市第十六届人民代表大会代表名额为324名。选举市人大代表，全市共划分选区138个，提名推荐初步代表候选人702人，是应选代表的2.2倍。实际选举产生市人大代表321名，其中工农代表193名、占代表总数的60.1%，干部代表79名、占24.6%，知识分子代表49名、占15.3%；中共党员代表210名、占65.4%，妇女代表79名、占24.6%。新一届市级人大代表，平均年龄45岁，年龄结构更趋合理，大专以上学历占69%，较上届明显提升，为新一届人民代表大会更好地开展工作奠定良好基础。

【第十八届镇人大代表选举】 在市委、市人大常委会的领导下，市镇成立选举委员会，具体负责市镇人大换届选举工作，对选举各阶段工作进行统一部署、统一指导、层层推进、压茬进行，确保市镇人大代表的选举工作严格依法规范进行。

全市依法登记选举镇人大代表选民480051人，参加镇人大代表投票选民395632人，参选率82.41%。选举日是2011年12月16日。

选举镇人大代表，全市9个镇共划分选区490个，提名推荐各镇初步代表候选人1585人，是应选代表的2.1倍。选举产生镇人大代表755名，其中工农代表579名、占代表总数的76.7%，干部代表100名、占13.2%，知识分子代表76名、占10.1%；中共党员代表449名、占59.5%，妇女代表220名、占29.1%。镇人大代表的构成比例符合上级要求。

市人民代表大会

【市第十五届人民代表大会】 第五次会议。2011年1月18—21日在温泉大酒店召开，会议议程：（1）听取和审议寿光市人民政府工作报告；（2）审查、批准寿光市国民经济和社会发展第十二个五年规划纲要；（3）审议寿光市人民政府关于寿光市2010年国民经济和社会发展计划执行情况与2011年国民经济和社会发展计划（草案）的报告，审查、批准寿光市2010年国民经济和社会发展计划执行情况的报告与2011年国民经济和社会发展计划；（4）审议寿光市人民政府关于寿光市2010年预算执行情况和2011年预算（草案）的报告，审查寿光市2010年预算执行情况的报告与2011年预算（草案），批准寿光市2010年市级预算执行情况的报告与2011年市级预算；（5）听取和审议寿光市人民代表大会常务委员会工作报告；（6）听取和审议寿光市人民法院工作报告；（7）听取和审议寿光市人民检察院工作报告；（8）选举事项等。

会议作出关于《政府工作报告》的决议、关于《寿光市国民经济和社会发展第十二个五年规划纲要》的决议、关于寿光市2010年国民经济和社会发展计划执行情况与2011年国民经济和社会发展计划的决议、关于寿光市2010年预算执行情况和2011年预算的决议、关于寿光市人民代表大会常务委员会工作报告的决议、关于寿光市人民法院工作报告的决议、关于寿光市人民检察院工作报告的决议。会议补选郑建民为市人大常委会副主任，补选马春兰、刘希义为市人大常委会委员。

会议期间，大会主席团确定的大会议案有3件：《关于加快寿光市滨海新区建设的议案》《关于加快东部新城建设的议案》《关于加快城区西部市场物流发展的议案》，其他议案及建议批评意见共57件，作为建议批评意见处理。

【市第十六届人民代表大会】 第一次会议。2012年1月6—9日在温泉大酒店召开，会议议程：（1）听取和审议寿光市人民政府工作报告；（2）审议寿光市人民政府关于寿光市2011年国民经济和社会发展计划执行情况与2012年国民经济和社会发展计划（草案）的报告；审查、批准寿光市2011年国民经济和社会发展计划执行情况的报告与2012年国民经济和社会发展计划；（3）审议寿光市人民政府关于寿光市2011年预算执行情况和2012年预算（草案）的报告；审查寿光市2011年预算执行情况的报告与2012年预算（草案）；批准寿光市2011年市级预算执行情况的报告与2012年市级预算；(4) 听取和审议寿光市人民代表大会常务委员会工作报告；(5) 听取和审议寿光市人民法院工作报告；(6) 听取和审议寿光市人民检察院工作报告；(7) 选举寿光市第十六届人大常委会主任、第一副主任、副主任、委员，市政府市长、副市长，市法院院长，市检察院检察长，寿光市出席潍坊市第十六届人民代表大会代表。

会议作出关于《政府工作报告》的决议、关于寿光市2011年国民经济和社会发展计划执行情况与2012年国民经济和社会发展计划的决议、关于寿光市2011年预算执行情况和2012年预算的决议、关于寿光市人民代表大会常务委员会工作报告的决议、关于寿光市人民法院工作报告的决议、关于寿光市人民检察院工作报告的决议。

会议选出寿光市第十六届人民代表大会常务委员会主任、第一副主任、副主任、委员，名单如下：主任：孙明亮，第一副主任：杨德峰，副主任：林立星、李昌武、郑建民、傅小妹（女）。委员（按姓名笔画为序）：马春兰（女）、马春光、马景海、王俊文、王爱香（女）、仉新平、付翠敏（女）、刘希义、刘效国、杨秀英（女）、杨维国、李广前、李志伟、李法曾、李桂华（女）、张云三、张伟、张庆令、张春然、张俊奎、房师平、桑子刚、桑惜雯（女）、曹开田、隋申利、韩文国、葛茂学、董强、舒安。会议选出寿光市人民政府市长、副市长，名单如下：市长：朱兰玺，副市长：李宝华、王惠玲（女）、孙亚峤、袁世俊、刘广斌、王安文。会议选举王光才为寿光市人民法院院长，孙炜为寿光市人民检察院检察长。会议选出于进等60名寿光市出席潍坊市第十六届人民代表大会的代表。

会议期间，大会主席团确定的大会议案有3件：《关于进一步加快蔬菜、花卉种业种苗发展的议案》《关于加快双王城生态经济区建设的议案》《关于推进文化寿光建设，打造文化强市的议案》，其他议案及建议批评意见共59件，作为建议批评意见处理。

第二次会议。2012年8月23日在温泉大酒店召开，会议议程：（1）听取寿光市人民政府2012年上半年工作报告；（2）补选寿光市人大常委会主任、副主任、委员。会议补选杨德峰为寿光市人大常委会主任，房师平为副主任，王霞为委员。

第三次会议。2013年2月20—23日在温泉大酒店召开，会议议程：（1）听取和审议寿光市人民政府工作报告；（2）审议寿光市人民政府关于寿光市2012年国民经济和社会发展计划执行情况与2013年国民经济和社会发展计划（草案）的报告；审查、批准寿光市2012年国民经济和社会发展计划执行情况的报告与2013年国民经济和社会发展计划；（3）审议寿光市人民政府关于寿光市2012年预算执行情况和2013年预算（草案）的报告；审查寿光市2012年预算执行情况的报告与2013年预算（草案）；批准寿光市2012年市级预算执行情况的报告与2013年市级预算；（4）听取和审议寿光市人民代表大会常务委员会工作报告；（5）听取和审议寿光市人民法院工作报告；（6）听取和审议寿光市人民检察院工作报告；（7）选举事项；(8)表彰“寿光人民勋章”获得者。

会议作出关于《政府工作报告》的决议、关于寿光市2012年国民经济和社会发展计划执行情况与2013年国民经济和社会发展计划的决议、关于寿光市2012年预算执行情况和2013年预算的决议、关于寿光市人民代表大会常务委员会工作报告的决议、关于寿光市人民法院工作报告的决议、关于寿光市人民检察院工作报告的决议。会议补选毛德荣、张伟、桑文军为寿光市人大常委会委员。

会议期间，大会主席团确定的大会议案有3件：《关于大力推进全市生态文明建设的议案》《关于促进企业转型升级，加快工业强市建设步伐的议案》《关于加强对城市社区规范化建设管理的议案》，其他议案及建议批评意见共60件，作为建议批评意见处理。

第四次会议。2014年2月16—19日在温泉大酒店召开，会议议程：（1）听取和审议寿光市人民政府工作报告；（2）审议寿光市人民政府关于寿光市2013年国民经济和社会发展计划执行情况与2014年国民经济和社会发展计划（草案）的报告；审查、批准寿光市2013年国民经济和社会发展计划执行情况的报告与2014年国民经济和社会发展计划；（3）审议寿光市人民政府关于寿光市2013年预算执行情况和2014年预算（草案）的报告；审查寿光市2013年预算执行情况的报告与2014年预算（草案）；批准寿光市2013年市级预算执行情况的报告与2014年市级预算；（4）听取和审议寿光市人民代表大会常务委员会工作报告；（5）听取和审议寿光市人民法院工作报告；（6）听取和审议寿光市人民检察院工作报告；（7）选举事项。

会议作出关于《政府工作报告》的决议、关于寿光市2013年国民经济和社会发展计划执行情况与2014年国民经济和社会发展计划的决议、关于寿光市2013年预算执行情况和2014年预算的决议、关于寿光市人民代表大会常务委员会工作报告的决议、关于寿光市人民法院工作报告的决议、关于寿光市人民检察院工作报告的决议。会议补选高立华为寿光市人大常委会委员。

会议期间，大会主席团确定的大会议案有3件：《关于加强大气污染治理，建设美丽寿光的议案》《关于加强全市幼儿园建设及规范化管理的议案》《关于加快推进城区公交车发展管理的议案》，其他议案共74件，作为建议批评意见处理。

第五次会议。2014年3月29日在温泉大酒店召开，会议议程：补选寿光市人民政府市长。会议补选赵绪春为寿光市人民政府市长。

第六次会议。2015年2月3—6日在温泉大酒店召开，会议议程：（1）听取和审议寿光市人民政府工作报告；（2）审议寿光市人民政府关于寿光市2014年国民经济和社会发展计划执行情况与2015年国民经济和社会发展计划(草案)的报告;审查、批准寿光市2014年国民经济和社会发展计划执行情况的报告与2015年国民经济和社会发展计划;(3)审议寿光市人民政府关于寿光市2014年预算执行情况和2015年预算(草案)的报告;审查寿光市2014年预算执行情况的报告与2015年预算(草案);批准寿光市2014年市级预算执行情况的报告与2015年市级预算;(4)听取和审议寿光市人民代表大会常务委员会工作报告;(5)听取和审议寿光市人民法院工作报告;(6)听取和审议寿光市人民检察院工作报告;(7)选举事项。

会议作出关于《政府工作报告》的决议、关于寿光市2014年国民经济和社会发展计划执行情况与2015年国民经济和社会发展计划的决议、关于寿光市2014年预算执行情况和2015年预算的决议、关于寿光市人民代表大会常务委员会工作报告的决议、关于寿光市人民法院工作报告的决议、关于寿光市人民检察院工作报告的决议。会议补选刘婷(女)、高军为寿光市人大常委会委员。

会议期间，大会主席团确定的大会议案有3件:《关于加快推进水资源综合开发利用及水利基础设施建设的议案》《关于进一步加强农产品质量安全的议案》《关于进一步加快养老服务体系建设的议案》，其他议案共77件，作为建议批评意见处理。

市人大常委会会议

【市第十五届人大常委会】 **第二十五次会议**。2011年1月12日，市第十五届人大常委会举行第二十五次会议。会议议程:(1)审议通过桑文军辞去潍坊市人大代表职务的请求、审议通过张丁奇辞去市十五届人大常委会委员职务的请求、审议通过于官珠等同志辞去市人大代表职务的请求;(2)补选陈泽浦、杨明为潍坊市第十五届人民代表大会代表;(3)审议通过市人大常委会代表资格审查委员会关于个别代表的代表资格审查报告;(4)听取关于召开市十五届人大五次会议的说明，并作出关于召开十五届人大五次会议的决定;(5)听取关于市十五届人大五次会议筹备工作情况的汇报;(6)拟定市十五届人大五次会议主席团和秘书长名单(草案)，预算、议案审查委员会名单(草案)，决定列席人员范围;(7)研究有关人事任免;(8)书面印发市十五届人大五次会议常委会工作报告。

第二十六次会议。2011年3月14日，市十五届人大常委会举行第二十六次会议。会议议程是:(1)议定市人大常委会2011年工作计划;(2)审议通过市十五届人大五次会议主席团交付市人大常委会审议的议案的办理方案;(3)审议通过关于调整市十五届人大常委会代表资格审查委员会组成人员的决定;(4)研究有关人事任免。

第二十七次会议。2011年4月7日，市第十五届人大常委会举行第二十七次会议，审议通过李可明辞去寿光市第十五届人大代表职务的请求。

第二十八次会议。2011年4月27日，市第十五届人大常委会举行第二十八次会议。会议议程是:(1)听取审议市政府关于全市造林绿化工作情况的报告;(2)审议通过市人大常委会《关于加快东部新城建设的议案》《关于加快城区西部市场物流发展的议案》《关于加快寿光市滨海新区建设的议案》的处理意见；（3）研究有关人事任免；（4）市人大常委会调查组书面报告关于城市公共交通运营管理情况和企业专利实施情况的调查报告；（5）书面传达全国和省人代会会议精神。

第二十九次会议。2011年6月21日，市第十五届人大常委会举行第二十九次会议。会议议程是：（1）听取审议市政府关于基本药物制度实施情况的报告；（2）审查、批准寿光市2010年市级财政决算；（3）听取审议市政府关于寿光市2010年市级财政预算执行和其他财政收支的审计工作报告；（4）听取审议市人大常委会财政经济工作委员会关于寿光市2010年市级财政决算草案的审查报告；（5）研究有关人事任免；（6）市人大常委会检查组书面提交关于《电力法》《海域使用管理法》《预防未成年人犯罪法》《城市市容和环境卫生管理条例》贯彻实施情况的检查报告。

第三十次会议。2011年8月30日，市第十五届人大常委会举行第三十次会议。会议议程是：（1）听取审议市政府关于十五届人大五次会议代表所提建议、批评和意见办理情况的报告；（2）听取审议市政府关于全市“五五”普法和依法治市情况及“六五”普法规划和依法治市规划说明的报告；（3）审议通过《寿光市2011-2015年依法治市规划》和《关于在全市公民中开展法制宣传教育的第六个五年规划》，并作出相应决议；（4）听取审议市政府关于寿光市2011年上半年国民经济和社会发展计划执行情况的报告；（5）听取审议市政府关于寿光市2011年上半年财政预算执行情况的报告；（6）听取民政局、人口和计划生育局、粮食局、房产管理服务中心等4个部门工作情况的报告，并进行评议；（7）市人大常委会视察组书面提交关于全市安全生产情况的视察报告，检查组书面提交关于《环保法》贯彻实施情况的检查报告，调查组书面提交关于市检察院反渎职侵权工作情况的调查报告、关于全市水利基础设施建设情况的调查报告、关于全市现代畜牧业发展情况的调查报告。

第三十一次会议。2011年10月20日，市第十五届人大常委会举行第三十一次会议。会议议程是：（1）听取审议市政府关于《就业促进法》贯彻实施情况的报告；（2）听取审议市政府关于《义务教育法》贯彻实施情况的报告；（3）听取国税局、地税局、公路局、食品药品监督管理局等4个部门工作情况的报告，并进行评议；（4）审议通过关于市镇人大换届选举工作的安排意见；（5）审议通过关于市、镇选举委员会组成人员名单；（6）审议通过关于寿光市第十六届人民代表大会代表名额与选举问题的决定；（7）审议通过关于新一届镇人民代表大会代表名额的决定；（8）对于部分潍坊市人大代表履职情况进行评议；（9）市人大常委会调查组书面报告关于法院执行工作情况的调查报告、关于乡村道路 建设管护情况的调查报告、关于农村财务“双代管”情况的调查报告、关于全市工业经济发展情况的调查报告、关于全市现代农业示范园区发展情况的调查报告。

第三十二次会议。2011年12月5日，市十五届人大常委会举行第三十二次会议。会议议程是研究人事任免。

第三十三次会议。2011年12月29日，市第十五届人大常委会举行第三十三次会议。会议议程是：（1）听取审议市政府关于市十五届人大五次会议议案办理情况的报告；（2）听取审议关于寿光市2011年市级财政预算调整情况的报告，并作出相应决定；（3）听取市选举委员会关于换届选举工作的报告；（4）审议通过市人大常委会代表资格审查委员会关于寿光市第十六届人大代表的资格审查报告；（5）听取关于召开市十六届人大一次会议的说明，并作出相应决定；（6）听取关于市十六届人大一次会议筹备工作情况的汇报；（7）拟定市十六届人大一次会议主席团和秘书长名单（草案），预算、议案审查委员会名单（草案），决定列席人员范围；（8）审议市人大常委会在市十六届人大一次会议上的工作报告。

【市第十六届人大常委会】 **第一次会议**。2012年1月10日，市第十六届人大常委会举行第一次会议。会议议程是：（1）任命政府组成部门的主要负责同志；（2）审议通过杨秀英辞去市十六届人大常委会委员职务的请求。

第二次会议。2012年3月6日，市十六届人大常委会举行第二次会议。会议议程是：（1）议定市人大常委会2012年工作计划；（2）审议通过市十六届人大一次会议主席团交付市人大常委会审议的议案的办理方案；（3）审议通过市十六届人大常委会代表资格审查委员会组成人员名单；（4）审议通过杨秀英、李泮德辞去寿光市第十六届人大代表职务的请求；（5）研究人事任免；（6）审议通过市人大常委会代表资格审查委员会关于补选代表的代表资格审查报告；（7）书面传达省和潍坊市人代会会议精神。

第三次会议。2012年4月27日，市十六届人大常委会举行第三次会议。会议议程是：（1）听取审议市政府关于《产品质量法》贯彻实施情况的报告；（2）听取审议市政府关于《动物防疫法》贯彻实施情况的报告；（3）审议通过市人大常委会议案调查组《关于进一步加快蔬菜、花卉种业种苗发展的议案》《关于加快双王城生态经济区建设的议案》以及《关于推进文化寿光建设，打造文化强市的议案》的处理意见；（4）审议通过刘银山辞去寿光市人大代表职务辞职的请求。

第四次会议。2012年6月29日，市十六届人大常委会举行第四次会议。会议议程是：（1）听取审议市政府关于社会治安管理工作情况的报告；（2）审查、批准寿光市2011年市级财政决算；（3）听取审议市政府关于寿光市2011年市级财政预算执行和其他财政收支的审计工作报告；（4）听取审议市人大常委会财政经济工作委员会关于寿光市2011年市级财政决算草案的审查报告；（5）听取审议市政府关于《社会保险法》贯彻实施情况的报告；（6）市人大常委会检查组书面提交关于《农业机械化促进法》《人民防空法》贯彻实施情况的检查报告，市人大常委会调查组书面提交关于全市校园安全情况的调查报告。

第五次会议。2012年8月19日，市第十六届人大常委会举行第五次会议。会议议程是：（1）听取审议市政府关于十六届人大一次会议代表所提建议、批评和意见办理情况的报告；（2）听取审议市政府关于寿光市2012年上半年国民经济和社会发展计划执行情况的报告；（3）听取审议市政府关于寿光市2012年上半年财政预算执行情况的报告；（4）听取审议市政府关于农业科技创新与推广工作情况的报告；（5）听取国土资源局、工商行政管理局、交通运输局、司法局等4个部门工作情况的报告，并进行评议；（6）审议通过关于接受孙明亮辞去市人大常委会主任职务的决定；（7）审议通过市人大常委会代表资格审查委员会关于个别代表的代表资格审查报告；（8）听取关于召开市十六届人大二次会议的说明，并作出相应决定；（9）拟定市十六届人大二次会议主席团和秘书长名单（草案）；（10）研究人事任免；（11）市人大常委会视察组、调查组、执法检查组书面报告关于全市安全生产情况的视察报告、市检察院化解矛盾维护社会稳定情况的调查报告、《促进科技成果转化法》《环保法》贯彻实施情况的执法检查报告。

第六次会议。2012年10月23日，市第十六届人大常委会举行第六次会议。会议议程是：（1）听取审议市政府关于全市工业经济发展情况的报告；（2）听取审议市政府关于全市水利改革发展情况的报告；（3）听取卫生局、海洋与渔业局、商务局、林业局等4个部门工作情况的报告，并进行评议；（4）审议通过《寿光市人民代表大会常务委员会组成人员守则》（草案）、《寿光市人民代表大会代表履职守则》（草案）、《寿光市人民代表大会常委委员会专题询问暂行办法》（草案）；（5）研究人事任免；（6）市人大常委会调查组书面提交关于全市重点城建项目建设情况、全市弱势群体救助情况、市法院诉讼诚信体系建设情况的调查报告，市人大常委会执法检查组书面提交关于《城乡规划法》贯彻实施情况的检查报告。

第七次会议。2012年12月30日，市第十六届人大常委会举行第七次会议。会议议程是：（1）听取审议市政府关于市十六届人大一次会议代表所提议案办理情况的报告；（2）听取审议市政府关于寿光市2012年市级财政预算调整情况的报告，并作出相应决定；（3）审议通过侯顺永、张金明、宋玮请求辞去寿光市第十六届人大代表职务的请求；（4）审议通过市人大常委会代表资格审查委员会关于补选代表的代表资格审查报告；（5）听取审议市人大常委会主任会议关于授予马景海等同志“寿光人民勋章”的议案，并作出相应决定；（6）研究人事任免；（7）任命寿光市人民法院人民陪审员；（8）对市政府组成部门主要负责人和市法院、市检察院副职负责人进行年度履职测评；（9）对镇街人大工作进行评议；（10）市人大常委会调研组、执法检查组书面报告关于公检法司工作情况的专题调研报告、《全民健身条例》贯彻实施情况的检查报告，书面印发《关于集中开展市人大常委会组成人员联系代表和代表联系群众活动情况的报告》。

第八次会议。2013年2月17日，市第十六届人大常委举行第八次会议。会议议程是：（1）听取关于召开市十六届人大三次会议的说明，并作出相应决定；（2）听取关于市十六届人大三次会议筹备工作情况的汇报；（3）拟定市十六届人大三次会议主席团和秘书长名单（草案）、预算、议案审查委员会名单（草案），决定列席人员范围；（4）审议市人大常委会在市十六届人大三次会议上的工作报告。

第九次会议。2013年3月5日，市第十六届人大常委举行第九次会议。会议议程是：（1）议定寿光市人大常委会2013年工作计划；（2）审议通过《关于评选“人民满意派出所、检察室、法庭、司法所”的实施意见》；（3）审议通过市十六届人大三次会议主席团交付市人大常委会审议的议案的办理方案；（4）书面传达省和潍坊市人代会会议精神。

第十次会议。2013年4月25日，市第十六届人大常委举行第十次会议。会议议程是：（1）听取审议市政府关于全市食品安全工作情况的报告；（2）听取审议市政府关于全市现代服务业发展情况的报告；（3）审议通过市人大常委会议案调查组《关于大力推进全市生态文明建设的议案》《关于促进企业转型升级，加快工业强市建设步伐的议案》《关于加强对城市社区规范化建设管理的议案》的处理意见；（4）研究人事任免；（5）市人大常委会检查组书面提交关于《城市房地产管理法》贯彻实施情况的检查报告。

第十一次会议。2013年6月21日，市第十六届人大常委举行第十一次会议。会议议程是：（1）审查、批准寿光市2012年市级财政决算；（2）听取审议市政府关于寿光市2012年市级财政预算执行和其他财政收支的审计工作报告；（3）听取审议市人大常委会财政经济工作委员会关于寿光市2012年市级财政决算草案的审查报告；（4）听取审议市政府关于寿北开发情况的报告；（5）听取审议市政府关于村级公路网化工程建设情况的报告；（6）聘任市人大常委会规范性文件备案审查工作咨询员；（7）研究人事任免；（8）市人大常委会执法检查组书面提交关于《劳动争议调解仲裁法》贯彻实施情况的检查报告，市人大常委会调查组书面提交关于全市造林绿化工作情况、职业教育发展情况、旅游业发展情况、海洋滩涂开发和远洋捕捞业发展情况的调查报告。

第十二次会议。2013年8月16日，市第十六届人大常委举行第十二次会议。会议议程是：（1）听取审议市政府关于十六届人大三次会议代表所提建议、批评和意见办理情况的报告；（2）听取审议市政府关于寿光市2013年上半年国民经济和社会发展计划执行情况的报告；（3）听取审议市政府关于寿光市2013年上半年财政预算执行情况的报告；（4）听取市人口和计划生育局、民政局、畜牧兽医管理局、地震局等4个部门工作情况的报告，并进行评议；（5）研究人事任免；（6）市人大常委会视察组书面提交关于全市安全生产工作情况的视察报告，市人大常委会执法检查组书面提交关于《残疾人保障法》《环境保护法》贯彻实施情况的检查报告，市人大常委会调查组书面提交关于文化强市建设情况、全市中小河流治理及旱涝灾害防御情况的调查报告，书面印发《关于2012年“双联”活动代表所提建议意见办理及答复情况的汇报》。

第十三次会议。2013年10月23日，市第十六届人大常委举行第十三次会议。会议议程是：（1）听取审议市政府关于将仓圣公园等34块城市绿地作为城区首批永久性绿地的议案及说明，并作出相应决议；（2）听取审议市政府关于全市医疗卫生服务体系建设情况的报告；（3）听取公安局、法院、检察院、司法局等4个单位工作情况的报告，并进行评议；（4）研究人事任免；（5）市人大常委会视察组书面提交关于全市工业经济运行情况的视察报告，市人大常委会调查组书面提交关于全市城建重点项目建设情况、科技创新工作情况、东城新区规划工作情况、新型农民合作社发展情况、现代农业园区发展情况的调查报告。

第十四次会议。2013年11月14日，市第十六届人大常委会举行第十四次会议。会议议程是：听取市政府关于全市银行业服务全市经济发展情况的报告和驻寿各银行机构工作情况汇报，并对驻寿银行机构进行工作评议。

第十五次会议。2013年12月23日，市第十六届人大常委举行第十五次会议。会议议程是：（1）听取审议市政府关于市十六届人大三次会议代表所提议案办理情况的报告；（2）审议通过李燕、隋建芳、韩希友、韩荣桓、魏广利辞去寿光市第十六届人大代表职务的请求，孙文勇辞去潍坊市第十六届人大代表职务的请求；（3）审议通过市人大常委会代表资格审查委员会关于个别代表的代表资格审查报告；（4）补选杜昌文、尹凤来、颜廷军、韩荣桓为潍坊市第十六届人民代表大会代表；（5）对镇街人大工作进行评议；（6）对市政府组成部门主要负责人和市法院、市检察院副职负责人进行年度履职测评；（7）书面印发《关于集中开展市人大常委会组成人员联系代表和代表联系群众活动情况的报告》《市政府及有关部门落实市人大常委会审议评议意见的报告》。

第十六次会议。2014年2月8日，市第十六届人大常委举行第十六次会议。会议议程是：（1）听取审议市政府关于寿光市2013年市级财政预算调整情况的报告，并作出相应决定；（2）听取审议市人大常委会主任会议关于授予张建桥派出所等单位“人民满意派出所、检察室、法庭、司法所”的议案，并作出决定；（3）听取关于召开市十六届人大四次会议的说明，并作出相应决定；（4）听取关于市十六届人大四次会议筹备工作情况的汇报；（5）拟定市十六届人大四次会议主席团和秘书长名单（草案）、预算、议案审查委员会名单（草案），决定列席人员范围；（6）审议市人大常委会在市十六届人大四次会议上的工作报告；（7）审议通过刘效国辞去市十六届人大常委会委员职务的请求。

第十七次会议。2014年3月12日，市第十六届人大常委举行第十七次会议。会议议程是：（1）研究人事任免；（2）审议通过朱兰玺辞去寿光市市长职务的请求，决定赵绪春为寿光市人民政府代理市长；（3）审议通过市人大常委会代表资格审查委员会关于个别代表的代表资格的报告；（4）听取关于召开市十六届人大五次会议的说明，并作出相应决定；（5）拟定市十六届人大五次会议主席团和秘书长名单（草案）；（6）审议通过市十六届人大四次会议主席团交付市人大常委会审议的议案的办理方案；（7）议定市人大常委会2014年工作计划；（8）书面传达省和潍坊市人代会会议精神。

第十八次会议。2014年5月7日，市第十六届人大常委举行第十八次会议。会议议程是：（1）听取审议市政府关于寿光市城市总体规划（2013—2030）修编工作情况的报告，并作出相应决议；（2）听取审议市政府关于全市科技成果转化工作情况的报告；（3）审议通过市人大常委会议案调查组《关于加强大气污染治理，建设美丽寿光的议案》《关于加强全市幼儿园建设及规范化管理的议案》《关于加快推进城区公交车发展管理的议案》的处理意见；（4）任命寿光市人民法院人民陪审员；（5）市人大常委会调查组书面提交关于全市外经贸工作情况的调查报告。

第十九次会议。2014年6月26日，市第十六届人大常委举行第十九次会议。会议议程是：（1）审查、批准寿光市2013年市级财政决算；（2）听取审议市政府关于寿光市2013年市级财政预算执行和其他财政收支的审计工作报告；（3）听取审议市人大常委会财政经济工作委员会关于寿光市2013年市级财政决算草案的审查报告；（4）听取审议市政府关于全市农产品质量安全工作情况的报告；（5）研究人事任免；（6）市人大常委会调查组书面提交关于法院执行工作情况、检察院法律监督工作情况、全市食品药品安全监管工作情况的调查报告，市人大常委会执法检查组书面提交关于《安全生产法》《土地管理法》贯彻实施情况的检查报告。

第二十次会议。2014年9月2日，市第十六届人大常委举行第二十次会议。会议议程是：（1）听取审议市政府关于十六届人大四次会议代表所提建议、批评和意见办理情况的报告；（2）听取审议市政府关于寿光市2014年上半年国民经济和社会发展计划执行情况的报告；（3）听取审议市政府关于寿光市2014年上半年财政预算执行情况的报告；（4）听取审议市政府关于全市养老服务体系建设情况的报告；（5）研究人事任免；（6）市人大常委会调查组书面提交关于全市文化产业发展情况、计划生育工作情况、交通重点项目建设情况、农村土地改革发展情况、城市建设管理情况、服务业聚集区建设情况的调查报告，市人大常委会执法检查组书面提交关于《道路交通安全法》《畜牧法》贯彻实施情况的检查报告，书面印发《关于2013年“双联”活动代表所提建议意见办理及答复情况的汇报》。

第二十一次会议。2014年10月30日，市第十六届人大常委举行第二十一次会议。会议议程是：（1）听取审议市政府关于大气污染防治工作情况的报告，进行专题询问；（2）听取市人社局、教育局、水利局、公路局等4部门工作情况的报告，并进行评议；（3）研究人事任免；（4）市人大常委会视察组书面提交关于全市工业转调创情况的视察报告，市人大常委会调查组书面提交关于全市村卫生室建设情况、品牌农业发展情况的调查报告。

第二十二次会议。2014年12月3日，市第十六届人大常委举行第二十二次会议。会议议程是：（1）听取潍坊市人大代表的述职报告，并进行评议；（2）审议通过寿光市人民代表大会常务委员会质询办法（草案）；（3）审议通过寿光市人民代表大会常务委员会关于邀请人大代表列席市人大常委会会议工作规范（草案）；（4）审议通过寿光市人民代表大会常务委员会关于公民旁听市人大常委会会议暂行办法（草案）；（5）听取审议市政府关于羊口镇未利用土地综合整理及镇域配套设施项目投融资建设及资金方案的议案，并作出相应决定；（6）研究人事任免。

第二十三次会议。2014年12月31日，市第十六届人大常委举行第二十三次会议。会议议程是：（1）传达潍坊市人大工作会议精神；（2）听取审议市政府关于市十六届人大四次会议代表所提议案办理情况的报告；（3）听取审议市政府关于寿光市2014年市级公共预算调整情况的报告，并作出相应决定；（4）听取审议市政府关于对古树名木资源分级实施保护的议案及说明，并作出相应决议；（5）听取审议市政府关于对益羊铁路城区段两侧用地实施保护和建设管控的议案及说明，并作出相应决议；（6）审议通过魏华山辞去潍坊市第十六届人大代表职务的请求，补选赵绪春为潍坊市第十六届人民代表大会代表；（7）对镇街人大工作进行评议；（8）对市政府组成部门主要负责人和市法院、市检察院副职负责人进行年度履职测评；（9）书面印发《关于集中开展市人大常委会组成人员联系代表和代表联系群众活动情况的报告》《市政府、法院、检察院及市政府有关部门落实市人大常委会审议评议意见的报告》。

第二十四次会议。2015年1月26日，市第十六届人大常委举行第二十四次会议。会议议程是：（1）审议通过王全国、王金科、曹信之、魏华山辞去寿光市第十六届人大代表职务的请求；（2）审议通过市人大常委会代表资格审查委员会关于个别代表的代表资格审查报告；（3）听取关于召开市十六届人大六次会议的说明，并作出相应决定；（4）听取关于市十六届人大六次会议筹备工作情况的汇报；（5）拟定市十六届人大六次会议主席团和秘书长名单（草案）、预算、议案审查委员会名单（草案），决定列席人员范围；（6）审议市人大常委会在市十六届人大六次会议上的工作报告；（7）研究人事任免；（8）审议通过付翠敏辞去市十六届人大常委会委员职务的请求。

第二十五次会议。2015 年 3 月 10 日，市第十六届人大常委举行第二十五次会议。会议议程是：（1）议定寿光市人大常委会 2015 年工作计划；（2）审议通过市十六届人大六次会议主席团交付市人大常委会审议的议案办理方案；（3）研究人事任免；（4）审议通过王俊文辞去市十六届人大常委会委员职务的请求。

第二十六次会议。2015 年 4 月 24 日，市第十六届人大常委举行第二十六次会议。会议议程是：（1）审议通过市人大常委会议案调查组《关于加快推进水资源综合开发利用及水利基础设施建设的议案》《关于进一步加强农产品质量安全的议案》《关于进一步加快养老服务体系建设的议案》的处理意见；（2）审议通过寿光市人大常委会关于进一步规范市法院、检察院提请人事任免程序的意见（草案）；（3）研究人事任免；（4）市人大常委会执法检查组、调查组书面提交关于《消防法》贯彻实施情况的检查报告、关于全市生产性服务业发展情况的调查报告。

第二十七次会议。2015 年 6 月 25 日，市第十六届人大常委举行第二十七次会议。会议议程是：（1）审查、批准寿光市 2014 年市级财政决算；（2）听取审议市政府关于寿光市 2014 年市级财政预算执行和其他财政收支的审计工作报告；（3）听取审议市人大常委会财政经济工作委员会关于寿光市 2014 年市级财政决算草案的审查报告；（4）听取审议市法院关于全市民商事审判工作情况的报告；（5）听取审议市人大常委会城建环保工作委员会关于全市大气污染防治工作情况的视察报告；（6）研究人事任免；（7）市人大常委会视察组书面提交关于全市安全生产情况的视察报告，市人大常委会执法检查组书面提交关于《道路运输条例》《土地管理法》贯彻实施情况的检查报告，市人大常委会调查组书面提交关于市检察院派驻基层检察室法律职能发挥情况、全市校园周边环境综合整治、医药卫生体制改革、造林绿化工作情况的调查报告。

第二十八次会议。2015 年 7 月 14 日，市第十六届人大常委举行第二十八次会议。会议议程是：（1）学习传达中共中央文件；（2）决定任命刘建东为寿光市人民政府副市长、公安局局长。

第二十九次会议。2015 年 8 月 26 日，市第十六届人大常委举行第二十九次会议。会议议程是：（1）听取审议市政府关于十六届人大六次会议代表所提建议、批评和意见办理情况的报告；（2）听取审议市政府关于寿北工业发展情况的报告；（3）听取审议市政府关于寿光市 2015 年上半年国民经济和社会发展计划执行情况的报告；（4）听取审议市政府关于寿光市 2015 年上半年财政预算执行情况的报告；（5）市人大常委会执法检查组书面提交关于《劳动保障监察条例》《城乡规划法》贯彻实施情况的检查报告，市人大常委会调查组书面提交关于全市社会治安管理工作情况、公共文化服务体系建设情况的调查报告，书面印发《关于2014年“双联”活动代表所提建议意见办理及答复情况的汇报》。

第三十次会议。2015年10月21日，市第十六届人大常委举行第三十次会议。会议议程是：（1）听取审议市政府关于全市食品及蔬菜生产质量安全情况的报告；（2）听取民政局、国税局、地税局等三部门工作情况的报告，并进行评议；（3）听取市人大常委会关于评选优秀寿光市人大代表情况的汇报，并作出相应决定；（4）研究人事任免；（5）对部分潍坊市人大代表进行述职评议；（6）市人大常委会视察组书面提交关于全市计划生育工作情况的视察报告，市人大常委会调查组书面提交关于市法院执行工作情况、全市科技创新平台建设情况、中心城区改造提升工作情况、畜牧工作情况的调查报告。

履行职责

【视察全市安全生产工作】 2011年8月23日，市人大常委会组织部分委员和代表对全市安全生产工作进行视察。其间，视察组听取市政府工作情况汇报，实地察看市汽车站、新春天购物广场、新华制药、联盟石化等有关现场。市人大常委会党组书记、第一副主任杨德峰，市人大常委会领导李广前、李俊明、郑建民参加视察。市政府副市长刘煜东及有关部门负责人陪同视察。

视察认为，市政府以开展“安全生产基础管理提升年”活动为主线，全面落实安全生产责任，扎实开展“打非”专项行动，强化安全生产隐患排查，2011年全市安全生产形势持续稳定。1—7月份，全市累计发生各类安全事故63起，同比下降54.3%。

视察组建议，要进一步加强对安全生产工作的组织领导，提高安全生产责任意识，树立安全、和谐发展理念，促进全市经济可持续发展。此后，市人大常委会持续加强对安全生产工作的监督，2012年、2013年、2015年先后开展视察活动，2014年对《安全生产法》进行执法检查。

【视察全市工业运行情况】 2013年9月5日，市人大常委会组织部分委员和人大代表，对全市工业运行情况进行视察。市人大常委会主任杨德峰，市人大常委会领导林立星、毛德荣、桑文军、房师平、郑建民、傅小妹、韩文国，市人大常委会办事机构负责人、视察组成员集中听取副市长王安文关于全市工业运行情况的汇报，随后，市人大常委会副主任郑建民带队实地查看有关现场，并召开座谈会。

视察认为，2013年以来，全市围绕工业运行，着力强化调度帮扶，狠抓创新提质和管理增效，工业经济呈现良好态势。1—7月，全市505家规模以上工业企业完成工业总产值916.7亿元，同比增长12.5%，实现主营业务收入931亿元、利税63.1亿元、利润44.9亿元，同比分别增长13.8%、15.5%、15.9%。重点项目建设稳步推进，1—7月，全市累计开工建设工业项目164项，其中过亿元项目122项，完成工业投入169.34亿元，同比增长16.8%，占全年计划的70.56%。其中，47个项目入选2013年省重点技改项目计划，数量居全省县市区首位，14个项目列入潍坊市重点转型升级项目。绿色发展，节能降耗扎实实施，1—7月，规模以上工业企业万元产值能耗0.28吨标准煤，同比下降2.6%。

视察组建议，市政府要进一步加大对工业企业的政策扶持力度和部门协调力度，强化服务，及时为企业解决生产和项目建设中遇到的问题和困难，促进企业健康发展；强化转型引导，加大传统产业改造提升力度，推动传统产业向绿色低碳转型，不断增强企业自主创新能力，提高工业经济增长的质量和竞争力；狠抓节能减排和污染治理，加快淘汰落后产能，严格环保执法，全面改善环境质量；狠抓运行调度，加强企业分类指导，做到有保有压，防止产能过剩和产品积压，引导企业加强管理、挖潜改造、营销模式创新，努力提高经济发展的质量和效益，推动全市工业经济持续健康发展。

【视察全市工业转调创工作情况】 2014年9月17日，市人大常委会组织部分委员和人大代表，对全市工业转调创工作情况进行视察。市人大常委会主任杨德峰，市人大常委会领导林立星、毛德荣、桑文军、房师平、郑建民、傅小妹、韩文国、高立华，办事机构负责人及视察组成员集中听取工作情况汇报，然后分别由分管领导带队，实地查看有关现场，并就有关问题进行座谈。

视察认为，2014年以来，全市以科学发展、可持续发展为宗旨，严把项目准入关口，加快产业集群推进，积极搭建创新平台，强化内部管理，扎实推进落后产能淘汰，全方位促进产业发展方式转变，调整产业结构取得明显成效。

视察组建议，要坚持以腾笼换鸟、机器换人、科技换芯、电商换市“四环并进”，倒逼工业企业转型升级。要大力发展战略性新兴产业，强化产学研结合，抓好高端人才培养和典型带动作用，引导企业加大技术改造力度，着力帮助解决企业融资等实际困难，全力为企业转型升级腾出发展空间，加速全市工业经济由粗放增长向内涵提升转变，从根本上实现经济结构的战略性调整。

【对大气污染防治工作专题询问】 2014年10月30日，市十六届人大常委会第二十一次会议召开，会议期间对全市大气污染防治工作进行专题询问。市委书记朱兰玺，市委副书记、市长赵绪春出席专题询问会。市人大常委会主任杨德峰主持会议并讲话，市人大常委会领导林立星、李昌武、毛德荣、桑文军、房师平、郑建民、傅小妹、韩文国、高立华参加会议。市委常委、副市长李宝华，市检察院检察长孙炜，市法院、市政府有关部门、市人大办事机构的负责同志，各镇街人大副主席、副主任，部分人大代表列席会议。

这次专题询问在寿光市历史上尚属首次，会议通过电视台向全市进行直播，有关部门围绕大气污染防治作出公开承诺，接受广大群众监督。

会后，市人大常委会办事机构围绕专题询问会形成书面审议意见，交市政府研究办理。政府及有关部门将结合会上的表态和承诺，认真抓好相关问题的解决落实，并在规定时限内向人大常委会报告处理情况，向社会公开办理结果。市人大常委会通过多种形式加强跟踪监督，确保大气污染防治工作取得实实在在的效果。

【视察大气污染防治工作情况】 2015年6月17日，市人大常委会组织对全市大气污染防治工作情况进行视察。市人大常委会主任杨德峰，市人大常委会领导林立星、桑文军、房师平、郑建民、傅小妹、韩文国、高立华，办事机构负责人及视察组成员集中听取市委常委、副市长李宝华关于大气污染防治工作情况的汇报，然后围绕城区燃煤小锅炉拆除和“煤改气”、城市扬尘污染防治、燃煤锅炉脱硫脱销和企业内部物料堆场扬尘污染防治、工业节能与工业异味污染防治、机动车尾气污染防治等5个专题，分别由常委会领导成员带队，常委会委员、镇（街道）人大主席（人大工作室主任）和部分市级人大代表参加，实地查看有关现场，并就有关问题进行座谈。

视察认为，全市以创建国家生态文明示范市为总抓手，依托“三八六”环保行动和重点区域环境污染治理，不断强化大气污染防治力度，2015年市政府将巨能热电脱销等53个重点废气治理项目、晨鸣自备电脱硫等23项废气减排工程和金太阳热电等23家企业煤场扬尘防治项目列为年度大气污染治理工作重点，已完成治理任务12项。狠抓建筑工地、道路保洁、渣土运输、露天堆场等方面的扬尘防控，稳步推进天然气基础设施建设和禁燃区小锅炉拆除工作，加大黄标车淘汰、“黄改绿”等工作力度，全市空气质量稳步改善。1-5月，寿光市城区空气优良天数为50天，同比增加4天，重度及以上污染天数同比减少18天，全市4项大气主要污染物PM2.5、PM10、二氧化硫、二氧化氮平均浓度，与去年同期相比分别改善14%、10.84%、36.05%、17.39%。

视察组建议，大力推进产业结构和能源结构调整，严把项目审批关，一律停止新上高耗能、高污染项目，加快淘汰落后产能。加强天然气基础设施建设，加大禁燃区小型锅炉拆除力度，稳步推进“煤改气”工作，逐步提高天然气在能源消费结构中的比重。深化城市扬尘污染防控，严格落实建筑工地、道路保洁、露天堆场、渣土运输等扬尘防控措施，推进城区内商混企业关停和限期治理。全面落实鼓励提前淘汰和“黄改绿”政策，加快黄标车淘汰步伐；狠抓成品油市场专项整治，全力提升油品质量；大力推广新能源汽车，推进机动车污染防治。继续坚持高压执法、铁腕治污，切实加大大气污染治理力度，抓好重点行业企业脱硫脱硝除尘工程建设，强力推进燃煤机组超低排放，持续改善空气质量。

【视察全市计划生育工作】 2015年10月13日，市人大常委会组织部分委员和人大代表，对全市计划生育工作情况进行视察。市人大常委会主任杨德峰、市委副书记邱旺、市人大常委会领导林立星、毛德荣、桑文军、郑建民、傅小妹、韩文国、高立华及视察组成员，实地察看市立医院、台头镇中心卫生院、羊口镇中心卫生院等现场，听取市政府副市长刘广斌作的工作情况汇报，并就有关问题进行座谈。

视察认为，2015年，市政府及卫计部门坚持计划生育基本国策不动摇，强化组织领导，完善保障措施，深入开展以社会抚养费清理和出生人口性别比治理为主要内容的计划生育集中行动，着力稳定低生育水平。6月以来，全市共征收社会抚养费911户，9408.6万元。积极落实计生奖扶政策，不断提高计生卫生综合服务能力。1—9月，对农村计划生育家庭累计奖励8967户、430.4万元，特别扶助292人、65.8万元，为失独计生家庭发放抚慰金21.5万元。

视察组建议，要加强宣传教育，采取多种形式，深入宣传计生政策和计生工作，加大对计生违法案件和违法人员的曝光力度，在全社会形成良好的舆论氛围。严格落实计划生育目标管理责任，强化责任追究，突出抓好企业、城区和流动人口的计划生育管理工作。完善部门联合执法机制，严厉查处“两非（非医学需要鉴定胎儿性别和非医学需要选择性别终止妊娠）”案件，深入开展出生人口性别比综合治理。要进一步整合计生卫生资源，加大计生卫生基础设施投入，加强人才队伍建设，不断提高计生卫生综合服务水平。

【视察全市食品及蔬菜生产质量安全工作】 2015年10月14日，市人大常委会组织部分委员和人大代表，对全市食品及蔬菜生产质量安全工作情况进行视察。市人大常委会主任杨德峰，市人大常委会领导林立星、毛德荣、桑文军、郑建民、傅小妹、韩文国、高立华，市人大常委会办事机构负责人及视察组成员共同听取关于全市食品及蔬菜生产质量安全工作情况的汇报，实地察看有关现场，并就有关问题进行座谈。市委常委、市政府副市长王惠玲陪同视察。

视察认为，全市深入贯彻《食品安全法》《农产品质量安全法》，以创建“国家食品安全城市”和“全国文明城市”为抓手，创新工作机制，强化源头监管，规范过程控制，突出监管重点，食品和蔬菜生产质量安全监管能力和总体水平进一步提升。至2015年9月，市、镇两级共检测蔬菜产品6.85万多个，合格率达99.9%。食品违法案件共立案179起，结案134起，罚没款45.7万元，办理食品犯罪案件30起，刑事处理31人。先后获国家现代农业示范区、国家食品安全示范县（市）等称号，成功创建为首批国家农产品质量安全县。

视察组建议，要进一步加强宣传教育，建立健全有奖举报制度，加大对违法案件的处罚和曝光力度，提高全社会的食品、农产品质量安全意识；加快蔬菜产业转型升级，扎实开展设施蔬菜沃土工程，抓好标准化生产体系建设；加强监管体系建设，落实镇街区属地管理责任，健全蔬菜质量追溯系统，规范餐饮服务行业管理，强化食品安全风险监测和评估，不断提高监管水平和应急处置能力；加强部门间的协同合作，深入开展联合执法行动，抓好食品、蔬菜安全综合治理，严厉打击违法违规行为；加大农业投入品监管力度，探索实行农业投入品连锁经营，从生产源头上减少农产品污染；进一步加大财政投入，充实执法队伍，配齐检测设备，加强执法人员的业务培训，确保全市食品、蔬菜质量安全。

【开展“双联”活动】 5年间，每年12月市人大常委会组织开展“双联（常委会组成人员联系代表和代表联系群众）”活动，征求代表对市人大常委会和“一府两院”工作的建议意见。活动由市人大常委会领导带队，深入各镇街和市直有关部门，通过召开座谈会、走访调研等形式，面对面征集代表的建议意见。每年征集建议意见100余条，与人代会期间代表所提建议批评意见一起，转交“一府两院”办理；并于第二年常委会上，听取办理情况汇报，推动解决一批群众关心关注的热点难点问题。

“寿光人民勋章”推选表彰

“寿光人民勋章”是寿光市最高荣誉称号。为发挥先模人物的表率作用，激发广大干部群众奋发向上、干事创业的工作热情，2012年，市人大常委会组织开展“寿光人民勋章”推选表彰工作。经过宣传发动、层层提名推荐、广泛征求意见和严格考察公示，并经市十六届人大常委会第七次会议审议，决定授予马景海、王学清、田其祥、杨维国、李法曾、张恩荣、范学祖、郭洪谦、曹开田、董宜顺、舒安“寿光人民勋章”，并在市十六届人大三次会议上进行表彰。2015年，再次组织开展“寿光人民勋章”推选表彰工作。市十六届人大常委会第三十一次会议作出决定，授予魏金明、袁景亮、薛茂林“寿光人民勋章”，并在市十六届人大七次会议上进行表彰。

（张玉娟）

地方行政机关

管理机构

【工作部门】 2011年政府部门单位。市政府机构统称为政府工作部门，不设部门管理机构。市政府工作部门除办公室外，统一称局，规格为正科级。市政府工作部门所属事业单位不再称局。确定市政府设置24个工作部门：政府办公室、发展和改革局、经济和信息化局、财政局、监察局（与纪律检查委员会机关合署，列入政府工作部门序列，不计政府机构个数）、人力资源和社会保障局（挂外国专家局牌子）、民政局、公安局、司法局、审计局、统计局、国土资源局、住房和城乡建设局、交通运输局、环境保护局、商务局、农业局、水利局、科学技术局、教育局、文化广电新闻出版局、人口和计划生育局、卫生局、安全生产监督管理局、食品药品监督管理局。

确定设置政府直属事业单位24个：蔬菜高科技示范园管理处（蔬菜博览会管理处与其合署）、生态林场、市科技职业教育管理服务中心、畜牧兽医管理局、农业机械管理局、林业局、农村经济管理局、知识产权局、地震局、市级机关事务管理局、供销社合作社联合社、盐务局（盐政执法大队与其合署）、规划局、招商局、文化市场综合执法局、体育局、旅游局、粮食局、金融工作办公室、农产品交易市场管理办公室、油区办工作办公室、城市基础设施建设投资管理中心、广播电视台、清水泊生态林场。

2014年1月，根据潍坊市机构编制委员会《关于设立潍坊（寿光）农业高新技术产业示范区管理委员会的批复》和潍坊市机构编制委员会办公室《关于潍坊（寿光）农业高新技术产业示范区管理委员会有关机构编制事项的批复》规定，设立潍坊（寿光）农业高新技术产业示范区管理委员会，为寿光市人民政府派出机构，副处级规格，与市科学技术局合署。

2015年政府机构改革。根据潍坊市委、市政府《关于县市区政府职能转变和机构改革的意见》和潍坊市委办公室、市政府办公室《关于印发＜寿光市人民政府职能转变和机构改革方案>的通知》要求，制定印发《寿光市人民政府职能转变和机构改革实施意见》，具体调整如下：

（1）整合组建市卫生和计划生育局。将市卫生局职责、市人口和计划生育局的计划生育管理和服务职责进行整合，组建市卫生和计划生育局，加挂市中医药管理局牌子，为市政府工作部门。不再保留市卫生局、市人口和计划生育局。

将原市卫生局所属卫生监督大队、原市人口和计划生育局所属计划生育行政执法大队整合，组建市卫生计生监察大队，副科级规格，为市卫生和计划生育局所属公益一类事业单位。不再保留市卫生监督大队、市计划生育行政执法大队。

整合市妇幼保健院、市计划生育服务站相关职责，组建市妇幼保健计划生育服务中心，在市妇幼保健院挂牌。不再保留市计划生育服务站。

整合镇街卫生院、镇街计划生育服务站职责，组建镇街妇幼保健计划生育服务站，在镇街卫生院挂牌。镇街计划生育管理工作仍由镇街计划生育办公室承担。不再保留镇街计划生育服务站。

（2）整合组建市市场监督管理局。将市工商行政管理局、市质量技术监督局、市食品药品监督管理局的职责进行整合，组建市市场监督管理局，加挂市食品药品监督管理局牌子，为市政府工作部门，市食品安全委员会办公室设在市市场监督管理局。不再保留市工商行政管理局、市质量技术监督局、市食品药品监督管理局。

将原市质量技术监督局所属稽查队、原市食品药品监督管理局所属食品药品稽查大队整合，组建市市场监管执法大队，副科级规格，为市市场监督管理局所属公益一类事业单位；将市公平交易局承担的相关行政执法职责划转到市市场监管执法大队。撤销原市工商行政管理局所属市消费者协会办公室，组建市消费者投诉维权中心，为市市场监督管理局所属公益一类事业单位；撤销市个体私营企业协会办公室。将原市工商行政管理局所属工商信息中心更名为市场监管信息中心，为市市场监管局所属公益一类事业单位，编制不变。不再保留市质量技术监督管理局稽查队、市食品药品稽查大队。其他直属机构、事业单位由市市场监督管理局提出意见后再作调整。

将14处镇街工商行政管理所和食品药品监督管理所进行整合，组建14处镇街市场监督管理所；设立双王城市场监督管理所；将蔬菜批发市场管理所更名为蔬菜批发市场监督管理所；撤销张建桥工商所。整合调整后16处市场监督管理所，为市市场监督管理局派出机构；镇街食品安全委员会办公室设在市场监督管理所。

（3）将市金融工作办公室由市政府直属事业单位调整为市政府工作部门，加挂市地方金融监督管理局牌子。

（4）将市城市管理行政执法局整建制并入市住房和城乡建设局。市住房和城乡建设局加挂市城市管理行政执法局牌子。

将市城市管理执法监察大队职责，市环境卫生管理处、市园林绿化管理处、市城市建设管理处相关行政执法职责整合，组建市城市管理行政执法大队，正科级规格，为市住房和城乡建设局所属公益一类事业单位。不再保留市城市管理执法监察大队。

（5）组建市政务服务中心管理办公室，挂市公共资源交易管理办公室牌子，正科级规格，为市政府派出机构，与市人民政府行政审批制度改革办公室合署办公。同时撤销市行政服务中心。

将市公共资源交易中心办公室更名为市公共资源交易中心，由市政府办公室所属事业单位调整为市政务服务中心管理办公室所属事业单位，正科级规格不变。

（6）将市粮食局由市政府直属事业单位调整为市发展和改革局所属事业单位，正科级规格不变。

将市物价局调整为市发展和改革局直属机构，副科级规格，所属单位调整为市发展和改革局管理。

（7）将市文化市场综合执法局由市政府直属事业单位调整为市文化广电新闻出版局所属事业单位，正科级规格不变。

（8）将市畜牧兽医管理局、市农业机械管理局、市农村经济管理局由市政府直属事业单位调整为市农业局所属事业单位，正科级规格不变。

将市农业局所属农业行政执法大队、市畜牧兽医管理局所属监察所（挂畜牧兽医综合执法监察大队牌子）、市农业机械管理局所属农机安全监理维修服务站整合，组建市农业综合执法大队，正科级规格，为市农业局所属公益一类事业单位。不再保留市农业行政执法大队、市畜牧兽医监察所（挂畜牧兽医综合执法监察大队牌子）、市农机安全监理维修服务站。其他所属事业单位由市农业局提出意见后再作调整。

（9）将市海洋与渔业局调整为市水利局直属机构，副科级规格，所属单位调整为市水利局管理。现有领导班子成员保留原职级，新配干部按调整后规格配备。

（10）市民族宗教事务局与市委统一战线工作部合署办公，列入市政府工作部门序列，不计入政府机构个数。

（11）按照省和潍坊市机构改革要求，市人力资源和社会保障局不再挂市外国专家局牌子；市文化广电新闻出版局不再挂市版权局牌子。

机构改革后，市政府设置工作部门24个。具体为：政府办公室、发展和改革局、经济和信息化局、教育局、科学技术局、公安局、监察局（与纪律检查委员会机关合署，列入政府工作部门序列，不计政府机构个数）、民政局、司法局、财政局、人力资源和社会保障局（挂外国专家局牌子）、国土资源局、住房和城乡建设局（挂市城市管理行政执法局牌子）、交通运输局、水利局、农业局、商务局、文化广电新闻出版局、卫生和计划生育局（市中医药管理局牌子）、审计局、环境保护局、民族宗教事务局（与市委统一战线工作部合署办公，列入市政府工作部门序列，不计入政府机构个数）、统计局、市场监管局、安全生产监督管理局、金融工作办公室（挂市地方金融监督管理局牌子）。

派出机构为：寿光经济开发区管理委员会、寿光弥河生态省级旅游度假区管 理委员会、潍坊（寿光）农业高新技术产业示范区管理委员会、政务服务中心管理办公室

2015年12月，报经潍坊市编办批复同意，撤销生态林场、清水泊生态林场和科技职业教育管理服务中心3个副县级事业单位。

不动产登记职责和机构整合。2015年，根据潍坊市人民政府办公室《关于县（市）不动产登记职责和机构整合的意见》和中共寿光市委、寿光市人民政府《关于印发＜寿光市人民政府职能转变和机构改革实施意见＞的通知》部署要求，制定《寿光市不动产登记职责和机构整合实施方案》。

（1）整合不动产登记职责。将土地登记、房屋登记、林地登记、海域登记等不动产登记职责整合到国土资源主管部门，由国土资

源主管部门统一负责全市范围内不动产登记工作，并接受上级国土资源主管部门的指导和监督。不动产登记职责调整后，各有关部门的相关职责分工如下：

市国土资源局：会同有关部门贯彻落实国家、省、潍坊市不动产登记的法律法规及政策，建立不动产统一登记制度；负责全市土地登记、房屋登记、林地登记、海域登记等不动产登记相关工作；落实不动产权属争议调处政策；推进不动产登记信息化建设。

市住房和城乡建设局：负责贯彻落实房屋交易政策，制定房屋交易规章制度并监督执行；指导监督房屋产权管理等工作；负责做好全市房屋交易和产权管理相关工作；协同国土资源主管部门做好房屋登记工作；负责建设和完善个人住房信息系统，配合推进不动产登记信息化建设。

市农业局：负责指导农村土地承包经营及有关合同管理、流转规范，调处合同纠纷，协同调处权属纠纷；协同国土资源主管部门做好相关不动产登记工作。为与中央部署开展的农村土地承包经营权确权颁证工作相衔接，农村土地承包经营权纳入不动产统一登记并予以5年过渡期。过渡期内，农业主管部门会同国土资源主管部门负责农村土地承包经营权的统一登记工作；过渡期后，改由国土资源主管部门负责农村土地承包经营权登记，农业主管部门配合做好相关工作。

市海洋与渔业局：负责贯彻落实海域使用管理制度；负责海域监督管理，依法承担征用、占用海域的审查、审核、审批工作，协同调处权属纠纷；协同国土资源主管部门做好海域使用权登记工作。

市林业局：负责组织指导林地、林权管理；依法承担征用、占用林地的审核、审批工作；指导林地林木承包经营及有关合同管理，监督管理林权流转交易；负责调处合同纠纷，协同调处权属纠纷；协同国土资源主管部门做好林权登记工作。

（2）完善不动产统一登记机构设置。在市国土资源局加挂不动产登记局牌子。设立不动产登记管理科（在地籍管理科挂牌），为市国土资源局内设机构，负责全市土地登记、房屋登记、林地登记、海域登记等不动产登记管理工作，人员编制由市国土资源局内部调剂。

整合国土资源、住建、农业、海洋与渔业、林业等部门（单位）的不动产登记经办职责，组建市不动产登记中心，为市国土资源局所属公益一类事业单位，副科级规格，负责全市不动产登记业务办理工作。

【市政府办公室】 内设科室。2011年1月，市政府办公室有研究室、法制办公室、外事与侨务办公室、综合科、秘书科、信息科、组织人事科、行政科、市长公开电话值班室、市长值班室、无线电管理办公室、应急管理办公室。3月，市政府法制办公室加挂市政府行政复议裁决办公室牌子，市政府法制办主任兼任主任，另配副科级副主任1名。同月，市政府办公室设立督查科、打击走私综合治理办公室，均为股级内设科室。2012年8月，市政府办公室承担的无线电管理职责划归市经济和信息化局，原政府办公室内设的无线电管理委员会不再保留。2015年3月，市政府办公室设立重点项目协调推进科，为股级内设科室。9月，市法制办公室由市政府内设机构调整为在市政府办公室加挂市政府法制办公室的牌子；市政府行政复议裁决办公室由市政府法制办公室挂牌机构调整为市政府办公室内设机构。

下属行政事业单位。2011年1月，市

政府办公室下属事业单位有史志办公室、市城市综合管理办公室、市农产品质量安全监督管理办公室、市人防办办公室、市政府办公室车队、市行政服务中心。10月，设立市政府食品安全委员会办公室，规格为正科级行政单位。2012年9月，成立寿光市电子政务中心，规格为正科级全额拨款事业单位。同时，撤销寿光市城市综合管理办公室。2013年12月，成立市公共资源交易中心办公室，规格为正科级全额拨款事业单位。2015年7月，市电子政务中心更名为市智慧城市建设办公室。

会议纪要

【2011年会议纪要】 市政府常务会议。2月21日上午，市长朱兰玺主持召开第1次市政府常务会议，会议听取市政府办公室副主任、法制办主任张茂海关于十五届人大五次会议所定议案办理意见的汇报，听取市政府办公室副主任丁孝博关于《政府工作报告》12件实事任务分解和人代会、三干会确定事项分解情况的汇报，听取市政府办公室副主任丁孝博关于寿光市人民政府议事决策规则的汇报，听取市教育局副局长刘玉祥关于职教中心建设情况的汇报，听取市环保局局长崔维川关于全市环保工作情况的汇报，听取市安监局局长刘志江关于全市安全生产工作情况的汇报。

3月12日下午，市长朱兰玺主持召开第2次市政府常务会议，会议听取市财政局局长李泮德关于联盟化工集团搬迁到侯镇项目区优惠政策的汇报，听取市政府办公室副主任刘志强关于学院路地下人防工程情况的汇报，听取市文化局局长张文升关于公布全市第三批文物保护单位的汇报，听取市卫生局局长张明水关于新农合支付方式改革有关情况的汇报，听取市财政局局长李泮德关于镇街财政体制、园区占地补偿费调整等情况的汇报，听取市发改局局长王全国关于贯彻落实省和潍坊市蓝色经济区建设动员大会精神的汇报，听取市商务局局长马春光关于商贸流通及外经贸考核办法的汇报，听取市交通局局长李振涛关于市乡道路维修改造工程实施方案的汇报，听取市统计局局长韩成吉关于招商引资工作办法和指导性计划的汇报，听取市农业局局长杨维田关于政策性农业保险配套资金情况的汇报，听取市公安局副局长朱寿东关于城乡村居视频监控建设实施意见的汇报，听取市民政局局长张新国关于全市民政工作情况的汇报。

5月23日上午，市长朱兰玺主持召开第3次市政府常务会议，会议听取市审计局局长冯玉成关于今年以来政府投资项目审计情况的汇报，听取市建设局园林处主任杨大伟关于国家生态园林城市创建情况的汇报，听取市纪委常务副书记、监察局局长李文成关于国务院、省、市廉政工作会议及纠正工作会议精神贯彻落实情况的汇报，听取市环保局副局长刘建军关于国家环保模范城市复核预评估情况的汇报，听取市教育工会主任黄本新关于学生接送安全工程补贴发放办法的汇报，听取市财政局局长李泮德关于解决一建公司建设市政工程垫资问题建议的汇报、关于开发欣达美制粉公司土地解决有关遗留问题建议的汇报，听取市卫生局局长张明水关于全市卫生工作情况的汇报。

6月19日上午，市长朱兰玺主持召开第4次市政府常务会议，会议听取市纪委常务副书记、监察局局长李文成关于行政处分批准权限的暂行规定和关于党纪政纪处分决定执行工作的暂行规定的汇报，听取市发改局局长王全国关于潍坊市深化经济体制综合配套改革试点工作会议精神的汇报，听取市物价局局长陈树林关于应对价格异常波动应急处理预案的汇报，听取市卫生局局长、食品药品安全委员会办公室主任张明水关于全市食品安全工作情况的汇报，听取市公安消防大队大队长杜建军关于贯彻落实潍坊市消防工作会议精神的汇报，听取市委办公室副主任、信访局局长田太卿关于上半年信访工作情况的汇报。会议最后，市长朱兰玺通报参加全省“社会管理及其创新”专题培训班培训学习情况，传达潍坊市委、市政府关于中午禁酒和接待上级来宾适度饮酒的通知和要求，并对当前麦收工作、防汛工作和潍坊观摩工作等进行安排部署。

8 月 18 日下午，市长朱兰玺主持召开第 5 次市政府常务会议，会议听取市安监局局长刘志江关于调整市政府安委会组成人员及进一步明确安全生产“一岗双责”情况的汇报，听取市金融办主任隋永福关于进一步支持金融产业发展的意见的汇报，听取富康制药老厂搬迁项目建设指挥部办公室主任赵军关于富康制药老厂搬迁优惠政策的汇报，听取市民政局局长张新国关于减免全市困难群体基本殡葬服务费用和调整孤儿基本生活费的汇报，听取市人力资源和社会保障局局长傅小妹关于开展构建和谐劳动关系工作的汇报，听取市水利局副局长范荣誉关于全市水利工作情况的汇报。

11 月 5 日上午，市长朱兰玺主持召开第 6 次市政府常务会议，会议听取市水利局局长郝勇关于寿光市今冬明春重点水利建设项目建设方案的汇报，听取市经信局局长魏华山关于寿光市电力建设规划暂行规定和城区电网“十二五”规划情况的汇报，听取市卫生局局长张明水关于寿光市医疗机构设置规划（2011—2015）和寿光市民营医疗机构设置管理暂行办法的汇报、关于提高新农合农民个人筹资额情况的汇报，听取市建设局工会主任、城建处主任丁华玉关于城市防汛及污水处理工作情况的汇报，听取市商务局局长马春光关于加快寿光经济开发区建设与发展情况的汇报，听取市政府办公室副主任王德亭关于进一步明确食品安全“一岗双责”责任制意见的汇报。

12 月 31 日下午，市长朱兰玺主持召开第 7 次市政府常务会议，会议听取市财政局局长李泮德关于 2011 年财政预算执行情况和 2012 年财政收支预算安排情况的汇报、关于 2012 年政府投资项目情况的汇报，听取市林业局局长寇振彤关于今冬明春农村生态绿化工程规划意见的汇报。

市长办公会议。1 月 10 日上午，市长朱兰玺主持召开第 1 次市长办公会议，会议听取市财政局局长李泮德关于 2011 年政府投资项目情况的汇报、关于 2010 年财政预算执行情况和 2011 年财政收支预算安排意见的汇报，听取洛城街道党工委书记王安文关于屯东、屯西两村改造方案暨德润绿城屯田地块开发有关问题的汇报，听取市国土局局长董振波关于古城街道土地综合整治项目情况的汇报，听取市政府办公室副主任、法制办主任张茂海关于全省依法行政工作会议精神的汇报，听取市民政局局长张新国关于贯彻落实全国加强孤儿保障工作电视电话会议精神的汇报，听取市规划局局长张春荣关于人民医院门诊综合楼等 6 个项目规划方案的汇报。

1 月 14 日上午，市长朱兰玺主持召开第 2 次市长办公会议，会议研究讨论《2011

年市政府工作汇报》（征求意见稿），听取市政府办公室副主任丁孝博关于2011年三干会发言单位筛选情况的汇报。

2月9日上午，市长朱兰玺主持召开第3次市长办公会议，会议听取市规划局局长张春荣关于屯东安置区等五个项目规划方案的汇报。会上，市长朱兰玺还对当前有关工作进行安排部署。

3月21日上午，市长朱兰玺主持召开第4次市长办公会议，会议听取市规划局党支部书记孙拥军关于市民活动中心规划方案的汇报、关于职教中心规划设计方案的汇报。

4月15日上午，市长朱兰玺主持召开第5次市长办公会议，会议听取市国土局局长董振波关于城区企业土地闲置情况的汇报，听取市教育局副局长王素云关于学前三年教育规划情况的汇报，听取市政府办公室副主任、史志办主任韩兴武关于成立寿光市地方历史文化研究会暨整理出版寿光古籍的汇报，听取市交通局纪委书记王有信关于新建地方铁路寿平线寿光至广饶段项目工作情况的汇报，听取市经信局局长魏华山关于企业划型与动态管理实施办法修改意见的汇报、关于潍坊市节能减排现场会议情况的汇报，听取市监察局局长李文成关于国务院第四次廉政工作会议精神及贯彻落实情况的汇报，听取市司法局局长王宏志关于寿光市公证管理办法的汇报，听取市人社局局长傅小妹关于潍坊市城镇职工医疗保险市级统筹情况的汇报，集体学习《温家宝同志在国务院第四次廉政工作会议上的讲话》和《习近平同志在中央党校春季开学典礼上的讲话》。会上，市长朱兰玺还对当前有关工作进行安排部署。

6月3日上午，市长朱兰玺主持召开第6次市长办公会议，会议听取市房管中心主任李传民关于2011年保障性住房建设工作情况的汇报，听取市国土资源局土地储备中心主任王存章关于城区部分单位申请对自有地块进行改造情况的汇报、关于2011年实行片区土地刚性底价和片区内不同地块差异底价的意见的汇报、关于城中村改造补充规定的汇报，听取市财政局局长李泮德关于铁路西移资金筹集办法的汇报，听取市经信局局长魏华山关于2010年度节能奖励情况的汇报。会议最后，市长朱兰玺还对当前有关工作进行安排部署。

7月26日下午，市长朱兰玺主持召开第7次市长办公会议，会议听取市建设局园林处主任杨大伟关于明珠公园绿化方案的汇报，听取市规划局局长张春荣关于景新园规划情况的汇报，听取市商务局局长马春光关于潍坊检验检疫局寿光办事处筹建情况的汇报，听取市民政局局长张新国关于城乡低保、五保供养标准调整情况的汇报，听取市教育局关于落实山东省国家教育体制改革试验区试点项目“实施农村中小学教师特殊津贴”的汇报、关于提高退休省编民办教师待遇的汇报。会议最后，市长朱兰玺通报潍坊市观摩点评中各县市区的亮点工作情况，传达全省县域金融创新工作座谈会和潍坊市商务工作会议精神，并对当前有关工作进行安排部署。

9月16日下午，市长朱兰玺主持召开第8次市长办公会议，会议听取市经信局局长魏华山关于固定资产投资项目节能评估和审查实施细则情况的汇报、关于表彰奖励“十一五”期间全市节能先进集体和先进个人情况的汇报，听取市规划局局长张春荣关于华麟面业地块改造项目（约克中心）规划方案的汇报，听取市政府办公室副主任、农产品交易市场管理办公室主任李建东关于农产品综合批发市场项目情况的汇报，听取市人社局局长傅小妹关于离休干部医疗费收支情况的汇报，听取市政府办公室副主任刘志强关于有关工业园区工业项目用地补充规定的汇报，听取市房管中心主任李传民关于廉租住房、公共租赁住房和经济适用住房管理办法的汇报，听取市金融办主任隋永福关于金融机构信贷投入绩效考核奖励办法的汇报。

9月28日上午，市长朱兰玺主持召开第9次市长办公会议，会议听取市财政局局长李泮德关于转让寿光晨鸣控股有限公司部分国有股权情况的汇报，听取羊口镇镇长吴广兴关于滨海（羊口）新区招商引资优惠政策的汇报。最后，市长朱兰玺对抓好第四季度工作，抓好招商引资工作，抓好重点项目储备工作和抓好考核指标调度工作等重点工作进行安排部署。

12月29日上午，市长朱兰玺主持召开第10次市长办公会议，会议听取市政府办公室副主任丁孝博关于政府工作报告起草情况的汇报，听取市建设局工会主任丁华玉关于老羊青路改造方案情况的汇报，听取市发改局局长王全国关于公立医院改革试点实施方案的汇报，听取市教育局副局长凌绪刚关于寿光市中小学幼儿园布局专项规划（2011—2020）情况的汇报。

【2012年会议纪要】 **市政府常务会议**。3月8日下午，市长朱兰玺主持召开第1次市政府常务会议，会议听取市建设局党委副书记、园林处主任杨大伟关于东部林荫公园规划方案情况的汇报，听取市林业局局长韩家迅关于2012年农村国土绿化考核奖惩办法情况的汇报，听取市委宣传部常务副部长李群成关于推进文化寿光建设、打造文化强市若干政策情况的汇报，听取市安监局局长刘志江关于进一步加强全市安全生产工作情况的汇报，听取市统计局局长李建东关于2011年度全市招商引资工作兑现奖惩情况的汇报，听取市残联理事长寇兴志关于潍坊残联工作会议精神贯彻落实情况的汇报，听取市政府办公室副主任、法制办主任张茂海关于人大议案和政协提案办理意见的汇报。

7月5日下午，市长朱兰玺主持召开第2次市政府常务会议，会议听取市金融办主任隋永福关于寿光市社会信用信息管理办法有关情况的汇报，听取市政府办公室副主任、农安办主任孙继业关于全市农产品质量安全工作情况的汇报，听取市环保局局长崔维川关于国家环保模范城市持续改进工作进场验收情况的汇报、关于十二五总量控制计划及排污权有偿使用情况的汇报，听取市公路局局长王永伟关于寿济路改建工程规划方案情况的汇报，听取市政府办公室副主任、研究室主任丁孝博关于实行重大行政决策专家咨询论证制度情况的汇报。

市长办公会议。1月14日上午，市长朱兰玺主持召开第1次市长办公会议，会议听取市经信局局长韩成吉关于2011年度50强企业排名、大中型企业法人代表考核奖励和2012年大中型企业划型情况的汇报，听取市金融办主任隋永福关于2011年度金融机构信贷投入绩效考核情况的汇报，听取市安监局局长刘志江关于全国安全生产电视电话会议情况的汇报。

2月20日上午，市长朱兰玺主持召开第2次市长办公会议，会议听取市国土资源局局长王春海关于农村集体土地确权登记发证和宗地统一编码工作情况的汇报，朱兰玺同志通报全省蓝黄“两区”建设工作领导小组第二次（扩大）会议和潍坊市政府全体（扩大）

会议精神，听取市民政局局长杨秀英关于顺河路更名情况的汇报，听取市规划局局长张春荣关于《潍坊出入境检验检疫局寿光办事处详细规划》情况的汇报，听取市教育局副局长凌绪刚关于在城区东部建设九年一贯制义务教育学校情况的汇报、关于在城区西部建设普通高中情况的汇报，听取市建设局党委副书记李照远关于默锐科技有限公司中水再治水银行项目有关情况的汇报，听取市环保局局长崔维川关于全市污水排放规范化管理情况的汇报、关于重新编制生态寿光规划情况的汇报、关于贯彻生态山东建设会议精神情况的汇报。

4月7日上午，市长朱兰玺主持召开第3次市长办公会议，会议听取人保财险寿光支公司经理李茂富关于扩大政策性农业保险范围增加配套资金情况的汇报，听取市卫生局局长张明水关于东城医院规划建设情况的汇报，听取市政府办公室副主任刘志强关于东城医院扶持政策情况的汇报，听取市金融办主任隋永福关于全省金融工作会议精神及贯彻落实情况的汇报，听取市质监局局长孙士军关于筹建“山东省蔬菜大棚用品质量监督检验中心”情况的汇报，听取市纪委常务副书记、监察局局长李文成关于国务院第五次廉政工作会议精神及贯彻落实情况的汇报。会议最后，朱兰玺同志通报洛城街道新建东城学校和黄河木业、黄河板材两家企业民间借贷及处理工作情况，对当前有关工作及政府班子的作风建设进行安排部署。

4月14日上午，市长朱兰玺主持召开第4次市长办公会议，会议听取市交通局局长李振涛关于2012年村级公路网化工程项目实施方案情况的汇报、关于实施城乡公交一体化情况的汇报，听取市经信局局长韩成吉关于战略性新兴产业企业和成长型优势企业筛选情况的汇报、关于2012年《寿光市企业划型与动态管理实施办法》修改意见情况的汇报，听取市统计局局长李建东关于2012年度招商引资工作考核办法及指导性计划分配情况的汇报，听取市规划局党支部书记孙拥军关于东城中学详细规划方案的汇报，听取市金融办主任隋永福关于寿光市拟上市企业有关情况的汇报。会议最后，朱兰玺同志对进一步开好政府常务会议和市长办公会议提出新的要求。

5月26日上午，市长朱兰玺主持召开第5次市长办公会议，会议听取市规划局局长张春荣关于寿光市东城学校详细规划方案情况的汇报，听取市政府办公室副主任、食安办主任王德亭关于潍坊市食品安全工作会议精神情况的汇报、关于制定《寿光市食品安全工作考核办法》及《考核细则》情况的汇报，听取市商务局局长寇振彤关于寿光市2012年度利用外商直接投资、外贸进出口、对外经济技术合作工作考核办法和商贸流通业考核奖励办法情况的汇报，听取市民政局局长杨秀英关于潍坊市民政工作及老龄工作会议精神情况的汇报，听取市人社局副局长董明礼关于提高2008年寿光市自主招聘大学生村干部期满续聘后待遇和进一步加强对特需岗位工作人员管理情况的汇报，听取市人社局党委副书记、社保中心主任丁建波关于贯彻落实《潍坊市人民政府关于开展城乡居民社会养老保险试点实施意见》情况的汇报。

6月21日上午，市长朱兰玺主持召开第6次市长办公会议，会议听取市政府办公室副主任张国峰关于规范和完善寿光市电子政务建设情况的汇报，听取市财政局副局长张英关于赴江浙沪考察污水处理费征收管理情况的汇报，听取市金融办主任隋永福关于《寿光市民间借贷规范引导工作试点方案》

情况的汇报，听取市公安局党委委员、副局长宋立文关于寿光市电动车管理暂行办法的汇报，听取市国土局局长王春海关于土地利用总体规划数据库建设情况的汇报。

9月15日上午，市长朱兰玺主持召开第7次市长办公会议，会议听取市民政局局长杨秀英关于公共陵园规划建设情况的汇报、关于洛城街道设立城市社区情况的汇报，听取市交通局局长李振涛关于城乡公交一体化推进情况的汇报，听取市发改局局长王全国关于规范化工项目建设意见情况的汇报，听取市商务局局长寇振彤关于潍坊市商务工作会议精神情况的汇报，听取市水利局局长郝勇关于寿光市水土保持监督管理办法的汇报、关于南水北调续建配套工程建设情况的汇报，听取市建设局局长王文彬关于寿尧路金海路改造工程设计方案情况的汇报、关于潍坊市小城镇建设暨城乡环卫一体化工作推进现场会议情况的汇报，听取市安监局局长刘志江关于全省安全生产工作电视电话会议精神情况的汇报。

10月17日上午，市长朱兰玺主持召开第8次市长办公会议，会议听取市经信局局长韩成吉关于鼓励企业兼并重组意见情况的汇报，听取市交通局局长李振涛关于公共自行车服务系统规划建设方案情况的汇报，听取市统计局局长李建东关于物流业招商引资工作考核办法情况的汇报，听取市经管局局长杨风信关于开展农村土地承包经营权登记工作及农村集体经济组织产权制度改革情况的汇报，听取市财政局局长魏华山关于扩权强镇及省级开发区加快发展意见情况的汇报，听取市人社局局长汪秀丽关于加快引进和培养高技能人才政策情况的汇报、关于给予发改局及董朝军、权彬同志记三等功情况的汇报，听取市政府办公室副主任刘志强关于进一步规范城市设施配套费征收补充规定情况的汇报，听取市民政局局长杨秀英关于洛城街道设立城市社区情况的汇报、关于贯彻全国加强和改进最低生活保障工作电视电话会议精神情况的汇报、关于表彰全市老龄工作先进单位、先进个人情况的汇报。

11月13日上午，市长朱兰玺主持召开第9次市长办公会议，会议听取市财政局局长魏华山关于双王城生态经济园区财政体制情况的汇报，听取市政府办公室副主任、农安办主任孙继业关于寿光市农产品质量安全事故责任追究制度情况的汇报，听取市政府办公室副主任、食安办主任王德亭关于制定《寿光市病死畜禽无害化处理管理暂行办法》和《寿光市餐厨废弃物管理暂行办法》情况的汇报，听取市环保局副局长刘建军关于全市污染减排工作情况的汇报，听取市政府党组成员、办公室主任王宏伟关于“智慧寿光”建设情况的汇报，听取市农业局局长杨维田关于蔬菜种业发展实施意见情况的汇报，听取市经信局局长韩成吉关于2011年度节能奖评选情况的汇报，听取市规划局局长张春荣关于德润绿城等四个项目规划方案情况的汇报，听取市物价局局长丁世超关于涉企收费检查情况的汇报。

12月11日上午，市长朱兰玺主持召开第10次市长办公会议，会议听取市林业局局长韩家迅关于2013年国土绿化重点工程规划情况的汇报，听取市经管局局长杨风信关于文家街道仉家村集体经济产权制度改革工作情况的汇报，听取市旅游局局长张春荣关于潍坊市旅游工作会议精神贯彻落实情况的汇报，听取市卫生局局长张明水关于引进民资多方参与筹建股份制医院情况的汇报、关于寿光市公立医院综合改革试点工作实施方案和市财政局局长魏华山关于财政补偿方案情况的汇报，听取市人社局局长汪秀丽关于全市城乡居民基本医疗保险参保情况的汇报，听取市国土局局长王春海关于调整全市城乡建设用地增减挂钩补助标准情况的汇报，听取市科技局局长张允生关于潍坊（寿光）省级农业高新技术产业示范区规划情况的汇报，听取市发改局局长王全国关于潍坊市服务业工作会议精神贯彻落实情况的汇报、关于2013年重点建设项目情况的汇报。会议最后，市长朱兰玺带领学习中共中央政治局关于改进工作作风、密切联系群众的八项规定，并对有关工作提出要求。

【2013年会议纪要】 市政府常务会议。1月15日上午，市长朱兰玺主持召开第1次市政府常务会议，会议听取市科技局局长张允生关于制定出台《加快推进招院引所工作的意见》《加快科技创新平台建设的意见》情况的汇报，听取市建设局局长王文彬关于2013年市政工程建设计划情况的汇报，听取市发改局局长王全国关于编制2013年国民经济和社会发展建议计划说明情况的汇报、关于2013年重点项目和服务业项目情况的汇报，听取市经信局局长韩成吉关于2013年重点工业项目情况的汇报，听取市财政局局长魏华山关于2012年财政预算执行情况和2013年财政收支预算安排情况的汇报，听取市政府办公室副主任、研究室主任丁孝博关于政府工作报告起草情况的汇报、关于2012年政府实事完成情况的汇报。

2月4日上午，市长朱兰玺主持召开第2次市政府常务会议，市委副书记、市长朱兰玺同志传达省“两会”精神，听取市政府办公室副主任、研究室主任丁孝博关于进一步落实消防安全责任制的意见情况的汇报，听取市公安局消防大队教导员刘建波关于当前消防工作亟需解决问题情况的汇报，听取市经信局局长韩成吉关于2012年度50强企业评选、大中型企业法定代表人考核奖励和2013年大中型企业划型情况的汇报，听取市水利局局长郝勇关于南水北调寿光市配套工程项目合作协议情况的汇报，听取市商务局局长寇振彤关于全市商贸流通及外经贸工作考核奖励情况的汇报，听取市科技局局长张允生关于2012年全市科技创新奖励情况的汇报，听取市金融办主任隋永福关于2012年度金融机构信贷投入绩效考核情况的汇报，听取市政府办公室副主任、法制办主任张茂海关于2013年农业重点建设项目情况的汇报。

3月4日上午，市长朱兰玺主持召开第3次市政府常务会议，会议听取市政府办公室副主任、法制办主任张茂海关于人大议案和政协提案办理意见情况的汇报，听取市规划局局长张春荣关于特殊教育学校和香榭澜庭两个项目规划方案情况的汇报，听取市财政局局长魏华山关于全市市级公务卡改革推进情况的汇报。

4月28日上午，市长朱兰玺主持召开第4次市政府常务会议，会议听取市政府办公室副主任、研究室主任丁孝博关于加强全市建设工程质量管理工作意见情况的汇报，听取市水利局局长郝勇关于创建山东省水生态文明城市工作情况的汇报，听取市建设局局长王文彬关于弥河郊野公园方案情况的汇报，听取市行政服务中心主任白晓东关于赴胶南、张家港、昆山、南京四市行政服务中心考察学习情况的汇报，听取市环保局局长崔维川关于对潍坊市小清河流域生态环境综合治理规划实施方案落实情况的汇报、关于全市环保工作情况的汇报。

7月27日上午，市长朱兰玺主持召开

第5次市政府常务会议，会议听取市政府办公室副主任、研究室主任丁孝博关于2013年政府工作报告确定事项进展情况的汇报，听取市城市基础设施建设投资管理中心主任张中山关于政府投资项目委托代建办法的汇报，听取市质监局局长孙士军关于设立寿光市市长质量奖情况的汇报，听取市卫生局局长张明水关于进一步提升村卫生室服务能力意见情况的汇报，听取市民政局局长杨秀英关于加快推进社会养老服务体系建设意见情况的汇报，听取市国土局局长王春海关于测绘市场管理暂行办法情况的汇报，听取市金融办主任隋永福关于做好中小企业场外交易市场股权挂牌意见及金融机构信贷投入绩效考核奖励办法情况的汇报，听取市统计局局长李建东关于2013年上半年全市经济运行情况的汇报。

11月4日上午，市长朱兰玺主持召开第6次市政府常务会议，会议听取市安监局局长王少春关于全省安全生产工作紧急视频会议精神及寿光市第四季度安全生产工作建议情况的汇报，听取市建设局局长王文彬关于城市生态防护绿地规划建设情况的汇报，听取市经管局局长杨风信关于农村产权交易中心工作情况的汇报，听取市供电公司总经理李振杰关于实施四大电力惠民工程情况的汇报，听取市招商局副局长王玉堂关于寿光市招商引资工作考核办法情况的汇报，听取市农业局局长杨维田关于寿光市农业龙头企业考核办法情况的汇报，听取市农业局局长杨维田关于国家蔬菜分子育种实验室建设情况的汇报、关于蔬菜废弃物资源化利用特大型沼气项目建设情况的汇报，听取市政府办公室副主任丁孝博关于加快寿光港建设推动港口经济发展意见情况的汇报。会议最后，市长朱兰玺还就抓好项目建设和抓好冬季供暖等有关工作作出安排。

12月10日下午，市长朱兰玺主持召开第7次市政府常务会议，集体学习《党政机关厉行节约反对浪费条例》和《党政机关国内公务接待管理规定》，听取市安监局局长王少春关于全省安全生产电视会议精神情况的汇报，听取市委组织部副部长、编办主任黄树忠关于寿光市食品药品工商质监管理体制改革实施方案情况的汇报，听取市林业局局长韩家迅关于山东寿光滨海国家湿地公园建设情况的汇报。会议最后，市长朱兰玺还就政府工作报告起草工作作出安排。

市长办公会议。3月22日上午，市长朱兰玺主持召开第1次市长办公会议，会议听取市规划局局长张春荣关于车配龙国际汽车广场和蔬菜文化中心两个规划方案情况的汇报，听取市统计局局长李建东关于2012年度招商引资项目引荐人拟奖励情况和招商引资工作兑现奖惩情况的汇报，听取市经信局局长韩成吉关于寿光市“强企”培育计划情况的汇报，听取市水利局局长郝勇关于寿光市机井建设管理暂行办法有关情况的汇报。会议最后，市长朱兰玺就认真学习全国“两会”精神，深入贯彻落实中央、省、潍坊和市委关于作风建设的各项规定等有关工作进行安排部署。

4月3日下午，市长朱兰玺主持召开第2次市长办公会议，会议听取市安监局局长王少春关于全市安全生产情况和潍坊市6起安全事故情况的汇报，市委常委、副市长李宝华通报潍坊市安全生产工作会议精神。会议最后，市长朱兰玺还就环保问题和工程质量问题等重点工作进行安排部署。

6月8日上午，市长朱兰玺主持召开第3次市长办公会议，会议听取市交通局局长李振涛关于城市公共自行车工程建设情况的汇报、关于交通领域安全生产工作情况的汇报，听取市公安局副局长李维坤关于新建看守所、拘留所有关情况的汇报，听取市政府办公室副主任、应急办主任常华东关于全省应急管理工作电视会议精神情况的汇报，听取市经管局局长杨风信关于开展农村土地承包经营权登记颁证工作情况的汇报，听取市建工处主任刘志江关于进一步加强预拌商品混凝土行业管理意见情况的汇报，听取市委农工办主任王学江关于大力培育家庭农场的实施意见和家庭农场认定管理暂行办法情况的汇报，听取市安监局局长王少春关于贯彻落实全国全省安全生产电视电话会议精神情况的汇报，听取市公安局副局长宋立文关于全市道路交通安全情况的汇报，听取市人社局局长汪秀丽关于拟给市人民检察院记集体三等功情况的汇报。

8月31日上午，市长朱兰玺主持召开第4次市长办公会议，会议听取市经信局局长韩成吉关于寿光市节能降耗考核奖励办法修改情况的汇报、关于2013年企业划型与动态管理实施办法修改情况和更改50强企业表彰项目情况的汇报，听取市科技局局长张允生关于修订加快高新技术产业发展意见情况的汇报，听取市财政局局长魏华山关于进一步规范涉企奖励政策补充规定情况的汇报，听取市质监局局长孙士军关于加快知名品牌创建工作实施意见情况的汇报，听取市知识产权局局长李义君关于加强知识产权工作提升企业核心竞争力实施意见情况的汇报，听取市农业局局长杨维田关于寿光市人民政府与中国农科院蔬菜花卉研究所及国家蔬菜工程技术研究中心签订合作合同有关情况的汇报，听取市规划局党支部书记孙拥军关于国家现代蔬菜种业创新创业基地研发中心修建性详细规划情况的汇报，听取市水利局局长郝勇关于老河口防潮堤扩建工程规划情况的汇报，听取市统计局局长李建东关于贯彻落实第三次全国经济普查电视电话会议精神情况的汇报，听取市商务局关于2013年度商贸流通、利用外商直接投资、外贸进出口和对外经济技术合作考核办法情况的汇报。

9月18日上午，市长朱兰玺主持召开第5次市长办公会议，会议听取市国土局局长王春海关于海域使用权证书换发土地使用权证试行办法情况的汇报，听取市政府党组成员、办公室主任王宏伟关于与清华大学（信息技术研究院）共建“清华大学（信研院）—寿光智慧城市联合研究中心”情况的汇报，听取市建设局党委副书记、园林处主任杨大伟关于加强城市绿地保护工作情况的汇报，听取市环保局局长崔维川关于空气异味污染治理实施方案情况的汇报，听取市建设局局长王文彬关于控防城市扬尘污染、推行“煤改气”、消灭污水直排实施方案情况的汇报，听取市公安局党委委员、副局长宋立文关于寿光市淘汰“黄标车”实施方案情况的汇报，听取市水利局局长郝勇关于寿光市自备井整治、河道生态修复实施方案情况的汇报，听取市农业局局长杨维田关于寿光市治理农业面源污染实施方案情况的汇报。

12月24日上午，市长朱兰玺主持召开第6次市长办公会议，会议听取市政府办公室副主任刘志强关于自来水三厂迁建工程有关问题情况的汇报，听取市房管中心主任李传民关于景新园经济适用住房销售方案情况的汇报，听取市油区办主任韩迎祥关于东黄输油管线搬迁工作情况的汇报，听取市教育局副局长凌绪刚关于在羊口新区设立寿光一中校区情况的汇报，听取市金融办主任隋永福关于潍坊金融工作会议精神情况的汇报

【2014 年会议纪要】 市政府常务会议。2 月 15 日上午，市长朱兰玺主持召开第 1 次市政府常务会议，市委副书记、市长朱兰玺同志传达潍坊市十六届人大三次会议和政协十二届三次会议精神，听取市财政局党委副书记张宏雨关于寿光市 2013 年财政预算执行情况和 2014 年财政收支预算安排意见情况的汇报，听取市人社局局长汪秀丽关于城乡居民基本医疗保险整合工作情况的汇报，听取市安监局局长王少春关于国务院、省政府安全生产会议精神及寿光市安全生产工作情况的汇报，听取市环保局局长崔维川关于 2013 年寿光市治污减排奖评选情况的汇报。

3 月 11 日下午，赵绪春同志主持召开第 2 次市政府常务会议，市委常委、副市长李宝华同志通报 2013 年度潍坊各县市区科学发展综合考核情况，集体学习《山东省实施〈党政机关厉行节约反对浪费条例〉办法》，听取市政府办公室副主任、法制办主任张国峰关于人大议案和政协提案办理意见情况的汇报，听取市环保局局长崔维川关于环保工作情况的汇报，听取市财政局局长张中山关于财政联席会议预审制度以及融资平台对外担保和债务风险防范化解办法情况的汇报，听取市交通局局长李振涛关于加快推进城市公共交通改革发展实施意见情况的汇报。

5 月 29 日下午，市长赵绪春主持召开第 3 次市政府常务会议，会议听取市安监局局长王少春关于全市安全生产工作情况的汇报，听取市政府办公室副主任、农安办主任孙继业关于组建金融科技服务中心情况的汇报，听取市地税局局长陈学关于启用新办税服务大厅情况的汇报，听取市政府办公室副主任、农安办主任孙继业关于寿光市农产品质量安全监管工作实施办法（暂行）情况的汇报，听取市农业局局长杨维田关于加快蔬菜产业转型升级实施意见情况的汇报、关于寿光市设施蔬菜根结线虫病综合防治工程实施方案情况的汇报，听取市水利局局长郝勇关于地表水综合利用初步规划方案情况的汇报，听取市建设局局长王文彬关于推动使用天然气情况的汇报，听取市经信局局长韩成吉关于 2014 年节能降耗工作实施意见情况的汇报、关于寿光市百企转型升级计划情况的汇报。

9 月 10 日上午，市长赵绪春主持召开第 4 次市政府常务会议，会议听取市房管中心主任李传民关于寿光市物业管理实施办法、寿光市业主大会和业主委员会管理暂行办法情况的汇报，听取市水利局局长郝勇关于“三六五”水资源优化配置工作方案情况的汇报，听取市安监局局长王少春关于国务院、省政府、潍坊市政府安全生产会议精神及寿光市开展“六打六治”打非治违专项行动等有关情况的汇报、关于赴淄博市张店区考察学习情况的汇报，听取市建工处主任刘志江关于组建寿光市建筑业农民工维权服务中心情况的汇报，听取市建设局局长王文彬关于寿光市绿色建筑行动实施方案情况的汇报，听取市监察局局长杨树欣关于怡景花园、北大领世郡消防安全检查情况的汇报。

10 月 8 日下午，市长赵绪春主持召开第 5 次市政府常务会议，会议听取市民政局局长杨秀英关于加快发展养老服务业意见情况的汇报，听取市建设局局长王文彬关于推进新型城镇化意见及重点工作实施方案情况的汇报，听取市政府研究室主任丁孝博关于促进全市经济持续健康发展意见情况的汇报、关于 2014 年民生实事进展情况的汇报。

11 月 10 日上午，市长赵绪春主持召开第 6 次市政府常务会议，会议听取市规划局局长张春荣关于益羊铁路城区段两侧景观概念性规划设计方案情况的汇报，听取市建设局局长崔维川关于加强全市古树名木保护工作情况的汇报，听取市政府法制办主任张国峰关于招商引资项目及重大事项联席会议制度情况的汇报，听取市财政局局长张中山关于《寿光市户外广告资源特许经营权管理暂行办法》情况的汇报。

11月22日下午，市长赵绪春主持召开第7次市政府常务会议，会议听取市政府研究室主任丁孝博关于进一步加强和改进消防安全工作意见情况的汇报，市委常委、副市长李宝华同志传达潍坊市安全生产“严查、严整、严打”行动部署电视会议精神，研究“11.16”事故善后工作。

市长办公会议。1月25日下午，市长朱兰玺主持召开第1次市长办公会议，会议听取市政府办公室副主任、研究室主任丁孝博关于政府工作报告起草和2014年民生实事情况的汇报，听取市消防大队大队长刘建波关于潍坊市消防工作会议精神及贯彻落实意见情况的汇报，听取市公安局副局长宋立文关于省市机动车“四非”和渣土车治理工作会议精神及贯彻落实意见情况的汇报，听取市物价局局长丁世超关于新建住宅小区收取供电设施配套费情况的汇报，听取市环委会办公室主任崔维川关于贯彻落实潍坊市环境保护委员会第一次会议情况的汇报，听取市环保局局长崔维川关于全市治污减排工作情况的汇报，听取市农业局局长杨维田关于设施蔬菜沃土工程实施方案情况的汇报，听取市经信局局长韩成吉关于2012年度节能降耗考核奖评选情况的汇报，听取市工业领导小组办公室主任韩成吉关于寿光市2013年度突出贡献企业和2014年大中型企业划型情况的汇报。

4月1日上午，市长赵绪春主持召开第2次市长办公会议，集体学习中共中央办公厅、国务院办公厅《关于厉行节约反对食品浪费的意见》，听取市环保局副局长宋金科、市建设局局长王文彬、市公安局副局长宋立文、圣城街道办事处主任张其振、古城街道办事处主任任光学、洛城街道办事处主任桑海强、文家街道办事处主任步宪群关于提升城区空气质量工作情况的汇报，听取市招商局局长张继英关于2014年招商引资工作考核办法、指导性计划及书记、镇长、局长项目任务分配情况的汇报，听取市政府办公室副主任赵春生关于寿光市城乡供水整合情况的汇报，听取市规划局局长张春荣关于《城市消防专项规划（2013-2030）》编制工作情况的汇报，听取市政府办公室副主任赵春生关于建立农产品质量监管工作联席会议制度情况的汇报，听取市农业局局长杨维田关于寿光市全域化农产品质量安全追溯体系建设方案情况的汇报、关于进一步扶持蔬菜种业发展政策情况的汇报。

7月14日上午，市长赵绪春主持召开第3次市长办公会议，会议听取市政府办公室副主任、市检验检测中心主任王德亭关于市检验检测中心与农产品检测中心迁址情况的汇报，听取市财政局局长张中山关于寿光市财政专项资金管理暂行办法情况的汇报、关于涉农资金整合试点工作情况的汇报，听取市经信局局长韩成吉关于寿光市节能降耗考核补贴办法修改情况和市环保局局长崔维川关于寿光市工业企业治污减排以奖代补考核办法情况的汇报，听取市行政服务中心主任白晓东关于行政审批有关情况的汇报，听取市委组织部副部长、市编办主任黄树忠关于行政审批事项清理工作情况的汇报，听取市政府办公室副主任、法制办主任张国峰关于进一步加强和规范公共资源交易管理工作意见情况的汇报。

7月29日上午，市长赵绪春主持召开第4次市长办公会议，会议听取市政府办公室副主任常华东关于国家卫生城市复审迎查准备情况的汇报，听取市水利局局长郝勇关于寿光市南水北调配套工程建设情况的汇报。

9月16日上午，市长赵绪春主持召开第5次市长办公会议，会议听取市民政局党委书记贾政红关于城乡低保、五保供养标准调整情况的汇报、关于洛城街道部分道路命名情况的汇报，听取市行政服务中心主任白晓东关于新政务服务中心搬迁运行有关工作情况的汇报，听取市人社局局长汪秀丽关于2015年居民基本医疗保险参保工作情况的汇报，听取市政府法制办主任张国峰关于市金海公司收购圣龙实业集团资产有关情况的汇报。

10月8日下午，市长赵绪春主持召开第6次市长办公会议，会议听取市财政局局长张中山关于设立农业基金和过桥基金情况的汇报，听取市政府办公室副主任常华东关于国家卫生城市复审工作纳入考核情况的汇报，听取市环保局局长崔维川关于潍坊“三八六”环保行动现场推进会有关情况的汇报、关于石料加工企业集中整治情况的汇报，听取市地震局局长李金刚关于贯彻落实潍坊市防震减灾工作会议情况的汇报，听取市政府史志办主任刘志强关于孙家集街道马疃组团城中村改造有关政策情况的汇报。

10月13日上午，市长赵绪春主持召开第7次市长办公会议，会议听取市公安局党委委员、副局长宋立文关于鼓励企业参与消防社会化服务暂行办法情况的汇报，听取市人社局局长汪秀丽关于寿光市高层次人才住房保障暂行办法情况的汇报，听取市金融办主任隋永福关于寿光市高层次人才科技项目金融扶持暂行办法情况的汇报，听取市科技局局长孙永乐关于制定加强科技企业孵化器建设实施意见情况的汇报，听取市民政局局长杨秀英关于圣城街道调整和新设城市社区情况的汇报，听取市政府党组成员、办公室主任王宏伟关于寿光通（市民卡）建设情况的汇报，听取市财政局局长张中山关于融资项目审批手续办理情况的汇报。

10月27日下午，市长赵绪春主持召开第8次市长办公会议，会议听取市财政局局长张中山关于金政融资担保有限公司放款担保条件情况的汇报，听取市林业局局长韩家迅关于潍坊市创建国家森林城市动员电视会议精神情况的汇报、关于2015年重点造林绿化工程规划情况的汇报、关于生态公益林工程管护意见情况的汇报，听取市房管中心主任李传民关于促进房地产市场平稳健康发展意见情况的汇报。

11月26日晚，市长赵绪春主持召开第9次市长办公会议，市委常委、副市长李宝华同志传达国家安监总局对潍坊市部分农产品加工企业暗访的情况，市长赵绪春安排当前安全生产重点工作。

12月8日上午，市长赵绪春主持召开第10次市长办公会议，会议听取市政府研究室主任丁孝博关于进一步加强涉氨制冷企业安全监管意见情况的汇报，听取市安监局局长王少春关于进一步加强安全生产管理工作意见情况的汇报，听取市公安局副局长宋永泉关于寿光市禁毒工作面临形势及相关工作情况的汇报，听取市经管局局长杨风信关于农村土地承包经营权确权登记颁证情况的汇报，听取市政府农安办主任孙继业关于寿光市农产品质量安全村级监管员考核办法情况的汇报，听取市农业局局长杨维田关于中国农业科学院寿光蔬菜育种中心项目合作相关事宜调整情况的汇报，听取市林业局局长韩家迅关于对社会力量投资造林绿化实行补助政策情况的汇报，听取市政府法制办主任张国峰关于鼓励和支持电子商务发展暂行意见情况的汇报，听取市政府法制办主任张国峰关于海惠、龙腾盘活重组启动情况的汇报。

12 月 26 日上午，市长赵绪春主持召开第 11 次市长办公会议，会议听取市检验检测中心主任王德亭关于市检验检测中心有关情况的汇报，听取市农业局局长杨维田关于加快推进村两委领办合作社工作实施意见情况的汇报，听取市财政局局长张中山关于调整寿光市机关事业单位职工住宅取暖补贴发放办法情况的汇报。最后，市长赵绪春就有关工作进行安排部署。

【2015 年会议纪要】 **市政府常务会议**。1 月 7 日上午，市长赵绪春主持召开第 1 次市政府常务会议，听取市编办主任黄树忠关于建立行政“权力清单”和“服务清单”情况的汇报，听取市发改局局长刘国明关于“负面清单”情况的汇报，听取市房管中心主任李传民关于解决厂矿企业房屋登记历史遗留问题情况的汇报，听取市建设局局长崔维川关于中国—以色列示范水城市情况的汇报。

3 月 26 日上午，市长赵绪春主持召开第 2 次市政府常务会议，听取市政府研究室主任丁孝博关于《寿光市人民政府工作规则》情况的汇报，听取市财政局局长张中山关于加强镇街区财政收入管理实施意见情况的汇报，听取市水利局局长袁义林关于寿光市城乡集中供水地表水利用工程建设情况的汇报，听取市统计局局长李建东关于经济运行考核办法及细则情况的汇报，听取市政府法制办副主任王伟关于《寿光市重大行政决策合法性审查制度》情况的汇报。

4 月 22 日上午，市长赵绪春主持召开第 3 次市政府常务会议，听取市统计局局长张树强、发改局局长刘国明、经信局局长韩成吉、商务局局长寇振彤、房管中心主任刘伟关于第一季度经济形势分析情况的汇报，听取市经信局局长韩成吉、财政局局长张中山、金融办主任隋永福关于潍坊市《贯彻中央和省有关政策规定支持企业转型发展的意见》《市级财政支持经济发展的重点举措》《进一步提高金融机构服务企业水平解决融资难问题的意见》等政策解读情况的汇报，听取市发改局局长刘国明关于济青高铁建设情况的汇报，听取市安监局局长王学江关于全国 60 个危化品重点县县委书记集体谈心对话会议精神情况的汇报。

5 月 29 日下午，市长赵绪春主持召开第 4 次市政府常务会议，听取市住建局局长崔维川关于老旧小区改造等建设工作情况的汇报，听取市水利局局长袁义林关于贯彻落实《山东省公布地下水限采区和禁采区通知》和开展寿光市城乡集中供水地表水利用工程建设、区域地表水综合水价改革试点工作情况的汇报，听取市盐务局副局长刘书正关于支持盐业发展意见情况的汇报，听取国土局局长王春海、经信局局长韩成吉、财政局局长张中山、商务局局长寇振彤、金融办主任隋永福、房管中心主任刘伟关于有关扶持政策情况的汇报。

7 月 23 日上午，市长赵绪春主持召开第 5 次市政府常务会议，听取市统计局局长张树强、发改局局长刘国明、经信局副局长张宣、商务局局长寇振彤、房管中心主任刘伟关于上半年经济运行情况的汇报，听取市安监局局长王学江关于上半年全市安全生产工作情况的汇报，听取市水利局局长袁义林关于全市防汛、抗旱、防台风应急预案修订情况的汇报，听取市编办副主任陈希廷关于政府部门及试点镇（羊口镇）责任清单编制工作有关情况的汇报。

9月2日下午，市长赵绪春持召开第6次政府常务会议，听取市政务服务中心管理办公室主任张国峰关于拟定出台项目高效快速审批和加强公共资源交易管理等文件情况的汇报，听取市金融风险防范和化解领导小组办公室主任张国峰关于停产企业债务化解处置指导意见、成长型企业金融机构扶持意见、困难企业金融机构扶持意见情况的汇报，听取市金融办主任隋永福关于进一步支持金融产业发展意见情况的汇报，听取市财政局局长张中山关于进一步防范和化解困难企业金融风险贷款贴息专项资金管理办法情况的汇报。

11月18日上午，市长赵绪春主持召开第7次市政府常务会议，听取市经信局、发改局、科技局相关同志关于生物医药等八个百亿级产业培育实施方案情况的汇报，听取市农业局局长杨维田关于制订寿光市韭菜产地准出、市场准入管理办法（试行）情况的汇报，听取市政府办公室副主任、应急办主任常华东关于寿光市突发事件总体应急预案修订情况的汇报，听取市智慧办主任李青岛关于寿光市推进电子商务发展意见情况的汇报，听取市委组织部副部长、编办主任黄树忠关于镇级政府权力清单、服务清单和责任清单编制有关工作情况的汇报。

12月21日下午，市长赵绪春主持召开第8次市政府常务会议，会议听取市历史文化中心建设指挥部办公室刘多成关于历史文化中心产权有关问题情况的汇报，听取市住建局、交通局、水利局、林业局、水务集团相关同志关于2016年政府投资项目情况的汇报，听取市安监局局长王学江关于严格落实党政同责严厉打击安全生产领域非法行为有关事项情况的汇报，听取市财政局关于寿光市水资源综合利用项目农发行贷款资金使用方案情况的汇报、关于福缘颐养中心项目运用PPP模式运作有关问题情况的汇报。

市长办公会议。1月21日晚上，市长赵绪春主持召开第1次市长办公会议，听取市政府研究室主任丁孝博关于2015年《政府工作报告》起草及民生实事情况的汇报，听取市发改局局长刘国明关于2014年40个重点项目进展情况和2015年全市重点建设项目情况的汇报，听取市财政局局长张中山关于寿光市2014年财政预算执行情况和2015年财政收支预算安排意见情况的汇报。

1月26日上午，市长赵绪春主持召开第2次市长办公会议，听取市建设局局长崔维川关于2015年市政工程建设计划方案情况的汇报，听取市财政局局长张中山关于设立寿光市港口物流产业投资基金和山东潍坊浚源转型投资基金情况的汇报，听取市民政局局长杨秀英关于开展自然灾害民生综合保险工作情况的汇报，会议还专门研究市政府领导同志的工作分工。

2月2日下午，市长赵绪春主持召开第3次市长办公会议，听取市行政服务中心主任白晓东关于中介超市建设情况的汇报，听取市政府研究室主任丁孝博关于2015年民生实事情况的汇报，听取市农业局局长杨维田关于创建农产品质量安全县情况的汇报，听取市水利局局长郝勇关于应急调用黄河水情况的汇报。

2月15日下午，市长赵绪春主持召开第4次市长办公会议，听取市市场监督管理局王勇同志关于2014年度寿光市市长质量奖评审工作及拟获奖企业提名意见情况的汇报。

3月20日上午，市长赵绪春主持召开第5次市长办公会议，听取市国土局局长王春海有关国土工作情况的汇报，听取市建设局局长崔维川关于加强地下管线档案管理工作情况的汇报，听取市财政局局长张中山关于2015年政府投资项目情况的汇报、关于齐民资产管理有限公司成立及运营情况的汇报，听取市政府办公室副主任赵春生关于《2015年寿光市蔬菜质量安全检测管理办法》情况的汇报，听取市统计局局长李建东关于进一步加强统计工作情况的汇报，听取市金融办主任隋永福关于开展农民专业合作社信用互助业务试点情况的汇报，听取市油区办主任韩迎祥关于进一步做好油气管道安全隐患整治工作情况的汇报，听取市人才工作领导小组办公室主任、市委组织部副部长卢法贵关于第二批“双百计划”人选有关情况的汇报，听取市物价局局长丁世超关于潍坊市物价工作会议精神的汇报，听取市环境保护委员会办公室主任、环保局局长田太卿关于寿光市“三八六”环保行动2015年度工作任务及分工情况的汇报，听取市环保局局长田太卿关于开展侯镇项目区环境集中整治工作情况的汇报。

4月22日上午，市长赵绪春主持召开第6次市长办公会议，听取市住建局局长崔维川关于古城街道怡尚苑社区集中供燃气情况的汇报，听取市财政局局长张中山关于化解金融风险财政贴息专项资金管理办法情况的汇报。

4月30日上午，市长赵绪春主持召开第7次市长办公会议，听取市政府史志办主任刘志强关于赴胶州市考察工业企业办理房屋产权登记工作情况的汇报。

5月29日下午，市长赵绪春主持召开第8次市长办公会议，听取市环保局局长田太卿关于改善城区空气质量百日集中整治、智慧环保项目建设、燃煤机组超低排放改造等工作情况的汇报，听取市教育局局长李玉明关于城区部分拟建学校规划布局的汇报，听取市财政局局长张中山关于市基础设施建设提升工程（一期）和东城民办普通高中项目运用PPP模式情况的汇报，听取市市场监督管理局局长王俊文关于落实潍坊市食品安全工作会议精神情况的汇报，听取市广播电视台台长李群成关于广播影视集团为蔬菜产业集团担保贷款情况的汇报。

6月29日下午，市长赵绪春主持召开第9次市长办公会议，听取市委组织部副部长、编办主任黄树忠关于扩权强镇3个文件情况的汇报，听取市财政局局长张中山关于产业引导投资基金管理暂行办法情况的汇报、关于政府投资项目管理暂行办法情况的汇报，听取侯镇项目区环境集中整治工作领导小组副组长田太卿关于侯镇项目区分类整治情况的汇报，听取市环保局局长田太卿关于丹河流域综合治理工作方案情况的汇报，听取市城市基础设施建设投资管理中心主任房光胜关于城建投投资运营农村土地整治项目及土地指标实施意见情况的汇报，听取市禁毒委员会办公室主任宋永泉关于进一步加强禁毒工作情况的汇报，听取市住建局局长崔维川关于追加城区部分道路两侧出入口硬化工程列入预算情况的汇报。

7月7日上午，市长赵绪春主持召开第10次市长办公会议，会议听取市政务服务中心管理办公室主任张国峰关于对金融风险企业进行全面审计清查情况的汇报。

7月23日上午，市长赵绪春主持召开第11次市长办公会议，听取市油区办主任韩迎祥关于进一步做好油气管道隐患整治工作情况的汇报，听取市发改局局长刘国明关于寿光市公立医院综合改革补偿方案情况的汇报，听取羊口镇镇长孙向前关于先进制造业产业园、高新技术产业园内部分项目办理环评手续情况的汇报、关于羊口镇路网提升改造项目情况的汇报，听取市环委会办公室主任、环保局局长田太卿关于对“三八六”环保行动及改善城区空气质量百日集中整治有关项目进行补贴的汇报，听取市财政局局长张中山关于寿光金鹰展业基金实施方案情况的汇报。

8月12日上午，市长赵绪春主持召开第12次市长办公会议，听取市政府研究室主任丁孝博关于推进开发区转型升级创新发展实施意见情况的汇报、关于寿光市楼堂馆所建设管理办法情况的汇报，听取市园林处主任杨大伟关于晨鸣绿地改造情况的汇报，听取圣城街道党工委书记燕黎明关于万达广场项目情况的汇报，听取市城建投主任房光胜关于寿光弥河水务有限公司股权转让情况的汇报。会上，市长赵绪春还就有关工作作出安排。

9月2日下午，市长赵绪春主持召开第13次市长办公会议，听取市财政局局长张中山关于对山东威能环保电源有限公司股权投资支持建议情况的汇报，听取市房管中心主任刘伟关于改善农村教师和乡镇卫生院医护人员住房条件意见情况的汇报，听取市水务集团总经理张勇关于寿光市弥河金海湾自行车运动公园项目进展情况的汇报，听取市住建局局长崔维川关于农村社区污水处理设施建设方案情况的汇报。会上，市长赵绪春还就落实市委十三届八次全体（扩大）会议确定的有关工作作出安排。

9月15日上午，市长赵绪春主持召开第14次市长办公会议，听取市建设局副局长孙居良关于寿光市新型城镇化综合试点工作推进方案情况的汇报，听取市环保局局长田太卿关于重点区域环境集中整治情况的汇报，听取市财政局局长张中山关于企业总部群变电站建设情况的汇报，听取市金融办主任隋永福关于山东省、潍坊市规模企业规范化公司制改制工作会议情况的汇报，听取市政府办公室副主任李青岛关于寿光市信息化项目建设暂行管理办法情况的汇报。

9月30日上午，市长赵绪春主持召开第15次市长办公会议，听取市国土资源局局长王春海关于寿光市盘活闲置低效用地三年专项行动工作方案情况的汇报，听取市科技局局长孙永乐关于寿光市科技创业园建设方案情况的汇报，听取市公安局党委委员宋立文关于加强和改善消防建设工作情况的汇报，听取市农业局局长杨维田关于全省农产品质量安全县创建工作现场会议情况的汇报，听取市金融风险防控领导小组办公室主任张国峰关于垫付利丰、金利丰公司利息及化解元鸣集团部分不良债务情况的汇报。

11月18日上午，市长赵绪春主持召开第16次市长办公会议，听取市政府研究室主任丁孝博关于潍坊市经济运行调度会议有关精神情况的汇报，听取市国土局局长王春海关于调整征地预存款缴纳标准情况的汇报、关于全市缺少土地指标项目情况的汇报。

12月7日上午，市长赵绪春主持召开第17次市长办公会议，听取市规划局局长李建东关于市城乡规划委员会组建情况的汇报，听取市财政局局长张中山关于寿光市风险缓释基金实施方案情况的汇报、关于寿光市新兴材料产业投资基金实施方案情况的汇报、关于参股潍坊港有限公司出资建议情况的汇报，听取市教育局局长李玉明关于解决城镇中小学大班额问题工作实施方案情况的汇报，听取市智慧办主任李青岛关于寿光市政府与京东签订战略合作协议情况的汇报，听取市住建局局长崔维川关于晨鸣绿地改造提升情况的汇报、关于中央华府三期项目交接情况的汇报。会上，集体学习李克强总理关于当前经济形势和下一步重点工作的讲话，传达潍坊市人民政府关于打好稳增长调结构主动仗的若干政策措施，市长赵绪春对当前工作作出安排。

12月14日上午，市长赵绪春主持召开第18次市长办公会议，听取市农业局党委委员、工会主任康晓颖关于全市扶贫工作情况的汇报，听取市水利局局长袁义林关于寿光市区域综合水价改革试点工作情况的汇报、关于寿北西水东调灌溉工程规划情况的汇报，听取市财政局局长张中山关于世纪教育集团东城学校有关问题的汇报，市委副书记、市长赵绪春同志传达潍坊市政府工作会议精神。会上，市长赵绪春就落实全市转型发展现场调度会议精神进行工作安排部署。

12月21日上午，市长赵绪春主持召开第19次市长办公会议，听取市委组织部副部长葛树涛关于寿光市与领英中国对接合作情况的汇报，听取市委农工办主任马康生关于潍坊“两河”开发观摩点评会议精神情况的汇报，听取市环保局局长田太卿关于废旧塑料再生利用规范化整治、10吨以上燃煤锅炉超低排放改造工作、聘请专家团帮助查摆寿光市化工企业环评问题等三项工作情况的汇报，听取市安监局局长王学江关于派驻安全生产督导组有关事项情况的汇报，听取市财政局局长张中山关于寿光农商行不良资产置换方案情况的汇报，听取市金融风险防控办公室主任张国峰关于有关企业金融风险化解和处置情况的汇报。

史志工作

【志书编纂】　《寿光市志》编修工作。根据国务院《地方志工作条例》“地方志每20年左右编修一次”的要求，2010年7月，市政府常务会议确定进行《寿光市志（1991—2010）》编纂工作，市委、市政府两办下发文件，成立寿光市地方志编纂委员会，确定市政府史志办公室具体负责编纂工作，并聘请四位史志专家参与编纂，落实专项资金，做到领导、经费、人员三落实。11月，召开全市续修《寿光市志》工作会议，印发《寿光市续修新方志工作规划纲要》《寿光市志（1991—2010）》编纂方案》，邀请潍坊市史志专家李长山、程森枝、焦凌等到寿光对该志编纂人员及镇街、市直单位供稿人员进行业务培训，编印20余万字的《续修寿光市志培训班学习材料》。2011年元月正式启动《寿光市志》编写工作，各供稿部门单位根据要求，做到主要领导负总责，分管领导靠上抓，供稿人员具体办的工作机制，保证编纂工作顺利进行。2012年11月，由于各种原因，市志修编工作搁浅，人员解散。2013年12月，对《寿光市志》（1991—2010）编目重新确立，重新聘请三位老同志编写，潍坊市史志办公室有关专家把关指导，编纂人员分工负责，至2015年10月完成第一稿，共计约130万字。11月始，主编进行全面审核，斟酌取舍，补充完善，力求精品。该志2016年6月24日通过省级评审，预计2017年上半年正式出版。

《寿光年鉴》编辑工作。在编纂《寿光市志（1991—2010）》的同时，编纂出版《寿光年鉴》（2006—2010），系寿光第四部年鉴，主要内容起止时间为2006年1月1日至2010年12月31日，是“十一五”期间的综合年鉴。该年鉴全面、系统、翔实、客观地记载全市5年间政治、经济、文化、社会等各方面取得的新成就、新经验，共设23个部类，分别为特载、大事记、市情概况、政治、军事、法制、经济管理、工业、农业、建设环保、商业、外经外贸、交通邮电、财税金融、教育、科学、文化、新闻、卫生体育、社会生活、镇（街道）概况、人物、附录，共计1039千字，2012年8月由方志出版社出版发行，印数3000册。《寿光年鉴》（2006－2010）的编辑出版，为各行各业提供咨询服务，为各级领导科学决策提供可靠依据，为国内外朋友全面了解寿光提供方便，也是广大年鉴工作者通力合作、辛勤耕耘的丰硕成果。2012年在第四届全省优秀年鉴评奖活动中，荣获综合二等奖。

有关志书编写工作。2011年编辑出版《寿光掠影》，本书以图片资料的独特方式，本着“纵横百年、催人奋进、再现历史、展望未来”的编辑理念，着眼于寿光不同时代社会各方面重要事件和人物，真实记录寿光的沧桑巨变。为保证图文质量，在近一年的时间里，参编人员遍访300多位文史学者和事件知情人，搜集图片资料1000余幅，对每张照片拍摄年代、内容及背后的故事进行简要记述，使这些尘封已久的历史瞬间定格为永恒。12月，由山东新华印刷厂潍坊厂印刷，共计30千字，480插图，印数1000册。2012年，修订出版1960年编《寿光县志》。该志书初稿成于上世纪60年代，带有鲜明的时代特征，是那一时期寿光历史的真实反映。同时，先后翻印1992版《寿光县志》2000册；康熙版、民国版《寿光县志》100套。2011—2015年，先后指导审定出版的部门单位志、镇街志、村志有：《寿光农村商业银行志》《寿光日报社志》《寿光广播影视志》《山东寿光建设集团志》《寿光市地图集》《寿光广播影视志》《寿光市水利志》《寿光市财政志》《寿光市国土资源志》《潍坊科技学院志》《侯镇志》《地沟村志》《孙家庄人物志》《南潘曲村志》《古镇丰城》《张屯村志》《西浊北村志》《东浊北村志》《拉塔埠村志》《南里任村志》近20余部。指导编纂的《工业志》《盐业志》《蔬菜产业集团志》《田柳镇志》《广陵村志》进展顺利。

【方志馆建设】 寿光市方志馆于2010年12月开馆，为充实馆藏，通过寿光电视台、寿光网、《寿光日报》等媒体刊发征集文史资料启事，利用《寿光县志》《寿光年鉴》或部门单位等基层志书与外地进行交换，投资购买以及接受捐赠等多种方式，5年间共征集、收藏各类志鉴、史料1000余种、近6000册，为弘扬寿光文化起到积极作用。

政策研究与信息督查

【政策研究】 2011—2015年，市政府办公室研究室围绕市委、市政府的工作重点，先后组织开展土地流转、转型升级、科技创新、民生改善等重点领域调研，累计形成同级、上级刊发调研报告300余篇，各类汇报、讲话1500余篇，研究制定政策性文件60多件，为市委、市政府科学决策提供重要依据。

【信息督查】 2011—2015年，市政府办公室信息科拓宽信息收集和提报渠道，做到挖掘深层次信息、提报超前信息实事求是，“喜”“忧”兼报，共向上级提报《政务信息》5400余条，向上级提报《每日动态》4200余条，上报省、潍坊市约稿5000余条，其中4500余条被国务院办公厅、省政府信息处和潍坊市政府办公室采用，有关蔬菜价格变动方面的多篇信息还得到国务院办公厅和省政府的领导签批。

2011—2015年，市政府办公室督查科围绕市政府工作报告、市政府常务会议、市长办公会议、重要专题会议确定的工作和领导交办的事项进行及时跟踪督查，累计对120多次重要会议确定的1500多项重点工作进行督办，办理领导批示件900多件，形成督查报告180多篇。其中，2015年对28次重要会议确定的254项重点工作进行督办，办理领导批示件196件，形成督查报告40篇。

法制工作

【管理机构】 1990年4月，成立县法制局。1993年10月，市法制局更名为市政府法制办公室，1996年4月恢复市政府法制局名称，1999年11月增挂“寿光市人民政府行政复议办公室”牌子，2010年2月更名为寿光市人民政府法制办公室。2011年3月，为推行相对集中行政复议权和行政裁决权，在市政府法制办公室加挂寿光市人民政府行政复议裁决办公室牌子（正科级行政单位），撤销市政府行政复议办公室牌子。2015年9月，市政府法制办公室由市政府内设机构调整为在市政府办公室加挂市政府法制办公室牌子。2010年12月被省政府评为全省依法行政工作先进单位；2011年12月被国务院法制办评为全国行政复议工作先进单位；2013年被省政府确定为山东省依法行政工作联系点，并被评为全省行政复议工作示范单位；2011—2014年连续4年被潍坊市政府评为全市依法行政工作先进单位。2015年被潍坊市政府授予潍坊市依法行政“五五”规划先进集体称号。

【规范性文件及重大行政决策】 **规范性文件制定和备案审查。**2012年《山东省行政程序规定》颁布实施，规范性文件实行有效期制度。为贯彻落实《规定》，寿光市相继对《寿光市规范性文件管理办法》《寿光市人民政府办公室关于落实规范性文件统一登记编号发布制度的通知》等规范性文件进行规范，并实行规范性文件“三统一”（统一登记、统一编号、统一发布）制度，要求规范性文件制定时必须经法制办合法性审查，制定后均按规定报送上级政府和市人大常委会备案，并在政府网站及其他媒体上予以公布。2011—2015年，全市共制定发布规范性文件67件。2015年7月，市政府法制办对2007—2014年发布的市政府规范性文件进行全面清理，最终废止33件，到期失效13件。同时，建立规范性文件定期清理制度，每2年一次对政府及其部门的规范性文件进行清理。

政府决策机制科学化、民主化和法制化。5年来，不断加强政府决策的科学化、民主化和法制化建设，保证全市经济社会又好又快发展。2014年，制定出台《寿光市重大行政决策专家咨询论证办法（试行）》《寿光市人民政府重大行政决策合法性审查制度》，进一步完善科学民主决策、坚持依法行政制度，建立完善决策公开、重要决策合法性论证、重大决策集体讨论等行政决策制度和程序，规定做出重大行政决策时需经过公众参与、专家论证、风险评估、合法性审查和集体研究5个必经程序。市政府法制机构承担重大决策的合法性审查，充分发挥政府法制机构作用。市政府法制办除列席市政府常务会外，凡市政府上会议题会前必须由法制办进行合法性审查，未经法制办审查不予上会研究。7月，建立法律顾问制度，从北京、济南、潍坊及全市聘请8名法律顾问。为规范法律顾问工作，制定《寿光市人民政府法律顾问工作规则》，对涉及经济发展、城市建设、人民生活等方面重要决策、政府合同的合法性进行审查，组织法律顾问认真分析、论证，为依法、科学决策提供法律支持。至2015年，政府法律顾问共参与政府工作20余次。

【行政执法管理与监督】 **落实行政执法人员持证上岗和资格管理制度。**2011年始，不断强化行政执法资格认证和执法证件管理工作，除法律法规另有规定的以外，所有行政执法人员必须在编在岗，必须参加全省统一行政执法资格考试，领取山东省行政执法证件。同时，严格执法证件的年审，对岗位调整、时效过期等人员的执法证件按规定予以注销。2014年共清理无效过期证件1270个，对全市1039名在编在岗的行政执法人员进行行政执法证申报培训和考试，执法证审验工作坚持编办把好人员编制关、法制办把好公共法律知识关、业务部门把好专业法律知识关的原则，确保行政执法质量和水平，坚决杜绝劳动合同制人员、劳务派遣人员参与行政执法的现象发生，保障执法队伍的纯洁性，为全市营造良好的行政执法环境。

推行行政处罚自由裁量权网上公开运行工作。2013年始，寿光市作为潍坊市科技防腐试点单位，对全市各行政执法单位的行政处罚进行自由裁量权细化，建立寿光市行政执法业务系统，将部门行政处罚全部纳入网上运行。运用信息技术手段，将全市行政处罚划分为若干标准环节，并固化各环节执法人员，任何案件都必须按照规定的程序实施。2015年，在强镇扩权的基础上，又将行政处罚网上运行终端延伸至扩权试点镇，全市各执法部门的行政处罚事项全部实现上网运行和在线监控。

创新建立行政执法监督员和行政执法监督联系点机制。2014年，创新建立首届行政执法监督员和联系点，聘任20名行政执法监督员和10个执法监督联系点参与市政府执法监督工作，并到环保、食药监等部门开展执法监督活动，受到群众一致好评。2015年，在总结第一届行政执法监督员和联系点工作经验的基础上，遴选第二届行政执法监督员和联系点，将聘期由1年改为2年，监督员由原来的30人增加到60人，让更多的社会力量参与到行政执法监督工作中。通过开展活动共发现问题30余个，提出建议19条，均得到及时解决。

认真开展行政部门涉企检查报备工作。2014年始，全市开展涉企检查报备工作，制定《寿光市涉企报备实施办法》，规定每月1—20日为企业“宁静日”，在此期间除中央、省、潍坊市统一部署和涉及安全生产、环境保护、公共安全、行政审批现场勘查、执法部门处理投诉事项对特定企业开展检查外，任何部门和单位不得到企业开展检查活动。需到企业进行检查执法的部门，到法制办备案后，方可进行检查，否则将按照规定进行问责，为企业营造良好的营商环境。

【执法培训与法制宣传】 2011年，《潍坊法治》刊物正式创刊，至2015年寿光市连续5年被潍坊市评为依法行政宣传工作先进单位，并于2012年发行《潍坊法治》寿光专刊。市级领导班子成员率先垂范、带头学法，将每月15日定为领导干部学法日。寿光市领导干部学法用法的做法得到中组部、中宣部、司法部和全国普法办的肯定并向全国推广。2012年，认真贯彻落实新出台的《行政强制法》《国家赔偿法》《山东省行政程序规定》，将2012年确定为行政程序年，印发《寿光市人民政府行政程序年活动实施方案》，大力开展规范行政程序宣传、学习活动，营造良好的舆论和学习氛围。11月，邀请省政府法制办主任高存山针对市级及各镇街、部门领导班子成员举办行政程序暨依法行政讲座。2015年，《行政诉讼法》《山东省行政执法监督条例》相继出台实施，市政府法制办在多形式广泛宣传的同时，先后邀请潍坊市中级人民法院、潍坊市政府法制办及潍坊学院的专家、教授到寿光举办培训班，对全市行政执法人员进行培训，共培训3097人，参训率95%。同时，相关部门还根据部门需要邀请法制办工作人员讲解工作基本知识，规范执法程序。在2015年省政府法制办开展的宪法和公共法律知识视频系列辅导活动中，寿光市组织相关执法部门执法人员按时收看视频率达100%。

【行政复议应诉】 2011—2015年，市财政每年拨付经费3万元，用于行政复议办案。建立信访、法制部门定期通报和案件移交制度，拓宽复议渠道，解决行政争议，通过信访渠道共移交复议案件32件。与市法院建立联席会议制度，不定期对典型案例进行讨论、沟通，提高办案效率和质量。2014年7月、11月分别按照上级要求将工商、质监、公安系统的行政复议权全部集中到本级人民政府行使，实现行政复议裁决的一口受理。办案中探索建立行政复议听证机制，将审理模式由传统的“背对背”模式改为“面对面”模式，通过召开听证会，打消当事人认为暗箱操作的顾虑，真正做到案结事了。5年来，全市共收到行政复议申请192件，受理申请122件；共代市政府出庭应诉31起。2015年，寿光市被潍坊市列为首批行政复议规范化建设试点单位。

【人大议案、政协提案督办】 2011—2015年，市法制办承担人大议案、政协提案督办工作，并在寿光市“两会”期间驻会收集议案、提案，会后按照各单位职责对人大代表、政协委员所提议案、提案进行分工并转办，办理期限结束由法制办对办理情况收集、汇总，形成市政府办理汇报材料向市人大、市政协进行汇报、通报。5年来，共督办人大议案、建议462件，政协提案、建议557件，人大“双联”活动期间意见541件；办理潍坊市人大议案件4件，潍坊市政协提案7件，议案、提案均在规定时间内答复完毕，办复率达到100%，满意率达98%。

（杨德田）

人事工作

【管理机构】 市人力资源和社会保障局。2011年1月，市人力资源和社会保障局内设职能科室有办公室、政策法规信息科、组织人事科、规划财务审计科、职业能力建设科、专业技术人员管理科、事业单位人事管理科(人事考试中心与其合署)、劳动关系科、机关事业单位工资福利科、养老和失业保险科(挂医疗和生育保险科、农村社会保险办公室牌子)、工伤保险科、就业促进科(挂高校毕业生就业科、农民工工作科牌子，与市人力资源管理服务中心合署)。下辖市公务员管理办公室(内设公务员综合管理科)，考核奖惩科与其合署办公；市军官转业安置办公室；市外国专家局(内设外国专家综合管理科)。核定机关行政编制31人。2月，局机关增设信访科、网络科，同时将规划财务审计科调整为规划财务科和监察监督科，规格均为股级。2014年5月，机关行政编制调整为28人。2015年2月，市人社局不再挂市外国专家局牌子；将城镇职工基本医疗保险、城镇居民基本医疗保险、新型农村合作医疗等职责进行整合，由市人社局统一管理。

市人力资源管理服务中心。2010年成立寿光市人力资源管理服务中心，为副科级事业单位。2011年2月，市人力资源管理服务中心内设办公室(挂物业管理科牌子)、人力资源市场科、失业职工管理科、劳动人事代理科、就业管理科、创业指导科、综合信息科、档案科、农村劳动力服务科、人才引进开发科、大中专毕业生服务科共11个科室，均为股级。4月，市人力资源管理服务中心由副科级规格调整为正科级，核定全额拨款事业编制40人，仍隶属市人社局，单位性质、规格、编制数不变。

市职业技能鉴定中心。前身是市人力资源培训中心。2011年2月，市人力资源培训中心撤销学历教育科、人才培训科，增设人才开发科、职业能力培训科、职业技能鉴定科(挂市职业技能鉴定中心牌子)，规格为股级内设科室。4月，市外国专家局原有事业编制调整到市人力资源培训中心。调整后市人力资源培训中心核定编制12人，原单位规格、经费形式、隶属关系等不变。2015年2月，将市人力资源培训中心更名为市职业技能鉴定中心，核定全额拨款事业编制7人。

市人事考试中心。2008年成立寿光市人事考试中心，为股级事业单位，隶属市人事局。2014年5月将编制调整为2人。2015年2月，将市人事考试中心由市人社局所属事业单位调整为市职业技能鉴定中心挂牌机构，收回全额拨款事业编制2人，相关职能及人员划转到市职业技能鉴定中心。

【干部队伍管理】 **股级干部管理**。5年来，在股级干部任免方面，进一步加大任前考察力度，对拟提拔任职或调整到重要岗位任职的，全部到单位进行考察；对因身份原因不符合任职条件的人员，一律不予任职；对从一般人员直接要求担任科室负责人的，全部先公布科室副职。2011年，共印发股级干部任免文件32个，涉及市政府办公室等45个部门(单位)的440人。2012年共印发机关事业单位股级干部任免文件15个，涉及单位19个，78人。2013年，共印发股级干部任免文件22个，任免股级干部308人，涉及单位30个。2014年共印发机关事业单位股级干部任免文件15个，涉及单位21个，89人。2015年共印发机关事业单位股级干部任免文件11个，涉及单位54个，205人。

年度考核。2011—2015年，每年组织对全市机关事业单位人员进行年度考核。2011年，全市共有20748人参加考核。其中，2892人被确定为优秀等次，占13.94%；17522人被确定为称职(合格)等次，2人被确定为不合格等次，5人被确定为基本合格等次，298 人因见习期等原因不定等次，29 人因病、事假超过半年不予考核。2012 年，全市共有 20679 人参加考核。其中，3072 人被确定为优秀，占 14.85%；16964 人被确定为称职（合格）等次；6 人被确定为不合格等次；9 人被确定为基本合格等次，586 人因见习期等原因不定等次；42 人因病、事假超过半年不予考核。2013 年，全市共有 21168 人参加考核。其中，3157 人被确定为优秀，占 14.91%；17745 人被确定为称职（合格）等次；11 人被确定为不称职（合格）等次；4 人被确定为基本合格等次，191 人因见习期等原因不定等次；60 人因病、事假等原因超过半年不予考核。2014 年，全市共有 20952 人参加考核。其中，3139 人被确定为优秀，占 14.98%；17267 人被确定为称职（合格）等次；36 人被确定为不称职（合格）等次（1 人为企业人员）；6 人被确定为基本合格（称职）等次；416 人因见习期等原因不定等次；88 人因病、事假等原因超过半年不予考核。2015 年，全市共有 22152 人参加考核。其中，3299 人被确定为优秀等次，占 14.89%；18234 人被确定为称职（合格）等次；28 人被确定为不称职（不合格）等次；6 人被确定为基本合格等次；460 人因见习期等原因不定等次；125 人因病、事假、外出学习等原因超过半年不予考核。

事业单位招聘。2011 年 3 月，完成市人民医院招聘硕士研究生、潍坊科技学院招聘博士研究生工作，参考硕士研究生 106 人，博士报名 27 人，最终录用硕士 15 人、博士 16 人。6 月，对报考寿光市“三技一扶”人员组织开展面试工作，共有 41 人参加，竞争 26 个岗位。7 月，与市委组织部一起，承担潍坊市选聘高校毕业生到村任职寿光考点的面试工作，潍坊共设寿光、高密 2 个考点，报考寿光、青州、潍城 3 个县市区的 215 名考生于 7 月 2 日在寿光市参加面试。9 月，组织开展事业单位公开招聘工作人员工作，全市共设招考岗位 139 个，其中本专科（中专）岗位 79 个、硕士研究生以上岗位 60 个，共计划招聘 270 人，其中本专科（中专）199 人、研究生 71 人，共有 2630 人参加笔试，406 人参加面试。11 月，完成机关事业单位招聘退役士兵工作，全市共计划招聘退役士兵 30 人，其中普通岗位 20 人、驾驶员 10 人，共有 160 人报考，其中报考普通岗位 113 人、报考驾驶员 47 人，经笔试、驾驶员技能操作、面试、体检，被录用者 12 月 1 日挑选岗位上班。

2012 年 2 月，完成市双王城生态园区管委会、市环保局公开招聘工作人员工作，双王城招聘岗位 14 个、18 人，环保局污水处理费征收办公室招聘岗位 5 个、6 人，经笔试、面试，实际招聘 20 人，其中双王城 14 人、环保局 6 人。3 月，完成潍坊科技学院、市安全生产应急救援指挥中心招聘工作人员工作，潍坊科技学院公开招聘高层次人才岗位 17 个（含博士岗位 2 个）、21 人，有 131 人报名（含博士 2 人）；市安全生产应急救援指挥中心招聘岗位 6 个，有 19 人报名，4 月完成笔试、面试和组织体检工作。完成市国税局等 5 部门特需岗位工作人员招聘工作，共设招聘岗位 8 个，招聘人员 71 人，其中市国税局 15 人、市地税局 15 人、市农业局 24 人、市海洋渔业局 9 人、市水利局 8 人，共有 820 人报名，4 月完成笔试、面试和组织体检工作。4 月 13 日，省人社厅事业单位岗位设置管理、人员聘用和收入分配政策督导检查组到寿光市进行督导检查，检查组对寿光市事业单位人事管理工作给予高度评价。5 月，为市人民医院组织招聘百名医学专业技术人才，计划招聘100人，经网上报名、现场确认、复核，有60人进入面试，确定录用31人。6月，组织开展2012年招募“三支一扶”大学生面试工作，招募岗位27个，应到面试53人，实到51人。组织开展公益性岗位招聘部分退役军人笔试工作，与民政部门制定《寿光市城管执法监察大队等单位公益性岗位招聘部分军队退役士兵人员启事》，共计划招聘80人，其中市城管执法监察大队城市管理协管员岗位20人、市环境卫生管理处道路保洁工和垃圾装卸工岗位20人、市园林绿化管理处公园和绿化地养护工岗位20人、市公安局保安公司保安队员岗位20人，共有85人参加招聘。7月，组织开展全市事业单位公开招聘工作人员工作，共有3549人通过资格审查，经笔试、面试、体检，共有210名考生进入录取范围，其中硕士及以上学历69人。此次考试报名人数、设置考场数、参加面试考生人数、面试评委分组、抽调工作人员等，都是历年来事业单位考试中最多的一次。9月，组织市府办公室、市财政局、市体育局、双王城生态经济园区管委会等特需岗位招聘工作人员工作，计划招聘49人，其中市政府电子政务办公室招聘4人、市体育局招聘6人、市双王城生态经济园区管委会招聘4人、镇街财政经管统计站招聘35人，共有113名考生报名，经笔试、面试，10月10日24名录用人员上班。11月，组织市财政局、市统计局招聘特需岗位工作人员工作，计划招聘44人，其中市财政局25人、市统计局19人，根据报名情况，市财政局调整为17人，市统计局调整为3人，经笔试、面试，12月26日录用人员上班。组织机关事业单位招考退役士兵工作，计划招聘20人，其中普通岗位13人、驾驶员7人，经笔试、面试，12月26日录用人员上班。

2013年2月，组织全市春季事业单位公开招聘高层次急需专业人才考试工作，主要面向211、985院校本科毕业生及硕士以上毕业生，生源地、户籍不限，计划招考162人，涉及26个用人单位，分综合、卫生、教育3类。经网上报名、笔试、面试，从1040名参加笔试考生，确定录用97人（不含博士）。潍坊科技学院公开招聘博士研究生10名，报名参加面试9人，有6人被确定录用，其余3人作为高层人才引进录用。3月，为市财政局、统计局、金融办、羊口镇政府、市公安消防大队共招聘特需岗位工作人员39人，有154人报名参考，经现场确认、笔试、面试，有26人被录用，其中财政局5人、市公安消防大队6人、市统计局10人、市社会信用信息服务中心5人。6月，面向全国公安、政法院校2013年应届毕业生，为市公安局公开招聘20名事业编制警察，经报名、笔试、面试，从参考的18人中，确定录用9人。7月，组织公开招聘部分事业单位工作人员，主要面向寿光户籍、寿光生源或派遣到寿光市毕业生就业主管部门报到的正规全日制本科学历毕业生，另外，“211”“985”工程院校本科及其他院校硕士以上研究生报考不受户籍地、生源地限制，共有1080名符合条件的考生报考，经笔试、面试、体检、考核和公示，公安局职位外加体能测评，确定录用97人。9月，开展机关事业单位招考退役士兵、部分教育卫生单位公开招聘急需人才、市职业教育中心学校公开招聘合同制教师、公开招聘特需岗位工作人员工作，共有896人报名参加笔试，经报名、笔试、面试，共录用100人，其中退役士兵30人、急需人才16人、合同制教师41人、特需岗位工作人员13人。

2014年2月，组织春季事业单位公开招聘工作人员和市职业教育中心学校公开招录合同制教师工作，共有2111人报名参考，经笔试、面试，确定事业单位（含人民医院）录用102人，职教中心录用49人。7月，组织寿光市2014年“三支一扶”招募高校毕业生面试工作，共有57名考生参加，确定录用30人。9月，组织公开招聘部分事业单位、市人民医院东城分院工作人员和市检察院特需岗位工作人员，共有1491人报名参考，经笔试、面试、体检、考核，确定圣城街道社区管理办公室等事业单位录用32人，市人民医院东城分院录用67人，市人民检察院、市公安局特巡警大队、市国税局录用31人。12月，组织机关事业单位安置录用退役士，公开招聘市公安消防大队政府专职消防文员、市公安局特巡警大队应急救援中队特需岗位工作人员和市人民医院工作人员，共有216人报名，经笔试、面试、体检、考核，确定机关事业单位录用退役士兵5人，市公安消防大队录用政府专职消防文员15人，市公安局特巡警大队应急救援中队录用特需岗位人员18人，市人民医院录用12人。

2015年4月始，组织公开招聘全市事业单位工作人员，共有3152名考生通过网上报名资格审核，经笔试、面试、体检、考核、公示，确定录用334人。开展潍坊科技学院招聘博士工作，共有16名博士报名，经面试、体检、考核和公示，确定录用9人。开展2015年退役士兵安置工作，共有40人报名参加安置考试，经档案审核、笔试、体检，确定安置到事业单位工作6人。开展2015年优秀运动员安置工作，共有6人报名参考，经笔试、面试、体验，确定安置到事业单位3人。11月，组织公开招聘市物证鉴定中心工作人员，共有115人报名参考，经笔试、现场目测、面试、体能素质测评、体检、考核、公示，确定录用10人。组织公开招聘市检察院、市建筑业农民工维权服务中心、市审计局、潍坊检验检疫局寿光办事处、市临港项目区建设指挥部、市场监督管理局、市林业局所属森林公安局特需岗位人员，共有194人考生通过资格审核，经笔试、现场目测、面试、体能素质测评、体检、考核、公示，确定录用42人。组织招聘市消防大队政府专职消防员，先后2次发布招聘简章，共有79名考生通过资格审核，经笔试、体能素质测评、体检、考核、公示，确定录用47人。组织招聘市人民医院东城分院、羊口医院医务人员，共有111名考生通过资格审核，经笔试、体能素质测评、体检、考核、公示，确定录用41人。

公务员管理。2011年，公务员计划招考28人，其中市直14人、乡镇14人。共有4137人报考，经过笔试、面试、体检、考察、网上公示，历时5个月时间，于8月30日结束，共录用28人。其中，男10人、女18人，具有硕士学历的3人、本科学历的21人、专科学历的4人。2012年，公务员计划招考25人，实际招考21人，其中市直6人、乡镇15人。共有3248人网上报名，经过笔试、面试、体检、考察、网上公示，历时6个月时间，8月27日结束，共录用21人。2013年，公务员计划考录16人，其中市直5人、乡镇10人、参公1人，共有3008人参考，录用16人。2014年，公务员计划考录56人，共有3126人网上报名并通过资格审查，经笔试、面试、体检、考察、网上公示，历时近5个月，确定录用52人。2015年，公务员计划招考64人，其中市直14人、乡镇47人、参公3人，网上报名审核通过2778人，经过考察录用59人。

【人才智力管理】 人才引进。2011—2015年，先后为潍坊科技学院、市人民医院、市中医院等单位及各大企业引进硕士以上高层次人才1891人，其中博士91人、硕士1800人，位居潍坊市前列。其中2011—2015年，分别引进硕士以上高层次人才168人（其中博士34人、硕士134人）、428人（其中博士16人、硕士412人）、591人（其中博士20人、硕士571人）、348人（其中博士10人、硕士338人）、356人（其中博士11人、硕士345人）。组织晨鸣集团、联盟化工、鲁丽钢铁、蔬菜产业集团等用人单位到北京、西安、济南、青岛等名校及高层次人才聚集区参加招聘会100余次，达成就业意向8000余人次，为全市企业发展提供充足的人才支持。

开展蓝、黄两区引进急需人才项目申报工作。2011—2015年，先后成功申请黄河三角洲地区引进急需人才项目12个，山东半岛蓝色经济区人才发展项目1个，共申请资金150万元。其中，2011年申请山东半岛蓝色经济区人才发展项目经费资助计划优秀项目1个，10万元；申请黄河三角洲地区引进急需人才项目经费资助计划优秀项目1个，10万元。2012年申请黄河三角洲地区引进急需人才项目经费资助计划3个，40万元。2013年申请黄河三角洲地区引进急需人才项目经费资助计划2个，40万元。2014年申请黄河三角洲地区引进急需人才项目经费资助计划5个，40万元。2015年申请黄河三角洲地区引进急需人才项目经费资助计划1个，10万元。

人才培训。2011年始，全面加强人才培训。2013年7—8月，市人力资源培训中心举办5期全市市直部门单位635名中层干部和重点岗位工作人员进行作风建设专题培训班，每期培训班安排5个专题讲座、2次分组讨论、1次集中发言交流。11月26日，包头市公务员局组织28人在寿光开展4天农牧业二次引智培训，其中村支部书记24人、农业部门经理3人、农业技术员1人。2014年，先后举办寿光市电子商务应用推广培训班，参训155人；举办寿光市电子商务经理人培训班，参训237人；举办青年电商培训班2期，参训94人；举办电子商务培训班4期，参训486人。5月25—29日，举办武警部队藏区暨驻鲁部队业余生产骨干培训班，培训110人。举办包头农业二次引智培训班，培训40人。同月28日—6月3日，举办宁夏农村优秀实用人才培训班，培训253人。2015年1月，寿光市与北京交通大学联合举办财会审计经济类专业人才高级研修班，时间6个月，全市有22人参加脱产培训。5月23—25日，举办延边农业技术培训班，培训16人。26—29日，举办包头农业二次引智培训班，培训31人。

专业技术拔尖人才管理。2011年6月，市政府办公室印发《寿光市人民政府办公室关于印发“百家企业千名工程师计划”的通知》，其目标任务是围绕装备制造、新能源、新材料、医药、海洋科技开发、城市规划建设等重点产业，每年选择100家企业，通过引进、培养、评价等方式，为企业培养1000名具有技术资格的工程技术人员。至2015年底，全市入选享受国务院特殊津贴专家1人，入选山东省有突出贡献的中青年专家4人，入选潍坊市专业技术拔尖人才9人，入选寿光市专业技术拔尖人才59人；入选潍坊市首批专业技术创新人才提升工程3人。培养有较高素质的工程技术人员4256人，其中取得工程技术应用研究员资格有6人、高级工程师110人、工程师492人、初级工程技术人员3650人。9月15日，寿光专家协会成立大会暨第一次会员大会召开，会议表决通过会长、副会长、秘书长，选举51名理事会成员和9名常务理事，协会首批个人会员159人、单位会员25个。11月11日，省人社厅下发《关于做好2011年度省有突出贡献的中青年专家推荐选拔工作的通知》，寿光市推荐上报的康跃科技股份有限公司副总经理、高级工程师王航于2012年6月入选，是寿光市首位获此殊荣的专家。

2012年8月，潍坊市人社局下发《关于做好第十一批市级专业技术拔尖人才推荐选拔工作的通知》，寿光市有4人入选，分别是山东晨鸣纸业集团股份有限公司邵学军、潍坊市宏源防水材料有限公司郑家玉、寿光现代中学魏华中、寿光富康制药有限公司的宋伟国。2013年7月，市政府办公室印发《寿光市专业技术拔尖人才选拔管理办法》，从第9批寿光市专业技术拔尖人才推荐选拔开始，执行新办法。

2014年4月，市政府印发《关于命名表彰寿光市第九批专业技术拔尖人才的通报》，命名表彰董良军等28人为“寿光市第九批专业技术拔尖人才”。6月，省政府印发《关于授予范传文等99名同志山东省有突出贡献的中青年专家荣誉称号的通报》，寿光市富康制药有限公司副总经理、高级工程师宋伟国入选，是寿光市第2位获此殊荣的专家。10月，潍坊市政府印发《关于命名表彰潍坊市第十二批专业技术拔尖人才的通报》，潍坊市入选115人，其中寿光市入选5人，分别是康跃科技股份有限公司高级工程师李延昭、山东寿光建设集团有限公司工程技术应用研究员魏金明、寿光市植物保护站高级农艺师胡永军、潍坊科技学院高级讲师郑东营、寿光市职业教育中心学校高级教师蔡立业。

2015年1月，省政府印发《关于授予黄宁等99名同志山东省有突出贡献的中青年专家荣誉称号的通报》，寿光市康跃科技股份有限公司高级工程师李延昭入选，是当年度潍坊市唯一获此殊荣的专家，也是寿光市第3位获此殊荣的专家。2月，省人社厅印发《关于公布山东省2014年享受政府特殊津贴人员名单的通知》，全省121人入选，其中寿光市康跃科技股份有限公司的副总经理、高级工程师王航入选。9月，省人社厅印发《关于对2015年度山东省有突出贡献的中青年专家考察人选进行公示和考察的通知》，寿光市植物保护站高级农艺师胡永军入选，待省政府印发文件通报，这是寿光市第4位获此殊荣的专家，也是寿光市农业领域第1位获此殊荣的专家。11月，潍坊市人社局印发《关于公布寿光市首批专业技术创新人才提升工程人选的通知》，共确定30名人选，寿光市入选3人，分别是山东威能环保电源科技股份公司（基于软碳负极材料的锂离子储能电池系统关键技术及示范项目）熊俊威、寿光富康制药有限公司（埃索美拉唑镁肠溶胶囊制剂国际化项目）宋伟国、寿光市植物保护站（设施番茄适用品种创新与种苗产业化开发项目）胡永军，居潍坊市各县市区入选人数首位。

国外智力引进。2011年4月19—21日，国家外国专家局在寿光市召开山东半岛蓝色经济区引进国外智力成果经验交流现场会，来自全国和山东省内各地市的外国专家局局长和引智工作人员共160人参加会议。9月，在寿光中印软件园发展中心工作的印度专家巴苏先生被国务院授予中国政府“友谊奖”，时任国务院副总理张德江为荣获“友谊奖”的外国专家颁奖。11月，在康跃科技股份有限公司工作的美国专家史蒂夫先生被省政府授予“齐鲁友谊奖”。2012年9月，全国引进国外智力成果示范推广基地工作会暨引智成果送红区展览活动在临沂举办，寿光市组织示范园（国家级引智基地）参会参展，提供经验交流材料及文字图片材料。

2013年4月，康跃科技股份有限公司聘请的美国专家史蒂夫先生入选国家“千人计划”，成为潍坊市首位入选“千人计划”的外国专家。5月20日，由国家外国专家局、总后军需物资油料部和山东省外国专家局共同举办的全军蔬菜种植技术骨干培训班在寿光市开班，国家外国专家局党组副书记、副局长孙照华等一行3人，在省、潍坊及寿光市有关领导陪同下，出席开班仪式。培训班为期10天，参训160人。25日，2013中国（寿光）有机农业与自然农法国际论坛在寿光市温泉大酒店月季厅开幕，来自有机农业方面的6名日本专家及留学归国的20名专家教授围绕“确立安全食品生产体系，致力于可持续发展农业”主题作专题报告。8月，国家人社部和全国博士后管理委员会批准在寿光市富康制药有限公司设立博士后科研工作站1处。至此，全市共有博士后科研工作站6家，设站数量居全省县级市首位。

2014年4月，富康制药有限公司聘请的德国专家彼得先生入选国家“千人计划”。5月25日，由国家外国专家局、总后军需物资油料部和山东省外国专家局共同举办的武警部队藏区基层部队业余生产骨干训班在潍坊市开班，培训时间5天，参训120人。9月3—4日，2014寿光专家人才创新创业家乡行活动在寿光市温泉大酒店阳光会议厅隆重开幕，市委书记朱兰玺做重要讲话，市委副书记邱旺主持，省科技厅副厅长、青岛国家海洋中心主任李乃胜，中国石油大学（北京）副校长徐春明，国家千人计划专家慈立杰作为回乡代表在会上发言。同月，康跃科技股份有限公司聘请的美国专家史蒂夫先生被国务院授予中国政府“友谊奖”。10月，富康制药有限公司聘请的德国专家彼得先生被省政府授予“齐鲁友谊奖”；世纪学校聘请的美国外教戴维森先生被潍坊市政府授予“鸢都友谊奖”。2015年4月，寿光市威能环保电源聘请的德国专家托马斯先生，入选第五批“外专千人计划”，成为寿光市第3位入选“外专千人计划”的专家。10月，寿光市鲁寿农业德国专家哈夫·施密特，获省政府颁发的“齐鲁友谊奖”，成为寿光市第6位获“齐鲁友谊奖”的外国专家。

人事代理。2011年，新增代理人员4468人，为2127人办理参保手续，为24089人代收代缴社会保险金，代收代缴社保基金12954万元。为440名退休人员补办医保卡，为1333人办理增加补贴手续，为6603人办理职业资格证，为724人办理迁出户口手续，为497人办理退休手续。2012年，新增各类代理人员9122人，收缴档案托管费1002万元，为6531人办理参保和就业手续，为25672人代收代缴社会保险金，代收代缴社保基金18165万元。申报工伤72人，申请遗属补助15人，为4211人办理职业资格证，为624人办理迁出户口手续，为591人办理退休手续，为2314名退休人员进行养老保险资格认证，累计发放社保卡25874张。2013年，新增各类代理人员3128人，为2358人办理参保和就业手续，为25897人代收代缴社会保险金，代收代缴社保基金19685万元。为960人办理迁出户口手续，为524人办理退休手续，为660人审核退休待遇，为514名退休人员进行养老保险资格认证，发放代理人员社保卡6000余份。2014年，社保代理人员3万余人，每年正常参保人员2.6万余人，为24976人缴纳社会保险金1.9亿元。新增大中专毕业生代理2398人，为1500人办理就业派遣手续，为800余人办理户口迁移，为代理参保的人事代理人员代缴社会保险862人。为新增灵活就业参保的512人办理参保缴费手续，为800余人办理退休、待遇审核和养老保险资格认证，发放代理人员社保卡1200余张。2015年，单位迁至市政务服务中心办公，同时与市建设银行合作开发社保收缴系统，共收缴代理人员社会保险25453人，征收金额2.49亿元。新增大中专毕业生代理人员1791人，为2576人办理就业备案及鉴证手续，为920余人办理户口迁移。同时，为代理参保的人事代理人员800余人代缴社会保险。为865余人办理退休、待遇审核和养老保险资格认证。为2628人办理由代理转单位参保手续。新增灵活就业参保人员310人，并为他们办理参保缴费手续。发放代理人员社保卡680余张。

【工资福利】 **机关事业工资**。（1）基本工资。2011—2015年，根据2006年7月机关事业单位正常增资机制，机关单位工作人员晋升级别工资档次2次，晋升级别1次，事业单位工作人员正常增加薪级工资5次，都是每年1月份调整，全市调资人数共计约11万人次，人均增加基本工资约160元。2014年10月调整工资标准1次，人均增加基本工资约为900元。认真落实县以下机关公务员职务与职级并行工作，2015年12月完成全市首次职务与职级并行工作，涉及61个单位851人，占全市公务员的30.3%，其中晋升正处级的48人、副处级的92人、正科级的149人、副科级的562人。职级晋升后，人均增资约600元。根据工资政策规定，不断强化监管，2014年、2015年连续2年对机关事业单位“吃空饷”进行检查和清理，为55名已调动工作的领导干部转移工资，为13人核定病休工资，追缴财政资金5.5万元。（2）津贴补贴。2011—2015年，全市共增加津贴补贴4次，分别是2011年1月、2012年7月、2013年7月和2014年12月，人均增加津贴补贴1550元，在职人员增加津贴补贴的同时，为离退休人员增加生活补贴，人均增加生活补贴1100元。自2014年1月起，为提高镇街基层工作人员待遇，为这部分人员增发乡镇补贴，全市基层机关事业单位工作人员1.1万人受益，人均月补贴400元，2015年1月又提高标准180元，人均月补贴增加到650元。

劳动工资。2011年，按照省政府《关于发布2011年企业工资指导线的通知》要求，寿光市发布2011年企业工资指导线，以2010年潍坊市企业在岗职工平均工资为基数，确定2011年全市企业职工货币工资增长基准线为15%，增长上线（预警线）为23%，增长下线为6.5%。2012年，按照省政府《关于发布2012年企业工资指导线的通知》要求，根据全市经济社会发展和企业职工工资状况，经人力资源和社会保障部审核，以2011年潍坊市企业在岗职工平均工资36737元为基数，确定2012年全省基准线为职工平均工资上涨15%，上线为22%，下线为6%。2013年，按照省政府《关于发布2013年企业工资指导线的通知》要求，根据全市经济社会发展和企业职工工资状况，经人力资源和社会保障部审核，以2012年潍坊市企业在岗职工平均工资为基数，确定2013年企业工资指导线，企业职工货币工资增长基准线为15%，企业职工货币工资增长上线（预警线）为22%，企业职工货币工资增长下线为6%。2014年，按照省政府《关于发布2014年企业工资指导线的通知》要求，根据全市经济社会发展和企业职工工资状况，经人力资源社会保障部审核，以2013年潍坊市企业在岗职工平均工资46386元（估算数）为基数，确定2014年企业工资指导线，企业职工货币工资增长基准线为12%，企业职工货币工资增长上线（预警线）为20%。2015年，按照省政府《关于发布2015年企业工资指导线的通知》（鲁政字〔2015〕38号）要求，根据全市经济社会发展和企业职工工资状况，经人力资源社会保障部审核，以2014年全潍坊市企业在岗职工平均工资为基数，确定2015年企业工资指导线，企业职工货币工资增长基准线为10%，企业职工货币工资增长上线（预警线）为18%，企业职工货币工资增长下线为4%。

福利。2011年以来，共6次提高遗属生活困难补助标准，从每月330元提高到720元；3次提高机关事业单位精简退职人员生活费标准，由每月720元提高到1300元。2015年1月始，按照市场化方向，寿光市改革机关事业单位职工住宅取暖费补贴制度，取暖费补贴按照兑现工资待遇的职务标准发放，处级3652元，科级2988元，科员、办事员及工勤2656元。事业单位专业技术人员中，被聘为高级、副高级技术职务的，按处级标准发放，被聘为中级技术职务的，按科级标准发放，被聘为初级技术职务的，按一般办事人员标准发放。改革后取暖费按市场价格由个人负担。

【专业技术职称评定】 职称制度改革。寿光市与潍坊市同步作为试点市，率先完成中小学教师职称制度改革，进一步强化职称制度的激励作用。2009年，经人社部、教育部同意，山东省在潍坊市率先开展中小学职称制度改革试点。取得经验后，于2012年12月，率先在全国实施新的中小学教师职称制度，比国家提前3年。2011年底，寿光市圆满完成中小学教师职称制度改革的各项任务，实现新老制度的平稳过渡。主要措施是健全制度体系，完善评价标准，创新评价机制，实现与事业单位岗位聘用制度的有效衔接。2015年8月26日，国务院常务会议决定在全国范围全面推开中小学教师职称制度改革。9月7日，人社部、教育部召开会议进行改革部署。

改革原中学和小学教师相互独立的职称（职务）制度体系，建立统一的中小学教师职称（职务）制度。统一后的教师职务分为初级职务、中级职务和高级职务，初级职务名称为三级教师、二级教师，中级职务名称为一级教师，高级职务名称为高级教师、正高级教师。

统一后的中小学教师职称（职务），与原中小学教师专业技术职务的对应关系是：原中学高级教师（含在小学中聘任的中学高级教师）对应高级教师；原中学一级教师和小学高级教师对应一级教师；原中学二级教师和小学一级教师对应二级教师；原中学三级教师和小学二级、三级教师对应三级教师。

统一后的中小学教师职称（职务），分别与事业单位专业技术岗位等级对应：正高级教师对应专业技术岗一至四级，高级教师对应专业技术岗位五至七级，一级教师对应专业技术岗位八至十级，二级教师对应专业技术岗位十一级至十二级，三级教师对应专业技术岗位十三级。

中小学教师职称制度改革后，全市10493名中小学教师实现职称平稳过渡，其中1人首次获得正高级教师职称，1005人获得高级教师职称，5552人获得中级教师职称，3936人获得初级教师职称。新的中小学教师职称制度，增加竞争聘用环节，特别是设立正高级教师职称，吸引更多高层次人才从事基础教育教学工作。2011—2015年，硕士研究生达380人，引进教师的层次和质量显著提高。

2015年2月，山东省按照积极稳妥、逐步推进的原则，率先在全国开展深化中职和技工学校教师职称制度改革试点工作，在青岛、潍坊、德州3市的中职、技工学校和8所省属技师学院设置正高级职称。此次改革的目的在于推动现代职业教育事业又好又快发展，为培养造就一大批技艺精湛的高技能人才和大量高素质劳动者提供坚实基础。4月，为推进深化中职学校和技工学校教师职称制度改革试点工作，潍坊市人社局、教育局转发省人社厅、教育厅《关于印发山东省深化中等职业学校教师职称制度改革试点工作实施方案的通知》和省人社厅《关于印发山东省深化技工学校教师职称制度改革试点工作实施方案的通知》。5月22日，潍坊市人社局、教育局召开全市社会中职学校和技工学校职称制度改革试点工作会议，研究部署改革试点工作。改革试点大体分为准备、实施、总结阶段，时间1年左右。

改革后的中等职业学校教师职务分为初级职务、中级职务和高级职务，初级职务名称分为教员和助理讲师，中级职务名称为讲师，高级职务名称分为高级讲师、正高级讲师。改革后的中等职业学校教师职称(职务)，分别与事业单位专业技术岗位等级相对应：正高级讲师对应专业技术岗位一至四级，高级讲师对应专业技术岗位五至七级，讲师对应专业技术岗位八至十级，助理讲师对应专业技术岗位十一级至十二级，教员对应专业技术岗位十三级。

改革后的技工学校教师职务分为初级职务、中级职务和高级职务，初级职务名称分为教员（三级实习指导教师）和助理讲师（二级实习指导教师）；中级职务名称为讲师（一级实习指导教师），高级职务名称分为高级讲师（高级实习指导教师）、正高级讲师（正高级实习指导讲师）。改革后的技工学校教师职称（职务），分别与事业单位专业技术岗位等级相对应：正高级讲师（正高级实习指导讲师）对应专业技术岗位一至四级，高级讲师（高级实习指导教师）对应专业技术岗位五至七级，讲师（一级实习指导教师）对应专业技术岗位八至十级，助理讲师（二级实习指导教师）对应专业技术岗位十一级至十二级，教员（三级实习指导教师）对应专业技术岗位十三级。9月，省人社厅、教育厅召开视频会议，贯彻落实《关于深化高等学校教师职称制度改革的实施意见》，试点学校交流改革工作经验，对全省高等学校教师职称制度改革工作进行部署。率先下放高校教师职称评审权，全面释放高校发展活力。

专业技术职务任职资格评审。职务系列方面，2011—2015年，有28个专业（系列）实行专业技术职务任职资格评审制度，包括高等学校教师、中等专业学校教师、中小学教师、技校教师、实验技术人员、自然科学研究人员、社会科学研究人员、工程技术人员、经济专业人员、会计专业人员、审计专业人员、统计专业人员、农业技术人员、卫生技术人员、新闻专业人员、体育教练员、翻译、广播电视播音、出版专业人员、工艺美术专业人员、律师、公证员、图书资料专业人员、文物博物专业人员、档案专业人员、艺术专业人员、海关船舶人员、民用航空飞行技术人员。在评审工作中，继续实行指标管理，适度控制评审规模的办法。至2015年，全市专业技术人员共82996人，其中高级职称3765人、中级职称16994人、初级职称62237人，女性专业技术人员28601人，万人拥有专业技术人员626人，全市人才结构比例日趋合理。

专业技术工人评定。2012年3月，潍坊科技学院郑东营、青岛啤酒（寿光）有限公司齐保卿被省政府评为2011年度山东省首席技师，受表彰人数在潍坊市名列第一。9月，寿光市有5人被评为潍坊市第四批有突出贡献技师。11月，经用人单位推荐、市人社部门资格审查、市评审委员会综合评审，选拔产生寿光市第二批首席技师20人、有突出贡献技师30人。

2013年7月，市人社局印发《关于做好2013年技师高级技师申报评审工作的通知》，全市申报330人。其中，技师有42个工种、181人，高级技师有34个工种、149人。

2014年5月，共安排发放2013年度全市高技能人才补贴84.6万元。6月，全市新取得技师职业资格者144人，新取得高级技师职业资格者96人。9月，组织开展全市2014年度技师、高级技师申报评审工作，共有77人申报技师和高级技师职业资格。11月-12月，组织开展第三批寿光市高技能人才评选工作，全市共有45个单位的130余名优秀职工参评，共评选出寿光市首席技师17人，有突出贡献的技师30人，寿光市技术能手45人。12月，推荐潍坊科技学院的陈艳萍和职教中心的王锐参加潍坊市技术能手评选。

2015年5月，富康制药有限公司高东圣获2014年省首席技师荣誉。9月，按照全省高技能人才队伍建设统筹安排和潍坊市人社局安排，寿光市巨能热电有限公司赵现魁参加2015年省首席技师评选。11月，推荐山东寿光市坤隆石油机械股份有限公司职工李洪坤参加山东省有突出贡献的技师评选。

技术工人教育培训。2012年7月，寿光市成立潍坊市技师学院寿光分院，由潍坊市人社局、市政府共同管理，主管部门为市人社局。主要承担人社部门安排的相关技能培训和职业技能竞赛，加快高技能人才培养步伐，为寿光经济社会又好又快发展提供技能人才支撑。10月，组织全市110名企业职工参加潍坊市职业技能大赛，获一等奖1人、二等奖2人、三等奖8人、优秀奖15人。11月，市政府出台《关于加快引进和培养高技能人才的意见（试行）》，市财政每年安排1000万元，设立市高技能人才专项资金，用于高技能人才引进、培养工作，要求至2015年全市高技能人才达到1.5万人。

2013年5月，市人社局印发《关于2013年全市专业技术人员继续教育公共科目学习的通知》，对全市企事业单位继续教育工作进行安排部署。全市共有17853人参加专业技术人员继续教育。同年，全市专业技术人员继续教育公共科目学习课题为《半岛蓝色经济区建设读本》《专技人员职业修养与发展》《专技人员创新团队建设》。8月，市人社局制定出台《关于加快引进和培养高技能人才的实施细则》，为引进和培养高技能人才提供政策依据。全市新增潍坊新概念家政职业培训学校、潍坊圣都建筑职业培训学校、潍坊鑫德职业培训学校、潍坊奥博斯职业培训学校、潍坊飞翔职业培训学校5家民办职业培训学校。12月，承办2013潍坊市“圣地茶博杯”茶艺师职业技能大赛，先后在寿光圣地茶博书画古玩城、市商务小区6号楼、市广播电视演播大厅进行初赛、复赛和决赛，寿光市有2名选手获得一等奖。

2014年8—11月，指导晨鸣集团、联盟化工、康跃科技等10家企业组织开展单位职工职业技能大赛活动。10月，组织全市35名选手参加2014年潍坊市职业技能大赛，其中获二等奖3人、三等奖7人，市人社局获优秀组织单位奖。同月，对1994—2013年的3409份技校毕业生档案进行整理编号，并建立电子数据库。是年，市政府拨付2014年度高技能人才专项资金等费用164.81万元。

2015年3月，经省社厅、财政厅专家评审，山东仙霞服装有限公司被省人社厅确定为2015年度山东省技师工作站设站单位，实现寿光市“零”的突破。9月，举办首届2015年“宏源杯”寿光防水行业职业技能竞赛，竞赛职业（工种）为防水工，全市30多家企业的40名选手参加，经竞初赛、决赛，共决出一等奖2人，二等奖4人，三等奖6人。5月，组织全市18816名专业技术人员参加继续教育学习，学习课目为《传统文化与法制中国》《专业技术人员的创新能力与创新思维》，每人可选择1个科目进行学习。10月，确定潍坊科技学院为山东省“金蓝领”培训项目基地并承担全市“千名青年技师素质提升计划”培训任务。

技术工人等级考核。2011—2015年，共组织2次工人技术等级考试，其中2011年组织报名408人、2013年组织报名244人。经过操作技能和业务理论考试，2011年合格324人，2013年合格222人。

农民与乡镇企业职称。2013年始，组织申报农民中高级专业技术职务。2014年初，全市共评审通过12175人，其中高级206人、中级1936人、初级10033人。8月，暂停乡镇企业专业技术人员职称评审。至2015年底，全市共有25320名农民技术人员获得农民技术职称，其中高级44人、中级320人、助级11440人、员级13546人。

【职业技能鉴定】 2011年2月，市人力资源培训中心设立职业技能鉴定科，同时挂寿光市职业技能鉴定中心牌子，承担全市的职业技能鉴定工作。全年完成职业技能培训鉴定报名8079人，占年度计划的101%，完成潍坊市中心全年任务的130%。其中，高级工以上报名1168人（包括新职业二、三级），完成潍坊市年度经济考核指标的92%；经考核鉴定颁发国家职业资格证书4827人，完成全年计划的60%。7月，在全省加强职业技能鉴定质量管理工作座谈会上进行经验交流，是全省县级唯一参加交流单位。

2012年，完成职业技能鉴定报名6010人，占年度计划的100.2%。其中，高级工以上报名486人（包括新职业一、二、三级）。经考核鉴定颁发国家职业资格证书6645人，完成全年计划的110.8%。11月，人社部公布全国“首批示范职业技能鉴定所（站）”名单，山东省共有11家鉴定所入选，寿光市职业技能鉴定所是全国唯一入选的县级政府部门鉴定所。

2013年，完成职业技能鉴定报名11416人，占年度计划的114%，是上年度的213%。其中，通用工种初级工10182人（其中免费鉴定6039人）、中级工368人、高级工 600人，新职业四级2人、三级123人、二级21人，专项职业能力鉴定120人；完成职业技能考核鉴定10346人，占年度计划的103%，是上年度的156%。其中，通用工种初级工9422人、中级工361人、高级工

417人，新职业146人。

2014年，完成职业技能鉴定报名12348人，占年度计划的123%，是上年度的108%。其中，通用工种初级工9708人、中级工473人、高级工 1730人，新职业437人；完成职业技能考核鉴定10963人。其中，通用工种初级工8408人、中级工473人、高级工1645人，新职业437人；完成全市首批电子商务师培养任务，聘请省内知名专家授课，组织全市相关企业105人进行助理电子商务师职业技能鉴定培训，95名培训合格人员参加国家职业资格全国（省）统一鉴定，通过74人，通过率达78%。

2015年2月，市人力资源培训中心更名为市职业技能鉴定中心，负责初级工职业技能鉴定、国家职业资格全国（全省）统一报名和资格初审、中高级工报名审核和考务组织以及蔬菜、园艺等专项职业能力鉴定等工作；负责职称等级水平、专业技术资格、执业（职业）资格、机关事业单位人员招录、军队转业干部和退役士兵安置等考试组织工作。全年完成职业技能鉴定报名6626人，占年度计划的102%。其中，通用工种初级工4887人、中级工298人、高级工1398人，技师、高级技师社会化考评43人；完成职业技能考核鉴定6536人，完成全年计划的101%。其中，通用工种初级工5359人、中级工337人、高级工851人，完成全年计划的177%。

侨务、港澳事务与外事

【管理机构】 2011—2015年，寿光市外事侨务办公室为正科级行政机构，挂靠市政府办公室，具体负责外事侨务工作。

【侨务及港澳事务】 2011年始，每年开展“华侨权益保护法”的宣传工作，组织开展《山东省归侨侨眷权益保护条例》集中宣传活动，保护华侨、侨眷的正当权益，依法保护他们的合法权益，关心和扶持华侨的长期共存和发展，促进华侨团结互助。根据潍坊市外侨办的有关规定，对企业退休归国华侨实行生活困难补贴，每人每月180元，按时发放并列入财政预算。2015年始，企业退休归国华侨生活困难补贴提高到每人每月200元。

2013年9月，旅美华侨张海伦通过福建侨办与市侨办联系，为其寻找家人。海伦女士父亲为南下干部，2岁时父亲去世，后随母改嫁。尽凭母亲的一点记忆和父亲的名字去寻找家人如大海捞针，通过查阅寿光县志、傅姓族谱等大量资料，终于在孙家集街道帮助寻找到家人。

葛树陛教育基金会是旅美华侨葛孚谦先生于1990年出资8万元设立以他父亲名字命名的“葛树陛图书基金会”。2011年资助屯田小学贫困学生12名，每名1000元，并捐赠2000本图书；2012年为现代中学捐赠3000本图书；2013年葛老先生把祖屋的拆迁补助、子女捐资再次注资，通过外侨办捐助困难大学新生上学。市侨办把葛老先生的善举和海外游子的爱心在《寿光日报》进行报道，并在报社进行现场捐助。7月，根据葛孚谦老先生提议，修改“葛树陛图书基金会”为“葛树陛教育基金会”，并按规定修改有关章程及组成人员。另外，市侨办与寿光日报联系、报道海外游子葛孚谦老先生23年间为家乡教育献爱心的善举。市侨办与寿光日报联系，通过基金为寒门学子徐增伟、国明超各捐助4000元。2014年，再次通过寿光日报宣传、筛选符合条件的贫困生，依托基金平台为寒门学子12人共捐助1.2万元。2015年，通过纪台镇教办为10名贫困学生捐助1万元。

2015年，在山东省侨务办公室开展海外侨团中青年负责任研习班交流活动中，市侨办接待来自8个国家、15个山东籍社团的“第二期山东海外侨团中青年负责人研习班”一行33人。

【外　事】 2011年，接待荷兰园艺农业考察团、朝鲜黄海南道农村经济委员会考察团等重要外宾5批67人次，审核办理因公出国（境）团组6批25人次，为企事业单位办理外国人来华邀请函90份142人次。

2012年，审核办理因公出国（境）团组8批3人，为企业办理外国人来华邀请函112份276人次。

2013年4月，寿光市与韩国庆尚南道固城郡签署“中华人民共和国山东省寿光市与大韩民国庆尚南道固城郡缔结友好交流城市”意向书，为两市在农业及商贸等各方面的交流合作打开通道。组织寿光市23家企业参加“国际中小企业论坛”，山东墨龙集团在会上作典型发言。企业通过参会积极与国外企业对接、洽谈，取得丰硕的成果，其中千榕家纺与阿联酋、北非的客户达成合作意向，墨龙集团与也门客户签订进出口合同，凯马汽车与非洲多个国家签订皮卡车合作意向及设立办事处。按照市领导意见，通过《寿光日报》向全市宣传APEC商务旅行卡，为企业走出去提供便捷的通关通道。同时，激励企业树立信誉与形象，邀请潍坊市外侨办到寿光为80多家企业举办“APEC商务旅行卡”知识讲座，让企业了解、用好该卡，以便简化程序、方便出行。至2015年，共为晨鸣纸业集团、康跃增压器公司等13家企业提供咨询服务，办理商务旅行卡82份；为各类企业办理邀请外国人来华邀请函共计198份。市侨办对外国人来华严把审核关，并与公安部门合作实行企业通报制度，妥善处理一起缅甸客人在寿光因交通事故意外死亡事件。

2014年，积极转变职能，由审批为主导转变为以服务为主导，积极与上级领导对接，市政府与中联部协商达成战略合作协议。同时，安排2名年轻干部到中联部挂职，中联部安排1名干部到寿光挂职，形成上下互动的良好环境。多次与以色列驻华使馆大使商谈，促成中以水资源试点城市落户寿光；引进日本优质越光大米落户寿光双王城。全年办理外国人来华邀请函120份，为企业办理APEC商务旅行卡62张，共计办理APEC商务旅行卡250余张，基本做到寿光大中型企业负责人人手一卡。

2015年，参与筹建第十六届中国（寿光）国际蔬菜博览会国际馆。此次筹展共吸引外国企业54家，63个展位，涉及土耳其、墨西哥、俄罗斯、韩国、日本、新加坡等15个国家。接待由经联中心主任胡延新陪同的NPO法人日中亲善教育、文化、商务支持中心会长户塚进也一行，参观菜博会并与寿光市职业教育中心学校进一步对接，继续推动该校在养老护理等方面对日合作；与市接待办、公安局、武装部等部门共同接待来自55个国家的驻华武官、武官夫妇一行92人；陪同市友好城市韩国庆尚南道固城郡郡守河鹤烈一行12人，参观寿光市国际蔬菜科技博览会、寿光市农产品物流园以及寿光市现代农业产业园，河鹤烈郡守对此次寿光之行非常满意，并邀请市领导参加在韩国庆尚南道固城郡举行的第四届固城恐龙世博会；接待土库曼斯坦驻华首席代表一行6人，参观寿光市国际蔬菜科技博览会、寿光市农产品物流园以及寿光市现代农业产业园；接待应外交部邀请到寿光参观的中非新闻交流中心二期记者一行8人，陪同参观寿光市蔬菜高科技示范园、寿光市农产品物流园；接待韩国国会立法政策研究会副会长、京畿道议员、首尔市政府代表人员一行16人；接待美国农业科技博士罗杰一行6人赴蔬菜科技产业园区考察蔬菜大棚种植、幼苗嫁接技术；接待以色列驻华大使马腾一行3人到寿光就水资源综合利用合作情况进行参观考察；组织凯马汽车等企业参加2015年海外华商博士投资创业潍坊行活动恳谈会；组织相关企业赴潍坊参加中国（柬埔寨）经济特区投资说明会。共为鲁丽集团有限公司、利丰农业股份有限公司、康跃科技股份有限公司等企业办理商务旅行卡290余张。

农产品质量安全监督管理

【管理机构】 寿光市农产品质量安全监督管理办公室成立于2008年4月，为正科级财政全额拨款事业单位，挂靠市政府办公室。2015年共有工作人员5人。

【农产品监管考核】 2011年始，首次采用每月检查通报、年底汇总的办法进行考核。市农安办牵头，对全市的农产品质量安全工作领导小组成员单位进行月度考核，每月一通报、一月一总结，有利于各单位随时发现和查找自己工作中的不足和与其他单位间的差距，及时进行改进，在农产品质量安全监管工作中形成一种比学赶超、力争上游的良好争创氛围。

【合作社发展】 2011年初，制定和采取措施，引导农村蔬菜交易市场向农民专业合作社转化，鼓励农民专业合作社的发展，对超出年初制定的发展任务数的镇街区予以加分奖励，以调动其发展农民专业合作社的积极性。该模式与传统的农村蔬菜交易市场相比，农民专业合作社可以组织培训社员，严格把关农产品质量，对产品进行检测和监管，有利于农产品生产标准化水平的提高和农产品质量安全的追溯，农民专业合作社对全市的农产品质量安全监管水平的提高发挥着有力的促进作用。2015年，全市农民专业合作社达到1000家左右。

【农产品质量检测】 2011—2015年，不定期对各镇街区蔬菜进行定向定位集中抽检，市级检测机构年均检测蔬菜样品 6000个以上，镇街区检测室3万个以上，配合农业部完成每年4次的例行抽检任务。2012年，市政府招聘24名蔬菜检测员，分配到各镇街区专职从事农产品检测工作。2014年，将原有检测资源进行有机整合，成立寿光市检验检测中心，隶属于市政府，为正科级全额拨款事业单位。

【专项整治行动】 2011年始，每年春季、秋季组织开展2次农资打假专项治理行动，不定期开展各类农产品领域隐患排查行动、农业投入品专项治理行动和农产品质量安全集中大检查行动，控制重大农产品质量安全事故的发生。2015年始，建立农产品不合格情况追根溯源制度，对违法农业投入品生产、经营、销售行为进行严厉打击。5年来，平均每年出动执法人员3000余人次、车辆800

余辆次，检查农资经营单位2000多个次。

【农资实名制】 2014年始，以“智慧寿光”建设为契机，全面推进农资市场监管和追溯机制，与省标准化研究院合作开发“寿光市农资实名制监管服务系统”。2014年6月，在洛城街道30余家农资门店进行第1批试点安装运行，对相关农资经营户进行上门培训指导，随后陆续在其他镇街区试运行，效果良好。农资经营户可通过农资实名制监管服务平台，将日常交易情况自动保存到系统，代替过去繁琐的纸质记录台账，更加方便快捷，执法部门也可以实时掌握全市各种农药的进销货、购买使用、产品流向等基本信息，监管更加科学高效。至2015年，加入农资实名制监管服务系统的农资经营业户达到1000户。

【农业综合标准化示范市创建】 2014年始，牵头组织市市场监管局、农业局、农工办、畜牧局、林业局、经管局、公安局等部门开展创建国家农业综合标准化示范市系列工作，全力推进农业产业化、规模化、现代化，实现农业发展向高产、优质、高效、生态、安全等方面跨越。2015年底，全市创建国家农业综合标准化示范市工作进入标准综合体贯彻实施阶段。

【宣传培训】 2011年始，利用专题简报宣传农产品质量安全整治情况，提高全民农产品质量安全认识。全年共印发农产品质量安全整治简报46期。2012年，编制《农产品质量安全知识问答》一书，在全市范围内发放。2013年，在所有村和镇街区政府驻地显要位置，统一设置高标准“关于禁止经营、使用高毒农药的通告”宣传栏，寿光电视台也在黄金时间循环播出农产品质量安全公益宣传片，每个村均刻录一份农产品质量安全宣传磁带在村里喇叭上循环播放，扩大受益面。市里在寿光电视台和寿光日报长期公开有奖举报电话，每年设立10万元举报奖金，每举报一起制造、销售或使用剧毒、高毒农药等国家禁用农业投入品，经查证属实的，对举报人进行奖励。通过聘请专家举办讲座、发放明白纸等方式，定期对村级监管员、蔬菜经销业户、农资经营业户等开展多种形式培训，培训内容包括合理用药、生产技术等方面知识。2011—2015年，共举办培训班15期，6500人次参训。

【队伍建设】 2013年3月，全市所有村都设立农产品质量安全监管员，作为镇街区农产品质量安全监管机构的延伸和有效补充，专门负责监督辖区内农产品质量安全工作。同时，对全市的农产品质量安全工作实行网格化管理，做到监管全覆盖、工作无盲区。2014年，为使农产品质量监管工作形成政府统一领导，有关部门各司其职、齐抓共管、标本兼治的工作格局，制定由市政府组织、各主管部门和镇街区任成员单位的农产品质量监管工作联席会议制度，较好的解决工作中出现的困难和问题。

市长公开电话

【管理机构】 2000年4月，在市政府办公室法制局设立“寿光市市长公开电话”值班室，2003年9月整合原有市长公开电话资源，统一使用电话号码“5112345”。2006年6月，市委编办批复市政府办公室增设市长公开电话，为内设科室，规格为股级。2010年4月，市长公开电话值班室与信访局、纪委民声工作办公室合署办公，成立寿光市矛盾纠纷调处中心，办公地点迁至商务小区5号楼，2011年迁至商务小区2号楼。2013年8月，市长公开电话实行服务外包，潍坊科技学院维科软件公司承担外包工作，办公地点迁至潍坊科技学院软件园孵化大厦，坐席10人，其中市政府办公室2人。2015年5月市长公开电话服务外包工作改由软件园入驻企业山东贯恒科技有限公司承担，办公地点迁至软件园蓝色经济工程研究院5楼。

【主要工作】 2011—2013年，市长公开电话只设置一部电话，接听时间为8小时，平均年受理量在5000件左右，由于工作人员和办公条件限制，无法对市民所有来电进行回访。2013年8月，为满足市民对市长公开电话的需求，对市长公开电话开始实行服务外包，潍坊科技学院维科软件公司承担外包工作，开发寿光市公共服务呼叫平台，该平台于2014年1月正式投入使用，市长公开电话的所有网络单位都通过该平台接受、处理、回复承办单，实现无纸化办公，大大提高办事效率。至2015年，年平均受理量增至2.5万余件，按时办结率均达99%以上，回访率100%，受到市民的一致好评。

电子政务工作

【管理机构】 2012年9月，成立寿光市电子政务中心，为正科级全额拨款事业单位，隶属于市政府办公室；11月，成立智慧寿光建设工作领导小组办公室（与市电子政务中心合署办公）。2015年7月，市电子政务中心更名为市智慧城市建设办公室。

【电子政务平台】 2012年9月，启动寿光市电子政务平台建设，由市政府办公室内部试运行，2014年1月正式上线运行。2015年5月，开始电子政务平台移动客户端研发，12月底平台在市政府、各镇街道、市直各部门运行，应用部门达到150个，用户达到403个；日均登陆510人次，总登录30万人次，网上总签批文件10587份；累计发送传真电报1767份；文件总办理次数38万次，总在线时长6万小时。

【智慧寿光建设】 2013年1月，寿光市被住建部列入首批智慧城市试点城市。3月，筹建由市财政控股的寿光市金智投资有限公司，负责智慧寿光项目的投融资与业务经营。4月，组织召开智慧寿光顶层设计研讨会，10月筹备召开山东省（国家）智慧城市试点创建工作推进会。12月，出台《寿光市政务信息资源管理办法》，规范和促进政务信息资源共享，推动政务信息资源优化配置和有效利用。2014年12月、2015年11月，先后印发《鼓励和支持电子商务发展暂行意见》《寿光市推进电子商务发展的意见》，加快全市电子商务产业发展，优化电子商务发展环境。2015年6月，经过激烈竞争，寿光市夺得“第三届中国县域电子商务峰会”主办权。9月，出台《寿光市信息化项目暂行管理办法》，加大在信息化项目的规划、设计、招投标等方面的监督、监管力度，减少重复投资，提高各类信息化软硬件资源的使用效率。

行政服务

【管理机构】 2011—2015年，市行政服务中心为正科级事业单位，内设办公室、业务科、督查科，主要负责对部门审批及收费窗口的组织、协调、监督和管理。2011年6月始，投资1.5亿元新建市政务服务中心，于2015年4月投入使用。2015年2月，对政务服务工作体制进行规范理顺，撤销原有的市行政服务中心，成立政务服务中心管理办公室，为市政府派出机构，正科级行政单位，编制14人；下设寿光市公共资源交易中心，为正科级事业单位，编制8人，实有工作人员2名。

【窗口服务】 2011年，市行政审批服务大厅共有窗口服务部门19个，工作人员80余人，办理各类行政许可和便民服务事项189项。另有泉城建设工程检测有限公司、建筑工程审查咨询有限公司、广信工程造价咨询事务所、誉丰工程有限公司、金源房地产评估公司、建设工程监理中心、规划设计院、勘察设计院、建筑设计研究、城建档案馆共10家中介机构进驻中心提供服务。2015年4月，政务服务中心搬迁新址，位于豪源路与农圣街交叉路口东南角。办公大厅分布于大楼的1层、2层、5层，共入住审批部门47个，超出2014年申报入住部门3个；开设审批窗口232个，超出申报开设窗口8个；审批服务事项871项，超出申报审批事项15项；工作人员500余名，超出申报工作人员130余人。该中心建筑面积共3.6万平方米。其中，1层面积8200平方米，划分为A、B、C、D、E共5个区域；A区为人力资源服务区，分布有咨询台和38个人社局窗口，主要办理养老等社会保险业务；B区为税务服务区，分布国税局的33个窗口，主要办理税务登记、发票代开等业务；C区为公安、工商、卫计和公积金中心服务区，分布有相关部门单位50个窗口，主要办理户籍业务、出入境办理、企业工商登记、住房公积金贷款等业务；D区为综合办事服务区，分布有人社、残联、质监、药监、民政、农机、商务、公路、交通、盐务等38个窗口，主要办理综合性业务；E区为房管服务区，分布有房管中心、地税等30个窗口，主要办理房屋权属登记等业务。2层划分为公共资源交易中心、固定资产投资项目审批大厅、管理办公区3大区域，其中公共资源交易中心办公面积5000平方米，含政府采购、产权交易、土地交易、建设工程招投标4个业务板块，设有受理区、开标区、评标区3个区域；固定资产投资项目审批大厅，共设有35个窗口，发改、建设、安监、经信等11个部门开设32个窗口。5层划分为中介超市区和司法、林业、海洋渔业等综合办事区域，进驻超市的中介机构56家，挂牌115家，涉及20个审批部门的36类中介机构，工作人员58名。

【审批服务】 2011年5月，市行政服务中心对全市的行政许可事项进行第4次清理，全市共保留行政审批部门46个，行政许可事项278项，非行政许可审批服务事项144项。2013年，以打造高效政务、阳光政务和便民服务为目标，积极推进涉企服务、网上审批和新中心建设3项重点工作，坚持“公开、公正、优质、高效、廉洁”的服务理念，奋力塑造市委、市政府为民服务的“第一窗口”“第一品牌”和“第一形象”。12月，市行政服务中心以96分的优异成绩，顺利通过省级行政服务标准化验收。2014年，进一步推进行政审批制度改革，以打造全省最优软环境为目标，规划新中心布局，清理行政审批事项，大力推进行政审批“两集中、四到位”工作，即部门审批服务事项向一个科室集中，科室向服务中心集中，实现审批服务事项进驻中心到位、中心窗口授权到位、人员配备到位、网上办理到位，中心进驻部门和窗口的数量有明显提升。规范行政审批行为，2015年开始以深化行政审批制度改革为着力点，不断开拓为民服务新思路，创新服务新举措。①依托智慧寿光建设平台，研发建设市镇一体化网上审批服务平台，形成网上办公、网上办事和信息共享的电子政务框架，构建网上3D虚拟办事服务大厅。②中心大力推进“一章模拟、两级代办、三项联合”审批模式。“一章模拟”是中心在现有的模拟审批流程基础上，为进一步规范模拟审批流程，确保模拟审批项目合法、有序开展，对虽未取得土地使用权但主体相对明确的建设项目，在暂不具备法定审批条件的情况下，各审批部门视同该主体已取得土地使用权，提前进入审批程序，提出模拟审批意见，政务服务中心加盖模拟审批专用章。当该项目取得土地并达到法定审批条件后，由各审批部门对土地取得前的模拟审批意见进行补充、完善，出具正式审批文件，将模拟审批转化为正式审批的审批模式。“两级代办”是依托市、镇（街、区）两级政务服务体系，建立分工协作、上下联动、机制健全的二级代办服务网络。中心设立代办服务中心，培养建立业务熟练的代办员、专办员队伍，以项目审批为主线，借助网上办公平台，建立首接代办负责制和“集中受理、分头负责、联审联办、统一移交、事后评价”的代办运行机制，为投资者提供透明、便捷、高效的投资审批全程代办服务。“三项联合”是为创新服务举措，进一步优化全市经济发展软环境，中心积极推进联合测绘、联合会审、联合竣工验收审批机制。为积极推进三联合审批机制，中心将联合测绘、联合会审、联合验收等联合审批制纳入高效快速审批办法，凡是市域范围内符合产业导向的固定资产投资项目都可采用此办法。中心及有关部门根据相关文件制定联合测绘、联合会审、联合验收的具体实施办法。全年召集5次模拟审批联合会，并将寿光市品质电商服务中心项目、寿光·泰晤士小镇－伯爵庄园项目、孙家集街道马疃片区棚户区改造项目等5个符合模拟审批条件的项目进入模拟办理程序。寿光市鸣远船舶机电工程有限公司水产品综合物流园项目等4个符合告知承诺制条件的项目进入告知承诺制办理程序。据统计，采取这些措施的固定资产投资项目审批时间预计至少缩短6个月，审批效率提高90%。③在推行网上、现场受理投诉和评议的同时，聘请专业机构对办事群众和企业进行电话回访，对回访结果不满意的，除要求相关窗口及工作人员及时整改外，还按相关考核制度对窗口及工作人员作出相应的扣分处理。全年共回访6333件，其中非常满意5755件、基本满意384件、不满意194件，满意率达96.9%。④实行非工作日预约服务，设立5678365热线电话和网上预约专栏，解决部分办事群众工作日期间不方便到中心大厅办理业务的问题。

（沈建春）

市级机关事务管理

【管理机构】 2011—2015年，市级机关事务管理局内设办公室、财务科、房产基建科、设备管理维修科、卫生保卫科、后勤服务科、节能管理科。5年来，以“管理到位、保障到家、服务到人”为目标，充分发挥机关后勤保障作用。

【基础设施建设】 2011—2015年，市委、市政府生活区主要实施雨水管道、污水管道、供暖管网、有线电视、电话、宽带等弱电配套、给水配套、景点、绿化、亮化等工程。2013年，对商务小区餐厅进行改造，打造“阳光厨房”，安装大门和广告屏。2014年，对市委、市政府生活区水电暖进行市场化改造，住户不再享受补贴，费用自缴。对商务小区的8栋楼楼顶实施太阳能光伏发电工程，面积3万多平方米。经过多方考察，反复论证，确定由国网山东节能服务有限公司和英利能源（北京）有限公司合作建设。该项目投资1200多万，由对方投资，市机关事务管理局提供场地，发出的电上网，市机关事务管理局以8.4折的优惠价格使用，合同期限25年。对商务小区的道路路灯、办公楼外围夜景照明及楼区照明、架空层停车场等2万多盏灯具，由山东乐航节能科技股份有限公司全额投资进行节能改造。

【会议接待】 在商务小区共有32个会议室。精心布置每次会议，严格会议设施设备操作规范和会议运转流程，每年平均承办会议2000多场次。

政协地方组织

概况

2011—2015年，市政协在省政协、潍坊市政协的关心指导下，在市委的领导下，牢牢把握团结和民主两大主题，紧扣“建设品质寿光，创造美好生活”工作目标，积极履行政协职能，圆满完成各项工作任务，为寿光经济社会健康发展作出积极贡献。

讲政治，始终坚持正确方向。坚持不懈抓好思想理论建设，紧紧围绕“四个全面”战略布局，不断夯实团结奋斗的共同思想政治基础，组织引导深入学习贯彻中共十八大，十八届三中、四中、五中全会和习近平总书记系列重要讲话精神，不断增进对中国特色社会主义的政治认同和思想认同，始终保持政协工作的正确方向。充分发挥党组学习中心组的引领带动作用，采取以会代训和专题研讨相结合的方式深化学习，抓好会议精神的落实，不断推进政协协商民主建设。

谋大局，积极助推品质发展。紧紧围绕市委、市政府工作部署，从解决热点、难点和突出问题入手，自觉服务中心工作，深入开展议政建言活动，努力为全市经济社会持续发展献计出力。聚焦营商环境建设、共谋经济转型升级、献计农村事业发展、融入经济发展一线。主动参与全市中心工作，努力做到与市委中心工作同频共振，在品质发展中担当奉献。

惠民生，着力促进社会和谐。始终把关注和改善民生作为履职工作的出发点和落脚点，力求使政协工作符合群众心愿、切合群众企盼。加强提案督办，推行市委、市政府主要领导和市政协领导班子成员牵头督办重点提案制度。精选议题，深入调查研究，大力推进专题协商，注重在“说得对、议得准”上下功夫。充分发挥政协广泛联系群众的优势，为群众办实事、解难题，当好党委政府和群众之间的润滑剂。

促团结，广泛凝聚智慧力量。始终坚持把团结民主贯穿于政协履职全过程，发挥优势、凝聚人心，推动各项工作与全市中心工作步调一致。始终坚持把团结联谊作为拓展政协工作的着力点，在推进团结联谊中增进感情。

抓创新，全面提升委员素质。坚持以强化委员队伍为基础，以完善管理服务机制为突破口，创新委员履职活动载体，创新委员知情建言平台。积极探索利用新媒体拓展工作渠道，加强政协组织与政协委员的联络沟通，开通政协网站和"寿光政协"微信公众号，及时发布工作动态、委员参政议政履行职责的主要成果，收集委员对政协工作的意见和建议，了解社情民意，为委员搭建更加便捷有效的桥梁和服务平台。

夯基础，努力加强自身建设。加强常委会建设，把履行职能与对接全市工作重点结合起来，更好地协调关系、汇聚力量、建言献策、服务大局。加强基层组织建设，设立镇街政协委员联络机构，成立委员活动小组，立足各自实际，灵活运用各种履职方式，向党委、政府建言献策，积极服务经济社会发展。加强机关作风建设，深入开展"三严三实"专题教育，积极开展专题研讨和交流，始终把发现问题、分析问题、解决问题作为巩固扩大教育实践活动成果的重要抓手，把专题教育中凝聚起来的正能量，转化为推动政协各项工作的强大动力。全面倡树"讲认真、敢担当、重实干"的工作作风，不断强化大局意识和服务观念，着力提高政协机关综合协调能力，机关工作的总体水平和服务质量不断提高，形成勤勉努力、工作争先、团结和谐的机关新风尚。

【政协机关】　政协第八届、第九届寿光市委员会机关设办事机构2个，分别是政协寿光市委员会办公室、研究室；设工作机构5个，分别是政协寿光市委员会提案委员会、文教卫生和文史资料委员会、经济科技委员会、社会法制和人口资源环境委员会、港澳台侨和外事委员会。另设有市政协机关老干部管理办公室，规格为正科级事业单位。

【镇街政协】　2011年12月，根据中共山东省委《关于加强人民政协政治协商制度建设的意见》、潍坊市委《关于加强人民政协政治协商制度建设的实施意见》和市委关于设置镇（街道）政协工作室的有关精神，在全市14处镇（街道）设置政协工作室。镇（街道）政协工作室主任由镇长（街道办事处主任）兼任，各镇（街道）党（工）委宣传统战委员具体协助做政协工作。

2015年10月，根据省、潍坊市编办《关于乡镇（街道）政协委员联络机构设置问题的通知》精神，将原镇（街道）政协工作室更名为镇（街道）政协委员联络室。

全体会议

【政协第八届寿光市委员会】　第四次会议。2011年1月17—20日，中国人民政治协商会议第八届寿光市委员会第四次会议召开，327名委员出席会议。市委书记孙明亮到会并讲话，市政协主席王茂兴作常委会工作报告，市政协副主席刘建安作提案工作报告。补选崔建军、寇振彦为市政协副主席，刘东亮为市政协秘书长，增补刘林松等3人为市政协常务委员会委员。与会政协委员列席市十五届人大五次会议。

【政协第九届寿光市委员会】　第一次会议。2012年1月6—8日，中国人民政治协商会议第九届寿光市委员会第一次会议召开，311名委员出席会议。市委书记孙明亮到会并讲话，市政协主席王茂兴作常委会工作报告，市政协副主席刘建安作提案工作报告。选举王茂兴为市政协主席，选举刘建安、袁昌彪、丁世波、崔建军、寇振彦、刘美霞（女）为市政协副主席，刘东亮为市政协秘书长，于克臣等45人为市政协常务委员会委员。与会政协委员列席市十六届人大一次会议。

第二次会议。2013年2月20—22日，中国人民政治协商会议第九届寿光市委员会第二次会议召开，305名委员出席会议。潍坊市委常委、寿光市委书记孙明亮到会并讲话，市政协主席王茂兴作常委会工作报告，市政协副主席刘建安作提案工作报告。增补田百光等6人为市政协常务委员会委员。与会政协委员列席市十六届人大三次会议。

第三次会议。2014年2月16—18日，中国人民政治协商会议第九届寿光市委员会第三次会议召开，310名委员出席会议。潍坊市委常委、寿光市委书记孙明亮到会并讲话，市政协主席王茂兴作常委会工作报告，市政协副主席刘建安作提案工作报告。补选方新启为市政协主席，增补刘龙德为市政协常务委员会委员。与会的政协委员列席市十六届人大四次会议。

第四次会议。2015年2月3—5日，中国人民政治协商会议第九届寿光市委员会第四次会议召开，306名委员出席会议。市委书记朱兰玺到会并讲话，市政协主席方新启作常委会工作报告，市政协副主席刘建安作提案工作报告。增补王春吉等5人为市政协常务委员会委员。与会的政协委员列席市十六届人大会六次会议。

常委会议

【市政协八届常委会议】 **第十二次会议**。2011年1月13日，市政协八届十二次常委会议召开。会议分组讨论并修改市政协常委会工作报告、提案工作报告（讨论稿），推举报告人，审议通过关于召开市政协八届四次会议的决定及会议议程、日程、召集人名单、列席单位名单（草案），审议通过有关人事事项，增补孙永春（女）等13人为市政协委员。会议决定，市政协八届四次会议于1月17—20日在晨鸣国际大酒店召开。市政协主席王茂兴主持会议，市政协副主席刘建安、夏德起、袁昌彪、杨茂森、陈明智、丁世波出席会议。

第十三次会议。2011年3月29日，市政协八届十三次常委会议召开。会议学习十一届全国人大四次会议、全国政协十一届四次会议精神；听取市发改局和市环保局工作情况通报；审议通过有关人事事项。市政协主席王茂兴讲话，市政协副主席刘建安、袁昌彪、崔建军、寇振彦出席会议。

第十四次会议。2011年7月15日，市政协八届十四次常委会议召开。副市长刘煜东通报市政协八届四次会议以来委员提案办理情况，听取市人力资源和社会保障局、市民政局工作情况通报。市政协主席王茂兴讲话，市政协副主席刘建安、袁昌彪、杨茂森、崔建军、寇振彦出席会议。

第十五次会议。2011年10月13日，市政协八届十五次常委会议召开。会议学习全省政协工作会议精神和潍坊市政协工作会议精神。市政协主席王茂兴讲话，市政协副主席袁昌彪、杨茂森、丁世波、崔建军、寇振彦出席会议。与会的市政协常委视察滨海（羊口）经济开发区、侯镇项目区建设情况。

第十六次会议。2011年12月23日，市政协八届十六次常委会议召开。会议听取

《市政协换届方案和委员名单（草案）的说明》；分组讨论并修改市政协常委会工作报告、提案工作报告（讨论稿），推举报告人；审议通过关于召开市政协九届一次会议的决定、政协委员名单、大会主席团和秘书长建议名单以及《政协寿光市委员会提案工作规定（草案）》《政协寿光市委员会关于市政协委员参加活动履行职责的规定（草案）》、有关人事任免事项。会议决定，市政协九届一次会议于2012年1月上旬召开。市政协主席王茂兴讲话，市政协副主席刘建安、袁昌彪、杨茂森、丁世波、崔建军、寇振彦出席会议。

【市政协九届常委会议】 **第一次会议**。2012年3月28日，市政协九届一次常委会议召开。会议听取市经济和信息化局、市农业局工作情况通报，潍坊市政协委员、中国人民银行寿光市支行行长姜森就当前国内经济及金融形势作辅导。市政协主席王茂兴讲话，市政协领导袁昌彪、杨茂森、丁世波、崔建军、刘美霞、王春吉出席会议。

第二次会议。2012年7月18日，市政协九届二次常委会议召开。市委常委、副市长李宝华通报市政协九届一次会议以来委员提案的办理情况和上半年全市经济运行情况，听取市交通运输局、市民政局工作情况通报，部分经济界、工商联界政协常委交流工作情况。市政协主席王茂兴讲话，市政协领导方新启、刘建安、袁昌彪、杨茂森、丁世波、崔建军、寇振彦出席会议。

第三次会议。2012年10月16日，市政协九届三次常委会议召开。会议听取市文化广电新闻出版局、市科技局工作情况通报。市政协主席王茂兴讲话，市政协领导方新启、袁昌彪、杨茂森、丁世波、崔建军、寇振彦、王春吉出席会议。与会的政协常委视察双王城生态经济区和羊口镇发展情况。

第四次会议。2013年2月17日，市政协九届四次常委会议召开。会议听取市政协九届二次会议筹备情况说明，市委组织部负责人就九届市政协人事调整情况作说明，协商通过九届二次会议期间的有关人事事项，分组讨论并修改市政协常委会工作报告、提案工作报告（征求意见稿），推举报告人，审议通过关于召开市政协九届二次会议的决定，以及会议的议程、日程、各讨论组召集人名单、列席单位名单（草案），增补王雷等16人为市政协委员。市政协主席王茂兴讲话，市政协领导方新启、刘建安、袁昌彪、杨茂森、丁世波、崔建军、寇振彦、刘美霞、王春吉、柴寿增出席会议。

第五次会议。2013年3月26日，市政协九届五次常委会议召开。会议听取市国土资源局、市海洋与渔业局、市安监局工作情况通报，学习全国政协十二届一次会议、省政协十一届一次会议精神。市政协主席王茂兴讲话，市政协领导方新启、刘建安、袁昌彪、崔建军、寇振彦、刘美霞、王春吉、柴寿增出席会议。

第六次会议。2013年6月26日，市政协九届六次常委会议召开。市委常委、副市长李宝华通报市政协九届二次会议以来委员提案的办理情况，听取市发展和改革局、中国人民银行寿光市支行工作情况通报，通过有关人事任免事项，增补牛月锋等5人为市政协委员。市政协主席王茂兴讲话，市政协领导方新启、刘建安、袁昌彪、丁世波、崔建军、寇振彦、王春吉、柴寿增出席会议。

第七次会议。2013年9月24日，市政协九届七次常委会议召开。会议听取市人口和计划生育局、市食品药品监督管理局、市住房公积金管理中心工作情况通报。市政协主席王茂兴讲话，市政协领导方新启、刘建安、袁昌彪、崔建军、寇振彦、王春吉、柴寿增出席会议。

第八次会议。2014年2月8日，市政协九届八次常委会议召开。会议听取市政协九届三次会议筹备情况说明和九届市政协人事调整情况说明；协商通过九届三次会议期间的有关人事事项；分组讨论并修改九届市政协常委会工作报告、提案工作报告（征求意见稿），推举报告人；审议通过关于召开市政协九届三次会议的决定，以及会议的议程、日程、各讨论组召集人名单、列席单位名单（草案）；增补刘太安等7人为市政协委员。市政协主席王茂兴讲话，市政协领导方新启、刘建安、袁昌彪、丁世波、崔建军、寇振彦、刘美霞、王春吉、柴寿增、魏广利出席会议。

第九次会议。2014年4月2日，市政协九届九次常委会议召开。会议传达全国政协十二届二次会议精神，听取市人力资源和社会保障局、市卫生局、市住房和城乡建设局工作情况通报。市政协领导方新启、刘建安、袁昌彪、丁世波、崔建军、刘美霞、王春吉、柴寿增出席会议。

第十次会议。2014年7月11日，市政协九届十次常委会议召开。会议听取市人口和计划生育局、市经济和信息化局、市发展和改革局工作情况通报，审议通过《关于加强常务委员会自身建设的规定》《优秀政协委员评选办法》《关于加强市政协委员管理服务的规定》。市政协主席方新启讲话，市政协领导刘建安、袁昌彪、丁世波、崔建军、寇振彦、刘美霞、王春吉、柴寿增、魏广利出席会议。

第十一次会议。2014年10月16日，市政协九届十一次常委会议召开。会议学习习近平总书记在庆祝人民政协成立65周年大会上的讲话精神，听取市政府关于市政协九届三次会议提案办理情况的通报，市科技局、市环保局、市商务局工作情况通报，通过有关人事事项，推荐提案承办先进单位，增补江文胜等6人为市政协委员。市政协主席方新启讲话，市政协领导刘建安、袁昌彪、崔建军、寇振彦、刘美霞、王春吉出席会议。

第十二次会议。2015年1月28日，市政协九届十二次常委会议召开。会议听取市政协九届四次会议筹备情况说明和九届市政协人事调整情况说明，协商通过九届四次会议期间的有关人事事项，分组讨论并修改市政协常委会工作报告、提案工作报告（征求意见稿），推举报告人，讨论协商优秀政协委员、优秀提案、提案承办先进单位和《常务委员会工作规则》《提案工作规定》，审议通过关于召开市政协九届四次会议的决定，以及会议的议程、日程，各讨论组召集人名单、列席单位名单（草案），优秀政协委员、优秀提案、提案承办先进单位名单，《常务委员会工作规则》《提案工作规定》，增补马颖等11人为市政协委员。市政协主席方新启讲话，市政协领导刘建安、袁昌彪、丁世波、崔建军、寇振彦、刘美霞、王春吉、柴寿增、魏广利出席会议。

第十三次会议。2015年4月8日，市政协九届十三次常委会议召开。会议学习全国政协十二届三次会议精神，增补王立新等6人为市政协委员，协商通过2015年度重点工作计划，潍坊市政协委员、中国人民银行寿光市支行行长姜森就当前经济金融形势进行辅导。市政协主席方新启讲话，市政协领导丁世波、袁昌彪、崔建军、寇振彦、刘美霞、柴寿增、魏广利出席会议。

第十四次会议。2015年7月10日，市政协九届十四次常委会议召开。市委常委、副市长李宝华通报全市上半年工作情况，听取市法院、市检察院工作情况通报以及市财政局、市农业局、市经济和信息化局工作情况的书面通报，增补任玉章等5人为市政协委员，审议通过《关于全市营商环境情况的调研报告》，就金光街过弥河工程征求意见建议。市政协主席方新启讲话，市政协领导袁昌彪、丁世波、崔建军、寇振彦、刘美霞、王春吉、柴寿增、魏广利出席会议。

第十五次会议。2015年10月20日，市政协九届十五次常委会议召开。市委常委、副市长李宝华通报市政协九届四次会议提案办理情况，听取市民政局、市市场监督管理局、市教育局工作情况通报，学习省委政协工作会议精神，审议《政协委员能进能出暂行规定（讨论稿）》，增补张树军为市政协委员，推荐提案承办先进单位。市政协主席方新启讲话，市政协领导刘建安、袁昌彪、丁世波、崔建军、寇振彦、刘美霞、王春吉、柴寿增、魏广利出席会议。

重要活动

【2011年专题会议、专题活动】 专题会议。1月18日，召开全市软环境建设座谈会，出席市政协八届四次会议的有关政协委员参加会议，市政协主席王茂兴，市委常委、市纪委书记王教法出席会议，市政协副主席杨茂森主持座谈会，就如何加强软环境建设进行研究。

8月2日，召开市政协机关宣传信息工作会议，市政协副主席崔建军出席会议并讲话，就进一步加强机关宣传信息工作进行安排。至2015年，每年都召开一至二次机关宣传信息工作会议，安排部署宣传信息工作。

15日，潍坊市政协2011年理论学习中心组读书会在寿光召开，为期2天，潍坊市政协主席赵兴涛主持读书会，潍坊市领导崔建平、杨卫东、郑汝智、姜绍华、王冰芬、满郭强、杜国忠、刘维国、李传恒、杨肖青及各县市区政协主席、潍坊市政协各委室主任参加读书会，与会人员到国际商贸城、现代农业产业园、林海生态博览园、羊口先进制造业园区等地考察。市领导孙明亮、朱兰玺、王茂兴、杨建华、林立星等陪同。

9月15日，召开《寿光当代书画名家》定稿会，市政协主席王茂兴讲话，市政协副主席寇振彦主持会议，市书法家协会、市美术家协会、市政协书画联谊会有关负责人参加会议，对《寿光当代书画名家》书稿提出建议，11月市政协文史资料选辑第二十四辑《寿光当代书画名家》出版发行。

10月10日，召开寿光市纪念辛亥革命100周年座谈会，市政协主席王茂兴讲话，市政协副主席寇振彦主持座谈会，市人大常委会部分原主任，市政协部分原主席、原副主席及辛亥革命志士后人代表参加座谈会。会议缅怀辛亥革命历史，畅谈新中国成立后中国共产党领导全国人民取得的伟大成就。

专题活动。1月25日，市政协副主席寇振彦组织市政协书画联谊会的部分书画家到台头镇三座楼村开展送文化下乡活动，为农村群众送去春联、年画等文化作品。至2015年，在每年的春节前市政协副主席寇振彦都组织市政协书画联谊会有关成员，市美术家协会、市书法家协会有关人员到有关镇街的有关村（社区、居委会）、有关企业现场为群众书写春联、送字画。

2月24日，市政协举行聘任招商顾问仪式，聘请徐益盛等10人为市政协招商引资顾问，保证招商引资工作深入开展。市政协主席王茂兴，市政协副主席杨茂森等出席。

4月2日，市政协主席王茂兴组织部分政协委员，到圣城街道向阳社区延庆寺村开展政协委员进社区活动，召开座谈会了解情况，现场察看村容村貌等；此后，市政协各位副主席、相关政协常委也相继组织开展政协委员进社区活动。通过了解社情民意，为政协正确履职奠定基础。

25—27日，山东省国际经济文化发展中心艺术家一行6人，到寿光举行笔会活动，并参观生态农业观光园、菜博会主展区。潍坊市政协主席赵兴涛，潍坊市政协副主席杨卫东，寿光市委书记孙明亮，市政协主席王茂兴，市政协副主席丁世波陪同相关活动。

9月6日，市政协副主席袁昌彪主持召开港澳台“三胞”中秋座谈会，向与会人员介绍全市经济社会发展情况和市政协工作情况，并征求意见建议。

26日，在市文化中心华歌美术馆举行庆国庆“泰丰杯”国画名家精品展开展仪式，市政协副主席刘建安讲话，市政协副主席寇振彦主持仪式，市领导孙吉海、李广前、刘煜东出席仪式并参观展览。

10月8日，在市文化中心举行纪念辛亥革命100周年书画作品展开幕式，市政协主席王茂兴讲话，市政协副主席寇振彦主持开幕式，市委常委、宣传部部长刘永辉，市人大常委会副主任李昌武，副市长刘煜东等出席开幕式并参观展览。

18日，在市文化中心举行“金秋之韵”——马金忠、张宏伟、徐康、吴越书画展剪彩仪式，市政协主席王茂兴，市委副书记杨建华，市委常委、宣传部部长刘永辉，市人大常委会党组副书记李俊明，副市长刘煜东，市政协副主席寇振彦出席剪彩仪式并参观展览。

11月17日，市政协副主席袁昌彪组织医药卫生界的部分政协委员到市养老院开展送卫生下乡活动，为老人们看病查体，发放部分常用药品。至2015年，市政协副主席袁昌彪每年都组织医药卫生界、科技界、科协界的部分政协委员和医疗卫生专家到有关镇街的有关村（社区、居委会）、有关单位开展送卫生下乡活动。

【2012年专题会议、专题活动】 **专题会议**。4月13—14日，潍坊市政协新任委员政协知识学习班在晨鸣国际会议中心举办，潍坊市各县市区、各开发区的251名十二届潍坊市政协新任委员参加学习培训。潍坊市政协主席崔建平，潍坊市委常委、寿光市委书记孙明亮，潍坊市政协副主席刘伟、王卫东、王贤臣，寿光市政协主席王茂兴等参加。

8月1日，召开全市政协工作会议，市政协主席王茂兴传达全省、潍坊市政协工作会议精神；潍坊市委常委，寿光市委书记孙明亮讲话，市委副书记、市长朱兰玺主持会议，市级领导班子成员出席会议，各镇街区、部门单位、大型企业负责人参加会议。

10月19日，召开市政协机关老干部座谈会，市政协党组书记方新启通报全市经济社会发展和政协工作情况。座谈会前，与会人员参观全市经济社会发展现场。

专题活动。3月9日，市政协被确定为省政协首批反映社情民意信息联系点，可直接向省政协报送社情民意信息。6月15日，市政协举办反映社情民意信息工作培训班，部分政协委员以及镇（街道）、市直部门单位的信息员共80余人参加学习培训，潍坊市政协有关负责人对什么是政协社情民意信息，社情民意信息的特点、优势和重要作用，以及如何撰写社情民意信息等作辅导。市政协副主席崔建军出席并讲话。11月13日，省政协反映社情民意信息工作联系点会议在寿光召开。会议总结交流近年来基层政协开展反映社情民意信息工作的做法和经验，研究加强和改进工作的思路和措施。宣读《关于公布省政协反映社情民意信息工作联系点的通知》，公布第二批省内30个县市区作为省政协反映社情民意信息工作联系点，寿光市再次位列其中。会上，市政协主席王茂兴介绍开展社情民意信息工作的经验。省各民主党派、工商联负责人，各联系点政协分管信息工作的副主席及省政协特邀信息员代表共50余人参加会议。省政协秘书长张心骥，潍坊市政协副主席刘伟，寿光市政协主席王茂兴，市委副书记赵绪春，市政协副主席崔建军出席会议。与会人员到企业总部群、生态农业观光园、农产品物流园、羊口镇等地参观考察。2015年3月2日，市政协被评为2014年度全省政协反映社情民意信息工作先进单位，朱天森等两人被评为2014年度全省政协反映社情民意信息工作先进个人，市政协报送的4条信息被公布为2014年度全省政协优秀社情民意信息。

22日，市政协副主席刘美霞带队到纪台镇齐家村开展送科技下乡活动，为菜农发放部分病虫害防治常用药品。至2015年，市政协副主席刘美霞每年都组织相关政协委员和专家到有关镇街的有关村开展送科技下乡活动。

4月28日，市政协书画联谊会组织开展联谊活动，召开交流座谈会，参观菜博会主展区，市政协副主席寇振彦参加。

9月16日，王铁成书画艺术馆在寿光开馆，潍坊市政协副主席王继怀，寿光市政协主席王茂兴，市人大常委会副主任傅小妹，副市长刘广斌，全国政协委员、中国电影家协会主席、中国电影基金会会长李前宽，中国电影家协会副主席、导演丁荫楠等出席开馆仪式并观展。该馆位于农圣街南侧，市文化中心西邻，藏有王铁成及多位艺术家的书画作品和有关物品。王铁成，北京市人，第八届、第九届、第十届全国政协委员，是国家有突出贡献电影艺术家。9月29日，在市文化中心举办寿光市“庆国庆　迎十八大”书画摄影展，市政协主席王茂兴讲话，市委常委、组织部部长王教法，市人大常委会副主任傅小妹，副市长王安文，市政协副主席寇振彦出席开展仪式并参观展览。

10月27日，在商务小区举行市政协文史资料选辑第二十五辑《赵寄舟传》发行仪式。市政协主席王茂兴讲话，市委常委、宣传部部长徐莹，副市长刘广斌，市政协副主席寇振彦等出席发行仪式。该书由市政协文史委、侯镇党委组织编写，中国文史出版社出版发行，全书28万字。

【2013年专题会议、专题活动】 专题会议。7月9日，召开寿光市政协摄影艺术联谊会成立大会，审议通过《寿光市政协摄影艺术联谊会章程》，协商产生寿光市政协摄影艺术联谊会领导机构，市政协主席王茂兴任市政协摄影艺术联谊会名誉会长，市政协党组书记方新启任市政协摄影艺术联谊会会长，寇振彦、王春吉、柴寿增、王春花（女）、尹国良、刘东亮、刘增武、刘君、田百光、何洪涛任副会长，刘君兼任秘书长，朱天森、李炳泉任副秘书长，丁汉亭等31人为理事。市政协党组书记、新当选的市政协摄影艺术联谊会会长方新启讲话。

10日，召开全市政协文史工作会议，总结工作，安排部署省政协《天南地北山东人》资料征集、潍坊市政协《潍坊·中国驰名商标》资料征编及寿光市政协文史资料选辑第二十六辑《寿光市非物质文化遗产》专辑的征编等事宜，市政协副主席寇振彦出席会议并讲话，各镇（街区）党（工）委宣传统战委员、持有中国驰名商标的企业分管负责人、市直有关部门单位分管负责人参加会议。9月5日又召开会议对《寿光市非物质文化遗产》文史资料专辑编辑工作进行调度安排。

8月8日，召开庆祝寿光撤县设市20周年社会各界人士座谈会，市政协主席王茂兴主持会议，市人大常委会部分原主任，市政协部分原主席，有关部门、单位主要负责人参加。

9月29日，市政协书画联谊会迎国庆座谈会暨笔会活动在王铁成书画艺术馆举行，就书画艺术的现状及发展情况进行座谈，对市政协书画联谊会下一步如何组织开展活动提出意见建议。随后，开展笔会活动。市政协主席、市政协书画联谊会会长王茂兴主持座谈会并讲话，市政协党组书记方新启，市政协副主席寇振彦出席。

11月22日，召开市政协学习贯彻中共十八届三中全会精神座谈会，市政协主席王茂兴主持会议并讲话，市政协党组书记方新启领学《关于＜中共中央关于全面深化改革若干重大问题的决定＞的说明》，部分住寿光的潍坊市政协委员和寿光市政协委员参加。

12月5日，召开《潍坊人文自然遗产》寿光盐业专辑编辑工作调度会，潍坊市政协原主席、潍坊市人文自然遗产保护与开发促进会会长迟昭厚，市政协主席、市人文自然遗产保护与开发促进会会长王茂兴，市政协副主席寇振彦出席会议，市盐务局、市国土资源局负责人参加会议。

专题活动。9月16日，王铁成书画新作展在王铁成书画艺术馆举行，市政协主席王茂兴，市委常委、宣传部部长徐莹，市人大常委会党组副书记桑文军，市政协副主席寇振彦出席开展仪式并观看展览。

11月6日，根据潍坊市政协关于组织住县市区政协委员异地视察工作的安排意见，诸城市政协主席王玉邦带领住诸城的潍坊政协委员及部分诸城市政协常委到寿光视察，到企业总部群、洛城街道桥南里社区、寿光港、羊口展览馆等地视察，寿光市政协主席王茂兴等陪同。

【2014年专题会议、专题活动】 专题会议。1月17日，召开市政协老干部迎春茶话会。市政协主席王茂兴就做好老干部工作讲了意见，市政协党组书记方新启主持会议并通报全市及市政协工作情况。

3月24日，市政协主席方新启主持召开市政协各委室主任暨驻会常委工作会议，各委室主任汇报工作职责、工作打算和创新举措，驻会常委对所联系委室进行点评。市政协副主席丁世波参加。

4月8日，召开市政协各委室主任工作会议，总结和安排有关工作。市政协副主席丁世波出席会议并讲话。

24日，召开市政协老干部工作座谈会，就下一步如何做好老干部服务工作征求意见建议，市政协副主席丁世波出席会议。

5月6日，召开寿光籍海内外人才联谊会工作会议，安排在全市范围内开展寿光籍海内外人才调查摸底事宜。市政协党组成员柴寿增、魏广利出席会议。市直相关部门单位负责人、各镇（街道）党（工）委宣传统战委员参加会议。

15日，召开市政协领导班子党的群众路线教育实践活动交流会，市政协主席、党组书记方新启主持会议，市政协领导刘建安、袁昌彪、丁世波、崔建军、寇振彦、刘美霞、王春吉、柴寿增、魏广利，市政协党组成员、秘书长刘东亮参加会议。

7月29日，召开市政协党组专题民主生活会，市政协主席、党组书记方新启主持会议，市政协党组成员、副主席丁世波、崔建军、寇振彦，市政协党组副书记王春吉，市政协党组成员柴寿增、魏广利，市政协党组成员、秘书长刘东亮参加会议，市政协副主席刘建安、袁昌彪、刘美霞列席会议。省市赴寿光联合督导组副组长、省自主择业军队干部管理服务中心副调研员王波等督导组成员到会指导。

30日，召开市政协党组专题民主生活会情况通报会，市政协主席、党组书记方新启主持会议并通报情况，市政协领导刘建安、袁昌彪、丁世波、崔建军、寇振彦、刘美霞、王春吉、柴寿增、魏广利，市政协党组成员、秘书长刘东亮，市政协老领导代表、市政协常委、部分委员、市政协全体机关干部参加会议。省市赴寿光联合督导组副组长、省自主择业军队干部管理服务中心副调研员王波等督导组成员到会指导。

9月25日，举行金光街过弥河工程专题协商会，部分市政协委员、专家、社会各界人士代表与市政府有关部门就“如何建设金光街过弥河工程”进行专题座谈协商。市政协主席方新启主持会议，副市长袁世俊，市政协领导袁昌彪、丁世波、崔建军、寇振彦、刘美霞、柴寿增、魏广利出席会议。

10月16日、17日，全市镇街政协工作室建设分点会分别在侯镇、台头镇召开，市政协主席方新启就做好镇街工作室工作讲了意见，与会人员到委员企业参观，市政协副主席寇振彦、刘美霞等出席在侯镇的分点会，市政协副主席刘建安、崔建军、寇振彦，市政协党组副书记王春吉等出席在台头镇的分点会。

29日，召开市政协党组暨机关党的群众路线教育实践活动总结大会，市政协主席、党组书记方新启主持会议并全面总结市政协党的群众路线教育实践活动，对继续抓好作风建设提出明确要求。市政协副主席刘建安、袁昌彪、丁世波、崔建军、刘美霞，市政协党组副书记王春吉，市政协党组成员柴寿增、魏广利，市政协党组成员、秘书长刘东亮出席会议，市政协机关全体人员参加会议。

12月29日、2015年1月5日，分别召开市政协文史资料选辑第二十七辑《寿光名优农产品》拟收录文稿评审会议，市政协副主席寇振彦主持会议并讲话，农业系统部分专家参加会议。2015年3月26日，《寿光名优农产品》获2014年度“农圣文化奖”出版奖一等奖。

专题活动。4月30日，举办以“漂漂亮亮中国字　堂堂正正政协人”为主题的市政协机关党的群众路线教育实践活动书法展，市政协副主席丁世波、寇振彦，市政协机关工作人员参观展览。

5月16日，河北枣强齐鲁大地亲情行——走进寿光活动在寿光举行。首先，在文家街道桑家庄村花博会展厅南门广场举行河北枣强寻亲续谱亲情行活动，对前往咨询的枣强移民后裔情况进行登记，提供服务。随后，分别召开河北枣强齐鲁大地亲情行——走进寿光座谈会、枣强·寿光农业发展座谈会，市政协主席方新启，市委副书记邱旺，副市长王效忠，市政协副主席崔建军，枣强县委书记孙世岩，县政协主席张英等参加相关座谈会。出席上述座谈会的人员，观摩河北枣强寻亲续谱亲情行活动，参观山东半岛（桑家）花博会主展厅、菜博会主展厅、生态农业观光园、现代农业产业园。最后，河北贵和集团与寿光蔬菜产业集团就核心园区规划、技术支持、市场运作等战略合作达成框架协议并签约。

21日，举行政协委员履职承诺书签订仪式，宣读《政协委员履职承诺书》，市政协主席方新启出席会议并讲话，市政协副主席寇振彦主持会议，与会委员就遵守章程、强化学习、参加活动、撰写提案、反映民意、规范言行等方面签订履职承诺书。

9月29日，庆祝中华人民共和国成立65周年暨人民政协成立65周年书画展在市文化中心开幕。市政协主席方新启，市委副书记邱旺，市委常委、副市长李宝华，市人大常委会党组副书记桑文军，市政协副主席寇振彦等出席开幕式并参观展览。同日，“富邦·水木清华”杯“政协委员风采”摄影展在人民广场开幕。市政协主席方新启，市委副书记邱旺，市委常委、副市长李宝华，市人大常委会党组副书记桑文军，市政协副主席寇振彦等出席开幕式并参观展览。

10月23日，根据潍坊市政协关于组织住县市区政协委员异地视察工作的安排意见，市政协主席方新启带领住寿光的潍坊市政协委员，到诸城视察，先后到青岛保税港区诸城功能区、新郎服饰公司、迈赫机器人自动化股份公司、龙海水产城等地视察，市政协副主席寇振彦，市政协党组成员魏广利参加。

【2015年专题会议、专题活动】 专题会议。1月23日，召开市政协文史资料选辑第二十八辑《王云生传》编辑工作调度会议，市政协副主席寇振彦主持会议并讲话，田柳镇党委相关负责人、《王云生传》执笔人参加会议。6月25日、7月30日、8月3日，又先后召开调度会议、审稿会议，对有关事项进行调度、安排，市政协副主席寇振彦主持会议并讲话，田柳镇党委相关负责人、市内党史专家及有关审稿人员、《王云生传》执笔人、市政协文史委负责人与部分委员、市政协文史资料特约撰稿员、有关部门单位负责人、田柳镇政府主要负责人、王高六村村民代表参加有关会议。

31日，市政协文史资料选辑第二十七辑《寿光名优农产品》出版发行。在市政协九届四次会议上，该文史资料选辑与庆祝建国65周年暨人民政协成立65周年《书画展作品集》《政协委员风采摄影展作品集》一并发给全体市政协委员，住寿光的省、潍坊市政协委员，列席单位及相关单位、人员。

2月25日，市政协副主席寇振彦召集相关人员就市政协文史资料选辑第二十九辑《先辈足迹——王文介将军》（暂定名）材料征集及相关事宜进行协商。部分市政协文史资料特约撰稿员、书稿执笔人、市政协文史委负责人参加会议。

5月21日，召开镇街政协工作室主任、市直政协委员活动组组长座谈会，就在市政协委员中深入开展“五个一”（走访一次群众、开展一次调研、提交一件提案、报送一条社情民意信息、为群众做一件实事好事）活动和建立委员约谈制度进行安排，就关于推荐第二届“政协委员风采”摄影展拟拍摄委员的情况作说明。市政协主席方新启，市政协副主席寇振彦等参加。

25日，举办市政协“三严三实”专题教育党课，市政协主席、党组书记方新启作辅导报告，市政协领导刘建安、袁昌彪、丁世波、崔建军、寇振彦、刘美霞、王春吉、柴寿增、魏广利，市政协机关全体工作人员参加。

6月29日，市政协主席方新启主持召开会议，专题调度第二届“政协委员风采”摄影展相关事宜，听取活动进展情况汇报，对下一步做好有关工作提出要求。市政协副主席寇振彦，市政协机关有关人员参加会议。

7月14日，市政协主席方新启主持召开机关规范化建设工作座谈会议，听取各委室主任关于做好规范化管理工作的情况汇报，就做好机关规范化管理工作进行安排部署。市政协副主席丁世波，各委室主任参加会议。

9月18日，庆祝中华人民共和国成立66周年暨人民政协成立66周年第二届“政协委员风采”摄影展筹备会议召开，对布展及相关事项进行安排，市政协副主席寇振彦主持会议，市政协机关相关人员参加会议。

10月30日、11月3日，市政协先后在纪台镇、羊口镇召开镇街政协委员联络室工作分片座谈会。根据上级有关要求，决定将镇街政协工作室更名为镇街政协委员联络室，并为纪台镇政协委员联络室揭牌，各镇（街道）委员联络室主任汇报“五个一”活动开展情况。市政协主席方新启，市政协副主席寇振彦等出席上述活动。

11月17日，召开市直委员活动小组工作座谈会，各委员活动小组组长围绕提升政协委员履职能力，结合各界别特点，就委员开展“五个一”活动情况进行交流，市政协主席方新启就做好委员管理服务工作讲了意见，对更好地服务群众、做好基层协商民主提出要求。市政协副主席丁世波等出席会议。

专题活动。8月18日，市政协在双王城生态经济园区举办纪念中国人民抗日战争暨世界反法西斯战争胜利70周年笔会活动，邀请市内及寿光籍在外地工作的知名书画家参与，参加活动的人员还共同瞻仰马保三故居、牛头镇抗日武装起义纪念碑。市政协主席方新启，市政协副主席寇振彦等参加。

22日，市政协召开第二届“政协委员风采”摄影展入展作品评选会议，邀请潍坊市摄影家协会主席团成员对征集到的作品进行评选，评出一等奖1名，二等奖6名，三等奖9名，优秀奖22名。市政协副主席寇振彦出席评选活动。

9月1日，市政协在田柳镇党委办公楼举行纪念中国人民抗日战争暨世界反法西斯战争胜利70周年抗战题材文史资料选辑《王云生》《红旗飘飘》首发式，为各镇街区、市直有关部门单位赠书，为市政协文史资料选辑第二十八辑《王云生》、第二十九辑《红旗飘飘》作者颁发“优秀文史资料特约撰稿员”荣誉证书，田柳镇党委主要负责人发言，市政协主席方新启讲话，市政协副主席崔建军等出席，市政协副主席寇振彦主持。市政协文史资料委员会部分成员、部分市政协文史资料特约撰稿员，各镇（街道）党（工）委宣传统战委员、双王城生态经济园区分管负责人，市直有关部门单位分管负责人参加。

21日，市政协在人民广场举办庆祝中华人民共和国成立66周年暨人民政协成立66周年第二届“政协委员风采”摄影展开展仪式，展出86位委员的458幅照片，同时展出市委书记、市长、市政协主席牵头督办提案的照片，市政协主席参与市委中心工作以及市政协开展视察活动的部分照片。市政协主席方新启讲话，市政协副主席刘建安、寇振彦、刘美霞，市政协党组副书记王春吉，市政协党组成员柴寿增等出席开展仪式并观看展览。

9月29日，中国民间文化之乡、中国农

耕文化博览园授牌仪式暨祖国颂——百名书画名家邀请展在市文化中心举行。全国政协委员、中国文联副主席杨承志为寿光市授牌，山东省文联副主席姬德君，潍坊市委常委、宣传部部长初宝杰，寿光市委书记朱兰玺，市长赵绪春，市人大常委会主任杨德峰，市政协主席方新启，市委副书记邱旺，市委常委、宣传部部长袁世俊参加。

重要工作

【议政监督】 5年来，实行市委、市政府主要领导和市政协领导班子成员牵头督办政协重点提案制度，开创提案办理协商新模式。对所有提案，采取领导班子成员集中督办、分工视察办理、承办单位与提案委员互评等方式，强化提案办理力度，确保全部提案做到件件有着落、事事有回音。2011年1月17—20日，市政协八届四次会议召开，共收到委员提案138件，经审查立案125件。1月19日召开提案现场转办会议，对《继续加大措施，尽快解决农村饮水安全的提案》等9件提案进行现场转办，市委常委、副市长李宝华讲话，市政协副主席刘建安主持会议。1月23日又召开全市政协提案转办工作会议，对审查立案的125件提案进行转办。3月18日，市政协副主席杨茂森对第29号提案《关于尽快妥善解决市基督教中心教堂迁建的提案》进行督办，市规划局、民族宗教事务局、国土资源局、基督教“三自”爱委员会负责人参加。6月，市政协各位副主席分别召开提案集中督办会议，对立案的提案进行全面督办。7月15日，市政协八届十四次常委会议召开，副市长刘煜东通报市政协八届四次会议以来委员提案办理情况。8月31日，市政协委员评议提案办理工作会议召开，市政协副主席刘建安主持会议并讲话，市委办公室、市政府法制办负责人，50名政协委员对年内承办两件以上提案的20个部门单位进行民主评议打分，提高承办单位办理提案的积极性。12月23日，市政协八届十六次常委会议召开，审议通过《政协寿光市委员会提案工作规定（草案）》。

2012年1月6—8日，市政协九届一次会议召开，共收到委员提案160件，经审查立案137件，内容相近合并立案18件，有5件转作委员来信处理。1月7日，市政协九届一次会议重点提案转办会议召开，对《关于加强农村食品安全工作的提案》等5件重点提案进行现场转办，市委常委、副市长李宝华，市政协副主席刘建安出席会议。3月13日，市政府召开提案转办会议，对审查立案的137件提案进行转办。6月至7月，市政协各位副主席分别召开提案集中督办会议，对立案的提案进行全面督办。7月18日，市政协九届二次常委会议召开，市委常委、副市长李宝华通报市政协九届一次会议以来委员提案的办理情况和上半年全市经济运行情况。9月10日，市委办公室、市政府办公室印发《关于认真贯彻中共中央办公厅国务院办公厅〈关于进一步加强人民政协提案办理工作的意见〉的通知》。11月6日，召开市政协委员民主评议提案办理情况会议，市政协副主席刘建安主持会议并讲话，市委办公室、市政府办公室分管负责人参加会议，48名政协委员对年内承办两件以上提案的22个部门单位进行民主评议，进一步增强承办单位办理提案的责任感。

2013年2月20—22日，市政协九届二次会议召开，共收到委员提案173件，经审查立案155件。4月1日，市政协九届十五次主席会议召开，研究安排市政协领导班子有关成员分工督办提案等事宜。4月10日，潍坊市政协提案工作座谈会在潍坊市市级机关综合大楼召开，市政协副主席刘建安参加会议并作交流发言。6月，市政协领导班子成员分别召开提案集中督办会议，对立案的提案进行全面督办。6月26日，市政协九届六次常委会议召开，市委常委、副市长李宝华通报九届二次会议以来委员提案的办理情况。8月14日，召开市政协委员民主评议提案办理情况会议，市政协副主席刘建安主持会议并讲话，市委办公室、市政府办公室分管负责人参加会议，50名政协委员对年内承办两件以上提案的24个部门单位进行民主评议，增强承办单位办理提案的责任感。

2014年2月16—18日，市政协九届三次会议召开，共收到提案139件，经审查立案129件。4月2日，市政协九届二十六次主席会议召开，研究安排分工督办重点提案工作。4月15日，市委办公室、市政府办公室印发《中共寿光市委、市政府主要领导牵头督办政协重点提案试行办法》。5月5日，市政协主席方新启召开市政协九届二十七次主席会议，审议通过《优秀提案、提案承办先进单位评选表彰暂行办法》。5月28日，市政协召开22号提案《关于推进益羊铁路城区段搬迁后规划建设进度的提案》督办座谈会，市政协主席方新启，副市长袁世俊出席并分别讲话，市政协副主席刘建安主持会议。6月3日，市政协九届二十八次主席会议召开，研究安排现场督办提案、重点提案督办工作。6月6日，市委、市政府主要领导牵头督办政协提案活动筹备会议召开。6月18日，市政协副主席刘建安带领有关政协委员，对市住建局承办的提案进行集中督办，到东城工业园“煤改气”专线项目、德邻苑小区垃圾分类点现场督查，并召开座谈会听取意见。8月22日，市政协副主席刘建安、市政协党组成员柴寿增带领相关政协委员，对市公安局承办的提案进行集中督办，查看渣土工程车管理、实验小学大门前路段整治等现场，并召开座谈会。8月27日，潍坊市县市区政协提案工作座谈会召开，寿光市政协副主席刘建安参加会议，作题为《创新形式　完善机制　不断提高提案工作科学化水平》的发言。9月10日，市政协主席方新启带领有关政协委员，对《关于加强全市精神病患者救助管理的提案》进行督办，实地查看市精神卫生中心，并召开座谈会。9月18日，市政协副主席崔建军带领有关委员，对《关于加大群众文化活动进社区、村、企业的提案》进行督办，到洛城街道文化中心、洛城东村文化大院实地查看，承办单位与提案委员面对面进行沟通交流。9月24日，市委副书记、市长赵绪春带队，对第2号提案《关于进一步加强城区公共交通建设的提案》进行督办，乘坐环1路公交车体验运行情况，观看市公交信息调度视频，并召开座谈会。9月26日，市委书记朱兰玺带队，对第1号提案《关于扶持中小企业产业升级的提案》进行督办，到寿光东宇鸿翔木业有限公司察看企业发展情况，并召开座谈会。市政协主席方新启主持会议，市委常委、办公室主任武治强，副市长王安文，市政协副主席刘建安，市委研究室、市委市政府督察局负责人，提案委员，提案承办单位负责人，中小企业代表，部分政协委员参加，《联合日报》新闻总监高东海，首席记者朱洪升到会观摩。10月16日，市政协九届十一次常委会议召开，市委常委、副市长李宝华通报市政协九届三次会议以来委员提案办理情况，会上推荐评选提案承办先进单位。

2015年1月23日，市政协召开九届三十五次主席会议，研究政协寿光市委员会提案工作规定，表彰优秀政协委员、优秀提案、提案承办先进单位等事项。1月28日，市政协九届十二次常委会议召开，分组讨论提案工作报告（征求意见稿）；讨论协商优秀提案、提案承办先进单位和《提案工作规定》；审议通过优秀提案、提案承办先进单位名单及《提案工作规定》。2月2日，在市政协九届四次会议预备会议上，对优秀提案和提案承办单位进行表彰。2月3日至5日，市政协九届四次会议召开，共收到委员提案136件，经审查立案112件。4月2日，市政协九届三十七次主席会议召开，研究提案分工督办工作。6月9日，召开市政协集中督办提案会议，市政协党组成员柴寿增主持会议并讲话，市公安局、公路局分别介绍提案办理情况，并与提案委员进行沟通交流。7月21日，召开提案督办工作座谈会，市政协副主席袁昌彪就交通运输局、发改局承办的提案进行督办。8月5日，召开提案督办会议，市政协副主席刘建安就《关于多措并举推动新就业人员到园区就业的提案》等14件提案进行督办。8月19日，市委、市政府主要领导牵头督办政协提案活动筹备会议召开，市政协副主席刘建安主持会议并讲话，市委办公室、市政府办公室、相关提案承办单位分管负责人参加会议。8月25日，市政协主席方新启带队，到洛城街道屯西社区文化活动中心、上口镇河疃村文化大院，对《关于加强农村文化阵地建设的提案》进行重点督办。9月10日，市政协领导刘美霞、魏广利带队到富康制药有限公司，对《关于加大力度扶持科技型企业发展的提案》《关于机器人、空间腾地，实现经济快速转型和新常态发展的提案》两件重点提案进行督办，承办单位分别介绍提案办理情况，提案委员就提案办理工作提出意见建议，提办双方进行面对面沟通交流。9月23日，市政协集中督办提案会议召开，市政协副主席崔建军主持会议并讲话，对《关于进一步加快养老服务业发展的提案》等进行督办。同日，市政协副主席寇振彦对市政协主席会议确定的重点提案之一《关于改善乡镇中小学生住宿环境的提案》进行督办，组织提案承办单位负责人、提案委员到文家中学、化龙镇丰城初中、台头一中现场调研学生住宿情况。随后，在台头镇党委召开重点提案督办座谈会。9月30日，市政协党组副书记王春吉召开住建局等部门参加的重点提案督办座谈会。10月8日，市委书记朱兰玺召开提案督办座谈会，对《关于进一步加强蔬菜质量安全》的提案进行督办，承办单位主要负责人汇报提案办理进展情况，提案委员对提案办理工作提出意见建议，就提案内容进行互动交流。10月12日，市长赵绪春带队对《关于加强水资源综合利用》的提案进行督办，到田柳镇后疃水厂、台头镇织女河治理现场、双王城泵站和净水厂实地查看，并召开座谈会。10月20日，市政协九届十五次常委会议召开，市委常委、副市长李宝华通报市政协九届四次会议以来委员提案办理情况。12月2日，九届四十六次主席会议召开，研究通过2015年优秀提案、提案承办单位建议名单。

【调研视察】 5年来，市政协坚持真协商、深协商，突出问题导向，深入调查研究，不断完善调研、视察、社情民意信息专报和协商成果的采纳、落实、反馈机制，切实提高协商成效，更好地发挥政协作为协商民主重要渠道和专门协商机构作用，推进协商民主广泛多层制度化发展。调研视察活动注重方式方法的创新，围绕中心选好题，深挖细察摸实情，跟踪督办抓落实，增强政协工作“话语权”，履职水平不断提高，建言有着落，落实有回音。注重调研视察选题的精细，选择紧跟全市中心、符合市情实际、贴近民生的课题。充分运用座谈会、走访及调查问卷、实地察看等行之有效的形式，深入基层一线，摸清情况，找准问题，把住症结，获取真实可靠的第一手资料。同时充分营造讲真话、听实话的氛围，开展交流讨论，让参与者和有关部门做到知无不言、言无不尽。每次调研视察活动，都由主席或分管副主席带队，相关委室牵头，采取委员、专家、主管部门“三结合”的方式，实行“镇（街区）政协工作室预调研、市政协全面调研”，形成上下互动、左右联动、优势互补、协同攻关的工作合力。在研究问题时，力求吃透上情，了解民情，掌握实情，积极寻求解决问题的有效途径。同时，根据调研视察选题情况的需要，赴先进地区考察学习。注重调研视察成果的转化落实，在抓调研视察建言的落实上下功夫，及时督促办理，确保落到实处。

2011年，市政协领导班子成员先后组织部分政协常委、委员，对全市林业发展、全市现代农业发展、全市商贸业安全经营、全市城市建设管理进行视察；对全市水利工作、全市中小学生辍学情况、全市校舍改造工程和学生接送安全工程、全市财税工作、全市工业转型升级、全市农村社区建设、全市现代商贸业发展等情况进行调研。

2012年，市政协领导班子成员先后组织部分政协常委、委员，对全市医疗卫生工作、全市城乡一体均衡教育工作、全市城市“四化”（建设精品化、城市园林化、管理精细化、设施景观化）建设等情况进行视察；对寿北新型工业发展、全市安全饮水、全市文化强市建设、全市高端农业发展、全市城乡环卫一体化工作、全市城乡社会治安、全市财税工作、全市生态环境工作、全市城乡弱势群体和困难群众救助工作、全市人才队伍建设、全市现代物流业发展等情况进行调研。

2013年，市政协领导班子成员先后组织部分政协常委、委员，对全市新型工业化运行、全市城市建设管理、全市社会保障等情况进行视察；对全市全域城镇化建设、全市农业园区化和组织化情况、全市村级医疗卫生服务体系建设、全市学前教育工作、全市群众文化活动、全市食品安全工作、全市财税工作、全市城乡公交一体化、全市城乡环卫一体化工作、全市居住小区冬季供暖、全市生态环保建设、全市现代服务业主要是商贸流通服务业发展等情况进行调研。

2014年，市政协领导班子成员先后组织部分政协常委、委员，对全市农村学校标准化建设、全市养老服务体系建设、全市工业转型升级、全市品质城建等情况进行视察；对全市城乡公交改革运营、全市蔬菜种苗产业发展、全市医患纠纷解决机制建设、全市新型城镇化建设、全市农村文化建设、全市提高空气质量整治雾霾天气工作、全市财税工作、全市高新技术企业发展、全市金融生态建设、全市食品安全工作、全市消防安全等情况进行调研。

2015年，市政协领导班子成员先后组织部分政协常委、委员，对全市安全生产、全市计划生育工作、全市蔬菜合作社发展、全市“美丽乡村”建设、全市老旧小区改造等情况进行视察；对全市营商环境、全市工业运行、全市社会信用体系建设、全市电子商务发展、全市加快科技创新能力发展、全市农村精神文明建设、全市农村社会稳定、全市“美丽乡村”建设、全市农村社会保障、情况进行调研。

【文史资料】 2011年，编辑出版文史资料选辑第二十四辑《寿光当代书画名家》，收录119位书画家的简介、照片和作品，举办庆国庆“泰丰杯”国画名家精品展、纪念辛亥革命100周年书画作品展，组织召开寿光市纪念辛亥革命100周年座谈会，到台头镇三座楼村开展送文化下乡活动，参与组织山东省国际经济文化发展中心艺术家到寿光的笔会活动。

2012年，编辑出版文史资料选辑第二十五辑《赵寄舟传》，并举行发行仪式。举办“庆国庆　迎十八大”书画摄影展，到侯镇、羊口镇开展送文化下乡活动，对全市文化强市建设情况进行调研，组织市政协书画联谊会的部分成员开展联谊活动。10月，市政协被省政协授予全省政协文史工作先进集体，文史资料选辑第二十三辑《伯祥书记》获全省政协优秀文史书刊三等奖。

2013年，编辑的文史资料选辑第二十六辑《寿光非物质文化遗产》，由中国文史出版社出版发行，全书16万字。参与编辑《潍坊人文自然遗产·寿光盐业专辑》，召开全市政协文史工作会议，举行寿光市政协书画联谊会迎国庆座谈会暨笔会活动，参与筹备成立寿光市政协摄影艺术联谊会，到营里镇孙河南村、海惠集团有限公司、圣城街道东七村社区开展送文化下乡活动，对全市群众文化活动开展情况进行调研。完成省政协“天南地北山东人”征稿任务和潍坊市政协《潍坊·中国驰名商标》组稿任务。

2014年，编辑出版文史资料选辑第二十七辑《寿光名优农产品》，举办庆祝建国65周年暨人民政协成立65周年书画展，到上口镇邵家留营村、绿宝塑胶有限公司、洛城街道屯田西村开展送文化下乡活动，对全市农村文化建设情况进行调研。协助河北省枣强县政协举行河北枣强齐鲁大地亲情行——走进寿光活动，参加河北省枣强县移民文化园奠基暨研究会乡镇分会成立授牌仪式，完成省政协《记忆小清河》组稿任务。

2015年，编辑出版文史资料选辑第二十八辑《王云生》、第二十九辑《红旗飘飘》，并举行首发式，举行寿光市政协纪念中国人民抗日战争暨世界反法西斯战争胜利70周年笔会活动，到纪台镇李家官庄村、稻田镇西丹河村开展送文化下乡活动，举办庆祝建国66周年暨人民政协成立66周年第二届“政协委员风采”摄影展。文史资料选辑第二十七辑《寿光名优农产品》获2014年度“农圣文化奖”出版奖一等奖。

【团结联谊】 政协是最广泛的爱国统一战线组织，“大团结”“大联合”“一盘棋”是基本的工作理念，坚持上下配合、左右联合，整体联动，形成合力，共同做好团结联谊工作。政协加强与党政涉外部门和有关人民团体的联合。保持与统战、台办、外事侨务办、工商联等涉外部门和团体的经常联系，加强不同系统之间的资源整合与信息沟通共享，实现优势互补、信息共享、资源共用，合拍共振地做好对外联谊工作。加强政协系统内部之间的配合。加强上下政协之间的联系与指导，实现信息互通、资源共享，联动做好联谊交往工作；加强与外地政协的联合与协作，通过外地政协引资引智，联合开展相关工作；加强专委会与本级政协各办、委（室）的联动配合，齐心协力做好团结联谊工作。

市政协每年都开展“三胞”暨眷属的走访活动，利用清明节、中秋节、春节三大传统节日对回乡探亲“三胞”、定居台胞、台资、外资企业负责人、眷属登门走访或召开座谈会、茶话会，宣传寿光的改革开放形势、经济社会建设、征求“三胞”和眷属的意见建议，帮助他们解决工作、生活中遇到的困难。

【参与一线】 市政协围绕市委、市政府的工作中心，发挥优势，积极参与，为品质寿光建设做出积极贡献。临港项目区是未来寿光发展的重要战场，市委决定由政协主席担任临港项目区建设指挥部指挥，全面负责园区规划、配套、建设等工作。至2015年，《寿光市临港项目区发展规划》已经市委常委会研究通过，海域使用情况调查已完成，口岸通关大楼已建设完工，5000吨级航道及防沙堤项目、大沂路北伸工程等前期工作正有序开展。市政协领导班子成员分别联系村(居)、企业和学校，包靠橡胶新材料、石油装备2个“百亿级”新兴产业等重点工作，推动所包靠的各项工作和重点项目顺利进展。市政协注重发挥“资源多、人脉广”的特点，积极引进大项目、好项目，2015年12月由市政协引荐的高性能橡胶新材料循环经济一体化项目已完成评审，核心技术中试装置已建设完成。

【服务群众】 5年来，扎实开展“干群直联”活动。市政协积极参与干部直接联系服务群众活动，政协领导班子成员深入基层走村入户了解情况，及时为所联系的群众排忧解难，力所能及地为群众办实事、好事。政协委员全部纳入活动范围，人人都有联系户，与困难群众结对共建，累计走访群众2万多人次，解决反映问题1300多件。扎实开展“第一书记”包村活动。市政协办公室包靠台头镇南台头村，派出机关干部担任村“第一书记”，投资11万元为村里安装大型饮水机，组织流转土地500多亩，协助镇党委、政府顺利完成村“两委”换届。投资10万元，为包靠的双王城吴家卧铺村整修排水沟740米，建设村文化活动广场，新上12件健身器材，村容村貌焕然一新。扎实开展为民服务活动。组织文化艺术界、科技界、医药卫生界委员50多人次开展送文化、送科技、送卫生“三下乡”服务活动，服务群众1000多人次，解决好服务群众的“最后一公里”。

【机关工作】 5年来，宣传工作成绩突出，在《人民政协报》《联合日报》《潍坊日报》等多家报刊发表稿件1100多篇，多次获得潍坊市县市区政协第1名，受到潍坊市政协表彰；在《寿光日报》发表有关政协工作、委员风采等方面的稿件70多篇。发挥政协协商民主的重要渠道作用，做好反映社情民意工作，共报送反映社情民意信息1100余条，有600多条次被全国政协、省政协和潍坊市政协采用和专报，如全国政协采用的《家庭农场期待政策助力》《基层关于当前种子市场监督管理方面的建议》，省政协采用的《我省乡村文明行动实施中存在三方面问题亟待解决》，潍坊市委、市政府采用并被领导批示的《土壤改良规划宜尽早制定》等。服务工作迈出新步伐，机关各专门委员会立足专委会特点，积极组织委员开展参政议政活动和以“走访一次群众、开展一次调研、提交一件提案、报送一条社情民意、为群众做一件实事好事”为内容的“五个一”活动，为委员履行职能搞好服务，增添政协工作的活力，使寿光市政协工作呈现出勃勃生机和活力。

【自身建设】 5年来，加强委员服务管理，制定《关于加强市政协委员管理服务的规定》《优秀政协委员评选办法》等文件，与政协委员逐一签订《委员履职承诺书》，明确委员的职责范围和履职方向，调动委员参政议政的热情。开通市政协网站，制定实施《市政协领导班子成员、驻会常委联系委员和委员企业的意见》《委员活动小组工作细则》，进一步密切与各界别委员的联系。在寿光日报、寿光电视台开辟《委员风采》专栏，集中宣传政协委员积极参政议政、联系群众、扶危济困的时代风采。2014年9月、2015年9月分别举办政协委员风采摄影展，以图片形式展现政协委员履职情况，展出153名委员工作、生活照片812幅，编印两册《政协委员风采摄影展作品集》。根据上级有关要求，2015年10月全市各镇街政协工作室更名为政协委员联络室。加强机关作风建设，市政协党组深入开展“三严三实”专题教育，通过召开专题研讨和交流会、组织民主生活会，开展批评和自我批评，及时发现问题、分析问题、解决问题，凝聚正能量。同时，制定实施《政协机关人员工作岗位职责》《老干部服务工作标准和规范》《驻会常委联系指导室委工作制度》等9项机关管理规章制度，不断增强服务能力和综合统筹协调能力，机关工作总体水平和服务质量不断提高。机关党的建设、党风廉政建设、文明创建、老干部服务等工作进一步加强，为政协有效履行职能、顺利开展工作提供有力保障。

（刘龙德 朱天森）

群众团体

市总工会

【概 况】 5年间，全市各级工会组织在市委和上级工会的正确领导下，坚持“发展为先、基层为重、职工为本、创新为魂”的工作理念，以建设活力、有为、法制、温馨、文化、特色“六型”工会为目标，奏响“有工会、象工会、是工会”三部曲。建会5种模式中寿光市开展的蔬菜产业链建会、“竭诚维权，至诚服务”品牌建设、行业建会等3项在全国推广；党工共建、职代会“四项制度”（职工代表巡视制度、职代会资料展评制度、职工代表评议职代会制度、职工代表评议厂务公开民主管理制度）、工会“双亮”（工会组织亮牌子示职责，工会干部亮身份许承诺）工程、“星级工会”创建、“六型工会”建设、维权服务“七位一体”（职工维权服务、困难职工帮扶、职工法律援助、劳动争议调解、职工医疗救助、农民工维权、职工心理服务）建设、工会会员优惠服务、职工心理服务、行业工资协商等9项品牌在全省率先开展；民主管理“一轴两翼多节点”（一轴：规范职工代表大会制度；两翼：即职代会星级单位建设、厂务公开民主管理工作示范单位建设；多节点：即围绕职工关心热点、企业发展难点、廉政建设焦点）和“7+3工资协商”（即工资集体协商“7种模式”和行业协商“3种形式”，“7种模式”即企业协商、行业协商、区域协商、上代下协商、上参下协商、产业集群协商、母子合同，“3种形式”即依托行业协会进行协商，依托行业工会联合会进行协商，依托行业主管部门进行协商）模式被列入潍坊工会十大品牌突出项目，“四双四权四满意”（四双即双亮双比双述双评，双亮双比：工会组织亮牌子示职责比服务，工会干部亮身份许承诺比作为；双述双评：基层工会述绩、会员评家，工会主席述职、会员评“娘家人”；四权：知情权、参与权、选举权和监督权；四满意：党委满意、职工满意、行政满意、社会满意）、维权服务“菜单化”“一站式”等11项品牌在寿光普推，培育起圣城街道社区品牌工会建设等14项镇街品牌、经信系统“三型”（学习型、服务型、创新型）工会创建等12项系统特色和东宇鸿翔工会干部月评议制度等207个基层亮点，形成“一镇街一品牌、一系统一特色、一企业一亮点”的工作格局。潍坊市工会财务工作现场会、潍坊市深入推进党群共建暨窗口单位和服务行业为民服务创先争优现场会、潍坊市深化和谐企业创建暨工资集体协商工作现场经验交流会、山东省区域性行业性工资集体协商现场经验交流会先后在寿光市召开。市总工会先后获全国工会帮扶工作先进集体、全国职工互助保障工作先进单位、全国“工人先锋号”、全国工会“会员评议职工之家工作先进单位”“全国工会落实建会三年规划先进集体”、全国工会基层组织建设创新成果三等奖、“全国职工安全卫生知识竞赛”活动优秀组织单位、“全国工会职工法律援助维权服务示范单位”、全国“工会财务工作先进单位”、山东省总工会“富民兴鲁劳动奖状”“山东省工会职工维权法律服务示范单位”、山东省“工会财务会计管理规范单位”“2011—2013年全省工会工资集体协商工作先进集体”、全省工会财务工作先进集体、“潍坊市文明单位”、潍坊市予“创先争优先进基层党组织”、潍坊市工会工作先进集体，实现潍坊市工会工作综合考核“十连冠”，连续8年被评为寿光市群众满意机关，连续3年获寿光市直部门综合考核一等奖。

（王 娟）

【管理机构】 市总工会。2011年，市总工会机关内设“五部一室”，分别为组织部、生产宣教部、保障部、女工部、财务部、办公室。2012年，撤销生产宣教部，设立生产部、宣教部。2013年，增设民管部。2014年2月，撤销宣教部，将其职能并入办公室；撤销组织部、女工部，将其职能合并成立基层建设部；撤销保障部、生产部、民管部，将其职能合并成立权益保障部。6月，将原生产部职能从权益保障部整体析出，划归办公室。2015年，市总工会下辖寿光市职工服务中心，为副科级全额拨款事业单位；寿光市工人文化宫，为股级公益性自收自支事业单位。

寿光市职工服务中心。成立于2005年8月，隶属于市总工会，2007年9月更名为寿光市职工维权服务中心。2011年4月，市职工维权服务中心规格由股级调整为副科级，人员编制、经费形式、隶属关系等不变。2015年，市职工维权服务中心更名为寿光市职工服务中心，为副科级全额拨款事业单位，编制8人。

寿光市工人文化宫。前身是寿光县职工俱乐部，成立于1956年10月，1987年11月，更名为寿光县工人文化宫，2007年6月，被确定为股级公益性自收自支事业单位。2014年，寿光市工人文化宫编制数调整为4人，2015年实有人数4人。

（王 娟）

【历届代表大会】 **市总工会第十一届二十二次全委（扩大）会议**。2015年9月2日，市总工会第十一届委员会在商务小区召开第十一届二十二次全委（扩大）会议，应到委员27名，实到委员26名。根据市委提名，会议表决通过《关于王俊文同志不再担任寿光市总工会第十一届委员会主席、常委、委员职务的决定》，增补王玉平（女）等25人为工会委员会委员，方习云（女）等5人为经费审查委员会委员。根据市委提名，以无记名投票方式，等额选举袁世俊为寿光市总工会第十一届委员会主席。同日，市总工会第十一届经费审查委员会召开第二十二次全体会议，以无记名投票方式，等额选举崔庆春为寿光市总工会第十一届经费审查委员会主任。

市总工会第十二次代表大会。2015年9月30日，市总工会第十二次代表大会在寿光市温泉大酒店阳光厅隆重召开。应到代表234人，实到代表221人。潍坊市总工会党组书记、常务副主席郭召义，寿光市委书记朱兰玺，市委副书记、市长赵绪春，市人大常委会主任杨德峰，市政协主席、党组书记方新启，市委副书记邱旺，市委常委、办公室主任武治强，市委常委、宣传部长、市总工会主席袁世俊出席会议。市委书记朱兰玺，市委副书记邱旺，潍坊市总工会党组书记、常务副主席郭召义分别作重要讲话，共青团寿光市委书记张伟代表群众团体致贺词，市委组织部副部长卢法贵作有关人事安排说明，市委常委、宣传部长、市总工会主席袁世俊代表寿光市总工会第十一届委员会向大会作题为《适应新常态、展现新作为、团结动员广大职工为建设品质寿光实现更高层次新发展而奋斗》工作报告。会议回顾市总工会第十一次代表大会以来的工作，审议通过市总工会第十一届委员会工作报告、财务工作报告和市总工会第十一届经费审查委员会工作报告，选举产生寿光市总工会第十二届委员会委员51人、经费审查委员会委员11人和出席潍坊市总工会第十四次代表大会代表35人。大会选举袁世俊为寿光市总工会第十二届委员会主席，孙荣新为常务副主席。崔庆春当选市总工会第十二届经费审查委员会主任。

【组织建设】 2011年，市委下发《党工共建2011-2013年工作规划》，市创先争优办公室下发《深入开展党工共建创先争优，推进工会组建和规范提升活动的意见》，市总工会联合工商、税务等部门对数据库2808家单位进行3次普查。开展百日建会攻坚、六十日建会集中行动和冲刺建会目标行动，创新10人以上、10人以下、小型非公经济组织、非公经济组织较多的村（社区）和特点较接近的行业等5种组建模式，全市新增基层工会组织420个，涵盖单位1855家，发展会员20715人。市总工会被评为党工共建推动工会组建工作优秀单位，在潍坊市推动“两新”（新经济组织、新社会组织）组织建会工作现场会议上作典型发言。《山东工人报》8月10日头版头条对寿光市党工共建创先优活动进行专题报道。在市直12个系统建立工会联合会，配齐工会班子。在机关事业单位开展工会组织集中换届工作，346个市直单位完成换届。创新“分、合、联”（将25人以上的非公企业“分”出去，建立独立的工会组织；将25人以下的个体经营户、社区工作者、网点人员等“合”起来，建立社区联合工会；各工会组织建立横向“联”动关系，产生互动、互助的社会效应）大社区建会模式，125个社区全部建立工会组织。举办工会领导干部研讨班，聘请省、潍坊市总工会领导进行授课。市人民医院工会获全国模范职工之家；台头镇总工会、侯镇总工会充分发挥组织领导和督促指导作用，分别获潍坊市先进乡镇街道工会称号；联盟化工、仙霞集团、建设集团、康跃科技、墨龙石油、新龙集团等6个单位分别获潍坊市先进基层工会（先进职工之家）称号。

2012年，联合市委组织部深入实施党工共建“双基工程”（基层组织扩覆盖、基础规范提水平），探索“帮、带、促、联、统”（行业上参下派员帮建、园区1+N龙头带建、数据库企业双亮活力促建、专业合作社分组户企联建、“两新”组织整合依托统建）点题组建和借助协会、龙头企业、上级工会、产业特色、主管部门5种行业建会模式，开展“四比四赛四看”（比思路、看措施，比进度、看数量，比质量、看程序，比规范、看作用）建会竞赛。全市新建工会305家，涵盖单位1782个，发展会员28647人。农业产业链建会、行业建会经验先后在全国工会“两个普遍”（依法推动企业普遍建立工会组织，依法推动企业普遍开展工资集体协商）推进会和全国行业工会联合会建设经验交流会上作典型发言。开展“十优”（党政重视支持优、硬件建设标准优、班子队伍配备优、组织网络建设优、工作机制建设优、基本职责履行优、指导基层服务优、服务职工评价优、围绕中心工作优、增添活力作用优）镇街工会、“六先”（组织体系领先、科学发展领先、履职维权领先、服务基层领先、自身建设领先、特色亮点领先）系统工会和“十好”（领导班子好、办公场所好、工会名片好、工作台账好、经费保障好、工作计划好、工作制度好、活动阵地好、活动开展好、作用成效好）基层工会品牌创建，圣城等11个镇街按时规范召开全委会议。《山东工人报》7次头版刊载寿光市做法。市总工会被评为全国会员评议职工之家先进单位。古城、侯镇总工会获潍坊市先进乡镇街道工会称号，新龙集团、东宇鸿翔、神润发、天成食品分别获潍坊市先进基层工会（先进职工之家）称号。

2013年，联合市委组织部开展深化党工共建“六化六同步”（党工组建程序规范化、党工组织结构网络化、党工干部队伍专业化、党工作用发挥最大化、党员会员管理信息化、党工阵地建设一体化，党的工作与工会工作目标同步商定、组织同步谋划、资源同步享有、工作同步促进、思路同步创新、工作同步考核）活动，实行公章、五簿一册、版面“三统一”，实现工会组建“六清四规范”（建会底子清、建会计划清、建会重点清、建会方法清、完成时限清、建会进度清，程序规范、标准规范、制度规范、活动规范）。新建工会组织619家，涵盖单位2838个，发展会员53375人，实现潍坊党工共建工作“九连冠”。《山东工人报》《潍坊日报》头版头条分别刊登寿光市深化党工共建工作的做法。开展“四双四权四满意”活动，举办寿光市工会干部暨民主管理监督员、工资协商指导员、劳动关系协调员、安全生产监督员培训班。14处镇街总工会依法完成换届。新龙集团获全国模范职工之家称号，康跃科技、墨龙集团获全省模范职工之家称号，市人民医院神经外科获全省模范职工小家称号，羊口镇、田柳镇总工会获潍坊市先进乡镇街道工会称号，默锐科技、全福元、凯马汽车、鲁源盐化获潍坊市先进基层工会称号。探索试行工会主席工作室职工事务代理制，以工会主席工作室为窗口，帮助职工代办事务，解决关系职工切身利益的各项问题，该做法被《中国工运》《工会信息》等多家媒体刊发报道。

2014年，联合市委组织部，出台《关于深化“建会、建制、建家”三位一体党工共建工作的意见》，明确非公企业数据库、两新组织、行业（区域）和蔬菜产业建会重点，开展“五比五赛”（比思路赛方法、比效率赛进度、比规范赛质量、比数量赛实绩、比品牌赛创新）建会质量竞赛。全市新建工会组织453家，涵盖单位3828个，发展会员53751人。市总工会被全国总工会评为“全国工会落实建会三年规划先进集体”。《寿光建立工会主席工作室代理职工事务》获第

23届全国工会好信息三等奖。5月9日、7月23日、8月28日，先后迎接全国总工会、省总工会和潍坊市总工会专题调研督导。墨龙石油、鲁源盐化、天成食品、银宝轮胎被评为“潍坊市双爱双评先进企业工会”，建设集团魏金明、康跃科技郭锡禄、神润发韩荣桓、东宇鸿翔孙冠军被评为“潍坊市关爱员工优秀民营企业家”，建设集团崔登生、康跃科技张钦德、神润发李增华、东宇鸿翔张小强被评为“潍坊市热爱企业优秀员工”。

2015年，联合市委组织部开展“党建带工建、党工共建”示范点创建活动。探索推行党组织领导下的基层工会主席公推直选“四三八”（即会员推荐、组织推荐、会员自荐、会员联名推荐”四个方面公推，公推直选、公推两选、公推竞选三种方式直选，申请、筹备、动员、推荐、协商、公示、选举、报批八项流程操作）模式，在台头防水行业和侯镇昊华轮胎进行成功试点，潍坊市基层工会主席直选暨“党工共建”示范点创建现场观摩会在寿光市召开，省总工会领导参会并给予充分肯定。《山东工人报》进行连续深入报道，引起全国总工会高度关注，专题到寿光市调研。农业产业建会“五种模式”（依托蔬菜龙头企业建立工会委员会、依托大棚蔬菜专业村（社区）建立工会联合会、依托蔬菜生产基地（园区）建立联合基层工会、依托蔬菜协会建立工会联合会、依托蔬菜专业市场和劳务市场分门别类建立工会）被省总工会和潍坊市总工会推广，《工人日报》头版刊发寿光市经验。“建会＋建制＋建家”三位一体获全国工会基层组织建设创新成果奖。成功召开市工会十二次代表大会，对5年工作进行规划，选举产生新一届领导机构。协调市委组织部对15处镇（街区）工会主席进行任免调整。深化“双亮双争双述双评”（双亮即工会组织亮牌子示职责比服务、工会干部亮身份许承诺比作为，双争即争创职工之家、争当职工娘家人，双述即工会主席向会员述职、下级工会向上级工会述职，双评即工会会员评议工会主席、上级工会评议下级工会）活动，召开全市基层工会规范化建设暨“四双”(双亮双争双述双评)活动现场推进会议。探索实行工会干部社会化配备，从832名报名者中遴选14名社会化工会工作者，充实镇街工会工作力量。全市新建工会组织113家，发展会员39771人。康跃科技工会被评为“全国模范职工之家”，全福元商厦A座二楼超市工会小组被评为“全国模范职工小家”，东宇鸿翔木业工会被评为“全省模范职工之家”。联盟化工工会主席贾玉青被评为全国优秀工会工作者，新龙集团工会主席李法敏被评为全省优秀工会工作者。

（李振一）

【劳动竞赛活动】 2011年，成立市劳动竞赛委员会，市委常委、副市长李宝华任主任，市委常委、宣传部长刘永辉任副主任。联合市委组织部下发2011—2015年创先争优劳动竞赛规划，开展“当好圣城主力军、同心建功十二五”劳动竞赛活动，全市19.8万人次参与竞赛，推广新技术420项，提合理化建议3.4万条，创造经济效益2.9亿元。晨鸣集团、建设集团、凯马汽车、墨龙石油机械等单位组织职工开展“大练兵、大比武”活动。推荐评选潍坊市工人先锋号3个，寿光市十佳优秀班组、工人先锋号78个。晨鸣集团铜版纸涂布车间等10个车间被评为“寿光市十佳工人先锋号”，建设集团宏安材料公司被评为“全国交通建设系统工人先锋号”。在潍坊市科技创新成果展上，寿光市获12项大奖，列各县（市区）之首。

2012年，举办全市首届职工技能运动会，共有30万职工在23个赛区、17个行业、78个工种间展开角逐，开展劳动竞赛3667场次，创造效益2.3亿元，寿光市的做法被潍坊市工会推广。全年共表彰84个六型班组、80个工人先锋号，有78名优秀职工获“富民兴寿”劳动奖章。开展“我为节能献一计”活动，晨鸣集团袁国、全福元孙洪义分获潍坊“金点子”征集活动一等奖、三等奖。

2013年，举办第二届职工技能运动会，有17个行业80个工种的30万职工在23个赛区开展比武和劳动竞赛3200场次，创造效益2.1亿元。举办全市企业班组长培训班。推荐潍坊市第三届职工优秀技术创新成果36项，建设集团常红霞等创新成果获二等奖，并被评为山东省职工优秀技术创新成果；市人民医院殷凤利等创新成果获三等奖。晨鸣铜版纸工厂抄纸丙组获全国工人先锋号称号。

2014年，举办第三届职工技能运动会，启动“万众创新促发展，全员行动保安全”系列活动。晨鸣集团、供电公司、凯马汽车等单位组织职工广泛开展“大练兵、大比武”活动。

2015年，联合经信、科技、人社等8部门在全市职工中开展“万众创新促发展”竞赛活动。启动第四届职工技能运动会，圣城、洛城、古城、羊口、台头、经信、卫生、教育、金融等工会，组织有力、覆盖面广，晨鸣、联盟、全福元、市妇保院、世纪学校、农商行等单位开展叉车、营销技能、医务技能、教（模）具制作、点钞大赛等形式多样的技能比赛和技术比武，各级工会开展比武和劳动竞赛3200多场次，参与职工达21.4万人，《山东工人报》头版头条报道寿光市做法。全年共申报潍坊市优秀技术创新成果13项。神润发海洋化工溴代三嗪车间乙班获“山东省创新型班组”称号，富康制药被评为“潍坊市职工技术创新竞赛示范企业”。

5年间，全市先后有3个单位获“全国工人先锋号”、4个单位获“山东省工人先锋号”、20个单位获“潍坊市工人先锋号”、194个单位获“寿光市工人先锋号”称号。

【劳动保护】 2011年，联合市安监局实施“安康杯”竞赛暨深化“职工生命安全维权行动”，推行职工安全事故隐患和安全生产违法行为举报制度，开展消防演练、毒气泄漏应急处理等活动，普推“一合同两协议”（集体合同、劳动安全卫生专项协议、女职工特殊权益保护专项协议）签订，组织2万名职工参加全国“安康杯”知识竞赛，举办“安全伴我行”演讲和“亿嘉杯”安全生产知识竞赛。市总工会先后被评为全国职工职业安全卫生知识竞赛活动优秀组织单位、平安莱乡建设先进基层单位。

2012年，开展“安康杯“竞赛暨深化职工生命安全维权行动，建立2000人的安全生产监督员队伍，开展消防演练、毒气泄漏应急处理等活动。普推《劳动安全卫生专项协议》，签订率达90%以上。组织2万名职工参加全国“安康杯”知识竞赛，市总工会被评为全国“安康杯”竞赛优秀组织单位。

2013年，在企业启动“关爱生命·关注健康·安全发展工会在行动”系列活动，开展安全生产月、职业病防治法宣传周、安全生产“金点子”征集、班组安全建设与管理成果展等活动。普推“职代会保安全”“一法三卡一表一书”（安全生产事故隐患和职业危害监控法，安全检查提示卡、有毒有害化学物质信息卡、危险源点警示卡，隐患排查表，劳动安全卫生专项协议书）制度，《劳动安全卫生专项协议书》签订率达到98%。编印发放安全小册子5类10万本，发动20万名职工参加全总和潍坊市总工会组织的职工职业安全卫生知识竞赛。市总工会被评为全国“安康杯”竞赛优秀组织单位。市总工会、新龙集团、默锐科技、晨鸣集团、联盟化工等做法在全省工会工作会议上进行交流。

2014年，扎实推进市、镇、企三级“查身边隐患、保职工安全、促企业发展”活动（简称查保促）和“关爱生命、关注健康、安全发展工会在行动”7类32项系列活动，参与企业4000余家，覆盖职工31.8万人。市总工会被评为全国“安康杯”竞赛优秀组织单位。

2015年，继续开展“查身边隐患、保职工安全、促企业发展”活动，联合安监部门启动“安全知识大培训、安全隐患大排查、安全应急大演练、安全管理大比武”专项行动，举办260家骨干企业参加的消防安全知识培训班。经信、商务、发改、农业、建设等工会积极开展安全生产知识竞赛、安全生产“金点子”征集、“安康杯”职工巡回书画展、百场电影进企业警示教育活动和安全隐患大排查、安全隐患随手拍活动，有3200余家企业建立事故隐患排查档案，共印发安全宣传画、口袋书、小册子5大类10万余本，发放安全知识小折扇1.2万把。引导企业从强化安全管理向培育安全文化过渡，推广新龙集团、默锐科技、晨鸣集团、联盟化工、建设集团、昊华轮胎等安全文化先进经验，《山东工人报》头版头条刊发寿光市经验。组织职工参与潍坊市第二届职工安全生产“金点子”征集活动，寿光市2项“金点子”获二等奖、5项获优秀奖。

【弘扬劳模精神】 2011年，举办庆祝“五·一”大型颁奖典礼，命名表彰寿光市首批十大金牌工人、百名能工巧匠；推荐评选表彰富民兴鲁劳动奖状获得单位1个、富民兴鲁劳动奖章获得者3人、富民兴潍劳动奖状获得单位1个、富民兴潍劳动奖章获得者6人、百名优秀劳模和富民兴寿劳动奖章获得者70人。春节期间走访慰问各级劳模31人、发放慰问金8.65万元；组织劳模免费查体118人，为104名劳模开展“鲜花送劳模”活动，组织2名劳模到北戴河疗养；在电视台开办“劳模风采”栏目，对12名劳模进行宣传。

2012年，举办庆“五·一”系列活动，在推荐评选表彰先模人物的基础上，利用《寿光日报》、电视台开办劳模风采、劳动者之歌栏目。开展“关爱劳模、共创和谐”活动，完善劳模档案，为劳模免费查体111人，走访慰问各级劳模248人次，发放慰问金26万元。

2013年，召开庆“五·一”暨劳动模范命名表彰大会，表彰各级劳动模范100人；推荐评选省劳动模范6人，潍坊市劳动模范22人，发放劳模奖金37万元。开展“一请二送三让”（请劳模走进企业，给职工送技术、送知识，让职工提升技能、让职工得到实惠、让企业和谐发展）活动，参与劳模400人，设立劳模创新工作室的企业23家。开展关爱劳模送健康活动，为劳模免费查体120人。在《寿光日报》、电视台开办工会风采、最美劳动者栏目，宣传劳模90人次，走访慰问各级劳模92人，发放慰问金17.95万元。

2014年，举办庆“五·一”劳动模范座谈会，表彰富民兴寿劳动奖状获得单位15个、富民兴寿劳动奖章获得者53人、寿光市工人先锋号获得单位50个；推荐评选富民兴鲁劳动奖章获得者4人、富民兴潍劳动奖状获得单位1个、富民兴潍劳动奖章获得者6人。开展关爱劳模送健康活动，为劳模免费查体112人。开办劳模风采栏目，宣传劳模54人次。走访慰问各级劳模84人，发放慰问金17.5万元。

2015年，召开庆“五·一”暨建功“品质寿光”先进模范表彰会，对23个劳动奖状、57个奖章、53个工人先锋号进行表彰。推荐评选全国劳模1人、“富民兴鲁”劳动奖章3人、“富民兴潍”劳动奖章7人以及省工人先锋号1个、“富民兴潍”劳动奖状1个。评选表彰第二届“十大金牌职工”，其中凯马汽车李冠兴被评为“齐鲁金牌职工”。开展劳模创新工作室创评工作，康跃科技王航劳模创新工作室被命名为潍坊市首批劳模创新工作室。开展关爱劳模送健康、节日走访、劳模疗养等活动，为劳模免费查体131人，走访慰问各级劳模64人，发放慰问金15.1万元。

5年间，全市共推荐表彰全国“五·一”劳动奖章1个、“富民兴鲁”劳动奖章6个、“富民兴潍”劳动奖章8个、“富民兴寿”劳动奖状88个；全国劳模9人、省劳模58人、潍坊市劳模139人、寿光市劳模313人。

（张炜）

【权益保障】 2011年，在潍坊首家推广行业区域、上参下达、母子合同等工资协商7种模式，在全省乃至全国首次针对行业和企业工资协商工作，制作木制品行业和富康制药公司2个演示片，潍坊市深化和谐企业创建暨工资集体协商工作现场经验交流会在寿光市召开，推广寿光经验。开展“统筹构建和谐劳动关系、创建劳动关系和谐城市”活动，联盟化工被评为全省唯一首批参与践证全国和谐劳动关系评价指标体系框架标准企业。

2012年，坚持“建会、工资协商、职代会”相统一原则，针对行业和企业工资协商工作，分别制作演示纪录片，创造性推广行业区域、上参下代、母子合同等工资协商“7+3”模式，被选入潍坊工会品牌工程十大突出项目，全省区域性行业性工资协商现场会在寿光市召开，推广寿光经验；木制品行业先后5次在全国、全省、潍坊市有关会议上作交流发言。

2013年，制定工资协商等级评价机制，遴选新龙集团等62家企业和装备制造等15个行业（区域）为协商典型。联合劳动关系三方四家开展四季要约、双合同月活动，由单一的工资协商要约拓展到“二合同三协议”（劳动合同、集体合同以及工资集体专项协议、劳动安全卫生专项协议和女职工特殊权益保护专项协议）的要约。督促企业建立恳谈交流、定期会晤、通报协商三项制度，实施“四下四上”（即发布协商公告、下发专项提案、行政与职工代表恳谈商讨、法人代表与职工谈心交流，行政与工会定期会晤、行政与工会通报协商、职代会审议通过、行政对提案专项解答）协商工作法。

2014年，规范骨干企业落实工资集体协商工作，有414家重点骨干企业建立工资协商档案。实施万名工资协商指导员培训计划，举办全市劳动关系协调员研讨班、“四大员”（劳动关系协调员、工资集体协商指导员、民主管理监督员、安全生产督导员）培训班、民主法治暨构建和谐劳动关系培训班等。寿光市木制品行业工资协商做法被纳入全国行业集体协商典型经验库，被表彰为全国工会工资集体协商“三年规划”先进典型。

2015年，探索推广的“7+3”工资集体协商模式在全省工会工资集体协商培训班上作典型交流。洛城装备制造、台头防水、侯镇海洋化工3个行业优秀案例被省总工会采纳。全国总工会针对寿光市木制品行业工资集体协商工作进行专题调研，对木制品工资协商经验给予充分肯定，并作为全国10个行业工资协商之一总结推广典型经验。

（王 娟）

【厂务公开与民主管理】 2011年，在全省率先出台《厂务公开民主管理2011—2013年工作规划》，省领导小组办公室、全国厂务公开民主管理网相继原文转发。4月，天成集团在潍坊市厂务公开民主管理工作会议上作经验介绍，7月8日新龙集团召开厂务公开民主管理暨职工代表大会现场观摩会议。9月，组织10万职工参加全省厂务公开民主管理知识答卷。市总工会连续7年被评为潍坊市厂务公开民主管理工作第1名，墨龙石油等7个单位被评为潍坊市厂务公开民主管理先进单位。全市被命名的省级职代会优秀星单位7家，潍坊级先进星单位43家。

2012年4月，寿光市作为潍坊市唯一县市区在潍坊市厂务公开民主管理工作会议上作典型发言。5月，市委、市政府出台深化创新厂务公开民主管理的意见，全国民主管理网进行全文转发。8月，组织万名职工开展厂务公开民主管理知识答卷，免费发放《民主管理手册》2630本，在《寿光日报》开设“民主和谐、发展共赢”专栏，分类选树60个AB梯次典型。新龙集团被评为全国厂务公开先进单位，建设集团被评为全省厂务公开民主管理示范单位，寿光市被评为全省推动厂务公开民主管理工作先进单位。

2013年，创新推行“一轴两翼多节点”工作模式品牌，该品牌被选入潍坊市总工会工会工作十大品牌工程突出项目，11月被潍坊市市直机关工委评为机关党建创新成果。推行民主管理“一函两书一手册”（即职代会召开提示函，职代会超期整改建议书、职代会超期整改情况报告书，规范化手册）制度，免费发放指导手册2000余本；选树培育68个A、B梯次不同典型，《山东工人报》《潍坊日报》头版头条刊发经验做法。在《寿光日报》开设“公开解难题，民主促发展”专栏3期。开展“两创建两达标”（厂务公开示范单位、职代会星级单位创建、达标）活动，全市规范星达标单位2780家。

2014年，宣传贯彻新颁布实施的《山东省厂务公开条例》，进一步推进以职代会、厂务公开、职工董事监事为主要形式的企事业单位民主管理制度体系，根据行业特点和企业性质，从14处镇街道、9大市直系统分别选树大、中、小三类不同典型，建立工作台账，实行层级管理，辐射示范带动。按照国有、改制、民营、事业、外资和行业分类选树大地盐化、青岛啤酒、仙霞集团等16个AB两个梯次潍坊市厂务公开民主管理示范单位和寿光市厂务公开民主管理工作先进单位，推行“两会四合同十公开”（即职代会、会代会，集体合同、工资协议、劳动卫生协议、女职工保护协议，实绩、出勤、报酬、评先、授予、入党、提干、奖罚、采购、出售），通过定期与即时、会议与画廊、图板与影音等方式，让职工“四权”落到实处。2015年，全市实行厂务公开民主管理建立职代会制度的企事业单位3950家，建立工会组织的非公企业厂务公开、职代会建制率达90%。市总工会连续10年被评为潍坊市厂务公开民主管理工作第1名。

2015年，深化以“主席问、职工谈、工会议、企业办、代表评”为主要内容的基层民主管理“五步法”，打造“网上阳光厂务”监督平台，在青啤（寿光）等10家企业试点推行，《大众日报》《山东工人报》《潍坊日报》刊发经验做法。开展“厂务公开民主管理法治宣传月”活动，通过办班培训、媒体刊登、知识竞赛等形式，广泛宣传《山东省厂务公开条例》，编印发放《厂务公开民主管理知识普及手册》2000余本，印制宣传漫画8000多张。培育选树建设集团、东宇鸿翔等3家“推行协商民主、强化社会责任”品牌示范单位，总结提报仙霞集团、墨龙集团、天成集团等8家“推行协商民主、强化社会责任”典型优秀案例。侯镇、圣城、洛城、台头、田柳、羊口以及经信、教育、卫生、金融等工会被潍坊市工会表彰为典型示范单位。11月，新龙集团被评为山东省“推行协商民主，强化社会责任”先进单位。

（陈凤华）

【职工维权服务】 5年来，累计投资230余万元，建设完善集职工维权服务、困难职工帮扶、职工法律援助、劳动争议调解、职工医疗救助、农民工维权、职工心理服务“七位一体”的职工服务中心，设立职工爱心超市。按照“纵向构筑三级网络，横向拓展多项服务”的整体思路，形成以市职工服务中心为龙头，镇街区、园区、社区和企业职工服务站为支撑的一体化工作格局。

实施司法援助。2011年始，联合市法院设立职工维权服务联系点，联合市检察院探索建立职工劳动争议诉讼案件代理申诉服务，联合市司法局开展“牵手农民工、法律伴你行”活动，拓展法律援助、矛盾调解、案件速调、舆情分析、法制宣传、心理疏导“六大职能”。5年间，共接待职工来信来访667件、2360人次，免费提供法律维权服务3520人次，帮助375名农民工追回欠款490万元。2012年，职工维权服务中心被评为全省职工法律援助维权服务示范单位；2013年市总工会被评为全国工会职工法律援助维权服务示范单位。

建立困难职工动态管理制度。2012年，累计为963户困难职工建立帮扶档案，对146名特困职工进行常年帮扶。推行“一证三卡三确保”（特困职工优待证，特困职工帮扶联系卡、困难职工爱心卡、工会会员服务卡，确保不让一名困难职工离开工会组织的帮扶视线、确保不让一名困难职工因家庭生活困难而发生意外、确保不让一名困难职工子女因家庭困难而辍学）制度，联合工商、人社、建设等部门制定办照、就业、上学、医疗等优惠政策。5年间，坚持每年开展春季送岗位、夏季送清凉、金秋助学和冬季送温暖“情暖四季行”活动，至2015年，累计动用送温暖资金1153万元，帮扶救助困难职工、农民工3.3万人次；资助困难职工子女上学2821人，发放助学金540万元；开展技能培训79万人次；提供就业岗位7.3万个，为19.4万人次解决就业和再就业问题。开展“女职工健康行”活动，惠及女职工12.3万人。开展职工互助保障工作，参与基层工会479个、工会会员10.3万人，为2601名因病和遭遇意外伤害的职工发放救助金151.3万元。市总工会连续5年被评为全国职工互助保障先进单位。

竭诚维权，至诚服务。2011年始，开展“关爱农民工，携手建和谐”系列活动，设立100万元外来农民工服务基金，为劳务介绍、医疗保健、子女上学、安家等事项提供资金帮扶。成立全省首个工会会员服务联盟，参与单位100家，提供优惠服务230项。2012年，与农商行联合发行工会会员服务卡5万余张。建立全省首家职工心理服务志愿者自选超市，组建61人心理服务志愿者队伍，惠及职工3300人次。2015年，成立寿光市祥霞职工服务社会工作事务所，在林海生态博览园创建寿光市职工团队教育训练基地，为职工提供全方位拓展服务。市职工服务中心于2011年获得富民兴鲁劳动奖状、2013年获得全国工人先锋号称号，被评为2010—2011年度寿光市十佳文明站所、2012—2013年度十佳文明服务窗口。

（彭兴田）

【职工文化建设】 2011年，市总工会开展学雷锋、创争活动、文明伴我行、职工读书月等系列活动，举办各类培训班1350期，培训技术工人6.5万人次。联盟化工建立后备人才库制度、全福元实行素质提升激励办法、泰丰底盘建立“泰丰学院”，提升职工队伍整体素质。全市建设职工书屋120家，全国职工书屋示范点1个，省级职工书屋示范点1个。建设集团被评为潍坊市第六届职工职业道德建设十佳集体和十佳书香企业，墨龙集团国焕然被评为全国工会优秀职工书屋建设者。

2012年始，开展文明城市创建、职工读书月、普法宣传等系列活动，职工书屋发展到1469个，市地税局和联盟集团的张占瑞分别被评为潍坊市先进集体和先进个人。全年共举办各类培训班4350期，培训技术工人19.8万人次。联盟化工建立后备人才库、新龙集团建立金牌岗位标兵激励机制、仙霞集团实行首席员工制、天成集团建立“天成班”，为职工成才构筑起良好的平台。

2013年，在开展文明城市创建、职工读书月、普法宣传等活动的同时，开展职工文化设施调查，全市职工书屋发展到1500个。推进企业道德讲堂建设，举办职工文化研讨班、文化艺术节，开展“岗位学雷锋、争当好员工”活动，先后对30名先进职工进行专题报道。

2014年，开展“凝心聚力跟党走，建功立业绘蓝图”主题教育、企业道德讲堂和职工书屋创建达标等活动，全市规范化职工书屋发展到1568个，国家级示范点达到2家、省级百佳示范点1家。新龙集团、神润发被评为潍坊市先进集体，市人民医院崔保明、墨龙集团张协兵被评为先进个人。

2015年，发挥工会“大学校”作用，继续开展“凝心聚力跟党走，建功立业绘蓝图”主题教育、企业道德讲堂和职工书屋创建达标等活动，先后举办文化艺术节和职工文化研讨班2期，开展廉政文化进企业、百场电影送职工以及丰富多彩的文体活动。全市拥有职业技术资格职工9.8万人，其中高级以上技术工人1.4万，占技术工人队伍的14.3%。

【文体活动】 2011年1月16日，市总工会在墨龙集团职工文体中心举办“迎新春、展风采、促和谐”职工文艺晚会，参演职工200余人，其中晨鸣集团、联盟化工、墨龙集团、康跃科技、天成食品、东宇鸿翔、金田丰润、人民医院、圣城街道总工会等9个单位获优秀组织奖，晨鸣集团《神秘面纱》等10个节目获二等奖、《红旗飘飘》等7个节目获一等奖，人民医院《东方红》大合唱获最佳演唱奖。8月3日，市总工会在市人民广场启动为期3个月的以“红色电影进企业、情系职工心连心”为主题的百场电影送职工活动首映式，出资4万余元提供40部歌颂党、歌颂祖国的影片，为一线职工特别是农民工工作和居住相对集中的基层企事业单位、城市社区、工业园区、镇(街道)和项目工地免费送电影100场次。组织4.6万名职工参加全国职工工会知识竞赛。

2012年7月10日—8月15日，市总工会主办、市诗词楹联协会、市工人文化宫承办以弘扬“爱岗敬业、争创一流,艰苦奋斗、勇于创新，淡泊名利、甘于奉献”的劳模精神和中国工人阶级“信念坚定、立场鲜明、艰苦奋斗、勇于拼搏、胸怀大局、纪律严明、开拓创新、自强不息”的伟大品格为主题，以“反映新时期劳模的时代风采和新时期职工的精神风貌”为内容的楹联大赛。组织3名职工参加潍坊市职工歌手大赛。投资4万元继续开展百场电影送职工活动，举办职工文化艺术节，联合开展职工文艺晚会、篮球赛、长跑赛等文体活动，丰富职工文化生活。

2013年，开展“电影送职工 共筑安康梦”千场万人警示教育活动，精选50部以安全生产、爱国主义教育为主要内容的影片，在全市各基层工会免费放映，弘扬“科学发展、安全发展”的主旋律，增强企业职工的安全生产意识，营造以人为本、珍爱生命的社会舆论氛围。联合市委宣传部、市体育局、市棋类运动协会举办“迎国庆”全市职工象棋、围棋大赛，参赛职工近200人。选拔优秀职工参加全省第六届职工运动会和潍坊大型书画展、摄影比赛、象棋比赛、首届职工合唱艺术节等，市总工会获多项团体一等奖、优秀组织奖。

2014年9月，由市总工会主办的“中国梦·劳动美·共建生态家园”全市职工摄影展在市人民广场举行，摄影作品反映全市职工生产生活精神面貌、宣扬社会主义核心价值观，记录各行各业劳动者、一线员工鲜活生动的劳动场面及建设成就，展示广大职工爱岗敬业、改革创新丰硕成果。开展“电影送职工，共筑安康梦”警示教育活动，惠及职工9.4万人次。举办“迎国庆”职工象棋、围棋大赛，参赛职工200人。选派4人参加潍坊市首届“国税杯”职工乒乓球比赛。

2015年10月2—3日，由市总工会、体育局主办，市棋类运动协会承办的“创城杯”全市职工庆国庆象棋、围棋大赛在体育馆举办，全市企事业单位及各镇街区参赛职工象棋团队19支、93人，围棋爱好者27人，世纪星、裕丰装饰、鑫海保温代表队分获象棋团体前三名，王金亮、张坦全、桑乐泉获象棋三甲；张新华、徐忠锐、刘岳阳分获围棋前三名。12月27日，“唱响中国梦·歌颂劳动美”2016全市职工庆元旦文艺晚会在寿光广电大剧院举行，各镇(街区)总工会副主席、社会化工作者、市直系统工会主任、基层企业工会主席、企业职工代表等参加，市领导袁世俊、桑文军、丁世波出席。

(李冰)

【女职工工作】 2011年，开展女职工“素质提升、岗位建功”和“比奉献、展风采、添活力”活动，卫东化工常桂获全省工会女职工工作理论征文三等奖。开展岗位练兵活动，有4.2万名女职工参加865场次比赛，至2015年有2643人获市级以上技术能手称号。扎实推进女职工权益保护专项集体合同，市总工会被评为全省工会女职工权益保护专项集体合同工作先进单位。开展“女职工健康行”活动，举办健康保健讲座315期，惠及女职工9.3万人；争取中央财政专项资金6018元，为34名单亲困难女职工(农民工)进行两癌普查。

2012年，开展“三八”节系列活动，举办健康讲座，为女职工健康查体6.5万人；争取中央财政专项资金6018元，为34名单亲困难女职工（农民工）进行免费查体。开展女职工特殊权益保护专项集体合同工作，签订履约率100%，寿光市经验被潍坊市总工会推广。开展“六个一批”（一批女职工委员会先进集体、一批建功立业标兵车间、一批建功立业标兵班组、一批建功立业标兵岗位、一批先进女职工工作者、一批建功立业标兵）女职工先进典型评选工作，全福元等60个先进典型受到表彰。

2013年，开展“五·一”巾帼建功工程竞赛，选树81个“六型”（技能型、知识型、创新型、管理型、效益型、和谐型）标兵岗和91名技能型、学习型、创新型、服务型、管理型、奉献型标兵。全福元A座二楼超市被评为全国“五·一”巾帼标兵岗，学院社区农民工服务站被评为山东省建功立业标兵岗，疾控中心单敏被评为山东省建功立业标兵。开展创建“女职工品牌工程亮点项目”，全市申报品牌32项、亮点157个。开展庆“三·八”节系列活动，为女职工健康查体7.3万人，为困难女职工（农民工）免费查体38人。举办“情系女职工、春风送岗位”专场招聘会，达成就业意向832人。普推《女职工特殊权益保护专项协议》签订工作，签订率100%。举办《女职工劳动保护特别规定》知识竞赛，苏敏等13人获全国竞赛优秀个人奖。仙霞女职工培训学校被评为全省工会女职工培训示范学校。

2014年，组织动员女职工开展“八比八赛”（在重点建设工程，比干劲、赛产量，比管理、赛安全；在生产经营企业，比技术、赛质量，比创新、赛节能；在窗口服务行业，比规范、赛服务，比礼仪、赛文明；在机关事业单位，比作风、赛效能，比素质、赛学习）岗位建功竞赛，评选表彰寿光市“五·一”巾帼标兵岗100个、标兵139人，在寿光电视台开设“三月的赞歌”专题栏目进行集中宣传，建设集团经营发展部等24个女职工集体和个人获潍坊市总工会表彰。开设女职工思想道德、科学文化、技术技能、身心健康素质提升“四大讲堂”，组织女职工参加全国“书香三八”读书征文活动，上报征文96篇，获入围奖1篇；举办庆“三·八”女职工趣味运动会，参赛女职工代表队31支、400余人；联合文明办开展先进女职工“寿光好人”评选活动，有3名女职工当选为“寿光好人”。开展“六进六送”（进社区、进校园、进企业、进车间、进班组、进家庭，为广大女职工特别是困难女职工送岗位、送健康、送法律、送知识、送娱乐、送温暖）关爱行动，举办女职工专场招聘会，参与单位79家，提供岗位560多个，达成初步就业意向216人。开展“春风送暖，健康相伴”活动，为女职工减免查体费用13.6万元；开展“牵手儿童送关爱，六一助学暖童心”活动，为81名困难职工子女发放助学金5.97万元。全面落实《女职工劳动保护特别规定》，在全市12个镇街（系统）、21个行业开展女职工权益落实情况专题调研，收回调查表3840份。7月23日，潍坊市总工会对联盟集团、仙霞集团女职工权益落实情况进行实地调研，给予工作肯定。市总工会女职工委员会被评为“山东省先进女职工委员会”，“六送六进”关爱行动获潍坊市工会女职工工作创新奖。

2015年，开展女职工“十比十赛”（八比八赛基础上，增加在生产经营企业比技能、赛贡献，在重点能耗企业比建言、赛降耗）岗位建功竞赛，康跃科技技术开发处获山东省女职工建功立业标兵岗，妇幼保健院李冬青被评为山东省女职工建功立业标兵。举办素质提升“四大讲堂”，开展“书香四季·智慧女性”阅读活动，征文63篇，台头一中王秀芹获“全国第二届书香‘三·八’读书征文活动入围奖”，仙霞集团徐晓云家庭被评为山东省文明和谐职工家庭。开展女职工维权行动月活动，女职工专项集体合同签订率达100%。联合卫计局举办“关爱女职工，健康伴你行”活动，为女职工健康查体1.2万人，减免查体费15.7万元。

（吉海萍）

【工会自身建设】 2011年，开展创先争优、“以人为本、心系职工，竭诚维权、至诚服务”主题实践、学习型党组织建设等活动，围绕城乡党建一体化、打造党工共建新模式，竭诚维权、至诚服务、构筑维权帮扶大格局分别获机关党建工作创新成果奖和机关建设亮点工作。首次开通寿光市总工会综合办公平台和手机短信息系统，实现“三清三高”（当日工作当日清、实现高效率，当周工作当周清、实现高质量，当月工作当月清、实现高质量）效率目标。实行中层干部竞争上岗，制定出台决策目标、执行责任、监督考核三位一体考核激励机制，形成务实高效运行体系。

2012年，开设机关讲坛，增强工会机关干部“六种能力”（敢于创新的能力、善于执行的能力、勇于提升自我的能力、敢于超越自我的能力、善于谋划的能力、善于服务的能力）。开展以“思进思变思争先、创业创优创一流”为主题的“三思三创”活动，进行“五找八问”（即找误区、找标杆、找差距、找路径、找动力，问有没有干事创业的激情、大局至上的意识、勇于担责的气魄、直面矛盾的勇气、高效服务的作风、亲民为民的情怀、创先争优的本领、艰苦创业的品格）、“六对照六检查”（即对照中央和市委对工会工作的新希望，检查大局观念牢不牢、政治敏感性强不强的问题；对照市委“十二五”发展主题主线对工会工作的新要求，检查履行职责积极不积极、主动不主动的问题；对照工会工作面临的新形势新任务，检查思想理念解放不解放、适应不适应的问题；对照创先争优的新标杆，检查工作效率慢不慢、作为不作为的问题；对照基层工会工作新实情，检查工作载体方法符合不符合、贴近不贴近的问题；对照职工群众提升生活品质的新期待，检查服务职工感情真不真、到位不到位的问题）。坚持领导班子成员及部室联系基层工会制度，开展“面对面与职工交流沟通，心贴心与职工情义交融，实打实为职工服务维权”活动，全市1413名工会干部走访职工15220人，慰问困难职工309人，发放慰问金33.7万元，收集意见建议2120条，解决实际问题865件。2011年、2012年市总工会分别被评为“寿光市十佳群众满意机关”。

2013年，扎实开展廉政风险防控、选派“第一书记”驻村、学习型党组织建设等活动，党风廉政建设工作经潍坊市纪委年度考核得到充分肯定，“包千村联万户”工作获一等奖。开展“五比五赛”机关效能建设年活动，落实无纸化、信息化、制度化管理，市总工会被评为潍坊市文明单位。

2014年，扎实开展党的群众路线教育实践活动，多方式征求社会意见建议154条，均逐一整改落实。继续开展廉政风险防控、选派“第一书记”驻村、学习型党组织建设等活动，“包千村联万户”工作获全市一等奖第一名，在全市大会上作典型发言。《寿光建立工会主席工作室代理职工事务》获第23届全国工会好信息三等奖。

2015年，进一步巩固和拓展党的群众

路线教育实践活动成果，开展“三严三实”专题教育。开展干群直联和选派“第一书记”驻村工作，连续3年获全市一等奖第一名。机关党支部被评为潍坊市创先争优先进基层党组织。

（王娟）

市文学艺术界联合会

【概　况】　2011—2015年，寿光市文学艺术界联合会（简称市文联）实行团体会员制，下辖寿光市作家协会、诗词楹联艺术家协会、书法家协会、美术家协会、音乐家协会、舞蹈家协会、曲艺家协会、民间文艺家协会、摄影家协会、影视艺术家协会、画廊协会、京剧协会、国学研究会、庆典行业协会、传统艺术促进会、硬笔书法家协会、文化艺术交流协会、中外舞蹈交流协会、雕塑艺术协会、文化创意协会、油画协会等23家协会，至2015年共有会员近5000人，其中国家级会员60人、省级会员172人、潍坊市级会员158人。

5年间，市文联始终坚持以贯彻党的历次代表大会、全国文代会和省、潍坊市文化建设工作会议精神为指针，以弘扬主旋律、构建先进文化为主题，以服务经济建设、活跃群众文化、激励文艺创作、打造精品工程为重点，组织实施一系列品牌活动，使文联工作融入全市建设和发展大局。先后组织开展活动3100多项次，组织出版作品102册，在全国展览、征文、演出等各类赛展作品入选或获奖114件，获“泰山文艺奖”等省级奖项167件。

【历届代表大会】　2012年4月13日，在寿光市商务小区6号楼报告厅召开寿光市第二次寿光市文艺界代表大会，应到代表180人，实到代表172人。潍坊市文联主席孙淑芳，时任市委副书记赵绪春出席大会并作重要讲话。会议研究通过潘广科代表寿光市第一届文联委员会做的《求真务实、开拓创新、科学发展，共铸寿光市文学艺术事业的新辉煌》工作报告，选举产生第二届文联主席团，潘广科当选为主席，王志亭当选为副主席。

【主要活动和重点作品】　*主要活动*。一是广泛组织开展公益性文艺志愿服务活动。2011年始，市文联坚持“送文化”与“种文化”相结合，开展以“文惠百姓，艺进万家”为主题的“文艺五进”（进社区、进学校、进企业、进镇村、进公园绿地）志愿活动，按照有计划、系统性原则和“送种结合”“普惠和提高结合”的新理念，对文艺志愿服务品牌进行精心策划、大力打造，既开展采风慰问演出、展览展示等“送文化”活动，也开展专业培训、辅导讲座、文艺支教等“种文化”活动；既注重面的拓展，又注重主题的整合、深化，活动方式灵活多样，具有很强的针对性、普及性、实效性，先后组织开展“美德春联进万家”“敬老孝亲”等系列主题性文艺志愿服务活动，备受基层群众喜爱和欢迎。在实施“文艺五进”的同时，借助文明之夏、社区文化节、“双百双千”文艺人才培训等平台，积极组织志愿者深入镇街、社区开展文艺志愿培训，使文艺志愿服务载体平台得到进一步拓展延伸。至2015年，共组织开展各种志愿活动2700多项次，服务群众达3.5万余人次。2012年，寿光市文联开展的“文惠百姓，艺进万家”主题文艺志愿活动被中国文联机关报《中国文艺报》刊发经验文章。2013年，中国文联文艺志愿服务中心主任廖恳一行3人，到寿光市对此项活动进行专题调研，给予高度评价。

二是以重要节日、重大活动和市委、市政府在各时期的重点工作为契机，开展形式多样、丰富多彩的群众性文艺活动。先后组织举办“庆祝建党91周年书画摄影展”、首届“村干部大学生才艺展”“纪念建党八十五周年‘火红的七月’文艺会演”“纪念长征胜利七十周年征文活动”“迎奥运”百米摄影笑脸墙征集活动、纪念改革开放30周年书画摄影展、纪念新中国成立60周年书画摄影展览和诗歌朗诵会、“为了大地的诗行”党员先进性教育征文、“文艺进东城”“文艺进寿北”、菜博会书画摄影展等许多重要文艺创作、会演活动。组织举办第四届、第五届、第六届中华农圣文化节，累计开展150项活动270多项主题内容，为提升寿光城市文化品位、建设品质寿光做出应有贡献。

重点作品。寿光市广大作家、艺术家从经济社会发展进步的前沿寻找创作支点，与社会同呼吸，与人民群众同命运，不断更新创作题材、创作手法，创作出大量具有时代新意的精品佳作。2006年始，先后创作歌曲《当家的人》《寿光谣》、长篇小说《少男少女》《黑雪》《消灭村庄》《土窑》《地瓜秧》、长篇纪实文学《西行先锋》、电视剧《乐意为人》《王伯祥》、报告文学集《菜乡纪事》《为了大地的诗行》、吕剧《百姓书记》等作品，从不同角度讴歌改革开放带来的巨大变化。其中，《少男少女》于2008年获首届“泰山文艺奖”和冰心儿童文学奖，电视剧《乐意为人》于2009年获第二届“泰山文艺奖”。2015年，创作的摄影作品《爱》获第八届“泰山文艺奖”；美术作品《家·新景》获中国美协主办的“高洁品性，兰蕙人生”全国中国画展优秀奖(最高奖)；摄影《村路旁》获中国摄协举办的第25届全国摄影艺术展铜奖；张冠勤书法作品获省老年展一等奖。

【协会选介】 **寿光市曲艺家协会**。2011年10月27日，召开寿光市曲艺家协会成立大会暨首届会员代表大会，选举产生寿光市曲艺家协会主席团，王福田当选主席，王培义、李西录、郑家玉、燕汝泮、肖志文、郝子奇、苏庆、王顺利当选副主席。至2015年，有会员52人，其中中国曲协会员1人、省曲协会员5人。

寿光市影视艺术家协会。2013年4月27日，召开寿光市影视艺术家协会成立大会暨首届会员代表大会，大会选举产生寿光市影视艺术家协会主席团，柴良当选主席。2015年1月，第二次会员代表大会召开，李雪琴当选主席，柴波、李伟、李俊明、朱天民、王平、韩迎新、董爱玲为副主席。至2015年，共有会员202人。

寿光市画廊协会。2014年4月27日，召开寿光市画廊协会成立大会暨首届会员代表大会，选举产生寿光市画廊协会理事会，寇建军当选会长，田长伟为执行会长，孙云章、袁英、李红兵、王建华、苗慧玲为副会长。2015年，共有团体会员120多个。

寿光市作家协会。成立于2005年8月，2010年4月召开第二次会员代表大会进行第一次换届，下设诗歌朗诵协会、小作家分会、创作室、文学沙龙等组织机构。2015年，市作协主席周习，常务副主席李桂华。共有会员180多人，其中中国作协会员2人、省作协会员7人。

寿光市诗词楹联艺术家协会。成立于2006年3月，2010年5月召开第二次会员代表大会进行第一次换届。2015年，协会主席姜洪佩，常务副主席孙登甲。共有会员近2000人，其中中国楹联学会会员17人、省楹联协会会员40多人。

寿光市书法家协会。成立于2005年7月，2010年5月召开第二次会员代表大会进行第一次换届，下设台头、羊口2个分会。2015年，协会主席张嘉庆，常务副主席兼秘书长魏泮玮。共有会员550多人，其中中国书协会员12人、省书协会员23人。

寿光市美术家协会。成立于2005年6月，2010年5月召开第二次会员代表大会进行第一次换届。2015年，协会主席杨国春，常务副主席兼秘书长孙立，常务副主席李大增。共有会员160人，其中中国美术家协会会员3人、省美术家协会会员17人。

寿光市音乐家协会。成立于2005年10月，2010年7月召开第二次会员代表大会进行第一次换届。2015年，协会主席滕杰，常务副主席张承君。共有会员132人，其中中国音乐家协会会员1人、省音乐家协会会员6人。

寿光市舞蹈家协会。成立于2005年8月，2010年6月召开第二次会员代表大会进行第一次换届。2015年，协会主席黄冠群，常务副主席孟庆帅。共有会员270余人，其中中国舞协会员2人、省舞协会员8人。

寿光市摄影家协会。成立于2008年6月。协会主席刘增武，常务副主席张文南。至2015年，共有会员202人，其中中国摄协会员12人、省摄协会员39人。

寿光市京剧协会。成立于2005年6月，2010年6月召开第二次会员代表大会进行第一次换届。2015年，协会主席董宜顺。共有会员500余人。

寿光市民间文艺家协会。成立于2005年10月，2010年7月召开第二次会员代表大会进行第一次换届。2015年，协会主席苏爱国。共有会员100多人，其中省民协会员12人。

寿光市国学研究会。成立于2010年5月。2015年，协会会长桑炳明。共有会员2000余人，其中中国国学研究会研究员1人。

（王志亭）

市科学技术协会

【管理机构】 2011—2015年，市科学技术协会内设办公室、科普部、学会部，均为股级规格。2015年，有干部职工9人。

【科普宣传】 5年间，建立群众性、社会性、经常性科普宣传活动制度，每年围绕《全民科学素质行动计划纲要》工作主题以及市委、市政府中心工作，由市科协牵头，组织市直各学会、各镇街区科协及科普志愿者，开展科普周（月）、食品安全宣传周、科普日、科普之冬（春）等活动，包括科技咨询、科普讲座、科普展教、科普宣传、科技扶贫服务等内容。另外，开展科技、文化、卫生“三下乡”和科教、文体、法律、卫生“四进社区”活动，举办各类科普讲座、科普巡展，使科普活动覆盖面达到全市人口的80%以上。

2011年始，与《寿光日报》《潍坊晚报·今日寿光》、寿光电视台、寿光人民广播电台、寿光宣传网等媒体合作，先后创办《全民科学素质科普宣传》《科普直通车》、生活频道科普阵地、电台“我们帮你办”、寿光宣传网——全民科学素质科普专栏等栏目，每周1期，在报纸主要版面刊登，在电视台、电台黄金时间播出，全面普及科普知识。除主流媒体外，市科协还积极探索搞好科普宣传平台，2011 年开始与社区、村委合作，利用原有各类专栏和市科协制作的宣传栏，每季度定期张贴科学宣传挂图，宣传面覆盖到全市 500 人以上的行政村和社区。2014 年，开通寿光科普微信平台，定期发送科普知识。与寿光日报合作，在市区主要街道两侧设置灯箱宣传栏，滚动播出提高全民科学素质的标语和科普知识，为市民提供 24 小时科技服务。

【科普示范基地】 为加快农业科技成果的推广应用，推动农业产业、产品结构的优化、调整，促进农业增效、农民增收，市科协采取多种措施，加强农村科普示范基地建设。2011 年，创建全国科普教育基地 1 处、山东省科普教育示范基地 1 处、潍坊市科普教育基地 2 处、潍坊市农村科普示范基地 8 处；2012 年，创建全国科普教育基地 1 处、山东省科普教育示范基地 2 处、山东省百强农技协科普示范基地 2 处、潍坊市科普教育基地 2 处、潍坊市农村科普示范基地 6 处；2013 年，创建全国科普教育基地 1 处、二星级山东省科普教育示范基地 2 处、潍坊市科普教育基地 2 处、潍坊市农村科普示范基地 5 处；2014 年，创建潍坊市农村科普示范基地 2 处；2015 年，创建潍坊市中小学素质教育科普教育社会实践基地 24 处；全市形成市、镇、村科普示范网络，面向全市开展科普教育活动，普及科学知识，传播科学技术，推动科普工作社会化、群众化、经常化，实现“做给农民看、领着农民干、帮着农民办”“以点带面、示范带动、全面推动”目标，促进新产品、新技术、新品种推广普及。

【青少年科普】 2011—2015 年，市科协与市教育局合作，在全市未成年人中开展科技活动和素质教育，每年组织 2 次以上大规模青少年科技传播行动或科技竞赛等活动，在校中、小学生参与率 90% 以上。定期开展青少年科技创新大赛、电脑制作活动、信息学奥赛、发明专利、计算机表演赛、流动科技馆进校园、科学家进校园等一系列科技活动，每年举办中小学生科技节、七巧科技竞赛，在中小学生中选拔优秀学生组建特色活动社团。2011 年，组建动漫创作、电脑制作、机器人教育等特色社团，2013 年成立寿光市青少年科技辅导员协会、中小学电脑制作活动中心教研组、电脑机器人竞赛中心教研组、信息学奥赛中心教研组。

2013 年 4 月，成功承办第 28 届山东省青少年科技创新大赛，市科协获特殊贡献奖。5 年间，先后获全国中小学电脑制作活动奖的学生 153 人，获奖作品 98 件，其中获全国一等奖 45 件，占全国 6 年间一等奖总数的 7.5%，获奖情况和获奖数量连续 6 年列全国县（市区）之首；获全国信息学奥赛一等奖学生 64 人，获全国银牌奖 2 项；获全国中小学电脑机器人竞赛奖学生 5 人，其中冠军 2 人、亚军 1 人；获全国青少年科技创新大赛奖学生 35 人，获奖作品 14 件；全市高中学生创作的“蔬菜智能管理机器人”先后获全国机器人大赛一等奖、全国青少年科技创新大赛集体项目二等奖、国际亚太机器人大赛优秀奖；有 1 名学生获“清华大学环境友好青少年科技创新奖”，3 名高中学生中有 2 人获全国“小小科学家”二等奖、1 人获三等奖；先后有 107 名高中学生取得高考保送生资格。2015 年，全市有 2 所学校获全国第十九届“七巧科技”系列活动科普示范学校称号，有 2 所学校获山东省科普示范学校称号。

【农村科普】 2011年始，市科协为解决农民“缺技术、缺信息、缺服务”的难题，积极开展技术培训、农业技术咨询、现场技术指导，免费发放技术资料，向农民宣传科普知识，促进农民科技文化素质的提高，全市95%以上的农村基层干部和80%以上的农村劳动者接受农业科技培训。至2015年，共组织开展科技咨询100余次，举办各类培训班40场次，开展现场技术指导60余次，发放各类科技资料1.5万余册，直接受益群众达2万人。

积极实施“科普惠农兴村计划”，发挥科普惠农服务站、农村专业技术协会、农村科普示范基地在农民科技培训中的示范辐射作用，达到 “培训一个人、致富一个户、带动一个村、示范一大片”目的，推动全市农业产业化进程，促进农业产业结构调整。2011年始，在全市500人以上的行政村、社区每年定期张贴科学宣传挂图的基础上，至2015年连续编发《山东科技报—寿光蔬菜科普周刊》240期。每年菜博会期间举办“农业科技大讲堂”，邀请农业专家围绕农业生产开展农民科技培训。常年开通农业专家热线电话，全市20多名农业专家24小时免费在线服务。2014年始，在全市实施数字科普工程，在镇街医院、邮政网点、联通营业厅安装100台数字科普电视，每天定期播放科普知识。5年间，共表彰奖励 全国科普惠农兴村先进单位5个、山东省科普惠农兴村先进单位2个、山东省科普惠农兴村先进个人1人。

【科技交流与创新】 2011—2015年，紧紧围绕全市科技、经济和社会发展，积极开展技术培训、技术研讨、学术报告、评选先进等工作，在提升学会服务能力、完善学术交流模式、服务广大科技工作者等方面都取得新进展。共申报潍坊市科技创新成果、科技标兵、先进集体129项，其中获一等奖10项、二等奖13项、三等奖26项，科技标兵22个，优秀组织奖3项。申报潍坊市科学技术优秀学术论文94篇，其中获奖论文86篇。2011年始，市科协依托“全国科普惠农蔬菜种植技术协作网”“中国农村致富技术函授大学寿光蔬菜学院”，发挥蔬菜种植技术创新及交流方面的作用，促进技术信息交流，开展全国蔬菜技术培训与指导，推动现代设施农业发展和食品安全生产。2012年9月17—18日，全国科普惠农蔬菜种植技术协作网成立暨技术交流会在寿光召开，推广寿光经验。2015年4月，省科协批复同意建立“山东寿光蔬菜种业集团有限公司院士专家工作站”，至2015年全市已成立院士专家工作站4家。依托院士专家团队高层次人才优势，积极开展技术交流活动，2015年全市获潍坊市青年科技奖3人，获山东省青年科技奖1人。2013年8月始，在全市企事业单位中深入开展“科技创新竞赛”活动，历时6个月，共评选出科技创新优秀成果50项，科技标兵44人，科技创新先进集体16个，其中被评为“全国讲理想、比贡献活动优秀组织者”1人，寿光富康制药被评为“全国讲理想、比贡献创新团队”。2014年，全市被评为潍坊市“十大科技女杰”1人，被评为潍坊市“巾帼科技带头人”2人。2015年，中国石油大学（华东）与寿光市太阳能协会联合成立中国石油大学（华东）寿光新能源与环境科学研究中心，是国内一流的能源与环保材料研发中心和人才培养基地，为寿光市科技工作者、协会、高校搭建交流学习的平台。

市工商业联合会

【管理机构】 市工商联为正科级行政单位，核定编制4人，实有5人，设主席1人，副主席2人，秘书长1人，科员1人，无内设机构。2011年10月，市工商联主席由分管经济的副市长兼任。

【主要活动】 会议活动。2011年7月，承办潍坊市非公有制经济组织创先争优暨“建组织扩覆盖”活动现场推进会，在会上作“强组织、促发展，争当转变经济发展方式排头兵”典型发言。2012年4月，组织召开全市非公有制经济组织党建工作现场会议，市委副书记赵绪春出席会议并讲话。2013年6月，召开全市非公有制经济人士理想信念教育实践活动动员大会，对活动开展进行安排部署。2014年4月，组织驻鲁全国异地商会会长“菜乡行”活动，召开招商引资恳谈会，省工商联副主席赵延彤、市委书记朱兰玺、市长赵绪春等领导参加。2015年7月，联合市教育局、明日之星教育基金会启动“一生一本、同心助学”活动，为全市7个镇（街）的62所学校捐赠教学器材50余万元。

基层建设。5年间，强化组织建设，先后组织成立橡胶轮胎、纺织、物流、租赁、茶业等7个行业商会和中国寿光国际商贸城1个商贸城商会，直属商会数量达到27个，居潍坊各县市（区）之首。规范商会建设，制定印发《直属商会规范化建设实施意见》，建立直属商会会长联席会议制度，推动基层商会健康发展。指导活动开展，积极扶持台头镇商会、福建商会建设商会大楼（厦），组织茶业商会开展“夏日送清凉·关爱的哥的姐”活动，为全市出租车司机免费提供20万元茶叶。加强对外联谊，先后与湖南湘潭、陕西泾阳、四川彭州、烟台莱州等11个县（市）缔结为友好商会，促进地区间经济往来。5年间，构建起基层商会、异地商会、行业商会和友好商会“四轮驱动”商会格局，有效推动市工商联职能发挥。

服务会员。搭建政企沟通平台，2011年8月聘请20名企业家代表担任市长特邀联络员，拓宽政企沟通渠道。与市人社、发改、经信、工商等政府职能部门建立工作联系机制，营造有利于企业发展良好政务环境。会同市金融办出台《寿光市畜禽舍抵押借款暂行办法》，搭建银企对接平台。多次组织全市金融部门和企业召开对接恳谈会，增进银企间沟通交流。2012年5月，与民生银行潍坊分行签署银商合作协议，对畜牧业商会授信10亿元人民币；协调邮政储蓄银行寿光支行与台头镇商会举行银企对接座谈会，双方达成8000万元的贷款协议。搭建法律维权服务平台，探索建立商会法律顾问制度，从全市律师队伍中聘请11名具有丰富执业经验的律师担任商会法律顾问，为会员企业提供法律服务。至2015年，共举办法律知识讲座3期，免费提供法律服务20余次，调处劳资纠纷9起。搭建培训教育平台，2013年10月与市纺织业商会联合举办寿光市首届民企高峰论坛，对全市120多名企业管理人员进行企业管理方面专业培训；先后组织多家会员企业参加北大国际商学院举办的“企业危机管理”“企业项目化的经营管理之道”等培训班，帮助企业家增强战略思维能力和企业管理水平。

政治引导。2011—2015年，深入开展非公经济人士理想信念教育实践活动，做好非公经济人士思想政治引导工作。2013年7月，协调浙江商会在《潍坊日报·今日寿光》开辟“同心共筑中国梦”活动专栏，累计刊发10期，对全市20个突出典型进行宣传报道。2014年5月，联合市委统战部在全市非公企业中大力开展以讲大局、讲责任、讲奉献和提升持续发展能力、转型升级能力、创新突破能力为主要内容的“三讲三提升”活动。12月始，与寿光市广播电视台联合开展“诚实守信文明企业”评选活动，对在全市范围内评选出的20家优质企业予以表彰，引导全市广大企业诚信文明经营。积极引导企业履行社会责任，组织浙江商会、福建商会为230名贫困中小学生捐款35万余元。指导成立台头镇商会助学基金会，募集50万元助学基金，为300名贫困学生每人每月发放助学金10元。

市残疾人联合会

2011年，市委、市政府出台《关于加快推进残疾人事业发展的实施意见》，市政府印发《寿光市残疾人优惠扶持规定》《寿光市按比例安排残疾人就业办法》，保证残疾人事业健康发展。2015年4月8日，中国残联、中央编办联合调查组在中残联副主席吕世明带领下到寿光就残疾人事业发展进行调研，省残联党组书记、理事长仉兴玉、潍坊残联党组书记、理事长原理等陪同调研，调研组对寿光市残疾人托养工作和基层残联规范化建设工作给予充分肯定，勉励寿光残联要进一步创新思路，搞好服务，把各项工作做实、做好。

【管理机构】 2011—2015年，市残疾人联合会（简称残联）机关内设1室4部，即办公室，组织联络部、康复部、教育就业部、宣传文体部。辖寿光市残疾人综合服务中心，为副科级事业单位；寿光市残疾人劳动就业服务所，为股级事业单位。管理指导5个群众性协会，分别是盲人协会、聋人协会、肢残人协会、智力残疾人及亲友协会、精神残疾人及亲友协会。至2015年，市残联多次受到中国残联、省残工委、潍坊市委、潍坊市政府、潍坊市残工委表彰奖励。

2011—2015年寿光市政府、市残联获奖情况表

表1

获奖单位	获奖名称	授予单位	获奖时间
市政府	“十一五”期间，“全省残疾人工作先进单位”	省政府残工委	2011.05
市政府	潍坊市扶残助残先进集体	潍坊市委、市政府	2012.05
市政府	潍坊市残疾人工作先进单位	潍坊残工委	2011.02
市政府	2011年度残疾人工作先进单位	潍坊残工委	2012.02
寿光残联	全省残联系统先进单位	省人社厅、省残联	2014.12
寿光残联	“十一五”全省残疾人康复工作先进单位	山东残联	2012.04

续表

获奖单位	获奖名称	授予单位	获奖时间
寿光残联	潍坊市扶残助残先进集体	潍坊市委、市政府	2012
寿光残联	潍坊市残疾人事业论文竞赛优秀组织奖	潍坊残联	2011.02
寿光残联	潍坊市第五届残疾职业技能竞赛团体第三名	潍坊市残联、人社局	2013.08
寿光残联	潍坊市第五届残疾职业技能竞赛团体优秀组织奖	潍坊市残联、人社局	2013.08
寿光残联	第六届潍坊市盲聋培智学校学生艺术会演优秀组织奖	潍坊残联、教育局、文广新局	2011.09
寿光残联	潍坊市“阳光家园计划”残疾人托养工作先进单位	潍坊残联	2011.02
寿光残联	潍坊市残疾人事业统计工作先进单位	潍坊残联	2011.02
寿光残联	潍坊市残疾人组织规范化建设工作先进单位	潍坊残联	2011.02
寿光残联	潍坊市残疾人康复工作先进单位	潍坊残联	2011.02
寿光残联	潍坊市残疾人教育就业工作先进单位	潍坊残联	2011.02
寿光残联	潍坊市残疾人工作先进单位	潍坊市残联	2013.01
寿光残联	潍坊市残疾人运动会田径项目总分第一名	潍坊市残联	2013.08
寿光残联	潍坊市残疾人运动会团体总分第三名	潍坊市残联	2013.08
寿光残联	潍坊市残疾人运动会总分第一名	潍坊市残联	2013.08
寿光残联	潍坊市残疾人工作先进单位	潍坊市残联	2013
寿光残联	2013 年潍坊市残疾人工作先进单位	潍坊市残联	2014.02
寿光残联	2014 年度全市残疾人工作先进单位	潍坊市残联	2015.02

【残疾人代表大会】 寿光市第六次残疾人代表大会。2012 年 12 月 22 日，在寿光市温泉大酒店召开寿光市第六次残疾人代表大会，与会代表 121 人，其中残疾人代表 74 人。市政协主席王茂兴，市委副书记赵绪春，市委常委、副市长李宝华，市人大党组副书记李广前出席大会。市委副书记赵绪春，市委常委、副市长李宝华分别在开幕式、闭幕式上讲话。会议听取审议并通过寇兴志作得《以人为本科学发展，努力实现残疾人平等参与社会生活》工作报告，选举产生第六届残联主席及执行理事会。市委常委、副市长李宝华当选为残联主席，寇兴志为残联理事长。

稻田镇残疾人联合会第六次代表大会。 2012 年 11 月 6 日，稻田镇残疾人联合会第六次代表大会暨潍坊市基层残疾人换届启动仪式在稻田镇举行。潍坊市残联副理事长王军，市委常委、副市长李宝华出席会议。会后，各镇（街、区）认真进行会议筹备，至12月底全部召开第六次残疾人代表大会，完成换届工作。

2013年3月28日，寇兴志等13人代表全市残疾人、残疾人亲属和残疾人工作者出席潍坊市第六次残疾人代表大会。6月20日，市残联理事长寇兴志、现代中学教师马西刚出席在济南召开的山东省第六次残疾人代表大会。

【调查与办证】 2014年10月—2015年3月，投入33万元，对全市残疾人基本服务状况和需求进行为期半年的专项调查，共入户调查12853人，入户率99.42%。同时，将全市13161名持有残疾人证的残疾人信息全部录入系统，录入率及复录操作完成率100%。2015年底，全市共办理残疾人证13161人。

2011—2015年寿光市办理有关残疾人证情况表

表2 单位：人

年份	合计	视力	听力	言语	肢体	智力	精神	多重
2011	801	61	20	7	474	54	112	73
2012	961	74	47	11	480	130	133	86
2013	807	48	31	7	395	103	158	65
2014	1065	60	30	13	521	101	179	155
2015	1177	63	33	10	605	127	191	148

【残疾人康复】 2011—2015年，市残联共投入康复资金1116.3万元，为听障患者配发助听器，为听力残疾儿童安装人工耳蜗，为白内障患者做复明手术，为肢体残疾人安装假肢、捐赠轮椅、做矫治手术，为0~9岁残疾儿童实施康复救助，为精神病患者实施服药、住院救助，为各类残疾人购买辅助器具等，使4844名残疾人得到不同程度的康复救助。其中：在听力言语康复方面，投资80.4万元为683名听力障碍患者配备助听器683台（人），投资300万元为22名听力残疾儿童安装人工耳蜗；在视力残疾人康复方面，投资253万元在市人民医院、中医院、光明医院为1530名白内障患者做复明手术，脱盲率100%；在肢体残疾人康复方面，投资47万元为1384名肢体残疾人购买捐赠轮椅，投资43.9万元为149名肢体残疾人安装假肢；在0~9岁残疾儿童康复救助方面，投资301万元为299名脑瘫、智力、听力言语残疾儿童实施康复救助，使其认知、自理能力等明显增强，达到较好康复效果；在精神病救助方面，投资62.6万元为427名精神病患者进行康复医疗救助；在其他康复救助方面，投资21.4万元为各类残疾人购买辅助器具，如助行器、低视力助视器、矫形器等，使315名残疾人得到不同程度的康复。

【残疾人教育】 2011—2015年，以燎原果菜残疾人教育扶贫基地、崔玲肉鸽养殖基地、寿光市职教中心等为依托，建立残疾人种植、养殖、手工制作等技能教育培训基地，培养大批实用技术人才。共举办残疾人职业培训班45期，培训残疾人2591人次。其中，2011年举办培训班13期，培训残疾人810人次；2012年举办培训班6期，培训残疾人311人次；2013年举办培训班7期，培训残疾人350人次；2014年举办培训班7期，培训残疾人364人次；2015年举办培训班12期，培训残疾人756人次。

在残疾学生和贫困残疾人子女助学方面，主要以发放助学金为主。2012年6月，市残联、财政局、教育局联合转发潍坊市残联、潍坊市财政局、潍坊市教育局《关于印发＜潍坊市残疾学生和贫困残疾人子女助学办法＞的通知》，为179名残疾学生和401名贫困残疾人子女发放助学金47.89万元。2013年9月，为190名残疾学生和365名贫困残疾人子女发放助学金48.25万元。2014年9月，为187名残疾学生和347名贫困残疾人子女发放助学金44.745万元。2015年9月，为206名残疾学生和345名贫困残疾人子女发放助学金50.77万元。2012—2015年共发放助学金191.66万元。

【残疾人就业】 残疾人集中就业。2011年，全市社会福利企业18家，集中安置残疾职工1912名。2012年，全市社会福利企业18家，安置残疾职工1792名。2013年，全市福利企业15家，安置残疾职工1348名。2014年，全市福利企业15家，安置残疾职工1262名。2015年，全市福利企业15家，在岗残疾职工1218名。

分散安置残疾人就业。按照省、潍坊市和寿光市政府分散安置残疾人就业办法，1998年始，全市先后共分散安排残疾人就业2056名。其中，2011年安置残疾人就业177名，2012年安置残疾人就业196名，2013年安置残疾人就业256名，2014年安置残疾人就业465名，2015年安置残疾人就业571名。

残疾人个体创业。2011—2015年，全市有941名残疾人自己创业，主要项目有服装加工、汽车装饰、机电器维修、家具制作与维修修车、配钥匙、修鞋、修拉链、商品营销、创办盲人按摩诊所等多个工商业。从事种植业、养殖业创业，是大部分残疾人根据生活在农村的实际情况，利用农村主阵地建果园、林场、蔬菜大棚，建猪、羊、鸡、鸭、肉鸽等高效养殖基地，实现脱贫致富奔小康，为促进全市经济社会发展做出积极贡献。全市从事农牧种植、养殖的残疾人达到3000余人。

【残疾人文体活动】 新闻媒体宣传活动。2011年始，每年都为残疾人和残疾人工作者订阅《中国残疾人》《三月风》杂志，向省、潍坊市宣传和推荐残疾人及残疾人工作者先进事迹。2013年10月，制定出台《寿光市残疾人事业宣传文化工作“十二五”》实施方案》，并狠抓落实。2011—2013年连年被中残联评为“两刊”宣传先进单位。

2011年，在潍坊市残疾人事业好新闻评选活动中，寿光市共选送15件作品，其中获文字类一等奖2篇、二等奖4篇、优秀奖8篇，电视类三等奖1篇，寿光总分居县市区第1名，市残联获优秀组织奖。是年，被潍坊市残联评为残疾人事业宣传工作先进单位。2012年，选送16件作品参加潍坊市残疾人事业好新闻评选活动，其中获文字类一等奖1篇、二等奖2篇、三等奖3篇、优秀奖4篇，电视类二等奖1篇、三等奖1篇、优秀奖1篇，获优秀组织奖县市第1名。是年，被省残联评为通讯工作先进单位。2013年，推荐17篇优秀作品参加潍坊市残疾人事业好新闻评选，其中获文字类一等奖2篇、二等奖4篇、三等奖7篇、优秀奖2篇，电视类二等奖1篇、优秀奖1篇，市残联获优秀组织奖。2014年，推荐29篇优秀稿件参加潍坊市残疾人事业好新闻评选，获文字类一等奖1篇、二等奖3篇、三等奖7篇、优秀奖5篇，获电视类一等奖1篇、三等奖3篇、优秀奖4篇，市残联获优秀组织奖。

助残日帮扶残疾人宣传活动。2011年助残日活动主题是 改善残疾人民生，保障残疾人权益；2012年是加强残疾人文化服务，保障残疾人文化权益；2013年是 帮扶贫困残疾人；2014年是关心帮助残疾人，实现美好中国梦；2015年是关注孤独症儿童，走向美好未来。围绕主题，广泛开展宣传帮扶贫困残疾人先进集体和残疾人自强自立、艰苦创业的典型事迹。同时，市级班子领导和市直有关单位在助残日期间，走访慰问残疾人集中单位，开展救助活动。

开展评选扶残助残优秀集体和残疾人自强模范活动。2011年4月20日，由市委宣传部、人社局、残联、电视台、日报社发起，寿光市新龙集团有限公司赞助的“首届十大扶残助残优秀集体和残疾人自强模范”评选活动在全市展开，共收到选票6000余张，从各单位推荐名单中遴选出20名优秀集体和20名自强先进个人，经组委会最终审定，山东寿光天成食品集团有限公司等10个单位获“扶残助残优秀集体”称号；范菲菲等10人获“残疾人自强模范”称号。

文化艺术活动。2011年4月20日，在第十二届中国（寿光）国际蔬菜科技博览会举办残疾人文化艺术展览，展出残疾人手工艺制作、摄影、书法、绘画等作品，向国内外展示寿光市残疾人自强不息的奋斗精神。

2012年，开展共享阳光“携手建功‘十二五’高歌喜迎十八大”山东潍坊市寿光赛区残疾人歌手选拔赛，其中冠军获奖金1万元、亚军5000元、季军3000元、十佳歌手每人1000元。冠军、肢残人歌手李广隆、任泽成分别获得亚军和季军，张玉泉、崔希彬、李小军、韩　雷、国智斌、李磊刚、董学文、苏金明、王爱香、王彦平获十佳歌手，董慧慧获潍坊市组织的歌手大赛最佳歌手称号。3月，组织推荐器乐、声乐、舞蹈、小品5个节目参加潍坊市第八届残疾人文艺会演，舞蹈《飞得更高》获一等奖，《与爱同行》获二等奖，戏剧小品类《公园里的幽默》获一等奖，声乐类《安妮》获优秀奖，戏曲类京剧《四曲连奏》获优秀奖，市残联获优秀组织奖。舞蹈《飞得更高》、戏剧小品《公园里的幽默》被选送参加山东省第八届残疾人文艺会演并获优秀奖。5月，组织参加潍坊市残疾人书画展活动，共选送13幅作品参赛，其中获绘画类一等奖2件、书法类二等奖1件、绘画类三等奖2件，优秀奖4件，市残联获优秀组织奖。2013年10月，推荐57件反映残疾人事业方面的摄影作品参加潍坊市残疾人摄影大赛。2014年5月12日，组织开展首届寿光市残疾人书画展览，共有24名残疾人参加，展出书法、绘画和工艺品48幅。7月，组织优秀节目参加文明之夏广场文艺演出活动，15名残疾人演出京剧、独唱等8个节目，9名残疾人合唱自己编词配曲的歌曲《共享阳光》。2015年3月，完成全市残疾人文学艺术家摸底统计工作，全市共有持有地市级以上会员证的残疾人民间文学艺术家5人。9月23—25日，举办寿光市“残疾人文艺会演进社区”活动，共有65名演职人员参加。

体育活动。2012年9月27—28日，在世纪学校举办首届残疾人运动会，共有17支残疾人代表队、168名残疾人运动员参赛，设田径、羽毛球、象棋、飞镖、乒乓球、举重、盲人定向行走等7大项53个小项，共产生60枚金牌、58枚银牌、38枚铜牌，对获得金牌榜、总分榜、体育道德风尚奖代表队前8名，分别颁发奖杯；对获得金、银、铜牌运动员分别颁发证书和奖金。

2013年9月27—29日，潍坊市第九届残疾人运动会在寿光市举办，寿光市残疾人体育代表团等14个代表团共355名运动员参加运动会，运动设12个大项、91个小项。其中，寿光市参赛运动员58人，共获34金、28银、20铜，总分榜、奖牌榜、金牌榜均列第1名，市残联体育代表团获体育道德风尚奖。10月，制定出台《寿光市残疾人体育工作"十二五"实施方案》。

2015年3月，组织实施"山东省残疾人文化体育建设示范市"创建工作；4月23日，市政府召开全市创建"山东省残疾人文化体育建设示范市"动员大会，出台《寿光市创建山东省残疾人文化体育建设示范市实施方案》。

【社会保障】 残疾人养老保险。2015年底，全市共有13161人领取《残疾人证》，其中18～59岁7683人，除在校生外，全部办理养老保险。全市办理在职职工养老保险2318人，居民和农村养老保险5365人，对其中的4197名重度残疾人由政府代交养老保险，每人每年100元。全市60岁以上残疾人已全部按时领取养老金。

医疗保险。2015年底，全市持有残疾人证者全部加入医疗保险，其中2318名在职职工加入职工医疗保险，其他残疾人加入居民和农村医疗保险，对其中的重度残疾人免费加入最低档次养老保险。5年间，享受医疗补贴的重度残疾人10036人次，补助金额达10万元。

低保重度残疾人救助。为提高重度残疾人生活水平，市残联对享受低保的残疾人进行生活补贴。5年间，先后有6821人次享受生活补贴，补助金额659.2万元。

重度残疾人救助。2014年10月始，为提高和改善重度残疾人生活质量，对16～59周岁年龄段生活不能自理的重度残疾人发放护理补贴。

托养残疾人救助。2011—2015年，对无依无靠、无生活来源、无劳动能力的重度残疾人实行机构托养、居家托养办法，使其衣食住行有保障。5年间，机构托养残疾人242人次，补贴金额53.91万元；居家托养残疾人490人次，补贴金额49.5万元。

残疾人家庭危房改造。2012年始，为保证和改善残疾人居住环境，对生活比较困难居住危房的农村残疾人帮其进行危房改造。全年为60户残疾人家庭进行危房改造，累计投入资金150万元；2013年共为79户残疾人家庭进行危房改造（实则建新房），累计投入资金197.5万元。2014年始，残疾人家庭危房改造项目转入寿光市建设局，危房改造工作继续顺利开展。

无障碍设施改造。2011—2015年，为改善部分残疾人生活环境，分批对部分残疾人生活环境进行无障碍设施改造。2011年4月，为8户肢体残疾人家庭的浴凳、扶手、水管、助行器进行改造。2012年9月，为12户肢体残疾人洗浴坐便两用椅、扶手等进行无障碍改造；为60名盲人发放多功能电子盲杖。2013年8月，投入55428元，为162户残疾人家庭进行无障碍设施改造。2014年11月，投入资金112175元，对135户残疾人家庭进行无障碍设施改造。2015年，投资13.5万元，为91户残疾人家庭进行无障碍设施改造。5年间，共投入资金40余万元，为408户残疾人进行无障碍设施改造。

发放残疾人机动轮椅车燃油补贴。2011

年始，对肢体残疾人机动轮椅车车主发放燃油补贴，至2015年共为657人次发放补助金170820元。

2011—2015年寿光市残疾人救助情况表

表3 单位：元

项目		2011年	2012年	2013年	2014年	2015年
享受低保重度残疾人生活补贴	补贴人数	1198	1263	1272	1447	1641
	月补助额	70	70	80	104	104
	补助总额	1006320	1110920	1068480	1389120	2017600
重度残疾人护理补贴	补贴人数	—	—	—	642	2341
	月补助额	—	—	—	60	78
	补助总额	—	—	—	462240	2132286
机构托养残疾人救助	托养人数	50	90	42	30	30
	人均年补助额	2400	2400	1500	1500	3170
	年补助总额	120000	216000	63000	45000	95100
享受居家托养残疾人	托养人数	160	160	80	90	—
	年补贴金额	1200	1200	600	700	—
	年补贴总额	192000	192000	48000	63000	—
发放残疾人机动轮椅车燃油补贴	补贴人数	188	100	151	109	109
	补贴金额	260	260	260	260	260
	补助总额	48880	26000	39260	28340	28340

（李钦荣）

市妇女联合会

【管理机构】 2011—2015年，市妇联共有机关行政编制5人，实有行政编制6人，派遣人员1人。辖15个镇街区妇联，975个村妇代会，13个社区妇联，58个市直妇（工）委会。

【代表大会】 2011年10月24日，杨秀英、赵俊娥、李素珍、刘云秀、侯美芳、孟艳萍6位市妇联代表参加山东省第十二次妇女代表大会。11月9日，市妇联主席杨秀英带领50名寿光市妇女代表参加潍坊市第十三次妇女代表大会。2015年12月10日，寿光市妇女第十三次代表大会在温泉大酒店金阳光厅召开，时间1天，与会代表313人。潍坊市妇联主席田素英应邀出席会议并致辞，市领导朱兰玺、赵绪春、杨德峰、方新启、邱旺等出席会议。开幕式上，少先队员献词，团市委书记张伟代表群团组织致贺词，潍坊市妇联主席田素英致贺词，市委书记朱兰玺代表市委、市政府讲话。大会选举产生寿光市妇联第十三届执行委员会和新一届市妇联领导机构，审议通过王霞代表市妇联十二届执行委员会所做的题为《把握时代主旋律、展现女性新作为、在助推品质寿光建设中勇立新功》工作报告，选举王霞为妇联主席，崔凤芹、尹保华为副主席。同时，首次选举李美芹、桑爱梅、李冬青为兼职副主席。市委副书记邱旺出席闭幕式并讲话。

【主要工作】 创新创业。5年间，全市各级妇女组织不断创新和深化“双学双比”“巾帼建功”活动，为广大妇女参与全市发展、助推转型升级创造良好条件，全市涌现出500多名市级“巾帼建功标兵”“巾帼创业明星”和“科技致富女状元”等先进典型，其中有2人获全国级称号，6人获得省“三八”红旗手、妇女工作先进个人等称号。扎实推进“巾帼科技致富工程”，开展“新农村（社区）·新生活”培训工作，组建讲师团到镇村进行巡回宣讲，共举办农业技术、法律法规、家庭文明、安全知识等各类培训班300多期。全面加快“巾帼现代农业科技示范基地”建设，全市共建成32处科技含量高、综合效益好、示范带动强、妇女发挥作用突出的巾帼现代农业科技示范基地，建成首批“全国巾帼现代农业科技示范基地”。充分发挥全国妇女培训基地作用，为全国各地培训农业技术骨干600多人、增收致富带头人200多人。全力开展“巾帼建功十二五”活动，通过层层举办技能比武、岗位竞赛、明星争创等活动，全市建成巾帼文明岗80个，成为妇女建功立业、引领行业文明主阵地。市国税局办税服务大厅、市地税局办税服务大厅以及公安局户籍窗口、妇幼保健院被评为全国和省巾帼文明岗，市妇联先后被评为全国、省“巾帼建功”竞赛活动先进协调组织。深入实施“巾帼创业就业促进行动”，积极举办各类就业技能培训班和“春风送岗位”就业洽谈招聘会，5年间共为1.2万名妇女提供就业机会，累计争取小额担保贴息贷款等各类创业贷款4200多万元，扶持300多名妇女创业。2011年始，继续实施“阳光大姐”家政规范化、品牌化管理和服务，每年培训家政服务员3700多人次，帮助妇女就业2300多人次，2015年推荐优秀家政员参加省和潍坊市巾帼家政技能服务大赛，获团体三等奖、个人二等奖。大力支持妇女发展庭院经济，促进增收致富，在开展巾帼手工艺精品展示活动中，侯镇草碾村的草编工艺品获省巾帼手工艺精品网上行活动优秀奖。女企业家协会不断发展壮大，会员企业由2011年的32家发展到2015年的51家。2014年，寿光为海内外女企业家投资峰会提供参观现场。

倡树新风正气。2011—2015年，组织全市妇女开展社会主义核心价值观教育，大力倡导个人品德、家庭美德、职业道德、社会公德，用先进文化、主流思想激励教育妇女、辐射带动家庭，在促进和谐发展、提升社会品质中发挥积极作用。深入落实习近平总书记“注重家庭、注重家教、注重家风”的要求，不断深化“五好文明家庭”创建，先后开展“和谐家庭”“爱心家庭”和“最美家庭”等特色家庭创评活动，选树“传承优良家风好家长、好少年”“最美乡村媳妇”“好婆婆”“敬老好儿女”等各类优秀家庭角色万余人，举办“孝老爱亲”“家庭美德”事迹巡回报告会75场，涌现出市级以上先进家庭1000多户，其中被评为“齐鲁书香家庭”“齐鲁最美家庭”和省“五好文明家庭”标兵户4户，被评为潍坊市“和谐家庭”8户，被评为省和潍坊市“友爱好邻居”“孝顺好儿女”“互敬好婆媳”23人。2012年，制定实施《寿光市家庭教育工作“十二五”规划》，广泛开展文明家庭教育工作，成立市家庭教育研究中心，组建62人的家教骨干队伍，至2015年共举办各类家教公益讲座128期次，受益家长2万多人次。在全市334所初中、小学、幼儿园和363个村（社区）建立家长学校，其中65处学校被评为寿光市级以上示范家长学校。每个家长学校都配备专业指导队伍，定期开展家庭教育培训和亲子共成长等特色活动，提升全市家长科学教子水平。广泛开展争当合格家长，培养合格人才“双合格”活动，2013年寿光市被省教育厅、省妇联评为省家庭教育示范市。5年间，积极开展丰富多彩的群众文化活动，全市成立巾帼文明队800多支，带动2万多名妇女长期开展广场舞、健身舞等健康娱乐活动。每年举办“家庭才艺大赛”“四德歌”广场舞大赛等群众性文化活动，参与妇女遍布城乡，充分展示新时期妇女昂扬向上精神风貌。全市有2000多名妇女加入到巾帼志愿者队伍，开展科技培训、法律宣传、扶贫济困、心理咨询等服务活动1300多场次，服务群众2.5万人次。

依法维护妇女儿童自身权益。5年间，普法宣传实现常态化，每年开展“三·八”维权周、“两个规划”宣传月、“12·4”法制宣传日等活动，向广大妇女宣传男女平等基本国策和妇女权益保障法等法律知识，联合司法部门通过“以案说法”“模拟法庭”等形式，向妇女群众宣讲法律。各级妇女组织利用妇女维权示范岗、妇女儿童家园、妇女之家等阵地开展法律知识讲座和法律咨询服务，提升广大妇女学法、守法、用法意识和能力。妇女维权实现网络化，继续开通12338妇女维权热线，不断加强潍坊市首家反家暴妇女儿童庇护所、“148”妇女法律援助中心和家庭暴力伤情鉴定中心建设。2014年，承接潍坊市以维护妇女权益为主要内容的村规民约修订工作试点工作，开展争创“优秀妇女维权岗”“零家庭暴力村庄”（社区）活动，打造市、镇、村三位一体维权网络。落实信访“主席接访制”和“首问负责制”，每年接待妇女来信来访100多起，处结率99%以上。积极实施社会救助，建立为妇女儿童办实事长效机制，市委、市政府每年出台为妇女儿童办实事政策，优先保障妇女创业培训、农村适龄妇女“两癌”免费检查、新生儿疾病免费筛查和妇女儿童维权绿色通道等项目，全市妇女儿童健康水平、生活品质、幸福指数大幅度提升。持续深化“春蕾计划”，每年筹集社会爱心资金资助贫困儿童，开展“宝贝，我带你回家过年”“牵手贫困儿童·新年圆梦”“新书包”行动等主题活动。联合卫计局、村镇银行等单位开展“送温暖、献真情”帮扶失独家庭活动，向60多户失独家庭送去救助金和慰问品。大力实施“女性安康工程”，建立农村适龄妇女“两癌”免费检查和贫困患病妇女救助长效机制，市财政于2014年、2015年连续2年投入878万元专项资金，为6.8万名农村适龄妇女进行“两癌”免费检查。2013年始，积极争取全国贫困母亲“两癌”救助和中国妇女基金会“母亲健康快车”等重点民生项目，至2015年，先后让2300多名农村妇女就近享受免费查体服务，为10名贫困“两癌”妇女发放救助金3.6万元。

加强妇女组织建设。5年间，坚持“党建带妇建”原则，积极探索新常态下妇女组织建设新路子，妇女组织网络、干部队伍和活动阵地建设迈上新台阶。妇女组织网络健全，抓住2次村级组织换届有利时机，配齐配强村级妇女组织，妇代会主任100%进“两委”，15个镇街区和58个市直妇女组织按期换届，妇女组织结构得到优化。其中，2013年推行选聘兼职妇联干部工作，共选聘各级妇联执委、兼职妇联干部252人。2012年始，不断拓展妇女组织建设领域，先后在农业专业合作社、农业园区、企业等建立“两新”妇女组织18个，全市有15个镇、村（社区）被评为全国基层妇女组织规范化建设示范单位，有10个镇村妇女组织被评为省、潍坊市级先进基层妇女组织、红旗妇代会。把妇联干部培训纳入党员干部培训总体规划，组织各级妇联干部认真参加群众路线教育实践活动，及时举办新任农村妇代会主任培训班和妇女骨干培训班，至2015年共培训基层妇女干部2000多人次。加强和改进党的群团工作，按照“五有”（有牌子、有制度、有办公场地、有办公经费、有活动场地）标准，加强妇女之家和妇女儿童家园建设，2013年争取上级物资、资金累计50多万元，建成省级妇女儿童家园2处、潍坊市级妇女儿童家园11处。5年间，充分利用“家园”组织开展家庭教育、权益维护、创业就业指导、结对帮扶、文化娱乐等各类主题实践活动，做到“一家一特色、一园一亮点”，实现基层妇联服务与妇女儿童需求无缝对接。市妇联先后被评为省城乡妇女岗位建功先进集体、省妇联系统先进集体、省妇女维权先进集体、省妇联系统新闻宣传先进单位、潍坊市妇女儿童工作突出贡献单位，机关工作、平安建设、文明创建等多项工作受到市委、市政府表彰，在潍坊市科学发展综合考核中获一等奖。

【上级视察】 2011年8月26日，市妇联巾帼服务中心迎接潍坊市党群共建暨窗口单位和服务行业为民服务创先争优现场会，潍坊市委副书记崔建平、潍坊市委组织部部长陈泽浦、市委书记孙明亮到现场视察指导。

2012年4月25日下午，省妇联副主席任月英一行，在潍坊市妇联主席田素英陪同下到寿光市就专业合作社妇女组织建设和妇女服务现代农业发展情况进行专题调研，市委常委、宣传部长徐莹，市妇联主席王霞陪同调研。11月5日，省妇联副主席范晓丽、宣传部部长张宏卿到寿光市就妇女儿童家园和妇女之家建设情况进行调研，潍坊市妇联副主席贺玉洁、市委宣传部部长徐莹、市妇联主席王霞陪同调研。12月18日，参加海内外女企业家2012（潍坊）投资峰会的女企业家一行30余人到寿光市蔬菜产业集团、羊口制造业产业园进行参观考察，市委副书记赵绪春、市政府副市长刘广斌陪同考察。

2013年4月25日，参加北京、潍坊、绥化三地“女企业家牵手行活动”的女企业家一行20人，在潍坊市妇联主席田素英，市委常委、宣传部长徐莹陪同下，到寿光市蔬菜高科技示范园进行参观考察。

【全国妇联培训班】 2011年12月12—18日，全国巾帼科技辅导员培训班在寿光市全国妇女培训基地成功举办，潍坊市妇联主席田素英，市委常委、宣传部长徐莹出席培训班开学典礼。培训期间，学员到寿光市农产品物流园、蔬菜产业集团等地进行参观学习。

2012年8月28日中午，全国妇联巾帼现代农业示范基地负责人培训班在寿光市全国妇女培训基地成功举办，首批学员在全国妇联妇女培训中心主任杜芮等带领下，到寿光物流园、国际蔬菜科技博览会、孙家集街道三元朱村、台头镇睿农农业科技园、映康畜牧发展股份有限公司等地进行参观考察，潍坊市妇联副主席贺玉洁，市政府副市长刘广斌陪同考察。9月14日，第二批学员进行参观考察。12月15—21日，全国巾帼科技辅导员培训班在寿光市举办，全国妇联妇女发展部农村工作处调研员易虹，市委常委、宣传部部长徐莹出席培训班开班典礼，培训期间学员到寿光市农产品物流园、蔬菜产业集团、三元朱村等地进行参观学习。

共青团寿光市委员会

【管理机构】 2011年，团市委内设办公室、团务部，工作人员7人。下辖关工委办公室，为正股级事业单位。2013年12月，关工委办公室调整至老干局。2014年6月增设学少部。2015年，共设有办公室、团务部、学少部，拥有干部职工7人。全市共建有团委93个、团总支219个、团支部2856个；共有团员154773人。

2012年，团市委获全省“五四”红旗团委、2013年获山东省共青团助力县域经济示范县、2014年获全国农村青年创业致富“领头雁”培训基地等称号。2012—2015年连续4年在潍坊市共青团系统考核中名列第一。团中央书记处书记徐晓、组织部副部长吕伟、农工部副部长张传慧，团省委书记张涛等多位领导莅临寿光检查指导，对寿光共青团工作给予肯定。

【历届代表大会】 2014年1月3日，在寿光市商务小区6号楼报告厅召开共青团寿光市第十八次代表大会，参会代表246人。共青团中央组织部干部一处韩晓、共青团潍坊市委书记赵学坤，市委全体常委和各群团组织负责人，以及部分担任过团市委副书记以上职务、现在寿光工作的老团干部、青年先模人物代表出席大会开幕式，市委副书记赵绪春到会讲话。会议总结第十七次团代会以来的工作，研究安排工作任务，选举产生新一届委员会。会议号召全市团员青年坚定理想信念，坚持青年为本，融入发展大局，始终求真务实，锐意改革创新，不断提高共青团工作科学化水平。会议选举张伟为书记，金圣凯、吕晓菲为副书记。

【团组织建设】 2011年始，组织引导企业做好团建工作，先后帮助数百家“两新”（即新社会组织和新经济组织）企业建立团组织，扩大共青团影响力。2012，在全省率先建设乡镇实体化“大团委”，形成“11345”模式，被团省委称为寿光模式，团省委在山东省农村青年工作简报刊发寿光市的经验做法，向全省推广“寿光模式”，即“一个目标”，全面树立打造一个强大有凝聚力的乡镇实体化“大团委”，坚持青年在哪里，团组织就建立在哪里，社会怎么使青年聚集，就用怎样的方式建立团组织；“一个框架”，即“一中心＋多片区＋多领域”的乡镇“大团委”建设组织架构，其中“一中心”是以打造一个强大有凝聚力的乡镇实体化“大团委”为中心，“多片区”是将相对聚集的村级团组织进行统筹整合从而创建工作片区团总支，

“多领域”是根据青年的兴趣爱好及青年聚集的不同领域从而分门别类地建立团组织；“三个到位”，即组织领导到位，资金投入到位，督查考核到位；“四步走法”，即“求、摸、荐、选”四步走工作法，“求”是“求认同”，通过座谈、约访及QQ、微信等方式征求青年对大团委建设的意见建议，赢得青年对大团委建设工作的认同，“摸”是“摸底数”，通过依托志愿者协会成立调研队，在镇团委的协助下，对全市基层青年情况和社会发展现状进行深入调研，进一步摸清青年分布情况，“荐”是“荐人才”，联合组织部门出台意见，实施乡镇青年骨干培养计划，打造“能人治团”工程，使青年骨干逐渐向团组织靠拢，为乡镇实体化大团委班子储备后备力量，“选”是“选班子”，有效整合镇机关干部、大学生村干部、农民合作社负责人、企业法人、青年创业典型、农村致富带头人、热爱青年工作的社会人士等，组成乡镇实体化“大团委”建设工作委员会，按照“自荐、公选、考试、直选”的方式选拔团干，充分体现竞争性、公平性；“五级梯队”，即示范、提高、巩固、预警、培育五级梯队，通过积极探索团组织分层分类管理新模式，同时实施动态考核，做到各个梯队有进有出，从而形成层层有典型，级级有样板的梯次发展格局。2012年，被共青团山东省委确定为助力县域经济科学发展示范县。为解决基层团组织工作力量不足、缺乏活力、联系青年渠道单一等问题，选取三元朱、浮桥等13个村开展村级团组织格局创新试点工作，重点吸纳优秀大学生村干部、优秀青年教师、农村专业合作社负责人、两新团组织负责人、青年致富能手进村级团组织班子，实现团建工作“最后一公里”新突破。创新产业链团建模式，建立由政府机关、产业协会、农村专业合作社、共青团组织、农户组成的潍坊市最大蔬菜产业联盟团工委，实现团组织多重有效覆盖。

2013年，创建农村工作片区团总支，对全市85个片区实现组织全覆盖和活动全影响，市委组织部下发《关于做好乡镇团委及片区团组织换届工作的意见》，对镇、街、片区团组织职能、人员、待遇及任期时间做出明确规定。

2015年，按照“城乡统筹、全面推进、共建共联、示范创新”原则，创新探索“三五三”农村区域化团建工作模式，全面夯实农村团组织建设的基层组织、班子队伍、团员管理、经费保障、活动开展、阵地建设以及新媒体体系等团务工作基础，为山东“百县千乡”分类示范创建活动提供样本，典型经验获得团中央肯定推广。其中，“三”指“三个结点”，即“组织”结点，围绕农村实际，创新农村片区建团模式，“生产”结点，围绕产业优势，积极推动蔬菜产业联盟团建模式，“生活”结点，围绕时代特点，探索互联网团建模式；“五”指政治、经济、社会、文化、生态五大服务项目，即以青春大讲堂＋团校＋寿光新青年媒体平台为载体引导青年跟党走，以农村青年创富行动＋金融挂职干部＋电商服务中心为载体成就青年创业梦，以温馨家园关爱行动＋志愿者协会＋青年综合服务平台为载体解决青年心头事，以互动青春行动＋青春风尚季＋周末大舞台为载体引领青年文化新风尚，以保护母亲河行动＋青年社团＋青年绿化基地为载体参与生态环保建设；“三”指人才队伍、资源配置、组织管理三大要素，即有效整合社会优秀青年人才，科学优化管理队伍。整合部门与社会资源，严格落实基层团组织工作经费。坚持把农村区域化团建与中心工作同部署、同调度、同督查。

【主要活动】 5年间，全市各级团组织按照“两个全体青年”（即团组织覆盖全体青年和团组织的工作及影响覆盖全体青年）要求，全面履行团的职能，积极开展各项有意义的活动。

2012年，开展“农村青年信用示范户评定工程”，通过密切团银合作，创新服务项目，为创业青年提供低息创业贷款，解决青年创业的资金瓶颈。举办“寿光青春风尚季”系列活动，号召全市青年“写时尚、比文雅、做公益”。开展心愿直通车活动，尽力满足青少年需求，全身心为青少年办实事，解难事。

2013年，开展金融助力农村青年创业“金种子”项目及“金融进社区”活动，继续为创业青年提供低息创业贷款。开展“梦想之翼”爱心支教活动，共有100余名志愿者以自己的爱心和奉献，温暖每个孩子的心，影响和带动更多人投身公益事业。组织“忆五四、汇青春”青年电影之夜、青年户外运动嘉年华、“青春恋爱季·我们约会吧”青年联谊、青春放放电影等一系列活动，充分展现当代寿光青年的青春风采，弘扬创新、锐气、时尚、多元的青年文化。实施保护母亲河行动，带动广大市民关注环保，共同参与生态环境保护。开展“青乐淘”换购街活动，参与者将家中闲置的玩具、学习用品和生活用品带到“市场”进行交换或低价出售，借此培养节约意识和环保意识，同时增进青年人之间的互动交流。

2014年4月，承办团中央发起的全国农村青年创业致富“领头雁”特色产业交流会，全国29个省（区、市）的150家优秀涉农龙头企业入驻参展。展会期间还举办专题交流、参观学习等活动，为全国农村青年致富带头人搭建展示、交流、合作的良好平台。开展“守护蓝天·播种梦想”大型绿色公益活动，引导青少年自觉树立生态环保意识，培养劳动意识，在全社会形成人人植绿护绿的良好氛围。开展实名志愿帮扶等办实事项目，通过举办希望工程助学金发放、“和你在一起”圆梦行动等活动，筹集5万多元物资帮扶贫困学生。

2015年，实施“鲁青基准贷”青年创业助力工作项目，为创业青年提供低息创业贷款，5年间累计发放各类青年创业贷款10.3亿元。承办善融商务全国农产品线下交易会，充分发挥互联网金融和区域“三农”传统优势产业的叠加优势，在创新“互联网+农业”新型青年电商发展模式上做出有益探索，为助力“三农”、支持实体经济搭建务实高效平台。打造集青年电商中心、青年电商孵化基地、善融商务寿光馆、青年电商网、发展联合会于一体的“五个一”电商发展服务体系，加快寿光实体经济、传统产业触网转型，打造网上“寿光产业板块”。在洛城街道创建寿光市青少年法制教育基地，教育青少年学法、遵法、守法、用法，预防和减少违法犯罪。

【希望工程与少先队】 5年间，每年开展少先队社会主义核心价值观宣传教育，与争创文明城市工作深度融合，通过征文演讲、志愿服务以及新媒体渲染等方式弘扬主旋律，共组织征文演讲12次、志愿服务200次，参加人数达3200人次。组织爱心帮扶、绿色植树、文明交通等公益活动引导青少年自觉践行核心价值观和《市民文明行为规范》，共组织爱心帮扶40次、绿色植树5次、文明交通68次、红领巾收旧利废等环保活动

18 次，参加人数达 4300 人次。举办青春彩跑季、快乐足球、趣味运动会等文娱活动引领青年风尚，共举办青春彩跑季 5 次、快乐足球 5 次、趣味运动会 20 次，参加人数达 6200 人次。以重大节庆日为契机开展形式多样的主题团队活动，引导广大青少年把个人梦想同中国梦、城市梦紧密结合起来。2011 年 7 月，争取团省委希望工程项目资金 10 万元，对口援建寿光市化龙镇华安希望小学。学校占地 6650 平方米，建筑面积 2682 平方米，可容纳 400 多名学生就读，2013 年 8 月建成投入使用。学校教育教学设施配套，图书、教学仪器达省一类标准，图书 9030 册，学生用计算机 59 台，教师用计算机 20 台，多媒体 14 台，基本实现教学手段的现代化。2012 年，在稻田镇实验小学新建希望乐园 1 处。2013 年，在洛城街道营子小学、纪台镇吴庙小学和上口三中小学部新建希望工程图书室 3 处，举办“新年圆梦行动”爱心结对仪式、“和你在一起”千人圆梦等一系列活动，累计募集资金 22 万元，救助学生 290 人次。2014 年，争取市编办出台《关于落实市少先队总辅导员有关事项的批复》，在市教育局配备股级市少先队总辅导员，团市委内设学少部，2015 年落实专项经费和补助 15.43 万元。

【青年联合会与青年企业家协会】 2011 年始，青联、青企协发挥组织优势和委员的社会责任感，积极参与公益事业，以自身优势服务青少年。2012 年，依托会员单位高标准建立“青年就业创业见习基地”，整合各种社会资源，按照就近就便原则开展人岗对接和技能培训，不仅解决企业用人需求，也为广大青年提供更多就业见习岗位，实现企业和个人共赢。5 年间，青联、青企协积极举荐人才、选树典型，先后开展向杨磊、田勇、郭佰礼、李延昭、张砚祥等一批青年先模典型学习活动，以榜样的力量鼓舞全市广大青年不断赶超先进、积极投身经济社会建设。

（金圣凯）

法治　军事

公安工作

【管理机构】 *公安局内部机构*。2011年，市公安局内设机构13个：指挥中心、政治处、国内安全保卫大队、刑事警察大队、交通警察大队、治安大队、经济犯罪侦查大队、特巡警大队、法制案审大队、督察大队、监管大队（加挂寿光市看守所的牌子）、警务保障处、市级机关警卫科。2013年，将监管大队（加挂寿光市看守所的牌子）更名为监管大队看守所（加挂监管大队牌子），职能不变；撤销市级机关警卫科。2014年3月，成立食品药品与环境犯罪侦查大队，在治安大队挂牌，规格股级，大队长由副科级干部担任，同时撤销治安大队内设机构食品药品与环境犯罪侦查中队。2015年6月，增设禁毒大队，为市公安局内设机构，副科级规格，主要职责是负责禁毒预防、禁毒严打、禁吸戒毒、禁毒严管、堵源截流等工作；承担全市禁毒办公室日常工作。

公安局派出所。2011年，市公安局下设派出所25个，分别是圣城、城区、站前、工业区、市场、张建桥、文家、晨鸣、生态农业观光园、羊口、稻田、纪台、洛城、台头、上口、侯镇、孙家集、古城、田马、化龙、营里、田柳、留吕、清河油田、边防派出所。2013年，经省编办批准，羊口派出所升格为羊口分局，隶属于市公安局；全市调整设立综合所16个，分别是圣城、城区、站前、工业区、文家、稻田、纪台、洛城、台头、上口、侯镇、孙家集、古城、化龙、营里、田柳派出所；设立治安所4个，分别是市场、晨鸣、生态农业观光园、清河油田派出所。2015年10，设立寿光市公安局双王城派出所，股级规格，主要管辖3号路以北，羊口镇刘旺村、曹辛村、八面河以南、新沙路以西，东营市广饶县边界以东范围；职责是负责双王城水库安全保卫，查处治安案件和刑事案件，维护库区内的治安秩序及工程设施安全工作；负责周边行政村及国有机械林场和清水泊农场所辖区域的治安稳定工作。

【打击刑事犯罪】 2011年，继续开展以“80

攻坚战役”为重点的严打整治斗争，共破获刑事案件3093起，同比上升0.5%；抓获违法犯罪嫌疑人2971人，同比上升31.3%；破年内案件1534起，同比上升24.82%，列潍坊市公安机关第一；逮捕犯罪嫌疑人599人，同比上升5.27%，列潍坊第一；移诉1266人，同比上升11.5%，列潍坊市公安机关第一；劳教112人，同比上升31.76%，列潍坊市公安机关第二；百名民警抓获人犯数为2.73，列潍坊市公安机关第二。

2012年，实现“两升、两降、无积压”（即抓获违法犯罪嫌疑人数量、破获案件数量上升；发案数量、人民群众财产损失下降；无积压案件），全年破获刑事案件2400起，同比上升20.3%；抓获犯罪嫌疑人1680人，同比上升20.8%。全年刑事发案3862起，同比下降8.2%，“两抢一盗”（指抢劫、抢夺、盗窃（包括入室盗窃和盗窃机动车）等三类多发性侵财案件同比下降29%，年内7起现行命案无一积压。情报主导、四侦结合、四轨联控、合成作战警务模式荣获全国公安机关创意警务一等奖，被评为“全国大情报工作成绩突出集体”。完善情报引领合成作战警务模式，合成作战能力大幅提升。通过合成作战破获案件430余起，7起现行命案和大要案件、系列性案件全部告破。

2013年，把情报研判主导打防管控作为维护社会治安稳定的总抓手，提升打防管控一体化水平。建立日会商、周研判、月总结制度，全年部署开展以抓捕负案在逃人员为主的“搜狐”行动，以情报研判、合成化作战带动和提升打黑除恶、破案攻坚会战、打击食品犯罪、打击侵权假冒犯罪“四大专项行动”整体打击水平。年刑事处理1866人，同比上升3.7%；破案3373起，同比上升16.3%；逮捕567人，同比上升6.6%；移诉1482人，同比上升10.2%。配合潍坊市公安局刑侦支队打掉2个黑社会性质组织团伙，全市刑事发案下降6.4%，街面“两抢”案件下降42.3%。

2015年，坚持打击主业理念不动摇，部署开展“打黑恶、反盗抢”系列安民行动，严打整治“平安”行动等专项行动，“2.14”杀人案、“5.04”爆炸案、“5.20”非法买卖制毒物品案等大要案件全部短时间内告破。坚持信息化引领公安实战，组织全警开展省厅警务千度和“神眼”系统深度应用。全年共破获刑事案件3583起，刑事处理犯罪嫌疑人1565名，逮捕423人，移诉1369人，街面“两抢”案件同比下降32.9%。

【经济犯罪侦查】 2011年，深入开展打击侵犯知识产权和制售伪劣商品犯罪“亮剑”、打击银行卡诈骗犯罪“天网—2011”“打四黑除四害”等专项行动，共破获经济案件45起，挽回经济损失900余万元。

2012年，经侦大队共受理各类经济犯罪案件625起，立案519起，破案79起，抓获各类经济犯罪嫌疑人254人，其中刑事拘留113人、取保候审141人，逮捕21人，移送起诉437人，抓获逃犯17人，挽回经济损失4300余万元。

2013年，共受理经济犯罪案件21起，立案115起，破案110起（破1起年前案件），涉案总价值1.34亿元；成功发起全国性打假集群战役6起，共抓获犯罪嫌疑人140人，其中刑拘60人、取保候审79人，逮捕9人，移诉案件40起，较好地完成各项打击任务。成功抓获潜逃境外的上网逃犯刘本月；成功破获刘海波涉嫌制售假药案、“8.23”特大制售假药案，抓获犯罪嫌疑人13名，捣毁生产、储藏窝点5处。发挥情报员作用，抓获“搜狐”逃犯14名。先后组织开展三大专项行动，其中“打假”专项行动潍坊市排名第一。

2014年，经侦大队共受理经侦类案件124起，立案109起，破案93起，破获部级大要案件6起，涉案价值7165.7万余元，挽回经济损失4250余万元；抓获犯罪嫌疑人142名，移送起诉86名，逮捕21名，抓获网上逃犯12名。寿光经侦在潍坊市公安机关经侦系统打击效能位居第一，因在“8.23”特大制售假药案侦破过程中组织有力、成绩突出、效果显著被公安部授予“集体一等功”荣誉。

2015年，牵头组织开展“打假”“打票”“打传”“收缴假币”“打击保险欺诈”等专项行动，进一步深度挖掘案件线索，全力侦办大要案件，强化部门协同配合，提升经济犯罪整体打击水平。打假专项行动立案25起，破案24起，刑事处理41人；打击传销犯罪专项行动立案3起，破案3起，刑事处理9人；打击发票犯罪专项行动立案14起，破案13起，刑事处理20人；收缴假币专项行动立案1起，破案1起，抓获犯罪嫌疑人3人，正进一步协调银行系统提高警银收缴比；打击保险诈骗专项行动受理案件18起，立案6起，抓获犯罪嫌疑人7名。依托“大情报”平台和市公安局联合作战实验室建设，与相关警种密切配合、联合协作，一举破获5.30特大组织、领导传销案，并在全国范围内发起集群战役。该案涉案金额8亿余元，涉及用户86419人，涉及印尼、美国、马来西亚、俄罗斯、日本、印度、哥伦比亚、加拿大、中国台湾等19个国家、地区共计19144人，国籍不明人员共计16137人。该组织人员已发展至36代。全国共抓获涉案人员110人，其中采取强制措施60人。坚持维护群众食品、药品、环境和财产安全，侦破食品药品与环境犯罪案件33起，抓获犯罪嫌疑人146名，破获各类经济犯罪案件58起，抓获犯罪嫌疑人95名，挽回经济损失9100余万元。

【治安管理】 2011年，在全市范围内组织开展危爆物品安全大检查，先后查处违规运输危险化学品车辆32台，处罚违规生产、储存、使用危险化学品企业5家，纠正违规30次，下发整改隐患通知书322份，整治工作收到较好的效果。烟花爆竹“打非”成果显著，先后查处案件8起，行政拘留8人，查扣鞭炮5.5万头，受到潍坊市公安局领导批示表扬。9月，开展“打四黑除四害”专项行动，至12月第一阶段行动圆满结束，共破获四黑四害案件58起。同月3日，成功捣毁一生产假葡萄酒制假窝点，抓获制假犯罪嫌疑人1人，当场查扣成品葡萄酒1500余瓶，葡萄酒瓶20000余个，涉案价值80余万元。13日，成功侦破董甲荣（男，53岁 ）等销售假种子案。该团伙从菏泽购买伪劣棉种，换装成品牌棉种销售到寿光市羊口镇、营里镇、侯镇及滨海等地，造成1025户棉农的6800多亩棉花减产，损失240多万元。对帮教小组进行整顿，对处于瘫痪状态的予以撤销，每个派出所由责任区民警具体指导帮教小组工作。全市有帮教小组72个，参加帮教人员150人，先后对89名违法青少年进行帮教使其停止非法活动，并提供案件线索21条，从中破获各类案件18起。

2012年，做好流动人口、暂住人口等信息采集工作，完善信息主导警务机制。全市警综平台采录管理防范相关治安数据、旅馆业考核均居潍坊市第一。细化对烟花爆竹、枪支管理。在烟花爆竹管理上始终坚持严把审批关，对烟花爆竹的生产、销售、运输、储存等过程进行严格把关，对非法销售、制造、运输烟花爆竹的依法取缔，并进行严肃处理。在枪支管理上，与配枪人员所在的科所队领导签订责任书，明确责任；同时，及时督促枪管人员进行经常性的检查和抽查，并定期进行现场督察；对其他拥有军用枪支的部门进行检查，确保枪支安全；建立公务用枪常态化监管机制，杜绝公务用枪安全事故的发生。

2013 年，完善群体性事件处置机制和防范预案，扎实维护社会大局稳定。建立健全和落实娱乐场所、特种行业等领域的管理措施，有效维护社会治安秩序。推行警务前移，警力下沉，保证社区警务建设工作顺序发展；搭建安全生产监管平台，杜绝安全事故的发生。成立食品药品与环境犯罪侦查中队，打击食品犯罪，维护群众切身利益。建立打击黄赌案件机制，净化社会环境，维护社会秩序。牵头落实开展视频建设工程，圆满完成社会化视频一二三类目标建设任务，打造好视频示范一条街。

2014 年，出台《寿光市公安局高危人员管理办法》，联合法院、检察院、司法局出台《高危人员管理工作协作机制》，进一步加强对高危人员的监督管理和帮扶教育，提升高危人员管理效能。以民生利益为重点，强化对食品、药品和环境污染犯罪的打击力度，实现环境污染案件侦破的零突破。共破获食品案件 7 起，药品案件 2 起，环境污染案件 6 起，刑事处理 44 人。强化剧毒危化品、烟花爆竹、易制爆、放射源等危爆物品管理，严格落实专人专管制度，实现全年危爆企业安全事故的零发生。以“青少年安全成长计划”活动为契机，狠抓校园安保工作，强化日常督导检查，落实整改措施，确保全市校园安全。在全市范围内开展扫黄扫赌专项行动，有效遏制黄赌现象，全年共端掉涉黄窝点 33 个，刑事处理 26 人，治安处理 62 人；端掉涉赌窝点 13 个，刑事处理 1 人，治安处理 57 人。

2015 年，共破获食品案件 81 起；药品案件 1 起；环境污染案件 19 起，刑事处理 112 人。切实维护全市人民群众的切身利益。强力开展扫黄扫赌专项行动，有效遏制黄赌现象，净化社会环境。共端掉涉黄涉赌窝点 38 个，刑事处理 24 人，治安处理 82 人

【出入境与往来港澳台管理】 2011 年，加强涉外信息采集，对全市 30 家涉外企业和 48 名常住外国人进行信息的采集，实现出入境管理科、派出所、社区和企业单位的 4 级管理，共查处林伟松等 10 名缅甸人非法入境、非法就业案，寿光市佳美木业阿富汗人非法就业案等案件，有效遏制外国人在境内的违法活动。

2012 年，积极推进外管进社区工作，努力打造精品、亮点工程。全市以兆祥社区、学院社区等十大精品社区为试点，在精品社区内设立中外文标牌、外管民警公示栏、涉外服务管理基础台账、境外人员须知等宣传资料。同时，安排出入境管理科民警指导社区民警负责宣传出入境法律、法规，引导群众了解证件办理常识，进行网上办证指导，方便群众办理外管业务。

2013 年，积极打造“精品社区”活动，在全市 6 个派出所建立 10 个“精品社区”，建立外管档案，培训外管民警，以点带面，全面加强境外人员管理服务工作。进一步推进“外管进社区”工作，使境外人员管理工作“职责任务明确、制度要求具体、档案规范齐全、人员底数清晰、动态掌控及时、涉外服务到位”。定期培训各大酒店、宾馆外

管人员，采取严管重罚措施，强化临住登记工作。10月，在全省出入境管理信息系统和旅馆业信息系统全面升级的同时，由治安大队牵头，出入境管理科、相关派出所70余名民警参与，分别在华侨中学、实验中学、营里党委、稻田党委召开4期旅馆业管理工作培训会，对全市612家宾馆从业人员进行培训。共查处各类弄虚作假骗取出境证件15人次，查处内地居民赴港澳从事违法活动9人次，查处涉外案（事）件3起。处理境外人员4人次。开展对涉外企业、境外人员大走访活动，全年走访外国人168人次，涉外企业42家。菜博会期间共审查境外人员300余人次，杜绝发生涉外案事件，圆满完成涉外安保工作。共受理公民证件申请8001人次，其中出国护照3897人次、赴港澳2850人次、赴台1254人次。上报有价值的情报信息50余条，报送潍坊部门信息280余条，报送数量、质量均居潍坊市公安机关前列。上半年登记外国人临时住宿登记857条，报备不准出境人员822条，受理外国人居留许可、签证延期68人次。各项工作及时率、准确率均为100%。

2014年，先后开通证件“三表合一”“电子港澳通行证”签发工作，办证效率大幅度提高，减少办证群众等待时间，全年回访群众满意率100%。加强出入境案件执法规范化建设，严把特殊身份人员和法定不批准出境人员报备审批关。查处各类弄虚作假骗取出境证件16人次；查处内地居民赴港澳从事违法活动4人次；查处涉外案（事）件5起。处理境外人员2人次，遣返缅甸人1起。10月17日，在全省公安出入境管理工作座谈会上，寿光市公安局出入境管理科向与会人员介绍在队伍建设、窗口服务等方面先进经验。

2015年，共受理公民证件申请13665人次，同比增长26%；上报各类情报信息110多条、宣传信息140多条，报送数量和质量均在全市前列；登记备案常住外国人59人次，登记外国人临时住宿登记620余条，报备不准出境人员1000余条，受理外国人居留许可、签证延期人70余人次。更新国家工作人员双备信息1.1万余人次。

【道路交通管理】 2011年，全市机动车驾驶员29万余人，机动车保有量40.6万辆，其中小型汽车13.9万辆，人均机动车保有量0.39辆，人均小型汽车保有量0.13辆。办理机动车挂牌33521辆，审验机动车50367辆，办理驾证业务6868本。2011年4月22日第十一届全国人大常委会第二十次会议通过《关于修改〈中华人民共和国道路交通安全法〉的决定》，为进一步提高办案质量，加强监督制约机制，由专职人员负责对每名民警办理的每起案件进行多种形式的回访，发现问题及时处理。在潍坊支队组织的执法质量考核中寿光交警大队获第1名。为加强逃逸案件追逃工作，成立独立于事故处理科之外的追逃组，专职从事破案工作，使破案率大幅度提高。

2012年，全面排查全市事故多发路段、事故黑点87处，存在安全隐患的劳务市场12个、集贸市场33个；安装交通信号系统34套、隔离护栏29297米，施化标线10万余平方米，进一步完善交通基础设施。全年共查纠各类交通违法行为241479起，其中酒后驾驶1107起，醉酒驾驶82起，无证驾驶4881起；行政拘留397人，刑事拘留117人，取保候审117人；共发生交通事故20607起，死亡269人，伤4789人，直接经济损失1406.1万余元。在机动车保有量大幅增加，交通事故总量上升的背景下，与2011年同期相比，死亡人数下降9.7%，未发生一起重大道路交通事故。

2013年12月，积极响应市政府扶持“新能源绿色产业”发展战略，创新开展电动汽车挂牌管理工作。参照机动车管理规定，制作电动汽车号牌、行驶证、登记证书，免除车船购置税，免费组织驾驶培训。全市652辆电动汽车挂上绿色牌照，占总保有量56%，电动汽车交通事故同比下降45%，杜绝电动汽车被盗案件的发生。这是一个县级公安机关在国家尚未出台行业标准的情况下，在社会治理方面的大胆创新与积极探索。国家工信部到寿光市调研电动汽车生产与管理工作时，对电动汽车规范化管理的做法给予肯定。道路交通秩序管理方面，开展各类专项整治活动，集中统一行动62次，查处各类违法行为125840起，其中无证驾驶4551起、酒后驾驶937起、客运超员174起、涉牌涉证2718起、货运超载2261起、疲劳驾驶8658起、摩托车不戴安全头盔4065起、超期未检5356起、货车违规载人2161起、其他交通违法行为94959起。记分16715人次，罚款125687起，行政拘留320人，刑事拘留173人。驾驶人及机动车管理方面，共办理各类机动车业务137668起，其中车辆注册登记 32816辆、转移登记17起、变更登记 5168起、注销登记18072起、车辆年检81595起；共办理各类驾驶人业务 38847起，其中初次申领960 起、满分学习704起、驾驶证补换证 29464 起、年度体检654 起、注销机动车驾驶证 275起。驾驶证审验6790起。

2014年，共组织3次道路交通安全隐患排查，共排查道路交通安全隐患237处，第4次隐患排查自12月2日开始，根据道路交通安全隐患排查整改情况，先后3次协调市公路局、园林局、洛城街道、稻田镇、上口镇等相关责任单位对羊青路部分路口绿化苗木遮挡视线、羊田路占道经营、新海路部分路口路段标志不全等重点路段的安全隐患进行专项整治。先后多次开展农村面包车违法载人、酒后驾驶、渣土车治理、打四非查四违等专项整治行动，最大限度地将警力、警车和装备投入到路面一线，共查纠交通违法行为210245起，其中酒后驾车1454起、醉酒驾车123起、无证驾驶2622起、涉牌涉证1569起、机动车非法载人1783起、客车超员110起、超速61100起、超载1282起、疲劳驾驶228起、乱停乱放38472起，刑事处理交通违法人员121人，行政拘留338人，始终保持严管高压态势，营造良好的道路交通环境。加大对客车、货车、校车、企业班车、危化品运输车辆等容易造成群死群伤事故、社会影响面大的重点车辆安全监管力度，共查处危化品运输车违法行为43起，深入长途客运公司、公交公司开展安全检查12次，组织开展对校车拉网式检查4次，检查校车390辆，车管检验校车354辆，下发整改通知书23份，发放校车标牌107份，查扣21辆不符合规定校车，处理人证不符校车驾驶员6名，从源头上杜绝群死群伤重特大道路交通事故的发生。智能交通管理系统效果明显，在去年智能交通管理系统建设的基础上，新增黄标车闯禁行、驾乘人员不系安全带、打手机、吸烟等交通违法行为抓拍功能，充分发挥电警、卡口在交通管理中的作用，全年通过电子警察抓拍超速、不按导向行驶、闯红灯等各类交通违法行为185120起，有效规范驾乘人员的交通行为和道路交通秩序。

2015年，加强农村“两员两站”（乡镇

交管站和农村交通安全劝导站、乡镇交通安全员和农村交通安全协管员）建设，推动各镇街区将“两站”人员场所和经费保障落实到位，全市所有交通管理员和协管员全部完成培训并开展工作。全市各镇街区共设立15处交通管理服务站，共选聘交通管理员31名，交通协管员1044名，逐步形成覆盖全市的道路交通安全工作组织体系。打好黄标车淘汰攻坚战，淘汰黄标车专项工作委员会由公安局牵头，有关部门共同参与，综合施策，扎实推进淘汰黄标车战役深入开展。全年共淘汰黄标车18002辆（含老旧车辆），其中淘汰报废1721辆、黄改绿1183辆、注销15098辆，发放淘汰报废和黄改绿政府补贴资金2287.25万元，圆满完成全年淘汰任务。报请市政府共先后投入1700万元，共施划交通标志标线21万平方米，更换防撞筒295个，安装禁停牌、警示牌38套，爆闪警示灯13套，施划停车位1400余个，新安装交通信号灯35套，反光标志600余套，反光标2.1万个，完成招标并准备安装信号灯16处，市政府立项、12月初完成招标安装护栏1.16万米。完善智能交通，强化应急管理，进一步健全事故预防工作机制。一是推进道路交通智能化管理。投资金1100万元，新建电子警察30处，使全市电子警察总数达到70处．全面提高交通监控设施的覆盖密度。在系统功能上，除具备交通违法行为抓拍功能外，重点为“神眼大数据”系统增加数据支持。全年共抓拍交通违法行为17.2万余起，直接为377起交通事故、45起刑事案件以及270余起群众求助提供有效信息，其中34起交通肇事死亡逃逸案件全部短时间破获。二是加强交通事故分析研判。健全完善交通事故分析研判机制，实行每周例会进行事故形势通报，每月一次分析研判并挂网公布，及时总结事故发生规律及原因，及时制定出事故防范针对性对策。全年共撰写分析研判报告11篇，召开事故形势通报会46场，事故预防工作水平大为提高。三是完善道路交通应急管理机制。根据不同季节交通管理实际，重新制定下发《恶劣天气下道路交通应急处置预案》《重特大道路交通事故处置应急预案》等应急工作预案，组织恶劣天气条件下实战演练2次，有效提高交通管理应急处置能力。

【户政管理】 2011年，共办理户口迁入6989人，办理户口迁入4672人，办理户口迁出2317人，出生落户11209人，死亡注销6659人。受理临时身份证3286个。为确保信息的准确性，对2007年以来的出生落户信息进行清查，共为市规划局、社保局、教育局等单位提供相关人口数据27次。年初，市政府对全市部分道路进行道路名称的命名和变更，3月16—31日组织对全市新命名和更名的41条道路进行重新测量编号，共编号3304个。认真做好法律、法规和户口管理政策的宣传工作，共答复寿光民生、网上服务大厅群众咨询302件，市长热线、局长信箱30件，答复人大代表、政协委员提案、议案3件。

2012年，以社区居委会为平台，认真落实户口属地管理，以13个社区为平台，逐步用“居住地管理模式”取代“单位协管模式”，加快推进全市城市化进程。城乡门楼牌制作安装工作自2011年起，对于因拆建、改建或变更路、街、巷名称需要重新安装门楼牌以及城乡居民住宅需要安装小门牌、户号牌的，采用财政拨款和用户自己负担的办法，于2012年底全面完成，使街道、单位、居民住宅的标识更加明确，便于社会的规范化管理。

2013年5月20日起，在全市范围内实行出生落户新政，与计生政策脱钩，至12月底共计落户新生儿12074人。10月8日起，开始办理二代居民身份证添加指纹信息工作，市公安局制定《户籍制度改革实施方案（试行）》，按照市政府要求，11月6日开始再次降低市内常住人口落户城镇的门槛。7月30日始，实行户籍制度改革，至12月底市区共迁入7048人。2014年12月2日顺利通过省政府对寿光市户籍制度改革工作的验收。

2014年，根据全市二代证人像采集系统普遍超期服役、老化的现状，在全市户籍窗口统一更换安装二代证人像采集“满意拍”系统，共采集人像信息7700余人次，受到办证群众的一致好评。自10月16日始，全市开展居民身份证“异地办证”工作，凡属于山东省内的户籍人口，可在寿光市任何公安派出所申请办理换证和补证业务。

2015年，开展对17周岁以上无照片人员、出生登记、人员信息等方面进行清理工作，共清理无照片人员信息1725条，出生登记人员信息50405条。受理异地证件425件。自10月26日起，寿光市开始办理省内跨地市户口网上迁移业务，办事群众无需再持准迁证到迁出地办理户口迁出手续，而由迁入地派出所直接迁入，最大限度地方便群众，受到办事群众好评。

【110报警服务】 2011年，建设视频监控“天网”工程，在城中村、镇街政府驻地以及治安复杂村居重点部位安装探头2750个，在进出寿光的主要路口建设2处治安检查站、11处高清治安卡口，在重点路口建设电子警察42处，全部接入派出所、110指挥调度平台、情报信息中心视频侦查室，提高治安防控能力。与市应急办加强衔接，依托市公安局指挥中心开发建设全市应急联动平台，完善重大警情、重大事件应急指挥调度预案和应急指挥机制。

2012年在指挥调度岗位开展“争分夺秒”活动，每周通过电话录音对接警员进行倒查，每周一通报，进一步提高接警服务质量。在处警环节，启用可视化处警系统，通过3G回传、GPS等技术手段抓好警情反馈，每月评选2个最好单位和2个最差单位，进一步提高处警质量。

2013年，市政府投资1000万元建设视频监控加密工程，使全市用于治安防控的监控探头达到3.5万个。建立视频巡控作战室，配备视频巡更队伍，与街面的合成化巡逻队伍相呼应，实行情报研判指导下的视频巡控新模式，提升抓获现行和合成作战水平。

2014年，共接处警85339起，同比增长24.3%，救助群众9776人次。完成三台合一调度系统、研判系统、查询统计系统、科所队终端系统、实战一体化平台、350兆数字集群GPS定位系统六大系统升级改造。在城区实行“常态布警、全时防控”出警巡逻制度，大力抓好合成化巡防工作，巡防信息全年列潍坊各县市区之首。完成对各派出所全年的110接处警、城区巡控单位工作考核，问题数据、月报表每月按时提报并进行分析。

2015年，共完成110接处警83873起，救助群众15392人次。进一步完善城区立体化巡防工作调度，提升街面见警率，压降街面犯罪。巡防信息全年列潍坊各县市区之首。组织开展接警员技能培训，全面提升接警员素质和调度协调能力。结合日点、周评、月结，对接警人员实行量化考核，对工作纪律、业务水平、打字速度、接警质量进行月考核，工作水平显著提升。

【在押人员管理】 2011年，规定办案单位送押犯罪嫌疑人、被告人、罪犯、违法人员到看守所、拘留所前必须到市人民医院或市中医院进行健康检查，并出具医院主治医生签名盖章的体检报告。健康查体结果符合收押、收拘条件的，看守所、拘留所依法收押、收拘；不符合押、拘规定的，办案单位依法变更强制措施或作其他处理。

2012年，进一步规范收押、提讯工作，对不符合收押条件的一律不予收押。加强值班巡视制度，民警必须严格按照相关规定进行巡视、监控。建立各岗位协作配合机制，解决岗位间信息不共享、协调配合存在漏洞的问题。建立完善在押人员安全风险评估和分级管理机制，实现对在押人员的科学规范管理。建成远程视频会见室、心理咨询室，开展远程视频会见和对在押人员的心理分析矫治工作。

2013年，开展心理测试、心理疏导、监区文化活动，让在押人员切实感受到人文关怀、亲情管理，维护他们的合法权益。通过谈话教育、监控巡视及时发现消除20余起安全事件。重新制定完善《深挖犯罪工作机制》，通过政策宣传、在押人员现身说法、及时兑现政策等措施，营造深挖犯罪的浓厚氛围，全年共获取线索138条，抓获嫌疑95人。5月底，管教民警通过谈话教育，促使在押人员李某某提供1条重大线索，由此破获一个由86人组成，涉及非法拘禁、开设赌场、寻衅滋事、故意伤害、强迫交易、聚众斗殴等15项罪名的特大涉黑犯罪团伙。6月，市法院、检察院、公安局联合下发《关于被羁押人员表现作为量刑情节实施办法》，对在押人员，日常表现从轻、从重情节和政法各部门职责作出明确规定并提出有关要求。该办法实施后，在押人员违规事件明显减少，有力维护监内正常秩序。对在押人员衣物收取制度进行改进，凡新入所人员由看守所、拘留所发放统一服装，从源头上杜绝在押人员利用送衣物传递信息或将违禁品带入监区等突出问题，减少安全隐患。严格落实收押制度，通过严把健康体检关，先后拒收20名不符合羁押条件人员，防止多起患有严重疾病人员入所事件发生。

2014年，推广在押人员风险级别研判和分等级管理制度，在调整监室、巡视、监控过程中，依据在押人员风险级别采取不同的管控措施。建立在押人员突发疾病应对机制，确保在押人员突发疾病时，能够迅速反应，妥善处置。全年共发生在押人员突发疾病事件36人次，都做到及时发现、及时救治。6月，与市人民医院协商，开辟在押人员就医绿色通道，在挂号、就诊、检查、治疗上给予优先，在中医科设置1间监管专用病房，并安装监控等物防、技防设施，防止在押人员就医住院期间实施脱逃事件发生。

2015年，投资100余万元用于监所基础设施维修、加固，按照拘留所执法基本条件具体要求，对拘室地基进行加固、拘室房屋倒瓦，建成劳动围墙、室外活动场地，开辟大课教育室、社会矛盾化解室、会见登记室，安装AB门和门禁系统，基本达到全省拘留所集约化管理的基本要求。在潍坊市监管系统率先完成看守所智慧监所平台建设，实现二维码扫描提讯、律师会见、预超期羁押短信提醒、智慧监室管理、智能谈话教育等功能。安装网上督导平台，实现公安部、省厅、潍坊市局和看守所监控4级联网。

【安全保卫】 党和国家领导人警卫。2011

年4月16日，全国政协副主席、九三学社中央副主席王志珍到菜博会主会场视察。4月18日，原中央军委委员、总政治部主任于永波上将到蔬菜高科技示范园和弥河生态农业观光园视察。2012年4月21日，时任中共中央政治局常委、中央纪委书记贺国强，先后到市蔬菜高科技示范园、上口镇口子村，就“三农”工作情况进行调研。寿光市公安局精心组织，均圆满完成警卫任务。

大型活动保卫。2000—2015年，中国（寿光）国际蔬菜科技博览会共举办十六届，市公安局均圆满完成警卫任务。2011年4月19日到至5月1日，举办中国（寿光）蔬菜种子交易会和11月6日中国（寿光）国际水利建设暨农机装备展览会，由省政府主办，水利部、农业部、中国贸促会重点支持，省水利厅、农业厅、贸促会、农业机械管理局、潍坊及寿光市政府共同承办，市公安局均圆满完成警卫任务。2015年准确把握国际国内反恐形势，完善反恐应急处突工作机制，定期组织开展反恐应急处突演练，提升应对突发事件的能力和水平。加强对不安定因素和各类矛盾纠纷的排查预警，成功处置各类集访事件400余起。密切关注重点群体活动轨迹，加强对重点人员和特殊群体的管控，顺利完成全国“两会”“九三阅兵”等重要节点安保维稳任务。共出动警力1.3万人次，圆满完成第十六届“菜博会”安全保卫任务。

（范德忠）

检察工作

【管理机构】 2011年11月，撤销人民监督员办公室，同时设立行政装备科。2012年5月，增设检务督察办公室；8月，设立未成年人刑事检察科；12月，市人民检察院派驻羊口检察室更名市人民检察院派驻滨海（羊口）经济开发区检察室。2013年8月，设立寿光市人民检察院派驻侯镇检察室。2014年1月，市人民检察院检务督察办公室加挂人民监督员办公室牌子；7月，设立寿光经济开发区检察室、洛城检察室、孙家集检察室、台头检察室4个派驻检察室，将原城区检察室更名为圣城检察室。2015年10月，市人民检察院内设科室案件管理科加挂民生检察管理办公室牌子。同年底，市检察院共设19个科（室、局、处、队、中心）和派驻滨海（羊口）经济开发区、侯镇、经济开发区、洛城、圣城、孙家集、台头等7个检察室，共有在职人员114人。

2011年，市检察院被省人民检察院记集体二等功；侦查监督科被省妇联、省社会治安综合治理委员会办公室联合评为山东省“优秀妇女维权岗”。2012年9月，被省人民检察院表彰为“全省检察机关计划财务装备工作先进集体”；10月，被省人民检察院评为“全省检察文化建设示范院”。2013年1月，被省人民检察院表彰为“全省优秀基层检察院”；3月，被最高人民检察院评为“全国先进基层检察院”。2014年4月，被最高人民检察院记一等功。2011年、2014年市控申举报接待室被最高人民检察院连续2次评为“全国检察机关文明接待室”，驻看守所检察室被最高人民检察院连续2次评为“全国检察机关驻监管场所一级规范化检察室”。2015年1月，洛城检察室被省人民检察院评为2014年度全省优秀派驻基层检察室。2011—2015年连续5年被最高人民检察院评为“全国检察宣传先进单位”。

【刑事检察工作】 2011—2015年，以人民群众平安需求为导向，全面履行批捕、起诉职能。坚持宽严相济，既加大对严重刑事犯罪打击力度，又开展轻微刑事案件刑事和解，最大限度地保护未成年人合法权益，努力维护社会和谐稳定。5年共受理提请批捕4020人，批准逮捕2553人，受理移送起诉6870人，提起公诉案件5335人。依法严厉打击严重刑事犯罪。认真贯彻“严打”方针，积极开展“打黑除恶”“打霸治痞”等专项斗争，对黑恶势力、爆炸、杀人、绑架等严重暴力犯罪和“两抢一盗”等严重影响群众安全感的多发性犯罪，坚持依法快捕快诉，收到良好的法律效果和社会效果。积极参与整顿和规范市场经济秩序等专项行动，注重加大对知识产权的刑法保护力度，有力维护生产经营和市场经济秩序。坚持把化解社会矛盾、推进社会管理创新贯穿于执法办案全过程，实行轻伤害案件分流处理、附条件不起诉、量刑建议、检调对接、社会危险性和羁押必要性审查，共执行不批捕1393人，最大限度地减少社会对抗因素。落实未成年犯罪案件特殊处理机制，对情节轻微，确有悔罪表现的青少年犯罪，试行附条件不起诉。认真落实各项社会治安综合治理措施，在全国、全省“两会”等重点时段，从领导精力、工作摆布、措施落实等各个方面实行倾斜措施，高度重视做好维护稳定工作，特别对管辖内的案件，做到及时评估，对有信访苗头的案件发出预警，分解任务，落实措施，化解矛盾，有效预防问题发生。依法参与社会治理工作。先后制定《服务和保障“两个率先”（率先全面建成小康社会，率先基本实现现代化）的意见》《充分履行检察职能，积极服务和保障民营企业健康发展》服务意见，批捕起诉非法吸收公众存款、贷款诈骗、集资诈骗、合同诈骗、普通诈骗等破坏市场经济秩序、侵犯企业合法权益犯罪，维护企业合法权益和公平有序的市场秩序。

【查办和预防职务犯罪】 5年间，市检察院加大职务犯罪查办力度，关注民生热点，深入查办发生在群众身边、损害群众利益的职务犯罪。共立查贪污贿赂犯罪97人，立查渎职犯罪33人。查办这些案件警示教育作用大，促进依法行政、廉洁从政，维护党的形象和市委、市政府的权威。严格规范侦查取证活动，认真落实律师会见、全程同步录音录像等制度，切实做到客观公正。全面开展职务犯罪预防工作，严格按照高检院“两卡”制度规定，主动向预防对象单位送交“告知卡”“监督卡”。依托“寿光市廉政教育基地”“寿光市农村基层干部廉政教育基地”“寿光市青少年法制教育基地”，在全市党员干部、农村基层干部和未成年人中开展廉政普法教育，三处基地均被潍坊市普法办公室命名为潍坊市首批“法制宣传教育示范基地”。

【立案监督和侦查监督】 5年间，坚持强化法律监督不动摇，通过审查逮捕、对派出所监督、调查问卷等形式，大力拓展监督线索。对司法不公、执法不严等问题，特别是严重影响发展稳定、群众反映强烈的案件，有关部门有案不立、有罪不究、以罚代刑的，依法坚决监督纠正；对不该立案而立案、违法插手经济纠纷、枉法追诉的，坚决依法监督纠正。共监督立案监督92人，监督撤案121人，追捕追诉266人。

【刑事审判监督】 5年间，坚持依法抗诉原则，以抗诉带动审判监督工作的全面开展，对有罪判无罪、量刑畸轻畸重等严重错误案件，依法提出抗诉，促进和维护定罪量刑的统一。强化对审判程序监督，对审理期限和审理过程严重违反法律规定的，以法监督纠正，对审判活动中违法情况提出纠正意见，共抗诉24件，改判13件。

【刑罚执行监督】 2011—2015年，加强对违法减刑、假释、暂予监外执行等问题监督，以法监督纠正和防范问题发生。加强对监外罪犯执行情况的监督，增强监管改造质量和效果，努力防范又犯罪问题。加强对监管场所日常管理活动的监督，维护被监管人的正当权益，共书面纠正违法32件，被监管机关全部采纳；办理罪犯又犯罪案件3件、3人，立查职务犯罪案件2人，办理社区矫正监督案件6件，监督纠正监管活动和社区矫正违法问题9个，纠正不当减刑假释暂予监外执行4人，督促公安机关将判决前未羁押、犯危险驾驶罪被判处实刑的97名罪犯交付执行。驻所检察室连续四届被评为全国“一级规范化检察室”，保持看守所连续31年无超期羁押。

【民事行政诉讼监督】 5年间，市检察院充分运用提请抗诉和再审检察建议的手段，大力开展民事行政检察工作，对明显不公的民事、行政判决裁定，尤其是严重违反法定程序以及审判人员贪赃枉法、徇私舞弊导致的错误判决，依法进行监督，共提请和建议提请抗诉31件，发出再审检察建议2件，再审改变原判决19件；办理督促起诉案件14件，其中6件法院已作出判决；办理民事执行监督案件6件、民事诉讼违法11件、虚假诉讼5件，全部被采纳；办理民事诉讼程序违法监督案件18件，提请抗诉、发出再审检察建议6件，已改判3件；受理行政执法监督线索6件，发出督促履行职责检察建议6件，协助办理二审监督案件5件，均被采纳。开展多元化民事行政诉讼监督，拓宽思路，积极进取，率先在潍坊市办理新民诉法修订后首起民事抗诉案件。开展行政执法检察监督试点，向社保、食品药品、工商、卫生、消防等行政执法部门发出督促履行职责检察建议6件。从维护社会和谐出发，民行科联合派驻检察室积极探索化解民事矛盾的新方式，制定《民事纠纷和解听证规则》《民事纠纷案件检察和解对接实施办法》，通过公开审查听证和检调对接，积极促进民事纠纷化解，适用民事纠纷检察和解机制成功和解民事案件7件。

【控告申诉检察】 2011—2015年，市检察院实行“一把手”工程，强化全院“一盘棋”，形成“检察长直接抓、各部门各负其责、控申部门协调”的工作机制。对上访案件，实行定领导、定人员、定措施、定期限和包处理、包息诉的“四定两包”责任制。畅通群众诉求渠道，通过“寿光民声”、民生检察服务热线、“寿光检察”微博、下访巡访、派驻基层检察室民生服务大厅，受理民生诉求，实现件件有着落，事事有回音，密切检民关系。认真落实上级检察院“创新涉检信访处置模式”工作要求，在深入调研、充分酝酿和积极协调基础上，探索试行律师介入涉检信访疑难案件工作机制，有效化解社会矛盾，实现定分止争、维护稳定、促进和谐。建成集安防系统、数字监控系统、视频接访系统和群众满意度测评系统等6大系统于一体的“数字化”“智能化”控告申诉接待中心，为促进诉求渠道畅通和检务公开提供便捷高效、直观明了的服务平台，控申举报接待室连续3届被评为全国检察机关文明接待室。

【执法规范化建设】 5年间，市检察院全面加强机关日常事务管理，机关卫生、安全保卫、车辆管理规范有序。结合检察工作新情况和修改后刑诉法、民诉法的贯彻执行，整理完善86项近千条规章制度，执法规范体系更加完备。在细化执法制度、强化执法队伍素质的基础上，充分融入信息化元素，建成“一站式”案件管理中心和全程监督、安全防护、服务及时的“数字化”控申举报中心，以及集9大信息系统于一体的“数字化”办案工作区，执法场所更趋标准规范。全面融合信息化于执法办案，探索建立“数字化”案件管理模式、刑事案件办理模式、侦查预防工作模式，执法信息化应用更加深入。创新研发检务督察网络平台，深入推进“数字化”检察权透明运行机制，执法管理监督更加严密，执法过程更加公开透明，2014年被潍坊市检察院评为“执法规范化建设先进院”。以迎接抽样评估为契机，组织专门力量制定各业务部门执法行为标准，形成覆盖每一个办案环节、精细操作的执法制度体系。适应新媒体发展要求，开通寿光市检察院门户网站、微博、微信3大信息化平台，对重要案件信息和终结性法律文书进行网上公开，依法对不批捕不起诉案件进行公开宣告。跟进检务公开，在附楼一楼建成检察宣告庭，开展不捕不诉决定检察宣告。坚持问题导向，扎实开展规范司法行为专项整治，随机抽取344件已办结案件全面评查，从严排查司法不规范问题。制定业务部门司法行为标准，形成规范司法行为长效机制。2015年11月，圆满完成全省检察机关全面推进司法规范化建设现场观摩会议工作，集中展示寿光市检察院指定居所监视居住区、派驻检察室、信息通讯侦查指挥中心、民生检察服务中心等4个方面司法规范化工作，得到省人民检察院检察长吴鹏飞、潍坊市委书记杜昌文和观摩人员高度评价和充分肯定。

【检察信息化建设】 2011—2015年，建设政法系统刑事案件信息共享平台，实现刑事案件侦查、公诉、审判、执行和案件评查的网上流转，拓展诉讼监督的时间和空间。在全省率先研发派驻检察室工作软件，业务、队伍、保障等工作真正实行网上运行。以检察机关统一业务系统应用为契机，通过自主研发、共建共享12个信息平台和5路视频，促进检察资源整合和工作模式变革，推动检察工作提质增效。自主研发、不断升级改造刑事案件信息共享平台，对刑事案件办理进行全程监督，强化法律监督知情权。自主研发侦查资源共享系统，与公安建立情报信息联动查询机制，建成与潍坊市人民检察院侦查指挥中心、办案区监控等5路视频联通的侦查指挥中心，推进侦查信息化和一体化协作办案，信息化工作走在全省前列，在2012年8月召开的全省检察机关信息化工作会议上，寿光市检察院作典型发言。升级改造派驻基层检察室业务系统、派驻检察室与综治维稳中心共享系统、基层司法部门信息共享系统，将电子政务网引入各派驻检察室。开通律师预约系统和物证信息查询平台，引入人社、建设、教育、农行等信息源，拓展丰富侦查资源信息共享系统。加强统一业务软件运行维护工作，全院所有检察业务受理、办理均通过统一业务系统单轨运行。完成电子证据实验室建设，采购预检工作站、手机工作站、苹果工作站、电子物证勘查箱等设备，设置受理预检室、手机分析室、综合分析室、介质存储区，通过多种形式对有关人员进行信息化应用培训。电子物证实验室具备承接涉及电子物证案件的基本能力，为办案科室提供必要的技术支持。以“互联网+”理念为引导，深化检察信息化建设，加强侦查取证、办案安全防范等侦查装备和非涉密网数据中心建设，推动司法办案模式转变。充分发挥案件信息公开对规范司法的倒逼作用，自主研发律师电子阅卷系统、依申请案件查询系统，为律师、当事人提供快捷服务，进一步提高司法办案透明度，促使办案人员把每一起案件都办成程序无瑕疵、说理充分、结论正确的案件。自主研发智能接待系统、双屏互动接访系统，规范来访接待工作，得到山东省人民检察院检察长吴鹏飞充分肯定，在全省检察机关推广。

【派驻检察室建设】 2011—2015年，着眼于延伸法律监督触角，设立派驻滨海（羊口）经济开发区、侯镇、经济开发区、洛城、圣城、孙家集、台头7个检察室。建立数字化业务衔接机制，自主研发并不断升级派驻检察室综合业务系统，实现业务工作紧密衔接、优势互补和良性互动，促进业务延伸常态化。建立数字化诉求处理机制，健全民意征集、诉求办理、落实反馈一体化服务民生长效机制。检民关系工作室实时跟踪督办、定期反馈办理情况，促进服务民生常态化。建立数字化法律监督机制，强化对派出所、法庭、社区矫正的法律监督，促进法律监督常态化。搭建数字化群众评检机制，依托自主研发的群众满意度调查系统，着力构建数字化群众评检体系，促进检民和谐常态化。完善“一室一品”建设长效机制，推进派驻检察室特色发展，促进特色发展常态化。派驻滨海（羊口）经济开发区检察室着力打造“渔业检察”品牌；派驻侯镇检察室着力打造“农村基层干部廉政教育”品牌；派驻经济开发区检察室深化检调对接机制，打造“民行检察”品牌；驻洛城检察室打造“青少年法制教育”品牌；派驻圣城检察室着力打造“社区检察”品牌；派驻孙家集检察室着力打造“绿色蔬菜检察”品牌；派驻台头检察室着力打造“生态检察”品牌。

【检察队伍建设】 2011—2015年，市检察院全面加强检察队伍建设。一是坚持以思想建设为根本，高度重视院领导班子建设。认真落实理论学习制度，严格执行民主集中制，注重完善监督制约机制，院党组的决策水平、领导能力得到新的加强。通过举行弘扬核心价值观演讲比赛、院训部门理念及建言献策评选等系列活动，队伍政治素质得到新的提升。认真开展干部直接联系群众、“五进两服务”大走访活动，深入到农村、企业、农户面对面走访帮扶，疏导、调处矛盾纠纷，帮扶困难群众，干警的为民意识进一步增强。二是坚持以素质建设为支撑，严格落实党风廉政建设责任制。积极做好市纪委巡视和潍坊市对离任检察长审计配合工作，加大检务督察力度，以铁的决心、铁的纪律打造铁的队伍，始终保持无违法违纪、无责任事故。深入开展“检察官大讲堂”活动，与潍坊学院深化检校共建，积极参加各类培训。扎实开展岗位练兵活动，加大争先创优力度，制定标兵评选办法和典型培养方案，搭建平台促进干警成长，业务水平有新的提升并得到展示。三是坚持以文化建设为动力，落实以人为本理念。制定从优待警实施办法，积极解决办公楼基建欠款、单身宿舍等事关干警切身利益的问题；鼓励干警参加在职学历教育和国家司法考试。重视文化设施建设，举办“寿检论坛”讲座，提炼“厚德、崇法、人本、创新”院训，提升干警的文化素养，营造尊重人、关心人、理解人、帮助人的文化氛围,2012年被山东省人民检察院授予“全省检察文化建设示范院”荣誉。四是强化自身监督制约，确保公正廉洁执法。综合运用纪检监察、检务督察、执法监督、案件评查等手段，强化对自身监督制约。严格执行重大事项请示报告制度，进一步完善执法办案机制，确保检察权依法正确行使。认真落实“一案三卡”“一岗双责”、检务督察、干警执法档案等监督制约机制，促进机关事务管理、执法办案规范、业务工作流程的有效落实。认真履行党风廉政建设责任制，加大对检察人员尤其是班子成员的管理和监督力度，重点落实个人重大事项报告、述职述廉、民主评议等制度，保证班子、队伍不出问题，案件不出问题。开展办公用房专项清理工作，全面压缩整合机关办公用房面积，确保办公、办案、技术用房配备使用符合规范要求。纪检监察室组织开展集中清理公务用车专项活动、“五清”和“小金库”专项治理、严禁机关党员干部违规兼职取酬以及私自从事其他营利性和党员干部投资非上市公司（企业）检查等活动，确保无违规、无超标配备车辆。不断深化检务公开，注重加强同人大代表、政协委员和社会各界的联系，通过邀请视察检察工作、召开座谈会、登门走访、观摩庭审等方式，认真听取各方面提出的批评、意见和建议，虚心接受社会监督，积极改进检察工作，有效防止各种问题的发生，促进严格、公正、廉洁、文明执法。

（张树华）

法院工作

【管理机构】 2011年，市法院内设办公室、政治处、研究室、监察室、书管办、信息科、审判管理办公室、技术室、人民陪审工作办公室、立案一庭、立案二庭、审判监督庭、刑事审判庭、少年法庭、民事审判第一庭、民事审判第二庭、民事审判第三庭、民事审判第四庭、行政庭、速裁庭、执行局（执行一庭、执行二庭、执行三庭）、法警大队；下辖6处人民法庭，即稻田法庭、侯镇法庭、丰城法庭、田柳法庭、羊口法庭、胡营法庭。2015年4月，城郊法庭更名为民事审判第四庭，仍承担原来辖区内的各类民事案件审理；信访室更名为立案二庭，继续承担原信访室工作，主要负责信访案件的接待、登记、分流、督办以及协调处理；办理反馈检察建议，审查双方均为自然人或一方人数众多的民商事案件的申请再审，办理提交审委会研究提起再审的事宜，对符合受理条件的转立案一庭登记立案。2015年底，共有在编人员192名，其中中央政法编制人员146名、工勤31名、事业编制15名。

5年间，市法院充分发挥审判职能作用，紧紧抓住执法办案第一要务，坚持以人为本，着力于保障民生，维护人民群众的合法权益和社会公平正义。共受理各类案件77731件，审执结51967件。其中，审结刑事案件3671件，审结各类民商事案件35351件，审结行政案件994件，执行各类案件11875件。

【立案与信访】 2011—2015年，信访工作坚持标本兼治，落实约谈接访、带案下访、访调对接等制度，注重实质性解决信访问题，推行诉讼风险提示、信访风险评估和判前释明、判后答疑等措施，注重从源头上预防和减少信访案件发生。市法院立案二庭，共接待群众来访1015件，1329余人次；共接收各类信件510件刨除催办审理、催办执行以及初信初访经做工作已息访外，尚有17余件积案（包含非访、缠访和重复访），积极的维护社会稳定。2013年，被表彰为“全省法院信访工作先进集体”。2015年，立案庭荣立“集体一等功”。

【刑事审判】 刑事审判工作主要由刑事审判庭和少年法庭承担。2011年始，市法院坚持“严打”方针，从严、从快惩处严重危害公民生命健康和财产安全的多发性犯罪，特别是“两抢一盗”、贪污贿赂犯罪以及其他有组织犯罪、团伙犯罪和农村黑恶势力犯罪等严重危害社会治安的犯罪，打击和扼制犯罪分子的嚣张气焰。至2012年，圆满完成潍坊市中级人民法院指定管辖的3起重大涉黑案件的审理工作，提升群众安全感。至2015，刑事审判庭共审结各类刑事犯罪3671件5397人；从严惩处故意伤害、抢劫、盗窃、绑架、敲诈勒索等严重犯罪1529件2277人；审结容留、介绍卖淫、贩卖毒品、妨害公务、组织、领导、参加黑社会性质组织罪等妨害社会管理秩序案件222件434人；从严惩处危害食品药品安全和污染环境犯罪62件99人；审理贪污、贿赂等职务犯罪97件106人；少年法庭共审结未成年人犯罪154人。同时，深化实施“圆桌式审判”、判前社会调查、判后帮扶矫正，对失足青少年加强教育、感化和挽救，对未成年人犯罪落实分案管理、记录封存、回访帮教等措施，帮助失足青少年重返社会，继续保持“全国优秀青少年维权岗”“全省少年审判工作先进集体”的荣誉。

【民商事审判】 民事审判始终坚持“调解优先、调判结合”原则，坚持把契约自由、平等保护、诚实守信等原则贯穿民商事审判。通过认真处理涉及民生案件，利用巡回办案、就地开庭等便民方式调解家庭、人际关系，化解大量民间矛盾、纠纷，依法保护当事人的合法权益，特别是保护妇女、儿童、老人和弱势群体中受侵害方的合法权益，促进社会和谐稳定。5年间，妥善调处民商事案件35351件；审结婚姻家庭、继承等家事纠纷3806件，权属、侵权等纠纷8798件，民事审判第一庭于2012年被潍坊市妇联表彰为“潍坊市优秀妇女维权岗”。审结劳动争议、劳务合同纠纷1400件，审结民间借贷、金融借款等纠纷14741件，审结买卖、租赁等商事纠纷4504件。各人民法庭围绕党委政府的中心工作，积极妥善审理涉及土地调整、林木承包以及制售伪劣农用生产资料坑农害农等纠纷案件，及时处理一批有影响生产经营和农村生活的集团诉讼案件，较好的发挥第一道防线作用。2014年，稻田人民法庭被省高级人民法院表彰为“山东省优秀人民法庭”，城郊、丰城、侯镇3处人民法庭分别被潍坊市中级人民法院表彰为“潍坊市优秀人民法庭”。2015年，妥善处结涉及侯镇辖区5户村民的土地承包合同纠纷，保障潍日高速公路建设进度。

【行政审判】 2011—2015年，市法院积极探索行政诉讼协调机制，创新行政审判应诉方式，努力在沟通协调过程中化解矛盾、解决纠纷、消除争议。从维护政群关系和谐出发，依法加大行政案件协调、和解力度，原告主动撤诉和被告改变原具体行政行为后原告自愿撤诉的案件占到行政诉讼结案总数的90%。加大对行政机关依法行政支持力度，集中开展清理非法占用土地等专项活动，保障和促进行政机关有效履行社会管理职能。5年间，共受理一审行政诉讼案件1006件，审结994件；执行行政机关申请执行非诉行政案件523件。

【案件执行】 2011—2015年，积极实施全市执行联动威慑机制建设，加强与联动部门的协作和沟通，对不履行法定义务的被执行人，从融资、投资、经营、置产等方面依法加以限制，以促使其履行义务。对困难企业等作为被执行人的案件，慎重采取强制措施，尽可能促成执行和解，给其休养生息、发展生产的机会，其中30%以上的执行案件通过和解得到有效解决。对涉及农民工报酬、人身损害赔偿、追索赡养费、抚养费等弱势群体申请执行的案件，穷尽措施、优先执行，努力维护当事人的合法权益。深入开展全国统一部署的集中清理执行积案活动，及时办结一批长期积累的“骨头案”和“钉子案”。5年间，共受理各类执行案件15540件，执结11352件，执结标的额161201.37万元。2011年被表彰为“全省法院反规避执行工作先进集体”，2012年被评为“全省无执行积案先进法院”，执行局荣立“集体一等功”。进一步完善执行征信、查控、惩戒、监督、保障5大体系，以公开曝光、限制出行、限制消费等方式制裁“老赖”。2015年始，开展“老赖”曝光工作，共将4342名个人和358家企业纳入国家失信被执行人名单，79人次乘坐民航、高铁被拒绝售票，442人次申请银行贷款被限制，5人次出国出境被边控。在市委政法委支持下，利用电视、报纸、网络、公共场所电子公告牌等曝光失信被执行人7900余人次。

【审判监督】 2011—2015年，建立健全以审监庭为主体的审判流程管理网络，以审委办为主体的案件质量评价网络，以建立人大代表参与的联络机制，以纪检监察室为主体的违法违纪查究网络，以政治处为主体的岗位责任考评网络，不断加强对司法活动的规范化管理。通过主动邀请人大代表视察法院工作、定期召开座谈会、走访人大代表等方式，征求人大代表、政协委员和社会各界对法院工作的意见和建议。对人大常委会批办、督办的事项，安排专人及时办理回复。通过主动接受人大监督，进一步密切人民法院与人大代表的联系，促进法院各项工作健康发展。

【司法公开】 5年间，坚持以公开促公正、以公正立公信、以公信树权威，推进司法公开，落实司法民主，切实保障公众的知情权和监督权。以“天平工程”建设为载体，有序推进审判流程公开、裁判文书公开和执行信息公开3大平台建设，实现审判信息同步告知、案件进度同步查询、听证庭审同步直播、司法活动同步监督，构建起开放、动态、透明、便民的阳光司法机制。开通法院官方微博和微信，利用微博、微信发送工作动态4200余条，直播案件庭审90余场次，建成审判信息短信告知平台，在中国裁判文书网上传裁判文书1.36万余份，通过手机短信平台向当事人发送审判流程信息6.27万余条，在寿光民声网及时答复咨询1120件次。不断拓展法制宣传工作的广度和深度，与市电视台、广播电台合办“天平之光”和“法庭内外”专题栏目，通过以案讲法、新法速递、案例警示等形式，宣传法律弘扬法治。定期开展“法院开放日”活动，主动邀请人大代表、政协委员和社会公众旁听庭审、视察法庭、参与听证、随视执行，赢得信任获得认同。

【队伍建设】 2011—2015年，市法院始终坚持从严治院、人才兴院的发展理念，把队伍建设作为法院工作的重中之重，认真落实“党建带队建、队建促审判、改革保发展”的工作要求，以“公正、廉洁、为民”的核心价值观统一思想、凝聚人心、弘扬正气，进一步促进法院工作健康发展。

深入开展教育实践活动，全体干警深入学习贯彻中共十八大和十八届三中、四中全会精神，认真参加党的群众路线教育实践活动和“三严三实”专题教育活动，边学边改、立说立行，端正司法理念，增强司法工作能力，规范司法行为，政治意识、大局意识和责任意识进一步增强。严格执行“中央八项规定”和党风廉政建设各项制度。严格遵守执法办案工作纪律，杜绝违规违纪行为的发生。

认真参加纪委廉政约谈，着力推进法官诚信司法机制建设，不断强化对干警执法办案和业外行为的监督。2013年7月中旬，最高人民法院纪检组长张建南到寿光调研，对市法院主动接受当事人监督、自觉加强廉政建设的做法和成效给予充分肯定。

着力提高司法综合素养，推行实训化培养机制，对新进干警、初任法官开展“一对一”职业培训，对法官、书记员、司法警察进行分类施训，提高司法能力和水平。制度性地举办法官讲堂、全员培训、岗位比武、专题讲座、文书评比等活动，提高审判人员和书记员的专项业务技能，实现业务水平与执法能力的同步提高。成立法官职业道德评定委员会，大力推行“法官品行塑造工程”，评定结果作为晋职提升和落实奖惩的重要依据。5年间，先后有108名干警立功受奖，其中有4名干警被省高级人民法院授予“全国法院荣誉天平奖”荣誉、有5名干警荣立“个人二等功”、有22名干警荣立“个人三等功”。

加强文化建设助推审判事业发展，坚持理念先行，培育精神文化；坚持规范管理，纯洁行为文化；坚持以人为本，培植服务文化；坚持廉政为要，打造廉政文化。充分发挥法院文化导向、约束、凝聚和激励功能，促进法院工作健康发展。先后建成院史馆、荣誉室、廉政馆、宪法墙、文化长廊等教育设施。2012年，市法院继续保持“省级文明单位”荣誉，并荣获山东省高级人民法院授予的“全省法院文化建设优秀示范单位”称号。2014年，被潍坊市普法办评为潍坊市首批“法治文化建设示范基地”；被潍坊市纪委确定为“潍坊市廉政文化建设示范点”。

（李洋）

司法行政工作

【管理机构】 2013年3月，市司法局撤销财务科，同时成立法规科。12月，将市法律援助中心和市“148”法律指挥中心整合，市法律援助中心加挂市“148”法律指挥中心牌子，整合后人员整体划转，法律援助中心编制调整为8人。2014年11月，法规科更名为审批服务科。

【普法宣传】 2011—2015年，中央宣传部、司法部实施在公民中开展法制宣传教育第六个五年规划（简称“六五”普法），全市紧紧把握“科技、文化、民生”3大主题，进一步创新载体、活化形式、丰富内容，深入推进普法依法治理工作，着力打造全省乃至全国县域普法工作示范样板。2012年，寿光市被全国普法办确定为“全国‘六五’普法依法治理工作联系点”，2013年、2014年，先后被全国普法办表彰为“全国法治市创建活动先进单位”“全国‘六五’普法中期先进市”。

组织领导。充实完善普法依法治理、法治创建和领导干部公务员学法用法“三合一”领导小组，市委书记任第一组长，市长任组长，市委副书记任常务副组长，人大、政府、政协分管领导和组织部长、宣传部长、政法委书记等为副组长。2011年8月30日市十五届人大常委会第三十次会议，审议通过《关于在全市公民中开展第六个五年法制宣传教育的决议》和《关于〈寿光市2011—2015年依法治市规划〉的决议》。11月4日召开全市普法依法治理工作会议，对“五五”普法工作进行总结，下发《关于在全市公民中开展法制宣传教育的第六个五年规划》和《寿光市2011—2015年依法治市规划》，对圣城街道等46个普法依法治理工作、市人社局等38个法治创建活动先进单位以及118名普法依法治理工作先进个人进行表彰，在全市启动“六五”普法依法治理工作。工作中，坚持把普法工作经费纳入市、镇两级财政预算，市财政每年拿出20万元作为普法专项经费；各镇街区、各部门单位也结合实际，落实相应普法经费，在资金上为“六五”普法工作顺利开展提供有力保障。

开展普法教育。“六五”普法以来，始终把领导干部、公务员、青少年、企事业经营管理人员和农民群众作为普法教育重点，深入开展法律进机关、进乡村、进社区、进学校、进企业、进单位“法律六进”活动，大力宣传以宪法为核心的国家基本法律法规，实现普法宣传教育的连续性、常态化。一是加强普法基地建设，市委普法办、纪委、组织部、检察院、教育局、司法局等联合建立全市党员干部法治教育基地（检察院办公楼）、农村基层干部廉政法治教育基地（侯镇）和青少年法治教育基地（洛城），有针对性的对各类普法对象开展法制宣传教育。2014年，圣城街道向阳社区被命名为首批“全省法制宣传教育示范基地”，市交运汽车站被命名为首批“全省法治文化建设示范基地”，市人民法院法治文化长廊、市交运汽车站被命名为首批“潍坊市法治文化建设示范基地”，市党员干部法制宣传教育基地、市青少年法制宣传教育基地、市农村基层干部廉政教育基地、圣城街道向阳社区被命名为首批“潍坊市法制宣传教育示范基地”，全市先后建成各类法治教育基地37个，有6个被评为潍坊市首批法治文化建设和法制宣传教育示范基地，2个被评为省级法治文化建设和法制宣传教育示范基地。二是普法教育进机关，每年12月份组织全市领导干部、公务员进行普法考试。2014年12月市委普法办、市委组织部、市人社局、市司法局联合组织2014年度机关事业单位人员法律知识考试，142名机关事业单位人员参加考试。针对领导干部、公务员专门印发《法律知识习题集》和《学法析理》学法笔记，先后组织开展领导干部公务员年度普法考试、法律知识集中抽考和任前考法8次，全市参考人数达4.5万余人次，参考率98%，合格率100%。2015年，开展“法律知识专题学习月”活动，共举办各类培训讲座600余场次，受训人员达4万余人次。三是普法教育进学校，在全市各中小学启动“娃娃普法”主题教育活动，潍坊科技学院、圣都中学、世纪学校等26所学校建立法制漫画展览室、法治大道或法制手抄报长廊，全部中小学配备法制副校长或辅导员，编印并免费发放《青少年法律知识读本》3000余册，青少年法制宣传教育工作覆盖面达到100%。四是普法教育进单位，每年依托汽车站设立“法律驿站”，通过发放普法小贴士、法治公交地图等形式，向过往群众普及法律知识，提供法律服务。2013年9月25日，全国“法律进单位”专场推进会在寿光市召开，市委书记朱兰玺代表寿光市作典型发言，司法部副部长、全国普法办副主任张苏军，山东省副省长邓向阳等参会领导对寿光市法律进单位工作给予充分肯定和高度评价。五是普法教育进社区、进企业，在全市开展农村法律顾问全覆盖工程，所有村居、社区配备法律顾问或建立工作联系点，成立以机关干部、律师、法律服务工作者为骨干的90人普法宣讲员队伍，为群众提供法律服务。7月15日，在圣城街道刘旺大集启动法律援助宣传月暨“律师赶大集”活动，省法律援助中心副主任熊中元、潍坊市司法局党组成员纪检组长王玉珍及市委常委、副市长王惠玲等参加宣传活动。2014年4月1日在全市启动“法律服务千村行”活动，12月4日市委普法办组织公安、检察、法院、司法局、建设局、工商局等31家司法、行政执法部门在渤海路开展首个国家宪法日集中宣传活动。“六五”普法期间，先后开展“金秋送法”“法润寿光”法律图片巡回展、“乡村大喇叭”普法等活动，开展各种法制宣传300余场次，受教育群众达百万余人次。加强企业经营管理人员的法律知识培训，2013年，组织各律师事务所为全市200余家中小微企业进行免费“法律体检”，帮助企业及时发现、解决规范治理和依法经营等方面存在的问题，进一步提高企业防范法律风险的意识和能力。

建立现代化信息平台。2011—2015年，开通“寿光司法行政”官方微博，建立《普法快讯》手机普法平台，共发送普法短信300万余条次，法律法规100余部。2012年始，推进法治文化建设，开展法制文艺作品征集活动，让广大市民在潜移默化中感受法治文化，提高法律素质，共征集法制文艺作品144件，开展法制文艺演出86场次。设计“法律六宝”卡通形象，制作动漫片《快乐普法大家庭》。2013年，建立“司法面对面”公共交互平台，融普法教育与人民调解、法律服务为一体，实行24小时在线服务、48小时限时处理制度，累计接受各类法律事务2300余件，回复率和满意率达100%。在寿光电视台开播《联线司法》专栏，在寿光日报社开办《道德法庭》《律师说法》等专版，以群众身边发生的法律案件，群众关心的法律问题为主体，为群众提供直观的法律宣传和法律服务，在全市营造浓厚的学法用法氛围。

【依法治理】 2011年始，坚持普法宣传和法治实践相结合，以法治创建活动为抓手，制定出台全面推进依法治市、法治寿光创建活动等实施意见与细则，不断提升依法治市水平。深入推进基层依法治理，每年开展对后进村整治活动，解决群众关注的热点难点问题，使薄弱村面貌得到改观。2015年在洛城街道东斟灌村推行的自主议事、自治管理、自我服务“三自”工作法，得到省、潍坊市领导的充分肯定。深入开展“民主法治村（社区）”创建活动，2013年，圣城街道城里村被司法部、民政部命名为第五批“全国民主法治示范村”。侯镇西毕村、洛城街道洛西村、圣城街道城里村分别被省司法厅、民政厅命名为第五批“全省民主法治示范村”。2014年，洛城街道东斟灌村被省司法厅、民政厅命名为第六批“全省民主法治示范村”。2015年，洛城街道董家庄前村、文家街道桑家营子村、圣城街道东夏社区、稻田镇西刘营村等12

个村居被潍坊市司法局、民政局表彰为首批“全市民主法治示范村”。至2015年，全市共有“全国民主法治示范村”4个，“全省民主法治示范村”10个，“潍坊市民主法治示范村”12个，示范村总数居潍坊市各县市区首位。2012年，洛城街道洛西村党支部书记刘文喜获首届“潍坊市十大法治人物”荣誉。2011年8月2日，潍坊市司法局局长、普法办主任尹凤来带领“潍坊市法治创建活动先进单位”检查考核组一行5人到寿光市进行检查考核，对寿光市开展法治创建活动给予高度评价。2013年7月16日，潍坊市“六五”普法依法理工作检查督导组对寿光市“六五”普法中期工作进行检查验收，成绩优秀。2015年8月20日，潍坊市“六五”普法依法治理检查组到寿光市对普法依法治理工作进行检查验收，对侯镇农村基层干部廉政法治教育基地、洛城街道东斟灌村、青少年法治教育基地、圣城街道向阳社区、汽车站、圣都中学、市检察院的普法依法治理工作进行检查，给予高度评价。

【人民调解】 2011年始，市司法局围绕发挥人民调解定纷止争、预防化解矛盾的职能作用，不断创新调解组织机构建设，完善人民调解网格，深入推进镇村调解组织、企业调解组织、行业专业性调解组织建设。至2015年，全市共设立市级人民调解工作指导委员会1个，镇级调委会14个，村居调委会975个，企业调委会139个，专业性行业性调委会30个，共培养、发展各类专（兼）职调解员11546人，每年平均受理各类矛盾纠纷6500余件，调解率和成功率分别达100%和98%。

2011年3月，市司法局在全市范围内征集人民调解96个经典案例，编辑成《人民调解唱响和谐》宣传册，内容涵盖征地拆迁、婚姻家庭、赡养、医疗、邻里关系、劳动争议、交通肇事、人身损害赔偿等多种纠纷类型。7月，为贯彻实施《中华人民共和国人民调解法》，发挥人民调解化解社会矛盾的职能作用，在全市组织开展“争当人民调解能手”活动。12月6日成功举办全市人民调解员暨法律援助联络员培训班，全市14处镇（街）司法所及部分村居人民调解员和法律援助联络员共300余人参加培训。全市每个镇街、村全部建立调解组织，城区按每50户、农村按每30户设置1名人民调解员的原则配齐调解员，聘请全市维稳信息员为人民调解员，全市登记在册调解员共9276人。全市专业性、行业性调解组织建设实现大的突破，成立交通事故专业调解委员会、寿光市劳动争议调解委员会2个行业性调解委员会。11月，与市人社局、总工会联合下发《关于进一步加强企业人民调解工作的通知》，规范建立企业调委会139个。

2012年5月18日，司法部基层工作指导司副巡视员李冰（女）、省司法厅基层工作处处长吴明义、潍坊市司法局副局长单连功等一行5人到寿光市调研司法行政基层工作，对寿光市基层司法工作特别是人民调解工作给予高度评价。6月，召开行业性专业性人民调解委员会建设推进会议，全市26个部门单位建成行业性专业性调委会。9月，全市20个调委会被评为“潍坊市规范化人民调解委员会”，数量据潍坊市之首，司法部、省司法厅、潍坊市局领导到寿光检查指导给予高度评价。

2013年2月，市司法局积极探索建立人民调解、行政调解、司法调解衔接配合的“三调联动”工作机制，构建大调解工作格局，得到潍坊市局的肯定和推广。5月，从狠抓卷宗质量着手，认真组织开展人民调解和社区矫正卷宗评查工作，制定《人民调解卷宗评查标准》《社区矫正案卷评查标准》及评分表，分别对卷宗封面、卷内材料、协议书制作水平、装订质量等方面标准进行细化，共评查卷宗280份。7月，组织山东财经大学法学院10名在校大学生深入寿光农村基层就常见矛盾纠纷的现状、类型、特点、规律、成因以及调处成效、经验等方面进行调研。8月，圣城街道人民调解委员会被司法部授予全国模范人民调解委员会荣誉。12月，市司法局联合寿光市日报社举行“寿光日报人民调解委员会”揭牌暨调解员发证仪式，标志着全国首家媒体调委会——“寿光日报人民调解委员会”正式挂牌成立。进一步规范全市26个行业性、专业性调委会建设和文书档案资料，建立3处规范化建设示范点，依托农民工维权中心新建寿光市农民工维权纠纷人民调解委员会。

2014年6月，设立杨立平调解室、孙效宝调解室、朱建文调解室、学院社区李生芳调解室、站前社区李俊梅调解室及北关一家亲调解室等6处个人品牌和别具特色的调解室。8月，市司法局被中华全国人民调解员协会评为人民调解宣传工作先进单位。

2015年3月，与市物价局合作，依托司法所设立价格纠纷人民调解室，专门调解价格争议纠纷，全市14个司法所全部设立调解室，统一制作相关制度版面和门牌。5月，与公安局联合推行“警民联调”工作机制，先期在稻田派出所、圣城派出所试点设立人民调解室的基础上，在全市各派出所全面设立人民调解工作室，专门调解派出所接处警分流出来的民间纠纷。10月，寿光日报人民调解员群体被评为“2014感动寿光年度人物”，市委书记朱兰玺为调解员群体代表颁奖。11月，“全省最美人民调解员”事迹报告会在寿光市举办，洛城司法所所长孙光诚获全省最美人民调解员提名奖，荣立个人二等功。

【社区矫正】 2011年，立足社会管理创新，积极探索社区矫正工作新模式、新机制，推行“三二四二”（创办三个基地、抓好二支队伍建设、创新四种管理模式、落实二个保障）工作模式，该做法得到省社区矫正工作领导小组充分肯定，在第五期《社区矫正工作动态》杂志中刊发推广。2012年5月，市司法局与市综治办、法院、检察院、公安局联合下发《寿光市刑事案件社会调查暂行办法》，扎实推进非监禁刑判前社会调查工作。7月，协调政法委召开公检法司四部门分管领导及有关科室参加的社区矫正工作协调会，对社区矫正法律文书交接、社区矫正人员报到告知、惩处程序、交付执行等重要环节进行研究协调。2013年6月，启动“社区矫正规范化建设推进年”活动，进一步规范和加强社区矫正工作运行机制、管理机制和基础保障机制，全面提升社区矫正工作质量。9月，对照《刑法》《刑事诉讼法》《社区矫正实施办法》，在全市范围内组织开展社区矫正执法检查活动。2014年10月，专门成立社区矫正督导检查工作组，深入全市14个基层司法所开展社区矫正规范执法督导检查活动。11月，组织开展社区矫正知识考试，全市各司法所所长、司法干警、专职社区矫正工作者及局机关工作人员共50余人参加考试。2015年5月，加强与公安局协作配合，充分发挥公安机关“警务综合应用平台”作用，定期向公安局提供社区矫正人员基本信息，公安局及时录入警综平台，将全市社区矫正人员纳入监管范围，并每月更新数据随时查询人员违法犯罪记录，对私自外出人员进行追踪，对提请收监的在逃人员进行网上追逃。6月，与市检察院联合制订《寿光市人民检察院派驻监察室与辖区司法所工作协作机制》，建立检察室与司法所协作机制，推进社区矫正规范化建设。至2015年12月，全市共接收社区服刑人员2316名，共解除社区服刑人员1568名、在册人员748名。

【安置帮教】 2011年8月，市司法局与各大中型企业沟通协调，选定寿光市富士木业有限公司、山东仙霞集团有限公司、寿光市泰丰汽车底盘制造有限公司、潍坊顺福昌橡塑有限公司4家企业为首批过渡性安置基地，为刑释解教人员提供就业岗位和就业机会。2014年3月，新增加海纳宏洲物流有限公司1处安置帮教基地，并对全市5处安置帮教基地名称进行统一规范和重新命名，重新更换标识牌。

2011年11月，依托市人社局职业培训机构新建培训基地1处，首批报名参加培训人员达23人。2012年3月，与人社局职业技能鉴定中心沟通，对全市"两类人员"开展技能鉴定工作，有4人获得首批职业技能鉴定证书。2012年，对4名生活困难的"两类人员"进行困难救助，共落实困难救助资金9.5万元。

2013年5月，重新修订2013年特殊人群稳控工作应急处置预案，制作特殊群体应急预案演练计划，撰写司法局应急预案体系建设情况报告。2014年5月，成立寿光市司法局反恐怖工作领导小组，制定详细应急处置预案，组织全市司法所工作人员召开反恐怖专题工作会议进行严密安排部署。

【基层法律服务】 2011年，开展"基层法律服务所规范化建设年活动"，进行2次检查评比，全市共14处法律服务所全部达到省级规范化标准。

2012年，市司法局印发《关于在全市基层法律服务工作者中开展"服务民生年"活动的实施方案》，在全市基层法律队伍中开展"服务民生年"专项活动。大力推进"一村一顾问""一校一顾问"工作，全市基层法律服务工作者共计担任镇村和学校顾问823家。积极推进基层法律服务工作者参与新农村建设，共承办各种法律事务910件，其中非诉讼423件。

2013年3月，为提升基层法律服务队伍诚信执业和规范执业意识，为党委政府和群众提供优质高效的法律服务，市司法局印发《基层法律服务队伍诚信体系建设意见》，在全市基层法律服务队伍中开展诚心体系建设活动，2015年4月邀请法律院校教授为全市85名基层法律服务工作者进行集中培训。9月，对全市法律服务领域市场中介组织及基层法律服务工作者协会按上级要求进行摸底和专项治理。

2014年7月，潍坊市基层法律服务工作现场会在寿光市召开，市司法局和兴源所、圣城所分别作经验介绍，会议对寿光市基层法律服务经验尤其是非诉讼经验在潍坊市推广。9月，对基层法律服务协会和协会党支部进行换届，由法律服务人员自主推选本行业人员担任协会领导，指导基层法律服务所办理税务登记，将协会完全推向市场，实行自我发展、自我约束、自我监督。10月，市司法局制定印发《基层法律服务工作者执业手册》，内容包括各项管理制度和规定，为法律服务工作者依规依纪执业提供重要依据。

2015年7月，组织法律专业大学生志愿者、律师、基层法律服务工作者、公证员、法律援助工作者共同参加市司法局举办的“法律服务千村行”活动，深入基层一线，为群众提供直接面对面的法律咨询、矛盾调解、公证、援助等法律服务。

【司法所建设】 2013年3月，市司法局启动“司法所规范化建设推进年”活动，以机构规范、人员专职、素质提升、管理规范、能力增强为目标，促进工作效能、服务水平提高。7月，圣城、洛城、文家、稻田4处司法所被省司法厅评为省级规范化司法所；羊口、营里司法所于2014年2月被省司法厅命名为“省级规范化司法所”，全市省级规范化司法所达到6处，数量居潍坊市之首。11月，根据市人大关于开展“人民满意司法所”评选表彰工作的实施意见和要求，在全市范围内开展“人民满意司法所”创建评选活动，圣城司法所、洛城司法所于2014年2月被市人大表彰为“寿光市人民满意司法所”。

【律师工作】 律师机构。2014年4月25日，经省司法厅批准，成立山东德纯律师事务所，为个人律师事务所；9月29日，经省司法厅批准，成立山东博卿律师事务所，为个人律师事务所。2015年9月15日，经省司法厅批准，成立山东优克律师事务所，为个人律师事务所。至2015年12月底，全市共有律师事务所12家,其中合伙所5家、个人所7家。

律师队伍。2011年始，随着全市经济、社会发展水平不断提升，律师队伍规模不断壮大，至2015年12月，全市执业律师已达106人。其中，执业20年以上12人，10～20年21人，5年以下53人；年龄最大61岁，最年轻25岁，大部分集中在25～35岁，比例占47.2%；硕士学历6人，法律专业本科学历91人；女律师30人；专业特长集中在合同、工伤、交通、医疗、赡养、劳动、婚姻等常见民事案件以及刑事辩护等领域。执业律师中，二级律师1人，三级律师11人，四级律师29人；有9名潍坊市优秀律师，1名潍坊市人大代表和4名寿光市政协委员。

律师业务。2011年始，全市律师牢固树立大服务思想，不断扩展服务领域，律师业务已渗透到社会各个方面，除担任法律顾问、刑事辩护、诉讼代理、非诉讼代理法律事务、解答法律咨询外，还涉及商品经济、技术市场、金融证券市场、房地产市场等业务领域。至2015年，全市律师共为国家机关、企事业单位和公民个人担任常年法律顾问295家，办理刑事辩护案件3765件，民事诉讼代理17316件,非诉讼法律事务3808件，解答法律咨询1万余人次，为有关单位和当事人避免和挽回经济损失3.18亿元。

律师管理。市司法局把律师队伍职业道德、执业纪律和行业行风建设作为律师执业管理活动重要内容，深入开展律师队伍思想政治教育、业务素质培训和执业规范教育，着力推进律师队伍依法、诚信、规范、执业。

2012年，组织开展律师事务所“规范化建设年”活动。5月，与市检察院联合下发《关于律师介入涉检信访疑难案件的办法》，律师参与涉检信访案件，为信访人提供法律咨询、法制宣传等法律服务，为检察机关办理涉法疑难案件提供参考意见。6月，市司法局开展“律师进百企包千村联万户”活动，组织律师进企业、进农村，提供“法律体检”、驻村帮扶等专项法律服务，主动服务民生，助力经济社会发展。

2013年，开展“规范律师执业推广行为月”活动。7月，开展律师服务中小微企业管理提升活动，帮助企业提高防范法律风险的意识和能力。

2014年，开展司法专项整治活动。4月，启动“法律服务千村行”活动，组织律师、公证员、法律服务工作者深入农村基层，为群众现场提供法律咨询、公证和援助服务。6月，在圣城街道向阳社区等社区内试点建设“律师谈事”律师社区工作室，为群众提供法律咨询服务，指导参与矛盾化解。

2015年，开展“律师队伍依法治国教育”活动，不断规范律师事务所的管理和律师执业行为，提升律师队伍的社会形象。成立律师宣讲团，开展公益宣讲活动，组织律师深入机关、乡村、社区、学校、企业、单位，围绕中心工作，以宪法法律为重点，深入开展与经济社会发展和人民生产生活密切相关的法律法规的法律宣讲活动。6月，与市法院联合下发《关于建立律师调解员制度协力化解社会矛盾纠纷的意见》，在市法院诉调对接中心设置律师调解工作办公室，建立律师调解员名册，律师协助指导人民调解、参与涉诉信访案件化解等工作。7月，在市信访局接访大厅设立律师值班室，律师陪同市领导公开接访，为处理群众上访和重大群体性事件提供法律咨询意见。

【法律援助】 2013年5月，市司法局在市总工会职工维权服务中心设立法律援助窗口，在市长途汽车站建设“法律援助驿站”，为企业职工和外来人员提供专项法律援助服务。2014年10月，在寿光市建筑业农民工维权服务中心设立“法律援助室”，现场解答群众咨询，处理纠纷；12月，与市交警大队联合设立交通事故处理室，派工作人员进驻，现场处理群众纠纷，解答法律咨询。至2015年底，市法律援助中心已在全市14个司法所建设镇街法律援助工作站，有11家律师事务所设立法律援助便民服务站，在40家企业、3处大型劳务市场设立法律援助联络点，依托团市委、工会、残联、妇联、民政部门分别建立未成年人、农民工、残疾人、妇女儿童和军人法律维权工作站，以市法律援助中心为支点、以各援助窗口和站点为延伸，建立辐射全市法律援助“半小时服务圈”。2015年7月8日，市法律援助中心举行法律援助工作新闻发布会，是寿光市首次以法律援助为主题召开的发布会。发布会对新修订《山东省法律援助条例》修改内容进行公布，新《条例》取消民事法律援助事项范围限制，将经济困难标准调整为上年度城乡居民最低生活保障标准的2倍，法律援助门槛进一步降低，援助覆盖人群进一步扩大。同年，市司法局调整法律援助案件办案补贴办法，根据经济社会发展水平，将法律援助案件补贴标准提高为每案500元，进一步做实援助保障。

5年间，市法律援助中心共接待受援群众3000余人，提供法律咨询1.2万余人次，年均办理法律援助案件450件以上，先后荣获“潍坊市司法行政系统先进集体”“潍坊市先进集体”“寿光市十佳文明服务窗口”“寿光市青年文明号”“寿光市为民服务明星岗”“潍坊市妇女儿童维权工作先进单位”等荣誉。

【司法鉴定】 2011年8月12日，省质量技术监督局对潍坊圣城法医司法鉴定所进行计量资质认证，10月18日颁发《资质认定计量认证证书》。2013年，为落实《山东省司法鉴定条例》，加强司法鉴定管理工作，推进司法鉴定工作制度化、规范化、科学化建设，开展“规范化管理年”活动。2014年，为进一步规范行为，转变工作作风和服务理念，提高鉴定质量和社会公信力，开展司法鉴定“诚信规范、执业为民”行风建设专项活动。2015年，开展“司法鉴定机构内部管理规范年”活动，提高司法鉴定机构内部管理水平，实现机构自我管理制度化、程序化和规范化目标。

（王成果、张星杰）

军事

【概　况】 2011—2015年，寿光市人民武装部（简称市人武部）全体官兵忠于职守，认真履行职责，为国防和民兵预备役建设做出新贡献。部队战备训练、正规化建设，民兵预备役建设和征兵等工作多次受到各级表彰，多次被上级军事机关和地方党委、政府评为先进单位。

认真抓好战备工作落实。按照新时期军事变革要求，修订完善日常战备制度、战备方案、战备资料、战备职责。5年间，先后投入近10万元整修作战室、值班室、动员资料室、保密室，机关内部网、军分区综合信息网和政府网，战备器材库和民兵武器装备仓库，作战指挥的控制中心。根据形势变化和任务要求，不断修订充实战备计划、兵员动员方案、通用物资征用方案、守护重要目标方案、协助地方维护社会稳定方案、抢险救灾方案和军、警、民联防方案。认真抓好实战化训练落实。以“科技参战、科技支前、科技保障”为目标，本着“仗怎么打，兵就怎么练”的原则，按照《民兵军事训练大纲》要求，每年在市民兵预备役训练基地组织成建制集中训练。利用信息平台，构建集教学、管理、训练、监控等多位一体的远程教学网，通过广电、视频、音频和图像等多媒体信息传输，广泛开展网上教学。结合民兵可能遂行的作战任务，按照训练课题和战斗编组，组织民兵高炮和应急分队指挥骨干进行网上训练。运用上级下发和自行研制的模拟训练器材，采取激光模拟、电子模拟、光学模拟、音响模拟、机械模拟等手段，积极开展民兵高炮营射击指挥训练，提高训练质效。严格落实战备制度，军政主官带头参训、参考，做到开第一车、打第一炮、考第一组。以“学、研、练、考、评”为抓手，加强机关干部队伍建设，形成“计划—执行—考评—改进”的练将、练官机制。按照“上装能操作、上场能组训、上网能作业、上阵能指挥”的要求，组织全体官兵人人上考场，有力促进部队战备训练落实。

狠抓市人武部和基层武装部建设，实现党管武装工作和民兵预备役建设全面过硬、整体跃升。突出抓好民兵编组工作落实，做到类型区分统一、撤建程序合理、编组方法科学、专业名称规范、职责分工明确，不断增强作战和保障能力。改革优化企（事）业单位民兵组织结构，落实组织编制，并在部分企业设立武装部，配齐、配强专武干部，强化企业民兵工作规范化建设。突出抓好基层武装部和民兵连部、室、家建设，基层建设质量进一步提升。按照编组合理、结构合理、管理严格、科学技术强的原则，分别在高新技术比较强的邮政局、电信局、建筑公司、运输公司、羊口渔业捕捞公司、人民医院、联盟化工集团等企（事）业单位编制对口专业技术分队。狠抓民兵应急分队建设，率先在潍坊地区完成应急分队科技组装任务，统一购置服装和盾牌、警棍、头盔、对讲机等装备、器材，市人武部自备大型运输车1部、小型指挥车2部，侯镇、羊口、稻田3个重点镇的应急分队也落实组装任务。2个应急分队的连长、指导员全部由市人武部机关现役干部担任。注重发挥民兵应急分队作用，为“平安菜乡”和历届蔬菜博览会安全保卫工作做出突出贡献。按照《国防教育法》《山东省国防教育系列教材》要求，扎实搞好国防教育工作，以《山东省国防教育系列教材》为基本教材，组织民兵预备役官兵学习《民兵预备役人员读本》，认真搞好民兵职能、任务教育。每年投入国防教育经费3万余元，配吉普车1部，保证国防教育工作顺利开展。积极应对新形势下夏、秋季征兵工作出现的新情况、新问题，加强调查研究，突出适龄青年这个重点，采取设站登记、网上登记、上门登记等形式，及时摸清底数，掌握去向，保持联系，扎实搞好兵役登记工作。针对部分适龄青年应征积极性下降的实际，市政府及时调整优抚政策，提高优抚金标准，最大限度地调动适龄青年的当兵热情，圆满完成年度征兵工作任务。市人武部贯彻大国防思想，会同市国防动员委员会各专业办公室，制定完善兵员动员、物资储备及征用、人防建设、交通运力动员等方面的配套方案和细则，促进国防动员建设依法、有序、高效运行。按照“急用先建，重点优先”要求，采取成建制编组、对口选编、跨域抽组、人装一体化编组、特需选聘等方法，全面统筹民兵预备役人员和国防动员各种专业力量的编建，不定期组织实施军地跨系统、跨部门、跨行业的专业技能训练和协调演练，使各级、各类人员熟悉职责、任务，方案、计划，程序、方法，“双应”（平时应急、战时应战）能力进一步提升。同时，突出应对自然灾害、反恐维稳、综合保障等应用科目，重点加强民兵应急分队的实战化训练，提高快速反应和成建制遂行应急任务能力。

积极开展争创“双拥模范城”活动。 2011年，市委、市政府制定下发《关于进一步加强党对武装工作领导的决定》，明确各级党委抓武装工作的职责、目标和要求，健全各项制度，保证全市民兵预备役工作健康发展。每年“八·一”建军节期间，组织市级领导、民兵教导员、武委会成员到北海舰队“寿光舰”慰问、学习，过“军事日”。各级党委、政府以“份内事”的担当，积极改进军人转业、退役安置工作，努力做到军队、地方和本人“三满意”。出台军人家属就业和子女就学政策规定，在全市推出多个岗位滚动安置随军家属，军人子女就近或加分入学，进一步密切军政、军民关系。市人武部在拥政爱民工作中主动作为，积极组织广大官兵和民兵预备役人员参加地方经济、政治、文化和社会建设，圆满完成扶贫帮困、新农村建设、社会主义精神文明创建等各项急、难、险、重任务。市人武部组织机关共产党员深入开展“结穷亲、解民忧、受教育、促发展”“当一任公仆，干一番事业，树一块丰碑”“党员责任区”“党员挂牌服务”“党员先锋岗”等主题实践活动，部长胥永利、政委李志平多次带领机关共产党员，携带面粉、食用油等生活必需品，到羊口镇宅科一村走访慰问15户贫困家庭。建立长效机制，每季度至少走访或联系一次帮扶对子。签订党员帮扶责任书，明确帮扶目标，落实帮扶措施，努力使帮扶对象致富有门路、收入有提高、生活有改善、思想有转变、失学儿童和困难学生顺利完成学业。广大官兵积极参加抢险救灾行动，处置突发事件，保护人民生命和财产安全，树立起“文明之师、威武之师”良好形象，成为建设“品质寿光”“幸福寿光”的生力军。

【军事组织】 **军事机构**。市人武部：2015年，拥有干部职工20人。内设军事科、政工科、后勤科3个科室，辖寿光市民兵预备役训练基地2处、民兵武器装备仓库1处。其中，市人武部机关院内建有民兵预备役训练基地1处，在田马新建民兵预备役训练基地和民兵武器装备仓库各1处。

武装警察部队：包括武警潍坊市支队寿光市中队、寿光市公安消防大队、寿光市公安局羊口边防派出所。

预备役部队。部队编组：潍坊陆军预备役高射炮兵团双37高炮营编于山东省寿光市，营部设在寿光市文家街道办事处。一连连部设在晨鸣集团，二连连部设在古城街道办事处，三连连部设在圣城街道办事处。

军事训练：2011—2015年，按照战时隶属关系，建立与现役部队的挂钩训练制度，普遍开展基地化、模拟化、网络化训练。自预备役部队成立以来，其训练的重点，主要是干部和专业技术兵。其中干部训练，主要是采取院校培训、在职轮训和部队带训3种形式，一般由军分区有计划地送到有关院校培训。专业技术兵训练，原则上由预备役团组织实施，对于训练难度大的可与野战部队就近挂钩，实施专业对口训练。着手搞好单手、单台、单炮、单车的基础战术和战术训练，逐步达到能够担负战斗、战勤任务的程度。步兵训练，一般以营或连为单位集中组织实施。除基础训练外，还着重进行应用训练和战术训练，达到熟悉使用手中武器，全班能够协调一致地行动。

【兵役工作】 **兵役登记**。根据《征兵工作条例》（以下简称《条例》）规定，市人武部在每年9月31日前，对年满18岁的男性公民进行兵役登记。以《中华人民共和国兵役法》和《山东省兵役登记办法》为依据，主要采取集中登记和定期登记2种方法。集中登记由各镇（街道）、企业、事业单位民兵连连长统一带队到指定地点登记，零散人员的兵役登记工作，各地根据实际情况按照规定的时间要求分别到固定站进行。以公安户籍管理底册为依据，对男性适龄青年逐个登记，做到一个不漏登，个个要素全。2011年起，兵役登记工作时间由原7月1日—9月30日，提前到5月1日—6月30日，18周岁的男性公民兵役登记率要达到98%以上。年满17周岁的应届高中毕业生，本人自愿或者根据需要也可以进行兵役登记。往年没有参加兵役登记的役龄青年要补登。各级、各类学校毕业生网上预征工作时间截至到7月12日，预征对象除高校应届毕业生外，扩大至高中（含应届高中、职高、中专和技校）毕业生，不包括往届毕业生、成人教育、各类非学历教育、培训类学校及自考类学校学生。2014年始，境域依托“全国征兵网”（www.gfbzb.gov.cn）实施网上兵役登记。全国兵役登记时间为4月1日—6月30日，网上兵役登记和应征报名系统于4月10日正式开通，境域兵役登记工作于4月11日正式启动。其间，辖区当年年满18周岁的男性公民在当年6月30日前，登录“全国征兵网”进行兵役登记，登记时填写个人姓名、身份证号码、家庭住址、参军意向等基本信息，打印《男性公民兵役/应征报名表》，持此表到其户口所在地的镇（街、区）武装部（含企业、高校武装部）进行现场确认，同时提交登记表。

征兵准备工作。组织领导。5年间，每年1月1日起，根据济南军区《关于进一步加强平时征兵工作的通知》和军区首长“要真正做到一季征兵、全年准备”的指示、要求，市人武部把平时征兵准备工作作为年度一项重要工作摆上议事日程，强化政府和兵役机关职能作用，调动各方面的积极因素，齐抓共管，为推进征兵工作创新发展做出贡献。一是宣传发动。将5月份和10月份作为征兵宣传教育月，利用报纸、广播、电视、网络、宣传车、标语横幅等多种形式进行广泛宣传，营造全社会关心支持国防、适龄青年自觉履行兵役义务的良好氛围。改进宣传方法，针对适龄青年思想实际，利用兵役登记、学生军训、人才招聘会等有利时机，组织基层专武干部进村、入户、进校（学校）、入企（企业），进行“面对面”“一对一”的思想发动，引导他们算好“政治账”“经济账”“进步账”，增强宣传、发动工作的针对性、有效性。突出宣传重点，把各级各类院校作为重点宣传部位，把广大学生特别是应届毕业生和毕业班学生作为重点宣传对象，发挥教育部门和院校职能部门的作用，教育鼓励广大青年学生报名应征。二是兵役登记。市人武部按照《兵役法》《征兵工作条例》等有关法规、文件规定，认真组织兵役登记工作。对辖区内当年年满18岁的男性青年，进行逐个登记，摸清适龄青年底数。规范登记办法，严格登记手续，认真填写登记内容，妥善保管登记资料，为选拔预征对象提供全面可靠的依据。6月30日前，市人武部完成兵役登记工作，兵役登记率不得低于98%。突出抓好预征对象的选定工作，每年参照上年度征集任务数，按照规定的程序、办法、条件、标准和一定比例，选好预征对象，并建立预征对象档案资料，采取定期家访、汇报思想、组织活动等方法，全面掌握预征对象的家庭情况、现实表现、病史状况等，以扎实有效的管理，实现兵役登记与征兵实施阶段工作的有效衔接。2012年冬起，取消非农业户口青年征集比例限制，本科及以上学历毕业生征集年龄放宽至24周岁。三是优惠政策。积极会同地方有关部门，制定优惠的政策，切实让尽义务的人经济上不吃亏、政治上有好处、发展上有前途。拓宽优抚、安置渠道，采取免费就业培训、安排优秀退役士兵当村干部、提高货币化安置补偿金标准、鼓励退役士兵自主择业等方式，解决退役士兵出路问题。各级积极借鉴其他地、市的先进经验，进一步完善对拒绝或逃避服兵役行为的惩罚措施，切实维护兵役法规的严肃性。2012年始，义务兵家庭优待金，无论是城镇户口还是农村户籍，每年发放标准均按不低于上年度农村人均纯收入水平执行。对到西藏、新疆和国家发布的其他自然条件恶劣地区服役的义务兵，优待金按不低于普通标准的2倍发放。义务兵在服役期间个人受到奖励的，凭部队团以上政治机关通知书，按下列比例增发当年优待金：被大军区以上（含大军区）单位授予荣誉称号的，按当年优待金标准增发40%。荣立一等功、二等功、三等功的，按当年优待金标准分别增发30%、20%、10%。被评为优秀士兵的，当年优待金标准增发5%。

义务兵征集。寿光义务兵征集工作的基本步骤是：成立征兵工作领导小组，加强组织领导，搞好舆论宣传；召开全市征兵工作会议，部署全市征兵工作任务；设置公民体检站。各基层单位成立相应的征兵工作领导机构，搞好宣传动员；从兵役登记中确定预征对象；组织好应征公民的目测初审；组织应征公民到市体检站进行初检；组织初检合格人员进行复查；搞好初检合格人员的病史调查；对体检合格人员进行政治审查；审批定兵；最后是集中交接和安全运输。2011—2015年，共征集义务兵2847人，其中女兵40人。每年征集新兵中，党团员约占75%，高中以上文化程度约占65%以上。寿光市征兵工作做到连续58年无责任退兵，并多次被省、市表彰为征兵工作先进单位。

2011—2012年，征兵时间为每年10月18日起开始年度冬季征兵工作，10月31日前接受青年应征报名确定预征对象，11月1—15日完成征兵体检，11月30日前完成政审走访，12月8日前完成定兵公示，10日开始组织被装发放、起运新兵。2013年始，全国征兵时间由冬季调整到夏、秋季，即夏、秋季的8月1日开始征兵、9月1日批准入伍、9月5日起运新兵、9月30日征兵结束。此为自1990年实行冬季征兵23年来首次调整征兵时间。调整征兵时间，使学生毕业时间与征兵时间有机衔接，有利于把更多优秀青年送到部队。

直招士官工作。根据总参谋部、教育部《关于做好定向培养、直招士官试点工作的通知》要求，5年间，定向培养直招士官试点工作于每年6月25日开始政审，7月5日网上填报志愿，7月13日在专科提前批次录取。市人武部每年组织专人对定向培养、直招士官的对象，从全市参加全国普通高校招生统一考试的普通高中理工科应届毕业生中选取，年龄不超过20周岁（截至当年8月31日），培养对象为男性、未婚，其政治、身体条件按照征集义务兵的规定执行。6月25日—7月4日，对定向培养、直招士官的预征对象，组织政审。7月8—10日，政治审查合格的考生到省军区指定的空军招收飞行学员工作局济南选拔中心（济南市市中区英雄山路105号招飞大厦）参加面试、体检。

军校招生工作。山东省招生委员会、省军区政治部每年6月份下发《关于做好军校招收高中毕业生和普通高校招收国防生工作的通知》，市人武部专门成立招生办公室，设在政工科，负责考生的推荐报名、政治审查和身体目测，组织考生参加文化、军事考试。工作由市人武部与当地招生部门、卫生部门、考生所在中学和户口所在地派出所共同完成。考生的面试和体检工作，由省军区负责组织实施。2011年始，寿光每年都有部分优秀青年学生应招到全军各军校深造。5年间，共招收军校生200人，选送飞行学员7人。

【国防后备力量建设】 **首长、机关训练**。5年间，市人武部首长、机关训练安排在2—9月，其中2—4月进行共同科目训练，主要学习信息化军事理论、民兵、兵役及动员工作法规、指挥自动化系统操作和手枪射击训练，采取集中组织与个人自学相结合的办法，重点解决知识更新和运用，突出信息化指挥系统操作训练。5—6月进行分业科目训练，主要学习指挥员专业、军事科专业、政工科专业、后勤科专业等相关内容，穿插进行办公自动化设备操作，采取分专对口、业务专修、首长和各科同步进行的办法进行。7—9月进行战术作业，主要包括搜集情报信息、分析判断情况、提出决策建议、定下行动决心、制订行动计划5项内容。同时，结合所担负的任务，选定1种非战争行动或2种以上战斗样式，结合训练课题，按照行动组织、行动实施和各个时节组织进行演练。市人武部首长、机关年度训练按照《陆军军事训练指导法》规定的时间和内容进行，时间40天，280小时以上。体能训练在全年安排，时间160小时以上，主要利用每个工作日最后一个小时组织实施。经考核，合格率达100%。

专武干部训练。5年间，每年3—4月市人武部均组织辖境5个街道、9个镇、市直、双王城生态经济园区共16个单位专武干部和新任职民兵连连长，在市民兵预备役训练基地进行为期14天的集中培训。集训以新一代《民兵军事训练与考核大纲》为依据，以解决全市民兵预备役基层建设点评暴露出的突出问题为重点，按照缺什么、补什么，急需什么、训练什么的原则，主要学习军事理论、基本技能、业务知识和相关知识。军事理论，重点学习军兵种知识、外军研究和军事高科技知识。基本技能，主要学习简易射击学原理、轻武器操作与使用，军事地形学中的识图、用图知识。业务知识，主要结合基层建设存在的问题进行民兵预备役基层法制化、规范化、专业化建设知识辅导。针对基层武装部长组训能力弱、履职尽责意识不强的问题，组织“四会”（会讲、会做、会教、会做思想工作）教学法辅导和时事政治教育。相关知识，主要贯彻落实科学发展观，进行科学发展观指导后备力量建设创新发展专题讲座，系统进行信息化知识培训，拓宽基层武装部长知识面。其间，每年组织全市专武干部和新任职民兵连长到潍坊国防综合基地进行五六式冲锋枪实弹射击训练。

民兵预备役训练。5年间，全市民兵预备役训练工作于每年2月12日左右开始，至10月30日结束，共分7个批次。每年2月初，市人武部依据军分区年度基干民兵军事训练任务分配表，按照《民兵军事训练与考核大纲》要求，制定严密的年度训练计划和实施方案，分别对境内的15名民兵教练员和应急队伍（应急维稳连、战备执勤营）、支援队伍（医疗救护分队、海上运输分队、公路运输分队）、储备队伍（步兵连、107单管火箭炮连）3大类队伍进行7个专业科目的训练。基干民兵的各专业训练，由市民兵训练基地负责组织施训，分7个批次训完。企业民兵训练，采取由市人武部训练基地集中组织和驻厂（企业）集中在岗训练的方法，做到人员、时间、内容、质量四落实。其中，应急队伍年度训练时间为15天以上。支援队伍的防空分队年度训练时间为25天，军兵种保障分队年度训练时间在15天以上，其他勤务保障分队年度训练时间在10天以上。储备队伍年度训练时间在7天以上。经考核，全部合格。

学生军训。2011年始，根据《中国教育改革和发展纲要》提出的“继续组织高等学校、中等专业学校和高级中学学生参加多种形式的军事训练”的要求，境域大专院校和高级中学学生在就学期间，必须接受基本军事训练。学生军训的组织、计划，训练时间的安排，经费的请领等，由教育部门负责；《学生军训大纲》和教材的编写、修改，所需枪支弹药保障，制式器材和被装的价拨，派遣军官的调配、管理和培训等，由军事部门负责。军训中，成立学生军训领导小组，具体负责全市的学生军训工作，领导小组下设军训办公室，隶属人武部。军训期间，参训人员组成军训团。团长、政委由承训部队领导担任；副团长、副政委由人武装部长、军事教研室教师担任。军训团下设行管、政工、保障3个职能小组，并根据需要编成若干个学生营、连，营长、连长由承训部队的干部担任，教导员、指导员由学生辅导员担任。学生军事训练以教育局为主，市人武部（驻寿光武警部队、潍坊驻军）密切配合，采取在各学校训练的方式进行。学生军训时间为2~3周，一般安排在新生入学时进行。学生军训的地点安排在院校内。学生军训的内容均为中国人民解放军三大条令、轻武器射击、军体拳、阅兵分列式及创先争优等。集中军训共2学分，训练时间在112学时以上。

2011—2015年寿光市学生军训人数统计表

表1 单位：人

年份	高等院校	普通高中						职业中专
	潍坊科技学院	寿光一中	寿光二中	寿光中学	寿光五中	圣都中学	现代中学	寿光市职业教育中心学校
2011	9353	3209	1180	1331	1200	—	2685	—
2012	10052	3244	1300	1481	1250	410	2744	—
2013	9185	2825	1100	1315	860	300	2361	2900
2014	9319	2550	800	859	860	300	2362	2100
2015	2660	2200	740	897	715	304	1800	2788
合计	40569	14028	5120	5883	4885	1314	11952	7788

民兵组织整顿。5年间，全市民兵组织整顿（以下简称整组）工作，一般从1月开始至4月结束，分准备工作、组织实施、检查验收3个阶段进行。在民兵组织建设上，2011—2012年，境内基干民兵数量调整、压缩为6400人，共分为4大类、15小类、72种分队。在作战队伍的编组上，主要担负防空作战、信息作战和海防作战X（3）个小类分队的编组建设。2013年，基干民兵数量调整为4432人，共55个分队。其中，民兵应急队伍896人，共18个分队。支援队伍579人，共11个分队。储备队伍2867人，共26个分队。2014年，突出抓好应急维稳分队、救援分队、战备执勤分队和海上救援及医疗救护分队的编组。按照"一专多能、一队多用"的要求，重点抓好1个民兵应急维稳连，10个应急维稳排和3个应急救援排的建设。

一般在每年2月25日前，组织基干民兵学习上级有关政策、规定，成立全市民兵整组工作领导小组，区分编组任务，做好整组有关准备工作。2月26日始，全面展开民兵组织整顿工作，突出抓好应急队伍，海上支援、运输分队的编组。3月2日，组织各基层武装部部长召开全市民兵组织整顿工作会议，搞好业务培训。3月3—25日，在继续抓好镇、街道、事业单位民兵组织建设的基础上，扩大行业系统、高等院校、高新技术产业编组比例，优先编组退伍军人、有专业技术特长的人员，担负勤务保障任务民兵分队的专业技术人员，对口率不低于90%。围绕维护社会稳定、抢险救灾等任务，完善应急、管理和指挥机制，健全维稳、处突，防火、防汛行动预案，并强化针对性训练、演练。按照组织整顿的程序、内容和要求，基干民兵主要抓好调整民兵组织、进行政治考核，确定出入、转队人员，调配民兵干部，清点装备、器材，集合、点验民兵，组织入队宣誓、确定参训对象，健全、完善制度等工作。3月25—31日，基层各单位召开基干民兵营（连）大会，总结整组工作，表彰、奖励先进。并按照到点率不低于90%和出入、转队比例不超过10%的要求，组织基干民兵集结、点验。其间，市人武部主要领导分别参加各单位的集合、点验，对各单位点验时到点率达不到90%和验收不合格的，限期整改，以确保整组工作质量。同时，做好省军区和军分区检查验收的各项准备工作。

党管武装工作。5年间，市委书记、市长，每年定期到市人武部机关现场办公，解决问题。每年召开武装工作会议，市委书记、市长都要求各镇（街道）党（工）委书记作述职报告，对抓武装工作成绩突出的予以表彰奖励，对工作不力、成绩一般的进行严厉批评，并限期整改。2015年12月28日下午，市委书记、市人武部党委第一书记朱兰玺，市委常委、办公室主任武治强一行，到人武部现场办公，专题研究解决民兵预备役工作和专武干部队伍建设等方面的问题。在听取市委常委、人武部政委李志平，人武部部长胥永利的汇报后，市委书记朱兰玺对人武部各项工作给予充分肯定。针对人武部提出的如何加强新形势下军民融合式发展、机关4名副营职以上现役干部随军家属安置、人武部营院整体搬迁等问题，要求相关部门要因地制宜制定出切实可行的计划方案，认真解决存在的困难和问题。同时，要求领导干部牢固树立经济建设与国防建设协调发展思想，自觉做到一手抓经济发展，一手抓国防建设。希望人武部在今后各项工作中要力争全区先进、全区第一，用骄人的业绩回报历届党委和政府的大力支持。

【外事活动服务保障工作】 2015年5月14日下午，国防部组织55个国家的92名驻华武官和夫人（武官63人，夫人29人）到第十六届“中国（寿光）国际蔬菜科技博览会”展区参观，国防部外事办副主任李际少将及夫人、国防部外事办综合局副局长柴建森大校、济南军区副参谋长李亚东少将、司令部办公室副主任宋博大校、军分区司令员万伟锋大校和市委副书记邱旺，市人武部政委李志平上校等陪同，参加相关活动。此次外宾参观考察，国别、人员多，涉及单位多，协调维度大，寿光树立“外事活动无小事”的思想，精心筹划，严密组织，内紧外松，全面细致。市人武部陪同人员和服务保障人员与军区相关人员一致，军容严整，纪律严明，得到外国驻华武官一致好评。

【拥政爱民】 **开展“千名干部访万户”活动**。2011年3月22日—12月22日，开展“千名干部访万户”及薄弱村集中整顿治活动，市人武部把此项活动摆上重要议事日程，统筹协调，找准薄弱村存在的问题，确定好每个村的重点困难户、带头户、“两代表、一委员”户。市人武部政委郑建民、市民兵预备役训练基地主任李乐连分别负责联系纪台镇东方村10户，田柳镇袁家桥村5个困难户、3个病灾户。3月30日、4月25日，先后走访2次，5—12月底每个月走访1次，每次都给送去面粉、食用油、鸡蛋等食用品。其间，通过领导干部主动下访，与群众面对面交流，“零距离”接触，共走访基层群众112人次，与40名普通群众面对面恳谈，帮助联系户家庭成员就业2人，为联系户致富提供技术指导8次、提供致富信息10条、上家庭致富项目1个，帮助联系户解决生产难题、难事13件，提供物质帮助折款2200元，讲解党在农村的方针、政策、法律、法规和科学发展观等知识21件，收集群众意见、建议16条，为群众调解其邻里纠纷3件，调解干部矛盾1起。集中会办各类民生实事19个，进一步树立党员干部亲民、为民形象，营造和谐稳定发展环境。

干部直接联系服务群众。2012年5月11日，按照市委《关于在全市建立干部直接联系、服务群众制度的意见》，市人武部以“改善干部作风，密切干群关系，优化服务质量，提升幸福指数”为目标，按照干部每人5户、职工每人3户的比例，组织市民兵预备役训练基地地方编制的8名干部、职工分别与其联系点—羊口镇官台村的23户村民对口联系，进行集中走访，宣讲政策，排查问题。建立定期走访制度，每季度至少到联系户家中走访1次，向每个联系户发放“便民联系卡”，注明自己的单位、姓名、职务和联系方式，围绕宣传“幸福寿光”、集社情、民意，解决需求、诉求，帮助脱贫致富、调处、化解矛盾“五项重点任务”开展工作。同时，与领导干部“基层群众工作日”活动相结合，把每月11日固定为领导干部“基层群众工作日”，副科级以上领导干部全部深入基层，为群众搞好服务。

开展“慈心一日捐”活动。2012年6月10—25日，市人武部党委按照“政府推动、慈善组织运作、社会各界广泛参与”和“个人捐款数额不低于一天的收入”的原则，在机关全体干部职工中开展“慈心一日捐”活动。经广泛发动，共捐款4580元，其中现役干部捐款1880元，地方编制干部职工捐款2700元。所得捐款分别以不同方式送到军分区政治部组织科和寿光市慈善总会。2013年7月29日—8月31日，再次捐款4100元，其中现役干部捐款1400元，地方编制的干部职工捐款2700元。

（于海庆）

经济监督管理

经济结构

【地区生产总值结构】 2011—2015年是寿光市经济平稳运行、稳中有进、稳中提质的5年，全市地区生产总值由2011年的542.4亿元增加到2015年的806.9亿元，增长48.8%；人均地区生产总值由2011年的51855元增加到2015年的75130元，增长44.9%。第一产业增加值由2011年的72.7亿元，增加到2015年的93.2亿元，增长28.2%；第二产业增加值由2011年的280.6亿元增加到2015年的367.5亿元，增长31%；第三产业增加值由2011年的189.1亿元增加到2015年346.2亿元，增长83.1%。

2011—2013年，全市围绕“城乡一体均衡寿光”这一总体目标，着力转方式，调结构，地区生产总值快速增长，不断跃上新台阶，2011年全市地区生产总值突破500亿元大关，完成542.4亿元，同比增长12.1%，2012年突破600亿元，完成618.1亿元，增长13.2%，2013年突破700亿元，完成701.3亿元，增长11.2%。

2014年，经济进入新常态，面对严峻复杂的经济形势，全市紧紧围绕“建设品质寿光，创造美好生活”这一目标，坚持改革创新，加快转型升级，经济实现了稳步发展。2015年全市地区生产总值突破800亿元，达到806.9亿元，增长8.3%。

【产业比重结构】 2011—2015年，随着转型升级、品质发展的深入推进，农业比重相对下降，第三产业比重不断提升。5年间，第一产业增加值占地区生产总值的比重由13.4%下降到11.5%，下降1.9个百分点；第二产业增加值占地区生产总值的比重由51.7%下降到45.5%，下降6.2个百分点；第三产业增加值占地区生产总值的比重由34.9%上升到42.9%，增加8个百分点。

面对经济“新常态”，寿光市产业发展也处于优化增量、结构升级、改革创新的重要转型期，第三产业快速发展，2013年，全市服务业提供的税收首次超过工业，第三产业提供的税收达到44.43亿元，同比增长

28.9%；2015 年，第三产业提供的税收达到 54.77 亿元，同比增长 23%。

【投资结构】 2011—2015 年，固定资产投资作为拉动经济增长的主要动力，保持着快速增长，不断迈上新台阶。2012 年、2013 年固定资产投资相继突破 300 亿元、400 亿元，2015 年作为“十二五”收官之年，完成固定资产投资 575.6 亿元，逼近 600 亿元大关。5 年累计完成固定资产投资 2138.2 亿元，累计投资是过去 5 年投资的 2.4 倍，占潍坊市投资总量的比重为 12.2%，投资总量稳居潍坊各县市区首位，年均投资增速为 16.4%，快于同时期潍坊市平均水平 2.3 个百分点。“十二五”期间，寿光市一产投资平稳发展，二产、三产投资增长迅速，三次产业投资占比由“十一五”时期的 5.8:50.5:43.7 调整为“十二五”时期的 4.2:52.8:43.0，其中，一产累计完成投资 89.3 亿元，年均增长 -1.1%，促进农业向现代化产业发展；二产累计完成投资 1128.2 亿元，年均增长 20.7%，二产投资不断加大，以优质增量带动工业结构的转调，加快工业企业腾笼换鸟、机器换人、科技换芯的步伐；第三产业累计完成投资 920.7 亿元，年均增长 14.5%，其中房地产开发投资累计完成 352.1 亿元，年均增长 9.4%。投资结构呈现出三次产业融合互动、二三产业齐头并进、协调发展的局面。

计划管理

【管理机构】 2015 年，市发展和改革局下设办公室、发展计划综合科、固定资产投资科、外经贸与社会事业科、经济合作科（挂高新技术科牌子）、审批服务科共 6 个职能科室，下辖市重大项目办公室、市服务业办公室、市“三区”黄河三角洲高效生态经济区、山东半岛蓝色经济区、胶东半岛高端产业聚集区建设办公室 3 个正科级事业单位，2013 年，根据市编委《关于市水利工程建设管理站加挂市水利移民服务中心牌子的批复》，三峡移民管理职能调整至水利局。2015 年，根据市委、市政府印发的《关于政府职能转变和机构改革实施意见》，市粮食局由市政府直属事业单位调整为市发改局所属事业单位，正科级规格；市物价局调整为市发展和改革局直属机构，副科级规格。根据市编办《关于调整市发展和改革局职责及机构的通知》，新划入研究拟定人口发展规划及人口政策的职责、增加指导和监管全市粮食工作的职责、原市物价局承担职责 3 项职能。

【计划编制与执行】 短期计划。2011 年以来，全市国民经济和社会发展年度计划编制的重点在加强宏观形势分析、指标预测，在各部门之间，在发展改革局内部对计划进行充分协调，反复平衡，形成草案，经市政府审定，提请市人民代表大会审议批准，形成正式计划。2011 年制定的计划目标是：地区生产总值 540 亿元，比上年增长 12%；财政总收入 67.5 亿元，其中地方财政收入 38.1 亿元，分别增长 20% 和 18%；全社会固定资产投资 328 亿元，同比增长 20%，其中工业投入 200 亿元；规模以上工业主营业务收入 1150 亿元、利税 105 亿元、利润 80 亿元，分别增长 14.2%、8.8% 和 11.6%；进出口总额 16.8 亿美元，其中出口创汇 11 亿美元，外商直接投资 2.2 亿美元；社会消费品零售总额 145 亿元；城镇居民人均可支配收入 24700 元，增长 8%；农民人均纯收入

10000元，增长8%；粮食总产66.7万吨，增长1.8%；蔬菜面积和总产相对稳定；肉类总产12.3万吨，与上年持平；水产品产量17万吨，增长2.4%；万元地区生产总值能耗下降5%；COD和二氧化硫排放量分别消减3%和4%；城镇登记失业率控制在3%以内；人口自然增长率控制在4.2‰以内。2011年，全市完成地区生产总值542.4亿元，同比增长12.1%，三产结构调整为13.4:51.7:34.9；粮食总产66.3万吨，同比增长1.7%，肉类总产量15.4万吨，同比增长15.8%，水产品产量17.8万吨，同比增长6.6%；规模以上工业企业实现主营业务收入1290.1亿元，利税100.4亿元，利润75.1亿元，同比分别增长30.9%、5.4%、5.6%；完成固定资产投资297.2亿元，同比增长23.5%；实现社会消费品零售总额149.6亿元，同比增长18.5%；实现进出口总额21.6亿美元，同比增长34.5%，其中出口14.4亿美元，同比增长46.4%；完成财政总收入69.2亿元，同比增长23%，其中地方财政收入完成41.6亿元，同比增长28.8%；人口自然增长率4.36‰。

2012年制定的计划目标是：地区生产总值610亿元，比上年增长13%；财政总收入78亿元，其中地方财政收入48亿元，分别增长13%和16%；全社会固定资产投资360亿元，同比增长20%，其中工业投入200亿元；规模以上工业主营业务收入1500亿元、利税110亿元、利润80亿元，分别增长16.3%、10%和8.1%；进出口总额23亿美元，其中出口创汇15亿美元，外商直接投资2.5亿美元；社会消费品零售总额160亿元，增长15%；粮食总产66万吨，与上年基本持平；蔬菜面积和总产量相对稳定，肉类总产量14.1万吨，水产品总产量17.2万吨；城镇登记失业率控制在3%以内；人口自然增长率控制在4.8‰以内；万元地区生产总值能耗、COD和二氧化硫排放量全面完成任务目标。2012年，全市完成地区生产总值618.1亿元，同比增长13.2%，三产结构调整为12.7:50.6:36.7；粮食总产68.2万吨，同比增长2.9%，肉类总产量17万吨，同比增长10.4%，水产品产量18.8万吨，同比增长5.6%；规模以上工业企业实现主营业务收入1542.2亿元，利税113.4亿元，利润81.5亿元，同比分别增长19.1%、13.1%、8.6%；完成固定资产投资360.7亿元，同比增长23.6%；实现社会消费品零售总额175亿元，同比增长16.9%；实现进出口总额22亿美元，同比增长1.7%，其中出口16.5亿美元，同比增长14.1%；完成财政总收入82.8亿元，同比增长19.8%，其中公共财政预算收入完成55亿元，同比增长32.2%；人口自然增长率2.74‰。

2013年制定的计划目标是：地区生产总值700亿元，增长12%；财政总收入96亿元，其中公共财政预算收入65亿元，分别增长16%和18%；全社会固定资产投资435亿元，增长20%；规模以上工业主营业务收入1750亿元、利税115亿元、利润85亿元，分别增长13.5%、1.8%和4.3%；进出口总额25.6亿美元，增长16%，其中出口创汇18亿美元，增长9%；社会消费品零售总额195亿元，增长18%；城镇居民人均可支配收入32780元，增长12%。农民人均纯收入14300元，增长12%；粮食总产量67万吨，与上年基本持平。蔬菜面积和总产量相对稳定，肉类总产量17.5万吨，水产品总产量19万吨；城镇登记失业率控制在3.8%以内；人口自然增长率控制在4.7‰以内；万元地区生产总值能耗、COD和二氧化硫排放量全面完成任务目标。2013年，全市完成地区生产总值701.3亿元，同比增长11.2%，三产结构调整为12.3:48.7:39；粮食总产68.7万吨，同比增长0.7%，肉类总产量17.1万吨，同比增长0.6%，水产品产量20.6万吨，同比增长9.6%；规模以上工业企业实现主营业务收入1739亿元，利税135.1亿元，利润97.4亿元，同比分别增长14.6%、21%、20.5%；完成固定资产投资406.5亿元，同比增长19.3%；实现社会消费品零售总额204.3亿元，同比增长16.8%；实现进出口总额26.4亿美元，同比增长20.4%，其中出口18.9亿美元，同比增长14.7%；完成财政总收入97亿元，同比增长16%，其中公共财政预算收入完成70.7亿元，同比增长19.7%；农民人均纯收入同比增长12.5%；城镇登记失业率1.43%；人口自然增长率3.5‰。

2014年制定的计划目标是：地区生产总值增长10%；财政总收入和公共财政预算收入分别增长11.3%和13.2%；全社会固定资产投资增长18%；规模以上工业主营业务收入、利税、利润分别增长11.8%、10.4%和8.9%；进出口总额、出口额与上年基本持平；社会消费品零售总额增长14%；城镇居民人均可支配收入和农民人均纯收入均增长10.5%。粮食总产量68.7万吨，与上年基本持平；蔬菜面积和总产量相对稳定，肉类总产量17.1万吨，水产品总产量18.8万吨。城镇登记失业率控制在3%以内；人口自然增长率控制在8.5‰以内；万元地区生产总值能耗、COD和二氧化硫排放量全面完成任务目标。2014年，全市完成地区生产总值762.0亿元，同比增长9.4%，三产结构调整为12:47.2:40.8；粮食总产69万吨，同比增长0.4%，肉类总产量17.5万吨，同比增长2.3%，水产品产量21万吨，同比增长1.9%；规模以上工业企业实现主营业务收入1770.4亿元，同比增长4.5%；实现利税129.3亿元，利润92.2亿元，同比分别下降1.3%、2.2%；完成固定资产投资498.3亿元，同比增长15.8%；实现社会消费品零售总额230.9亿元，同比增长13%；实现进出口总额33亿美元，同比增长24.7%，其中出口20.4亿美元，同比增长8%；完成财政总收入107.2亿元，同比增长10.5%，其中公共财政预算收入完成79.2亿元，同比增长12%；农民人均纯收入同比增长11.5%；城镇登记失业率1.33%；人口自然增长率9.7‰。

2015年制定的计划目标是：地区生产总值增长8%以上；财政总收入、公共财政预算收入分别增长7%、6%以上；全社会固定资产投资增长15%；规模以上工业主营业务收入、利税、利润分别增长4%、3%、3%；进出口总额增长10%，其中出口额增长8%左右；社会消费品零售总额增长13%以上；城镇居民人均可支配收入和农民人均纯收入分别增长9%、10%；粮食总产量69万吨，与上年基本持平；蔬菜面积和总产量相对稳定，肉类总产量17.5万吨，水产品总产量20.8万吨；城镇登记失业率控制在3%；人口自然增长率控制在9‰以内；万元地区生产总值能耗、COD和二氧化硫排放量完成任务目标。2015年，全市完成地区生产总值806.9亿元，同比增长8.3%，三产结构调整为11.5:45.5:42.9；粮食总产63.4万吨，同比下降8.2%，肉类总产量16.7万吨，同比下降4.7%，水产品产量21.6万吨，同比增长2.8%；规模以上工业企业实现主营业务收入1889.6亿元，同比增长7.9%；实现利税136.7亿元，利润98亿元，同比分别增长6.7%、7.4%；完成固定资产投资575.6亿元，同比增长14.1%；实现社会消费品零售总额268.8亿元，同比增长12%；实现进出口总额35.6亿美元，同比增长7.9%，其中出口20.9亿美元，同比增长2.5%；完成财政总收入115.8亿元，同比增长8.3%，其中公共财政预算收入完成90.1亿元，同比增长13.7%；居民人均可支配收入同比增长9.4%；城镇登记失业率1.33%；人口自然增长率6.4‰。

中期计划。第十二个五年计划。2011年5月，寿光市第十五届人民代表大会第五次会议审议通过《寿光市国民经济和社会发展第十二个五年总体规划纲要》，“十二五”计划的主要奋斗目标为：到2015年，地区生产总值年均增长12%以上；服务业增加值占GDP和就业人员占全社会就业人员的比重分别提高6个和8个百分点；全社会固定资产投资年均增长20%；地方财政收入年均增长20%以上；出口创汇年均增长18%；城镇居民人均可支配收入年均增长12%；农民人均纯收入年均增长10%。

2011—2015年，寿光市发展的功能定位是：建设产业结构转型升级示范区；建设国家级现代农业示范区，在全国率先实现农业现代化；建设国家级绿色能源示范市(县)，形成以绿色能源为主导的能源开发利用格局。2015年，全市实现地区生产总值806.9亿元，年均增长9.8%；三次产业比例调整为11.5:45.5:42.9；实现财政总收入115.8亿元，年均增长13.5%，其中，一般公共预算收入90.1亿元，年均增长23.3%；社会消费品零售总额268.8亿元，年均增长15.9%；居民储蓄存款余额468.0亿元，比2011年增加187亿元；全市居民人均可支配收入25121元，人均生活消费支出15047元，消费支出占可支配收入的比重为59.9%。

【项目审批管理】 2011年以来，《政府核准的投资项目目录》《国家产业结构调整指导目录》以及省、潍坊市相关文件多次更新，行政审批制度改革进一步推进。企业投资项目，除关系国家安全和生态安全、涉及全国重大生产力布局、战略性资源开发和重大公共利益等项目外，一律由企业依法依规自主决策。企业投资建设实行核准制的项目，政府仅从维护经济安全、合理开发利用资源、保护生态环境、优化重大布局、保障公共利益、防止出现垄断等“外部性”方面进行核准。对外商投资项目，还要从市场准入、资金项目管理等方面进行核准。项目的市场前景、经济效益、资金来源和产品技术方案等“内部性”条件，均由企业自主决策、自担风险。按照“法无授权不可为”的原则，除法律、行政法规明确规定作为项目核准前置条件的外，项目核准机关一律不再将其他事项作为项目核准的前置条件。2013年以来，省政府7次承接取消下放行政审批事项，寿光市均及时承接取消相应审批事项。探索实行模拟审批、非制造业“告知承诺”审批等新型审批模式，助推项目审批提速。2011—2015年，寿光市共审批、核准、备案项目1538个。

国土资源管理

2011—2015年，市国土资源局坚持以科学发展观为指导，围绕建设“建设品质寿光、创造美好生活”这一目标，全面深化“高定位、争第一、创一流、求卓越”工作理念，积极主动服务，严格规范管理，奋力创先争优，各项工作实现均衡发展，重点工作取得创新突破，为全市经济社会发展提供保障。先后获全国土地市场动态监测与监管先进单位、山东省文明单位、山东省国土资源系统先进集体、山东省国土资源执法模范县(市)、数字城市地理空间框架建设示范县（市）、潍坊市依法行政示范单位、潍坊市国土资源工作先进单位、寿光市群众满意机关等称号，在市直部门（单位）工作实绩综合考核中获得一等奖，2015年3月获寿光市人民政府记三等功奖励。

【管理机构】 **市国土资源局。**为市政府工作部门之一，承担全市土地、矿产资源的规划、管理、保护与合理利用，测绘地理信息管理，不动产统一登记工作。2015年，内设10个职能科室（办公室、督查室、组织人事科、政策法规科、财务审计科、耕地保护科、土地利用科、地籍管理科、测绘管理科、矿产开发管理科），管理10个事业单位（市矿产资源管理中心、市土地储备中心、市国土资源执法监察大队、市土地整理中心、市地理信息中心、市不动产登记中心、市土地勘测规划站、市国土测绘院、羊口矿产资源管理所、羊口土地储备中心），下辖15处国土资源所（分局）。至2015年12月，在职干部职工286人。

机构变动。2011年3月5日，市土地储备中心撤销业务科，分设土地储备科、土地经营科。4月23日，成立羊口土地储备中心，为股级全额拨款事业单位，与羊口分局合署办公。6月24日，成立市国土测绘院，为股级自收自支事业单位，隶属市国土资源局，编制20人。9月5日，市国土资源局设立督查室，为股级内部结构，办公室不再挂督查室牌子。2012年1月11日，成立双王城所，为股级全额拨款事业单位，编制5人。4月16日，撤销市矿产资源管理所，人员编制整体划转到市矿产资源管理中心。2013年5月22日，市国土资源执法监察大队监察科挂牌加挂信访办公室牌子。8月6日，撤销市土地评估所，职责划转到市国土资源局土地利用科，人员划转到市土地储备中心。2014年1月17日，市土地储备中心设立地价评审科。9月28日，市国土资源局土地利用科加挂审批服务科的牌子，不再加挂集体土地管理科牌子。2015年11月30日，市国土资源局加挂不动产登记局牌子，地籍管理科加挂不动产登记管理科牌子；成立市不动产登记中心，隶属市国土资源局，副科级规格，核定事业编制27人。

【土地资源管理】 **土地资源概况。**至2015年12月，全市土地总面积2985173.7亩（199011.58公顷），其中：耕地1535265.6亩（102351.04公顷），园地52970.1亩（3531.34公顷），林地41118.75亩（2741.25公顷），草地6972.3亩（464.82公顷），城镇村及工矿用地546755.7亩（36450.38公顷），交通运输用地152848.05亩（10189.87公顷），水域及水利设施用地384203.55亩（25613.57公顷），其他土地265039.65亩（17669.31公顷）。人均土地2.78亩，人均耕地1.43亩。

土地调查。2011年6月、8月，第二次土地调查农村土地调查成果、城镇土地调查成果分别通过上级验收，相关数据成果陆续启用，市国土资源局获山东省土地调查先进集体称号。年度土地变更调查与遥感监测与卫片执法监察工作同步开展，及时更新土地调查数据库和国土资源综合信息监管平台用地信息，保持土地利用现状数据的现势性。1:500村庄地籍调查项目、1:10000农村土地调查项目获山东省国土资源科学技术奖。

规划管理。严格实行土地用途管制，加强用地计划管理，从严从紧控制建设用地总量和速度。根据全市经济社会发展需要，5

年来，先后调整完善土地利用总体规划5次，为全市重点项目建设留出用地空间。2011年9月3日，承办全国村镇住宅土地利用分区管制技术研究山东示范点研讨会，寿光村级规划工作经验得到与会领导专家充分肯定。《寿光市土地整治规划（2011—2015年）》编制完成，于2013年12月17日获批实施。2014年10月、2015年6分别召开济青高速铁路、济青高速公路改扩建土地利用规划修改听证会。抓好建设项目用地预审（初审）工作，5年来，共预审（初审）建设项目用地38宗，预审项目用地总面积7381亩。

耕地及基本农田保护。严格落实政府耕地保护责任目标，实施土地整治项目，进一步强化执法巡查，耕地保护水平不断提升，连续18年全市保持耕地占补平衡和总量动态平衡。完成市镇村三级基本农田数据库建设，基本农田落实到地块、图斑。对非农建设占用耕地或调整基本农田的，严格按程序报批，并及时补充相同面积和相当质量的耕地和基本农田。至2015年12月，全市耕地保有量为1535265.6亩，基本农田面积为1317428亩。

土地整治。落实耕地占补平衡制度，坚持以建设促保护，2011—2015年，组织实施土地整治项目27个，总投资26877.33万元（上级拨款23239.47万元），建设总规模114128亩，规划新增耕地17283亩。2011—2015年，验收通过项目17个，其中，国家级2个、省级1个、潍坊市级8个、寿光市级6个，总投资63044.59万元（上级拨款61537.71万元），建设总规模136334亩，实现新增耕地21243亩。2013年开始高标准基本农田建设，制定《寿光市高标准农田示范县建设方案（2011—2015年）》。2012年、2013年高标准基本农田建设项目，建成高标准基本农田26万亩，总投资6149万元。2014年高标准基本农田项目，总投资5961万元，规划建成高标准基本农田13.06万亩，至2015年12月完成全部工程量的88%。2015年高标准基本农田建设项目，计划建成高标准基本农田11万亩，总投资7582万，至2015年12月，完成规划设计编制。

设施农用地管理。寿光市设施农业发展起步早、规模大。在总结以往畜牧养殖用地备案管理经验的基础上，2011年4月1日，市政府出台《寿光市设施农用地管理暂行办法》，从设施农用地的范围、分类、管理方式、选址要求、附属设施用地规模、审批程序、用途管制及监管等方面明确政策界限，严格规范设施农用地使用。同年5月12日，潍坊市国土资源局印发《通知》，给予充分肯定，并要求各县市区参照执行。针对审批管理中出现的新情况新问题，2014年4月24日，市政府出台《进一步规范和完善设施农用地管理的通知》，从提高准入门槛、引导合理选址、建立复垦保证金制度、强化环保审查、落实共同监管等方面实行一系列新举措，力促设施农业健康有序发展。2011—2015年，全市共审批设施农用地254宗14738亩。

建设用地报批。2011年1月，《山东省土地征收管理办法》施行，寿光市严格履行征地程序，按照法律法规要求发布征收公告，公示拟征收土地补偿安置方案，维护被征地农民的知情权、参与权和监督权。严格按照法律法规要求拟定征地补偿安置方案，征地补偿安置费、地面附着物和青苗补偿费按照省政府公布的征地区片地价和省物价部门规定标准执行。从2013年1月起，征地区片综合地价标准调整为Ⅰ级8万元/亩，Ⅱ级6万元/亩，Ⅲ级3.8万元/亩。依据土地征收补偿安置协议和土地征收勘测调查清单，及时将土地征收补偿安置费、地上附着物和青苗补偿费足额支付给被征地农村集体经济组织和农民，将社保费足额拨付到社保资金专户。2014年7月起实行征地预存款制度，至2015年12月共收取预存款22653万元，切实保障被征地农民的合法权益。2011—2015年，共获批建设用地59876亩，其中：获国务院批准建设用地18123亩（包括新增建设用地17737亩）；获省政府批准建设用地41592亩（包括新增建设用地21359亩）；获潍坊市政府批准建设用地161亩（包括新增建设用地161亩）。批次建设用地40619亩，单独选址建设用地19257亩。

土地储备和招拍挂出让。2011年7月，市政府出台规范城中村改造、区片土地刚性底价、片区内不同地块差异底价的政策文件，确保土地出让过程中政府收益及城中村改造过程中群众利益不受损失。出台《关于城区单位对自有地块进行改造的有关规定》，破解老城区土地储备难的瓶颈，加快旧城改造步伐。2013年5月起，通过潍坊市国土资源网上交易平台，对国有建设用地使用权“招拍挂”出让实行网上交易，至2015年12月，累计网上成交土地308宗，成交土地总面积18788亩，成交总金额571700.5万元。2011—2015年，全市共储备土地958宗，面积62991亩，“招拍挂”出让土地761宗，面积53517.53亩，土地出让价款1396948万元。

国有建设用地出让、划拨、转让管理。严格执行协议出让最低限价制度，依法审查土地转让行为，土地出让合同及划拨决定书全部实行网上签订。2011—2015年，共办理国有建设用地出让及划拨1317宗，面积111763亩，其中新增建设用地31639亩。其中：出让895宗，面积87871亩（包括新增建设用地11378亩）；划拨422宗，面积23892亩（包括新增建设用地20261亩）。办理国有建设用地使用权转让382宗，面积19102亩。

地价管理。2013年3月，对城镇土地级别和基准地价进行更新调整，以2013年1月1日为基准日，更新范围为242平方公里。采取重新定级和原分类定级相结合的方法，将城区商业、住宅划分为5个级别，工业用地划分为6个级别，首次设立2个工业用地控制区，面积为62.94平方公里，基准地价高于工业用地一级地价格；建制镇驻地范围内的商业、住宅、工业用地划分为2个级别。基准地价覆盖范围以外的土地价格通过末级地基准地价进行修正，最终与市场价格对比分析后综合确定，其中工业用地价格修正后不得低于168元/平方米。2013年12月7日更新成果通过验收，2014年2月20日由市政府公布实施。2015年10月，再次对城镇土地级别和基准地价进行调整更新，以2016年1月1日为基准日，至12月底，完成调整成果的听证工作。加强土地评估行业管理，2011—2015年，共计审核备案土地估价报告4567件。

节约集约用地。大力实施节约优先战略，注重源头管控和制度建设，强化建设用地批后监管，国土资源节约集约利用取得明显成效，国土资源节约集约模范县（市）创建工作连续5年通过省级考核。一是强化源头管控。实行开发区工业用地分期供地、国有建设用地履约保证金等制度，从源头上压减项目用地规模，利用经济手段提高土地利用效率。从2013年3月开始，根据项目建设总体规划设计和实际投资额，对规划总用地面积超过150亩的工业项目，实行分期、多次供应土地和办理土地出让手续。至2015年12月，对25个工业项目实行分期供地，供应土地47宗，供地总面积6055亩，其中二期供地3607亩。二是强化建设批后监管。成立专门工作机构，实行建设用地审批结果现场公示、开竣工巡查等制度，实现对建设用地批后开发利用全程监管。2011—2015年，共将350个建设项目录入土地市场动态监测与监管系统，现场交地245宗，组织巡查735次，竖立建设用地公示牌284个，对项目按约定开工、竣工预警提醒67次，检查核验261个建设项目的开工、竣工，签订补充协议12份。大力开展闲置低效用地二次开发，落实镇街区属地管理和部门共管机制，促进闲置低效用地盘活利用。2015年10月，启动盘活闲置低效用地三年专项行动，分为调查摸底、盘活处置、总结建制三个阶段，至12月31日，共盘活利用28宗，面积2340亩。三是探索工业用地供应制度改革试点。2014年12月，市政府出台《寿光市工业用地先租赁后出让管理暂行办法》。2015年6月，又出台支持经济发展的5项新政策，开展工业用地供应制度改革试点，实行工业用地“先租赁后出让、长期租赁、弹性年期出让”，促进土地资产优化配置和合理利用，实现以较少的土地资源消耗保障更大规模的经济增长。

城乡建设用地增减挂钩试点。寿光是全国第一批城乡建设用地增减挂钩试点单位和山东省城乡建设用地增减挂钩试点示范县（市）。2011—2015年，共有26个项目区获得省政府批复，共涉及34个村（单位）。规划复垦出耕地7416.94亩，节余建新指标6660.35亩。至2015年12月，共有29个项目区整体或部分项目完成验收，涉及41个村、2个单位，复垦出耕地10345.5亩，节余建设用地指标9163.22亩；通过试点政策，建成公寓楼413幢，1.1万户3万农民喜迁新居。

【地质矿产管理】 *矿产资源概况*。境内已发现并开采的主要有石油、天然卤水、建筑用砂等。石油由胜利油田统一开采。砖瓦黏土已全部禁采。至2015年12月，全市矿产企业35家，其中：溴素厂20家，盐场5家，溴盐联产10家。

地质环境和储量管理。市国土资源局建立地质灾害危险性评估制度，对所有新建、扩建、延续矿产企业，实行危险性评估并编制恢复治理方案。依法征收地质环境治理保证金，开展已关闭实心黏土砖厂、砂场废弃矿坑的恢复治理。争取天津地调中心开展的寿光1：50000工程地质调查项目。2015年建成海（咸）水入侵监测预警系统，实现远程自动监测预警，经省国土资源厅专家鉴定，监测方法新颖、技术先进，整体处于国内领先水平。实行矿产资源储量动态监督管理，高标准完成矿产资源储量登记工作。委托监理公司按季度对莱央子盐场、卫东化工、大地盐化、宏宇化工等重点企业实施专业化监督管理，保证矿产资源储量动态监督管理的科学性和有效性。加强地勘项目管理，争取省级地勘资金420万元，组织实施双王城风景区地热调查、林海生态博览园地热普查项目，推动地热资源勘查开发利用。发挥地勘技术优势，2011年2月争取省地科院为11个镇街新打抗旱应急机井17眼，累计钻井深度3431米，支援地方抗旱工作。寿光市地氟病高发区地下水勘查与供水安全示范项目于2011年8月通过验收，以探采结合方式在地氟病高发的侯镇、稻田等6个镇(街道)钻探深水井10眼，摸清高氟水和地氟病的分布范围。2011—2015年，办理矿业权压覆查询52宗，为建设项目选址提供依据。

矿产资源管理。编制完成《寿光市矿产资源总体规划（2008—2015年）》，于2011年6月由市政府发布实施。2013年，对全市37家卤水企业进行实地核查，编制完成《矿产资源开发利用“三率”调查与评价报告》。加大矿产资源开发利用整合力度，矿产企业由2011年初的53家整合为35家，促进规模化生产、集约化经营。抓住国家鼓励矿产资源综合利用的政策机遇，积极申报以奖代补、示范工程项目，推动矿产企业转方式调结构，走“一水多用、循环利用”的新路子。5年来，争取中央和省级财政奖励资金3300万元，组织实施国家级项目3个、省级项目1个，加大盐田改造力度，提升溴盐联产工艺水平，促进卤水资源集约高效利用。2013年投资210万元建成卤水资源开发远程监测与服务系统，集成空间定位、视频、无线通讯、影像识别、物联网等先进技术手段，实时采集和统计分析地下卤水抽取流量、用电量等数据，实现对全市溴素企业卤水开采的远程监控，既为矿费征收和储量管理提供准确依据，又能有效打击违法开采行为。经省国土资源厅专家组鉴定，该系统技术先进，创新点突出，实用性强，属全省液体矿产推进科技管矿方面的首创，达到全省领先、全国先进水平，并获中国地理信息产业优秀工程奖、山东省国土资源科学技术奖。严格卤水资源开采管理，2013年5月，市政府印发《关于进一步整顿和规范地下卤水资源开采秩序的通知》，进一步明确有关部门职责，继续实行溴素生产企业在生产淡季（12月1日至次年2月28日）停产限产。加大巡查监督力度，公布举报电话，通过拆除设备、埋井、断电等措施关闭违法开采企业，维护良好的开发利用秩序。抓好矿产开发利用年检工作，坚持组织领导、宣传培训、压茬推进“三到位”，对矿山企业的现场年检率和量化考核率均达到100%。加强采矿权审批登记管理，2011—2015年，共办理采矿权登记181宗，其中：采矿权新立4宗，采矿权延续135宗、采矿权转让8宗、采矿权变更26宗、采矿权注销8宗。严格规范矿产资源补偿费征收，在集中会审制的基础上，借助国税网上办税平台核实企业销售收入，做到足额征收、应收尽收、及时入库。2014年起实行按季度征收，2015年起实行溴素产品销售收入扣减加工环节直接成本的方法，合理确定溴素计征销售收入。2011—2015年，共计征收矿产资源补偿费7060万元。开展矿产企业“安全生产大检查”“打非治违和隐患排查”等活动，深入排查和整治安全隐患，有效防范和遏制安全生产责任事故发生。

【测绘地理信息管理】 **基础测绘**。2011年，编制实施《寿光市基础测绘规划（2011—2015年）》，利用第二次土地调查数据和高精度航摄影像，结合外业实地测量，建成覆盖城区、镇区和村庄居民点的大比例尺地形数据库，包括总面积217平方公里的1:500地形图，总面积150平方公里的1:1000地形图，在此基础上制作全市1990平方公里电子地图。开展地名地址调查，获取数据11.8万条。完成城区大比例尺、高精度航空摄影，形成地面分辨率为0.05米的影像，通过三维建模、实地纹理采集，制作完成城区54.5平方公里的真三维数据库。在以上数据库基础上，制作完成地理空间框架数据集和公共服务地理信息数据集，建成完整的地理空间信息数据资源体系。从2012年起持续开展数据定期更新工作，对城区65.7平方公里以及镇（街道）驻地29.6平方公里1:500

比例尺地形图更新测量4次，对城乡结合部104.93平方公里1:1000比例尺地形图更新测量2次，开展地名地址数据更新调查4次。基于以上数据，每年对城区54.5平方公里真三维模型和全市电子地图更新1次，保证地理空间信息资源的现势性，为地理信息公共服务平台的共享应用奠定坚实基础。2014年，在全省首次引入基础测绘数据动态更新模式，更新周期由1年缩短为2个月，提高数据的现势性。采用内外业一体化测绘软件，实现外业成图、内业入库、地图缩编和成果提供的自动化。2015年，市国土资源局联合省国土测绘院开展省市平台数据联动更新试点，探索出多级数据协同更新的成功模式。寿光市基础地理信息数据动态更新项目获2015年中国地理信息产业优秀工程奖，寿光市基础地理信息数据动态更新模式探索获2015年山东省国土资源科学技术奖。2011—2015年，完成测绘项目登记545宗并全部汇交测绘成果，对外提供基础测绘数据42次，提供地图服务100次。

测绘行政管理。一是加强制度建设。市政府出台《关于进一步加强测绘工作的意见》，市政府办公室先后印发《寿光市测绘项目登记管理办法》《寿光市测绘成果管理办法》《寿光市测绘市场管理暂行办法》等规范性文件。二是抓好行政执法工作。建立国土、工商、文化、公安等部门联合执法机制，规范测绘行政处罚自由裁量权，定期检查测绘市场、地图市场、涉密成果、测绘成果质量，维护良好的测绘地理信息市场秩序。三是加强测量标志管护工作。加强对境内97个测量标志的保护，制定测量标志管理制度、巡查制度，设置保护宣传牌，定期普查并维护受损标志。2014年对测量标志进行地籍调查，并发放他项权利证书。2013年1月，市国土资源局获山东省测量标志管理工作先进集体称号。四是抓好测绘宣传工作。开展国家版图意识宣传教育“进学校、进社区、进媒体”活动，公开征集“8·29”测绘法宣传日宣传口号、公益短信、宣传画，增强干部群众测绘法制观念。在2012年“祖国在心中”国家版图知识竞赛和“中图杯”全国少儿手绘地图大赛中，2人获优秀奖，市国土资源局获组织奖。在2014年“美丽中国”国家版图知识竞赛、“中图杯”全国少儿手绘地图大赛中，获全国优秀奖7人，获全省优秀奖9人。在2014年全国测绘法宣传日宣传画征集评选中，市国土资源局选送的作品获一等奖。

测绘技术服务。至2015年12月，辖区内共有6家测绘单位，其中乙级资质1家、丙级2家、丁级3家，从业人员96人，涉及工程测量、海洋测绘、不动产测绘等业务。6家测绘单位分别是寿光市国土测绘院（乙级）、寿光市圣城经纬测绘有限公司（丙级）、寿光市海洋信息中心（丙级）、潍坊鑫源勘测规划设计有限公司（丁级）、寿光市鼎信房产测绘有限公司（丁级）、寿光市圣泰测绘有限公司（丁级）。市国土资源局制定《关于加强测绘服务工作的意见》《测绘服务工作管理规定》等文件，从仪器管理、外业测绘、内业制图、质量检查和归档管理等方面作出严格要求，并强化日常跟踪检查，使测绘行业服务保障体系更加规范化、标准化。5年来，共计完成工程测量14.7万亩，线路测量310公里、地籍测绘44.06万亩、房产测绘0.48万亩、海洋测绘70万亩。市国土测绘院4个项目、圣城经纬测绘有限公司2个项目获山东省优秀测绘工程奖。市国土测绘院、市海洋信息中心获山东省测绘地理信息行业先进集体称号。

地图编制。2013年11月，市国土资源局组编的《寿光市地图集》和《寿光市城区图》《寿光市地图》由省地图出版社公开出版发行，《寿光市党政机关工作用图》内部发行。之后，陆续发放到全市党政群机关和文化教育单位、村庄、企业，并赠阅部分热心市民，获得社会各界好评。2014年11月，《寿光市地图集》获中国优秀地图作品裴秀奖，寿光市综合地图项目获山东省国土资源科学技术奖。2015年，再次更新编制《寿光市地图》《寿光城区图》。《寿光市地图集》是寿光市2012年度重点基础测绘项目，2012年12月启动，市国土资源局牵头组编，40余个市直部门单位参与，2013年11月由山东省地图出版社出版发行，填补寿光市地图集出版方面的空白，也是全省第一家县（市）地图集。该地图集以融合专题地图、普通地图、卫星影像图、风光图片、文字简介于一体的全新地图语言，介绍寿光市自然资源、经济社会和区域地理基本情况，直观展示经济社会发展成果，不仅为政府宏观决策、规划管理、应急保障与公共服务提供科学依据，也为社会公众构建一个认识寿光、解读寿光的形象“视窗”。

地理信息公共服务平台建设与应用。作为全国最早的县级平台之一和山东省首个县级平台，数字寿光地理信息公共服务平台历时2年开发建设，于2011年10月通过省国土资源厅组织的专家验收。专家组对平台建设成果给予高度评价，认为该项目超额完成设计任务，在数据中心建设、二三维一体化、服务共享交换、地名地址匹配、运维监控等多项关键技术上取得突破，具有典型示范作用，其经验做法值得学习推广。此后，进入全面推广应用和持续更新维护阶段。至2015年12月，有国土、环保、住建、公安等13个部门的20个系统实现在线应用，并建成涵盖31个部门的133种政务专题数据，成为“智慧寿光”建设的重要支撑平台，连续2年在省国土资源厅评估考核中获得县级第1名。依托平台搭建的公众版网站“天地图·寿光”，是“国家·天地图”最早的县级节点之一，至2015年12月，浏览访问量达到9.8万次，其移动客户端获第三届全国天地图应用开发大赛优秀奖。

【不动产登记】 不动产登记改革。2015年2月11日印发《寿光市人民政府职能转变和机构改革实施意见》，明确将不动产登记职责整合到市国土资源局。同年11月30日，市政府办公室印发《寿光市不动产登记职责和机构整合实施方案》，市机构编制委员会印发《关于进一步明确不动产登记机构设置和职责划分的通知》，将不动产登记职责整合到市国土资源局，加挂不动产登记局牌子，设立不动产登记管理科（在地籍管理科挂牌），负责全市土地登记、房屋登记、林地登记、海域登记等不动产登记管理工作。整合现有不动产登记经办机构和职责，成立市不动产登记中心，为公益一类事业单位，副科级规格，核定事业编制27名，负责全市不动产登记业务办理工作。12月25日，市不动产登记局、市不动产登记中心揭牌成立，不动产登记职责、机构整合和人员划转同时完成，标志着不动产统一登记工作迈出实质性一步。

土地登记。市国土资源局不断加强土地登记规范化建设，在土地登记系统上加装居民身份证识别模块，在土地证书上加贴带有防伪标识的二维码，推出预约登记、上门服务、短信告知等便民措施。2014年11月，承担的土地登记信息动态监管查询系统国家级示范基地建设试点项目通过国土资源部验收。2015年3月，承担的集体建设用地使用权和宅基地使用权确权登记模式探索项目通过国土资源部验收。2015年7月，寿光市土地登记信息图属档一体化管理项目通过专家组验收，并获山东省国土资源科学技术奖和潍坊市国土资源系统十佳创新成果。2011—2015年，办理土地登记61294宗，其中：国有土地登记发证26536宗，集体土地登记发证16747宗，土地抵押登记3836宗，注销登记8642宗，查封、解查封登记2241宗。

农村集体土地确权登记发证。2012年，完成全市农村集体土地确权登记发证和宗地统一编码工作，共发放集体土地所有权证3892本、宅基地证22.1万本、集体建设用地使用证166本，在潍坊市率先建成1：2000集体土地所有权数据库，并按照《宗地代码编制规则》完成对辖区内所有宗地的统一编码。2013年，先后通过潍坊市、山东省、国土资源部验收，成为全省率先通过国家级验收的县级市，其经验做法被“新华网”、《中国国土资源报》《齐鲁晚报》等媒体报道。

土地权属纠纷调处。市国土资源局探索实行村委会、国土所、镇政府、市国土资源局、市政府、潍坊市国土资源局，外加法律顾问的“3+3+1”工作模式，将土地权属争议案件涉及的三级政府、三级土地行政主管部门及法律顾问联系起来，形成工作合力，保证土地权属争议调处的程序合法、证据充分、依据正确、裁定结果准确。该做法得到国务院法制办调研组充分肯定。2015年12月，潍坊市政府法制办公室认定寿光市权属争议调处的经验做法及“3+3+1”工作模式可操作性强，在政府行政裁决中具有一定示范作用，有助于化解社会矛盾和维护社会稳定，其经验做法值得在全市推广。2011—2015年，共调处土地权属争议纠纷12起，其中，调解完成5起，市政府下发《土地权属争议案件决定书》7起。

【国土资源法治建设】 **依法行政和法治教育**。组织实施“六五”普法和“五五”依法行政规划，每年策划世界地球日、全国土地日、测绘法宣传日、国家宪法日等宣传活动，组织法制宣传进农村、进社区、进学校等“五进”活动，分发赠阅宣传手册2万份、地图1万份，打造普法宣传和依法行政新亮点，市国土资源局先后获全省国土资源依法行政先进单位、潍坊市依法行政示范单位称号。运用广播、电视、报纸和网络等媒体开展法制宣传和国情国策教育，录制《国土之窗》电视专题节目58期、广播电台《国土之声》节目50期，刊发《寿光日报》国土专刊38个，编发《国土资源信息》139期，参加“行风热线”上线12次。录制的《珍惜土地资源节约集约用地》动漫宣传片在全省节约集约用地公益宣传片评选中获三等奖并获优秀组织奖。命名18个村（社区、学校）为国土资源法制宣传教育示范单位，发出《致全市农村党支部书记的公开信》，组织土地政策法规集中巡回宣讲活动，多次举办镇村干部国土资源业务培训班，进一步增强镇村干部保护耕地、依法用地意识。注重新媒体普法，大量使用手机短信、彩铃等新工具，开通“寿光国土”官方微博、微信，完成门户网站改版升级并实现信息每日更新。编制信息公开指南、公开目录，及时发布年度信息公开报告，受理并答复19起公开申请。开展“依法行政年”活动，举办依法行政专题讲座，组织法律知识考试，梳理局行政执法、行政许可事项，建立行政权力清单、服务清单、责任清单。组建行政审批服务科，审批服务窗口于2015年4月全部搬迁至市政务服务中心，进一步优化审批流程，压缩办理时限，获全市十佳文明窗口、红旗窗口称号。

执法监察和信访工作。注重源头防控和政策引导，将土地管理工作纳入全市考核体系，并加大对违法用地的考核力度。全面落实动态巡查“零”报告制度，严格实行网格化管理，实现执法巡查到边到沿、不留死角。建立“政府牵头、相关部门齐抓共管”的联合办案机制，明确国土、公安、监察等部门的共同监管职责及责任追究措施，开发应用国土资源执法监察动态巡查监管系统，提高违法案件的快速发现、快速查处能力。严格依法实施行政处罚，把查事和查人落到实处，对顶风违法违规用地坚决予以拆除复耕，土地违法案件、信访案件呈逐年下降趋势，顺利通过国家土地督察济南局例行督察和年度土地卫片执法检查验收，实现“零约谈、零通报、零问责”。2011—2015年，共开展专项整治行动20次，拆除违法用地121宗，退回、复耕土地263亩。查处非法采矿2起，扣留采矿设备4台。落实信访工作责任制，实行领导包案和带案下访，开展矛盾纠纷排查化解活动，2011—2105年共受理来信来访645件。市国土资源局获全省国土资源信访工作先进单位称号。

【**机关建设与科技创新**】 **机关建设**。抓好干部队伍建设。坚持“请进来、走出去”，开展“菜单式”系列培训活动，举办30期“国土资源大讲堂”，组织干部赴浙江大学、复旦大学等高校学习培训，进一步提升干部队伍素质能力。开展群众路线教育实践活动，深入查摆和解决“四风”问题，构建起符合本部门实际的干部作风建设长效机制。加强会议、值班、车辆和办公用房管理，强化后勤服务保障，节能减排取得新成效。开展“慵懒散浮”专项治理，实行工作日中午无例外禁酒制度，严控“三公”支出，规范财务收支，加大作风纪律督查力度，促进机关高效运转。“三定三化四加强工作法”被评为全省国土资源系统先进工作法。三是抓好党风廉政建设。严格落实党委主体责任和纪委监督责任，坚持不懈抓好日常警示教育，加强重点岗位和关键环节的风险防控，保持干部队伍清正廉洁。四是加强国土文化建设。《寿光市国土资源志》历时2年半编纂完成，2014年10月由方志出版社出版发行，并获“农圣文化奖”。开展廉政格言警句、测绘法宣传口号征集活动，组建红歌合唱团，全力打造“文明国土·地利人和”机关文化品牌。五是加强基层所建设。大力推进国土所规范化建设，基层工作环境、硬件设施、执法能力和服务水平明显提升，15个所（分局）全部创建为县级以上文明单位。

科技创新。2011—2015年，市国土资源局获全国矿产资源规划优秀成果奖1项（二等奖），获中国地理信息产业优秀工程奖4项（1金3银），中国地理信息科技进步奖2项（2个二等奖）；获山东省国土资源科学技术奖27项（一等奖5项、二等奖13项、三等奖9项）。

（钟云山）

统计管理

【**管理机构**】 1993年，根据寿发[1993]83号文件，成立寿光市统计局，全市各乡镇、街道开始配备专职兼职统计员，建立各专业调查统计报表制度，进行统计调查、搜集、整理和分析统计资料，为领导决策和指导工作提供服务，为编制国民经济发展计划提供依据。2012年5月，寿编办发[2012]18号批复市综合经济调查队设立城镇住户调查科、固定资产投资调查科、企业调查科，各配备科长或副科长1人。2013年10月，寿编办发[2013]67号批复市综合经济调查队编制调整为15人。2013年12月，寿编办发[2013]55号通知撤销招商统计办公室，人员划入综合经济调查队，收回2个事业编制，市综合经济调查队编制增加到16人。2014年2月，寿编办发[2014]3号文件《关于调整市群众工作委员会办公室隶属关系的通知》，市群众工作委员会办公室承担的电话抽样调查职能划转到市统计局。2014年5月，寿编核字[2014]第33号，市编办精简压缩行政编制1人、综合经济调查队事业编制1人，压缩后局行政编制调整为12人，市综合经济调查队编制调整为15人。2015年7月，寿编发[2015]31号《关于同意市县域经济考核办公室更名的批复》，将市县域经济考核办公室更名为市普查中心，加挂市社情民意调查中心牌子。

【专业统计调查】 2011年，“四大工程”（基本单位名录库、企业一套表制度、数据采集处理软件系统、联网直报系统）建设全面展开，统计数据生产方式产生深刻变革。四大工程就是统一的基本单位名录库中的法定调查单位，按照企业一套表制度规定的调查内容，采用统一的数据采集处理软件，将原始数据通过互联网直接报送全国统一的数据中心，实现各级统计机构在线同步接收、审核和共享原始数据，确保数据的真实准确、完整及时。2013年，开展第三次全国经济普查，全面调查了解第二产业和第三产业的发展规模及布局，了解产业组织、产业结构、产业技术的现状以及各生产要素的构成，进一步查实服务业、战略性新兴产业和小微企业的发展状况，摸清各类单位的基本情况，全面更新覆盖国民经济各行业的基本单位名录库、基础信息数据库和统计电子地理信息系统。本次普查全面采用手持电子终端设备和电子地图，实现普查数据的采集、报送、处理等手段的自动化、电子化，提高普查的信息化水平。

国民经济核算。国民经济核算是对国民经济活动进行整体系统的核算，也就是以社会再生产全过程为对象的宏观经济核算。国民经济核算体系是一个国家或地区对社会经济发展的测量系统，包括人力、物力、财力、资源与利用、生产、分配、交换和消费，以及经济运行的总量、速度、比例和效益。1993年国民经济综合核算方式由物质产品平衡表体系（MPS）改为国民账户体系（SNA），分别采用生产法、收入法、支出法核算地区（国内）生产总值（GDP）。

农业统计。农业统计主要包括农业生产统计和乡村区域经济统计。农业生产统计包括种植业、林业、牧业、渔业和农林牧渔业服务业等5个行业大类的统计。乡村区域经济统计包括乡（镇）社会经济基本情况和县域经济基本情况的统计。1998年后，农业生产统计实行全面统计和抽样统计并行，对粮食、蔬菜、水果等农产品播种面积、产量情况及畜牧业养殖规模、畜产品产量情况进行统计。2012年增加山东半岛蓝色经济区海洋产业调查统计。

工业统计。工业统计主要包括对规模以上企业月度、季度和年度工业生产、财务状况的统计。2011年国家统计局将规模以上工业标准由原来年主营业务收入500万元及以上调整为2000万元及以上，并在当年对全部规模以上工业企业实行一套表联网直报。2013年第三次经济普查国家统计局首次对战略新兴产业企业进行统计（统计指标为：战略性新兴产业产品收入），2014年以年报统计报表的形式进行统计。

能源统计。2011年开始对主营业务收入2000万元及以上的工业企业实行联网直报工作；2013年对资源、气候、环境开展统计，形成能源、资源、气候、环境“四位一体”的统计格局。

工业生产者价格调查。工业生产者价格指数，是工业生产产品出厂价格和购进价格在某个时期内变动的相对数，反映全部工业生产者出厂和购进价格变化趋势和变动幅度。调查流程包括确定调查产品目录、确定调查企业、确定各类调查产品代表权数、搜集基础数据、计算各类PPI。2014年开始对涉及工业生产者价格调查的企业实行联网直报，2015年末全市采集价格企业为20家。

投资统计。2011年，国家投资统计制度进行改革，提高统计起点，项目统计对象由计划总投资50万元提高到500万元。凡达到500万元及以上的项目，作为投资统计起报对象，一个单位（企业）有多个项目的分别单独填报，项目计划分期建设的按分期项目上报；项目入库分级审批，5亿元以下由市统计局审批入库，5亿元至10亿元由省统计局审批入库，10亿元以上由国家统计局审批入库。2015年，国家投资统计制度进行改革试点，一是固定资产投资调查对象由投资项目转变为法人单位；二是固定资产投资额的计算方法由形象进度法转变为财务支出法；三是固定资产投资统计扩大为非金融资产投资统计，包括固定资产和无形资产的统计；四是数据报送方式由基层单位上报纸介质变为网上直报。

建筑业统计。寿光市内有资质的所有独立核算建筑业企业（包括没有工作量的建筑业企业）及所属产业活动单位按照法人单位注册地原则进行统计。建筑业企业资质执行住房和城乡建设部新的资质管理办法。2015年末，资质以内建筑业企业达71家。

房地产统计。1996年起，开展房地产开发经营业统计调查。寿光市内全部房地产开发经营业法人单位及所属的产业活动单位按照法人单位注册地原则进行统计。2015年末，全市房地产开发经营企业达76家。

贸易业统计。贸易统计调查单位分为限额以上单位和限额以下单位。其中，限额以上单位实行全面调查，对限额以下单位实行抽样调查，后增加亿元市场调查。2011年开始与旅游局联合开展旅游统计调查。开发区统计、外资企业联合年检等各项调查工作继续开展。2011年限额以上贸易企业开始网上直报。

服务业统计。服务业统计联网直报从2012年2月试运行，调查对象为服务业部分行业的营业收入在一定规模以上的法人单位，由于当时规模标准较高，至11月份寿光市共有报表企业12家。部分行业范围具体包括：交通运输、仓储和邮政业，信息传输、软件和信息技术服务业，租赁和商务服务业，科学研究和技术服务业，水利、环境和公共设施管理业，居民服务、修理和其他服务业，教育，卫生和社会工作，文化、体育和娱乐业等9个行业门类和物业管理、房地产中介服务业两个行业中类。2012年，调整重点服务业企业规模标准，规模标准为辖区内年营业收入1000万元及以上，或从业人员50人及以上的服务业法人单位。按照新标准2012年年报寿光市重点服务业企业达到134家。

2014年，由《重点服务业企业统计报表制度》更名为《规模以上服务业统计报表制度》，居民服务、修理和其他服务业，文化、体育和娱乐业这两个行业规模标准下调：年营业收入由1000万元及以上改为500万元及以上。2015年，规模以上服务业报表频率由季报改为月报，报表范围新增房地产业门类中的自有房地产经营活动和其他房地产业两个门类。报表种类也不断增加，由2012年的2种报表增加到2015年的6种报表。至2015年年报寿光市规模以上服务业企业达到328家。

企业景气调查。企业景气调查是利用企业家对所在行业运行状况和企业生产经营状况的判断和预期编制景气指数，来反映宏观经济运行和企业生产经营状况。调查内容包括上季和本季企业生产经营情况、企业盈利与资金使用情况、企业用工情况和相关政策落实情况，以及对下季度本企业、本行业运营和国民经济宏观形势的预期。报表由工业、建筑业、房地产业、批发和零售业、住宿和餐饮业企业法人填报。2012年工业企业景气调查实行网上直报，2014年建筑业、房地产、批零和住餐企业景气调查实行联网直报。

社会科技统计。社会统计从以劳动工资统计为主，逐步转向社会事业各项统计。2006年，劳动工资统计扩大到私营企业，增加文化产业统计、城镇化监测、用工调查、科技统计。2014年开展全国第二次企业创新调查；2015年开始每年开展一次1%人口抽样调查。

企业用工情况调查。企业用工情况调查是为了解当前企业用工及其变化状况，准确判断就业形势，采取抽样的方法从制造业、建筑业、批发和零售业、住宿和餐饮业抽取部分样本企业开展的调查。调查周期每季度一次，调查内容包含企业用工基本情况、用工变化的主要原因、新招普工月底薪及用工预期等。2015年末，全市涉及用工情况调查的企业有7家。

社情民意调查。社情民意调查是指以科学的方法收集民众的各种反映，并运用统计分析的方法对所收集的资料进行分析研究，发现社会反映集中的意愿，为管理者提供科学决策所必要的信息依据的一系列过程。2014年，寿光市社情民意调查工作职能划转到市统计局。寿光市社情民意调查主要包括对15个镇（街区）的科学发展综合考核和市直部门（单位）绩效综合考核，2个考核都采用群众满意度电话访问形式。调查对象为年龄在18～65周岁范围内，在寿光市范围内居住一年以上的居民，调查使用计算机辅助电话访问系统，从号码库中随机呼叫。调查过程实行全程录音，进行现场监听。2015年，全市15个镇（街区）共访问有效样本6000个，63个市直部门（单位）共访问有效样本18900个。

农作物对地调查。农作物对地调查是综合运用抽样技术和现代空间信息技术，创新方法、完善制度、再造系统，探索建立天、地、人多源信息采集方式一体化的新型农作物调查监测系统。本调查自2015年10月份启动，原山东省县级粮食产量抽样调查停止运行。调查按类型分为面积调查和产量调查，面积调查又分为两次意向面积调查（全年播意向、秋冬播意向）、三次实际面积调查（春播实际、夏播实际、秋冬播实际）；产量调查分为夏粮预产、实产调查，秋粮预产、实产调查。2015年末，农作物对地调查共抽中全市20个村，主要分布在中部和北部的9个镇（街区）。该调查由国家统计局寿光调查队具体组织实施。

畜禽监测调查。畜禽监测调查目的是及时准确地反映一个地区的畜牧业生产情况。根据品种不同分为生猪调查和牛羊禽调查，其中生猪调查为月报，牛羊禽调查为季报。2015年末，畜禽监测调查寿光共抽中10个普查小区、16个中小规模养殖村、以及99家大型养殖户，分布在14个镇（街区）。该调查由国家统计局寿光调查队具体组织实施。2015年9月，增加万头猪场联网直报调查，此项调查对辖区内饲养量达到1万头以上的生猪生产单位或养殖户开展联网直报。2015年末，全市共有4家企业开展该调查。

中间消耗统计调查。中间消耗统计调查的目的是为掌握农林牧渔业中间消耗水平变动情况，满足农业增加值核算和国民经济核算的需要。本项调查根据品种不同分为半年报和年报，生猪、活羊、肉鸡为半年报，棉花为年报。该调查由国家统计局寿光调查队具体组织实施。

采购经理调查。采购经理调查是为编制中国制造业采购经理指数，加强对国民经济活动的监测与预警能力，为国家宏观调控和企业生产经营提供参考依据和咨询建议而开展的一项统计调查。调查对象为制造业企业的采购（或供应）经理，即企业主管采购业务活动的副总经理或负责企业原材料采购（包括能源、中间产品、半成品和零部件）的部门经理；非制造业法人企业以及视同法人的非制造业产业活动单位主管企业运营的负责人或采购经理。调查内容是制造业企业的采购（或供应）经理对企业采购及其相关业务活动情况的判断，以及企业采购过程中遇到的主要问题及建议；非制造业企业主管企业运营的负责人或采购经理对企业经营活动、采购及相关业务活动情况的判断，以及企业生产经营和采购过程中遇到的问题及建议。调查采取抽样调查的方法进行，每月由企业通过联网直报的方式报送调查数据。2015年末，寿光市采购经理调查共涉及企业14家，其中制造业企业9家、非制造业企业5家。该调查由国家统计局寿光调查队具体组织实施。

建筑业小微企业抽样调查。该项调查是为反映建筑业小微企业生产经营基本情况而设立的一项调查。其范围是建筑业小微企业（资质外）。调查内容包括企业基本情况、主要经济指标、生产经营情况调查问卷。调查频率为季报。2015年末，寿光市建筑业小微企业共涉及企业10家。该调查由国家统计局寿光调查队具体组织实施。

规下服务业抽样调查。规下服务业抽样调查是为反映本地区规模以下服务业企业的经营状况、经营环境，为政府宏观经济政策提供参考依据而开展的一项调查。调查范围是辖区内年末从业人员50人以下，且年营业收入1000万元以下的服务业样本法人单位。调查内容包括规模以下服务业法人单位的基本情况、经营状况、经营环境、遇到的困难及建议等。调查频率为季报。2015年末，寿光市规下服务业抽样调查共涉及企业38家。该调查由国家统计局寿光调查队具体组织实施。

劳动力抽样调查。劳动力抽样调查是为及时、准确地反映城乡劳动力资源、就业和失业人口的总量、结构和分布情况，为政府准确判断就业形势，制定和调整就业政策，改善宏观调控，加强就业服务提供依据而设立的一项调查。调查内容包括本户人口数、现住房来源，姓名、性别、出生年月、居住时间、受教育程度、婚姻状况等基本信息和从业情况等29个项目。调查以户为单位进行登记，既调查家庭户，也调查集体户，采取手持电子终端（PDA）采取和报送数据的方式进行。调查的频率为月报。2015年末，寿光市共有12个村（居）参与劳动力调查，每个村（居）每月抽取4户进行调查。

农产品生产者价格抽样调查。开展农产品生产者价格调查是为全面收集农产品生产者价格资料，客观反映全国农产品生产者价格水平和结构变动情况，满足农业与国民经济核算需要，为各级政府制定农业保护与农产品流通政策提供决策依据，向社会各界提供优质的农产品价格信息服务。调查对象包括农业生产单位和农户。调查内容包括抽中生产者生产并出售的主要农产品名称、出售数量、价格、金额。调查采取抽样调查和重点调查相结合的调查方法进行。2015年末，寿光市共抽取样本单位30个，其中农业生产单位11个，农户19个。该调查由国家统计局寿光调查队具体组织实施。

城乡一体化住户调查。受城乡二元结构的影响，全国城乡居民收入数据过去一直由城镇住户调查和农村住户调查分别独立采集，统计指标也不尽一致，在城镇务工的农民工归类不明确，无法加总得到居民收入数据，更难以精确测算居民收入差距。为消除这一统计制度上的弊端和缺陷，满足国家发展战略需求， 2013年，国家统计局对长期分开进行的城镇住户调查和农村住户调查实施一体化改革。就是将独立开展的城镇住户调查和农村住户调查合二为一，按照统一调查指标、统一抽样方法、统一调查过程、统一数据处理和统一数据发布的原则，建立城乡一体化住户收支调查制度。调查内容包括季度发布现金可支配收入和现金消费支出指标，年度发布可支配收入、现金可支配收入指标、总消费支出和现金消费支出指标。2015年，寿光市共有15个调查点，150户记账户参与调查。

【统计服务】 每月编发1期《寿光统计月报》，提供上月全市经济运行情况。每年编发1期《寿光市国民经济和社会发展统计公报》，编印1本《寿光统计年鉴》。5年间，共编发《寿光统计月报》55期、《寿光市国民经济和社会发展统计公报》5期、《寿光统计年鉴》5册。

物价管理

【管理机构】 2012年，市物价检查所由事业编制改为行政机构，核定行政编制11人。2013年，设立市价格监测中心，编制7人，实有4人，配主任1人，副主任1人。2015年2月，市物价局列为市发改局直属机构，副科级规格，核定行政编制9人，配备局长1人，副局长2人。共设3个职能科室：办公室、成本监审科、收费管理科。下辖机构3个：市物价检查所、市价格监测中心、市价格认证中心。寿光市人民政府价格调节基金征管办公室挂靠市物价局。

【价格管理】 2011年，做好污水处理厂二期谈判，市物价局完成各种报件的前期准备，并协调中冶华天和北京中天正2家公司进行接触，为寿光市环保模范城市的建设创造条件。出台《寿光市住宅小区物业管理服务等级及收费标准》，与房管部门联合对37个物业小区进行等级考核验收，确定收费标准。制定出台高层供水和高层住宅电梯运行维护收费管理暂行办法，以解决高层建筑在供水、电梯运行方面的问题。调整羊口自来水价格。

统一全市农村供水价格，为村村通自来水工程提供全方位服务。对采暖季结束后的成本进行核算调研，落实财政补贴政策。根据国家发展计划委员会发布的《政府价格决策听证办法》，召开寿光市通达公共交通有限公司公交车票价听证会。

2012年，研究出台寿光市污泥无害化处理成本标准。根据省市物价局文件规定和大力推广新型能源的精神，通过到坊子等地进行学习，制定地源供冷价格。完成弥河工业用水的成本调查，批复工业用水价格。对公交运行成本进行调研，为确定合理运价提供依据。推进县级公立医院药品价格改革工作，制定试点医院市中医院取消药品加成后的医疗服务价格。

2013年，协调各有关部门，出台流通环节用电价格的文件，以促进流通业的健康发展；贯彻落实社会福利场所有关价格及进一步降低农产品生产流通环节电价有关政策，进一步规范全市用电价格秩序。针对居民小区电费公摊反映较多的问题，到供电、开发企业、有关小区调查，推动全市“一户一表”改造进程。制定村村通自来水工程农村居民用水价格和弥河水利工程供水价格。配合财政核算上年度供暖补贴和提前供暖补贴，提出今冬供暖价格的意见，印发供暖价格文件。进行夏收粮油生产和价格有关情况的调研，对小麦生产、成本收益、市场主体收购、市场价格、政策收购情况进行市场调查，为上级领导决策提供依据。对全市经济适用房建设成本进行调研，根据监审成本，制定全市经济适用房价格。积极推进县级公立医院医疗服务价格改革工作。召开全市医疗服务价格会议，落实新版医疗服务项目价格。

2014年，为推进户表改造和实行阶梯水价，提出建设性意见和具体落实方案，理顺寿光市城乡社区居委会服务设施用电价格、居民住宅小区公共附属设施等用电价格、光伏太阳能蔬菜大棚一体化示范项目上网电价、电解铝企业2014年用电价格、峰谷分时电价，完善居民阶梯电价。调整巨能热电、晨鸣电厂、晨鸣纸业集团上网电价，提出采暖季供暖价格意见。搞好夏收粮油生产和价格有关情况的调研，对小麦生产、成本收益、市场主体、市场价格、政策收购情况进行市场调查。印发寿光市普通住宅前期物业收费基准价格和住宅小区停车收费标准，并对全市物业服务企业进行业务培训。核定寿光市公共自行车运行成本。推进县级公立医院医疗服务价格改革工作，对市中医院、妇幼保健院取消药品加成后的收入补偿方案进行测算。对非公立医疗机构服务实行市场调节价管理，根据潍坊有关规定出台公立医院非普通病房价格核定办法、床位中准价格标准。

2015年，对4家供热企业2012—2014年三年成本情况进行综合核算，10月15日举行供暖价格听证会，对供暖价格公开进行听证，降低寿光市集中供暖价格，供暖年度内居民少支出取暖费1249万元。12月15日，召开阶梯水价听证会，下发城区居民阶梯水价实施方案，出台非居民用水超定额用水累进加价制度，有效缓解用水压力。配合水利等部门通过全省在寿光市进行的区域综合水价改革试点工作验收。调整寿光市水资源费征收标准。落实电动汽车用电、降低上网电价和销售电价、新能源电动汽车充换电服务费上限标准、峰谷分时电价等系列政策。转发关于改革食盐价格管理、调整全市车用天然气价格的通知。降低全市非居民用天然气门站价格。从2015年6月1日起，除麻醉药品和第一类精神药品外，取消原政府制定的药品价格。印发寿光市普通住宅前期物业收费基准价格和住宅小区停车收费标准，并对全市物业服务企业进行业务培训。办理回复“寿光民生”栏目、市长公开电话承办单200多份。

【收费管理】 2011年，组织并实施行政事业性收费年审工作。年审收费单位1100个，年审率100%，年审行政事业收费（含部分经营收费）资金11.7亿元。召开全市停车场收费管理工作会议，安排部署加强停车场收费管理制止乱收费行为工作，换发《经营服务性收费登记表》，部署停车场服务收费明码标价工作。对行政事业收费单位换发收费许可证360个，对经营服务性收费单位进行收费登记管理，250个单位办理经营服务性收费登记表。开展涉农价格与收费政策落实情况专项检查，主要是涉及农民增收、民生改善等强农、惠农价格和收费政策执行情况的检查；开展医疗卫生医药收费以及教育收费专项检查。针对日本发生特大地震引发核泄漏事故后，受谣言影响，引发食盐集中抢购现象，及时进行检查，并与有关部门密切配合，澄清谣言，及时组织货源，严厉打击造谣惑众、恶意囤积、哄抬价格、扰乱市场等不法价格行为，保障居民生活必需品市场供应和价格稳定。

2012年，组织并实施2011年度收费年审工作。年审收费单位1100个，年审收费金额12.5亿元。开展涉企收费检查，共检查收费单位61个，涉企收费资金56200万元。开展校车收费、车辆环保安全检测收费、医疗收费、小城镇基础设施配套费、涉企收费调查。

2013年，组织并实施收费年审工作。共审验收费单位1000余个（包括中小学校及乡镇卫生室），年审率100%，审验行政事业性收费（含部分经营性收费）资金13.2亿元。开展涉企收费清理整顿工作。出台《关于调整涉企收费的通知》及《关于调整管网配套费中供水配套费收费标准的通知》；对国家、省政府取消、免征、降低的收费项目办理收费许可证注销、变更手续；开展免征、减征收费项目调查，下发《关于免征减征部分市级行政事业性收费和经营服务性收费的通知》，免征民政等部门的19项行政事业性收费，预计每年减轻企业及社会负担1000余万元。全面清理规范义务教育阶段学校收费，制定全市公办幼儿园收费标准，变更公办幼儿园收费许可证；召开民办幼儿园收费管理会议，对其收费进行重新备案审批，换发经营服务登记表，公示幼儿园收费标准；加强民办学校收费管理，审批世纪学校收费标准；对幼儿园、高中择校生收费进行管理；对学生公寓收费行为进行规范。

2014年，组织并实施收费年审工作。共审验收费单位1000余个（包括中小学校及乡镇卫生室），年审率100%，审验行政事业性收费（含部分经营性收费）资金13.5亿元。开展涉企收费清理整顿工作。出台《关于明确企业项目建设中涉及的收费的通知》及《关于新建小区供电设施配套费收费标准的通知》，规范管网配套费征收标准。对行政事业收费单位进行统一换发收费许可证工作。

2015年，制定新建住宅小区供电设施配套收费标准。对全市审批环节中介经营服务性收费项目进行清理，编制《寿光市审批环节中介经营服务性收费项目目录》，编制印发《寿光市承诺降低审批环节中介经营服务性收费标准企业名单》，并在寿光日报上进行公示。配合市编办审核公示寿光市市直部门（单位）行政审批前置中介服务收费项目清单。清理1997年至2014年1月1日，市物价局或市物价局牵头联合印发的涉及公民、法人、或其他组织权利、义务的价格政策文件，废止70件。制定有线数字电视收费、停车服务收费标准、公办幼儿园收费标准。

【价格监督检查】 2011年，加强特殊时期市场价格监管，出台蔬菜博览会期间市内各大中型宾馆、酒店客房、饭菜价格涨幅控制措施。寿光“民声”栏目及12358价格举报电话，共回复寿光民生阅办单70余份，处理来电来人举报50余次，回复和结案率100%，满意率100%。为规范商品房销售价格行为，建立和维护公开、公正、透明的市场价格秩序，保护消费者和经营者的合法权益。结合寿光市实际，从2015年5月份开始，安排商品房明码标价工作，并及时跟上检查督促。为进一步规范价格行政执法行为，开展“价格行政执法规范化建设年”活动。积极开展第三届价格诚信单位评选活动，有4个单位分别被评为省级和潍坊市级价格诚信单位。

2012年，开展涉农价格与收费政策落实情况专项检查，特别是涉及农民增收、民生改善等强农、惠农中的价格和收费政策执行情况的检查。开展教育收费专项检查。结合收费年审，对近300个收费单位进行检查。办理寿光“民声”栏目、12358价格举报电话以及市长公开电话受理单，解决民生价格问题，共回复寿光民生阅办单50余份，处理来电来人举报60余次，处结市长公开电话受理单10余起，回复和结案率100%。

2013年，开展涉农价格与收费政策落实情况专项检查。对2012年底医疗卫生和教育收费专项检查的遗留问题进行处理。结合收费年审，对近100个收费单位进行检查。抽调人员参加市纪委组织的中介机构专项清理整顿工作。进行节日市场及旅游市场价格的监管与检查。重点对全市旅游市场价格及收费行为进行检查，通过检查进一步规范旅游市场的价格和收费行为。开展驾驶员培训收费、农机收费、医疗卫生收费、教育收费专项检查。继续搞好和完善全市的商品房明码标价和备案工作，并及时跟上检查督促，进一步减少商品房销售中存在的标价混乱、信息不透明、价格欺诈等行为。2013年共有23家开发商的102个楼盘进行价格备案。

2014年，结合年审对90多个收费单位进行检查；开展对建设、环保、交通、工商和消防等部门的涉企收费以及物业收费、房产测绘等收费的专项检查。加强特殊时期市场价格监管，以明码标价为重点，结合3月份明码标价宣传月和创建文明城市活动，推进商品和服务明码标价工作，明码标价率达到90%以上。继续搞好和完善全市的商品房明码标价、备案及检查督促工作，共有12家开发商的64个楼盘进行价格备案。办理寿光“民声”栏目、12358价格举报电话以及市长公开电话受理单，解决民生价格问题，共回复寿光民生阅办单80余份，接处来电来人举报50余次，处结市长公开电话受理单46起，回复和结案率100%。为贯彻新的《价格违法行为举报处理规定》，加强“12358”价格举报管理信息系统建设，配备基础性的软件及硬件。

2015年，结合3月份明码标价宣传月和创建文明城市活动，对寿光市商品和服务明码标价进行检查整改，明码标价率达90%以上。开展医疗医药行业以及教育、物业收费、房产测绘等收费专项检查。完善寿光市的商品房明码标价和备案工作，并及时跟上检查督促，共有17 家开发商的52个楼盘进行价格备案。办理寿光“民声”栏目、12358价格举报电话以及市长公开电话受理单，解决民生价格问题，办理回复承办单100百余份，回复和结案率100%。实现寿光市“12358”价格举报管理信息系统与全国联网。

【价格监测和成本监审】 2011年，核定第十二届蔬菜博览会门票成本、弥河工业用水成本。重点对鸿基、环翠等小区供暖成本及晨鸣新力、巨能金玉米供热成本进行测算。进行价格日常监测，年度内每月25日向国家发改委上报小杂粮价格，每周二向省、市物价局上报居民消费品价格监测报表，每天上报国家发改委、省、市物价局30多种蔬菜价格和交易量。进行粮油、肉、蛋等重要农副产品以及生资等价格的应急监测工作。调查运输成本情况，年度内每周三及时上报寿光至北京蔬菜运输价格。建立调查巡视制度，加强应急监测数据和市场情况报送。坚持节假日监测值班制度，重点做好春节、五一等节日的价格跟踪监测和市场供应情况的调查工作。针对2011年蔬菜价格低、菜农卖菜难问题，对蔬菜种植户、运输户进行走访调查，摸清蔬菜价格基本情况，分析蔬菜价格下降及卖菜难的原因，向上级价格主管部门提出稳定蔬菜价格的预警预报分析建议。

2012年，组织人员参加省物价局《山东价格监测预警管理办法》培训班，经培训取得山东省行政执法证。核定第十三届蔬菜博览会门票成本、东城科技园和滨海（羊口）新区供水成本。重点对世纪花园、现代等小区热水供暖成本及晨鸣新力、巨能金玉米供热成本、东城、金惠热力成本进行测算，为合理调整供暖价格奠定基础。进行价格日常监测，每月25日向国家发改委上报小杂粮价格、向省、市物价局上报居民消费品价格监测报表，每天上报国家发改委、省、市物价局30多种蔬菜价格和交易量；进行粮油、肉、蛋等重要农副产品以及生资等价格的应急监测工作；调查运输成本情况，每周三及时上报寿光至北京蔬菜运输价格。进行信息预警预报分析，针对蔬菜价格回落写出寿光蔬菜价格变化情况分析。

2013年，按照《山东省主要商品和服务价格监测报告制度》的要求，认真做好《居民生活消费品零售价格监测》周报表等9大类价格监测报表数据汇总上报工作。完善基层农村价格监测系统，完成大棚黄瓜、西红柿成本调查任务。做好调查户的经费保障工作。完成国家发改委、省下达的运价、小杂粮、蔬菜、特色农产品、工业生产资料价格的监测任务。进行应急监测工作，实行每周三报告制度。4月份，针对全市出现的禽流感疫情，选择东城全福元、西关农贸市场、圣达医药公司为应急价格监测点，每周二、五上报价格监测情况。按照省物价局要求，配合蔬菜产业集团编写山东寿光蔬菜价格指数实施方案，对30多家蔬菜数据采集点进行验收，山东寿光蔬菜价格指数于4月份正式试运行。落实价格监测巡视制度，将价格监测调查巡视与常规价格监测和应急价格监测工作紧密结合，重点以粮食、食用植物油、猪肉等主副食品和成品油、液化气、农业生产资料等重要商品为调查巡视对象，并按照国家发改委《价格监测调查巡视制度》规定的内容及时进行上报。上报省局及市政府每周、每月监测分析和调查报告12篇。核定综合污水厂污水及污泥运输成本，为政府合理确定污水及污泥运价提供依据；对元鸣热电厂、大地集团金太阳有限公司、联盟磷复肥有限公司工业用汽成本实施成本监审，以便合理确定工业用汽价格；核定景新园经济适用房成本；配合潍坊市成本队对全市弥河工业用水、污水提标工程、自制剂成本进行监审。

2014年，成立价格监测中心，组织中心人员参加国家发改委、省物价局组织的专业培训。对农贸市场、超市、物流园等企业进行价格监测巡视及应急价格监测调查，按时上报蔬菜、小杂粮、特色农产品、工业品生产资料、运输等价格。发放监测经费，将国家发改委、省、市物价部门价格监测、农本调查、监测经费发放到监测点、调查户。对成绩突出的14家蔬菜价格监测点发放《2014年山东省蔬菜价格指数优秀成员单位》牌匾，对报送不及时的15家价格监测点进行整改，确保采集上报数据的准确性和及时性。积极参与全省蔬菜价格政策性保险试点工作，到稻田、侯镇、洛城、化龙等乡镇和蔬菜基地调研，向省、市物价局反馈调研情况，为开展青萝卜、胡萝卜政策性保险作准备。完成成本监审、调查项目7个，涉及24个企事业单位。先后开展东城污水提标工程污水成本、圣源供水成本、夏粮调拨运费成本、公交自行车运行成本、晨鸣新力、巨能金玉米等5个单位供热成本等监审工作，为合理制定调整供水、供热等价格提供依据。

2015年，将国家发改委、省、市物价部门农本调查经费及时发放到调查户和监测点。完成成本监审调查项目11个，先后开展寿光清源水务污水提标成本、市自来水公司供水成本、山东新力与金惠热力供热成本等的监审工作，共核减成本11598.93万元。组织召开全市居民生活用水阶梯价格听证会，居民生活用水阶梯价格经市政府批复后执行。根据上级规定，停止收费许可证年度审验和收费许可证核发，同时建立收费单位情况和收支状况年度报告制度、收费政策及执行情况评估制度，进一步强化收费目录清单制度和收费公示制度。放开民办教育收费定价权，凡在境内拥有民办教育办学许可证的普通中小学校，幼儿园收费标准由学校自主确定。

【价格鉴证及价格服务】 2011年，完成财政评估项目8个，社会、土地挂钩、镇区改造项目7个，认证标的额预计8000万元。参与市重点工程益羊铁路改线寿光段、寿平铁路寿光段、晨鸣专线有关附属物的价格评估，评估标的额2300万元。全年完成案件认证317件，认证标的额1274万元。其中公安289件，认证标的额963万元；法院6件，认证标的额44万元；消防4件，认证标的额72万元，较去年都有很大幅度的提高。参与组织12.18火灾事故现场清理工作，对失火现场损失物价格进行清查、核实，为补偿工作开展提供依据。

2012年，完成社会、土地挂钩、镇区改造项目价格评估12个，评估标的额预计7000多万元。1-11月份完成案件300件，其中公安280件，认证标的额400万多元；社会4件，认证标的额60万元。消防4件，认证标的额495万元；2012年3月12日成立资产理赔工作组，开展文化广场火灾现场物品的认证和协调工作。

2013年，完成社会、土地挂钩、镇区改造价格评估项目11个(市区五条路改造、孙集料场、洛城富士木业、农圣街补漏、双王城风情渔村、牛头四连、马发亭田地、台头小坨猪场、三座楼、侯四村、侯镇项目厂区、寿保食品等)，评估标的额预计3000多万元。11月底，共受理公安机关委托的刑事案件价格鉴定300件，鉴定金额700万元；完成市人民检察院委托的刑事案件2起，标的额77.84万元；公安消防委托的案件8起，标的额77.98万元；完成其他行政机关委托的案件15起，标的额35.7665万元。

2014年，完成公安机关委托的刑事及治安案件标的物价格鉴证314起，鉴证标的额为710万元。转发中纪委等4部委《纪检监察机关查办案件涉案财物价格认证工作暂行办法》的通知，完成市纪委委托的价格认定案件1起，认定金额59.08万元。完成社会团体委托认证业务51起，认证金额1391.67万元。

2015年，共完成公安机关委托的刑事及治安案件标的物价格鉴证280起，鉴证标的额为1006万元。完成社会团体委托认证业务19起，认证金额792万元。价格争议调处在洛城街道试点的基础上，在14处镇（街道）全面推开，全部设立价格调处中心。当年调处纠纷1起，金额14463元。

农村经济管理

【管理机构】 1996年，市农村经济管理局（简称市经管局）在市农业局经管站基础上设立，为正科级事业单位，编制11人。2011年，内设5个职能科室：办公室、综合科、农村财务管理科、农村土地承包合同管理科、农村合作经济管理科。2015年，市农村经济管理局为正科级规格，市农业局所属事业单位，挂“寿光市农民专业合作发展与促进中心”牌子，经费实行全额预算管理。

【农村财务管理】 **落实“双印鉴”制度，强化集体资金管理。** 2011年，按照“简便可靠、安全有效、双向监控、民主管理”的原则，通过清理平衡账户，统一刻印公章，各村在银行预留“双印鉴”等措施，使各村资金无条件全部纳入账内管理，杜绝镇（街区）借支挪用集体资金的问题，确保村级集体资金安全与完整。至2015年底，全市966个委托代理村，代管资金总额达到4.73亿元，实现资金使用的安全高效。

打造农村经济管理网络平台，强化全过程动态管理。 2012年，在潍坊市率先建立市、镇（街、区）联网的农经财务记账与监督管理网络化平台，实现全市15个农村“三资”委托代理中心的农村财务网络记账的联网运行，将全市966个村每月的会计资料通过在线录入，完成账务处理、财务公开、村级财务查询、报账管理等工作。利用农村经济管理网络平台，可以及时监督各镇（街区）账务登记、结转、公开等情况，实现“村级报账、镇级记账、市级监管”的全过程动态管理，促进全市农村财务管理的规范化和民主化。

落实招投标制度，强化集体资源及工程建设管理。 2013年，将集体资产资源和工程建设全部纳入招投标范围，通过严密程序、抓实环节，保证集体资产资源顺利发包和建设工程招投标的公开透明。至2015年全市795个村次参与公开招投标，开展资产资源处置和建设工程招投标的项目达到1003个，招投标金额达到55008万元。其中：处置村集体资产项目311个，投标金额4150万元；开发或发包资源项目214个，投标金额12405万元；工程建设项目478个，招标金额38453万元。

落实审计监督制度，强化民主管理。 2014年，制定和完善《寿光市农村集体三资管理办法》，在资金管理上，严把资金收入、开支审批、审计监督、民主理财、财务公开“五个关口”；在审计监督上，实现月报送审计、季就地审计、半年重点审计、年终全面审计。2015年经审计监督，查处违纪违规金额186.4万元。

举办全市农村财务会计培训班。为进一步加强农村经济管理工作，提高农经人员的业务素质和理论水平，每年春季举办全市农村财务会计培训班，对全市各镇（街区）经管业务人员和农村会计进行农村三资管理、农村土地承包及流转、农民合作社建设及农村产权交易等业务和有关法律法规培训。每年培训人数均在1000人左右。

开展农村集体资产改制，推动农村经济发展。为加快推进农村集体经济组织产权制度改革，出台寿政办发[2014]37号《关于加快推进农村集体经济组织产权制度改革的通知》，按照"应改尽改、分类推进"的原则，分两种模式推进改制。一是成立股份制公司。对村集体经营性净资产较多、村情较好、村班子战斗力较强的村，改制为股份制公司，实行"股东大会、董事会、监事会"的公司化管理模式。二是注册经济专业合作社。对村集体经营性净资产较少、区位优势和资源优势不明显的村，镇（街区）出具清产核资报告，由工商部门注册为农村经济专业合作社。至2015年底，全市973个村全部完成改制任务，其中，有6个村改制为股份制公司，967个村注册为经济专业合作社。2014年，寿光市被农业部授予全国农村集体"三资"管理示范县称号。

【农村承包合同管理】 土地流转工作。2011—2015年，全市以"确保所有权，稳定承包权，搞活使用权"为目标，坚持"依法、自愿、有偿"的原则，以发展高效农业、促进农民持续增收为中心，积极探索农村土地承包经营权流转新机制，流转面积逐年增加。2011年新增流转面积1.5万亩，2011年底全市流转面积达到18万亩，到2015年底，全市土地流转面积达到37.5万亩，比2011年增加了19.5万亩，增长108%。到2015年底，全市753个村参与土地流转，其中文家街道的桑家和桑家营子、古城街道的安家、田柳镇的王高五村、洛城街道的东斟灌、台头镇的北洋头、南兵、大坨、连城等10多个村实现100%的整体流转；有53个村流转面积都在60%以上。

2011—2015年，率先开展土地流转抵押借款业务。一是开展蔬菜大棚抵押借款业务。自2009年以来，潍坊银行、寿光农村商业银行、寿光村镇银行、中国农业银行寿光支行、中国储蓄银行寿光支行也先后开展大棚抵押借款业务。潍坊银行寿光支行还在小微客户部内设立农村业务部专做土地流转贷款业务。2011年，为374个农户和36家合作社农业龙头企业办理大棚所有权证421个，评估值42661万元，取得借款25590万元；2012年为134个农户和18家合作社农业龙头企业办理大棚所有权证153个，评估值25137万元，取得借款15000万元；2013年为347个农户和12家合作社农业龙头企业办理大棚所有权证359个，评估值29240万元，取得借款14500万元；2014年为264个农户和5家合作社办理大棚所有权证273个，评估值21979万元，取得借款10900万元；2015年为44个农户办理大棚所有权证44个，评估值7390万元，取得借款3600万元。以上共计为农户及合作社等办证1250个，从金融部门取得借款近7亿元。二是开展农村产权交易服务。2014年1月成立农村产权交易服务中心，2014年底纳入齐鲁农村产权交易中心管理平台，新成立齐鲁农村产权交易中心寿光分中心，在市行政服务中心设立2个办事窗口，以15处镇（街区）经管站为依托，各镇（街区）成立办事处，吸收967个村会计或文书担任信息搜集联络员，形成市、镇、村三级联动的工作机制。交易范围主要以农村土地承包经营权、机动地、四荒地等开展产权交易。到2015年底，寿光分中心累计发布土地流转交易信息2018条，成功流转交易 178 笔，鉴证土地交易23000亩，办理抵押登记101笔，发放贷款2000多万元。

寿光市土地流转贷款业务属于金融创新，被称为“寿光模式”，得到上级领导的肯定，中央电视台《朝闻天下》栏目和山东电视台《乡村季风》栏目进行报道，《农民日报》等媒体也进行宣传。

农村土地承包经营权确权登记颁证工作。坚持“依法规范、注重实际、公开公正、试点先行、以点带面、稳步推进”的原则，扎实推进农村土地承包经营权确权登记颁证工作。2013年完成90个村的农村土地承包经营权确权登记颁证试点工作。从2014年3月份开始，通过市政府采购中心公开招标，确定由山东省地质测绘院等4家测绘公司承担寿光市的土地承包经营权确权登记工作；武汉中地数码科技有限公司负责工程监理。全市共有966个村，22.6万户，家庭承包面积105.5万亩，扣除无地村和城市规划占地村等原因不能确权颁证的107个村外，应确权登记颁证村共859个，完成859个村，确权面积95.6万亩，确权户数20.4万户。到2015年9月底，土地承包经营权证书全部发放到户，电子档案和纸质档案同步建立，形成纸质档案19.6万余卷，1.06万盒。

农村土地承包合同纠纷调解工作。2011年9月，设立农村承包土地纠纷仲裁庭，负责解决土地承包纠纷案件，维护农民合法权益。各镇（街道）也相应成立农村土地承包纠纷调解委员会和土地纠纷调解办公室。村级选派1名土地纠纷调解员，负责本村土地纠纷调解工作，逐步形成民间协商、镇村调解、市级仲裁、司法保障的农村土地承包纠纷调处体系。2011—2015年，共处理土地承包合同纠纷70多起。

【农民负担监督管理】 2011—2015年，市、镇街区都成立由主要领导任组长，分管领导任副组长，涉农单位主要领导为成员的减轻农民负担领导小组。每年都以寿光市农民负担监督管理领导小组办公室文件转发国务院、省、市关于减轻农民负担方面的文件和通知。根据市经管局年度工作计划，组织人员分两个小组于每年6月份和12月份对各镇（街道）的农民负担情况进行1次审计检查。

认真落实农民负担各项惠农政策。小麦直补资金和农资综合补贴、农机购置补贴、玉米良种补贴等政策全部落实到位。“三提五统”取消后，村内公益事业通过“一事一议”筹资筹劳办法解决，2011—2015年全市“一事一议”筹资筹劳的村17个，都严格按规定进行审批，收取数额都没有超出规定的限额标准。

严格落实农民负担各项制度。一是落实涉农税收、价格和收费“公示制”。二是认真落实农村义务教育收费“一费制”和“两免一补”政策。三是公费订阅报刊严格执行“限额制”。四是深入贯彻执行涉及农民负担案（事）件“责任追究制”。五是落实民主公开制度。六是落实谁主管、谁负责的专项治理部门责任制。

市场监督管理

【管理机构】 2015年3月，寿光市工商行政管理局、寿光市质量技术监督局、寿光市食品药品监督管理局合并成立寿光市市场监督管理局（简称市市场监管局），内设15个职能科室。下辖2个副科级直属局，分别为企业注册局、公平交易局。4个事业单位，分别为执法大队，规格副科级；计量测算所、消费者投诉维权中心、信息中心，规格均为股级。16个市场监管所，分别为圣城、文家、洛城、古城、稻田、田柳、孙家集、纪台、化龙、台头、侯镇、营里、羊口、上口、双王城市场监督管理所和蔬菜批发市场监督管理所。

市工商局。2011年，局机关内设办公室、人事政工科、财务装备科、法制科、市场合同管理科、商标广告管理科、消费者权益保护科、纪检监察室等8个科室；辖2个副科级直属局，分别为企业注册局、公平交易局；设有22个派出机构，其中蔬菜批发市场管理所、西苑商城管理所、开发区工商所、城关工商所、羊口工商所、侯镇工商所、稻田工商所、上口工商所、台头工商所、洛城工商所、文家工商所、田马工商所、道口工商所等13个所规格为副科级；机动车辆交易和运输市场管理所、田柳工商所、古城工商所、王高工商所、化龙工商所、纪台工商所、留吕工商所、孙家集工商所、北洛工商所等9个所规格为股级。下辖3个股级事业单位，分别为消费者协会办公室、个体私营者协会办公室、工商信息中心。2015年3月，撤销消费者协会办公室、个体私营者协会办公室和22个工商所。市工商局整体并入市市场监管局。

市质监局。2011年，局机关内设办公室、组织人事科、计划财务科、质量科、监督与法制科、标准化科、计量科、特种设备安全监察科等8个科室；下辖3个事业单位，分别为稽查大队，规格副科级；质量检测所，规格股级；计量所，规格股级。2015年3月，撤销质量检测所、稽查大队。市质监局整体并入市市场监管局。

市食药监局。2011年，局机关内设食品安全协调督查科、生产科、流通科、

餐饮科、药品医疗器械监管科、保健食品化妆品监管科等6个科室。下辖食品药品稽查大队1个副科级事业单位。2011年2月，撤销食品安全协调督查科，其职能划归市卫生局。2014年3月，重新设立食品安全协调督查科。2015年3月，撤销食品药品稽查大队；餐饮科与保健食品化妆品监管科合并成立餐饮保健品化妆品监管科。市食药监局整体并入市市场监管局。

【集　市】 寿光集市多为五日一集，少数集市为五日两集，城区和部分镇街还有天天市。2015年，全市大型专业蔬菜市场发展到34处，农村集贸市场180处。

【企业注册登记管理】 2011年新登记个体工商户7212户，各类企业8007家，农民专业合作社263个；其中新发展股份公司7家、企业集团5家。2012年新登记个体工商户5105户，各类企业1379家；发展股份有限公司13家，企业集团3家。2013年新登记个体工商户11536户，各类企业2377家，农民专业合作社263个；其中新发展股份公司8家、企业集团5家。2014年全市新登记个体工商户9673户，私营企业2621家；农

民专业合作社1271个；新增家庭农场371家、企业集团4家、股份公司3家。2015年新登记企业3197家，个体工商户和农民专业合作社7354户。

【商标广告管理】 制定“申报一批、培育一批、储备一批”的品牌创建规划和帮扶机制，坚持工业品商标与农产品商标同步发展、商品商标与服务商标同步发展、国内商标与涉外商标同步发展；深化“商标兴农”战略，创建全省首家县级局商标服务发展网站，建立农产品商标品牌数据库和商标指导站。2011—2015年，全市新增注册商标2000余件，占全市当前注册商标总数的36%；新增驰名商标12件、著名商标30件、地理标志证明商标13件。

【经济合同管理】 2011年，开展“守合同重信用”争创活动，新发展省级“守重”企业3家、潍坊市级“守重”企业10家。2012年，深入开展虚假表示、虚假宣传、合同欺诈和保护注册商标专用权专项整治。深入开展合同格式条款整治，共立案查处合同格式条款案件59起。2013年，立案查处合同格式条款案件25件。2014年，强化合同帮扶职能，全系统合同帮扶联系企业30家，其中涉农龙头企业10家，帮助130余家涉农企业建立健全内部合同管理机构，修订完善合同协议260余份，促进“订单农业”规范发展。

【消费者权益保护】 积极开展3·15消费者权益日纪念活动，广泛宣传《消费者权益保护法》，并积极做好“消费者满意先进单位”等的评选工作，引导消费者正确消费；积极推进12315“进农村、进社区、进商场”，加强基层消费维权网络建设。

2011年，共处结农民投诉560件，其中调解大额涉农群体投诉6起。调解一起寿光北部6000亩棉花受损群体性投诉案件，棉农获赔180万元。同年9月，处结一起农膜群体性投诉案件，帮助100多户菜农获赔50万元。开展农膜质量调查活动，制定出台《寿光市农膜行业质量规范》，引导农民择优消费。

2012年，处理消费者投诉1500多起，其中调解大额涉农群体投诉38起，为消费者挽回经济损失600万元以上。同时，召开以“消费与安全”为年主题的3.15消费者权益日纪念大会，成立潍坊市首家消费者协会消费维权律师团和涉农专家维权委员会，获得省级消费者满意单位14家、潍坊市级32家、寿光市消费维权先进单位157家。2013年，处理消费者投诉725起，为消费者挽回经济损失300万元。2014年，受理消费者投诉案件1586起，处结1521起，为消费者挽回经济损失550余万元。

2015年3月，整合消协及12315、12365、12331投诉维权热线职能，成立寿光市消费者投诉维权中心，形成一个窗口对外，内部分流处理的工作机制。共受理消费者来信来访2300余人次，潍坊、寿光市长公开电话257件，寿光民声135件，调解消费者投诉529件，为消费者挽回经济损失400多万元。2011—2015年，共受理消费者来信来访2万余人次，受理消费者投诉案件5300余起，为消费者挽回经济损失2000余万元。

【个体私营企业协会工作】 市个私协会充分发挥“三自”作用，认真做好个体私营经济队伍的技术培训、信息服务及资金互助工作，连续多年被评为中国个体劳动者协会工作联系点先进单位，省、市个私协先进单位。2015年3月，寿光市市场监督管理局撤销个体私营者协会。

【质量监督管理】 2011年，推动质量兴市工作的深入实施。6月，市政府以正式文件转发市质量技术监督管理局与经信局《关于生产企业全面落实产品质量安全主体责任的实施意见》。4—8月份，对肥料生产中使用白皮包装袋的问题进行专项整治，查处“白皮包装”复混肥料2600多吨。开展台头镇防水卷材无证生产企业专项整顿工作，开展防水卷材无证企业专项整治活动。3月份，市质检所及2个省级中心通过国家实验室认可资质认定。

2012年11月9日，“全省建筑防水卷材产品质量提升会”在寿光市召开，市质量技术监督局在会上做典型发言，介绍全市建筑防水卷材产品质量综合治理的工作经验。开展台头防水卷材产品专项整治活动，彻底解决台头镇建筑防水卷材无证生产问题。开展农资打假专项行动，立案查处化肥、农药违法案件18起，取缔肥料造假窝点2处，没收不合格肥料31吨。

2013年8月18日，市政府下发文件，设立“寿光市市长质量奖”，市质量技术监督局承担《寿光市市长质量奖管理办法》《评审通则》《关于成立寿光市质量强市工作领导小组的通知》的起草工作，并直接负责该奖项的评审。9月1日，市质量技术监督局以寿光市质量强市工作领导小组办公室名义下发《关于开展2013年度寿光市市长质量奖评审工作的通知》，正式开展首届寿光市市长质量奖申报工作。至2015年，有10家企业和2名个人通过资格审查。

2014年，山东省长质量奖首次将农业企业和个人列入评奖范围，组织蔬菜产业集团和王乐义同志申报省长质量奖管理奖和贡献奖，其中王乐义同志通过省名推委组织的现场审查和答辩。市质量技术监督局组织2家企业和1个个人申报潍坊市市长质量奖，其中仙霞集团（企业）和天成集团郭百礼（个人）通过省质量评价协会组织的现场审查。第二届寿光市市长质量奖入围的有6家企业、1个个人。

2015年强化推进产业质量提升。本着“关停取缔一批、停产治理一批、限期整改一批”的原则，全面提升防水产业发展品质。10月23日，在成都召开的全国产品质量提升工作会议上，寿光市被授予“建设防水卷材产品质量提升示范项目”。

【计量管理】 2011年，寿光市计量所建立10大类33项社会公用计量标准，开展长度、热学、力学、电磁、无线电、电离辐射、声学、化学、光学等52个项目的计量器具检定工作。拥有检测面积1200平方米，仪器设备原值283万元。

2012年，录入计量器具35282台件，登记数量居潍坊各县市区之首。以建标为手段，促进计量工作水平的提高，完成19项社会公用计量标准的复审，进行新建12项社会公用计量标准的设备采购和人员培训。依法开展加油机、安全阀、长度、天平、压力表、四表等计量器具的检定工作，共计检定各类计量器具30323台件，进一步维护公平交易。加强定量包装产（商）品计量监督，共抽检定量包装商品335个批次。

2013年，取得潍坊市首个安全阀计量认证资质。开展夏粮收购用计量器具、重点领域强检计量器具、重点用能企业计量器具配备、建筑工地4表、流通领域重点定量包装商品、计量风险排查等9次专项检查，共计检定各类计量器具35176台件，电、水表首检率达到100%。进行衡器市场整顿，共检修衡器4734台件。

2014年，共检定校准各类计量器具36391台件，程序出证23351份。开展夏粮收购用计量器具、安全用计量器具、重点用能企业计量器具配备、流通领域定量包装商品等4项专项检查，并与自来水公司及电视台联合，对新开发的楼盘及部分已入住的小区四表首检情况进行抽查。经过潍坊市质监局确认，全市气瓶检验检测中心在通过山东省特检院淄博分院检验能力确认后，于2014年9月中旬通过山东省特种设备检验研究院评审。

2015年，加强计量实验室建设，新建13项社会公用计量标准申请，完成40项建标标准器期间核查；开展夏粮收购用计量器具、安全用计量器具、重点用能企业计量器具配备、流通领域定量包装商品等4项专项检查，检定校准各类计量器具9941台件，出检企业334家。

【标准化管理】 工业标准化。全县标准化工作始于1974年。1989年，国家《标准化法》颁布实施，县标准计量管理局配备专职人员，建立标准资料库。

2011—2015年，市质量技术监督部门帮助企业实施标准化战略，引领企业制定国家标准作为一件大事来抓，鼓励企业参与国家标准、行业标准、省地方标准的制修订。国标委公布2批国标制修订计划，默锐化学、联盟化工、新龙电化、卫东化工主持、参与起草的7项国标入围，占全省的16.6%

2011年，市质量技术监督部门制定《潍坊市联盟标准 -- 大棚卷帘机》，采用统一的“联盟标准”进行生产。

2012年，帮助6家企业取得“AA级标准化良好行为企业”称号，帮助7家企业取得计量保证确认证书，帮助22家企业办理生产许可证，帮助151家企业通过生产许可证年审。

2013年，大力实施标准化战略。全年帮助12家企业取得“AA级标准化良好行为企业”称号，6家企业取得计量保证确认证书，25家企业办理生产许可证，195企业通过生产许可证年审。“国家优质蔬菜综合标准化示范市”创建成功。“寿光民声”国家级服务业标准化试点项目通过国家质检总局评审。完成鲁丽集团“全国林业标准化示范企业” 和寿光市农村商业银行“省级服务标准化试点”项目的申报工作。

2014年，以技术专利化、专利标准化、标准全球化为主导，大力实施标准化战略。全年帮助3家企业取得“AAA级标准化良好行为企业”称号，1家企业取得计量保证确认证书，25家企业办理生产许可证，215企业通过生产许可证年审。

2015年9月底，全部完成（默锐科技公司发起的“卤水精细化工产业技术创新战略标准联盟”和上口镇窗帘窗饰协会发起的“上口窗帘窗饰制品标准联盟”）5项团体标准的备案工作。指导全市132种产品完成标准网上公示。

农业标准化。2011年，全市冬暖式蔬菜大棚卷帘机、保温被生产企业发展到100多家，是全国最多的地区。但长期以来，大棚卷帘机、大棚保温被产品无国家标准、行业标准，个体作坊、小企业多，产品质量一直难以得到有效保证。开展大棚卷帘机联盟标准制定工作。

2012年，制定《潍坊市联盟标准——大棚保温被》，并组织有关企业实施。2013年，加快全市现代农业发展步伐。寿光市田苑果菜有限公司“优质蔬菜（黄瓜、茄子等）栽培标准化示范区”于4月20日顺利通过国家标准委验收。完成大棚卷帘机、大棚保温被省地方标准网上申报。组织2家企业对虎头鸡和羊口老咸菜产品申报山东名吃地方标准。

【特种设备安全监察】 2011年6月28日、10月31日，潍坊市质监局、寿光市政府先后在寿光墨龙特钢、鲁清防水2个企业进行特种设备事故应急救援演练。联合省特检院开展在用燃煤锅炉运行能效测试工作，共完成16家企业22台锅炉的能效测试，全力推进高耗能特种设备节能监管工作。开展车用气瓶液化气非法添加二甲醚专项整治活动。7月份，对车用液化石油气瓶和车用气瓶改装单位进行专项整治。

2012年，开展恒温库、教育系统在用锅炉、充装站违规添加二甲醚、电梯等6项专项整治，共检查恒温库、学校、气瓶充装站等特种设备使用单位330多家，各类特种设备1680余台，发现安全隐患54处，下达《特种设备安全监察指令书》48份。投资120多万元，购买工业锅炉模拟机等100多台培训设备，建成“寿光市特种设备作业人员考试中心”并投入使用，提高特种设备作业人员的培训水平。共培训各类人员384人，复审751人，在网持证人员总数7559人。6月26日，与中国特检院在寿光联合举办一期“特种设备管理与应急处置技术培训班”。做好定期检验工作，共检验设备2958台，报检设备1130台。全市特种设备定检率始终保持在99%以上，重要设备定检率100%。6月21日，承办潍坊市质监局、教育局和寿光市人民政府在稻田镇第一初级中学联合举行的锅炉事故应急救灾演练。

2013年，检查设备2500余台件，发现并纠正各类安全隐患420余条，检验设备2948台，全市特种设备定检率始终保持在95%以上，重要设备定检率做到100%。全年共培训特种设备作业人员1117人，复审1005人。

2014年，检查设备3500余台件，发现并纠正各类安全隐患520余条。163家企业办理压力容器注册登记963台，压力管道注册登记37.27千米。

2015年，在潍坊市范围内率先制定实施约谈制度，共约谈使用单位208家。完善重大安全隐患挂牌督办制度，共隐患挂牌督办265个，完成隐患整改260个，挂牌销号238个。帮助企业解决特种设备难题，挽回经济损失2000余万。开展超期未检特种设备、电梯等专项整治7个，检查单位885家，设备6800余台件，检查发现安全隐患630余个，下达《安全监察指令书》48份，立案查处4起。

【行政执法工作】 **工商行政执法**。2011年，继续把监管执法摆到重要位置来抓，共查办各类违法违章经济案件1942件。利用2个月时间集中开展食品及农产品专项整治，制定下发《食品及农产品市场专项整治工作方案》和《食品及农产品市场专项整治工作考核奖惩办法》，采取“班子成员包片、机关科室包所、工商所包户”三级联动、“监管人员日巡查、工商所周检查、市局不定期督查”三级检查制度，打击各类违法违章行为，维护食品及农产品市场安全。全系统共出动执法人员7518人（次），检查农资经营门店2135户，农产品市场175处，查处各类农资违法违章案件1328起，查获不合格化肥4.3吨，不合格农药876公斤；共检查食品经营户4009户，新办食品流通许可证1365个，抽检食品样品450批次，立案查处食品违法违章案件76起，没收假冒伪劣食品15余吨。

2012年，按照“标本兼治、着力治本，有法必依、执法必严”的工作思路，积极推行“三动”监管模式，共查办各类案件3221件，其中万元以上案件593件、3万元以上案件106件。4月份，潍坊市工商系统加强和改进监管执法工作现场会议在寿光召开，市工商局作经验介绍，并将该局工作经验向潍坊市各县市区推广。全市共查处食品违法案件183件，依法查扣伪劣食品4630公斤。

2013年，共查办各类经济违法案件558件，其中万元以上案件97件、3万元以上案件15件，查处食品违法案件132件。

2014年，进一步更新执法理念，强化市场准入监管，做好重点领域行政执法工作，共核审一般程序行政处罚案件65起。

2015年，市市场监管局开展“强执法、惠民生、促公平”专项执法行动，重点对汽车销售维修、家具建材、服装、家用电器等4个领域进行专项整治，共检查单位6800余家次,查处各类违法案件107起。开展成品油、农资、饮用水、“电子烟”、电话“黑卡”、人民币图样冥币、注册商标专用权、违法违规广告、“七类重点车辆”和道路危险化学品等专项执法行动，加大蔬菜抽检力度，完成潍坊及以上抽检共751批次，并自行组织抽检10批次，定性定量检测1350批次，快速抽检18200批次。

质量技术监督执法。2011年，开展全市桶装饮用纯净水执法检查专项整治行动。共查处并取缔无证生产桶装纯净水加工点10个、窝点1个，责令10个无证纯净水加工点停业整顿，拆除加工点的主要生产设备，将1430桶无证生产的成品桶装水全部倒掉，没收黑桶1931个。

2012年，开展台头防水卷材产品专项整治活动，彻底解决台头镇建筑防水卷材无证生产问题。开展农资打假专项行动，立案查处化肥、农药违法案件18起，取缔肥料造假窝点2处，没收不合格肥料31吨。

2013年，开展农资打假专项行动和汽车配件“质检利剑”行动，全年共查处各类产品质量案件69起。

2014年10月，通过电视台对省监督抽查严重不合格的10家企业进行通报，并依法对不合格产品生产企业予以处罚。重点加强春秋两季农资企业检查，全年共检查肥料企业120家次。开展汽车零配件“质检利剑”行动、安全生产资质大检查、管理体系认证网格化检查等产业产品的专项检查，完成24家生产许可证产品生产企业的现场核查，办理产品质量案件61起。特种设备安全监察，共出动执法人员1300余人次，检查设备3500余台件，发现并纠正各类安全隐患520余条。

2015年,市场监管局打击各类违法行为。开展成品油、农资、空气和饮用水净化类生活用品、“电子烟”、电话“黑卡”、人民币图样冥币、注册商标专用权、违法违规广告、“七类重点车辆”、道路危险化学品和“强执法、惠民生、促公平”专项执法行动，检查单位6800余家次，查处各类违法案件107起。

【名优产品】 品牌产品。2011年，获得山东省名牌产品19个。至2015年，共发展84个。

2011—2015 年山东名牌产品统计表

表 1

序号	企业名称	产品名称	获评年份
1	山东新龙集团有限公司	烧碱	2011
2	康跃科技股份有限公司	涡轮增压器	2011
3	山东寿光巨能金玉米开发有限公司	饲料级 L- 赖氨酸盐酸盐	2011
4	山东联盟化工股份有限公司	尿素	2011
5	山东大地盐化集团有限公司	工业溴	2011
6	寿光卫东化工有限公司	工业溴	2011
7	寿光市联盟磷复肥有限公司	复合肥料	2011
8	山东墨龙石油机械股份有限公司	油井管	2011
9	山东墨龙石油机械股份有限公司	抽油泵	2011
10	山东墨龙石油机械股份有限公司	抽油机	2011
11	寿光巨能电气有限公司	低压抽出式开关柜	2011
12	寿光巨能电气有限公司	金属铠装中置式开关柜	2011
13	山东汇源建材集团有限公司	聚氨酯防水涂料	2011
14	山东晨鸣纸业集团股份有限公司	涂布纸	2011
15	鲁丽集团有限公司	细木工板	2011
16	山东汇源建材集团有限公司	建筑木门	2011
17	山东鲁派食品股份有限公司	酒鬼花生	2011
18	山东鲁丽钢铁有限公司	管坯钢	2011
19	山东寿光巨能特钢有限公司	船用锚链圆钢	2011
20	山东寿光鲁清石化有限公司	聚丙烯树脂	2012
21	寿光卫东化工有限公司	阻燃剂（十溴二苯醚）	2012
22	山东新龙集团有限公司	三氯氢硅	2012
23	山东新龙集团有限公司	三氯乙烯	2012
24	山东新龙集团有限公司	四氯乙烯	2012
25	山东晨鸣纸业集团股份有限公司	再生胶版印刷纸	2012
26	山东鲁丽钢铁有限公司	优质碳素结构钢	2012
27	寿光市二和铝型材制品有限公司	工业铝型材	2012
28	山东兄弟科技股份有限公司	阻燃剂（溴化聚苯乙烯）	2012
29	山东新龙集团有限公司	塑料异型材	2012
30	山东寿光巨能特钢有限公司	优质碳素结构钢	2012
31	山东寿光巨能特钢有限公司	轴承钢	2012
32	山东寿光巨能特钢有限公司	石油天然气工业油气井套管	2012
33	山东凯马汽车制造有限公司	轻型汽车	2012
34	山东寿光健元春有限公司	农用薄膜	2012
35	山东菜央子盐场	食盐	2012
36	山东仙霞服装有限公司	西服	2012
37	潍坊威能环保电源有限公司	锂离子动力电池	2012
38	寿光市泰丰汽车底盘制造有限公司	汽车制动器	2013

续表

序号	企业名称	产品名称	获评年份
39	潍坊市宏源防水材料有限公司	聚氯乙烯（PVC）防水卷材	2013
40	潍坊市宏源防水材料有限公司	聚乙烯丙纶复合防水卷材	2013
41	潍坊市宏源防水材料有限公司	弹性体（SBS）改性沥青防水卷材	2013
42	潍坊京九防水材料有限公司	弹性体改性沥青防水卷材	2013
43	潍坊市晨鸣新型防水材料有限公司	弹性体改性沥青防水卷材	2013
44	潍坊市宇虹防水材料（集团）有限公司	自粘聚合物改性沥青防水卷材	2013
45	潍坊市宇虹防水材料（集团）有限公司	弹性体改性沥青防水卷材	2013
46	山东赛维绿色科技有限公司	果蔬脆片	2013
47	山东仙霞服装有限公司	标志服装	2013
48	山东晨鸣纸业集团股份有限公司	静电复印纸	2013
49	山东墨龙石油机械股份有限公司	抽油杆	2013
50	山东亿嘉农化有限公司	40% 丙环唑微乳剂	2013
51	山东银宝轮胎集团有限公司	工程轮胎	2013
52	山东汇源建材集团有限公司	聚乙烯丙纶复合防水卷材	2013
53	山东汇源建材集团有限公司	自粘聚合物改性沥青防水卷材	2013
54	潍坊市宏源防水材料有限公司	玻纤胎沥青瓦	2013
55	潍坊市宇虹防水材料（集团）有限公司	聚氯乙烯防水卷材	2013
56	潍坊市华丰防水材料有限公司	弹性体改性沥青防水卷材	2013
57	潍坊市正泰防水材料有限公司	弹性体改性沥青防水卷材	2013
58	山东省金帅防水材料有限公司	高分子防水材料（FS2 类）	2013
59	潍坊市华发防水材料有限公司	弹性体改性沥青防水卷材	2013
60	潍坊市金隆防水材料有限公司	聚乙烯丙纶防水卷材	2013
61	潍坊石花化工建材有限公司	聚乙烯丙纶高分子防水卷材	2013
62	山东省潍坊市春美防水工程集团有限公司	弹性体改性沥青防水卷材	2013
63	山东寿光健元春有限公司	包装用聚乙烯吹塑薄膜	2013
64	山东晨鸣板材有限责任公司	浸渍纸层压木质地板	2013
65	鲁丽集团有限公司	浸渍纸层压木质地板	2013
66	鲁丽集团有限公司	集成材	2013
67	山东晨鸣纸业集团股份有限公司	铜版纸	2013
68	山东晨鸣纸业集团股份有限公司	白卡纸	2013
69	山东晨鸣纸业集团股份有限公司	新闻纸	2013
70	山东晨鸣纸业集团股份有限公司	书写纸	2013
71	山东鲁派食品股份有限公司	水果蔬菜脆片	2013
72	山东墨龙石油机械股份有限公司	单体液压支柱	2013
73	山东墨龙石油机械股份有限公司	石油钻杆	2013
74	山东亿嘉农化有限公司	啶虫脒	2013
75	康跃科技股份有限公司	涡轮增压器	2014
76	山东墨龙石油机械股份有限公司	抽油泵	2014
77	山东联盟化工股份有限公司	尿素	2014

续表

序号	企业名称	产品名称	获评年份
78	山东墨龙石油机械股份有限公司	油井管	2015
79	山东墨龙石油机械股份有限公司	抽油机	2015
80	山东墨龙石油机械股份有限公司	气瓶管	2015
81	山东汇源建材集团有限公司	木质门	2015
82	山东汇源建材集团有限公司	聚氨酯防水涂料	2015
83	寿光美伦纸业有限责任公司	亚光铜版纸	2015
84	山东默锐科技有限公司	双酚A双（二苯基磷酸酯）	2015

中国驰名商标。至2015年，全市有中国驰名商标21个，其中工商部门认定15个，人民法院认定6个。

2015年寿光市中国驰名商标统计表

表2

	商标	单位	时间	
1	仙霞	山东仙霞集团有限公司	2003	司法
2	晨鸣	山东晨鸣纸业集团股份有限公司	2007	行政
3	宏源	潍坊市宏源防水材料有限公司	2008	司法
4	千榕	山东千榕家纺有限公司	2008	司法
5	宇虹及图	潍坊市宇虹防水材料（集团）有限公司	2008	司法
6	侯镇宏源	山东宏源酒业有限公司	2008	司法
7	鲁丽	鲁丽集团有限公司	2009	行政
8	联盟	山东联盟化工集团有限公司	2010	行政
9	乐义	山东乐义集团有限公司	2010	行政
10	银宝	山东银宝轮胎集团有限公司	2011	行政
11	墨龙	山东墨龙石油机械股份有限公司	2011	行政
12	金鲁丽	鲁丽集团有限公司	2012	行政
13	七彩庄园 Colourful Manor 及图	山东省寿光蔬菜产业集团有限公司	2012	行政
14	艳珊及图	山东大地盐化集团有限公司	2012	行政
15	汇源及图	山东汇源建材集团有限公司	2012	行政
16	龙兴	山东寿光健元春有限公司	2013	司法
17	驼王	潍坊京九防水材料有限公司	2014	行政
18	新龙	山东新龙集团有限公司	2015	行政
19	金帅及图	山东省金帅防水材料有限公司	2015	行政
20	跃龙及图	潍坊跃龙橡胶有限公司	2015	行政
21	鹤寿及图	寿光富康制药有限公司	2015	行政

山东省著名商标。至2015年，全市有山东省著名商标63个，其中2011—2015年新认定的48个。

2015年寿光市山东省著名商标统计表

表3

	单位	商标	初次认定时间	认定时间
1	鲁丽集团有限公司	鲁丽及图	1997	2010
2	山东千榕家纺有限公司	千榕及图	2004	2010
3	山东宏源酒业有限公司	侯镇宏源及图	2004	2010
4	王乐义	乐义	2007	2010
5	山东华麟面业有限公司	华麟＋图形	2007	2010
6	山东晨鸣纸业集团股份有限公司	图形	2007	2010
7	寿光市晨鸣水泥有限公司	图形	2007	2010
8	寿光市田苑果菜生产有限公司	燎原	2007	2010
9	潍坊市华东橡胶有限公司	金盾及图	2010	2010
10	山东亿嘉农化有限公司	亿嘉及图	2010	2010
11	潍坊市泽源防水材料有限公司	泽源及图	2010	2010
12	山东兄弟科技股份有限公司	格瑞贝 Greatbay 及图	2010	2010
13	山东省寿光市六丰实业有限公司	六豐 LIUFENG 及图	2010	2010
14	鲁丽集团有限公司	金鲁丽及图	2010	2010
15	潍坊石花化工建材有限公司	石花	2010	2010
16	山东寿光健元春有限公司	健元春及图	2011	2011
17	山东新龙集团有限公司	双余及图	2011	2011
18	潍坊市金源防水材料有限公司	誉源及图	2011	2011
19	山东大地盐化集团有限公司	井泉及图	2011	2011
20	山东省寿光蔬菜产业集团有限公司	七彩庄园及图	2011	2011
21	山东汇源建材集团有限公司	汇源及图	2011	2011
22	山东寿光鲁清石化有限公司	鲁清及图	2011	2011
23	潍坊宏源防水材料有限公司	宏源	2002	2011
24	潍坊市禹神防水材料有限公司	强城	2005	2011
25	寿光市康跃增压器有限公司	康跃及图	2005	2011
26	山东菜央子盐场	雪玉春及图	2005	2011
27	寿光市春光蕾福利棉纺有限公司	春光蕾	2005	2011
28	潍坊京九防水材料有限公司	驼王	2005	2011
29	山东晨鸣板材有限责任公司	晨鸣及图	2008	2011
30	潍坊市跃龙橡胶有限公司	跃龙	2008	2011
31	山东墨龙石油机械股份有限公司	墨龙及图	2008	2011
32	寿光市泰丰汽车底盘制造有限公司	BING DI LIAN 及图	2008	2011
33	山东省金帅防水材料有限公司	金帅及图	2012	2012
34	山东凯马汽车制造有限公司	KAMA	2006	2012
35	寿光联盟磷复肥有限公司	占峰及图	2003	2012

续表

	单位	商标	初次认定时间	认定时间
36	潍坊市正泰防水材料有限公司	正泰及图	2012	2012
37	潍坊市海王新型防水材料有限公司	海王及图	2012	2012
38	潍坊市宇虹防水材料（集团）有限公司	宇虹及图	2003	2012
39	寿光市田马洋香瓜生产销售服务中心	王婆及图	2006	2012
40	寿光市银宝橡胶工业有限公司	银宝及图	2003	2012
41	山东大地盐化集团有限公司	艳珊及图	2009	2012
42	山东洛城农发有限公司	洛城	2009	2012
43	潍坊市东旺新型防水材料有限公司	东旺及图	2009	2012
44	山东省潍坊市春美防水工程集团有限公司	春美及图	2009	2012
45	潍坊市正大防水材料有限公司	圣龙及图	2009	2012
46	戴威农业科技发展股份有限公司	戴威及图	2012	2012
47	山东东方誉源现代农业集团有限责任公司	DFY 及图	2012	2012
48	利丰农业发展股份有限公司	百利丰盛及图	2012	2012
49	寿光市金棚现代农业设施装备有限公司	金鹏	2012	2012
50	山东仙霞服装有限公司	SUNSI 及图	2013	2013
51	山东全福元商业集团有限责任公司	全福元	2013	2013
52	山东亿嘉农化有限公司	亿嘉及图	2013	2013
53	寿光蔡伦中科肥料有限责任公司	蔡伦中科及图	2013	2013
54	山东玉马窗饰制品有限公司	玉马	2014	2014
55	山东菜央子盐场	雪玉春	2014	2014
56	山东光耀超薄玻璃有限公司	G Y及图	2014	2014
57	潍坊市华丰防水材料有限公司	华傲及图	2014	2014
58	寿光市二和铝型材制品有限公司	伟和	2015	2015
59	潍坊市坤岳防水材料有限公司	坤岳及图	2015	2015
60	山东金顶防水材料有限公司	金顶及图	2015	2015
61	潍坊市华发防水材料有限公司	华发及图	2015	2015
62	潍坊市万宝防水材料有限公司	万宝及图	2015	2015
63	山东东方宏业化工有限公司	H及图	2015	2015

安全生产监督管理

【管理机构】 2011 年7月20日，市安监局设立职业健康监督管理科，为局股级内部机构，配备科长1人、副科长1人，所需人员内部调剂。2012 年 6 月 13 日，市安全生产应急救援指挥中心增加全额拨款事业编制12人，调整后，市安全生产应急救援指挥中心全额拨款事业编制16人。2013年7月2日，市安全生产应急救援指挥中心增加全额拨款事业编制10人，编制由16名调整为26人。

2014年9月30日，市安监局成立审批服务科，为股级内部机构，配科长1人，副科长1人，人员内部调剂。同时，撤销宣传教育科，原有职能一并划入办公室。

【安全生产宣传与培训】 **开展"安全生产月"活动**。以每年6月份的"安全生产月"活动为平台，通过开展安全生产知识竞赛、安全咨询日等活动，加大安全生产法律法规和安全常识宣传力度，在全市营造"人人关注安全、人人关心安全"的浓厚氛围。

新闻宣传。逐年增加安全生产宣传经费投入，在寿光电视台开办《安全在线》、在寿光日报开辟专栏，推广经验，曝光隐患，引导全社会关注、关心和支持安全生产工作。2015年5月14日，在寿光日报《安全聚焦》专栏设立安全生产隐患曝光台，对14家企业的68条隐患进行公开实名曝光，倒逼企业整治隐患，落实责任。2015年8月，寿光市安全生产监督管理局网站（http://www.sgajj.com）重新改版开通，进一步加强安全生产信息沟通建设。

强化教育培训。加大领导干部、安监人员、企业安全管理人员和特种作业人员的教育培训力度，强化各个层面人员的安全教育。2015年5月始，在全市领导干部、部门和镇街区安全监管人员、生产经营单位从业人员和村居（社区）居民中开展安全生产大培训活动，使全市各行各业人员普遍接受一次系统的安全生产知识教育。2011—2015年，共培训安全管理人员和特种作业人员17826人。

【安全生产监管与整治】 **危化品监管方面**。常年聘请化工专家，对危化品行业开展不间断、无缝隙的安全检查。2015年，市安监局探索出对危化品企业实施分类监管的路子，同时，对查出的隐患实行"谁检查谁签字，谁检查谁复查，谁复查谁负责"的整改实名制，检查复查都由执法人员、专家、企业负责人和安监所四人签字，最后由工会主席签字确认，并实行隐患整改实行销号制，改一条销一条，直至彻底消除。2014年，开启危化品攻坚工作，强力推动小化工企业的退出和关闭，首批关闭48家，至2015年年底，全市危化品生产和使用企业由210家减少到173家；推进危化品生产储存企业搬迁，18家企业中14家搬迁（拆除）完毕；全市所有危化品企业均达到三级以上安全标准化水平，9家企业完成二级安全标准化创建。

烟花爆竹监管。严把烟花爆竹零售许可证准入关，控制经营网点分布，加强对3家烟花爆竹批发企业和200余家常年零售网点的安全监管，突出经营销售旺季的安全检查，严厉打击非法生产经营储存烟花爆竹行为。

涉氨制冷企业。2013年6月始，实施市级领导包靠，关停、强化检查等措施，至2015年，全市原有的209家涉氨制冷企业关闭36家，更换冷媒23家。涉氨制冷企业台账坚持做到每月进行更新。2015年5月12日，在化龙镇召开全市涉氨制冷企业液氨使用专项治理现场会，推广涉氨制冷企业液氨使用专项治理工作的先进经验和做法。市政府安委会办公室牵头，组织消防、市场监管、国土、规划、住建、环保、气象8个部门，根据职责分工，分别从9个方面对全市所有涉氨制冷企业进行安全隐患分类评估，依据分类评估结果，按照"管行业必须管安全、管业务必须管安全、管生产经营必须管安全"的原则，有关部门对发现的隐患下达整改指令，依法落实整改措施。有关镇街区对辖区内的涉氨制冷企业安全隐患整改工作进行跟踪督促。

检验检测中心

【管理机构】 2014年2月24日，寿光市整合市质监局产品质量监督检验所、市食品药品监督管理局食品药品检测所、市海洋与渔业局海洋环境监测站、市畜牧兽医管理局畜牧检测站，组建成立寿光市检验检测中心。为正科级市政府直属全额拨款事业单位，人员51人，其中，划转原市产品质量监督检验所人员41人，食品药品检验所人员6人，海洋环境监测站人员2人。中心办公区和检测实验室设在市质监局检测大楼，实验室面积2800平方米。有食品、化工、微生物、仪器分析室、建材、轻工、机械、电器、纸制品等30个检测室。拥有各种检测设备184台套，设备原值641.65万元。2015年9月6日，市政府将所属市农业局的农产品质量检测中心划入市检验检测中心，划转人员11人，设备9台套，原值401.75万元。核定事业编制27人，配备主任1人、副主任3人，科长（主任）6人、副科长（副主任）8人，内设办公室、财务科、质量控制科、收发室、质检一科、质检二科。

【业务工作】 2014年7月，市检验检测中心顺利通过省质监局专家组资质认定评审，成为全省食品药品机构改革整合检验检测资源后，首家取得资质证书的检验检测机构，中心有 75个产品，137个产品的1689个参数通过实验室资质认定，涉及食品类、农副产品类、工业产品类、建材化工类等。

2014年9月15日始，为防止假冒伪劣化肥坑农害农，免费为农民检测肥料，共检验肥料84批次。10月，市检验检测中心被国家食药监总局、国家发改委确定为全国首批30个县级食品安全检验检测资源整合试点单位，获得中央财政资金400万元，成为山东省三个试点市之一。同月，市检验检测中心下发《关于推进食品安全检验检测资源整合试点工作的实施方案》。根据潍坊市食品药品监督管理局的《关于继续开展2014年第3批市级监督抽检工作的通知》要求，对青州、昌乐、临朐、寒亭4个县市区的蔬菜制品生产企业进行抽样，共抽取42个样品，包括：酱油、食用植物油、罐头、酱腌菜等，按要求将抽样情况及检验结果报送潍坊市食品药品监督管理局。2014年，共检测样品355批次。

2015年3月，将市场监管局、海渔局、畜牧局、农业局的所有检测资源整合，其抽检任务划归市检验检测中心由统一承担，检测经费由市财政统一拨付检测中心。至此，寿光市严格按照国家食药监总局、国家发改委《关于做好首批县级食品安全检验检测资源整合试点项目实施工作的通知》要求，在全省检验检测资源机构整合中率先实现机构、人员设备、检测任务、检测经费、检测信息“五统一”。4月，中国认证认可委的专家评审组对市检验检测中心进行实验室认可监督评审。市检验检测中心申报的所有项目全部通过实验室认可监督评审，是取得国家实验室认可（CNAS）的检验检测机构。7月，市检验检测中心与山东省农业科学院农业质标所联合成立“寿光技术培训中心”，山东省农业科学院农业质标所开发的先进检测方法用于指导市检验检测中心的专业技术人员进行实训、项目开发，实现“实用型”的培训和优化。同年11月，完成实验室的建设及仪器设备的安装调试工作，设备的检测项目基本覆盖全部食品、农产品。2015年，共接收样品10378批次，其中，蔬菜速测3756批次。其中5月份，受潍坊食品药品监督局的委托，市检验检测中心对昌乐、临朐、寒亭、青州、安丘、潍城130家企业进行抽样检查，共抽取样品434个。配合市场监管局对寿光市15个镇街区及物流园的蔬菜及水果等食品进行抽样，共抽取5238批次样品，包括蔬菜、生鲜肉、纯牛奶、食用植物油、酱腌菜、白酒、糕点、糖果等。

审计工作

【管理机构】 2011—2015年，寿光市审计局内设办公室、法制与计算机审计管理科、财政金融审计科、行政事业审计科、经贸与外资运用审计科5个职能科室，下辖寿光市经济责任审计办公室（副科级）、寿光市政府投资项目审计中心（副科级）2个事业单位。定行政编制17人、事业编制23人；实有40人，其中行政16人、工勤2人、事业22人。

【国家审计】 寿光市审计局主要负责对各镇街、市直各部门、各国有企业和金融机构等单位的资产审计。2011—2015年，共完成审计项目364个，查处违规违纪金额191亿元，管理不规范资金256亿元，促进财政增收节支29亿元。2012年8月，潍坊市审计局在寿光召开全市审计工作座谈会，推广寿光市审计信息化建设工作经验做法；2011—2015年，有57项计算机审计成果获国家审计署认定表彰，其中有2项国家审计署优秀奖；2013年1月，研发并应用“审计数据信息中心系统”的做法获潍坊市审计工作创新奖。2012年10月，被命名表彰为潍坊市文明单位；2014年12月，被命名表彰为省级文明单位；2015年1月，被评为全省审计系统先进集体；连年被评为全国审计宣传工作先进单位。

财政审计。围绕“推进财税体制改革，建立透明规范的公共财政体系”的总体要求，以“规范预算管理，提高财政资金使用效益”为目标，每年对市级预算收支情况、市地税系统税收征管情况，以及市直部门单位财政财务收支情况进行审计；同时，结合税收征管情况审计，对部分企业申报、缴纳税款情况进行延伸审计调查。2011—2015年，累计查出违规违纪金额75亿元，为维护财政资金安全发挥积极作用。每年向市人大、市政府提交的审计工作报告和审计结果报告，均受到充分肯定。2011年7月，“以信息化为支撑推动财政审计向更高层次发展”的做法，在潍坊市审计工作座谈会上交流。

政府投资审计。2011—2015年，累计完成政府投资审计项目79个，审计工程造价39亿元，核减投资额5亿元。2011年9月，寿光市政府投资审计经验做法在全省投资审计工作会议上交流；2011年11月，寿光市作为全省仅有的2个县级代表之一（另青岛市崂山区）在全省县市区审计局长培训班上作经验介绍；审计署主办刊物《中国审计》2011年第13期封面文章以“山东寿光政府投资审计的有益探索”为题，对创新做法进行深度报道。2015年6月，市政府出台《寿光市政府投资项目审计监督办法》（寿政办发[2015]56号），进一步规范政府投资审计的范围、主体、内容、方式、程序、责任等。

经济责任审计。按照“积极稳妥，量力而行，提高质量，防范风险”的原则，不断探索和健全完善经济责任审计制度，经济责任审计的内容和方式持续深化。2011年10月，市纪委、市委组织部、市监察局、市人事局、市财政局、市审计局印发《关于在审计结果运用工作中实行审计整改问责和责任追究制度的通知》（寿纪发[2011]22号），对拒不落实审计决定或整改不力的被审计单位实行审计整改问责和责任追究制度。2013年3月，市纪委、市委组织部、市审计局印发《关于建立经济责任审计整改情况限时报告制度的通知》（寿纪发[2013]5号），规定被审计单位在规定时限内，向市审计局报送审计整改工作方案，向市纪委、市委组织部、市审计局报送审计整改情况报告。2015年10月，市纪委、市委组织部、市审计局联合印发《关于进一步加强经济责任审计工作的意见》，对近年来寿光在经济责任审计方面的制度机制、经验做法作了进一步的完善规范，重点健全完善审计整改监督检查、审计整改约谈和问责、纪检监察机关与审计机关双向移送案件线索、审计结果和审计整改结果运用等方面的制度机制。2011—2015年，累计完成领导干部经济责任审计项目192个，查处违规问题金额135亿元，管理不规范金额53亿元。2011年1月，建立“审计整改问责追责机制”的做法获潍坊市审计工作创新奖。

专项审计（调查）。围绕涉及深化经济体制改革和社会普遍关注的一些热点问题，开展专项审计和审计调查。先后开展农村住房建设与危房改造情况、农村饮水安全工程、中小学校舍安全工程、养老保险基金筹集管理和使用情况、建筑企业养老保障金收缴和管理使用情况、保障性安居工程、村级公路网化工程、稳增长促改革调结构惠民生政策措施落实情况等专项审计和审计调查，促进各项资金管理合法合规、落实到位。

【内部审计】 2011年8月8日，寿光市内部审计协会成立；潍坊科技学院审计处被潍坊市内部审计师协会评为“2011年度创造新经验和做出突出贡献内审机构”。2012年，寿光市内部审计协会被评为潍坊市优秀内审协会；寿光市住房和城乡建设局审计科被山东省审计厅评为“内审机构先进单位”；寿光市供电公司被潍坊市审计局、潍坊市内部审计师协会评为首届“潍坊内审之星”；寿光市教育局审计科、寿光市卫生局财务审计科被评为潍坊市“内审机构先进单位”；2012年8月3日，省厅内审指导中心主任支爱斌到寿光市泰丰汽车底盘制造有限公司进行民营企业调研工作。2013年，寿光市内部审计协会被评为潍坊市优秀内审协会；寿光市富士木业有限公司审计处、山东联盟化工集团有限公司审计处、寿光市中医医院审计科、寿光富康制药有限公司审计部被评为潍坊市“内审机构先进单位”；2013年6月6日，寿光市内部审计协会党支部成立。2014年，寿光市内部审计协会获得山东省“内部审计宣传工作先进单位”荣誉称号；市住建局负责实施的《寿光市勘察设计院有限公司2012年度财务收支审计》获得潍坊市“2014年度全市内部审计项目范例”； 山东和信化工集团有限公司、寿光市富士木业有限公司、康跃科技股份有限公司、寿光富康制药有限公司、山东寿光天成食品集团有限公司获得潍坊市“民营企业内部审计示范单位”称号。2015年12月，寿光市内审协会单位会员175个。

油区管理

【概 况】 清河油田位于寿光市境内，隶属江汉石油管理局，重点生产区域在小清河以南的羊口镇，油、气、水井主要分布在菜央子盐场、卫东盐场、清水泊农场、国营机械林场、曹辛村、候辛村、八面河村、桃园村、郭井子村、北木桥村、官台村。

寿光市油区工作办公室（简称市油区办）成立于1985年7月，是市人民政府油区工作的主管部门，2012年开始负责市境内输油气管道监管工作，设有科室综合科、财务科、工农科、稽查科、后勤科、劳务工程管理科。2002年定编26人，2014年编制为24人。2015年8月核定领导职数为主任1名，副主任3名。2015年12月，因业务需要将后勤科调整为管道监管科。2011—2015年，市油区办连年被评为山东省油区和管道保护工作先进单位。

【法规宣传】 2011—2015年，每年都坚持开展一次油区范围内和输油气管道沿线法律法规宣传活动，共召开动员会、座谈会20余次，出动宣传车50余台次，张贴标语300余条，有力配合油区秩序整治和管道安全隐患整治行动。油区法规宣传活动作为油区秩序治理的一项重要工作固定下来，每年春季市油区办联合清河油田治安保卫大队开展一次有针对性的宣传活动，收效明显。2013年3月，开展“法制宣传月活动”，在油区重点村设立法制宣传站，印发法制宣传材料6种、1800份，清河油田有线广播宣传68次，出动宣传车26台次。6月，印发《寿光市石油天然气管道监督管理办法》，对石油天然气管道进一步明确责任，确保石油天然气管道安全运行。2015年8—9月，掀起宣传《中华人民共和国石油天然气管道保护法》《山东省石油天然气管道保护办法》的高潮，共翻印《中华人民共和国石油天然气管道保护法》《山东省石油天然气管道保护办法》2000份，出动宣传车60辆次，在集贸市场等场所举办宣讲活动30次，张贴标语、过街横幅26条。

【油区稽查】 2011—2015年，油区秩序治理重点是维护油田秩序，取缔以原油为原料的小土炼油炉和非法收购原油站点，联合油田治安治保大队开展专项治理活动8次，取缔小土炼油炉和非法收购原油站点3处，有效解决非法活动前清后上、死灰复燃问题。先后开展“黄河北”行动、油区“净化”行动、“利剑”行动、“油区秩序规范治理年”活动、“和谐安全生态富裕油区建设年”活动、“三打三治”专项行动等一系列油区秩序整治活动，共查获非法运油车辆6辆（桑塔纳1两、面包车3辆、机动三轮2辆），收缴原油5吨，查获非法炼油点1处，打孔盗油和井口盗油发案率为零，有力地维护了油区生产生活秩序。清河油田还利用广播、电视等媒体进行宣传发动，动员所属单位搞好配合，共同搞好油区秩序整治工作。

【工农关系协调】 工农协调工作是寿光市油区办主要职责之一，内容是油区钻井、地质勘探、征占地、污染所引发的工农矛盾。2011—2015年，坚持公开、公正、合理、合法的工农协调原则，及时化解各类工农矛盾，密切工农关系，实现油地均衡发展。共调处各类纠纷1000余起，调处油田污染事件200余起，协助清河油田完成钻井180眼。

规范油田井场建设，实现“四无一通”，即油田井场无权属纠纷、无非法耕种、无非法侵占、高压线下无树木，井场进井道路畅通。积极协助清河采油厂完成2010年下半年至2015年的140余宗油田建设用地测绘维权、临时用地上报审批等工作，为油田办理2003—2009年油田建设用地土地证近300本，进一步规范油田用地程序，有效防止非法侵占圈占油井井场，形成和谐、可持续的油地发展空间格局。针对油田污染补偿款因补偿户数多、居住地分散、联系困难等原因，存在的兑付周期长、不及时等问题，转变工作思路，落实便民措施，为每位补偿户办理银行卡，由原来的补偿户到单位要求兑付，改为补偿款到位后，由单位登记造册，由财政局直接拨付到补偿户手中。至2015年底，共为近160个补偿户办理银行卡。

【安全隐患治理】 2012年始，不断加强全市输油气管道保护和监管，较好保证了输油气管道安全运行。2015年，为深入贯彻落实习近平总书记对山东输油气管道安全隐患治理工作重要批示精神，全市开展石油天然气管道安全隐患整治行动，成立全市输油气管道安全隐患整治工作领导小组，印发《关于进一步加强油气管道安全隐患整治工作的通知》，制定整改方案，召开专门会议，全面部署安全隐患整治工作。同时，针对前期全市摸底排查出的油气管道安全隐患111处，其中东黄老线和东黄复线108处、鲁皖成品油管道3处，联合相关部门和管道企业到安全隐患现场实地查看，现场协调，制定具体整改方案，落实管道企业的安全主体责任，并监督潍坊输油处对管线进行全面检测，对检查出的防腐层漏点，输油站组织人员进行开挖验证和维修，共完成验证和维修70多处。至2015年底，共治理消除安全隐患97起，完成总任务的90%以上。

（刘涛）

潍坊海关驻寿光办事处

【管理机构】 2007年12月27日，海关总署以署人发[2007]538号文件批复同意设立潍坊海关驻寿光办事处（以下简称办事处），规格副处级。2008年9月，办事处筹建工作全面启动。2009年4月，办事处报关中心奠基，占地面积25亩，建筑面积6459平方米，配套建有1000平方米的监管仓库。11月，办事处举行开关仪式，正式开始对外办理业务。内设综合业务科、通关科、监管科。管辖范围是山东省寿光市、青州市和临朐县。业务范围为除稽查和减免税之外全部海关业务；主要进出口商品为原油及燃料油、废纸及铜版纸、橡胶轮胎、塑料产品、化工产品、成品板材、蔬菜等商品。2012年12月，济南海关作为直属海关挂牌，负责济南、泰安、莱芜、淄博、潍坊、德州、滨州、聊城、东营等9市的海关业务。潍坊海关隶属关系由青岛海关转为济南海关，寿光办事处仍为潍坊海关内设副处级机构。2015年，辖区内共有海关监管场站1家，为寿光晨鸣现代物流有限公司海关监管场站，面积3.9万平方米。有公用型保税仓库2家，分别为寿光晨鸣现代物流公用型保税仓库，库容5039平方米；寿光鲁清石化物流公用型保税仓库，库容32万平方米。

【业务工作】 坚持执行海关政策和促进地方经济发展有机结合的原则，为促进寿光市外向型经济发展提供服务。认真优化通关环境，提高通关效能，落实海关总署、总关各项业务改革措施，实行丝绸之路经济带海关区域通关一体化改革，为企业营造可预见、低成本、高效便利的通关环境，可为企业节省通关成本的20%至30%。落实改革措施，促进外贸增长，对鲁清石化燃料油沥青进口、墨龙机械进口熔融还原铸锻生产线、晨鸣废纸进口等重点项目，实行专人服务、提前介入、全程指导的“紧贴式服务”和“无障碍通关”。加强政策宣传引导，召开关企座谈会、政策宣讲会，为企业答疑解惑，让更多的企业用准、用足、用好政策。深度融入，服务地方经济，针对原晨鸣场站因海关监管设施长期不达标，面临停业整顿的境况，一方面克服监管力量不足现状，加强人工巡查，另一方面积极探索创新监管模式，为企业量身打造相关监管制度。晨鸣新场站在经过潍坊海关预验收、济南海关正式验收通过后于2015年11月27日投入运营，并采用海关最先进的无纸化放行监管模式，既保证海关监管，又方便企业快速通关。同时，加强对重点商品和重点企业的监测分析，定期形成统计分析报告上报寿光市政府，为政府部门及时、正确决策提供支持。

2011—2015年潍坊海关驻寿光办事处有关工作情况统计表

表4

项目	2011年	2012年	2013年	2014年	2015年
审核进出口报关单（万票）	2.3	2.8	3.5	2.6	1.51
监管货运量（万吨）	40.2	63	62.8	173.4	115.93
征收税款（亿元）	4.9	5.2	11.6	13.8	10.39
办理加工贸易手册备案（份）	515	529	590	526	469
手册核销结案（份）	459	461	1211	228	606
保税仓库出入库货值（亿美元）	2.9	2.89	5.4	6.1	1.4

农　业

蔬　菜

【蔬菜品种】 菜类。2011—2015年，冬暖大棚蔬菜品种主要有黄瓜、西葫芦、丝瓜、苦瓜、芸豆、豆角、扁豆、油豆等；拱棚蔬菜品种主要有韭菜、茄子、辣椒、西红柿、黄瓜、西葫芦、芸豆、豆角、芹菜、青萝卜等；露地蔬菜品种主要有胡萝卜、青萝卜、大白菜、大葱、韭菜等。黄瓜品种：津绿21-10、德瑞特D19、德瑞特B79、787、津优、园春一号、冬冠、冬棚309、冬棚巨丰308、沃林2号、721-B、津绿、乾德2号和乾德80等；茄子品种：布利塔、765、超利901、702、大龙、二苠、快圆和六叶圆茄等；番茄品种：齐达利、拉比、瑞星五号、妞盾、欧曼、凯泽168、爱农9号、中奥二号、美粉398、美粉克线一号、粉安娜、千禧、春桃、富红宝、黄榕、粉贝贝、罗曼和112等；辣椒品种：曼迪、黄太极、塔兰多、红方、世纪红、红罗丹、雅迪、纳塔利、威丽、奥林匹亚、喜洋洋、长剑、格雷、37-74、37-82和中寿12等；丝瓜品种：中黄、中绿；苦瓜品种：新农村、土财主、疙瘩绿；西葫芦品种：黄皮西葫芦、黑皮西葫芦、京葫38；豆类品种：之豇28-2、九粒白、将军一点红、绿丰和架豆王等；萝卜品种：潍县青；韭菜品种：汉中、冬韭、雪韭、独根红；胡萝卜品种：黑田五寸；白菜品种：义和白菜、北京三号、皇冠、菊锦；大葱品种：八叶齐、梧桐葱、日本铁杆；芹菜品种：玻璃翠、文图拉、桂河绿和桂河黄。

瓜类。2011—2015年，境内瓜类主要是甜瓜、西瓜。甜瓜分薄皮甜瓜和厚皮甜瓜等种类，厚皮甜瓜集中于稻田镇田马村一带，注册商标“王婆”香瓜。薄皮甜瓜境内各地均有零星种植，以圣城街道刘旺村及其周边种植面积最大。露地西瓜主要分布寿北，保护地西瓜主要分布在纪台镇一带。推广的甜瓜品种主要有：伊丽莎白、哈密、西周密、长香玉、雅典、流星、状元、金玉、绿宝、甜宝和羊角蜜等；西瓜品种：京欣、风光、红宝丰和红和平等。

食用菌。2011—2015年，境内仍以平菇栽培为主，金针菇次之，有少量的白灵菇和双孢菇。主要分布在洛城、田柳、侯镇、营里等镇街的150多个村，涉及1300多农户。平菇品种主要有：早秋609、早秋黑平125、秋冬8002、丰抗4号、低温9001、北风1号和寿平007等。金针菇分黄色品种和白色品种，其中黄色品种主要是寿光食用菌研究所选育的金针2619、260等；白色品种主要是白金HE-1、HE-2优丰14和2304等。白灵菇品种主要有：白灵1号、白灵720号、白灵801号和白灵6号等。双孢菇主要为双孢菇2796。

【蔬菜种植】 **露地蔬菜种植**。以露地栽培为主的蔬菜品种有：萝卜、胡萝卜、大白菜、小白菜、甘蓝、花椰菜、大葱、大蒜、圆葱、芹菜、香菜、菠菜、油菜、茼蒿、生菜、茄子、辣椒、西瓜、南瓜、西葫芦、芸豆、豆角、扁豆、马铃薯、山药等，其中主要是胡萝卜、萝卜、大白菜、大葱和山药，约占露地蔬菜播种面积的80%。2015年全市露地蔬菜播种面积15万亩，产量达6.8亿公斤。

大棚蔬菜种植。5年来，日光温室结构不断改善，性能越来越好，单位面积产量越来越高，但播种面积变化不大。引导企业、合作社及种植大户发展适度规模农业园区，市级规划建设羊青路、羊田路、大沂路三条生态农业走廊，其中羊青路走廊南北长12公里，占地3.5万亩，入驻大型高端农业项目32个，带动全市建设规模蔬菜园区137处，在园区内大力推广水肥一体化、无土栽培等应用于标准化生产的新技术、新产品，加快实现园区标准化生产。同时，鼓励园区开展品牌创新，全市共创成“三品”农产品552个，认证国家地理标志产品16个，80%的园区蔬菜以品牌的形式进驻北京、上海、青岛等20多个大中城市。2015年，全市日光温室蔬菜播种面积41万亩，产量44亿公斤。

拱棚蔬菜种植。大拱棚蔬菜的主要栽培种类有：胡萝卜、菠菜、番茄、甘蓝、花椰菜、芹菜、香菜、萝卜、茼蒿、生菜、茄子、辣椒、西瓜、南瓜、甜瓜等，其中主要是胡萝卜、西瓜、甜瓜等。小拱棚蔬菜的主要栽培种类有：韭菜、胡萝卜、萝卜等。2015年全市拱棚蔬菜播种面积10万亩，产量达2.3亿公斤。

【蔬菜病虫害防治】 **主要病虫害**。5年间，全市大多数传染性病害对全市蔬菜生产影响较小，即使是番茄晚疫病、黄瓜霜霉病等容易爆发成灾的病害也没有形成较大影响。但一些世界性疑难杂症如线虫问题、双生病毒、白粉虱等，对蔬菜生产有持续影响，每年都有数万亩蔬菜因此减产。相比之下，由于环境调控不到位或者用药用肥不合理造成的生理问题经常发生，以及由此破坏土壤导致的根腐病和缺素症比较普遍。

防治方法。在病虫害防治上，甲基溴被彻底淘汰，威百亩、氰铵化钙、大扫灭等土壤处理技术以及嫁接技术等，成为病虫害防治的基本技术。在此基础上，农民多采用定期喷施生物农药和化学农药的办法来防病，使用粘虫板和防虫网来防虫。所用的农药多为高效低毒产品。总体来看，病虫害防治技术仍在逐步完善，并向绿色环保的防控技术过渡。

【蔬菜研发与推广】 **种苗研发**。（1）良种研发。5年间，寿光市强化政策扶持，培强种子企业，不断推进商业化育种体系建设。其中蔬菜种业集团和新世纪种苗公司为龙头的12家种子企业具备蔬菜新品种自主育种研发能力，全市通过审定、鉴定的蔬菜新品种达到46个。2013年，农业部与山东省政府签署在寿光市共建“国家现代蔬菜种业创新创业基地合作备忘录”，按照工作要求，寿光市出台关于扶持蔬菜种业发展的相关政策，对蔬菜种子企业和科研机构在新品种选育、人才引进等方面给予扶持，对项目建设、用地拆迁、基础设施配套等方面给予资金补助。至2015年，市财政用于扶持蔬菜种业发展的资金达6000多万元，吸引国家蔬菜工程中心、南澳绿亨、天津德瑞特、东北农大等多家科研院所、高等院校及国内知名企业在寿光市建设了种业研发基地。为集中承载国内外育种研发单位入驻，寿光市统一规划建设了“国家现代蔬菜种业创新创业基地研发中心”，2015年占地138亩的一期工程已基本建成，6家国内顶尖科研机构和育种企业投资建设了研发中心，市财政投资6700万元配套建设了公共服务设施。2015年，全市建成和在建的育种研发中心达到13家。（2）种苗培育。2015年，全市种子经营业户达429家，蔬菜种业集团和新世纪种苗公司带动全市种苗繁育基地发展到200多家，种苗年繁育能力达到14亿株。以黄瓜、番茄、辣椒和茄子为主，其中黄瓜和茄子90%以上实现嫁接，不仅供应本市蔬菜生产用苗，而且销往全国各个省市自治区。（3）良种推广。蔬菜种业集团等60多家蔬菜种子公司在各个蔬菜种植专业村镇建立了试验棚、示范棚及示范基地，市蔬菜高科技示范园也开设有品种展示区，每年展示新品种300多个。通过蔬菜博览会和引导农民参观，加快了良种推广速度。每年都有3~5个优良品种得到较大面积的推广应用。2015年，全市蔬菜良种应用率达96%以上。

蔬菜推广。2011年，实施基层农技推广体系，建立了10个农业科技示范基地，确定了1000个科技示范户，推广了蔬菜生产技术30多项。2012年始，加强蔬菜新科技、新成果试验示范，引进自动化微机管理、沼气综合利用、荷兰智能模式、太阳能光伏大棚、生物菌肥培肥地力、无土栽培等科技型、精准型创意农业项目，加快推进蔬菜产业发展向科普、生态、观光农业转型。全市推广安装节水智能化设备2万平方米，水肥一体化面积达9万亩，测土配方施肥达215万亩，大棚沼气综合利用面积7200亩，生物菌肥培肥地力达5.3万亩。中国农科院李宝聚博士在寿光市主持建立了中国农科院病虫害防治研究中心；农业部在寿光市设立了国家蔬菜产业技术体系综合试验站，与杜永臣等43位科学家岗位开展技术合作，并承接了方智远院士等岗位专家科研试验任务37项，现代农业的科技创新能力进一步增强。

【标准化生产】 农业现代园区建设。全市按照“集中连片、规模经营、绿色有机”的原则，加快推进现代农业园区建设。2011年发展蔬菜园区48处，建设面积2万亩，新建大棚3080多个。同时在园区开展了生物菌肥培肥地力、沼气池建设、农业部水肥一体化等生态农业工程建设，推广绿色、有机生产新技术。2012年，在蔬菜产业优势区规划建设南北长17公里、占地5万亩的现代农业产业园，全年入驻产业园的科研型、生态型高端蔬菜园区项目达到25个。全市规模化蔬菜园区达到126处，总面积8.9万亩。2013年，重点规划了羊青路、羊田路、昌大路“三条生态农业走廊”，其中，位于羊青路两侧的现代农业产业园，占地3.5万亩，入驻大型项目达32个。2014年全市开工建设的蔬菜园区达20处。2015年全市规模蔬菜园区达157处，有力地推进农业经营由分散向园区化转变。

蔬菜质量监测。2011年，配合农业部例行检测4次，寿光市蔬菜抽检合格率为100%；省级抽检1次，合格率100%；寿光市例行监测蔬菜样品76800个，合格率为99.8%。2012年，县级通过定向定位抽检蔬菜样品5160个，镇级抽检蔬菜样品30000多个，合格率均为100%；配合农业部例行检测4次，蔬菜抽检合格率位居全国前茅；省级抽检2次，合格率100%。2013年全市各级检测机构共检测蔬菜样品120000个，合格率为99.5%以上；其中市检测中心全年抽检蔬菜样品3168个，其中2632个样品利用色谱仪，对23种农药残留进行定量检测，检测合格率达99.8%；同时加强土壤和灌溉水检测，共检测土壤样品519个，4848项次，灌溉用水2356个，为加强蔬菜生产过程中质量监管和技术指导提供科学依据。2014年，市农产品检测中心正式通过“山东省实验室计量认证”和农产品检测机构考核。市检测中心全年共抽检蔬菜样品3668个，其中1832个蔬菜样品利用气相色谱仪，对23种农药残留进行检测，455个蔬菜样品利用液相色谱仪检测克百威等氨基甲酸酯类农药残留。农业部对寿光市蔬菜基地和市场抽检4次，同时配合完成省、潍坊市蔬菜抽检4次。

农业投入品安全监管。2011年，出动执法人员2856人次，检查农资生产经营单位775多个，抽检肥料样品517个，立案查处农业行政处罚案件378起，其中农药166起、肥料案件188 起、种子案件20 起、植物检疫4起。2012年，新开发肥料登记备案系统，对4600多种农药、1800多种肥料产品进行审核并备案，农药登记备案做法被农业部肯定并在全国推广。2013年，在农业投入品登记备案制度基础上，对已备案的4600多种农药、2000多种肥料产品进行抽检，共计检测肥料样品381个、农药159个，对不合格农资依法进行处理，确保全市农资质量。全年累计出动执法人员7000余人次，执法车辆1700余辆次，检查农资生产经营单位6000多个次，立案查处农资案件296起，其中农药95起、肥料169起、种子17起、农产品质量4起、植物检疫11起，直接赔偿农民损失100多万元，挽回经济损失300多万元。2014年共审查400多个不同品种和规格的农资产品，同时，加大对未取得登记备案农资产品的查处力度，将不合格的农业投入品彻底清理出寿光市场，规范经营秩序。至2015年，累计登记备案农药5000多个、肥料2200多个。

品牌农业。2011年，全市狠抓标准化生产，全面提升综合竞争力。一是加快发展标准化生产基地，积极推行企业＋基地＋农户的经营方式，在对企业原有基地进行有机食品、绿色食品和无公害农产品认定及国家地理标志产品申报的同时，鼓励企业不断发展新的基地，扩大基地规模。2014年，新申报绿色蔬菜产品60个。同时，组织蔬菜产业集团、新世纪种苗公司等26家农业龙头企业参加中国农交会、山东农交会、中国国际品牌食品博览会等展会，提高蔬菜企业知名度。至2015年，全市有机、绿色、无公害农产品基地面积达到71万亩，有机、绿色、无公害农产品品种达552个，国家地理标志产品17个。标准化基地的发展，不仅使公司与农户结成“利益共享，风险共担”的利益联结机制，而且有效地避开日本等国设立的种子贸易壁垒，降低企业和农户双方的风险。二是鼓励企业进行标准质量认证。鼓励企业积极进行ISO、QS、HACCP、HALAL、OU等质量标准认证，以这些标准为基础形成严格的质量管理体系和生产自控体系。同时，鼓励企业建立自己的禽病、微生物、农残检测室，对原料来源及产品生产、加工包装等各个环节全程跟踪检测，确保产品的质量安全，提高企业产品的竞争力。全市有20多家企业通过ISO系列认证，30多家企业建成自己的检测室。

龙头企业。通过引导扶持，发展培育农业龙头企业，推动现代农业发展提升。2011年，组织70家农业龙头企业进行潍坊市级监测与申报，新认定20家潍坊市级以上农业龙头企业。至2015年末，全市各类龙头企业发展到410家，其中蔬菜产业集团、天成食品集团、东方誉源3家公司进入全国农业产业化龙头企业行列，维多利公司、金玉米公司等12家龙头企业进入省重点扶持行列，田苑公司、裴岭公司、洛城农发公司等80家龙头企业进入潍坊市级重点龙头企业行列。

大棚升级改造。日光温室继续在高、长、宽、厚、深等方面加大规格，到2015年新建的日光温室平均高度7米，平均跨度16米，最高的达到8米、最宽的达到23米。近几年大约有3万亩棚龄超过15年的温室因性能较差被拆除翻建，翻建后，同样面积上的土地产出大幅度增加，约30%，为蔬菜技术进步提供了基础条件。

在骨架材料方面，主要是钢管普遍应用，几乎百分之百的新建温室都用钢管代替竹竿，使得日光温室的应用寿命进一步提高，维护费用进一步降低。

在保温材料方面，保温被逐渐代替草帘，温室70%使用保温被，有些菜农为提高棚室内的温度，甚至使用两层保温被，也有的在原来使用的草帘的基础上又加一层保温被，使得棚室内的温度基本都能满足喜温性蔬菜的生长要求。带保温被的大拱棚逐渐被农民认可，其土地利用率高达80%，所以应用面积越来越大。

【加工销售】　**蔬菜加工**。2011年以来，寿光市把发展农业龙头企业，作为提高产业效益、提升产业化水平的重要环节来抓，扶持壮大山东赛维绿色科技有限公司、寿光大森食品有限责任公司、山东寿光天成食品集团有限公司等重点农业龙头企业，增强辐射带动功能，实现企业增效与农民增收的双赢。到2015年，全市加工蔬菜食品、有机食品种类企业数量与2010年前持平。

寿光蔬菜以深冬保护地种植为主体，新鲜蔬菜销售价格一直很好，而多数适合蔬菜深加工的品种多为露地菜，如菠菜、油菜等，因此蔬菜深加工发展缓慢。2015年深加工企业有山东省寿光蔬菜产业集团有限公司、山东寿光天成食品集团有限公司、山东赛维绿色科技有限公司等为数不多的企业。

市场销售。寿光市在实施农业产业化战略过程中，坚持以农民增收、农业增效为目的，注重发挥市场体系日臻完善、超前发展的条件，突出强化其辅助功能，形成具有鲜明特点的农产品流通体系，有效地把农业和农民引入市场流通领域，给农村经济的发展注入生机和活力。2011年投资5亿元筹建山东寿光果菜批发市场，占地300亩，建成10个果菜理货区，一栋综合性办公楼，两栋交易服务楼和一个交易大厅，市场全年的交易量累计达到20亿斤，年交易额迈进30亿元大关。山东寿光果菜批发市场与农产品物流园构建成东西两大蔬菜批发市场，为区域农产品建立了一条销售渠道，降低了农产品的销售成本。同时，配套建设了蔬菜小型专业市场和田边市场，带动蔬菜运销、经营、中介等产业和人才、信息、技术等要素市场的发展，形成内外相通、遍布城乡的市场网络。2015年发展稻田蔬菜、化龙裴岭胡萝卜等40多处专业市场、196处小型集贸市场、575家田边蔬菜市场。

积极创新交易手段、运作方式和组织体系，推广园区（基地）直接配送高等院校、大型企业、高档社区和连锁超市；倡导网络定购和会员制；园区（基地）直接配送蔬菜至连锁餐饮企业、高档饭店以及生鲜冷链出口企业，打造安全、便捷、畅通、高效、诚信的品牌农产品销售平台。2015年全市发展以乐购集中配送中心带动园区“工厂化”生产直供全国乐购连锁超市为代表的高端品牌渠道；以蔬菜集团带动“园区化”生产直供产加销全产业链配送为代表的中端渠道；以燎原合作社带动“基地化”社员生产配送超市、饭店为代表的低端渠道，打造完善的高中低端品牌产品直供网络体系。全市70%的园区蔬菜以品牌的形式与进入北京、上海、青岛等大中城市高端市场，与沃尔玛、乐购、家乐福和卜蜂莲花等405家连锁超市签订了产销对接合作协议，其中英国乐购、法国家乐福、卜蜂莲花、北京京客隆等大型超市与寿光园区合作设立集中配送站；面向连锁餐饮企业、社区的配送已建立了广泛的渠道；部分产品出口到日韩、香港、东南亚等国家和地区。

名优特蔬菜品种。（1）寿光羊角黄辣椒。寿光是《齐民要术》诞生的地方，农业历史发达，蔬菜栽培领先。《山东通志》记载，辣椒味辣、适于鲜食，至清雍正年间，辣椒已成为寿光的重要农产品。寿光羊角椒属茄科辣椒，因椒果形似羊角，故名羊角椒。寿光是中国北方羊角椒特产区之一，与河北望都、湖南邵阳、陕西西安、辽宁赤峰齐名。

寿光羊角黄辣椒于2012年获得“农产品地理标志登记产品”称号，划定的地域保护范围是山东省寿光蔬菜产业集团有限公司绿色食品基地及孙家集街道所属各村，地域保护范围总生产面积300亩，年产量1500吨。

（2）化龙胡萝卜。据化龙桥村刘汶波记录，从清朝就把胡萝卜种植引进到化龙桥村，由裴姓先祖从南方引进胡萝卜种子，亩产3000多斤。2015年，化龙镇胡萝卜产业涉及裴岭周围20个生产专业村，全镇胡萝卜种植面积达4万余亩，辐射青州、广饶等周边地区种植胡萝卜15万亩。在立足自身发展的同时，化龙镇积极实施走出去的战略，在福建、河北、内蒙古、吉林、甘肃等地建立大面积的化龙胡萝卜种植园区，确保胡萝卜加工全年不间断生产。

2015年，裴岭胡萝卜加工园区占地面积1600亩，园区内建有胡萝卜生产龙头企业达54家，相关物流、生产资料企业61家，其中潍坊市级龙头企业3家。恒温库总容量达20万吨，年加工量达120万吨，从业人员达3万多人。产品出口日本、韩国、东南亚、俄罗斯、美国等国家和地区，2013年，年交易量突破120万吨，交易额20亿元。2013年“化龙胡萝卜”通过国家农产品地理标志认证。

蔬菜博览会

【概 况】 中国（寿光）国际蔬菜科技博览会（简称菜博会）创办于2000年。2011—2015年，连续举办第十二届至第十六届菜博会，其中第十二届和第十三届菜博会会期为4月20日—5月20日，第十四届菜博会之后，改为4月20日—5月30日。五届菜博会，先后有来自50多个国家、地区和31个省、市、自治区、特区的1066多万人次参展参会，实现各类贸易额805亿元。展会以“绿色·科技·未来”为主题，总展览面积45万平方米，其中室内16.5万平方米，设有12个展馆（厅）、蔬菜博物馆及广场展位区，共展出国内外蔬菜品种2000多个，新增品种200多个，新技术100多项，栽培模式80多种。菜博会主会场举办地点寿光市高科技示范园，为国家AAAA级旅游景区、AAAAA级农业专业展会。

第十二届菜博会。2011年4月20日—5月20日。总展出面积35万平方米，其中室内15.5万平方米，设12个展厅（馆），分为展销交易区、蔬菜种植区、蔬菜文化景观区、果树观赏区、蔬果采摘园和蔬菜博物馆。展会期间举办第二届中华农圣文化节，第二届中国（寿光）国际设施园艺高端学术论坛，现代农业实用技术培训活动，第二届中国（寿光）农业电视论坛暨节目评估年会，“绿色天使”礼仪小姐大赛，“菜王、瓜王、果王”大赛，第十二届菜博会“魅力菜乡·放歌寿光”大型文艺演出，寿光蔬菜研究院成立五周年庆典，续约仪式暨寿光蔬菜综合试验站揭牌仪式，海峡两岸现代农业合作恳谈会，投资贸易洽谈会暨大项目签约仪式，维护寿光蔬菜质量安全颁奖典礼暨《寿光蔬菜种植管理宝典》丛书发行仪式，贾思勰农业科技大讲堂，2011中国（寿光）国际蔬菜趣味大赛，贾思勰农学院揭牌仪式，农圣文化国际研讨会，中国全媒体电视世纪峰会暨首届县市级（寿光）广播电视三网融合经验研讨会，2011中国石油化工与装备业发展论坛，第二届“红色文化绿色经济”高峰论坛，全国第三届联墨名家邀请展，《农民眼中的新农村》纪实摄影大展暨工业题材摄影展，山东省雕塑作品艺术展，“让影像告诉世界”——绿色峰会十二年大型摄影展，全国百强县市汽车论坛，寿光农业观光一日游等活动。另外大会还设有寿光市先正达种子有限公司等11个分展区，全面展示寿光农业产业化、标准化和国际化发展水平。

第十三届菜博会。2012年4月20日—5月20日。总展出面积35万平方米，其中室内15.5万平方米，设8个展厅（馆）、4个蔬菜温室大棚、蔬菜博物馆、采摘园及广场展位区，室内外展位2000个。展会期间举办第三届中华农圣文化节，全国农产品现代物流发展论坛，海峡两岸休闲观光农业交流会，荷兰种业发展研讨会，现代农业实用技术培训，第十三届菜博会“龙腾鼓乐唱寿光”大型文艺演出，菜博会大项目签约仪式，“全国县市报记者看菜乡”大型专题采访活动暨“全国绿色小记者菜乡行”“维护寿光蔬菜质量安全”评优活动颁奖典礼，“魅力菜乡，梦幻寿光”中国魔术代表团走进菜博会专场演出，农圣文化国际研讨会，“中国蔬菜之乡——蔬菜产业十年大盘点活动”颁奖典礼，蔬菜总动员—第三届中国（寿光）国际蔬菜趣味大赛，第三届中国（寿光）农业电视论坛暨节目评估年会，首届文化友好城市网络文学大奖赛暨“相约寿光”颁奖文艺晚会，第三届市民节，第七届菜乡千人鹊桥会暨第三届婚庆婚纱影楼用品展览会，全国书法名家精品展等书画展、摄影展，紫砂艺术文化节，第十二届中国职业模特选拔大赛山东选拔赛，2012首届中国（寿光）汽车春季博览会，第九届“绿色天使”礼仪小姐选拔赛，“寿光农业观光一日游”活动，网络媒体菜乡行，瞬间无限、记录无限－吴思强教授摄影30年回顾展，地方特色文艺会演，现代农业科技大讲堂等活动。另外大会还设有寿光市先正达种子有限公司等13个分展区，全面展示农业产业化、标准化、国际化和现代农业园区建设水平。

第十四届菜博会。2013年4月20日—5月30日。以“绿色·科技·未来”为主题，设农业科技展区、农资展销区、农产品展销区、农机装备展区、休闲食品展销区等专业展区和台湾农产品精品展区，总展览面积45万平方米，其中室内15.6万平方米，设10个展厅（馆）和蔬菜博物馆、采摘园及广场展位区，室内外展位2000多个。展会期间举办2013首届中国（寿光）文化产业博览会，第四届中华农圣文化节，第三届中国（寿光）国际设施园艺高层学术论坛，中国蔬菜产业大会，海峡两岸休闲观光农业交流会，投资贸易洽谈暨大项目签约，台湾农产品精品展示展销会，农圣文化国际研讨会，现代农业科技大讲堂，第四届中国（寿光）农业电视论坛暨节目评估年会，机械装备制造先进技术高峰论坛，2013中国（寿光）有机农业与自然农法国际论坛，农业观光游活动，“菜王、瓜王”评比大赛，蔬菜总动员——第四届中国（寿光）国际蔬菜趣味大赛，“倡和谐文化 展巾帼风采”文艺展演，“寿光的春天”大型采风创作、第四届市民节，“翰墨飘香·寄情绿色”全国书画名家精品展，第二届紫砂艺术文化及茶文化展等活动。大会设有寿光市先正达种子有限公司13个分展区，全面展示农业产业化、标准化、国际化和现代农业园区建设水平。

第十五届菜博会。2014年4月20日—5月30日。展会总面积45万平方米，其中室内15.6万平方米，共设12个展馆（厅），分为蔬菜种苗及农资展销区、农产品展销区、农业科技展区及蔬菜新研发品种展厅、蔬菜前沿栽培技术展厅，蔬菜园艺厅、蔬菜文化景观厅、采摘园、蔬菜博物馆等。展会期间举办全国农村青年创业致富“领头雁”特色产业交流会，2014中国（寿光）文化产业博览会，第三届台湾农产品精品展，现代农机装备展，优秀企业精品展，房产展示交易会，中国（寿光）设施蔬菜品种展，现代农业专题论坛，海峡两岸休闲观光论坛，人民币跨境服务三农活动周，中华农圣文化节，项目推介及项目签约，现代农业实用技术培训活动，2014（第十一届）全国百强县市汽车巡展，农业观光游活动，第五届农圣文化国际研讨会，“菜王、瓜王”大奖赛，现代农业科技大讲堂，“群英聚会 传富中国”论坛，央视鉴宝专家走进寿光，海峡两岸传统文化与心理健康论坛，全省青年创意广告设计大赛，第三届紫砂艺术文化节暨产品展，第六届市民节，书画、摄影作品展，演艺活动及体育赛事，文学采风及新闻采编，“来菜乡、学技术、游菜博”等活动。

第十六届菜博会。2015年4月20日—5月30日。总展览面积45万平方米，其中室内16万平方米，设有11个展馆（厅）和蔬菜博物馆、采摘园及广场展位区，共展示菜果品种2000多个，新增品种200多个，新技术100多项，栽培模式30多种。其间，举办第四届中国（寿光）国际园艺设施高层学术论坛，第六届中华农圣文化国际研讨会，现代农业实用技术培训，第六届中华农圣文化节，第四届台湾农产品精品展，第三届中国（寿光）文化产业博览会，第二届中国盆景精品邀请展，“菜王、瓜王”大奖赛，投资贸易洽谈暨大项目签约，海峡两岸休闲观光农业交流会，2015中国（寿光）设施蔬菜品种展开幕，农业观光旅游活动，现代农业实用技术培训活动，山东电视台互动娱乐节目《大家一起赚》走进蔬菜之乡，2015杭州丝绸展销会，第九届市民节，全省高校视觉艺术大赛暨获奖作品展，第四届紫砂艺术文化节暨产品展，中国书画名家作品展，“品质寿光”全国书法小品邀请展，专业艺术团体演出及民间艺术表演，“倡和谐文化、展巾帼风采”文艺展演等活动。另外，大会设有寿光市先正达种子有限公司等12个分展区，全面展示农业产业化、标准化、国际化和现代农业园区建设水平。

2011年—2015年中国（寿光）国际蔬菜科技博览会基本情况表

表1

届次	十二	十三	十四	十五	十六
举办时间	2011.4.20—5.20	2012.4.20—5.20	2013.4.20—5.30	2014.4.20—5.30	2015.4.20—5.30
举办地点	寿光国际会展中心	寿光国际会展中心	寿光国际会展中心	寿光国际会展中心	寿光国际会展中心
室内面积（㎡）	15万	15万	15万	15万	15.6万
展位个数（个）	2000	2000	2000	2000	2000
参展品种（个）	2000	2000	2000	2000	2000
国家领导人视察	王志珍 于永波	贺国强	张宝文	—	—
参会人次（万）	201	212	216	218	219
签约项目（个）	35	41	44	31	31
签约额（亿元）	259	381	372	156	222
贸易额（亿元）	162	161	152	160	160
基础设施建设	采摘园	—	九、十号馆	重建 三、四号馆	大棚蔬菜优质 高效生产示范区

【办会主体】 主办单位。2011年4月20日—2014年4月20日举办的第十二届菜博会至第十五届菜博会，均由山东省人民政府函报商务部同意举办各届菜博会，报国务院备案。博览会由农业部、科技部、商务部、环境保护部、质检总局、旅游局、国家外国专家局、中国贸易促进会、中华全国供销合作总社、中国科学技术协会、中国农业科学院、国家标准化管理委员会、中国农业大学和山东省人民政府等14部委、院校主办。

2014年8月，全国清理和规范庆典研讨会论坛活动工作领导小组经过摸底普查、专家组评审、领导小组审议，并报请党中央、国务院批准，第十六届中国（寿光）国际蔬菜科技博览会由农业部、商务部、中国贸促会、山东省人民政府、中国农业科学院、国家标准化管理委员会、中国农业大学主办。农业部等7部委、院校主办。

协办单位。由美国、德国、英国、俄罗斯、意大利、荷兰、以色列、克罗地亚、保加利亚、韩国、乌克兰、智利、南非、古巴、阿根廷、马达加斯加、哥伦比亚、墨西哥、芬兰、阿尔及利亚、丹麦、埃及、比利时、摩洛哥、土耳其、哥斯达黎加、尼泊尔、玻利维亚、孟加拉、秘鲁、也门等30多个国家驻华使馆，联合国粮农组织驻华代表处，联合国亚太农业工程与机械中心，太平洋岛国论坛驻华代表处，太平洋岛国贸易与投资专员署，中国丹麦商会，英中贸易协会，中国哥伦比亚商会，中欧可持续发展协会，意大利对外贸易委员会北京代表处，韩国农协，中国意大利商会，海湾合作委员会国家商工联中国代表处、印度工商会联合会中国代表处等国际商协会，中国蔬菜协会，中国物流与采购联合会协办。

承办单位。第十二届菜博会至第十五届菜博会由山东省农业厅、科学技术厅、商务厅、环境保护厅、质量技术监督局，山东出入境检验检疫局，山东省贸促会、省供销合作社、省外国专家局、省农业科学院、省旅游局、省科学技术协会，潍坊市人民政府，寿光市人民政府承办。

第十六届菜博会由山东省农业厅、商务厅、省质量技术监督局、省贸促会、省农业科学院、潍坊市人民政府、寿光市人民政府承办。

【主要特点】 **第十二届菜博会的主要特点**。（1）展示布局科学合理，展览内容丰富集中，前瞻性、科普性、导向性更为突出。本届菜博会，合理布局，汇集展示国内外蔬菜产业领域的最新科技成果，共展示菜果品种2000多个，现代化栽培模式30多种，新技术、新成果100多项，许多新品种、新技术、新成果都是第一次和观众见面，特别是“未来馆”智能化管理系统、植物工厂、蔬菜规模化种植体系等展示亮点，是对未来农业产业化发展的大胆探索和引导，代表现代农业的发展方向。（2）招商招展力度大，展商参展踊跃，外向度、组团式、国际化更为突出。本届菜博会招商招展采取公开竞拍、网上确认、提前预订等方式，涉农企业、科研院所参与热情高，招商网络化、组团式、国际化特色明显。自主招商展位2000多个，吸引20多个国家、地区及国内28个省市区的近万名客商参展，行业协会、农业企业等涉农领域组团式招商成效显著，国外知名跨国农业集团纷纷抢购菜博会抢手展位，占总数的25%以上。展会期间，组织开展多种形式、多个领域的经贸交流活动，共签约项目35个，签约额259.2亿元，贸易额162亿元。同时，相继举办名优农产品展、工业品展、房产展、书画摄影展等多项专业展。（3）蔬菜景点精彩纷呈，文化活动内容丰富，独特性、艺术性、文化含量更为突出。有200多个蔬菜文化景点融传统历史文化与现代农业科技与一体；蔬菜博物馆浓缩蔬菜种植的悠久历史和蔬菜产业的发展变化；第二届中华农圣文化节30多项活动内容丰富、特色鲜明；先后举办第二届国际设施园艺高层学术论坛、海峡两岸现代农业合作恳谈会、第二届中国农业科技电视论坛等系列专题论坛、学术会议；大型文艺演出近5万名观众到场。（4）农业观光旅游已成规模，学科技游菜乡相得益彰，娱乐性、休闲性、观光特色更为突出。仅“五·一”小长假期间，参观人数就达64.9万人次，创历届新高。本届菜博会主展区蔬菜高科技示范园与11个分展区已形成农业观光“一日游”“二日游”的旅游线路。（5）对外宣传，高端、一般宣传相结合，网络化、多样化、专题化更为突出。本届菜博会，对外宣传力度大，形式新，亮点多。从筹备之初，就通过新闻媒体、菜博会网站对各项筹备工作进行跟踪报道。同时集中力量办好北京、济南新闻发布会。展会期间，共有国内外120多家新闻媒体、600多名记者与会，从不同层面、多角度、深入广泛地报道菜博会。（6）社会各界广泛关注，国内外影响进一步扩大，美誉度、拉动力、影响力更为突出。菜博会以独特的展览模式，丰富的博览内容，鲜明的办会风格，享誉海内外，本届菜博会累计参观人次达201.2万。

第十三届菜博会的主要特点。（1）对外影响力进一步提升。共有国内外200多个重要代表团、212万人次到会参观。来自海内外的120多家新闻媒体近600名记者报道菜博会。新华社、《人民日报》、中央电视台、中央人民广播电台等媒体均在重要位置和重要时段及时报道会议消息。会议期间各级各类新闻媒体共刊播宣传稿件1100多篇次，覆盖到近100个国家和地区。（2）加快现代农业科技成果交流转化。共展示菜果品种2000多个，具有较大推广价值的品种达80%以上。参展展品中，种苗类占38%、药肥类占33%、农机类占12%、其他类占17%，展出科研技术成果300余项。特别是农业自动化控制系统、物联网应用技术、光伏农业一体化技术等多项新技术、新成果，是对未来农业发展的大胆探索和尝试。（3）技术扩散推广作用更加明显。在参会参展的客商中，农业科技人员和菜农占参会总人数的60%以上。广大农民群众通过看展览、听讲座，接触到来自农业领域的新观念、新成果，开阔了眼界，激发学习新技术、应用新品种的热情。（4）蔬菜文化内涵进一步提升。制作310多个主题蔬菜艺术景点，特别是将历届菜博会的经典景观进行重现，成为本届菜博会的一大看点。同期举办的中华农圣文化节，组织开展大型文艺演出、国际农圣文化研讨会、名家书画展等40多项文化活动，推动蔬菜与文化的深度融合。（5）经贸合作成效显著。涉农参展企业2000多家，分别来自韩国、加拿大、美国、瑞士、以色列等20多个国家和地区，以及国内28个省市区，参展内容涉及农业生产各个领域。同时，还吸引工业、文化、商贸、食品等其他行业前来办展，先后举办工业品展、汽车展、房产展、紫砂展、书画摄影展等多项专业展览。本届菜博会，近万名客商参会洽谈，会议期间共签约项目41个，签约额381亿元，贸易额161亿元。所签约的投资合作项目涉及农业、工业、基础设施、旅游等多个领域。

第十四届菜博会的显著特点。（1）影响力和吸引力更加突出。新增2万平方米展厅，会期由30天延长为40天，吸引来自荷兰、以色列、中国台湾等20多个国家和地区的客商参展，国内外200多个重要代表团参会，参观总人数达到216万人次；精心制作200多个主题蔬菜艺术景点，仅“五·一”三天，接待国内外游客68万多人次；来自国内外130多家新闻媒体、600余名记者对菜博会进行报道。（2）科技引领作用更加明显。集中展示国内外蔬菜产业领域的新技术、新品种、新成果，共展示2000多个菜果品种、100多项新技术、30多种新模式，成为前沿农业科技展览展示、推广应用、交流共享的重要平台。克隆工厂、农业自动化控制系统、物联网应用技术、光伏农业一体化、自动化播种流水线等一系列新技术、新成果，为现代农业发展提供新的科技支撑。特别是首次对寿光自主研发的蔬菜品种进行集中展示，让参会者感受到现代农业的科技魅力和寿光制造给广大菜农带来的切实好处。本届菜博会，参会的主体仍然是农民，占到65%

以上。外地农民专程组团参观学习成为今年展会的新亮点。（3）活动内容更加丰富。举办第四届中华农圣文化节，开展50多项丰富多彩的群众性文化活动；举办2013中国（寿光）文化产业博览会，展示展销书画、紫砂、手工艺品等多种文化用品和非物质文化遗产，搭建起寿光与各地文化交流的全新舞台；举办台湾农产品精品展，展示展销各类台湾名优特农副产品600余种；与农业部、中国农科院、国台办等联合举办中国蔬菜产业大会、国际设施园艺高层学术论坛、海峡两岸休闲观光农业交流会、机械装备制造先进技术高峰论坛等一系列高层次专业论坛；举办农业科技大讲堂、农业实用技术讲座。还举办优秀企业精品展、房产展、农机展等专业会展。菜博会从蔬菜展会发展成为农业的盛会、科技的盛会、文化的盛会、商业的盛会、旅游的盛会。（4）经贸成果更加显著。本届菜博会共吸引20多个国家、地区和国内28个省市区的2000多家企业、近万名客商前来参展参会、投资洽谈。先后与奥地利、山东大学等联合成立3个科研中心，与中国农科院、中国农大、北京博士后联谊会等签订合作协议，从中科院等引进16位高端人才，争取国家现代蔬菜种业创新创业基地等14个蔬菜种业科研平台落户；菜博会期间，集中签约44个重点项目，签约额372亿元，实现各类贸易额162亿元。

第十五届菜博会的主要特点。（1）展会模式适应市场需求，影响力吸引力增强。本届菜博会设1个主展区和14个分展区，主展区展览总面积45万平方米，室内展览面积15.6万平方米，分12个展厅（馆）。采取实地种植与展位展示相结合、蔬菜园艺与文化艺术相结合、经贸洽谈与观光旅游相结合的模式，共吸引20多个国家、地区和30个省、市、自治区的近万名客商、200多个重要代表团及6000多个农业观光团参会，参观总人数达到218万人次。展会期间，来自国内外110多家新闻媒体、450余名记者对菜博会进行报道。（2）现代农业科技展览示范引领作用加大。汇集2000多家企业带来的全球优良农资种苗、机械设备及尖端农业技术；展厅实地种植蔬菜、瓜果品种2000余种，比上届新增200多种，采取30多种栽培模式，展示推广农业自动化控制系统、物联网应用技术、声波生长调控技术、光伏农业一体化、自动化播种流水线等一系列新技术、新成果100多项。各类农业信息、技术、种苗及农资机械通过菜博会汇集展示，并通过百万参会者迅速传播到国内外。（3）农业科技成果转化加快。菜博会立足于“三农”发展，服务于广大农民。来自全国各地的参会农民占70%以上，农民成为展会的主角。展会不仅为广大农民提供技术、种子、农资设备等，还定期举办农业科技大讲堂、农业实用技术讲座等，向广大菜农传授各种信息、技术。菜博会成为农民与新技术、新成果，农民与市场，农产品与市场对接的纽带。（4）蔬菜观光旅游升温。本届菜博会，实现蔬菜与文化、展览与观光、会展与旅游的有机结合。精心设计制作的200多个蔬菜艺术景观，具有很高的文化含量和艺术观赏性，使参观者既增长知识，又亲身体会到蔬菜文化的无穷魅力。“五·一”三天假期，接待国内外游客71万多人次。依托一年一度菜博会的辐射带动，寿光先后有4个全国农业旅游示范点升级成为国家AAAA级景区，成为农业观光旅游的黄金线。（5）“会中会”带动效应凸显。围绕展会主题成功举办一系列丰富多彩的“会中会”。全国农村青年创业致富“领头雁”特色产业展，吸引来自全国20

多个省市的农村致富带头人参会参展。还组织召开全国蔬菜种业发展报告会、中国（寿光）设施蔬菜品种展观摩会、农圣文化国际研讨会、国家蔬菜战略联盟会议、山东省良种工程会议等一系列高层次专业会议。（6）经贸成果丰硕。本届菜博会吸引20多个国家、地区和国内近万名客商前来参展参会、投资洽谈，共签约重点项目31个，签约额156亿元，实现各类贸易额160亿元。台湾农产品精品展，单独设立台湾馆，由122家优秀台湾企业、249名展商参会，展销各类台湾名优特农副产品500余种，现场及订单成交额达1.2亿元。德国FLORAGARD中国公司、丹麦品氏托普园艺有限公司、韩国第一种苗有限公司、深圳微润工程有限公司等多家国内外知名农业公司在菜博会显眼位置抢设展位。许多国内客商通过参展参会，与美国、荷兰、以色列、俄罗斯、韩国等30多个国家和地区建立合作伙伴关系，上百种经过深加工的优质农副产品，通过菜博会直接销往海外。

第十六届菜博会的主要特点。（1）展会平台进一步优化。本届菜博会设1个主展区和12个分展区。主展区展览总面积45万平方米，其中室内展览面积16万平方米。新增11号展厅，重建3号、4号展厅。菜博会期间，先后有200多个重要代表团参会参展，吸引219万人次到会参观参展。来自海内外的110多家新闻媒体、近500名记者报道寿光，特别是中央电视台、新华社、《人民日报》《农民日报》等国家级媒体对菜博会给予重点关注。（2）国际化程度明显提高。共吸引美国、韩国、俄罗斯、墨西哥、日本等40个国家和地区的180家外企参展。首次设立的国际农产品展区，共有瑞士先正达、荷兰瑞克斯旺等15个国家和地区的54家企业参展。（3）科技创新能力进一步提升。展会汇集1000多家涉农企业带来的全球优良农资机械设备及尖端农业技术。在参展企业中，高新技术企业占到20%以上，首次举办的航天育种展，吸引航天神舟生物科技、北京神舟绿鹏农业科技等35家高新技术企业参展。展厅实地种植菜果品种2000多个，新增品种200多个，栽培模式30多种，汇集展示新一代水肥一体化技术、物联网信息远程控制技术、植物工厂等100多项国内外农业实用技术。新建的3、4号展厅，融合集雨节水循环使用、三重降温、物联网技术等高新技术于一体，国内一流、国际领先。（4）经贸成果更加丰硕。本届菜博会，共吸引国内30个省市区及国外的1160家企业、近万名客商参展参会、投资洽谈。寿光市各级各部门单位充分利用菜博会这个平台，招才引智，招商引资，取得较大成效，集中签约30个重点项目，签约额222亿元，引资额190亿元，实现各类贸易额160亿元。（5）文化创意更加丰富。本届菜博会，共设计制作蔬菜景点210个，实现蔬菜与文化、展览与观光、会展与旅游的有机结合。围绕展会主题，先后举办第三届中国（寿光）文化产业博览会、中华农圣文化艺术节、海峡两岸休闲观光农业交流会、中华农圣文化研讨会、中国盆景精品邀请展等50多项丰富多彩的文化活动，进一步推动蔬菜与旅游、蔬菜与文化的深度融合发展。（6）市场化运作力度加大。坚持“政府主办、专业组织、市场运作、社会参与”的运作思路，从客源组织、展位招商、广告招商、门票营销到冠名权、经营权等实行市场化运作，减轻政府财政投入和行政参与。在山东省内17地市进行系列宣传推介，与省内旅游部门、宣传部门、旅行社等对接合作，签约旅行社2000多家。

对2000多个展位进行优化调整，实行公开竞拍，来自全国各地的近千家客商现场参与。

【蔬菜博物馆】 中国寿光蔬菜博物馆是国内首家以蔬菜为主题的专业性博物馆，收藏着全国7000多年蔬菜生命的过往和文化宝藏。博物馆于2008年10月由寿光市人民政府立项审批，2010年4月20日正式对外开放，2010年6月获山东省旅游产业创新奖三等奖。2015年，该馆陈列面积3000平方米，文物藏品3000余件，有100余种壁画、雕塑、彩绘等艺术杰作。设有历史沧桑、蔬菜大观、菜乡流韵、展会经典、饮食文化5个富有地方特色的系列基本陈列，有北辛、大汶口、龙山、岳石文化的丰富遗存。其基本框架内容为6个版块。

序厅。主要有“菜篮和菜字金柱造型”(寓意为蔬菜是寿光农业的支柱）、千叶顶及大型锻铜浮雕壁画《菜之魂》、前言壁萝卜雕塑造型等三部分组成，突出蔬菜博物馆的核心理念与主题。

古代历史区。内容自古人采集渔猎到新石器时期的垦田栽培；夏商周时期蔬菜园圃业的产生到战国秦汉时期蔬菜商品性生产的出现；魏晋南北朝及隋唐时期蔬菜栽培的发展，特别是贾思勰《齐民要术》的问世；再到宋元明清时期蔬菜著名产地和集中产区的形成，以及海外蔬菜品种的大批引入等。并配有《古人垦植》《折柳樊圃》《汉武帝躬耕》等大型油画及《纪国故城模型》和《贾思勰大型锻铜雕像》等艺术作品。通过不同历史时期，重点反映出中国悠久的垦植历史和灿烂的农耕文化，形成极为丰富的蔬菜种植资源和数千年的蔬菜栽培史。

蔬菜大观区。有各类蔬菜生物标本、种子、仿真模型及图片文字资料，并配有9条蔬菜生物标本大型立柱，以南瓜造型为意念的《万物生长靠太阳》、以滴水叶片和美女菜神而组合的《雨露滋润禾苗壮》等大型景观，重点展示栽培食用蔬菜、观赏蔬菜及野生蔬菜的种类和品种，反映蔬菜产业的发展变化。

科技创新区。通过“我的家园”沧桑历史与精美别致的现代棚形科技宫殿对比，揭示出科技创新与蔬菜发展的关系，重点展示为蔬菜发展作出突出贡献的王伯祥、王乐义先进典型事迹，冬暖式大棚的发明、推广、技术传播、蔬菜高科技创新应用、标准化生产、质量保证体系、市场流通体系等内容，并配有雾屏电视短片《脚步》、大型投影屏幕形象片等，以提高视觉效果。

展会文化区。以相关的文物资料、图片、声像等，突出反映中国（寿光）国际蔬菜科技博览会与形成的蔬菜特色文化和各类社会文化等内容。并安装制作鼎立球体、电子翻书、光感应地面“踢南瓜”等互动性、趣味性设施，以增强氛围和效果。

蔬菜与饮食区。以“国以农为本，民以食为天”为主题，重点反映蔬菜是人类自远古采集和栽培的主要食物，蔬菜与人的生存和健康息息相关。通过饮食物品、特色民俗餐饮文化及“天赐美食”精美吊顶、象形石仿生菜肴等景观，展现寿光蔬菜饮食文化源于民间乡土、秉承《齐民要术》等浓郁的地方特色和丰富内涵。

种植业

【管理机构】 2011年，寿光市农业局下设办公室、计划财务科、组织人事科、生产与经济信息科、科教与企业管理科等5个科室，辖5个副科级以上事业单位，分别是寿光市农业技术中心、山东省农业广播学校寿光分校、寿光市农业资源区划办公室、寿光市农产品质量检测中心和寿光市农业行政执法大队。干部职工132人。2012年5月，撤销山东省蔬菜工程技术研究中心，原核定的7名编制划转到市农业局所属事业单位。2013年8月，将市农业局所属土壤肥料站、市果树技术指导站和市蔬菜技术指导站整体合并到市农业局所属市农业技术中心，同时保留市土壤肥料站、市果树技术指导站和市蔬菜技术指导站牌子，原有人员编制整体划转到市农业技术中心，调整后市农业技术中心编制由16人调整为28人，原经费形式、隶属关系等不变。2014年6月，设立农产品质量安全监管科，为农业局内设机构，股级规格，配备科长1名、副科长1名。2015年2月，成立寿光市农业综合执法大队，不再保留寿光市农业行政执法大队。2015年9月，设立安全生产监管科，承担安全生产监管职责，配备科长1名、副科长1名。2015年10月，将农产品质量检测中心由市农业局所属副科级公益一类事业单位调整为市检验检测中心所属副科级公益一类事业单位，经费形式为财政全额拨款。至2015年年底，寿光市农业局下设办公室（加挂计划财务科牌子）、组织人事科、生产与经济信息科（加挂科教与企业管理科牌子）、农产品质量安全监管科、安全生产监管科等5个科室，辖4个副科级以上事业单位，分别是寿光市农业技术中心、山东省农业广播学校寿光分校、寿光市农业资源区划办公室和寿光市农业综合执法大队 。干部职工140人。

2011年，市农业局被山东省政府评为“全省农产品质量安全先进单位”；寿光市被农业部评为“全国农业标准化示范县”，被山东省政府评为“第一批省级现代农业示范区”。2012年，寿光市被山东省政府评为“全省粮食生产先进单位”，被农业部评为“全国粮食生产先进单位”；市农业局被山东省政府评为“全省科技兴农先进集体”。2014年，寿光市被农业部评为“全国粮食生产先进县”。

【粮棉作物】 小麦。2011年，小麦种植面积698037亩，平均亩产462公斤，种植的主要品种是济麦22、济南17、良星99。至2014年，小麦良种继续实行中央财政补贴政策，寿光市小麦良种供应经过潍坊市农业局统一招标后由寿光农圣种业公司按照要求供应到户，在生产过程中大力推广精播、半精播高产栽培技术、小麦氮肥后移高产栽培技术，小麦规范化播种技术、冬小麦宽幅精播高产栽培技术。2011—2014年，中央开始在小麦上实施“一喷三防”政策，就是在小麦灌浆期由国家财政每亩补助5元喷施杀菌剂、杀虫剂和叶面肥、微肥等混配剂喷雾，达到防病虫害、防干热风、防倒伏，增加粒重、增加产量的目的。2012年，小麦播种面积690331亩，平均亩产476公斤，主要品种未变，小麦生长期间前期受低温和雾霾影响最大，降雨较小。2013年，寿光市小麦播种面积683372亩，平均亩产量490公斤。主要品种增加山农15。小麦生长期间受干旱影响严重，小麦田中外来杂草雀麦、节节麦发生严重。2014年，小麦播种面积686279亩，平均亩产量为493公斤。主要品种布局为济南17、济麦22、鲁原502、山农15。在生产过程中推广小麦垄作高效节水技术、小麦氮肥后移高产栽培技术、冬小麦精播与半精播高产栽培技术、小麦规范播种技术、旱地小麦旱(深、平)节水栽培技术、冬小麦宽幅精播高产栽培技术。虽然小麦生长过程中旱情较重、总降水量有限，但小麦生长后期光照充足，小麦单产是近年来较高的一年。2015年，寿光市小麦栽培面积66.99万亩，平均亩产量为499.28公斤。主要品种布局是济麦22、良星99、鲁原502、山农22。中央财政良种补贴改为小麦良种统一供应，由寿光农业局组织招标，确定寿光市农圣种业公司将良种供应到户。在生产过程中主要推广冬小麦宽幅精播高产栽培技术、小麦规范化播种技术、小麦氮肥后移高产栽培技术、冬小麦精播与半精播高产栽培技术、小麦深送免耕镇压节水栽培技术、冬小麦－夏玉米节水省肥高产高效栽培技术。小麦“一喷三防”由各级植保站组织实施。小麦受茎基腐病危害较重。

玉米。2011年，玉米播种面积为701055亩，平均亩产量为486公斤。2011—2014年继续实行中央财政玉米良种补贴，玉米、水稻的良种补贴由中央财政每亩地向种粮农民补贴10元，直接打入农民的银行一卡通中。玉米品种布局主要是郑单958、金海5号、中科11。主要推广玉米晚收增产技术、玉米“一增四改”技术、夏玉米高产简化栽培技术、夏玉米超高产关键栽培技术。2012年，玉米播种面积为694869亩，平均亩产量为508公斤。玉米品种布局郑单958、金海5号，浚单20。推广玉米“一增四改”技术、玉米晚收增产技术、夏玉米超高产关键栽培技术。玉米生长期间前涝后旱。2013年，玉米播种面积683372亩，平均亩产量509公斤。主要品种布局是郑单958、金海5号、浚单20、伟科702。推广玉米“一增四改”技术、玉米精量播种高产配套栽培技术、夏玉米高产简化栽培技术、玉米适期晚收技术、夏玉米超高产关键栽培技术。玉米生长期间旱情进一步加重。2014年，玉米播种面积711739亩，平均亩产493公斤。种植主要品种为郑单958、先玉335、伟科702。推广玉米晚收增产技术、玉米“一增四改”技术、夏玉米超高产关键栽培技术、鲜食玉米综合配套栽培技术。玉米穗期受玉米散黑穗病危害较重。2015年，寿光市玉米播种面积为64.9万亩，平均亩产量为487.3公斤。主要品种布局是郑单958、伟科702、登海605、先玉335。从2015年开始，农业部将农作物良种补贴、种粮农民直接补贴、农资综合补贴合并为农业支持保护补贴，原来实施的玉米、棉花良种补贴合并到农业支持补贴。在生产过程中主要推广夏玉米高产简化栽培技术、玉米适期晚收增产技术、玉米超高产关键栽培技术。玉米受细菌性顶腐病危害严重，在营里镇、台头镇、侯镇均有不同程度发生。

棉花。2011年，棉花种植面积288007亩，平均亩产皮棉65公斤。主要品种布局是鲁棉研28、鲁棉研29。2011—2014年，全市继续实行中央财政棉花良种补贴，棉花良种补贴由中央财政每亩地向种粮农民补贴15元，直接打入农民的银行一卡通中。棉花生产中推广抗虫棉高产栽培技术、盐碱地棉花高产栽培技术、抗虫棉防早衰丰产栽培技术等技术。2012年，全市棉花播种面积283950亩，皮棉平均亩产量为69公斤。主要栽培品种是鲁棉研28、鲁棉研29。推广盐碱地棉花丰产栽培技术、抗虫棉防早衰丰产栽培技术、抗虫棉超高产栽培技术、棉花轻简化生产关键技术。2013年，棉花播种面积277845亩，皮棉平均亩产54公斤，主要品种布局是鲁面研28、鲁棉研40、水浒棉72—8等。推广盐碱地棉花丰产栽培技术、抗虫棉防早衰栽培技术、抗虫棉超高产栽培技术、棉花轻简化生产关键技术。2014 年，棉花播种面积 238446 亩，平均亩产皮棉 67 公斤。品种主要布局是鲁棉研 28、鲁棉研 22。推广的主要技术为盐碱地棉花丰产栽培技术、抗虫棉防早衰丰产栽培技术、套作棉花丰产栽培技术。2014 年山东省实施棉花目标价格改革补贴政策，所有种棉的农户每亩补贴 235 元。2015 年，寿光市植棉 20.06 万亩，皮棉平均亩产量为 57 公斤。主要品种布局是鲁棉研 28、K836。2015 年开始，农业部将农作物良种补贴、种粮农民直接补贴、农资综合补贴合并为农业支持保护补贴，原来实施的玉米棉花良种补贴合并到农业支持补贴。在生产过程中主要推广棉花轻简化生产关键技术、抗虫棉超高产栽培技术、棉田套做高效种植技术。

【粮棉“十百万”高产创建活动】 2011 年，农业部继续在寿光市实施粮棉“十、百、万”高产创建活动，寿光市在粮食高产整建制推进镇田柳镇实施 2 个万亩小麦示范片、2 个万亩玉米示范片（邢姚片、王高片），在营里镇实施 2 个万亩小麦示范片（鹿家片、吴营片）、2 个万亩玉米示范片（鹿家片、吴营片），在上口镇实施 1 个小麦万亩示范片（广陵片）、2 个玉米万亩示范片（下口片、南半片）、在棉花高产整建制推进镇羊口镇实施 3 个棉花高产创建示范片（官台片、杨围子片、清水泊农场巨淀湖分场片），每个万亩高产创建示范片设立 10 亩试验田、安排 100 亩高产攻关田，在示范片显著位置设置万亩高产创建示范片标志牌，注明示范片的面积、种植品种、应用的关键技术、达到的产量目标、行政负责人和技术责任人的姓名、联系电话等。粮棉高产创建活动的实施推动全市粮棉产量稳步提高。2014 年 12 月 11 日，营里、田柳粮食高产创建示范方通过省审查复核组复核，该示范方面积 13 万亩，每亩地获得省财政奖补资金 30 元。2015 年，农业部继续在寿光市实施粮棉“十、百、万”高产创建活动。

【农业技术推广】 **农作物良种化**。2011—2015 年，本着引进、试验、示范、推广的原则，以寿光农圣种业有限公司、寿光市良种场为龙头，建立覆盖全市的 51 个农作物良种繁育推广网点，建立健全市、乡、村三级良种繁育供应体系，重点推广小麦、玉米和棉花良种。先后引进小麦品种 11 个、玉米品种 26 个、棉花品种 14 个。小麦品种主要有济麦 22、良星 99、济南 17、济麦 21、邯 6172、山农 15、鲁原 502、良星 66、山农 20、邯 6172 和山农 27 等，其中，以济麦 22 播种面积最大。玉米品种主要有郑单 958、金海 5 号、农大 108、浚单 20、先玉 335、中科 11 号、登海 11 号、浚单 22、天泰 16、连胜 15、鲁单 6041、登海 605、隆平 206、蠡玉 35、伟科 702、三北 218、登海 618、津北 288、齐单 6 号、宇玉 30 号、西星黄糯 958、齐单 128、宇玉 30、先玉 047、华农 138 和浚单 29 等。棉花品种主要有鲁棉研 28 号、鲁棉研 29 号、鲁棉 12 号、鲁棉 13 号、鲁棉研 21、晋棉 38、种植棉 2 号、国欣棉 3 号、冀棉 958、水浒棉 72-8、鲁棉研 22 号、国欣棉 3 号、水湖面 72-8 和 K836 等，其中以鲁棉研 28 号种植面积最大。全市主要农作物的良种覆盖率达到 99% 以上。

植物保护。（1）重大病虫害预报与监测。2011—2013 年，对全市主要农作物的常发性病虫害发生动态进行系统调查和普查，共计发生病、虫、草、鼠害 779.77 万亩次，防治 716.65 万亩次。印发《植保信息》24 期。

2014年，共计发生病、虫、草、鼠害613.4万亩次，防治549.41万亩次。印发《植保信息》6期。2015年，共计发生病、虫、草、鼠害767.75万亩次，防治694.22万亩次。印发《寿光植保信息》5期。（2）调查、防控东亚飞蝗害。2013年，寿光市夏蝗共发生面积5万亩，防治面积3.5万亩，其中飞机防治2万亩、地面防治1万亩，防治效果都在90%以上。2014年，全市夏蝗共发生面积6万亩，防治面积4.5万亩，防治效果在90%以上。（3）植保新产品的试验、示范、推广。2011年，承担全国农技中心测报处“性诱剂诱集甜菜夜蛾”试验、示范。2013年，承担大连珍奥生物农业科技股份有限公司为克服作物重茬及根结线虫引起的土传病害而生产的“核无限”“核立现”等植保产品的试验工作。2014—2015年，通过开展寿光市2014年设施蔬菜根结线虫防治工程的田间试验，筛选出17种防治设施蔬菜根结线虫病的有效药剂。其中，以淡紫拟青霉颗粒剂+5%阿维菌素乳油组合为代表的4种防治药剂组合进入推广阶段。通过寿光市2014年耕地质量提升计划——农药残留治理工程的实施，推广使用高效施药机械热力烟雾机1100台、静电喷雾器3000台、生物农药22.57吨、可降解农残微生物菌剂315.5吨、粘虫板2.5万张、防虫网15万平米。（4）农作物病虫害专业化统防统治。2013年，成立2家以山东亿嘉农化公司和山东大地宏琳公司为代表的病虫害专业化统防统治公司，成立5家以寿光市春发农机专业合作社为代表的病虫害专业化统防统治合作社，全年完成小麦统防统治面积8327.84亩次，完成蝗区防治面积3万亩次。以山东大地宏琳农资有限公司、山东东方誉源农资连锁股份有限公司为代表的病虫害专业化统防统治公司，以寿光市春发农机专业合作社为代表专业化统防统治机防队，全年完成小麦统防统治面积1万亩次，玉米统防统治面积6000亩次，棉花统防统治面积4000亩次，蝗区防治面积1万亩次。2015年，山东大地宏琳农资有限公司农作物病虫害防治中心、山东亿嘉农化有限公司和中农立华寿光植保服务队完成小麦统防统治面积1万亩次，蔬菜病虫害统防统治面积2000亩次。（5）实施省、市、县三级安排的各种农业项目。2013—2015年，市植保站先后承担并实施以下项目：寿光市2013年中央农作物重大病虫防控补助项目、寿光市2013年中央重大农作物病虫害防治补助项目、寿光市2014年中央重大农作物病虫害统防统治补助项目、寿光市2014年设施蔬菜根结线虫防治工程、寿光市2014年和2015年治理农业面源污染绿色防控工程、寿光市2014年耕地质量提升计划——农药残留治理工程、寿光市2014年农业病虫害专业化统防统治能力建设示范项目、寿光市2015年小麦“一喷三防”工作、寿光市2015年中央蝗虫统防统治补助项目。

土壤改良与科学施肥。（1）土壤肥料动态监测。2011—2015年，承担全国测土配方施肥项目，根据不同作物和产量水平布点采样2000个，检测土壤有机质、碱解氮、速效磷、速效钾、盐分、PH值、有效铁、有效锌、有效铜、有效钼、有效锰、有效硼、氯等16个项目。(2)测土配方施肥。2011年，寿光市被农业部列为全国测土配方施肥普及示范县。采样工作：每年农业局抽调20名专业技术人员，组成采样组，在采样开始前对采样人员进行专业技术培训，学习《测土配方施肥土壤样品采集技术规范（试行）》以及省土肥总站有关土样采集的技术资料，分成10个取样小组，每镇抽调技术人员3名配合采样组的工作，进行测土配方施肥基础调查、布点、采样，到2015年，共取土样2000余个，这些样点分布于全市820余个自然村。每个点都用GPS定位并详细搞好调查，共填制2000余份典型采样地块基本情况调查表和施肥及灌溉情况调查表。土样化验工作：对采集回来的土样安排专人负责及时晾晒、处理。及时进行土壤样品检测化验。2011—2015年，检测土样样品2000个，化验32000余项次，根据化验结果填写施肥建议卡33.1万份并发放到农民手中，指导农民科学施肥。宣传报道：利用电视、报纸等媒体进行宣传，会同寿光市广播电视台联合录制测土配方施肥讲座，到2015年，发放明白纸28.2万余份，出动宣传车130余车次。培训：2011—2015年，共举办各种培训班205期，其中举办乡镇农技人员培训班23次，培训农民技术员20850人次。印制《测土配方施肥技术手册》20000册，专用肥明白纸28.5万份。试验示范和建立中心示范区：根据《方案》要求，制定适合本市实际情况的试验方案。安排试验区55处、示范区62处。在侯镇、营里镇和上口镇建立面积相对集中连片的测土配方施肥中心示范区18处，其中万亩方4处、千亩方14处。耕地地力评价：2015年，寿光市耕地地力评价工作完成，并通过省农业厅和农业部验收，形成寿光市耕地地力评价工作报告、技术报告及4个专题报告。制作寿光市土壤图、寿光市有机质含量分布图等20余幅图，出版《寿光耕地》一书。测土配方施肥效果：推广配方施肥面积达到215.3万亩，覆盖820个村。(3)推广水肥一体化。利用各种媒体，多种形式加大水肥一体化技术推广的宣传力度，通过试验示范和显著的节肥节水效果引起领导的重视；利用现有技术队伍，邀请中国农业大学和青岛农业大学的专家、教授加快对各级农技人员和农民技术骨干的培训速度，通过举办不同层次、不同形式的技术培训班，提高基层技术人员实施水肥一体化技术推广工作的水平。2011—2015年，印发水肥一体化技术推广宣传彩页1.5万余份，明白纸6万余份，技术手册2万余份。结合测土配方施肥工作举办各类技术培训班52期，培训技术员1500人次，培训农民2.3万余人次。根据寿光市蔬菜布局，制定适合本市实际情况的试验示范方案。5年来安排试验区16处，在孙家集街道、古城街道和纪台镇建立面积相对集中连片的水肥一体化技术推广中心示范区10处，每处面积都在500亩以上，并在蔬菜面积较大的村设立示范区，通过建立示范区充分发挥辐射带动作用。(4)土壤改良。2011—2015年，为改善土壤综合肥力、构建优质蔬菜生产环境、提升蔬菜质量，寿光市借助上级政策扶持，陆续开展设施蔬菜沃土工程、秸秆综合利用工程等一系列土壤修复工程，提升土壤质量，改善作物生产环境。推广微生物肥料，改善蔬菜根际环境：2011年，制定《寿光市沃土计划示范工程实施方案》，在全市推广生物有机肥等土壤改良技术。2011—2013年，每年市政府拿出300万元，对购买生物菌肥的农户进行补贴，全市推广改良土壤面积达7万多亩。2014年始，连续利用7年时间，市财政每年拿出800万元，继续实施设施蔬菜沃土工程，每年推广5万亩以上微生物肥料等土壤改良技术。通过政府公开招标，择优确定5家供肥企业的产品在市内进行推广。据定点检测，土壤有机质由改良前的17.47g/kg提高到2015年的17.72g/kg，提高0.25g/kg；土壤pH值由改良前的6.70提高到2015年的6.77，提高0.07；土壤容重由改良前的1.400 g/cm3提高到2015年的1.360 g/

cm3，降低0.04g/cm3；土壤孔隙度由改良前的47.757%提高到2015年的49.129%，提高1.372%。土壤物理性状得到较好改善：土壤水解氮由改良前的190.7mg/kg降低到2015年的174.5mg/kg，降低16.2mg/kg；土壤速效磷由改良前的109.2mg/kg提高到2015年的112.8mg/kg，提高3.6mg/kg；土壤有效钾由改良前的217.3mg/kg提高到2015年的224.7mg/kg，提高7.4mg/kg；土壤中氮磷钾比例更趋合理。推广高碳有机肥，提升土壤有机质：增施高碳有机物质是改良设施土壤退化的主要技术，2015年寿光市实施设施蔬菜土壤改良计划，投资195万元计划改良土壤面积6922万亩。

【农业局企业选介】 **山东省寿光蔬菜产业集团有限公司**。山东省寿光蔬菜产业集团组建于1998年，注册资本5000万美元，经营业务涵盖种苗繁育、基地标准化种植、高科技蔬菜种植、批发市场经营等整个蔬菜产业全产业链，是农业产业化国家级龙头企业，集团公司下设3家子公司，是山东省设施蔬菜产业技术创新战略联盟、寿光农业专家协会、寿光蔬菜瓜果产业协会等产业合作创新和行业协会组织的主要成员。公司产品主导品牌“七彩庄园”是中国驰名商标，主导产品有种苗、礼品菜、套菜、精品蔬菜等。

寿光市农圣种业有限公司。公司前身为寿光市种子站、寿光市种子总公司，隶属于寿光市农业局，事业编制。2003年7月，市种子站改制为寿光市农圣种业有限公司，注册资金506万元。为寿光市农作物良种生产经营龙头企业。公司主要从事玉米、小麦等大田作物良种的生产、加工、经营。引进、试验、示范、推广适合寿光市农业生产的玉米小麦新品种、新技术。

水 利

2011—2015年，全市完成水利总投入27.63亿元。重点开展“大水务”工程、双王城水库建设、河道治理、河道生态修复、桥涵闸坝建设、农村饮水安全工程、农业节水灌溉等重点水利工程建设，开展水资源管理和水土保持监督管理，加强水政执法，开展水利改革，完善水利基础设施，提高水利保障能力。2011年寿光市获“全省农田水利基本建设先进单位”称号，2013年获“全国农村饮水安全工程示范县”称号，2014年洰淀湖风景区获“国家水利风景区”称号，2015年市水利局获“全省水利系统先进集体”和“全省水政执法规范化建设示范单位”称号。

【管理机构】 2011年，市水利局内设办公室、组织人事科、财务科、农田水利科、防汛抗旱综合办公室。下辖事业单位9个，其中正科级事业单位1个，为弥河管理处；副科级事业单位1个，为水政监察大队；股级事业单位7个，分别是工程建设管理站、设计室、水资源管理办公室、节约用水办公室、水土保持监督站、农村公共供水管理办公室、小清河扬水站。

2013年8月，工程建设管理站加挂市水利移民服务中心牌子。农村公共供水管理办公室加挂农村饮水安全信息调度中心牌子，编制由5人调整为7人。2014年7月，对市水政监察大队编制进行调整，增加全额拨款事业编制3人，调整后编制15人。9月，市水利局办公室加挂审批服务科牌子。2015年

6月，重新核定弥河管理处科级领导职数为主任1人，副主任3人。弥河管理处内设机构5个，分别为办公室、沙资源科、工程科、财务科、河道管理科。

2015年核定水利局编制73人，其中行政编制13人，事业编制60人；实有76人，其中：行政18人，派遣士兵1人，事业57人。

【水利设施建设】 桥涵闸坝建设。（1）弥河郝柳充气橡胶坝。位于弥河辛沙公路下游弥河分流3公里处，营里镇郝柳村东。郝柳充气橡胶坝共3孔，左右岸各带两孔调节闸，总宽度210米，坝高3米。工程于2013年4月开工建设，12月竣工，总投资1327万元。（2）弥河鹿家充气橡胶坝。位于弥河辛沙公路下游，羊田公路东3公里老弥河上，营里镇鹿家庄子村东。鹿家充气橡胶坝共1孔，左岸带两孔调节闸，总净宽度72米，坝高3米。2013年4月开工建设，同年12月竣工，总投资621万元。

防潮堤建设。寿光滨海（羊口）经济开发区防潮堤工程，位于羊口镇临港工业园北侧，东起弥河分流拟建挡潮闸处，西止于小清河羊口港东港码头南侧老防潮堤处。工程主要内容为4.47公里防潮堤工程和新建弥河分流挡潮闸工程。防潮堤防潮标准为50年一遇，采用斜坡式土堤，弥河分流挡潮闸挡潮标准为50年一遇。共开挖土方10.53万立方米，吹填筑堤68.63万立方米，浆砌块石3.20万立方米，工日24万个。2012年9月25日开工，2013年11月30日竣工。总投资11279万元，其中申请国家补助资金3300万元，其余资金由地方财政配套自筹解决。

农业节水灌溉。（1）寿光市小型农田水利重点县高效节水灌溉试点县工程，2011—2015年总投资15762万元，发展高效节水灌溉面积11.47万亩。（2）2011年小型农田水利工程，位于洛城街道、化龙镇和营里镇，控制灌溉面积3.8万亩，项目总投资3302万元。（3）2012年高效节水灌溉试点县项目建设，位于孙家集街道17个村庄，控制灌溉面积2.22万亩，项目总投资3788万元。（4）2013年高效节水灌溉试点县项目，位于稻田镇17个村庄，控制灌溉面积2.30万亩，总投资3803万元。（5）2014年高效节水灌溉试点县项目，位于圣城街道和孙家集街道，涉及21个村庄，控制灌溉面积2.35万亩，总投资3806万元。（6）2015年省级农田水利项目县项目，位于上口镇、侯镇，涉及10个村庄，控制灌溉面积0.8万亩，项目总投资1062万元。

农村饮水安全工程。2011—2015年，全市累计投资4.18亿元，建设农村饮水安全工程。其中：2011年农村饮水安全项目为供水管网延伸工程，项目总投资1385万元，解决稻田镇、营里镇、上口镇3.82万农村居民的饮水安全问题。2012年农村饮水安全项目为供水管网延伸工程、新建侯镇加压站工程，项目总投资1.2亿元，解决上口镇、侯镇15.8万农村居民的饮水安全问题。2013年农村饮水安全项目为供水管网延伸工程、新建纪台水厂工程、双王城水库建设工程，项目总投资2.2亿元，解决纪台镇、孙家集街道以及古城街道、文家街道、圣城街道等部分剩余村37.43万农村居民的饮水安全问题，使全市集中供水覆盖率达到100%。2014年农村饮水安全项目为地表水管网延伸工程，项目总投资1366万元，解决营里镇、羊口镇、稻田镇2.77万农村居民的饮水安全问题。2015年农村饮水安全项目为地表水管网延伸工程，项目总投资5063万元，解决台头镇、营里镇、田柳镇、双王城生态经济园区10.27万农村居民的饮水安全问题。

【河道治理】 弥河。弥河南二环路桥下游综合治理工程，主要包括河槽疏浚整治、堤防修筑加固部分内容。共疏河道长2.80公里，切滩长度2.57公里，总挖方26.6万立方米；新筑堤坝长2.81公里。总填方15.4万立方米。新修堤坝沥青路2.81公里，新修排水槽94处，新修收水池94座。工程总投资680万。工程于2013年7月开工建设，同年10月竣工。

丹河。丹河综合治理工程，按照20年一遇防洪、5年一遇除涝标准，分两期实施。第一期：对丹河寿济路至寿光寒亭边界段进行治理，治理总长度24.02公里，包括疏浚扩挖河槽、两岸复堤，新改建穿堤涵洞、改建维修生产桥，共完成土方169万立方米，浆砌石2565立方米，混凝土1477立方米。第二期：对丹河昌乐边界至寿济路段进行治理，治理总长度25.08公里，包括疏浚扩挖河槽、两岸复堤、新改建穿堤涵洞、改建维修生产桥，共完成土方150万立方米，浆砌石3729立方米，混凝土1918立方米。工程总投资5424万元，其中省级以上补助资金2712万元，市县投资2712万元。征迁费209万元，由市县解决。工程于2011年10月22日开工建设，同年4月22日竣工，2012年8月21日通过省水利厅组织的竣工验收。

织女河。织女河综合治理工程列入《全国重点地区中小河流治理实施方案（2013～2015年）》，按照10年一遇防洪、5年一遇除涝标准进行综合治理。工程主要内容：河槽清淤疏浚总长度17.9公里，两岸加固恢复堤防总长度35.74公里，对老织女河左堤堤顶柏油硬化7.14公里，堤顶宽度6米，兼作防汛交通道路，其余堤顶宽度5米。沿河共配套维修桥、涵、闸7座。工程于2015年5月开工，12月底完工，总投资2681万元。

其他河流治理。2012年，组织对城乡接合处张僧河东支、西张僧河、尧河、工业排水沟、岳家沟共5条沟河的综合治理，总长度82公里，工程总投资8560万元。

【水资源管理与水土保持】 水资源管理。落实最严格水资源管理制度，强化取水许可管理，严格控制用水总量，加强计划取水、节约用水、计量用水、地下水观测和水资源费征收管理。强化建设项目水资源论证、水土保持方案编制、防洪影响评价和取水许可审批管理。5年累计换发和新办理取水许可证603份，完成立项项目水资源论证40个。全市用水单位一级装表率达98%以上。2015年8月，投资520万元建设水资源监测监控系统，监控23个单位200个取水点的实时取水量数据，能够监控全市工业取水量的70%以上。全市有22眼地下水位自动观测井，根据监测数据，2011年、2015年地下水位平均埋深分别为19.01米、26.99米，水位平均埋深下降7.98米。

水土保持监督管理。2011—2015年，完成立项、备案、核准的生产建设项目及潍坊市下放寿光市的生产建设项目水土保持方案审批共324件。2015年，开展水土保持专项执法检查和水土保持法律法规贯彻实施情况专项检查，重点对2014年底以前审批水土保持方案征占地面积超过5公顷且土石方挖填量5万立方米以上的20个生产建设项目进行集中检查；配合有关部门开展水土保持法律法规贯彻实施情况专项检查工作，对检查中发现的问题及时进行整改。开展创建全国第二批水土保持监督管理能力建设县活动，于2015年3月份通过水利部验收。

【水政执法】 **水法宣传**。水利部门加强水法律法规的宣传，每年结合“3.22世界水日”和“中国水周”进行集中宣传，邀请有关大中型企业、用水大户代表召开座谈会，共商水利发展大计，利用寿光电视台、寿光日报等新闻媒体进行宣传，增强人们的节水意识。5年间在城区及乡镇人口较为集中区挂宣传横幅、永久性标语600条，发放宣传单4万余份。

水事秩序维护。水政监察大队的执法人员对破坏河道、损毁水利工程、擅自开源、拖欠拒缴水利规费的违法行为，进行严厉查处，维护水事秩序。5年间，共查处各类水事违法案件100余起，避免和挽回经济损失300余万元。2013年，结合潍坊市“三八六”环保行动，市政府以寿政发[2013]27号《关于印发寿光市机井建设管理暂行办法的通知》，从水利局、公安局、建设局、行政执法局、圣城街道、文家街道、洛城街道等单位抽调人员，开展封闭自备井集中行动，历时1年，共封闭城区自备水源井498眼。

【水利改革】 2015年4月，按照省水利厅要求，寿光市开始进行区域综合水价改革。寿光市被确定为全省两个区域综合水价改革试点单位之一，编制《区域综合水价改革实施方案》，制定系列配套方案和办法，实施统一原水水价、实行两步制水价、建立补偿机制、设立非营利性统一调度公司、建设水资源监测监控系统等创新措施。区域综合水价11月份开始试运行，12月30日通过省水利厅、物价局组织的验收。

【小清河治理】 2011年完成羊口镇曹新村老干河穿堤涵闸维修，完成工程量1028立方米，安装启闭机2台。小清河扬水站引渠至西桃园小清河右堤砼防汛道路硬化工程，长2000米，完成工程量5480立方米。

2012年完成新塌河至羊口西小清河右堤泥结石路面工程，长3600米，完成工程量4080立方米。

2013年完成险工护岸100米，位于羊口镇西桃园村后德大铁路小清河右河岸，完成工程量10692立方米。老塌河闸维修，完成工程量309 立方米，安装启闭机4台。中堤砼防汛道路工程，位于羊口镇侯辛村后，辛海公路以东，长400米，完成工程量2073立方米 。右堤砼防汛道路工程，位于羊口镇侯辛村后，辛海公路以东，长300米，完成工程量960立方米。刘旺村后小清河右堤泥结石路面工程，长2000米，完成土方2520立方米。

2014年完成砼防汛道路硬化工程，位于羊口镇东桃园村后小清河右堤，长3000米，完成工程量7167 立方米。

2015年完成险工护岸工程，位于羊口镇侯辛村后，芦清沟沟口以西小清河左河岸，长500米，完成工程量6005 立方米。小型涵闸维修工程，维修小型涵闸2座，即羊口西长沟子穿堤涵闸和田柳盐场穿堤涵闸，完成工程量1355 立方米。砼防汛道路硬化工程，位于羊口镇八面河以西小清河右堤，长1600米，完成工程量6420立方米。刘旺村后小清河右堤整形绿化工程，长2600米，完成工程量1610立方米，植树2700株。

5年期间，共新增险工护岸600米，砼防汛道路7300米，泥结石道路8200米，完成工程量4.97万立方米，其中土方3.9万立方米，砼0.9万立方米，砌石0.17万立方米，完成投资460万元。

畜牧业

【管理机构】 2011年，市畜牧兽医管理局（简称市畜牧局）内设办公室、计划财务科、畜牧生产管理科、兽医兽药与饲料管理科等4个科室，编制12人。下辖寿光市畜牧兽医管理局监察所、寿光市动物疫病预防控制中心2个副科级事业单位。2014年2月，将生猪定点屠宰监管职责由商务部门调整到畜牧部门负责，市畜牧兽医管理局监察所（挂畜牧兽医综合执法大队牌子）行使其职能。2015年7月，撤销寿光市畜牧兽医管理局监察所，成立寿光市动物卫生监督所，副科级单位，财政全额拨款，编制8人，实有人数11人。

【畜禽饲养】 2013年，对种畜禽养殖进行补贴。2015年11月1日开始停收所有检疫费。

猪。2011年存栏417315头，出栏583739头；2012年存栏476687头，出栏765130头；2013年存栏490589头，出栏821224头；2014年存栏486074头，出栏872844头；2015年，存栏629445头，出栏936504头。

牛。2011年存栏5557头，出栏5375头；2012年存栏5479头，存栏5354头；2013年存栏4756头，出栏4644头；2014年存栏3237头，出栏4392头；2015年存栏7126头，出栏3095头。

羊。2011年存栏100598只，出栏109093只；2012年存栏112260只，出栏113699只；2013年羊存栏116527只，出栏127967只；2014年存栏139166只，出栏141087只；2015年存栏129716只，出栏168719只。

马、驴、骡。2011年存栏131头，出栏30头；2012年存栏24头，出栏2头；2013年存栏5头；2014年存栏3头；2015年无存栏。

兔。2011年存栏20930只，出栏87620只；2012年存栏12975只，出栏10565只；2013年存栏2860只，出栏7530只；2014年存栏2962只，出栏7694只；2015年存栏57880只，出栏276961只。

鸡。2011年存栏10046113只，出栏34031324只；2012年存栏13170609只，出栏45625396只；2013年存栏12378986只，出栏47756694只；2014年存栏11847042只，出栏44215465只；2015年存栏8013970只，出栏59992831只。

鸭。2011年存栏7818620只，出栏34557810只；2012年存栏8465815只，出栏30503193只；2013年存栏7004960只，出栏25963174只；2014年存栏5747573只，出栏26306899只；2015年存栏4577690只，出栏46039703只。

特种养殖。主要品种为狐狸。2011年存栏226125只，出栏272830只；2012年存栏122035只，出栏236455只；2013年存栏189018只，出栏186983只；2014年存栏275500只，出栏385086只；2015年存栏349325只，出栏388447只。

【养殖服务】 兽药。2011年，全市有2家兽药生产企业，分别是山东寿光富源药业有限公司、寿光富康动物药业有限公司，主要生产化药类跟中药类兽药；化药类年产量

351 吨，中药类年产量 87 吨，工业生产总值 4552 万元，年销售额 2855 万元，利润总额 227 万元。兽药经营企业 18 家，主营兽药制剂，销售总额 1097 万元，利润总额 192 万元。

2012 年，山东寿光富源药业有限公司退出市场，新增山东乾德生物有限公司，化药类年产量 312 吨，中药类年产量 31 吨，工业生产总值 3718 万元，年销售额达 2081 万元，利润总额 209 万元。兽药经营企业 18 家，销售总额 1123 万元，利润 197 万元。

2013 年，兽药生产企业主要有山东乾德生物有限公司和寿光富康动物药业有限公司 2 家，主要生产化药跟中药类兽药，化药类年产量 406 吨，中药类年产量 97 吨，工业生产总值 4985 万元，年销售额 4163 万元，利润总额 257 万元。兽药经营企业 22 家，比去年新增加 4 家，销售总额 1275 万元，利润 184 万元。

2014 年，全市兽药生产企业 3 家，新增山东荣源药业有限公司。化药年产量 582 吨，中药类年产量 17 吨。工业生产总值达 9159.8 万元，主营业务收入 4163 万元，年利润 377.55 万元。兽药经营企业 22 家，年销售额 1038 万元，年利润 176.5 万元。

2015 年，兽药生产企业有寿光富康动物药业有限公司、山东乾德生物有限公司和山东荣源药业有限公司 3 家，主要以生产化药跟中药类兽药为主。化药类年产量 549 吨，中药类年产量 8 吨，工业总产值 6295 万元，年销售额 5843 万元，利润总额 359 万元。2015 年，兽药经营企业 24 家，注销兽药经营企业 1 家，并新增 2 家。年销售额 872 万元，利润总额 121 万元。

饲料。2011 年，全市有寿光市大北农饲料有限公司、富氏饲料（潍坊）有限公司、寿光中慧生物饲料有限公司、潍坊六和饲料有限公司寿光分公司、寿光市天成饲料有限公司等大中型饲料生产企业 38 家，配合饲料年产量 112.1 万吨，浓缩饲料年产量 12950 吨，饲料添加剂年产量 37395 吨，预混合料 11818 吨，单一饲料 27.6 万吨，工业总产值 51.4 亿元，年销售总额 52.9 亿元，利润总额 1.3 亿元。

2012 年，寿光六和鑫隆农牧有限公司、寿光市华港饲料有限公司、寿光市天祥饲料添加剂有限公司、潍坊市星辰饲料添加剂有限公司、寿光市伟泰饲料添加剂厂及潍坊慧科化工有限公司 6 家企业退出市场，新增寿光市名晟饲料有限公司、寿光市浩正饲料有限公司、山东路斯宠物食品股份有限公司、山东寿光富慧饲料有限公司、寿光市和实中润饲料有限公司、寿光市孙集志远血粉厂、山东天力药业有限公司、山东天力药业有限公司维生素分公司及山东金利丰生物科技有限公司 9 家饲料企业，配合饲料年产量 112.9 万吨，浓缩饲料年产量 6659.2 吨，饲料添加剂年产量 41365.8 吨，预混合料 10142 吨，单一饲料 24.9 万吨，工业总产值 44.5 亿元，年销售总额 46.2 亿元，利润总额 1.5 亿元。

2013 年，山东寿光富士达生物科技有限公司退出市场，配合饲料年产量 113.2 万吨，浓缩饲料年产量 9484.8 吨，饲料添加剂年产量 79119 吨，预混合饲料年产量 10685 吨，单一饲料年产量 19.5 万吨，动物源性饲料年产量 13052 吨，工业总产值 46.6 亿元，年销售总额 49.4 亿元，利润总额 1.2 亿元。

2014 年，寿光市恒源饲料有限公司、寿光市牧康饲料有限公司、潍坊金正食品有限公司、寿光市宏伟饲料有限公司、山东华麟面业有限公司、寿光市永泰植物油有限公司、山东寿光富慧饲料有限公司、寿光市孙集志远血粉厂、寿光市兴达饲料添加剂有限公司、寿光市鑫源饲料添加剂有限公司10家饲料企业退出市场，新增山东巴夫饲料有限公司，配合饲料年产量113.9万吨，浓缩饲料年产量10475.6吨，饲料添加剂年产量11.4万吨，预混合饲料年产量14050吨，单一饲料年产量26.7万吨，工业总产值48.6亿元，年销售总额51亿元，利润总额4938.8亿元。

2015年，全市新增寿光市优慧油脂有限公司、山东菜央子盐场、山东金利丰生物科技有限公司、寿光美伦纸业有限责任公司4家饲料企业，配合饲料年产量118万吨，浓缩饲料年产量8365.4吨，饲料添加剂年产量11.8万吨，预混合饲料年产量17664吨，单一饲料年产量31.2万吨，工业总产值45.6亿元，年销售总额48.3亿元，利润总额4610.7亿元。

寿光配合饲料连续5年稳居全省县级市前列，2015年，寿光全市饲料总产量达到163.6万吨，同比上升4%。其中配合饲料118万吨，占2015年潍坊市配合饲料（586万吨）27.9%，占全省配合饲料（2974万吨）5.5%。浓缩饲料1.05万吨，预混料1.4万吨，饲料添加剂11.4万吨，其他饲料29.1万吨，饲料工业总产值达到48.6亿元。

动物卫生监督。（1）寿光市卧铺公路动物防疫监督检查站。由省政府于1999年设立，位于羊口镇新海路91.3公里处。检查站实行24小时值班，坚持对每辆运载动物车辆实行严格检查，彻底消毒，并对其所载动物实行严格检疫，经检疫合格的准予放行，无证或证物不符的进行补检，使动物及动物产品的查验率、病害动物及动物产品的销毁率均达到100%。

（2）畜禽屠宰加工企业。2011—2015年寿光市动物产品加工企业发展迅速，形成以天成食品有限公司、天惠食品有限公司为主的集饲料、养殖、加工于一体的综合性企业。加工企业采取公司＋农户的模式，推动肉鸡、肉鸭产业的规模扩张。2011年，全市共有畜禽屠宰加工企业15家，固定资产3.9亿元，年加工量34.27万吨，总产值32.77亿元；2012年，年加工量28万吨，总产值22.3亿元；2013年，全市共有畜禽屠宰加工企业12家，固定资产3.79亿元，年加工量29.65万吨，总产值29.68亿元；2014年，全市共有畜禽屠宰加工企业11家，固定资产3.04亿元，年加工量34.87万吨，总产值27.06亿元；2015年，全市共有畜禽屠宰加工企业8家，固定资产2.7亿元，年加工量34.64万吨，总产值25.83亿元。

（3）病死畜禽无害化处理。寿光市金盛源无害化处理厂于2013年5月份正式投入使用，拥有6台病死畜禽处理设备和病死畜禽专用密封运输车5辆，设立18处病死畜禽收运点，固定路线每天进行集中收运。开发病死畜禽无害化处理回收监控系统，实现自动实时上传信息并自动打印4联单据。在监控系统中，存有全市每位养殖户档案，并为养殖户分配具有唯一识别符的NFC智能卡，实现一户一档、一户一卡。该系统实现公司、养殖户和政府监管部门三方对病死畜禽收集过程的安全化管理和数字化分析，确保全市所有病死畜禽都进行无害化处理。2013年5月，市政府召开专门会议（寿政纪[2013]34号）就病死畜禽无害化处理补贴进行研究，按照每处理1头病死猪补贴100元（无害化处理厂80元，养殖户20元），每处理1斤病死禽补贴0.8元（无害化处理厂0.6元，养殖户0.2元）的标准进行补助。全年共处理病死猪8.84万头、禽134.98万斤；

2014 年处理病死猪 22.45 万头、禽 441.7 万斤；2015 年处理病死猪 23.9 万头、禽 746.5 万斤。

【标准化基地建设】 2011 年，寿光丰谷牧业有限公司、寿光市王效启养殖场、寿光市惠农牧业有限公司、寿光市稻田镇夏登文养猪场、亚太中慧寿光分公司稻田一场、寿光市禽铭养殖场、寿光市正方食品有限公司、寿光市稻田镇付静静蛋鸡养殖场等 8 家养殖场户申报无公害基地。全年建设 38 个畜牧园区，折合 60 亩标准园区 69 个。

2012 年，寿光市润坤养殖场、山东省寿光市李东章养鸡场、寿光市隆慧养殖专业合作社、山东省寿光市黄震养鸡场、山东省寿光市张明养鸡场、寿光市华银食品有限公司、寿光市映康牧业发展股份有限公司、潍坊泉泰牧业有限公司、山东省天惠食品有限公司、山东寿光天成食品集团有限公司、山东寿光鑫隆农牧发展有限公司等 11 家养殖场户申报无公害基地。建设 22 个畜牧园区，折合 60 亩标准园区 85.5 个。

2013 年，寿光市张得明养猪场、潍坊御达祥畜牧科技股份有限公司、寿光市和宸绿多牧业有限公司、寿光市冯汝森养鸡场、寿光市耿增友养鸡场等 5 家养殖场户申报无公害基地。

2014 年，寿光市双丰园家庭牧场、寿光市瑞梅家庭农场、寿光康益畜禽养殖有限公司、寿光市飞龙养殖有限公司、寿光市吉润牧业科技有限公司、寿光东盈养殖有限公司、寿光市凤云家庭农场、寿光市华宝牧业有限公司、寿光市家美家养殖场、寿光市鸡宝宝肉鸡养殖专业合作社等 10 家养殖场户申报无公害基地。

2015 年，寿光市鲲鹏养殖场、寿光市正向牧业有限公司、寿光市弘德畜牧业有限公司、寿光利波生猪养殖专业合作社、张树才家庭农场、寿光市羊口镇市政养猪场、寿光市学堂家庭农场、寿光市金凤养鸡场、北京首农畜牧发展有限公司山东分公司、寿光市金龙家庭农场等 10 家养殖场户申报无公害基地。

【疫情防控】 重大动物疫病防控。2011 年，市委、市政府对重大动物疫病防控工作高度重视，将重大动物疫病防控工作列入《2011 年度镇（街道）工作实绩综合考核》，调动各镇（街道）参与防控工作积极性。市政府共拨付重大动物疫病防控经费 428.16 万元，其中疫苗配套经费 255.16 万元，占全市应承担疫苗计划的 100％，防控经费 7 万元，监测经费 11 万元，防控物资经费 10 万元。另外，各镇街拨付兽医站防疫经费 152 万元。共计使用口蹄疫苗 198 万 ml，高致病性禽流感疫苗 3600 万 ml，猪瘟疫苗 74 万头份，猪高致病性蓝耳病疫苗 74 万头份。免疫注射家禽 6500 万羽，生猪 70 万头，羊 12.4 万只，牛 1.6 万头。免疫率、免疫卡发放率、牲畜耳标佩戴率、免疫档案建立率均达 100%。

2012 年，市政府共拨付重大动物疫病防控经费 355 万元，其中疫苗配套经费 245 万元，占全市应承担疫苗计划的 100％，防控经费 7 万元，监测经费 10 万元，防控物资经费 10 万元。另外，各镇街拨付兽医站防疫经费 83 万元。共计使用口蹄疫苗 194 万 ml，高致病性禽流感疫苗 3200 万 ml，猪瘟疫苗 75 万头份，猪高致病性蓝耳病疫苗 150 万 ml。免疫注射家禽 6300 万羽，生猪 75 万头，羊 15 万只，牛 1.6 万头。免疫率、免疫卡发放率、牲畜耳标佩戴率、免疫档案建立率均达 100%。共计抽取猪、牛、羊、鸡、鸭、鹅等畜禽血清样品3890份，对口蹄疫、猪瘟、猪蓝耳、和禽流感等4种重大动物疫病免疫抗体检测合格的样品达到3586份，总合格率达到92.18%。

2013年，市政府共拨付重大动物疫病防控经费182万元，其中疫苗配套经费125万元，占全市应承担疫苗计划的100%，防控经费10万元，监测经费10万元，防控物资经费10万元。另外，各镇、街道拨付兽医站防疫经费140万元。共计使用口蹄疫苗245万ml，高致病性禽流感疫苗3200万ml，猪瘟疫苗95万头份，猪高致病性蓝耳病疫苗180万ml。免疫注射家禽6500万只，生猪90万头，羊20万只，牛1.6万头。免疫率、免疫卡发放率、牲畜耳标佩戴率、免疫档案建立率均达100%。对口蹄疫、猪瘟、猪蓝耳、和禽流感等4种重大动物疫病免疫抗体检测合格的样品达到2586份，总合格率达到89.48%。

2014年，市政府共拨付重大动物疫病防控经费182万元，其中疫苗配套经费132万元，防控经费10万元，监测经费8.5万元。另外，各镇、街道拨付兽医站防疫经费150万元。共计使用口蹄疫苗254万ml，高致病性禽流感疫苗1950万ml，猪瘟疫苗96万头份，猪高致病性蓝耳病疫苗180万ml。免疫注射家禽2560万只，生猪96万头，羊20万只，牛1.6万头。免疫率、免疫卡发放率、牲畜耳标佩戴率、免疫档案建立率均达100%。小反刍兽疫防控共排查羊164147只，养殖场（户）2988个，全市没有发现小反刍兽疫。共调拨疫苗,15.7万头份，累计使用疫苗15万头份。其中免疫种羊5.65万只，绵羊9.35万只。共计抽取猪、牛、羊、鸡、鸭、鹅等畜禽血清样品2640份，对口蹄疫、猪瘟、猪蓝耳和禽流感等4种重大动物疫病免疫抗体检测合格的样品达到2336份，总合格率达到88.5%。

2015年，市政府共拨付重大动物疫病防控经费264.64万元，其中疫苗配套经费132.64万元，扑杀补助10万元，防控经费10万元，监测经费8万元。基层动物防疫经费104万元。共计使用口蹄疫苗254万ml，高致病性禽流感疫苗1980万ml，猪瘟疫苗98万头份，猪高致病性蓝耳病疫苗190万ml。免疫注射家禽2560万只，生猪96万头，羊20万只，牛1.2万头。免疫率、免疫卡发放率、牲畜耳标佩戴率、免疫档案建立率均达100%。共计抽取猪、牛、羊、鸡、鸭、鹅等畜禽血清样品2640份，对口蹄疫、猪瘟、猪蓝耳和禽流感等4种重大动物疫病免疫抗体检测合格的样品达到2350份，总合格率达到89.0%。

胶东半岛无规定动物疫病区建设。 2013—2015年，根据胶东半岛无疫区项目建设要求，全力做好胶东半岛无疫区建设迎评工作。成立评估推进工作领导小组，设立无疫区建设办公室，印发《寿光市胶东半岛无规定动物疫病区评估工作实施方案》《寿光市无规定动物疫病区评审任务细化分解表》等规范性文件，制定无疫区评估认证工作计划，对评估指标中的6大项96小项逐级细化分解落实到人，确保评估认证工作任务清、责任明。

对镇街区兽医站进行改造升级，重点为防疫基础设施、动物卫生监督设施设备、无疫区档案建设、无疫区评估认证宣传培训、防控物资储备等。以硬件提升为重点，疫控中心兽医实验室投资80万元购进病原学检测PCR等37台（套）仪器仪器设备，投资150万元对卧铺公路动物卫生监督检查站进行改造升级。投资20万元在荣乌高速寿光段建立无疫区警示标志牌。投资135.6万元对病死动物无害化处理场与收集体系改造升级。

强化基层防疫队伍建设，不断完善村级动物防疫员选拔录用机制，实行动态管理。抓好免疫和监测，实施规模饲养场程序化免疫和散养畜禽集中免疫相结合的免疫方式，严格落实月月补免制度，确保饲养畜禽应免尽免。健全应急管理机制，完善应急预案，强化应急指挥系统建设、应急物资储备管理和应急队伍的培训演练，全面推进冷链、疫病监测、疫情应急管理等体系建设，有效提升应急处置能力和水平。

以“日常监管＋专项治理”模式规范对养殖场、屠宰场、动物检疫监管工作。对规模场，按照“属地管理、分级负责”的原则，层层签订监管目标责任状，做到职责明确，责任到人，并做好监管记录，实现日常监管痕迹化。对定点屠宰场，实行官方兽医驻场检疫的管理模式。在动物检疫方面，定期对屠宰场动物防疫条件进行检查，对不符合动物防疫条件的依法责令落实整改措施或取缔。

按照无疫区建设评估标准，对县级、镇级以及养殖场户的各类档案记录进行规范完善，确保2013—2015年所有县本级、镇级以及场（户）的各类档案资料和原始记录都齐全完整。按照无疫区评审要素要求，统一制作防疫法等相关法律法规和检疫、疫情报告等制度版面，印制养殖档案、防疫档案、采样单、明白纸等无疫区档案材料，包括档案盒外侧标签和内侧目录全部发给14处镇（街区）兽医站，使兽医站的无疫区档案材料统一标准、统一模式归档整齐。各类基础数字努力做到上下左右对应；各类监测报告齐全、数据准确；所有记录相互衔接、可追溯，实现档案管理规范化。

认真开展动物卫生监督“提素质、强能力”行动，并多次举办无疫区评估认证培训班，围绕提高执法人员业务水平，重点在政策法规、业务技能、执法办案等领域举办培训班10余期，培训人员近600人次。同时，组织人员学习《胶东半岛无规定动物疫病区现场评估指标需要准备的相关内容及材料》和《山东省无规定动物疫病区管理办法》，让参与无疫区评估的所有人员都熟知熟会岗位工作职责、工作流程和技术规范。

林果业

【管理机构】 2011年，市林业局机关编制12人。下属4个股级事业单位：寿光市林业技术推广站、寿光市森林保护工作站、寿光市花卉指导站和寿光市经济林指导站，共计29人。2013年12月，撤销寿光市花卉指导站和寿光市经济林指导站，其职能和编制整体划归到寿光市林业技术指导站，编制实行动态管理。2015年，下设办公室、林政（审批服务）科、产业发展与项目科。下属2个股级事业单位：寿光市林业技术推广站、寿光市森林保护工作站；下辖1个副科级行政单位：寿光市森林公安局。2013年，市林业局获中国林业产业突出贡献奖。2014年，市林业局被评选为山东省林业工作先进集体。2012—2014年，市林业局连续三年获潍坊市林业工作先进单位，在潍坊市造林绿化工作考核中连续三年位列第一。2015年，市林业局获全国林业先进集体。

【林政管理】 2011年5月，成立寿光市保护发展森林资源目标责任制工作领导小组。2012年1月，出台《寿光市2012年度保护森林资源目标责任制考核办法》，确立2年签订一次保护森林资源责任书制度，并且每年对相关单位的森林资源保护工作进行检查通报。2014年4月，寿光市人民政府办公室出台《关于加强林地保护和林木采伐管理工作的通知》。“十二五”期间，全市严格按照相关程序进行林地征占用、林木采伐、木材经营加工许可证、木材运输证审批，每年的采伐量都严格控制在规定限额之内。2011年3月，市林业局出台《关于对木材经营加工行业进行清理整顿和强化监督管理的通知》。2014年12月，寿光市林业局出台《关于深入开展木材加工企业安全生产综合整治的通知》文件。2011—2015年，全市严格按照相关程序进行林地征占用、林木采伐、木材经营加工、木材运输审批，每年的采伐量都严格控制在规定限额之内。

【育苗造林】　2013年、2014年，积极引导鼓励企业、个人投资林业建设，在寿北地区大力发展木材储备基地。富士木业、鲁丽集团等通过公司+基地+农户的发展模式造林6000多亩，在寿北地区租赁承包土地营造生态公益林和工业原料林，实现生态建设和经济发展的良性循环。2015年，市政府出台《寿光市社会力量投资造林绿化补助办法》，对在寿光市辖区内投资造林绿化且具有生态公益林性质的项目，每亩每年补助500元，补助10年；对新营造商品林每年每亩补助300元，补助3年。2015年，经验收达到享受补助标准的造林单位和个人共20家，造林面积0.66万亩。2011—2015年，全市共完成成片造林14188公顷，新建和完善农田林网30万亩，育苗面积达到1069公顷，四旁植树2827万株，完成中央财政补贴的森林抚育3853公顷，建设沿海防护林1067公顷。

【林业科技】　2011—2015年，寿光市初步形成以市林业局为主体，辐射各镇、街、区的林业科技推广网络，具有一定的科研、科技推广的能力。5年来，林业科技人员共进行10 多个课题的研究、推广，取得科研成果 4 项，获县级以上奖励 4项。先后进行杨树主要支干病害综合防治试验、盐碱地造林技术推广、耐盐碱树种的培育和引进等一系列直接服务于生产的科研项目。同时积极引进三倍体毛白杨、黑杨类、四倍体刺槐、香花槐、千头椿等优良树种。

【国营场圃】　国有机械林场。2011年，重点抓住沿海防护林建设和沟路渠零星地的补植绿化，加强对现有林木的抚育管护，全年共完成新造林4000亩，栽植各类苗木100多万株，品种涉及毛白蜡、国槐、苦楝、柳树、香花槐、火炬、千头椿、红叶椿等10余个。

2012年，重点抓好森林资源培育，提高森林资源质量，投资1000多万元，高标准完成沿海防护林建设2000亩，环库林场扩建4000亩，栽植白蜡、香花槐、臭椿、柳树、杨树、紫叶李、小龙柏等各类苗木110万株以上。同时，在抓好造林育苗工作的同时，通过采伐、间伐方式，合理调整林木郁闭度，进行残次林改造328亩。

2013年，实施“林苗一体化种植”，森林资源培育向精细化、园林化转型。抓住春季造林的有利时机，利用盐碱地造林方面的技术优势，投资1000多万元，高标准完成各类造林、育苗3000多亩，其中新造林1660亩，残改1112.6亩，栽植白蜡、香花槐、千头椿、红叶椿、杨树、柳树、国槐等各类苗木215万株以上，其中补植造林31万株，扦插苗木 9 万株，嫁接苗木 37 万株，二级育苗 79 万株。

2014 年，围绕营林造林、湿地公园及博览园建设、生态旅游、水产养殖等重点工作，继续深化林场改革，提升森林资源总量和质量。全年共投资 1000 多万元，高标准完成各类造林、育苗 8000 多亩，引进海棠、紫叶李等花灌木 10 万棵，栽植白蜡、法桐、柳树、国槐等各类苗木 70 万株以上，林下种植西瓜 15 万斤以上。加强现有苗木的管理，对现有苗木进行修枝、施肥、除草、灭荒、灌溉、病虫害防治等抚育管护工作。全年共施有机肥 1900 方，化肥 90 吨，修枝 2 次，普浇水 3~4 遍。

2015 年，突出“保工资、保运转、保生态”的工作主线，围绕生态林业、湿地公园及博览园建设、生态旅游、水产养殖等重点工作，继续深化林场改革，提升森林资源总量和质量，扎实培育森林资源，提高森林资源质量。2015 年各项林业投资达到 1000 万元，完成各类造林、育苗、残次林改造 3000 多亩，引进栽植栾树、杜仲、丝棉木、朴树、白蜡等各类苗木 60 万株以上，林下栽植农作物、经济作物 500 多亩。

【果品生产】 2011 年，果树总面积 29184 亩，其中主栽苹果 12199 亩、梨 2310 亩、葡萄 1018 亩、桃 2541 亩、其他 11116 亩。果树总产量 97149 吨，其中主栽苹果 72583 吨、梨 8601 吨、葡萄 3221 吨、桃 11092 吨、其他 1652 吨。主栽品种苹果：红富士、金冠、嘎啦、美国八号等，梨：黄金梨、绿宝石、鸭梨、雪梨等，葡萄：青提、维多利亚、阳光玫瑰、户太八号、克瑞森等，桃：春雪、新川中岛、中油系列、金童五号、美脆、映霜红等。推广增施有机肥、绿色防控病虫、果实套袋、摘心扭枝拉枝、滴灌微喷等技术，引进矮砧苹果高纺锤形栽培技术，在上口镇上口一村示范种植 300 亩。

2012 年，果树总面积 28604 亩，其中主栽苹果 21506 亩、梨 2375 亩、葡萄 1145 亩、桃 2658 亩、其他 920 亩。果树总产量 104070 吨，其中主栽苹果 82041 吨、梨 6001 吨、葡萄 3154 吨、桃 10908 吨、其他 1966 吨。主栽品种苹果：红富士、金冠、嘎啦、美国八号等，梨：黄金梨、绿宝石、鸭梨、雪梨等，葡萄：青提、维多利亚、阳光玫瑰、户太八号、克瑞森等，桃：春雪、新川中岛、中油系列、金童五号、美脆、映霜红等。推广增施有机肥、绿色防控病虫、果实套袋、摘心扭枝拉枝、滴灌微喷、苹果高纺锤形栽培等技术。2012 年 9 月，获授权专利 ZL201110234304.0 “葡萄的大棚菜式栽培方法”。

2013 年，果树总面积 30416 亩，其中主栽苹果 21683 亩、梨 1888 亩、葡萄 1447 亩、桃 3641 亩、其他 1757 亩。果树总产量 104600 吨，其中主栽苹果 79941 吨、梨 5888 吨、葡萄 3114 吨、桃 13069 吨、其他 2588 吨。主栽品种苹果：红富士、金冠、嘎啦、美国八号等，梨：黄金梨、绿宝石、鸭梨、雪梨等，葡萄：青提、维多利亚、阳光玫瑰、户太八号、克瑞森等，桃：春雪、新川中岛、中油系列、金童五号、美脆、映霜红等。推广增施有机肥、绿色防控病虫、果实套袋、摘心扭枝拉枝、滴灌微喷、苹果高纺锤形栽培、葡萄菜式栽培等技术。

2014 年，果树总面积 27594 亩，其中主栽苹果 19028 亩、梨 1675 亩、葡萄 1385 亩、桃 3695 亩、其他 1811 亩。果树总产量 92604 吨，其中主栽苹果 68499 吨、梨 4935 吨、葡萄 3115 吨、桃 13942 吨、其他 2113 吨。

主栽品种苹果：红富士、金冠、嘎啦、美国八号等，梨：黄金梨、绿宝石、鸭梨、雪梨等，葡萄：青提、维多利亚、阳光玫瑰、户太八号、克瑞森等，桃：春雪、新川中岛、中油系列、金童五号、美脆、映霜红等。推广增施有机肥、绿色防控病虫、果实套袋、摘心扭枝、拉枝开角、起垄栽培（垄高20~40厘米，垄宽1.8~2米）、滴灌微喷、苹果高纺锤形栽培、葡萄莱式栽培等技术。2014年11月受理专利201410356423.7（一种干枝垂直的乔砧苹果树树形及栽培方法）进入实质审查阶段。

2015年，果树总面积20817亩，其中主栽苹果13757亩、梨1481亩、葡萄1173亩、桃3399亩、其他1007亩。果树总产量61778吨，其中主栽苹果42378吨、梨3675吨、葡萄2487吨、桃12048吨、其他1190吨。主栽品种苹果：红富士、金冠、嘎啦、美国八号等，梨：黄金梨、绿宝石、鸭梨、雪梨等，葡萄：青提、维多利亚、阳光玫瑰、户太八号、克瑞森等，桃：春雪、新川中岛、中油系列、金童五号、美脆、映霜红等。推广增施有机肥、绿色防控病虫、果实套袋、摘心扭枝、拉枝开角、起垄栽培、滴灌微喷、矮砧苹果高纺锤形栽培、乔砧苹果干枝垂直形栽培、葡萄莱式栽培等技术，创建清水泊农场新栽果树秸秆压青、大苗缓植、起垄栽培、行间种草或生草、设施支撑等技术示范100亩。2015年7月获授权专利ZL201410007353.4“一种用于葡萄防寒越冬的枝蔓固定方法及装置”。

【古树名木】 5年间，全市新发现古树名木26株，2015年全市古树名木达到214株，枣树古树群2组。

2015年寿光市古树名木统计一览表

表2

序号	树种	责任单位及所在位置	树龄（年）	树高 m	胸围 cm	胸径 cm	地围 cm	地径 cm	干高 m	冠幅 m 东西／南北	生存状况及环境
1	国槐	市区槐香园	2000	10.8	357	114	300	112	3	8.7/8.1	好
2	国槐	市区农信院内	400	12	251	80	308	95	4	10.8/10	较好
3	国槐	市区温泉小区	150	13	185	59	330	69	3.5	13/13.2	较好
4	国槐	圣城街道岳家东西街	400	8	255	100	328	109	8	7/9	较好
5	国槐	圣城街道岳家南北街中央	400	10	240	89	242	92	3	9/11	一般
6	国槐	圣城街道岳家张永升家院内	400	8.5	290	110	295	110	1.5	11/13	一般
7	国槐	亚亨集团院内	800	9.2			360			5.4/5.6	较好
8	国槐	圣城街道燕家南头第一株	350	12	210	79	200	83	3	8/9	好
9	国槐	圣城街道燕家南头第二株	350	12	260	96	320	93	3	8/8	好
10	国槐	圣城街道燕家南头第三株	350	12	158	63	170	68	3.2	8/8	好
11	国槐	圣城街道南胡原小学院内	800	20	355	121	380	121	3	16/16	好

续表

序号	树种	责任单位及所在位置	树龄（年）	树高 m	胸围 cm	胸径 cm	地围 cm	地径 cm	干高 m	冠幅 m 东西 / 南北	生存状况及环境
12	刺柏	圣城街道南胡原小学院内	280	4	105	28	108	28	2	5.5/5.5	好
13	侧柏	圣城街道南胡原小学院内	250	12	105	30	105	30	12	3/2.2	好
14	国槐	圣城街道金马寨村南东西巷	400	11	247	79	245	84	9	8.7/8	一般
15	国槐	圣城街道田家农圣街南侧	500	7	210	69	220	76	2.3	6/8	较好
16	国槐	文家街道文家村东西街西首北巷	250	18	223	83	240	87	8	14/14	差
17	国槐	文家街道文家村东西街西首桑子怀家	300	18	240	85	250	86	6	12/15	较好
18	国槐	文家街道文家村桑培海家院内	300	6	160	60	175	65	3.6	4/4.4	好
19	国槐	文家街道桑家庄南北街东侧	500	10	246	103	242	86	3	15/15	好
20	国槐	文家街道北付李义君家院内	250	9.2	256	98	279	91	2	11.2/10.7	好
21	文冠果	文家街道北付李义君家院内	300	5	89	27	27	118	5	3/3	好
22	国槐	文家街道南马店南北街北首	500	9.8	300	97	320	94	4	7.5/9	一般
23	国槐	文家街道刘家东西街南侧	500	12	310	106	350	112	3	18/18	好
24	国槐	文家街道王瑞宇村西南空地	500	18	415	120	475	150	3	12/12	好
25	国槐	文家街道吕家吕延顺宅内	350	13	240	74	250	78	9	12/12	较好
26	国槐	文家街道南潘曲村西北空地胡兴德家	700	15	382	118	315	105	2.8	10/9.5	好
27	国槐	孙家集街道孙集村东西街南侧	300	10	190	68	205	65	2	8/10	较好
28	国槐	侯镇大地沟村于爱春家院内	300	9	204	65	219	70	1.8	6/8	较好
29	国槐	孙家集街道潘家东西街西首	400	13	275	90	283	84	6.7	9/8	好
30	国槐	孙家集街道潘家东西街南侧	400	12	220	76	223	71	4	8/8	好
31	国槐	孙家集街道潘家杨金波宅内	250	12	200	64	209	68	8	8.2/8	较好
32	银杏	孙家集街道张家寨子银杏小学内	600	28..5	481	174	860	223	5	30/30	好
33	国槐	孙家集街道胡营二村村西北	650	12	465	161	1280	179	2.3	12/9	好
34	国槐	孙家集街道胡营二村南北街东侧	450	9.6	220	62	230	62	4	8/8.2	较好
35	国槐	孙家集街道胡营二村刘宗尧宅内	300	11.9	200	79	200	79	4.2	10/10	较好
36	国槐	孙家集街道呙宋台南北街西侧	300	11	193	61	210	69	8	7/9	较好
37	国槐	孙家集街道岳寺李村村内	500	12	380	125	402	136	4	9/9	一般
38	国槐	孙家集街道泽科村杨家空宅村北	400	13	200	67	215	69	3	10/10	较好

续表

序号	树种	责任单位及所在位置	树龄（年）	树高 m	胸围 cm	胸径 cm	地围 cm	地径 cm	干高 m	冠幅 m 东西/南北	生存状况及环境
39	国槐	孙家集街道泽科村梁家空地村西头	400	12	190	65	236	72	3.5	7/10	好
40	国槐	孙家集街道贾家东西街路北	500	10	359	123	417	134	2.2	13/12	好
41	国槐	孙家集街道高阜营子东西街中央	300	11	140	62	220	78	2.2	5/5	较好
42	国槐	古城街道北洛村南北巷黄	400	12	178	68	234	73	6	7/5	一般
43	国槐	古城街道北洛村东西街东首	450	14	281	98	314	103	4.5	11.8/13	较好
44	国槐	古城街道戴家村委后	400	10.8	280	93	257	102	3	8/11	较好
45	国槐	古城街道戴家南北巷	400	10	220	82	240	77	3.8	11.8/11.2	一般
46	国槐	古城街道戴家村委院内	400	11	260	86	268	100	2.5	8.4/10.1	较好
47	国槐	古城街道曹家小学院内	650	12	220−300	121	380	150	6	8/8	好
48	国槐	古城街道野虎村东西街东首	400	11	240	86	96	290	6	10/11	较好
49	国槐	古城街道桑家官庄东西街前街东	400	17	440	138	470	140	3	15.5/16.5	较好
50	国槐	古城街道桑家官庄东西街前街西	400	10	322	112	393	142	3	9/11.5	一般
51	国槐	古城街道临二村东西街路南空地	350	10	286	66	320	81	3	13.5/10	一般
52	国槐	田柳镇田柳村田兰会宅内	350	10	174	70	205	68	2.8	8.5/8.5	一般
53	国槐	田柳镇田柳村东南南北巷	650	18	171	61	340	65	2.8	14/14	较好
54	国槐	田柳镇田柳村东西中街变压器南	300	12	256	89	261	89	7	12/12	好
55	国槐	田柳镇崔家庄（东）南北街北首路西小巷	400	10	298	95	395	109	4.9	9/9	好
56	国槐	田柳镇崔家庄南北东街北首路西	400	5.5	222	81	300	71	1.7	5/8	好
57	国槐	田柳镇崔家庄南北东街南首路西小巷	300	8	186	65	210	69	4	9/9	较好
58	国槐	田柳镇崔家庄东西街西首路南	400	9	205	70	453	88	3.4	10/10	好
59	国槐	田柳镇南袁村东北弥河坝西	400	12	244	84	257	88	3.2	9/5	一般
60	国槐	田柳镇阎家庄子东西街南侧	444	10	301	115	320	100	9	13/10	一般
61	国槐	田柳镇卢家村南空地	300	12	223	73	280	85	3.5	16/16	好
62	国槐	田柳镇王里村小学院内东株	650	12	320	132	720	160	7.6	12.5/12	好
63	国槐	田柳镇王里村小学院内西株	450	11	260	86	370	110	5	7/14	较好
64	国槐	田柳镇东头村东西街中央	400	11	255	109	476	120	3.5	13/13	差
65	国槐	田柳镇常家庄小学院内	433	17	375	116	773	140	5	12.6/13.7	一般

续表

序号	树种	责任单位及所在位置	树龄（年）	树高 m	胸围 cm	胸径 cm	地围 cm	地径 cm	干高 m	冠幅 m 东西/南北	生存状况及环境
66	国槐	田柳镇常家庄常升田家宅后	350	14	224	77	230	82	2.2	17/13	一般
67	国槐	田柳镇西王高张信基宅内	400	17	255	78	323	110	11	10/12	较好
68	国槐	田柳镇西兴王东西街	300	10	188	64	198	70	3.4	13.3/13.6	好
69	国槐	纪台镇后曹村南北街中央	300	11	238	82	223	76	6	10.5/14.8	好
70	国槐	纪台镇远水村村南部空地	400	10	240	82	256	84	4.5	11/8	好
71	国槐	纪台镇李家官庄东西街宅后	400	11	236	88	282	94	4	9.5/9	好
72	国槐	纪台镇吕家东西街南北街交叉口西东株	300	10.5	140	44	167	53	3.1	9.7/10.8	好
73	国槐	纪台镇吕家东西街南北街交叉口西西株	400	12.2	194	70	218	70	7.4	9.5/11.2	好
74	国槐	纪台镇吕家村西首南北巷	300	11	145	50	129	43	5	9/9	较好
75	国槐	孙家集街道二甲村中心街朱明升院内	350	12	292	93	300	100	2	9/8	较好
76	国槐	纪台镇殷家村东西街东首	700	10	480	172	740	242	3.4	8.1/8.6	一般
77	国槐	纪台镇房家村东西街中央	200	10	155	46	174	57	5.5	12.6/10	好
78	国槐	纪台镇青龙孙东西街路南	700	12	277	93	337	105	7.3	8.7/9.2	较好
79	国槐	纪台镇青龙孙东西街南南北巷	700	18	332	110	360	120	6	11/10.6	较好
80	国槐	纪台镇青龙孙南北街路东	600	16	210	69	220	71	8	14.2/12.7	较好
81	国槐	纪台镇韩家村内	250	7.5	110	45	150	60	3.0	6.5/8.1	差
82	枣树	侯镇挑沟村村西南朱兴明宅内	700	7	155	52	131	43	1.3	7/6.5	一般
83	国槐	侯镇挑沟村村西南朱培伍空宅	700	11	266	86	650	92	5	10.3/12	一般
84	国槐	侯镇李官庄东西街后街	600	10	190	71	284	76	4	8.6/8.7	好
85	国槐	侯镇东岔河东西街后街南空地	530	8	200	66	220	70	2.7	6.4/7.8	较好
86	国槐	侯镇东岔河东西街后街北空地	250	7.5	162	53	179	56	6	8.6/9.0	差
87	国槐	化龙镇辛店村王春田宅前	110	12	184	57	185	59	3.7	12/12	好
88	国槐	化龙镇辛店村南北路以东东西巷	500	15.5	311	109	341	110	2.5	15/17	好
89	国槐	化龙镇鲍家村鲍义云宅内	400	18.5	264	90	352	114	3.5	16/17	好
90	枣树	化龙镇三合村	300	9.5	157	50	150	48	1.5	6/6	较好
91	国槐	化龙镇魏家村东西街北宅西	200	12	180	53	220	62	3.8	10.6/11.6	一般
92	国槐	化龙镇埠一村	200	8	190	70	280	110	4.0	9.2/7.4	好

续表

序号	树种	责任单位及所在位置	树龄（年）	树高 m	胸围 cm	胸径 cm	地围 cm	地径 cm	干高 m	冠幅 m 东西/南北	生存状况及环境
93	国槐	化龙镇贾家村贾庆年宅内	400	10	222	72	215	64	5.5	14/14	好
94	国槐	化龙镇贾家村东西街北空地	450	13	290	95	294	96	9.5	16/16	较好
95	国槐	化龙镇丰二村南北街东空地	400	12	237	78	228	74	4.5	10/10	一般
96	国槐	化龙镇丰二村南北街东侧	200	8	160	52	170	54	3.8	8/9	较好
97	国槐	化龙镇三合村东西街路北	500	10	205	65	248	79	2.1	13/10	好
98	国槐	化龙镇辛店村南北街东东西巷北空地	350	8	176	61	178	62	4.3	10/7.6	一般
99	国槐	化龙镇三合村东西街南空地	300	20	416	153	438	142	2.8	13/14.5	好
100	国槐	化龙镇辛店村西村张万财宅内	400	12	240	83	250	84	3.5	16.6/18.6	较好
101	国槐	化龙镇丰二村东西街南侧	120	10	180	60	242	75	5	10.5/14.8	较好
102	国槐	化龙镇贾家村贾众林宅内	260	12	190	64	193	65	9.2	7/8	一般
103	国槐	化龙镇蔺家庄蔺元春宅内	300	14	185	67	190	65	3.5	12/8	一般
104	国槐	营里镇南单村东西街西首空地	500	15	262	91	1170	124	3.5	16.8/16.5	好
105	国槐	营里镇周家村东西街东首	450	12	258	109	300	111	4	12.2/9.3	较好
106	国槐	上口镇东堤村后街与南北街交叉口	500	7	292	118	300	112	3.5	4/4	较好
107	国槐	上口镇河疃村东西后街	300	11	188	55	218	62	3	10.5/8.5	好
108	国槐	上口镇后牟邵村东西街与南北街交叉口	500	14.5	362	126	490	130	4	18.7/15.3	好
109	国槐	上口镇后牟邵村东西街与南北街交叉口西	500	10	250	90	530	110	5.2	13/11	好
110	国槐	稻田镇宋家稻庄宋四村东西巷	500	11.4	374	124	505	140	6	13.8/14	差
111	国槐	洛城街道东高湛村南北街北首	450	8	310	120	508	136	3.2	10/11.5	好
112	枣树	洛城街道留吕村南北街偏北路西	600	8.2	275	107	252	110	1.7	7/7	好
113	国槐	洛城街道留吕村南北街北首路东	450	12	235	80	260	89	5.6	10/8.5	好
114	国槐	台头镇南台头村宅后空地	220	12	175	67	181	69	3.2	11.5/11.8	好
115	国槐	台头镇李王村东西街西首路中心	400	10	220	80	230	70	3.0	10.3/9.5	好
116	国槐	台头镇蔺家南北街中央	300	13	205	65	205	70	3.4	9.8/12.6	好
117	国槐	洛城街道丁家殿子东西街北高台子上	1000	8	380	112	1300	160	3	8.3/8	好
118	国槐	营里镇东中疃村村东南空地	300	12	275	95	281	98	5	8.8/13.9	较好
119	皂角	孙家集街道汤家村委院内（汤华锋家）	130	16	225	90	320	96	4.3	18.4 / 18.6	好

续表

序号	树种	责任单位及所在位置	树龄（年）	树高 m	胸围 cm	胸径 cm	地围 cm	地径 cm	干高 m	冠幅 m 东西／南北	生存状况及环境
120	枣树群	营里镇北岔河村村西枣林	120~350								好
121	枣树群	营里镇北岔河村村东南角	120~350								好
122	国槐	圣城街道李家仕庄宅内	260	13	270	86	290	92	8	11/12	较好
123	国槐	圣城街道崔家老庄东西街	400	5.5	100	32	140	44	2.5	8/6	好
124	国槐	洛城街道洛西村东北角	200	7	212	67	235	75	2.27	9/12.1	较好
125	紫藤	洛城街道洛西村东北角	350	4.7	125	75	180	58	1.7	8.6/9.1	较好
126	国槐	营里镇九曲村内	600	12	264	95	510	162	5	9.5/8	好
127	国槐	营里镇东中疃村东南	500	7	330	100	340	110	2	6/5	较好
128	国槐	营里镇宋家村内	300	12	195	62	264	84	3.5	7/8	较好
129	枣树	上口镇口子老庄村内	1000	6		50		52	1.5	5/4.5	差
130	国槐	稻田镇南韩村东西街东首	300	12	180	70	250	90	2.2	6.8/7	好
131	国槐	稻田镇灶户村孙志福宅内	200	12	125	48	160	58	2.5	9/10.2	好
132	国槐	上口镇兴旺庄村南北街南首	400	6	282	90	270	89	2.5	11/6	较好
133	国槐	上口镇兴旺庄村南北街北首	400	8	267	85	267	85	2.5	8/10	较好
134	国槐	化龙镇辛店村东西街东头	120	8	160	50	190	70	4	7/6	一般
135	国槐	化龙镇辛店村东西街中间	200	8	204	65	251	80	4	10/8	较好
136	国槐	化龙镇裴家岭村	300	10.5	220	70	251	80	5	7.5/8.4	好
137	枣树	田柳镇邢姚村刘寿荣宅内西	125	8	144	46	157	50	2	7/7	一般
138	枣树	田柳镇邢姚村刘寿荣宅内东	125	8	141	45	157	50	2	6/5	一般
139	枣树	田柳镇崔家村委东西巷李永龙宅内	300	9	104	33	132	42	2	6/6	好
140	国槐	市区温泉小区院内	200	13	182	58	214	68	4	9.5/8	好
141	国槐	特殊教育学校内	620	9	252	80	283	90	2.5	7.5/9	较好
142	国槐	圣城街道北关村健康西街南侧	380	13.5	220	70	236	75	4	9/10.5	一般
143	国槐	圣城街道北坛村健康街路北侧	500	12	264	84	345	110	2.5	14/9.5	较好
144	国槐	洛城街道洛中村	500	14	252	80	267	85	3	12/11.5	较好
145	枣树	古城街道顶盖村	300	7	157	50	141	45	1	6/6	较好
146	国槐	侯镇仉家（东）东西集街北	850	13	430	140	430	140	3	10/14	差

续表

序号	树种	责任单位及所在位置	树龄（年）	树高 m	胸围 cm	胸径 cm	地围 cm	地径 cm	干高 m	冠幅 m 东西/南北	生存状况及环境
147	国槐	侯镇王家巷村	600	11	298	95	345	110	3	6/6.5	较好
148	国槐	侯镇侯一村	300	8.5	179	57	207	66	1.7	14/11	一般
149	国槐	侯镇东河南村	300	6	220	71	330	105	3	8/7	一般
150	枣树	侯镇岳庄村	400	8			157	50	2.4	3/4	较好
151	国槐	营里北单村东西南街东株	600	10	299	95	408	130	2	11.3/13.2	较好
152	国槐	营里北单村东西南街西株	400	10	189	60	220	70	3.5	7/6	较好
153	国槐	营里北单村东西南街北单悌顺宅内	300	11	220	70	236	75	3.3	8/9.5	较好
154	国槐	营里北单村东西南街（东）北街	600	13	251	80	283	90	2.8	10/13.5	较好
155	国槐	营里北南河村王照贤家院内	300	9.5	157	50	188	60	3.5	8/7	较好
156	银杏	孙家集街道张家寨子村张友刚宅内	102	14.5	157	50	189	60	4.9	9.5/9	好
157	国槐	孙家集街道前王村孙在义宅内	300	13	236	75	251	80	3.8	8/9.5	好
158	国槐	纪台镇孟家村孟庆纯宅前	300	6	204	65	236	75	2.7	8.5/8.5	差
159	国槐	圣城街办崔家老庄小学	300	10	251	80	342	100	3	8/7	一般
160	国槐	古城街道顶盖村刘公论宅前	400	12	251	80	257	82	2	12/14	一般
161	国槐	化龙镇务本村东西集街南小巷	320	10	220	70	210	67	2.2	6/9	较好
162	国槐	侯镇李家村南北街北段	110	10	144	46	220	70	2.5	10/11	好
163	国槐	侯镇王辛村东韩应祥门前	300	9	314	100	330	105	2.5	9/8	一般
164	国槐	侯镇李家河东村村委西	600	10	283	90	600	200	4.5	12/11	较好
165	国槐	侯镇东河南村和平路西 40 米	200	6	163	52	163	52	1.6	7/6.5	一般
166	国槐	侯镇东河南村和平路西 30 米方玉英	480	12	298	95	427	136	3	10/12	较好
167	国槐	古城街道杨家村	300	10	283	92	289	94	2.2	12/9	较好
168	国槐	洛城街道北城西村村中间	300	6.5	220	70	251	80	2.5	8/6	较好
169	国槐	侯镇大地沟村村西 南北路西	260	4	150	48	172	55	2	4/4	差
170	国槐	侯镇大地沟村南北路北首	300	10	188	60	188	60	2	7.5/8	一般
171	圆柏	古城街道戴家庄子	300	6	110	35	126	40	2.8	4/4	好
172	国槐	双王城牛头村二村马同济宅内	280	8	188	60	204	65	2.3	12/11	较好
173	国槐	双王城牛头村二村村委往西 50 米	100	6.5	188	60	204	65	1.2	8/8	较好

续表

序号	树种	责任单位及所在位置	树龄（年）	树高 m	胸围 cm	胸径 cm	地围 cm	地径 cm	干高 m	冠幅 m 东西 / 南北	生存状况及环境
174	国槐	圣城街道南马范村弥河西堤	700	5.5	157	50	188	60	2	8.5/9	较好
175	国槐	台头三座楼村刘松成家	300	7.5	236	75	238	76	3.3	7.5/6	较好
176	国槐	台头三座楼村刘松岭家	500	13	314	100	376	120	7	11/10	好
177	国槐	台头镇三座楼村村委以西南北路中间	600	7	329	105	345	110	3.5	6/7	一般
178	国槐	孙家集街道齐家村东西主街	300	4.5	236	75	251	80	3.5	5.5/3	好
179	枣树	孙家集街道边线王村西北角	200	11	119	38	157	50	1.7	6/8	好
180	枣树	孙家集街道丰顺王（后王）王立同家	300	10	163	52	204	65	3.5	9/8.5	好
181	枣树	台头镇三座楼村村西空闲地	600	7.5	110	35	141	45	1.8	7/8	好
182	国槐	双王城李家坞徐守福家院内	200	11	220	70	276	88	1.67	16/14	好
183	枣树	纪台镇东方西村西北角赵守泰家	100	6.5	131	42	141	45	2.76	7/5	好
184	枣树	纪台镇东方西村西北角赵守泰家	100	7	125	40	141	45	3	8/7	好
185	枣树	纪台镇东方西村西北角赵守泰家	100	7	141	45	163	52	2.45	8/8	好
186	枣树	纪台镇东方西村西北角赵守泰家	100	7	125	42	131	42	2.2	7.5/6	好
187	枣树	纪台镇东方西村西北角赵守泰家	100	7	103	33	106	34	2.5	7/5	好
188	枣树	纪台镇东方西村西北角赵守泰家	100	6	103	33	135	43	1.96	6/7.5	好
189	枣树	纪台镇东方西村西北角赵守泰家	100	6	97	31	113	36	2	6/6.5	好
190	国槐	台头镇三益村主街路中间	470	7	160	51	166	53	3	6/7	较好
191	圆柏	古城街道戴家庄子	300	6	110	35	126	40	2.8	4/4	好
192	国槐	羊口镇郑家村东西街	120	6	97	31	108	34.5	2.1	5/7.5	好
193	枣树	化龙镇北柴村王佰义家	103	7.5	138	40	138	40	1.5	8/9	好
194	国槐	台头镇一座楼王重庆家	430	9	260	83	257	82	2.2	8/8.5	好
195	杜梨	羊口镇郑家庄村东村南棉花地	150	6	100	32	113	36	2.5	6/6	较好
196	杜梨	羊口镇郑家庄村东村南棉花地	150	6	100	32	116	37	1.8	6.5/6.5	较好
197	杜梨	羊口镇郑家庄村东村南棉花地	150	7	88	28	94	30	1.9	8/8	较好
198	杜梨	羊口镇郑家庄村东村南棉花地	150	7.5	126	40	141	45	1.5	8/8	较好
199	杜梨	羊口镇郑家庄村东村南棉花地	150	6	94	30	113	36	0.9	6/7	较好
200	杜梨	羊口镇郑家庄村东村南棉花地	150	7	119	38	129	41	1.2	7.5/7.5	一般

续表

序号	树种	责任单位及所在位置	树龄（年）	树高 m	胸围 cm	胸径 cm	地围 cm	地径 cm	干高 m	冠幅 m 东西 / 南北	生存状况及环境
201	杜梨	羊口镇郑家庄村东村南棉花地	150	7	122	39	135	43	1.6	8/9	较好
202	杜梨	羊口镇郑家庄村东村南棉花地	150	7	113	36	126	40	2	6.5/9	较好
203	杜梨	羊口镇郑家庄村东村南棉花地	150	6	113	36	122	39	0.9	8/8	一般
204	杜梨	羊口镇郑家庄村东村南棉花地	150	5	122	39	132	42	0.8	7.5/7	一般
205	杜梨	羊口镇郑家庄村东村南棉花地	150	7	132	42	141	45	1.2	8/8	较好
206	杜梨	羊口镇郑家庄村东村南棉花地	150	7	126	40	141	45	1.9	8/8	较好
207	古槐	圣城街道后朴里村东西街西头	200	10	275	88	316	100	2.5	9/8	较好
208	古槐	墨龙集团院内	200	9	290	92	320	102	2.5	10/9	好
209	古槐	墨龙集团院内	200	9	300	95	305	97	2.6	10/10	好
210	古槐	西北河西	300	10	235	75	251	80	10	9/14	好
211	古槐	西北河东	300	5.5	125	40	141	45	5	13/6	较好
212	古槐	郝家柳杭村委南	260	7	157	50	172	55	15	10/12	较好
213	古槐	郝家柳杭郝桂松家	300	6.5	251	80	282	90	8	8/6	一般
214	枣树	洛城街道郎家庄	200	8	122	39	120	38	2.3	9/8	好
215	古槐	古城街道王家庄王传华家	200	8	172	55	168	54	2	8/10	好
216	枣树	洛城街道留吕村	200	11	110	35	130	41	2.5	9/10	好

农业机械

【管理机构】 2011 年，农业机械管理局（简称市农机局）为市政府直属事业单位，正科级规格，内设办公室、财务科、审批服务科、农机管理服务站、农业机械化学校、农机技术推广站 6 个职能科室。2015 年，调整为市农业局直属事业单位，规格不变。内设办公室、财务科、审批服务科、农机管理服务站、农业机械化学校、农机技术推广站 6 个职能科室，定编 31 人。

【机械装备】 2011 年，全市农业机械总动力 1393640 千瓦，农用拖拉机 16006 台、动力 252651 千瓦。2015 年，全市农业机械总动力达到 1412273 千瓦，农业机械原值达到 138416 万元，农业机械净值 104534.8 万元；农用拖拉机 15385 台，农用拖拉机总动力 235585 千瓦；联合收割机 2631 台，联合收割机总动力 111496 千瓦，其中自走式玉米联合收割机 860 台。寿光设施农业机械随着蔬菜温室大棚的发展而不断增加，如田园管理机到 2015 年增至 5900 台、动力 35155 千瓦；电动卷帘机从 2011 年的 18 万台增至 2015 年的 21.1 万台，年增幅 17.2%。

2011—2015 年寿光市农业机械发展情况表（一）

表 3

年份	农业机械总动力(千瓦)	农业机械原值（万元）	农业机械净值（万元）	农用拖拉机（台）	农用拖拉机（千瓦）	柴油机(台)	柴油机（千瓦）
2011	1393640	123551	91811	16006	252651	6992	49756
2012	1394772	128017	94823	15885	218076	6767	50048
2013	1390957	131514	98349	15012	220868	6726	83106
2014	1392292	134341	101038	15235	226151	4759	60521
2015	1412273	138416	104534.8	15385	235585	4684	59746

2011—2015 年寿光市农业机械发展情况表（二）

表 4

年份	联合收割机（台）	联合收割机（千瓦）	其中自走式玉米联合收割机		机引田间作业机械（台）
			台数	千瓦数	
2011	2583	92447	554	35112	21081
2012	2533	96760	660	35090	19053
2013	2434	99355	676	39213	18701
2014	2540	105895	831	45611	19273
2015	2631	111496	860	49648	19288

【农机管理】 2011 年以来，市农机管理服务部门依法履行农机监理、维修职责，扎实开展农机“三率”集中整治，进一步规范农机牌证管理，不断加强农机维修市场监管，农机管理服务工作取得进一步发展。2015年，市农机管理服务站在编人员 12 人。累计验收农机驾驶员 2908 人次，累计发放各类农机牌照 4034 台。

2011—2015 年寿光市农机主要业务数据一览表

表 5

年份	驾驶员培训（人／次）	农机登记（台）	农机年审检验（台／次）
2011	797	771	2124
2012	631	515	1260
2013	593	859	1537
2014	486	977	1484
2015	401	912	1214

【农机技术推广】 玉米直播机械化推广。2011年，随着玉米优良品种推广和玉米种植机械的发展，全市夏玉米种植方式逐步由机械直播代替人工套种。玉米直播机械化技术主要机械是玉米免耕播种机。2015年，通过玉米直播机械化技术面积达到55万亩。

小麦联合收获技术推广。2011年，小麦联合收获机已经普遍使用，改变过去割、捆、运、脱的分段收获方式，实现小麦联合收获机械化作业。到2015年，小麦联合收获机保有量1332台，其中自走式小麦联合收获机达1198台，至此，全市小麦全部实现用联合收获机收获。

玉米联合收获技术推广。2011年，主要有背负式玉米联合收获机、自走式玉米联合收获机和与自走式小麦联合收获机配套的玉米割台。到2015年底，全市玉米联合收获机保有量达1299台，全市玉米机收率达99%以上。

蔬菜机械化生产新技术、新机具推广。2015年底,全市田园管理机保有量达5900台，电动卷帘机保有量达21.1万台。全市蔬菜生产全部实现机械化耕作，温室卷放保温被机械化率逐年上升。多次承担省农机局下达的农机化创新示范工程项目。先后引进CO2精准施肥器、臭氧发生器、声频仪、补光设备、空间电场等技术。全市设施农业机械化水平在全省名列前茅。

保护性耕作技术推广。保护性耕作是以机械化作业为主要手段，采取少耕或免耕的方式，将耕作减少到只要能保证种子发芽即可，用农作物秸秆及残茬覆盖地表，并主要用农药来控制杂草和病虫害的一种耕作技术。保护性耕作具有减轻劳动强度，节省时间、节约燃料、减少机器磨损、改善土壤的可耕作性、增加土壤有机质、锁住土壤水分、提高水分利用率、减少土壤侵蚀等作用。保护性耕作减少拖拉机进地次数，减少燃料废气的排放。至2015年，全市保护性耕作技术推广面积达到38万亩。

棉花铺膜、播种、施肥复式作业机械推广。2011年，棉花铺膜、播种、施肥机械得到普及。该机械不仅作业效率高，播种均匀，行距一致，还有利于防治病虫害。到2015年底，全市21万亩棉花播种全部实现铺膜、播种、施肥复式机械作业。

跨区作业。2011—2015年，每年到夏、秋农忙季节，利用各地农作物成熟时间差，引导机手到外地进行农机跨区作业。等到寿光市农作物成熟时，再回来进行机械作业。每年全市有100余台机械到外地参加跨区作业，外地大约有200台机械到寿光市进行跨区作业。

【国家农业机械购置补贴】 2011年以来，市农机部门不断细化工作举措，积极落实国家农机购置补贴资金，覆盖全市15个镇（街道、区）和直接从事农业生产经营组织。5年间，共落实补贴资金9984万元，补贴机具总数累计超25000台，其中2015年争取资金2060万元，补贴各类机械设备929台，其中大中型拖拉机579台、收获机械256台，受益群众818户。

2011年—2015年寿光市农机购置补贴情况统计表

表6

年份	补贴资金总额（万元）	补贴机具总数(台)
2011	1600	
2012	2064	17722
2013	1860	4741
2014	2400	1659
2015	2060	929

【农机专业合作社组建】 农机专业合作社是以从事农业生产和各类农机作业服务的农民为主体，主要是组织机械化生产、收割和农产品初加工等，并提供信息、技术、维修、培训、咨询等服务。农机部门因势利导，积极鼓励农机大户、农机专业户牵头组建农机合作社，吸纳农机户加入合作社，进一步整合农机资源，实现农业机械市场化、效益化，解决一家一户购买农机浪费资金，使用效率不高的问题。使农机作业逐渐向规模化、专业化、市场化方向发展。2011—2015年，共发展合作社32家，至2015年底，全市农机专业合作社达63家。

2011—2015年寿光市新发展农机专业合作社一览表

表7

序号	合作社名称	固定资产（万元）	成立时间
1	寿光市山正农机专业合作社	150	2011.01.28
2	寿光市盛和农机专业合作社	80	2011.04.02
3	寿光市东海农机专业合作社	35	2011.08.03
4	寿光市益隆农机专业合作社	120	2011.08.03
5	寿光市连杰农机专业合作社	50	2011.08.26
6	寿光市华建农机专业合作社	120	2011.11.20
7	寿光市顺庆农机专业合作社	100	2011.11.20
8	寿光市全福农机专业合作社	120	2011.11.20
9	寿光市邦农农机专业合作社	200	2011.12.30
10	寿光市弘昌农机专业合作社	150	2012.03.23
11	寿光市顺农农机专业合作社	87	2012.04.09
12	寿光市鑫鹏农机专业合作社	36	2012.04.24
13	寿光市振江农机专业合作社	150	2012.05.08
14	寿光市兴农农机专业合作社	200	2012.06.15
15	寿光市昌隆农机专业合作社	140	2012.07.01
16	寿光市金台农机专业合作社	120	2012.12.4
17	寿光市祥林农机专业合作社	100	2012.12.10
18	寿光市源丰农机专业合作社	150	2012.12.14
19	寿光市建国农机专业合作社	100	2012.12.14
20	寿光市利韧农机专业合作社	100	2012.12.14
21	寿光市义阁农机专业合作社	150	2012.12.18
22	寿光市明武农机专业合作社	100	2012.12.18
23	寿光市后牟农机专业合作社	120	2013.01.08
24	寿光市永强农机专业合作社	100	2013.01.18

续表

序号	合作社名称	固定资产（万元）	成立时间
25	寿光市春发农机专业合作社	100	2013.06.15
26	寿光市新时代农机专业合作社	150	2013.09.29
27	寿光市诚信农机专业合作社	160	2013.12.24
28	寿光市绿农农机专业合作社	300	2013.12.25
29	寿光市盛润农机专业合作社	50	2014.04.16
30	寿光市恒通农机专业合作社	200	2014.05.13
31	寿光市三友农机专业合作社	251	2014.12.18
32	寿光市博民农机专业合作社	300	2015.01.07

海洋与渔业

寿光市濒临渤海莱州湾南岸，海岸线长30公里，海域总面积43万亩。2015年，全市海淡水增养殖面积17.3万亩。全市拥有各类渔船600余艘，计10万马力。全市水产品总产量达到22万吨，渔业总产值达97亿元。加快改造、更新老旧渔船，先后组织报废渔船75艘，建造标准化钢质渔船40艘。积极组织涉外渔业生产，涉外作业渔船100余艘，涉外捕捞产量2.5万余吨。养殖业注重发展浅海滩涂护养、贝类增养殖及新品种的引进与推广。养殖产量7.8万吨，产值7.2亿元。大力实施近海渔业资源修复行动计划，2011—2015年，先后投资1.5亿元，增殖放流虾、蟹、贝类苗种3.8亿尾（粒）。

【管理机构】 2011年11月，市海洋与渔业局增设组织人事科。2014年2月，市海洋与渔业局所属海洋管理站加挂市海域动态监管中心牌子。2014年9月，渔业科加挂审批服务科牌子。2015年10月，设立市海洋预报与减灾中心，在海洋环境监测站加挂牌子，同时，将海洋环境监测站加挂的市水生动物疫病防治站牌子加挂到渔业技术推广站。2015年，市海洋与渔业局有职工93人，其中局机关20人、事业单位54人、派遣人员11人、特岗人员8人。下设办公室、财务科、渔业科、组织人事科4个内部科室；辖渔政监督管理站、渔船渔港监督管理站、渔业技术推广站、海洋环境监测站、海洋管理站5个局属事业单位。2015年，市渔业技术推广站被评为全国基层水产技术推广示范站。寿光市渔政监督管理站获2015年度山东省海洋与渔业文明执法窗口称号。

2012年2月，寿光市被评为全国平安渔业示范县，2014年3月顺利通过农业部、国家安全监管总局全国平安渔业示范县复核。2013年2月，羊口渔港被评为全国文明渔港，2015年1月顺利通过农业部、国家安全监管总局全国文明渔港复评。

【海洋捕捞】 2011年，全市拥有捕捞渔船595艘、11万余马力，全年完成捕捞产量13.4万吨，产值14亿元。中、小型渔船以木质渔船最多，主要在渤海内各渔场从事弓子网生产，450马力以上的大马力钢质渔船主要在黄海北部各渔场从事拖网生产。2015年，全市拥有捕捞渔船500艘、9万马力，其中450马力以上大马力拖网渔船达82艘、4万马力，全年完成捕捞产量13.7万吨，产值14.5亿元。木质渔船和大部分中型钢质渔船主要在渤海内各渔场生产，捕捞方式以弓子网为主，主要捕捞品种有梭子蟹、虾蛄、光鱼、梭鱼、毛蚶等，少数中型钢质渔船在黄海北部各渔场从事拖网生产。450马力以上的大马力钢质渔船常年在黄海、东海各渔场从事拖网生产，拖网渔船主要捕捞品种有鳀鱼、鲅鱼、鲐鲅、鱿鱼等。在巩固近海捕捞的同时，鼓励渔民更新改造渔船，积极发展远洋渔业。海洋与渔业行政主管部门积极引导各大渔业公司成立远洋公司，并帮助办理相关手续，积极发展远洋渔业。自中日、中韩渔业协定签订以来，全市每年都有80多艘大马力渔船到涉日、涉韩水域从事捕捞生产。2011年，寿光市首支由28艘渔船组成远洋船队启航，实现远洋渔业新突破。2015年，全市具有冷冻能力的外海远洋渔船达到40余艘。

【海水养殖】 2011—2015年，全市滩涂贝类增养殖面积保持在23.5万亩左右，但贝类产量几乎翻倍，由36160吨增至70697吨；产值由33570万元增至66036万元。受盐及盐化工高效益的冲击，大量海水养殖池塘改为盐田。全市海水池塘养殖面积由2011年的2.85万亩锐减至2015年的3000亩，养殖的南美白对虾由2011年的610吨减至2015年的68吨，产值由3820万元降至375.4万元。针对盐及盐化工利润下降，甚至亏损的实情，市海洋与渔业局积极倡导带领养殖大户进行“盐改虾”的探索，调动海水养殖的积极性，通过创建渔业科技示范基地，培育示范户，大力开展南美白对虾养殖示范，带动海水养殖的发展。2011年始，全市探索新的养殖模式，利用全市盐碱荒地资源和地下卤水资源发展海水工厂化养殖，走高端化、规模化、品牌化、精养化发展的道路。先后在营里镇、羊口镇、双王城生态经济园区发展海水工厂化养殖园区，规划建设工厂化养殖面积达到近3000亩，先后有祥润水产养殖场、冠宇生态水产养殖场、领航生物工程有限公司等近10家单位投入生产。海水工厂化养殖的创新和开展，实现全市该方面零的突破，推动全市水产养殖上一个新台阶。

2010—2013年，先后成功申报寿光毛蚶、羊口咸蟹子、寿光蚂蚬、寿光文蛤、寿光缢蛏、老河口白蛤、巨淀湖泥鳅、羊口虾酱8个水产品为国家农产品地理标志产品，列全省县级第一。文蛤、四角蛤获国家级绿色食品A级证书。

5年来，全市休闲渔业得到长足发展，先后发展林海生态博览园、弥河农业观光园、洰淀湖等多处休闲渔业基地，每年接待游客10万人次。到2015年，全市拥有全国休闲渔业基地2处，省级休闲渔业示范点4处。

【淡水养殖】 2011年，全市观赏鱼产业发展有新突破。先后有林海生态博览园、大自然养殖场和万友观赏鱼养殖有限公司等企业开展规模化的观赏鱼养殖，养殖品种主要有锦鲤、红草等常温性观赏鱼和地图鱼、罗汉鱼、龙鱼、鹦鹉鱼等热带鱼类，并形成以圣地茶博城为中心的观赏鱼交易市场，进一步带动观赏鱼的发展。

2012年始，寿光市承担全省基层渔技推广体系改革与建设项目，2012—2015年，分别承担30万亩、40万亩、40万亩和40万亩的基层渔技推广体系改革与建设项目任务，并于2014和2015年分别承担20万亩的南美白对虾病害防控技术和工厂化养殖技术的研究项目。通过建设渔业科技示范基地、培育示范户、选聘渔业技术指导员，实行物化补贴和组织渔技培训等多种形式，促进基层渔技推广体系的完善。

2015年，全市淡水养殖面积1.05万亩，养殖品种有除传统的鲤鱼、草鱼、鲢、鳙、鲫、南美白对虾，还有淡水白鲳、革胡子鲇鱼、黑鱼、河蟹等名优品种，年产量3000吨。

注重水产健康发展和品牌建设。2015年，全市通过无公害认证的渔业产地达12家，41个水产品通过农业无公害产品认证。拥有农业部水产健康养殖场8家，省级水产健康养殖示范场5家，总面积达6.8万亩，并有省级现代渔业园区4个，潍坊市水产品质量安全生产示范园区6家，位于潍坊市前列。

【渔业资源增殖和保护】 2011—2015年，重视渔业资源增殖和保护工作，先后增殖放流三疣梭子蟹、梭鱼、牙鲆、半滑舌鳎、毛蚶等各种海洋生物近10亿尾(粒)。2015年，寿光市共进行海洋增殖放流6次，完成山东省渤海海洋生态修复及能力建设项目——生物种群恢复工程和山东省渔业资源修复行动项目，增殖品种包括毛蚶、牙鲆、梭鱼、三疣梭子蟹等，共计8120万粒（尾），其中省级增殖品种为三疣梭子蟹，由寿光市林海水产育苗场和宇盛水产有限公司承担，各放流550万尾;潍坊市级增殖品种为梭鱼、牙鲆，由寿光市林海水产育苗场承担，两个品种各放流100万尾，圆满完成放流任务。

【基础设施建设】 2011—2015年，抓住国家实行积极财政政策的有利时机，渔业基础设施和技术保障体系建设的投入大幅度增加，全市渔业固定资产投资总额达到4.6亿元。投资3730万元新建羊口中心渔港，新增码头岸线650余米，护岸400米，增加泊位16个，新建跨河大桥1座。投资370万元对羊口中心渔港港区进行综合整治，改善渔港服务功能。投资500万元，改造实验室1000平方米，建设寿光市海洋渔业综合检测站。投资6000余万元实施小清河岸线修复，建设人工生态护岸1990米。投资800万元建造100吨级渔政执法船1艘。

【海洋与渔业管理】 渔政管理。（1）宣传教育。通过有线电视、广播、出动宣传车、张贴标语、发放明白纸、致公开信及召开座谈会等多种形式在渔港码头、重点渔村等场所进行有关渔业法律、法规宣传。2011—2015年共出动宣传车60多次，张贴标语1000多份，发放明白纸5000多份。（2）监督检查工作。在执法中实施海陆联合检查，查处各类违法行为。每年渔政船出海达150多天，共查处各种违规渔船200多艘次。（3）伏休管理。在伏休期间集中力量，落实伏休的各项规定，在海上借助渔政船昼夜进行检查，在陆地加强对供油、供冰业户以及水产品市场的管理，对违规行为依法从严从重处罚，全市伏休秩序一直保持良好状态。（4）抢险救生工作。海洋与渔业管理部门研究制定全市海洋渔业抢险救助应急预案，成立市海洋渔业抢险救助应急工作领导小组，设立安全值班电话，安排人员24小时值班，接到求救信号，及时出动进行救援。为切实加大海上抢险救生能力建设，新建100吨级渔政船1艘，配备750马力和360马力渔政海监船各1艘，150马力摩托艇1艘，并组建由18艘渔船组成的海上抢险救生船队。2011—2015年共组织海上抢险救生21次，救助遇险渔民77人，挽回经济损失800余万元。

渔港监督。（1）签证管理。2011—2015年，按照省渔监局的要求和考核标准，为辖区内渔船共办理进港签证6300艘次，及时掌握渔船动态。（2）船舶检验监督。2011—2015年，为提高渔船适航率，按照检验条例规定，共检验75KW以下合格渔船1316艘次，年审率达100%，有效保障渔业安全生产的正常进行。（3）舆论宣传。2011—2015年，充分利用广播、有线电视、标语、宣传车等多种形式进行宣传，共张贴发放宣传材料6000余份，发海浪、海风、安全生产等短信14万余条，营造良好的安全氛围。（4）安全设施监督检查。2011—2015年，抓住消防、救生、通讯等安全设施的配备和证书证件是否安全有效两个重点，共检查226次，检查渔船4950艘次，查处违规渔船404艘次，补配各种消防救生设施906余件，全市渔船安全设施配备率达到96％以上。（5）船员培训。2011—2015年，每年利用伏休举办职务船员及普通船员培训班，举办职务船员培训4次，培训270人次；举办普通船员培训班5次，培训849人次，全市船员培训率达到98%以上。（6）抢险救生。建立以中国渔政37303为主，包括各渔业公司渔船在内的渔船抢险救生船队，制定海上重大事故应急预案。2011—2015年，共组织海上抢险救生8次，救助57人，挽回直接经济损失1100万元。（7）船东互保工作。2011—2015年，先后受理互保理赔案件500余起，赔付金额达1200余万元，先后4次获全国渔业互保工作先进集体称号。利用渔业互保储备金支持渔业发展，共为渔民办理小额贷款1400起，发放贷款额14306万元，有效地解决渔民发展资金“瓶颈”问题。（8）平安渔业建设。投资70万元建设现代海洋渔业安全视频监控系统，在羊口渔港港区设置预警监控设备6处，实现对渔港港区10公里范围内的渔船及渔业设施的监控，积极推广应用渔船救助信息系统，为渔民配备CDMA安全救助定位手持终端501部，为渔船安装AIS避碰设备333台，初步建立海洋渔业移动通信指挥中心。

浅海滩涂管理。2012年，国务院批复《山东省海洋功能区划（2011—2020年）》。2013年，山东省人民政府公布《山东省渤海海洋生态红线区划定方案(2013—2020年)》，2015年，《潍坊市海洋功能区划（2013—2020年）》获批。（1）海洋监管工作。市动态监管中心自2011年成立以来认真做好海域动态专网的建设和维护工作，建成全省一流的远程网络视频会商室；做好海域动态监视监测任务，开展海域测绘测量工作，5年来完成测绘成果200余项，承担的海域使用动态监测任务，全部通过验收；开展远程视频动态监控，建成远程实时动态视频监控点23个，建成海域使用动态监管平台，为领导决策起到较强的技术支撑作用。（2）海洋环境监测。2011年和2014年通过计量认证复查扩项评审，检测项目包括海洋水文、海洋气象、海洋水质、海洋沉积物、海洋生物生态、海洋测绘等7大类106项，监测实力位于全国县级站前列。2011—2015年，监测站经历2次整体搬迁，实验室面积由原来的400平方米扩展到1200平方米；投资300万元，新进实验仪器20余台套，监测水平得到极大提高。2011—2015年，连续5年开展小清河入海污染物总量监测任务，出海监测20次，采集样品230个，出具监测数据

1620个，并根据检测数据和标准规范完成水质评价报告，圆满完成各年度任务，受到上级主管部门的好评。2011—2013年，连续3年开展小清河口赤潮监控区监测任务，出海监测30次，采集样品1134个，出具监测数据2268个，监测数据按时上报业务主管部门。2013年，参加国家863项目海洋环境监测技术集成与示范环渤海海试，圆满完成承担的任务。2013年始，开展海洋环境影响跟踪监测工作，至2015年，为潍坊港西港区寿光作业区8#—13#多用途泊位工程、潍坊港西港区寿光作业区4#—7#液化品泊位工程、潍坊港中港区西作业区#24、#25液化品泊位工程等9个项目进行海洋环境影响跟踪监测工作，海洋环境影响跟踪监测工作走在全省前列。2011—2015年，每年接受国家海洋计量中心、山东省海洋环境监测中心的外控样考核，考核结果全部为优秀。每年接受潍坊市海洋环境监测站的质量监督，海洋环境监检测能力得到上级主管部门认可。

防灾减灾工作。2014年，向国家海洋局申报山东省寿光市海洋减灾综合示范区建设项目，2015年11月获得国家海洋局批复，项目总投资880万元。2015年10月，市编委以寿编发[2015]44号文件批复，成立市海洋预报与减灾中心，扎实推进项目区建设：编制《寿光市风暴潮、海浪、海啸和海冰应急预案》，成立120多人的海洋减灾信息员和志愿者队伍，组建由30艘船舶组成的应急救援队伍；开展寿光市沿海岸段警戒潮位核定和县级尺度海洋灾害风险评估与区划工作；进行羊口中心渔港海域的精细化数值预报；通过网站、LED屏、短信快车、高音大喇叭、手摇报警器，微信等进行海洋预警报发布，完善发布设施；配套140万元建设具备海洋灾害综合分析研判功能的业务平台，实现相关信息的互联互通，完善灾害应急管理与救援措施与设施；进行规模较大、效果明显的海洋防灾减灾宣传，发放海洋灾害科普知识1万余份，出动2辆大型LED宣传车巡回宣传防御应对的系列宣教材料和宣教片，面向社区、校园、企业开展海洋防灾减灾宣传教育活动。

胶东调水

【管理机构】 山东省胶东调水工程寿光管理站为引黄济青工程寿光段主管单位，1986年称山东省引黄济青工程寿光指挥部，1989年改名为山东省引黄济青工程寿光管理处，2009年10月更名为山东省胶东调水工程寿光管理站，为正科级省属事业单位，下设宋庄泵站、弥河、塌河3个副科级管理所，内设办公室、工程管理科、计划财务科、事业发展科、水政科5个股级科室。2015年，有干部职工62人。

【工程概况】 引黄济青工程寿光段全长40公里，横贯寿光北部咸水区，自羊口镇李家坞村入境，经台头、田柳、营里、上口镇，从侯镇赵辛村出境，流入寒亭区。工程1986年6月始建，1989年10月竣工通水，总投资近亿元人民币。主体工程建有大型泵站一座，位于田柳镇境内，称为宋庄泵站。在输水河与境内河流塌河、西张僧河、东张僧河、弥河、官庄沟、新丹河、丹河交叉处建有大倒虹吸7座、分水闸9座。沿途建有公路桥5座、铁路桥1座、生产桥30多座、分水涵管20多处。宋庄泵站是引黄济青工程寿光段的主体工程，装有9台扬水泵，扬程9.5米，设计流量34.5立方米/秒，总装机容量5440千瓦。管理站先后获全国农林水系统和谐事业单位、国家级绿色通道等称号。

【工程建设】 2011年，投资55万元，完成宋庄泵站上游左岸戗台改造工程。2012年6月，投资16万元，完成弥河所、新丹河站进场混凝土路工程。投资148万元，完成弥河滩地到侯镇北寨村前输水河扬压力破坏返修工程和衬砌板冻胀返修工程。9月，投资150万元，完成宋庄泵站2#、3#机组大修工程及变电站改造工程。2013年，投资35万元，完成闸站自来水安装工程。2012年11月-2014年11月，投资870万元，完成宋庄泵站管理设施建设工程。2014年5月，投资20万元，完成完成寇家坞西南桥北涵洞加深工程（张洼桥涵洞加一孔）及7座倒虹清淤工程。2015年10月，投资300万元，完成输水河清淤工程。投资150万元，完成引黄济青改扩建工程Ⅳ标段建设工程。

【工程效益】 2013年始，全省连续干旱，青岛、烟台、潍坊等城市严重缺水。至2015年，胶东调水连续输水运行2年零7个月，宋庄泵站累计过水12.5亿立方米，有效缓解潍坊、烟台、青岛等地的生活及工农业用水压力。同时管理站积极协调水源，向寿光北部沿线村镇供水，基本满足沿线村庄和重点工业的用水需求。2016年2月，胶东调水实现长江水、黄河水的联合调度、优化配置。

【工程管理】 引黄济青工程线长面广，管理任务繁重，任何一个环节的疏漏都有可能影响到送水。为把管理工作落到实处，把每项管理工作分解到每一个职工，提出明确的目标，坚持每月检查，根据检查结果进行奖罚，工程管理走上制度化、正规化轨道。“百年大计，质量第一”，这一点是自工程建设以来寿光管理站职工形成的共识。这些年完成的大修岁修工程有上千项，投资上千多万元，从未发生过质量问题。

（马清新）

工 业

概 况

“十二五”期间，面对经济下行压力持续加大和国内外竞争加剧的严峻形势，以及生产要素和生态环境的深度制约，全市上下紧紧围绕上级决策部署，深入贯彻科学发展观，坚持稳中求进、提质增效的工作总基调，全力以赴稳增长，坚定不移转调创，积极应对、攻坚克难，工业产业链完整，转型升级成效明显，运行质量不断提高，现代工业体系建设加快推进，中小企业发展迈上新台阶，信息化建设大突破，工业经济保持持续健康发展。

2011 年，规模以上工业企业 472 家，产值 1288.8 亿元，收入 1290.1 亿元，利税 100.4 亿元，利润 75.1 亿元，同比分别增长 35.3%、30.9%、5.4%、5.6%。2015 年，全市 455 家规模以上工业企业完成产值 1860.5 亿元，同比增加 103.9 亿元，同比增长 6.2%。

截至 2015 年底，全市累计开工建设工业项目 171 项，其中投资过亿元项目 84 项。全市累计完成工业投入 260.18 亿元，比去年同期增长 16.9%。40 个重点调度工业项目中，英利实业投资 10.2 亿元的年产 3 万吨溶剂法纤维素纤维、鲁清石化投资 11.7 亿元的年产 20 万吨异丁烷脱氢联产、山橡防水投资 6.7 亿元的年产 24400 万平方米环保高铁专用防水卷材等 12 个项目已部分投产。申报省级“一企一技术研发中心”1 家、潍坊市级 3 家，省级“一企一技术创新企业”1 家、潍坊市级 6 家。申报省企业技术创新优秀成果 1 项，合同能源管理示范企业 1 家。申报省第三批专精特新中小企业 4 家，组织 8 家企业加入中国中小企业专精特新产业联盟。纳入省中小企业电子商务推进示范计划 32 个。晨鸣纸业集团、康跃科技入选全国首批两化融合管理体系贯标试点企业。全省唯一一家“山东省创业创新学院”落户寿光市。软件园创业辅导基地成功入围国家首批小型微型企业创业创新示范基地，成为潍坊市唯一一家。

【管理机构】 2011—2015 年，市经济和信息化局（简称市经信局）内设办公室、财务审计科、组织人事科、宣传教育科、企业管理科、技术改造科、安全生产监管科、审批科，机关行政编制24人。下辖市资源节约总额和利用办公室、市电力监管办公室、市经济运行调度中心3个正科级事业单位；市中小企业管理办公室1个正科级参照公务员法管理事业单位。

【产业结构调整】 十二五期间，寿光市加大产业结构调整力度，加快“腾笼换鸟”“机器换人”“电商换市”和“科技换芯”步伐，制定《关于加快工业转型升级的实施意见》，实施百企转型升级计划，加快构建现代产业体系。工业投资结构进一步优化，基础设施建设日趋完善，工业投入总额逐年提高，单体规模持续增大，设备科技含量明显提升，技术改造已成为工业发展的主要驱动力。“十二五”期间，全市工业投资预计完成 1300亿元，其中技术改造投入占比85%以上。造纸包装、石油装备、汽车制造、石化盐化等一批重点行业和支柱产业的项目顺利实施，大批新技术、新工艺、新装备广泛应用，高污染、高能耗的陈旧落后工艺技术设备加速淘汰，支柱产业支撑作用进一步增强。山东晨鸣纸业集团股份有限公司投资78亿元的年产80万吨高档低定量铜版纸、山东寿光巨能特钢有限公司投资15亿元的巨能特钢石油管材精加工、山东凯马汽车制造有限公司投资18亿元的年产20万辆卡车及零部件生产基地、山东联盟化工股份有限公司投资15.5亿元的年产40万吨合成氨60万吨尿素等项目陆续投产达效，夯实工业经济发展基础。羊口港投入使用和益羊铁路完成搬迁，为全市工业发展注入活力。

【自主创新】 **申报山东省技术创新项目。**山东省技术创新项目是企业申请享受研发费加计扣除税收优惠的重要载体和基础。2011年始，全市共有康跃科技股份有限公司高性能柴油乘用车用涡轮增压器等378个项目入选山东省技术创新项目计划，入选总数居潍坊市前列，入选项目研发经费投入19.8亿元，涉及机械、化工、轻工、建材、医药、电子信息等行业，全部研制成功并产业化后，可有效开拓国内外市场，增强企业核心竞争力。同时，加强对已列入省计划的技术创新项目管理，项目完成后及时组织鉴定验收，实现技术创新项目向现实生产力快速转化。“十二五”期间，共落实企业研发费用税前加计扣除7.05亿元，促进企业研发创新的积极性和创造性。

申报各类创新研发平台。深入实施创新驱动战略，大力推进技术创新工程，加快企业研发机构建设，进一步完善以企业为主体、市场为导向、产学研结合的技术创新体系。至2015年，全市建有国家级企业技术中心1个，省级企业技术中心20个，潍坊市级企业技术中心22个。建有省级工业设计中心1家，潍坊市级工业设计中心6家。有博士后科研工作站5个，院士工作站8个，省级企业实训基地10家。建有省级工程技术研究中心12个，潍坊市级工程技术研究中心57个。品牌建设成效明显，全市共获得山东名牌产品65个，山东省服务名牌5个，中国驰名商标21个，山东省著名商标66个。共获得授权专利3074件，其中发明专利409件。引进泰山产业领军传统产业类人才10个（全省共30个）。

促进科技成果转化。以做好产学研对接为切入点，组织企业“走出去”，开阔视野，积极参加各种展览会、交流会和招商引资活动。“十二五”期间，每年组织泰汽电动、康跃科技、凯马汽车、万龙实业等规模大、效益好、技术先进的装备制造企业组团参加“中国（山东）国际装备制造业博览会”，集中展示和宣传寿光市装备制造业的发展成就，由此连续荣获中国（山东）国际装备制造业博览会“最佳组织奖”荣誉称号。

【企业改革】 “十二五”期间，紧紧围绕全市工业工作总体思路和重点，在推进企业管理创新、规范化公司制改制、引导企业兼并重组等工作中，加强调查研究，夯实企业基础管理，服务企业改革创新，推动企业持续做大做强，实现健康发展。

深化企业兼并重组，推动企业持续健康发展。为有效推动企业兼并重组健康发展，出台《寿光市人民政府关于鼓励企业兼并重组的意见》等政策。2011年，中国钢研科技集团有限公司与寿光市宏达稀土材料有限公司共同出资组建钢研集团稀土科技有限公司；2013年，巨能特钢公司、鲁丽钢铁公司与潍坊特钢公司重组，成立山东精特钢铁有限公司；2014年，山东华轮实业有限公司与寿光市树山集装箱制造有限公司重组，成立山东华岳重工有限公司；2015年，鲁丽钢铁、巨能特钢、墨龙石油机械、东宝钢管4家企业加入潍坊市钢铁产业联盟；同年6月，晨鸣集团财务公司顺利获得中国银监会批准并开业，成为造纸行业第一家财务公司。

推动规模以上企业规范化公司制改制。2012年，为有效推动企业兼并重组健康发展，出台《寿光市人民政府关于鼓励企业兼并重组的意见（寿政发［2012］71号）》。2015年，根据市改制工作会议精神，对改制工作进行广泛宣传发动，联合相关部门分配各镇（街）股改任务，分批组织300余人次参加股改培训，提供股改政策和程序咨询服务。至2015年，规范公司制企业已达43家，超额完成潍坊市下达的任务。全市共有63家场外挂牌企业、7家上市公司和10支股票。其中，有9家企业在上海股权托管交易中心Q板挂牌，4家企业在齐鲁股权交易中心挂牌，5家企业在新三板挂牌，45家企业在深圳前海股交中心挂牌。在上市企业中，晨鸣集团于2015年9月22日经证监会核准，将非公开发行不超过4500万股优先股，每股面值100元，首次发行不少于2250万股，自核准之日起6月内完成；康跃科技股份有限公司于2014年8月1日在深圳A股创业板成功挂牌上市。康跃科技将其持有的公司限售股1000万股质押给海通证券，用于办理质押式回购交易进行融资8000万元。

【生态环保产业】 “十二五”期间，寿光市把节能工作作为促进工业产业结构转调的重要抓手，严把项目准入关，合理控制能源消费总量，加大技术改造力度，发展循环经济，节能工作成效显著。至2014年，万元GDP能耗和规模以上工业万元增加值能耗与2010年相比，分别下降17.7%和23.7%，分别完成“十二五”进度的95.6%、103%，2015年，按时完成上级下达的节能目标任务。

2011年，山东联盟化工集团有限公司被评为“山东省节能先进企业”和“潍坊市节能先进企业”；山东新龙集团有限公司、山东墨龙石油机械股份有限公司被评为“潍坊市节能先进企业”；康跃科技股份有限公司年产3万台防爆涡轮增压器项目被评为“潍坊市优秀节能成果”，奖励5万元。2012年，山东晨鸣纸业集团有限公司、山东联盟化工集团有限公司被评为“山东省节能先进企业”；山东联盟化工集团股份有限公司、山东新龙集团有限公司被评为“潍坊市节能先进企业”。2013年，山东晨鸣纸业集团股份有限公司、山东联盟化工集团有限公司被评为“山东省节能先进企业”；康跃科技股份有限公司国Ⅳ排放轻型柴油发动机涡轮增压器被评为“山东省优秀节能成果”，奖励5万元。2014年，山东新龙集团有限公司被评为“潍坊市节能突出贡献企业”，奖励20万元；山东联盟化工集团有限公司被评为“潍坊市节能先进企业”，康跃科技股份有限公司高性能柴油乘用车用涡轮增压器被评为“潍坊市优秀成果”，奖励5万元。

狠抓产业链条延伸，循环经济初见成效。2011年始，按照“减量化、再利用、再循环”的循环经济理念，狠抓龙头企业带动作用，形成以晨鸣纸业为龙头的“林－浆－纸－纸制品加工”造纸包装产业链，以巨能特钢、凯马汽车等企业为龙头的“钢材加工－汽车零部件加工－整车组装－销售”汽车产业链，以墨龙石油机械、巨能特钢等企业为龙头的“钢铁冶炼－石油机械零部件加工－石油机械组装－废旧石油机械及部件再加工－再制造”石油装备产业链，以新龙集团、大地盐化等企业为龙头的“电解原盐－氯碱产品－氯化聚合物”盐化工产业链，以晨鸣热电、恒鑫建材、潍州水泥为龙头的“粉煤灰、炉渣－加气块、水泥”资源综合利用产业链等循环经济产业主链，为全市循环工业发展奠定坚实基础。2015年，《寿光市循环经济示范市创建实施方案》已通过专家评审，确定为潍坊市循环经济同创市县，7个项目列入创建潍坊市国家循环经济示范市支撑项目，2家企业列入潍坊市循环经济教育示范基地创建计划，预计2016年完成创建任务。寿光经济开发区列入全省循环化园区改造计划，完成以巨能特钢、联盟化工、墨龙石油机械等骨干企业为龙头的装备制造、现代化工、农副产品深加工和机械电子四大主导产业形成的烟气－发电－蒸汽利用、一水多用、固体废物再生利用等循环链条，力争到2017年建成省级循环经济示范园区。

搞好资源综合利用，积极推行清洁生产。2011年始，加强粉煤灰、冶炼废渣、化工废渣等大宗工业固体废弃物综合利用，年利用工业固体废弃物115万吨以上。促进建材行业与电力、冶金、化工行业循环链接，鼓励利用固体废弃物生产新型墙体材料。2015年，全市资源综合利用企业达到18家，粉煤灰、磷石膏、废塑料、林业三剩物等废弃物等得到充分利用，工业固体废物综合利用率达到100%。积极推行清洁生产，至2014年，全市自愿开展清洁生产审核企业达到70家，投入资金25798.63万元，实施清洁生产方案1513个，年节电5370.01万千瓦时，节煤99389吨，节水26656万吨，产生经济效益31501.26万元，获得补贴227万元。2015年，15家企业开展自愿清洁生产审核，超额完成潍坊市下达的12家任务。落后产能淘汰成效明显，至2015年，完成潍坊市下达的淘汰落后产能任务，共淘汰造纸产能3.4万吨，转型升级跃上新台阶。

提高能评审核门槛，严把项目准入关。项目建设严格执行国家产业政策和全市产业布局规划，对新建工业新项目单位增加值能耗高于1.0吨标准煤/万元的一律拒批，单位增加值能耗介于0.8~1.0吨标准煤/万元的，必须由市工业联席会议审核和研究确定，引导企业按高、深、精方向延伸产业链，做到清洁生产、综合利用、循环发展，促进工业转调。

实施重点节能工程，节能技改效果显著。“十二五”期间，组织实施晨鸣纸业蒸汽冷凝水余热回收技术改造、巨能特钢余热回收利用节能改造、新龙集团热电锅炉烟气治理等一批节能工程，申报中央预算内投资备选项目5个，国家节能技术改造项目4个，合同能源管理项目10个，山东省重大产业化项目3个，年可节约15万吨标准煤以上，共计获得上级补贴4150万元。

搭建节能服务平台，节能环保产业初具规模。加快工业节能在线监测分析一体化项目建设步伐，推广工业智慧节能平台，推动节能降耗信息化、智能化管理，逐步提高企业的能源管理水平。“十二五”期间，全市节能服务公司3家，总投资1886万元，与企业合作实施合同能源管理项目，实现节能2.6万吨标准煤，获得补贴资金735万元。“国家万户”寿光10家企业如期完成能源管理体系建设。2家企业建立能源管理中心。1家企业建立智慧工业节能平台。全市节能环保、资源循环利用企业达到34家，预计年实现主营业务收入24亿元，利税1.9亿元，利润1.1亿元。

申报节能项目争取资金扶持。2011年，争取上级节能扶持资金914.8万元，其中合同能源管理项目1个，获得45万元；中央预算内项目1个，获得410万元；国家节能技改项目3个，获得359万元；山东省节能重大产业化项目1个，获得30万元；太阳能集热系统补贴项目1个，获得46.8万元；潍坊市建设节约型社会专项资金24万元。2012年，争取上级节能扶持资金1057.1万元，其中合同能源管理项目3个，获得155.6万元；国家节能技改项目1个，获得620万元；山东省节能重大产业化项目1个，获得100万元；太阳能集热系统补贴项目2个，获得130.5万元；潍坊市建设节约型社会专项资金51万元。2013年，争取上级节能扶持资金800万元，其中合同能源管理项目4个，获得263万元；中央预算内项目1个，获得400万元；山东省节能重大产业化项目1个，获得30万元；太阳能集热系统补贴项目2个，获得77万元；潍坊市建设节约型社会专项资金30万元。2014年，争取上级节能扶持资金1820万元，其中中央预算内项目2个，获得1400万元；潍坊市建设节约型社会专项资金142万元。

2015年，争取上级节能扶持资金1151.85万元，其中合同能源管理项目2个，获得131.85万元；中央预算内项目2个，获得875万元；太阳能集热系统补贴项目2个，获得75万元；潍坊市建设节约型社会专项资金70万元。

晨鸣集团循环经济模式。(1)“一水多用”的循环链。累计投资30多亿元，配套建设碱回收、中段水、中水回用等环保项目。同时，大力实施分质、分量、分工序、分工艺的“一水多用”科学方案，加强水的循环利用，成功探索出一条经济上合理、技术上可靠的制浆造纸废水深度处理回用之路，得到国家环保部的认可和推广。2015年，公司碱回收率达90%以上，抄纸白水重复率达95%以上，中水回用率达到40%以上，各项排放指标优于相关控制标准。(2)“林－纸－再生纤维”循环链。至2015年，已在湖北、江西等子公司所在地发展原料林基地200多万亩。同步加强废纸回收利用，减少森林资源浪费，年废纸回收用量达130万吨，节约木材300多万立方米。(3)“煤－电－建材”循环链。对热电厂的灰、渣等废弃物加强综合利用，年产粉煤灰3.5万吨，配套上马水泥厂和新型建材厂，年产水泥10万吨，粉煤灰砖2.5万块，使“灰、渣变金”，取得可观的经济效益和社会效益。(4)“造纸废弃物－制肥、发电”循环链。将造纸污泥、沼气、工业垃圾等废弃物经过处理变废为宝，用于生产促进农作物生长的复合肥，进行发电，既替代能源，又消除对环境的影响。

【企业上市与挂牌】 2013年，山东永通塑业股份有限公司于12月30日在齐鲁股权交易中心创新板挂牌，证券简称永通塑业，代码100243。2014年，康跃科技股份有限公司于8月1日成功在深圳创业板上市，股票为A股，名称康跃科技，代码300391；寿光市映康牧业发展股份有限公司于12月12日在齐鲁股权交易中心精选板挂牌，证券简称映康牧业，代码100286。2015年，全市共有99家企业分别在新三板、齐鲁股权交易中心、上海股权托管交易中心Q板、深圳前海股权交易中心挂牌，其中新三板挂牌5家、齐鲁股交中心挂牌30家、上海股权托管交易中心Q板挂牌9家、深圳前海股交中心挂牌企业55家。

【特大型企业简介】 **山东晨鸣纸业集团股份有限公司**。是以造林、制浆、造纸为主业的大型企业集团，全国唯一一家A、B、H三种股票上市公司，拥有武汉晨鸣、江西晨鸣、吉林晨鸣、湛江晨鸣等10多家生产子公司。公司总资产500多亿元，年浆纸产能800万吨，企业经济效益主要指标连续10多年在全国同行业保持领先地位，进入中国企业500强和世界纸业10强，被评为中国上市公司百强企业和中国最具竞争力的50家蓝筹公司之一。

山东寿光巨能控股集团有限公司。成立于2005年10月，是一家集特钢、淀粉、发电、电气等产业于一体的大型企业集团，下属特钢公司、金玉米开发公司、热电公司、电气公司等8家子公司，2015年，干部员工6500人，资产总额87亿元。

山东联盟化工集团有限公司。成立于2002年，是一家集煤化工、石油化工、生物制药于一体的综合性大型化工生产企业，下辖联盟化工股份、山东天力药业、联盟磷复肥、联盟石化、联盟特种装备、新丰淀粉、联盟物流、新科燃料、港兴物流等9个子公司，职工6753人，资产总额84亿元，主要产品及年生产能力分别为合成氨115万吨、尿素200万吨、淀粉28万吨、维生素C 1.5万吨、石油加工120万吨。产品以内销为主，主要销往山东、东北、江苏、安徽、河北、河南等省区。该公司是国家大型企业，全国化工百强第65位，全国化肥百强第9位。注册商标“联盟”是中国驰名商标。

寿光富康制药有限公司。成立于1997年，是全球最大的原料药TMP生产企业，国家综合性新药研发技术大平台产业化示范企业，现有员工2000多人，其中各类技术人员856人，主要从事原料药、医药中间体、医药生物制剂、热敏染料、溴化物5大系列40多个产品的开发、生产和销售，其中原料药甲氧苄啶已建立全球最完善的产业链，产销量占全球市场份额的60%以上，ODB、SMZ、奥美拉唑、盐酸二甲双胍的产销量分别居全国首位。公司拥有完善的质量体系，6个产品通过美国的FDA认证，连续8年跻身中国制药工业百强企业，2012年列中国制药百强企业第56位。

寿光市供电公司。是国网山东电力全资子公司，2015年有全民职工815人、农电工451人，下设18个供电所，总资产11.2亿元。2012年，完成售电量45.29亿千瓦时，居全省县级供电企业第二位。2015年1—11月份，完成售电量52.32亿千瓦时，同比增长29.17%，占计划的91.4%，预计全年完成57.23亿千瓦时，居全省县级第一位。公司认真贯彻落实国家电网公司和集团公司、潍坊公司总体工作部署，各项工作取得显著成绩。电网建设日新月异，已形成以1座500千伏变电站和5座220千伏变电站相配套的供电格局，成为全省最大规模的县域电网。安全生产持续稳定，至2015年10月，实现连续安全生产10668天，电网安全调度28周年，保持全国同类别县供电企业先进水平。优质服务水平不断提高，连续6年在地方行风评议中保持第一名，被市委确定为“打造快乐民生、服务千万户”的优秀典型。公司先后获得“全国模范职工之家”“全国一流县供电企业”“国家电网公司综合管理标杆单位”“国家电网公司安全管理标杆单位”“全省劳动关系和谐企业”“山东省政治工作优秀企业”等荣誉称号。

鲁丽集团有限公司。成立于1987年，2015年已发展为拥有钢铁、铸锻件、煤气发电与光伏发电、人造板及木制品、造纸等多个产业和主导产品的大型企业集团，共有中国驰名商标2个、中国名牌1个、山东名牌5个，是山东省循环经济试点企业、山东省林业产业龙头企业。2013年，集团投入过12亿元，投产精品铸锻件项目一期、金属利用项目等多个提升企业装备水平和降低生产成本的优势项目。已经动工并正在建设集木业加工、光伏发电、资源综合利用为一体的木业生态园，该园区计划投入50亿元，采用世界一流生产设备，规模位列全国之最，打造业内较有影响的多功能木业产业科技基地，投产后年可实现销售收入67亿元。

山东寿光建设集团。组建于2009年，集团具有房屋建筑工程总承包、建筑幕墙设计及施工、建筑装修装饰工程专业承包、房地产开发等一级资质5项；地基与基础、钢结构、路桥、预制构件、消防工程、机电设备安装等二级资质7项。集团立足于房屋建筑领域，全面实施多元化经营战略，建立以房地产、土建施工为主，装饰、桩基、安装、钢构、网架、保温、消防施工、建材加工为辅的主业和辅业齐头并进的发展模式，创出国家优质工程奖4项，全国建筑工程装饰奖5项、山东省工程质量最高奖“泰山杯”奖20多项、国家AAA级安全文明标准化诚信工地2项，获得“全国QC成果二等奖”2项。企业先后获得“中国建筑业500强企业”“全国优秀施工企业 ”“全国诚信建设优秀施工企业”“省级文明单位”“山东省诚信守法民营企业”“省级守合同、重信用企业”等荣誉称号。

山东大地盐化集团有限公司。公司包含山东大地盐化集团有限公司、山东昊邦化学有限公司、寿光金太阳热电有限公司等公司。其中，山东大地系该集团创始公司，其前身为寿光市岔河盐场，始建于1956年，并于2003年底改制为民营企业。该公司系通过天然地下卤水提取溴素，并以提取溴素后的卤水晒制原盐；再利用原盐以离子膜电解方式生产烧碱和液氯。主要经营业务为生产及销售原盐、溴素、烧碱、液氯、氢气等化学产品原料，是中国具有较大规模的盐化工产品生产、研发基地之一。该公司作为“中国专利山东明星企业”“中国海洋化工（寿光）产业基地重点企业”，秉承“诚信为本、客户至上、强化控制、质量第一、持续改进、争创一流”的经营理念，依托丰富的地下卤水资源，丰富的土地资源，先进的高新技术优势和科学的企业管理优势，重点研发生产盐、溴、氯、加氢等系列深加工产品，产品品种多、产量大、质量高，其中烧碱、液氯、溴素、原盐的产能和质量位居全国同行业前列。

山东墨龙石油机械股份有限公司。是一家专业从事石油机械设计研究、加工制造、销售服务和出口贸易的上市公司，产品主要有油管、套管、石油专用无缝管、抽油杆、抽油泵、抽油机、潜油电泵、注液泵及各种井下工具等，是中国四大石油集团公司的合资供应商，是中石油Ⅰ类产品4大优秀供应商之一。公司始创于1986年，1987年进入石油机械行业，1994年组建山东墨龙集团总公司，2001年经省政府批准成立山东墨龙石油机械股份有限公司。2004年4月15日，山东墨龙H股在香港联交所创业板成功上市，成为潍坊市民营企业首家及国内同行业首家在境外上市的公司。2007年2月7日，山东墨龙由H股创业板成功转至主板，成为134家香港创业板H股公司中的首家成功转板企业。2010年10月21日，山东墨龙A股在深圳证券交易所挂牌上市，成为第一家回归深交所的H股公司，公司拥有H+A两只股票（H股代码00568，A股代码002490）。2009年通过ISO14001和OHSAS18001管理体系认证。2009年12月，受省科技厅委托，组建“山东省石油专用管工程技术研究中心”。2010年，获人社部批准，设立全国同行业首家博士后科研工作站，公司技术中心被认定为省级企业技术中心。2011—2015年，公司秉承“鼓群志、集群智、聚众德、创众业”的宗旨，通过规模扩张，生产链条不断延伸，经济效益实现连年跨越，先后获得“山东省高新技术企业”“山东省银行业最佳信贷诚信客户”“A级诚信纳税企业”“中国农行AAA级信用企业”“中国工业行业排头兵企业”、山东省机械工业百强企业、潍坊市百强企业、寿光市特大型企业等称号，在山东省石油机械行业排名第一。产品成为山东省著名商标，是培育和发展的山东省出口名牌。

山东新龙集团。是集氯碱、热电、聚氯乙烯、精细化工、三氯氢硅、三氯乙烯、电子级化学品、生物工程、新型塑料建材于一体的股份制企业集团，是同行业中较早通过ISO9001国际质量体系、ISO14000环境管理体系、OHSMS18000职业健康安全管理体系认证的企业。2015年，集团占地面积120多万平方米，拥有总资产26亿元，年销售收入38亿元。主导产品及年产能力为烧碱20万吨，液氯18万吨，盐酸3万吨，年发电能力16亿度，年供热4639200百万千焦。

青岛啤酒（寿光）有限公司。该公司占地面积11万平方米，2001年加盟青啤集团正式生产运营，年产啤酒31.2万吨，现有在岗员工600人。主导产品崂山啤酒，采用青岛啤酒的技术和工艺，选用优质麦芽、啤酒花精心酿制而成，口味香醇爽口、泡沫洁白细腻，深受广大消费者喜爱。5年间，青岛啤酒在国内啤酒行业居领军地位，市场占有率居行业前三名。

山东寿光鲁清石化有限公司。成立于2000年8月，注册资本金1.5亿元，位于寿光市渤海工业园，现有职工1307人。公司主要产品有液化石油气、丙烯、聚丙烯、甲基叔丁基醚（MTBE）、沥青、轻芳烃、重芳烃、国标汽油、柴油等石油化工产品。至2015年，公司建有市级企业技术中心，拥有专利56项，承担潍坊市技术创新项目6项，山东省技术创新项目5项。企业通过GB/T19001-2008、GB/T24001-2004、GB/T28001-2011质量/环境/职业健康安全管理体系，保证产品质量的稳定提高和标准化的要求。产品“鲁清牌建筑沥青”被评为山东省著名商标，“鲁清牌聚丙烯树脂”被评为山东省名牌产品。

公司先后荣获："AAA级信用企业""潍坊市百强工业企业""潍坊市百强民营企业""潍坊市诚信民营企业""寿光市特大型企业""山东省守合同重信用企业""山东品牌建设示范单位""山东优秀品牌""山东品牌建设名家""全国工业品牌培育试点企业""中国民营企业500强（第440位）""中国民营制造业500强（第270位）""全国质量检验稳定合格产品"等荣誉称号。

2015年寿光市主营业务收入过10亿元工业企业名单

表1 单位：万元

企业名称	主营业务收入
山东寿光鲁清石化有限公司	1937690
山东晨鸣纸业集团股份有限公司	1787889
鲁丽集团有限公司	1516318
山东联盟化工集团有限公司	1201807
山东寿光巨能控股集团有限公司	1020529
山东墨龙石油机械股份有限公司	760133
山东大地盐化集团	636385
寿光富康制药有限公司	477226
山东新龙集团有限公司	463057
国网山东寿光市供电公司	400169
山东泰丰制动系统科技股份有限公司	343296
山东寿光天成食品集团有限公司	295756
潍坊顺福昌橡塑有限公司	269689
寿光市泰丰汽车底盘制造有限公司	255815
山东东方宏业化工有限公司	254248
山东昊华轮胎有限公司	210120
山东省天惠食品有限公司	204032
山东凯马汽车制造有限公司	193813
山东默锐科技有限公司	186446
潍坊市华东橡胶有限公司	178061
山东寿光神润发海洋化工有限公司	171155
寿光卫东化工有限公司	166124
山东东宝钢管有限公司	151337
山东银宝轮胎集团有限公司	145705
山东威能环保电源科技股份有限公司	143621
寿光福麦斯轮胎有限公司	140973
潍坊市跃龙橡胶有限公司	138103
寿光市富士木业有限公司	135655
山东寿光健元春有限公司	133137
山东光耀超薄玻璃有限公司	106502

【企业荣誉】 2011年，山东大地盐化集团有限公司、山东银宝轮胎集团有限公司、山东华麟面业有限公司获评"山东省质量奖"，寿光市东宇鸿翔木业有限公司、山东寿光建设集团有限公司、山东寿光健元春有限公司、潍坊顺福昌橡塑有限公司、山东寿光神润发海洋化工有限公司、山东默锐化学有限公司、康跃科技股份有限公司被评为"山东省最佳雇主企业"，山东圣龙钢结构有限公司董事长任成武被评为"山东省第二十届优秀企业家"。

2012年，寿光卫东化工有限公司、潍坊市跃龙橡胶有限公司、山东寿光齐民思酒业有限责任公司获评"山东省质量奖"，山东大地盐化集团、山东寿光天成食品集团有限公司、山东东方宏业化工集团有限公司、山东泰和华宇房地产有限公司、山东百信置业集团有限公司、山东莱央子盐场、山东省寿光市圣都建设集团有限公司、寿光市自来水有限责任公司被评为第三批"山东省履行社会责任示范企业”，山东联盟化工集团有限公司、山东大地盐化集团有限公司、山东寿光第一建筑有限公司、山东寿光天成食品集团有限公司、山东鲁派食品股份有限公司、寿光市富甲汽车销售有限公司被评为“山东省优等信誉企业”，山东仙霞服装有限公司仙霞服饰服务中心被评为“山东省用户满意服务明星班组”，山东寿光鲁清石化有限公司、山东大地盐化集团有限公司被评为“山东品牌建设名家”，潍坊市宇虹防水材料（集团）有限公司、潍坊市宏源防水材料有限公司、山东寿光鲁清石化有限公司、阳光华沃控股有限公司、山东大地盐化集团有限公司被评为“山东品牌建设示范单位”，寿光市鲁源盐化有限公司“瑞蚨”、山东寿光鲁清石化有限公司“鲁清”、阳光华沃控股有限公司“齐民大宴”、山东福瑞化工有限公司“老伙计”“蔬乐园”“福合瑞”被评为“山东优秀品牌”，山东寿光鲁清石化有限公司总经理王学清被评为“山东省第二十一届优秀企业家”。

2013年，鲁清石化被国家工业和信息化部确定为工业品牌培育试点企业，山东寿光天成食品集团有限公司、山东宏源酒业有限公司被评为“2013年山东省质量奖”，山东寿光巨能特钢有限公司、潍坊市跃龙橡胶有限公司、山东莱央子盐场、山东寿光市坤隆石油机械股份有限公司、山东百信置业集团有限公司、寿光市自来水有限责任公司被评为“山东省优等信誉企业”，寿光市百信阳光花园被评为“山东省用户满意建筑工程”，潍坊市跃龙橡胶有限公司被评为“山东省质量管理先进单位”，山东莱央子盐场被评为“山东省用户满意服务明星”，山东寿光天成食品集团有限公司董事长郭百礼被评为“山东省用户满意杰出管理者”，山东莱央子盐场场长王星堂、潍坊市跃龙橡胶有限公司董事长刘新刚、山东省寿光市坤隆石油机械股份有限公司董事长吴法祥、山东寿光巨能特钢有限公司董事长张明荣被评为“山东省诚信企业经营者”，山东大地盐化集团有限公司董事长孙文勇被评为“第二十二届山东省优秀企业家”。

2014年，康跃科技股份有限公司、山东莱央子盐场获评“山东省质量奖”，山东寿光巨能特钢有限公司被评为第四批“山东省履行社会责任示范企业”，山东德润绿城置业发展有限公司、山东东方宏业化工有限公司、山东鸿泰建设集团有限公司被评为“山东省优等信誉企业”，山东德润绿城置业发展有限公司执行董事王秀清、山东东方宏业化工有限公司董事长总经理王峰忠被评为“山东省诚信企业经营者”。

2015年，山东寿光巨能控股集团有限公司被评为第五批“山东省履行社会责任示范企业”。

中小企业发展

【建设中小企业服务平台】 2013年始，主要开展项目立项服务、安评环评、税务代理、财务代理、会计培训、技术咨询等业务，至2015年共计受理公司开业登记业务1500多家，代办变更手续1864个，建立稳定合作代理公司账务及报税业务120家以上，开办管理、财务等培训5600多人次，为384多家企业开展项目环评、安评、水评等可行性研究以及技术咨询、工程监理等业务，服务对象满意率98%以上。据估算，在为中小企业节省时间、人力、物力的同时，节省费用近1000万元。2015年，与潍科软件公司合作，建设和完善中小企业公共服务平台。双方达成合作协议，建设集网站、微信公众平台、公共服务呼叫中心等于一体的多途径多维度中小企业公共服务体系。制定寿光市中小企业服务机构联盟章程，投资7万元，新购置办公设备（包括电脑、打印机、传真机、呼叫系统、其他相关办公设备等）。先后有50家社会中介加入联盟入驻市政务中心，形成较为稳定的中介服务联盟。自4月份设立服务热线以来，共接收咨询电话230个，服务咨询问题106多个，发微信1500多条。设立可满足全市中小企业服务的中小企业数据库、人才库和项目储备库，其中项目库储存项目4000多个、人才库储备人才6000多人。全市潍坊市级以上产业集群（创业基地）服务平台全部制定年度服务中小企业工作推进计划，并认真落实，定期开展大型服务活动共计76次，涉及服务中小企业3560家。各服务平台以低廉的收费、良好的信誉和优质服务，取得很好的社会舆论和新闻媒体赞誉，服务对象满意度95%以上，促进寿光市中小企业的快速发展。在去年省中小企业局召开的山东省中小企业互联网+创新发展高峰论坛上，寿光市山东汇源建材有限公司荣获2015年度山东中小企业互联网+卓越创新企业荣誉称号，市防水协会会长郑家玉荣获2015年度山东省中小企业互联网+卓越贡献人，台头镇荣获2015山东中小企业互联网+特色产业强镇荣誉称号。

【共建山东省创业创新学院】 2015年，省中小企业局启动全省唯一的“山东省创业创新学院”筹建工作。为推动全市“大众创业、万众创新”工作顺利开展，加强创业创新人才培养，经市中小企业管理办公室和潍坊科技学院积极争取，省中小企业局决定与潍坊科技学院共建“山东省创业创新学院”，并于4月底完成学院相关建设工作。该学院创办以来，共举办针对寿光中小企业、大学生的电子商务创业培训和针对在校大学生的创业培训5期，培训人员2000多人次。由山东省中小企业局主办的2015年山东省中小微企业巡回大讲堂寿光班已成功举办3期，培训人员800多人次。

【加强民营企业家队伍建设】 2015年始，以开展中小企业巡回大讲堂为重点，加强民营企业家队伍建设。组织42名中小企业厂长经理及管理人员参加省中小企业巡回大讲堂潍坊班学习；组织20名电子商务企业厂长、经理及管理人员参加潍坊市“互联网+”公益大讲堂学习班；组织举办省中小微企业巡回大讲堂寿光班，学员达到450人，学习“众筹—颠覆传统商业模式”、电商创业、农村淘宝等创业知识，提高中小企业家创业能力。6月中旬，全市56名潍坊市级民营企业家参加潍坊市民营企业家联合会换届大会，其中马景海、薛茂林、李法曾、杨淑华、单俊凤、田长伟当选副会长。

【加强企业技术创新工作】 2011年始，积极组织企业争创省、潍坊市“一企一技术研发中心”“一企一技术创新企业”。至2015年，共申报省“一企一技术研发中心”6家，“省一企一技术创新企业”2家；潍坊市“一企一技术研发中心”12家，“市一企一技术创新企业”9家。

【开展专精特新中小企业培育工作】 2015年，共推荐申报第三批山东省专精特新中小企业4家，7月初省中小企业局批准公布。

其中，山东英利实业有限公司为“专精特新”中小企业，东方宏业为“科技创新”中小企业，宇虹防水材料为“自主品牌”中小企业，潍科软件为“特色服务”中小企业。共组织8家企业加入中国中小企业专精特新产业联盟。

【加强中小企业电子商务工作】 2014年始，全市纳入山东省中小企业电子商务推进示范计划共32项，其中电子商务专业村3个、电子商务专业市场2个、电子商务专业园区2个、电子商务专精特新产品企业12个、电子商务生活服务类企业6个、电子商务平台7个。

【中小企业建设】 2011年，落实优化环境、政策引导、高效服务、资金扶持等措施，实施中小企业创业基地建设步伐。2012年，寿光市软件园建成省级创业辅导基地；2014年，寿光市田柳镇建成潍坊市级小企业创业基地。2015年11月份，国家工业和信息化部公布首批国家小型微型企业创业创新示范基地公示名单，市软件园创业辅导基地榜上有名。国家首批公布的小型微型企业创业创新示范基地，共计95家，其中山东省4家。实施中小企业产业集群建设。2011年建成潍坊市级1个，为寿光市木制品产业集群（洛城街道）；2013年建成潍坊市级2个，分别为寿光市卤水新兴复合产业集群（羊口）、寿光市汽车及零配件产业集群（洛城街道）。积极争创特色产业镇，至2015年全市获潍坊市级特色产业镇5家（其中2015年创建1家），分别为化龙胡萝卜加工特色产业镇、古城高端石油装备特色产业镇、田柳盐化工特色产业镇、羊口新材料产业特色镇、洛城汽车零配件特色产业镇；省级特色产业镇共3家，分别为侯镇盐化工特色产业镇、台头防水材料特色产业镇、上口窗帘窗饰特色产业镇。

【市企业家协会工作】 2011—2015年，在社会各界及有关部门的大力支持下，市企业家协会按照“打基础、强内功、树形象”的工作思路，全面履行“维权、协调、服务、自律”的职责职能，切实做好“两个服务”（服务地方经济社会发展、服务广大会员），维护企业和企业家的合法权益。切实加强自身建设。至2015年，会员单位发展到93家，理事单位发展到53家。每年一次召开协会年度工作会议，总结工作，安排任务。2014年5月在商务小区6号楼举行换届会议，选举产生新一届理事会会长、副会长，重新聘请名誉会长、秘书长和副秘书长，市委、市政府有关领导和协会全体会员参加会议。同时，市企业家协会先后组织赴中国台湾、欧洲等地学习先进经验，加强横向交流。依法开展维权工作。市企业家协会作为雇主组织代表、企业组织代表纳入市级劳动关系三方协商会议成员单位，负有履行维护企业和企业家权益的重要职责，与市人社局、总工会共同开展工资集体协商“百日要约行动”、劳动和谐企业评选、稳定劳动关系等活动，服务地方经济社会发展。通过多次召开部分企业家座谈会、与有关部门多次开展年度50强企业排序和“优秀企业家”评选活动，为企业现场排忧解难100余件次。真诚服务广大会员，5年来共印发内部刊物《寿光企业》30余期，发放近2万册。2015年建立协会会员微信群，为广大会员提供学习交流、上下沟通、展示形象、招商引资的窗口和载体。同时。积极开展关爱企业家健康活动，为理事单位以上主要负责人在省中心医院体检中心进行免费体检。积极开展公益活动，5年来，市企业家协会在会长杨志强的带领下，组织企业家捐款、捐物参与社会公益活动，其中捐款助学达百万元，受益贫困学生255名，受到市委、市政府的高度赞扬和社会各界的一致好评。

信息产业

【管理机构】 2011年，市信息产业办公室内设综合科、信息管理科、综合信息中心，均为正股级。2013年12月，内设科室调整为综合科、通信科、信息管理科和网络运行与维护科，均为正股级。

【信息产业管理】 2011年，农业信息化实现“物联网”应用新突破，引领农业现代化新发展。寿光市是“蔬菜之乡”，为推进农村信息化建设实现科学种植，为蔬菜大棚量身打造“大棚管家”设施农业物联网应用系统。该系统由传感设备、传输设备和服务管理平台组成，将实时采集的大棚内空气温湿度、土壤温湿度、二氧化碳等数据，并传送给服务管理平台，通过该平台，农户使用手机实现大棚状态查询、农事信息推送、远程自动卷帘、喷灌等功能，提高生产效率。同年，全市“大棚管家”设施农业物联网应用系统实施部署第一阶段工作任务圆满完成，实现科学种植效益的最大化，推进农村信息化建设向更高水平发展。10月19日，工信部农业农村信息化工作交流会在寿光市召开，工信部领导和全国与会代表对“大棚管家”设施农业物联网技术应用项目进行现场考察，并给予高度评价。作为典型，中央电视台新闻频道“入世十年”栏目以《入世十年：三个家庭的十年变化》为题于12月9日进行特别报道。中央电视台在寿光市拍摄的反映农业现代化、信息化发展的新闻片《高科技助力、第五代大棚自动化》于2012年9月19日在新闻频道《走基层、行进中国》栏目中播出。

2012年，寿光市被潍坊市委、潍坊市政府授予“2012全市信息化工作先进单位”称号。8月21—22日，山东省农业农村信息化暨贫困村通信息工作会议在禹城召开，寿光市副市长刘广斌出席会议并作“完善工作机制、夯实工作基础，创新推动现代农村信息服务体系建设”的典型发言。

2013年，寿光市被潍坊市委、潍坊市政府表彰为“信息化工作先进单位”；寿光市信息化工作领导小组办公室、寿光蔬菜产业控股集团有限公司、寿光市海洋环境监测站、寿光市孙家集街道三元朱村、寿光市农业局、寿光市农村经济管理局分别被表彰为全省农村信息化应用示范单位；寿光蔬菜产业控股集团有限公司承担的“设施蔬菜物联网关键技术集成与示范项目”、寿光市慧风植物保护研究所承担的“中国（寿光）蔬菜产业信息化服务系统”被表彰为全省农村信息化应用示范工程。山东省寿光蔬菜产业集团有限公司申报的“智慧的温室——基于数字无线传感器网络技术的物联网温室”获山东省计算机应用优秀成果奖。寿光恩信信息科技有限公司入选山东省第三批电子商务企业名单。寿光市经济开发区科技工业园列入潍坊市“2321”工程智慧园区试点。

2014年9月，寿光市在全省范围内率先发布《寿光市公用移动通信基站建设实施办法》，该办法旨在对基站及通信管道的建设进行规范，保证建设质量并促进共建共享。同年，晨鸣集团入选国家工信部2014年两化融合管理体系贯标试点企业，山东环球软件科技有限公司列入山东省软件工程技术中心成果，寿光市列入潍坊市信息消费试点，寿光市圣城街道向阳社区列入潍坊市智慧社区试点单位。

2015年，康跃科技股份有限公司入选国家工信部2015年两化融合管理体系贯标试点企业，寿光恩信信息科技有限公司和山东寿光奥博斯网络智能有限公司被省经信委认定为2015年山东省电子商务企业，曹山河入选山东省首席信息官联盟“山东省优秀首席信息官”。在省电商协会举办的“全省优秀电子商务企业分类评选”中，山东环球软件科技有限公司入选服务支撑类优秀企业，山东路斯宠物食品股份有限公司入选应用类优秀企业，山东环球软件科技有限公司总经理刘德永入选优秀电子商务企业家，山东寿光奥博斯网络智能有限公司的李荣斌等入选优秀电子商务统计员。

【“两化”融合】 “十二五”期间，寿光市在机械制造、海洋化工、造纸包装等行业开展“两化”（信息化和工业化，以信息化带动工业化、以工业化促进信息化，走新型工业化道路）融合示范工程建设，山东晨鸣纸业集团股份有限公司、山东联盟化工集团有限公司、康跃科技股份有限公司、山东大地盐化集团有限公司和山东默锐科技有限公司等企业入选山东省“两化”融合“四个一百”工程，工业企业信息化总体建设水平由单项应用逐步迈入综合集成提升阶段，山东晨鸣纸业集团股份有限公司和康跃科技股份有限公司入选工信部“两化”融合管理体系贯标试点企业。将信息化与工业化融合同全市经济科学发展、促进资源优化配置等方面创新相结合，促进信息技术在企业产品研发设计、生产过程、企业管理、市场营销、人力资源开发、新型业态培育、技术改造等环节的渗透、融合和集成，成效明显。为提升工业企业对信息化的认识和应用水平，重点搞好“两化”融合培训工作，通过组织企业首席信息官（CIO）参加潍坊市企业CIO培训、举办行业专场送培训上门、“两化融合助企行”等培训活动，为提升工业企业信息化发展水平提供人才保障。利用软件和信息服务业的发展促进工业转型升级，通过创新双方合作模式，借助电子商务蓬勃发展契机，将软件应用和电子商务发展思维注入传统工业，拓宽全市工业企业采购和销售领域，提升工业企业发展水平。

2012年，寿光市经济开发区科技工业园被确认为潍坊市两化融合试验园区。中央电视台在寿光市拍摄的反映农业现代化、信息化发展的新闻片《高科技助力，第五代大棚自动化》于2012年9月19日在新闻频道《走基层、行进中国》栏目中播出。康跃科技股份有限公司、山东大地盐化集团有限公司入选山东省信息化与工业化融合“四个一百”工程第二批认定名单数字化装备制造中心成果。12月27日，潍坊市信息化和工业化融合座谈会召开，寿光市作为潍坊市两化融合试验区作两化融合工作情况的典型发言，介绍寿光市开展两化融合工作方面的先进经验。

2013年，山东默锐科技有限公司入选第三批山东省两化融合“四个一百”工程信息技术推广中心成果，山东晨鸣纸业集团股份有限公司入选第三批山东省两化融合“四个一百”工程数字化装备制造中心成果。

电力

【管理机构】 2011年1月，市供电公司内设办公室、监察审计部、工会、思想政治工作部（团委）、人事部、发展策划部、财务部、安全监察部、生产技术部、营销部、乡镇电管部，下设调度所、变电工区、延庆站、修试工区、线路运行工区、物流服务中心、抄表中心、计量中心、线路协调办、车管所、配电工区。下辖17个乡镇供电所，分别为稻田、东城、古城、侯镇、化龙、纪台、留吕、洛城、上口、孙家集、台头、田柳、文家、西城、羊口、益城、营里供电所。2月，撤销监察审计部，成立纪委监察室、审计部；撤销线路协调办，成立农网改造办公室；成立基建部、信息中心、寿光市工程咨询公司。8月，撤销配电工区，成立配电工程公司；成立寿光市电力设计公司、线路工程公司。11月，安全监察部更名为安监保卫部；成立物业公司。12月，根据行政划分，增设双王城供电所。

2012年7月，撤销抄表中心。9月，寿光市供电公司与寿光巨能控股集团分离。2013年5月，寿光市工程咨询公司更名为寿光市光明电力工程有限公司；取消配电工程公司；寿光市电力设计公司更名为寿光市光明电力咨询设计有限公司，与咨询设计部合署办公。成立寿光市光明电力服务有限责任公司，内设综合管理部、人力资源部、财务部、安装试验部、线路工程部、基建部、物资部。9月，成立寿光开元投资管理中心，内设综合管理部、经营发展部、财务资产部、人力资源部。12月，人事部更名为人力资源部，财务部更名为财务资产部，安监保卫部更名为安全监察质量部（保卫部），乡镇电管部更名为乡镇供电所管理部，调度所更名为电力调度控制分中心；撤销发展策划部、农网改造办公室，成立发展建设部；撤销思想政治工作部（团委）、工会、纪委监察室、审计部，成立党群工作部（工会、纪委（纪检）办公室、团委）；撤销生产技术部、基建部、变电工区、线路运行工区、线路检修工区、修试工区、物流服务中心、信息中心、延庆站，成立运维检修部（检修（建设）工区）；撤销营销部、计量中心，成立营销部（客户服务中心）；撤销车管所、物业公司，成立综合服务中心；撤销线路工程公司。

2014年9月，对集体企业进行业务整合调整，对输变电工程、“一户一表”改造工程、新建小区配套工程、农网项目工程、农业电力设施改造工程等进行理顺。

【电力设施建设】 2011年，完成孙家集站、牛头站、岔河站、侯镇站主变更换和稻田站、神树站、建桥站主变增容改造，完成王丰线、稻马线、寿柴线、延稻尧线、丰岔侯线大修改造，变电站开关无油化率达到100%。

2012年，220千伏平安变电站建成投运，成为全市第5座220千伏变电站。110千伏岔东、新羊，35千伏益孙、海营等重点项目相继竣工。全年新增变电容量25.2万千伏安，35千伏及以上输电线路52千米。寿光电网主变容量突破200万千伏安大关，成为寿光电力发展史上的重要里程碑。

2013年，110千伏洛城变电站建成投运，成为寿光首座智能变电站。新城、稻田、尧河变电站实现双电源。新羊变电站荣获国家电网公司输变电优质工程。完成调控大厅升级改造，建成调度数据网，实现地县调控一体化。新建改造10千伏线路112条、794.4千米，0.4千伏低压线路281条、139.9千米，新上更换配电变压器207台、4.1万千伏安。配网自动化主站建成投运，城区31条配电线路实现拉手供电。

2014年，新建110千伏丹河、建桥输变电工程和35千伏垃圾发电送出工程，投产变电容量200兆伏安。新建改造中低压线路257条，新增公用配变335台，农村户均容量由1.09千伏安提高至1.45千伏安，居民低压电压合格率由46.87%提高至97.5%。110千伏洛城、丹河输变电工程荣获国家电网公司优质工程。10千伏岳寺线改造工程首获国家电网公司农网（配电）百佳工程。

2015年，完成500千伏国华电厂送出以及220千伏海滨、110千伏龙港输变电工程属地工作。加大电网建设改造投入，实施输变电工程33项，配电工程58项，新建改造配电线路191千米，新增配变411台，配电线路联络率达到34.6%，户均容量由1.52千伏安提高到1.71千伏安。实施配电自动化延伸工程，新增自动化线路23条，覆盖率达到26%。

2015年底，境内拥有500千伏变电站1座、220千伏变电站5座、110千伏公用变电站19座、35千伏公用变电站18座，主变总容量248万千伏安，10千伏及以上输配电线路3893公里。形成以220千伏变电站为枢纽、110千伏变电站为中心、35千伏变电站为供电电源的网架结构，是全省规模最大的县域电网之一。

【供用电管理】 供售电量。“十二五”时期，全市工业生产平稳增长，企业规模不断扩大，经济发展取得长足进步，电量连续5年创历史新高。2015年底，网供电量完成66.6亿千瓦时，位居全省各县公司第一位。

5年间，寿光公司供电量从40.39亿千瓦时增长到66.60亿千瓦时，增长率64.89%；售电量从38.93亿千瓦时增长到64.51亿千瓦时，增长率64.71%；线损率从3.61%降低到3.14%，降低0.47%；社会电量从46.16亿千瓦时增长到108.46亿千瓦时，增长率134.97%。

2011—2015年寿光市电量与线损情况表

表2

年份	公司供电量本年值（万千瓦时）	公司供电量同比增长率(%)	公司售电量本年值（万千瓦时）	公司售电量同比增长率(%)	公司线损电量本年值（万千瓦时）	公司线损率本年值(%)	公司线损率同比增减额(%)
2011	403,859	27.69	389,283	26.63	14,576	3.61	0.81
2012	470,673	16.54	452,858	16.33	17,815	3.79	0.18
2013	593,057	26.00	572,292	26.37	20,765	3.5	−0.29
2014	674,662	13.76	654,193	14.31	20,469	3.03	−0.47
2015	665,975	−1.29	645,096	−1.39	20,221	3.14	0.11

2011—2015年寿光市社会电量完成情况表

表3

年份	全社会用电量本年值(万千瓦时)	全社会用电量同比增长率(%)
2011	461,565	-3.21
2012	535,233	15.96
2013	892,604	66.77
2014	1,119,972	25.47
2015	1,084,582	-3.16

电价电费。(1)电价政策变化情况。2011—2015年间，全市电力销售价格宏观调整4次，政策调整时间分别是2011年6月、2011年12月、2015年4月和2015年12月，电价政策文件分别为鲁价格发[2011]97号、鲁价格发[2011]201号《关于调整我省电价的通知》，鲁价格一发〔2015〕25号、鲁价格一发〔2015〕131号《山东省物价局关于降低上网电价和销售电价的通知》。4次电价调整中，居民用电价格均未参与统一调整，2011年两次电价调整为价格调增，2015年两次电价调整为价格调减，调整趋势和幅度均受到煤电价格变动和国家节能减排政策扶持的影响。

除4次宏观整体电价政策调整外，2011—2015年，山东省物价局先后发布居民用户执行阶梯电价，分别有鲁价格一发〔2012〕70号《关于居民生活用电试行阶梯电价的通知》、鲁价格一发〔2012〕120《山东省物价局关于居民生活用电试行阶梯电价有关事项的通知》、鲁价格一发〔2014〕87号《山东省物价局关于完善居民阶梯电价制度的通知》；县级公司区域执行大工业电价，有鲁价格一发〔2013〕113号《山东省物价局关于电价调整有关事项的通知》；五类行业小容量用户分时电价政策调整，有鲁价格一发〔2014〕93号《山东省物价局、经信委关于调整峰谷分时电价政策的通知》；峰谷分时电价时段及比例执行政策调整，有鲁价格一发〔2015〕29号《山东省物价局、山东省经济和信息化委员会关于完善峰谷分时电价政策的通知》等电价政策文件。

2013年始，根据发改价格〔2013〕973号《关于调整销售电价分类结构有关问题的通知》，分别对村委用电价格、居民小区附属设施用电价格、宗教场所生活用电价格、监狱狱房用电价格等分类用电执行价格出台明确政策文件进行规范。2013年9月按照发改价格〔2013〕1651号《国家发展改革委关于调整可再生能源电价附加标准与环保电价有关事项的通知》，2015年12月按照鲁价格一发〔2015〕131号《山东省物价局关于降低上网电价和销售电价的通知》，分别对可再生能源征收标准进行2次调整。2014年12月，山东省出台《山东省物价局转发国家发展改革委关于电动汽车用电价格政策有关问题的通知》，电动汽车用电价格照此执行。(2)电费收取情况。2011—2015年，全市按照国家发改委及物价局发布的电价政策文件执行相应电价，电费收取与全市用户用电量情况呈现正向比例关系。2015年电费金额相对下降，除与整体用电量减少有关外，2015年电价降低也是影响电费收取减少因素之一。

2011—2015年，全市分别收取电费金额为226850.49万元、293451.37万元、381582.08万元、442402.54万元、430171.94万元。

2011—2015 寿光市电价调整价格汇总表

表 4

单位：元

用电分类		电压等级	2011.6 前	2011.6.1	2011.12.1	2015.4.20	2016.1.1
一、居民生活用电	一户一表	第一档	0.5469	0.5469	0.5469	0.5469	0.5469
		第二档				0.5969	0.5469
		第三档				0.8469	0.5469
	合表	不满 1 千伏	0.5469	0.5469	0.5469	0.5550	0.5550
		1 千伏及以上	0.4929	0.4929	0.4929	0.5010	0.5010
二、一般工商业用电		不满 1 千伏	0.7753	0.8060	0.8438	0.7988	0.7639
		1-10 千伏	0.7603	0.7910	0.8288	0.7838	0.7489
		35-110 千伏	0.7453	0.7760	0.8138	0.7688	0.7339
三、大工业用电		1-10 千伏	0.6411	0.6718	0.7096	0.6646	0.6474
		35-110 千伏以下	0.6261	0.6568	0.6946	0.6496	0.6324
		110-220 千伏以下	0.6111	0.6418	0.6796	0.6346	0.6174
		220 千伏及以上	0.5961	0.6268	0.6646	0.6196	0.6024
其中：1、电石、电解烧碱、合成氨、电炉黄磷		1-10 千伏	0.6311	0.6618	0.6996		
		35-110 千伏以下	0.6161	0.6468	0.6846		
		110-220 千伏以下	0.6011	0.6318	0.6696		
		220 千伏及以上	0.5861	0.6168	0.6546		
2、离子膜法氯碱生产用电		1-10 千伏	0.6169	0.6476	0.6854	0.6504	
		35-110 千伏以下	0.6019	0.6326	0.6704	0.6354	
		110-220 千伏以下	0.5869	0.6176	0.6554	0.6204	
		220 千伏及以上	0.5719	0.6026	0.6404	0.6054	
3、中、小化肥生产用电		1-10 千伏	0.3584	0.3891	0.4469	0.5469	0.5469
		35-110 千伏以下	0.3434	0.3741	0.4319	0.5319	0.5319
		110-220 千伏以下	0.3284	0.3591	0.4169	0.5169	0.5169
		220 千伏及以上	0.3134	0.3441	0.4019	0.5019	0.5019
四、农业生产用电		不满 1 千伏	0.5539	0.5846	0.6184	0.5600	0.5600
		1-10 千伏	0.5389	0.5696	0.6034	0.5450	0.5450
		35-110 千伏	0.5239	0.5546	0.5884	0.5300	0.5300
五、农业排灌用电		不满 1 千伏	0.5339	0.5646	0.5984	0.5400	0.5400
		1-10 千伏	0.5189	0.5496	0.5834	0.5250	0.5250
		35-110 千伏	0.5039	0.5346	0.5684	0.5100	0.5100

【电力副业】 寿光开元投资管理中心是国网寿光市供电公司工会委员会出资设立的集体资产经营管理平台，负责对所管辖集体企业的经营行为进行全面管控。下设 5 个内部机构和 8 家集体企业；5 个内部机构分别是综合管理部、经营发展部、财务资产部、人力资源部、审计部，8 家集体企业分别是寿光市光明电力服务有限责任公司、寿光市光明电力工程有限公司、寿光市光明电力工程有限公司圣源分公司、寿光市光明电力工程

有限公司圣城分公司、寿光市光明电力咨询设计有限公司、寿光市三新物业管理服务有限公司、物资采购部、配电工区（配电运维班）。2015年，有全民员工203人、社会用工431人，实现营业收入5.37亿元，利润2387万元。

盐 业

【盐业管理】 管理机构。1984年，寿光县盐务局改为寿光县盐业公司，实行政企分开，推行各种形式的经济责任制。2002年4月，寿光市盐政执法稽查大队成立，为正科级全额拨款事业单位，职能为管理全市盐产品生产、加工、运输、购销、储存，打击走私犯私、偷漏税费的违法行为。2003年11月，成立寿光市盐务局，正科级规格，为市政府直属事业单位，实行财政全额预算管理，与寿光市盐政执法稽查大队一套机构两块牌子，代表政府实施盐业行业执法和行业管理。同时，将寿光市盐业公司改为企业，事业编制收回，是实行独立核算、自负盈亏的企业法人实体组织。2011—2015年，市盐务局设办公室、工会、行管科、财务科、盐政科、经营科、老干所。在职人员47人。

盐制。2011—2015年，全市设1处盐产品批发中心，6处盐业站，32处代批点，1000个零售点。全市有制盐30万吨以上企业35家，并取得制盐许可证。市内人均年供碘盐3公斤。

分类与管理。（1）农牧用盐。按照《山东省盐业管理条例》的规定，渔业和畜牧养殖业用盐应当严格按照有关标准进行生产，并按照食盐的管理办法进行管理。2011—2015年，农牧用盐（饲料添加剂）批发价分为每吨700元、800元、840元。（2）工业用盐。2011—2015年，纯碱、烧碱工业用盐实行合同定货；其他用盐由各级盐产品批发经营企业统一经营，用盐单位和个人应当按照规定从当地盐产品批发经营企业购进。禁止任何单位和个人违反本条例规定擅自购进盐产品。（3）食用盐。2011—2015年，按照《山东省盐业管理条例》的规定，食盐实行加碘供应，专营管理。食盐由国家食盐定点厂负责生产，由省盐业行政主管部门按照国家下达的指令性计划分配、调拨，由各级盐产品批发经营企业组织经销。食盐批发、零售实行许可证制度。未取得食盐批发、零售许可证的，不得经营食盐批发、零售业务。

盐税征收。1993年12月，根据《中华人民共和国资源税暂行条例》《中华人民共和国增值税暂行条例》，对盐税进行改革，取消盐税，改征资源税和增值税。盐税进行改革后，寿光市根据有关国家规定，出台管理办法，对通过地下天然卤水制海盐的企业，按照固体盐每吨20元的税额标准上缴资源税，溴素按照每吨200元税额标准征收。至2015年盐税征收标准未变化。

盐政执法。2011年，出动4563人次，查获违法案件79起，实现罚没收入42.9万元。2012年，出动4136人次，查获违法案件52起，实现罚没收入36.37万元。2013年，出动3985人次，查获违法案件7起，没收工业盐149吨，实现罚没收入29145元。2014年，出动3960人次，查获违法案件10起，没收工业盐87.8吨，实现罚没收入25944元。2015年，共出动盐政执法队员4450人次，查获违法案件87起，没收工业盐59.255吨、假冒食盐0.55吨，实现罚没收入18299元。

【盐业生产】 盐田。2011年，全市盐田面积共约20万市亩，至2015年达到21万市亩。

2015年寿光市盐田占用情况统计表

表5

企业名称	盐田占用小计		2012年底前已占用盐田	
	总量面积（公亩）	折合年可减少原盐产量（吨）	总量面积（公亩）	折合年可减少原盐产量（吨）
寿光市海宁盐场	80000	160000	80000	160000
寿光市岔河富源盐场	76000	170000	40000	120000
山东大地盐化集团有限公司	44513	120000	44513	120000
寿光圣城盐业有限公司	44762	113000	43462	110000
寿光卫东化工有限公司	40461	58000	40461	58000
山东菜央子盐场	24467	70000	24467	70000
合计	342903	738000	272903	638000

技术改造与革新。2014年5月，市盐务局“浓缩速成制卤技术”试验成功。该技术打破传统的制卤思维，通过采用离心切割、雾化、干燥等先进工艺，实现水和盐溶液的分离，从而达到快速制卤的目的。具有制卤速度快、效率高、能耗小、成本低、易操作的特点，属全国唯一，居世界领先水平，对推进盐业制卤技术创新提高具有革命性意义。此外，该技术除应用在卤水浓缩领域外，在海水淡化以及提取碘、锂、铀系列微量元素等领域也有广阔的应用前景，是引领海洋蓝色产业发展的风向标。

2015年5月，寿光卫东化工有限公司“空中喷淋，立体制卤”的制卤新技术试验成功，该技术在制卤池中间距水平面高约10米左右处架设30到100米的管道，管道壁上均布喷淋小孔，用水泵将卤水打到空中管道中，卤水从管道小孔喷淋的过程中，由自然风力进行空中立体蒸发，改变过去单纯的平面制卤的办法，加快制卤速度。采用该办法可加快成卤速度20%左右，最大化扩大结晶面积，有效增加盐产量。

碘盐推广。2015年，出动工作人员200余人次，走访调研全市975个行政村，布设食盐配送网点1200个，构建起新型的食盐配送网络。2015年，累计配送合格食盐2500吨，全市食盐供应得到保障。

盐化工。2015年，全市盐化工企业共有13家，分别是寿光富康制药有限公司，使用地下卤水生产溴素、药品；山东大地盐化集团有限公司，使用地下卤水生产原盐、溴素、烧碱；寿光卫东化工有限公司，使用地下卤水生产原盐、溴素、氢溴酸；山东菜央子盐场，使用地下卤水生产原盐、食盐、多品种盐；山东墨锐化学有限公司，使用地下卤水生产原盐、溴素；山东富通化学有限公司，使用地下卤水生产溴素，使用原盐生产融雪盐、融雪剂；山东寿光神润发海洋化工有限公司，使用地下卤水生产溴素；寿光市鲁源盐化有限公司，使用地下卤水生产溴素、溴化钙；寿光市东信工贸有限公司，使用地下卤水生产原盐、溴素；寿光市豪源化工有限公司，使用地下卤水生产原盐、溴素；寿光和谐化工有限公司，使用地下卤水生产工业盐、溴素；寿光阳波化工有限公司，生产溴素、阻燃剂；寿光市圣泉盐业有限公司，生产工业盐。

2011—2015年山东大地盐化集团有限公司新上盐化工项目统计表

表6

项目时间	项目名称	生产能力
2011.2	供热站项目	蒸汽440吨/小时
2011.7	3万吨/年呋喃甲醛加氢项目	30000吨蚨喃甲醛
2011.10	1500吨/年乙撑双四溴邻苯二甲酰亚胺项目	1500吨乙撑双四溴邻苯二甲酰亚胺
2011.11	3000吨/年六溴环十二烷项目	3000吨六溴环十二烷
2012.8	年产10万吨氯苯项目	10000吨氯苯
2012.10	年产1万吨二苯醚项目	10000吨二苯醚
2012.10	锅炉余热回收改造项目	蒸汽172800吨
2012.4	12万吨/年硫酸钾项目	120000吨硫酸钾
2012.8	烟道气回收再利用项目	合成氨3万吨、尿素12万吨
2013.6	3000吨/年对苯二甲醚项目	3000吨对苯二甲醚
2013.5	2万吨/年丁辛醇项目	20000吨丁辛醇
2013.5	年产10万吨异丙醇项目	100000吨异丙醇
2013.3	年产1万吨二苯醚项目	10000吨二苯醚
2014.4	年产3000吨丙酰溴、6000吨/年丙二酸二乙酯项目	3000吨丙酰溴、6000吨丙二酸二乙酯
2014.6	废氢资源压缩回收项目	4096万Nm3
2014.8	年产500吨宝石晶体材料	500吨宝石晶体
2014.8	全封闭式先进机械化10万吨/年盐田改造项目	100000吨原盐
2014.8	脱硫脱硝改造项目	

质量管理。2012年始，寿光盐业把质量兴盐作为寿光盐业“十二五”规划的一项战略举措，全面推行科学制盐、科学管理、技术创新。制定出台《原盐生产基础工作检查考核细则》《盐田设备维修及现场管理检查考核细则》《塑苫设施管理检查考核细则》《原盐结晶管理专项检查考核细则》。每年围绕人、机、料、法、环5大控制要素，严

把技术员队伍关，打造高素质的专业技术队伍；严把盐田设备维修质量关，为制卤灌池创造条件；严把工艺标准关，提高工艺操作质量；严把捞盐成坨关，做到三倒不变质；严把生产现场管理管，为原盐结晶生长提供良好的环境。

【运 销】 运输。寿光盐业产品主要依靠海运、铁路和公路运输，以羊田路、羊益铁路和羊口港为主。2013年，寿光共设立6处盐产品计量站（所），为业户提供24小时计量服务，同时根据盐业管理部门备案的盐产品购销合同和税务部门的完税证明，为业户代办盐产品港站运销手续。

销售。2000年，盐业进入大发展时期。随着化工生产发展，工业年用盐销售量逐年扩大。2015年，全市共销售原盐314万吨。

2011—2015年寿光市原盐销售情况表

表7

年份	销售数量（万吨）
2011	282
2012	323
2013	334
2014	361
2015	314

票证管理。2011—2015年，食盐专营实行“四证”（即定点生产许可证、批发许可证、准运证、零售许可证）制度，不断强化监督管理。2011—2013年，工业盐运输需要办理工业盐通行证。2013年9月—2015年，工业盐运输改为工业盐随车货运制度，两碱工业盐实行监督管理和运输随车货运单制度。运输两碱工业用盐和按规定实行直供用盐的，必须持有随车货运单。制盐企业与两碱化工用盐企业应遵照有关规定办理工业盐调运手续。随车货运单由省盐务局根据盐、碱企业双方签订的有效合同和化工用盐企业申请的月度需求数量据实发放，由市盐务局核发，当月使用，过期作废。使用两碱工业盐随车货运单须同时加盖供盐企业与购盐企业的公章，方为有效。两碱工业盐随车货运单必须专单专用，公路运输实行一车一单，不得重复使用。2011—2015年，共办理工业盐通行证510件次。

商贸服务业

商 业

【管理机构】 2011 年，市商务局内设科室 11 个，分别为办公室、组织人事科、财务科、商业贸易服务管理科、流通管理科、市场运行调节科、市场秩序科、对外贸易管理科、外商投资促进与管理科、对外经济合作与境外投资管理科、机电产品进出口管理科。2012 年 7 月，市场秩序科加挂再生资源管理办公室牌子。2013 年 6 月，市场秩序科加挂商务综合执法办公室牌子；对外经济合作与境外投资管理科加挂园区管理科牌子。2014 年 9 月，成立审批服务科，为股级内部机构，配备科长 1 名、副科长 1 名，人员由市商务局内部调剂；同时，撤销市商务局机电产品进出口管理科，原有职能一并划入市商务局对外贸易管理科。2015 年 9 月，设立安全生产监管科，配备科长 1 名、副科长 1 名，负责本部门承担的安全生产监管职责，所需人员由各部门内部调剂。2015 年底，市商务局内设办公室、组织人事科、财务科、商业贸易服务管理科、流通管理科、市场运行调节科、市场秩序科、对外贸易管理科、外商投资促进与管理科、对外经济合作与境外投资管理科、审批服务科、安全生产监管科，共有干部职工 63 人。

【商业网点建设】 2011—2015 年，在重点打造以世纪广场、佳乐家、购物中心为主的渤海路商圈（2002 年形成）、以全福元商厦、万达广场为主的学院路商圈（2008 年初步形成）的基础上，新建、扩建大型商业网点 10 处，总经营面积 100 多万平方米。随着 2012 年 9 月全福元商厦 B 座开业，2014 年 4 月全福元西城店开业，12 月乐淘商城开业，10 月东城全福元家居开业，以东城全福元城市综合体为主的东城新区商圈于 2014 年初步形成；以全福元西城店、国际商贸城为主的莱都路商圈于 2014 年形成。2015 年，以红星美凯龙城市综合体为主的西城商圈初步形成。潍百益家园等大型商业网点以及国际商贸城、上海车配龙汽车广场、茶博城、第一茶城等大型交易市场均已投入运营。至 2015 年，全市拥有各类商业网点近3万个，从业人员15万人。

【商流企业商品购销】 2011—2015年，商品流通企业形成以城区为中心，以连锁店、专卖店、经营网店为依托的商品流通网络，构筑设施先进、功能齐全、商品丰富、市场繁荣的现代化商品流通新格局。2015年，销售额超亿元的商贸流通企业达到8家。超万平方米的商场达到15家。2011年，全市完成社会消费品零售总额149.6 亿元。2012年，全市完成社会消费品零售总额175.0亿元。2013年，全市完成社会消费品零售总额204.3亿元。2014年，全市完成社会消费品零售总额 230.9亿元。2015年，全市完成社会消费品零售总额268.8亿元。

2011—2015年寿光市销售额过亿元商品流通企业名单

表1

年份	序号	单位名称	营业面积（万平方米）	从业人员（人）	销售额（亿元）	利税（亿元）
2011	1	山东全福元商业集团有限公司	30	10000	40.9	1.6
	2	山东省寿光蔬菜产业集团有限公司		291	6.19	1.53
	3	中国石化销售有限公司山东潍坊寿光石油分公司		338	10.9	0.1
	4	寿光银座商城	2.98	580	1.41	−0.043
	5	山东东方誉源现代农业集团		376	11.68	0.58
	6	山东潍坊百货集团股份有限公司寿光中百佳乐家超市	0.8	760	2.67	0.1
	7	山东潍坊百货集团股份有限公司寿光中百大厦	27000	729	1.16	0.03
	8	山东潍坊烟草有限公司寿光营销部		167	8.90	1.92
2012	1	山东全福元商业集团有限公司	38	10000	46.5	1.89
	2	山东省寿光蔬菜产业集团有限公司		344	7.38	2.20
	3	中国石化销售有限公司山东潍坊寿光石油分公司		345	12.4	0.11
	4	寿光银座商城	2.98	556	1.36	−0.031
	5	山东东方誉源现代农业集团		368	12.5	0.53
	6	山东潍坊百货集团股份有限公司寿光中百佳乐家超市	0.8	760	2.58	0.12
	7	山东潍坊百货集团股份有限公司寿光中百大厦	27000	657	1.54	0.13

续表

年份	序号	单位名称	营业面积（万平方米）	从业人员（人）	销售额（亿元）	利税（亿元）
2013	1	山东全福元商业集团有限公司	40	11000	55	2.38
	2	山东省寿光蔬菜产业集团有限公司		401	9.39	2.66
	3	中国石化销售有限公司山东潍坊寿光石油分公司		339	12.6	0.09
	4	寿光银座商城	2.98	520	1.2	−0.027
	5	山东东方誉源现代农业集团		368	13.26	0.84
	6	山东潍坊百货集团股份有限公司寿光中百佳乐家超市	0.8	760	2.69	0.12
	7	山东潍坊百货集团股份有限公司寿光中百大厦	27000	629	1.45	0.11
	8	山东潍坊烟草有限公司寿光营销部		171	11.18	2.34
2014	1	山东全福元商业集团有限公司	50	13000	65	2.5
	2	山东省寿光蔬菜产业集团有限公司		398	10.48	2.82
	3	中国石化销售有限公司山东潍坊寿光石油分公司		331	11.54	0.15
	4	寿光银座商城	2.98	495	1.05	−0.01
	5	山东东方誉源现代农业集团		370	13.19	0.81
	6	山东潍坊百货集团股份有限公司寿光中百佳乐家超市	0.8	800	2.7	0.06
	7	山东潍坊百货集团股份有限公司寿光中百大厦	27000	613	1.20	0.06
	8	山东潍坊烟草有限公司寿光营销部		137	11.62	2.47
2015	1	山东全福元商业集团有限公司	50	13000	67	2.29
	2	山东省寿光蔬菜产业集团有限公司		401	1.17	2.74
	3	中国石化销售有限公司山东潍坊寿光石油分公司		325	7.3	0.07
	4	寿光银座商城	2.98	453	0.87	0.03
	5	山东东方誉源现代农业集团		372	13.21	0.51

续表

年份	序号	单位名称	营业面积（万平方米）	从业人员（人）	销售额（亿元）	利税（亿元）
2015	6	山东潍坊百货集团股份有限公司寿光中百佳乐家超市	0.8	800	2.5	0.04
	7	山东潍坊百货集团股份有限公司寿光中百大厦	—	—	1.04	0.06
	8	山东潍坊烟草有限公司寿光营销部	—	132	10.28	2.28

【农村现代商品流通体系】 2011 年始，以“城乡一体、均衡寿光”为目标，借助商务部“万村千乡市场工程”，大力发展农村现代商品流通体系，至 2015 年底，全市标准化农家店 930 家，标准化农家店乡镇覆盖率 100%，配送率达到 90%，初步建成以市区大卖场为龙头、乡镇店为骨干，村级店为基础，距离适中的多功能、便捷的农村现代商品流通体系，有效遏制假冒伪劣产品、三无商品，过期变质商品等流入农村市场。鼓励企业走出寿光，向域外扩张，抢占市场，提升企业知名度和市场占有率。其中，山东全福元商业集团积极开拓农村市场，在主城区建设 8 处大型卖场，在羊口、营里、侯镇、孙家集等镇街建设 10 处区域商贸中心，在农村建设近 300 家村级全福元便利店的基础上，积极拓展域外市场，先后在昌邑、昌乐、广饶、临朐、滨州等地建设大型城市综合体和大卖场。

【农产品流通体系】 以农产品物流园为中心，对外抓开拓，对内抓完善，结合各镇街的蔬菜种植分布情况，配套建成“十大专业蔬菜市场”和 1000 多处田间地头市场，带动蔬菜运销、经营、中介等产业和人才、信息、技术等要素市场的发展，形成以寿光农产品物流园为龙头，乡镇专业批发市场为骨干，镇村集贸市场为基础的遍布城乡的蔬菜流通体系。2013 年，寿光果菜批发市场（位置稻田镇原田马老市场南侧，一期占地面积 200 亩，容纳 394 户，年交易额 10 亿元）一期投入运营，二期正在建设中；农产品物流园年交易蔬菜、水果等农产品 100 亿公斤，其中蔬菜交易可达 60 亿公斤，交易额 100 亿元，成为全国最大的蔬菜集散中心、价格形成中心、信息交易中心、物流配送中心。同时，借助商务部开展的“农超对接”工程，组织农产品销售企业与蔬菜基地和农民合作社开展“农超对接”。山东全福元生鲜冷链配送中心除对自身连锁门店进行配送外，还针对超市同行进行“第三方”社会化配送。2015 年，全市有近 30 家蔬菜龙头企业、农民专业合作社的高端蔬菜产品进驻北京、西安、济南、青岛等大中型城市的 400 家超市、学校和企业。

【现代物流业】 2011—2015 年，重点建设西部市场物流、东部果蔬物流和北部临港物流三大物流片区。其中西部市场物流片区以发展市场物流业为重点，规模不断扩大，现代物流项目达到 23 个，农产品物流园、国际商贸城投入运营，半岛物流城项目正在招商中，晨鸣国际物流中心正在建设中；东部果蔬物流档次不断提升，果菜批发市场一期投入运营，二期电子交易市场果菜种权及产品交易项目已完工，正处于调试阶段；北部临港物流园落实物流项目达到10个，累计完成投资8亿元，其中烟台龙口港集团投资10亿元的寿光港一期建设的13个5000吨级泊位已经投入使用，二期将建设14-19号6个万吨级通用泊位、2×30000吨级液化品泊位和2×35000吨级通用泊位，力争到2018年底6个泊位建成，2个泊位开工建设，实现寿光港一类口岸开放。初步形成西部市场物流、北部临港物流、东部果蔬物流“三足鼎立”的物流格局。

【电子商务】 寿光电子商务起步于2012年，寿光市率先出台《寿光市电子商务发展规划（2014-2020）》《寿光市关于鼓励和支持电子商务发展暂行意见》，设立寿光市电子商务公共服务中心和网络平台，开辟网络创业“绿色通道”，为创业者提供零成本、一站式服务；设立总金额1000万元的电子商务发展财政引导专项资金，对电商协会、寿光电商圈开展的电子商务人才培训活动进行补贴；对电商产品开发、品牌培育、场地租赁、物流快递等进行扶持；对就业大学生、农村青年等群体网上创业，优先列入贴息贷款扶助范围。通过税费减免、资金补助等方式，引导各类创业群体掘金电商经济新“蓝海”。2013年，全市电子商务交易额达到16.2亿元，其中网络零售额达到2亿元，B2B电子商务交易规模为14.2亿元，电子商务占全市社会消费品零售总额的8.3%，高于全省平均水平0.8个百分点。全市电子商务应用企业数量不断增加，利用第三方电子商务平台比如阿里巴巴、慧聪网、淘宝、天猫等的中小企业规模达到200家，同时，仓圣网、窝里购等一批具有市场竞争力和示范带动作用、成长性好、社会信誉度高的本土电子商务企业得到发展。

2014年，全市举办各类电子商务培训220期，培训电商人才10500人次。建设寿光市软件园，该园区位于寿光核心城区，依托寿光软件园建立，占地970亩，至2015年，获批省电子商务示范基地，入驻电商企业达41家，从业人员1200人。建设寿光市电子商务园，该园位于寿光东城，是以电子商务为运作主线，集商务办公、研发培训、金融服务、公寓酒店、仓储物流、会议展示、商业服务、餐饮娱乐等功能为一体的商务服务区，至2015年，该园区龙泉街南侧6栋仓储中心建成2幢。全市完成电子商务交易额95亿元，其中网络零售额16.7亿元，寿光市获2013年网络消费百强县市第92位，2014年双十一购买力全省第7位，市软件园作为潍坊市唯一代表获批省级电商示范基地。全市电子商务企业总数达320家，各类网络商铺4500家，涌现出全国最大的书画类电商平台——九州书画城、淘宝单品类销售冠军——鲁本斯散热器、区域电商O2O创新平台——仓圣网等国内外有一定影响力的优势特色电子商务企业。全市电子商务企业达到380家、各类网络商铺5800家。

2015年，全市实现电子商务交易额138.9亿元，同比增长46.2%，其中网络零售额50.15亿元，占社会零售总额的19.2%。全市规模以上生产企业和限额以上商贸流通企业电子商务应用率达62%，全市企业销售网络覆盖全球200多个国家和地区，完成跨境电商交易额10.1亿美元。寿光市率先与阿里巴巴合作“农村淘宝”项目，全国规模最大的“农村淘宝”寿光服务中心建成投用，并配套建设72个村级站点。淘宝特色中国寿光馆上线运营，寿光市在国内率先试点阿里金融、手淘小铺等电商新项目，其中蚂蚁金服仅用10天时间就发放网络信用贷款400多万元。洛城街道携手乐村淘公司，在全部村居建设电商服务中心，为村民提供电商和政务服务。双王城经济区寇家坞四村、侯镇草碾子村等4个村成为全省首批“电商示范村”。2015年，全市有5000多种蔬菜、种苗，200多种土特产、农特产实现上线销售，日订单量达到3.2万份，年交易额达到26亿元，形成“小农户”抢占“大市场”“小产品”扭动“大产业”的良好局面。亚洲最大的蔬菜批发市场——寿光农产品物流园等专业市场积极发展电子商务，总投资达20亿元的农产品电商平台——农丰网上线运营，寿光市专业市场80%以上的经营业户开展网络销售。寿光市先后获全国农村淘宝创新县市、全国网络百强县市等称号。2015年5月，寿光市从全国69个申报县市中争取到2016年5月在寿光召开的第三届全国县域电商峰会主办权。

【重点商业企业】 **寿光农产品物流园有限公司**。寿光农产品物流园有限公司（寿光地利集团）隶属于人和商业控股有限公司（哈尔滨人和集团），人和集团是黑龙江省最大的民营企业集团，旗下拥有人和商业地产、地利农产品流通、巨容高科技产业、健身娱乐等4大版块，其中人和商业地产于2008年在香港主板上市，人和集团总资产逾200多亿元。而地利农产品流通版块是中国农产品流通领域重要的领军企业，旗下拥有寿光农产品国际物流园区、贵阳地利农产品有限公司、成都地利农产品有限公司、沈阳农产品批发市场、哈尔滨哈达股份公司、齐市哈达公司、牡丹江牡达公司、东宁宝荣公司等在国内同行业享有盛名的农产品流通企业。

寿光农产品物流园是经国家发改委审核批准的山东省重点项目工程，于2009年11月完成第一期主体建设工程并投入使用，下辖21个经营管理部门。园区占地总面积3000亩（200万平方米），总投资26亿元，是目前亚洲投资规模最大、功能最齐全、设施最完善的以蔬菜批发为主，涵盖多种农产品及农资、种子等交易，网上交易、仓储降温、冷链加工、信息交流、检验检测、物流配送于一体的大型农产品综合批发市场。园区共分为水果蔬菜交易区、蔬菜电子商务交易区、种子生资交易区、理货配送区、汽修汽配区和综合办公配套服务区等6大功能区，总建筑面积近140000平方米。同时配有电子结算中心、检验检测中心、电子监控中心、客户服务中心、物流配送中心和价格指数发布中心等基础配套设施。2015年，蔬菜交易品种300余种，日交易量800多万公斤，交易额2200余万元，年交易量30亿余公斤，交易额80亿元，商品辐射东北、华北、西北、京津等地及20多个省、市、自治区、远销东南亚及俄罗斯等国家。仅寿光地利农产品物流园，每年可提供上万个就业机会。园区作为物流配送中心、价格形成中心、蔬菜集散中心、信息交易中心、蔬菜标准形成中心，每年接待政府安排前来检查指导的中央和全国各地政府领导、外国政府首脑及友人、各地观光考察期团多达上万人次，先后获服务三农中国优秀农产品物流企业、中国冷链物流百佳企业、企业信用评价AAA级信用企业、2014年度全国农产品批发市场行业（综合类）十强市场、中国农产品批发市场行业发展30年成功创新市场、中国农产品批发市场行业发展30年突出贡献10佳市场、中国农产品批发市场行业发展30年成功模式典型市场等称号。

山东全福元商业集团。创建于1981年，是一家跨地区、多业态、综合性的商贸集团。集团下设商贸流通、商业地产、金融投资3大支柱产业，总资产50亿元，建有常温配送、生鲜冷链、家电配送、便利配送4大配送中心，集团的经营网点覆盖潍坊、东营、滨州3个地级市，寿光、昌邑、临朐、昌乐、广饶、滨海、滨城7个县市区，服务消费者达到600万人，为社会提供就业岗位1.5万个。

2011年实现销售收入40.92亿元，实现利税1.6亿元；2012年实现销售收入46.5亿元，实现利税1.89亿元；2013年实现销售收入55亿元，实现利税2.38亿元；2014年销售65亿元，实现利税2.5亿元；2015年销售67亿元，实现利税2.29亿元。2014年入围潍坊市百强纳税企业。集团先后承办、协办第二届全国生鲜经营高峰论坛、全国三四线城市零售研讨会、山东省及潍坊市万村千乡现场会等大型活动，成为全国“县域商业”发展的典型。集团列中国连锁百强69位，中国快速消费品百强第36位，连续13年列全国县级同行首位。集团作为全国万村千乡、家电下乡、农超对接优秀试点企业、山东省重点培育的大型流通企业，先后被授予全国商业信誉星级企业、全国优秀无假货示范点、全国商业顾客满意企业、富民兴鲁劳动奖状、山东省流通改革发展三十年功勋企业、山东省著名商标、山东省守合同重信用企业、山东省消费者满意单位、山东省商业名牌、山东省服务名牌等称号。

对外贸易

【管理机构】 2011年，市商务局内设办公室、组织人事科、财务科、商业贸易服务管理科、流通管理科、市场运行调节科、市场秩序科、对外贸易管理科、外商投资促进与管理科、对外经济合作与境外投资管理科、机电产品进出口管理科共11个科室。2012年7月，市场秩序科加挂再生资源管理办公室牌子。2013年6月，市场秩序科加挂商务综合执法办公室牌子；对外经济合作与境外投资管理科加挂园区管理科牌子。10月，设立中国国际贸易促进委员会寿光市委员会，与中国国际商会寿光商会1个机构，2块牌子，会长由寿光国际商会会长兼任。2014年9月，成立审批服务科，为股级内部科室，同时撤销机电产品进出口管理科，原有职能一并划入商务局对外贸易管理科。

【对外贸易】 “十二五”期间，出口骨干企业实力不断增强。2011年，全市出口过500万美元的企业51家，出口过1000万美元的企业28家，其中山东晨鸣纸业集团有限公司出口2.27亿美元、山东墨龙石油机械有限公司出口1.58亿美元。2012年，全市出口过500万美元的企业56家，出口过1000万美元的企业31家，其中山东墨龙石油机械股份有限公司出口1.7亿美元、潍坊金盾轮胎有限公司出口1.5亿美元、山东晨鸣纸业集团有限公司出口1.4亿美元。2013年，全市出口过500万美元的企业53家，出口过1000万美元的企业30家，其中潍坊金盾轮胎有限公司出口15162万美元、山东晨鸣纸业股份有限公司出口13356万美元、山东墨龙石油机械股份有限公司出口12116万美元、寿光美伦纸业有限公司出口11622万美元。2014年，全市出口过500万美元的企业59家，出口过1000万美元的企业38家，其中山东昊华轮胎有限公司出口18790万美元、山东墨龙石油机械股份有限公司出口18772万美元、山东晨鸣纸业股份有限公司出口13577万美元、潍坊跃龙橡胶有限公司出口11498万美元、寿光美伦纸业有限公司出口11018万美元。2015年，全市出口过500万美元的企业67家，出口过1000万美元的企业38家，其中山东昊华轮胎有限公司出口29810万美元、山东墨龙石油机械股份有限公司出口13427万美元、山东晨鸣纸业股份有限公司12677万美元。

2011—2015年寿光市对外贸易有关情况统计表

表2　　单位：万美元

年份	进出口总额	出口创汇总额	有进出口实绩企业数
2011	216002	144385	168
2012	219575	164704	182
2013	264342	188943	202
2014	329516	203995	201
2015	355592	209127	333

【外贸出口群体】 5年间，寿光市抓住国家对自营进出口权放宽办权限制、降低办权门槛的有利时机，积极引导企业申办自营进出口权。同时，通过举办各种培训班，邀请省贸促会和潍坊市外经贸、海关、商检等部门的专家，积极为外贸企业培训业务骨干，使企业取得较好出口实绩。2011年，共为75家企业办理自营进出口权，有进出口实绩的企业168家。2012年，共为89家企业办理自营进出口权，有进出口实绩的企业达182家。2013年，共为51家企业办理自营进出口权，有进出口实绩的企业达202家。2014年，共为101家企业办理自营进出口权，有进出口实绩的企业201家。2015年，共为95家企业办理自营进出口权，有出口实绩的企业增至333家。

出口队伍的不断壮大和出口市场的多元化，确保全市对外贸易额连年增长。2011年，共为34家企业申请摊位56个，其中申请国内摊位27个、国外摊位29个。2012年，共为39家企业摊位59.5个，其中国内摊位36.5个、国外摊位23个。2013年，共为30家企业申请摊位92个，其中申请国内摊位63个、国外摊位29个、2014年，共为36家企业申请摊位106个，其中国内摊位69个、国外摊位37个。2015年，共为37家企业申请摊位134个摊位，其中国内摊位87个、国外摊位47个。

【加工贸易】 2011年，全市拥有加工贸易企业32家，加工贸易占全市出口总额的比例35.2%。2012年，全市拥有加工贸易企业36家，加工贸易占全市出口总额的比例达38.9%。2013年，全市拥有加工贸易企业36家，加工贸易占全市出口总额的比例43.7%。2014年，全市拥有加工贸易企业42家，加工贸易占全市出口总额的比例34%。2015年，全市拥有加工贸易企业43家，加工贸易占全市出口总额的比例达到30.5%。

【对外经济技术合作】 外派劳务。2011年，全市完成对外承包劳务营业额1687万美元，同比增长3.9%；派出各类劳务人员450人，同比增长3.4%。2012年，全市完成对外承包工程营业额2610万美元，同比增长36.9%；外派劳务641人，同比增长31.4%。2013年，全市完成对外承包工程营业额3162万美元，同比增长30%；外派劳务794人，同比增长23.8%。2014年，全市完成对外承包工程营业额3637万美元，同比增长15%；外派劳务

914人，同比增长15.1%。2015年，全市完成对外承包工程营业额4182万美元，同比增长15%；外派劳务人员完成997人，同比增长9.1%。

优化投资结构。寿光市境外企业正由简单的贸易公司、办事机构向生产型企业、研发机构转变，并实现国内优势产能转移。2011年，完成境外投资项目4个，中方协议投资额850万美元，同比增长3.5%。2012年，全市共设立境外企业7家，总投资达5335万美元。2013年，全市设立境外企业6家，协议投资达4654万美元，同比增长2.7%。2014年，全市设立境外企业6家，协议投资10264.9万美元，同比增长1.2%。2015年，全市设立境外企业6家，实际投资额为4849.2万美元，同比增长24.5%。（2015年起统计实际投资额）。

服务外包产业。2011年，离岸服务外包合同29个，离岸外包合同额1583.05万美元，同比增长98%；离岸执行额1277.046万美元，同比增长98.2%。2012年，全市承接服务外包合同46份，合同金额4815万美元，执行金额3139万美元，同比分别增长58.6%、204.2%和141.5%。潍坊科苑数字科技有限公司获得国家文化出口重点企业称号，被评定为2012—2013年度山东省重点文化产品和服务出口企业。2013年，全市承接服务外包合同44份，执行金额6537.65万美元。2014年，全市承接服务外包合同46份，执行金额8000万美元。潍坊科苑数字科技有限公司获得2014—2015年度国家文化出口重点企业称号。2015年，全市承接服务外包合同45份，执行金额8000万美元，同比持平。

【利用外资】 2011年，全市共办理利用外资项目17个，其中新办项目4个、增资项目8个。完成合同利用外资25406万美元，实际利用外资14911万美元。2012年，全市共办理利用外资项目14个，其中新办项目11个、增资项目2个。完成合同利用外资30475万美元，实际利用外资19109万美元。2013年，全市共办理利用外资项目14个，其中新办项目4个、增资项目10个。完成合同利用外资22252万美元，实际利用外资19451万美元。2014年，全市共办理利用外资项目14个，其中新办项目12个、增资项目2个。完成合同利用外资21328万美元，实际利用外资19726万美元。2015年，全市共办理利用外资项目19个，其中新办项目3个、增资项目4个。完成合同外资21696万美元，实际利用外资20013万美元。

【缔结友好县市区】 2011年2月25日，寿光市与河北省唐山市乐亭县缔结为友好县（市），市领导孙明亮、朱兰玺、杨德峰、王茂兴，乐亭县领导苗德成、王东群、孟宪福、郑银等出席签约仪式。双方希望以两地政府间的交往、交流带动企业、民间的交往与交流，推动双方合作向多领域、多渠道发展。

2012年2月25—27日，寿光市与贵州省织金县缔结为友好县（市），并举行签约仪式。

同年11月1日，寿光市与四川省西昌市缔结为友好县（市），签字仪式在晨鸣国际大酒店举行，市领导李宝华、刘广斌、衣艳荣出席签字仪式。

2013年3月26日，寿光市与四川平昌县缔结为友好县（市），签约仪式在寿光市举行，市委书记孙明亮、平昌县委书记张根生等出席签约仪式。

同年4月25日，寿光市与韩国固城郡缔结为友好交流城市，固城郡郡守李鹤烈、寿光市有关领导出席签约仪式。

2015年5月20日，寿光市与云南省弥渡县缔结为友好县（市），市委副书记、市长赵绪春，弥渡县委副书记、县长张世伟分别在仪式上签字。

（常维霞）

招商工作

【管理机构】 2011年，市招商局内设机构有办公室、招商科、投资服务科、投资信息科。2013年12月，增设招商统计考核科，配备科长1名，负责全市招商项目认定考核工作。2015年，有干部职工14人。5年来，每年被评为“菜博会招商引资先进单位”，获“集体三等功”荣誉。2013—2015年，每年获潍坊市各县市区招商引资指标考核第1名荣誉；每年获寿光市市直部门综合实绩考核一等奖荣誉。

【政策环境】 2011年始，每年修订《寿光市招商引资工作考核办法》《寿光市招商引资指导性计划》，制定《寿光市“十三五”招商发展规划》，把招商引资、招院引所、招才引智“三招三引”纳入考核和分配计划。2014年，设立“书记、镇长、局长项目”，对全市15个镇街区和14个重点部门的主要责任人分配招商引资任务，列入现场调度和观摩范围，制定奖惩措施。严格落实招商引资工作责任制，考核认定采取月度集中考核通报、年终兑现激励政策的方式，严督实效。同时，结合国家、省和潍坊市在新常态下出台的一系列文件，收集整理招商投资政策68个，其中国家级政策20个、省部级政策35个、潍坊及寿光市政策13个。

【招商活动】 2011年，深入分析先进地区专业和资本转移趋势，大力开展对接活动，组织北京、上海、江浙“招商月”等专题招商活动。“招商月”活动期间，全市35支招商小分队外出联系洽谈项目60多个，其中在上海一次性签约项目10个，总投资60.2亿元。

2012年，以菜博会、风筝会、鲁台会等重点节会为平台，广泛开展客商邀请、项目洽谈等工作，精心筹备大项目签约仪式，大项目洽谈引进取得重大突破。第十三届菜博会共签约重点项目39个，总投资额达313.1亿元，引资额281.9亿元；鲁台经贸洽谈会期间，全市签约项目2个，分别是总投资1.6亿美元的新型高档建材项目和总投资1.2亿美元大型畜禽养殖及深加工项目。按照“政府主导、企业主体、高层推动”的原则，做好深圳、上海“黄蓝”战略合作恳谈会组织筹备工作。其中，上海“蓝黄”战略合作恳谈会签约项目1个，总投资11.96亿元。同时，充分发挥专业招商小分队快捷灵活、针对性强的优势，先后组织小分队赴浙江、上海、江苏及东营、烟台等地区开展小分队招商10余次，其中赴上海小分队招商活动共拜访8家中外企业，会见重点客商16人，洽谈衔接项目5个。

2013年，先后以菜博会、风筝会、鲁台会、两湾论坛、海峡科技论坛、走向滨海走向世界（潍坊）招商推介会等大型节会为平台，积极开展客户邀请、项目洽谈等工作，招商效果明显。菜博会期间，全市集中签约重点项目42个，总投资额284.5亿元，引资额180.7亿元。确定5月、10月为“招商引资突破月”，督促各镇街区、市直部门主要负责人带队开展小分队招商，成效显著。5月，全市累计开展小分队招商40多次，联系洽谈项目60多个。

2014年，把招商活动主战区放在长三角、京津地区，瞄准产业梯度转移的有利时机，主动出击，采取集中签约和重点推进相结合，先后赴长三角、京津、台湾等地区开展招商活动20余次，先后走访对接中钢研、神华国华电力、华电集团、中材集团、北汽福田、恒天集团、雨虹防水、防水企业协会、国家开发银行等央企、中航工业、北京化工大学等重点企业、科研院所等。累计洽谈签约重点项目55个，其中签约项目38个，洽谈项目17个。以风筝会、菜博会等重点节会为平台，大力开展客户邀请和项目洽谈活动，精心筹备大项目签约仪式，第十五届菜博会签约投资项目31个，总投资额156.2亿元，引资额93.4亿元。签约项目涉及产业广，其中新能源、新材料等新兴产业类项目10个，占32.3%，总投资额82.9亿元，引资额43.5亿元。成功举办“驻鲁全国异地商会寿光招商引资恳谈会”、全国农村青年创业致富“领头雁”特色产业交流活动、“全国智慧城市干部班（寿光）投资洽谈会”，共对接驻鲁全国异地商会会长、全国29个省（区、市）的优秀涉农龙头企业及其他客商346余人，洽谈投资意向项目50多个。

2015年，基本坚持“每月一次”招商，共组织外出招商活动11次。其中，3月份由市招商局牵头在北京成功举办“北京潍坊商会与寿光市合作发展座谈会”，接触央企、国企、重点企业、科研院所30余家，结识客商80多人，达成初步合作意向项目10余个，引资额达50多亿元。4月7—9日，邀请、组织全市部分企业参加“国际资本与潍坊合作对接活动”，就相关情况进行洽谈；20日组织参加第32届风筝会重点招商引资项目签约仪式；21日组织第十六届中国（寿光）国际蔬菜科技博览会重点项目集中签约仪式，全市共集中签约项目29个，总投资额212亿元，引资额188亿元。6月2—4日，市委书记朱兰玺带队赴天津、北京进行重点项目对接，先后拜访新兴移山（天津）重工有限公司、蔬菜产业集团天津商品交易市场、中科院生物研究所、北汽福田等企业，对前期对接的重点项目进行高层推动；同时，赴上海、常州地区开展为期3天的招商对接洽谈活动，结识客商50多人，达成初步合作意向项目10个，引资额达36.5亿元；10—12日，招商小分队赴北京、大连与华夏幸福基业股份有限公司和亿达中国控股有限公司进行招商对接。8月29日，赴济南组织参加寿光市桑梓人才技术项目对接交流会，达成初步合作意向项目4个。9月23—25日，参加潍坊中日韩产业博览会。10月15—18日，赴北京组织参加了寿光市桑梓人才技术项目对接交流会，累计结识客商50多人，达成初步合作意向项目15余个，引资额达40多亿元。11月9—16日，市招商局组织相关企业参加捷克“中国投资论坛”活动，尝试开展境外洽谈。

（郑海永）

供销合作商业

【管理机构】 2011年，市联社为正科级规格，市政府直属事业单位，参照公务员法管理。事业编制20人，内设5个职能科室（办公室、业务科、财务科、安全科、组织人事科）。到2015年底，全系统共有32个独立核算企业，其中11个市直企业（土产公司、新合果品公司、生资公司、恒泰棉麻公司、锦绣千村农资公司、大地宏琳农资公司、东方誉源现代农业集团、海化百货公司、华银食品公司、大森食品公司、新城棉业公司)；21处基层社(城区供销总公司、寒桥福隆供销公司、稻田鑫恒供销公司、南河社、北洛社、马店社、田王联社、羊口海隆达供销公司、杨庄社、卧铺社、道口社、古城社、丰城社、纪台永丰供销有限公司、侯镇兴顺泰供销公司、五台社、田马社、孙集瑞泰供销公司、上口盈达供销公司、留吕恒基供销公司、台头永泰供销公司)。全系统干部职工868人，城乡经营网点905个，2015年全系统年销售额31.9亿元，实现利税952万元。资产总值3.5亿元。

【经营体制改革】 2011年，全力推进农产品经营服务体系建设。市联社筹资50万元新注册成立寿光市华源农业发展有限公司，以此为龙头，加强基地管理，组织精品菜销售，创建蔬菜中的供销品牌。同时通过开放办社，吸收寿光市华凯农业发展有限公司加盟，以此为龙头，开展"农超对接"，开拓大中城市终端市场。与南京苏果超市建立稳固的供货关系，每月供货量达100吨左右。推进供销社主导的农资经营服务体系建设，2011年对整个供销社基层网络进行整合，打造农资连锁经营平台，提升供销社整体形象，建立市社统一组织、基层社广泛参与、实行公司化运作的农资经营体制和机制，并把推行农资连锁经营作为全面启动基层供销社建设的切入点，当年新发展农资连锁店103家。积极推进农村社区和日用品经营服务体系建设。孙家集瑞泰公司总投资4000万元，总建筑面积3.5万平方米的住宅楼、沿街超市和健身广场动工建设。

2012年，将任务指标分解落实到机关每个工作人员和系统内各企业，形成上下互动，全员参与，齐抓共管的良好局面。当年完成安全统筹任务75万元，占计划的107.1%，其中省统筹额预计完成15万元。

2013年，面对棉花人工采摘成本逐年上升，棉花生产发展受到制约的现实，以基层供销社为主体，以棉花专业合作社为依托，联合棉花种植大户，在寿北棉区建立1000亩机采棉试验示范园区，推行棉花种植全程机械化管理，努力探索棉花采收新方式。11月3日，在试验园区举行隆重的机采仪式，使用凯斯公司生产的大型六行采棉机，100亩棉花仅用3个小时就采收完毕，1个小时的工作量相当于150个劳动力一整天的工作量，且每亩较手工采摘节省费用500元左右，采净率达到95%以上，不影响棉花的二次复收，采棉效率大大提高。

2014年，先后在卧铺社、南河社、田王社建设3处农业社会化服务中心，为农民提供产前、产中、产后的系列化服务，积极建立新型农业经营服务体系。卧铺社服务中心以双王城生态经济园区10万亩棉花为服务重点，大力开展农资、技术、农机和大田托管服务，辐射周围3个乡镇及广饶、寒亭等周边地区，服务棉花总面积达20万亩。南河社服务中心服务棉花、粮食总面积2万亩。田王社服务中心服务蔬菜、粮食总面积1万亩。

2015年，领办农民合作社40家。采用控股、参股的形式，组建10家镇级区域性农民合作社联合社，建立"三部一中心"(生产服务部、现代流通部、合作金融部和综合服务中心)。积极开展土地托管服务，构建农业社会化服务体系。建设广陵、北洛2处为农服务中心，大力推进融土地托管、农机服务、农资直供、智能配肥、统防统治、粮食仓储烘干、农民培训等多功能于一体的综合平台建设，积极开展耕、种、管、收、加、销全程托管或对一个或几个环节的半托管服务。2015年全市土地托管服务面积27万亩，大田作物飞机飞防面积13万亩。积极发展农村电商平台，探索建立“网上供销社”。进一步开拓农村市场。依托龙头企业大地宏琳农资有限公司，联合国内最大的农资上市企业诺普信农化股份有限公司，投资1000万元建立“田田圈”现代农业综合服务平台，建立体验中心30家，拥有会员1万个，实行线下体验、线上购买的运营模式，农户利用手机或电脑，登陆手机APP或网上商城，在线咨询问诊农作物种植技术，在专家指导下购买合适的产品。加快实施“寿光供销－京东”合作计划，帮助京东寿光工作站招募乡村推广员340名。积极开展农村信用互助业务，探索农村金融服务体系。按照“四项原则”和“四条红线”的要求，合作社召开社员成立大会，发展会员163户，并在省金融办备案。

【网点建设】 2011—2015年，采取连锁经营、下伸网点、加盟系统外连锁企业等多种形式，促进生活资料超市建设，推动超市“下乡进村”，至2015年，全系统累计建设生活资料超市总数达到50多处，总营业面积达2.9万平方米。上口、稻田、侯镇社址超市，营业面积都达到3000平方左右，成为当地居民购物休闲中心。以东方誉源、大地宏琳等农资公司为龙头，按照“五统一”管理方式，全系统发展农资连锁店总数达900多家，覆盖全市重点乡镇、重点村。大力推进农产品经营服务体系建设。先后注册“农圣庄园”“菜中菜”“孟家高欣”“美微”等商标6个，认证绿色优质蔬菜品种38个，建立绿色优质农产品种植基地面积8000多亩，辐射带动种植面积2万亩。积极推进农超对接，先后与北京、上海、天津、南京、广州等全国30多个大中城市的超市、市场建立业务联系，年销售优质蔬菜达1万多吨。大力推进农业社会化服务体系建设。以上口供销社为依托，联合新时代农机专业合作社和广陵村委，重点打造广陵为农服务中心。该中心建筑面积1500平方米，总投资500万元，可服务周边16个自然村，3万亩耕地，形成“3公里土地托管服务圈”。（1）积极开展土地托管服务。至2015年，土地托管服务面积达16000多亩。（2）大力开展农业项目示范推广。与市农业局合作，参与“寿光市农业示范区2015年粮食生产经营服务能力提升项目”，以6000亩项目区为中心，加快构建代耕代种代管等全程化社会服务新模式。（3）全力配套完善粮食烘干储藏设施。总投资260万元，建设粮食烘干车间，新上全自动粮食烘干机6台，可日烘干玉米500吨、小麦400吨，新建周转用粮食钢板仓2座，储存量500吨，并提供粮食产供销一条龙服务，打通为农服务的“最后一公里”。（4）大力推进“互联网＋供销社”行动计划，积极构建农村电子商务服务体系。以大地宏琳农资有限公司为依托，建立“田田圈”现代农业电子服务平台，采用全新的“020”服务模式，以农户为中心，线上为农户提供购买、咨询、交流、售后等服务，线下设立“田田圈”体验中心30多家。

【商品经营】 2015年，全系统农资供应额达26.3亿元，占市场总需求量的三分之二。引进现代经营方式，在全系统大力推行农业生产资料连锁经营。市供销社以东方誉源、大地宏琳和锦绣千村农资有限公司为龙头，按照“统一管理、统一配送、统一标识、统一价格、统一服务”的“五统一”管理方式，建立起以集中采购、统一配送为核心，农资经营与技术服务相结合的新型农资营销体系，到2015年底，连锁店发展到900多家。广开进货渠道，狠抓农资货源。在巩固国内名优农资产品进货渠道的基础上，积极组织农资龙头企业采购国外市场知名企业农资产品，先后与世界500强的挪威海德鲁公司、芬兰凯米拉农业集团、中化国际化肥贸易公司、德国巴斯夫公司以及美国纳米生物公司、日本磐亚株式会社等多家国际公司建立稳固的业务关系。全系统现经营的化肥品种达100多个，农药品种1200多个，农膜品种40多个。积极开展便民利民服务。全系统配备大小送货车辆400余部，每年送货量占农资销售总量的60%以上。加强科技服务。充分发挥50多处“庄稼医院”和100多名庄稼医生的作用，采取坐诊、出诊、巡诊、视频诊断和印发明白纸、举办培训班等多种形式，免费为农民提供技术指导和咨询，开展测土配方施肥和病虫害防治，使“庄稼医院”成为科技服务中心。切实保证农资质量、维护农民根本利益。

2011—2015年售给农民生产用农资商品销售数量情况表

表3 单位：吨

类别	2011年	2012年	2013年	2014年	2015年
化学肥料	323954	333672	343682	353992	364612
氮肥	106905	110112	113415	116817	120322
磷肥	45066	46417	47810	49244	50722
钾肥	36348	37438	38561	39718	40909
复合肥	135635	139704	143895	148212	152658
化学农药	5092	5015	5088	5035	5011
农膜	7058	7012	6935	6518	8061

【骨干企业】 东方誉源现代农业集团。是一家以肥料生产、农资连锁经营、农资仓储物流、绿色优质蔬菜生产、加工和销售、工厂化育苗、农业科技服务等为主导产业的现代化农业集团。集团注册资本1亿元，总资产12亿元，占地215000平方米，年销售收入20亿元。集团名下子公司有：山东金利丰生物科技股份有限公司，肥料年生产能力50万吨；山东东方誉源生物工程有限公司，肥料年生产能力30万吨；山东东方誉源农资连锁有限公司于2014年6月25日设立为股份公司，并于2015年2月5日成功在新三板挂牌；寿光渤海物流园有限公司成立于2010年12月，位于寿光市北经济开发区，是省政府重点建设项目和省服务业重点项目，物流园区依托雄厚的产业基础，以公路、铁路、港口设施为重要支撑，通过配套物流服务功能和产业链的延伸，与周边物流园区形成互补格局，整合市场多小散乱的零担和配货物流行业，形成连通全国各地的物流网络。寿光农圣庄园有机农业发展有限公司，拥有智能育苗温室20000平方米，蔬菜认证基地

2000亩，年产优质蔬果10000多吨，产品主要销往上海、北京、香港、广州、深圳及省内各城市，在沃尔玛、家乐福、乐购、佳世客、银座等大型商超中设立优质蔬菜销售专柜，在济南、潍坊、青岛等大中城市设立10多家食品专卖店。

大森食品有限责任公司。成立于1992年，是集菜果种植、加工、经营出口于一体的外向型企业。2015年，公司有固定资产1600万元，占地面积25000平方米，建筑面积10000平方米，蔬菜基地5000亩。低温库储存量1000多吨，恒温库储存量800多吨。公司拥有2套日本和美国产先进的蔬菜加工和检测设备，具有丰富的蔬菜加工经验，技术力量雄厚。公司主要生产保鲜类、冷冻类、油炸类、脱水类4大系列50多个品种的蔬菜产品，年加工保鲜蔬菜2000吨，冷冻蔬菜3000吨，油炸类500吨，脱水类500吨。产品销往：日本、韩国、美国、欧盟、东南亚等十几个国家和地区。公司拥有自营进出口权，并通过ISO9002国际质量体系认证，以及欧洲EUREPGAP基地认证和BRC安全卫生控制体系认证。

烟草

【概况】 寿光市烟草专卖局、山东潍坊烟草有限公司寿光营销部合署办公，属政企合一体制，担负着全市卷烟销售和烟草专卖管理工作，简称寿光市烟草专卖局（营销部）。至2015年底，寿光市烟草专卖局（营销部）共有在职员工131人，下设10个科室，5个市场管理服务站。2011年先后获得“潍坊市文明单位”“寿光市文明单位”称号。2012年先后获得“潍坊市文明单位”“寿光市群众满意单位”“寿光市创先争优先进基层党组织”称号。2013年先后获得“寿光市先进基层服务型党组织”“星级工会先进职工之家”“寿光市先进基层妇女组织”称号。2014年先后获得“寿光市党风廉政建设先进单位”“寿光市先进基层服务型党组织”“寿光市群众满意机关”称号。2015年先后获得“富民兴寿劳动奖章”“工人先锋号”“先进基层服务型党组织”“青年文明号”“敬老模范单位”称号。

【卷烟销售】 2011年，寿光市烟草专卖局（营销部）坚持从基础工作抓起，扎实推进基础工作提升工程，加强终端形象建设，全年共发展加盟店242家、形象店16家，发放简装店柜台467节。开展“网建基础提升月”活动，对零售户卷烟陈列进行全面维护，终端形象进一步提升。开展“入网第一课”“移动大课堂”“零售户走上讲台”“我们就是泰山”等专题培训，认真做实新入网零售户培训，有效提升零售户的经营意识和经营能力。加快推进直营店建设步伐，全年购置直营店5家，租赁3家，充分发挥直营店培育品牌的引领作用，进一步推动高端市场开发。2012年，围绕稳增销量、优化结构的工作思路，大力开展高端市场、集团市场开发工作，全市集团消费现场会在寿光召开。推进鲁产品牌结构提升，开展泰山系列百元以上价位卷烟过万箱活动，百元以上“泰山”系列卷烟销量突破1万箱。建立卷烟零售户量化积分管理模式，根据积分高低评选星级零售户，卷烟零售户经营积极性进一步提高。2013年，召开2012年度泰山品牌培育星级零售户表彰大会，挑选全市前400名零售客户作为重点骨干客户，加快鲁产烟结构提升步伐。推进婚庆、集团、农村、菜博会（会展）4个市场开发，全年搜集婚庆信息1692对，成功推介1316对，销售婚庆卷烟34614条。深入推进卷烟零售户致富工程，积极开展金秋助学、危难帮扶等活动，共捐助帮扶资金10.51万元。2014年，按照行业上级部署要求，寿光市烟草专卖局（营销部）积极开展卷烟经营市场化取向改革，积极推进客户经理职能转型和客户分档工作，把发展建立在可靠的市场基础和扎实的工作基础之上。突出细支卷烟培育和销售，全年共销售细支卷烟1066箱，同比增长46.48%，销量占潍坊细支烟销售总量的比重达到18.3%；加快推进新商盟、信易通、终端媒体机等网络营销工具的推广使用，提高客户自主订货率。全年网上订货零售客户达到2214户，网上订货率56.70％。2015年，深入推进“双基”提升活动，开展“领导示范、一站一线、一村一店”精品终端提升活动，共打造领导示范线路2条，一站一线线路5条，一村一店129家。做实信息点建设，共确定省级人工信息点74个、省级自动信息点37个。2011—2015年，全市销售卷烟分别为42119箱、43279箱、44232箱、45181箱、40643箱；销售收入分别为88991万元、101816万元、1117533万元、116156万元、102797万元；实现利税分别为19151万元、21038万元、23394万元、24718万元、22825万元；上缴税金分别为4300万元、5685万元、6043万元、6073万元、4348万元。

【专卖管理】 2011年，先后与工商、公安、交通、技术监督等部门制定《寿光市烟草专卖局、寿光市工商局联合打击涉烟非法经营行为协作办法》《寿光市打击假冒卷烟和规范烟草市场专项行动实施方案》等多个联合执法文件，执法协作机制进一步健全。扎实开展“精准专卖管理年”活动，以深入开展“双基”大练兵活动为契机，制定《专卖管理工作提升整体竞争力活动实施方案》，专卖人员业务技能和身体素质进一步提升。大力实施拓荒扩户工程，新增持证户846户，千人比达到4.352‰，零售户布局更加合理。2012年，全年共查获涉烟违法案件138起，移送公安刑事立案13起，刑事拘留32人，批捕11人，判刑14人，两起案件达到国家局、公安部网络案件标准，稽查大队被评为潍坊市烟草专卖局先进专卖稽查中队。扎实推进柔性执法，狠抓执法队伍建设，队伍素质进一步提升。扎实推进星级专卖所创建，第一、第二专卖管理所被潍坊市局评为星级稽查分队（所）。2013年，全面开展规范卷烟经营专项整治活动，严格规范大户经营行为，加强重点经营业态、重点品牌、重点时段、重点市场整治，共查获卷烟非法流通案件117起。全面开展零售户自律小组建设工作，共建立零售户自律小组235个，涵盖辖区所有卷烟零售户，组织开展普法座谈457期，累计培训8569人次。开展市场检查方法创新试点工作，12月份，潍坊市烟草专卖局（公司）在寿光召开潍坊市专卖管理所建设暨市场检查方法创新工作推进会议，对试点工作给予高度评价。实施大物流建设工作，开展1532品牌形象和商品宣传推介，在全市率先发展非烟商品二级分销商14家，分销终端建设工作得到上级肯定。2014年，更加注重对互联网领域涉烟违法行为的治理，全年共办理各类涉烟刑事案件10起，其中国标网络案件3起，市标网络案件2起，县标网络案件5起，刑事拘留20人，逮捕6人，判刑12人。全年破获3起国标网络案件，在办理国标网络案件数量上实现新突破，年度考评成绩位列潍坊市第一位。案卷评查工作成绩优异，在潍坊市局（公司）第二、三季度处罚案卷评查中分别获得第二名、第三名的好成绩。大物流建设实现新突破，成功组织召开春、秋两季订货会，共邀请客户584人，达成有效订单481笔，实现订货额503万元。2015年，开展2015“齐鲁之盾”卷烟市场专项整治行动，对集贸市场、特业场所、边缘市场、物流货运站点实行突击检查，始终保持卷烟打假打私和打击真品卷烟非法流通高压态势，专项行动共检查零售客户5160户次，出动车辆793车次，出动人员1655人次，查办案件71起，查获卷烟234.36万支，案值53.08万元。2011—2015年，全市共查获违法案件1079起1233.23万支，查扣卷烟总值465.17万元。

粮油

【管理机构】 市粮食局是主管全市粮食流通的职能部门，主要承担寿光市粮食流通、宏观调控、市场监管、粮油储备、产业发展、保护价收购职能。至2015年底，市粮食局机关下设办公室、财务审计科、综合业务科、监督检查科（审批服务科）4个科室，直属副科级事业单位寿光市粮食执法检查大队，共计在职在编干部职工21人。粮食系统下辖市粮食收储公司、山东省寿光市粮食储备库、寿光市地方粮食储备库等8家国有或国有控股粮食企业，员工80人。2011—2014年，市粮食局连续4年被省粮食主管部门授予全省粮食系统先进集体称号。

【粮油购销】 2011—2015年，寿光市粮食局把粮油购销作为保生产、稳供应、调市场、活经济的重点放在工作的首位。充分发挥国有粮食购销企业主渠道作用，指导符合条件的多元市场主体参与社会粮食经营，活跃粮食购销市场，确保市场供需平衡。5年来，全市面粉加工量89.5万吨，饲料转化用粮312.3万吨，工业转化用粮638.8万吨。全社会粮食总购量1056.4万吨，总销售量1055.5万吨。全市粮食流通畅顺，市场繁荣稳定，供需保持基本平衡。

【仓储建设】 2011—2015年是寿光市仓储建设快速发展的时期。（1）新建。2011年4月，占地面积2.15万平方米，仓容量2.8万吨的山东省寿光粮食储备库胡营新库投入使用。2014年6月，占地1.07万平方米，仓容量2.5万吨的寿光市地方粮食储备库胡营新库开仓纳粮。2014年7月，占地2.01万平方米，仓房2.6万吨的金谷五台粮库正式启用。2015年4月，投资120万元新建700吨储油罐16个。2015年8月，仓容量达1万吨的田柳粮库正在建设中。（2）修缮。面对部分粮库年久失修，地基下沉的现状，寿光市粮食局多方筹措资金，对现有陈旧仓储设施进行改造、修缮、加固，确保储粮安全，5年共投资890万元，完缮巩固陈旧仓容2.6万吨。2015年，全市有效仓储能力达11.57万吨。

【粮食安全】 粮食安全事关国计民生和社会稳定。(1)加强仓储能力建设。2011—2015年，共投资3000万元，新增库容7.9万吨。（2）加强粮油市场监管。将33家大中型涉粮企业纳入统计范围，对69家具有粮食收购资质的企业和经营体加强指导服务，实施计量监督。（3）强化存粮检测工作。发挥粮食质检中心作用，对储备粮、政策性用粮、社会用粮实行定期检查或抽查，从源头消除粮食安全隐患。（4）推广科学保粮技术。2011—2015年，投资67万元配备电子测温、环流熏蒸、机械通风设施，提高科技储粮技术。至2015年底，全市有效仓容达11.75万吨，科学储粮新技术所占比重达总储粮量的60%。（5）强化制度化，标准化建设。严格执行储备粮油管理规定，推行制度化、标准化管理，工作中做到“一符、三专、四落实”，储备库（点）位置设置合理，管理规范，粮情稳定，储备粮油质量良好，数量真实，储存安全。连续4年被评为“山东省粮油储备安全先进县（市）”称号。（6）加强人员培训和队伍建设。通过多种形式学习培训，粮食安全意识深入人心。在省市主管部门组织的以粮食安全为主题的现场模拟消防、业务考试、演讲比赛中，均名列前茅，受到业务主管部门的表彰奖励。

【行政执法】 2011—2015年，寿光市粮食局贯彻落实国务院粮食流通管理条例，组织开展粮食收购许可、夏粮收购、秋粮收购等粮食执法专项检查和涉粮企业基本情况调查，相继出台完善《寿光市粮食行政处罚自由裁量权细化标准》《粮食行政执法工作考核制度》《粮食执法责任制度》《粮食执法责任追究制度》《粮食执法案件管理制度》等，坚持严格执法，热情服务。5年共为全市涉粮企业培训财务、购销等人员650人次，办理粮食收购许可证8个，延续30个，注销1个，查处案件9起。2011—2013年，寿光市连续3年被授予山东省粮食规范化执法示范县称号。2014年，被评为全国粮食流通监督检查示范单位。

石油

【管理机构】 中国石化销售有限公司山东潍坊寿光石油分公司是隶属中国石化销售公司的国有企业，从业人员335人，下设综合管理科、财务科、非油品管理科及49座加油站，2015年，有销售汽油、柴油、润滑油、润滑脂等石油成品油业务，年销售成品油15万吨左右。2011年以来，按照上级公司部署，以方便用户为宗旨，在加油站开设易捷便利店，增加销售生活用品、汽车用品等非油品业务，年销售非油品3000万元。

【石油经营】 石油公司积极与上级公司协调油品供应及车辆运输，并根据市场变化，及时调整工作思路，争取用油配送计划，并且在麦收和秋收及蔬菜运输繁忙季节，加大市场供应，保证全市成品油市场的价格稳定和市场供给，年销售成品油16.7万吨。5年来寿光石油公司共计销售油品72万吨，销售非油品9900万元，实现利税7000余万元。

【安全管理与服务】 公司始终坚持“安全第一，预防为主，全员动手，综合治理”的安全工作方针，要求各加油站站长必须按规定驻站带班，及时处理加油站遇到的各种安全隐患，防患于未然；加强对职工的安全意识教育，树立“安全第一”的思想，增强员工防范意识，杜绝安全事故的发生；严格落实领导干部夜间巡查制度，强化安全监督检查，加大隐患治理力度；公司每年都开展“安全月”活动，公司及每座加油站每月都组织员工进行消防预案演练，不断提高职工消防安全意识，锻炼职工消防应急处置能力。自公司建立以来，从未发生一起安全责任事故。

公司为创建石化优质服务品牌，树立良好的企业形象，立足本职，从严从细管理，服务客户。公司每年4月份都开展“优质服务月”活动，从自身做起，规范员工的服务，给广大市民提供良好的消费环境；努力做好并提高中国石化加油卡的发行工作，开展中国石化加油卡网上充值业务，真正做到“一卡在手、全国加油”，方便客户；创立中国石化“易捷”便利店品牌，在加油站设立便利店，客户加油的同时享受到购物的便利；公司每年都采取教师讲课、办培训班等多种形式，加强对员工的培训，员工的整体素质不断提高。

医药

【经营机构】 2011年，全市共有各类药品经营单位462家，其中城区112家，镇村350家；2012年，有各类药品经营单位483家，新增35家，注销14家，其中城区126家，镇村357家；2013年，有各类药品经营单位510家，新增67家，注销40家，其中城区143家，镇村367家；2014年，有各类药品经营单位522家，新增78家，注销66家，其中城区146家，镇村376家；2015年，有各类药品经营单位552家，新增82家，注销52家，其中城区157家，镇村395家。

潍坊瑞康药品配送有限公司。成立于2003年6月，注册资本167万元，是具有独立法人资格的有限责任公司。公司原名潍坊中大医药有限公司，2012年5月变更为潍坊瑞康药品配送有限公司，为山东瑞康医药股份有限公司的子公司。公司原注册地址在潍坊市区，2014年1月变更至寿光市圣城街怡苑居小区第2号楼。

潍坊银海医药有限公司。成立于2006年2月，其前身为成立于2001年的潍坊医药站潍城分站，2003年3月改名为山东潍坊海王医药有限公司潍城分公司，2006年改制为潍坊银海医药有限公司，同年9月顺利通过GSP认证，2008年底从潍坊市潍城区青年路9号迁至潍坊市高新区潍安路369号，同时经营范围和负责人也进行了变更。2009年8月通过GSP专项认证，2011年10月份通过GSP再次认证。2014年，将注册地址迁至寿光市农圣街722号亿嘉好旺角1号楼。

寿光市滨海医药有限公司。成立于2006年12月，位于寿光市正阳路与建新街交叉路口西。经营范围有批发，包括中成药、化学原料药、化学药制剂、抗生素、生化药品、生物制品（除疫苗）、医疗器械；零售，包括二、三类医疗器械。

寿光康缘医药连锁有限公司。成立于2014年9月，其前身是原国有企业改为民营企业的寿光圣达医药有限公司。2013年11月，寿光圣达医药有限公司因种种原因经营陷入困境，由寿光滨海医药有限公司实行代管，因无法正常经营，经市政府同意，保留寿光圣达医药有限公司，成立寿光康缘医药连锁有限公司，寿光圣达医药有限公司294名职工和下辖55个自营药店转入新建公司。新公司下设办公室、业务部、财务部、质管部、运营部、仓储部和66个直营药店。

寿光滨海润泽医药连锁有限公司。成立于2015年6月，有12家连锁门店，位于寿光市正阳路3001号三楼。经营范围为处方药、非处方药，包括中药饮片、 中成药、化学药制剂、抗生素制剂、生化药品、生物制品（除疫苗）、保健食品；销售，包括预包装食品兼散装食品、日用百货、医疗器械。

寿光市康华医药连锁有限公司。成立于2006年8月，位于寿光市稻田镇政府驻地农行对面，有32家连锁门店。经营范围为零售，包括中药饮片、中成药、化学药制剂、抗生素制剂、生化药品、生物制品（疫苗除外）。

寿光市千方医药连锁有限公司。成立于2010年7月，位于寿光市圣城街中段（原汽车站东100米路南），有18家连锁门店。经营范围为中成药、中药饮片、化学药制剂、抗生素制剂、生化药品（冷藏冷冻药品除外）。

寿光钰达医药连锁有限公司。成立于2011年1月，位于寿光市幸福路南首路东前苑小区第7排，有5家连锁门店。经营范围为中药饮片、中成药、化学药制剂、抗生素制剂、生化药品、生物制品（疫苗除外）。

【质量监管】 **医药公司**。5年间，各医药公司依据国家药品、器械相关法律法规建立质量管理体系，制定符合经营范围的《质量管理制度》《岗位职责》《岗位操作规程》，所有记录及档案齐全，确定“以法律为依据、以质量为准绳、以诚信为生命、以完善的质量体系为保障”的经营质量理念，实行质量目标管理，将质量目标量化落实到各个环节，形成健全、完善、系统的质量保障体系。为实现公司质量目标，公司设置决策层、管理层、执行层3级组织架构，由质量负责人全面负责公司质量管理工作的执行和落实。质量管理部负责公司药品质量管理工作，组织各部制定质量管理体系文件，明确各部各岗位的职责以及相互间权限关系，质量管理责任到部，细化责任到岗位，强化全员参与质量管理意识。

在质量管理方面，一是实施质量裁决、质量否决制度，保证质量管理工作的独立性和权威性，确保经营药品、器械的质量和经营安全。二是各医药公司制定质量风险管理制度和质量体系内审制度，成立质量风险管理小组和内审小组，对公司的质量体系定期进行质量风险排查和内审检查，通过预防、整改等措施，保证公司质量体系的良好运行。三是各医药公司通过计算机手段，实施对企业经营活动各环节全过程的质量控制，所有品种进销存必须通过计算机管控完成，符合质量要求方可购进销售，杜绝质量事故及药品、器械流入非法渠道，保证药品经营安全。

监管部门。5年间，以智慧监管数据为依托，以日常检查、突击检查发现的问题为线索，以查处违法经营使用为突破口，重点整治违法违规经营、使用、储存高风险药品（疫苗、终止妊娠药品、特殊药品及含特殊药品复方制剂）、非法回收销售药品、违法购进销售假冒药品、挂靠走票、超范围经营、“连而不锁”等问题，监督药品经营、使用单位严格执行药品相关规定，同时做好警示教育宣传工作，使行政相对人了解违规经营使用药品可能带来的社会危害和要承担的法律责任，进一步增强企业社会责任感和守法经营的自律意识。

监管部门查处的重点行为共8项，包括从无证单位购进药品或假冒药品；向无证单位销售药品；走空票、不索票、倒卖发票；挂靠经营、私设仓库；无证经营和超范围经营；未经许可私自变更经营地址及仓库；出租柜台、出借证照；未按规定条件储运药品。重点对象共5类，包括疾病预防控制机构、疫苗接种单位等经营使用高风险药品单位；药品零售连锁企业及其门店；取得药品经营许可证1个月内未申请或到期未重新申请GSP认证的药品经营企业；城镇和农村药店；

城乡个体诊所、乡镇卫生院。重点品种共5类，包括麻醉药品、精神药品、医疗用毒性药品、易制毒化学制剂；血液制品、生物制剂（特别是疫苗和人血白蛋白等）、兴奋剂；注射用针剂等高风险药品；含特殊药品复方制剂；基本药物。

2011—2015 年寿光市医药企业销售情况表

表 4

年份	销售药品品种（个）	销售量（批次）	经营收入（万元）
2011	2800	30000	18320
2012	2900	31000	20000
2013	2950	31000	22000
2014	3000	33000	24200
2015	3100	36000	26700

服务业

【概　况】 增加值。2011 年，全市实现服务业增加值 189.1 亿元，全市三次产业结构比 13.4:51.7:34.9。2012 年，全市实现服务业增加值 227 亿元，同比增长 12.1%，服务业增加值占 GDP 的比重达到 36.7%，同比提高 1.85 个百分点。2013 年全市服务业实现增加值 273.6 亿元，增长 12.7%，占 GDP 比重 39.0%，比上年提高 2.3 个百分点。2014 年，全市实现服务业增加值 311.2 亿元，同比增长 10.2%，占地区生产总值比重为 40.8%，同比提高 1.8 个百分点。2015 年，全市实现服务业增加值 346.2 亿元，同比增长 9.9%，占地区生产总值比重为 42.9%，同比提高 2.1 个百分点。

税收。2011 年，全市服务业实现税收 23.1 亿元，服务业税收占全部税收的比重为 39.2%。2012 年，全市实现服务业税收 34.47 亿元，同比增长 28.1%，占全部税收的比重为 45.6%，同比提高 6.4 个百分点。2013 年，全市实现服务业税收 44.4 亿元，同比增长 28.9%，服务业税收占全部税收的比重达到 51.8%，同比提高 6.2 个百分点。2014 年，全市实现服务业税收 44.5 亿元，同比增长 0.2%，服务业税收占全部税收的比重为 46.7%。2015 年，全市实现服务业税收 54.8 亿元，同比增长 23.0%，服务业税收占全部税收的比重为 54.9%，服务业税收成为税收最主要来源。

投资。2011 年，全市完成服务业固定资产投资 123.5 亿元，占规模以上固定资产投资的比重为 41.6%。2012 年，全市完成服务业固定资产投资 161.4 亿元，同比增长 23.0%，服务业投资占全社会固定资产投资的比重达到 44.7%。2013 年，全市完成服务业固定资产投资 225.2 亿元，同比增长 27.3%，服务业投资占全社会固定资产投资的比重达到 55.4%。2014 年，全市完成服务业固定资产投资 195.1 亿元，同比下降 13.4%，服务业投资占全社会固定资产投资的比重为 39.2%。2015 年，全市完成服务业固定资产投资 215.5 亿元，同比增长 10.4%，服务业投资占全社会固定资产投资的比重为 38.8%。

【行业发展情况】 2011 年以来，全市现代物流、现代商贸、文化旅游、科技服务、金融保险等服务业行业发展迅速，成为经济转型升级的重要力量。

现代物流业。现代物流业作为经济发展的“第三利润源”，对增强区域经济实力和综合竞争力意义重大。2011年，全市深化打造“三大物流板块”，把发展壮大物流业作为壮大生产性服务业的着力点、膨胀服务业规模的撬动点，物流产业集聚效应逐步显现。（1）西部市场物流。按照“突破西部市场物流”的发展思路，以打造半岛乃至环渤海区域性物流中心为定位，以发展市场物流业为重点，重点推进总投资150亿元的农产品物流园、晨鸣国际物流园、渤海物流园“三园”建设和国际商贸城、五洲国际博览城、半岛建材物流城“三城”建设，加速物流板块的全面崛起。农产品物流园集电子拍卖、网上交易、仓储降温、信息交流、检验检测、物流配送等功能于一体，累计完成投资26亿元，日交易量2000万公斤左右，交易额近4000万元，是国内最大的蔬菜集散中心、物流配送中心、价格形成中心、信息交易中心、蔬菜标准形成中心。晨鸣国际物流园建设用地拆迁完成，项目建设正有序推进。总投资40亿元的半岛建材物流城建成后，将成为集仓储、加工、现货交易、网上交易、物流配送、金融服务、信息服务为一体的大型钢材交易平台。（2）东部果蔬物流。整合稻田蔬菜市场和田马甜瓜市场打造的山东寿光果菜批发市场，处于南果北运、北菜南运的中心地带，总规划1000亩，总投资8亿元。其中占地300亩，可容纳350多户经营业户一期工程已投用，正常运营后，年可实现交易额30多亿元；项目全部建成运营后，年交易额达到80亿元，将成为全国最大的果菜专业批发市场。（3）北部临港物流。坚持港口和产业联动发展，在全面提速寿光新港建设的同时，加快推动临港产业集聚发展，全力打造万亩临港物流园。临港物流园规划占地10平方公里，按照“前港后园”开发模式，将建设综合服务区、临港化工区、仓储物流区、临港加工区、大型项目区5大功能区。园区已落实依航仓储油罐区、冀东胜潍仓储物流、龙海油品油罐区、鸣远船舶水产品综合物流等大型物流项目。总投资10亿元的寿光港2014年7月开始运营集装箱业务，至2015年有6个多用途泊位、3个液化品泊位投产运营，完成货物吞吐量超过600万吨。寿光港的建设，一方面可以利用龙口港业已建成的网络，保证港口集疏运的安全运营，另一方面，有利于构建烟台港、龙口港转水主通道，在西部形成以寿光港为中心，以滨州港、东营港为补充的转水疏运网络，有效降低集疏运成本。

现代商贸业。2011年以来，寿光市现代商贸领域动作大、效果突出。全福元商业集团等一批商贸龙头企业，红星美凯龙商业综合体、全福元商业综合体等一批大型现代商贸项目“双轮驱动”，全面带动寿光商贸业上档升级。（1）龙头企业带动。以山东全福元商业集团等10余家营业收入过亿元商贸企业为龙头，带动现代商贸上档次发展。全福元集团作为商贸流通领域的龙头，2015年全年实现营业收入67亿元，列中国连锁百强第73位、中国快速消费品百强第37位，连续12年列全国县级同行首位。在全福元等重点企业带动下，2015年，全市实现社会消费品零售总额268.8亿元，同比增长12.0%，全社会消费能力明显提升，居民生活品质显著改善。（2）重大项目推动。实施服务业“五十百千”工程，以培育“十大城市综合体”为目标，狠抓有效投入。东城全福元、红星美凯龙、上海车配龙等重点商贸项目强势推进，全市商贸业实现整体升级。计划总投资48亿元的东城全福元项目，总建筑面积78万平方米，家居卖场、百货卖场、超市，时尚街全部封顶，项目全部落成后，将成为省内县级市中体量最大、汇集国际一线知名品牌的高端购物中心。总投资45亿元的红星美凯龙综合体项目，总建筑面积135.5万平方米，建材馆及家居馆商场已开业，完成投资超过15亿元，项目建成后将成为全市新的商业中心。全福元集团作为现代商贸领域的龙头，先后布局的西城全福元、东城商业综合体、购物中心店三大项目全部运营，为行业发展树立了标杆。

生态旅游业。（1）借力菜博会，展示农业领先优势。中国（寿光）国际蔬菜科技博览会是商务部正式批准的年度例会，是中国5大农业会展之一，是国内唯一的规模最大的国际性蔬菜产业品牌展会，也是展示蔬菜产业硬实力、体现绿色发展软实力的推广平台。第十六届菜博会举办期间参观总人数达到219万人次，集中签约重点项目30个，签约额222亿元，引资额190亿元，实现各类贸易额160亿元。首次设立的国际农产品展区，共有15个国家和地区的54家企业参展，国际化程度进一步提高。(2)依托双王城，拉开生态发展大幕。双王城生态旅游度假区以创建国家级旅游度假区和国家AAAAA级景区为标准，制定高起点、大视野、新标准的总体规划，建成海洋湿地区、养生旅游区、综合服务区、观光农业区、旅游度假区、林业旅游区、生态农业区等7个功能分区，正在建设中的巨淀湖生态旅游区和双王城林海湿地休闲度假区已初具规模，是山东省首批省级生态旅游示范单位，洰淀湖湿地公园为省级生态湿地公园。2015年，旅游度假区内盐业博物馆、海洋湿地休闲度假中心、汉文化产业园等30个生态旅游项目快速推进，“水上王城”生态旅游品牌影响力不断扩大。

科技信息服务业。科技服务业和信息服务业是生产性服务业的重要组成部分，是现代服务业迈向高端服务业的重要环节，作为缺少此类资源要素的县级城市，充分挖掘科技信息服务业发展潜力，产业品质内涵式发展速度不断加快。（1）软件信息发展。以寿光软件园为依托，发展软件信息业，逐步打造县级软件产业发展高地。寿光软件园已有印度格特维公司、山东中印环球软件科技有限公司、北京恩源中国蔬菜调度呼叫中心等90家企业、科研院所、培训机构入驻，其中入驻的软件企业36家。2015年，软件园软件产业、动漫产业、呼叫服务、服务外包等初具规模，从业人员达1200多人，企业年产值达到5亿元，服务外包合同额3200多万美元，执行额2600多万美元。（2）电子商务发展。抓住电商发展的有利时机，紧跟电商发展步伐，不断探索电子商务的特色发展之路。2014年始，加快推进“电商换市”战略，引导企业树立“电商思维”，信息技术产业加快发展。2014年，市软件园作为潍坊市唯一代表获批省级电商示范基地。2015年，全市完成电子商务交易额超过120亿元，涌现出全国最大的书画类电商平台——九州书画城、淘宝单品类销售冠军——鲁本斯散热器、区域电商020创新平台——仓圣网等国内外有一定影响力的优势特色电子商务企业，全市营造起浓厚良好的电商发展氛围。

金融服务业。2015年，先后有48家企业实现场外挂牌，金正食品等5家企业在新三板挂牌，路斯股份、金正食品实行“做市商”交易制度；百兴福农资等5家企业在齐鲁股权交易中心挂牌；华银食品等9家企业在上海股权托管交易中心挂牌；正大防水等30家企业在深圳前海股权交易中心挂牌，全市场外挂牌企业达到51家。不断推动金融产品融资，晨鸣纸业集团成立全国造纸行业第一家财务公司，注册资本10亿元，并对山东晨鸣融资租赁有限公司增资50亿元人民币，注册资本达到90.72亿元，成为国内最大的外资融资租赁公司。2015年，全市实现各项存款余额844.5亿元，贷款余额748.8亿元，存贷款总量、增量均位居潍坊各县市区第一位。

【服务业管理】 **完善工作领导机制**。2013年，建立服务业重点产业和重点工作协调推进机制，成立由市政府主要领导任总指挥的全市服务业运行指挥部。同年，按照服务业重点行业划分成立金融保险、现代物流、旅游业、房地产、批零餐饮、科技服务、信息服务、文化创意、服务外包、社区服务、农村服务、商务服务“十二个协调推进组”，定期协调解决服务业发展中的难点和问题。

完善政策扶持机制。2005年出台《关于进一步加快餐饮休闲娱乐特色街建设的意见》。2006年出台《关于进一步促进服务业发展的若干意见》。2008年出台《关于加快培育服务业四大载体的意见》。2009年出台《关于进一步加快服务业发展的实施意见》《关于扶持文化产业软件园发展政策的通知》。2010年始，本着能放的坚决放到位、能降的坚决降到底的原则，对涉及服务业的有关政策进行全面清理，制约发展的坚决取缔。2013年，出台《寿光市关于进一步促进金融产业发展的意见》。2015年，实行分类指导，对重要行业实施重点扶持，出台《寿光市关于进一步促进金融产业发展的意见》等系列文件，为服务业发展营造宽松的政策环境。

完善统计分析机制。2009年，健全服务业4大载体（服务业重点镇街、重点园区、重点企业、重点项目）、重点项目统计制度，建立规模以上重点行业服务业企业统计体系，为政府决策、宏观管理提供科学依据。按照“科学分类、规范统计、健全考核”的要求，2010年始，不断完善服务业统计指标体系和统计制度，及时、准确反映各行业发展情况。

完善考核奖励机制。以考核促发展，以激励促成效，2011年出台《寿光市2011年度商贸流通业考核奖励办法》，2012年出台服务业市直部门和镇（街道、区）考核办法，将考核结果纳入全市年度综合考核体系，严格落实考核责任制，健全奖惩制度，促进服务业各项目标顺利完成。

交通 邮政 通信

交 通

【管理机构】 市交通运输局。2011—2015年，市交通运输局内设办公室、组织人事科、法规科、财务科、质监站等科室。下辖5个事业单位，其中正科级事业单位3个，分别是县乡公路管理处、港航局、交通战备办公室；副科级单位2个，分别是交通运输管理处、交通监察大队。下设15个交通运输管理所，分别是圣城、文家、洛城、孙集、古城、纪台、化龙、台头、田柳、营里、羊口、双王城、上口、侯镇、稻田。局属企业7个，分别是寿光市德隆汽车运输有限公司、寿光市交运汽车站有限公司、寿光长途运输有限公司、山东金路交通实业有限公司、寿光公共交通运输有限公司（2014年6月由“通达公交公司”改制成立国有控股“寿光市公共交通运输有限公司”）、寿光市瑞通运输有限公司、智慧交通服务有限公司。共有干部职工248人，其中专业技术人员63人。

（张建苏）

市公路局。2011—2015年，市公路局内设5科1室，下辖公路养护工区5处，治超检测站1处。2013年4月，市公路局由原圣城街与光明路交叉处东南角、朝阳小区西邻，迁入农圣街与正阳路交叉路口东南角新建的正阳花园商务写字楼办公。该写字楼占地面积5914平方米，共19层，其中16～19层为市公路局办公区。2014年1月，潍坊宏泰公路工程有限责任公司从市公路局彻底分离，属企业性质，共有干部职工180人，各种筑路机械124台套。

（李廷营）

【县乡公路建设】 5年间，先后完成乡村公路断头路、连村路和村中一条主要街道建设和农村公路改造3期工程，新修进港路、完成安顺街与羊田路的连接。2011年始，寿光市在全省率先开展农村公路网化建设。完成农村公路网化工程，建设项目68个，建设村道134.43公里，工程投资8519.7万元。工程惠及14个镇（街办）的68个行政村。对一号路、大碱路、大李路等25.3公里的县路部分路段进行大修改造。

2012 年，完成农村公路网化工程建设项目 451 个、334.06 公里，工程投资 1.8 亿元。投资 3500 万元新修进港路三期工程 2150 米，完成县级公路维修改造一期、二期工程，维修改造一号路、洰大路、卧甲路、三号路、寒留路、南大路、二号路、南辛路部分路段共 41 公里。

2013 年，完成农村公路网化续建工程项目 289 个、176.16 公里，工程投资 1.055 亿元，工程惠及全市 15 个镇（街办、园区）的 299 个村庄。投资 3590 万元，罩面改造北起南大路、南止寒桥路口的羊田路 23 公里。完成盐古路、南辛路、大碱路、南泽路部分路段 13.7 公里的维修改造及一号路 7.1 公里的拓宽改造。

2014 年 4 月始，投资 4654.2 万元，对管赵路、南辛路、卧甲路、三号路、寒五路、大碱路、盐古路等 7 条县乡道路部分路段共计 49.81 公里和 0.95 公里南大路弥河大桥进行维修改造，各项工程于 9 月底全部完成。

2015 年，投资 2.6 亿元，完成农村公路建设改造项目 9 个。其中，投资 7150 万元，新建道路 3 条，计 10.3 公里；投资 6500 万元新建 567 米长大桥 1 座；投资 1503 万元维修改造农村县乡公路 3 条，计长 4.94 公里；投资 629 万元翻建桥梁 1 座。投资 1 亿元改造镇村道路 65 公里，实施农村公路安保工程 50 公里。全市公路通车总里程达 3340.6 公里，其中高速公路 57.383 公里、省道 240.2 公里、县道 174.525 公里、乡道 630.853 公里、村道 2198.50 公里，实现从城区到 15 处镇、街道二级以上公路连接，路网结构更加合理，逐步构建起农村公路与省道、高速公路相连结，互为一体的网络化格局。

2015 年寿光市公路技术等级一览表

表 1 单位：公里

路别	总计	高速公路	一级公路	二级公路	三级公路	四级公路	等外公路
合计	3340.6	57.383	230.524	335.648	351.292	2308.796	48
国道	57.383	57.383	—	—	—	—	—
省道	240.2	—	124.884	115.13	—	—	—
县道	174.525	—	36.67	47.894	32.348	57.613	—
乡道	630.853	—	34.47	89.686	58.254	448.443	—
村道	2198.501	—	34.5	77.711	241.231	1787.381	48
专用道	40	—	—	5.227	19.459	15.359	—

【公路货运】 2011—2015 年，寿光市有货运企业 183 家，其中普通货运企业 176 家、危险品运输企业 7 家、甩挂运输企业 5 家。共有货运车 16858 辆，车辆吨位 165867 吨，其中普货物运输车 16517 辆、危险品运输车 341 辆。年货物运输量 4627 万吨，年货物运输周转量 165876 万吨公里。蔬菜批发市场的货物集散和港口的货物集散为最大运输货源。全市有 5 个专业货物分拨中心，206 家物流企业，520 家配货站，105 个农村直销

网点。共有较大规模汽车维修企业35家，其中一类维修企业1家、二类维修企业34家。

2011—2015年寿光市货运情况统计表

表2

年份	货运量（万吨）	货运周转量（万吨公里）	货车	
			辆数（辆）	吨位（吨）
2011	3019	1036957	15632	113855
2012	3217	1109096	15983	146908
2013	4324	930902	16732	167390
2014	4398	983033	17902	176139
2015	4627	989128	16858	165867

【公路客运】 汽车站建设。寿光市交运汽车站有限公司（简称汽车站）下设办公室、财务科等14个科室、5个三级站及交运出租公司、货物快递中心、交运旅行社等3家子公司，共有干部职工213人。2012年5月，汽车站由市中心的圣城街395号搬迁至文圣街以南、兴隆路以西，投资2亿元按国家一级客运站标准建成投用的新汽车站。新站占地72亩，建筑面积2.5万平方米，各项指标均居全国县级前列，属全省客运行业标志性建筑。

旅客运输。2011年，寿光市有省际、市际、县际、县内120条客运线路，进站经营客车579辆，高峰时达600余辆，日发班次1000个，最大旅客发送量达2万余人次。2012年5月，寿光市实行“城乡公交一体化”，将市内客运线路改造为城乡公共交通。至2015年，全市22条市内客运班线全部改为城乡公交线路，199辆班线客车退出客运市场。全市共有县际以上客运班线48条，进站营运班线客车360辆，日发班次1000余个，年日均发送旅客1.02万人次。

2011—2015年寿光市客运情况统计表

表3

年份	客运		客运量	周转量
	辆数（辆）	座位（个）	万人次	万人公里
2011	403	9375	2143	101488
2012	389	8808	2218	106396
2013	299	6760	583	37663
2014	190	5668	571	37286
2015	159	4770	546	37733

【公共交通】 2011—2015年，市内公共交通由城区公交车、城乡公交车、出租车和公共自行车4部分组成，通过建立完善城市公交、城乡公交、出租车、公共自行车等多元化公共交通网络，使市民出行达到“门到门、点到点”的无缝对接。

城区公交。2011年始，城区有公交车110辆，其中个体车辆74辆、公司车辆34辆。共有运营线路8条，公交候车亭86个，候车站牌300块，运营线路长度169公里，年客运量达1300万人次。2014年6月，成立国有控股“寿光市公共交通运输有限公司”（以下简称公交公司），注册资金1.3亿元，其中国有股份53%、山东泰汽投资控股有限公司股份30%、原通达公交公司股份17%。公交公司成立后，老旧车辆逐步淘汰，新购车辆257台，其中新能源混合动力公交车60台、纯电动公交车183台、柴油中通车14辆。开通运营线路12条，运营线路长度215公里。设有公交候车亭91个，公交站牌630个，涉及文家、洛城、孙集、圣城、古城5个街道和东城、晨鸣、北洛3个工业园区，年客运量达1500万人次。

城乡公交。根据市委、市政府“城乡一体、均衡发展”的总体部署和上级“公司化、集约化”经营模式，建立安全、有序的公共交通运输环境。2012年8月，成立“寿光市安泰公共交通有限公司“，隶属于寿光长途汽车运输公司，主要从事城乡公共汽车旅客运输业务。至2015年，公司投入7000多万元， 新购置混合动力纯电动等新能源公交车114部，开通城乡公交线路和镇村公交线路24条，建立和完善村到镇、镇到主城区的城乡公交运输网络。

出租车。2011年前，市内有“交运”和“德隆”2家汽车出租公司，出租车306辆。其中，50辆出租车为德隆汽车出租公司所有；256辆出租车产权为个人所有，挂靠交运汽车出租公司运营。2011年3月，根据《山东省道路运输条例》，对交运出租车公司所属的256辆出租车进行经营体制改革，通过对车辆报废改新、易主等形式，逐步取消挂靠经营，实行公司化、集约化经营。2012年9月，成立“寿光市安泰出租车客运有限公司”，新上50辆全新桑塔纳志俊车，2013年2月投入营运。2013年2月，成立瑞通汽车出租公司，新上20辆出租车投入运营。至2015年，全市共有出租车公司4家，出租车376辆，从业人员1100人。

公共自行车。2013年1月，成立“寿光市公共自行车服务中心”。3月，公共自行车服务系统一期工程30个自行车点、830个锁车器、1000辆自行车投入使用。7月，二期工程30个自行车点、902个锁车器、1000辆自行车投入使用；三期工程40个自行车点、1200个锁车器、自行车1000辆投入使用。至2015年，市内公共自行车服务系统站点达到100个，公共自行车3000辆，总投资达1100万元。

【运输管理】 运输市场、运输车辆管理。全市道路运输市场、运输车辆管理工作由市交通运输管理处统一负责。2011年2月，依照国家交通运输部《过渡车型表》《达标车型表》，对市内总质量超过3500千克的道路旅客运输车辆和货运车辆进行检索核查，核查不过关的车辆一律不予审批。是年始，根据省交通厅文件规定，对运输车辆的类型和使用性质进行梳理，对不具备营业性质的2吨以下轻型货车实行注销营运手续，全市共注销3438辆。为加强对运输市场和营运车辆的管理，将市内物流企业、物流信息和1700辆出租车、公交车、客车、危险品运输车纳入寿光交通物流公共信息中心，并为车辆安装GPS定位和报警系统。该系统将全国各地的物流信息由信息平台经过搜索筛选后，通过物流网向5个专业分拢中心、15个乡镇交管所、45家大型物流企业、520家配货站场及105个农村直销网点进行发布，为各运输企业提供物流信息，各经营业户根据自己的经营范围及时联络和运输。同时，GPS定位和报警系统对营运车辆实行动态监管，通过定位、追踪、下发语音提示、拍照等操作，及时掌握车辆运行轨迹和运行动态，避免车辆超载、超员、闯红灯等违章行为发生；对接收到的报警数据，生成报警报表，及时报警，能较好地解决车辆运营过程中存在的调度烦琐问题和安全隐患，给监管部门提供科学管理依据。2013年10月，启动淘汰黄标车和黄改绿工作，对市内2005年前登记的中、重型运营黄标车进行摸底统计，从2014年起对环保检测不达标的车辆一律不予办理营运手续，环保检测达标成为车辆进入营运市场的条件之一，至2015年底共淘汰黄标车

3908辆，黄改绿587辆。全市营运性机动车保有量达17650辆。

道路运输安全管理。道路运输安全执法管理工作由市交通运输监察大队统一负责。2011年，全年共查处违章车辆7156部，其中查处超限超载车辆1312部、其他违章车辆5844部。2012年，共出动执法人员1.2万多人次，执法车辆2400多辆次，共检查货运车辆3.36万辆，其中超载查处违章车辆2160 辆、超限超载车辆1513辆、其他违章行为647辆，卸载货物2.1685万吨。2013年，共查处违章车辆3237部，其中查处超限超载车辆近2529部，卸货3.8641万吨。2014年，共查扣违章车辆861部，其中超限车辆843部，卸货19389吨。2015年，共查扣违章车辆572部，其中超限车辆524部，非法改装车辆19部，其他违章车辆29部，卸载货物24920.3吨；查处非法危险化学品运输车辆167辆，其中超限车辆144部，无押运员车辆14部，未年审车辆2部，无危险品道路运输证车辆7部。

【港口与铁路】 **港口**。羊口港全称为“山东省小清河航运局羊口港务局”，隶属于济南交通运输集团公司。2015年，该港口有4#-8#泊位5个，2011年前4#-8#泊位均为1000吨级，2011年对码头进行改造升级，4#-8#泊位升级到3000吨级，可停靠4500吨的船舶。2012年1月19日在羊口召开潍坊港羊口作业区船舶安全靠泊论证报告评审会议，经专家评审，同意码头船舶并靠和5000吨的船进港，解决码头船舶不允许并靠和载重5000吨的船不允许进港的难题。通过改造升级，羊口港核定通过能力为288万吨，其中4#-6#泊位为89.4万吨、7#泊位为85.6万吨、8#泊位为53万吨。港口吞吐量2011年完成130万吨， 2012年完成130万吨，2013年完成207万吨，2014年完成138万吨，2015年完成130万吨。

寿光港有限公司是龙口港集团有限公司的控股公司，成立于2011年8月，注册资金2亿元。该港口建设总投资18亿元，其中海域征用、码头及设备配套设施投资8亿元，由寿光港有限公司出资建设；临港设施、仓储罐区、物流园区等投资10亿元，将通过招商引资吸引合作伙伴共同开发。港口一期工程占地4600亩，共建设13个5000吨级泊位，其中多用途泊位6个（含集装箱泊位2个），液体化工泊位7个，岸线总长约2200米。同时，配套建设道路、堆场及后方物流园区。2013年3月，码头建设全面施工，8月8日2个多用途泊位建成 ，12月建成6个多用途泊位、3个液化品泊位。2013年8月8日，8#-13#泊位投入运营，2014年7月9日，寿光港集装箱码头开港。2015年1月，14#-17#泊位投入运营，3月7日1#-3#泊位液化码头投入运营，“龙海”油品仓储项目同时运营，7月9日第1艘油轮“弘润39”号驶入寿光港。2013年，寿光港吞吐量92万吨，2014年吞吐量350万吨，2015年吞吐量700万吨。

铁路。2015年，境内共有铁路5条，总长133.918公里，其中益羊铁路54.1公里、寿羊铁路25.729公里、晨鸣专线6.089公里、德大铁路24公里、黄大铁路24公里。德大铁路为国家电气化铁路。

（1）益（都）羊（口）铁路。是山东省地方铁路，2011年前经营管理机构为设在青州市的“山东省地方铁路局青州运营管理处”，2011年更名为“山东省地方铁路局益羊铁路管理处”，办公地点由青州市迁至寿光市。为改善市区生活、生态环境，根据城市规划将益羊铁路迁出市区，经市区西部绕城而过。改线起点自孙家集街道边线王村北，经文家街道、化龙镇、古城街道4个镇(街道)39个自然村，至终点古城街道顶盖村南与寿平线的寿光西站连接，全长21.918公里，建有2个车站，总投资75504万元。工程于2011年10月动工，2014年11月19日拨接通车。2011年，铁路货运量1821.3万吨，2012年1534.02万吨，2013年2001.48万吨，2014年1701.25万吨，2015年1816万吨。

（2）寿（光）（邹）平铁路。东起寿光境内益羊铁路田柳站，向西经广饶县、博兴县、桓台县，终至于邹平县经济开发区，历经4市5县（市），全长110.48公里，包括在建线路寿光至广饶段，已有线路（博）兴广（饶）段，筹建中的（博）兴桓（台）铁路，已规划的桓（台）邹（平）铁路共4部分。寿平铁路东连益羊线、德龙烟线，中连淄东线，与烟大轮渡、蓝烟铁路接通，为环渤海铁路的重要分支。寿广线位于寿光市与广饶县境内，东起益羊铁路田柳站与益羊铁路相连，经田柳镇、古城街道、化龙镇，由化龙镇辛家庄村西（铁路里程SOK11+110）进入广饶县境内，在广饶华泰站与既有铁路兴广线连接，全长36.839公里。全线共设田柳站、寿光西站、化龙站、华兴站、华泰站5个车站（接轨站田柳站、华泰站为既有站），其中寿光境内25.729公里设有田柳站、寿光西站、化龙站、华兴站4个车站。全线建有特大桥1座，大中桥21座，小桥24座，涵洞49座，工程总投资101103.00万元。2012年9月开工，2013年底完成路基工程，2014年11月建成通车。

（3）晨鸣专线铁路。是晨鸣纸业集团股份公司专用线，晨鸣集团出资建设，中铁十四局承建。晨鸣专线自寿光站北咽喉引出，途径圣城街道的冀家庄、南潘曲村、后折向东北，下穿西二环、南环路进入晨鸣集团厂区，厂区设晨鸣企业站，全线长6.089公里，工程总投资21931.89万元。2012年9月开工，2013年底完成路基工程，2014年11月建成通车。

（4）德（州）大（洼）铁路。是由国家铁路局与山东省共同建设的国家Ⅰ级电气化铁路，正线全长256公里，工程投资初步概算99.7亿元。寿光境内铁路长24公里，投资9亿元。该工程于2010年5月动工，2015年9月正式通车。

（5）黄（骅）大（家洼）铁路。位于山东省北部渤海湾西北海岸，北起朔（州）黄（骅 ）铁路黄骅南车站，向南经河北省沧州市、山东省滨州市，进入东营市利津县境内，在利津县大田家附近跨越黄河，向东至东营区六户镇附近设东营西车站，再向东南进入潍坊市的寿光市，接入益羊铁路大家洼车站。全长231公里（山东省境内166.6公里），概算总投资111.44亿元，其中寿光境内长24公里、投资10亿元。黄大铁路是由神华集团、山东省、中石化共同投资修建。该铁路于2014年9月5日开工建设。

（张建苏）

【省道建设】 境内共有省道6条，分别是潍高路、羊青路、新海路、大沂路、寿济路、大九路。潍高路东起潍坊，西至高青，始建于1952年（以前又称潍博路），辖段长42.084公里，路面宽24米至30米不等的一级沥青路面，共有桥梁12座。羊青路（以前称羊益路、羊临路）北起羊口镇，南至益都、临朐、青州，原辖段长63.8公里，改线后现辖段长67.4公里，共有桥梁8座。新海路原称辛沙路，原西起河北辛集，东至烟台莱州沙河镇，现东起平度新河镇，西至河北海兴县，辖段长49.8公里，除滨海界至岔河路口9.6公里为宽24米一级沥青路面外，其余40.2公里为宽15米的二级沥青路面。大沂路北起大家洼，南至临朐沂山，辖段长35.8公里。寿济路东起大沂路口，西至济南济阳，辖段长32.5公里。大九路北起大家洼，南至临朐九山，境内12.6公里，属市交通运输局管养。

2013年，省发改委立项同意对寿济路拓宽改造，2014年省交通厅、财政厅联合下达投资计划，路基、路面、桥涵总投资约5亿元，其中中央财政补助1.1亿元、省财政补助2.3亿元、地方投资1.6亿元。改建工程潍坊段全长41.3公里，其中寿光市境内32.2公里、青州市境内9.1公里。改造按一级路标准设计，双向6车道，路基顶宽24.5米，路面宽23米，其中寿光市北洛社区路面宽度28米。共有大小桥梁9座。2014年下半年潍坊宏泰公路工程有限责任公司完成羊田路—老羊临路段10公里主车道工程。2015年境内22.2公里由潍坊宏泰公路工程有限责任公司完成主车道工程，2015年底经省交通厅、潍坊交通局质监站、潍坊市公路管理局验收，主路通车。

【荣乌高速公路（寿光段）】 荣乌高速公路东起山东荣成，西至内蒙古乌海，境内段长38.79公里，建有各类桥梁73座。寿光段设东、北、西3个收费站，各由主、辅12个单项口组成，设12个收费中队，共有干部职工90余人。2015年7月，由潍坊市公路局管理移交齐鲁交通发展集团有限公司管理。

（李廷营）

邮政

【概　述】 寿光市邮政局于1998年9月10日邮电分营后正式成立，2015年5月1日更名为中国邮政集团公司山东省寿光市分公司，下辖31处农村支局、2处城市支局。5年来，寿光邮政始终以“创业至上，迎难而进”的精神为指导，不断加大改革力度，强化经营管理，努力提高服务质量，各项业务发展突飞猛进，综合通信能力和经济效益明显提高。

【邮政基础设施】 2011—2015年，全市邮政营业网点达到33处，开辟汽车邮路3条、单程450多公里，城区投递段21条、农村投递线路72条，总里程3400多公里；特快专递与全国近2000个城市联网，业务通达200多个国家和地区；建成邮政绿卡网点32处，完成国内邮政储蓄活期存款通存通兑；报刊发行实现全省微机联网，建设报刊零售亭7个。

【邮政业务】 邮政是传统的服务企业，主要承担着为社会提供实物信息传递的功能。5年来，邮政为不断满足社会发展的需求，进一步改善服务，在保证传统业务正常发展的基础上努力开拓新型业务，为社会提供了多品种、多层次的个性化服务。至2015年，全市邮政开办的业务种类达到20多种，主要有各类信函、包裹的寄递、电子汇兑、报刊发行、邮政储蓄、特快专递、集邮品的开发、邮政物流、买卖惠业务、代理保险、代理移动、联通放号和收费、商函广告、账单、邮资明信片、企业拜年卡等。

邮政储蓄。邮政储蓄是邮政部门为方便城乡居民参加储蓄，聚集社会闲散资金，支援国家建设而开办的一项法定金融业务。自1986年邮政储蓄开办以来，“十二五”期间，寿光邮政坚持树立和落实科学的发展观，紧密结合当地实际，积极推动网点转型提升基础能力建设，深度拓展市场空间，业务规模、经营领域、网络功能、服务质量、管理水平都发生了很大变化，邮政储蓄存款余额由2011年的31亿元增至2015年的40亿元。由邮政储蓄延续出来的业务包括代理保险、代发养老金、代发工资、代理国债、代收代付各种资费均已开办，业务呈现多元化发展态势，为满足城乡居民日益增长的金融服务需求做出了贡献。

特快专递。邮政特快专递（EMS）由万国邮政联盟创办，受各国法律保护，享有航运和海关验关优先权，是最迅速、最安全的邮政特种业务。邮政特快专递是寿光第一家速递企业，2009年实行速递物流改革，实行专业化经营管理，设立邮政速递业务划归潍坊邮政速递物流公司寿光营业部管理。5年来，寿光邮政秉承“全心、全速、全球”的核心服务理念，服务范围不断扩大。随着以潍坊为骨干节点的“全夜航”航空网的开通，推出了省内“次晨达”、国内“次日递”、国际“限时递”等精品服务，同时提供“代收货款”“收件人付费”“代客报关”等增值服务，帮助用户搞好经济活动、文化交流和通信联系。邮政代理国内特快业务量从2011年的21.2万件达到2015年的24.86万件。

报刊发行。邮政局经办的报刊发行业务，主要采取订阅和零售两种方式。2011—2015年，从市场、产品、营销、管理4个方面实施创新转型，实现各类报刊发行协调增长尤其是党报党刊“稳定增长”目标。启动党务类辅导材料等政务图书发行，有效地扩大党的舆论宣传阵地；积极发行商务报刊，开展印刷广告发行一条龙服务经营，通过市场化发行模式，做大做强畅销报刊的规模与品牌；开展“书香中国”校园阅读推广活动，为青少年健康成长提供文化精品。2015年，全市订销报纸累计1386万份，订销杂志42.5万份。较2011年增订报纸21万份，增订杂志12.6万份。

物流业务。5年来，市邮政局发挥实物流、信息流和资金流“三流合一”的优势，为广大客户提供仓储、运输、配送、包装、货运代理、代收货款等多功能、一体化的第三方物流服务。至2015年，已建立以市邮政为配送中心，31处乡镇支局（所）为骨干，近200家邮政“三农服务站”和“农友之家”为末梢的邮政服务“三农”平台。按照“统一标识、统一进货、统一配送、统一经营、统一服务、统一价格”的经营模式，对农户实行点对点、门对门的配送。继续长期聘请“三农服务站”坐诊农艺师或厂家技术人员不定期到各乡镇召开产品推介会，每年聘请一百多人次现场教授科学种植、养殖方法，接受农民咨询，与农民进行面对面交流，手把手地教授，满足农民群众生产生活需求，促使寿光市邮政物流成为农资市场重要的流通渠道和深得农民信赖的业务品牌。

集邮业务。寿光自成立邮政以来即开办集邮业务，主要经营邮资票品、集邮品、集邮用品。2011年，寿光邮政根据地方会展经济市场潜力较大的实际，制定“综合策划，系统开发，以会造市，借势销售”的营销方案，不断挖掘新题材，开发适销对路的集邮品。5年来，每年中国（寿光）国际蔬菜科技博览会期间，都开发发行专题纪念邮册3000余册。

电子汇兑。中国邮政于2001年7月1日推出的邮政电子汇款业务，2011—2015年把原来利用实物传递网传送汇票改为利用电子信息传递，极大的加快传递时限。邮政开办汇兑业务有实时到达、2小时到达、24小时到达，以及账户汇款、邮政网汇通和商务汇款等。

商函广告。5年间，寿光邮政积极拓宽商函广告业务，先后搭建“商函+微信”和“商函+互联网”两个线上支撑平台，有效提升增值服务能力；开发二维码直邮明信片，通过二维码实现视频链接、网站访问、网上支付等多种功能在直邮载体上的叠加；协助社保、税务等政府部门向公众提供安全可靠的社保个人权益记录单寄递服务；为银行、保险公司等金融机构提供信用卡卡函寄递、电话和网上销售保单的寄递等安全性、个性化要求较高的账单寄递服务。

电子商务。寿光买卖惠业务于2015年9月底正式上线，在寿光当地形成一定的规模，知名度及认可度逐步提高。所推出的便民服务站项目是以“要更好地发展邮政事业，为人民群众提供优质的邮政服务”思想为指导，以信息化为手段，智能缴费终端为载体，将邮政业务以较低的成本，方便、快捷地延伸到社区、农村、工厂、学校等人群密集地，为老百姓提供缴费、票务、报刊等到家门口的便捷服务。

【精神文明建设】 2011年，寿光邮政始终坚持狠抓服务和精神文明建设不放松，把转变工作作风、提高服务质量作为各项工作的出发点和立足点，开展“投递建设年”“提高服务质量，让用户满意”等活动。2012年，在全市聘请110多名邮政社会监督员，通过社会监督提高邮政服务工作质量。采取发放征询意见函、上门走访等形式，多渠道征集意见和建议，为邮政“揭短亮丑”，从而达到改善服务的目的。至2015年，共发放征询意见函3.8万份，上门走2.6万人，征集意见和建议达2000余条。

（张永健）

移动公司

【管理机构】 2011年，寿光移动通信公司内设综合部、财务部、物流办、维护部、市场部、农村营销部、渠道部、城区营销中心、重客部等9个办事机构，外设新兴街、银海路、圣城东街、潍坊科技学院、侯镇、羊口、稻田、寒桥、洛城、台头、田柳、上口、胡营、留吕、孙集、马店、田马、纪台、古城、北洛、营里、王高、道口、化龙、丰城、西城、卧铺、岔河、广陵、五台、杨庄、王望、赵庙、东埠等34个营业厅。2014年5月，将原内设的9个办事机构精简为综合部、建设维护部、业务运营部、集团客户服务中心。8月，将原34个营业厅合并为新兴街、圣城东街、银海路、学院、西城5个城区经营部及侯镇、羊口、稻田、洛城、台头、田柳、上口、留吕、孙集、田马、纪台、古城、营里、化龙、文家等15个镇街经营部。5年间，先后荣获“五星级消费者满意单位”“二十佳运营县市分公司”“招商引资先进单位”“文明企业”“零投诉单位”等荣誉称号。

【移动电话业务】 中国移动通信集团山东有限公司寿光分公司是中国移动通信集团在

寿光的分支机构，全面负责中国移动通信134、135、136、137、138、139、158、159、150、151、152、187、188、178数字移动电话在寿光的运营工作。拥有全球通、神州行、动感地带3大品牌，2014年升级为4G品牌。2011年始，加强基础通信设施建设，全市基站总数由320余处增加到2015年的600余处，实现各镇街、村庄的无缝覆盖、城区立体覆盖以及高话务密度区域的自由、灵活覆盖，网络覆盖率99.99%。全市设置的20处自办营业厅，硬件设施与软件服务不断上档升级，综合通信能力进一步增强，服务营业网点建设进一步完善。2015年，移动电话用户数达到92万人。

【互联网业务】 2011年始，提供“无线+有线”双重互联网接入服务，无线宽带WLAN满足用户宽带需求；高速光纤直连满足企事业单位信息化需求。2014年，针对集团客户推出的“移动400”“企业OA办公”“校讯通”等信息化技术在全市经济和社会各领域应用效果日渐明显的实际情况，全面推出有线宽带业务，光纤接入拓宽互联网业务范围，为智慧城市建设增添力量。至2015年，有线宽带业务发展到4.1万户，光缆达6300公里。

联通公司

【概　况】 中国联通寿光分公司（简称寿光联通）是中国联合通信有限公司在寿光设立的分支机构。办公总部位于圣城东街82号联通大厦。主要经营国内、国际各类固定、移动电信网络与设施，基础电信网络的语音、数据、图像及多媒体通信、应急通信等。2011—2015年，公司下设综合部、自有渠道中心、社会渠道中心、集团客户服务中心和维护中心。城区设2个标准主厅，分别是石马路南首通信商城营业厅和圣城东街82号开发区营业厅；设4个营销中心，分别是城北营销中心、市中营销中心、城南营销中心、开发区营销中心；镇街政府驻地设19处营业厅，分别是侯镇、洛城、台头、孙集、羊口、稻田、化龙、上口、北洛、田马、纪台、马店、田柳、古城、留吕、卧铺、道口、王高、营里；共有员工213人。、

2011年，全市移动基站达到200处，城乡网络覆盖80%以上，移动电话用户规模达到22万户。同时，完成40多个3G基站的建设工作。全市固话用户累计达到18万户，主线普及率17%，户均普及率60%；宽带用户累计达到9.5万户。2015年，全市通信光纤总长度达到1万皮长千米，较“十二五”初期增长75.4%；固定电话用户15.5万户，移动电话用户达到31万户；固定上网用户达到10.3万户，无线上网用户达到0.2万户；网络出口带宽达到120GB。

【通信业务】 寿光联通面向社会经营的主要业务包括：国际国内长途通信业务、移动通信业务（133/153CDMA和130/131/132/156GSM，以及后来的186WCDMA/FDD-LET）、无线寻呼、互联网与电子商务、数据通信、各类电信新业务以及与主营业务有关的其他电信服务。

移动通信业务。（1）GSM业务。5年间，除提供基本的通话服务外，还开通来电显示、主叫号码禁显、呼叫转移、语音信箱、呼叫等待、呼叫保持、三方通话、国际呼叫限制、国际漫游限制等各种补充业务，其中包括的

秒年 对点短心业务、公众信息及股票查询业务、联通特色、内容丰富的增值业务。开通的GSM网预付费业务(如意通),其特点是“先交钱,后打电话”,用户可随时为账号充值以继续使用。

(2)WCDMA业务。寿光联通率先开通的3G业务(即第三代移动通信技术),是采用全球通用、技术最先进、上网速度最快、全球80%的国家采用的WCDMA测试,将无线通信与互联网等多媒体通信相结合的新一代移动通信系统,可为用户提供可视电话、无线上网、手机上网、手机电视、手机音乐等多种信息服务。

(3)FDD-LET业务。2014年6月,中国联通正式获得工信息部发放的FDD制式的4G牌照,4G是集3G与WLAN于一体,实现100Mbps-150Mbps速度下载。联通4G网络采用的FDD-LET标准是当前国际主流的4G通信技术,使用该标准的用户占全球4G网络用户的90%以上。联通4G网络将在手机终端、上网速度、智能性、费用、全球漫游和应用5个方面继续保持领先优势。至2015年上半年,确立“移动宽带领先”战略,明确将联通“3G+4G”的网络打造成为中国覆盖最好、用户体验最好的移动宽带网络;下半年始,通过确立“聚焦战略”,重新树立4G发展的主流导向和定位,全力推进4G业务发展。

(4)联通电视业务。2015年始,联通介入网络电视的服务营销,在前期FTTH光纤入户的基础上顺利实现电视业务接入。用户可以实现电视回看,即互动电视为您提供48小时任意回放功能;即时时移,即互动电视为您提供随时暂停、后退和快进的功能;海量点播,即电视节目还可以根据用户的喜好自主点播。寿光联通将移网、宽带和电视业务融合,推出109.9元和139.9元2项套餐,实现家庭用户直接使用联通移网消费,免费使用IPTV和10M以上宽带服务。2015年,联通电视累计净增26642户,完成年度计划的247.94%,联通电视出账用户计划完成率全市排第2名。

【光网城市建设】 2014年,寿光联通直接争取山东省专项投资4000万,以光纤改造接入为抓手,全面启动全市“光网城市”建设,特别是加快农村信息化建设,缩短城乡差距。第1批3期工程顺利实现对540个村的改造转化,3万多农村家庭用上“光网城市”标准的网速,走在全省31个改造试点县市的前列。2015年1月,寿光第2轮光改工作正式启动,施工涵盖530个小区和村庄的近2.5万户,6月28日顺利实现全光网。共布放光缆3000皮长公里,5万多用户用上光纤网络;新增FTTH端口8万多个,实现5.4个传统DSLAM端口退网,18万个PSTN端口退网,撤除电缆14万线对公里;全市新建小区和900多个村庄基本实现光纤覆盖。

“光网城市”建设全面提升社会和经济发展的品质,家庭网络由原来最高4M提升到10M、20M甚至100M速率,对实现电视接入、智慧家居等应用提供必要条件;巨大的带宽网,充分满足企事业单位大数据传输的需求,且速率、可靠性高,加快相关产业的转型升级,为社会经济发展提速;网络质量极大提升,应用更加稳定,大大降低社会支出成本,为全市信息产业、经济发展和信息安全提供了基础条件。2015年底,寿光联通免费为全市10M以下固网宽带用户提速至10M,并积极推广20M以上宽带服务,受到群众广泛欢迎。

【机房整合】 寿光共有32处综合业务接入机房，是全市机房最多的县级分公司，为解决占地面积大、能耗高、效率低、维护保养成本急剧增加等诸多问题，2015年寿光联通启动全市机房整合工作，顺利整合1000多条光缆2万余芯，机架设备由原来的438个减至162个，搬迁机架192架，设备676套，割接光缆1.88万余芯，腾空机房2000余平方米，拆除设备、机架403架，年节省电费26万元。机房设施极大瘦身，提高机房利用效率，减少成本支出。

电信公司

【概 况】 中国电信寿光分公司（简称“寿光电信”）是中国电信集团公司在寿光设立的分支机构，2004年5月挂牌成立。主要经营固定电话，移动通信，互联网接入及应用等综合信息服务、电子商务、数据通信、各类电信新业务以及与主营业务有关的其他电信服务。2011—2015年，寿光电信下设综合部、渠道部（负责城区及乡镇的自有及社会渠道）、客服维系支撑中心、网络部、大客户部。在城区，设2个标准营业厅，分别位于圣城街489号的圣城街营业厅和银海路北首的银海路营业厅；城区设4个支局，分别为东城支局、光明路支局、银海路支局和商业密集区域的商圈支局。在镇、街道，下设洛城支局、文家支局、北洛支局（涵盖稻田、留吕、田马、纪台、洛城、文家、孙集、化龙、丰城、胡营、北洛、田柳、古城、台头等 14 个乡镇街道）。共有员工68人。2015年底，全市共有移动用户3.6万，固网用户 0.8万，宽带用户2.5万。建有CDMA基站120处，4G-LTE基站165处，固网机房35处。网络出口带宽达到40GB，城乡信息化达到较高水平。

【通信业务】 基础电信业务。5年间，经营 CDMA第二代数字蜂窝移动通信业务和CDMA2000第三代数字蜂窝移动通讯业务/第四代数字蜂窝移动通信业务（TD-LTE/LTE FDD），增值电信业务，信息服务业务；经营与通讯及信息业务相关的系统集成、技术开发、技术服务、技术培训、技术咨询、信息咨询等业务；经营设备及计算机软硬件的生产、销售、安装和设计与施工业务；以及通信设施租赁等业务。

“互联网+”业务。2015年始，围绕“大众创业、万众创新”，因地制宜推进全光网建设，涵盖城市和农村，实质推动提速降费，推进宽带普及，为落实“宽带中国”战略打下扎实基础。依托“翼支付”产品，与全福元合作，率先实现在线支付，惠民利民，造福寿光百姓。

“宽带中国”业务。2011年始，开展宽带光纤化改造、光纤入户建设和骨干网扩容升级工作。同时，积极探索宽带领域与民间资本的合作共建，推进混合所有制经济发展。2015年，在原有提速降费的基础之上，认真落实国家宽带“提速降费”政策，通过实施提速不提价、流量不清零、逐步取消国内长途和漫游费”等措施，不断降低宽带网络的单位资费，惠及寿光数万宽带用户。寿光电信4G网络已有效覆盖境域80%。同时，根据市场和用户流量情况，将适时部署速率更快的4G+网络，将上网速率提高至百兆。

【光网城市建设】 2014年始，寿光电信全面启动全市“光网城市”建设，特别是加快农村信息化建设，缩短城乡差距。2015年9月30日顺利实现全光网，2万多用户用上光纤网络，实现3千个传统DSLAM端口退网，全市新建小区和400多个村庄基本实现光纤覆盖。2015年，潍坊电信实施的光进铜退工程，寿光有0.9万个PSTN端口退网。“光网城市”建设全面提升社会和经济发展品质，家庭网络由原来最高4M提升到20M甚至100M速率，对实现ITV等应用提供必要条件。巨大的带宽，充分满足企事业单位大数据传输的需求，且速率可靠性高，网络质量更加稳定，为加快相关产业转型升级，降低社会支出成本，促进社会经济发展提速和信息安全提供基础条件。

建设 环保

城市规划

【管理机构】 2011年，市规划局下设办公室、财务审计科、组织人事科、规划技术科、建设用地规划科、市政工程规划科、审批服务科、督查科8个科室，干部职工40人。至2015年，下设8个科室未变，干部职工39人。2011年，市规划局被评为潍坊市规划审批工作先进单位、潍坊市规划系统先进集体；2012年被评为山东省城乡建设系统信访工作先进单位、全省城乡建设档案工作先进集体、为民服务创先争优“示范窗口单位”、全省建设系统行风建设示范单位；2014年评为潍坊市学习型党组织；2015年获得市直部门绩效综合考核一等奖。

2011年，寿光市获“中国人居环境奖”；2014年，获“联合国人居奖”，并成为全国唯一一个“中国－以色列示范水城市”；2015年，成功创建为国家生态园林城市，是全国首批7个获奖城市之一。

【总体规划】 2011年市委、市政府决定开展新一轮城市总体规划编制工作，同年5月展开调研，同年年底完成城市总体规划初步成果，广泛征求专家、各部门及公众的意见。2013年6月，省住建厅规划处组织省内规划专家对现行总体规划实施进行评估，该规划于2014年1月通过专家评审会评审。寿光市成为全省第一个获得省住建厅批准，开展新一轮城市总体规划编制工作的县级市。

规划背景。为快速融入区域经济一体化新格局，实现寿光市委市政府提出的“城乡一体、均衡寿光”的发展目标，指导寿光市各项城乡规划建设工作，提请山东省政府批准同意后，特编制《寿光市城市总体规划（2015—2030年）》。

规划期限。规划期限为2015—2030年。近期为2015—2020年，远期为2021—2030年，远景展望至城镇化发展成熟期（2050年）。

城市规划区。本规划的城市规划区为寿光市市域范围，总面积约1990平方公里。

发展总目标。促进寿光市工业化、城镇化、农业产业化互动发展模式的优化升级，争当山东省工业化、信息化、城镇化、农业现代化综合示范城市，建设“城乡一体、均衡寿光”。

发展战略。区域联动、寿北突破；服务升级、新城提升；海陆联动、城乡一体；绿色带动、品质支撑。(1)区域联动、寿北突破。主动参与环渤海大通道建设，形成东连青岛、烟台、威海，西接天津滨海新区、沧州黄骅、德州、滨州、东营的区域复合通道。利用益羊铁路、寿平铁路、小清河内河航道等项目，建设服务于鲁中、鲁西南地区的出海走廊。打造连通环黄渤海沿海地区和山东中西部内陆地区的重要交通节点。寿光北部沿海地区重点发展海洋经济、生态经济等新型产业，以寿光滨海经开区、侯镇项目区作为工业发展的主要载体，打造先进制造和海洋产业基地，提高新型工业化发展质量。以双王城生态经济区、小清河入海口生态湿地为载体，大力培育商务休闲旅游、文化创意等产业，打造盐碱湿地生态恢复示范区和生态经济实验区，推进产业转型升级、多元化发展。(2)服务升级、新城提升。大力发展生产性服务业、现代消费性服务业，积极培育会议会展、总部经济、旅游、农业科技、信息中介、金融保险等服务业。强化弥河新城的现代服务职能和高尚居住职能，全面提升寿光市投资、生活环境，打造区域性综合服务新城。(3)海陆联动、城乡一体。构建中心城区和滨海经开区之间的快速通道，中心城区作为全市的组织中枢带动滨海经开区建设，按照产城融合的开发理念增强滨海经开区的基本服务配套功能，推进滨海经开区与潍坊滨海新区的经济一体化发展。统筹城乡发展，以城带乡注重以城市的区域性经济职能，统筹城乡各类发展要素，节约、集约、集中建设。促进城乡基本公共服务和生活环境缩小差距，实现城乡一体、均衡发展。(4)绿色带动、品质支撑。以双王城生态经济区、绿色农业为抓手，巩固农业基础优势，探索绿色经济发展路径。构筑集合平原水体、湿地公园、城市绿化、景观廊道、都市农业于一体的田园生态型城市景观体系，构筑覆盖全域的生态安全与服务体系。

城市性质。中国菜都，以蓝色经济为主的生态城市。

城市职能。全国重要的农业现代化服务平台；全国重要的造纸包装产业基地；全国重要的物流节点；全国金融创新试点；渤海南岸重要的海洋产业基地；山东半岛重要的汽车制造业基地；山东半岛盐碱地改造和盐田生态开发示范城市。

市域城镇体系规划。城镇等级为四级，一级为中心城区；二级为羊口镇和古城街道（含寿光市经济开发区）；三级为侯镇和稻田镇；四级为孙家集街道、上口镇、田柳镇等其他建制镇。城镇空间布局以南北向的羊临路城镇聚集轴和东西向的潍高路城镇聚集轴为骨架，形成“一轴一带”的市域城镇空间布局结构。城市化水平2030年达到75%左右。要按照城乡统筹的原则，规划建设好市域基础设施，构建分工有序、布局合理的市域城镇体系，促进城乡一体持续协调健康发展。

中心城区用地布局规划。(1)中心城区范围。东至永丰路、南至南环路、西至羊青路、北至北环路。(2)城市发展方向。城市发展方向以向东、向南为主。(3)城市规模。到2020年，城市人口60万人，城市建设用地69平方公里左右，人均城市建设用地面积指标115.0平方米/人。到2030年，城市人口77万人，城市建设用地88平方公里左右，人均城市建设用地面积指标控制在115.0平方米/人以内。(4)中心城区（建设用地）增长边界。自羊青路与北环路交叉口沿北环路向东至西环路，向南至横三路，向东至市场路，向北至横七路，向东至菜都路，向南至横三路，向东至渤海北路，向南至元丰街，向东至兴仕路，向南至文圣街，向东至博园路，向北至安盛街，向东至永宁路，向南至文圣街，向东至永和路，向南至洛富街，向西至东环路，向南至洛盛街，向东至永和路，向南至富民路，向西至尧河路，向南至弥尧街，向西至弥河大道以东600米，向南2000米，向西至北海路，向北至圣阳街，向西至黄海南路，沿羊青路向南至文昌路，向北至田丰路，向西至八里沟路，向北至金光街，向西至西环路，向北至圣城街，向西至羊青路，向北至羊青路与北环路交叉口。

（5）城市空间结构。规划构建“两轴、两心、六组团”的城市空间结构。“两轴”是指圣城街城市发展轴和弥河生态景观轴，圣城街城市发展轴以现代服务功能为主，弥河生态景观轴以生态环保功能为主。“两心”是指渤海路城市中心和尧河路次中心，渤海路城市中心位于渤海路与圣城街交汇处，以零售、批发等传统商贸服务功能为主。尧河路次中心位于尧河路与圣城街交汇处，以商务办公、文化体育等现代服务功能为主。“六组团”分别是指西部高新农业组团、西北部农产品物流组团、西南部造纸工业组团、中部老城区居住商贸组团、东部城市新区组团和东部新型工业组团。西部高新农业组团，东至西环路，南至圣城街，西至羊青路，北至北环路，总面积约2平方公里，以农业创新、农业会展及相关配套服务功能为主；西南部造纸工业组团，东至菜都路，南至城市建设用地边界，西至城市建设用地边界，北至圣城街，总面积约9平方公里，以发展制浆、造纸、包装产业为主；西北部农产品物流组团，东至菜都路，南至文圣街，西至市场路，北至横七路，总面积约4平方公里，以农产品交易、物流、农业服务及相关配套服务功能为主；中部老城居住商贸组团，东至金海路，南至城市建设用地边界，西至菜都路、圣城街，北至横三路、元丰街，总面积约36平方公里，以居住、商业、行政、教育为主；东部新区组团，东至永乐路，南至城市建设用地边界，西至金海路，北至城市建设用地边界，总面积约27平方公里，以居住、现代服务为主；东部新型工业组团，东至城市建设用地边界，南至城市建设用地边界，西至永乐路，北至城市建设用地边界，总面积约10平方公里，以高新技术产业为主。

【中心城区控制性详细规划】 2012年，为寿光市中心城区的开发建设及统筹安排土地使用、道路交通、公共市政设施等提供依据和措施，科学指导寿光市中心城区的建设，特组织编制本规划。

规划原则。承接上位规划，在深化的同时进行必要的局部调整；完善公共设施、市政设施配套和绿地系统建设，改善出行条件，创造宜居环境；遵循市场经济规律，研究适应本地区的开发模式，提高土地利用效益，增强规划的可操作性。

规划范围。位于寿光市市域南部，寿光市中心城区所辖范围，包括圣城街道，文家街道，洛城街道的城市建设用地。具体范围是：规划范围东起永和路，西止羊青路；南起益胜街，北至北环路。其中：建设用地面积为8800.0公顷；非建设用地面积为947.2公顷。规划总用地9747.2公顷。

规划区空间布局。采用“三轴三片，两带多点”的规划结构。“三轴”为：一条串联各功能区的联系轴——圣城街；两条功能片区转承轴——菜都路、东环路。“三片”为：综合服务片区——菜都路至东环路之间；绿色产业片区——菜都路以西；都市产业片区——东城工业园。“两带”为：弥河生态景观带，原羊益铁路生态景观带。“多点”为：各片区功能中心。

用地布局规划。（1）居住用地规划。规划居住用地3240.0公顷，占城市建设用地的36.82%。其中：一类居住用地231.6公顷，占城市建设用地的2.63%；二类居住用地3008.4公顷，占城市建设用地的34.19%。（2）公共管理与公共服务用地规划。规划公共管理与公共服务用地826.1公顷，占城市建设用地的9.39%。其中：行政办公用地93.9公顷；文化设施用地64.7公顷；教育科研用地508.5公顷；体育用地55.7公顷；医疗卫生用地77.1公顷；社会福利设施用地25.0公顷；宗教设施用地1.2公顷。（3）商业服务业设施用地规划。规划商业服务业设施用地628.9公顷，占城市建设用地的7.15%。其中：商业设施用地444.5公顷；商务设施用地106.6公顷；娱乐康体设施用地8.8公顷；公用设施商业网点用地11.9公顷；其他服务设施用地57.1公顷。（4）绿地与广场用地规划。规划绿地1115.8公顷，占城市建设用地的12.68%。其中：公园绿地1071.7公顷，占城市建设用地的12.18%，人均公共绿地面积为13.92M2/人；防护绿地33.4公顷，占城市建设用地的0.38 %；广场用地10.7公顷，占城市建设用地的0.12 %。（5）工业、物流仓储用地规划。规划工业用地1116.4公顷，占城市建设用地的12.69%。其中：一类工业用地414.4公顷，占城市建设用地的4.71%；二类工业用地384.7公顷，占城市建设用地的4.37%；三类工业用地317.3公顷，占城市建设用地的3.61%。规划物流仓储用地317.6公顷，占城市建设用地的3.61%。（6）道路与交通设施用地规划。规划道路与交通设施用地1506.3公顷，占城市建设用地的17.12%。其中：城市道路用地1453.5公顷；交通枢纽用地23.5公顷；交通场站用地29.3公顷。（7）公用设施用地规划。规划公用设施用地48.9公顷，占城市建设用地的0.56%。其中：供应设施用地24.1公顷；环境设施用地11.9公顷；安全设施用地12.9公顷。（8）非建设用地规划。规划非建设用地947.2公顷，其中：水域用地293.6公顷；其他非建设用地653.6公顷

【专项规划】 **城市市政管网专项规划**。2012年5月，根据城市发展需要，统筹安排工程管线的空间位置，协调工程管线之间以及城市工程管线、城市规划建设之间的关系，为工程管线规划管理提供依据，由市规划局组织编制《寿光市城市市政管网综合专项规划》。此次规划范围包括市域和中心城区两个层面，规划内容重点包括给水、排水、供热、燃气、电力、电信和管线综合等部分。该规划于2013年7月完成。

寿光市消防专项规划。2013年2月，根据城市发展需要，组织编制《寿光市消防专项规划》，规划范围为寿光市中心城区（与新版总体规划确定的中心城区范围一致）。以《寿光市消防“十二五”发展规划》为依据，完善市区消防设施布局，达到国家有关消防规划建设标准和规范的主要要求，适应寿光市经济发展的城市消防安全保障体系，建立功能齐全、服务完善的救援队伍。该规划于2014年7月完成。

通信基础设施专项规划。2014年组织编制《寿光市通信基础设施专项规划》，超前规划，满足4G技术对通讯基础设施的要求。

规划对弱电管道、有线通信、无线通信、有线电视网络、邮政进行统筹规划。规划中，对近期急需规划建设的42座基站进行明确规划。2015年3月，该项规划通过专家评审会评审。

寿光市综合交通规划。2012年3月项目由市财政局立项，委托北京交通大学编制。2014年11月规划成果通过专家评审会评审。规划目标：构建“北出（海）南联（济青高铁）、沟通东西、辐射城乡、畅达中心”的交通新格局；建设成为渤海南岸重要的公铁水复合型交通枢纽，由传统的交通端点提升为区域枢纽节点。在区域和市域交通方面：规划形成四横一纵的铁路网布局；规划形成一纵两横的高速路网；规划形成“六纵九横”的市域干线公路网；规划民航机场1处，军民合用；规划港口作业区3处，小清河三级内河航道1条，以及港口集疏运通道；规划形成一横两纵的轨道交通线网，一横为寿潍城际轨道，两纵为弥羊城市轨道、东潍城际轨道交通；共规划城乡公交保养场18处，其中中心城区8处；规划城乡公交枢纽12处，其中中心城区3处。在中心城区交通方面：规划形成11横13纵的骨架道路，共规划跨河通道5条。

寿光市中心城区公共设施专项规划。规划2012年开始编制，确定中心城区范围包括圣城街道、文家街道、古城街道、洛城街道、孙家集街道的行政辖区，总面积423.5平方公里。现状常住总人口53.4万人，城镇人口44.2万人，规划期末常驻总人口86万人，城镇人口80万人。本次规划期限：近期：2012—2015年；规划的主要研究对象：行政办公、文化娱乐、教育科研设计、医疗卫生、体育、社会福利、商业金融、地下空间共八项。该规划于2015年3月完成。

寿光市教育设施专项规划。规划于2015年3月开始，2015年6月通过专家评审。规划范围为寿光市中心城区（北至北环路、东至永丰路、南至南环路、西至羊青路）及其辐射的近郊组团，总面积约90平方公里。该规划结合发展需求，持续改善办学条件、优化学校布局，确保所有学生就近入学，并逐步实现“布局合理、建设达标、相对均衡”的教育设施发展目标：学前三年毛入园率99%，小学初中适龄学生入学率100%，义务教育巩固率达100%，初中升高中入学率100%，普通高中和职业高中学生数量基本保持在1:1。规划教育设施千人指标为：幼儿园30生/千人、小学生70生/千人、初中35生/千人、高中30生/千人。截至2020年，规划幼儿园37所，小学31所，初中14所，普通高中4所，保留职业高中1所，保留高等教育设施1处。截至2030年，规划幼儿园53所、小学43所、初中21所、普通高中6所、职业高中1所、特殊教育学校1处、高等教育设施1处。

【重点项目规划】 **巨淀湖风景旅游区专项规划**。2011年10月，开发巨淀湖湿地的旅游资源。位于巨淀湖以东、大西环两侧，依托牛头镇村的服务能力，组织实施景区前期建设。建议景区总体规划面积是23平方公里，其中，水面10平方公里、景区核心区6平方公里。以双王城生态经济区“生态、旅游、文化”发展定位为导向，以“红色旅游、原生态湿地旅游”为主题，开发主题教育基地、影视文化基地和休闲旅游度假区，满足大众生态旅游体验观光与中高端群体休闲需求，打造国家一流的红色旅游、湿地旅游双主题旅游。该规划于2012年10月完成。

益羊铁路两侧（城区段）景观规划。

2011年7月，对益羊铁路西移后城区段两侧，南北长约5.5公里、总面积约59.5公顷（约900亩）的用地，组织编制《益羊铁路城区段两侧景观规划》，目的是为老城区居民提供充足的休闲游憩空间，增加文化体育、慢行系统等公共服务设施规模，提升铁路两侧居民的生活品质。规划将铁路两侧区域由南至北划分为5个区块，分别为农圣绿园景观区、铁路主题公园区、都市风尚休闲区、社区公园景观区及科普人文景观区。农圣绿园景观区（农圣街以南）：主要是在绿地游园的塑造上更加贴合寿光本地文化，增加游园的人文内涵。铁路主题公园区（建新街以南规划路—公园街）：主要是在铁路改线后，规划保留部分遗留铁轨，将铁轨、枕木、铁路专用指示灯等具有鲜明铁路特色的构件作为景观元素，与植物景观、休闲健身广场共同组成以铁路元素为主题的景观公园；（铁路遗址公园）。都市风尚休闲区（公园街—圣城街）：主要是融合休闲健身、娱乐餐饮等功能，打造综合性的城市景观公园，充分利用地下空间，形成地上为景观绿地、地下为休闲服务和公共停车的立体空间模式。社区公园景观区（圣城街—金光街）：因高压线限制，且两侧小区较多，规划将本区全部设计为绿地景观，景观以植物组团为主，配以游园小路、健身广场和休闲空间等，为居民提供邻里交往的生活空间及健身休闲的公共空间。科普人文景观区(金光街—文圣街)：此区域紧邻高校，文化氛围较为浓厚，规划打造以植物绿化、园路广场、休闲健身和科普文化等功能为一体的景观公园。该规划于2014年10月完成。

东城学校详规。2012年2月，在洛城街道洛兴街以北、尧河路以东、文远路以西、洛盛街以南，规划建设寿光市东城学校，占地约289亩。定位于高起点、高标准的现代化学校，结合初中、小学、幼儿园的设计要求，设计初中72个班3600人、小学42个班2100人、幼儿30个班900人。校园总体布局和建筑设计力图展现创意和独特，依托现代建筑设计风格，体现校园建筑传统砖红色调。同时，规划极其注重室外公共活动空间打造，将学校规划成为功能分区明确、交通流线便捷、绿化景观优美、设施先进的现代化园林式校园。该规划于2012年5月完成。

国家现代蔬菜种业创新创业基地研发中心规划。2013年3月，组织编制《国家现代蔬菜种业创新创业基地研发中心修建性详细规划》，选址位于洛富街以南、永泰路以东、东环路以西、纬四路以北，项目一期规划占地面积约134亩，主要为中国农业科学院、国家蔬菜工程研究中心、天津德瑞特等6家蔬菜种业科研单位提供高品质的科研办公场所。项目总建筑面积45000平方米，其中地上建筑面积39000平方米，地下建筑面积6000平方米；容积率0.42；建筑密度24.8%，公共服务中心地上3层，建筑高度16.05米，建筑面积5300平方米，主要包括公共餐厅、会议中心、多功能报告厅、培训教室、室内健身房、阅览室等功能空间；各单位的育种研发中心及培训中心地上2~4层，建筑高度9.05米至17.05米；库房地上1层，建筑高度8.45米；加工车间地上1层，建筑高度8.45米。场地内还规划了室外健身活动场所和公用地下停车库。项目规划定位于高品质、高标准的现代化科技研发中心，建筑方案主题概念立意于“种子”，在水源孕育下，种子破土而出，为规整而富有秩序的场地带来新的生机。总体规划采用院落联立式布局，场地中央布置集中式景观绿地。中心景观采取自由式设计，亲切自然，簇拥公共服务中心。与之相对，4个院落采用规整形体，并与中心景观发生融合，既有对比又不失协调。各单位组团有相对独立的空间，院落采用二进式空间序列，分隔景观庭院和晒场。该规划于2013年8月完成。

历史文化中心建筑规划设计。2011年，墨龙集团出资，拟建历史文化艺术中心，组织开展项目规划。10月，同济大学建筑设计研究院为中标单位。位于文圣街以南，生态观光园以西，是展示寿光市历史文化的窗口。规划内容：建成以崇贤祠为中心，艺远阁为依托，配以相关低密度配套设施（弥泉书院、延师馆、怡然居）及绿化景观，各建筑但之间相互呼应、错落有致、交融为一体的文化主体建筑群。项目用地面积约145874平方米，总建筑面积38047平方米，其中，崇贤祠19653平方米，艺远阁13244平方米，延师馆2200平方米，弥泉书院2400平方米，怡然居1100平方米。该规划于2012年9月完成。

全福元综合体规划。位于圣城街以南，尧河路以东，文远路以西，总用地面积约270亩，总建筑面积65万平米。规划为集购物中心、办公、酒店、餐饮、影城、娱乐等为一体的大规模、综合性、现代化、高品质的标志性、综合性建筑群落。设计过程中，以中间的BLOCK风情商业街以及水系景观划为南北两个区，南区为高层住宅小区；北区为集购物中心、办公、酒店、餐饮、娱乐为一体的商业中心。该规划于2012年开始规划，2013年6月完成。

车配龙寿光国际汽车广场规划建筑设计方案。位于幸福路以东，元丰街以北，安前街西伸以南，商业区净用地面积30万平方米（约450亩），总建筑面积约35万平方米。配套公寓占地约7.2万平方米（约110亩），建筑面积约20万平方米。该规划于2012年开始规划，2013年6月完成。

寿光市东城医院规划。坐落于寿光市东部圣城街沿线地带，位于永乐路、圣城东街、洛城街三路交汇处。用地面积约145亩，总建筑面积18万平米。主要包括门诊医技区，住院部，后勤、行政、科研等辅助用房等，住院部（500床、16层）通过连廊与南侧的门诊医技综合楼相连。B座病房楼（600床、19层）与C座病房楼（600床、19层）紧随其后，平行排列在其北侧，与A座病房呈“品”字型布局。病房楼一至四层为医疗用房，五至十六层为住院用房。每层为一个标准护理单元，病房安排在南向，护士站居中、医生用房在北侧。每单元容纳48床。该规划于2011年开始规划，2012年9月完成。

寿光市人民医院门诊综合楼建筑设计。用地面积23791.6平方米，总建筑面积78043平方米，含地下室13243平方米。明确功能分区，实现医患分流，洁污分流；重视绿化环境设计，营造舒适宜人的室内外空间。本次规划将门诊综合楼布置在场地中部，门诊楼主入口对南侧广场，在广场南部设有外来车辆停车场。急诊入口设在场地东侧林荫大道上位与门诊综合楼的中段。在新建门诊楼和现状住院部新楼之间设有一个医疗服务大厅。大厅退后东侧道路形成一个小型入口广场。三者通过两层连廊连接起来，形成一个有机整体。在建筑周围设环形道路。急诊楼和医疗服务大厅向东侧道路设车型入口坡道。在门诊综合楼下设置地下停车库，供内部使用。南侧广场两侧设有地面公共停车场。该规划于2010年开始规划，2011年2月完成。

寿光市中医医院改扩建工程规划。位于寿光市圣城街北，幸福路以西，总体规划要求在整个院区内统筹考虑新建病房楼及远期建筑的布局，使之与院区现有建筑形成联系紧密、功能完的医疗综合体。寿光市中医院新建病房综合楼总建筑面积70650（不包括地下34390）平方米，地上25层，地下2层。综合楼在1层东侧设急诊部，西侧2层通高住院大厅，出入院登记处、休闲咖啡吧、商店等辅助功能。北侧则布置了放射科，自成一体。2层从分别布置了检验科、病理科、血库及病区药房。3层为功能检查、中心供应、血透等科室。4层为手术中心。5层平面为手术净化设备及库房。主楼6~25层为标准病房护理单元。主楼部分地下部分主要用于地下停车、总务库房和和设备用房。该规划于2011年开始规划，2012年6月完成。

城市建设

【**管理机构**】 2011年，寿光市住房和城乡建设局内设办公室（挂信息宣传科牌子）、组织人事科、督查科、财务审计科、政策法规科、村镇建设科、工程建设科（挂清理拖欠工程款和农民工工资办公室、勘察设计科牌子）、科技教育科、城市建设管理科（挂公用事业科牌子）等9个科室，下辖市环境卫生管理处、市园林绿化管理处、市建筑工程管理处、市生态农业观光园管理处、市城市管理执法监察大队（与寿光市城市管理行政执法局合署办公）等5个正科级事业单位，辖市建筑工程质量监督站（挂寿光市装饰装修管理办公室牌子）、市路灯管理所、市城市建设房屋拆迁管理办公室、市城市供排水管理处（挂寿光市城市节水管理办公室牌子）、寿光市住房和城乡建设局城市建设管理处等5个副科级事业单位，辖寿光市城建综合管理办公室（挂寿光市墙材革新与建筑节能管理办公室、市燃气供热管理办公室、市建设局建设执法办公室牌子）、市散装水泥办公室、市城建档案馆（挂寿光市城建档案管理办公室牌子）、市房地产开发管理办公室等4个股级事业单位。2012年4月，成立寿光市墙材革新与建筑节能管理办公室，撤销市城建综合管理办公室和市散装水泥办公室，保留市散装水泥办公室牌子。2013年3月，将市生态农业观光园管理处整体划转到市园林管理处。8月，将市装饰装修管理办公室整体划入市建筑工程管理处，建筑工程质量监督站不再加挂市装饰装修管理办公室牌子。成立市燃气供热服务办公室，取消挂牌；10月，寿光市城市建设房屋拆迁管理办公室更名为“寿光市房屋征收与补偿办公室”。2014年11月，局机关政策法规科加挂审批服务科牌子。2015年2月，市城市管理行政执法局整建制并入市建设局，市建设局加挂市城市管理行政执法局牌子；组建市城市管理行政执法大队，不再保留市城市管理执法监察大队、市建设局建设执法办公室牌子。3月，局机关内设科室由9个调整为7个，分别是办公室（挂信息宣传科牌子）、组织人事科(挂督查科牌子)、财务审计科(挂科技教育科牌子）、政策法规科（挂审批服务科牌子）、村镇建设科（挂建设执法管理科牌子）、工程建设科(挂勘察设计科牌子)、城市建设管理科(挂公用事业科牌子)。7月，市城建档案管理办公室更名为“市城建和地下管线档案管理办公室”。9月，设立安全生产监督管理科，为内部职能科室。11月，成立城镇化工作办公室，为内部职能科室。当年底，局机关人员共32人。

【城区道路】 2011年以来，寿光市不断完善城市道路体系，全面抓好老旧道路改造、新城区道路建设和城市断头路打通，城市道路承载能力进一步提升。2011—2015年，新建改造静山路、银海路、金海路、光明路、迎宾路、金光东街等63条道路，新建、改造道路165公里，打通圣城街立交桥、金光街与正阳路、银海路与建新街等10个铁路口；到2015年底，城区道路总长度722公里，人均占有城市道路31.75平方米。加快建设城市步行和自行车交通系统，新建道路全面实行机动车道、非机动车道、人行道“三分离”，有效提高非机动车交通系统的安全舒适性；城区旧路改造具备条件的全部建设自行车道，不具备条件的用标线划出非机动车道，保障非机动车通行的连续性。至2015年底，城区步行道总面积217.18万平方米、专用自行车道路132.4公里。2011年，被建设部列为步行和自行车系统示范项目的金海路、弥河生态观光园“一线一区”工程建成投用，寿光市成为全国第二批城市步行和自行车交通系统建设示范城市。

【供水与排水】 供水方面。为满足城市供水需求，2011年以来，新建城北供水厂、滨海（羊口）新区供水厂2座供水厂。城北供水厂，投资3347万元，2012年1月实现供水；滨海（羊口）新区供水厂，投资8400万元，2012年10月正式供水。2011—2015年，共新增城市供水管网182千米，改造老旧供水管网20千米，到2015年底，全市共建成东城供水厂、滨海供水厂、第三供水厂、城北供水厂和科技工业园供水厂5座供水厂，城市公共供水覆盖率100%。

排水方面。大力实施雨污分流工程，2011—2015年，重点实施东城工业园雨污水主沟、寿济路排水、南环路排水等24项排水工程，在道路工程建设中所有排水管道全部实行雨污分流，新建改造城区排水管道297公里。到2015年底，城区排水管网密度达到每平方公里21.01公里。2011—2015年，共投资4.37亿元，新建、改建、扩建污水处理厂13座，并全部竣工投入使用，所有污水处理厂出水水质均达到国家一级A标准，城市污水集中处理率97%。投资7271.8万元新建污泥处理厂1座，2012年10月投入使用，污水处理厂产生的污泥全部在该厂处理，每年处理污泥约9万吨，生产有机肥3万吨。投资1.99亿元新建中水厂1座，2014年4月投入使用，该厂对污水处理厂出水再进行深度处理，处理能力5万立方米/日，产生的再生水作为工业用水。

【城区照明】 按照“十二五”城市绿色照明工程规划纲要，推进城市绿色照明工程，新安装路灯大多采用LED光源。2011—2015年，共组织实施84项路灯工程，安装路灯6901基、17332盏，完成LED路灯改造5527盏。到2015年底，全市城市路灯总量达到14361基、37481盏。积极推进社会亮化工作，2011—2015年，完成176个项目的亮化方案审查和验收。至2015年寿光市区共有50多家单位、120余幢沿街建筑安装夜景亮化设施。

【园林绿化】 2011年以来，以打造生态园林、民生园林、文化园林、科技园林、艺术园林为目标，全面抓好滨河绿化、公园游园建设、道路绿化和庭院绿化，着力提升园林绿化档次和生态建设水平。至2015年底，城市绿化覆盖率44.91%，绿地率39.9%，人均公共绿地面积23.46平方米，逐步构建起

“500米服务半径”的绿化格局。2012年，滨河城市湿地公园被评为“国家城市湿地公园”；2014年，寿光市被建设部指定在第十届中国（武汉）国际园林博览会上建设3000平方米的寿光展园。深入实施城市绿荫行动，全市现有林荫停车场60余处、林荫庭院小区80多个、林荫主干道41条、综合林荫公园8处、立体绿化景观260处。2014年，城市绿荫系统建设项目被评为“中国人居环境范例奖”。加强绿化成果保护，市人大常委会于2013年10月、2014年12月分别审议通过首批永久性保护绿地和古树名木资源分级保护两项决议，将仓圣公园、人民广场等34块绿地以及202株单株古树和2处古树群纳入保护范围。突出绿化为民理念，将道路绿化与游园建设、慢行系统相结合，形成以绿化游园步行道和林荫非机动车道为主的城市慢行系统。

【住宅小区建设】 2011—2015年，新建续建苏州园、德润绿城、中南世纪星城、经纬花园、巨能嘉苑、现代嘉苑、壹号公馆、水木清华、银海花园、玉泉苑等113个住宅小区，完成房地产开发投资219.79亿元，竣工面积555.97万平方米。至2015年底，全市共有房地产开发企业100家，其中一级开发资质企业4家、二级开发资质企业9家、三级开发资质企业20家、四级开发资质企业51家、暂定开发资质企业16家。以住宅产业现代化为支撑，转变住房供应、建造和消费模式，推动房地产业向资源消耗少、环境负荷低、科技含量高、综合效益好的方向发展。5年来，先后有富邦·水木清华和左岸绿洲2个项目通过建设部A级住宅性能认定终期检查，5个项目通过A级住宅性能认定初审；德润·百合园和玉清苑2个项目通过国家康居示范工程初审。

【重点工程简介】 *龙泉街（渤海路－银海路）改造工程*。西起渤海路，东至银海路，工程投资670万元，2012年4月底开工，2015年11月份完工，工程全长约850米，主路7米，两侧3.5米人行道，道路路面采用青石板铺装，是第一条青石板铺装的道路。该工程由寿光市规划设计研究院设计，山东金路交通实业有限公司施工建设，寿光市恒泰工程建设监理有限责任公司负责监理。

豪源路建设工程。南起洛兴街，北至金光街，工程投资1584万元，2012年4月13日开工，2013年11月份完工，全长1618米。道路设计为三块板断面形式，中间为16米机动车道，两侧分别为2米绿化分隔带、3.5米自行车道、2.55米人行道。该工程由寿光市规划设计研究院设计，山东金路交通实业有限公司施工建设，寿光誉丰监理公司负责监理。

金光街弥河以东段建设工程。西起豪源路，东至永乐路，工程投资3089万元，2012年4月开工建设，2014年11月完工，长约2550米，设计断面为中间8米宽绿化隔离带，两侧分别为12米宽主路面，2米宽绿化隔离带，4.5米宽自行车道，2米宽花岗岩人行道。该工程由寿光市规划设计研究院设计，潍坊华泰工程有限公司承担排水工程，山东金路交通实业有限公司承担路面建设，山东寿光宏安路桥有限公司承担辅路及人行道建设，山东恒建监理工程有限公司负责监理。

永乐路改造工程。南起圣城东街，北至文圣街，工程投资6000万元，2012年4月份开工，2014年10月份竣工，全长4200米，横断面为四块板断面形式，中央绿化带宽15

米，两侧分别为12米机动车道、2米绿化分隔带、3.5米自行车道、2.55米人行道。该工程由寿光市规划设计研究院设计，山东金路交通实业有限公司、潍坊宏泰公路工程有限责任公司施工建设，山东经纬工程监理有限公司负责监理。

东城工业园雨污水主沟建设工程。为缓解东城新区排水压力，逐步实现雨污分流，组织建设东城新区雨污水主沟。工程投资8255万元，2012年10月份开工，2014年8月份竣工。该工程从富士街尧河路路口起，沿富士街南侧、东环路东侧、文圣东街南侧、永丰街西侧、元丰街北侧向东排入丹河，总长约12350米，其中富士街段设D1500钢筋砼管道，其余为净跨3～4米的砼墙盖板暗沟，同时沿东环路埋设D1000-1200的污水主管道。该工程由寿光市规划设计研究院设计，寿光市市政工程有限公司、潍坊市路通工程建设有限公司、山东金路交通实业有限公司、山东现代实业集团建筑安装有限公司施工建设，寿光市恒泰工程建设监理有限责任公司、山东经纬工程监理有限公司负责监理。

银海路北伸道路工程。南起文圣街，北至北环路，工程投资2483万元，2013年4月开工建设，2014年11月竣工。道路全长2783米，为四块板断面形式，中央分隔带宽8米，两侧分别为12米机动车道、5米绿化分隔带、4米自行车道、2.45米人行道，道路控制线宽90米。该工程由寿光市规划设计研究院设计，潍坊鸿泰公路工程有限责任公司施工建设，山东经纬项目管理有限公司负责监理。

公园街（晨鸣路－银海路）改造工程。西起晨鸣路，东至银海路，工程投资2224万元，于2013年4月9日开工，2013年11月底完工。道路全长约1700米，为三块断面形式，道路红线、绿线均为45米，主路面宽度为12米，两侧分别为设施带、自行车道和人行道。该工程由寿光市市政工程有限公司施工建设，青州广大工程监理公司负责监理。

光明路改造工程。南起农圣街，北至公园街，工程投资1368万元，2014年4月份开工，2015年5月份完工。道路全长1507米，农圣街－建新街段为三块板断面形式，主路面宽11.5米，两侧分别为2.5米设施带、3.5米自行车道、2.55米人行道；建新街－公园街段主路面不动，只修建路东侧2.5米设施带、3.5米自行车道、2.55米人行道。原沿街楼前硬化按人行道结构改修至建筑物边。该工程由寿光市规划设计研究院设计，寿光市市政工程有限公司施工建设，山东恒建监理工程有限公司负责监理。

圣城街立交桥铁路口改造工程。结合益羊铁路城区段西移，实施圣城街立交桥铁路口改造工程，工程投资1941万元，2015年6月开工，2015年10月完工。道路改造长度630米，为一块板断面形式，标准段主路面宽29米，两侧各3.2米人行道。因该处地势低洼，每到雨季立交桥下积水严重，根据《寿光市雨污分流规划》，对立交桥进行了填平处理，在两侧重新埋设雨、污水管道，解决了圣城街立交桥雨季积水以及两侧单位的雨污水排放问题。该工程由寿光市规划设计研究院设计，山东金路交通实业有限公司施工建设，山东经纬项目管理有限公司负责监理。

羊临路改造。南起寿济路，北至古城街办驻地南，2015年7月开工，2015年11月完工。道路全长4142米，为三块板断面形式，道路控制线73米，中间原路面12米不动，在两侧分别修建6米绿化隔离带、7米辅道、2.55米人行道。同时，为解决该段道路路面的雨水及两侧单位的雨、污水排放问题，根据《寿光市雨污分流规划》埋设雨、污水管道。该工程由寿光市规划设计研究院设计，山东金路交通实业有限公司、潍坊昌大建设集团有限公司施工建设，寿光市恒泰工程监理有限责任公司、保定国家高新区建设咨询监理科技有限公司负责监理。

农圣公园。西临“两馆一中心”，北临蔬菜高科技示范园，东临全福元商业综合体，总投资5000余万元，占地12公顷，2013年3月开工，2014年4月18日建成开放，是一处集休闲、健身、娱乐于一体的综合性开放公园。该公园坚持“生态、文化、节约、便民”建设理念，突出“林荫” “文化”两大特色，按功能划分为动区、静区和水区三个区域。其中，动区分为入口等候休闲区、儿童活动区、老年活动区、林荫休闲区、中心广场区等；静区分为山顶花园、雕塑园、林趣园、童趣园等节点花园；水区分为“瀑－潭－溪－塘”中国传统理水体系。共呈现出四大特性：生态性，种植乔灌木3.5万株，草坪2万平方米，设置城区最高假山和跌水瀑布，北侧广场种植了400余株高大乔木；文化性，融入齐民要术文化，中心广场设有贾思勰主题雕塑、北斗七星树阵1套、农耕铜雕小品4组、跌水瀑布1处、景观亭3座，彰显浓厚文化韵味；节约性，设有雨水收集瀑布循环系统，假山园路采用简易铺装，各类透水、环保、节能新材料、新技术广泛应用；便民性，安装鸟笼挂件20套、各式休闲座椅坐凳80余个、儿童塑胶场地1处等，能够较好地满足不同年龄段人群需求。公园的建成，对于传承农耕文化、提升城市功能品质、改善东城生态环境具有十分重要的意义。

明珠公园。位于公园街以南、建新街以北，西邻幸福南路，东倚正阳路，投资1900万元，规划面积8.7万平方米，南北长560米，东西宽90～270米，2013年4月动工建设，2014年4月20日竣工开放，是一处综合性开放式公园。设计理念上，注重以人为本，突出节约型园林建设，充分融入地方文化特色，集功能性、艺术性、安全性、文化性、娱乐性、科普性于一体。景观框架上，归纳为“一轴、两带、七区、五节点”。植物配置上，以乡土树种为主，通过乔灌花草合理配置，营造鲜明的季相景观。整个公园本着以人为本的设计理念，考虑到服务周边人群的休闲需求，既有高规格的大型树木，也有符合四季秩序的多色花景和主题雕塑，公园内河岸设置的硬质驳岸和木质栈道沿河道蜿蜒而立，是公园内一道亮丽的风景线。整个公园分为南入口广场区、人工水系区、老年儿童活动区、运动区以及北入口休闲活动区，该公园为新城明珠小区、现代嘉苑小区、玫瑰园小区及周边区域居民提供一处很好的休憩、娱乐场所。明珠公园的规划建设，对于改善城市生态环境质量、优化市民生活居住环境、提升城市景观档次具有积极的促进作用。

东方绿洲。呈南北带状分布，投资7200万元，全长2500米，东西平均宽270米，占地面积65万平方米，2014年8月开工，2015年4月完工。工程突出因地制宜、物种多样和以人为本原则，从北到南分为弥河串、翡翠湾、涵碧园和管理服务区4部分。弥河串面积21.01公顷，为游览、文化体验和休闲提供活动环境，里面包括巨洋广场、阳光沙滩、童乐园、弥水森林4个景点；翡翠湾面积15.21公顷，该区外接弥河，内拥百亩平湖，是亲水、玩水、赏水和体验湿地风光的好去处，包含映绿湖、烟雨堤、弥河湿地岛、绿崖石壁等多处景点；涵碧园占地28.47公顷，该区景色最为诗情画意，有近200亩荷塘，夏秋时节“接天莲叶无穷碧，映日荷花别样红”，景色蔚为壮观，是一处赏荷观鸟的好去处；管理服务区，位于东方绿洲的最南段，占地1.94亩，服务整个园区，也是整个园区主入口的所在地。该工程的建设给市民提供一处新的休闲娱乐场所，同时也对湿地生态环境起到良好的保护作用，做到融地域文化与亲水亲绿休闲于一体，更好地实现人与自然的和谐共处。

丹河生态湿地。为贯彻落实潍坊市“三八六”环保行动工作部署，全面修复河道生态净化能力，提高全市水环境质量，2014年寿光市启动河道生态修复及生态湿地建设项目，全力加快生态美丽寿光建设。丹河生态湿地位于潍高路以北，投资600万元，全长1200米，面积30多公顷，2014年9月开工，2014年12月完工。工程突出保护优先、洪畅堤固、水清岸美的设计理念，打造岸林、护坡、岛屿和河道相结合的湿地景观。其中，通过人性化设计，形成多个大小不等岛屿，配合下沉地形和卵石，减缓上游水流，沉淀水中杂物；河道以种植芦苇、香蒲、千屈菜、菖蒲等水生植物为主，净化水质，降低污染；护坡以种植五叶地锦、多花蔷薇等蔓类植物为主，防止土壤流失；岸林主要种植毛白蜡、金叶槐、紫叶李、二月兰、野花组合、观赏草等，乔灌草合理搭配，营造自然野趣的生态景观。

豪源游园。位于豪源路与洛兴街路口东北角，总投资970余万元，绿化面积6万余平方米。整个园区从南至北呈三角形状，突出生态自然、便民休闲理念，划分为6个功能区，分别是景观跃水、林荫树阵广场、休闲活动广场、篮球场、健身步道和景观廊架。整个园区植被丰富，种植云杉、雪松、银杏、垂柳、紫荆、黄栌、美人梅、棣棠、紫丁香、玉簪等100余个乔、灌、花、草品种。该工程于2014年3月底动工建设，5月份建设完成，豪源游园与中南世纪星城、菜博会主会场和周边村庄紧密相邻，对改善周边生态环境、方便附近群众休闲娱乐、推动东城发展起到积极作用。

徐家儿童公园。位于光明路三友圣锦花园南侧，投资502万元，规划面积1.9万平方米，2014年5月开工，2015年6月建成，并对外开放。该公园打破传统公园模式，从儿童的眼光看世界，以卡通图案搭配建成大门入口，园内设有彩绘涂鸦墙、爬行拱洞、绿篱围合成的紫色迷宫、由孩子们共同努力才能转动的水车、种植试验区、小型叠水、沙坑、小脚丫种植区、滑梯等多种儿童娱乐活动设施和多样化的活动场地，在保证孩子游玩安全的前提下，强调孩子的参与性，创造有亲密尺度的空间，既让孩子们锻炼身体，又提高技能，培养兴趣。该主题公园方便儿童的休闲游玩，优化周边社区生态环境，弥补全市儿童主题公园的空白。

城市管理

【城管执法】 加强违法建设整治，成立四个专业规划执法中队，按区域分工负责城市规划区内违法建设的管控查处，采取分片、包干、责任到人的措施，全天候无缝隙对市区范围进行巡查。2011—2015年，共查处违法建设3200起，拆除面积16.21万平方米。

强化违章占道整治，重点清理整顿占道

经营、乱摆乱放、马路市场、店外经营等，2011—2015年，共取缔占道经营2100余处，规范店外经营14.8万次。推行“门前五包”责任制，与沿街经营业户签订以“包卫生、包绿化、包秩序、包设施、包亮化”为主要内容的《门前“五包”责任书》。2015年，采取疏堵结合的方式，建设崔家、椒园、光明路、学院路临时性便民摊点群和早夜市；同时应群众需求，增设部分季节性临时摊点。

加强噪音污染治理，设立24小时投诉举报热线，每年中、高考期间，配合教育部门对学校、考场、居民小区周围的环境噪音进行专项治理，每年查处的噪音案件都在1000起以上。

加大违章车辆整治力度，在城市主要路口设置大型提示牌，对违章进入城市规划区范围内的履带车、铁轮车或者超重、撒漏、带泥上路车辆及时查处，保护城市道路的完好。

在市区主干道路两侧划设机动车和非机动车停车位，规范车辆停放秩序，2015年底市区内的停车位达到1.8万个。严肃查处违章停放车辆，2011—2015年，共查处非机动车乱停乱放13.4万起，提醒教育13800多人次。

强化户外广告牌匾管理，严格实行户外广告审批制度，要求“一店一牌”；对不按时拆除更换的陈旧、破损、不规范广告牌全部强制拆除。对主要街道的广告牌匾进行统一规划，完成圣城街、广场街、文圣街广告牌匾的统一改造，对渤海路钢结构和建筑物立面进行刷新改造。2011—2015年，共清理户外广告牌匾12800块，清刷小广告1.01万张，没收乱贴乱画工具1113件，清理落地灯箱、竖置广告牌11200多块。

积极推进城管进镇街、进社区，提升镇街、社区管理服务水平，2011—2015年，新成立镇街执法中队6个。至2015年底，共成立13个镇街执法中队，进驻社区10个。

【环境卫生管理】 2011—2015年，寿光市统筹推进城市和农村环卫工作，城乡环境卫生面貌大幅提升。环卫工人人数由2600多人增加到8500多人，机械设备由不到200台（部）增加到810多台（部），清扫保洁范围由城区、镇区延伸到全市所有村庄的大街小巷，道路保洁面积由1033万平方米扩大到4500多万平方米，市环卫处成为山东省环境卫生协会和中国城市环境卫生协会常务理事单位。

道路保洁。2011年以来，环卫处对城区道路实行“机洗＋机吸＋机扫＋人工”保洁模式，实行“网格化、精细化、规范化、无缝隙”管理和“定岗、定人、定责、定时、定流程”管理，落实一日两普扫、中间拣拾规定，城市道路保洁质量不断提高。止2015年底，城区道路保洁面积达1289.5万平方米。随着城乡环卫一体化工作的推进，2011年底，环卫处接管全市所有975个村庄的街巷保洁工作，由环卫处对城区、镇区、所有975个村庄及主要省、县级道路进行统一清扫保洁。“三八六”环保行动开展以来，投资1122万元购置洒水车、湿式清扫车19部，对城区主要道路全部实施洒水和湿式机械化清扫。对建筑渣土车辆实行核准制度，强化监管，要求运输车辆持有《渣土运输许可证》方能上路，同时对城区未硬化路口进行硬化，减少道路扬尘污染。

城市扬尘防控。按照潍坊市三八六环保行动要求，2013年以来，开展扬尘防控工作，全面落实市政工地、建筑工地、露天堆场、道路保洁、渣土运输车辆扬尘防控措施，完成裸露地面扬尘防控任务，全面取缔城区露天烧烤，城区130家烧烤业户已全部更换为无烟环保烧烤炉。城区6家商砼企业中，兰青基础搬迁，宏安墙材、华宇建材、源菩提商混、润达建材完成全封闭改造，永泰建材停产。

垃圾清运处理。（1）城乡生活垃圾清运处理。不断完善提升城乡环卫基础设施，生活垃圾处理模式由全部卫生填埋转为“焚烧发电为主、卫生填埋为辅”。2011年，建成古城、洛城、化龙、营里、侯镇、纪台、稻田7座垃圾中转站建设；投资309万元对垃圾渗沥液处理系统进行升级改造，并安装在线监测系统。2012年，建成北海路、金海路2座垃圾中转站；新征200亩土地扩建垃圾处理厂，投资1400万元建设库容40万立方米的垃圾处理厂第五填埋区；投资370多万元，建设垃圾厂绿化及配套工程，进一步改善垃圾厂生态环境。2013年，在城区主要道路安装1600多个新式分类果皮箱；投资1900多万元建设库容为40万立方米的生活垃圾处理厂第六填埋区，生活垃圾填埋处理厂一次性通过省环保厅环评验收。2014年11月，投资3.5亿元的生活垃圾焚烧发电项目建成投用，日处理生活垃圾750吨，日发电16万度，至2015年全市城乡生活垃圾全部运到垃圾焚烧发电厂处理，城乡生活垃圾无害化处理率100%。(2)城区餐厨废弃物(地沟油)收运处理。积极开展餐厨垃圾及地沟油管理处置工作，全面建立收运、处置长效机制。2011年，建成一家“地沟油”处理企业，城区大中型酒店、学校及大型企事业单位食堂餐厨废弃物（地沟油）全部统一监管、统一收集、统一加工转化为生物柴油。2012年，市政府又批准建设1家餐厨废弃物处理企业，专门对餐厨废弃物、病死畜禽进行无害化处理，日处理病死畜禽30吨、餐厨废弃物50吨，实现对市内餐厨废弃物、病死畜禽的无害化和资源化处理。环卫处全面加强对全市餐厨废弃物的监管，依法查处私拉乱倒、非法利用、非法提炼“地沟油”的单位和企业，2012年，寿光市餐厨废弃物（地沟油）资源化处置工作获山东省环卫行业创新项目。(3)乡级以上道路两侧大棚秸蔓清运处理。2011年底开始，按照《寿光市城乡环卫一体化实施办法补充规定》，各镇街区负责在全市乡级以上道路两侧，按每公里1个的标准设置大棚秸蔓暂存点，方圆3公里设置一个填埋处，并引导督促群众将大棚秸蔓投放到暂存点。环卫处组建了300人、140部车的大棚秸蔓清运队伍，对全市乡级以上道路两侧暂存点的大棚秸蔓每周至少清运一次，重点区域大棚秸蔓随有随清。（4）城区建筑垃圾清运处理。通过“电话预约、上门服务”的方式，实现对城区建筑垃圾统一收集、统一运输、统一管理，做到责任明确、管理到位、清运及时，彻底杜绝建筑垃圾乱堆乱倒现象。到2015年底，建筑垃圾清运机械达到100多部。

城乡环卫一体化。2011以来，在全面搞好城区环境卫生管理的同时，积极推进环卫基础设施和标准化环卫服务向镇街区、村庄延伸，基本形成市、镇、村“三位一体”的环卫运行模式，市环卫处获2011年度全国环境卫生行业创新奖，2015年寿光市首批通过全省城乡环卫一体化全覆盖认定。先后出台《城乡环卫一体化考核办法》《城乡环卫一体化实施办法补充规定》等一系列文件，按照每75户1名村庄保洁员的标准，全市所有村庄共配备3350名村庄保洁员，并配备110名村庄保洁管理员，由市环卫部门统一招聘、统一管理、统一发放工资，实行全天候清扫保洁和巡查监管。2012 年、2013 年全省城乡环卫一体化工作现场会议连续 2 年在寿光召开，自 2011 年潍坊市进行城乡环卫一体化年度考核以来，寿光市连续 5 年保持第 1 名。寿光市经验做法先后被中央电视台、《光明日报》《大众日报》、山东电视台等 40 多家新闻媒体报道。

公共厕所建设。2011—2015 年，相继投资 500 万元新建公厕 10 座。2014 年，农圣街渤海路公厕、农圣街火车站公厕、黄海路圣城街公厕、彩虹公园公厕、安顺街德隆汽车检测公司东侧公厕、潍坊科技学院东门公厕陆续投入使用；2015 年，银海路刘旺公厕、牡丹园东公厕、东城公园公厕、文圣街铁路以西公厕陆续投入使用。同时，为确保公厕设施管理水平达到国家卫生城市复核、全国文明城市创建有关标准，市环卫处先后多次对老旧公厕进行改造、更新，并加强日常管理，确保始终干净整洁。

数字化环卫。2011 年以来，加大数字化环卫投入，采用物联网技术，实现管理过程精细化、监控治理实时化、事件处理规范化，提高环卫工作效率。在垃圾清运车和环卫管理、服务、作业车辆上安装 GPS 卫星定位系统，做到车辆运行路线、作业状态和油料消耗“三个实时监控”，实现车辆精确定位，并能快速调度车辆处置应对突发事件。

环卫集团组建。2015 年，在寿光市环卫垃圾清运有限责任公司、寿光市正大保洁有限公司和寿光市伟业清运保洁服务有限公司 3 家公司的基础上，组建寿光环卫集团。陆续承揽潍坊市区、临朐县及邹平县的部分环卫业务，在外埠环卫工作人员近 3000 人；接管城区及全市所有村庄的环卫业务、15 个镇街区及王望、田马、王高、马店等撤并乡镇镇区驻地的环卫业务、乡级及以上道路农业大棚秸蔓的清运处理业务以及城区建筑垃圾清运处理等业务。同时，不断拓宽服务领域，延伸产业链条，组建成立寿光环卫集团物业服务公司，积极对外开展物业服务。

【市政设施养护管理】 **道路养护管理**。每年年底，对城区内每条道路进行巡查摸底，制定下一年的养护维修计划。采取“划片包干、分片定点、定岗定责”的方式，对市区道路进行养护维修，主干路设施完好率始终保持在 99% 以上，次干路和人行道设施完好率保持在 98% 以上，均达到国家规定。止 2015 年底，管护城区道路面积为 514 万平方米、人行道面积 157 万平方米、路沿石 83 万米。每年从 3 月份开始按照维修计划组织开展道路挖补修复工作，并在冬季根据实际情况，采用沥青冷补料进行修补，确保全年城市道路无坑洼，通行顺畅。

2011—2015 年寿光市城区道路养护情况表

表 1

年 份	2011	2012	2013	2014	2015
路面挖补维修面积（单位：平方米）	16000	17000	18000	19000	21000
人行道维修面积（单位：平方米）	4000	4200	4400	4800	5000

排水管网管理。至2015年底，全市城区的排水设施涉及78条街道，管护城区排水管网380多公里、雨水井9537座、检查井7619座。结合寿光市城区排水管网的实际情况，每年对城区分两次清理疏通，确保城区排水畅通、安全度汛，排水设施完好率始终保持在98%以上，达到国家有关规定。

2011—2015年寿光市清理疏通城市管道情况表

表2

年 份	2011	2012	2013	2014	2015
清理疏通管网（单位：公里）	200	270	310	340	380
雨水井（单位：座）	5623	6243	7253	8624	9537

污水提升泵站运行管理。为实现城区雨污分流，寿光市于2011年规划建设污水提升泵站，由市政维修队负责运行管理。5年来，先后建成4座污水提升泵站，其中自康路污水提升泵站于2011年11月建成投用，圣城西街污水提升泵站、文圣街污水提升泵站于2014年6月建成投用，寿济路污水提升泵站于2014年12月建成投用。在运行管理中，严格抓好各项规章制度的落实，加强安全培训工作，确保不发生安全责任事故。严格值班制度，做到24小时在岗值守，保障城区雨污分流及汛期排水。

2011—2015年，全市污水泵站抽水量分别为72万立方米、438万立方米、840万立方米、900万立方米、950万立方米。

【城市拆迁管理】 在征迁工作中，严格按照征收程序，依法征收，结果公开，公平补偿。同时，严把审批关，确保补偿款专款专用，被征收人得到足额补偿，切实维护被征收人的合法权益。5年间，先后开展西部物流园、益羊铁路西移、全福元城市综合体、银海路北伸、东城中学、寿济路改造、永乐路改造、南水北调寿光段续建配套工程、安全饮水、滨海湿地、寿尧路南伸、农圣街西伸、铁路两侧绿化、丹河改造、铁路公园、幸福路圣城街打通、万达广场、羊临路等153个重大拆迁项目，共完成房屋征迁53.75万平方米。

【燃气、供热管理】 **供热方面**。全面加快供暖工程建设，不断提升城市供暖服务保障能力。2014年，结合金玉米热电搬迁和寿光市城区供热汽改水老旧管网改造规划，完成金惠热力和金玉米热电的供热切换工作，将原金玉米热电厂蒸汽管网供热的所有小区、单位全部切换到金惠热力公司热水管网，改造主管线17公里、分支管线67公里，改造换热站120座，切换供热面积368万平方米。2014年，利用山东天力药业公司热源，由城建投投资4500万元建设大型换热首站1座，铺设主管网20公里，满足文家街道西部区域150万平方米的供热需求。至2015年底，城区共有山东新力热电有限公司、寿光金惠热力有限公司、寿光东城热力有限公司、潍坊华源热力有限公司4家供热企业，集中供热面积达到890万平方米，城市集中供热普及率93%。大力推进供热直供到户，2015年底，全市有8.1万户实现供热直供到户，占供热总用户的85%。

燃气方面。编制完成《寿光市天然气利用规划》和《寿光市燃气发展专项规划》，科学指导燃气行业发展。积极向上对接，争取气源指标，引进中石油泰青威东营支线，实现双气源供气，保障城市供气需要。加快城市供气管网建设，至2015年底，全市建成高中低压燃气管道总里程约410公里、门站3处，洛城、文家、圣城、古城、孙集、双王城、侯镇等7个镇街区以及晨鸣工业园、侯镇工业园、东城工业园、北洛工业园等4个园区实现集中供气。大力发展居民管道天然气，提高居民生活用气比例，至2015年底，全市管道天然气用户73500户，城市居民管道燃气普及率达到80%。积极推广LNG气化方式集中供气，至2015年底，在古城怡尚苑社区、稻田崔西等4个农村社区完成安装。加快汽车加气站建设，2011—2015年，全市共建成CNG加气站4座、LNG加气站9座，基本满足全市小型车辆、公交车、大型客车、重型货车加气需求。到2015年底，全市出租车气化率达到100%，公交车完成油改气或者电动车比例达到82.4%。

【建工管理】 **勘察设计**。2011—2015年，全市有从事工程设计的企业8家，其中甲级资质1家，乙级资质6家，丙级资质1家；从事岩土勘察的企业1家，为寿光市勘察设计院有限责任公司，乙级资质。2015年底，从事勘察设计专业技术人员204人。其中，寿光市建筑设计研究院有限责任公司5年来完成土建工程设计项目360余项，总建筑面积303万平方米，该公司设计的华盛新城明珠物业楼获得潍坊市2011年度优秀勘察设计奖三等奖，设计的寿光市文家中学综合楼获得潍坊市2012年度优秀勘察设计奖三等奖，设计的寿光市文家中学艺术楼获得潍坊市2013年度优秀勘察设计奖三等奖，《建筑节能与结构一体化技术系列图集》被中国勘察设计协会评为2013年度全国优秀工程勘察设计行业奖"标准设计"一等奖。5年来，寿光市勘察设计院有限责任公司完成勘察项目800余项，进尺40多万米，商业锦苑获2012年度潍坊市优秀勘察设计二等奖，华盛新城明珠C11号楼获2013年度潍坊市优秀勘察设计二等奖。

图纸审查。2011—2015年，全市有从事施工图审查的机构1家，为潍坊益光工程设计审查咨询有限责任公司，二类资质。2015年底，从事图纸审查专业技术人员18人。5年来，该公司共完成建设工程施工图审查项目1913项，总建筑面积1146.12万平方米，公司各项考核指标在山东省同类审查机构中位居前列，公司经理韩鸿梅被评为2015年度山东省施工图审查机构先进个人。

建筑市场管理。5年来，建设部门不断加强建筑市场监督管理，切实维护市场秩序，促进全市建筑业健康快速发展。2011年，寿光市被评为"山东省建筑业十强县"。至2015年底，全市各类建筑施工企业达到127家，涉及房屋建筑、钢结构、消防、送变电、化工石油管道、地基与基础、商品混凝土、防水、预制构件、防腐保温、城市道路照明等多个方面。其中，房屋建筑总承包一级资质企业6家、二级企业16家、三级企业16家，专业承包一级企业2家、二级企业19家、三级企业41家，劳务分包一级企业14家、二级资质企业7家、劳务分包不分等级企业6家。一是规范建筑市场秩序。积极落实《项目经理押证制度》《外地入寿施工企业管理办法》和《建筑劳务用工管理办法》，加强对外地进寿企业和劳务队伍的管理，劳务用工秩序进一步规范。严格施行《寿光市建筑施工企业不良行为扣分标准》和《寿光市建筑施工企业不良行为记录标准》，对建筑市场进行量化管理。加强部门联动，认真贯彻落实《中华人民共和国建筑法》《中华人民共和国招标投标法》《建筑工程施工许可管理办法》等法律法规，严把工程报建关、招标投标关、合同审定关、施工许可关和竣工验收关，强化工程各个环节管理，确保建筑市场规范有序。加大建筑市场执法力度，重点查处违反法定工程建设程序私自建设、无资质或超资质施工、非法劳务用工以及规避招标、假招标或串通投标等违法违规活动，严厉打击强行索要工程或工程管理费、签订“黑白合同”以及违法转包、肢解分包工程等行为。5年来共检查工程项目4000余次，下达停止违法行为通知书和各类整改通知单700多份，整改率达90%以上。二是开展建筑工程技术培训。认真贯彻执行《建筑工程质量管理条例》，推行工程质量项目法人责任制、参建单位责任制、设备材料供应责任制、行政领导人责任制和工程质量终身责任制，强化建筑活动各方主体的质量意识。为提高建筑业从业人员的业务素质，每年按实际情况组织关键岗位人员和技术工人开展技术培训活动，5年来共举办培训班174个，培训各类建筑业岗位技术人员21573人，其中关键岗位人员11845人，职业技能人员9172人，职工持证上岗率90%以上。根据《建造师执业资格制度暂行规定》《建造师执业资格考试办法》等有关文件精神，积极推进全市建筑业企业项目经理向建造师过渡工作，到2015年底，全市共有一级建造师113人，二级建造师678人。三是加强养老保障金统筹。按照上级有关规定做好建筑企业养老保障金征收、上解、拨付、补贴工作，并实行财政专户管理、专项储存、专款专用。建筑企业养老保障金收取的标准为建安工程总造价的2.6%，截至2015年底，全市具有拨付资质的企业共38家。四是加强农民工工资支付管理。制定出台防止建设领域发生拖欠工程款和务工人员工资问题的意见等一系列规范性文件，进一步规范工程款支付和农民工工资发放行为。2014年，成立建筑业农民工维权服务中心，由市政府牵头，公安、司法、建设、人社等多部门联合办公，全方位、多层次保障农民工合法权益。积极推行农民工工资月支付制度，规范劳务用工合同管理，完善工程款支付报告制度，着力从根本上解决拖欠工程款和农民工工资问题。

工程质量监督。紧紧抓住“基础、主体、竣工”三个关键环节，不断加强工程质量管理，2011—2015年，共监督建筑工程4001项，工程监督率100%；获“国家优质工程”奖2项、“泰山杯”奖12项、“鸢都杯”奖21项，建设集团承建的人民医院门诊综合楼工程获2015年中国建设工程“鲁班奖”，是寿光市首个“鲁班奖”工程；262项工程被评为潍坊市优良工程，22项工程被评为潍坊市精品工程，17项工程被评为潍坊市优质结构工程，11项工程被评为山东省优质结构工程。

2011—2015年寿光市工程监督情况表

表3 单位：项

项目	年份				
	2011	2012	2013	2014	2015
竣工工程	87	118	115	224	248
受监工程	653	780	736	957	875
优良工程	96	52	51	16	47
优质结构	3	5	7	6	7
精品工程	3	11	7	1	0

建筑工程安全管理。严格落实各方责任主体安全责任，督促和指导施工企业健全完善以法人代表为核心的安全生产责任制，建立完善安全生产责任体系和长效机制。实行工程建设安全报监制度，加强事前控制，从源头上预防发生生产安全事故，全市5年来累计安全报监项目914个。狠抓安全生产培训，对205名企业主要负责人、554名项目负责人和569名专职安全员进行安全培训，5年累计培训特种作业人员26000余人次。2011—2015年，全市共创建省级文明小区3个、省级文明工地28个、潍坊市级文明工地91个。

监理市场管理。2011—2015年，累计监理工程项目713项、建筑面积570万平方米；到2015年底，寿光市本地监理企业5家，外地监理企业23家。制定《寿光市工程建设监理企业备案管理办法（试行）》《寿光市建设工程项目监理工作质量考评标准》，实行监理月报制度，加强对监理企业的监管，有效规范监理市场秩序。

绿色建筑发展。按照潍坊市"211"绿色建筑行动要求，制定《寿光市绿色建筑行动实施方案》，大力发展绿色建筑，2011—2015年，全市建成太阳能光热建筑196万平方米，完成建筑节能与结构一体化施工面积2万平方米。人民医院东院医技病房楼、人民医院门诊综合楼被评为全国建筑业绿色施工示范工程，华宇·玉泉苑、卡诺岛三期获得二星级绿色建筑设计标识，水木清华、德润绿城·百合园、玫瑰园、亿嘉·好望角、兴业家园、左岸绿洲、巨能公寓、中南世纪星城、领世郡等9个小区被评为潍坊市低碳示范社区。

建筑节能。2011年—2015年9月，执行城市新建公共建筑节能50%、居住建筑节能65%的强制性标准；2015年10—12月，执行城市新建公共建筑节能65%、居住建筑节能65%的强制性标准。强化建筑节能管理，严把前期图审关、中期监管关、后期验收关"三关"，新建建筑节能标准设计阶段执行率100%、施工阶段执行率100%，2011—2015年，共建成节能建筑面积673.32万平方米。稳步推进既有居住建筑节能改造，重点实施外墙、屋面、外门窗等围护结构保温改造，做好采暖系统分户供热计量改造，2011—2015年，共完成32.27万平方米的改造任务。加强公共建筑节能管理，在机关办公建筑和大型公共建筑中全面推行能效测评标识制度，逐步建立公共建筑能耗监管体系，2011—2015年，完成公共建筑能源审计31.32万平方米，安装公共建筑节能监测系统6套。

【数字化城市管理】 投资540万元，建设数字化城市管理平台二期工程，于2011年10月建成投用。数字化城管平台综合利用计算机互联网技术、无线网络、地理信息系统、物联网等数字技术，打造集多媒体展示、动态交互、无线数据采集、可视化管理、远程监控、智能引导、应急指挥调度、统计查询、决策分析等诸多功能于一体的数字化管理指挥平台和城建基础资源管理平台，为城市管理职能部门提供全方位的监督、管理和指挥手段。2012年11月，数字化城市管理平台通过省住房城乡建设厅专家组验收。2014年1月，数字城管项目获得山东省人居环境范例奖。2015年11月，获得2015中国地理信息产业优秀工程银奖。

数字化城管平台实现5大功能：一是实现12319热线全覆盖；二是实行网格化管理，将城区45平方公里、12万部件信息建档入库，划分为1248个万米单元网格，外包信息采集员50人，按责任网格巡查上传城市管理问题；三是建立应用整合与服务、业务流程管理、视频监控、GIS应用、公用产品在线监测、语音交换6大平台及36个子系统；四是以数字化平台为载体对城市管理职能单位进行考核；五是城市突发事件应急指挥。

数字化城市管理系统涵盖面广，整合园林、环卫、执法、路灯、市政养护、工程建设管理、城市防汛、地下管网、供热、供气、自来水、污水监测、行政审批等信息资源，应用涵盖整个城市建设管理领域，同时充分共享国土、公安、环保、水利、交通、经信等部门城市公共信息资源。自2011年建成以来，通过12319热线、信息采集员、职能单位上报、新闻媒体曝光及微博、微信、寿光民声网等渠道，共采集城管案件24万余件，按时结案率达到98%以上。

【城建档案管理】 加强城建档案管理，将“两书一证”（山东省建设工程档案移交合同书、山东省建设工程档案预验收意见书、山东省建设工程档案合格证）纳入工程基本建设程序管理，进一步明确各相关单位在工程资料报送中的责任。2011—2015年，共签订《山东省建设工程档案移交合同》213份，共计楼房1386栋；签发《市政工程档案审核意见书》173份。从2013年下半年开始，与山东尚德软件股份有限公司联合研发城建档案信息管理系统，该系统于2015年投入使用。

【管线普查】 2011年10月，完成寿光市地下管线第一次普查（自2010年5月开始普查），共探测管线点77367个，探测各类管线长度总计1877.355公里（不含西环、北环路管线），测区总面积75平方公里，全区共探测完成1：500综合地下管线图776幅。2015年9月，组织开展第二次地下管线普查及信息系统建设工作，普查范围为四环路以内，普查内容主要包括2部分：一是对老四环路即黄海路、金海路、文圣街、农圣街范围内未更新的管线进行补测补绘；二是对新四环路与老四环路之间区域普查。第二次普查管线总长度达3200公里，普查面积达167平方公里，至2015年底，完成管线普查1050公里。

村镇建设

【小城镇建设】 引入城市化的建管模式，实行组团式、地产式开发，完善城镇道路、供水、排水、亮化等基础设施，配套文化、教育、卫生、体育等公共服务设施，建设“集约、智能、绿色、低碳”的新型城镇，2011—2015年，共完成村镇建设投入120.9亿元，14处镇街全部创建为“国家级环境优美镇”。到2015年底，小城镇建成区面积69.6平方公里，人口25万，城镇化水平达到57.7%。2012年，侯镇被确定为“全省百镇建设示范行动”示范镇；2013年，侯镇被批准为省级历史文化名镇，羊口镇被确定为“全省百镇建设示范行动”示范镇；2014年，羊口、侯镇被评为全国重点镇；2015年，寿光市被确定为全省新型城镇化试点市，承担“推动城乡一体化发展和建立多元化可持续的城镇化投融资机制”两项试点任务。

【农村社区建设】 按照“基础设施城镇化、生活服务社区化、生活方式市民化”的要求，以撤并的老乡镇政府驻地、条件成熟的中心村为重点，采取土地挂钩、城中村改造和村企共建三种模式吸引周边村融入，组建大型社区。2011—2015年，新建、续建农村新型社区149个，入住10万多户。2014年，台头镇牛头村被评为省级传统村落；2015年，古城怡馨苑社区被评为全省示范社区，三元朱村被评为全省宜居村庄。

【农村危房改造】 自2012年中央开展农村危房改造试点以来，至2015年底，寿光市共完成农村危房改造任务2188户。在工作中，严格落实“村民申请、村两委讨论、镇级审核、危房鉴定、县级审批、镇村公示、签订协议、组织实施、竣工验收”的程序，保证农村危房改造工作顺利进展。2012年，寿光市被省政府授予全省农村住房建设与危房改造工作先进市称号。

环境保护

【管理机构】 2011年4月，对5个环保所编制进行调整，核定每个所全额拨款事业编制2人。2011年12月，设立市污水处理费征收办公室，正科级全额拨款事业单位，核定编制10人，领导职数1正2副，将原城市供排水管理处承担的污水处理费征收职能全部移交。2014年9月，撤销市环保局法规宣教科，在市环保局所属事业单位环境监察大队基础上成立法规宣教科，原职能全部划转。设立审批服务科，为股级内部机构。2015年6月，增设寿光市环境监察大队五中队，同时将内设科室信访科更名为信访督查科。大队内设8个科室。增设市环境监测站质量保证室，股级规格。市污染物排放总量控制办公室内设综合科、减排科2个科室。

【环境监测】 环境空气质量监测。寿光市从2011年开始，建设监测站和世纪学校2个城市空气自动监测站，开展空气中二氧化硫、二氧化氮、PM10、一氧化碳和臭氧的监测，2012年1月又增加PM2.5项目，2011年8月、9月潍坊市环保局又在侯镇和羊口两个工业园区分别安装2个空气自动监测站，2013年8月2个站增加PM2.5项目，至此，寿光市空气质量监测形成4个空气站的全指标监测体系。

2011—2015年的监测数据表明，2015年与2011年相比，城区空气中的主要污染物浓度二氧化硫下降40.7%，二氧化氮下降18.2%，PM10下降15.2%，PM2.5（比2012年）下降17.5%。与2013年相比，城区空气质量优良天数增加23天，重度以上污染天数同比减少26天。

2011—2015寿光市城区空气质量检测结果表

表4 单位：毫克／立方米

年份	SO_2	NO_2	PM_{10}	$PM_{2.5}$	优良天数	重度及以上污染天数
2011	0.086	0.044	0.165			
2012	0.098	0.051	0.172	0.103		

续表

单位：毫克 / 立方米

年份	SO_2	NO_2	PM_{10}	$PM_{2.5}$	优良天数	重度及以上污染天数
2013	0.099	0.053	0.167	0.108	110	58
2014	0.070	0.042	0.146	0.090	126	43
2015	0.051	0.036	0.140	0.085	133	32

降雨监测。2011—2015年，城区降雨布设2个监测点位。5年共监测降雨95次，监测总降水量2314.8毫米，PH值检出范围6.17-7.39，电导率检出范围38.7-397.0微西/米。5年内未出现酸雨。

2011—2015年城区降雨监测结果表

表5

年份	样品（个）	监测降雨量（毫米）	PH值范围	电导率范围(微西/米)	酸雨次数
2011	18	493.3	6.63 ~ 6.89	48.7 ~ 110.2	0
2012	21	577.0	6.70 ~ 7.31	56.1 ~ 168.9	0
2013	19	457.6	6.17 ~ 7.39	55.7 ~ 397.0	0
2014	16	428.9	6.50 ~ 7.23	75.7 ~ 200.2	0
2015	21	392.0	6.45 ~ 6.91	38.7 ~ 123.4	0

地表水监测。对小清河、弥河、联四沟、塌河、织女河、阳河、丹河、桂河等8条河流进行监测，每月监测一次，监测项目24项。到2015年末，境内8条河流COD平均浓度比“十一五”末下降52.48%，氨氮平均浓度下降68.65%。

生活饮用水水源地监测。对城市集中饮用水水源地二水厂（2012年停用）、三水厂和城北水厂每月一次，开展23项指标的分析（每年39项全分析一次）。从监测结果看，各项指标符合《地下水环境质量标准》三类标准。

2011年寿光市地表水水质（河流）监测结果表

表6

单位：毫克 / 升

断面 名称	小清河羊口	小清河侯辛	弥河张建桥	联四沟八面河	织女河三座楼	塌河巨淀湖	丹河五台	阳河连城
水温（℃）	12.6	12.5	11.8	13.0	13.9	13.5	13.3	13.8
流量（m^3/s）					0.76	0.86	0.30	0.32

续表

单位：毫克／升

断面 / 名称	小清河羊口	小清河侯辛	弥河张建桥	联四沟八面河	织女河三座楼	塌河巨淀湖	丹河五台	阳河连城
溶解氧	5.04	4.98	7.08	5.35	3.36	3.28	2.69	
高锰酸盐指数	14.7	15.2	10.8	17.1	29.1	25.9	26.0	
COD	40	44	31	44	79	69	66	86
BOD_5	13.5	13.5	10.7	13.7	15.3	19.0	19.3	
氨氮	4.14	5.39	1.51	2.77	5.23	7.41	7.66	4.19
挥发酚	0.003	0.003	0.002	0.004	0.004	0.004	0.004	0.004
氰化物	0.006	0.007	未检出	0.008	0.013	0.004	未检出	
砷	未检出	0.026	未检出	未检出	0.039	0.071	0.060	
汞	未检出	未检出	未检出	未检出	未检出	未检出	未检出	
六价铬	未检出	未检出	未检出	未检出	未检出	未检出	未检出	
铅	未检出	未检出	未检出	未检出	未检出	未检出	未检出	
镉	未检出	未检出	未检出	未检出	未检出	未检出	未检出	
石油类	0.4	0.4	0.2	0.4	0.5	0.5	0.5	
总氮	8.80	9.72	4.56	7.81	8.29	10.4	10.8	
总磷	0.35	0.45	0.12	0.31	0.49	0.43	1.38	
硫化物	未检出	未检出	未检出	未检出	未检出	未检出	未检出	
氟化物	2.83	2.74	0.62	3.87	3.60	3.23	2.40	
铜	未检出	未检出	未检出	未检出	未检出	未检出	未检出	
锌	未检出	未检出	未检出	未检出	未检出	未检出	未检出	
阴离子表面活性剂	0.19	0.19	未检出	0.22	0.39	0.45	0.32	
硒	未检出	未检出	未检出	未检出	未检出	未检出	未检出	

2012年寿光市地表水水质（河流）监测结果表

表7

单位：毫克／升

断面 / 名称	小清河羊口	小清河侯辛	弥河张建桥	弥河小营	联四沟八面河	织女河三座楼	塌河巨淀湖	丹河五台	阳河连城	丹河纪赵桥
水温（℃）	12.3	11.9	13.4	13.6	12.8	13.2	12.5	2.8	12.6	17.4

续表

单位：毫克 / 升

断面 名称	小清河 羊口	小清河 侯辛	弥河 张建桥	弥河 小营	联四沟 八面河	织女河 三座楼	塌河 巨淀湖	丹河 五台	阳河 连城	丹河 纪赵桥
流量（m^3/s）					0.96	0.84	1.16	0.34	0.57	0.25
溶解氧	5.90	5.80	6.89	6.96	5.47	4.32	4.47	4.04	4.14	4.86
高锰酸盐指数	13.1	14.0	9.1	9.1	15.2	27.0	23.8	20.5	27.9	22.5
COD	35	37	25	23	40	71	62	55	74	60
BOD_5	11.8	12.3	9.6	9.3	12.6	14.1	16.8	15.7	20.2	16.5
氨氮	4.24	4.73	1.15	1.056	2.67	6.49	6.41	5.98	7.72	6.00
挥发酚	0.007	0.005	0.002	0.002	0.010	0.012	0.008	0.007	0.014	0.007
氰化物	0.009	0.008	0.005	0.005	0.016	0.005	0.005	0.006	0.005	0.005
砷	未检出	0.024	未检出	0.103	未检出	0.037	0.070	0.052	0.044	0.021
汞	未检出	未检出	未检出	未检出	未检出	未检出	未检出	未检出	未检出	未检出
六价铬	未检出	未检出	未检出	未检出	未检出	未检出	未检出	未检出	未检出	未检出
铅	未检出	未检出	未检出	未检出	未检出	未检出	未检出	未检出	未检出	未检出
镉	未检出	未检出	未检出	未检出	未检出	未检出	未检出	未检出	未检出	未检出
石油类	0.47	0.47	0.24	0.25	0.48	0.72	0.61	0.58	0.75	0.63
总氮	11.9	11.4	5.43	4.36	13.1	11.3	12.1	8.58		
总磷	0.40	0.39	0.18	0.21	0.26	0.36	0.37	0.47	0.33	0.31
硫化物	未检出	未检出	未检出	未检出	未检出	未检出	未检出	未检出	未检出	未检出
氟化物	2.56	3.25	0.90	1.03	3.83	3.80	3.54	3.40	2.99	2.84
铜	未检出	未检出	未检出	未检出	未检出	未检出	未检出	未检出	未检出	未检出
锌	未检出	未检出	未检出	未检出	未检出	未检出	未检出	未检出	未检出	未检出
阴离子表面活性剂	0.24	0.21	未检出	未检出	0.22	0.43	0.40	0.44	0.27	0.28
硒	未检出	未检出	未检出	未检出	未检出	未检出	未检出	未检出	未检出	未检出

2013 年寿光市地表水水质（河流）监测结果表

表 8 单位：毫克 / 升

名称＼断面	小清河羊口	小清河侯辛	弥河张建桥	弥河小营	联四沟八面河	织女河三座楼	塌河巨淀湖	阳河连城	丹河纪赵桥
水温（℃）	14.3	14.3	14.3	16.3	15.0	16.2	14.9	15.8	15.6
流量（m^3/s）					1.28	1.40	1.73	1.12	0.40
溶解氧	5.52	5.44	7.64	8.19	5.34	3.43	5.05	2.96	4.05
高锰酸盐指数	13.6	14.1	9.56	7.93	13.3	23.9	24.4	33.2	24.2
COD	36	37	26	21	35	63	72	81	64
BOD_5	12.3	12.5	9.53	8.40	11.4	14.9	18.8	25.1	18.1
氨氮	3.76	4.07	1.00	0.64	1.86	4.65	4.94	5.15	4.82
挥发酚	0.004	0.004	0.002	0.002	0.005	0.008	0.008	0.016	0.005
氰化物	0.006	0.007	未检出	未检出	0.008	0.005	未检出	0.005	未检出
砷	未检出	0.0186	未检出	未检出	0.0002	0.0182	0.0248	0.0123	0.0080
汞	未检出	未检出	未检出	未检出	未检出	未检出	未检出	未检出	未检出
六价铬	未检出	未检出	未检出	未检出	未检出	未检出	未检出	未检出	未检出
铅	未检出	未检出	未检出	未检出	未检出	未检出	未检出	未检出	未检出
镉	未检出	未检出	未检出	未检出	未检出	未检出	未检出	未检出	未检出
石油类	0.61	0.64	0.32	0.29	0.58	0.76	0.75	1.0	0.71
总氮	10.5	10.2	6.7	7.95	8.7	10.2	9.7	10.3	9.40
总磷	0.33	0.37	0.18	0.22	0.30	0.37	0.39	0.42	0.37
硫化物	未检出	未检出	未检出	未检出	未检出	未检出	未检出	未检出	未检出
氟化物	1.31	1.61	0.72	0.62	1.27	1.75	1.63	1.37	1.38
铜	未检出	未检出	未检出	未检出	未检出	未检出	未检出	未检出	未检出
锌	未检出	未检出	未检出	未检出	未检出	未检出	未检出	未检出	未检出
阴离子表面活性剂	0.17	0.17	未检出	未检出	0.19	0.39	0.37	0.31	0.33
硒	未检出	未检出	未检出	未检出	未检出	未检出	未检出	未检出	未检出

2014年寿光市地表水水质（河流）监测结果表

表9 单位：毫克／升

断面 名称	小清河羊口	小清河侯辛	弥河张建桥	弥河小营	联四沟八面河	织女河三座楼	塌河巨淀湖	阳河连城	丹河纪赵桥
水温（℃）	16.9	17.0	13.2	13.8	16.8	18.7	17.4	18.3	18.7
流量（m^3/s）					1.27	1.42	1.98	1.08	0.35
溶解氧	6.14	5.95	7.87	7.62	6.20	1.74	4.40	3.35	4.84
高锰酸盐指数	13.1	13.9	9.12	10.6	13.0	28.1	20.0	25.7	23.0
COD	36	39	25	22	36	78	56	70	65
BOD_5	11.8	12.5	9.29	8.73	10.9	18.8	16.7	20.4	19.8
氨氮	2.96	3.32	1.05	0.848	2.24	4.90	3.91	8.18	3.38
挥发酚	0.004	0.004	0.002	0.001	0.005	0.011	0.007	0.013	0.005
氰化物	0.008	0.009	未检出	未检出	0.010	0.006	0.006	0.011	0.010
砷	未检出	0.0089	未检出	未检出	未检出	0.0084	0.0087	0.0102	0.0059
汞	未检出	未检出	未检出	未检出	未检出	未检出	未检出	未检出	未检出
六价铬	未检出	未检出	未检出	未检出	未检出	未检出	未检出	未检出	未检出
铅	未检出	未检出	未检出	未检出	未检出	未检出	未检出	未检出	未检出
镉	未检出	未检出	未检出	未检出	未检出	未检出	未检出	未检出	未检出
石油类	0.57	0.59	0.25	0.14	0.51	0.62	0.58	0.8	0.54
总氮	10.6	11.8	6.29	6.91	12.0	9.82	10.4	12.7	10.7
总磷	0.39	0.45	0.12	0.11	0.32	0.57	0.41	0.35	0.39
硫化物	未检出	未检出	未检出	未检出	未检出	未检出	未检出	未检出	未检出
氟化物	1.13	1.26	0.97	0.96	0.99	0.82	0.83	0.54	1.18
铜	未检出	未检出	未检出	未检出	未检出	未检出	未检出	未检出	未检出
锌	未检出	未检出	未检出	未检出	未检出	未检出	未检出	未检出	未检出
阴离子表面活性剂	0.14	0.11	未检出	未检出	0.15	0.40	0.35	0.21	0.22
硒	未检出	未检出	未检出	未检出	未检出	未检出	未检出	未检出	未检出

2015年寿光市地表水水质（河流）监测结果表

表10 单位：毫克/升

名称 \ 断面	小清河羊口	小清河侯辛	弥河张建桥	联四沟八面河	织女河三座楼	塌河巨淀湖	阳河连城	丹河纪赵桥
水温（℃）	16.6	16.1	14.0	17.1	18.7	17.1	18.3	18.0
流量（m^3/s）				1.12	1.77	2.23	1.02	0.35
溶解氧	6.57	6.39	8.16	6.63	2.11	3.46	3.18	4.36
高锰酸盐指数	11.8	12.3	6.00	11.7	20.9	17.2	17.8	18.0
COD	33	36	18	33	64	52	53	57
BOD_5	9.7	10.5	6.2	9.5	15.4	15.7	16.6	16.3
氨氮	1.56	2.17	0.49	1.58	10.3	7.15	8.19	3.08
挥发酚	0.004	0.005	0.001	0.004	0.017	0.009	0.009	0.005
氰化物	0.007	0.009	未检出	0.009	0.006	0.005	0.007	0.008
砷	0.001	0.006	0.001	0.001	0.008	0.008	0.009	0.006
汞	0.00008	0.00009	未检出	0.00082	0.00196	0.0006	0.00052	0.0005
六价铬	0.007	0.012	0.008	0.009	0.014	0.012	0.018	0.010
铅	未检出	未检出	未检出	未检出	未检出	未检出	未检出	未检出
镉	未检出	未检出	未检出	未检出	未检出	未检出	未检出	未检出
石油类	0.22	0.25	0.10	0.23	0.23	0.18	0.2	0.20
总氮	10.2	13.2	4.2	11.4	15.3	11.8	13.24	10.57
总磷	0.30	0.44	0.11	0.27	0.36	0.43	0.39	0.29
硫化物	未检出	未检出	未检出	未检出	未检出	未检出	未检出	未检出
氟化物	1.25	1.52	0.95	1.19	0.92	1.13	1.04	1.03
铜	未检出	未检出	0.0085	0.0010	0.0077	0.0063	0.0103	0.0060
锌	0.0933	0.0525	未检出	0.0733	0.1367	0.0850	0.0200	0.0233
阴离子表面活性剂	0.11	0.13	未检出	0.14	0.40	0.35	0.27	0.24
硒	未检出	未检出	未检出	未检出	未检出	未检出	未检出	未检出

2011—2015 年寿光市生活饮用水水源地水质监测结果

表 11 单位：毫克 / 升

时间 项目	2 011 年均值		2012 年均值		2013 年均值		2014 年均值		2015 年均值	
监测单位	二水厂	三水厂	城北水厂	三水厂	城北水厂	三水厂	城北水厂	三水厂	城北水厂	三水厂
水温（℃）	16.2	16.2	15.9	15.9	15.8	15.9	15.3	15.6	15.6	15.7
总硬度	407	405	404	408	364	424	385	435	401	444
硫酸盐	64.4	65.0	32.9	57.8	32.4	51.9	32.8	75.0	35.8	80.9
氯化物	95	99	81	94	89	112	83	111	85	113
高锰酸盐指数	0.80	1.09	0.75	0.84	0.77	0.85	0.69	0.76	0.73	0.75
氨氮	未检出	未检出	未检出	未检出	未检出	未检出	未检出	未检出	未检出	未检出
氟化物	0.75	0.93	0.728	0.766	0.454	0.505	0.335	0.350	0.272	0.322
总大肠菌群	＜2	＜2	＜2	＜2	未检出	未检出	未检出	未检出	＜2	＜2
挥发酚	未检出	未检出	未检出	未检出	未检出	未检出	未检出	未检出	未检出	未检出
硝酸盐氮	6.90	6.37	10.4	11.4	10.1	11.9	15.4	16.7	19.2	19.2
亚硝酸盐氮	未检出	未检出	未检出	未检出	未检出	未检出	未检出	未检出	未检出	未检出
铁	未检出	未检出	未检出	未检出	未检出	未检出	未检出	未检出	未检出	未检出
锰	未检出	未检出	未检出	未检出	未检出	未检出	未检出	未检出	未检出	未检出
铜	未检出	未检出	未检出	未检出	未检出	未检出	未检出	未检出	未检出	未检出
锌	未检出	未检出	未检出	未检出	未检出	未检出	未检出	未检出	未检出	未检出
阴离子表面活性剂	未检出	未检出	未检出	未检出	未检出	未检出	未检出	未检出	未检出	未检出
氰化物	未检出	未检出	未检出	未检出	未检出	未检出	未检出	未检出	未检出	未检出
汞	未检出	未检出	未检出	未检出	未检出	未检出	未检出	未检出	未检出	未检出
砷	未检出	未检出	未检出	未检出	未检出	未检出	未检出	未检出	未检出	未检出
硒	未检出	未检出	未检出	未检出	未检出	未检出	未检出	未检出	未检出	未检出
镉	未检出	未检出	未检出	未检出	未检出	未检出	未检出	未检出	未检出	未检出
六价铬	未检出	未检出	未检出	未检出	未检出	未检出	未检出	未检出	未检出	未检出
铅	未检出	未检出	未检出	未检出	未检出	未检出	未检出	未检出	未检出	未检出

城市环境噪声监测。对建成区噪声监测点位进行重新优化布点，实施功能区噪声8个点每年4次的监测，区域环境噪声229个点每年昼夜一次的监测，道路交通噪声48个点位每年一次的监测。

2011—2015年寿光市城区噪声监测结果统计表

表12

单位：分贝(A)

类型 年份	一类区		二类区		三类区		四类区	
	昼间 Ld	夜间 Ln	昼间 Ld	夜间 Ln	昼间 Ld	夜间 Ln	昼间 Ld	夜间 Ln
2011	52.4	41.5	57.4	47.6	61.3	53.0	63.9	53.1
2012	53.7	42.6	58.2	48.4	61.3	52.6	63.6	52.5
2013	53.8	44.5	56.8	47.7	57.1	50.8	68.0	54.6
2014	53.3	43.2	57.4	48.4	59.5	53.0	68.6	54.3
2015	54.0	43.8	58.4	47.6	61.4	49.6	67.8	53.1

2011—2015年寿光市道路交通噪声监测结果

表13

年份	测点（个）	路长（公里）	路宽（米）	车流量（辆/小时）	平均等效声级 dB(A)
2011	48	43.83	27.8	1089	66.4
2012	48	43.83	27.8	1117	66.4
2013	48	43.83	36.0	1544	68.6
2014	48	43.83	36.0	1501	68.2
2015	48	43.83	36.0	1377	67.3

2011年—2015年寿光市区域环境噪声监测结果

表14

年份	测点数（个）	网格面积（平方米）	平均等效声级 dB(A)
2011	229	400×400	55.5
2012	229	400×400	55.7
2013	229	400×400	55.5
2014	229	400×400	55.6
2015	229	400×400	55.9

【环境监察与治理】 大气污染治理。2011年3月，市政府印发《寿光市大气污染综合整治实施方案》，在全市范围内开展大气污染综合整治行动，突出“异味、烟尘、扬尘、粉尘”治理，采取“一企一策、细节管理、分类施治”的工作措施，累计完成治理资金6.5亿元，对羊口、侯镇、台头等6大片区164家企业实施综合整治。

2012年3月，制定《寿光市重点项目污染治理实施方案》，共确定大气污染治理项目88个，水污染治理项目32个，关停取缔项目29个。共完成投资8.15亿元，其中大气治理投资5.58亿元，水治理投资2.57亿元。

2013年5月，制定《寿光市环境污染治理实施方案》，在重点片区分别召开环境污染治理动员会议，与有关单位签订污染治理目标责任书。共确定139个污染治理项目，完成投资15.55亿元。7月，市政府印发《关于建立大气污染联防联控机制改善区域空气质量的实施意见》，由环保、交通、建设、经信、科技、公安等部门参与，建立大气污染联防联控机制。9月，市委、市政府在全市范围内开展以消灭污水直排战役、自备井整治战役、河道生态修复战役、推行“煤改气”战役、整治空气异味污染战役、淘汰黄标车战役、防控城市扬尘污染战役、治理农业面源污染战役等“八大战役”为重点工作的“三八六”环保行动，决定利用三年时间，实现三个目标，打响八大战役，采取六项保障措施。

2014年，继续实施环境污染治理和“三八六”环保行动，印发《寿光市2014年环境污染治理实施方案》，共确定169个治理项目，完成投资15.2亿元。环保局牵头负责的“三八六”环保行动整治空气异味污染任务，共完成87项工业废气治理项目、147辆油罐车、124座加油站、2座储油库油气回收改造任务、151家餐饮单位油烟治理任务和1条落后产能生产线淘汰任务。

2015年，继续深化环境污染治理和“三八六”环保行动。市政府印发《寿光市2015年环境污染治理实施方案》（寿政发〔2015〕13号），共确定160个污染治理项目，总投资14.77亿元。其中，大气污染治理项目共53个，总投资12.3亿元；水污染治理项目共31个，总投资2.2亿元；企业物料堆场扬尘污染治理项目共23个，总投资0.27亿元；镇街物料堆存场所扬尘污染防治项目共53个。市政府印发《寿光市“三八六”环保行动2015年度工作任务分工配档表》（寿政发〔2015〕12号），深入开展整治空气异味污染战役各项工作，对有机化工、合成材料、化学药品原药制造、橡胶及塑料产品制造、装备制造涂装、电子设备制造、包装印刷等重点行业实施挥发性有机物（VOCS）治理和异味治理。共确定联盟石化酸性气湿法回收、新华制药（寿光）工业有机废气治理等27项整治空气异味污染任务全部完成，完成投资4.24亿元。

重点片区环境集中整治。依托“三八六”环保行动，突出重点片区环境集中整治，先后开展“侯镇项目区环境集中整治”“改善城区空气质量百日集中整治”“防水产业环境集中整治”。在改善城区空气质量百日集中整治行动中，共确定城区扬尘综合整治、推进燃煤机组烟气超低排放改造、治理淘汰黄标车、成品油市场专项整治等4个方面12项综合整治任务，各项任务全部按期完成。市政府印发《城区扬尘污染防治实施意见》，建立健全城区扬尘污染防治长效机制。在侯镇项目区环境集中整治中，根据“关闭取缔一批、停产治理一批、限期治理一批”的整治原则，分两个批次对侯镇项目区67家企业74个项目进行分类整治，其中对29个项目进行关闭取缔，对15个项目进行停产治理，对30个项目进行限期治理。2015年9月14日始，对防水产业实施废气、异味、粉尘、废水及违规建设项目综合治理。

水污染治理。（1）小清河生态环境综合治理。2012年初，山东省政府启动新一轮小清河流域生态环境综合治理，并组织环保厅牵头，会同发改委、住建厅、水利厅、农业厅、林业厅、旅游局等12省直部门联合编制《小清河流域生态环境综合治理规划方案》。2012年10月15日，该规划方案由省政府批复（鲁政字[2012]216号），2013年1月23日颁布实施（鲁环发[2012]58号）。省规划中涉及寿光市的共有污染防治、再生水循环利用、生态修复与保护、生态旅游、饮用水安全与环境安全防控工程等6大类98个项目，总投资74.07亿元。至2015年底，除破产及因客观因素不再建设的以外，其余项目全部建成，完成年度考核任务。小清河入海断面水质持COD、氨氮浓度均值稳定控制在40mg/L和2.0mg/L以下，达到省环保厅2015年度省控河流断面控制标准要求。

（2）丹河治理。2012年以来，投资7000多万元对丹河进行高标准的清淤治理和生态修复，包括疏浚扩挖河槽49公里；两岸复堤65.6公里；新建、改建穿堤涵洞29座；改建、维修生产桥26座等。2014年，投资2000多万元，对丹河实施全长13.4公里的生态防护绿地建设，绿化总面积约133.7公顷。寿光市出台《关于加强已治理河道维护管理的通知》（寿政办发[2013]58号），对丹河河道维护管理的范围、内容、标准、职责分工、经费来源等都作出明确要求。投资2亿元，建设东城、上口、纪台、侯镇等4处污水处理厂，对流域内工业废水和镇村生活污水实行集中收集处理。按照潍坊“三八六”环保行动消灭污水直排战役总体部署， 2014年底前，寿光市丹河流域污水直排口全部完成封堵。2013年，在丹河入境南李断面和出境大九路断面分别安装2处在线监控设施，2014年又在流域内各镇街断面安装张家营、丁家店子、佛屋等3处在线监控设施，做到对丹河水质全流域、全天候监控。丹河全河道生态湿地由市环保局组织编制可行性研究报告，由市水利局完成专家论证与招标，于2015年12月20日正式开工建设。

（3）生态项目建设。2013年—2014年6月，共投入32.4亿元，实施小清河流域68个生态项目建设。投资7.5亿元，完成污水处理厂污泥无害化综合利用、默锐中水再利用、工业废水治理等55个治理项目，建成稻田、上口等2处镇污水处理厂，完成城北、东城等4处污水处理厂升级改造，出水水质达到一级A标准，配套建设污水收集管网16公里。投资2亿元，建设默锐一期5万立方米中水回用项目，采用国际最先进的双膜法处理工艺，将中冶华天污水处理厂排放尾水再次进行深度处理。投资140多万元，在丹河、桂河、阳河、织女河安装4套在线监测设备，对入境河流水质全天候监控，一旦发现水质超标，市环保局将数据上报潍坊市局，请示市局协调上游县市区排查超标原因，同时将数据发送到上游县市区引起重视。成立联合检查小组，对丹河、桂河、阳河、织女河、新塌河、张僧河、营子沟等河流断面及污水排放口进行不定期抽查，对河流断面水质情况进行通报；由古城、侯镇、圣城环保所每周对丹河断面水样取样一次送环境监测站监测，对出现超标的河段及时查清原因，对违法行为严肃处理。制定下发《关于进一步改善全市重点河流断面水质的通知》（寿政办发[2014]75号），要求对已建成投运的污水处理厂进行升级改造，采用更加先进的污水处理工艺，对污水进行处理，使其外排废水中的COD和氨氮按期达到省市规定的河流断面水质控制标准；对污水未实现达标排放的镇街要建设污水集中处理设施及配套管网的建设，确保直排废水达到省市规定的河流断面水质控制标准。

排污费征收。2014年9月1日，国家发改委、财政部、环保部联合发布《关于调整排污费征收标准等有关问题的通知》（发改价格[2014]2008号）。9月26日，环保部办公厅《关于排污申报与排污费征收有关问题的通知》（环办[2014]80号）对现行的《排放污染物申报登记统计表》进行简化修改，同时对排污费征收工作流程进行调整。2015年1月22日，环保部办公厅《关于执行调整排污费征收标准政策有关具体问题的通知》（环办[2015]10号），要求各省级环保部门应当积极主动与当地发展改革（价格）、财政部门沟通协调，在2015年6月底前出台调整排污收费标准的正式文件，并不晚于2016年1月1日前执行。2015年7月8日，省物价局、省财政厅、省环保厅发布《关于完善排污收费政策促进治污减排有关问题的通知》（鲁价费发[2015]53号），自2015年10月1日起实施，有效期至2020年9月30日。

2011—2015年寿光市征收排污费汇总表

表15

年份	征收单位数	金额（元）
2011	258	27172765
2012	263	27568918
2013	264	30108708
2014	260	36700493
2015	261	26014818

环境信访。寿光市环境保护局信访督查科成立于2006年，成立之初科室名称为“信访科”，隶属寿光市环境监察大队。2015年6月29日，信访科更名为信访督查科。信访督查科主要负责全市环境信访工作的统一管理。2011年：受理信访案件1021件，其中群众信访251件，“寿光民声”770件，处结率达到100%。2012年：共受理信访案件824件，其中办理群众来信来电269件，“寿光民声 ”55件，处结率达到100%。2013年：共受理来信、来电、转办等信访案件797件，其中群众信访453件，“寿光民声”305件，处结率达到100%；共接待各媒体记者16批次。2014年：共受理来信、来电、转办等信访案件634件，其中群众信访491件，“寿光民声” 143件，处结率达到100%。2015年全年共受理各类环境信访投诉1613件。其中部级信访3件，省级信访74件，潍坊市级信访992件（“12369”环保举报热线投诉772件，潍坊市长公开电话投诉190件，市局受理26件，微信12369平台投诉4件），寿光环保局受理544件（寿光民声网投诉232件，寿光市长公开电话投诉73件，寿光信访局转1件，群来信、来电、网上投诉等受理238件），处结率100％。

【国家环保模范城市复核】 2002年，寿光市委、市政府提出创建国家环保模范城市的奋斗目标，于2006年10月13日通过国家环保总局组织的国家环保模范城市考核验收，2007 年 2 月 12 日国家环保总局正式批准寿光市为“国家环保模范城市”。环保部要求对已命名的国家环保模范城市进行复核。寿光市于 2010 年 9 月 10 日又启动国家环保模范城市复核工作，成立市长为组长的领导小组，对寿光市国家环保模范城市持续改进工作进行现场检查。专家组对寿光市 26 项指标进行复核，一致认为寿光市 26 项指标达到或基本达到国家环境保护模范城市考核要求，整体通过现场验收。2012 年 10 月 10 日至 12 日，由环保部华东督查中心对寿光市进行国家环保模范城复核后督查。寿光市复核时提出的问题都作出明确的措施和结果，整改工作到位。整个复核工作历时 2 年。

【生态市创建】 省级生态市创建。2011 年初，寿光市生态市创建办公室按照标准要求，完成省级生态市创建所涉及的 7 项基本条件、35 项建设指标档案资料和国家级生态市建设所涉及的 5 项基本条件、22 项建设指标一级档案资料整理工作。4 月 8 日，寿光市召开生态市创建工作现场调度会，寿光市市长朱兰玺带领各镇、机关部门主要负责人现场查看点评生活污水处理设施和垃圾中转站建设情况，查找分析生态市建设中存在的问题，对下一步的工作重点逐个部门进行安排部署。随会下发《2011 年生态市建设重点工作》。4 月 12 日至 13 日，省生态建设工作领导小组对寿光市省级生态市创建工作进行技术核查。核查组重点查看生活污水、垃圾处理等基础设施建设和规模化畜禽养殖场粪污处理情况，审核省级生态市建设指标档案资料，听取寿光市政府情况汇报，观看生态市创建专题片，并进行随机问卷调查。认为寿光市达到省级生态市建设标准，同意通过技术核查寿光市成为全省第 3 个通过省级生态市技术核查的（县）市。5 月 19 日，寿光市针对《关于寿光市省级生态市建设核查的整改意见》提出的问题进行全面整改，形成《寿光市省级生态工作整改报告》，申请对省级生态市创建工作进行验收。6 月 17—18 日，省生态省建设工作领导小组织对寿光市省级生态市创建工作进行考核验收。验收组重点审查省级生态市核查整改意见的落实情况，现场考查重点生态工程建设和村镇环境整治情况。认为寿光市生态市建设工作达到省级生态市建设标准，同意通过验收，寿光市成为全省第一个通过省级生态县市验收的城市。12 月 30 日，山东省环保厅下发《关于命名章丘等市（区）为省级生态市（区）的决定》，寿光市正式获得省级生态市命名。

国家生态市创建。寿光市自 2007 年全面开展国家生态市创建工作，并通过省级生态市考核验收。经自查，国家生态市考核验收的 5 项基本条件和 22 项建设指标，全部达到考核要求，具备国家生态市考核验收条件。2011 年 7 月 21 日，寿光市人民政府正式向山东省环保厅提出申请，请求向环保部转报《关于申请对寿光市国家级生态市创建工作进行考核验收的函》，对寿光市国家生态市创建工作进行考核验收。12 月 6—7 日，环境保护部组织对寿光市国家生态市创建工作进行技术评估。评估组听取寿光市委、市政府关于生态市创建情况的报告，现场考察寿光市环境保护与生态建设情况，查阅相关档案资料，进行民意调查后，形成评估意见。认为寿光市各项指标基本达到国家生态市建设标准，同意通过技术评估，建议报环境保护部审查，按规定程序考核验收。2012 年 3—6 月，寿光市召开生态寿光建设大会，对生态文明建设作出总体部署，市政府先后 2 次组织召开全市生态市创建工作调度会，下发

《2012年生态市创建任务分解表》《生态市创建验收重点工作任务分工》等，对各镇街区、有关部门的创建工作重点逐一进行安排部署。同时，生态市创建办公室根据环保部技术核查后反馈的整改意见，完成2011年度国家生态市建设指标档案资料整理工作，对整改意见中所涉及的5项基本条件14项建设指标有关档案资料进行补充完善，并形成《寿光国家生态市建设整改技术报告》报送至环保部。7月14—15日，环保部对寿光市国家生态市建设工作进行考核验收，验收组听取寿光生态市建设及技术评估整改工作情况汇报，审查工作档案、技术资料和考核指标等基础数据，实地查看部分现场。认为寿光生态市创建工作取得重要成果，同意通过考核验收，寿光市成为全省第4个通过国家生态市验收的城市。

财政 税务 金融

财 政

【管理机构】 2011年4月，寿光市住房资金管理中心调整为市政府直属正科级全额拨款事业单位；7月经上级批准成立财政局党委。2012年4月，设立行政政法科和教科文科，原行政事业财务管理科不再保留。同时，在办公室加挂组织人事科牌子；6月设立市财税信息中心，为股级全额拨款事业单位，隶属市财政局；11月设立财务科，与行政政法科合署。2013年10月，市财税信息中心规格由股级调整为副科级，人员编制、隶属关系、经费形式不变。2015年10月，市财政政策研究室更名为市经济政策研究中心，由股级升格为副科级，隶属关系、经费形式不变。2015年，财政局内设10个职能科室，分别为办公室、预算科、农业科、综合科、社会保障科、企业科、债务金融科、会计科、政政法科、教科文科。下辖11个事业单位，分别为国有资产监督管理办公室、预算外资金管理办公室、基础设施建设资金管理中心、财政监督办公室、政府采购中心、基层财政管理办公室、国库集中支付中心、财政投资评审中心、市财税信息中心、市经济政策研究中心、市农业综合开发办公室。

【财政体制】 市级财政体制。2013年，省改革省以下财政体制，下划部分省级收入及财力；除部分跨区域企业税收外，将省级分享的营业税、企业所得税、个人所得税，以及石化企业增值税、电力生产企业增值税和所得税，国家开发银行、高速公路及铁路企业城建税和教育费附加，全部下划到市县，作为市县财政收入；取消原体制按3%比例递增上解政策。对市县负担的出口退税比上年增长部分，省补助比例由25%提高到50%；将省属及以上采矿权人缴纳的矿产资源补偿费省级分成比例，由70%降低到50%；煤炭资源探矿权、采矿权价款收入省级分成比例，由40%降至30%；建立省市税收分享机制，将石油、电网、高速公路和铁路运输3个行业，以及中央财政划转的跨省市总分机构企业所得税继续保留为省级税收，寿光市的益羊铁路实现的营业税上划省级。对增值税、营业税、企业所得税、个人所得税4个主体税种收入，以及资源税、房产税、城镇土地使用税、土地增值税、耕地占用税、契税6个资源财产类税种收入，从2013年起比2012年增长部分，省统一分成15%，其中耕地占用税3年内暂不分成。对胜利油田石油增值税、资源税比2012年增长部分，由省级独享改为省与产油区政府按7:3比例分成。

镇级财政体制。2011年，寿光市印发《寿光市人民政府关于调整市镇（街道）财政体制的通知》，在2007年市对镇（街道）实行“核定收支、定额上缴（补助）、增量分享”财政体制基础上，对财政体制进行适当调整。一是体制调整的原则和依据。在坚持财政体制总体框架不变的原则下，以2007—2010年人均可用财力平均数为依据，结合镇街综合经济实力，适当提高人均财力较高的镇街财政收入增量市级分享比例，对人均财力较低的镇街调减市级增量分享比例或给予适当补助。二是调整的具体内容。（1）圣城街道、羊口镇地方财政收入增量市级分享比例由30%提高到50%；古城街道、侯镇增量市级分享比例由30%提高到40%；营里镇、洛城街道、文家街道增量市级分享比例仍为15%。（2）台头镇、田柳镇、上口镇地方财政收入增量市级分享比例由30%调整为15%。（3）孙家集街道、化龙镇、纪台镇、稻田镇按财力缺口情况增加保障性定额补贴。三是加大对羊口新区的支持力度。地方财政收入比上年增加部分给予40%的返还，专项用于园区基础设施建设。2015年，市委、市政府办公室印发《关于全面加强镇街区财税工作的实施意见》（寿办发2015[17]号）文件，明确自2015年1月1日起，对镇街区超收收入全部返还，根据年初市政府下达的镇街区财政收入指导计划，对超收部分市财政全额返还，次月拨付到位，全年统算。

【财政收入】 全市财政收入主要来自税收收入、行政事业性收费收入、国有资源（资产）有偿使用收入和其他收入。2011—2015年，针对经济下行压力较大的形势，着力稳增长、促改革、调结构，加大财政调控力度，激发企业发展活力，促进经济提质增效，财政收入质量实现新提升。2011—2015年，全市一般公共预算收入总量3365429万元，年均增长22.8%，其中2012年550006万元，2013年706900万元，2015年900517万元，分别突破50亿元、70亿元、90亿元大关。

主体税种收入。2011年起，落实结构性减税政策，提高个人所得税工薪所得减除费用标准、提高增值税和营业税起征点、对部分小型微利企业实施所得税优惠政策等，全市增值税、营业税、企业所得税及个人所得税4大主体税种收入完成180826万元，占一般公共预算收入的比重为43.5%。自2013年8月1日起，在全国范围内开展交通运输业和部分现代服务业营改增试点，在减轻企业负担的同时，对财政收入形成减收，2013—2015年陆续将广播影视服务、铁路运输业、邮政业和电信业等行业纳入试点。2014年全市4大主体税种收入完成274720万元，占一般公共预算收入的比重为34.7%。2015年全市4大主体税种收入完成313633万元，占一般公共预算收入的比重为34.8%。

其他税收收入。包括资源税、城市维护建设税、房产税、印花税、城镇土地使用税、土地增值税、车船税、耕地占用税、契税等。2011年其他税收收入完成153681万元，占一般公共预算收入的比重为36.9%。2014年4月，市政府印发《关于加强液体盐（卤水）资源税征管工作的通知》，寿光市辖区内通过提取地下天然卤水晒制海盐的企业，按照固体盐20元/吨的税额标准上缴资源税；通过提取液体盐（卤水）制取化工产品的企业，按照提取的液体盐数量作为课税数量，按2元/吨的税额标准上缴资源税。2014年10月，重新调整寿光市一级土地、二级土地、建制镇和工矿区范围，调整城镇土地使用税税额标准，每平方征收标准分别提高到10元、8元、6元。2014年其他税收收入完成375166万元，占一般公共预算收入的比重为47.4%。2015年其他税收收入完成398404万元，占一般公共预算收入的比重为44.2%。

非税收入。2011年1月起，预算外资金管理的收入（不含教育收费）全部纳入预算管理，当年非税收入完成81499万元，占一般公共预算收入的比重为19.6%。2013年起，加强非税收入管理，清理取消或免征部分行政事业性收费项目，当年非税收入完成136353万元，占一般公共预算收入的比重为19.3%。2015年1月起，政府性基金预算中包括地方教育附加、文化事业建设费、残疾人就业保障金、从地方土地出让收益计提的农田水利建设和教育资金、转让政府还贷道路收费权收入、育林基金、森林植被恢复费、水利建设基金、船舶港务费、长江口航道维护收入等11项基金收支转列一般公共预算，当年非税收入完成188480万元，占一般公共预算收入的比重为21%。

2011—2015年寿光市财政收入情况表

表1 单位：万元

年份	一般公共预算收入	增长（%）
2011	416006	28.8
2012	550006	32.2
2013	706900	19.7
2014	792000	12
2015	900517	13.7
合计	3365429	22.8

【财政支出】 2011—2015年，全市一般公共预算支出3697364万元，其中：一般公共服务支出306979万元，占总支出的8.3%；公共安全支出130248万元，占总支出的3.52%；教育支出1048860万元，占总支出的28.37%；科学技术支出90103万元，占总支出的2.44%；文化体育与传媒支出28952万元，占总支出的0.78%；社会保障和就业支出345879万元，占总支出的9.35%；医疗卫生与计划生育支出257234万元，占总支出的6.96%；节能环保支出134763万元，占总支出的3.64%；城乡社区支出391876万元，占总支出的10.6%；农林水支出657218万元，占总支出的17.78%；交通运输支出54959万元，占总支出的1.49%；资源勘探信息等支出106075万元，占总支出的2.87%；商业服务业等支出41124万元，占总支出的1.11%；金融支出13106万元，占总支出的0.35%；援助其他地区支出6403万元，占总支出的0.17%；国土海洋气象等支出35581万元，占总支出的0.96%；住房保障支出36896万元，占总支出的1%；粮油物资储备支出9023万元，占总支出的0.24%；其他各项支出2052万元，占总支出的0.06%。

2011—2015年全市财政支出情况表

表2 单位：万元

年份	一般公共预算支出	增长（%）
2011	500502	22.4

续表

单位：万元

年份	一般公共预算支出	增长（%）
2012	637474	27.4
2013	783814	23
2014	826874	5.5
2015	948700	14.7
合计	3697364	19.3

【财政管理与监督】 企业财务管理。2012年，寿光市印发《寿光市企业划型与动态管理实施办法》，对全市企业，不分行业、所有制性质和隶属关系，主要按企业上年度实缴税金额划分为特大型、大型、中型企业。实缴税金5000万元以上的为特大型，1000万元以上、5000万元以下的为大型，100万元以上、1000万元以下的为中型，100万元以下的为小型企业。对大中型企业实行“总量控制、末位淘汰”制度，大中型企业总数控制在100家以内。2015年，寿光市制定推进工业转型发展意见，设立专项资金3000万元，鼓励企业技术进步和转型升级。

行政事业财务管理。2011年，制定《寿光市机关公务用车定编配备和使用管理办法》，公务用车（含特殊公务用车）包括小轿车、越野车、旅行车、特种车及其他车辆等。2012年，出台《推进文化寿光建设打造文化强市若干政策》，市财政每年设立500万元的文化建设专项资金，采取贴息、奖励、资助等形式，支持全市文化建设发展提升。实施“人才强市”战略，市财政每年安排专项资金，5年内从国内外引进100名高层次创新人才、100名高层次创业人才。2013年，完善预算管理制度，制定《寿光市市级财政支出绩效评价管理暂行办法》，推进预算绩效管理。完善预算支出定额标准，制定会议、培训、差旅、外宾接待、因公临时出国、因公短期出国培训等6项经费管理办法，全年“三公经费”比上年下降30%。2014年起，利用3至5年的时间，对全市农村户籍的35～64周岁的妇女进行“两癌”免费检查，并将此项工作纳入全市科学发展综合考核。2015年，寿光市首次设立见义勇为基金100万元，用于表彰奖励见义勇为行为。同年8月份，制定《寿光市党政机关会议定点管理实施方案》，通过招标方式确定寿光阳光温泉大酒店有限公司、山东御景大酒店有限公司2家党政机关会议定点场所及服务最高限价，包括住宿房间价格、会议室租金和伙食费。会议定点场所实行动态管理，2年调整一次。

教科文财务管理。2011年，对低保家庭、孤残儿童实施免费入园政策。提高城乡义务教育保障水平，执行初中每生每年900元、小学每生每年700元标准；提高农村义务教育家庭经济困难寄宿生生活费补助标准，由小学每生每年500元提高到750元，初中每生每年750元提高到1000元；制定《寿光市学生接送安全工程补贴发放办法(试行)》，市财政每月为每名乘车学生发放乘车补贴25元（城区学生除外），对年度考核合格的校车司机给予2000～3000元奖励。2012年，再次提高农村义务教育家庭经济困难寄宿生生活费补助标准，由小学每生每年750元提高到1000元，初中每生每年1000元提高到1250元，资助比例由寄宿生的8%扩大到10%。同年8月份，全市配备标准校车311辆，其中美式校车32辆、其他统一标识的校车279辆。同年6月，寿光市京剧团改制为寿光市京剧艺术团有限公司，由差拨事业单位改为企业，由政府花钱“养人”变为政府花钱“买服务”。2013年，印发《寿光市公办幼儿园生均经费拨款机制实施方案》，为全市所有公办幼儿园（包括公办性质幼儿园），按照每生每年300元标准建立生均经费制度；特殊教育学校公用经费补助标准由每生每年3000元提高到每生每年4200元；对公办中等职业学校全日制正式学籍所有在校学生免除学费。同年，市人民政府办公室印发《转发市体育局关于推动全市体育事业全面均衡发展扶持政策的通知》，扶持社区、行政村购置安装健身设施，力争到2015年实现全市行政村体育健身设施覆盖率达100%。2013年为167个行政村、21个社区配备健身器材，2014年为247个行政村、21个社区配备健身器材，2015年为290个行政村配备健身器材。2014年，义务教育阶段中小学及普通高中教学班，班主任津贴标准由班均每月15元提高到班均每月300元，每年按10个月执行，班主任津贴纳入单位绩效工资总量；向原民办代课教师发放教龄补助，原民办代课教师教龄补助按照教龄每满一年每月补助20元的标准发放，剩余不满1年的教龄按1年计算。同年，市财政局、教育局联合制定《关于实施农村义务教育学校校舍标准化建设工程资金奖励办法的通知》，在全市范围内实施农村义务教育学校校舍标准化建设工程。2015年，将农村家庭经济困难寄宿生生活费补助范围由10%扩大到15%，普通高中国家助学金平均资助标准由每生每年1500元提高到2000元，中等职业学校国家助学金资助标准由每生每年1500元提高到2000元。同年，市政府与中国教育科学研究院签订《共建教育综合改革实验区合作协议》，决定共建教育综合改革实验区，市财政每年拨付中国教育科学研究院研究经费250万元，期限4年。

非税收入管理。2012年2月1日起，根据《财政部国家发展改革委关于公布取消253项涉企行政事业性收费的通知》要求，山东省取消19项涉企行政事业性收费，寿光市取消4项涉企收费。2013年，取消城市房屋安全鉴定费、收费票据工本费等行政事业性收费，将城市环境卫生费、城市绿化补偿费转为经营服务性收费。2013年1月1日至2014年12月31日期间，免征企业注册登记费、个体工商户注册登记费等收费。同年，集中开展票据清理检查工作，对各预算单位、各镇街区2010年1月1日至2012年12月31日领购的各类财政票据进行全面核查，对“收支两条线”执行情况和票据使用管理等情况进行集中检查。2014年，将镇街往来款、国有资产处置（出租）收入以及幼儿园保育费等镇级非税收入纳入非税系统管理，提高了财政收入的完整性。2015年，根据财政部、国家发改委《关于取消、停征和免征一批行政事业性收费的通知》规定，继续规范清理行政事业性收费，取消或暂停征收征地管理费、保存人事关系及档案收费、组织机构代码证书收费等13项行政事业性收费，对小微企业免征土地登记费、房屋登记费等42项收费。2015年11月，新版非税收入和票据管理系统正式启用，根据“单位开票、银行代收、财政监管”的非税收入征缴管理基本思路，以“全程联网、实时监控、自动缴库”为目标，依托财政外网和内网，实现非税收入和财政票据管理业务的高度集中处理，涵盖财政部门、非税执收单位、用票单位、非税代收银行。

会计管理。2011年，根据省财政厅的要求，在全市范围内对会计人员进行信息采集，当年完成网上注册7362人，审核确认5761人，全市9316人参加会计从业资格证考试，考试科目20873科，安排考场395场。

2012年财政部对全国会计从业资格无纸化考试工作作出统一要求，会计从业资格考试增加案例分析题、计算分析题等主观题型。当年，全市共有4115人参加会计从业资格考试，考试科目数9307科，其中1637人考取会计从业资格证书。同年6月，寿光市会计协会第二届理事会第一次会议和寿光市会计协会换届大会召开，会议表决通过修改的《寿光市会计协会章程》和《寿光市会计协会会费收取和管理办法》，选举产生新一届会计协会领导机构，发展会员270个。召开寿光市会计大会，表彰寿光市会计工作先进单位和先进会计工作者，并对从事会计工作满30年的会计人员颁发荣誉证书。同年7月，组织开展寿光市首届会计知识电视大赛。2013年，全市组织会计从业资格考试4期，考试科目数18080科，考取新会计从业资格证书人数为1832人，继续教育7200人。组织全市部分业务骨干赴潍坊、济南进行新会计制度培训2次，9月和11月先后举办2期内控业务培训班和行政事业单位财会业务培训班，培训财会人员达1200人次。同年6月和10月，分2批组织全市百强企业财务总监（财务副总）和部分行政事业单位财务科长赴上海国家会计学院参加全市高级财务人员业务能力提升培训班，参加人员150人。评选并隆重表彰2012寿光会计年度人物，承办省第二十届珠算和第八届珠心算数学比赛。2014年，全市持有会计证人员共13400人，其中2014年新考取会计证人员2138人，办理会计人员继续教育登记的人员13158人。按照6年统一换证制度要求，全年共为6201人换发新版会计证。会计人员继续教育首次通过山东财经大学培训网进行网络学习。2015年组织4批次会计从业资格考试工作，共报考7129人，21387科；考取会计从业资格证人数为2595人，换发新版会计从业资格证5061人，继续教育年审10216人。同年，成立寿光市会计代理记账行业协会。至2015年底，全市具有初级会计专业技术资格人员1220人，中级会计专业技术资格人员561人，高级会计专业技术资格人员45人。

社会保障资金管理。2012年，初步建立起一体化的城乡居民基本养老保险制度。将城乡居民养老保险基础养老金由每人每月55元提高到60元。同时增加政府缴费补贴档次，对缴纳养老保险的，根据个人缴费档次分别按每人每年30元、40元、50元、60元给予补贴。根据“保障标准随物价和生活水平逐年提高”的原则，将城市居民最低生活保障标准由每人每月330元提高到400元；农村居民最低生活保障标准由每人每年2000元提高到2500元。全年共落实城市低保资金178万元、农村低保资金4831万元，惠及城乡困难群众2.6万人。进一步提升农村五保集中供养能力，集中供养标准达到每人每年3300元，分散供养标准达到每人每年2500元，集中供养率保持在80%以上。巩固完善基本药物制度。全市606处村级卫生室全面实施国家基本药物制度，药品实行零加成销售。落实基本公共卫生服务均等化政策，推进公立医院改革。落实资金1500万元，为市人民医院、中医医院和妇幼保健院提供贷款贴息补助和租赁费补助。将城乡居民医疗保险政府补助标准从每人每年200元提高到240元，安排822万元和18657万元用于补助34249人参加城镇居民医疗保险和79.6万人参加新型农村合作医疗保险，出资213万元资助30445名城乡困难群众免费参加新农合。全年为参保城镇居民和参合农民报销医药费1344万元和20731万元。2013年，制定《寿光市城乡医疗救助办法》，在落实城镇职工医疗、城乡居民医疗的政策基础上，对城乡困难居民进行医疗补助，个人自付费用的报销比例由15～40%提高到55～70%，救助额最高标准由8000元提高到10000～12000元。调整部分优抚对象抚恤、生活补助和护理费标准，其中优抚对象抚恤和生活补助提高一至十级平均每人每年提高2932元，三属生活补助平均每人每年提高1176元，转复退回乡军人每人每年840元，参战、退役军人每人每年提高420元；护理费标准每人每月提高100~200元不等。提高城乡低保、五保的生活补助标准，城市低保每人每月提高50元；农村低保每人每年提高200元；农村五保每人每年提高1100～1500元不等。制定《关于切实做好市属企业退休职工中独生子女父母养老补助工作的实施意见》，对2001年1月1日后正式办理退休手续的市属企业独生子女父母进行一次性养老补助。2014年，制定《关于加快发展养老服务业的意见》，明确到2020年寿光市养老服务的总体思路、发展规划、创新机制、财税支持等政策，特别是对特殊困难群体政府购买服务、养老机构规划、城市社区老年人日间照料中心和农村幸福院运营补助等出台明确的补助标准。调整完善居民基本养老保险制度，明确年满16周岁（不含在校学生），未参加其他社会养老保险的居民，可以在户籍地参加居民养老保险，基础养老金标准由每人每月65元提高到每人每月75元。规定自2013年7月30日起，将个人账户储存额按照山东省企业职工基本养老保险个人账户记账利率计算。规定自2013年7月30日起，建立丧葬补助金制度，待遇领取人死亡后30内办理居民养老保险注销登记的，一次性发给500元的丧葬补助金。农村低保标准由每人每年2700元提高到3100元，农村五保集中供养标准由每人每年6400元提高到每7200元，分散供养标准由每人每年3600元提高到4000元。全市低保重度残疾人生活补贴标准由每人每月70元提高到每人每月80元。自2014年1月1日起，建立困境儿童基本生活保障制度，对具有寿光市户籍，在出生、发育和成长过程中遇到特殊困难或失去父母照顾的未满18周岁的儿童，虽已满18周岁但仍在全日制学校就读的学生，按每人每月不低于300元的标准发放基本生活费。对具有寿光市户籍，享受城乡低保或散居的城市“三无”、农村五保待遇的，生活长期不能处理、能力等级为2～3的老年人，按每人每月不低于60元标准发放护理补贴。2015年，建立社会救助“一门受理、协同办理”工作机制，对特殊困难群众或急难事项，各级各相关部门开辟救助“绿色通道”，确保困难群众得到及时、有效救助。居民基本养老保险基础养老金最低标准由每人每月75元提高至85元，城市低保标准由每人每月450元提高到480元，农村低保标准由每人每年3100元提高到3400元，农村五保集中供养标准由每人每年7000元提高到每人每年7200元，分散供养标准由每人每年4000元提高到每人每年4200元。将城乡低保对象、20世纪60年代精简退职老职工住院医疗救助比例由65%提高到70%。将独生子女伤残家庭特别扶助标准不分城乡统一提高到每人每月400元。对合法生育领取独生子女证后，独生子女死亡未再生育或收养子女的家族，将女方年满49周岁的失独家族夫妻特别扶助金标准提高到每人每月640元。对低保重度残疾人16～59周岁生活不能处理的残疾人按每人每月78元的标准发放护理补贴。

财政支农资金管理。2012年，投入1.2

亿元，实施农村饮水安全工程，解决侯镇、上口、洛城、田柳、营里、化龙、台头、稻田、古城等9个镇街421个村的饮水安全问题，全市集中供水覆盖率达到70%以上，农村人口生活饮水水质合格率达到90%以上。投入1.1亿元，用于羊口防潮堤二期工程建设。投入3200万元，扎实推进小型农田重点县高效节水灌溉项目建设。投入1326万元，用于第十四届中国寿光国际科技博览会筹备工作。全年落实惠农补贴资金4515万元，其中核定小麦、玉米、棉花播种面积96万亩，拨付补贴资金1777万元；核定购置农机具16869台，拨付补贴资金1914万元；核定能繁母猪82392头，拨付补贴资金824万元。市、镇街、村三级联动，严格上报质量，严格公示制度，严格发放程序，所有补贴资金全部通过涉农"一卡通"发放到农民手中。2013年，寿光市成为全省首批八个"美丽乡村"建设试点县之一，项目覆盖洛城街道、纪台镇11个村，获得上级扶持资金1050万元。保障农口重点工作支出，全年共拨付各项支农资金3.7亿元，其中安排菜博会筹备、现代支农项目配套、农业科技创新等农业项目1.2亿元，农村饮水安全工程、羊口防潮堤建设、弥河疏浚等水利工程支出1.9亿元，拨付三大林场造林绿化资金5900万元等。全面落实惠农补贴资金3000万元。2014年，寿光市被确定为省级融资增信试点县，与邮政储蓄银行寿光支行合作，设立寿光市农业新型经营主体融资增信共保基金，上级补贴400万元，市财政配套100万元，按照1：20的放大比例，对符合条件的农业新型经营主体授信，单个主体授信额200万元，授信总额规模1亿元。全年对4家农业经营主体授信额度480万元。开展涉农资金整合试点工作，建立市政府联席会议制度。通过召开联席会议，对不同部门、不同渠道安排的用途相同或相近的涉农资金，统筹规划，合理布局，集中投入。2015年，出台《寿光市集体经济薄弱村运转经费补助办法（试行）》，对全市集体经济薄弱村运转经费由市财政兜底补助，村级组织运转经费每村每年不低于6万元。充分利用股权、债券等基金投资模式，创新财政支农投融资机制，支持重点项目建设。对国家现代农业果蔬项目以基金股权投入模式，进行地方配套500万元。对2015年农村饮水安全工程，涉及地方配套2364万元，协调水务集团以市场化运作方式投入。开展涉农资金专项整治行动，出台《寿光市涉农资金专项整治行动实施方案》，重点对截留、挪用财政资金等9类问题开展自查自纠。制定《寿光市农业财政专项资金管理办法》，规范职责分工、资金下达时间、资金拨付程序以及监督管理的具体流程。

政府采购管理。2011年，政府采购中心组织采购100次，采购预算6.3亿元，实际采购5.2亿元，比预算节约资金1.2亿元，资金节约率18.1%。所有项目招标程序公正、公开、严谨、透明，监察局、审计局、检察院等监督部门全过程参与监督，其中大型项目及特殊设备采购项目开标时，邀请公证处参加，进行公证。评标专家从专家库中随机抽取，并严格执行回避规定。2012年，组织采购141次，采购预算15.2亿元，实际采购12.4亿元，比预算节约资金2.7亿元，资金节约率18.0%。2013年，组织采购220次，采购预算16.8亿元，实际采购14.7亿元，比预算节约资金1.2亿元，资金节约率12.3%。2014年，组织采购302次，采购预算14.03亿元，实际采购11.9亿元，比预算节约资金2.1亿元，资金节约率15.33%。制定《寿光市政府采购服务手册》，规范梳理政府采购工作流程。2015年，组织采购329次，采购预算12亿元，实际采购9.8亿元，比预算节约资金2.2亿元，资金节约率18.8%。根据财政部《竞争性磋商采购方式管理暂行办法》，对基础设施建设提升工程、东城民办普通高中和福缘颐养中心3个PPP项目积极运用竞争性磋商采购方式选择社会资本，实现了政府采购由资金节约向“物有所值”方向转变。6月份，启动政府采购“网上超市”建设。10月份起，寿光市政府采购执行公开招标和自行采购限额标准。

财政监督。2011年，开展财政系统内部监督检查，对财政局往来款项进行清理，落实往来款清理方案，盘活财政资金；对15个财政所开展监督检查，对审计出的问题进行限期整改，加强基层财政财务管理；对全市16处基层卫生院2011年收支情况进行了检查；对2011—2012年度的部门预算编制执行情况开展检查；按照重点检查面不低于各镇（街道、区）、市直各部门（单位）总数的30%，集中开展“小金库”专项治理工作。2012年，根据《2012年寿光市纠风专项治理工作实施方案》规定，开展强农惠农富农资金支出情况检查。印发《关于规范镇街财政账务管理的规定》，要求各镇街设立总预算会计、预算外会计、农业财政资金会计、政府融资平台会计等4套基本账务。7月份，对2011年度中央、省级专项资金进行检查。2013年5—8月份，对全市104家市直部门2011—2012年度的财务收支、非税收入管理、票据管理等情况进行财务大检查。2014年，制定《寿光市财政专项资金管理暂行办法》。3月份，组织开展“五清”和“小金库”专项治理工作。9月份，联合市审计局，开展贯彻执行中央八项规定严肃财经纪律专项治理，纠正和查处财经领域各种违规违纪行为。2015年，开展财政支出绩效评价，完成病死畜禽无害化处理、沃土工程、美丽乡村3个项目的绩效评价工作。对2012—2014年的校车安全奖励资金和镇（街道）学生乘车补助资金进行检查。针对省委巡视组2015年首轮巡视反馈的问题，联合市纪委和审计局，组织开展全市行政事业单位违反财经纪律问题自查自纠工作，对12家单位的公用经费管理、账务处理、专项资金管理和小金库情况进行重点检查，对查出问题的单位依照有关规定进行处理。

【国有资产管理】 **清产核资**。2012年，对寿光蔬菜研究院资产进行核查，并办理交接手续。2013年，完成黄河板材、黄河木业、古城工贸职专、上口第二职专的清产核资和审计、评估工作。园林处与生态观光园进行合并，完成生态农业观光园的资产清查工作。2014年，聘请北京永拓会计师事务所有限公司、山东浩信资产评估土地房地产估价有限公司对寿光市人民医院、寿光晨鸣控股有限公司、寿光市环境卫生管理处及所属单位、寿光市园林绿化管理处及所属单位、寿光市社会福利中心及所属单位、寿光市老年服务中心等21个单位进行评估、审计，共清查资产55.89亿元。2015年，对寿光市蓝天水务有限公司、榆园老年公寓等2家单位进行评估、审计，共清查资产1310万元。

产权管理。2011年，对老蔬菜批发市场需拆除的1200平方米办公楼的拆除权进行拍卖。2012年，根据《关于开展国有资产管理情况执法检查的通知》（寿纪监发[2012]2号）文件要求，从3月初到5月底，市纪委监察局牵头，市财政局、市审计局对全市96家行政事业单位国有资产管理情况开展执法检查。加强国有资产管理，出台《寿光市行政事业国有资产处置暂行办法》《寿光市行政事业国有资产有偿使用暂行办法》；对海洋渔业局闲置房屋3年承租权、胡营渠化岛项目需拆迁房屋的拆除权、科技学院旧餐厅拆除权进行拍卖。2013年，首次对户外广告使用权进行拍卖，先后对市大西环973杆路灯、滨河大道113杆路灯使用权进行拍卖。2014年，分三批对全市市直单位的超标车辆进行公开拍卖，共拍卖车辆81辆，起拍价383.6万元，拍卖价552.7万元，增值169.1万元，增值率44%。分批次对各单位上交的闲置及淘汰公务车辆进行公开拍卖处理，共拍卖3次，拍卖价114.45万元；对金盾驾校的经营权进行公开拍卖，拍卖价460万元；对商务小区配套服务商业用房的到期房屋租赁权进行公开拍卖，拍卖价22.25万元。对公共资源交易中心银行特许经营权，益羊铁路旧线路的钢轨、水泥及木质枕木、石子、道口房、电线及光缆等拆除权，对潍坊科技学院东南侧冷藏企业房屋拆迁和清土平地工程拆除权，金玉米供热范围内的换热站废旧设备拆除权分别进行公开拍卖处理。2015年，对全市行政事业单位超标用车、闲置及淘汰用车进行处置，对国土局、水利局、司法局等单位12辆车进行公开拍卖，拍卖价44.35万元；对户外广告牌数量、位置、大小等情况进行摸底；对交通指示牌背面广告特许经营权进行公开拍卖，拍卖价139.48万元；对寿光长运公交公司37辆公交车、二手一户一表改造废旧物资、二手农业电力设施建设改造废旧设备、住建局建筑工程质量监督站院落地面附着物、污水处理厂废旧设备进行拍卖，拍卖价48.6万元。

国有产权转让。2011年，对晨鸣广源地产的增资扩股通过山东省产权交易中心进行公开挂牌。2013年，山东蔬菜工程技术中心100%股权转让在省产权交易中心顺利挂牌。2014年，公安局下属的寿光市金盾机动车驾驶员培训有限责任公司、寿光市顺昌停车场有限公司、寿光市金昊停车服务有限公司、寿光市金兴印章有限公司，建设局下属的寿光市建设工程质量检测有限公司股权收归山东寿光金鑫投资发展控股集团有限公司。2015年，寿光市城市建设投资开发有限公司所持寿光市蓝天水务公司股权全部转让到山东寿光金鑫投资发展控股集团有限公司。

住房公积金管理

【管理机构】 2011年3月，市住房资金管理中心更名为市住房公积金管理中心，由市财政局所属事业单位调整为市政府直属事业单位，正科级规格，经费实行全额预算管理，核定编制15人，配备主任1人，副主任2人，将原蔬菜服务站和控制社会力量购买力办公室人员调整到市财政局所属其他事业单位工作，原住房资金管理中心其他人员整体划转到市住房公积金管理中心。2014年10月，寿光市住房公积金管理中心更名为潍坊市住房公积金管理中心寿光分中心，由寿光市政府直属事业单位调整为潍坊市政府直属事业单位，编制人员整体划转至潍坊市住房公积金管理中心，正科级规格，核定编制11人，配备主任1人，副主任2人。2015年，分中心内设办公室、公积金管理科、公积金贷款科、财会科4个股级内部机构，各配备科长1人，副科长1人 。2015年12月，内设科室调整为办公室、业务管理科、稽核科、财会科4个股级科室，除业务管理科配备科长1人、副科长2人外，其余科室配备科长1人，副科长1人。

【公积金管理】 2011年，寿光市住房公积金管理中心成立以来，紧紧围绕“业务办理规范化、管理制度精细化、便民服务高效化、安全风险最小化”的工作思路，深入贯彻落实国务院《住房公积金管理条例》，住房公积金事业发展一直走在潍坊市各县市区前列。至2015年底，寿光住房公积金归集余额238495万元；缴存单位达到594家，缴存职工总数达到79884人；为59797名缴存职工群众支取住房公积金127060万元；为8512户职工家庭发放个人住房公积金贷款205114万元，贷款余额193204万元，备案开发企业达55家。

历年业务指标。2011年，实现归集住房公积金36356万元，增长9.7%；归集余额达到110321万元，增长28.8%；缴存单位达到505个，当年新增开户单位29家，缴存职工总数达到68971万人，比上年新增4726人；为职工购买住房、大病医疗和离、退休等支取住房公积金11666万元，占当年归集额的32.1%，到2011年底，累计提取额达到60340万元；共发放个人住房贷款34956万元，支持1477户职工购建住房，全年回收个人住房贷款7348万元，贷款余额达78185万元，年末存贷比为70.9%，个人贷款逾期率始终保持零状态；实现业务收入3606万元，比上年增长73.3%；业务支出2806万元，比上年增长194.1%；增值收益实现800万元，比上年降低29%。

2012年，全市归集住房公积金43995万元，同比增长21%；新增开户企业32家，全市新增开户职工6188人。至2012年底，全市归集余额累计达到138354万元，缴存单位532家，缴存职工达到73497人。全市住房公积金个人贷款余额累计达102938万元，共为1521户职工家庭发放住房公积金贷款34079万元。增值收益实现1613万元，同比增长101.7%。

2013年，共归集住房公积金54875万元，比上年同期增长24.7%；新增缴存单位31家，全市新增缴存职工6504人；共支取个人住房公金22019万元；共为1616户发放个人贷款38268万元；实现业务收入6789万元，比上年同期增长19.4%；增值收益实现2491万元，比上年同期增长54.5%。

2014年，共归集住房公积金66676万元，提取住房公积金34992万元；新增扩面职工4985人，新增缴存单位42家；为1976户职工发放住房公积金贷款47414万元；实现增值收益4379万元。12月末全市住房公积金归集总额为336206万元，归集余额为203893万元；累计发放贷款总额为220664万元，贷款余额为161667万元。

2015年，共归集住房公积金78272万元，同比增长26%，归集余额238495万元，同比增长17.5%；缴存单位达到594家，当年新增34家，缴存职工总数达到79884人，当年新增4392人；为23343名缴存职工提取住房公积金42421万元，同比增长39%；为1922户职工家庭发放个人住房公积金贷款50397万元，同比增长6.3%，贷款余额193204万元，同比增长19.5%。全市备案开发企业达55家，当年新增8家。

2011—2015年寿光市住房公积金收支情况表

表3

年份	贷款人数	贷款金额（万元）	支取人数	支取金额（万元）	归集额（万元）	新增缴存人数
2011	1477	34956	4750	11666	36356	3995

续表

年份	贷款人数	贷款金额（万元）	支取人数	支取金额（万元）	归集额（万元）	新增缴存人数
2012	1521	34079	8590	15962	43995	6188
2013	1616	38268	10415	22019	54875	6503
2014	1976	47414	12699	34992	66676	4985
2015	1922	50397	23343	42421	78272	4392
合计	8512	205114	59797	127060	280174	26063

业务发展。（1）缴存比例。2012年，全市住房公积金缴交比例提高到24%，住房公积金缴交水平位居全潍坊市首位。在执行住房公积金缴存基数和比例方面，行政事业单位的缴存基数为职工应发工资总额，由财政统一代扣代缴；企业的住房公积金缴存基数根据经营效益灵活把握，由单位为职工定期缴存。全市行政事业单位缴存比例全部达到单位、个人各12%；规定企业不低于各6%，其中，外商独资企业缴存比例不低于各8%。2015年7月，寿光市行政事业单位统一调整住房公积金缴存比例，将个人缴存比例调整为6%。（2）制度建缴。按照“低门槛进入、逐步到位”的原则，针对不同企业实际情况出台提高、降低和缓缴住房公积金的灵活政策。2013年4月，市政府办公室转发《关于进一步加强住房公积金归集管理工作的实施意见》，将推行住房公积金制度作为改善民生的一项重要工作，纳入年度综合实绩考核和企业奖励考核范围。2013年7月，针对个体工商户及其从业人员、进城务工人员、自由职业者、灵活就业人员、从单位辞职停交继续办理住房公积金贷款人员等群体，探索开展住房公积金托管业务，至2014年底代缴人数达到320户，并为其中147户购房家庭发放公积金贷款3706万元。考虑到资金风险问题，潍坊市住房公积金管理中心自2015年暂停全潍坊市范围的住房公积金托管业务。因受经济大环境影响，非公有制企业建缴扩面工作停滞不前，已建缴企业有的因经营压力申请降低缴存比例或者缓缴。（3）政策放宽。根据2015年省委全面深化改革方案中《关于完善公积金管理体制扩大住房消费的指导意见》的要求，在潍坊市住房公积金管理中心统一部署安排下，出台一系列降低住房公积金使用门槛的新政策。贷款方面，出台的政策有《关于调整个人住房公积金贷款政策的通知》（潍公积金〔2015〕52号）、《关于调整信用不良记录较多职工办理个人住房公积金贷款政策的通知》（潍公积金〔2015〕54号）、《关于印发＜潍坊市个人住房公积金异地贷款暂行规定＞的通知》（潍公积金〔2015〕58号）和《关于印发＜潍坊市个人住房商业贷款转个人住房公积金贷款暂行办法＞的通知》（潍公积金〔2015〕100号）等5个文件，涉及到落实放宽贷款条件、提高贷款额度、调整首付比例、“商转公”、异地贷款、自动提取还贷、降低贷款中间费用等惠民新政10项。提取方面，出台的政策规定有《关于放宽提取住房公积金支付房租条件的通知》（潍公积金〔2015〕53号）和《关于放宽住房公积金贷款和提取政策的通知》（潍公积金〔2015〕101号）等2个文件，涉及到扩大住房公积金提取使用范围（新增亲情提取、支付物业费和住宅专项资金提取）、规范租房提取、放宽购房提取和农民工提取条件等8项惠民新政。（4）加强合作。2015年，对全市已备案房地产开发企业进行梳理，重新签订合作协议，至2015年底，全市备案开发企业达55家。2015年，增加在工行、农行的个贷发放比例，打破建行放贷一家独大的局面，

加快贷款业务办理效率。发动建缴单位、合作银行、开发企业等多方力量，积极宣传自动提取还贷政策优势，让更多职工了解知晓还贷政策。2015年底，举办“寿光市住房公积金业务知识培训暨能力提升研讨班”，加强与建缴单位、委托银行、房地产开发公司和产权抵押、评估公司等合作单位沟通交流，提高住房公积金业务办理效率。

【服务便民】 2011年7月，“潍坊市住房公积金管理信息系统”上线运行，实现住房公积金业务办理信息化，提升业务办理效率。为伤、病、残、孕等特殊群体开展上门服务，为在工作日时间之外有业务需求的职工开展预约服务，为申请贷款户较多的单位和房地产开发企业开展主动上门、集中办理服务。2011年4月，上线“寿光民声”网以来，积极回复群众咨询，成为与群众互动交流的重要平台。2012年5月，建设运行中心门户网站“寿光住房公积金网”“一站式”了解住房公积金业务办理事项，“全景式”展现全市住房公积金发展情况，成为宣传政策、服务民生的重要窗口。2013年初，推进个人住房公积金贷款档案数字化建设，提高档案管理的信息化建设水平和便民服务水平。2013年9月，通过开通住房公积金微信服务平台，实现业务热点问题的体系化、热点咨询答复的即时性和自动化，为更多的缴存职工提供便捷咨询服务。2014年4月，入驻寿光市政务服务中心，建设“一站式”服务大厅，以窗口快捷高效的办事模式满足日益增多的缴存职工业务办理需求。2015年，潍坊市住房公积金管理中心统一开通12329服务热线和12329短信平台，提供政策咨询、解答、接受投诉。

国家税务

【管理机构】 2011—2015年，下设11个行政科室（办公室、税政科、监察室、人事教育科、收入核算科、征收管理科、税源管理一科、税源管理二科、财务管理科、纳税服务科、政策法规科）、1个事业单位（信息中心）、1个直属单位（稽查局）和11个管理分局（城区分局、圣城分局、开发区分局、稻田分局、侯镇分局、台头分局、文家分局、孙集分局、王高分局、上口分局、羊口分局），在职正式干部职工186人。负责征收中央税和中央地方共享税，负责全市14000多户纳税业户的国税征管工作。

【税　制】 2011年12月，为减轻纳税人负担，经国务院批准，增值税纳税人购买增值税税控系统专用设备支付的费用以及缴纳的技术维护费可在增值税应纳税额中全额抵减。2012年10月，经国务院批准，对从事农产品批发、零售的纳税人销售的部分鲜活肉蛋产品免征增值税。2013年8月，在全国范围内开展交通运输业和部分现代服务业营改增试点。2014年1月，在全国范围内开展铁路运输和邮政业营改增试点。2014年6月，电信业纳入营改增试点。同年，为进一步规范税制、公平税负，经国务院批准，决定简并和统一增值税征收率，将6%和4%的增值税征收率统一调整为3%。为进一步加大对小微企业的税收支持力度，经国务院批准，自2014年10月1日起至2015年12月31日，对月销售额3万元（含本数）以下的增值税小规模纳税人，免征增值税。为进一步支持小型微利企业发展，自2015年1月1日至2017年12月31日，对年应纳税所得额低于20万元（含20万元）的小型微利企业，其所得减按50%计入应纳税所得额，按20%的税率缴纳企业所得税。自2015年2月1日起对电池、涂料征收消费税。2015年7月，纳税人销售自产的资源综合利用产品和提供资源综合利用劳务（以下称销售综合利用产品和劳务），可享受增值税即征即退政策。2015年9月，对纳税人销售和进口化肥统一按13%税率征收国内环节和进口环节增值税。钾肥增值税先征后返政策同时停止执行。自2015年10月1日起至2017年12月31日，对年应纳税所得额在20万元到30万元（含30万元）之间的小型微利企业，其所得减按50%计入应纳税所得额，按20%的税率缴纳企业所得税。自2015年10月1日起至2016年12月31日止，对购置1.6升及以下排量乘用车减按5%的税率征收车辆购置税。

【税种与税率】 至2015年，市国家税务局征收的税种有：增值税、消费税、企业所得税、车辆购置税、个人所得税（储蓄存款利息所得税），其余税种均由地方税务局征收。

增值税。《营业税改征增值税试点实施办法》第十五条增值税税率规定：纳税人发生应税行为，除本条第（二）项、第（三）项、第（四）项规定外，税率为6%。提供交通运输、邮政、基础电信、建筑、不动产租赁服务，销售不动产，转让土地使用权，税率为11%。提供有形动产租赁服务，税率为17%。境内单位和个人发生的跨境应税行为，税率为零。具体范围由财政部和国家税务总局另行规定。2011—2015年共征收增值税税款110.92亿元。

消费税。财税〔2014〕93号规定：取消气缸容量250毫升（不含）以下的小排量摩托车消费税，气缸容量250毫升和250毫升（不含）以上的摩托车继续分别按3%和10%的税率征收消费税。取消汽车轮胎税目，取消车用含铅汽油消费税，汽油税目不再划分二级子目，统一按照无铅汽油税率征收消费税。取消酒精消费税，取消酒精消费税后，“酒及酒精”品目相应改为“酒”，并继续按现行消费税政策执行。财税〔2015〕11号规定：汽油、石脑油、溶剂油和润滑油的消费税单位税额1.52元/升。柴油、航空煤油和燃料油的消费税单位税额 1.2元/升。航空煤油继续暂缓征收。财税〔2015〕16号规定：电池、涂料列入消费税征收范围，在生产、委托加工和进口环节征收，适用税率均为4%。2011—2015年共征收消费税税款3.74亿元。

企业所得税。自2008年开始实施，税率为25%，2011—2015年共征收企业所得税税款36.21亿元。

车辆购置税。2011—2015年共征收车辆购置税税款12.29亿元。

个人所得税。2011—2015年共征收个人所得税税款159万元。

【税收收入】 2011年入库税款31.8亿元、2012年入库税款32.4亿元、2013年入库税款30.8亿元、 2014年入库税款34亿元、2015年入库税款34.2亿元。

2011—2015年国税税收收入情况表

表4 单位：万元

年份	全口径入库	福利企业退税、免抵调库、出口退税、综合资源利用
2011	317743	69802

续表

单位：万元

年份	全口径入库	福利企业退税、免抵调库、出口退税、综合资源利用
2012	324247	93346
2013	307849	77646
2014	339602	106268
2015	342321	118121

【国税征管】 2011年，自主研发物流控税系统，建立综合征管软件日常管理制度，规范数据的采集和录入。2012年，推广应用综合办公平台和数据中心。探索办税服务厅实体化，对纳税人依申请事项，统一由办税服务厅受理。推广免填单管理系统、“两快一简”“涉税事项审批权限下放和前移”等服务举措。2013年，“金税三期”顺利上线，营改增工作顺利完成。2014年，深入开展“便民办税春风行动”，取消15个涉税文书报表，进一步简化增值税发票领用、专用发票审批等手续，取消10项进户核查项目，简并办税事项4项。成立风险防控中心，建立完善税收风险管理机制，将占全市税源60%的120余户大企业划归城区分局统一管理，将营改增企业、非增值税纳税人和原盐生产大户统一由税源管理一科管理。2015年，组织开展“查征管、防风险、促收入”专项活动。全面落实《纳税服务规范》，加强国地税合作，成立8个业务工作组，健全联席会议制度，确保联合办税业务的顺利开展。

地方税务

【管理机构】 2015年，市地税局内设办公室、收入核算和财务科、法规税政科、征管和科技发展科、税源管理科、人事科6个职能科室，另按规定设置监察室、机关党委。下设稽查局和直属征收局2个直属机构和圣城、洛城、古城、孙家集、文家、上口、田柳、羊口8个中心税务所。

【税　制】 寿光地方税务按其性质和作用大致可分为以下4个类别：商品劳务税类。这类税收是在生产、流通和服务领域中，按照纳税人的销售收入（或数量）、营业收入和进口货物的价格（或数量）征收的，包括增值税、消费税、营业税、车辆购置税和关税等5个税种。

所得税类。这类税收是在收入分配环节按照企业或个人取得的所得征收，包括企业所得税、个人所得税等2个税种。

财产税类。这类税收是对纳税人拥有和使用的财产征收，包括资源税、土地增值税、城镇土地使用税、房产税、车船税、船舶吨税、耕地占用税、契税等8个税种。

其他税收类。这类税收是难以归于以上三个主要类别的税收，包括城市维护建设税、印花税、固定资产投资方向调节税、筵席税、烟叶税等5个税种。其中，固定资产投资方向调节税已暂停征收，筵席税已下放给地方管理。

除税收以外，由税务部门征收的非税财政收入项目有3个：教育费附加、矿区使用费和文化事业建设费。

【税种与税率】 1994年，实施税制改革，分为中央税、地方税、中央地方共享税3大类，调节中央与地方、国家与企业及个人间的分配关系。至2015年，全市计征的税种和各类基金有资源税、企业所得税、城市维护建设税、房产税、车船使用税、城镇土地使用税、土地增值税、印花税、教育费附加、地方教育附加、营业税、个人所得税12种。

营业税。1994年起，商品零售、商品批发营业税改为增值税，营业税由原来14个税目减为9个税目。1997年2月，国务院下发《关于调整金融保险业税收政策有关问题的通知》，将金融保险业营业税税率由5%提高到8%，提高的3%归中央财政收入，由国税局征收。地税局征税范围为交通运输业、建筑业、金融保险业、邮电通信业文化体育业、娱乐业、服务业、转让无形资产及销售不动产。计税依据为纳税人提供应税劳务、转让无形资产或者销售不动产向对方收取的全部价款和价外费用。交通运输业、建筑业、邮电通信业、文化体育业税率为3%；金融保险业、服务业、转让无形资产、销售不动产为5%；娱乐业为20%。2013年8月1日，公路运输和部分现代服务业实行营改增，2014年1月1日，铁路运输、邮政业实行营改增，2014年6月1日，电信业实现营改增。2011—2015年，市地税局累计征收营业税741739万元。

企业所得税。1994年1月1日起开征。对境内企业（外商投资企业和外国企业除外）的生产经营所得和其他所得征收的税种，税率为33%。对年应纳税所得额在3万元（含3万元）以上的企业，暂减按18%的税率征收；年应纳税所得额在10万元（含10万元）以下至3万元以上的企业，暂减按27%的税率征收；年应纳税所得额超过10万元的，适用33%的税率，由地税局征收。2002年1月1日起，国家对企业所得税征管范围进行调整，新增企业所得税由国税局征管。2008年1月1日，执行企业所得税法，适用25%税率，2011—2015年，市地税局共征收企业所得税167486万元。

个人所得税。1994年1月1日开征，征税范围包括工资、薪金所得，个体工商户的生产经营所得，对企事业单位的承包经营、承租经营所得，利息、股息、红利所得。财产租赁所得，财产转让所得，偶然所得，经国家财政部确定征税的其他所得。根据所得的性质，税率分别按5%—35%、3%—45%的超额累进税率和20%的比例计算。2011—2015年，全市共征收个人所得税97077万元。

城市维护建设税。1985年计征。1994年，由按流转税额附征改为以实际缴纳的增值税、消费税、营业税为计税依据，成立独立税种，由市地税局计征，税率为5%。2011—2015年，共征收133623万元。

车船使用税。1987年1月，对机动车辆开征车船使用税。1994年起，由市地税局征收。征收范围为国境内公共道路或航道上行驶的车船（另有规定者除外）。车辆包括机动车和非机动车；船舶包括机动船和非机动船。计税依据为车船数量、载重吨位、净吨位，实行从量计征。寿光市征收车辆税款，年税额为小型客车每辆260元，大型客车每辆300元，载货汽车按净吨位每吨60元，二轮摩托车每辆56元，三轮摩托车每辆72元。2006年12月29日，国务院对《车船使用牌照税暂行条例》和《中华人民共和国车船使用税暂行条例》进行修改合并，颁发《中华人民共和国暂行条例》，对车船税税目税额进行调整。根据《条例》规定，征收的税目税额为小型客车每辆420元，大型客车每辆600元，载货汽车按净吨位每吨96元，二轮摩托车每辆60元，三轮摩托车每辆60元。2012年1月1日，执行新的车船税法，客车按座位征收600～720元，乘用车按排量征收，税额为240~4500元，货车、挂车按整备质量计算税额。2011—2015年，全市累计征收车船使用税税款22173万元。

房产税。1987年1月开征。1994年废止1951年颁布的《城市房地产税暂行条例》，颁布《中华人民共和国房产税暂行条例》，由地税局征收。征税范围为市区、建制镇、工矿区内的房屋。计税依据为房产的计税余值或房产的租金收入。按照房产余值缴纳的税率为1.2%；按照房产租金收入缴纳的税率为12%，由市地税局征收。2011—2015年，全市累计征收房产税418189万元。

城镇土地使用税。1989年1月开征。1994年，改为土地使用税，由市地税局征收。征收范围为市区、建制镇、工矿区内内的国有土地和集体土地。计税依据为纳税人实际占用的土地面积。土地使用税单位税额为城区3.00元/平方米，建制镇1.00元/平方米。2007年1月1日根据省政府《关于调整城镇土地使用税税额标准的通知》要求，调整城镇土地使用税征收标准，城区6.00元/平方米，建制镇和工矿区3.00元/平方米。2011—2015年，全市累计征收土地使用税247445万元。

土地增值税。1994年1月1日起开征。土地增值税是以转让国有土地使用权、地上建筑物及其附着物取得的增值额为课税对象，以纳税人转让房地产取得的增值额为计税依据。增值额为纳税人转让房地产取得的收入减除规定扣除项目金额之后的余额。土地增值税实行四级超额累进税率，即：（1）增值额未超过扣除项目金额50%的部分，　税率为30%；（2）增值额超过扣除项目金50%、未超过扣除项目金额100%的部分，税率为40%；（3）增值额超过扣除项目金额100%、未超过扣除项目金额200%的部分，税率为50%；（4）增值额超过扣除项目金额200%的部分，税率为60%，由市地税局征收。2011—2015年，全市累计征收土地增值税321976万元。

资源税。1984年9月18日，根据国务院发布的《资源税条例》计征资源税、1994年税制改革后，资源税征管范围扩大为原油、天然气、煤炭、其他非金属矿原矿、黑色金属矿原矿、有色金属矿原矿、盐（包括固体盐液体盐　）。计税依据为纳税人应税产品的课税数量，实行从量定额征收。税额为铁矿石10元/吨，石灰质2元/吨，花岗石3元/立方米，煤炭1.2元/吨，宝石10元/克拉，天然矿泉水3元/吨，建筑用砂1元/立方米，其他黏土1元/立方米，其他建筑石料1元/立方米，北方海盐25元/吨。财政部、国家税务总局（2007）5号《关于调整资源税适用税额标准的通知》精神，关于提取地下天然卤水晒制的海盐税额标准执行20元/吨，并从2007年2月1日起执行。财税（2009）109号《财政部、国家税务总局关于调整岩矿石等品目资源税税额标准的通知》精神，对液体盐按每吨2元征收。2011—2015年，全市累计征收资源税174994万元。

印花税。1988年起，全国范围内恢复征收印花税。纳税人为在境内书立、领受或使用应税凭证的单位和个人。征税范围为各类经济合同及具有合同性质的凭证，产权转移数据，营业账簿，权利许可证照，经国家财政部确定征税的其他凭证。计税依据为应税凭证记载的金额或应税凭证件数。税率为各类经济合同、产权转移数据、记载资金的营业账簿适用比例税率，共设万分之零点五、万分之三、万分之五、千分之一四个档次；权利许可证照和其他营业账簿按件贴花5元。1994年起由地税局征收，2011—2015年，全市共征收印花税26475万元。

耕地占用税。1988年开征，以实际批准占有耕地面积为计税依据，实行定额税率，由土地管理部门代扣或乡镇财政所直接征收。征收标准为占用耕地建房或从事非农建设，每平方米税额4.30元，县级以上交通、公路建设占用耕地每平方米1.50元，农民建房占用耕地减半征收。

契税。以土地、房屋产权实际交易价格或评估价格为计税依据，实行比例税率，征收标准为土地、房产交易计税成交价格的3%。1997年开始计征收，由财政部门管理，1998年8月1日起，个人购买自用普通住宅减半计征，实行由土地管理部门和房产管理部门代扣代缴的办法征收。

文化事业建设费。1997年开征，是针对经营娱乐业、广告业的纳税人实现的收入征收的一项专项资金，计税率为3%，由市地税局征收，2014年停止征收。2011—2013年，全市征收146万元。

残疾人就业保障基金。2004年，由市地税局代收。凡市内的机关、团体、企业事业单位，不分所有制形式和组织形式，都有安排残疾人就业的法定义务，必须不低于本单位在职职工总数1．5%的比例安排残疾人就业，凡达不到规定比例的用人单位，每年按实际差额比例缴纳残疾人就业保障金计算公式为：应缴纳的保障金=(用人单位上年末实际在职职工总数 ×1．5% －用人单位上年末在职残疾职工数)× 年度本地上职工年平均工资额。2011—2015年，代收3192万元。

教育费附加。2005年起征收，是专项用于教育事业发展的政府性基金，由市地税局征收。根据省政府办公厅《关于征收地方教育附加有关问题的通知》规定，辖区内凡缴纳增值税、消费税、营业税的纳税人，按照实际缴纳三税税额的3%缴纳教育费附加。按三税税额的2%征收地方教育费附加，按三税税额的1%征收水利建设基金。2011—2015年，共征教育费附加48398万元，征收地方地方教育附加33621万元，征收水利建设基金16873万元。

【地税收入】 至2015年，市地税局共征收13个税种。2011年入库税款32.72亿元、2012年入库税款43.20亿元、2013年入库税款54.91亿元、 2014年入库税款61.35亿元、2015年入库税款65.46亿元。

2011—2015年国税税收收入情况表

表5 单位：万元

项目	合计	2011年	2012年	2013年	2014年	2015年
收入合计	2576440	327188	432048	549051	613537	654616
一、税收小计	2460928	309039	409995	525548	588798	627548
1. 营业税	741739	109348	137245	156548	158106	180491
2. 企业所得税	167486	38077	37853	32464	31822	27270
3. 个人所得税	97077	19167	16207	16819	23589	21296
4. 资源税	174994	9782	27409	26509	47279	64015
6. 城建税	133623	23994	24311	26424	28117	30778

续表

单位：万元

项目	合计	2011 年	2012 年	2013 年	2014 年	2015 年
7. 房产税	48189	7647	9163	9684	10494	11202
8. 印花税	26475	3216	4319	5311	8308	5321
9. 土地使用税	247445	29693	58977	48400	41511	68863
10. 土地增值税	321976	12956	26773	103771	76091	102385
11. 车船税	22173	3078	3778	4353	4786	6178
12. 契税	171002	35459	31454	36092	36098	31899
13. 耕地占用税	308749	16623	32505	59173	122599	77850
二、其他收入	115513	18149	22053	23503	24740	27068
1. 教育费附加	57202	10064	10588	11319	12043	13189
2. 地方教育附加	38023	6297	7394	7518	8026	8787
3. 文化事业建设费	146	36	38	72		
4. 残保金	3192	574	607	670	664	676
5. 税务部门罚没收入	76	4	3	9	30	31
6. 地方水利建设基金	16873	1173	3424	3915	3976	4385

【地税征管】 2011 年，结合单位实际和“一岗双责”管理要求，分级制定岗位管理职责。通过制定主体责任清单和监督责任清单，明确岗位职责，以两个责任落实，带动和促进各项工作的全面发展。建立健全税收执法岗责体系，完善执法责任制考核体系，实现税收执法监控到岗、责任到人、奖惩到位。2011 年始，每年坚持开展税收政策执行情况检查，及时纠正政策执行中的违规行为，解决管理方面存在的问题。2011—2015 年，共查处违规案件 26 件，挽回经济损失 785 万元。2011 年始，加强信息化支撑，拓展多元化纳税方式，建立以网上报税为主体，上门办税、电话报税为补充的多元化办税体系，实现涉税事项的多元化办理。完善维权服务举措，建立全方位维权于一体的纳税人维权服务体系，使纳税人实现多渠道、无障碍便捷维权。

2012 年 3 月，加强增量目标控制，细化分解指标，加强督导考核，促进税收征管质效的全面提升。2012 年 1 月始，加强预警分析，开展纳税评估，对风险企业及时预警，提高税收数据管理质量，降低执法风险。2011 年 -2015 年，共为 387 家企业进行风险评估。2012 年，开展“实务型个性化干部教育培训”，制定年度培训计划，抽调业务骨干组成师资队伍对职工进行培训。2011—2015 年，共培训干部职工 4300 人次。鼓励干部通过“快乐学习平台”加强学习，以“一所两师”（即一个中心税务所培养一名注册税务师、一名注册会计师）为目标，推进学习型组织建设。

2013年9月，加强业务流程整合，把延期申报、注销登记、企业所得税抵、免、减、退等纳入前台受理，提高现场服务工作效率。

2014年2月，深入落实“便民办税春风行动”，合并取消13项进户执法项目，减轻纳税人涉税检查负担。2014年9月，与寿光市农村商业银行联合推出“税融通”融资服务，为企业发展提供无担保快速融资服务。

金融工作

【管理机构】 寿光市金融工作办公室（以下简称金融办）。成立于2010年2月，为市政府直属全额拨款正科级事业单位。2013年11月，编制数由5人调整为10人。12月，市金融办加挂寿光市地方金融监督管理局牌子，增配市金融办副主任1人，调整后领导职数为1正2副。2014年8月，办公地点由商务小区5号楼A座搬至寿光市金融科技服务中心。2015年2月，市金融办由市政府直属事业单位调整为市政府工作部门，加挂寿光市地方金融监督管理局牌子，核定行政编制10名，配备主任1名，副主任2名。

寿光市社会信用信息服务中心。2013年1月，成立寿光市社会信用信息服务中心，为股级全额拨款事业单位，挂靠市金融办，核定编制5名，办公地点在市人民银行，由市人民银行负责业务指导、统筹管理。主要职责是负责建设市社会信用信息平台系统，借助信息平台，实现地方信用信息的共享；负责在寿光市境内从事信息采集业务，对外提供信用报告等的业务活动，具体负责信息平台及其业务活动的运行与管理；负责日常信息使用管理工作，建立健全技术保障体系，确保信息安全。12月，市社会信用信息服务中心规格由股级调整为副科级，隶属市金融办。2014年5月，市社会信用信息服务中心编制压缩为4人，8月搬至市金融科技服务中心办公。

【政策性农业保险试点工作】 2011—2015年，寿光市作为省政府2006年确定的全省开展小麦、玉米、蔬菜大棚和奶牛4个险种的政策性农业保险3个试点县（市）之一，继续开展试点工作。承办单位人保财险寿光支公司、太平洋财险寿光支公司已累计为全市大棚、小麦、玉米等赔付保险款6000多万元。

【农村金融改革试点工作】 2008年11月始，市政府以农民现有住房、土地使用权和蔬菜大棚为切入点，探索开展农民贷款抵押担保工作。2011年始，在三项抵押贷款的基础上，又探索开发以林权、海域使用权、禽畜舍和盐田使用权、知识产权抵（质）押贷款等新模式。至2015年底，已累计发放此类贷款70多亿元，有效地支持了新农村建设。该创新模式，先后被新华社《内参选编》《人民日报》《农民日报》《大众日报》、省政府《省长专报》和《决策参阅》等重要刊物给予宣传报道。

【贷款保证保险】 2013年1月，潍坊市政府与人保财险总公司签署《关于农业产业化全流程风险管控战略合作框架协议》，经市政府积极争取，人保财险总公司在充分考虑寿光市银行贷款不良率、地方信用环境建设、农业基础等条件后，于5月正式批复在寿光市开展“涉农及中小企业贷款保证保险”试点工作。试点旨在探索发展信用贷款模式，以解决没有抵质押物或不具备担保条件的农业大户、专业合作社及中小企业的融资瓶颈问题。试点通过引入保险公司保险，保障银行涉农贷款的安全，有利于引导金融资源向“三农”和中小企业倾斜，对缓解融资困难、改善发展环境具有积极的作用。至2015年底，全市共累计发放此类贷款1亿多元。

【非现金支付结算】 2011年，人民银行总行确定寿光市为“全国农村支付服务环境联系点”和济南分行农村支付服务环境建设省级“示范县”。人民银行寿光支行紧紧围绕上级行农村支付服务环境建设工作意见，结合寿光实际，积极创新金融服务，以推广非现金结算、网络支付、手机支付，自助银亭等作为工作重点，进一步深化和巩固农村支付服务环境建设工作，5年来保持全国领先地位。

农村支付服务环境建设实现“三个全覆盖”。一是全市975个行政村金融基础设施实现全覆盖，至2015年底，辖区共布放POS机6035台，较2010年底增长580%；ATM机512台，增长169%；转账电话8217部，增长67%；农金通终端593个，增长183%；网上银行86万个，增长397%；手机银行72万个，增长958%；银行卡383万张，增加262万张，增长216%，人均持卡量由2010年底的1.2张增加到3.6张。二是银行机构网点实现支付系统全覆盖，至2015年辖区银行机构网点147处，其中乡镇网点93处、县城网点54处，各网点全部接入支付系统。三是银行卡助农取款点实现全覆盖，至2015年辖区共设立银行卡助农取款点1500个，覆盖行政村975个，覆盖率100%，农民实现了“身不出村存取款、田间地头能转账”的梦想，享受到了和城里人一样的金融服务。

构建“20分钟金融服务圈”，率先实现城区自助银亭服务全覆盖。2011年6月，潍坊县域首处自助银亭落户寿光。5年来，在城区内医院、居民社区、超市及车站等人流量较大的区域共安装自助银亭20处，率先实现城区自助银行全覆盖，布放量居全省首位。自助银亭业务的推广应用，极大方便了百姓的日常生活，改善了市区金融服务环境。

【拓宽涉农融资渠道】 2011年始，涉农银行业机构继续推行集存取现金、转账结算和小额信贷等功能为一体的惠农卡，农户取得授信后，通过自助服务终端、网上银行、电话银行等便可进行贷款、还款和还息的自助办理，深受群众欢迎。2011年寿光农行“惠农一卡通”获农总行“产品创新成果一等奖”“山东省金融服务名牌”、潍坊市政府“金融创新奖”等荣誉称号；2013年，寿光农商行推出的订单农业融资项目被潍坊市政府评为潍坊市“金融创新一等奖”，并得到农业部及中央高层的高度关注，汪洋副总理做出重要批示。至2015年底，寿光农行通过“惠农卡”发放小额惠农贷款累计10亿元；寿光农商行福农卡小额累计贷款1.5亿元。

【农村支付服务环境改善】 2011—2015年，各银行柜台压力明显减轻，每年柜台业务分流率以近20%的幅度递增，2015年达到85%以上，居潍坊市乃至全省同行前列。银行现金收支量明显减少，各银行每年现金收支量减少300亿元以上，减少柜员业务150万笔，降低交易成本3300万元。人民币流通市场得到净化，流通现金使用频率降低，票币整洁度明显提高，同时降低了假币风险。柜台排队现象明显减缓，每人次平均排队时间由2010年底的半个小时缩短到2015年的15分钟左右。支付结算服务满意度大幅提高，2015年城乡居民满意率达95%以上，较2011年提高了35个百分点。

【企业上市挂牌】 企业上市。2014年8月，康跃科技股份有限公司在深圳证券交易所创业板成功上市，首次公开发行1667万股股票，共计融资1.64亿元人民币，成为山东省当年首家在创业板上市的企业，也是潍坊市当年唯一一家上市企业，实现了寿光市企业创业板上市融资新突破。

挂牌。2013年12月，山东永通塑业股份有限公司在齐鲁股权托管交易中心成功挂牌，成为寿光市首家在场外市场挂牌的企业。2014年6月，同星化工在上海股交中心Q板挂牌，寿光市企业首次登陆省外股权交易市场。2015年，全市先后有99家企业实现挂牌（托管），其中山东东方誉源农资连锁股份有限公司于2月份在全国中小企业股份转让系统（俗称“新三板”）挂牌，成为全市首家在新三板挂牌的企业，之后先后有5家企业在新三板实现挂牌，路斯股份、金正食品实行“做市商”交易制度；百兴福农资等28家企业在齐鲁股权交易中心挂牌，佰利恒等2家企业实现股权托管；华银食品等9家企业在上海股权托管交易中心挂牌；正大防水等55家企业在深圳前海股权交易中心挂牌。至2015年底，全市场外挂牌企业累计达到102家。

【政银企交流会】 2011年始，继续举办政府、银行、企业三方共赢的政银企合作交流会，促进资金供需衔接，至2013年共连续举办9届政银企合作交流会。此外，市政府多次组织金融部门到园区、重点镇召开行业性、区域性银企洽谈会议，集中解决企业资金问题，收到良好效果。其中，2011年3月，邀请20家银行组织召开政银企合作交流会，签订贷款授信协议达385亿元；2012年3月，邀请28家金融机构参会，包括27家股份制商业银行、城市商业银行和1家证券公司，市政府共与15家银行签定总额达830.3亿元的合作协议，9家驻寿银行与鲁清防水、富康制药、健元春等企业代表签定46.5亿元的贷款合作协议。2013年3月份，邀请省内31家金融机构参会，签订贷款授信协议总额870多亿元。

【寿光市社会信用信息体系】 2011—2015年，开展农村信用体系建设、信用社区创建、企业信用评定“三大工程”。2012年底，开发了“寿光市社会信用信息管理共享平台”，该平台按中国人民银行总行《中小企业信用体系建设基本数据项指引》的要求编制，采用全国标准，在人民银行征信系统基础上，整合政府40多个部门掌握的信用信息，并与各金融机构信息共享，有效简化金融机构贷前调查、资产评估等环节，降低获取信息的成本，提高金融机构服务“三农”的效率和水平。至2015年底，该平台已纳入全市2.2万家企业和69.1万个个人的基础信息，收集企业信用信息213条、个人668条。同年，市社会信用信息服务中心组建“寿光信用信息网”和“寿光金融”微信平台，在寿光日报、寿光电视台、中国寿光网等媒体设立“老赖”曝光台，与市卫计局展开合作，先后4批公示违反国家计划生育政策、拒不缴纳社会抚养费的个人，共计293人，并推动市法院分13批公开曝光了614名失信被执行人信息，促使其主动履行还款义务。

【信用互助业务试点】 2015年，寿光市根据省委、省政府关于在全国率先开展新型农村合作金融改革试点工作的安排部署，开展农民专业合作社信用互助业务试点工作。农民专业合作社信用互助业务，是指在符合条件的农民专业合作社内部，经依法取得试点资格，以服务合作社生产流通为目的，由本社社员相互之间进行互助性信用合作的行为。试点依托现有农民生产合作社进行，就是在原有经营范围基础上增加“信用互助”内容，不单独成立法人单位。农民专业合作社信用互助业务试点坚持服务“三农”，着眼解决农业农村“小额、分散”的资金需求；坚持社员制、封闭性、民主管理原则，不吸储放贷，不支付固定回报，不对外投资，不以营利为目的；坚持社员自愿，互助合作，风险自担；坚持立足农村社区，社员管理，民主决策，公开透明；坚持独立核算，规范运营，遵纪守法，诚实守信。全年已有7家合作社获批开展信用互助业务，其中洛城街道斟都果菜专业合作社成为潍坊市首家获批开展信用互助业务试点工作的合作社。

（张立冲）

银行

【银行机构】 2011年，寿光市有中国人民银行寿光市支行、中国农业发展银行寿光市支行、中国工商银行寿光市支行、中国农业银行寿光市支行、中国银行寿光支行、中国建设银行寿光市支行、邮储银行寿光市支行、交通银行潍坊寿光支行、招商银行潍坊寿光支行、兴业银行潍坊寿光支行、寿光农村商业银行、潍坊银行寿光支行、寿光村镇银行11家银行机构。年末全市各项存款余额463.83亿元，各项贷款余额418.99亿元。

2011年9月16日，兴业银行潍坊寿光支行正式成立，年末各项存款余额4.29亿元，各项贷款余额4.66亿元。2012年12月15日，中国民生银行潍坊寿光支行成立，是中国民生银行在山东省首家设立的县域支行，年末各项存款余额2.41亿元、各项贷款余额3.15亿元。2013年11月20日，浦发银行潍坊寿光支行开业，年末各项存款余额2.11亿元。2015年4月18日，恒丰银行潍坊寿光支行正式开业，是潍坊市范围内首家设立的县域支行，年末各项存款余额11.22亿元，各项贷款余额2.85亿元。

至2015年，全市金融机构有中国人民银行寿光市支行、中国银行业监督管理委员会潍坊监管分局寿光办事处、中国农业发展银行寿光市支行、中国工商银行寿光市支行、中国农业银行寿光市支行、中国银行股份有限公司寿光支行、中国建设银行股份有限公司寿光支行、交通银行潍坊寿光支行、邮储银行寿光市支行、招商银行潍坊寿光支行、兴业银行寿光支行、民生银行潍坊寿光支行、浦发银行潍坊寿光支行、恒丰银行潍坊寿光支行、潍坊银行寿光支行、寿光农村商业银行、寿光村镇银行，共178处营业网点。全市人民币各项存款余额844.52亿元，各项贷款余额748.81亿元。

【银行业务】 货币。人民银行寿光市支行负责行政区域内的货币发行、流通管理。2015年，第四、五套人民币混合流通，人民币主币有1元、2元、5元、10元、20元、50元和100元6种，辅币有1角、2角和5

角3种，主辅币共9种。2015年11月12日，国家发行第五套人民币2015版100元纸币，2015年12月开始流通该券别人民币。2011—2015年，人民银行寿光市支行未设立专门的货币发行工作部门，在综合业务部设立货币管理岗位，负责人民币管理、反假人民币等业务。辖区内工、农、中、建等国有商业银行的现金调拨、券别调剂、损伤券上解由其管辖行统一管理，浦发银行、民生银行等股份制商业银行的现金业务通过国有商业银行办理。

（1）货币供应。2011年，为做好现金供应工作，人民银行寿光市支行组织协调辖区内各商业银行签订现金供应协议、零币横向调剂使用协议及零币整点回收服务协议，为“点对点”现金供应单位（主要是商贸流通企业）解决1元以下零币72万元，有效缓解商业企业零币短缺的困难。2012年，为破解零币短缺问题，全市银行机构组织召开银企座谈会，引导创新推出“超市零钱包”服务，即在超市（商场）会员卡原有功能的基础上添加一个“零钱包”功能，减少零币需求，为企业减少零币支出100多万元。

（2）反假人民币。2013年，由人民银行牵头，抽查辖区银行机构营业网点反假机具15台，检测假币260张；收缴银行机构缴来假币1542张、金额13.3万多元。组织银行机构开展冠字号码查询工作，引导金融机构利用人民币冠字号码查询解决涉假纠纷，保护金融消费者合法权益。2014年，为净化人民币流通，人民银行寿光市支行组织开展形式多样的反假货币宣传月活动，认真做好假币收缴鉴定工作，共收缴银行机构缴来假人民币4156张24.75万元。收缴公安机关缴来假人民币2895张27.70万元，收缴公安机关缴来假外币（美元）510张5.1万美元。与寿光市公安局联合召开“打击整治假币违法犯罪集中行动”工作推进会议，积极推进“打击整治假币违法犯罪集中行动”。2015年，组织对114处银行网点进行货币反假、现金收付业务现场检查，共收缴假人民币4201张32.94万元，假美元510张，金额5.10万元。整理上缴中心支行假币6000张60万元。为做好第五套人民币2015版100元纸币的流通工作，人民银行寿光市支行举办2015年版人民币100元纸币培训班，组织学习2015年新版人民币防伪特征，提高银行柜员素质，积极推进点钞机具升级，完善机具管理，为新版人民币的发行做好硬件支持。调动一切宣传手段和可以调动的力量，使宣传覆盖尽可能多的群众，尽最大努力提高社会公众对新版100元纸币的认知度、接受度，保证发行的每个环节都处于可控状态，确保新版100元纸币顺利发行。

5年间，寿光市银行机构每年于“3.15”、4月20日至5月20日蔬菜博览会期间，按照“农村是重点，城市不放松”的原则，在广大农村地区、城市商业区和人流密集区，开展反假币宣传活动。充分利用《寿光日报》发行量大的有力条件，在《寿光日报》的“普惠金融”“社区”2个栏目，分2期将反假人民币的目的、意义，什么是假人民币、发现假币如何处理、处罚规定、人民币真伪的鉴别方法等作比较详细的介绍，收到较好效果。充分利用寿光电视台的“菜乡播报”节目，分3期对反假货币宣传进行播放。充分利用聘请反假货币农村义务宣传辅导员的有力条件，以农村反假货币义务宣传网络为平台，加强以农村为重点，面向农民、面向中小学生、面向农贸市场、面向群众的宣传教育活动，进一步提高群众特别是农民识别假币的能力。

存款。银行存款由来源、性质不同的单位存款、个人存款、财政性存款、临时性存款、委托存款、其他存款6大部分组成，其中单位存款、个人存款所占份额最大，个人存款中又以储蓄存款为主体。按照人民银行统计口径，单位存款包括活期存款、定期存款、通知存款、保证金存款；个人存款包括储蓄存款、保证金存款、结构性存款。2011年末，全市银行机构各项存款余额463.8亿元，其中单位存款175.67亿元、个人存款281.92亿元。2015年末，全市各项存款余额844.52亿元亿元，较2011年增长82%。

（1）备金及存款准备金率调整。存款准备金是为保证客户提取存款和资金清算需要而准备的在中央银行的存款，实行存款准备金的目的是为确保商业银行在遇到突然大量提取银行存款时，能有相当充足的清偿能力。存款准备金的4种职能分别是缓冲职能、流动资产管理职能、货币控制职能和收入或税收职能。自20世纪30年代以后，存款准备金制度成为国家调节经济的重要手段，是中央银行对商业银行的信贷规模进行控制的一种制度。2011—2015年，国家实行稳健的货币政策，为适应经济发展需要、调节流动性供求，中国人民银行先后多次对存款准备金率进行调整，其间的亮点是为增强调控的针对性，增加县域资金供给。2014年4月22日，中国人民银行宣布自2014年4月25日起下调县域农村商业银行人民币存款准备金率2个百分点，下调县域农村合作银行人民币存款准备金率0.5个百分点。2014年6月9日，中国人民银行决定自6月16日起，对符合审慎经营要求且“三农”和小微企业贷款达到一定比例的商业银行（不含2014年4月25日已下调过准备金率的机构）下调人民币存款准备金率0.5个百分点。此外，为鼓励财务公司、金融租赁公司和汽车金融公司发挥好提高企业资金运用效率及扩大消费等作用，下调其人民币存款准备金率0.5个百分点。

2011—2015年寿光市存款准备金率调整一览表

表6

公布时间	大型金融机构			中小金融机构		
	调整前	调整后	调整幅度	调整前	调整后	调整幅度
2011年1月20日	18.5%	19%	0.5	15%	15.5%	0.5
2011年2月24日	19.00%	19.50%	0.5	15.50%	16.00%	0.5
2011年3月25日	19.50%	20.00%	0.5	16.00%	16.50%	0.5
2011年4月21日	20.00%	20.50%	0.5	16.50%	17.00%	0.5
2011年5月18日	20.50%	21.00%	0.5	17.00%	17.50%	0.5
2011年6月20日	21.00%	21.50%	0.5	17.50%	18.00%	0.5

续表

公布时间	大型金融机构			中小金融机构		
	调整前	调整后	调整幅度	调整前	调整后	调整幅度
2012 年 2 月 24 日	21.00%	20.50%	−0.5	17.50%	17.00%	−0.5
2012 年 5 月 18 日	20.50%	20.00%	−0.5	17.00%	16.50%	−0.5
2012 年 7 月 18 日	20.50%	20.00%	−0.5	17.00%	16.50%	−0.5
2014 年 4 月 25 日	下调县域农村商业银行人民币存款准备金率 2 个百分点，下调县域农村合作银行人民币存款准备金率 0.5 个百分点。					−0.5
2014 年 6 月 16 日	对符合审慎经营要求且“三农”和小微企业贷款达到一定比例的商业银行下调人民币存款准备金率 0.5 个百分点。					−0.5
2015 年 2 月 5 日	20.00%	19.50%	−0.5	16.50%	16.00%	−0.5
2015 年 4 月 20 日	19.50%	18.5%	−1	16.00%	15.00%	−1
2015 年 6 月 28 日				15%	14.5%	−0.5
2015 年 9 月 6 日	18.50%	18%	−0.5	14.5%	14%	−0.5
2015 年 10 月 24 日	18.00%	17.50%	−0.5	14.0%	13.5%	−0.5

贷款。贷款系指贷款人对借款人提供的并按约定的利率和期限还本付息的货币资金，贷款人系指在中国境内依法设立的经营贷款业务的中资金融机构；借款人系指从经营贷款业务的中资金融机构取得贷款的法人、其他经济组织、个体工商户和自然人。贷款币种包括人民币和外币。2011 年，寿光市经济活动日渐活跃，对信贷资金需求呈现爆发式增长。2011 年末，全市各项贷款余额 418.99 亿元，2015 年末为 748.8 亿元，5 年间增长 79%。

结算。寿光市结算方式有银行汇票、商业银行汇票、银行本票、支票、汇兑和委托收款 6 种；企业间资金往来以支票、汇兑为主。2010 年 7 月，寿光被人民银行总行确定为全国农村支付服务环境建设联系点，寿光市银行机构认真贯彻党中央关于建设社会主义新农村的方针、政策，以加强电子银行建设，创新结算方式为切入点，推行非现金支付结算方式、先后推出个人网上银行、企业网上银行、银联 POS 机、ATM 机等结算品种和机具，在城乡设立自助银行、助农取款点等便民服务设施，向农产品批发市场、蔬菜加工企业、从事蔬菜经营的个体工商户推介先进的电子业务产品，传统的大额现金交易做法发生变化。至 2015 年末，5 家涉农银行业机构设立助农取款点 1503 处，银行机构共布放 POS 机 6035 台、ATM 机 512 台、转账电话 8217 部、农民自助终端 593 个，注册网上银行 86.01 万个、手机银行 72.15 万个、发行银行卡 383.68 万张，人均持卡量达到 3.62 张。

外汇。2011—2015年，国家外汇管理局寿光市支局扎实履行外汇管理职能，认真落实外汇简政放权各项措施，推动涉外经济蓬勃发展。2011年，外汇管理部门深入企业开展“一企一策”服务，到晨鸣集团等企业宣讲外汇主体管理等政策，支持晨鸣（香港）有限公司成功发行全省首只境外人民币票据，募集资金5亿元人民币；配合上级部门对蔬菜产业集团等4家企业进行资本金结汇执法检查，下达处罚意见书 。2012年，着力强化外汇管理和跨境人民币工作，对辖内5家资本金结汇违规企业进行处罚，上缴金额共计378万元。办理跨境人民币结算业务200笔、金额58.5亿元，结算额居潍坊各县市首位。为山东千榕家纺有限公司在肯尼亚设立千榕集团（肯尼亚）有限公司办理境外投资外汇登记，投资总额200万美元。在三干会上，被市委市政府表彰为“利用外资先进单位”。2013年，支持晨鸣纸业完成B股、H股回购；组织50家涉外企业、外汇指定银行进行外汇政策及跨境人民币知识业务培训。全年办理跨境人民币结算业务181笔、金额24.1亿元，结算额居潍坊各县市首位。2014年，落实简政放权各项措施，从服务水平和效率方面提升外汇管理和服务工作水平，为银行机构完成赋金融机构标识码、办理即期结售汇业务备案，定期进行货物贸易非现场核查共计1800笔5.3亿美元。2015年，深入推进简政放权，提升资本项目便利化；强化非现场监测和现场核查；运用分类管理手段，完善货物贸易监管；完善银行结售汇管理，为2家银行机构办理即期结售汇业务和迁址备案；加大国际收支数据核查力度。全年出口收汇27亿美元，比上年下降1.59%，进口付汇18.82亿美元，比上年增长8.04%，办理跨境人民币业务65亿元，比上年下降53.9%。

【重点银行概况】 **中国农业发展银行寿光支行**。中国农业发展银行寿光市支行（简称市农发行）成立于1996年12月25日，2011年末共有职工人数25人。2012年末共有职工人数24人。2013年末共有职工人数24人。2014年末共有职工人数24人。2015年末共有职工人数23人。

其业务范围主要有：办理粮食、棉花、油料收购、储备、调销贷款；办理化肥、肉类、食糖、烟叶、羊毛等国家专项贷款；办理中央财政对上述主要农副产品补贴资金的拨付，为中央和地方政府共同建立的粮食风险基金开立转户并办理拨付；办理粮食、棉花、油料加工企业收购资金贷款；办理粮食、棉花、油料产业化龙头企业贷款；办理农业小企业、农村基础设施建设、农业综合开发等贷款；办理业务范围内开户企事业单位的存款；办理开户企事业单位的结算；办理保险代理等中间业务；办理经国务院批准的其他业务。

支付结算工具主要有：电汇、银行承兑汇票、商业承兑汇票、银行汇票、银行本票、现金支票、转账支票、牡丹金山卡。

2011—2015年寿光市农发行存贷款情况表

表7 单位：万元

年份	存款	贷款
2011	14699	105331
2012	19472	109531
2013	20850	106878
2014	30070	113373
2015	80405	277373

中国建设银行股份有限公司寿光支行。根据业务发展需要，2012年2月10日，新成立寿光华茂支行开门营业。2012年11月7日，广场分理处搬迁至圣城街98号，更名为银海分理处。2015年9月，羊口分理处升格更名为潍坊羊口支行。至2015年末，共有营业网点7个，内设机构3个，在职员工125人。

2015年末，全口径存款余额为565452万元万元，较5年前增加289994万元，其中储蓄存款为249124万元，较5年前增加119351万元；企业存款为316328万元，较5年前增加170642万元；贷款余额603419万元，较5年前增加10000万元;5年累计实现利润84374万元。

（1）负债业务。5年来，通过开展旺季营销劳动竞赛、一抓二促三提升、“三走进”等营销活动，采取举办客户沙龙、走进企业、欢乐社区行等形式开展营销，存款新增居潍坊分行系统第一位。至2015年年末，全口径存款余额为565452万元万元，较5年前增加289994万元。其中储蓄存款为249124万元，较5年前增加119351万元；企业存款为316328万元，较5年前增加170642万元。

（2）资产业务。5年来，建行寿光支行以优化信贷结构为基础，积极稳妥地推进战略转型，形成“立足于寿光经济发展，以服务于优势企业、优质大客户为重点，兼顾潜力中小客户”的公司信贷业务经营模式。先后为晨鸣纸业、联盟化工、墨龙石油机械等大型企业累计发放贷款120亿元。推出“速贷通”“成长之路”等针对性较强的新产品，充分发挥营销的整体功能，对发展前景好、符合国家产业政策、具有良好成长性的小企业给予大力支持，累计发放贷款80亿元。5年来，个人贷款新增6.6亿元，余额达到11.6亿元；个人公积金委托贷款余额16.25亿元。重点支持银都花园、玉德苑、玉馨苑、中南城市金典、中南世纪城等楼盘建设，共为3000余户家庭提供购房贷款业务。通过开展“提升资产质量，促进业务健康发展”等活动，进一步加大贷后管理力度，贷款不良率始终保持为零。

（3）渠道建设。5年来，建行寿光支行紧紧围绕“加强渠道建设，打造服务新格局”的思路，加大自主设备布放力度，加快提升渠道建设。到年底离行式自助银行共有14处，设备23台，助农取款点17处，基本上覆盖城乡主要居民集中区。抓住建行总行发展善融商务业务的机遇，推动善融商务商户营销，促进专业化金融服务电子商务平台的发展。成功承办善融商务青年电商线下交易会，开通善融商务“寿光馆”。至2015年年末，善融商务入驻110户，活动交易6784笔，金额2748万元，电子商务业务发展保持系统领先地位。

保险

【保险机构】　中国人民财产保险股份有限公司寿光支公司。1984年4月成立，1996年更名为中国人民财产保险股份有限公司寿光支公司，位于寿光市银海路51号。经营险种有机动车辆保险、企业财产保险、家庭财产保险、国内外货物运输保险、人身意外保险、治安保险、政策性农业保险、政策性贷款保证保险和各种责任保险等险种。2015年，寿光支公司下设9个营销服务部、15个远程出单点及保险咨询服务部，营业网点覆盖各镇街。

中国平安财产保险股份有限公司寿光支公司。1997年12月成立，位于寿光城区金光街与金海路交汇处怡景商务大厦。主要经营机动车辆保险、企业财产保险、家庭财产保险、意外伤害保险、建筑工程保险、货物运输保险、船舶保险、一般责任保险、养殖业保险、团体意外伤害保险等。2011—2015年，连年获潍坊市保险业诚信经营星级示范单位、寿光金融机构综合评价优秀单位。

中国太平洋财产保险股份有限公司寿光支公司。1994年4月成立，位于圣城街211号东城全福元B座8楼，下设台头服务营销部。主要经营企业财产损失保险、家庭财产损失保险、建筑工程保险、安装工程保险、货物运输保险、机动车辆保险、船舶保险、能源保险、一般责任保险、保证保险、信用保险（出口信用保险除外）、短期健康保险、意外伤害保险等。

阳光财产保险股份有限公司寿光支公司。2006年8月成立，位于圣城东街中段，主要经营企业财产保险、家庭财产保险、建筑工程保险、货物运输保险、机动车辆保险、船舶保险、一般责任保险、养殖业保险、个人意外伤害保险、团体意外伤害保险等。2011—2015年，先后获得潍坊市保险业诚信经营示范单位、先进经营单位、十佳管理单位、全国文明诚信（窗口）单位、最佳战略合作伙伴、维护消费者权益诚信服务满意单位、先进经营单位荣誉。

中国人寿财产保险股份有限公司寿光支公司。2010年11月成立，位于寿光城区农圣街与正阳路交叉路口，主要经营财产损失保险、责任保险、信用保险和保证保险；短期健康保险和意外伤害保险等，先后在文家、孙集、羊口等11个镇街设立财险互动业务营销服务部。2013年，获潍坊市消费者满意单位、潍坊保险业诚心经营示范单位荣誉。2014年，获寿光市金融工作先进单位荣誉。

中国人寿保险公司寿光支公司。1996年成立，1999年3月更名为中国人寿保险公司寿光市支公司，2003年重组改制为中国人寿保险股份有限公司寿光市支公司。业务范围涵盖寿险、人身意外险、健康险、年金类等人身保险的全部领域。

新华人寿保险股份有限公司潍坊市寿光支公司。2003年11月成立，位于寿光城区公园街与迎宾路交叉路口东北角，主要经营人身保险、健康保险、意外伤害保险等各类人身保险业务及经中国保险监督管理委员会批准的其他业务。2011年、2012年，分别被评为潍坊市保险业诚信经营五星级示范单位。

阳光人寿保险股份有限公司潍坊市寿光支公司。2009年4月成立，办公地址在寿光城区文庙街小东关沿街楼，2012年5月迁至寿光市啤酒厂沿街楼3楼，2015年5月又迁至寿光市光明路南首玉馨苑小区全福元2楼。业务范围包括个人意外伤害保险、个人定期死亡保险、个人两全寿险、个人终身寿险、个人年金保险、个人短期健康保险、个人长期健康保险、团体意外伤害保险、团体定期寿险、团体终身寿险、团体年金保险、团体短期健康保险、团体长期健康保险及中国保监会批准的其他人身保险业务。2011—2015年，连续获阳光人寿山东分公司五强支公司荣誉。

中国平安人寿保险股份有限公司潍坊市寿光支公司。2003年1月成立，经营业务包括人寿保险、健康保险、意外伤害保险等；办理各种法定人身保险；代理国内外保险机构检验、理赔及其委托的其他有关事宜；经中国保监会批准的其他业务。

2011–2015 年寿光市保险公司保费收入、理赔支出表

表 8 单位：万元

企业名称	项 目	2011 年	2012 年	2013 年	2014 年	2015 年
中国人民财产保险股份有限公司寿光支公司	保费收入	10905	13544	15045	16111	17305
	理赔支出	4481	8081	13327	8925	9414
	赔付率（%）	41.1	59.7	88.6	55.4	54.4
中国平安财产保险股份有限公司寿光支公司	保费收入	4535	5780	6855	7780	8842
	理赔支出	1356	2171	2915	3734	3416
	赔付率（%）	42.4	37.7	38	47.9	44.8
中国太平洋财产保险股份有限公司寿光支公司	保费收入	4414.58	6191.96	6902.98	6227.63	6007
	理赔支出	2316.4	3249.7	4272.51	4943.9	3948
	赔付率（%）	52.5	52.5	61.9	79.4	66
阳光财产保险股份有限公司寿光支公司	保费收入	4956	4603	4136	4823	5180
	理赔支出	2582	2315	2321	2513	2750
	赔付率（%）	43.5	44.7	48.5	42.1	53.6
中国人寿财产保险股份有限公司寿光支公司	保费收入	1491	2798	3569.72	6193	5701
	理赔支出	104	704	1470.75	1769	3479
	赔付率（%）	7	25	41.2	29	61
中国人寿保险公司寿光支公司	保费收入	27331	28069	26473	26892	31073
	理赔支出	14269	14581	12676	12876	10925
	赔付率（%）	52.2	53.4	45.2	48.6	35.2
新华人寿保险公司潍坊市寿光支公司	保费收入	未单独核算	3653	2886	8568	6371
	理赔支出	未单独核算	215	241	236	214
	赔付率（%）	/	5.8	8.3	2.7	3.3
阳光人寿保险公司潍坊市寿光支公司	保费收入	未单独核算	未单独核算	663	792	1383
	理赔支出	未单独核算	未单独核算	94	194	213
	赔付率（%）	/	/	14	24	15
平安人寿保险公司潍坊市寿光支公司	保费收入	860	991	1192	1049	2661
	理赔支出	130.7	180.3	228.6	346.8	313.1
	赔付率	15%	18%	19%	33%	12%

【财产保险】 财产保险种类主要有企业财产保险、家庭财产保险、机动车辆保险、责任保险、人身意外险、船舶险、货运险、信用险、保证险、健康险、种植业保险等11大类100多个险种。

企业财产保险。是承保企业、事业单位、机关、团体的固定资产、流动资产及与其企业经济利益相关的财产，由于火灾及其他自然灾害、意外事故的发生而遭受直接损失的财产损失保险。

家庭财产保险。简称家财险，是个人和家庭投保的最主要险种。凡存放、坐落在保险单列明的地址，属于被保险人自有的家庭财产，都可以向保险人投保家庭财产保险。

机动车辆保险。即“车险”，是以机动车辆本身及其第三者责任等为保险标志的一种运输工具保险。其保险客户，主要是拥有各种机动交通工具的法人团体和个人；其保险标的，主要是各种类型的汽车、电车、电瓶车、摩托车、拖拉机、专用机械车、特种车等。

责任保险。是指以保险客户的法律赔偿风险为承保对象的一类保险。按业务内容分为公众责任保险、产品责任保险、雇主责任保险、职业责任保险和第三者责任保险五类业务。

人身意外保险。又称为意外伤害保险，也称人身意外伤害保险。是指投保人向保险公司缴纳一定金额的保费，当被保险人在保险期限内遭受意外伤害，并以此为直接原因造成死亡或残废时，保险公司按照保险合同的约定向保险人或受益人支付一定数量保险金的一种保险。

船舶保险。是海上保险的一种，是以各种类型船舶为保险标的，承保其在海上航行或者在港内停泊时，遭到的因自然灾害和意外事故所造成的全部或部分损失及可能引起的责任赔偿。船舶保险采用定期保险单或航程保险单。其特点是保险责任仅以水上为限。这与货物运输保险可将责任扩展至内陆的某一仓库不同。至2015年，该项保险未开展。

货物运输保险。是以运输途中的货物作为保险标的，保险人对由自然灾害和意外事故造成的货物损失负责赔偿责任的保险。类型分为：铁路货物运输保险、水路货物运输保险、航空货物运输保险、公路货物运输保险。由于投保险别不同，其保险费率各异，赔偿的范围也有区别。所以外贸公司应根据出口商品的性质、不同的运输工具、路程的远近、季节性天气的变化，以及运抵国当时的具体情况等有关因素决定投保哪一种险别较合理。

信用保险。是指权利人向保险人投保债务人的信用风险的一种保险，是一项企业用于风险管理的保险产品。其主要功能是保障企业应收账款的安全。其原理是把债务人的保证责任转移给保险人，当债务人不能履行其义务时，由保险人承担赔偿责任。信用保险主要分为3类，商业信用保险，出口信用保险和投资保险。

保证保险。是一种担保业务。包括两类保险：一类是狭义的保证保险，另一类是信用保险。它们的保险标的都是被保证人的信用风险，当被保证人的作为或不作为致使权利人遭受经济损失时，保险人负经济赔偿责任。

医疗保险或健康保险。简称医保、健保，是常见的保险之一，主要为投保人应付无法预测的医疗服务需求及财务风险。广义的医疗保险也称健康保险，它不仅补偿由于疾病给人们，带来的直接经济损失，即医疗费用，还补偿由于疾病带来的间接损失，如误工工资，对分娩、残疾和死亡等也给予经济补偿。投保人在有需要使用医疗服务时，可得到一笔定额的现金赔偿以补贴其全数或部分医疗开支。

种植业保险。是指以农作物及林木为保险标的，对在生产或初加工过程中发生约定的灾害事故造成的经济损失承担赔偿责任的保险。种植业保险一般分为农作物保险和林木保险两类。

2011—2015 年寿光市财产险保费收入、理赔支出表

表 9 单位：万元

	项目	2011 年	2012 年	2013 年	2014 年	2015 年
企业财产险	保费收入	34754	46021	51259	58302	62213
	理赔支出	2770	2458	3189	2230	1965
家庭财产险保	保费收入	93	69	177	212	217
	理赔支出	18	22	17	28	25
机动车辆保险	保费收入	28578	37140	42394	49066	51793
	理赔支出	12436	15544	15629	24621	25672
责任保险	保费收入	399	622	793	1240	1392
	理赔支出	281	301	125	471	1068
人身意外保险	保费收入	616	2143	1686	2063	2620
	理赔支出	368	269	520	959	1818
货物运输保险	保费收入	1705	1564	1929	1754	1657
	理赔支出	462	628	638	1040	736
保证保险	保费收入	0	0	48	88	36
	理赔支出	0	0	0	0	0
种植业保险	保费收入	842	1818	1605	936	2093
	理赔支出	142	1016	3444	284	863

【人寿保险】 2011—2013 年，为适应形势需要开发出“福禄鑫尊”“安心无忧”“美满一生”等一批高收益理财型产品。福禄鑫尊：理财型保险产品，投保人连续缴费 5 年或 10 年，最早可 55 岁返本，同时还有 60 岁、65 岁、70 岁、75 岁不同年龄段可选，连续缴费 3 年后开始返还生存金至终身，生存金额根据返本年龄段的不同而不同。安心无忧：理财型保险产品，投保年龄 0-70 周岁，可连续交费 3 年、5 年、10 年等不同年限，在合同约定的时间到期后给付合同约定的保险金额，同时附带重疾保障金、分红金

等。美满一生：理财型保险产品，投保年龄0～60周岁，缴费期限分为3年、5年、8年、12年4种，生效之日起年年返还生存金，75周岁返本，同时年年分红，并且有投保金额110%的身故保障金。

2014年，推出防癌险、鑫如意（白金版）等产品。防癌险：重大疾病保障产品，多重保障，涵盖轻症癌症、癌症、特别癌症的治疗和康复阶段，康复期五年，缴费期出险，免交以后保费，在合同约定的时间到期后返还所缴保费。鑫如意（白金版）：理财型保险产品，投保年龄0～60周岁，缴费年限分5年、10年等，投保后即可领取生存金，在合同约定的时间到期后领取祝寿金，年年享有分红金，同时还有鑫账户，所有保险收益打入该账户，能享受高于银行同期存款利率的利息收益。

2015年，随着市场形势低迷，中国人寿保险股份有限公司寿光支公司率先在全国推出以“福禄鑫尊”“福满一生”等产品附加万能险模式，提高客户收益。针对大病年轻化和普遍化，推出“康宁保险”，至2015年连续11年被《中国保险报》评为最受消费者欢迎险种。康宁保险：重大疾病保障产品，国内最畅销的重疾保险，投保年龄0-50周岁，缴费年限分10年、20年不等，涵盖40种重大疾病和10种特别疾病，缴费期出险，免交以后保费，出险后提前给付合同约定的保险金额，并终身享有高残意外金等。

【保险理赔】 理赔工作按照“正确、合理，主动、迅速”的方针，各保险公司按规定承担责任，在投保人遭受财产损失、人身意外、疾病或保单期满时，给予经济补偿或支付。重点案例：

1、2013年1月5日，山东全福元商业集团购物中心店发生火灾，商场超市、鞋帽区、服装区、家电区、电动车城、楼房分别受损，造成直接损失106025550.65元，事故发生后中国人民财产保险股份有限公司寿光支公司及时赶赴现场、查勘核损后补偿该单位经济损失13140641.5元。

2、2014年4月份，中国人寿财产保险股份有限公司寿光支公司经过招标承保某大型企业职工意外伤害保险。4月16日，该企业职工张××在中午外出就餐时，搭乘出租车不慎遭遇车祸身故。中国人寿寿光支公司根据保险条款规定赔付张××的保险受益人48万元。

证券

【证券机构】 **中泰证券股份有限公司寿光公园北街证券营业部**。1995年7月正式成立，称为潍坊证券寿光营业部，是山东省第一家成立的县级证券营业部。1997年，更名为山东证券寿光营业部。2000年，有员工13人。2001年，更名为天同证券寿光营业部。2007年1月，更名为齐鲁证券有限公司寿光公园北街证券营业部。2015年9月更名为中泰证券股份有限公司寿光公园北街证券营业部。营业面积1800平方米，拥有客户终端260台，员工23人。

中泰证券股份有限公司寿光正阳路证券营业部。2012年1月正式成立，地址在寿光市圣城街与正阳路交汇处，机构名称为“齐鲁证券有限公司寿光正阳路证券营业部”，是齐鲁证券响应政府号召，服务山东资本市场，成立的首批创新型营业部之一。2015年9月因公司总部更名，营业部同步更名为“中泰证券股份有限公司寿光正阳路证券营业部”。2015年，有员工5人，服务模式采用“现场+互联网”方式，客户范围遍布全国。

招商证券股份有限公司寿光圣城街证券营业部。2014年4月正式成立，地址在东城全福元财富大厦B座6楼，营业面积800平方米。至2015年底，有员工20余人。

【业务工作】 **中泰证券股份有限公司寿光公园北街证券营业部**。主要业务品种涵盖深沪A股、深沪B股、港股、基金、债券回购、IPO、三板市场、齐鲁股权、代理保险、代理外汇、融资融券、期货业务中间介绍。具体为客户提供开立股东账户、资金账户；银证联网；申购新股、代理申购、配售新股、代理配售；配股、代理配股；分红派息；网上交易、电话委托；手机炒股；委托理财；咨询服务等。1996年，年交易量3.9亿元。1997年，客户总数达到1000户。2000年，年交易量28亿元。2010年，客户总数达到3万户。2015年底，客户开户数已经超过3.8万户，年交易量达到370亿。

中泰证券股份有限公司寿光正阳路证券营业部营业部。初期经纪业务主要包括沪深A股、B股、债券、基金、权证等业务品种。同时，服务全国中小企业股份转让系统挂牌股份转让业务（含挂牌公司业务、两网及退市公司业务）。2013年5月，开办OTC柜台市场业务；11月开展融资融券业务。2014年11月开展港股通标的股票业务。2015年2月，小额股票质押回购业务通过公司网站自助办理。营业部自成立以来，为投资者全方位提供便捷安全互联网自助开户、非现场见证开户、现场柜台开户等多种开户方式，提供电话委托、网上委托、手机炒股等多种交易方式，让投资者随时随地把握市场变化，高效快捷完成交易。2015年底，共有存量客户5000余人，全年证券交易量（含A股、B股、基金、债券融券回购交易）31.85亿元，客户资产余额9475万元。

招商证券股份有限公司寿光圣城街证券营业部。经纪类业务品种主要有A股、B股、港股、基金、债券回购等，综合创新类业务主要分为融资类业务，包括融资融券、股票质押、收益互换以及定向融资等通道类业务；经纪商业务，包括资金募集、私募孵化、杠杆交易、衍生品交易、资产保值、收益凭证、财管计划等；投行类业务，包括新三板挂牌、资产证券化、并购重组、IPO、发债等。至2015年底，营业部共有存量客户7000余人，资产规模约10亿元，年交易量达137亿元。

教育 科技

教 育

2015年，全市有大中小学校146处，在校生16.3万余人。其中普通高中6处，在校生26854人；初中33处，在校生34741人；小学104处，在校生66067人；特教学校1处，在校生145人；市职教中心在校生7708人；全日制普通本科高校1处，潍坊科技学院学生总数26668人；幼儿园163处（其中公办园120处、民办园43处），在园幼儿31247人。全市教职员工1.4万余人。寿光市先后被评为全国“两基”工作先进市、全国职业教育先进市、全国幼儿教育先进市、全国义务教育发展基本均衡市，全省素质教育先进市、全省教育工作示范市、全省艺术教育工作先进市。

【管理机构】 2011年，市教育局内设办公室、政工科、财务审计科、普教科、教师教育科、职业教育与成人教育科、学校安全工作科7个职能科室。市教育局机关行政编制20人，配备局长1人、副局长5人，科长（主任）3人。下设规划财务科、学生资助中心、教育财务集中核算中心、电教馆、教科研中心、招生办公室、实验教学研究中心、勤工俭学管理站、寿光市教育督导室9个副科级事业单位。局机关在职干部职工184人。2012年，市教育局机关行政编制23人，配备局长1人、副局长5人，科长（主任）7人，局机关在职干部167人。为理顺与潍坊教育局业务关系，2013年取消勤工俭学管理站，成立学生安全指导中心。政工科更名为组织人事科，普教科更名为基础教育科。2013年，市教育局机关行政编制21人，配备局长1人、副局长5人，科长（主任）7人，局机关在职干部167人。2014年，市教育局机关行政编制20人，配备局长1人、副局长3人，科长（主任）7人，局机关在职干部171人。2015年，安全工作科并入学生安全指导服务中心。学前教育办公室并入学前教育教研室。市教育局机关行政编制16人，配备局长1人、副局长3人，科长（主任）7人，局机关在职干部167人。

【教师队伍建设】 师资来源。2011年，从应届师范类毕业生中招聘200人，其中招收心理学专业教师16人，安置免费师范生10人。2012年，从师范类毕业生和“985”“211”高校毕业生中招聘教师175人，安置免费师范生7人。2013年，从师范类毕业生中招聘177人，其中春季从师范类毕业生中招聘72人，夏季招聘96人，招聘并安置免费师范生9人。2014年，春季从应届师范类毕业生中为高中招聘70人，从大学生村干部中为农村中小学招聘教师26人，夏季招聘师范类毕业生47人，冬季安置免费师范生8人。2015年，从历年师范类毕业生中招聘新教师212名，年底招聘并安置免费师范生5人。至2015年，全市共有教职工18879人，专任教师14677人，其中高等学校教职工1729人，专任教师1030人，职业学校教师988人，其中专任教师896人，高中教职工2424人，专任教师2185人，初中教职工4403人，专任教师4012人，小学教职工3607人，其中专任教师3491人，幼儿教师3543人，专任教师2364人。

师资培训。2011年暑期培训教师3620人，省远程培训5169人。2012年暑期培训教师2230人，省远程培训教师7066人。2013年暑期培训教师3500人，省远程培训7000人。2014年暑期培训教师2823人，省远程培训教师6971人。2015年，暑期培训教师3679人，省远程培训教师7050人。

交流轮岗。2015年年初，制定出台《寿光市教育局等四部门关于深化中小学教师队伍管理体制改革的实施意见》《寿光市教育局关于落实教师岗位竞聘交流轮岗工作的实施方案》。同年8月，对全市中小学教师岗位竞聘交流轮岗工作进行安排部署。按城乡共同体交流、镇（街、区）域内交流、镇（区）之间交流三种形式分步推进实施。全市交流轮岗414人，其中城乡交流164人，镇域内交流207人，跨学段交流79人。义务教育学校交流轮岗比例为5.72%。交流轮岗教师中，潍坊市级以上教学能手42人，寿光市级骨干教师285人，骨干教师占交流教师总数的68.8%。一是充分调动教师的工作积极性，打破教师一岗定终身，一校定终身局面，形成优质师资“活水池”。二是有效解决中小学师资不均衡现状，有78名初中教师主动到小学任教，有效解决小学教师师资紧缺、年龄偏大现状。三是优质教育资源得到合理配置，一大批潍坊市级以上教学能手、省优质课获得者充实到农村学校，解决农村教师缺少领头雁的难题。由于交流轮岗工作措施得力，扎实有效，寿光市被省教育厅确定为“义务教育学校校长教师交流轮岗省级实验区”；9月16日，寿光市的县管校聘改革的经验做法被潍坊市教育局以“寿光市精心部署扎实推进县管校聘改革”为题进行转发、推广。

教师待遇。2014年1月1日起，乡镇津贴补贴标准变为从到乡镇的第三年起，每人每月增发150元，此后每增加1年，月发标准提高15元。2014年10月1日，调整市直机关和事业单位工作人员基本工资标准，具体标准为：专级7级1760元，专级10级1390元，专级12级1220元，专级13级1150元。2014年12月1日期，调整市直机关和事业单位津贴补贴标准，副高级职务由3429元到3973元，中级职务由2954元到3430元，助级职务由2329元到2624元，员级由2320元到2520元，见习人员由1994元到2231元。2015年1月1日起，乡镇津贴补贴从到乡镇工作当月起，每人每月标准由150元，提高到300元，以后每增加一年，月增发标准提高15元。

【人事与管理制度改革】 人事制度改革。2010—2015年，市教育局逐步深化校长职级制改革，每年财政拨付300万元支付校长职级工资，根据个人全额工资为基数确定发放标准，初级校长的绩效工资标准(二档、一档)分别按25％、30％确定；中级校长的绩效工资标准（三档、二档、一档）分别按30％、35％、40％确定；高级校长的绩效工资标准（三档、二档、一档）分别按40％、45％、50％确定；特级校长的绩效工资标准按80％确定。对办学规模较大学校的校长或办学条件艰苦的农村学校校长，适当提高其绩效工资发放的标准档次。校长职级工资中的70%按月发放，其余30%依据校长年度工作绩效考核结果进行发放。享受校长职级工资人员由市直学校校长、镇街中心校校长逐步扩大到除上述人员之外的初中校长、小学校长、中心幼儿园园长、高中副校长，进一步提高了校长对教育管理工作的积极性。

班级管理激励机制改革。2014年10月，根据中共潍坊市委办公室、潍坊市人民政府办公室《关于深化中小学管理体制改革若干问题的意见》和潍坊市人社局、财政局、教育局《关于进一步完善中小学班级管理团队激励机制的通知》，自2015年起，中小学按每班每月700元的标准补助，其中市、县财政根据学校隶属关系，按每班每月400元的标准予以保障，纳入绩效工资总量；其余资金从学校现有的奖励性绩效工资中解决。以后视财力增长情况逐步提高。各中小学校加强对班级管理团队工作的考核，确保优劳优酬。

【幼儿教育】 园所设置。（1）办园体制。学前教育以科学发展观为指导，以均衡发展为导向，以打造优质教育品牌为目标，以促进每个幼儿健康成长为己任，不断深化办园体制改革，创新管理模式，积极探索农村学前教育发展新思路，形成了“以政府办园为骨干，村办园为主体，社会力量办园为补充”的良好格局。全市共有省市级示范幼儿园78处。14处镇街道中心幼儿园全部达到省市级示范幼儿园标准。（2）园所建设。2011年，全市共投资8500万元对城区幼儿园进行改（扩）建。其中市政府投资3000万元新建市直机关幼儿园；投资2000万元，改建实验小学幼儿园和实验中学幼儿园。由集团投资3500万元新建新城明珠幼儿园、圣城街道九巷幼儿园、联盟集团幼儿园。镇街道政府共投资3000万元，新建羊口镇中心幼儿园、台头镇中心幼儿园、营里镇中心幼儿园、文家街道中心幼儿园。14个镇街道中心幼儿园中，文家街道中心幼儿园、营里镇中心幼儿园等9处园所创建为省级示范幼儿园。截至2011年底，所有镇街道中心幼儿园100%达到省级示范幼儿园办园标准。2012年，全市投资8000万元，新建、改扩建古城街怡馨苑幼儿园、化龙中心幼儿园、羊口新区幼儿园28处。全市乡镇中心幼儿园全部通过省级认定，其中45%的村办园达到地市级示范园标准。2013年，全市投资9800万元，新建、改扩建德润绿城北大公学幼儿园、世纪学校东城幼儿园、圣城街道银座双语幼儿园等15处，并且，对全市所有的村办幼儿园都进行了改扩建，其中，文家、古城、洛城等9处镇（街道）中心园就餐人数达到90%以上。古城街道弥景苑幼儿园、圣城小学幼儿园等12处幼儿园创建为省级示范幼儿园。同年12月底，洛城、古城、文家3个镇街被评为潍坊市学前教育工作先进镇街。全市学前教育实现高质量、高标准发展。2014年，投资6000多万元，新建、改扩建古城街道怡尚苑、侯镇镇直幼儿园、文家街道西城幼儿园、洛城街道留吕幼儿园等普惠性幼儿园18处，新增建筑面积三万多平方米。实验小学、实验中学、世纪文汇3处幼儿园创建为潍坊市十佳幼儿园；侯镇实验幼儿园、羊口新区幼儿园等13处幼儿园创建为潍坊市级示范幼儿园； 同年12月底，羊口镇、侯镇、稻田镇被评为潍坊市学前教育工作先进镇街。2015年，投资6287万元，新建、改扩建潍坊科技学院附属幼儿园、侯镇挑沟幼儿园、文正学前教育集团文达幼儿园等18处，新增建筑面积30973平方米，超额完成标准化幼儿园建设工作。文正学前教育集团文正幼儿园、文达幼儿园、圣城街道北关幼儿园等10处幼儿园创建为潍坊市示范幼儿园。同年12月底，圣城、台头、化龙、双王城4个镇街被评为潍坊市学前教育工作先进镇街。

幼儿教师队伍建设。(1)教师基本情况。2011年，全市教职工总数2182人，专任教师1795人，中专以上学历1744人 。2012年，全市教职工总数2253人，专任教师1778人，中专以上学历人数1752人。2013年，全市教职工总数2700人，专任教师1990人，中专以上学历1913人。2014年全市教职工总数3072人，专任教师2312人，中专以上学历2260人。2015年全市教职工总数3543人，专任教师2541人，中专以上学历2490人。(2)教师待遇。2012年，非公办幼儿教师工资由基本工资、教龄补贴、绩效工资三部分组成，执行标准每月每人不低于1500元。教龄补贴具体参照公办教师教龄津贴实施意见，并由这一年开始，教师待遇将在此基础上，逐年提高。2014年，为全市非公办幼儿教师缴纳养老保险由三险转为五险，单位个人的缴费比例，按国家规定执行。

幼儿教学管理。(1)镇村一体化。为保证学前教育镇村一体化管理体制改革的顺利进行，寿光市出台《关于加快学前教育改革与发展的意见》，教育局先后制定下发《关于进一步规范幼儿园布局调整规划的指导意见》《关于进一步加强幼儿园建设的意见》等配套文件，实行中心园园长负责制，列入镇(街道)统一管理，在政策上给予大力支持。对镇中心幼儿园和村办幼儿园进行统一调整和部署，进行统一检查、统一验收、统一排查、统一鉴定，切实保障学前教育硬件设施建设。镇(街道)对本辖区内的幼儿园实行统一规划、合理布局，形成以中心带动学区、以学区促进村办园发展的良好局面。同时，发挥中心幼儿园在镇街学前教育中的窗口示范作用，让中心幼儿园成为当地学前教育的教研中心、师资培训中心，并以中心幼儿园为带动对教师管理和培养实行“六统一”的政策，即统一幼教干部的认定考核、统一管理模式、统一师资培训、统一教师待遇、统一教师调配使用、统一考核认定。构建“四模式网络型”管理，即：“一个中心、两个协调”的和谐型管理模式；“促进、发展”的新型督导模式；“点面效应上水平”的业务管理模式；“三位一体”的托幼一体化教育模式。其中“一个中心、两个协调”的和谐型管理模式：即以中心幼儿园园长为中心，全面主持统筹安排协调本辖区所有幼儿园的工作，形成独立的学前教育体系，杜绝“多重管理”现象；协调好人本化管理与规范化管理的关系，协调好德治、情治与法治的关系。“点面效应上水平”的业务管理模式：镇街幼儿园业务管理网络层次主要是在中心幼儿园园长的领导下，幼教辅导员作为主要实施者，选拔部分骨干教师为成员，统领全镇的教育教学工作，达到“以点带面，资源共享，指导到位”的效果。“三位一体”的托幼一体化教育模式：

即把0～6岁婴幼儿早期教育作为一个整体，形成幼儿园、家庭和社会为一体的教育体系。（2）托幼一体化。随着0～3岁婴幼儿早期教育活动的开展，打破了托与幼分离的陈旧教育模式，把0～5岁婴幼儿早期教育作为一个整体，形成幼儿园、家庭和社会为一体的教育体系，农村早期教育活动与教材充分整合，城区幼儿园将家园共育与一日活动相结合，充分发挥中心幼儿园的带动作用，实行中心园带动学区园，全面实施婴幼儿早期教育，全市0～3岁婴幼儿受教育率达到80%以上。镇中心家长对家庭教育知识的知晓率达到99%以上，各园家长对家教知识的知晓率达到88%以上。(3)特色教育乡土化。在全市幼儿园开展“八个一”系列活动。即每人一个皮球、一根绳、一个环、一块泥、一个沙包、一张纸、一团线、一根皮筋，以民间游戏为切入点，充分挖掘农村自然资源，锻炼幼儿手脑体灵活性。通过实验，编写出了一套关于“八个一”系列教学方案，形成“八个一”园本教材，实现自然资源和课程的有机整合。2015年，“八个一”系列活动已延伸到“十个一”“十一个一”……先后多次为省市级学前教育现场会提供现场。并被吸收为国家级“十五”幼儿教育科研课题研究内容，并在潍坊市第七届教育教学（管理）方法创新燎原奖评选中获二等奖。“幼儿教育小学化倾向问题的研究”获潍坊市政府成果奖。《实施三维一体推进战略，促进幼儿园课程立体发展》获第三批潍坊市重大教育教学问题行动研究成果二等奖；《活动与资源有机整合，园本课程凸现特色》获第二批潍坊市重大教育教学问题行动研究成果奖；全市幼儿体操通讯赛连续8年获得省级通讯赛一等奖。（4）区域、户外活动常态化。随着园本化课程的不断挖掘和深入，区域活动和户外活动作为一日活动的有机组成部分，已经纳入一日活动的必要环节。各级各类幼儿园从材料的价值配置、人员的督导培训、内容的选择实用、场地的划分合理等方面进行了专门研讨，并在文家、稻田、市直机关等幼儿园多次调度，成功为潍坊市保教活动现场会提供现场，并先后获得山东省特色教育活动展播一二等奖。(5)成绩展示。2011年，潍坊市学前教育三年行动计划在寿光召开，寿光市提供现场并作典型发言；2014年，幼儿教师孙琳琳被评为全国模范教师；2015年4月1日，寿光市代表潍坊市参加省示范幼儿园复评认定工作，寿光市幼儿园的办园条件、园所管理、教育教学、师资队伍等，得到省市领导高度评价；4月17日，潍坊市学前教育工作现场会在寿光市召开，寿光市作《统筹兼顾、多措并举，创新高标准学前教育发展新模式》典型发言；7月，在北京举办的中国－耶鲁暑期幼儿学习心理研讨会上，寿光市作《根植乡土资源，做快乐小农人》的经验介绍。

【小学教育】 学校设置。2015年，寿光市共有小学116处。其中，市直小学3处，市直九年一贯制4处，镇（街）小学109处。镇（街）小学中，完全小学（1-6年级）71处，不完全小学31处，九年一贯制学校7处。全市在校小学生65717人。

学制课程。寿光市小学学制为六年。按照《国家课程设置方案》，在小学段分别开设语文、数学、英语、品德与生活（品德与社会）、科学、综合实践活动、音乐、体育、美术、信息技术共10门课程。在此基础上，根据山东省教育厅有关文件精神，学校还开设了环境教育、安全教育、传统文化等地方课程。学校根据实际情况，开发数量、门类不等的校本课程。

学校管理。寿光在建设高标准现代化小学的同时，强力推进养成教育、童子功教育、课堂改革、课程改革、学校特色建设“五项内涵行动”。至2015年，有“全国优质教育品牌学校”1处，“山东省教学示范学校”3处，“省级规范化学校”10处，“潍坊市特色学校”2处。2011—2015年间，先后承担过国家级学科研讨会议4次、省级会议4次、地级会议12次，接待了国内外200多个考察团、5万人次的参观考察。《人民日报》《中国德育》《山东教育》、山东电视台等多家媒体给予关注。

【中学教育】 **学校设置**。经过布局调整，2015年，全市共有初中34所，其中，市直初中4所（全部为九年一贯制学校），镇（街）初中30所（7所为九年一贯制学校），全市在校初中生34690人。全市共有普通高中7所，其中，城区有寿光一中、寿光现代中学、寿光中学、寿光五中和圣都中学，寿光二中位于田柳镇，渤海实验学校位于羊口镇（该校于2015年4月3日，经潍坊市人民政府批准设立），全市在校高中生26213人。

学制课程。2011—2015年，寿光市初中学制为三年。按照《国家课程设置方案》，在初中段分别开设语文、数学、英语、思想品德、物理、化学、历史、地理、综合实践活动、音乐、体育、美术、信息技术、心理健康等共14门课程。在此基础上，根据山东省教育厅有关文件精神，学校还开设环境教育、安全教育、传统文化等地方课程。学校根据实际情况，开发数量、门类不等的校本课程。

2011—2015年，寿光市高中学制为3年。2004年起，寿光市一直实行新课程标准。高中课程设置语言与文学、数学、人文与社会、科学、技术、艺术、体育与健康和综合实践活动8个学习领域。

每一领域由课程价值相近的若干科目组成。八个学习领域共包括语文、数学、外语（英语、日语、俄语等）、思想政治、历史、地理、物理、化学、生物、艺术（或音乐、美术）、体育与健康、技术等12~13个科目。其中技术、艺术是新增设的科目，艺术与音乐、美术并行设置，供学校选择。鼓励有条件的学校开设两种或多种外语。

学校管理。寿光在建设高标准现代化学校的同时，强力推进立德树人、教师队伍建设、“双改”（课程、课堂）推动、阶梯教研、学校特色建设等“五大工程”。同时按照省规范办学的要求，高标准建设规范化高中学校，强调内涵发展，大力举办素质教育，把培养品学兼优、身心双健、特长显著、素质全面的高中学生作为办学目标，提高学生的综合素质。推进课程改革，给学生提供丰富的课程资源；推进课堂教学改革，提倡自主学习、合作学习、探究学习，落实学生学习的主体地位；提倡学校特色建设，探索教育体制的开放与多元，探索办学的自主性和灵活性，让学生接受适合自己成长发展的教育。2015年，寿光市高中共有“山东省教学示范学校”3处、“省级规范化学校”10处、“潍坊市特色学校”2处。2011—2015年，先后承担国家级学科研讨会议1次、省级会议1次、地级会议18次，接待国内外200多个考察团、5万人次。

【职业教育和高等教育】 寿光市全面落实职业教育统筹战略，参与潍坊市全国职业教育创新试验区创建工作，职业教育与县域经济实现融合发展、互促共进，现代职业教育体系基本建立。2015年，有应用型本科院校1处（潍坊科技学院），在校生2万余人；中等专业教育学校1处（潍坊市科技中等专业学校），在校生6500余人；中等职业学校1处（寿光市职业教育中心学校），在校生8600余人。寿光市是山东省委常委、常务副省长孙伟的现代职业教育体系建设联系点，山东省职业教育先进集体。

中等专业教育。潍坊市科技中等专业学校。2010年6月，潍坊市政府批复（潍政办复字[2010]58号）成立潍坊市科技中等专业学校。学校系全日制普通中等专业学校，实施全日制普通中等专业教育，学制三年，同时可举办中等层次的职业教育及各类短期实用技术培训。学校位于潍坊科技学院院内，建筑面积70489平方米，全日制在校生6596人，现开设现代农艺技术、机电技术应用、学前教育、计算机应用、建筑工程施工等15个专业，其中计算机应用和计算机网络技术专业被评为潍坊市特色品牌专业。

2011年4月，在山东省职业院校技能大赛中，获得山东省职业院校技能大赛特殊贡献奖，《企业网搭建及应用》《数字影音后期制作》《网站制作与管理》项目获中职学生组省一等奖，《网站制作与管理》项目获中职学生组省二等奖。同年6月，在全国职业院校技能大赛中，《工业产品设计》项目获全国一等奖，《数字影音后期制作》项目获全国二等奖，《企业网搭建及应用》项目获三等奖，张旭东老师获得全国工业产品设计项目优秀指导教师奖。

2012年4月，在山东省职业院校技能大赛中，潍坊市科技中等专业学校获得山东省职业院校技能大赛特殊贡献奖。《企业网搭建及应用》《工业产品设计》《种子质量检测》项目获一等奖，《工业产品设计》项目获中职学生组省二等奖。同年6月，在全国职业院校技能大赛中，张旭东获得全国工业产品设计项目优秀指导教师奖，柴浩明获得中职学生组《工业产品设计》项目全国一等奖，董春燕获得中职学生组《种子质量检测》项目二等奖，孙学文、刘双超获得中职学生组《企业网搭建及应用》项目三等奖。同年10月，郑东营、张旭东被推荐为齐鲁名师人选。同年12月，在潍坊市职业院校技能大赛中，获得潍坊市职业院校技能大赛十强学校称号。

2013年，山东省职业院校技能大赛获二等奖1个；参加全国职业院校技能大赛获一等1个、三等奖2个。因寿光市职业教育结构调整，本年度始，不再招收普通中专学生。与潍坊科技学院合作办学招收“三二”连读五年制大专和“3+4”本科分段培养学生，学生前三年在潍坊市科技中等专业学校学习，享受中职教育免学费和国家助学金政策。本年度招收“三二”连读学生1698人、“3+4”本科分段培养49人。

2014年7月，在共青团山东省委、山东省委高校工委、山东省文化厅、山东省学生联合会共同组织的“电信飞YOUNG”杯首届山东省大中专学生社团节辩论赛项目中，王煜坤同学获省级“优秀辩手”，学校获得优秀组织奖。同年9月，在共青团山东省委、山东省委高校工委、山东省文化厅、山东省学生联合会共同组织的“电信飞YOUNG”杯首届山东省大中专学生社团节手工制作项目中，《悬空的方盒子》《立方体空间构成》《钢琴别墅》《菜地蔬香》获得省级“一等奖”。招收“三二”连读学生1410人、“3+4”本科分段培养25人。

2015年9月，招收“三二”连读学生711人、“3+4”本科分段培养36人。同年

11月，在全国大中专学生“三下乡”社会实践活动中，潍坊市科技中等专业学校“心系留守儿童”志愿服务团队获得国家级优秀团队称号。在共青团山东省委学校部发布的《关于表彰“凯风山东”2015年山东省大中专学生志愿者暑期“三下乡”社会实践活动先进集体和先进个人的通报》中，潍坊市科技中等专业学校“心系留守儿童”志愿服务团队获得省级优秀团队、省级优秀个人称号。

中等职业技术教育。寿光市职业教育中心学校。2011年1月，寿光市委、市政府整合全市中等职业教育资源，合并潍坊科技中专、寿光工贸职业中专、寿光市第二职业中专、寿光市劳动技校、潍坊水产职业中专等5所中职学校成立寿光市职业教育中心学校。学校位于羊口镇，占地面积600亩，总投资6.24亿元，建筑面积21万平方米，现有教职工516人，全日制在校生8614人。学校共有10大教学部，开设现代农艺技术、化学工艺、计算机应用、数控技术应用、会计电算化、机械加工技术、机电技术应用等14个专业。其中，机电技术应用专业是山东省首批品牌专业，计算机应用、机电技术应用、现代农艺技术、物联网4个专业是潍坊市品牌专业。学校建有13个校内实训基地，130个实训室，拥有6300多万元的实训设备，其中，有3个中央财政重点支持建设的实训基地。在104家企业建成校外实训基地和12个教学工作站。2011年4月12日，寿光市职业教育中心学校举行奠基典礼。

2012年7月，寿光市人民政府朱兰玺市长签署《寿光市人民政府支持创建国家级示范校投资承诺书》：“经市政府办公会研究决定，将该项目地方配套资金1000万元列入寿光市财政预算，做到专款专用，按期兑现”。同年9月，设立寿光市职业教育中心学校，为全额拨款事业单位。同年9月21日，教育部办公厅、人力资源社会保障部办公厅、财政部办公厅联合下发通知，公布“国家中等职业教育改革发展示范学校建设计划”第三批立项建设学校名单，寿光市职业教育中心学校以山东省第一名的成绩名列其中，获得中央财政专项无偿资金1190万元，获得支持资金数额列各示范学校之首。同年10月，寿光市职业教育中心学校刘玉祥、李振奎被推荐为齐鲁名校长人选，隋晓敏、蔡立业被推荐为齐鲁名师人选。

2013年7月3日，在2013年全国职业院校技能大赛中，寿光市职业教育中心学校共夺得3枚金牌、2枚银牌、2枚铜牌。其中，服装立体裁剪、计算机辅助设计、建筑装饰技能3个项目获得金牌，电梯维护与保养、楼宇智能化系统安装与调试2个项目获得银牌，动漫项目获得2枚铜牌。

2014年2月10日，寿光市教育局发下《寿光市普通高中教育与中等职业教育融合贯通实施方案》，寿光市职业教育中心学校和寿光五中成为第一批潍坊市高中教育与中等职业教育融合贯通试点学校。本年度，共有47名普通高中学生转入到寿光市职业教育中心学校就读。

2015年11月30日至12月1日，由山东省教育厅、经济和信息化委员会、财政厅、人力资源和社会保障厅、农业厅联合主办的2015年山东省职业院校技能大赛中职组“智能家居安装维护、网络搭建与应用”赛项在寿光市职业教育中心学校举行。寿光市职业教育中心学校获得两个赛项的金牌。

技工教育。寿光市职业教育中心学校。2011年1月，寿光市委、市政府整合全市中等职业教育资源，合并潍坊科技中专、寿光工贸职业中专、寿光市第二职业中专、寿光市劳动技校、潍坊水产职业中专等5所中职学校成立寿光市职业教育中心学校。

2013年7月28日，寿光市劳动技校人、财、物全部搬迁到寿光市职业教育中心学校。开设数控加工、焊接加工、机械设备装配与自动控制、机电设备安装与维修、计算机应用与维修、计算机动画制作、会计、烹饪等高级、中级技工专业，2011—2015年，共招生1296人。

2014年11月10日，寿光市教育局、寿光市人力资源和社会保障局联合下发《寿光市中等职业教育“双证互通”试点工作实施方案》，技校学生学业考试合格，在获得职业资格证书的同时，取得中等职业教育学历证书。

高等教育。（1）潍坊科技学院。是经教育部批准成立的全日制普通本科高校。2015年，学校有11个院（系）、26个本科专业，41个专科专业，涵盖农学、工学、文学、理学、管理学、艺术学、教育学等学科，其中，山东高校优势特色专业4个，园艺专业入选教育部“本科教学工程”第一批本科专业综合改革试点、国家第一批“卓越农林人才教育培养计划”改革试点。学校有教职工1400多人，副高级以上教师323人，硕士及以上919人，双师型教师312人，聘有中国工程院院士2人、“千人计划”海外特聘教授1人、国家级教学名师1人。学校占地1951亩，校舍建筑面积53.43万平方米，教学科研仪器设备总值9515万元，馆藏图书122.28万册。现有全日制普通本专科在校生近17000人，毕业生总体就业率保持在95%以上。学校于2012年获得学士学位授予权，是潍坊国家职业教育创新发展试验区试点院校、定向培养直招士官试点高校，是研究生联合培养基地。

2014年5月22日，学院被解放军总参谋部、教育部确定为定向培养直招士官试点高校。学院与二炮签订《定向培养直招士官工作协议书》。根据协议，2014年二炮将学院应用电子技术、电气自动化技术两个专业列为招生专业，计划招生100人。基本培养形式为“2.5+0.5”军地联合培养模式，学生前2.5学年的课程由学院负责，后0.5学年为入伍实习期，由部队负责。实习完成后由学校办理毕业手续。

2015年11月25日，潍坊科技学院软件园被确定为首批国家小型微型企业创业创新示范基地。

2011—2015年潍坊科技学院省级以上（优势）特色专业汇总表

表1

序号	专业名称	专业负责人	培养层次	类别	评审年份	所属学院
1	园艺	李美芹	大学本科	省级特色	2011	贾思勰农学院
2	园艺	李美芹	大学本科	教育部教学综合改革试点专业	2013	贾思勰农学院
3	化学工程与工艺	王金婷	大学本科	省级优势特色	2014	化工与环境学院
4	园艺	曹春英	大学本科	省级优势特色	2014	贾思勰农学院

2011—2015 年潍坊科技学院省级精品课程表

表 2

课程名称	所属一级学科	所属二级学科	评审年份
动漫造型设计	文学	艺术学	2011
建筑工程测量	土建大类	土建施工类	2012
建筑材料与检测	土建大类	土建施工类	2012
建筑制图与 CAD	土建大类	土建施工类	2012
建筑施工技术	土建大类	土建施工类	2012
建筑工程计量与计价	土建大类	土建施工类	2012
蔬菜栽培学	农学	园艺	2014
园艺植物栽培学	农学	园艺	2014
果树栽培学	农学	园艺	2014
花卉学	农学	园艺	2014

（2）潍坊广播电视大学寿光分校。1999 年 12 月，潍坊广播电视大学寿光分校并入齐鲁经济学院（后改称潍坊科技学院）后，对外仍称潍坊广播电视大学寿光分校。2011 年，学校设置专业 64 个，招生 306 人。2013 年，在校生人数达到 973 人。2015 年，先后获得“全国示范性基层电大”“全省电大开放教育先进教学点”“全省电大开放教育招生工作先进教学点”和首批“全省县级示范电大”“全省电大招生工作先进集体”“全省电大教务工作先进集体”等 20 多项称号。

2011—2015 年潍坊电大寿光分校基本情况表

表 3

项目 \ 数量 \ 年份		2011	2012	2013	2014	2015
专业数（个）	本科专业	21	21	20	20	20
	专科专业	43	42	43	42	42
招生数（人）	本科	93	74	72	129	172
	专科	213	400	282	261	384
毕业生数（人）	本科	52	66	69	75	86
	专科	186	265	276	295	304
在校生数（人）	本科	193	184	201	209	212
	专科	765	749	772	715	691

【成人教育】 2015年，全市有社区学院1处、镇街区分院15处、127个行政村社区服务中心教学站。寿光市社区学院、社区分院在组织机构、规划设施、功能室配备等方面均达到省示范性乡（镇）成人文化技术学校设立标准，形成高职、中职、成人教育“三位一体”的现代职成教育体系。先后获“山东省社区教育示范区”“全国社区教育实验区”、全国首批“国家级农村职业教育和成人教育示范县”创建单位等称号。

农村职业教育。2012年6月6日，中共寿光市委办公室、寿光市人民政府办公室下发《关于推进寿光社区教育的意见》，制定《寿光市社区教育“十二五”发展规划（2011-2015）》，提出“到2015年，努力构建与区域经济社会发展相适应的终身教育体系，逐步实现社区居民人人皆学的目标，全面提高社区成员的综合素质和文明程度，积极创建国家级社区教育示范区”的目标。同年12月19日，山东省教育厅公布省级社区教育示范区、示范街道（乡镇）名单，寿光市被评为山东省社区教育示范区。

2013年7月，依托原二职专、工贸职专、技工学校原有的培训资源，成立寿光市职业教育中心学校培训中心，先后开展安全管理人员、一般行业从业人员、烟花爆竹从业人员等培训800人次、特种作业人员培训446人次、农村劳动力转移与技能提升培训1015人次。与民政局合作，培训退役士兵188人次。2013年共完成各类培训共计2万多人次。

2014年5月26日，教育部办公厅下发《关于公布第一批国家级农村职业教育和成人教育示范县创建入围名单及开展第二批示范县创建工作的通知》，公布首批59个国家级农村职业教育和成人教育示范县创建单位，寿光市被位为国家级农村职业教育和成人教育示范县。同年9月，在全民终身学习活动周工作小组、中国成人教育协会组织的2014年全国“百姓学习之星”评选活动中，王乐义同志被评为全国十大事迹特别感人的“百姓学习之星”。同年11月，寿光市申报的《实施“444”工程培育新型职业农民》入围全国农村成人教育、社区教育优秀品牌活动项目获二等奖。

2015年6月30日，寿光市人民政府下发《关于深入推进寿光社区教育发展的意见》，并重新公布寿光市社区教育委员会成员名单。同年11月17日，山东省教育厅“国家级农村职业教育和成人教育示范县”复检组，对全市示范县创建情况进行复检。寿光市从组织领导、条件保障、发展水平和特色创新4个方面认真准备，整个创建工作达到教育部的创建验收标准。以全省第一名的复检成绩呈报教育部。2015年，共完成全市危化品安全管理人员培训1531人、特种作业人员培训1577人、全市退役士兵技能培训183人、就业与创业能力培训、农村劳动力转移培训和技能提升培训共计645人、渔业船员培训31人次、电工进网作业培训83人、全市交通行业安全管理人员培训217人次、残疾人培训80人、教育系统教师培训1065人次，全年完成社会培训累计2万多人次。

干部、职工教育。2011年5月14日—5月23日，寿光市经管局对全市975名农村会计分三期在市委党校进行业务培训。主要任务是学习政策法规和相关业务知识，提高政策理论水平和业务技能，为推进农村民主管理和财务规范打下坚实基础。同年6月初开始，市委党校先后举办全市农村党支部书记、村委会主任、妇代会主任和村文书培训班12期，参训人员3400余人次。同年7月

12日，全市村委会主任培训班举办，是继农村党支部书记培训后的又一次大规模农村干部培训，开学典礼由市委常委、组织部长高文庆主持，副市长桑文军作动员讲话，市委党校常务副校长、党委书记金树亮、市民政局局长张新国一并出席。

2012年2月19日，全市农村会计培训班开班仪式在市委党校报告厅举行。培训班分为三期，每期4天，共计12天，全市967个行政村农村会计和镇（街区）经管干部参加集中培训。举办本次培训班是为贯彻落实今年中央一号文件精神，全面提高农村会计的业务素质，提升农村财务规范化管理的水平，扎实推进新农村建设。这次培训对于打造一支高素质的农经队伍，建立健全监管长效机制，促进农村廉政建设，切实维护农民合法权益具有十分重要的意义。

2013年10月23日，全市第五期科级干部进修班在市委党校开班。同年11月21日到23日，寿光市2014年党员发展对象培训班在市委党校举办，市直机关、企事业单位的180名党员发展对象参加了培训。本次培训形式多样，内容丰富。开设专题课《适应时代要求，增强学习意识》《新时期党员发展对象要做落实的模范》《党史知识讲座》《以实际行动争取早日成为一名合格的共产党员》；组织学员观看党性教育片《信仰》和《弥水荡涤3》；邀请“最美基层干部”和“寿光好人”做宣讲；并组织学员到陈少敏纪念馆等红色教育基地进行现场党性教育。

2015年7月13日，全市第一期镇、片、村三级团干部培训班开班。此次培训以理论授课与电教片教学为主，既有《十八届四中全会精神解读》《团务基础知识及如何开展农村团的工作》《运用新媒体推进共青团工作》等理论知识辅导，又有《农村青年创业：解密阿里巴巴》《反邪教警示教育》等专题电教片学习。本次培训共有学员1025人，分3期进行，每期2天。第一期培训班有351名基层团干部，分别来自圣城街道、文家街道、上口镇、纪台镇、田柳镇。

【特殊教育】 2015年，寿光市特殊教育由轻度残障学生随班就读、中度残障学生进入特殊教育学校学习、重度残障学生送教上门3部分构成。残障学生主要集中于寿光市特殊教育学校，该校是寿光市唯一的一处公立特殊教育学校，前身为寿光市聋哑学校，是一所招收聋哑、弱智儿童入学，实施学前康复、义务教育和职业教育一体化教育流程的全日制寄宿制学校。建校30多年来从该校毕业的学生达200多人。学校始建于1983年8月，附设于寿光县第十三中学院内，是潍坊市建校最早的聋校之一，学生分别来自寿光、滨海及周边地区。1988年8月全县人民捐资逾百万，用半年时间建成一所高标准的聋哑学校，成为山东省境内唯一一所具有教学楼的县级特殊教育学校，1989年秋迁到文庙街406号。鉴于学校招收多类特殊群体，2010年10月，经寿光市编办批准，更名为寿光市特殊教育学校，学校于2014年11月份迁至金海路。学校占地4.5万平方米，建筑面积2.4万平方米。设有300米标准环形塑胶跑道1个、标准篮球场地4个、标准足球场地1个；教学楼2栋、公寓楼1栋、食堂餐厅1栋。设计规模为24个教学班，容纳学生216名学生。

教师招生。2011年，学校有教师45人，共有13个班，学生145人，生源来自寿光市、滨海部分及部分外来务工子女。2012—2014年，新增教师2人。2013年起，招收自闭症学生，当年招收8人。2015年，生源主要来自寿光本市及外来务工子女。有教师48人，学生144名（其中送教上门38人）。

学制课程。2008年始，设立智障班。2013年，设立自闭症班。2014年，设立随班就读资源中心，2015年，成立送教上门指导中心。学校学生入学年龄为6～12周岁，班额8～12人，多为住宿生。学校每周上课5天，每天6节正课，其余为活动时间。教师按年级授课，每节课40分钟。

学校使用九年制义务教育全日制聋校实验教材。依据国家教委《聋校义务教育课程设置实验方案》和《培智学校义务教育课程设置实验方案》设置课程。至2015年，学校开设的课程有：1、学科：品德与生活、品德与社会、思想品德、历史与社会、科学、语文、数学、沟通交往、体育与健康、律动、美工、信息技术、生活指导、劳动技术、职业技术等。学校职专部根据学生需要开设了语文、数学、生物、政治、职业教育、劳动技术等课程。培智部开设了生活语文、生活数学、生活适应、劳动技能、唱游与律动、绘画与手工、运动与保健、信息技术等课程。2、活动：晨会、班团队活动、大课间、体育锻炼、兴趣活动、康复训练、社会实践和学校传统活动三、地方及校本课程：缝纫、手工编织、自行车维修、木工、丝网花、面食制作、烹饪、剪纸、刻瓷、鸟笼制作等。

送教上门项目学生每月送教2次，每次4课时，教师按学生智力及接受程度，设置专门课程进行授课。随班就读残障学生按普校学制及课程学习。

教育教学。市特殊教育学校教学采用手语和口语，注重对学生进行康复、补偿教育和劳动技术教育。每学期进行一次期末测评。学校以“为每一个孩子提供合适的教育”为办学理念，以社会和市场需求为办学导向，全面实施素质教育，对外实行厂校挂钩，对内加强补偿教育和职业技术教育，形成了集“康复补偿教育－文化教育－职业技术教育－就业安置－职后培训”于一体的特殊教育办学模式。康复补偿教育，接收3～7岁有微听能力的聋儿，聋儿借助于助听设备，经过1~3年的语言强化训练，能够看懂口型，并且会说话，语言康复后能转入普通学校随班就读。思想教育，坚持把素质教育放在首位，以德育为先导，结合学生心理特征和从3岁到20岁年龄跨度大的实际，分层管理。积极开展社会实践、社区教育、家长学校等系列教育活动，特别注重自尊、自强、自立教育和劳动教育，确保学生身心健康和德智体全面发展。通过对残疾学生的世界观、人生观、价值观和成才观的教育，加强残疾学生思想道德建设。

随班就读学生由残障学生所在学校班级负责教育，具体随班就读班级教师负责；送教上门学生由市教育局基教科同意调度，市特殊教育学校及生源地所在学区各派一名教师负责；分别根据其残障程度，设定教学目标及教学内容，对其开展文化及康复教育。

学校先后被评为“山东省残疾人之家”“省级规范化学校”“潍坊市特殊教育示范校”“潍坊市扶残助残先进集体”等称号，为“全国盲聋哑职业教育课题实验学校”。2011年底，该校被教育部、中残疾联合命名为“全国特殊艺术人才培养基地”。

【民办教育】 全日制民办学校。2011年，中澳现代外语学校停止招生。2012年8月，经潍坊市教育局审批成立寿光圣都中学，同时颁发民办学校办学许可证。该校2008年设立初期专门招收高考复读生，2012年后发展成为一所全日制民办普通高级中学。2014年5月，寿光世纪教育集团成立，该校共有3个校区，在校生万余人。2015年5月，潍坊市教育局批准成立寿光渤海实验学校，同时颁发民办学校办学许可证，该校初期作为寿光一中分校，后按照名校办民校思路，成为一所独立的普通高中学校。

2011—2015年寿光市全日制民办学校情况表

表4

序号	学　校	办学层次	设立时间	办学体制	占地面积（平方米）	建筑面积（平方米）
1	寿光市圣都中学	高中	2012.8	民办	53280	41000
2	寿光市世纪教育集团	初中、小学、幼儿园	2014.5	民办公助	450200	221300
3	寿光市渤海实验学校	高中	2015.5	民办	110880	34014

民办培训机构。2013年，新审批注册培训学校10家，2015年4家。至2015年，全市共有在册民办培训机构44家。

2011—2015年寿光市民办培训机构基本情况表

表5

序号	学校名称	培训内容	举办者	批准文号	地　址	许可证编号
1	寿光市洪德口吃矫正学校	口吃矫正	吴洪德	寿教字［2001］39号	寿光市上口镇广陵村	137078370000011
2	寿光市国栋外语培训学校	中小学英语	刘文玺	寿教字［2002］96号	寿光市建新街238号	137078370000021
3	寿光市墨香斋书画艺术培训学校	书法、美术	魏洋玮	寿教字［2004］100号	寿光市人民广场南首路西	137078370000031
4	寿光市青少年活动中心	英语、舞蹈书法、美术	寿光市团委	寿教字［2003］168号	寿光市晨鸣路与新兴街路口	137078370000041
5	寿光市美丽英语培训学校	中小学英语	郝美玲	寿教字［2002］96号	寿光市时代广场	137078370000071
6	寿光市金思路艺术培训学校	舞蹈、器乐	魏　亮	寿教字［2004］100号	寿光市光明路282号	137078370000091
7	寿光市稻田镇E英英语培训学校	中小学英语	刘　强	寿教字［2004］100号	寿光市稻田镇政府驻地	137078370000101
8	寿光市阳光英语培训学校	中小学英语	游龙涛	寿教字［2005］77号	寿光市城市假日广场	137078370000111

续表

序号	学校名称	培训内容	举办者	批准文号	地 址	许可证编号
9	寿光市智多星儿童潜能培训学校	儿童珠心算	刘巍巍	寿教字［2006］22号	寿光市建新街78号	137078370000121
10	寿光市世纪星艺术培训学校	舞蹈	武玲玲	寿教字［2006］53号	寿光市圣城街558号	137078370000131
11	寿光市银河少儿艺术培训学校	舞蹈等艺术类培训	崔云河	寿教字［2008］53号	寿光市迎宾路与龙泉街路口	137078370000141
12	寿光市希望教育培训学校	中小学文化课	张玉梅	寿教字［2008］53号	寿光市金光街135号	137078370000161
13	寿光市尚艺美术培训学校	中小学美术	桑晓军	寿教字［2008］53号	寿光市石马路35号	137078370000171
14	寿光市奥博智能培训学校	中小学生、成人文化课	刘炳炎	寿教字［2008］6号	寿光市清华名园	137078370000181
15	寿光市博才培训学校	中小学英语、数学	范洪斌	寿教字［2008］53号	寿光市古城街道范家西村	137078370000191
16	寿光市黑骏马书画培训学校	书画、英语、舞蹈、作文	王春英	寿教字［2008］53号	寿光市温泉大酒店东	137078370000211
17	寿光市世纪雅思培训学校	中小学英语、成人雅思	世纪学校	寿教字［2008］68号	寿光市南环路55号	137078370000221
18	寿光立信教育培训学校	英语	王瑞山	寿教字（2009）107号	寿光市建新街世纪花园对面	137078370000231
19	寿光哈佛外语培训学校	中小学英语	陈玉军	寿教字（2009）107号	寿光市文庙街中段	137078370000241
20	寿光市启航教育培训学校	中小学文化课	徐 梅	寿教字（2009）107号	寿光市金光街135号	137078370000261
21	寿光市易学堂培训学校	中小学文化课	王增芹	寿教字（2009）107号	寿光市市委党校	137078370000271
22	寿光市田雨书画培训学校	书法、美术	田炳新	寿教字（2009）107号	寿光市文庙街东首	137078370000281
23	寿光市翰林文化艺术培训学校	书法、美术	李荣德	寿教字（2009）107号	寿光市文庙街东段	137078370000291
24	寿光市誉欣教育培训学校	中小学文化课	朱志海	寿教字（2009）107号	寿光市文庙街清华名园院内	137078370000301
25	寿光海艺钢琴培训学校	钢琴等艺术培训	单凌志	寿教字（2009）107号	寿光市晨鸣路与文庙街路口	137078370000311
26	寿光市成才教育培训学校	中小学文化课	齐小英	寿教字（2009）107号	寿光市文庙街东首	137078370000331
27	寿光市模特艺术培训学校	模特艺术培训	王淮勇	寿教字（2009）107号	寿光市迎宾路49号（原博物馆）三楼	137078370000341

续表

序号	学校名称	培训内容	举办者	批准文号	地 址	许可证编号
28	寿光市新航文化艺术培训学校	中小学文化课	刘 巍	寿教字（2010）91 号	寿光市渤海路 128 号	137078370000351
29	寿光市金阳光文化艺术培训学校	中小学文化课	刘秀敏	寿教字（2010）91 号	寿光市洛城街道复兴村	137078370000371
30	寿光市小博士文化艺术培训学校	中小学文化课	马凤娟	寿教字（2010）91 号	寿光市稻田镇镇区	137078370000381
31	寿光市稻田镇浩博培训学校	中小学文化、艺术培训	刘光清	寿教字（2013）30 号	寿光市稻田镇东稻田村	137078370000391
32	寿光市稻田镇乾翔培训学校	中小学文化、艺术培训	魏玉英	寿教字（2013）30 号	寿光市稻田镇驻地	137078370000401
33	寿光市稻田镇鼎新培训学校	中小学文化、艺术培训	刘金霞	寿教字（2013）30 号	寿光市稻田镇王望三村	137078370000411
34	寿光市侯镇学之舟培训学校	中小学文化课	赵连泽	寿教字（2013）30 号	寿光市侯镇侯三村	137078370000421
35	寿光市侯镇支点培训学校	文化课、艺术培训	方建强	寿教字（2013）30 号	寿光市侯镇润通家园南门东侧	137078370000431
36	寿光市爱心天歌培训学校	中小学文化、艺术培训	李桂林	寿教字［2013］30 号	寿光市文庙街古槐公园西侧	137078370000201
37	寿光市纪台镇育英培训学校	文化、艺术培训	张秋梅	寿教字（2013）30 号	寿光市纪台曹家社区	137078370000361
38	寿光市接轨英语培训学校	中小学文化课	赵 强	寿教字（2013）30 号	寿光市金光街与兴仕路口东南角	137078370000321
39	寿光弘艺培训学校	中小学文化、艺术培训	张 颖	寿教字（2013）30 号	寿光市迎宾路华贸贵宾楼四楼	137078370000251
40	寿光市台头镇博思纳培训学校	中小学文化课培训	郑小萌	寿教字（2013）30 号	寿光市台头镇北洋头村商业街	137078370000441
41	寿光优胜教育培训学校	中小学文化培训	张 辉	寿教字［2015］78 号	寿光市广场东侧中央华府二期沿街楼	137078370000051
42	寿光市芒果教育培训学校	中小学文化培训	李益和	寿教字［2015］78 号	寿光市新兴街锦嘉苑	137078370000061
43	寿光市孙集街道京师培训学校	中小学文化培训	李伟	寿教字［2015］78 号	寿光市孙集街道	137078370000081
44	寿光市台头金榜教育培训学校	中小学文化培训	杨增民	寿教字［2015］78 号	寿光市台头镇	137078370000151

【教学教研】 管理机构。寿光市教育科学研究中心负责全市中小学、幼教的教学研究和教育科研工作。教科研中心下设办公室、高中教研室、初中教研室、小学教研室、幼

教教研室、科研创新办公室、教学质量监测中心7个职能科室。

教学。(1)小学教学。2011—2015年间，寿光市小学教学教研工作主要是贯彻国家和省《中长期教育改革和发展纲要》，坚持“巩固、深化、提高、发展”的工作思路，进一步深化新课程改革、全面推进素质教育，突出“关注课堂、加强教研、务求实效”，以“五不”为工作重点，以“六发展”为工作切入点，以着力落实、推进、提升“八大”工程为工作落脚点，致力研究、引导、锻造和夯实基础教育小学根基。2012年，根据《寿光市小学教学示范学校评选意见》，组织第三批特色学校评选验收及第一、二批特色学校的复验工作，共评选出15处学校为新一批寿光市特色学校。连续2年，全市层层开展“高效魅力课堂达标”竞赛活动，共对申报市级A级达标的587名教师进行课堂展示和案例设计两项比赛。先后3次承办全国小学语文主题学习教学研讨会议，世纪学校等单位的语文课改成果得到推介。面向全体学生，每年组织小学生数学口算、探索与应用、科学素养、综合实践活动素养、写字、诗文诵读、英语口语、素质教育成果展评等8项展评活动，每年仅参加市级活动的学生近2万人次，占学生数的30%左右，教育局对获奖学生和指导教师颁发证书、奖品，这对实施素质教育、提高教学质量产生积极的影响。2013年，根据《寿光市小学教育教学质量监测实施意见》定期针对个别年级进行质量抽测，特别加强包括音体美在内的学生综合能力的监测，保障小学教学质量稳步提高。实施小学课程调研评估制度。对综合实践、科学两门课程，开展专项调研活动，调研学校44所，发放学生问卷2000余份，教师问卷300份，测评学生1200人次，全面分析两门课程的实施现状，为科学调控课程实施提供可靠依据。为落实《教育部关于加强小学生写字书法教育的通知》要求，将书写质量纳入小学生各学科考试评价，并赋值记入总成绩。寿光市开发的硬笔、软笔《书法》教材（共20册），成为全国新教育研究院、山东省教研室小学写字选用教材之一。建构的“三笔字”课型模式，在潍坊市小学写字教学现场会上得以推广。这期间，小学教研室连年组织教龄5年以内的小学青年教师学科基本功大比武活动，331名教师获得寿光市优质课，62名教师获得潍坊市教学能手称号。至此，各学科已经形成具有市级业务水平骨干的团队教师近400人，占小学教师数的12%。2015年，寿光市教育局出台《关于加强小学教学工作的指导意见》，提出“立德树人”根本任务，在课程改革、教师研训、常规管理、质量评价、全员育人等方面提出明确要求。同时下发小学各个学科《教学指导意见》。这份文件的出台，拉开全市小学二次深度课改的序幕。

（2）初中教学。2011—2015年间，寿光市初中教学教研工作主要是积极贯彻国家和省《中长期教育改革和发展纲要》，坚持“服务、引领、创新”的工作方向，以“遵循规律，务实创新，推进‘双改’进程，打造高品质课堂，提升教育质量含金量”为工作目标，以实施素质教育为主题，以提高育人质量为核心，以品行养成教育为重点，开展以强化管理、深化课堂、内化科研、优化质量为目标的“四化”行动研究，努力实现干部教师素质、教育教学质量、学校办学品位、学校育人水平的“四项提升”。2013年始，初中段重点实施语文《阅读能力提升工程》和《英语提升工程》。初中作文全部实现网上阅卷，彻底改变过去作文阅卷的弊端。并与“语文主题学习”和“新华杯”读书征文密切结合，组织语文“主题学习杯”师生同题限时作文大赛，优秀作品影印出版。该项活动全员参与，五年来共计17余万人参与。组织“新华杯”读书征文竞赛等。围绕英语提升工程初中阶段开展青年教师技能大赛、学生英语才艺展示等系列活动，该做法在潍坊市推广。2014年，根据《寿光市初中“双改”行动示范学校评选意见》，组织第一批“双改”行动示范学校，共评选出12处学校为第一批寿光市“双改”行动示范学校，寿光世纪东城初中、世纪本部、洛城二中、建桥学校、实验中学等5处学校被评为潍坊市“双改” 行动示范学校。连续4年，全市层层开展“青年教师课堂教学基本功大赛”活动，共对申报市级达标活动的817名教师进行教材教法考试、课堂展示、案例设计等多项比赛。先后在台头一中、洛成二中举行2次大规模课改开放周，通过同课异构、市级—镇级—校级三级阶梯式教研，全方位推动课堂改革。承办1次全国初中语文主题学习教学研讨会议，寿光市语文“单元整合教学”成果得到推介。该教学策略改变语文教学“少慢差费”现象，改变学生没有时间阅读的现状。仅2015年下半年，来自广东、湖南、湖北、江西、河南等十几个省市的三百余人次来寿光市学习交流。该项改革得到潍坊教科院高度评价。人民教材编审、全国中语会会长顾之川先生高度评价初中语文单元整合教学“实用性强，新意迭出，富有特色，为初中语文教学探索出了一条新的路径。”2015年，借助于“一师一优课，一课一名师”活动，重新修订课堂评价标准，初审课例965节，上报潍坊教科院优秀课堂案例591节。上报省优秀课例 223节，入选率居潍坊之首。根据《寿光市初中教育教学质量监测实施意见》定期对三个年级进行质量监测，特别加强包括音体美在内的学生综合能力的监测，保障初中教学质量稳步提高。每年对全市初中学校进行全面视导，5年来，视导总共观议课2600余节，教师调查问卷4126人次，学生调查问卷15604人次，校长座谈187人次，参看教研组活动1518个，书面反馈建议6500余条。其间，教科研中心连年组织初中教师优质课评选和教学能手评选活动，587名教师获得寿光市优质课，175名教师获得寿光市教学能手称号，75名教师获得潍坊市教学能手称号。至此，各学科已经形成具有市级业务水平骨干的团队教师近500人，占初中教师数的20%。

（3）高中教学。2011—2015年间，全市高中教科研以国家和省中长期教育改革和发展规划纲要为统领，以努力打造适合的教育为总目标，全面推进素质教育，深化教育教学改革，扎实推进课堂教学改革，助推学校特色建设，促进各高中学校构建合理分层教学模式、建立学科课程体系，促进全市高中教育全面、和谐、可持续发展。5年间，寿光市大学本科入学人数连续5年居潍坊市第一名，连续5年获得潍坊市教学成果奖第一名。2011年，全市高中学段全面落实选课走班，分层教学。学生根据自身兴趣、基础、需求等特点，慎重选择自己的发展方向，形成较为成熟、有效办学方式。全面实行学生学业成绩与成长记录相结合的综合评价方式。根据目标多元、方式多样、注重过程的评价原则，综合运用观察、交流、测验、实际操作、作品展示、自评与互评等多种方式，为学生建立综合、动态的成长记录手册，全面反映学生的成长历程。2012年，全市高中学校坚持育人为本，德育为先，全面落实全员全程育人策略，校园文化活动丰富多彩，育人手段更加多样；各校大力实践特色办学，不断加强名生培养、特长生培养力度，名生培养取得新突破。同年，寿光一中率先成立国际部，与山东大学国际预科中心合作建立教育基地，在全市招收部分有意出国深造的国际预科班优秀学生，走开放办学、国际化办学的新路子，为学生提供适合的教育，为学生成才开辟新途径。2013年，举办“高效魅力课堂达标”竞赛活动，对全市高中所有学校的课堂教学改革进行大验收。对在落实345课堂教学理念过程中发现的唯模式而模式、盲目照抄照和假合作、伪探究等现象进行课例分析和微格研究，教师对高效课堂有了更具体直接的认识。2014年，全面深化全员育人德育导师制，紧紧围绕社会现实热点和学生思想动态寻找教育主题，以问题解决为目的，广泛开展感恩教育、砺志教育、成功教育等德育活动。强化“学科育人目标体系”的建设，把培养学生的情感态度价值观落实到每一节课堂中去。2015年，在潍坊市五星级学校的创建中，寿光一中、寿光现代中学被评为五星级；寿光中学被评为4星级；寿光二中被评为3星级。寿光一中连续2年获得北京大学“中学校长实名推荐”和清华大学“领军计划”推荐资格。

教研。（1）小学教研。针对全市小学教学现状和全国课改趋势，2011—2015年间，先后组织小学校长赴北京、上海、浙江、重庆、江苏、四川等省内外名校进行考察学习1000余人次，组织校长论坛活动，提高校长办学水平和教研教改意识。为跟进学校教研教改，教研员每年深入学校开展听、评、送、研等教学活动，人均年听评课200节以上，加强基层教学指导。2014年底，通过业绩考核等方式对全市867名小学教学能手进行重新认定，进一步规范针对业务骨干教师的管理。2015年，全市首次组建课改联盟，引领学校创造性的制定《学校发展五年规划》，推动学校积极参与到深度的课程改革、课堂改革中，先后在世纪东城、化龙、古城等单位召开5次双改推进会议。这一年中，组织学科教师体验式培训，近5000人次。下半年，对全市110处小学进行全方位教学视导，首次实现校校到，解决多年依赖可信度评价的模糊做法。首次运用标准化命题、网上阅卷方式，对全市六年级学生进行升级学业质量检测，实现检测、评价的公平、科学。

2011—2015年，协助教育局每年组织近3000名小学教师参加山东省中小学教师远程研修，并进行研讨、指导、答疑、推荐、上传等具体的对接工作。每学年开学前，定期组织实施针对新任一年级教师的专题培训，促进起始年级的教学组织与管理。2015年，在全国“一师一优课、一课一名师”活动中，小学获得部级优课6节，获奖数量居潍坊各县市区之首。毕英春老师的“1+X单元双主题整合教学研究”成果叫响全国，张丽老师的“三点一线识字教学法”获潍坊市优秀教学法称号，实验中学小学部的王琳琳参加全国高质量课堂展示活动获数学科一等奖，英语组队参加潍坊市教师技能大赛获优异成绩。同年，在潍坊市小学双改行动典型成果推介会中，世纪学校“小学语文1+X单元双主题整合教学课程建设”、文家中心小学“7+X学校课程体系”得到推介。

5年中，小学共有15项成果获潍坊市重大问题行动研究奖教学创新奖、市政府教学成果奖，2项获得山东省教学成果奖。

（2）初中教研。针对初中教学现状和全国课改趋势，2011—2015年，先后组织初中校长赴北京、上海、江苏等省内外名校进行考察学习1000余人次，组织校长论坛活动，提高校长办学水平和教研教改意识。

为跟进学校教研教改，教研员每年深入学校开展听、评、送、研等教学活动，人均年听评课200节以上，加强基层教学指导。2014年底，通过业绩考核等方式对全市926名初中教学能手进行重新认定，进一步规范针对业务骨干教师的管理。2015年，全市首次组建课改联盟，引领学校创造性的制定《学校发展五年规划》，推动学校积极参与到深度的课程改革、课堂改革中，先后在世纪东城、洛城等单位召开3次双改推进会议。

2011—2015年，各大学科教研员深钻教材，年度内高标准命制学科试题88套，试题原创率达到85%以上，每年组织4次期中期末考试、一次学业水平模拟考试、一次学业水平考试、一次潍坊市抽测。组织学科教师参与网上阅卷。各科教研员利用每年寒暑假集中全市骨干教师编写学科导学案1500余个，1200余万字。弥补部分学校、个别学科和教师的业务短板，实现优秀资源共享，业务均衡发展。率先推出需要式双向教研。学校依据需要提出需求，教科研中心据此制定教研方案，先后到全市多个乡镇、多所学校开展活动，同课异构1000余节、微型报告近500次，深受广大一线教师欢迎。指导参与镇域教研。先后指导并全程参与洛城、稻田、化龙等单位的镇域教师培训工程，从培训方案制定，指导、参与教研活动，联系名师讲课、评选导师团成员等全程参与。2015年，组织申报、评选世纪学校、洛城二中、建桥学校等25个学科基地，每月定期组织活动，发挥引领作用，各大学科共组织活动46次。2011—2015年，协助教育局每年组织近25余名初中教师参加山东省中小学教师远程研修，并进行研讨、指导、答疑、推荐、上传等具体的对接工作。进一步强化语数英等核心学科的教学与研究。2015年暑期，聘请国内知名专家对语数英三科青年骨干教师进行专项培训，历时一周，共培训教师1200多人。

5年中，初中共有25项成果获潍坊市重大问题行动研究奖教学创新奖、市政府教学成果奖，3项获得山东省教学成果奖。

（3）高中教研。2011—2015年，教科研中心高中组坚持大型学科教研和专题教研相结合；坚持教学视导和教学教研相结合的方针，深入教学一线，努力引领学校学科教学，引导学科科学发展，提升学校学科教育教学水平。在教学研究中，通过采取订单式教研，直奔学校需要解决的学科问题，提高教学的针对性；通过听、评课，进行诊断式教研，帮助学校分析存在什么问题，然后对症开“药方”，分层面反馈；通过督导式教研，对学校的教学与管理的规范科学进行督查；通过送课到校，确保教研队伍与教学实际的紧密结合。近几年，高中教研员每年深入学校开展听、评、送、研等教学活动，人均年听评课160节以上，加强对高中各校学科教学的有效指导。

2011—2015年是高中教育教学深化改革的5年，针对全市高中教学现状，先后组织高中学校长、主任、骨干老师，赴北京、上海、浙江、湖南等省内外名校进行多次考察学习，与名校名师面对面交流，拓宽学校教育教学的教育视野，确保全市高中教育教学在全国的领先位置。2014年底，通过业绩考核等方式对全市教学能手进行重新认定，进一步规范针对业务骨干教师的管理。2011—2015年，全市所有高中教师参加山东省中小学教师远程研修，并进行研讨、指导、答疑、推荐、上传等具体的对接工作。共有1254人次被评为省优秀学员。2015年，在全国“一师一优课、一课一名师”活动中，全市高中学段共向省平台推荐优课56节，获奖数量居潍坊各县市区之首，连续获得潍坊市政府教学成果奖第一名。

【督导评估】 2011年始，市教育督导室坚持以科学发展观为指导，根据国家《教育督导条例》要求，紧紧围绕全市教育工作重点，充分发挥教育督导的监督、指导和激励作用，不断加强机制创新和制度创新，努力提高教育督导的时效性和针对性，为全市教育的高端均衡发展提供有力保证。组织对全市各级各类学校、教管办教育工作综合督导评估，在征求局机关各科室、各基层学校、教育管理办公室意见的基础上，每年初科学制定全市各学段教育工作督导评估方案，并以教育督导室文件下发，评估方案结合学校实际，突出前瞻性和创新性，杜绝"一把尺子"量到底；每年的12月份，抽调机关科室相关人员牵头组织全市的综合督导评估，加强过程性督导和随机督导，对相关科室工作之中形成的数据、现场综合评估的数据进行公示，形成全市各级各类学校、教管办的综合督导评估成绩，并依据督导成绩表彰先进。狠抓办学行为规范，促进学校依法治教，把学校规范办学作为全市督导评估的基础性指标纳入年度综合督导评估，并与校长考核和职级工资挂钩；建立约谈制度，对存在违规问题的学校校长进行约谈。全力做好潍坊市教育督导评估迎评工作，每年市教育督导室均对《潍坊市县市区重点教育工作督导评估方案》进行集体讨论、认真研读、科学分析，并以教育局文件及时转发至全市各级各类学校，同时根据科室职能，将指标任务分解到局机关相关责任科室，确保各项重点工作顺利推进。完善责任督学挂牌督导制度，制定出台《寿光市教育局关于贯彻落实〈中小学校责任督学挂牌督导办法〉的意见》，择优聘任35名督学，为全市每一所学校设置了责任督学，实行挂牌督导；督学每月至少一次对学校依法依规办学进行监督，对学校管理和教育教学进行指导，督导室对督学工作进行经常性调度，定期公示督学《督导记录》；根据学校数量、规模的变化，对督学及时调整，制定督学工作考核办法，将督学工作纳入个人年度考核。全力创建成全国县域义务教育发展基本均衡市，2013年，寿光市把创建全国县域义务教育发展基本均衡市作为全年工作的重中之重，实行一把手工程，制定针对性措施，加强调度和整改，于2013年11月顺利通过教育部复核验收，成功创建为省内首批全国县域义务教育发展基本均衡市。深化青少年法制教育工作，开展形式多样的法制宣传和法制教育活动，组织学校申请加入教育部全国青少年普法网，积极开展全国宪法日普法教育等活动，提高学生法治意识和素养。

【教育经费】 预算内教育经费。2011年，预算内教育经费达17.6亿元，至2014年达到22.8亿元。2015年预算内教育经费22.38亿元。

城市教育费附加。2011年，城市教育费附加达1亿元，至2015年达到1.3亿元，增长平稳。

地方教育费附加。2011年，地方教育费附加达4559万元，至2015年达到5711万元，增长平稳。

经费保障。2009年，寿光市统一城乡标准并根据省义务教育示范市公用经费标准，执行初中720元，小学510元的补助标准，2010年提高到初中820元，小学610元。2011年提高到初中900元，小学700元。

2013年提高到初中970元，小学770元。2014年提高到初中1010元，小学810元。享受免费教科书按初中每生每年180元，小学90元标准安排经费，对义务教育阶段城市低保家庭的子女全部实行“两免一补”（对农村义务教育阶段公办学校中小学生免收学杂费、对农村贫困家庭义务教育阶段公办学校中小学生免费提供教科书，对农村贫困家庭义务教育阶段公办学校中小学寄宿生补助生活费）。

教育经费支出。寿光市教育经费支出增长较快，2011年支出18.3亿元，到2014年增长到28.9亿元，增长1.7倍。

2011—2015年寿光市教育经费收支情况表

表6　　单位：万元

年份	主要经费来源			经费支出	
	预算内经费	城市教育附加	地方教育费附加	人员经费	公用经费
2011	128460	10052	4559	90117	93055
2012	176296	10588	4218	88353	142727
2013	193002	9400	4893	108825	147482
2014	228334	12261	5218	131292	157938
2015	223859	13192	5711.6	170910	105871

【校舍改造】 2011年，全市新建和改建学校20所，新建和改建校舍34栋，面积14.7万平方米。完成投资2.4亿元；2012年，全市新建和改建学校13所，新建和改建校舍40栋，面积20万平方米，完成投资4.7亿元。

2013年始，根据山东省教育厅、财政厅《关于实施农村义务教育学校校舍标准化建设工程的通知》〔鲁教财（2013）2号〕要求，于2013—2015年实施农村义务教育学校校舍标准化建设工程，通过实施农村义务教育学校校舍标准化建设工程，消除存在安全隐患的校舍，消除旱厕，改善师生就餐条件，全面改善中小学办学条件，到2015年农村义务教育学校校舍全部达到基本办学标准。同年，编制2013—2015年三年规划，全市三年规划投资4.3亿元，改造存在安全隐患的校舍38.06万平方米，其中：规划加固校舍12幢、面积2.33万平方米；新建、重建校舍85幢，面积25.48万平方米；拆除不再改造校舍264幢、面积6.72万平方米。规划新建水冲式厕所70个，建筑面积0.98万平方米。规划改造餐厅、食堂22个，建筑面积2.55万平方米。2013年共计投资2.82亿元，改造完成存在安全隐患的校舍19.23万平方米，其中：拆除不再改造校舍54幢，面积1.65万平方米；重建、新建校舍46幢，面积17.58万平方米；新建水冲厕所3个，面积475平方米；新建食堂、餐厅10个，面积1.75万平方米。

2014年，共投资0.86亿元，改造存在安全隐患的校舍7.82万平方米，其中：拆除不再改造校舍67幢，面积1.67万平方米；

加固校舍9幢，面积1.71万平方米；重建、新建、迁建校舍17幢，面积4.44万平方米；新建水冲厕所32个，面积4494平方米；新建食堂、餐厅4个，面积3815平方米。

2015年，共计投资0.62亿元，改造存在安全隐患的校舍7.47万平方米，其中：拆除不再改造校舍143幢，面积3.4万平方米；加固校舍3幢，面积0.62万平方米；重建、新建校舍18幢，面积3.46万平方米；新建水冲厕所35个，面积4875平方米；新建食堂、餐厅8个，面积4083平方米。

科技工作

【管理机构】 2011—2015年，市科技局内设4个职能科室，分别为办公室、科技管理合作科、科技发展计划科、科技成果科。下设2个事业单位，分别为全额拨款副科级事业单位寿光市生产力促进中心，差额拨款正股级事业单位寿光市技术开发中心。

【院士工作站】 2011—2015年，全市新建省级院士工作站7个。其中，2011年12月，省委组织部、省科学技术厅、财政厅、人力资源和社会保障厅、科学技术协会联合印发《关于批准建立2011年度山东省院士工作站的通知》，批准依托山东大地盐化集团有限公司、山东威能环保电源有限公司2个企业分别建立企业院士工作站。2012年9月，省委组织部、省科技厅、财政厅、人社厅、科协联合印发《关于批准建设2012年新设山东省院士工作站的通知》，批准依托山东省寿光蔬菜产业集团有限公司、山东默锐科技有限公司2个单位分别建立综合院士工作站。2014年9月，省委组织部、省科技厅、财政厅、人社厅、科协联合印发《关于批准2013年新建山东省院士工作站的通知》，批准依托山东英利实业有限公司、寿光富康制药有限公司、山东兰典生物科技股份有限公司3个企业分别建立企业院士工作站。

【科技创新】 创新型(试点)企业。2011—2015年，全市新增山东省创新型企业2家，山东省创新型试点企业1家，潍坊市级创新型试点企业6家。其中，2011年，根据《关于开展山东省第二批创新型企业评价工作的通知》要求，省技厅、省政府国有资产监督管理委员会和省总工会组织专家开展山东省第二批创新型试点企业评价工作，2012年3月省科技厅、国资委和总工会联合印发《关于发布山东省第二批创新型企业名单的通知》，寿光富康制药有限公司、山东默锐化学有限公司2家企业被命名为山东省第二批创新型企业。2012年3月，省科技厅、国资委和总工会联合印发《关于确定山东省第四批创新型试点企业的通知》，确定潍坊市宇虹防水材料(集团)有限公司为山东省第四批创新型试点企业。2012年12月，潍坊市科学技术局印发《关于确定潍坊市第二批创新型试点企业的通知》，确定山东奥泰机械有限公司、山东大地盐化集团有限公司、山东天力药业有限公司3家企业为潍坊市第二批创新型试点企业。2013年12月，潍坊市科技局印发《关于确定潍坊市第三批创新型试点企业的通知》，确定山东寿光神润发海洋化工有限公司、山东威能环保电源有限公司、潍坊市跃龙橡胶有限公司3家企业为潍坊市第三批创新型试点企业。

产业技术创新战略联盟。2011—2015年，全市2个产业技术创新战略联盟获批为国家级试点联盟，新组建潍坊市级产业技术创新战略示范联盟3个。其中，2013年10月，科技部印发《科技部关于发布2013年度国家产业技术创新战略试点联盟和重点培育联盟名单的通知》，设施蔬菜产业技术创新战略联盟（责任单位为山东省寿光蔬菜产业集团有限公司）、卤水精细化工产业技术创新战略联盟（责任单位为山东默锐科技有限公司）2个联盟获批为国家试点联盟。2012年12月，潍坊市防水材料产业技术创新战略联盟成立，寿光市防水行业协会为理事长，同月潍坊市科局印发《关于公布潍坊市第一批产业技术创新战略示范联盟的通知》，确定其为潍坊市级示范联盟。2014年11月，寿光市三木种苗有限公司发起组建西甜瓜产业技术创新战略联盟；12月，山东跃龙橡胶集团有限公司发起组建全钢载重子午线轮胎产业技术创新战略联盟，同月潍坊市科技局印发《关于公布2014年潍坊市产业技术创新战略示范联盟的通知》，确定2个联盟为潍坊市级示范联盟。

【科技合作】 国际科技合作。2011—2015年，全市新建设国际科技合作平台2个，新获批国际科技合作专项2项。其中，2011年12月，省技厅印发《关于批准建设2011年度“山东省国际（港澳台）科技合作平台”的通知》，批准康跃科技股份有限公司与俄罗斯中央柴油机技术研究院合作，重点建设“内燃机增压技术国际科技研究中心”；2012年9月，省技厅印发《关于批准建设2012年度“山东省国际（港澳台）科技合作平台”的通知》，批准山东省寿光蔬菜产业集团有限公司与荷兰AXIA、先正达等合作，重点建设“山东省中荷蔬菜育种合作研究中心”。2014年2月，科技部印发《科技部关于2014年度国家国际科技合作专项涉密项目立项的通知》，批准康跃科技股份有限公司承担的“节能环保高效涡轮增压器关键技术引进及开发”项目作为2014年度国家国际科技合作专项项目，项目编号2014DFR70260；9月，省技厅印发《关于下达省2014年度对外科技合作经费补助计划的通知》，批准山东默锐科技有限公司与以色列IDE技术有限公司合作的“高纯水盐联产集成技术引进开发”项目作为山东省与以色列2014年度国际科技合作项目给予经费补助。

国内科技合作。2011—2015年，全市企业与高校院所合作共建研发机构中有9个被潍坊市招商引资考核认定为招院引所分支机构，其中寿光市防水行业协会与中国建筑材料科研总院防水研究院共建的寿光齐鲁防水装备应用技术研究所，于2015年10月被潍坊市科技局认定为招院引所示范分支机构。2011年5月，在德州禹城举行的现代农业发展与国家粮食安全暨“渤海粮仓”与资源节约型高效农业战略高峰论坛上，市委副书记、市长朱兰玺代表寿光市与中科院生命科学与生物技术局，就建设绿色蔬菜生产示范基地签署合作协议。8月13—14日，组织召开由13名海洋专家参与，以“寿光籍海洋专家瞄准蓝区建设，服务家乡发展，提供科技智力支撑”为主题的蓝色经济—寿光籍海洋专家恳谈会，山东电视台、大众日报、山东电台等省级新闻媒体进行了报道。2012年8月23—24日，由中国海洋湖沼学会、中国太平洋协会、中国盐业协会、青岛国家海洋科学研究中心主办，市政府承办的"盐圣·盐都与寿光"海盐科技文化座谈会在寿光召开。2014年9月3—4日，举办“寿光专家人才创新创业家乡行活动”，同时举行首批科技镇长聘任仪式，从高校、科研院所选聘14名理工类高层次人才担任科技镇长，充分利用他们的专业特长和资源优势，指导镇街发展特色产业，促进科技成果到寿光市转化。2015年9月1日，由市政府牵头，科技局组织的“寿光－中科院、济南大学成果发布对接洽谈会”在温泉大酒店举行，邀请中科院化学所、大连化物所、成都有机化学所和济南大学等4所院校的12位专家和寿光市部分企业代表参加对接洽谈会。

【技术市场】 2011—2015年，全市有2个单位获山东省技术市场科技金桥奖先进集体奖；4人获国家技术市场金桥奖先进个人奖，9人获省技术市场科技金桥奖先进个人奖；1个项目获国家金桥奖优秀项目奖，3个项目获省金桥奖优秀项目奖。其中，2011年3月，山东省蔬菜工程技术研究中心许美荣、寿光市一边倒果树研究所蔡英明2人获中国技术市场协会三农科技服务金桥奖先进个人奖；9月，市农业局王成增、康跃科技股份有限公司朱智富2人获山东省技术市场科技金桥奖先进个人奖。2012年10月，山东省蔬菜工程技术研究中心国家进、山东鸿泰建设集团有限公司王亦德、潍坊科技学院许美荣、市海洋与渔业局丁伟4人获山东省技术市场科技金桥奖先进个人奖，潍坊科技学院完成的“鲁硕红”蔷薇的选育、繁殖及其栽培应用项目获山东省技术市场科技金桥奖优秀项目二等奖。2013年4月，康跃科技股份有限公司王航、寿光市防水行业协会郑家玉2人获中国技术市场协会第六届金桥奖先进个人奖，潍坊科技学院完成的“鲁硕红”蔷薇的选育、繁殖及其栽培应用项目获优秀项目奖；11月，山东大地盐化集团有限公司获山东省技术市场科技金桥奖先进集体奖，山东洛城农发有限公司夏文英、市农业局刘天英2人获先进个人奖。2014年10月，寿光恩信信息科技有限公司获山东省技术市场科技金桥奖先进集体奖，寿光恩信信息科技有限公司韩继辉获先进个人奖。

【科技成果】 **国家级科技进步奖。**“奥美拉唑系列产品产业化与国际化的关键技术开发”项目，1995年开始由寿光富康制药有限公司联合悦康药业集团有限公司、沈阳药科大学、山东大学、聊城大学合作开发。该项目整体技术达到国际先进水平，2012年获得山东省科技进步一等奖。该项目申请发明专利16项，授权10项；获新药证书4项；其中埃索美拉唑获得“国家重点新产品”称号。奥美拉唑系列产品相关制剂在全国1万多家医院应用，近3年累计销售额43.1亿元，出口创汇3.2亿美元。与同质进口产品相比，价格下降90%，为政府和患者节约医药费用超过300亿元。2015年该技术被授予国家科技进步二等奖。

山东省科技进步奖。2011—2015年，全市共有15个项目获省级科技进步奖，其中3个项目获一等奖，3个项目获二等奖，9个项目获三等奖。

2011—2015年寿光市获山东省科技进步奖统计表

表7

序号	项目名称	获奖年份	完成单位	等级
1	速生杨高得率浆的酶精制和配抄高档铜版纸关键技术	2011	山东轻工业学院、山东晨鸣纸业集团股份公司	1

续表

序号	项目名称	获奖年份	完成单位	等级
2	设施蔬菜节能高效栽培工程关键技术研究与集成示范	2011	山东农业大学、省农科院蔬菜所寿光市新世纪种苗有限公司	1
3	2000t/a 丙环唑原药清洁生产工艺	2011	山东亿嘉农化有限公司	3
4	集约化蔬菜生产水肥调控关键技术研究与应用	2011	青岛农业大学、中国农业大学、寿光市土壤肥料工作站	3
5	盐酸二甲双胍大品种改造关键技术	2011	寿光富康制药有限公司	3
6	奥美拉唑大品种关键技术改造	2012	寿光富康制药有限公司、山东大学	1
7	无卤环保磷基类阻燃功能材料制备的新工艺体系与规模产业化开发	2012	山东兄弟科技股份有限公司、青岛科技大学	2
8	高功率四缸商用发动机涡轮增压器研制开发	2012	康跃科技股份有限公司、山东省增压器工程技术研究中心	3
9	蔬菜穴盘育苗技术集成创新与示范	2012	山东省寿光蔬菜产业集团有限公司	3
10	2- 甲基 -4- 甲氧基二苯胺新工艺产业化开发	2013	山东道可化学有限公司、山东默锐科技有限公司、山东省卤水资源综合利用工程技术研究中心	2
11	主要设施蔬菜连作障碍防控关键技术研究与开发	2013	寿光市农业局	2
12	苯醚甲环锉原药清洁生产工艺	2013	山东亿嘉农化有限公司	3
13	日光温室茄子循环整枝方式创新与高产关键技术集成应用	2013	寿光蔬菜产业集团有限公司、寿光蔬菜产业控股集团有限公司、山东省蔬菜工程技术研究中心	3
14	兰索拉唑大品种关键技术改造	2013	寿光富康制药有限公司、寿光永康化学工业有限公司	3
15	抗病耐贮番茄品种选育及高效栽培技术创新与应用	2015	寿光市新世纪种苗有限公司、东北农业大学、山东省蔬菜栽培工程技术研究中心	3

潍坊市级科技进步奖。5年间，全市共有194个项目获得潍坊市级科技进步奖，其中一等奖1个、二等奖122个、三等奖71个。2011年，获二等奖20个、三等奖13个。2012年，获二等奖36个、三等奖15个。2013年，获一等奖1个、二等奖29个、三等奖23个。2014年，获二等奖19个、三等奖13个。2015年，获二等奖18个、三等奖7个。

寿光市级科技进步奖。5年间，全市共

有109个项目获得寿光市科技进步奖，其中最高奖2个、一等奖15个、二等奖32个、三等奖60个。2011年，获一等奖3个、二等奖5个、三等奖10个。2012年，获最高奖1个、一等奖3个、二等奖7个、三等奖15个。2013年，获最高奖1个、一等奖3个、二等奖6个、三等奖15个。2014年，获一等奖3个、二等奖5个、三等奖10个。2015年，获一等奖3个、二等奖9个、三等奖10个。

地震测防

【管理机构】 寿光市地震局为正科级参公事业单位，2011年内设办公室、业务科，2014年9月业务科加挂审批服务科牌子，审批服务科为新设内部科室。

【地震监测】 地震台网建设、维护和运行。2011年11月，在商务小区3号楼后建设二氧化碳观测点1处。2013年5月，对稻田强震台进行升级，采用无线网卡传输信息；12月，在上口镇南半截河村建设深水观测井1处。

地震活动、前兆和异常信息处理。2011年5月，及时处理圣城街道益城村水泥路面开裂异常问题；6月，及时处理圣城街道潘家庄井水发热异常现象。2012年5月，处理市工商银行家属院地面断裂异常问题。2013年8月，处理文家街道高家庄水井异响问题。2014年5月，处理营里镇周家村水泥路面开裂异常问题。2015年10月，处理孙家集街道岳寺韩村大棚水井异响异常现象。

群测群防网络建设。2011年，对全市群测群防网络进行改造，确定潍坊级观测点18处，寿光级观测点18处。2013年，重新部署全市群测群防网络，保留潍坊级观测点10处，寿光级观测点20处。2015年，制定《寿光市宏观观测点管理办法》，重新划分了观测点类别，确定潍坊市地震局管理的一类点1处、三类点1处，寿光地震局管理的四类点20处。5年间，将群测群防观测员补贴纳入市级财政预算，每年按时按标准发放。

【震灾预防】 防震减灾知识宣传。2011年，向全市广大群众印发3万余元的防震减灾知识宣传册。2011—2014年，在全市开展防震减灾知识“六进”（即进学校、进机关、进社区、进农村、进企业、进家庭）活动，提高全民防震减灾意识和能力。2015年，印发30万份宣传彩页，5万本中小学宣传教育读本，1万余张宣传挂图，保证每个镇街、每个社区村落、每个大中型企业、每个学校都张贴有宣传挂图，全市每个中小学生人手1份宣传彩页，全市人民的防震减灾意识进一步增强。5月，市里有关领导和相关单位负责人参加潍坊市举办的防震减灾培训班，提高全市实施防震减灾工作的组织协调能力。

依法行政审批，提高服务质量。5年来，继续将建设工程抗震设防要求审核纳入建设工程审批流程，从源头上保证工程设计符合抗震标准。配合行政审批改革和潍坊审批项目下放工作，在潍坊市各县市区率先实现免费办理各项建设工程抗震设防审批业务。2013年，地震局窗口被评为“山东省地震行政审批服务红旗窗口”，2015年复审再次被评为“山东省地震行政审批服务红旗窗口”。

积极创建防震减灾示范社区、基地、企业。2012年，向阳社区创建为“山东省地震安全示范社区”。2013年，寿光市青少年实践教育基地创建为“山东省防震减灾科普宣教基地”。2015年，联盟化工创建为“山东省地震安全示范企业。

【地震应急】 编制、修订地震应急预案。2011年，对全市机关事业单位地震应急预案进行修订。2014年，对全市机关事业单位及大中型企业地震应急预案再次进行修订。2015年，对全市中小学地震应急预案进行编制修订。

应急工作队伍建设。除地震局自身组建的地震应急救援队伍外，2013年联合市消防大队建立寿光市地震应急救援队，2015年又与联盟化工集团合作，依托其专业消防队组建地震应急救援队，这3支地震应急救援队伍立足实际，互相配合，加强演练，整体素质和应急救援能力不断提高。

应急避难场所和应急设备建设。2011年始，先后对建成的人民广场、仓圣公园、生态观光园、现代游园、文家游园、彩虹公园等地震应急避难场所进行维修保护，确保发挥其应用功能。2012年，建成地震应急物资储备库，2013年建成寿光市地震应急指挥中心。2015年，新建科技学院、中华牡丹园和农圣公园等3处地震应急避难场所，并通过政府采购对装备库物资进行充实和更新，为全市每个镇街分别配备1部卫星电话，保障应急通讯。

地震应急演练。2012年，组织全员到沂水进行野外拉练。2013年5月，参加潍坊市市直机关应急逃生演练，7月到沂山参加省地震局组织的鲁中片区地震应急演练。2014年5月，在商务小区组织开展市直部门地震应急逃生演练。2015年5月，参加全省地震应急演练活动。5年间，利用学校每年春秋开学之际，组织全市中小学开展地震应急演练活动，收到预期效果。

气象测报

【管理机构】 寿光市气象局为正科级直属事业单位。2011—2015年内设办公室、气象台、防雷中心、寿光市人民政府人工影响天气办公室。

【气象观测】 2011—2014年，寿光市国家一般气象站位于市区文圣街5216号（118° 44′ E，36° 53′ N），2015年1月1日迁至市区东部弥河生态公园内（118° 47′ 43″ E，36° 51′ 47″ N）。2011—2013年，观测项目有云（云量、云状、云高）、能见度、天气现象（24种）、气压、气温、湿度、风向风速、降水、雪深、雪压、冻土、日照、小型蒸发、地温（0厘米、最高、最低、5厘米、10厘米、15厘米、20厘米）等。2014年1月1日起，取消雷暴、闪电等13种天气现象和云、小型蒸发等观测项目，其余项目保留。

2011—2014年，使用CAWS600B型自动气象站24小时连续自动观测记录分钟和定时数据，通过气象专网每5分钟上传一次加密观测数据至国家气象信息中心，气压、气温、湿度、风向风速、液体降水、地温气象要素均实现自动观测，其余要素仅在08时、14时、20时3个时次进行人工定时观测。2015年1月1日开始，启用DZZ4新型站进行观测，在原有自动观测项目的基础上又实现能见度、视程障碍天气现象和固态降水量的自动观测。

5年来，在全市各镇（街区）共安装有

16处区域加密观测自动观测站，其中六要素站2处、四要素站4处、二要素站10处，每5分钟通过无线通信网络上传一次加密观测数据至省气象信息中心。同时，在文家街道王端宇村农户大田内建有土壤水分自动观测站1处，用于农田土壤水分观测；在古城街道、孙家集街道和稻田镇东方誉源蔬菜基地等安装有辐射、温度、湿度、五层地温四要素自动气象站各1套，用于蔬菜大棚内小气候的研究。另外，在羊口港设有70米风塔1座，用于梯度风观测。

【气象信息网络和气象服务】 2011—2015年，主要通过以市－县10M宽带局域网为主、3G无线网络系统为辅的通信方式上传气象观测数据和共享调阅全国气象信息资料。2011年、2012年通过2005年6月安装的第一代可视化电视会商系统，与潍坊市气象局及其他县（市）局进行天气会商，2013年潍坊市气象局统一对第一代可视化会商系统进行升级改造，至2015年实现国家、省、潍坊市、寿光市4级可视化会商。

5年间，主要通过“12121”电话自动答询系统、寿光电视台天气预报节目、寿光日报天气预报专栏、电子显示屏、“大喇叭”等方式开展公众气象服务。遇有重大灾害性、突发性天气时，随时通过联通、移动短信预警平台，向市、镇、村三级领导以及相关部门和企业主要负责人发送气象灾害预警信息。除给市领导和有关部门提供常规天气预报服务外，还提供中、长期天气预报、汛期气候趋势预报、气象旬（周）月报、雨情简报、土壤墒情简报、重要农时预报等。同时，开展对重大性、灾害性天气过程跟踪服务，及时将天气变化情况以及雨情、灾情通过电话、传真等方式上报市领导和有关部门主要领导。2011年始，与农业种植大户签订专业气象服务协议，开展“直通式”气象服务。2013年始，通过公文传输系统，向市政府及各部门和重点企业发送预警信息。

全市共设有人工影响天气作业点8处，每个作业点配备持有上岗证的炮手2～3名、三七高炮1门，其中在林海博览园作业点配备火箭发射专用设备1部。作业时主要通过无线对讲机、电话等方式与潍坊市人工影响天气指挥中心进行联系，申请空域和作业时间。2015年，申请财政专项资金对市辖区内的5处炮点进行标准化改造，达到“二室二库”的标准化要求，配备有固定电话、无线通讯、监控、报警等必要设施，制作了安全射界图及规章制度刊板。每年与相关镇（街区）分管领导及各炮长签订《安全责任书》，不定期对作业高炮进行安全检查，保证各作业点工作正常运行。5年间，开展的气象科技服务分别有施放彩球、防雷检测、防雷工程设计和施工、防雷图纸审核、防雷施工监督和工程验收等项目。

知识产权

【概 况】 2011—2015年，寿光市知识产权局为市政府直属事业单位，正科级规格，定编5人，领导职数2职，实行财政全额拨款；内设综合办公室。5年来，知识产权局牢固树立知识产权为全市经济建设服务的思想，挖掘专利申请，提高管理水平，促进专利实施，加强专利保护，全市技术创新水平不断提高。境内的专利申请由单位成立之初的不足百项，上升到2015年的2343项。累计申请12419项。

2011—2015年寿光市专利申请情况表

表8 单位：项

年份	年申请量	累计量
2011	874	5089
2012	1163	6252
2013	1660	7912
2014	2164	10076
2015	2343	12419

【专利明星企业】 寿光市参与专利明星企业认定与复查工作开始于2003年。2011年始，继续支持和鼓励企业创建专利明星企业，至2012年全市共有一星级专利明星企业4家，分别是寿光市泰丰制动系统科技有限公司、山东晨鸣纸业集团股份有限公司、潍坊市跃龙橡胶有限公司、山东新龙科技股份有限公司，二星级专利明星企业5家，分别是康跃科技股份有限公司、山东汇源建材集团有限公司、山东银宝轮胎集团有限公司、山东大地盐化集团有限公司、潍坊市宏源防水材料有限公司，三星级专利明星企业2家，分别是山东鸿泰建设集团有限公司和山东寿光巨能控股集团有限公司。

2013年始，山东省知识产权局不再进行专利明星企业的认定和复查工作，开始开展推荐有效发明专利3件以上或有效专利10件以上的企业申报知识产权优势企业，并在优势企业中推行贯彻《企业知识产权管理规范》国家标准（简称贯标）。至2015年，全市共有优势企业10家，分别是康跃科技股份有限公司、山东大地盐化集团有限公司、寿光富康制药有限公司、潍坊市跃龙橡胶有限公司、山东英利实业有限公司、山东新龙集团有限公司、山东鸿泰建设集团有限公司、山东省寿光蔬菜产业集团有限公司、山东东方宏业化工有限公司、山东墨龙石油机械股份有限公司，其中康跃科技有限公司已经贯标成功。

【优秀专利项目选介】 2011年始，重视优秀专利项目推荐与申报工作，2012年山东大地盐化集团有限公司的“一釜法生产二溴甲烷、溴氯甲烷的制备方法”获得潍坊市专利奖二等奖。2013年，侯镇二中董浩婷同学的“‘可调式’固液气三态冷热形变演示仪”获得山东省第五届少年儿童发明奖金奖；孙家集街道胡营小学杨金蕾同学的“风的形成演示器”获得银奖。

（燕飞）

文化 旅游

文化

【管理机构】 寿光市文化广电新闻出版局，是市政府主管全市文化艺术和文物工作的工作部门。2010年2月，文化体制改革，文化局、广播电视管理局、新闻出版管理办公室合并，组建为寿光市文化广电新闻出版局，加挂市版权局牌子。2015年1月调整文化广电新闻出版局主要职责、内设机构和人员编制。现行政编制12人，配备局长1人、副局长2人；内设办公室、文化艺术科、审批服务科3个职能科室，配备科长3人，副科长3人。下辖文化馆、图书馆、博物馆3个副科级事业单位，辖文艺创作室、非物质文化遗产保护办公室2个股级事业单位和京剧艺术团有限公司。

【业务馆站】 市文化馆。是全市文化艺术中心，是辅导、指导、活动、调研中心。负责承担“社会宣传教育、公益文化服务、文化艺术普及和非物质文化遗产保护”等工作。2015年，寿光市文化馆根据中央“建立法人治理结构”要求，结合事业单位改革、公共财政投入机制改革、免费开放等工作，按照政事分开、管办分离的总体思路，筹备组建寿光市文化馆理事会。寿光市文化馆理事会是文化馆的决策权力机构，负责制定文化馆的发展规划，行使文化馆的重大事项决策权。文化馆理事会由寿光市文广新局、市编办、市财政局、市人社局相关领导和文化馆代表、社会人士、服务对象代表共11人组成，依照法律法规、国家政策、行业规划和本单位章程的有关规定开展工作。有在职在编工作人员23人，业务人员21人，本科以上学历12人，馆员12人，副研究馆员4人。设有办公室、群文辅导部、文艺部、美术书法摄影部4个部室。常年活动阵地及各类培训辅导讲座等免费服务项目10个，免费活动厅室11个，每周对公众提供开馆时间56小时，并设有公示牌，方便广大群众。每年以春节、元宵节、菜博会、农圣文化艺术节、文明之夏、中秋节等节庆活动为主线，深入打造春节系列群众文化活动、庄户剧团大赛、京剧票友大赛、迎春征联大赛等一系列群众文化品牌活动。组织开展书画展览、各种文艺比赛400余场，各类专题群众文化活动200余场。文化服务人次达80万人次，成为丰富全市群众文化生活的载体。

市图书馆。隶属于寿光市文化广电新闻出版局，编制13人。内设办公室、外借部、少儿部、采编辅导部、报刊阅览室、电子阅览室、古籍保护中心、尼山书院对外服务窗口。2011年元月，寿光市图书馆免费对外开放，当年接待读者21556人次，借阅图书35798册次。同年图书馆实行图书借阅“一卡通”，在全市范围内实现各分馆“通借通还”的服务模式，完成对6家分馆的图书配送，配送图书6万余册，定时调换。同年4月20日，在“2011全省读书朗诵大赛”中，寿光市图书馆获优秀组织奖。同年7月19日，寿光市图书馆获潍坊市第七届业务知识竞赛团体三等奖，优秀组织奖。

2012年，寿光市图书馆接待读者26252人次，借阅图书42225册次。同年9月，购进新书20万册。继续完成对2家分馆的图书配送，配送图书2万册，同时在乡镇分馆安装相应设备，实现与图书馆的链接，基层公共电子阅览室达标率为潍坊市第一。同年5月，在“第七届全省读书朗诵大赛”中，寿光市图书馆获优秀组织奖。同年12月，寿光市图书馆电子阅览室获“全国文化信息资源共享工程·公共电子阅览室示范点”。

2013年，寿光市图书馆新进有针对性的图书22788册，其中：具有典藏价值的四库全书史部456册、列国志108种、工具书1800册，读者指定图书如莫言全集等文学类1900册。全年借阅图书量为99876册，接待读者借阅数超过10万人次，在全国一级馆评估定级考核中以998分的高分取得圆满通过，并有多篇论文获省以上荣誉。同年3月19日，在“第八届全省读书朗诵大赛”中，寿光市图书馆获优秀组织奖，其中1名选手代表潍坊市参加省比赛，获得优秀奖。建成北岭村分馆，建筑面积2000平米，设专职工作人员，寿光市图书馆为其配备图书1万册、钢制书架50组.2015年，北岭村分馆成为全省第一家有独立馆舍的、功能齐全且能正常借阅的村级图书馆。征购社会散存古籍200多种，其中有8部列入省古籍保护名录。

2014年，图书馆借阅图书量为119876册，接待读者借阅数超过15.4万人次。先后从社会各界征购珍贵古籍4次，共征集30种、360册，其中，《诸子百家》《寿光县志》等都是市面上稀缺的善本，品相好，完整度高，收藏价值高。参与编纂出版大型专业丛刊《潍坊市珍贵古籍名录图录》，并有90种善本录入。同年1月，寿光市图书馆获潍坊市基层公共文化服务体系建设先进单位。同年4月13日，在“第九届全省读书朗诵大赛”中，寿光市图书馆获优秀组织奖。同年9月12日，寿光市图书馆申请的寿光市图书馆“尼山书院”动工改建。成功举办第一届“我与图书馆”“知识改变命运、读书创造未来”2次大型征文活动。

2015年，图书馆借阅图书量为16.8万余册，接待读者借阅数超过17.1万人次，新购图书4000册。同年3月，寿光市图书馆被市委市政府评为“十佳文明窗口”。到5月份，完成120部古籍普查登录，同时《寿光市古籍名录》编纂完成。继续完成对4家分馆的图书配送，配送图书4万册，文家街道、侯镇、孙家集街道、圣城街道、营里镇、洛城街道、稻田镇、台头镇、羊口镇及田柳镇北岭村10分馆正式启用。2015年3月26日，在“第十届全省读书朗诵大赛”中，寿光市图书馆获优秀组织奖，其中1名选手获潍坊市一等奖，并代表潍坊市参加省比赛。同年5月26日，以国学传播为主的尼山书院揭牌成立,并被省文化厅命名为儒学示范点。同年11月12日， 由寿光市图书馆和潍坊科技学院共建的“大学生思想政治教育社会实践基地”在图书馆举行揭牌仪式。同年，寿光市图书馆获2014年度“山东省古籍保护工作先进单位”称号。

博物馆。2015年，博物馆下设办公室、保卫科、宣教部、展陈部、文物普查办公室等5个科室，有工作人员25人，属副科级事业单位。2013年11月，根据第一次全国可移动文物普查结果，至2015年，寿光市博物馆文物数量141234件套，实际数量145876件。其中国家珍贵文物614件，实际数量724件。文物数量位居潍坊市第1位，山东省第2位。

市京剧艺术团。属财政定额拨款事业单位，编制56人，实有63人，隶属于寿光市文化广电新闻出版局，设有办公室、财务科、演出队、喜庆公司等科室。主要从事歌舞，戏曲，演出等业务，并一直参加全市的重大节日活动。2012年6月30日，京剧艺术团转企改制为寿光市京剧艺术团有限公司，人员管理实行“老人老办法、新人新办法”的原则。公司设有总经理1人，副经理4人。公司有专业技术职称的48人，其中副高3人，中级14人，初级31人。改制后，市政府配备一台大客车。按照“文化惠民”工程要求，每年都参加“消夏之夜”“走进社区”等演出活动，坚持常年“送戏下乡”200余场，推动全市文化事业的快速发展。2013年，省委宣传部配备全省第1辆流动舞台车，方便“文化惠民”工程的开展。2015年，从事歌舞、戏曲等演出150场次。

市新华书店。承担党和国家重要文件、文献、大中专教材、中小学课本和一般图书的发行工作，业务上直属山东新华书店集团和潍坊市新华书店领导。2015年，下设办公室、财务科、业务科、物业科4个科室，有中心门市部、市场营销部、滨海门市部3个部门。员工74人。多年来，始终遵循“为社会服务、为读者服务”的经营方向,坚持“为读者找书，为书找读者”的服务理念，2015年，企业固定资产总额5000多万元，综合营业面积2万多平方米，年均销售额7000多万元，其中2013年总销售首次突破1亿元，2015年门店POS销售突破1000万元，分别居全省县级新华书店第一位。先后2次获“全国服务农民、服务基层文化建设先进集体”，被全国出版物发行业授予“文明店堂”，被省文明委授予“省级文明单位”。

【艺 术】 2011年始，根据群众身边喜闻乐见的事情，先后创作出歌曲、小品、舞蹈共30余部。其中，创作的小品《仙丹妙药》在“2011潍坊市文化大会演”中获得“一等奖”；2013年创作的原创歌曲《品质寿光》《一路阳光》及小品《最美村干部》在“寿光市文化大会演中”获得“二等奖”；2013年1月，贺英在《全国乡村春节联欢晚会》《全国村歌大赛公益之星》获最佳演唱奖；同年还参加《全国乡村春节联欢晚会》。2013年10月，四级演员张萍被寿光市委宣传部评为“寿光市第二批文化之星”。2014年1月，郝子奇在中国网络文学艺术促进会组织的“寻找影响潍坊北部50位文化名人”活动中入选“文化名人榜”。2014年4月，郝子奇在中国大众音乐协会主办的“中国梦、音乐情—全国声乐大赛总决赛“中，获民族唱法组银奖。2014年7月，郝子奇在中国大众音乐协会主办的“大音中国音乐盛典·千名音乐人唱响庐山”大型展评活动中，获演唱金奖。2014 年 5 月，刘春红在中共山东省委宣传部、山东省文联主办，山东省舞蹈家协会承办的第七届山东国际大众艺术节“山东省第九届青少年舞蹈比赛”活动中，由其指导的群舞《看戏》获少年 A 组一等奖、指导教师金奖。2014 年 5 月，刘春红在中共山东省委宣传部、山东省文联主办，山东省舞蹈家协会承办的第七届山东国际大众艺术节“山东省第九届青少年舞蹈比赛”活动中，由其指导的群舞《妞啊扭》获少年 B 组一等奖、指导教师金奖。2014 年 8 月，四级演员张秀榕被寿光市委宣传部评为“寿光市第三批文化之星”。2014 年，创作的小品《寻根记》在“潍坊市统战部系统大会演”中获得“一等奖”；2014 年 11 月，应对台武术文化交流协会的邀请，团长李新军带领演出人员以文化交流的方式赴台演出，为台湾同胞送去精彩的京剧歌舞表演，成为京剧艺术团组建以来的第一次。2014年始，对《月宫图》《闹海》《荷花秧歌》三个非物质文化遗产进行传承与保护，经常在文化活动中展演。2015 年 7 月，排演的大型舞蹈《奇舞飞扬》在潍坊市第四届“潍水之春”群众文艺会演中获得“一等奖”。2015 年 8 月，创作的京歌《寿光颂》在“2015 全国大型音乐展演”中获得银奖。

【群众文化活动】 2011 年始，每年以春节、元宵节、菜博会、农圣文化艺术节、文明之夏、中秋节等节庆活动为主线，深入打造春节系列群众文化活动、庄户剧团大赛、京剧票友大赛、迎春征联大赛等一系列群众文化品牌活动。组织开展书画展览、各种文艺比赛 400 余场，各类专题群众文化活动 200 余场。文化服务人次达 80 万人次，成为丰富全市群众文化生活的重要载体。2011 年以来，持续举办春节系列群众文化活动、庄户剧团大赛、青少年才艺大赛、京剧票友大赛、书画展等群众性文化活动，丰富寿光市人民群众的精神文化生活。其中春节系列群众文化活动包括街头大型彩车展及民间文艺队伍展演、元宵节工艺灯展、全市春节群众文艺会演、庆新春寿光市名家书画展、迎新春京剧演唱会和春节大型文艺晚会，真正让全市人民在参与、娱乐的同时度过一个欢乐、祥和、富足、文明的春节，每年直接受益群众达 10 万余人；庄户剧团大赛每年共有来自全市各乡镇 100 余个团队报名，节目精彩纷呈、形式多样，来自草根演员们的精彩演出为菜博会增添一道别样的风景，也展示菜乡人民积极向上的精神风貌；青少年才艺大赛每年吸引全市各镇街 100~300 名青少年参加，节目形式丰富多样，通过举办组织青少年才艺展示活动，为青少年搭建起一个才艺展示的舞台，不仅全面展示全市青少年健康向上的精神风貌和艺术才华，也促进青少年艺术专长的培养；京剧票友比赛每年共有来自全市各镇街的 100 余名京剧爱好者参赛；各类书画展不断，庆国庆画展、廉政文化书画展、油画展、农民书画展、庆七一书画展、名家书画邀请展、少儿书画展，年受益群众达 2 万人次。

【文化市场管理】 2011 年，市文化执法局在全市开展“亮剑行动”。一是开展网吧“亮剑”集中整治，分别在暑期和寒假期间开展 2 次集中整治行动；二是开展非法政治性出版物“亮剑”行动，在市区校园周边及车站等公共场所查处非法政治性出版物，查缴非法医疗广告 1000 余册；三是开展娱乐场所集中整治“亮剑”行动，查处违规经营场所

20多家，停业整顿娱乐场所3家。

2012年，开展“正版化年”活动，联合公安等部门，对广告公司、照相馆及网站、论坛进行执法检查，办结案件29起。

2013年，根据潍坊市文化执法局要求，市文化执法局确定2013年为“广播电视执法年”，制定活动实施方案，成立执法监督科，专门负责广播电视执法年活动的组织实施，对全市广播电视领域进行执法检查。3月份，在全市发布《关于专项治理违规IPTV和非法地面接收行为的通告》，对广电领域的违法违规行为和集中整治活动进行宣传和通告。联合公安、网络公司等部门，集中开展2次大规模集中执法检查。全年共出动执法人员158人次，收缴非法地面卫星接收设施538台（套），拆除非法电视小前端12个，下达责令整改通知书36份，发放宣传材料200余份，有效遏制了非法安装使用地面卫星接收设施及电视小前端的泛滥。

2014年，开展“网络文化执法年”活动，一是与网通合作建立全市网站数据库，开展网络巡查，查处网络案件2件；二是开展网络远程勘查，对网络传播淫秽色情网站进行查处，严厉整治网络市场。

2015年，开展“文化执法专业化年”活动，在队伍建设、卷宗制作、设施装备、执法管理、办案流程等方面进一步加强规范化建设，促进文化执法工作的转型升级。在2015年度甘冀鲁文化市场综合执法案卷评查中，市文化执法局制作提报的卷宗被评为规范化案卷。在设施配备规范化方面，每人1台台式电脑，每个执法科室配备笔记本电脑和便携式打印机，实现案件办理实时上传；每个执法科室配备1辆桑塔纳执法用车。在执法管理规范化方面，实行“十制工作法”，即网格监管制、分级管理制、执法日志制、错时检查制、有奖举报制、义务监督制、联合行动制、媒体曝光制、结果通报制、集体会审制。成立由班子成员和科长组成的案件审查委员会，对案件进行统一研究确定，确保案件处理公平公正。全市的文化市场结构日趋合理，市场体系逐步完善，已基本形成涵盖文化、新闻出版、两大门类的网吧、音像、娱乐、演出、电影、图书报刊、印刷业七大市场。全市共有依法设立的各类文化经营单位278家，其中互联网上网服务营业场所经营单位82家，歌舞娱乐场所26家，音像制品经营单位10家，演出场所经营单位4家，电影放映经营单位4家，印刷企业122家（其中出版物发行单位2家，包装装潢印刷品印刷企业单位50家，打字复印经营单位70家），图书零售单位30家。投资额达2亿元左右，吸收就业达3000人左右。2015年新批经营单位3家，办理变更6家，审批演出3场。

2011年，市文化执法局被评为山东省文化市场综合执法工作先进单位；被省委宣传部、政法委等12部门联合表彰为省“网络共享”专项治理行动暨创建无“小耳朵”县（市、区）活动先进集体。2012年，被山东省委、省政府表彰为文化体制改革工作先进单位，被评为全省卫星电视传播秩序专项整治工作先进集体。2013年，被评为山东省卫星电视传播秩序专项整治工作先进集体；山东省“扫黄打非”工作先进集体；山东省服务农民、服务基层文化建设先进集体；山东省新闻出版（版权）责任制示范单位。2014年，被评为山东省“扫黄打非”先进单位；潍坊市“扫黄打非”工作先进集体。2015年，被评为山东省“扫黄打非”先进单位，潍坊市“扫黄打非”工作先进集体。

【文物古迹】 古遗址。至2010年年底，通过三次文物普查，寿光境内发现北辛文化、大汶口文化、龙山文化、岳石文化、商周时期、秦汉时期及以后的古聚落遗址153处。2011—2015年，通过配合工程进行调查勘探，新发现古聚落遗址5处。

2011—2015年寿光市新发现古聚落遗址汇总表

表1

编号	名称	地址	时代
1	潘家稻庄遗址	稻田镇潘家稻庄村东北约700米处	商、周、汉
2	谭何村遗址	稻田镇谭何村东北100米处	汉
3	北慈遗址	稻田镇北慈村东北200米处	汉
4	北河崖村遗址	稻田镇北河涯村东南1500米处	汉
5	全家庄子遗址	洛城街道全家庄子村西400米	周

盐业遗址。2015年3月，在双王城经济开发园区牛头镇村西1500米，巨淀湖风景区北300米发现盐业遗址1处；9月，又在该遗址点东南部S226以西发现1处。这2处遗址皆为殷墟晚期早期阶段的制盐遗址，与其他制盐遗址相比，位置上距离莱州湾更远。遗址对于商周时期盐业遗址的分布、发展和巨淀湖的变迁具有重要研究价值。

古墓葬。2011年4月，南马范墓、王桥墓、冯家庄墓被寿光市人民政府公布为寿光市第三批县级文物保护单位；高家庄墓碑公布为第四批县级文物保护单位。2015年，为配合潍坊新机场建设项目而进行考古勘探，在谭何村西、潘家稻庄村西、宋家稻庄村西南分别发现3处古墓葬（群）。

2011—2015年寿光市新发现古墓葬（群）汇总表

表2

名称	地址	时代
谭何村御墓	墓葬位于谭何村西约370米处	汉
潘家稻庄盖昭先墓	潘家稻庄村西约100米处	元
宋家稻庄墓地	墓地位于宋家稻庄村西南约80米处	明、清

古建筑。2015年，寿光市的古建筑除纪台镇安家村安致远“晚读堂”、古城街道常治官庄古楼、营里镇北单菩萨庙、北柴西王村王家老宅外，在侯镇镇区也分布着较多的清代民居、作坊等，其他各镇村古建筑零星分布，以民居为主。其中常治官庄古楼、北柴西村王家老宅在2014年9月19日被寿光市人民政府公布为寿光市第四批文物保护单位。

古石刻。2015年，寿光市的石刻类保存较完整。保存条件相对稍好的是上口镇东北上口村李铉家族墓地内石刻，其他多散布于野外。其他保存较好、价值较高的石刻有台头镇明楼村南的“意心竹筠”贞节碑、侯镇挑沟村内的莱州青州府界碑等。其中，“薏心竹筠”贞节碑在2014年9月19日被寿光市人民政府公布为寿光市第四批文物保护单位。

纪念建筑物。寿光市的近现代史迹及代表性建筑除张玉山故居、马保三故居、植庭学堂旧址等外，还包括解放前后及文革时期的建筑，如台头镇供销社、羊口渔港码头等。2011年4月，张玉山故居、植庭学校旧址被公布为第三批县级文物保护单位。2015年6月30日，植庭学校旧址被公布为省级文物保护单位。

【文物普查】 第一次全国可移动文物普查标准时点是2013年12月31日，潍坊市自2013年10月份正式启动。2013年11月25日，寿光市人民政府办公室下发《关于印发寿光市第一次全国可移动文物普查实施方案的通知》，成立寿光市第一次全国可移动文物普查工作领导小组，领导小组办公室设在市文广新局。经过对全市451家国有单位进行的调查和普查工作，全市有文物收藏的单位共有5家，其中包括烈士陵园、蔬菜博物馆等4家非文物系统单位。至2015年12月30日，寿光市在全国可移动文物普查信息登录平台的数量为141234万件（套），在山东省目前登录注册的622家文物收藏单位中列第2位，在潍坊所有文物收藏单位中位列第1位。

【非物质文化遗产】 **管理机构**。2011年，设立寿光市非物质文化遗产保护中心，股级规格，编制5人，财政全拨公益事业单位。寿光市非物质文化遗产保护中心，2013年、2014年，连续2年获潍坊市群众文化工作“优秀工作团队”称号；2014年、2015年，连续2年获中国（寿光）文化产业博览会颁发的“优秀组织工作奖”。

国家级非物质文化遗产。寿光卤水制盐技艺。起源于商、周时代。寿光卤水制盐区分布在境内北部，官台、双王城水库一带，面积达269平方公里。卤水制盐技艺是先用陶罐收卤水，然后用火煮熬，待水分蒸发后，剩余白沫为盐，称“煮海为盐”。至汉代，改为煎盐，煎盐要先淋卤、制卤，然后用盘煎（盘分铜、铁两种，直径丈余，深尺许），每昼夜为一伏火，可煎盐6盘，每盘得盐百斤。明代改为锅熬盐。到清康熙年间，开始由熬制改为晒制，先是人工挖掘一口大卤井，上大下小，口宽约百余米，深计10余米，卤水即自然生成，再选平地，建用红泥做底的盐池，然后再将卤井之水人工用条编水斗分两级打上水盘，引入盐池晾晒、蒸发，结晶成盐。卤水制盐技艺是劳动人民在长期的实践中汗水和智慧的结晶，它蕴含着丰富的科学基因，是一份极其宝贵的历史遗产。2008年12月，被列为潍坊市第二批非物质文化遗产名录。2013年5月，被列为山东省政府公布的第三批省级非物质文化遗产代表性项目名录。2014年11月，成功申报为中国非物质文化遗产代表性项目，列入国务院公布的第四批国家级非物质文化遗产代表性项目名录。

省级非物质文化遗产。2013年5月，“百鸟朝凤”“寿光卤水制盐技艺”2个非遗项目成功申报为山东省第三批非物质文化遗产代表性项目，列入省政府公布的第三批省级非物质文化遗产代表性项目名录；2015年12月，“寿光蔬菜生产习俗”成功申报为山东省第四批非物质文化遗产代表性项目，列入省政府公布的第四批省级非物质文化遗产代表性项目名录。

（1）百鸟朝凤。流传于圣城街道崔家村，主要讲述的是斑鸠、老雕、鸳鸯之间的故事。鸳鸯本成双成对，公鸳鸯死后母鸳鸯无依无靠。媒婆斑鸠百般说合想将母鸳鸯与老雕说成一对。母鸳鸯因为好女不嫁二夫推辞数次，无奈斑鸠巧嘴，终于说成。但母鸳鸯实在看不上老雕，故意为难，三番两次说要吃鸡。老雕下山偷鸡，终被人类捕捉。该故事融歌舞、戏曲于一体，其演出队伍庞大，道具奇巧，表演豪放，亦歌亦舞，语言风趣、幽默。主要角色12人，其他角色60人。剧中“五彩祥云”由24人组成，手举48块彩云，分甲、乙两队，头云手举“日月同辉”“欢度佳节”云彩，上下飞舞，做出“夜叉探海”“葫芦藤”等多种图形，再配以打击乐、民乐，表现人们丰收后的喜悦心情和对未来幸福生活的期盼。2008年7月，列为寿光市首批非物质文化遗产名录。2011年4月，为潍坊市第三批非物质文化遗产名录。2013年5月，被列为山东省第三批省级非物质文化遗产名录。

（2）寿光卤水制盐技艺。（**见国家级非物质文化遗产**）。

（3）寿光蔬菜生产习俗。是当地民众在蔬菜培植生产过程中所形成的劳动习俗和经验总结，经过千百年的积累延续，约定俗成的一种深具特色的地方民俗。该习俗经历代口传身授，长期被劳动民众广泛运用，在改善人类的饮食及健康、推动当地精神文明建设和构建和谐社会，在促进社会进步和文化建设中，都具有重要价值。2015年12月，被列入省政府公布的第四批省级非物质文化遗产代表性项目名录。

潍坊市级非物质文化遗产。2011年4月，“寿光民谣”“荷花秋歌“‘“百鸟朝凤”“草碾子草编技艺”“仉家龙灯扎制技艺”“方吕鸟笼制作技艺”“柴庄土陶制作技艺”“寿光礼仪习俗”8个非遗项目，成功申报为潍坊市第三批非物质文化遗产代表性项目，列入潍坊市政府公布的第三批潍坊市级非物质文化遗产代表性项目名录。2014年12月，“寿光蔬菜生产习俗”“李莪华庙会”“戴家狮子舞”“木杆秤制作技艺”“赵氏正骨疗法”“王高正骨膏药”6个非遗项目成功申报为潍坊市第四批非物质文化遗产代表性项目，列入潍坊市政府公布的第四批潍坊市级非物质文化遗产代表性项目名录。

（1）寿光民谣。是经口传心授，代代传承下来的民间口头文学，是任何教材不可替代的社会教科书，是寿光民间民族文化的瑰宝。寿光民谣内容包括歌谣、童谣。主要表现在知识性、教育性、趣味性、互动性和传承性五个方面。民谣童谣把菜名、花名、鸟兽和一些传统的节日、礼仪、民俗等编成民谣童谣，通过集体活动，边唱边跳等形式，启迪人们的思维，增强人与人之间的友谊，弘扬爱国爱家和民族精神。2011年4月，被列为潍坊市第三批非物质文化遗产名录。

（2）仉家龙灯扎制技艺。始创于清光绪元年（1875年）。相传清人张鹏飞考中进士后在花园休息，梦到天空中的龙翻来覆去、上下腾飞，十分威武。醒后就与仉济川商议，将梦里的龙还原出来。于是他俩开始着手制作。从清光绪元年（1875年）开始扎制，四处托人备置需要的物品，历时4年左右，终于扎成。扎成后的龙灯分两条，一青一红。龙灯的扎制是以竹作骨架，外面糊纸再绘画。龙头以麻作胡子，龙头上装饰有铃铛、丝带等装饰品。一条龙35米长，龙头重达30多斤，需10人共舞。龙身中放有牛油蜡烛，每节放两支，每支蜡烛约着半小时，顶有口可以方便更换蜡烛、出烟等。2008年7月，被列为寿光市非物质文化遗产名录。2011年4月，被列为潍坊市第三批非物质文化遗产名录。

（3）柴庄土陶制作技艺。始于明朝永乐年间，起初从村北5里外取红褐黏土烧制盆罐，行销邻县。1405年立窑烧制。侯镇柴庄土陶产品大致分为盆、罐、瓮、缸和古建筑装饰物等几大类，式样大小型号繁多，历史上以生产罐盆为主，“柴庄土陶”因以“柴庄罐子盆”为代称而闻名县内外。20世纪60年代，是村里土陶加工业的鼎盛时期，近600户中有80名户200多人从事土陶制作。师傅将泥团放上后随着转盘的转动，用双手逐渐使泥团成型。柴庄烧制出的仿古建筑构件，广泛用于旅游区、民俗区的四合院、庙宇、造型独特的门楼等土陶古建筑。2008年7月，被列为寿光市非物质文化遗产名录。2011年4月，被列为潍坊市第三批非物质文化遗产名录。

（4）方吕鸟笼制作技艺。方吕鸟笼，历史悠久。民国县志记载：上口镇西方吕北村的王岱海在清代便开始制作雕刻鸟笼，技艺精湛，外地人称他的鸟笼为“方吕鸟笼”。方吕鸟笼用料考究，笼体采用阴干的上等一节竹，雕件以黄杨木精雕细琢。依其外形分为两大类：圆形和八角形。笼子由9根梁、18根柱子支撑。故有“九梁、十八柱、七十二根撑”之说。鸟笼的雕工精细，笼脚、笼门、抓手、把子等处雕刻着“耕、读、渔、樵”“琴、棋、书、画”及“八仙过海”等传统图案，每个人物动作、神态栩栩如生，堪称工艺品。2011年4月，被列为潍坊市第三批非物质文化遗产名录。

（5）寿光礼仪习俗。主要分祝贺、慰吊、婚俗、葬俗等四个方面，内容繁多，项目复杂，程序严谨。祝贺习俗包括结婚、生子女、祝寿、建房、乔迁、宴客等随礼习俗。慰吊习俗包括对吊丧、受伤、逢灾、遇难、丢钱、失物等慰问习俗。婚俗包括送柬，下聘礼、下奁房、顶门、铺床、娶亲、过门、拜天地、入洞房、祭床合婚酒等。葬俗包括丧讣、发丧、持服等。寿光礼仪习俗对寿光人的生产生活，繁衍生息都有影响。2011年4月，被列为潍坊市第三批非物质文化遗产名录。

2011—2015年新增潍坊市级非物质文化遗产统计表

表3

序号	项目名称	类别	公布时间
1	百鸟朝凤	舞蹈	2011年4月
2	寿光民谣	民俗	2011年4月
3	荷花秧歌	舞蹈	2011年4月
4	草碾子草编技艺	传统技艺	2011年4月
5	寿光礼仪习俗	民俗	2011年4月
6	仉家龙灯扎制技艺	传统技艺	2011年4月
7	方吕鸟笼制作技艺	传统技艺	2011年4月
8	柴庄土陶制作技艺	传统技艺	2011年4月
9	寿光蔬菜生产习俗	民俗	2014年12月

续表

序号	项目名称	类别	公布时间
10	王高正骨膏药	传统医药	2014 年 12 月
11	李莪华庙会	民俗	2014 年 12 月
12	戴家狮子舞	舞蹈	2014 年 12 月
13	木杆秤制作技艺	传统技艺	2014 年 12 月
14	赵氏正骨疗法	传统医药	2014 年 12 月

寿光市级非物质文化遗产。2013年7月，"寿光过门钱制作技艺""木杆秤制作技艺"等20个非遗项目，成功申报为寿光市级第三批非物质文化遗产代表性项目，列入寿光市政府公布的第三批寿光市级非物质文化遗产代表性项目名录；2015年11月，"寿光传统拓印技艺""寿光西河大鼓""怀师拳"等14个非遗项目，成功申报为寿光市第四批非物质文化遗产代表性项目，列入寿光市寿光市政府公布的第四批寿光市级非物质文化遗产代表性项目名录。

2011—2015 年新增寿光市级非物质文化遗产统计表

表 4

序号	项目名称	类别	公布时间
1	富氏酱油酿造技艺	传统技艺	2013 年 7 月
2	木杆称制作技艺	传统技艺	2013 年 7 月
3	玄空庙的传说	民间文学	2013 年 7 月
4	双王城的传说	民间文学	2013 年 7 月
5	盐宗夙沙氏的传说	民间文学	2013 年 7 月
6	五更小调	传统音乐	2013 年 7 月
7	打夯歌	传统音乐	2013 年 7 月
8	玉带剪功拳术	传统体育、游艺	2013 年 7 月
9	李桥面塑	传统美术	2013 年 7 月
10	寿光剪纸	传统美术	2013 年 7 月
11	葫芦雕刻	传统美术	2013 年 7 月
12	过门钱制作	传统美术	2013 年 7 月
13	尧水柳编	传统美术	2013 年 7 月

续表

序号	项目名称	类别	公布时间
14	吕一“跑毛驴”习俗	民俗	2013 年 7 月
15	桂河芹菜冬储技术	民俗	2013 年 7 月
16	上口李氏全羊宴做法	民俗	2013 年 7 月
17	赵氏正骨疗法	传统医药	2013 年 7 月
18	王高正骨膏药	传统医药	2013 年 7 月
19	孙家传统膏药	传统医药	2013 年 7 月
20	戴家狮子舞	传统舞蹈	2013 年 7 月
21	吹糖人	传统美术	2015 年 11 月
22	怀师拳	传统体育、游艺	2015 年 11 月
23	风雨南皮台的传说	民间文学	2015 年 11 月
24	寿光评书	曲艺	2015 年 11 月
25	寿光西河大鼓	曲艺	2015 年 11 月
26	寿光木板大鼓	曲艺	2015 年 11 月
27	蓑衣制作技艺	传统技艺	2015 年 11 月
28	芦苇编织技艺	传统技艺	2015 年 11 月
29	南马范马鞍制作技艺	传统技艺	2015 年 11 月
30	寿光传统拓印技艺	传统技艺	2015 年 11 月
31	李氏鼻炎膏	传统医药	2015 年 11 月
32	寿光斟灌李氏安贞堂吊全风膏药	传统医药	2015 年 11 月
33	经典中医骨伤疗法	传统医药	2015 年 11 月
34	张氏同春堂膏贴	传统医药	2015 年 11 月

非物质文化遗产宣传与传承。2011—2015年，每年都在《大众日报》开辟寿光非遗宣传板块《细数寿光非遗》、“寿光好味道”等栏目，系统介绍寿光非遗代表性项目和传统文化。在《寿光日报》开辟《寿光非遗巡礼》《聚焦文博会非遗展》。在《今日寿光》开辟《寿光非遗专栏》，在寿光电视台菜乡播报、弥水两岸等栏目设立非遗板块。在中国寿光网多次刊发寿光非遗项目内容。在每年的“非遗日”期间，寿光非遗项目传承人参加潍坊组织的非物质文化遗产日活动5次，集中展示寿光非遗魅力于传承人技艺；参加中国非遗博览会2次。2010年，寿光宏源白酒传艺酿造技艺等项目参加在济南举办的第一届中

国非遗博览会。2012年，寿光草碾子草编制作技艺等参加在枣庄举办的中国第二届非遗博览会。2012年、2013年，连续两年在侯镇李莪华庙会期间举办“李莪华庙会暨寿光市非物质文化展演”；2013—2015年，在“中国（寿光）文博会”期间，连续举办3次非物质文化遗产及民间艺术展演，除寿光市非物质文化遗产代表性项目外，还邀请山东省各县市优秀的非物质文文化遗产项目进行参展，甘肃省、贵州省等各省市优秀非遗项目也应邀参加。编辑出版《寿光非遗资料汇编》《寿光非物质文化遗产》专辑、《寿光民俗》《寿光民间音乐》《寿光民谣》《仓颉故里之音》《文祖仓颉》等非遗资料。

2011—2015年，寿光市文化主管部门分3批公布确认寿光市级非物质文化遗产项目代表性传承人116人。潍坊市文化主管部门分3批公布确认潍坊市级非物质文化遗产项目代表性传承人15人。分别是李树高、黄冠群、张凤彩、马长华、郭云善、李永先、王洪吉、杨树仁、仉松三、赵珍、赵金田、张伟、赵远会、王天顺、赵建波。省文化主管部门公布确认省级非物质文化遗产项目代表性传承人1人，黄冠群。2011—2015年，寿光非遗主管部门建设和申报寿光市级传承人工作室、传习所、生产性示范基地、综合性传习中心等传习场所和生产性基地11处，成功申报潍坊市级传习所6处，分别是草碾子草编制作技艺传习所、方吕鸟笼制作技艺传习所、寿光民间舞蹈传习所、百鸟朝凤民间舞蹈传习所、齐民大宴烹饪技艺传习所、柴庄土陶制作技艺传习所。传承基地1处，是山东默锐盐盟（卤水制盐与盐文化）传承基地。

2011—2015年，寿光市非遗资料不断丰富和完善，电子数据库建设稳步推进。寿光市非遗资源、列入各级非物质文化遗产名录的非遗项目、非遗宣传活动、非遗保护实施专项工作都建有档案资料和电子数据文档。2015年，总电子数据库达795G。

广播 影视

【管理机构】 2010年2月，撤销原寿光市广播电视局、寿光电视台、寿光人民广播电视台三个正科级单位，组建成立寿光市广播电视台（又称寿光广播影视集团有限公司），为市政府直属正科级自收自支事业单位。2012年3月28日，市广播电视台与市广播电视网络传输中心分离。内设机构有总编室、后勤中心、技术中心、全媒体中心、电视节目中心、电视广告中心、综艺中心、新媒体中心、品牌运营中心、电影中心、广播中心共11个，2015年，寿光广播影视集团股份有限公司有工作人员共367人。

【电 视】 2011年1月，蔬菜频道试播，3月份正式开播，内设《三农新时空》《乡村》《乡间来风》《菜乡人菜乡事》《菜乡英雄》等一系列栏目。是年六一期间，寿光电视台首次开办一档少儿节目《菜乡贝贝》，并开展一系列少儿才艺培训活动。2012年7月1日，寿光电视台与市委组织部联合，新开播“寿光党建频道”，内设《党建经纬》《弥水大讲堂》《访谈360》《三农直通车》等一系列节目。2014年1月1日，寿光市广播电视台以“国学频道”命名的专业频道，成为寿光开展道德教育的平台，24小时播出各种公益节目。2014年10月1日，寿光电视台设立新闻、蔬菜、生活、综艺、国学、党建、电影7个电视专业频道。2015年已开通4个主频道，分别是寿光新闻频道、蔬菜频道、生活频道和综艺频道。

节目改版。2011年，每天自办节目播出量达到180分钟。先后开办“红旗飘飘”“幸福寿光”“特别关注”等28个专题栏目。民生新闻《菜乡播报》以及《菜乡人菜乡事》为党群干群之间架起沟通的桥梁，《菜乡播报》与市纪委合办深度报道《每周民生报告》，促进有关民生问题的解决。2012年，每天自办节目播出量达到200分钟，其中自办新闻节目1个小时，包括《弥水两岸》《天南地北寿光人》品牌栏目。2013年，寿光电视台推行大新闻板块，从18：30至21：40，除定时转播中央电视台《新闻联播》外，全部为本台自采自制的新闻专题节目。民生新闻《菜乡播报》由45分钟扩版到60分钟； 9月份又开办《行风热线》《家有好稿儿》两档节目，《菜乡纵横》《弥水两岸》《天南地北寿光人》等专题节目以及20档联办节目定位明确，宣传形式互为补充，每天播出的自办节目量达4小时30分钟。党建频道将节目宣传与党建、党员远程教育相结合，努力彰显寿光特色，成为全市党组织建设和党员教育的重要平台。2014年10月1日，频道中心制推行后，加大改版创新力度，包括新闻频道开办的《社区面对面》、生活频道开办的《寿光生活帮》《快乐旅游》、蔬菜频道开办的《翻牌大开奖》等栏目。7个频道共开办各类自办栏目80多个，每天自办节目时长超过7个小时。2014年1月1日，国学频道新开办《德行寿光》《我来读经典》《道德讲堂》等一批自办节目，引进《天下父母》《孝行天下》《中华德育故事》等一批外购交流节目。同时，广泛开展线上线下相结合的文化讲座和国学推广、公益救助活动，让国学进农村、进企业、进校园，受到业内和社会各界广泛关注。2013年始，加大公益广告的制作播出密度，至2015年，电台各频率、电视台各频道播出公益广告达150多个。2015年，寿光广播电视台开办《寿光新闻》《菜乡播报》《百姓关注》《乡村》《寿光生活帮》等自办节目，每天节目自办量达到223分钟。是年10月，各频道节目全新改版。开办的《百姓关注》栏目，着眼于群众反映强烈的热点、难点问题，勇于揭短亮丑，被誉为寿光的“焦点访谈”。

专题节目。新闻类、纪实类、经济类、科普类、综艺类栏目数量众多，内容丰富，涵盖广泛。公益类专题栏目有《弥水两岸》《天南地北寿光人》《今日访谈》《乡间来风》等。其中《弥水两岸》2006年开播，2014年停播，每天18:10首播，6:40、11:40重播；《天南地北寿光人》2010年1月1日开播，2015年9月停播，每天18:03首播，21:00、11:30重播；《今日访谈》2011年开播，每天19:00首播，12:00重播；《乡间来风》2011年1月开播，2011年9月停播，每周六18:50首播，21:36重播，次日6:30、12:00重播。科普类专题节目有《乡村》《三农新时空》。其中《乡村》2011年3月11日开播，周二、周四、周六18:30首播，21:12重播，次日6:30、12:00重播；《三农新时空》2011年开播，2015年9月停播，周一、周三、周五18:30首播，21:12重播，次日6:30、12:00重播。纪实类专题节目有《蔬菜中国》，2011年开播，2015年9月停播，每天20:10首播，22:40、8:05、13:35重播。

对外宣传。2011年，在中央电视台发稿38条，其中《新闻联播》发稿12条，并有2条稿件上了联播头条．在山东电视台《全省新闻联播》发稿129条，综合发稿得分列潍坊市各县市区第1名。电台发稿列全省县市区第1名，并实现省电台集体记者一等奖“十七连冠”。同时，通过黄河电视台在美国斯科拉电视频道，2011年向北美地区播出反映寿光经济社会发展的电视专题节目40多期。菜博会期间，寿光电视台联合省电视台农科频道、省电台经济频道进行现场直播，并首次联合中国国际广播电台对菜博会开幕式进行现场直播。2012年，寿光广播电视台被评为山东省和潍坊市广播电视宣传工作先进集体一等奖，被推选为全国电视外宣协作网秘书长台。全年在中央电视台用稿38条，其中新闻联播12条，在省电视台用稿159条，其中全省新闻联播126条。寿光电视台、寿光人民广播电台在潍坊台的用稿综合得分均列潍坊各县市区首位。2013年，寿光广播电视台制定出台新的外宣考核办法，全年共在潍坊电视台发稿1650篇，在山东电视台发稿174篇，其中全省新闻联播107篇，在中央电视台发稿20篇，其中中央新闻联播6篇，对上发稿综合得分居潍坊市各县市区之首；在山东人民广播电台、潍坊人民广播电台每周一期的专题节目《魅力寿光》，及时宣传全市改革发展的经验做法和发展成就；借助黄河电视台对外宣传协作网，通过美国斯科拉电视频道，在北美地区播出反映全市经济社会发展的专题节目20多期。

广告经营。2011年，新设立市场拓展部，将农资广告划归蔬菜频道，实行宣传、广告一体经营的频道负责制。市场拓展部承办《寿光餐饮》《金融理财》两档专题节目。通过深入细致的工作先后签订大客户80多家。集团全年完成广告创收任务4000万元。2012年，完成广告创收任务4400万元。2013年，节目分设为《三农新时空》《乡村》《菜乡人菜乡事》等3个栏目部，农资广告部重新划归电视广告中心。全年集团完成广告创收3900万元。2014年10月1日，频道中心制运行管理模式全面启动。全年集团完成广告创收3600万元。2015年10月1日始，集团从实际出发，进一步调整经营思路，实行新闻宣传与广告经营有效区分，成立集团经营创收管理委员会，具体负责对集团经营创收工作的领导、协调、监督、管理，集团经营创收管理委员会下设6大经营中心，电视广告中心按照“统一经营、细分市场”的原则，将电视广告市场细分成医疗药品广告部、房地产广告部、农资广告部、金融保险广告部、餐饮旅游广告部室等10多个广告部室，将电视广告创收任务合理分配到各经营部室。

【广　播】 寿光人民广播电台有蔬菜电台和汽车电台2个频率，采用有线、无线调频信号，辐射半径80公里，可覆盖寿光全境及周边县市区，拥有一流的音频工作站等先进播控设施，全天24小时播出，是本地重要的舆论宣传阵地和主流强势媒体之一。

汽车电台。2011年，FM105.6寿光交通音乐台改名为寿光汽车电台。频道宗旨是传播交通信息，引领音乐时尚。重点栏目包括《资讯抢先听》《OK生活》《夜调频》《小鬼当家》。同年底，FM105.6寿光汽车电台联合寿光市交警队在交警大队6楼设立第二直播间，推出《交警直播室》节目。2012年，《交警直播室》升级改造，在公安局办公楼19楼设立《FM105.6警方直播间》。同年还建立微博、微信等互动方式。2013年1月，汽车电台进行全新改版，制定“互动＋活动”的工作思路，《开心辣疙瘩》成为一个收听率很高的方言娱乐节目。《105.6帮帮团》突出民生关注与广大听众“零距离”接触。

2014 年，寿光汽车电台从“卖内容”“卖广告”到“卖活动”，其中听众关注时间最长的当属《快乐闪大灯》活动。2015 年，汽车电台又推出新的节目，如《大小客栈》《105.6 梦想剧场》等。

蔬菜电台。2011 年，FM106.4 更名为蔬菜电台，节目包括《绿色直播间》和品牌栏目《行风热线》。2013 年，105.6 汽车电台与 106.4 蔬菜电台实现并机直播《行风热线》。同年，为农服务节目《绿色直播间》实现部分电视节目的资源整合共享，电视节目剪辑之后做成电台版推出。每天上午 9 点—10 点邀请市农业局专家做客直播间，通过热线解答菜农种植难题。另外开通的 QQ 群和微信平台在节目外也能及时和菜农沟通。同年，开通放学路上的《亲子时光》，下午节目的《生活好帮手》，晚间娱乐互动节目《茄子加油》等。2015 年，全新的对农互动节目《种豆得瓜》开启。

广告创收。2011—2015 年，FM105.6 寿光汽车电台、FM106.4 寿光蔬菜电台创收总额由 2011 年的 284 万元，增长到 2015 年的 650 万元。每年以近 30% 的比率大幅度提升。

【电　影】 2011 年以来，对电影公司实行竞聘上岗，电影公司班子成员、中层干部都由职工推荐，职工双向选择。公司设综合办公室（含物业管理）、农村放映经营科、新世纪影城 3 个科室。集团对其实行费用包干，总量控制，按月划拨。2010 年，集团与大连民兴房地产公司共同开发，新建集商场、影城、酒店、住宅于一体的城市综合体。该综合体位于市区渤海路中段，建筑面积 8 万平方米。2014 年 5 月，农村放映经营科更换放映机 16 套（北京海威牌放映设备）。同年，新世纪电影城整体改造，更新售票机等配套设备，新上 4K 索尼 550 型、可视 2210 型先进放映设备两套。2015 年，新上福特全顺型 6 座放映车一辆。2011—2015 年，年平均放映 1.1 万场次。

《寿光日报》

【管理机构】 2011 年，下设 6 个事业部，即：寿光日报、北方蔬菜报、寿光网、顺耕农资、小记者、组版印刷；职能部室 4 个，即：办公室、人力资源、财务、品牌运营，有员工 195 人。2011 年，公司经营额达到 1754 万元。2015 年，下设 6 个事业部，即：寿光日报全媒体平台、北方蔬菜报、顺耕农资、小记者、组版印刷、交通传媒；5 个职能部室，即：办公室、人力资源、财务、品牌运营、技术中心，员工 205 人。2015 年公司经营额达到 3758 万元。2011 年至今先后多次获得山东省报业协会“山东省报纸印刷质量优秀奖”；中国（寿光）蔬菜科技博览会集体三等功；“风筝都文化奖”文化工作先进单位奖；寿光市文明单位。2011 年被山东省报业协会授予 2010 年度“山东省报业经营管理优秀单位”。2012 年获得文化市场经营先进单位；2011 年度山东省文明网站；被山东省报业协会授予 2010 年度“山东省报业经营管理优秀单位”；寿光日报、寿光网被中共寿光市委、市政府评为 2011 年度先进报道集体。2013 年度获“2012 年度山东省优秀县市报单位”第 1 名；潍坊市文化体制改革工作先进单位；潍坊市优秀文化企业；“冬暖—旧衣新送行动”获 2012 年“农圣文化奖”重大新闻奖二等奖；中国县市报研究会授予最具发展潜力奖。2014 年被寿光市委、市政府评为2013年度文化建设工作先进单位；被寿光团市委评为2013年度优秀青年志愿服务组织；被寿光市直机关党工委评为2013年度机关党建工作先进单位；被寿光市委宣传部、市人大常委会办公室评为2013年度人大宣传工作先进单位；获2013年度“农圣文化奖”突出贡献奖；“书送希望 圆梦未来”大型公益捐书活动获2013年度山东新闻奖系列报道二等奖；《寿光日报》获2013年度全省报纸印刷质量优秀报纸；“寿光市民节”项目，被中国县市报研究会评为全国县市区域报经营成功案例二等奖。2015年获第二届山东省新闻出版奖优秀集体奖。

【报 纸】 《寿光日报》。国内统一刊号CN37—0102，1993年8月8日创刊，是山东仅存的两家县市报之一。每年举办若干项公益活动，如连续20年举办寿光十大新闻、连续11年举办感动寿光人物评选和颁奖典礼，在社会上产生积极影响。《寿光日报》创刊20周年，在山东画报出版社编辑出版了10本书：《城市之心》《绿色之韵》《风尚之先》《年度记忆》《文情之美》《寿光骄子》《寿光日报社志》《激扬文明20年》画册、《马金忠书法诗词鉴赏》《马素贞花鸟画集》。寿光日报有50多篇作品获山东县市报奖、山东省新闻奖、中国县市报奖，40多人次获得省、潍坊市和寿光市委、市政府奖励。2015年，《寿光日报》调整订户结构，城乡订报比例达到2：8；有发行员150人，建成覆盖城区及15个镇街区的发行网络，期发量达到4.8万份。

《北方蔬菜报》。创刊于2007年1月，国内统一刊号CN37—0123，周一刊，每期24版。自创刊始，把蔬菜大棚种植技术“一看就懂、一学就会、一用就灵”作为内容定位，以“办报会写稿、进棚会指导、上台会讲课”为目标打造专业采编团队，报纸采编人员均为农学本科以上学历，将专业的农学知识与新闻报道结合起来，打造服务菜农的专业技术型报纸。《北方蔬菜报》不断增强新闻稿件的专业权威性与技术指导性，并不断丰富报纸内容，增加农民喜闻乐见的百姓故事等多类新闻版块，在指导农民种菜、增加收入的同时，丰富农民的文化生活。2013年2月、6月、9月，《北方蔬菜报》分别围绕瓜类或茄果类先后推出3期《中国瓜类种植宝典》，从选种、播种、管理、施肥到病虫害防治，为菜农提供全套蔬菜种植解决方案。2013年3月，北方蔬菜报组织举办了2013“信义菜乡、一诺千金”大型惠农行动，15家企业、1500多名菜农参加。2013年4月，中国蔬菜协会主办的首届中国蔬菜产业大会在寿光召开。2013年8月，北方蔬菜报联合全国多地蔬菜技术员，共同发起成立“中国蔬菜技术员联盟”，并于8月31日—9月1日，在三元朱村举办第一期中国蔬菜技术员培训班，来自全国各地的300多名蔬菜技术员参训。2014年4月，北方蔬菜报组织举办第十五届菜博会“群英聚会、传富中国”高端论坛，来自全国各地800多名农资商和种植户参加。本次论坛同时为中国农资商联盟、中国菜农群英会、北方蔬菜报全国通讯站揭牌，举办了看苗看肥看膜直通车，蔬菜死棵等高发病害专题研讨班、签名菜农游菜博、万人问卷调查等活动。2015年12月，开展2015中国蔬菜产业十大新闻评选活动。2015年，在寿光和周边地区建立市、（乡）镇、村三级自办发行网络，在省内建立66个县级发行员，175个乡镇发行站，选拔3000多名村级发行员，实现报纸的精准投送；发行范围覆盖山东省26个蔬菜重点县，辐射长江以北蔬菜重点产区，每期发行量13万份。

【网络媒体】 中国寿光网（www.sgnet.cc）。2008年1月1日正式开通。设有开心论坛、寿光民声、图片新闻、头条新闻、本地新闻等近100个频道和栏目，其中31个重点栏目，1200多个子网页，日发布新闻、信息400多条。2013年年初，中国寿光网发起成立"寿光拍客团"，当年组织600余名会员参加的寿光拍客团踏春游，100名拍客参与的"菜乡卫士""定格繁华，聚焦诺诚"摄影大赛，"拍客讲堂"等12余场采风、旅游、学习活动，成为寿光区域最活跃的摄影爱好者团队。2014年4月，中国寿光网承办的"聚焦美丽寿光"第二届中国网络媒体菜乡行采风活动成功举办。来自人民网、新华网、中国网络电视台、央广网、国际在线、香港商报网、中国经济网、新浪网、腾讯网等20多家中央、省重点新闻网站和知名商业门户网站的记者和部分寿光拍客团拍客参加活动。2014年，以"网络媒体菜乡行"为关键词的百度搜索相关网页高达22500个，图片搜索高达2000多张。2014年，制作完成"中国网络媒体菜乡行走进羊口""中国网络媒体菜乡行走进双王城"2本书籍。2015年，"开心论坛"注册用户超过20万人，日均发帖11000多条，同时在线人数4500多人，网站日点击量超过120万人次，全国中文网站排名最高达1200位。

"掌上寿光"APP。2014年1月投入使用。致力于打造寿光本土最权威的智慧政务平台、最及时的新闻发布平台、最便捷的智慧生活平台以及最活跃的移动社交平台。共设置新闻资讯（含寿光新闻、行业资讯、国内国际、体育娱乐）、新闻早七点、轻松晚八点、论坛、实用功能、活动、常用电话等栏目（版块）。2015年，掌上寿光装机数超过4万部。

寿光日报微信。2013年10月注册开通，两年多来，在重要会议、公益活动等方面有大量成功实践，对全市农村工作会议、两会、菜博会等进行重点策划报道，把关系社会民生、产业发展的信息广泛地传递。至2015年，订阅户达15万人。

寿光网微信。2013年开始运营，由寿光日报全媒体平台商务中心人员兼职运营，是寿光注册最早的微信号之一。内容定位是提供最快、最有趣、最权威的资讯，重点做好百姓关注的民生类资讯，做大与本地生活相关的生活类资讯，服务生活，服务民生。2015年，周阅读量最高接近80万次，注册人数突破40万人次，在本土区域微信排名中位列第一，同时在全国县市报排行榜中稳居第一。

【报网融合】 2014年12月，随着多媒体平台的搭建，承载着主要业务的寿光日报、中国寿光网两大事业部融合为一体，以行业切分为基础，设立总考核办公室及政务、民生、生活、文体、财经、房产、品牌策划、发行等8大中心，以内容和经营为不同测重点，进行人员的调配和分工。2015年初，开始正式运行。架构分工上，总考核办公室主抓工作调度、专题策划与业绩考核；品牌策划中心在承担《寿光日报》微信公众号的同时，与其他中心分工合作，加快两大微信公众号外的各行业小号的布局与推动。其他中心以工作内容为依据开展相关业务。2015年，寿光日报社设立专门技术中心，负责全媒体及整个报社发展需要的软、硬件建设。2015年2月，全媒体硬件基础平台——阿里云服务平台正式启用；2015年4月，全媒体综合平台管理系统——思拓CMS管理平台正式上线；2015年4月，基于思拓系统的寿光网全面改版，手机寿光网同时运营；2015年5月，寿光日报、寿光网、寿光房产家居汇、寿光日报小记者、寿光日报小红娘等10多个微信号组成的微信矩阵正式建立。同时，还建设基于微信强应用的微信基础管理平台。

【寿光日报小记者】 2011年创立，以主题社会实践活动为载体，利用周末及节假日，组织小记者们深入工厂、企业、部门，走进田野，进行实践和采访。同年，设立“成长加油站”，为小记者提供培训服务。2013年始，推出小记者系列培养教材，2015年，报社形成一支由大记者组成的专门运营团队。至2015年，报社在世纪学校、圣城小学、实验小学、圣城中学、实验中学等十余所学校设立小记者站，并在侯镇、台头、稻田设立小记者培训基地，每年春、秋两季，寿光日报都会组织面向全市二至六年级孩子的大型选拔，选拔过程全部由往届小记者自主组织，选拔成绩优秀者，成为报社的下一届小记者。2011—2015年，累计组织各类培训、讲座、采访、实践活动1000余场，参与人数超过5万人次。其中《为成长加油》系列教材共出版初级、中级、高级三个级别六期共6000册，“成长加油站”举办54期，超过2000人参训。

【户外阅报栏】 户外阅报栏工程，为寿光市十大文化建设工程之一。2010年10月始，在城区的广场、商场、医院、学校等公共场所和主要街道、所有居民小区、新建大型社区，逐步安装大型公共阅报栏。2015年，寿光日报社将旗下的户外传媒事业部与寿光市公共交通公司合股经营，同年4月，成立寿光光讯交通传媒有限公司，除在传统的阅报栏、墙体广告经营上，转向车体广告等领域。至2015年，共安装阅报栏145处。墙体广告5处，车体广告225处。

【跨界经营】 2015年4月，立足于原有北方蔬菜报技术优势，依托报社农资销售经验，在前期调研、筹备的基础上，成立“菜农之家联合社”。“菜农之家联合社”从蔬菜生产、销售两个渠道，实现蔬菜产销的封密式存运，确保蔬菜产品品质。主要在蔬菜生产上，推广全程植保体系，以村庄为单位，吸引蔬菜种植户加入，实现生产的安全和无公害操作。自2015年5月至年底，联合社在古城、孙家集、营里、文家等4个镇街的13个村庄发展合作村12个，社员400余户。2015年10月，初步建成基于蔬菜生产、蔬菜电商、蔬菜技术全媒服务的菜农之家综合运营系统。

旅 游

【管理机构】 寿光市旅游局成立于2002年。2015年，内设机构4个，分别为办公室、规划发展科、监督管理科和审批服务科。局机关正式职工13人。下属事业单位1个：寿光市旅游信息咨询服务中心，挂寿光市旅游信息咨询服务中心牌子，正式职工3人；合署办公机构1个：寿光弥河生态省级旅游度假区管理委员会，为市人民政府派出机构，正科级规格，在职1人。2011—2015年，先后获得“全省旅游系统先进集体”“全省旅游系统报送信息工作先进单位”“好客山东贺年会优秀组织奖”“好客山东休闲汇组织奖”“十大好客旅游县区”“德耀齐鲁道德示范基地”“潍坊市旅游系统先进集体”“寿光市文化建设先进单位”“寿光市文明单位”“寿光市新闻报道先进集体”等称号。

【星级酒店】2015年,全市有星级酒店4家,分别是温泉大酒店(4星)、富华大酒店(3星)、言玉大酒店(3星)、东宇鸿翔大酒店(3星)。

温泉大酒店。2003年建成,2005年被评为4星级酒店。是阳光华沃控股(集团)在寿光市经营的企业之一,是一家集餐饮、客房、会议、娱乐于一体的四星级酒店,位于寿光市开发区西部,公园街1718号。距潍坊市区40公里,距济青高速路口仅7公里,酒店正门向北500米即是贯穿东西的大动脉—潍高路。2015年,成为国际金钥匙组织会员单位、山东省金叶级绿色旅游饭店,并多次在省部级会议接待和国际蔬菜博览会外宾接待中受到赞誉,其中2005年,因接待胡锦涛总书记等领导人成绩突出,被中共山东省委办公厅书面嘉奖通报。

富华大酒店。1998年建设,2007年被评为3星级酒店。是寿光市富华娱乐有限公司投资4000余万元兴建的集会议、接待、客房、餐饮、娱乐于一体的商务型三星级酒店。位于寿光市渤海路与对城街交叉路口南,东邻汽车站,北临佳乐家,距国际蔬菜会展中心2公里,距潍坊国际机场30公里,距济青高速公路入口15公里。拥有各类温馨舒适的高级豪华客房180余套,多功能会议中心、商务中心、洗浴休闲健身俱乐部及拥有11个独具风格宴会包厢,能同时容纳150余人就餐的“福临门餐厅”。此外,酒店还设有同时容纳200余人的婚宴大厅。

言玉大酒店。2011年建成,2012年被评为3星级酒店。该酒店地处寿光市古城街道商贸中心,南靠中国(寿光)国际蔬菜科技博览会会展中心,距荣乌高速路口仅十五分钟车程。酒店投资总额超过8600万元人民币,拥有118多名员工,于2011年4月正式建成营业。酒店严格按照三星级以上标准设计、施工、装修、配备设备设施,总建筑面积7600余平米。

东宇鸿翔大酒店。2011年建成,2012年被评为3星级酒店。该酒店位于寿光东城发展中心地段,西邻中国(寿光)国际蔬菜科技博览会会展中心,距济青高速和荣乌高速路口仅十几分钟车程。酒店总投资6200万元,总建筑面积5000平方米,由寿光天友经贸有限公司严格按照三星级以上标准投资兴建,于2011年6月份正式建成迎宾。

【旅游景点】2015年,全市有A级景区9处,分别是:林海生态博览园(2008年被评为国家AAAA级景区)、蔬菜高科技示范园(2009年AAAA级)、航海博物馆(2009年AA级)、生态农业观光园(2010年AAAA级)、滨河城市湿地公园(2011年AAA级)、中华牡园(2011年AA级)、宏源酒文化博物馆(2012年AAA级)、三元朱村(2010年AAA级,2014年AAAA级)、巨淀湖风景区(2014年AAAA级)。

全市有省级旅游度假区1处,是寿光弥河生态省级旅游度假区(2013年被认定);国家级农业旅游示范点2处,分别是寿光林海生态博览园(2004年);寿光市蔬菜高科技示范园(2004年);省级生态旅游示范区1处,是双王城生态经济园区(2013年);山东省旅游强乡镇6处,分别是洛城街道(2009年)、羊口镇(2010年)、孙家集街道(2010年)、侯镇(2011年)、圣城街道(2011年)、稻田镇(2012年);山东省旅游特色村1处,是三元朱村(2008年);

山东省乡村旅游示范村1处，是三元朱村（2014年）；山东省农业旅游示范点6处，分别是三元朱村（2008年）、洛城绿色食品示范基地（2008年）、寿光市红梅园艺科技有限公司(2013年）、神农现代农业发展有限公司(2013年)、寿光市洛城绿园农庄(2014年）、寿光市腾元果蔬合作社（2014年）；山东省工业旅游示范点2处，分别是山东宏源酒业有限公司（2009年）、寿光齐民思酒业有限公司（2011年）；山东省精品采摘园2处，分别是寿光林海生态博览园百果采摘园（2013年）、寿光市侯镇金百果品合作社（2014年）；山东省旅游商品研发基地2处，分别是山东赛维绿色科技有限公司(2014年）、山东菜央子盐场（2015年）。形成农业田园风光游、东夷文化追溯游、制盐文化体验游等“三圣”文化旅游线路和生态湿地休闲游、弥水观光度假游、滨海休闲观光游等休闲度假旅游线路，成为吸引外地游客新亮点。

市林海生态博览园。位于寿光市西北部，濒临渤海莱州湾，总面积10000亩，由寿光市机械林场于1998年投资建设。是全国首批农业旅游示范点（2005年）、国家AAAA级旅游景区（2008年）、环渤海森林公园和湿地公园。是建立在滨海重度盐碱地上的旅游景区。被专家冠名为“盐碱地上神奇的生命绿洲”。园内不仅有大片的沿海防护林、风景林、经济林形成的盐碱地森林景观，还建有东方不沉湖、神州第一鼎、休闲垂钓中心、霜雪湖水上运动中心、高尔夫练球场、素质拓展中心、荷香园、槐香园服务区、果实采摘园、天然湿地保护区、森林度假村、农、林、盐业观光园等一系列游乐及服务设施。（占地2000亩总投资2亿元的林海禅寺正在建设中）东方不沉湖、果实采摘和山东寿光荷花节，是景区的3大旅游品牌。其中山东寿光荷花节上升为省级展会，每3年举办1次，2014年7—9月，有230余种荷花及水生植物绽放迎客，期间还举办国际“东方不沉湖”漂浮大赛、捕蝉比赛、垂钓、摄影、DV大赛及果实采摘等系列大型活动。年均吸引中外游客50万人次参观。

市蔬菜高科技示范园。位于寿光市洛城街道，动工于1999年6月，累计投资达5.5亿元，中心区500亩，核心区规划区2万亩，示范区7.5万亩，辐射区35万亩，建筑面积60万平方米。园区面向生物工程种苗开发、蔬菜标准化生产、蔬菜加工销售、科研技术培训、会展信息交流及农业观光旅游等各个方面，是国家农业科技园区试点单位、山东省农业科技示范园区建设单位、山东省蔬菜工程技术研究中心、博士后科研工作站、国家引进国外智力成果示范基地、全国农业旅游示范点(2004年)、国家AAAA级景区(2009年)。自2000年起，成功举办十二届中国(寿光）国际蔬菜科技博览会。菜博会由农业部、商务部、科技部等12部委和中国农业大学、山东省人民政府联合主办，是商务部正式批准的年度例会，是中国五大农业会展之一。

市生态农业观光园。总占地面积370公顷，2010年被评为国家AAAA级旅游景区，是一处集休闲、娱乐、旅游观光、科普教育于一体的综合性开放式游园。生态农业观光园以弥河自然水体串联四大主题景区：蔬菜博览区、花城风采区、林果绿洲区、水上游览区。展示出“一轴一环四区五瀑八桥三十六景”的景观格局，极大地改善了寿光的生态旅游环境，提升了城市品味。至2015年，先后获“国家级水利风景区”“中国人居环境范例奖”“优秀园林绿化工程金奖”“AAAA国家级旅游景区”等称号。

孙家集街道三元朱村。2014年被评为国家AAAA级旅游景区。是冬暖式大棚发祥地，中国特色经济村，地处寿光市最南端。早在五千年前，就受到龙山文化和大汶口文化的熏陶。2015年，全村共有居民216户，865人，耕地面积1295亩，冬暖式蔬菜大棚530个，精品果园310亩。三元朱村先后获得“全国文明村”“中国十大特色经济村”“全国先进基层党组织”“全国生态文化村”“全国五四红旗团支部”等多项称号，王乐义村支部书记连续三届出席党的全国代表大会，获“全国劳动模范”“全国优秀共产党员”等称号。

羊口镇航海博物馆。原名天妃庙，2009年被评为国家AA级旅游景区。羊口（又名羊角沟）北靠小清河，东临大海。渔民、商人一年四季与水交往，失足落水者时有耳闻。在当时条件下，人们愚昧落后，把生命财产的安全寄托于神灵保佑，因而当地渔民与商贾相信鬼神。清光绪十九年羊角沟新建天妃庙。左关帝，右龙王。二十五年又重修之，民国22年，又由商人倡议重修。平日渔船、商船在海上遇险化吉，就到庙内给奶奶披袍、烧香、垫酒还愿，每逢农历的年初一，各家年拜之后，再锣鼓喧天，鞭炮齐鸣的到庙内膜拜。解放以后，由于唯物主义思想的传播，科学知识的学习，迷信鬼神的思想逐步为唯物主义所代替。2006年1月1日，航海博物馆筹建委员会发出“盛世修庙修典，和谐社会共建共享”的倡议，全镇各行各业的企业家、个体老板及广大渔民进行募捐，为海神娘娘新建庙宇，重塑金身。2015年，航海博物馆占地15亩，建筑面积338平方米，外周墙为红色，屋顶为黄色琉璃瓦，整个建筑为古典庙宇式建筑风格。

市滨河城市湿地公园景区。建于2009年，2011年被评为国家AAA级旅游景区。位于弥河西岸，北起金东街，南到南二环路，全长4公里，总面积71万平方米。滨河湿地景区的建设以流动的弥河水景观为主，以展示植物特色和湿地风貌为核心内容，以“花田绿洲、弥河情韵”为主题，以自然、生态、野趣为主要风格，建成6个荷花池以及28座桥、36座岛，栽植近200个品种，20多万株花木，30多种水生植物，形成观柳赏荷的柳风荷韵区、碧水长天的秋色云水区、以及最具古朴风貌原生态的苇中语蝶3大景区。

市中华牡丹园。2011年被评为国家AA级旅游景区，景区位于潍高路以南，弥河东岸，占地近500亩，是中国（寿光）国际蔬菜科技博览会的景区之一。该园由寿光阳光房地产开发有限公司投资建设，计划总投资9000万元，其一期工程投资6000万元。园内种植有各类名贵牡丹十大花色、几百个品种，共计20余万株，景点分“牡丹献寿”广场、日精月华、天女散花、风月无边、花海清流、山水雅韵、花香水长、天地长春八大景区，其主要景点有中华牡丹园铭、卧龙山、听香台、牡丹献寿、国色天香牌楼、太极广场、日月潭、紫阳楼、丹霞馆、乾坤坛、牡丹仙子巨型雕塑、牡丹亭、天香池、牡丹峰、高山流水等20多个，另有金水玉带桥、香艳风流舫、醉颜谷雨、烟雨垂钓台、幽香洞等景点20余处。该园共种植园林植物300余种，其中乔木20000株，灌木25000株，小乔木和草本植物5003株，草皮10多万平方米，形成以牡丹为主，四季常青，季季有花，层次丰富的园林景观。二期工程计划投资3000万元，建设休闲疗养院、蔬菜花卉学院以及世界各国风情的花园，并申报成立中国牡丹基因库。2007年，为增加牡丹园的景点，园林部门又增添樱花、白玉兰、连翘、碧桃、迎春等春花植物，柿子树等观果植物，雪松、大叶女贞等常青植物，金丝垂柳、黄山栾、刺槐等乔木共7000余株。

市巨淀湖风景区。2014年创建国家AAAA级旅游景区，位于山东省寿光市西北部，距城区17公里，东临大西环，北邻荣乌高速，新修建的巨淀湖路从景区中心直通大西环，是双王城生态经济园区的核心旅游项目，重点开发区域。巨淀湖湖区面积25000亩，是潍坊最大的天然湿地，寿光市唯一的天然湖泊，中国原生态第一湖，入选山东省首批湖泊名录，2012年巨淀湖湿地公园入选省级湿地公园。景区将在保留湖区自然原生态风貌的前提下对湖区万亩芦苇荡进行保护性开发，建设一批具有典型湿地特色的景观项目。项目区建设包括湿地文化动态化体验项目(含5D影厅）、大型水上主题游乐园、湖面水上游乐区、红色拓展基地、船坞酒店或生态别墅等私密商务会所、生态湿地运动公园、岛屿开发特色项目、景区景观设计等主要景观，集观光、娱乐、餐饮、住宿、拓展训练、会议培训于一身。马保三故居、牛头镇抗日武装起义纪念馆、湿地文化公园、湿地文化长廊、湿地文化会馆、槐说会馆、洰淀湖码头、汉武帝雕塑群、洰淀湖水车、游客服务中心、游客购物中心、园区商铺等具有浓厚地域特色、文化特色的建筑已建设完工，风情渔村、基层党员干部实训基地、码头咖啡厅、生态餐厅等项目正在全面建设中。通过景区开发建设，将这里打造成为山东省湿地休闲旅游精品、国家级湿地科普旅游示范区、国家级湿地公园。

宏源酒文化博物馆。隶属于山东宏源酒业有限公司，2012年被评为国家AAA级旅游景区，是山东省首家白酒文化博物馆。博物馆收集历史文物千余件，由农圣馆、刘子厚馆、酒器收藏馆、古镇展馆、宏源白酒酿造技艺馆、荣誉展厅、制曲蒸馏技艺馆7个展厅和2个酒文化长廊组成，是供游人观光、览胜、旅游、购物与休闲之地。

【旅游管理】 2011年，启动“旅游服务质量提升年”活动，出台《旅行社动态量化管理办法》,连续5年与全市涉旅单位签订《安全生产责任书》，并积极组织旅游安全隐患、服务质量检查、旅游市场秩序整治等各种联合执法。2013—2015年，连续3年在菜博会开幕前期组织菜博会、巨淀湖等景区赴全省17个地市召开宣传推介会，并与当地旅行社签订游客输送协议。每年举办2期“寿光市导游员培训班”，先后邀请省旅游局专家丁再献、寿光市委党校副校长李春芝、潍坊科技学院旅游管理专业教授以及全国优秀导游员代表来寿光市现场授课；与潍坊科技学院、农业局联合举办“阳光工程”乡村旅游培训班，组织温泉大酒店、晨鸣国际大酒店参加金钥匙培训，同时，召开“好客山东”品牌建设、“名导”进课堂等多项专题讲座，进一步提升导游员的专业素质。

卫生 体育

卫 生

2015年，全市共有各级各类医疗卫生机构677处，其中三级综合医院1处、二级中医医院1处、妇幼保健院1处、专科医院4处、镇街卫生院14处、社区卫生服务机构10处、村卫生室530处。2011年以来，市卫生计生部门紧紧围绕深化医药卫生体制改革这个中心任务，突出抓好基层卫生服务网络建设，不断深化基本药物制度和公立医院改革，持续加强医疗质量安全管理、重大疾病防控和卫生监督执法工作，全市卫生计生事业得到长足发展，2015年，市卫计局被国家中医药管理局表彰为“全国基层中医药工作先进单位”。

【管理机构】 2015年2月，整合原市卫生局职责、原市人口和计划生育局的计划生育管理和服务职责，组建成立寿光市卫生和计划生育局（简称市卫计局，加挂市中医药管理局牌子）。同时，将原市人口和计划生育局研究拟订人口发展规划及人口政策职责划入市发展和改革局。不再保留市卫生局、市人口和计划生育局。将原市卫生局所属卫生监督大队、原市人口和计划生育局所属计划生育行政执法大队予以整合，组建市卫生计生监察大队，不再保留市卫生监督大队、市计划生育行政执法大队。整合市妇幼保健院、市计划生育服务站相关职责，组建市妇幼保健计划生育服务中心，在市妇幼保健院挂牌。将市计划生育服务站29名编制，划转到市妇幼保健院。整合镇街卫生院、镇街计划生育服务站职责，组建镇街妇幼保健计划生育服务站，在镇街卫生院挂牌。镇街计划生育管理工作仍由镇街计划生育办公室承担，不再保留镇街计划生育服务站。原市卫生局、市人口和计划生育局其余所属事业单位，整建制划归新组建的市卫生和计划生育局。2015年3月，市卫计局设7个职能科室：办公室、人事科、规划财务科、政策法规科、医政医管科、基层卫生与妇幼保健科、计划生育基层指导科。市新型农村合作医疗管理委员会办公室整建制转入市社会保险事业管理中心。

【卫生体制改革】 医药卫生体制改革。一是加强市镇村三级卫生服务体系建设。在城区，建设市人民医院门诊病房综合大楼、市皮防站业务大楼并投入使用，动工建设市人民医院东城分院和市中医院病房大楼。在镇街，建设孙家集街道卫生院病房楼并投入使用，迁址新建化龙镇卫生院和羊口中心卫生院。在行政村，综合考虑服务人口、人口密度、服务半径、地理交通等因素，按照“服务半径2～2.5公里，2000～4000人的服务人口设置1处村卫生室”的标准，重新规划与布局村级医疗卫生资源；2013年始，市财政安排1995万元对全市未纳入省重点规划的167处村卫生室进行新建改建；2015年，多方资金800多万元，对120处村卫生室进行高标准建设，并统一外观和标识。二是完善基本药物制度。自2010年6月16日实行国家基本药物制度以来， 全市基层医疗卫生机构全部配备基本药物并实行“零差率”销售；对镇（街道）卫生院人员按照不超过服务人口的千分之1.14标准重新进行核岗定编，共设编1177人；市财政对基层医疗卫生机构建立“核定任务、核定收支、绩效考核补助”的财政补偿机制，在基层医疗卫生机构及村卫生室全面落实一般诊疗费政策；制定出台《寿光市事业单位绩效考评办法（试行）》，每年对基层医疗卫生机构进行一次考核。三是积极推动社会资本办医。制定完善《寿光市医疗机构设置规划（2011-2015）》，对城乡医疗卫生资源进行重新规划和布局，确保医疗资源合理配置和有效利用；出台《寿光市民营医疗机构设置和管理暂行办法》，将培育民营医院升级发展、鼓励民营资本投资建设综合医院列为重要内容。

公立医院改革。2012年，确定市中医院为全市承担国家级第一批公立医院综合改革试点单位，于12月31日零时实行所有药品零加成销售，并统筹推进公立医院管理体制、补偿机制、人事管理、收入分配、药品供应、价格机制等综合改革。2014年，确定市妇幼保健院为第二批试点单位，于11月10日零时起启动公立医院综合改革试点。寿光市研究出台公立医院综合改革实施方案，调整理顺医疗服务价格按照公立医院取消药品加成减少的合理收入通过调整医疗技术服务价格和增加政府投入，以及医院加强成本控制管理、节约运行成本等多方共担的原则，确定药品合理价差的80%部分通过调整医疗服务价格来落实，10%通过加强增收节支落实，其余部分由市财政进行补偿。探索深化人事分配制度改革，对市中医医院、妇保院的编制数量进行重新核定，市中医院的编制人数由260名调整为484名，市妇幼保健院编制人数由76名调整为288名。探索实施收入分配改革。建立以服务质量、数量、技术难度、成本控制和患者满意度为核心的绩效工资考核分配办法，收入分配向临床一线、关键岗位、业务骨干、作出突出贡献等人员倾斜，进一步调动工作人员工作积极性。积极推行法人治理结构改革，落实医院独立法人地位和自主经营管理权。

【医 疗】 西医。市卫生计生部门以“医疗质量管理年”活动为契机，以考核、竞赛为抓手，树立医疗质量与医疗安全意识，对医疗机构存在的医疗安全和医疗隐患抓好督导整改。在市人民医院、市中医院、市妇幼保健院继续推行临床路径管理。启动镇街卫生院管理年活动，对质量管理和服务工作进行全面部署。加强护理及医院感染管理，对全部医疗机构包括厂企职工及个体卫生所的重点科室进行消毒监测，组织各医院加强对新版医院感染管理规范的培训，强化对手术室、消毒供应室、内窥镜等重点科室的院内感染管理。自2013年6月1日起在人民医院、中医医院、妇幼保健院、皮肤病防治站率先开展“三增一禁”行动。每年组织市人民医院、市中医医院、市妇保院、疾控中心、光明医院、晨鸣医院在人民广场举行“服务百姓健康大型义诊活动”，发放医疗、保健、防疫“明白纸”，为过往群众进行健康查体、日常保健指导，并解答群众医疗保健咨询。2015年，突出以急危重、疑难病例为重点的质量控制，巩固和扩大优质护理服务覆盖面，开展创建国家“群众满意的乡镇卫生院”活动，作为潍坊市唯一代表成功通过省卫计委检查验收。市人民医院成功创评为三级乙等综合医院。2015年11月2日，在市人民医院举行医疗集团成立大会，会后分别在市人民医院、市中医医院、市妇幼保健院举行三大医疗集团揭牌仪式，以“骨干支撑、区域联动、确保可持续”原则组建的三大医疗集团正式成立，市直牵头医院选派16名业务骨干到卫生院挂职副院长，陆续开展联人、联网、联动、联效、联心等工作，逐步探索形成“基层首诊、分级诊疗、急慢分治、双向转诊”的就医模式，实现医疗资源下沉、城乡共享和便民惠民。市人民医院被命名为全国“创新服务示范医院”，三大医疗集团入围寿光年度十大新闻。

中医。以创建“全国基层中医药工作先进单位”为抓手，着力加强中医药服务体系和能力建设，全市所有镇（街）卫生院和社区卫生服务中心均设置中医科、中药房，建设中医临床科室集中设置、多种中医药方法和手段综合使用、中医药文化氛围浓郁并相对独立的中医药综合服务区，能够运用中药、针灸、推拿、拔罐、中药熏蒸等中医药方法治疗常见病、多发病，95%以上的社区卫生服务站和75%以上的村卫生室能提供中医药服务，形成以“市中医院为龙头，综合医院中医科、镇卫生院为枢纽，村卫生所为基础，个体中医诊所为补充”的中医医疗、预防、保健、康复网络。形成比较健全的中医药服务体系。2015年，顺利通过“全国基层中医药工作先进单位”专家组评审。同时，为进一步提高基层中医药服务能力，寿光市侯镇、上口中心卫生院启动“国医堂”建设和中医药特色诊疗区（中医馆）服务能力建设。

医学教育。市卫计局每年与华医网配合，采取网上自学、现场授课、考试合格授予学分等方式，组织全市所有卫生专业技术人员开展医学继续教育；同时，根据上级安排，每年组织乡村医生进行医改专项培训和医学教育培训，并于2012年组织180名乡村医生业务骨干到省卫生厅进行为期半月的集中脱产学习。2011年以来，分四批对63名基层医疗卫生单位的业务骨干进行全科医生转岗培训；自2014年开始，组织2014年及以后毕业的86名临床医学专业本科及以上人员，分别赴山东齐鲁医院、潍坊市人民医院、潍坊医学院附属医院进行住院医师规范化培训。市卫生学校进一步拓宽办学门路，继续与山东省教育学院、潍坊医学院等联合办学，五年来累计培养成人高等教育学员1737人、普通中专学生358人。

【疾病预防与控制】 疫情报告与管理。2015年全市共报告甲乙丙类发病传染病19种，共计2134例，死亡1例，年报告发病率182.66/10万；死亡率0.09/10万；病死率0.05%。发病率上升的病种有麻疹、百日咳、布病、淋病、梅毒、疟疾、流行性感冒、流行性腮腺炎、急性出血性结膜炎、麻风病、其他感染性腹泻病；其余发病病种均有不同程度的下降。

传染病与地方病防治。做好手足口病防治，按照“抓早、抓主动”的防控策略，举办卫生专业人员手足口病培训班，强化宣传教育，印发手足口病防控宣传单发放到全市5岁以下所有儿童家长。加强霍乱防治，全市18处腹泻门诊自5月1日至10月31日全部开诊，并对重点人群和场所进行检索。开展布病防治，对发生的布病患者及时进行流行病学个案调查，对密切接触者进行采样送检。以“科学补碘、保护智力、成就梦想”为主题，开展碘缺乏病防治宣传日活动，每年对约300户居民食用碘盐情况进行采样检测，并开展碘缺乏病防治健康教育项目的基线调查和效果评价问卷。继续加强地方性氟中毒防治，至2015年底病区村全部完成改水，累计完成改水工程130个，并开展病区8～12岁儿童氟斑牙患病情况监测。

【卫生监督】 **食品卫生**。2011年1月20日，按照《食品安全法》、政府机构改革“三定”方案及寿光市2011年第一次市委常委（扩大）会议研究意见，原市卫生局承担的餐饮服务许可、餐饮服务环节食品安全监管和保健食品、化妆品卫生监督管理职能正式移交市食品药品监督管理局；原市食品药品监督管理局承担的食品安全综合协调、组织查处食品安全事故职责划入市卫生局。1月26日，市食品药品监督管理局将“寿光市食品药品安全委员会办公室”印章正式交到市卫生局。同年，市编委批准设立市政府食品安全委员会办公室（寿编发〔2011〕25号文批复），原设在市卫生局的“寿光市食品安全委员会办公室”撤销，市卫生局承担的食品安全综合协调工作职能划出。

公共场所卫生。2011年1月起，卫生行政部门承担的餐饮服务许可、餐饮服务环节食品安全监管职能移交市食品药品监督管理局，寿光市公共场所卫生和食品卫生综合执法监督模式随之结束。同年，卫生监督大队采取专业牵头、划片分区管理的方式，将公共场所卫生、生活饮用水卫生、学校卫生、消毒产品卫生、放射卫生监督以及传染病防治监督等进行整合，实行综合卫生监督。并以贯彻落实新的《公共场所卫生管理条例实施细则》为契机，继续大力推进公共场所卫生监督量化分级管理和卫生监督管理“五四制”（四加强、四统一、四建立、四及时、四做到），积极开展生活美容机构非法开展医疗美容专项整治，要求各业户将卫生许可证、量化分级标识及检测报告等信在店内显要位置公示，并积极推行卫生监督行政处罚约谈制度，进一步加大公共场所违法案件的查处力度。在此基础上，坚持日常监督和专项整治相结合，积极开展沐（足）浴场所、婴幼儿游泳场所、集中空调通风系统等专项监督检查，对存在普通旅店（招待所）无洗衣房和消毒间、未落实空调系统清洗消毒制度、工作人员无健康证上岗等问题的公共场所单位，责令其限期整改并加强巡回检查，确保整改到位。

劳动卫生。以实现“六进”宣传活动和“四个一”工程覆盖率100%为目标，深入到全市各用人单位，集中开展职业卫生知识宣传和培训、签订落实《职业病防治法》责任书、指导建立职业卫生管理档案和送“法”上门。加强职业健康监护管理，每年对约1.3万名接毒接害人员进行职业健康检查；并做好职业病哨点监测。2012年5月26日，潍坊市职业卫生监督推进工程现场工作会议在寿光召开。同年12月，根据潍坊市机构编制委员会办公室《关于进一步明确职业卫生监管职责分工的通知》，原由卫生行政部门承担的职业卫生监督检查、职业危害申报、职业危害事故调查处理等相关职业卫生监督职能正式划归安全生产监督管。

学校卫生。以生活饮用水、学生常见病、传染病防治、教室卫生质量等为重点内容，实施学校卫生综合监管。每年卫计、教育部门联合开展教室微小气候和采光照明等学习环境卫生质量、学生常见病和传染病防控、生活饮用水卫生等监督检查，对存在问题的学校下达卫生监督意见书，责令其限期整改；对出现传染病疫情的学校及托幼机构进行调查和重点督导。

放射卫生。继续加强对医疗机构放射诊疗防护日常监督检查的力度，严格执行放射诊疗服务项目的准入制度，督促各医疗机构落实《放射诊疗管理规定》，做好全市放射诊疗工作许可证的换发以及放射工作人员的个人剂量检测和防护知识培训。2013年6月，山东省医学科学院放射医学研究所来市人民医院开展医用辐射防护监测，重点对市人民医院加速器、透视机、CT 机、乳腺机、CR 等设备的放射诊疗防护基本情况和放射诊疗设备安全防护与质量安全进行监测。市人民医院是省卫生厅确定的潍坊市内唯一一处县级医用辐射防护监测点。

【爱国卫生运动】 **创建卫生城市**。2010年寿光市通过“国家卫生城市”第一次复审，从2011年开始，继续巩固和提高卫生创建成果，加大城市基础设施建设和日常卫生管理，特别是旧城区、背街小巷、城中村、城乡结合部、农副产品市场等部位以及“五小”行业的卫生管理情况。2014年12月再次通过复审，并因巩固国家卫生城市工作成效显著，受到全国爱卫会的表扬。

农村爱国卫生。集中深入开展城乡环境卫生整洁行动，推进环卫一体化进程，在农村重点清理“三大堆”、大棚垃圾，着力解决农村环境“脏、乱、差”状况。积极推进农村无害化卫生厕所建设。开展省级卫生村创建，2011—2015年全市共有20个村被山东省爱卫会命名为省级卫生村。

杀虫灭鼠工作。按照“环境治理为主、化学防治为辅”的综合防治方针，市政府每年组织开展春、冬两季集中灭鼠，夏秋季重点灭蚊蝇，一年四季灭蟑活动。采取群防群控措施，对居民家庭、社区、单位及重点公共场所进行集中清理和整治，消除“四害”孳生地，降低病媒生物密度。全市鼠蟑密度达到国家卫生城市标准，蚊蝇密度得到有效控制。

【基层卫生与妇幼卫生】 **基本公共卫生服务**。寿光市自2007年在城区、2009年在全市逐步开展城乡基本公共卫生服务工作，服务经费由最初的15元逐步增加到2011年的25元、2013年的35元， 2015年的40元。相应地，基本公共卫生服务项目不断扩展，服务质量不断提高，居民的保健意识、健康水平及满意度不断增强。2011年，寿光市代表潍坊市迎接全省基本公共卫生服务项目绩效考核。2012年，市卫计局在综合考虑医疗机构现状、居民就医需求、人口密度、服务半径等因素的基础上，对基本公共卫生服务网络进行统筹规划，在城区设置1个社区卫生服务中心、9个社区卫生服务站，在农村建立由16处镇（街道）卫生院为基础、所辖村卫生室为依托的服务网络，实现健康教育、疾病预防控制、重点人群保健、卫生应急及传染病防治等基本公共卫生服务工作的全面覆盖。自2013年起，市卫计局注重基本公共卫生服务项目的内涵建设，进一步完善专业机构指导基层开展基本公共卫生服务工作实施方案，并加强绩效考核工作，采取“季度考核、半年小结、年终总评”的方式对各单位工作情况进行督导、考核、通报、奖惩。2014年开展“卫生专家进乡村、保健医生入农户”活动，将家庭医生签约服务工作推向深入，也将基本公共卫生服务工作按照细化项目、注重细节、精益求精、全面落实的原则进一步有效落实。至2015年底，全市共建立居民健康档案92.9万份，建档率达87.9%；0-6岁儿童、孕产妇健康管理，管理率均达到85%以上；对7.7万名65岁以上老年人进行免费健康查体，查体率71.3%；管理高血压患者7.6万名、糖尿病患者2.7万名，管理率分别为45.1%和31.3%。

妇女儿童保健。开展爱婴医院创建，市人民医院、中医院、妇幼保健院均通过爱婴医院最终复核。自2011年7月1日起，对在寿光市定点助产机构住院分娩的农村孕产妇实施“一站式”即时补助。加强高危妊娠管理，确定筛查、登记、转诊、管理工作流程，落实寿光市孕产妇及儿童死亡干预措施，保障孕产妇的生命安全，降低孕产妇及新生儿死亡率。开展为农村妇女增补叶酸预防神经管缺陷项目，每年免费发放叶酸约10000人次，2015年卫生、计生机构合并后，将叶酸发放机构由卫生院转移到计生站，叶酸发放率明显回升。规范妇幼卫生信息报告，建立新生儿疾病筛查、新生儿听力筛查等信息管理制度，妇幼卫生统计报表实施“3+1”模式上报，确保妇幼信息资料的真实性和准确性。开展艾滋病梅毒乙肝母婴阻断项目，每年举办一次全市妇幼卫生岗位技能大赛，比赛共分产科技能、新生儿窒息复苏、妇女保健、儿童保健4个项目，并进行理论考试和操作考试，提升全市妇幼卫生人员技术能力和服务水平。加强《出生医学证明》管理，开展新生儿四种遗传代谢性疾病免费筛查工作，疾病筛查率、听力筛查率均达96%以上。2014年，启动为期3年的农村妇女“两癌”检查工作，2年共检查69664人。

【卫生计生信息化建设】 为适应医改工作的要求，市财政投资817万元建设以居民健康档案为基础，以医院HIS系统为核心，以一卡通系统为媒介，集居民健康档案管理、基本医疗服务、基本药物管理、绩效考核和公共卫生服务监管、医疗服务监管、补偿机制监管、新农合管理、信息公开、办公自动化等功能于一体管理信息系统，至2013年管理信息系统基本建成并正常运行，全市各卫生所、社区卫生服务站和镇（街道）卫生院均配备终端设备（包括1021台瘦客户机和658台打印机）。2015年卫生、计生机构合并后，又投入资金325万元实施以“一中心，两平台，六大应用系统”为主要内容的“126”区域人口健康信息平台升级建设工作：一中心即建设县域影像远程诊断、远程医疗中心，同年11月30日建设完成并投入使用。“两平台”即互联网医院平台和数据交换共享平台，目前各医疗机构电子病历、检查检验资料已经完成上传。“六大应用系统”一是建设区域PACS、LIS系统，实现系统内医学影像数据和检验数据的采集、诊断、传输、存储、交换和共享等功能；二是B超在线监管系统，利用大数据分析对B超数据和计生育龄妇女信息系统进行比对，打击胎儿非法性别鉴定行为；三是建设集视频监控、GPS定位及安全预警于一体的卫生应急指挥系统；四是依托数据交换和共享平台建设卫生、计生业务监管和绩效评价系统；五是完善慢性病管理系统；六是建设寿光市“区域卫生一卡通”系统，为临床诊断提供完整的基础资料。

【卫生行风建设】 5年来，卫生行业先后开展“创建和谐医院”“医疗惠民行动”“三好一满意”“医疗卫生职业精神大讨论”等活动，以群众是否满意作为检验活动成效的根本标准，解决群众看病难、看病贵问题。2014年，结合开展党的群众路线教育实践活动，在全市各级医疗机构集中开展树立医疗卫生行业新风、纠正损害群众利益行为专项整治活动，促进医疗卫生行业风气明显好转。2015年，紧紧围绕习近平总书记提出“五个必须”的总要求，开展“守纪律、讲规矩、做表率”主题教育活动，组织全体党员干部认真学习党章、党纪及党的优良传统，查摆和解决自身存在的不守纪律、不讲规矩等问题，加强党性党风党纪教育，增强党员意识和纪律意识，为营造风清气正、奋发有为、干事创业的政治生态提供有力的纪律保障和舆论环境。

体育

【管理机构】 2011—2015年，寿光市体育局，为市政府直属事业单位，正科级，参照公务员法管理。2015年，实有编制21个，参公编制7个，事业编制14个。内设科室3个：办公室（加挂信息宣传科牌子）、竞训科、群众体育科（加挂审批服务科牌子）。下设寿光市体育市场管理办公室、寿光市体育彩票中心、寿光市体质测定与运动健身指导站、寿光市体育中心4个股级事业单位。人员26人，其中参公9人、事业10人、工勤2人、特需岗位人员5人。

先后获“2009—2012年度全国群众体育先进单位”、2011年山东省全民健身活动先进单位、2011年度全省社会体育工作先进单位、2012年山东省全民健身活动优秀组织奖及“2010年、2011年、2012年度潍坊市各县市区体育工作综合业务评比突出贡献单位”“中国素质体育人才培养基地”“山东省第五届全民健身运动会先进单位”“省内第一届全国机器人大赛山东代表团特殊贡献奖单位”“山东省体育彩票特殊贡献奖”“2011—2012年度寿光市直（部门）单位工作实绩综合考核一等奖”等称号。

【设施建设】 2011年始，先后在彩虹公园、明珠公园、玫瑰园等建设篮球场、羽毛球场、网球场等健身活动场地。在农村，继续实施农民体育健身工程，利用体彩公益金1000多万元为全市15个镇（街区）健身活动中心、13个社区广场、746个行政村无偿配备各类健身设施。2015年，争取上级资金和自有配套资金共295万元，为全市268个村配发体育健身设施，完成全市710重点工程中为100个村捐赠体育健身器材的任务。为全市923个行政村捐赠体育健身设施。

【科学健身指导服务】 2012年，成立寿光市体质测定与运动健身指导站，加强国民体质测试工作长效机制和全民健身科技服务平台建设。在原有仪器的基础上，投资200多万元新购置配备超声骨密度仪、动脉硬化检测仪、脊柱电子测量仪、脑电分析仪、人体成分仪、亚健康仪、自动体外除颤仪等高端设备，配备国民体质监测车。2014年5月与曲阜师范大学联合成立“曲阜师范大学国民体质测试（寿光）工作站”，开创全省全民健身领域校地合作先河，也开创体育专业研究生实习实训的新模式。通过进企业、进社区、进农村等形式为市民进行体质测试服务，宣传科学健身知识，推广科学健身方法，开展科学健身服务，提高全民科学健身素质，推动全民健身科学化进程。先后为寿光的先模人物、机关企事业干部职工以及农村群众进行多次体质测试，每年受益人数达1000多人次。

【群众体育】 全民健身活动。（1）创新发展品牌体育赛事。2010年始，连续5年成功组织举办“人民广场体育大舞台”系列活动，利用每年7月1日至15日，开展跳绳、踢毽子、呼啦圈、乒乓球、自行车慢骑、体育舞蹈等比赛项目和老年体协、武术协会、象棋协会、健身专场等活动专场，参与群众达数1万人次。2014年始，把社会单项群众体育活动进行有机整合，开展贯穿全年的“体育之星”系列活动。通过积分赛、选拔赛、总决赛等形式，每年选拔“乒乓球运动之星”“羽毛球运动之星”“网球运动之星”“体育舞蹈之星”“自行车运动之星”“太极拳之星”、老年人“健身之星”“体质达人”等100人进行表彰奖励。2015年8月8日上午，组织开展2015年“全民健身日”万人健步行活动。全市广大基层群众、企业职工、机关干部以及社会健身爱好者等近万余人参与活动。（2）组织和参加省级以上大型体育赛事。2011年，组织承办及参加中美女排对抗赛、全国女排四强邀请赛、第二十一届中日韩青少年运动会橄榄球比赛、山东省青少年七人制橄榄球冠军赛、山东省体育舞蹈锦标赛等国内外大型体育赛事。2015年，组织市代表团参加全国第一届机器人运动大赛、成功承办和参加山东省健身气功站点联赛、山东省武术大会、山东省第七届千乡乒乓球和第七届万人象棋分区赛和总决赛等省级以上各类大型体育赛事10次。（3）组织大型全民健身运动会。2011年起，每年组织举办一届全民健身运动会，设足球、羽毛球、象棋、网球、篮球、自行车等10多个比赛项目，每届运动会都有来自全市的3000多人参加。2012年，组织举办寿光市第六届全民运动会，分设镇（街区）组、行业组合学校组3个组别，特设大学组，共45个代表团，参赛人数达8000余人。运动会从形式到内容都进行大胆创新和探索，在组织形式上，首次通过召开新闻发布会向社会公布“六运会”方案，首次通过网络向全国征集“六运会”会徽图案；在参赛项目和组别设置上，以特设形式，新设自行车、游泳项目，新设大学组，鼓励个人报名参赛，邀请潍坊科技学院大学生参赛，在新建的体育场举行大型开幕式，市级四大班子领导共同出席开幕式。同时，发挥活动节点的带动作用开展全民健身活动。利用每年菜博会文化艺术节、全民健身月、文明消夏、全民健身日等时机，组织开展自行车、羽毛球、乒乓球、象棋等丰富多彩的体育活动，每年共组织各项比赛活动60次以上。

政策助推全民健身事业。2013年，市府办出台《市体育局关于推动全市体育事业全面均衡发展扶持政策》，扶持社会力量投资兴建健身设施，汇林健身中心、英派斯健身会所等一批健身场馆均受到政策扶持；扶持镇（街区）全民健身工程，为纪台镇、侯镇、古城街道、林海生态博览园等援建健身设施或资金；扶持体育类社会组织参加上级群众体育比赛活动，每年实行以奖代补的形式对代表全市体育类社会组织参加上级体育部门和同类协会组织的比赛，以及由市体育部门安排代表全市参加上级比赛的协会进行扶持。

健全完善体育组织网络体系。通过不断加强自身建设，建立以市体育主管部门为主导，各单项体育协会、各镇街区文体站、俱乐部为依托的全民健身服务网络，配齐配全专（兼）职人员，在人民广场、仓圣公园等建立体育活动组织和健身活动站点，成立象棋、跆拳道、体育舞蹈、乒乓球等12个协会（研究会），成立神韵体育舞蹈俱乐部、豪杰跆拳道馆等俱乐部33个，健身站点发展到600多处。世纪星艺术学校、侯镇中心小学还分别被国家体育总局和山东省棋类运动管理中心命名为国家级青少年体育俱乐部和山东省象棋特色学校。社会体育指导员培训不断加强，通过举办培训班，每年培训社会体育指导员200人以上。2015年，全市共有社会体育指导员1900多人。

【学校体育】 加快学校体育发展，学校体育跨入全省乃至国家先进行列，是省级达标先进县（市）；各级各类学校认真贯彻执行《国家学生体质健康标准》，达标率为95%。2015年底，全市新增全国校园足球定点学校2处，分别为寿光现代中学、洛城街道东城新区实验小学；省级体育传统项目学校3处，分别是寿光一中、现代中学、羊口镇杨庄小学；潍坊市级体育传统项目学校16处，分别是寿光一中、现代中学、寿光中学、羊口镇杨庄小学、羊口初中、世纪学校、建桥学校、圣城街道一中、田马中学、留吕初中、文家初中、台头一中、王望初中、洛城一中、稻田一中、牛头初中。

【竞技体育】 **年度锦标赛和潍坊市第十九届运动会连获佳绩**。2011年，在潍坊市第十八届运动会所有21个大项、426个小项的角逐中，寿光市获得实得金牌、综合金牌、综合总分3项第1名和实得总分第2名的历届最好成绩，并获得“潍坊市体育道德风尚奖”后，在新的一个四年周期内，寿光市组队参加的2012、2013、2014年度潍坊市锦标赛所有21个大项、426个小项的比赛中，连续三年获得金牌总数第一名的好成绩。2015年，潍坊市第十九届运动会20个比赛大项，549个小项，寿光市获实得金牌231.35块，综合金牌320.35块，综合总分6784.125分，实得总分5983.125分，在所设4大奖项中，寿光市代表团获得实得金牌、实得总分2项第1名和综合金牌、综合总分2项第2名的好成绩，并获得潍坊市体育道德风尚奖。

高水平赛事成绩突出。寿光市运动员刘海萍在2011年亚洲皮划艇锦标赛女子1000米单人皮艇比赛获得冠军；在2012年皮划艇世界杯波兰站女子500米四人皮艇获得第5名；同年8月份参加伦敦奥运会女子500米四人皮艇比赛中顽强拼搏进入复赛。2013年9月，在辽宁省承办的全国第十二届运动会上，寿光市运动员共获得3枚金牌5枚银牌1枚铜牌的优异成绩，其中刘海萍获得皮艇女子4人500米冠军和皮艇女子双人500米亚军；周婷获得橄榄球女子冠军；张瑞香获得举重女子63公斤级亚军；杨亚宁、宋建伟获得排球男子成年组第5名；杨华兴获得排球男子U16-19岁年龄组第6名；董萍获得足球女子18岁以下年龄组第9名。2014年，在山东省第二十三届运动会上，寿光市共有80名运动员参加田径、摔跤等11个项目的比赛，取得金牌91.5枚、团体总分1251分，分列潍坊市各（县、市）区金牌第二、总分第二的好成绩，并获“振兴潍坊体育突出贡献奖”；同年9月在仁川亚运会上，刘海萍获得皮划艇静水女子4人500米冠军，获得寿光市首枚亚运金牌，从而实现寿光市在全运会、亚运会、奥运会上的全满贯。2015年10月，在福州全国第一届青运会上，由寿光市运动员杨华兴获得U17青年男排冠军，实现寿光市三大球项目在全国大赛中的突破，也是潍坊三大球首个全国冠军。

【体育产业】 2011年始，先后承办中美女排对抗赛、全国女排四强邀请赛、第二十一届中日韩青少年运动会橄榄球比赛和山东省青少年七人制橄榄球冠军赛等国内外大型体育赛事。2015年，体育产业发展迈入新阶段。创新探索体育旅游融合发展新模式，借助国家级旅游名片和“互联网＋体育”，开展“体彩木屋进景区”活动，先后在寿光市的国家级AAAA级景区林海生态博览园和三元朱村配套安装“体彩小木屋”。同时，景区与同程等各大电商平台合作，推出门票加体育彩票购票方式，做到线上线下购景区门票赠送体育即开彩票的有机结合，为全省首创，为寿光市体育产业和旅游产业的融合发展蹚出一条新路子。依托寿光日报、广播影视集团等媒体，成功举办“富邦·水木清华杯”寿光市第一届男子篮球联赛、“CED电商杯”寿光市第二届男子业余足球联赛。寿光市体育产业展区首次亮相第三届文博会，展区充分展示近年来全民健身发展成果，设置体育商品体验交易区、免费进行体质测试区，让市民体验到全民健身领域高科技的魅力。体育场馆运营迈出新步伐，每年都积极承办各类职工趣味运动会、承办省级乒乓球、足球等比赛20余场次。体育彩票销售自从2011年开始，连续5年都破亿元大关，2011年至2015年底，寿光市体彩销售达6.18亿元，每年都居潍坊市第1名，寿光市也被山东省体育局授予“全省体育彩票工作特殊贡献奖”。2015年，本着“取之于民，用之于民”的原则，在市人民广场承办“中国体育彩票”寿光市公益消夏晚会，本次晚会是全省开展的40场公益消夏晚会的其中1场。除精彩节目外，还对寿光市的一组贫困家庭和5名贫困大学生现场资助18000元。

社会 民生

人口控制

“十二五”期间，紧紧围绕稳定低生育水平和满足群众对人口计生工作的需求为目标，全面落实“依法管理、村民自治、优质服务、政策推动、综合治理”的工作机制，保持全市人口计生工作持续稳定健康发展。“十二五”末，全市育龄妇女总和生育率控制在1.8以下，人口年均出生率控制在12‰以内，人口年均自然增长率控制在5‰以内，年均合法生育率保持在97%以上。

【管理机构】 2011年，市人口和计划生育局内设5个职能科室：办公室、业务科、财务科、科技科、宣传教育科。2012年6月，市生殖保健服务中心并入市计划生育服务站，收回自收自支事业编制14人。2013年1月，市计划生育行政执法大队增设法规信访科、奖励扶助科；市计划生育流动人口管理办公室增设审验科、信息科。2014年5月，市人口和计划生育局编制由14人压缩至13人，市计生行政执法大队由10人压缩至9人，市计生服务站由30人压缩至29人，市计划生育流动人口管理办公室由7人压缩至6人，城区计划生育服务站由25人压缩至23人。2015年2月，组建成立寿光市卫生和计划生育局（简称市卫计局，加挂市中医药管理局牌子），整合原市卫生局职责、原市人口和计划生育局的计划生育管理和服务职责。同时，将原市人口和计划生育局研究拟订人口发展规划及人口政策职责划入市发展和改革局。不再保留市卫生局、市人口和计划生育局。将原市卫生局所属卫生监督大队、原市人口和计划生育局所属计划生育行政执法大队予以整合，组建市卫生计生监察大队，不再保留市卫生监督大队、市计划生育行政执法大队。整合市妇幼保健院、市计划生育服务站相关职责，组建市妇幼保健计划生育服务中心，在市妇幼保健院挂牌。将市计划生育服务站29人编制，划转到市妇幼保健院。整合镇街卫生院、镇街计划生育服务站职责，组建镇街妇幼保健计划生育服务站，在镇街卫生院挂牌。镇街计划生育管理工作仍由镇街计划生育办公室承担，不再保留镇街计划生育服务站。原市卫生局、市人口和计划生育局其余所属事业单位，整建制划归新组建的市卫生和计划生育局。3月，市卫计局（挂市中医药管理局牌子）内设7个职能科室：办公室、人事科、规划财务科、政策法规科、医政医管科、基层卫生与妇幼保健科、计划生育基层指导科。

【宣传教育】 2011—2015年，人口宣传教育工作以不断满足育龄群众日益增长的需求为导向，积极创新宣传教育方式，拓展新领域，着力增强人口文化软实力。一是总结经验，规范运作，形成“一镇一品”的宣传格局。先后整理出版《均衡之路》《国策新曲》《菜都人口》《走向辉煌》4本书籍、画册，总结推广建设标准化、服务规范化、管理信息化等工作经验。二是强化培训，提高队伍素质。狠抓基层计生工作人员学历教育，先后组织全市农村和城区单位计生干部参加潍坊市中专函授学历教育，全市村级计生专职主任全部达到中专学历。2013年，组建市、镇、村三级计生宣传工作人员QQ群，通过村级新闻直报、网上在线培训等活动，有效提升基层计生干部综合素质。三是强化媒体宣传。继续探索完善报纸、电视台、电台、网站和手机5大媒体组成的宣传平台，打造《健康寿光》《人口在线》《计生零距离》、“计生通”等精品栏目，提高全社会参与积极性。四是实施“六联（即责任联手、工作联抓、阵地联建、活动联办、精品联创、服务联送）”机制，促进融合。潍坊市委、市政府于2013年在全潍坊市推广这一工作经验和做法。五是启动“婚育与健康文化宣传年”活动，将2015年定为婚育与健康文化宣传年，成立卫生计生服务宣传队，组织开展“志愿服务进社区”义诊、“名医名护下乡”巡诊、“婚育与健康”网络大讲堂等一系列公益活动。积极开展公共卫生服务宣传，组织开展“最美医生（护士、医技）系列报道”、推介著名乡医的“咱有绝活”和镇街卫生院特色专科等活动，让百姓与健康同行。举办首届“健康寿光”杯书法、绘画、摄影、演艺、演讲比赛，在全市形成浓厚的婚育与健康文化氛围。

【优质服务】 **推行阳光计生。**2011年始，开展依法行政先进镇街、阳光计生先进镇街创建活动，全面推进政务公开、村务公开、办事公开。对群众、基层反映的简化生育证办理程序、自由选择节育措施、减少孕查次数、调整压缩计生保险种类、社会抚养费征收难、健全流动人口管理服务等方面存在的突出问题，逐一落实整改措施。2014年，积极开展阳光计生便民服务，利用办证大厅、计生宣传栏、公开栏、计生网站等平台，公示各类证件办理所需条件、证明材料和程序，使群众及时了解有关内容和流程；不断完善责任追究办法，使服务承诺制、首接责任制、限时办结制、过错追究制落到实处；对人户分离、集体户口夫妇等特殊人群申请办证的提供特别服务，坚决杜绝让群众多跑冤枉路、多花冤枉钱，甚至吃拿卡要等问题的发生。至2015年，共为育龄妇女免费透孕查402万人次、免费孕检5.6万人次。

推行社区诚信计生。为树立计生行业良好形象，2013年开始将银行系统的征信理念引入到城区计生管理服务工作中，探索创建政府诚信、居民守信、协议管理、依法自治的信用计生机制，解决人户分离、与社区脱钩等特殊人群的计划生育管理问题。2015年，市金融办、卫计局联合将268名计生违法生育户纳入银行征信系统。圣城街道计生站、居委会与育龄妇女三方双向签订《信用计生协议书》，自主开发“信用计生监管系统”，将育龄妇女守信情况与其家庭成员到居委会办理户籍、保险、低保等业务相关联，让计生示范家庭优先享受保障、就业、救助、医疗、教育等8个方面的服务。先后对300多个计生贫困家庭进行救助，为141个守法守信计生困难家庭办理城市低保，为152个信用计生无房家庭申请廉租住房，为2639个信用计生就业援助对象申请长期资金补助，让守法守信计生家庭真正得到实惠。

加强流动人口计生服务。2011年始，每年在全市范围内开展流动人口清理清查，落实流动人口现居住地计生技术服务基本项目的免费制度，把流动人口和常住人口同等对待，同步开展生殖健康服务，逐步实现属地化管理。每年对流动人口进行大走访，完善流动人口信息平台，落实流动人口现居住地计生技术服务基本项目免费制度，将流动人口育龄妇女免费查环、查孕，免费药具发放，免费孕前优生健康检查落实到位，依法维护流动人口的合法权益。创新流动人口服务管理模式，加强区域协作，对流动人口信息做到实时监控。2014年，与临沂市沂水县计生局协作配合，对该县流入寿光市的156名育龄妇女进行集中孕检和健康查体。是年，完成国家卫计委安排的对该年度国家流动人口动态监测样本点孙家集街道的流动人口动态监测任务。2015年，完成国家卫计委安排的对该年度国家流动人口动态监测样本点圣城街道西关社区、建新社区的流动人口动态监测任务，监测数据质量零误差，在全国排名并列第一。

【信息化建设】　2012年始，实施信息化带动战略，以“信息化建设年”为契机，研发应用寿光市人口和计划生育综合服务电子管理平台。该平台面向市、镇、村三级用户，即时接收卫生、民政的数据，有效杜绝出生瞒漏报和育龄妇女漏管现象。投资60万元自主开发“信用计生监管系统”，及时记录育龄妇女的守信履约和失信违约情况，为加强管理提供依据。至2015年，全市所有计生服务对象均被纳入综合服务电子管理平台。

【依法行政】　**落实责任制**。2011—2015年，每年市委与市镇两级人口计生部门签订《人口和计划生育依法行政责任书》，街道与社区、社区与辖区各单位、各企业层层签订《人口目标责任书》，与育龄群众签订《依法生育承诺书》，明确群众在计划生育方面的义务和责任。

健全计生管理体制。2015年，出台《企业计划生育管理办法》，下发《关于进一步规范育龄妇女管理解决群众计生管理难问题的通知》，切实解决群众办事难问题，群众信访明显减少。严格审批事项办理，对婚育状况证明、二胎流引产鉴定、病残儿鉴定、再生育证审验等重点事项严格把关，并坚持审批前置和审调联动，对审批中发现的问题及时移交卫生计生监察大队立案调查处理。

加强执纪执法。5年来，认真贯彻落实计划生育有关法律法规，对违法违规者及时进行打击。严厉打击私自鉴定胎儿性别和非法终止妊娠行为，加大B超执机人员管理及终止妊娠药品市场的清理和“两非（非法鉴定胎儿性别、非法选择胎儿性别终止妊娠）”案件的查处力度，对全市B超设备实行统一编号管理，B超执机人员全部与所在单位签订执机合同和承诺书。每年联合公安、卫生、药监等部门开展集中整治“两非”行为专项行动和计生药械市场专项整治活动。2015年，共搜集“两非”案件线索51条，立案12起，刑事拘留3人，批捕2人，取保候审1人，罚款70868元，其中所查办的在大陆以外化验血样鉴定性别案件，是一起全省首判的重大计生案件。联合市法院对违反计划生育政策的126个账户进行查封、冻结，对158名违反计划生育政策的被执行人进行合法传唤，对24人采取拘留措施，全年累计征收社会抚养费1132户、10153万余元。

落实计生保障政策。2012年始，对农村60岁以上独生子女和双女户父母奖励标准提高到每人每月80元；独生子女死亡、伤残扶助标准提高到每人每月640元和400元，至2015年，有9485人享受这些政策。“十二五”期间，全市累计发放奖扶、特扶扶助金3152万元；农村和城镇失业、下岗、无业人员独生子女父母由市财政统一发放奖励费2077.8万元；市属破产关闭困难企业退休职工中独生子女父母一次性养老补助由市财政统一发放1449万元；农村主动放弃二胎指标的独女户家庭由市财政发放一次性奖励金148.6万元。

【计生协会建设】 5年间，计生协会不断加强机构、网络、队伍、活动阵地建设，规范完善有关制度，保证各项工作健康发展。至2015年，全市“两新（新经济组织和新社会组织）”组织、企业和流动人口计划生育协会工作覆盖面达到80%以上。扎实推进计划生育群众自治，指导基层重新修订完善《计划生育村规民约》，建立健全“两委负总责、协会当骨干、家庭为中心、群众做主人”的工作机制，将自治工作与诚信计生、阳光计生结合起来，规范自治程序，改进自治方式，提高自治成效，推动基层计生工作走上民主化、法制化、规范化轨道。同时，对3个国家级和22个省级群众自治示范村（居）实行动态管理，切实发挥示范村居的示范、带动作用。先后开展“手牵手家连家－结对帮扶计生家庭”大行动、“满足一个微愿望—关怀计生困难家庭儿童爱心行动”“计生困难家庭救助和心理疏导公益服务活动”“救助计生困难家庭和困难基层工作人员活动”“经济特别困难家庭在读小学生救助活动”“失独老人养老照护活动”，共累计筹集帮扶救助资金209.8万元，帮扶捐助物品折合价值147.6万元。

（苏学营）

居民生活

【经济收入】 2011年，寿光农民人均纯收入11253元，其中家庭经营纯收入7134元，占纯收入的63.4%。人均出售蔬菜3631公斤，出售蔬菜毛收入达到11763元。人均工资性收入2794元，财产性纯收入913元，转移性纯收入412元。

2012年，寿光农民人均纯收入12805元，其中家庭经营纯收入8616元，占纯收入的67.3%。人均出售蔬菜3217公斤，出售蔬菜毛收入达到14484元。人均工资性收入3132元，财产性纯收入619元，转移性纯收入438元。

2013年，寿光农民人均纯收入14408元，其中家庭经营纯收入9638元，占纯收入的66.9%。人均出售蔬菜3657公斤，出售蔬菜毛收入达到15579元。人均工资性收入3682元，财产性纯收入642元，转移性纯收入446元。

2014年，寿光农民人均纯收入16065元，其中家庭经营纯收入9984元，占纯收入的62.1%。人均出售蔬菜3259公斤，出售蔬菜毛收入达到10018元。人均工资性收入3752元，财产性纯收入571元，转移性纯收入1758元。

随着经济社会的发展，国家调查制度也产生相应的变革，统计指标和统计口径也相应调整。2015年，寿光市首次发布分城乡的居民可支配收入，取代农民人均纯收入指标。2015年，寿光市全体居民人均可支配收入25121元，其中，城镇居民人均可支配收入32032元，农村居民人均可支配收入16218元。

【消费支出】 2011年，寿光农民人均生活消费支出9365元，其中：食品支出2587元，衣着支出628元，居住支出2060元，家庭设备支出584元，交通通讯支出1629元，文化教育娱乐支出1046元，医疗保健支出718元，其他商品和服务支出113元。2011年末，农村百户家庭拥有洗衣机97台、电冰箱103台、空调机30台、热水器70台、电动自行车107辆、家用计算机51台、生活用汽车27辆。

2012年，寿光农民人均生活消费支出9831元，其中：食品支出2986元；衣着支出617元，居住支出2107元，家庭设备支出673元，交通通讯支出1664元，文化教育娱乐支出940元，医疗保健支出693元，其他商品和服务支出151元。2012年末，农村百户家庭拥有洗衣机99台、电冰箱103台、空调机37台、热水器81台、电动自行车111辆、家用计算机63台、生活用汽车43辆。

2013年，寿光农民人均生活消费支出11944元，其中：食品支出3272元，衣着支出650元，居住支出3233元，家庭设备支出906元，交通通讯支出2014元，文化教育娱乐支出1239元，医疗保健支出487元，其他商品和服务支出143元。2013年末，农村百户家庭拥有洗衣机100台、电冰箱103台、空调机53台、热水器85台、电动自行车122辆、家用计算机70台、生活用汽车53辆。

2014年，寿光农民人均生活消费支出10550元，其中：食品支出2811元，衣着支出457元，居住支出3024元，家庭设备支出651元，交通通讯支出1571元，文化教育娱乐支出1029元，医疗保健支出874元，其他商品和服务支出133元。2014年末，农村百户家庭拥有洗衣机100台、电冰箱103台、空调机61台、热水器86台、电动自行车125辆、家用计算机71台、生活用汽车55辆。

2015年，寿光市全体居民人均生活消费支出15047元，其中城镇居民人均生活消费支出18074元，农村居民人均生活消费支出11146元。

劳动就业

【管理机构】 市劳动人事争议仲裁院。2011年4月，成立市劳动人事争议仲裁院，为副科级全额事业拨款单位，核定编制10名，隶属市人社局。原劳动争议仲裁院和人事争议仲裁院办公室同时撤销。2013年6月，核定市劳动人事争议仲裁院内设办公室、立案与调解庭、争议仲裁庭，规格均为股级。2015年2月，增加全额拨款事业编制10人，所需人员由原市人力资源培训中心划转6名，其他缺编人员结合事业单位年度用编计划统一考录。

劳动保障监察大队。2011年4月，对市人社局劳动保障监察大队编制进行调整，核定全额拨款事业编制10人。2013年6月，增设劳动保障监察一中队、二中队，均为股级内设科室。10月，在镇街社保所加挂镇街劳动保障监察中队牌子。

【就 业】 **大中专毕业生就业**。2011年，共接收当年度高校毕业生3032人，就业率达到91%。2012年共接收当年度高校毕业生3244人，就业率达到92.8%。2013年共接收当年度高校毕业生2987人，就业率达到93.3%。2014年共接收当年度高校毕业生3432人，就业率达到95.7%。2015年，实施创业引领计划，引导和支持大学生创业，完成大学生创业培训299人，引领自主创业169人。大力推进离校未就业高校毕业生就业促进计划，做好离校未就业高校毕业生调查登记、就业服务、就业援助和职业培训工作。全市应登记离校未就业应届高校毕业生人数3451人，已登记人数3451人，登记服务人数1342人，跟踪实现就业人数1275人，总体就业率95%，实名登记就业服务率100%。创新高校毕业生服务模式，提升毕业生服务满意率，共接收高校毕业生3399人。

军队转业干部安置。2011年4月，寿光市人社局被潍坊市委、市政府授予“潍坊市军转安置工作先进单位”称号。是年，全市共接收安置军队转业干部14人，其中团职3人、营职4人、连职4人、技术干部3人，另有随调家属1人。

2012年8月，潍坊市财政局、潍坊市人社局《关于调整企业军转干部差额补助标准的通知》精神，及时调整企业军转干部养老保险、医疗保险、生活补助费和差额补助，并及时兑现退休企业军转干部和困难企业军转干部2011年度社会平均工资补差，涉及人员351人。是年，全市共接收安置计划分配军队转业干部17人，其中团职2人、营职及以下（含技术干部）15人，另有军转干部随调家属5人。

2013年10月，市人社局被国务院军转办授予“全国军转宣传工作先进单位”荣誉称号，这是该局连续6年获此殊荣。同月，国务院军转办巡视员李建新、军转培训中心副主任曹俊（副司级）等一行3人，在省军转办和市政府等领导陪同下，到寿光阳光华沃控股有限公司等企业协调全国自主择业军转干部就业培训班学员实习等事宜。11月，潍坊市财政局、潍坊市人局有关文件精神，及时调整企业军转干部养老保险、医疗保险和差额补助，并及时兑现退休企业军转干部和困难企业军转干部2012年度社会平均工资补差，涉及人员352人。是年，全市共接收安置军队转业干部13人，其中计划分配军转干部12人、自主择业军转干部1人。计划分配军转干部为正营职2人、副营职5人、正连职2人、副连职1人、技术干部2人。

2014年9月，市人社局被潍坊市委、潍坊市政府、潍坊市军分区评为“潍坊市军转安置工作先进单位”。11月，根据有关文件精神，调整和补发企业军转干部医疗保险、差额补助、医保补助，并及时兑现退休企业军转干部和困难企业军转干部2013年度社会平均工资补差，涉及人员348人。是年，全市共接受安置军队转业干部10人，其中接收自主择业军转干部2人。安置军转干部中有团职2人、营职及以下6人，另有军转干部随调家属1人。2014年、2015年，市人社局党委委员、公务员管理办公室主任张全成分别被授予“全国先进军转工作者”称号。

2015年12月，根据有关文件精神，调整和补发企业军转干部医疗保险、差额补助、医保补助，并及时兑现退休企业军转干部和困难企业军转干部2014年度社会平均工资补差，涉及人员348人。是年，全市共接受安置军队转业干部10人，其中接收自主择业军转干部4人。安置军转干部中有营职及以下6人，另有军转干部随调家属1人。

劳动就业。2011—2015年，全市劳动就业逐年率逐年增长，促进经济社会发展健康发展。2011年，城镇新增就业人数2.1万人。2014年，参加城镇养老保险的新就业人员8700人。2015年，参加城镇养老保险的新就业人员5739人。根据国务院《关于进一步做好新形势下就业创业工作的意见》，将小额担保贷款调整为创业担保贷款，共发放创业担保贷款975笔、10528万元。

2011—2015年寿光市劳动就业情况统计表

表1

年份	城镇新增就业人数（人）	城镇失业再就业人数（人）	就业困难实现就业人数（人）	开发公益性岗位安置就业困难人数（人）	发放小额（创业）担保贷款	
					笔数（笔）	金额（万元）
2011	21109	5896	596	295	61	398
2012	21235	4899	458	533	209	1920
2013	18377	4697	459	370	295	4023
2014	11449	3960	469	937	698	5060
2015	11927	3540	406	368	975	10528

【劳动力管理】 **劳动争议仲裁**。2011—2015年，市劳动人事争议仲裁院共受理案件2993起，按期结案率为100%，为劳动者挽回工资、经济补偿金、工伤待遇等损失5430余万元。加强基层劳动人事争议调解组织建设，指导全市380余家企业建立劳动争议调解委员会，14个镇（街道）、1个生态经济区建立劳动人事争议调解中心，全市教科文卫系统建立59个劳动人事争议仲裁委员会。2011年、2013年分别被省人社厅授予“全省劳动人事争议处理工作先进单位”“全省劳动人事争议调解仲裁工作先进单位”荣誉称号。

劳动保障监察。2011年9月，出台《寿光市人民政府关于防范处置企业拖欠工资工作实施意见》，实施“一书两金”制度，2012年4月12日在全省劳动保障监察工作会议上介绍做法。5年间，市劳动保障监察大队共受理案件4135起。其中，日常投诉、举报1429件，寿光民声信息1161件，市长公开电话承办单1395件，为职工追讨工资2227万元。书面审查用人单位数13330家，涉及职工44.6万人，日常巡查企业4200多家。先后开展人力资源市场、劳务派遣企业、建筑领域农民工工资支付、机关事业单位未纳入正式管理人员、农民工工资支付、劳动用工和社会保险等专项检查活动。2011年、2012年，市劳动保障监察大队分别被山东省人社厅评为山东省劳动保障监察先进单位，2014年被评为山东省青少年维权岗。

社会保障

【管理机构】 市社会保险事业管理中心。2011年1月，市社会保险事业管理中心内设办公室、组织人事科、基金管理科、审计稽核科、企业养老保险科、企业退休职工管理科、机关事业保险科、失业保险科、农村保险科、城镇职工医疗保险一科、城镇职工医疗保险二科、计划统计科、工伤保险科、生育保险科、定点单位管理科、综合业务科、基金征缴科、医保监督科共18个科室。2月，撤销失业保险科、组织人事科，增设城镇居民医疗保险科、档案管理科、信息宣传科，规格均为股级内设科室。4月，市社保中心全额拨款事业编制增加至60人。2013年7月，将农村保险科更名为城乡居民养老保险科。2014年3月，将新型农村合作医疗综合管理职能由市卫生局调整到市人社局；市卫生局所属新型农村合作医疗管理委员会办公室调整为市人社局所属事业单位，与市社保中心合署办公，人员编制整体划转，其他不变。2015年2月，撤销市新农合办公室，将原市新农合办公室职责划转到市社保中心，人员编制按照“人随职能走”的原则划入市社保中心；市社保中心核增编制47人，在14处镇街设立城乡居民医疗服务窗口，所需编制从镇街卫生院划转，相应核减镇街卫生院编制。

【企业职工基本养老保险】 2011—2015年，企业职工基本养老保险缴费比例为26%，其中单位缴费比例为18%、个人缴费比例8%。

2012年、2013年，为妥善解决历史遗留问题，连续2年开展城镇未参保集体企业退休人员的调查摸底、材料审查、参保登记等工作，确保将有参保意愿的人员全部纳入养老保障制度覆盖范围。共办理城镇未参保集体企业退休人员参保2269人，并按规定及时支付待遇。认真落实退休待遇调整政策，2011年共调整14606人，月增加养老金273万元；2012年调整16313人，月增加养老金390万元；2013年调整18915人，月增加养老金414万元；2014年调整22620人，月增加养老金567万元；2015年调整24003人，月增加养老金598万元。

为妥善处理《中华人民共和国社会保险法》实施（2011年7月1日）前全市用人单位欠缴养老保险费和职工中断缴费、应保未保等问题，2015年12月，潍坊市人社局、财政局联合下发《关于贯彻鲁人社发〔2015〕29号文件进一步规范企业职工基本养老保险费补缴政策的通知》（潍人社〔2015〕29号），对企业职工补缴社会保险的条件及补缴年限，补缴基数、比例及个人账户、缴费工资指数，以个人身份补缴养老保险费人员退休及养老保险待遇相关问题等作出明确规定，寿光市以寿人社〔2015〕139号文件转发并认真落实该文件精神。

2011—2015年寿光市企业职工基本养老保险统计表

表2 单位：个、人、万元

年份	参保单位	参保人数	征缴	支出	
				人次	金额
2011	1172	150695	60017.69	15952	24475.69
2012	1026	126347	53268.03	18209	34400
2013	1013	132145	76978.21	20625	42375
2014	1116	138190	82900	25664	59400
2015	1116	143455	91275	28063	69000

【城镇职工基本医疗保险】 2011—2015年，城镇职工基本医疗保险缴费比例为9%，其中单位缴费比例为7%、个人缴费比例2%。

认真落实有关政策，城镇职工基本医疗保险最高支付限额逐步提高，到2015年，参保人员1个医疗年度基本医疗保险统筹基金年度最高支付限额为10万元，大额医疗保险基金最高支付限额为40万元，重特大疾病保障制度最高支付50万元，共计100万元。同时，参加公务员医疗补助的人员，超过大额医疗保险基金最高支付限额以上的部分，公务员医疗补助基金可最高补助12万元。

住院待遇逐步提高，参保人员在潍坊市内所有定点医疗机构皆可联网结算。参保人员在定点医疗机构发生的符合规定的住院医疗费用，纳入医疗保险基金支付范围。在社区卫生服务机构及一、二、三级医院发生的住院医疗费用，首次住院起付标准分别为300元、400元、600元、900元，年度当中第2次住院起付标准降低100元，从第3次住院开始，不再设置起付标准；起付标准至基本医疗保险统筹基金最高支付限额部分，基本医疗保险统筹基金对在职职工支付比例分别为96%、92%、90%、88%，对退休人员支付比例分别为98%、96%、95%、94%，其余费用由个人承担。超过基本医疗保险统筹基金最高支付限额以上的符合统筹基金支付范围的医疗费用，大额医疗保险基金支付90%。5年来，门诊慢性病病种共增加到72种。参保人员患规定的特殊慢性病种，年度内发生的门诊医疗费用作为一次住院费用承担起付标准。其中，在不同级别的定点单位发生门诊医疗费用的，按照就高原则承担起付标准。起付标准至基本医疗保险统筹基金最高支付限额部分，报销比例70%到95%不等。尿毒症透析治疗、器官移植抗排异治疗实行包干结算。

2013年9月始，建立重特大疾病保障制度，参保职工1个医疗年度内发生的符合基本医疗保险支付范围的医疗费用，按规定经基本医疗保险、大额医疗保险、公务员医疗补助支付后，累计负担超出上年度全市在岗职工平均工资50%的部分，基本医疗保险统筹基金再报销70%，再报销限额为50万元。

2014年4月始，实施普通门诊统筹，即参保人员与选定的普通门诊定点医疗机构签约后可享受。在定点医疗机构发生的符合职工基本医疗保险支付范围的门诊医疗费用，单次门诊超20元以上的部分，有职工普通门诊统筹基金支付50%，年度内最高支付500元。

2015年1月始，实施职工长期护理保险试点，分机构护理、居家护理、医疗专护三种护理类别，按规定享受相应的护理支付待遇，参保人员提出申请并经社保经办机构进行审核达到享受护理待遇的标准后，即可办理建床联网手续，发生的符合基本医疗保险药品目录、诊疗项目目录和医疗服务设施范围的医疗护理费用纳入护理保险支付范围，支付比例为机构护理和居家护理发生的医疗护理费用由护理基金支付96%；在一、二、三级定点医院接受医疗专护的，发生的医疗护理费用由护理保险基金分别支付94%、92%、90%。全市确定的定点护理机构共6家，其中机构护理定点机构1家、居家护理定点机构3家、医疗专护定点机构2家。

2011—2015年寿光市城镇职工基本医疗保险统计表

表3 单位：个、人、万元

年份	参保单位	参保人数	征缴	支出	
				人次	金额
2011	1280	142444	31770.69	81685	12242.3
2012	1512	151678	25702.1	96562	13070.49
2013	1369	156856	38103.99	112955	18155.94
2014	1475	159130	39754.4	116105	18274
2015	1475	160683	45362.71	141085	22000

【机关事业单位养老保险】 2011—2015年，机关事业单位养老保险缴费比例为32%，其中单位缴费比例为29%、个人缴费比例3%。根据国家和省关于机关事业单位养老保险制度改革的规定和潍坊市政府《关于印发潍坊市机关事业单位工作人员养老保险制度改革实施办法的通知》具体规定，寿光市机关事业单位养老保险制度改革正式启动。2015年11月始，按照改革后缴费办法，申报缴费基数（各险种执行同一缴费基数），调整社会保险缴费计划；同时调整养老保险缴费比例，医疗、工伤、失业保险缴费比例不变，增加职业年金缴费。养老保险单位缴费比例为本单位工资总额的20%，个人缴费为本人缴费工资的8%。职业年金单位缴纳比例为本单位工资总额的8%，个人缴费比例为本人缴费工资的4%。

基金征缴方面，2011年度机关养老保险基金总收入2.82亿元；2012年度机关养老保险基金2.98亿元；2013年度机关养老保险基金总收入3.23亿元；2014年度机关养老保险基金总收入3.79亿元；2015年度机关养老保险基金总收入4.47亿元。

待遇发放方面，2011年共为7671名离退休人员和302名离休遗属拨付离退休费和离休遗属生活补助27429万元。2012年共为7998名离退休人员和305名离休遗属拨付离退休费和离休遗属生活补助28834万元。2013年共为8331名离退休人员和293名离休遗属拨付离退休费和离休遗属生活补助32799万元。2014年共为8613名离退休人员和282名离休遗属拨付离退休费和离休遗属生活补助37588万元。2015年共为9027名离退休人员和268名离休遗属拨付离退休费和离休遗属生活补助46344万元。

2011—2015年寿光市机关事业单位养老保险统计表

表4 单位：个、人、万元

年份	参保单位	参保人数	征缴	支出	
				人次	金额
2011	277	31964	2.82	7973	27429
2012	275	32348	2.98	8303	28834
2013	270	32847	3.23	8624	32799
2014	269	32847	3.79	8895	37588
2015	314	32709	4.47	9295	46344

【城乡居民养老保险】 2009年12月，寿光市作为潍坊唯一的首批新农保全国试点市，全面开展新型农村养老保险工作。2011年5月，又在潍坊市率先开展城镇居民养老保险试点工作，2项制度合并实施，建立统一的城乡居民基本养老保险制度。至2015年12月底，全市城乡居民养老保险参保人数59.75万人，领取养老金待遇人员19.3万人。

2012年10月始，全市城乡居民基础养老金标准由每人每月55元提高到60元。从2012年度起，增加缴费档次，提高缴费补贴标准。在原有每人每年100元、300元、500元、800元、1000元5个档次的基础上，增加1500元、2000元、2500元、3000元、3500元5个档次；缴费补贴提高为4个档次，即500元（不含）以下档次的补贴每人每年30元,500元、800元档次的补贴每人每年40元,1000元、1500元档次的补贴每人每年50元,2000元（含）以上档次的补贴每人每年60元。2012年被全省表彰为“城乡居民养老保险经办管理示范单位”。

2013年10月始，全市城乡居民基础养老金标准由每人每月60元提高到65元。

2014年5月始，全市城乡居民基础养老金标准由每人每月65元提高到75元。居民养老保险个人缴费标准全市统一设为每年100元、300元、500元、600元、800元、1000元、1500元、2000元、2500元、3000元、4000元、5000元12个档次。其中，100元档次只适用于重度残疾人，低保户和五保户等缴费困难群体的最低选择。除100元档次外，参保人自主选择缴费档次。居民养老保险养老金待遇领取人自死亡次月起停止发放养老金，相关人员在待遇领取人死亡后30日内办理居民养老保险注销登记的，一次性发给500元的丧葬补助金。

2015年1月始，全市城乡居民基础养老金标准由每人每月75元提高到85元。调整缴费补贴标准，500元以下档次的补贴每人每年30元，500元（含）以上档次的补贴每人每年60元。

2011—2015年寿光市城乡居民养老保险统计表

表5　　单位：人、万元

年份	参保人数	征缴基金	缴费财政补贴	支出	
				人次	金额
2011	595534	13684.79	1312.46	161539	10759
2012	597539	14411.39	1415.81	169465	11929.62
2013	623596	14029.89	1342	177158	13804.87
2014	597511	16254.92	1251.08	184566	16178
2015	597516	16070.19	1384.89	193053	21723

【城镇居民医疗保险】 2011年，全市城镇居民参保缴费人数达到153285人，其中未成年居民143622人、一般城镇居民3617人、老年居民6046人。共征缴居民医保费443万元。在2011年度潍坊市城镇居民基本医疗保险考核中，寿光市参保人数位居第1名。将城镇居民基本医疗保险年度统筹基金最高支付限额（原来标准未成年居民4.8万元、老年和成年居民3万元）统一提高到6万；因转诊转院到外地治疗的个人先行负担由10%降低到5%，异地急诊个人先行负担由20%降低到10%；将定点社区医疗机构及一、二、三级医院政策范围内住院报销比例分别提高到85%和75%、65%、55%；建立城镇居民大病补偿医疗保险制度；生育保险联网报销。

2012年，全市城镇居民医疗保险共有34249人参保，其中未成年居民（含学生）参保人数为25342人、成年居民参保人数为3666人、老年居民参保人数为5241人，个人缴费197.38万元。将参保居民在社区卫生服务机构的住院起付标准，由200元降至100元；将参保居民在社区卫生服务机构及一、二、三级医院的政策范围内报销比例由原来85%、75%、65%、55%，分别提高至87%、77%、67%、57%；省内异地就医实现联网结算。

2013 年，全市城镇居民医疗保险缴费人数 41455 人，其中，未成年人 32884 人、成年人 4029 人、老年人 4542 人，个人缴费 206.48 万元。是年，城镇居民基本医疗保险实施潍坊市市级统筹，统一参保范围和项目、缴费标准、待遇标准、基金管理、经办流程、信息管理。建立普通门诊，参保人员发生的符合规定的普通门诊费用，每次就诊个人先行自付 20 元，超出部分，由普通门诊统筹基金报销 50%；将参保居民在社区卫生服务机构及一、二、三级医院的政策范围内报销比例由原来 87%、77%、67%、57%，分别提高至 90%、80%、70%、60%，9 月再次提高到 92%、90%、80%、70%；慢性病保险比例由 50% 提高到 70%。

2014 年，全市城镇居民医疗保险参保缴费 32415 人，个人缴费 259.32 万元。个人缴费取消按照参保人员类型收费，统一缴纳 80 元。统一调整省内异地就医住院费用联网结算支付比例，1 个医疗年度内首次住院为 700 元，二次以后为 300 元，报销比例为 60%。

2015 年 1 月，原城镇居民医保和“新农合”正式整合运行，统称为居民基本医疗保险，全年参保缴费 833231 人，个人缴费 9608.31 万元。参保人员发生的符合规定的普通门诊医疗费按 50% 比例报销，每年最高支付限额由 300 提高到 450 元；门诊慢性病由 14 种增加到 28 种；建立大病医疗保险制度并逐步实现联网结算。

2011—2015 年寿光市城镇居民医疗保险统计表

表 6 单位：人、万元

年份	参保人数	征缴	支出	
			人次	金额
2011	153285	1408.7	5531	1064
2012	34249	1019.35	6590	1176.58
2013	41455	1367.22	6673	1523
2014	32415	1296.6	7330	2005
2015	833231	326271.08	151443	43037

说明：2015 年 1 月始，城镇居民医疗保险称为居民基本医疗保险。

【工伤保险】 2011—2015 年，工伤保险根据不同行业的工伤风险程度确定行业的差别费率，并根据工伤保险费使用、工伤发生率等情况在每个行业内确定若干费率档次，寿光市工伤保险平均缴费费率为 0.77%。

2012 年，将 2 名“老工伤”人员的伤残津贴、护理费、工伤医疗费等待遇纳入工伤保险统筹，筹集“老工伤”费用 4 万元。2014 年，开展工伤职工指纹认证工作。全市目前工伤保险基金发放定期待遇的人员共 426 人，除个别居住远的外地人员外，均已完成指纹采集认证。2015 年，及时贯彻落实国家关于适当降低工伤保险费率的要求，于 9 月、10 月，按规定对 1424 家参保单位和 2 万多灵活就业人员的工伤保险费率进行重新核定，全市工伤保险平均缴费费率由 0.93% 降为 0.77%，从 10 月 1 日起，每月为参保单位和灵活就业人员减轻负担 65 万元。工伤保险费率降低后，工伤职工现有的待遇水平不会因此受到任何影响，而且每年还会随着职工平均工资和生活费用变化等情况逐步调整提高。按照潍坊市人社局《关于进一步扩大工伤医疗康复试点工作有关问题的通知》要求，积极开展工伤康复试点工作，更好地保障工伤职工获得康复医疗的权利。全市经潍坊市劳动能力鉴定委员会确定需要康复的工伤职工2人，在潍坊市中医院进行康复治疗，报销康复费用34273元。积极开展先行支付工伤保险基金追偿工作。寿光市龙源食品有限公司火灾事故发生后，按照潍坊市人社局、社保中心批复，市社保中心按规定先行支付18名工亡职工丧葬补助金414936元，一次性工亡补助金9703800元，共计10118736元，随后依法进行追偿。至2015年12月，追偿工伤保险基金436.8736万元，龙源食品公司尚欠575万元。

2011—2015年寿光市工伤保险统计表

表7 单位：个、人、万元

年份	参保单位	参保人数	征缴	支出	
				人次	金额
2011	1250	127190	3824.78	1003	2142
2012	1336	128990	2488.51	878	2643
2013	1321	130786	3499.65	931	2800
2014	1424	131803	4100	878	2517
2015	1424	133691	4212	20373	52232

【生育保险】 2011—2015年，生育保险缴费比例为1%，职工个人不缴纳生育保险费。

2011—2015年寿光市生育保险统计表

表8 单位：个、人、万元

年份	参保单位	参保人数	征缴	支出	
				人次	金额
2011	876	68317	1644.16	1775	1240
2012	1036	71858	1839.84	2253	1771
2013	994	75426	2248.25	2439	2495
2014	1097	78086	2500.15	4170	2800
2015	1097	80983	2823.84	2793	52232

【失业保险】 2011年，失业保险费共计征收6181万元，其中企业征收4423万元、事业单位1758万元，参保户数达到810户，参保人数74108人。为1460名失业职工发放失业保险金477万元，医疗补助费87.7万元。7月始，失业金月领取标准从514.5元提高到600元；全年失业金扩大支出995.97万元，惠及职工13804人。

2012年，失业保险费共计征收6800万元，其中企业征收4988万元、事业单位1812万元，参保户数达到875户，参保人数81765人。为1465名失业职工发放失业保险金620.25万元，医疗补助金153万元。7月始，失业金月领取标准从600元提高到730元；全年失业金扩大支出1555万元，惠及职工4043人。

2013年，失业保险费共计征收4065万元，其中企业参保人数68327人、保费2923万元，事业单位17988人、保费1142万元。为1243名享受失业金职工累计发放失业保险金750万元，医疗补助金175万元。7月始，失业金月领取标准从730元提高到830元；全年失业金扩大支出2500万元，惠及职工4043人。

2014年，失业保险费共计征收5005万元，其中企业征收3925万元、事业单位1080万元，参保户数达到1136户，参保人数96839人。新增领取失业保险金人员1075名，累计领取失业保险金1881人次，发放失业保险金958万元，缴纳基本医疗费223万元。7月始，失业金月领取标准从830元提高到900元；全年失业金扩大支出1473.19万元，惠及职工2832人。

2015年，失业保险费共计征收5525万元，其中企业征收4192万元、事业单位1333万元，参保户数达到1409户，参保人数107391人。新增核定享受领取失业保险金人员791人，累计领取失业保险金1923人次，发放失业保险金1380万元，缴纳基本医疗费334万元。7月始，失业金月领取标准从900元提高到950元；全年失业金扩大支出1568.4万元，稳岗补贴支出725.94万元，2项支出共惠及企业217家，职工5.2万人。

2011—2015年寿光市失业保险统计表

表9 单位：个、人、万元

年份	参保单位	参保人数	征缴	支出	
				人次	金额
2011	810	74108	6181	1460	565.57
2012	877	81998	6629	1491	773.25
2013	1002	87059	4566	1294	918
2014	1136	96839	5005	1881	1181
2015	1409	107391	5525	1923	1714

民政

【管理机构】 2011年，市民政局下设立7个职能科室：办公室、优抚安置科、社会福利救灾救济科、基层政权和社区建设科、社会事务科（挂地名管理委员会办公室牌子）、民间组织管理科、财务科，人员编制21人。2014年12月撤销社会事务科，成立审批服务科。2015年，下设科室7个：办公室、优抚安置科、社会福利救灾救济科、基层政权和社区建设科、审批服务科、民间组织管理科、财务科，人员编制21人。

【基层自治组织建设】 行政区划调整。2011年12月9日，根据《关于寿光市双王城生态经济园区管委会机构设置问题的通知》，将双王城生态经济园区办公室变更为寿光市双王城生态经济园区管理委员会，管辖区域为双王城水库区域、机械林场区域、巨淀湖区域、牛头镇村（7个村）、寇家坞村（7个村）、卧铺村、吴家卧铺村、李家坞村、六股路村、郭井子村、南木桥村、北木桥村（原行政区划不变）。至2015年底，全市行政区划设置5处街道办事处，分别是圣城、文家、洛城、古城、孙家集；9个镇，分别是羊口、化龙、稻田、台头、上口、田柳、营里、侯镇、纪台；1处生态经济园区，即双王城生态经济园区。辖975个行政村，村（居）民委员会997个，其中村民委员会922个、村改居的居委会53个、城市社区居委会22个。

村（居）民委员会换届选举。（1）第十届村“两委”换届选举。2011年3月10日正式启动并全面铺开，4月20日结束。根据省、潍坊市村“两委”换届选举工作要求，印发《寿光市第十届村民委员会换届选举前期工作要求》，并统一制作换届选举前期工作操作规程，进一步严格程序，规范操作。村“两委”换届选举工作进展顺利，全市975个行政村，除13个村因村庄拆迁等原因审批同意延期换届外，其余全部完成村民委员会换届选举，949个村完成村务监督委员会选举，完成村委会换届的村全部选配妇女成员，村“两委”成员交叉任职比例达到61.2%，村党支部书记与村委会主任“一人兼”比例达到80.2%。同时，13个城市社区完成居民委员会换届选举。（2）第十一届村（居）“两委”换届选举。2014年10月14日正式启动。市里专门成立换届选举办公室，具体负责选举指导工作，及时印发有关文件通知、实施方案、换届规程以及各种涉及选举的法律法规读本等，贴发关于严肃换届选举纪律的各种公告，确保一个风清气正的村委换届环境。在换届选举过程中，组织人员下村具体指导换届工作，切实解决换届选举前的问题，做到问题不解决不换届不选举，促进村委换届选举工作顺利进行。全市975个行政村，除2个村因村情复杂以及经济纠纷无法完成换届外，其余973个村（居）全部完成村委会换届选举，占99.8%；13个城市社区“两委”换届选举已全部完成，居委会主任与社区党委副书记1人兼的13人，占100%。

村民自治。2011年始，全面落实上级有关村民自治的文件和法规，有效保障村民依法自治的权利。2014年，结合党的群众路线教育实践活动，洛城街道东斟灌村成功探索“自主议事、自治管理、自我服务”的村级“三自治理”模式。4月3日，市委办公室、市政府办公室印发《寿光市党组织领导下的村级治理“三自工作法”通知》，在全市推广实施东湛灌村的“三自”工作办法，即在村（含村改居的社区，下同）党组织领导下，在遵守国家和上级政策法规的前提下，村级事务由党员群众自主议事、自治管理、自我服务的工作办法。同时，积极探索村级民主监督工作方式，创新建立寿光市网上“阳光村务监督平台”，确保村务公平工作扎实推进与创新。5月26日，市委办公室制定下发《关于推行网上阳光村务监督平台的实施意见》，市纪委出台《关于印发〈寿光市网上阳光村务监督平台运行管理办法〉和〈寿光市网上阳光村务监督平台工作考核办法〉的通知》，规定每个月都要对各镇街区、各村的村务公开和村务监督工作进行考核，并同步在网上阳光村务监督平台上进行公示。阳光村务信息平台包括“三公开、两承诺、一公示”。“三公开”即村务、党务、财务公开3大类34项内容；“两承诺”即村两委任期公开承诺和村两委年度公开承诺；“一公示”即村两委每季度工作任务完成情况公示。2015年5月，召开全市村规民约修订工作推进会议，开展村规民约修订工作，6月底全方位高质量完成村规民约修订工作。

【社会组织管理】 2011年始，认真执行国务院发布《社会团体登记管理条例》和《民办非企业单位登记管理暂行条例》，2015年《山东省民政厅关于创新社会组织登记和管理工作的通知》鲁民[2015]29号文件出台后，创新社会组织登记和管理工作，积极推进社会组织登记制度改革，认真搞好社会团体注册登记、注销登记、撤销登记等工作。2011年，全市社会团体共注册登记14个，2012年注册登记17个，2013年注册登记6个，2014年注册登记7个，2015年注册登记12个。至2015年12月31日全市共有社会组织150个，共登记注册民办非企业单位198个。

【拥军优抚安置】 **拥军优属**。寿光是革命老区，拥军优属工作具有深厚的群众基础和悠久的优良传统。2011—2015年，市委、市政府认真贯彻落实党中央、国务院、中央军委关于新时期拥军优属、拥政爱民工作的一系列指示精神，深入开展创建双拥模范城（县）活动，对促进地方经济社会协调发展与国防和军队现代化建设发挥积极作用。2011年，潍坊退役士兵蔬菜技术培训基地落户寿光市三元朱村，先后为济南军区、新疆军区、南京军区、二炮等单位培训大棚蔬菜种植技术员1200多人。5年间，依托市人才培训中心，为全军陆、海、空部队和山东省武警部队举办蔬菜种植技术骨干培训班和蔬菜种植技术实用培训班达30余期，培训官兵1200余人，为驻疆、驻藏部队派出技术员37人，培训官兵2100余人，彻底解决边远地区部队官兵吃菜难的问题，有力支持部队后勤建设，为提高部队战斗力做出积极贡献。落实各项政策法规，积极维护军人军属及优抚对象合法权益。专门成立维护军人军属合法权益工作领导小组及法律咨询站，基层法律服务工作者协会为部队举办法制讲座20场次，发放法制宣传资料1200余份，解决法律咨询600余人次。市法院设立涉军案件法庭，5年来，无一起侵害军人利益事件发生。为促进部队法制化建设，维护军人合法权益发挥积极作用。深入广泛开展以为“三老”（老烈属、老伤残军人、老复员军人）解“三难”（生活难、住房难、医疗难）为主题的“爱心献功臣”行动，取得显著成效。不断创新双拥活动方式，丰富活动内容，军政军民关系融洽。妥善处理军地利益关系，未发生一起重大军民纠纷事件。每年“八·一”、春节期间，市委、市政府主要领导都分别带队走访慰问驻潍坊及寿光各驻军单位，还远赴青岛慰问海军“寿光艇”全体官兵，送去地方政府和家乡人民的关怀。2013年，市财政出资1.96亿元，新建1处占地120亩，集办公、训练、娱乐、监管于一体的寿光市监管中心，其中投入2600余万元高标准建设武警中队营房，部队官兵生活居住条件得到彻底改善。开展科技、教育、文化、法律拥军，支持部队建设。

2011年1月，市民政局被潍坊市委、潍坊市政府、潍坊军分区表彰为“关心国防建设十佳单位”。市政协副主席寇振彦被潍坊市委、潍坊市政府、潍坊军分区表彰为“关心国防建设十佳个人”。2012年2月，寿光市被省委、省政府、省军区表彰为“双拥模范城”。7月，寿光市被潍坊市委、潍坊市政府、潍坊军分区表彰为“爱国拥军模范单位”。市民政局副局长李占强被潍坊市委、潍坊市政府、潍坊军分区记二等功。2014年1月，市民政局被潍坊市委、潍坊市政府、潍坊军分区表彰为“关心国防建设十佳单位”。2015年1月，山东联盟化工集团有限公司被省双拥工作领导小组表彰为“山东省基层双拥创建模范单位”。

优抚。优抚对象，包括中国人民解放军现役军人、革命伤残军人、复员退伍军人、革命烈士家属、因公牺牲军人家属、病故军人家属、现役军人家属。2011—2015年，全面落实国家各项优抚工作政策法规，先后数次调整提高优抚对象抚恤补助，不断提高优抚对象生活水平。严格贯彻执行《寿光市优抚对象优待办法》《寿光市优抚对象抚恤定补自然增长机制办法》《寿光市重点优抚对象医疗保障暂行办法》《寿光市抚恤定补优抚对象医疗保障实施细则》等文件，较好地解决重点优抚对象的生活难、医疗难、住房难问题。2011年7月，制定实施《寿光市优抚资金社会化发放暂行办法》，要求全市优抚对象抚恤金、定期定量生活补助费等各项优抚资金，均由市财政拨付到银行统一发放，优抚对象持个人银行存折（卡）及时领取抚恤补助金，进一步简化发放程序，为广大优抚对象提供极大方便。11月，出台《关于做好新形势下征兵工作的通知》，要求义务兵家庭优待金按照“城乡一体、同役同酬”的原则实施发放，发放标准为全市上年度农民人均纯收入额。对在西藏、新疆和国家公布的其他自然条件恶劣地区服役的，其优待金标准不低于普通标准的3倍，《中国社会报》《山东国防报》和济南军区《前卫报》

对寿光市义务兵家庭优待金发放的经验和做法分别进行报道。2014年7月，出台《关于调整抚恤定补优抚对象部分医疗保障待遇标准的通知》，对参加居民基本医疗保险的抚恤定补优抚对象住院费报销比例予以调整。参加居民基本医疗保险的农村七级至十级残疾军人、“三属”、老复员军人，对在居民基本医疗保险报销范围、限额内的住院医疗费用，经基本医疗保险报销后的剩余部分，补助比例由50%调整为75%；对参加居民基本医疗保险的农村带病回乡退伍军人、参战、涉核军队退役人员，补助比例由35%调整为65%；其住院总报销比例分别达到85%和81%左右。5年间，先后为优抚对象发放门诊补助费350多万元，累计为1780名参合优抚医疗对象报销住院医疗费300多万元。

退役士兵安置。2011年始，认真贯彻执行新的《中华人民共和国兵役法》和新的《退役士兵安置条例》，落实建立以扶持就业为主，自主就业、安排工作、退休、供养等多种方式相结合的退役士兵安置制度，妥善安置退役士兵。针对企业改革后用人自主权扩大致安置难度加大的实际情况，市政府高度重视，每年都专门下发文件，并召开安置工作会议专题部署，针对新情况、新问题，不断拓宽退役士兵安置渠道。全市各部门、各企事业单位，自觉克服困难，严格执行安置计划，未发生任何拒收退役士兵现象。根据省、潍坊市有关要求，由市人社局负责，坚持“公开、公平、公正”原则，采取考试与考核相结合的办法，按照不低于当年符合政府安排工作条件的退役士兵总人数10%的比例，择优安置部分退役士兵到行政事业单位。2011—2015年，全市共安置符合政府安排工作条件退役士兵（包括2011年11月1日之前入伍且退役时未选择自主就业的城镇士兵和转业士官）654人，其中91人通过考试考核安置到行政事业单位，其他人员指令性安置到企业或自愿选择自谋职业，共发放自谋职业费2633.7万元。按寿光市城市低保标准，先后为符合政府安排工作条件的退役士兵发放待安置期间生活补助费229.9万元。2012年，根据《山东省人民政府办公厅关于做好自主就业退役士兵一次性经济补助工作的通知》规定，对2011年11月1日以后退役的自主就业退役士兵，按照每服现役1年4500元的标准发放一次性经济补助，5年间共为1602名自主就业退役士兵发放自主就业一次性经济补助3244.1万元。严格贯彻落实新《退役士兵安置条例》《山东省退役士兵职业教育和技能培训绩效考评暂行办法》《山东省退役士兵职业教育和技能培训项目管理办法》和《关于加强退役士兵职业教育和技能培训的意见》等法规政策，依托潍坊科技学院、寿光市职教中心教育资源设立寿光市退役士兵培训中心。根据退役士兵的特点，认真制定培训方案，对退役士兵开展电工、计算机等专业技能培训，共有631名自主就业退役士兵自愿报名参加职业教育和技能培训，经考试考核均拿到相关证书。

烈士褒扬。2011年，市委组织部把寿光市烈士陵园确定为“寿光市党员干部党性教育基地”，2014年潍坊市把寿光市烈士陵园确定为“爱国主义教育基地”，寿光市烈士陵园功能日益突出，作用日益明显，较好地发挥褒扬烈士、教育后人的作用。2011—2015年，扎实开展爱国主义教育，每年清明、“五·四”“六·一”“八·一”“十·一”、抗战胜利纪念日、烈士纪念日期间，市委、市政府专门下发通知，组织党政机关、企事业单位、社会团体和各界群众向烈士敬献花篮，表达对先烈的敬仰之情。针对未成年人特点搞好爱国主义教育。各中、小学校积极开展爱国主义教育活动，先后开展清明节期间的“我为烈士扫墓”活动，儿童节期间的“鲜花领巾献英雄”等活动，全市有69所中、小学校在烈士陵园建立德育教育基地。每年新兵入伍、新党员等都到陵园瞻仰宣誓接受爱国主义教育，每年到陵园接受教育的人数达10万多人。为搞好革命文物的征集，下发《寿光市民政局关于征集文献文物的通知》，并在寿光日报和寿光电视台进行播发，召开军队离退休老干部和优抚对象代表座谈会进行动员，民政干部深入到存有文物的群众家中进行捐献动员，通过多种形式共征集到革命文物文献286件，丰富馆藏内容。为搞好对馆藏文物的利用，多次举办专题展览，整理烈士事迹在报纸和电视台予以宣扬，起到很好的爱国主义教育作用。

5年来，认真贯彻落实《烈士褒扬条例》《烈士纪念设施保护管理办法》，重视加强陵园建设与管理，先后投入200多万元对烈士陵园大门、二门、解放寿光纪念碑、解放寿光纪念亭、雕像及荷花池等建筑设施进行修复。为满足广大群众日益增长的瞻仰和教育活动需求，市财政先后投入60多万元用于陵园绿化改造，先后栽种银杏、樱花、龙柏等树木3000多棵，还自己动手繁育月季、冬青、蔷薇等花卉苗木，营造绿树成荫、鸟语花香的良好环境。2011年，组织对全市烈士进行核查，经核查全市共有烈士3561名，并编写出版《寿光市革命烈士英名录》。同时，为做好零散烈士纪念设施建设保护工作，成立全市专门工作领导小组，经过耐心细致的工作，先后将1684名散葬烈士墓迁入烈士陵园集中管理，627名烈士墓以村为单位进行集中管理，对村集中管理的烈士墓由市财政每个墓每年出资100元进行集中管理，受到烈士亲属和社会各界的好评。2015年7月，民政部国家级烈士纪念设施检查验收组对寿光市烈士陵园进行检查验收，对寿光市烈士褒扬工作给予充分肯定。

【老龄工作】 2011—2015年，每年老年节前、春节前对老年人进行走访慰问。其中，每年老年节前，市领导带领市民政局、老龄办等部门的领导，对全市百岁以上老年人和60岁以上全国及省劳动模范进行走访慰问；每年春节前，市民政局陪同市五大班子领导，对受过省政府以上机关表彰的60岁以上劳动模范逐一走访慰问，同时走访慰问老优抚对象代表和退下来的农村老干部代表。5年来，为弘扬中华民族敬老、养老、助老传统美德，营造浓厚社会氛围，每年10月份在全市广泛开展“敬老月”及庆祝老年节活动。老龄委组织召开全市庆祝老年节会议，集中表彰在老龄工作中做出突出成绩的单位和个人、“十大寿星”“十大孝星”和银龄安康工程先进单位等，发挥典型引导、示范带动作用，营造敬老爱老助老的社会氛围。

继续制定完善和落实有关出行、生活等政策，保障老年人快乐安度晚年。1998年起，寿光市为百岁以上老年人每人每年发放长寿补贴金1200元，2013年百岁以上老年人长寿补贴金增发至每人每年7200元，其中省、潍坊市各配套资金2400元。2015年，寿光市百岁以上老人共42名。对65周岁以上老年人，从2014年7月1日起，交通部门在全市实施持老年证免费乘坐市内公交车政策，共涉及运营线路11条。同时，针对老年乘客出台《关于老年人乘坐城市公交车的若干规定》，至2015年底，共为老年人免费办理IC卡1.2万多张。

【社会救济】 **救灾**。2011年9月，寿光遭受洪涝灾害，有5万人受灾，受灾玉米19360亩、棉花42600亩、盐田675亩、养殖棚78个，猪、鸭、鸡等大量流失，冲毁道路6500米，受损桥梁2处、受损机井186眼。直接经济损失达1.6亿元，其中农业经济损失1.37亿元，工业损失2000万元，基础设施损失300万元。组织干部群众和警力2000人次，出动机械80多台次开展救灾，共疏散群众90余户、180人，解救被困群众80余户、200人。全年共为困难群众发放救灾救济面粉404.575吨，临时生活困难救济款10万元。

2012年8月，寿光遭受台风灾害，受灾人口10.7万人，10个村庄进水，受损房屋795间，受灾玉米93000亩、棉花57290亩、养殖棚2128个（死亡鸡159100只、鸭113200只、猪30410头）、果园2276亩、蔬菜大棚210个、盐田13873亩，被毁基础设施水幕电影1处、水渠83公里、道路8公里、水井72眼、卤水井100眼，被淹林木7260亩。直接经济损失达62986万元，其中农业经济损失28147万元，工业经济损失34839万元。投入救灾人员12333人次，投入救灾物资编织袋87200条、钢丝6700斤、木桩4350根、铁锹1320张、照明工具520个、麻绳2000条，出动机械711台次，紧急转移群众3780人，投入救灾资金2300万元。全年共发放困难群众生活救济面粉517吨，救灾资金135万元。

2013年7月，寿光遭受洪涝灾害，受灾人口6500人，受灾棉田730公顷，受灾林地260公顷（白蜡树150公顷、千头椿树30公顷、国槐50公顷、香花槐及刺槐树30公顷），受灾果园30公顷，受灾芥菜66公顷，直接经济损失约1360万元。是年，市财政投资34万元购置帐篷、棉被、棉大衣、折叠床、雨衣、雨靴等部分救灾物资及装备。共为困难群众发放救济面粉350吨，发放冬春生活救济款17万元。

2014年，共为困难群众发放救济面粉106吨，发放冬春生活救济款89万元。

2015年，建立实施自然灾害民生综合保险制度。自6月30日起在羊口镇、古城街道先行试点。市、镇（街）财政出资26万元为羊口镇和古城街道居民按每人每年2元标准参加自然灾害公众责任保险，家庭户1处自住房按每户每年2元标准参加自然灾害家庭房屋保险。2015年为5户家庭赔付保险金9.9万元。

2015年，为困难群众发放救济面粉106吨。

救济。2014年7月，出台《寿光市临时困难救助实施细则》，寿光市开始建立实施临时救助制度。2015年，共为89户困难家庭发放临时救助金42万元。

捐助。2011年，深入全市开展“六大救助工程”和其他各类救助活动，共发放善款405.9万元，直接救助各类困难群众1913人。其中，康复助医工程，救助因患重大疾病花去大额医疗费用而造成家庭困难者487人，共发放救助金158.1万元。朝阳助学工程，救助贫困家庭中品学兼优的大学新生及高中新生190名，共发放救助金50.6万元。夕阳扶老工程，救助贫困家庭老年人230名，同时安排50万元资助老年服务中心支持全市养老服务设施建设，共发放救助金77.6万元。爱心助残工程，救助全市贫困家庭残疾人274人，资助市聋哑学校、市辛欣特殊教育中心支持特殊教育事业发展，发放救助金37.4万元。真情助孤工程，救助全市孤儿学生39人，发放救助金17.4万元。救助在重大自然灾害、社会性突发事件或意外事故导致家庭生活无力维持亟须得到临时特别救助者180人，发放救助金64.8万元。

2012年，继续开展“六大救助工程”和其他各类救助活动，共发放善款552.58万元，直接救助各类困难群众3765人。其中，康复助医工程，救助因患重大疾病花去大额医疗费用而造成家庭困难504人，共发放救助金81.9万元。朝阳助学工程，救助贫困家庭中品学兼优的大学新生及高中新生189名，共发放救助金42.3万元。根据市委、市政府意见，将是年夕阳扶老工程和爱心助残工程合并为情暖寿光工程，共为全市2276名困难老人和困难残疾人发放由寿光市千榕家纺按照国家规范标准生产的棉被、棉褥、床单、被套（六件套）床上用品1套，共计支出199.88万元。真情助孤工程，救助全市孤儿学生43人，发放救助金19万元。共救助在重大自然灾害、社会性突发事件或意外事故导致家庭生活无力维持亟须得到临时特别救助者209人，发放救助金50.7万元。增设“12123慈善救助日”救助项目，对急需救助人员每月开展1次应急性救助，全年共救助85人，发放救助金26.9万元。

2013年，共发放善款467.75多万元，直接救助各类困难群众2842人。其中，康复助医工程，救助因患重大疾病花去大额医疗费用而造成家庭困难者471人，共发放救助金161.1万元。朝阳助学工程，救助贫困家庭中品学兼优的大学新生及高中新生146名，共发放救助金42.5万元。夕阳扶老工程，救助贫困家庭老年人481名，同时安排50万元支持社会福利中心建设和改善五保老人生活条件，共发放救助金107.72万元。爱心助残工程，救助全市贫困家庭残疾人260人，资助市聋哑学校、市辛欣特殊教育中心支持特殊教育事业发展，发放救助金36万元。真情助孤工程，救助全市孤儿学生51人，发放救助金19.96万元。共救助在重大自然灾害、社会性突发事件或意外事故导致家庭生活无力维持亟需得到临时特别救助者211人，发放救助金73.5万元。每月按时开展“12123慈善救助日”项目，救助困难群体79人（户），发放救助金26.97万元。

2014年，共发放善款461.9万元，直接救助各类困难群众2559人。其中，全年每月按时开展“12123慈善救助日”项目，救助困难群体92人（户），发放救助金49.7万元。创新增加及实施“关爱最佳孝心少年”救助项目，为10名获得“寿光市最佳孝心少年”称号的少年每人发放救助金5000元，共计5万元。朝阳助学工程，救助贫困家庭中品学兼优的大学新生及高中新生122名，发放救助金38.8万元。真情助孤救助工程，救助在校孤儿学生57名，发放助学救助金21.86万元。夕阳扶老工程，救助困难老人392人，同时安排50万元支持社会福利中心建设和改善五保老人生活条件，共发放救助金97.04万元。爱心助残工程，救助困难残疾人258人，资助市聋哑学校、市辛欣特殊教育中心支持特殊教育事业发展，共发放救助金35.8万元。康复助医工程，救助因患重大疾病花去大额医疗费用而造成家庭困难者392人，共发放救助金155.2万元。共救助在重大自然灾害、社会性突发事件或意外事故导致家庭生活无力维持亟须得到临时特别救助者153人，发放救助金58.5万元。

2015年，共发放善款493.584万元，直接救助各类困难群众2634人。其中，康复助医工程，共救助因患重大疾病花去大额医疗费用而造成家庭困难者 474人，共发放救助金187.6万元。朝阳助学工程，救助贫困家庭中品学兼优的贫困生大学新生和高中新生139名，共发放救助金45.8万元。夕阳扶老工程，救助贫困家庭老年人350名，同时安排60万元支持社会福利中心建设和改善五保老人生活条件，共发放救助金102万元。爱心助残工程，救助全市贫困家庭残疾人495人，资助市聋哑学校、市辛欣特殊教育中心支持特殊教育事业发展，发放救助金33.5万元。真情助孤工程，救助全市孤儿学生59人，发放救助金24.4万元。共救助在重大自然灾害、社会性突发事件或意外事故导致家庭生活无力维持亟须得到临时特别救助者138人，发放救助金52.2万元。创新增加及实施“关爱道德模范”救助项目，为5名困难道德模范每人发放救助金5000元，共计2.5万元。全年每月按时开展 “12123慈善救助日”项目，救助困难群体77人(户)，发放救助金43.184万元。创新增加“关爱两癌妇女”救助项目，共救助患两癌困难妇女8人，发放救助金2.4万元。

“慈心一日捐”活动。2011年，按照省和潍坊市慈善工作的统一安排，在全市范围内开展“慈心一日捐”慈善捐助活动，共收到365个单位(含镇街属企业194个)和个人的捐款共计 732万余元。2012年，根据省、潍坊市的统一安排和要求，全市2012年“慈心一日捐”活动于5月28日正式启动，6月4日开始接收捐款，7月12日结束，市慈善总会共收到599家部门、单位、企业和个人捐款791万元。2013年8月2日，启动“慈心一日捐”活动，8月3日开始接收捐款，10月17日结束，各部门、单位、企业、村居和个人踊跃捐款，奉献爱心，市慈善总会共接收到673家部门、单位、企业、村居和个人捐款831万元。2014年“慈心一日捐”活动共接收到581家部门、单位、企业、村居和个人的捐款812万元。2015年“慈心一日捐”活动自8月14日开始接收捐款至10月31日结束，市慈善总会接收到567家部门、单位、企业和个人的捐款794万元。

医疗救助。2011年，依托新型农村合作医疗系统，全市14个镇街、29个定点医疗机构全部开通农村低保、农村五保医疗救助“一站式”即时结算服务。共为2215人城乡低保对象、农村五保对象、重点优抚对象发放城乡医疗救助金107.2万元。出资52.6万元，资助17533名城乡低保对象、农村五保对象、重点优抚对象免费参加新农合。7月，针对重度精神障碍患者出台《严重精神障碍患者医疗救助的实施意见》，对符合救助条件并办理医疗救助证的患者到指定医院治疗产生的费用进行救助，共为695名严重精神障碍患者办理严重精神障碍患者医疗救助证，为51名严重精神障碍患者发放医疗救助金3.4万元、生活费补助1.3万元。

2012年，为2771名城乡低保对象、农村五保对象发放城乡医疗救助金144.3万元。出资158.9万元资助31786名城乡低保对象、农村五保对象、重点优抚对象免费参加新农合。为175名严重精神障碍患者发放医疗救助金10.9万元、生活费补助8.3万元。是年，寿光市被列为全国重特大疾病医疗救助试点单位，8月出台《寿光市城乡居民重特大疾病医疗救助试行办法》，全年为1037人发放重特大疾病医疗救助金720万元。

2013年11月，重新修订《寿光市城乡医疗救助办法》，将城乡医疗救助比例提高到60%，医疗救助限额1.5万元。全年为2020名城乡低保对象、农村五保对象发放城乡医疗救助金101万元，为1045人发放居民重特大疾病医疗救助金658.7万元，为67名严重精神障碍患者发放医疗救助金18.6万元、生活费补助6.3万元。出资192.7万元资助 27524 名城乡低保对象、农村五保对象免费参加新农合。

2014 年 8 月，再次修订《寿光市城乡医疗救助办法》，将城乡医疗救助比例提高到 65%，医疗救助限额 2 万元。全年共为 728 名城乡低保对象、农村五保对象发放城乡医疗救助金 64 万元，为 1301 人发放居民重特大疾病医疗救助金 686 万元，为 114 名严重精神障碍患者发放医疗救助金 29.2 万元、生活费补助 6.7 万元。出资 188 万元资助 20903 名城乡低保对象、农村五保对象、孤儿免费参加城乡居民医疗保险。

2015 年 7 月始，城乡医疗救助比例由 65% 提高到 70%，医疗救助限额 2 万元。全年为 654 名城乡低保对象、农村五保对象发放城乡医疗救助金 111.9 万元，为 123 名严重精神障碍患者发放医疗救助金 29 万元、生活费补助 7.5 万元。出资 188 万元资助 20903 名城乡低保对象、农村五保对象、孤儿免费参加城乡居民医疗保险。

【社会福利】 **城市居民最低生活保障**。2011 年 7 月始，全市城市居民最低生活保障（简称城市低保）标准由每人每月 310 元提高到每人每月 330 元。是年，全市共有城市低保对象 355 户、736 人，发放城市低保金 204.5 万元。同时，建立民政社会救助信息管理平台，实现城乡低保、农村五保等业务网上审核、审批。

2012 年 1 月始，全市城市低保标准由每人每月 330 元提高到每人每月 360 元。11 月 1 日，再次提高城市低保标准，由每人每月 360 元提高到 400 元。是年，配合国家审计署完成对全市社会救助资金审计工作，并及时对审计过程中发现的个别低保户拥有车辆等问题进行整改。全市共有城市低保对象 289 户、540 人，发放城市低保金 207.1 万元。

2013 年 6 月，召开全市农村低保核查工作会议，部署全市农村低保核查工作。经核查，取消 8929 人不符合低保条件的农村低保对象低保待遇。7 月 1 日始，全市城市低保标准由每人每月 400 元提高到每人每月 450 元。是年，全市共有城市低保对象 263 户、446 人，发放城市低保金 183 万元。

2014 年 5—9 月，根据省民政厅统一安排，在全市开展 “阳光低保” 专项行动，对所有低保对象普遍开展走访调查和信息核对，全市共清理清退 1338 名不符合条件的低保对象。是年，全市有城市低保对象 220 户、361 人，发放城市低保金 157 万元。同时，根据潍坊市物价局、民政局、财政局转发《关于做好居民阶梯电价全省城乡“低保户”和农村“五保户”免费电量款发放工作的通知》要求，自 2012 年 7 月 1 日起为城乡低保对象按每户每月 15 度电（每度电 0.5469 元，折合人民币 8.2 元）的标准发放免费电量款，全年共为 10489 户城乡低保家庭发放免费电量款 304.9 万元。

2015 年 10 月 1 日始，全市城市低保标准由每人每月 450 元提高到每人每月 480 元。是年，全市共有城市低保对象 220 户、364 人，发放城市低保金 143.8 万元。共为 10207 户城乡低保家庭发放免费电量款 101.3 万元。

农村居民最低生活保障。2011 年 7 月 1 日始，农村居民最低生活保障（简称农村低保）标准由每人每年 1600 元提高到每人每年 2000 元。是年，全市有农村低保对象 15232 户、27493 人，发放农村低保金 3103.2 万元。同时，建立民政社会救助信息管理平台，实现城乡低保、农村五保等业务网上审核、审批。

2012 年 1 月 1 日始，全市农村低保标准由每人每年2000元提高到每人每年2500元。是年，全市有农村低保对象14503户、25669人，发放农村低保金5405万元。同时，配合国家审计署完成对全市社会救助资金审计工作，及时对审计过程中发现的个别低保户拥有车辆等问题进行整改。

2013年6月5日，召开全市农村低保核查工作会议，部署全市农村低保核查工作。经核查，取消8929人不符合低保条件的农村低保对象低保待遇。7月1日始，全市农村低保标准由每人每年2500元提高到每人每年2700元。是年，全市有农村低保对象11854户、19843人，发放农村低保金5210.5万元。

2014年5—9月，根据省民政厅统一安排部署，在全市开展"阳光低保"专项行动，对所有低保对象普遍开展走访调查和信息核对，共清理清退1338名不符合条件的低保对象。7月1日起，农村低保标准由每人每年2700元提高到每人每年3100元。是年，全市有农村低保对象10269户、16460人，发放农村低保金3643.2万元。同时，根据潍坊市物价局、民政局、财政局转发《关于做好居民阶梯电价全省城乡"低保户"和农村"五保户"免费电量款发放工作的通知》要求，自2012年7月1日起为城乡低保对象按每户每月15度电（每度电0.5469元，折合人民币8.2元）的标准发放免费电量款，全年共为10489户城乡低保家庭发放免费电量款304.9万元。

2015年10月1日始，全市农村低保标准由每人每年3100元提高到每人每年3400元。是年，全市有农村低保对象9987户、15503人，发放农村低保金3858.9万元。共为10207户城乡低保家庭发放免费电量款101.3万元。

五保供养。2011年7月1日始，全市农村五保集中供养标准由每人每年4200元（含水电暖费用每人每年1600元）提高到每人每年4600元，分散供养标准由每人每年1600元提高到每人每年2000元。是年，农村五保集中供养对象1056人，分散供养对象157人，集中供养率87%，发放农村五保供养金342.1万元。

2012年1月1日始，全市农村五保集中供养标准由每人每年4600元提高到每人每年4900元，分散供养标准由每人每年2000元提高到每人每年2500元。是年，农村五保集中供养对象975人，分散供养对象104人，集中供养率90.4%，发放农村五保供养金377.5万元。

2013年7月1日始，全市农村五保集中供养标准由每人每年4900元提高到每人每年6400元，分散供养标准由每人每年2500元提高到每人每年3600元。是年，农村五保集中供养对象873人，分散供养对象66人，集中供养率93%，发放农村五保供养金447万元。

2014年7月1日始，全市农村五保集中供养标准由每人每年6400元提高到每人每年7000元，分散供养标准由每人每年3600元提高到每人每年4000元。是年，农村五保集中供养对象854人，分散供养对象58人，集中供养率93.6%，发放农村五保供养金462.9万元。同时，根据潍坊市物价局、民政局、财政局转发《关于做好居民阶梯电价全省城乡"低保户"和农村"五保户"免费电量款发放工作的通知》要求，自2012年7月1日起为农村五保对象按照按每户每月15度电（每度电0.5469元，折合人民币8.2元）的标准发放免费电量款，全年为农村五保对象发放免费电量款23.6万元。

2015年10月1日始，全市农村五保集

中供养标准由每人每年7000元提高到每人每年7200元，分散供养标准由每人每年4000元提高到每人每年4200元。是年，农村五保集中供养对象835人，分散供养对象63人，集中供养率93%，发放农村五保供养金480.4万元。共为898名农村五保对象发放免费电量款8.8万元。

福利彩票。1987年，国务院批准发行福利彩票，时称有奖募捐。1990年寿光开始销售福利彩票募集福利基金。2004年始，福彩投注站由潍坊市福利彩票发行中心直接管理，寿光市民政局代管。2011年，全市共有福彩投注站100个，其中城区站点52个、镇（村）站点48个。5年来，寿光市按照福利彩票“扶老、助残、救孤、济困”的发行宗旨，所筹集的公益金重点用于老年服务中心、社会福利中心、残疾人、孤儿、有特殊困难及遭受自然灾害等特殊群体的社会福利设施建设。

2011—2015年寿光市福利彩票销售情况统计表

表10　单位：万元

年份	类型	销量	类型	销量	类型	销量
2011	刮刮乐	2341	电脑票	7886	中福在线	2473
2012	刮刮乐	2477	电脑票	8045	中福在线	3169
2013	刮刮乐	1684	电脑票	7823	中福在线	3136
2014	刮刮乐	1915	电脑票	8344	中福在线	3395
2015	刮刮乐	1183	电脑票	8481	中福在线	4142

社会福利企业。2011—2015年，全市社会福利企业认真落实上级有关残疾政策，每年都积极安置残疾职工就业，及时与残疾职工签订劳动合同，为残疾职工缴纳基本养老保险、医疗保险等5项社会保险，并通过银行向安置的残疾职工发放工资。

2011—2015年寿光市社会福利企业有关情况统计表

表11

年份	福利企业（个）	安置残疾职工（人）	残疾职工就业		年销售收入（万元）	实退增值税（万元）	残疾职工签劳动合同数（件）	残疾职工交五险人数（人）
			人数（人）	占职工％				
2011	18	-	1912	-	317489	2661.78	1912	1912
2012	18	-	1792	-	247916	1813.7	1792	1792
2013	15	4428	1348	30.4	224719	3408.3	1348	1348
2014	15	4324	1262	29.2	218481	3737.17	1262	1262
2015	15	4175	1218	29.2	207652	3240	1218	1218

【婚姻 收养 殡葬】 婚姻登记。2011年，全省婚姻登记机关2011年7月25日正式启用民政部开发的全国婚姻登记管理信息系统，联网办理婚姻登记业务。2013年，省民政厅印发《山东省婚姻登记信息化管理规定》。2014年4月，市民政局荣获“全国AAA级婚姻登记机关”荣誉称号。

2011—2015 年寿光市婚姻登记情况统计表

表 12

年份	结婚登记（对）	离婚登记（对）
2011	10312	1152
2012	9205	1382
2013	8358	1518
2014	7666	1568
2015	7024	1652

收养登记。2011 年始，使用全国收养登记系统，共办理收养登记 25 件。2012 年，共办理收养登记 10 件。2013 年 5 月，进一步做好弃婴相关工作，全年办理收养登记 34 件。2014 年 9 月，进一步规范父母特殊困难无能力抚养的子女和社会散居孤儿的收养工作，全年办理收养登记 44 件。2015 年，共办理收养登记 48 件。

殡葬管理。2011 年始，继续推行殡葬改革。12 月，稻田镇西刘营村率先垂范，村委主任直接负责红白理事会工作，坚持喜事新办，丧事俭办，并纳入村规民约。村民亡故后，丧事到殡仪馆举行，村委补助丧葬费 500 元。是年，全市火化尸体 7268 具。2012 年，全市火化尸体 7429 具。2013 年，全市火化尸体 6980 具。2014 年，洛城街道制定《洛城街办殡葬管理规定》，村（居）民当日死亡，当日出殡，不待客、不穿白。厚养薄葬、移风易俗之风在洛城普及。是年，全市火化尸体 6899 具。2015 年，全市火化尸体 7105 具。（1）设施建设方面。2012 年，拆除炉条式普通火化机，全部使用捡灰式平板火化机；新建职工食堂；增加“怀念厅”，为丧属守灵、告别提供方便。在尸体运送方面，继续执行 2006 年 2 月 20 日市民政局、公安局联合下达的《关于整顿全市遗体运输的通知》精神，即殡管所以镇街殡葬服务站为依托，整顿运尸秩序，车辆重新挂牌服务，划定运尸服务范围。2013 年 5 月，全市 37 台个体运尸车辆更换为金杯 SY5033XBY 殡仪服务用车，有效提高遗体运输服务车辆的安全性和规范性。2015 年，全市共有运尸车辆 59 部。（2）骨灰存放方面。2012 年 10 月开始动工新建东城公共陵园，主要服务于洛城街道、圣城街道部分村（居），政府计划投资 6000 万元，计划建造 4 万余个墓穴，到 2015 年底，政府已投资 2000 万元，已建成 1.3 万个墓穴，停车场占地面积 2500 平方米，已修道路 2 万平方米；有 21 个村（居）公墓搬入陵园，已迁入 6000 余个墓穴。陵园绿化环境占总面积的 60%，墓地面积占 40%，真正实现墓地园林化。（3）惠民政策方面。2011 年 12 月始，出台《寿光市困难群众基本殡葬服务费用减免试行办法》，对全市低保户、五保户、重点优抚对象、百岁老人、建国前老党员等困难群众的基本殡葬服务费用实行减免政策。2013 年 4 月始，执行《寿光市人民政府办公室转发市民政局、市财政局关于减免基本殡葬服务费用的意见的通知》，殡葬惠民政策由困难群体延伸到寿光市全体居民。

（崔晓兵）

镇街区概况

圣城街道

【概 况】 位于市区，总面积65.16平方公里，辖14个城市社区、42个农村社区、28个行政村，总人口26万。2001—2015年，先后获全国千强乡镇、中国乡镇投资潜力500强、山东省和谐示范街道、山东省文明街道、山东省社会文化先进街道、山东省旅游强乡镇等称号。2015年，全街道完成地区生产总值165.3亿元，其中地方财政收入67067万元。

【三产服务业】 2011—2015年，以转方式、调结构为主线，加强重点项目建设。依托城区资源优势，2011年引进苏宁电器、国美电器、红星美凯龙，2013年引进德克士、必胜客，2015年引进万达、京东等众多国际国内一线品牌。2012年，东关社区通过租赁大仓、赵旺铺村土地方式，开工建设上海车配龙国际汽车广场，2013年开工建设晨鸣国际物流园。5年间，突出电商物流、商务楼宇、特色街区“三大经济”，先后开工建设乐尚中心、金顿一品、圣城国际、首玺等6大高端商务楼宇，红星美凯龙、新城明珠等10大城市综合体，学院路新型商业、幸福路文化休闲、正阳路餐饮娱乐、菜都路市场物流等12条特色商业街。三产服务业增加值占GDP的比重由2011年的不足50%提升到2015年的80%，服务业税收占地方财政收入比重达80%左右，社会消费品销售额达120.2亿元。

【工 业】 2011年始，以优化结构，转型升级为导向，发展企业总部经济和低能耗、高科技的绿色工业。通过减免企业税收、降低土地租赁费等优惠政策、鼓励企业退城进园，到寿北工业园区上项目。2011年，开工建设天成宠物食品、隆鼎石油装备等10个过亿元项目。2012年，又在寿北工业园区开工建设投资10.6亿元的坤都木业美式橱柜、投资3.3亿元的大友生物化工和1.5亿元的滨海热电等项目。5年间，推动企业转型升级，山东玉马窗饰制品有限公司、联盟化工等15个企业，顺利实现由粗放到精细、由高耗低效到低耗高效的转变，延长产业链，增加经济效益，2015年工业产值584.6亿元，利税52.6亿元。

【农　业】　2011—2015年，全街道共有耕地面积2.6万亩，主要种植大棚蔬菜。2015年共建有蔬菜大棚1.8万个，面积2.2万亩，种植的蔬菜品种主要有黄瓜、西红柿、茄子、辣椒、芸豆、丝瓜等，年产各类蔬菜3亿公斤。

【城乡一体建设】　城中村改造。2011—2015年，按照政府引导、市场运作、集中连片开发的改造模式，城中村改造向组团化、社区化、高层化发展。其中，城里、东关、九巷、南魏、南前三里、崔家、小东关、北坦等城中村进行的别墅楼村改造基本完成；徐家、椒园、三官庙、后张、辛庄、前张等社区推行楼房化改造，东夏、梨园、南后三里、东付、前朴、赵仕、东七、桑仕、北魏、仁和等村和社区进行公寓楼改造，全街道城中村改造完成的村和社区达24个。

环境整治。2011年始，以全市创建国家卫生城市为契机，狠抓农村环境卫生综合整治。38个城中村的卫生交由市环卫局托管，其余32个城郊村垃圾由街道负责打扫清运。同年，投资500多万元建设生活垃圾压缩式中转站，新购环卫车辆5台，招聘专职环卫清扫人员500多名，购置垃圾桶3000余个。为保持村内街巷整洁，5年间坚持每季度组织环境卫生大整治、大评比，做到当日垃圾及时清运，保持农村环境卫生整洁，为2014年通过国家卫生城市复审和2015年通过全国文明城市创建初审做出贡献。

【社区服务】　2011年始，以“品牌社区”创建为目标，推行“一委一居一站”城市社区管理新体系，即每个社区均成立党委、居民委员会和综合服务站。2012年，原有的13个城市社区全部建立综合服务站，2013年成立党委，2015年又新组建金海社区。为搞好服务，2012年投资300余万元，建立“数字社区”管理服务平台，联通政府部门下沉到社区的户籍、计生、保险、低保等业务系统。同时，创新推行信用计生，探索实施“分线划片包格”服务体系和“听百姓说事、为百姓办事、请百姓评事”三步为民服务法，切实为城市居民解决日常生活中实际困难，及时为居民办理老年证、养老保险、残疾人证，开展大病救助、就业援助，低保困难家庭审查等，城市居民满意度进一步提升。2014年始，协调市房管局、财政局、建设局等职能部门，首先对现代小区进行改造，2015年对南关、三里小区进行改造，探索建立以“群众为主体、政府为主导”的居民“自治改造”模式，至2015年共改造老旧小区5个，投入资金约2000万元，居民对改造效果非常满意。2015年，按照“互联网＋服务”的理念，研发“e社区”移动生活服务平台，覆盖所有城市社区，使社区的管理和服务更精细、便民和智能。

【社会治理】　5年间，在安全生产上，推行“网格化”常态管理，按照属地和行业管理原则，对辖区内的近万家生产经营单位落实具体责任人，并每月进行检查整改。在食品、农产品安全上，推行班子成员包片、街道干部包市场、村级专人管理的“定责任、定区域、定人员”的“三定”监管模式，送检与抽检相结合，对辖区内4100余户食品经营户、4个农贸市场、62个农村蔬菜交易市场实行全方位监管。至2015年，全街道8个片区党员群众服务中心、70个农村党员群众服务站均已建成使用。

【民生事业】 2011年始，不断加快民生项目建设。2013年，设立城市社区日间照料中心和四点半学校，解决60岁以上老人日间照料问题和孩子放学后无人看管问题，至2015年共设立9个城市社区日间照料中心、14个四点半学校。2014年，投资建设太阳城老年服务中心，为实现老有所养、提高养老条件提供保障。建设历史文化中心，为整个城市的发展提供新的文化动力。开工建设现代医院病房综合楼，提高卫生医疗水平。2015年，开工建设世纪凤华学校和学府书香苑幼儿园，为教育事业的发展增添动力。积极实施文化惠民工程，建立覆盖全街道的83处文化大院和农家书屋，丰富群众日常生活，提高群众文化素养。

2011—2015年圣城街道主要社会经济情况统计表

表1 单位：亿元

年份	财政收入		规模以上企业总产值		工业主营业务收入		工业企业利税	
	共计	增长%	共计	增长%	共计	增长%	共计	增长%
2011	3.46	14.5	77.72	25.7	74.92	22.4	5.56	19.9
2012	4.07	17.6	102.06	31.2	97.68	30.5	7.63	36.8
2013	5.06	2.1	118.82	15.2	115.00	16.3	10.67	38.3
2014	5.62	11.2	110.77	−4.3	110.35	−1.2	10.74	1.4
2015	6.71	19.3	175.23	1.9	175.60	2.5	17.98	8.8

（杨成民 刘希强）

古城街道

【概 况】 位于寿光市区北郊，与寿光经济开发区实行“区街合一”建制，总面积85.8平方公里，辖61个行政村、1.5万户、5.5万人。2015年，全街道完成地方财政收入4.36亿元，农民人均纯收入16270元。系国家级生态镇，山东省先进省级开发区、新型工业化产业示范基地、高端石油装备制造产业园区，潍坊市先进省级开发区、信息化与工业化融合试验园区、创先争优先进基层党组织。

【工 业】 2011年始，古城街道以科技工业园为依托，以转方式、调结构为主线，以大项目建设为带动，优化产业结构，转变经济发展方式，大项目建设迅速发展成为街道的重要经济支柱。2011年，共新建续建过亿元工业项目10个，其中投资过10亿元项目4个。2012年新建续建过亿元项目15个，其中过10亿元项目5个。2013年，投资15亿元的巨能100万吨石油管材精加工、投资3亿元的喜丰塑业、年产5000吨塑料节水器材2个项目于3月份动工建设。2014年，街道新建联盟LNG钢瓶、乙撑胺、康诺精工、永力智能塔机等过亿元项目8个，形成先进装备制造、生物医药、现代服务3大主导产业同步推进、竞相发展的新格局。2015年，新开工工业项目5个，分别是康跃汽车尾气净化器、巨能生物质热塑复合材料、华鑫高压电机、三洋美式橱柜、山东泰沃农作物秸秆综合利用；正在办理手续工业项目5个，分别是巨能高品质特钢精整生产线和研发中心、巨能中水回用、三洋精美橱柜、大德智能机械、宝隆油井阀门。其中，山东泰沃农作物秸秆综合利用项目于11月动工建设，预计2016年6月底建成投入使用，项目计划投资2亿元，占地200亩，采用国内最先进的秸秆处理技术，年处理秸秆能力可达60~80万吨，生产高品质生物有机肥10~20万吨，具有较高的经济和社会效益。是年底，全街道规模以上工业企业达到41家，规模以上工业实现产值499457万元，增幅14.5%；主营业务收入503128万元，增幅13.6%；利税60225万元，增幅15.9%；利润51251万元，增幅14.9%；固定资产投资38.4亿元，增幅11.93%。

【农 业】 2011年，古城街道高度重视农民专业合作社建设，成立合作社建设领导小组，有分管领导和专人抓合作社建设。全街道集体农用地总面积 76815亩，其中流转土地2400亩，新发展农民专业合作社32个，合作社联合社1个，促进农业增效、农民增收，成为拉动地方经济增长的新引擎。2014年，农民合作社达131家，业务范围涉及蔬菜、农资、畜牧业、农机、粮食等。2015年，按照全市统一要求，积极推进村“两委”领办创办合作社工作，配合寿光日报社在北孙村、垒村揭牌成立2家“菜农之家”示范社。在发展村两委领办创办合作社过程中，以“菜农之家”联合社为样板，先后创建26家合作社，实现蔬菜优质优价，让人们共享蔬菜标准化生产成果，成功创新农业投入品全程控制模式。8月4日，全市村“两委”领班创办合作社现场会在古城街道召开，会议肯定和推广此项工作成果。

5年间，古城街道按照标准化、基地化、品牌化、高端化的发展思路，规范农民专业合作社发展，积极推行基地＋合作社＋农户的农业发展新模式，发展农业园区，研发生产绿色有机蔬菜及功能性营养蔬菜，带动全街道农业产业结构的优化升级。2012年上半年，建设大宇舜龙、霖生、润通3个过500亩种植基地，德济兴、盛诚、润田3个过80亩养殖基地，金园、东森、红日3个苗木基地，全街道蔬菜种植、畜禽养殖及苗木繁育三类园区齐头向基地化发展迈进。同时，对境内主产的西红柿、青椒、茄子、丝瓜、黄瓜等优质蔬菜，加强品牌化建设，突出打造“西红柿之乡”金字招牌，全面加快品牌培育和认证。至2015年，美微、丰浚2个蔬菜基地通过国家农业部“绿色食品”基地认证，先后有24个品种通过绿色食品认证；全街道绿色食品基地达到4个，绿色食品达到45个，“绿色食品”不断向品牌化、高端化发展。其中，西红柿已注册“圣珠”牌商标，并获批建设1.5万亩国家级西红柿标准化示范区，总种植面积达到2.6万亩，系著名的“中国西红柿之乡”。

【基础设施】 2011年始，古城街道以道路改造为突破点，加大基础设施配套建设，发展环境更加优化。2012年，抓住寿济路改造、金海路北伸、安顺街东伸等市政工程建设机遇，积极配合搞好沿途村庄的地面附着物拆迁。2014年，投资5.9亿元完成寿济路、安顺街、兴业路3条总长14公里道路的拓宽改造工程，构建起“四横五纵”的路网体系。投资900万元，完成总长9.6公里的镇村道路网化工程，农村道路更加畅通。2015年，完成寿济路改造工程的拆迁扫尾工作；全长5公里的羊临路拓宽改造工程全面进入建设阶段，于11月底竣工通车。10月，投资280万元，总长3.6公里的村级道路改造工程竣工通车。投资2000万元的兴业路拓宽工程开始进入路面施工阶段，预计2016年6月竣工通车。

2014年始，积极实施“南水北调”工程建设，共涉及土地280亩，拆迁户392户，包括蔬菜大棚57个、拱棚26个、养殖场4处、个体工商业户7户、加油站1处以及果园、粮田、菜地、树木等，2014年10月完成土地清理和拆迁任务，2015年6月完成辖区段管线全长9公里建设任务，新建杨庄泵站1处，共总投资5000万元。2015年5月，实施西张僧河污水管道工程建设，辖区内工程全长2公里，涉及土地53亩，拆迁涉及3个村、32个户，6月完成土地清理和拆迁工作，11月完成西张僧河污水管道工程建设任务。

【镇村建设】 社区建设。2011年始，以打造“城乡一体化示范区”为目标，积极推进农村社区建设。2012年，先后整理项目建设用地5万亩，开工建设怡锦苑、怡馨苑2个社区，共900户。10月，开工建设弥清苑社区，共1284户。2014年，运用土地增减挂钩政策，推行“五步工作法”（即一“宣”广泛宣传发动，统一思想认识；二“定”定规划、定方案、定政策；三“建”加快建设进度，确保建设质量；四“拆”搞好旧村拆迁，维护和谐稳定；五“管”强化服务管理，改善群众生活），完成怡馨苑、弥清苑、怡锦苑3个共68万平方米的大型农村社区建设任务，累计投资8.8亿元。5月，利用原桥子小学旧址，新启动1.6万平方米的跃龙社区建设工作，2015年12月建成交付使用，至2015年基本完成范沟、罗庄、周家、北马范、贾庄、王家、刘崖7个村的旧村拆迁任务，并将老宅基地进行复垦利用，获上级拨付结余面积补偿款每亩27万元。2015年，新开工建设福祥居、罗桥、跃龙、前疃、临泽5个社区，预计2017年建成投入使用，总投资约4.5亿元。同时，在抓好原北洛区域社区建设的基础上，重点对原古城区域进行楼房化改造，规划建设前疃、桥子、罗桥、庵头、久安、古城6个社区，共涉及35个村，2.3万人。

房地产开发。2015年始，以原古城、北洛镇政府驻地为重点，积极推进房地产开发。在北洛镇区，规划建设茗香苑社区，新建公寓楼4栋、沿街楼1栋，其中沿街楼于12月完成主体工程，开始内部装修和设施配套建设；规划建设怡和苑社区，新建商业综合体沿街楼3层，共70套住房，10月动工建设，预计2016年10月建成交付使用。在古城镇区，规划建设福祥居社区，新建沿街楼3栋，9月开工建设，预计2016年6月建成入住。

“文明乡村”建设。2011年3月始，将全街道61个村全部纳入城乡环卫一体化体系进行管理，先后共购置垃圾桶900个，雇佣保洁员219人，垃圾日产日清，农村环境达到整洁有序标准。4月、11月，先后按照全市“乡村文明”行动部署，各开展一次农村环境集中整治活动，对村庄内外、湾塘沟渠内“三大堆”（即草堆、粪堆、垃圾堆）进行彻底整治。2015年，以“三八六”（即实现总量减排和水、气环境质量改善三大目标，打好消灭污水直排、自备井整治、河道生态修复、推行“煤改气”、整治空气异味污染、淘汰黄标车、防控城市扬尘污染、治理农业面源污染八大战役，强化组织协调、执法监管、倒逼机制、市场作用、自身建设、督查考核六项保障机制）环保行动为抓手，对45项环境治理任务进行分解落实，先后实施中阳商砼改造，王家、贾庄等旧村复垦现场落实防扬尘措施，金玉米、康跃等企业厂区裸露地面进行补植绿化等工作，使烟气、异味、扬尘、污水得到有效治理，环境卫生得到进一步改善，至2015年共建成文明乡村15个。

【社会事业】 社会保障体系更加健全。2011年始，先后为80%的农民建立健康档案，新农保参保率和新农合参合率均接近100%。2014年，为22416名符合条件的居民办理养老保险，收缴参保金额988万元。积极实施城乡居民基本医疗保险制度，参保人员达49910人，实现全覆盖。2015年8月，开展养老保险费集中收缴工作，共有22242人参保，参保金额959万元，人均参保额430元。

教育教学条件更加完善。2013年5月始，按照省标准化幼儿园要求，动工建设弥景苑幼儿园，占地面积4896平方米，建筑面积2979.9平方米，建设塑胶地面1000平方米，绿化面积1260平方米，总投资700万元，2014年6月建成投入使用。7月始，按照省标准化学校建设要求，动工改建古城小学，改建后的古城小学教学楼建筑面积9000平方米，总投资1850万元，2014年9月完成改建任务。2015年8月始，动工改造北洛小学，计划2016年9月完工投入使用。新的北洛小学建成后，古城街道教育事业将形成具有2处初中、3处小学、6处幼儿园的全新格局。

医疗卫生事业健康发展。5年间，以保障人民身体健康，服务于经济社会发展为重点，不断加强卫生建设，较好地满足广大群众医疗保健需求。至2015年，辖区内共建有1处卫生院和全市唯一精神卫生中心，拥有卫生专业技术人员158人。另有村级卫生室32处，乡村医生95人。2012年2月，卫生院被市人社局评为“全市三好一满意”工作先进单位。

2011—2015年古城街道主要社会经济情况统计表

表2　　单位：万元

年份	财政收入		规模以上工业总产值		工业企业主营业务收入		工业企业利润		工业企业利税	
	共计	增长%	共计	增长%	共计	增长%	共计	增长%	共计	增长%
2011	16561	16.7	328924	50.1	332416	58.1	20603	54.9	23925	48.9
2012	20748	25.3	421983	26.3	416338	23	33356	59.7	39019	60.2
2013	32448	50.2	514697	16.1	522935	19.6	51049	45.7	60670	44.9
2014	36741	13.2	446874	−0.5	453758	0.5	45902	−0.4	53519	−1.6
2015	43600	18.8	499457	14.5	503128	13.6	51251	14.9	60225	15.9

（马兴业）

洛城街道

【概 述】 位于寿光市东城新区，总面积136平方公里，辖118个村民委员会，3万户、11.6万人，耕地面积12.4万亩。境内地域优势明显，各类资源丰富，交通网络发达。省道潍高路、寿济路横穿东西，羊田路、大沂路纵贯南北，永乐路、尧河路、金光街等“七横七纵”道路框架拓展城市空间。街道先后被评为省级文明单位、省级卫生镇、省级旅游强镇、潍坊市十佳魅力城镇、潍坊市计划生育先进单位。2015年，完成公共财政收入4.2亿元，同比增长21%；完成固定资产投资83亿元，同比增长12%。

【现代农业】 5年间，瞄准标准化、园区化、种苗化、品牌化、组织化、国际化的“六化”方向，狠抓高端农业项目、蔬菜产业发展、农产品质量安全、农业品牌建设，促进农业增效、农民增收。

发展蔬菜产业。2011年始，继续把发展蔬菜产业作为实现农业增效、农民增收的突破点，全面加强建设。全街道蔬菜大棚由2011年的2.6万个、8万亩（新区建设拆迁）发展到2015年的2万余个、7.3万亩。蔬菜园区（基地）由2011年的6个发展到2015年的10个，面积5600亩，主要种植品种有黄瓜、丝瓜、茄子、彩椒、西红柿、无刺黄瓜等，年产蔬菜50万吨。蔬菜专业合作社由2011年的2家发展到2015年的150家，其中村两委领办合作社24家，村两委监管合作社126家，主要业务是生产销售蔬菜。各合作社有专门蔬菜质量检测室和专职检测人员，每天对上市蔬菜进行抽样检测，并建立健全蔬菜检测结果登记台账和进销货台账。街道每周对各蔬菜专业合作社随机抽检蔬菜80个以上，做到全覆盖检测，确保蔬菜质量安全。

发展种苗产业。2011年始，积极推行土地流转、家庭农场、股份合作社等新型模式，至2015年全街道共流转土地1.8万亩，成立家庭农场360多家，其中种苗场120家，良种覆盖率达98%以上，为农民增收2.6亿元。

推进国家现代蔬菜种业创新创业基地建设。2014年始，国家现代蔬菜种业创新创业基地由中国农科院蔬菜花卉研究所、国家蔬菜工程技术研究中心等6家研发单位共同承建，主要建设蔬菜育种创新、资源共享和技术培训等平台，以及院士工作站、博士后工作站，促进全市蔬菜种业“育繁推”一体化，打造“蔬菜种业硅谷”。是年，总投资2070万元，建设国家蔬菜工程技术研究院寿光蔬菜育种中心项目，2015年建成投用10栋1万平方米新型现代化日光温室，以及育种研发大楼、智能联栋温室和新品种展示厅，开展番茄、辣椒、甜瓜等为重点的蔬菜育种研究，计划每年育成10个以上品种，逐步形成具有市场影响力的商业化品种集群，打造蔬菜育种创新平台、资源共享平台和新品种展示平台。

创立“网上农业综合服务平台”。2015年，为加强农产品质量监管，确保农产品质量安全，投资200万元，建设“网上农业综合服务平台”，通过点对点监管、零距离控制，加强对蔬菜种植户、农资经营门店和蔬菜合作社的管理，建立起完整的农产品质量安全追溯链条，将全街道118个村、2万多个蔬菜大棚、7.65万亩蔬菜、220家农资经营店和150家蔬菜合作社全部纳入服务平台。该平台共分蔬菜大棚、农资店、合作社、蔬菜行情4个板块。

蔬菜大棚信息板块：可查看菜农大棚位置、种植品种、种植面积、种植日期、购买农资信息、农资使用记录和蔬菜销售记录等信息。同时根据村庄搜索，可显示本村蔬菜大棚数量、蔬菜面积、蔬菜品种、种植区域等信息。农资店板块：输入任意一农资名称，可显示各农资店的产品名称、规格和销售价格，菜农可根据需求就近购买价格便宜的农资，降低生产成本。合作社板块：通过所属村庄、合作社名称、收购蔬菜名称这3种模式搜索，菜农可根据各合作社收购的蔬菜品种、等级、价格选择合作社，实现蔬菜的优质优价，而客商可通过平台了解全街道的蔬菜种植品种、面积、上市时间确定购买意向。蔬菜行情板块：将洛城区域内丝瓜、黄瓜、茄子等12种常见蔬菜的上市进度、上市量、销售价格信息汇总到网上平台，通过整合供需信息、交易数据以及价格数据，发布实时指导信息，使频繁波动的市场风险得到防控，进一步惠及菜农及菜商。

实施农业品牌建设。2011年始，以推广和保持“浮桥萝卜”“斟灌彩椒”“尧河长茄”等既有品牌的优势为重点，不断加强优质高效品牌创建工作。其中，2012—2014年每年成功举办“浮桥萝卜”“斟灌彩椒”“尧河长茄”广告语征集活动，征集到的“千年浮桥、一品萝卜”“斟灌彩椒、中国骄傲”“尧河长茄，美味生活”广告语传播大江南北，扩大洛城蔬菜的品牌效应，促进农业增效、农民增收。同时，加强农业基础设施建设，狠抓粮食生产不放松，保证粮食增产增收。

【工商业】 工业。5年间，按照“企业集聚、产业集群”发展思路，依托东城工业园，大力发展高新技术产业、先进制造业项目，实现街道工业高端化、集群化、产业化发展。至2015年，园区先后安置投资过千万元项目150多家，总投资165亿元，其中过亿元项目38个。规模以上工业企业由2011年的32家发展到79家，实现主营业务收入216亿元，利税25.5亿元。以凯马汽车为龙头的汽车先进制造业，以泰汽电动为龙头的新能源产业，以富康制药为龙头的新医药化工业，以富士木业为龙头的木制品加工业，以大地纺织为龙头的纺织服装业等5大产业集群快速崛起，园区的产业结构更加合理，技术含量进一步增强。其中，富康制药有限公司是国家级医药高新技术企业，是全国最大的溴化物生产基地，生产的化学原料药甲氧苄啶产销量占全球市场份额的70%以上。2015年6月，富康制药有限公司投资7亿元，新上占地200亩生物医药制剂国际化项目，预计2016年12月竣工投产，年生产片剂100亿粒，可新增销售收入20亿元，利税7.6亿元。11月，新建顺福昌轮胎机械制造项目，总投资9.83亿元，预计2017年10月建成投用，项目达产后预计年实现营业收入22.6740亿元，利润总额4亿元。

商业。2011年始，扶持发展服务业，至2015年全街道限额以上服务业由2011年的18家发展到42家，主营业务收入由2011年的4.9亿元增长到11.2亿元；贸易业限额以上批零住餐业销售额由2011年的16.3亿元提高到2015年的30.6亿元，其中零售额提高到10.7亿元。2013年6月，建设东城全福元中心城市综合体，总投资48亿元，占地面积369亩。一期工程占地269亩，总建筑面积68万平方米，是全省单体营业面积最大的场所，主要建设五星级酒店、超大型购物中心、家居城、写字楼、游乐城等，其中家具城于2014年10月建成开业，大型超市、游乐园计划2016年4月建成开业。二期工程占地100亩，建设大型农贸市场、高档住宅楼，2015年完成工程量的70%。东城全福元中心城市综合体全部建成投入运营后，年实现销售收入10亿元，利税1.5亿元。

【城乡一体建设】 *房地产开发*。2011年始，坚持高起点规划、高标准建设、高效能管理，推进东城新区快速崛起。

2012年，总投资45亿元，建设企业总部群，规划建设高层21栋，已有联盟化工、建设集团、大地盐化、新龙电化、卫东化工、巨能控股、宏源集团、圣都集团、天成食品、福建商会、齐鲁艺术品总部等55家企业决定入住。其中，企业总部群主楼规划建设高度是172米，为潍坊市建筑第一高度，全部工程计划2016年竣工。

2013年，总投资14亿元建设清河垄塬项目，占地444亩，建筑面积53万平方米，2015年3月建成投用。投资12亿元的德润绿城玉兰园和百合园项目，由德润绿城置业公司开发，规划建设法式多层住宅楼13栋，高层公寓楼23栋，项目快速有序推进，多层住宅楼计划于2016年底、高层公寓楼计划2017年底建成投用。5月，总投资5亿元，建设仙霞洛东园区项目，位于富士街南侧，规划用地5万平方米，总建筑面积4.6万平方米，其中生产车间2.9万平方米，研发培训中心1.7万平方米，建成后年新增产能100万/套件。6月，投资30亿元建设的全福元商业综合体一期工程已于2014年建成投用，二期工程计划2016年建成投用。9月，投资4.6亿元建设的凯马花园项目，规划建设高层职工公寓楼19栋，总建筑面积25.4万平方米，2015年12月竣工入住。投资6亿元建设的东城医院项目，占地150亩，建筑面积17.7万平方米，建设门诊医技楼1栋、病房楼3栋，其中门诊医技楼高5层，病房楼1栋高17层、另2栋高19层，设计床位1700张。

基础设施建设。加强教育设施建设，2012年3月，总投资3.6亿元按标准化学校规划建设东城学校。该校占地420亩，建筑面积10万平方米，设初中69个班、小学36个班、幼儿30个班，容纳在校生6000人左右，2014年9月建成投用，由市世纪教育集团管理。8月，投资800万元，改造建设留吕实验小学，新建综合复式教学楼1栋，总建筑面积7050平方米，其中楼房5000平方米。教学功能用房面积及内部设施配备均达到山东省标准化学校配备标准。学校共设18个教学班，服务周边17个自然村，共有学生692人。2014年6月，占地60亩，总投资5200万元，建筑面积1.86万平方米的新区实验小学竣工投用， 该项目由教学楼、实验楼、办公楼、宿舍楼、多功能厅、学生餐厅、体育馆7部分组成，容纳36个班，1600名学生，建成后有4所学校并入该校，服务周围28个村庄，是全市功能最全、标准最高的公办学校。8月，潍坊北大公学幼儿园落成，该校由德润绿城和北大青鸟教育集团投资建设，容纳30个班级，学生600名，依托北京大学及北大公学教育研究院的强大优势，依靠专业化、国际化的师资及管理团队，为幼儿提供高品质的教育服务。2015年，投资2.5亿元，在富士街以北、豪源路以东、市体育场南侧新建东城高中，该校是全市首批落地的PPP项目，规划占地120亩，设计规模72个班、学生3600名，校舍建筑面积7.5万平方米，预计2017年12月建成投用，届时原寿光二中将从田柳镇区整体迁入。8月，投

资1.2亿元，在富士街以南、屯孙路以东新建屯田学校。该校占地180亩，总建筑面积7万平方米，规划建设教学楼、综合服务楼、宿舍楼、食堂餐厅和礼堂等单体建筑12栋，设计72个教学班，容纳在校学生3250名，预计2016年8月建成投用，从而解决学生上学难和不方便等问题。

加强道路设施建设，2013—2015年先后共投资8600万元，完成豪源路北伸、金光街东伸、永乐路拓宽、坝下路新建、尧河路延伸、富士街改造等道路工程。其中，豪源路北伸路段南起洛兴街，北到金光街，总长度1750米，主路面宽16米，两侧分设慢车道和人行道，2013年10月底竣工通车。永乐路拓宽改造工程南起圣城街，北至文圣街，长约3700米，道路总宽96米。金光街东伸西起弥河，东至永乐路，总长2.9公里，道路总宽155米，采用道路绿化、游园建设与林荫非机动车道慢行系统相结合的规划方案，营造通透、大气的道路景观和休闲便民的人性化环境，2015年1月竣工通车。

加强民生设施建设，2012年开始实施居民小区集中供热、供气等基础设施配套建设工程，2015年全面实施东城工业园企业集中供热和通天然气工程。投资建设农圣公园，位于市体育馆以东，北临圣城街，东临尧河路，东西宽268米，南北长452米，占地面积181亩。公园分为北部广场，南部公园以及中间过渡区3大功能区，突出“林荫胜地、现代气质、城市休闲、齐民文脉”设计理念，与东城公园构成城市公园联合体，打造休闲与人文相结合的林荫景观，于2014年建成投用，成为市民休闲、娱乐、健身的最佳活动场所。投资1200万元，实施对原留吕镇区的环境改造提升工程。其中，投资500万元对大沂路两侧进行高标准绿化，2014年5月完成绿化；投资280万元对镇区进行雨污分流，于2015年春完成工程；投资120万元，完成新安装路灯150盏；投资50多万元，完成对沿街楼房进行刷新；投资150多万元，完成对大沂路两侧进行高标准硬化，是年9月完成；通过改造，美化社区环境，整体提升社区的服务功能和承载能力。总投资4000多万元，全面实施农村道路网化工程，先后对洛杨路、北高路、高岔路、纬二路、纬三路、经二路13条道路共28.6公里进行改造建设，对52个村的村连村路共29.4公里进行硬化，对店子东路、张杨路、高岔路北段、经一路、经三路、洛杨路、丹河坝等23条乡路，共30.1公里，进行维修改造，至2013年9月分别建成投用。道路网化工程竣工使用，提高整个街区道路建设水平，改善群众的生产、生活条件，推动社会主义新农村建设和城乡统筹发展水平。

新农村建设。2011年始，继续对弥河以东、富士街以北、文圣街以南、东环路以西范围内的屯东、屯西、六股路、桥南李、邵家、西范、东马家、褚庄、南齐疃、北齐疃、河东隅、董前、董后、洛西、洛中、坡子、安平、西刘、小官道、东马家等20个村根据规划和村民意愿进行城中村改造，至2015年底已有13个村完成建设任务回迁入住，其余村计划2016年全部完成建设回迁入住。

利用土地增减挂钩政策，进行旧村改造。2011年始，通过土地复垦和调整利用，先后在闫家、前尹、浮桥、丁家楼4个村分步实施土地挂钩试点，将旧村低矮的平房改造成楼房，节约的土地收益用于村民建房补贴，至2014年10月，4个村的全部村民搬入新建楼房居住。其中，闫家村建楼房8栋，安置156户，节约复垦土地109亩；前尹村建楼房12栋，安置298户，节约复垦土地156

亩；浮桥村建楼房20栋，安置290户，节约复垦土地136亩；丁楼村建楼房21栋，安置435户，节约复垦土地260亩。

开展美丽乡村建设，2015年开始把“美丽乡村”建设作为提高群众幸福指数的第一追求，探索实施“村集体资金＋群众捐款＋在外人员帮助＋企业支持＋上级帮扶”等多种模式，加快开展道路升级改造、村内排水沟建设、村容村貌整治、街道及游园绿化、公共设施建设，对完成美丽乡村建设的村经验收合格，街道财政用以奖代补形式给予10万元的奖励。全年先后组织79个村庄实施美丽乡村建设，投入建设资金5600万元，硬化大街小巷总长度486公里，修建排水沟196公里，新建文化广场132处，新上健身器材1086套，新建文化墙223条，安装路灯2870盏，清理乱搭乱建1480处，绿化面积4.2万多平方米，达到一类示范村标准的42个。在美丽乡村建设中，李家、复盛、复兴、董家、饮马、刘家尧河等村，采取党员干部带头，在外工作人员、普通百姓积极响应，自愿为村内建设捐款；东陈家村采取企业先行垫付建设资金，再通过村集体收入分批予以偿还；于家尧河村采取建设2层半“别墅楼房”的规划方案，建成118栋别墅楼；2014—2015年，争取上级财政资金1675万元，实施牟城片区“美丽乡村”建设工程，硬化道路68条10.8万平方米，建设排水沟3.4万米，新栽绿化苗木5960棵，建设文体广场、游园3处，新安装路灯168盏，购置垃圾箱120个。2012—2015年，为改善农村人居环境，按照全市统一部署，积极推进环卫资源、服务和公共基础设施向农村延伸，实行道路保洁和生活垃圾清运的有偿委托管理服务，农村得到和城区一样的环境卫生服务，村级卫生设保洁员定时打扫，垃圾由“村定点收集、市环卫处集中清运处理”，农村环境更加干净、整洁、亮丽。

2011—2015年洛城街道主要社会经济情况统计表

表3 单位：亿元

年份	财政收入		规模以上企业总产值		工业主营业务收入		工业企业利税	
	共计	增长%	共计	增长%	共计	增长%	共计	增长%
2011	1.35	31.2	111.64	35.8	102.97	29.2	11.89	34.6
2012	2.02	49.8	147.42	29.9	141.2	34.8	19.49	63.1
2013	3.1	42.6	159.74	15.8	166.82	20.8	23.59	26.2
2014	3.53	13.9	196.37	−8.6	197.77	−11.6	21.99	−18.8
2015	4.25	20.1	215.12	13	218.13	13.7	25.38	20.9

（付金超）

孙家集街道

【概　况】　位于寿光市西南部，北距市区6公里，土地总面积78平方公里，辖行政村78个，是全国大棚蔬菜的发祥地。先后荣获“中国大棚蔬菜第一镇”“山东省民族团结进步模范集体”、山东省旅游强乡镇荣誉称号，三元朱村注册的“乐义蔬菜”被评为中国首件蔬菜类驰名商标。2015年，全街道完成固定资产投资24亿元，同比增长41.1%，实现地方财政收入8253万元，同比增长15.6%，综合实力实现新提升。

【工　业】　5年间，以工业项目建设、转型升级为重点，保持全街道经济运行总体“稳中有进、量质提升”，主要指标增幅稳定。一是先后将15个招商引资过2亿元的项目安排到寿北园区建设和发展。其中，2011—2015年共引进12个项目，分别是投资5.6亿元的康盛机电项目、投资4.5亿元的玉晶镜业玻璃深加工项目、投资3.1亿元的昊德高档家具项目、投资2.2亿元的焦亚硫酸钠项目、投资3.2亿元的无水亚硫酸钠项目、投资2.1亿元的甲基丙磺酸项目、投资6亿元的游艇护舷项目、投资11亿元的鑫盛石油机械项目、投资5.4亿元的硝酸磷铵钾项目、投资30亿元的焦亚硫酸钠项目、投资3.8亿元的山东鸿越石油装备项目；2015年引进3个项目，分别是投资15亿元年产80万吨csp坤健储能新材料项目，该项目办公楼、路面硬化于2015年10月完工启用，3个车间预计2016年10月建成投产；由烟台港集团投资2.6亿元建设的鸣远物流项目，该项目停车场已完工，西调楼、研发楼、2个车间正在建设中，预计2017年2月建成投产；投资3.8亿元的山东正德机械装备项目，盘活闲置的康盛机电项目，实现二次招商；投资2.1亿元的年产1万吨高阻隔粮食筒仓膜、青储膜项目，各项手续正在办理中。

二是“腾笼换鸟”，抓好辖区内工业建设与发展，使原高投入、高耗能、高排放的粗放型增长方式，变为低碳、高效、绿色发展模式，实现工业经济转型升级。2011年，投资3亿元的巨能箱式变压器项目在孙家集街道建成投产，年产值35640万元，利税3000万元。2012年，投资1.1亿元的华源热力项目在孙家集街道建成投产，年产值8000万元，利税1250万元。2013—2015年，天然气母站、宝利隆、实华加气门站、粮食物流等服务业项目先后建成运营。5年间，共淘汰关闭高耗能、高排放企业6家。

【农　业】　2011—2015年，以保持农业传统优势为重点，转方式、调结构，实现农业增效、农民增收。

培养壮大农业龙头企业。坚持“乐义”集团为龙头，走“品牌兴农”的发展之路，建立“龙头企业＋基地＋农户”的产业化经营模式，着力培育世纪三元、金鹏现代、三元农业、信义果蔬等具有较强竞争力和带动力的龙头企业，实现企业、农户和市场的有效对接。其中，信义果蔬于2011年6月建成，年收入1200万元。

打造现代化农业园区。5年间，以大西环为中心的万亩现代农业生态园已初具规模，2011年6月投资6800万元建设占地1000亩的齐民现代农业生态园，于10月完成有机蔬菜大棚区建设，建成蔬菜大棚114个。先后在泽科村规划新建反季节樱桃园，在后胡营村新建鲁广利畜牧等10个涉农基地，农业园区建设档次不断提升，其中投资3200万元的反季节樱桃园基地一期已建成，于2012年投入运用，年创收入220万。2013年，在泽科村新建菌禾生物农业垃圾处理项目，一期已投产，年可处理垃圾20万吨，生产有机肥5万吨。

发展粮食种植业。辖区主要粮食作物是小麦和玉米，5年来围绕粮食增产增效，贯彻落实有关扶持政策，提高农民种粮积极性，保证粮食逐年稳产高产。

【服务业】 **发展物流业**。2011—2015年，先后在孙家集街道寿尧路两侧建设尔多物流、杰达物流；在南环路西庄子村前建设亚亨农产品物流等项目。其中，杰达物流项目，占地总面积70亩，包括调度服务中心和全自动检测线两部分，调度服务中心建筑面积1.1万平方米，已于2015年10月建成，主要用于物流配送和调度，机动车检测综合服务，部分沿街商铺用于出租；三位一体（机动车辆环保检测、年审检测和挂牌）全自动检测线建筑面积7000平方米，各项手续正在办理中，建成后可为寿光南部和昌乐北部、青州东北部的车主提供车辆上牌和年审服务。

发展旅游事业。一是整合资源，发展农业生态旅游。2011年始，借力三元朱村国家AAAA级旅游景区的优势，发展农家乐，2015年共接待参观游客约12万人次，实现乡村旅游总收入325万元。借助弥河流经辖区的优势，高标准打造滨河湿地观光带，至2015年南环路以北段已全面建成，南环路以南段正在进行高标准绿化。2014年，在寿尧路西岳寺李村建成大自然渔业生态园，其中高档日本锦鲤养殖观赏项目已投入运营，年实现经济效益360万元。2015年4月，举办德旭樱桃、戴威草莓首届文化旅游采摘节，时间30天，游客高峰时每天达500人，共创收20余万元。12月，开始建设金海湾自行车主题公园，打造绿色生态水利景观，使其成为孙家集旅游发展的新亮点，计划2016年春季建成投用。

二是利用辖区浓厚历史文化底蕴，发展旅游项目。丙宋台村的“宋台神釜”和边线王村的古文化遗址，据考证多属大汶口和龙山文化，历史悠久，保存相对完整。张家寨子村有一株直径1.8米的银杏树，据考证系明代以前栽植，“银杏承云”被誉为寿光“新八景”之一。三元朱村的社会主义新农村建设和绿色蔬菜文化吸引全国各界人士到此观光。2014年，总投资1000余万元，占地总面积1万多平方米的陈少敏纪念馆建成开馆。该馆分上下2层，建有6个展厅，全面展示陈少敏爱党爱国、刚正不阿的崇高品质和波澜壮阔、跌宕起伏的传奇人生。内容分为走上革命道路、中原抗战建奇功、迎接全国解放、风范永存4个章节，共陈列珍贵文物100余件、图片资料300多幅（件）。2014年5月，寿光市青少年德育宫建成投用，总投资1300万元，使用面积4200平方米，前面有500平方米的活动广场。该德育宫分上下2层，建有活动室、图书室等。德育宫内容丰富多彩，设有党的光辉历程篇、双百人物篇、中华民族孝文化篇、寿光骄傲篇4个展区、264个版面。先后从国家档案馆、省档案馆和全市、省内以及全国征集大量丰富的文史资料，分中共党史、双百人物（建国前100名英雄、建国后100名英模）、新旧二十四孝，以及改革开放以来寿光市的重要模范人物等4大主题板块进行集中展示。通过图文和展柜展示、场景复原、音像播放、体感翻书、互动体验等新颖有效的形式，为青少年提供一个既体现优良传统，又反映时代特点的现代化爱国主义教育、革命传统教育基地。另外，寿光市唯一一座地中山脉——静山坐落在孙家集村与西马家村之间，高出地面仅0.35米，成为寿光一个独特景观。2004年在寿尧路西、弥河北岸建成的人工湖碧波荡漾，与缓慢流淌的弥河水相伴，形成一道美丽的风景线。以上多个观光景点构筑以古文化为底蕴，红色为主线，绿色为主题，新农村建设为亮点，串联东西、纵贯南北的大旅游格局。

【镇村建设】 实施街区建设。2012年，投资3000多万元对街区进行高标准、高质量全面改造，包括美化、绿化，道路两边安装LED灯、中华灯、霓虹灯进行亮化，人行道铺装大理石达到高标准硬化，门店装饰美化，以及完成供电、供排水改造等基础设施建设。投资3800万元，在南环路与寿尧路交叉大路口新建渠化岛，同时规划新建小游园1处。2013年，投资1.23亿元，在孙家集、胡营各开发商业综合体1处，进一步提升城市南大门的整体文明形象。

实施农村城镇化建设。2011年始，实施土地挂钩试点项目，先后开工建设营子社区、周家社区、范于社区。启动后胡村、胡一村旧村改造，至2015年胡一村共建设公寓楼5栋、后胡村共建设公寓楼6栋。2012年，投资0.54亿元建设占地4万平方米的静山花园；2013年，在孙家集街区南环路以南投资2.6亿元建设占地面积6.7万平方米的绿源小区；在胡营大路口东投资1.04亿元建设占地面积1.72万平方米的胡营新苑；在胡营大路口东投资3.2亿元建设占地面积9.33万平方米的嘉和名苑。是年，按照社区发展特点和农村城镇化要求，将全街道规划为6大社区，分别是孙集社区、胡营社区、三元社区、大李社区、站场社区、圣湖社区；11个集中居住片区，分别是孙集组团、胡营片区、滨河社区、站场片区、三元朱社区、边线王社区、圣湖组团、大李社区、岳寺社区、一甲社区、钓鱼台社区。对临近寿光城区的村庄，通过土地挂钩，对闲置地块进行开发。2014年，在胡营社区投资5000万元建设占地面积1.73万平方米的盛景华墅，总建筑面积达29万平方米。2015年，投资30亿元，开工建设占地1166亩的马疃组团城中村改造暨泰晤士小镇项目，规划总建筑面积90万平方米，一期建设8栋公寓楼，安置居民210户，预计2016年底建成投入使用。

【社会事业】 加强基础设施建设。2011始，稳妥推进天然气村村通工程，建设天然气母站，到2015年完成镇区以南至三元朱村的管道铺设，预计11个村的群众2016年底能用上环保卫生的天然气。2012年始，借助村级道路网化工程，镇村先后投资940万元对涉及31个村的86条道路进行硬化及维修，对长期破损的道路进行维修改造，至2015年全面完成改造，解决村级断头路问题，群众出行更加方便。2011—2014年，先后顺利完成78个村的安全饮水工程，改善农村群众饮水条件。2015年始，扎实推进美丽乡村建设，投资1600万元实施胡一村、潘家村等9个村的“美丽乡村建设”工程，是年底基本完工，同时结合春季绿化及农村环境综合整治，实现农村环境同步提升。

发展教育事业。2011—2015年，先后投资5000万元新建胡营小学、孙集一中学生公寓楼及综合实验楼、胡营幼儿园、乐义实验小学。2014年，投资300万元先后完成中心小学、西屯小学、马疃小学等11处学校的用电线路改造工程。2015年，投资110万元完成孙集二中、银杏小学、大李小学等3处学校的旱厕改造和孙集一中餐厅改造工程，有效地改善教育教学条件。是年底，全街道共有中学2处，在校学生2192人；小学11处，在校学生2841人；公办（集体办）幼儿园8处，民办办幼儿园3处。

发展文化事业。2011—2015年，先后在各村共建设小广场70个；庄户剧团由2011年的15个发展到50个；农家书屋数量由2011年的35个实现区域全覆盖。78个村都根据村情实际制定切实可行的村规民约。2014年始，结合儒学讲堂，街道每周开展“周末群众大舞台”，每年夏季举办“文明之夏”，每年举办一次为期6天的“群众文化艺术节”，从而丰富群众文化活动，营造和谐、包容、健康的文化氛围。

发展卫生计生事业。2011年始，先后投资500余万元，对78个村的计生服务室进行高标准配备，对全街道26处村级卫生所进行达标改造，群众就医环境、医疗服务水平全面提升。至2015年，全街道共有卫生院1处，卫生专业技术人员161名；有村卫生所36处，乡村医生73人。

2011—2015年孙家集街道主要社会经济情况统计表

表4 单位：亿元

年份	财政收入		规模以上企业总产值		工业主营业务收入		工业企业利税	
	共计	增长%	共计	增长%	共计	增长%	共计	增长%
2011	3065	10.2	19.3	30.1%	19.1	33.0%	1.7	24.8%
2012	4107	34	24.3	25.0%	24.1	24.8 %	2.4	38.4%
2013	6473	57.6	24.2	−2.1%	24.5	0.3%	2.5	2.2%
2014	7141	10.3	27.3	14.5%	27.2	12.9%	2.8	14.5%
2015	8254	15.6	32.5	24.5%	32.6	18.4%	3.3	18.9%

（王艳、刘晓龙）

文家街道

【概　况】 位于寿光市西部，面积69平方公里，辖56个行政村，1.5万户，人口5.4万，耕地面积4500公顷。2015年，全街道完成地区生产总值38亿元，比上年增长4.8%；地方财政收入1.66亿元，比上年增长16.1%；工业实现销售收入27.8亿元、利税2.35亿元，分别增长6.6%和6.5%；第三产业增加值达23亿元。5年间，累计完成固定投资80亿元，地方财政收入11亿元，第三产业连年实现10位数增长，产业结构呈现出由“二三一”（第二、三、一产业）快速向“三二一”转变的良好态势，其中电子商务、物流业发展迅速，已形成规模较大、效益较高的聚集园区。

【工 业】 5年间，在新型工业发展上，通过强化招商引资、服务大企业扩张、加快产业转调等举措，促进工业经济的较快发展。街道限额以上企业由2011年的118家发展到2015年的32家。辖区内晨鸣工业园基础设施进一步完善，以健元春有限公司、天力药业有限公司、阳光王子（寿光）特种纸有限公司等企业为重点，形成以造纸、制药、板材、包装、精细化工、机械制造6大主导产业为支撑的工业生产体系。在加快推进玉马窗饰、冠城建材、华兴模具、富迪电器等在建项目的基础上，2013年在临港工业园新开工建设占地230亩，总投资6亿元的戴威生态工程项目，预计2016年建成投产。2011—2015年，共实现工业总产值150.27亿元，利税17.9元。

2011年，在寿北园区新开工健元春BOPET塑膜、瑞华塑钢和澳泰新型建材3个过亿元项目，总投资额达29亿元；其中，健元春BOPET塑膜于2012年建成投产，年产值2600万元；瑞华塑钢于2013年7月建成投产，年产值4000万元；澳泰新型建材于2013年建成投产,年产值1500万元。2012年，在寿北，开工建设千运印业、联盟VC深加工2个过亿元项目，千运印业项目于2013年建成投产，年产值600万元；联盟VC深加工项目于2014年建成投产，年产值8000万元。在晨鸣工业园新落实的科迪电子、市政新型建材等项目用地拆迁顺利完成；2013年，共新开工高新技术项目8个。其中，总投资达40亿元，占地200亩的玉马遮阳技术项目于2014年建成投产；投资7亿元的福欧仪表项目2个主车间建成投产，年产值6000万元。2014年，开工建设的市政新材料、富迪电器、宏安型材等新项目，天力药业VC深加工等续建项目相继建成投产。开工建设的冠城建材于9月建成投产。新开工建设的圣大管业、富甲改装车厂、华兴模具等项目进展顺利，其中投资700万元的圣大管业项目于2015年建成投产。2015年，积极做好“腾笼换鸟”文章，对树山集装箱、海鑫无纺布2家企业重新进行兼并重组，腾退旧项目，新引进华岳重工、凯旋无纺布2个先进制造业项目。

【现代农业】 发展农业园区。5年间，通过实施流转土地招商、路域改造引商、优惠政策留商等一系列政策措施，推动街道现代农业快速发展。2011年，桑家村通过积极运作土地流转，新开工占地1000亩的文家街道现代农业示范园项目，预计2015年可建成投用，园区建成后将是全市规模较大、科技含量较高的现代农业示范园区之一。2012年，在八里沟路东侧建设的占地160亩的丰谷源猪场正式投产，禽铭鸡场项目设备安装基本完成，占地268亩的宝林蔬菜专业合作社种苗基地项目投用，形成一个种养一体化的现代农业项目聚集区；在马店园林场引进的占地400亩的种鸭养殖畜牧园区项目顺利完成用地拆迁，一期开工的50个高标准养殖室建设完成投产。新成立农民专业合作社32家，辐射带动周边种植、养殖户4000余户，进一步提升现代农业发展水平。2013年，规划建设300亩桑家花卉育苗基地，就近举办桑家大集，使西城集聚人气商气。2014年，在桑家花卉育苗基地成功举办首届花卉博览会。

发展农业合作社。2011年始，围绕“高效农业”大力发展农业合作社，全年共建立农业专业合作社72家。其中，优质蔬菜基地王端宇果蔬专业合作社占地1800亩，拥有国家注册的”跃龙”牌韭菜、山药、苹果等绿色有机果蔬及负有盛名的跃龙河鸭蛋；桑家营子村土地专业合作社占地1000余亩，建有400余个高标准温室大棚，生产注册“桑营”牌圆茄品牌。至2015年，先后有王东、桑家营子、韩家、南官桥等20余个村“两委”牵头创办合作社，全街道共有农业专业合作社100余家。

粮食种植业。5年间，文家街道主要粮食生产品种为小麦和玉米，通过制定和落实有关农业增效、农民增收的有关政策和措施，提高农民种粮积极性。

【城乡建设】 社区建设。2011年，锦都花园社区开工的9栋村民安置楼顺利竣工；大尧城中村改造项目12栋高层开工建设；后游村生活保障房、高家新村公寓楼于5月份顺利入住，群众居住条件明显改善。2012年，社区新建项目8个，新建楼房57栋，其中高层14栋。文家、大尧、桑家等城中村改造项目共拆迁房屋200余户，在建30栋楼房主体全部完成；河头、韩家、仉家等新村建设项目进展顺利，新建公寓楼17栋；前游城中村改造正式破题，拆迁房屋241栋，9栋安置楼已搬迁入住。2013年，四合村土地挂钩项目顺利完成全村拆迁协议签订，10栋安置楼主体完成；文家村实施的城中村改造项目一期拆迁152户，13栋安置楼交付入住；河头、韩家、仉家等村通过自拆自建和闲置地块开发，新建公寓楼16栋；前游城中村改造加快推进，9栋安置房和老年公寓建成入住。2014年，通过对闲置地块改造，开发建设的圣泰嘉园、欣源盛景、静山花园、市政嘉园等项目进展迅速，开工高层23栋，提升街区整体形象。2015年，尧城中村改造项目通过二次招商顺利启动，一期8栋村民安置楼已于11月份交房入住；5月，动工建设前游村保障房项目，规划建设23栋商住楼和4栋公寓楼，预计2016年5月份建成入住。

基础设施建设。2011年，投资400万元，全长2.5公里的八里沟路建成通车；建成垃圾中转站1处，实行环卫一体化管理，改善环境卫生。2012年，实施农村道路网化工程，对13条镇村道路进行高标准改造。随着金光街、广场街、横一路等道路改造工程的实施，进一步加快文家街道融入中心城区的步伐。2013年，新修城乡道路12条，路网框架更加完善。开工建设农村安全饮水工程，2014年建成投用，保证群众饮水安全卫生。2014年，开工建设西城供热项目，2015年建成投用，文圣街以北区域全面实现供暖。在镇村道路建设上，完成对横一路、横五路、横七路、金光街、文庙街、泮河路等道路改造工程，提高道路通行能力。2015年，王端宇村、仉家村被评为“潍坊市先进村镇”，董屯村被评为“省级文明村镇”。

【发展电商】 2011年始，以加强“互联网+”建设为重点，依托西部市场物流板块的区位和资源优势，积极研究和探索培育物流电商业发展。至2015年4月，阿里巴巴在文圣街与黄海路交叉路口西50米，依托辖区内的寿光东宇商城成立农村淘宝寿光服务中心，总占地面积150亩，商用建筑面积10万平方米，第一批20个村淘站点在寿光市CED电商聚集区正式启动，成为潍坊市第一个农村淘宝县级服务中心。为充分发挥农村淘宝的引领带动作用，文家街道农村淘宝服务中心所在园区定位为寿光市CED电商聚集区，引导园区内企业、商户由单纯的线下实体逐步向O2O发展。园区建有青年电商区、企业电商区、电商孵化中心3部分，是寿光市电商创业孵化基地。

【三产服务业】 2011年，汽车销售市场10家汽车4S店建成营业，城西汽车销售市场形成规模；物流园汽配城项目全面建成启用，配套服务功能更加完善。2012年，建筑面积8万平方米的东宇金海商城项目卖场主体全部完成，开始招商销售；桑家村占地300亩的花卉市场项目主体框架建成投用。2013年，占地1200亩，总投资40亿元的半岛建材物流城项目动工建设，一期为占地200亩的钢材加工区、建材交易区，二期为占地200亩的建材销售区卖场，预计2016建成投用；投资4.8亿元的东宇商城一期茶城项目建成投用，二期副食百货市场项目开工建设，预计2017年建成投用。2014年，新开工建设的桑家现代物流项目，于5月建成投用。2015年，街道规模以上服务业企业达35家，年产值28亿元，西部市场物流经济板块逐步形成规模。

【民生事业】 教育事业。2011年，投资1.2亿元新建文家中学，2012年8月建成投用，容纳在校学生3000人。2013年，对马店小学及幼儿园进行改造建设，新建塑胶操场6000平方米；投资1000多万元对西城小学、新世纪幼儿园、文家中心小学进行扩建改造，新增校舍面积6000多平方米。2015年，文家街道共建有中学1处，在校学生1979人；有小学6处，在校学生4080人；共有幼儿园12个。

医疗卫生事业。2011年，西陈、北付、台柳、南马店、王宇、后游等村新建村卫生室20处。2015年，总投资10亿元的西城医院建设项目完成拆迁，开始筹备开工。

2011—2015年文家街道主要社会经济情况统计表

表5 单位：亿元

年份	财政收入	规模以上企业总产值		工业主营业务收入		工业企业利税	
	共计	共计	增长%	共计	增长%	共计	增长%
2011	1.45	29.1	31.4	28.6	35.3	4.4	39.5
2012	2.1	30.9	4.0	30.9	5.5	4.6	5.5
2013	2.3	26.8	−18.5	26.7	−20.0	3.2	−22.3
2014	1.32	27.7	5.5	27.4	5.7	2.4	−27.1
2015	1.66	27.9	6.0	27.8	6.6	2.41	6.5

（宋立强）

稻田镇

【概　况】 位于寿光市东部，西连东城新区，东接潍城区，是寿光市的东大门。全镇辖112个行政村，2.6万户，人口9.5万，辖区面积137平方公里，耕地面积14.3万亩。2015年，全镇完成地区生产总值34.9亿元，地方财政收入9336万元，规模以上工业实现销售收入20.6亿元，利税1.6亿元。有国家级生态镇、中国香瓜第一镇之称。先后获山东省先进基层党组织、山东省创安工作先进镇、山东省信访工作先进镇、山东省畜牧业强镇等称号。

【工　业】 2011年始，稻田镇坚持以项目建设为抓手，全力增强镇域经济实力，紧紧抓住寿北开发的有利时机，加大招商引资力度，千方百计引进项目，优化产业结构，增强发展实力。2012 年在寿北新落实工业项目 2 个，投资 12 亿元的慧通塑业年产 20 万吨塑料管材项目，占地 460 亩，于 2013 年 8 月建成运营；投资 3.2 亿元的阳波化工新型材料助剂项目，占地 100 亩，3 月份开始动工建设，2013年12月建成运营，年产值达 1.5 亿元。2013 年在寿北新落实投资过 2 亿元的项目 2 个，分别是投资 12 亿元的全润元精制食品和投资 2.7 亿元的阳波新型阻燃剂项目，鸿昌机械等 4 个续建项目相继投产。在镇区新上白灵菇深加工、麦特尔食品、金利丰科技等投资过 5000 万元的工业项目 6 个，其中，1 万吨维多利食用菌工厂化栽培加工项目投资 1.8 亿元，建设生产车间 6 万平方米，2014 年 12 月建成投产。2014 年，在寿北引进总投资 10.6 亿元的美康惠科技项目，启动总投资 6 亿元的金航高档钢木家具项目，慧通塑业、映康型材 2 个续建项目相继投产；在镇区，与总投资 31.5 亿元的圣龙热那亚燃气轮机项目已初步达成合作意向，正在对外方进行项目评估，确定央企合作伙伴。2015 年，先后对鑫利蓄电池、臻龙化工、宏达发艺、隆盛包装、乐丰无纺布等 9 家经营不善、效益低下的企业进行盘活，共盘活 5 家，盘活用地 210 亩，新上鑫圣隆晶体、欣利型材等 4 个工业项目。通过二次招商方式在寿北盘活项目 3 个，分别是落户羊口高新区的玛博伦环保材料项目、落户侯镇项目区的众泰环保设备加工项目和北极星宝石深加工项目。加快推动企业股改挂牌，山东潍州水泥科技股份有限公司等 4 家企业于 2015 年 11 月分别在齐鲁股权交易中心成功挂牌上市。潍坊中凯精细化工有限公司等 10 家企业于 2015 年 12 月分别在深圳前海股权交易中心成功挂牌。至 2015 年底，境内已建成稻田、王望两大工业园区，拥有富氏食品等大中型企业 5 家，限额以上工业企业 27 家，初步形成机械制造、汽车配件等 8 大支柱产业。

【农　业】　**农业园区建设**。2011 年开始，稻田镇致力于农业园区建设，快速推进农业产业化。2012 年，新开工农业园区项目 19 个，新认证畜牧产品品牌基地 3 处。华天电力光伏一体化示范工程项目一期 1 兆瓦示范工程已建成发电大棚 21 个，具备并网发电条件。成功申报“慈伦大鸡”为国家地理标志证明商标，新成立农民专业合作社 22 家。投资 1.5 亿元，占地 100 亩的燎原冷链配送中心开工建设，2014 年 10 月建成运营，年营业额 1200 万元。2014 年，积极推进土地向种植大户、专业合作社、农业龙头企业流转集中，有序推进 6 万亩基本农田整理项目，实现规模与效益的同步提升，全镇新建农业园区 20 个，家庭农场 56 个，成立农民专业合作社 26 家。2015 年，按照市委、市政府的要求，积极助推“村两委”领办创办合作社，成立工作领导小组，制定考核细则，至年底，全镇 112 个村已全部领办、创办合作社。建成标准化农业园区 40 多处，发展“三品”蔬菜生产基地 4 万多亩，成立农民专业合作社 230 家。

品牌创建。5 年间，稻田镇把标准化、基地化、品牌化、高端化作为农业的主攻方向，成功宣传推介并树立起桂河芹菜、王婆香瓜、燎原蔬菜、“慈伦大鸡”等地域品牌，促使品牌知名度进一步扩大。由点及面狠抓蔬菜大棚内外部设施升级改造，水肥一体微灌系统、自动放风机、小航吊、自动温湿器等在菜农中逐步推开，其中潘家稻庄村 1 次调整土地 1000 亩，建设棚均投资 40 万元的高标准大棚80个。

确保质量安全。5年间，组建10人的农产品质量安全监管队伍，建立覆盖全镇的检查检测体系，采取经营业户定期送检和专业队伍不定期巡检相结合，不断加大农产品检测力度，保证农产品绿色无公害。

发展电商。2011年始，将电子商务与果蔬营销相结合，带动合作社和龙头企业的发展。2012年，燎原公司积极开展电商业务，利用淘宝、天猫及1688等电商平台，实现生鲜果蔬在线销售。建立的田马电子交易市场项目，采用世界先进的荷兰花卉竞拍模式，2014年12月投入试运营，年营业额1.2亿元。2015年5月，成立寿光首家蔬菜出口协会，大力发展对俄边境贸易，年内销售额达10亿元。

粮食种植业。2011—2015年，稻田镇严格落实国家粮食直补、良种补贴、农机补贴等各项惠农政策，完善农业保险保费补贴政策，小麦、玉米亩产逐年提高。

【基础设施】 5年间，全镇以科学发展观为统领，以配套设施建设为切入点，着力打造道路顺畅、宜居生态、干净整洁的镇村环境。

道路建设。2012年，全面实施农村道路网化工程，改造总里程50多公里，维修改造道路70多条。2013年新修镇区道路3条、3500米。2014年，田马一号路贯接工程顺利完工。2015年，投资1000余万元，新建稻桂路、北陶路等镇村道路21公里，为历年来投资力度最大，修筑里程最多的一年，全镇道路交通更加便捷畅通。

农村安全饮水工程。2013年，投资3500万元，先后更换镇区自来水供水主管道1万米。2014年，镇区及工业园内更换供水主管道1万米，镇区功能不断完善。2015年改造供排水管网1.2万米；全镇共112个村已全部实施安全饮水工程。

农村环境卫生综合整治行动。2011年始，推行环卫一体化，2012年全镇112个村全部实现环卫一体化全覆盖，共建设垃圾中转站3个，垃圾存放点60个。积极配合做好丹河治理和绿化工作，绿化面积达1080亩；高质量完成龙泽生态林场绿化工程，全镇绿化覆盖率达45%。2012年开工建设并始试运行的污水处理厂，日处理污水5000吨，2013年又将污水处理厂升级到一级A标准，新建排污管道2500米。新建110千伏平稻线工程，达到双电源水平，镇区功能明显提升。2014年，田马市场2500米排水管道的施工工程顺利完工并发挥功能。

【镇村建设】 **社区建设**。2011年始，以新型城镇化为引领，把建设新型农村社区作为突破点，成立5个重点片区突破推进小组，落实责任，重点突破，推进城镇组团扩张发展。2012年，西刘营社区、王望社区、瑞祥家园居住小区共有20栋公寓楼建成入住。新启动德盛苑、隆嘉等居住小区建设，在建公寓楼16栋。南河崖社区土地挂钩试点项目已获得审批，崔西社区前期规划和宣传工作正在积极推进。2013年，利用土地增减挂钩、商业开发、镇村共建等模式，尊重群众意愿，积极稳妥地推进农村社区建设，全镇已有30栋公寓楼建成入住。新启动南河崖、崔西、常乐营等社区建设，在建楼房26栋。2014年，常乐营迁村并点、南河崖社区共17栋公寓楼建设均已全部完工，330户村民完成搬迁入住。崔西社区项目按照“五有”（即社区管理有坚强有力的村两委班子、群众致富有交易额过亿元的合作社、群众生活有高标准的设施配套、群众娱乐有丰富多彩的精神文化生活、群众办事有配套完善的社区服务中心）标准，高标准建设，高标准配套，9栋公寓楼于2015年建成入住，成为全市农村社区建设的亮点。2015年，张营村社区10栋公寓楼全面开工。另外，南河崖社区实现复垦验收，东稻田稻香苑社区建设已完成主体工程，常乐营旧村拆迁也已全部完成。

“美丽乡村”建设。2012年始，开展美丽乡村建设，以“打造品质稻田，建设幸福家园”为目标，成立美丽乡村建设领导小组，制定《美丽乡村建设实施方案》《美丽乡村工作考核办法》，立足村情，分类指导，高标准规划。至2015年，共投入2100万元，硬化大街小巷126万平方米，基本完成硬化的村庄88个，占80%。绿化7万平方米，绿化率达到45%。新修排水沟5万米，在镇区和34个村安装路灯310盏，在镇区和9个村新建休闲广场12处，迁建垃圾暂存点105处，填埋点5处，进一步提升农村群众生活环境水平。其中，西菜园村实现村庄全面硬化、亮化、美化与绿化，是年又率先采用储罐气化模式为村民集中供气。

【社会事业】 5年间，稻田镇不断加大对教育、医疗医疗卫生事业基础设施的投入，繁荣文化事业，不断改善民生，让发展成果惠及广大群众。2013年，投资1700万元，对5所学校进行翻建改造。新农合参合率达到100%。探索农村养老模式，完成4个村的幸福院建设。深入开展乡村文明行动，成功开展“迎国庆、树新风”群众文艺会演活动，组织承办全市大学生村干部篮球比赛。为全镇112个村配备演出器材。成为全市首家农民文化交流协会。

2014年，投资300多万元，新建田马、赵庙2处幼儿园，为10所学校更换变压器；新建稻庄小学和崔岭小学，2015年投入使用。积极开展校园安全检查，对全镇32个中小学校、幼儿园的消防、校车、食堂、基础设施进行全面检查，并及时整改隐患。重点改善居民医疗卫生条件，对全镇19处村卫生所进行改造。完成60户居民危房改造任务。至2015年，城乡居民养老保险、医疗保险参保率保持在100%。全镇90%以上的村建设文化活动场所，配备健身器材。每年组织开展“新农村、新生活培训”、手绘文化墙、学习四德歌、“寿光好人”宣讲等活动，并成功举办“桂河芹菜杯”群众文化艺术节，为群众提供文化娱乐平台，极大地丰富群众的文化生活。

2015年，投资1500万元，新建、改造辖区内初中教学楼、实验楼5栋，新建崔岭、稻庄、田马3处小学、3处幼儿园，为10所学校更换变压器，为32所中小学、幼儿园配备空调和碳晶发热板。

2011—2015年稻田镇主要社会经济情况统计表

表6 单位：万元

年份	财政收入		规模以上工业总产值		工业企业主营业务收入		工业企业利润		工业企业利税	
	共计	增长%	共计	增长%	共计	增长%	共计	增长%	共计	增长%
2011	3463	38.6	262181	27.1	252306	20.8	10049	75.3	12926	81.3

续表

单位：万元

年份	财政收入		规模以上工业总产值		工业企业主营业务收入		工业企业利润		工业企业利税	
	共计	增长%	共计	增长%	共计	增长%	共计	增长%	共计	增长%
2012	3815	17.9	300251	14.3	303946	19.8	13315	46.4	18273	53.2
2013	5720	38.4	344828	15.6	359147	18.9	30378	54.3	30103	66.4
2014	7353	28.5	166855	−25.1	168901	−27.4	8977	−13.2	13670	−17.4
2015										

（王凯）

侯镇

【概况】 东邻寒亭区，西毗上口镇，北依潍坊滨海经济开发区，南与洛城街道接壤，纵18公里，横17公里，辖86个行政村，1个居委会，人口12万，总面积218平方公里。镇境内主要河流是丹河及分洪河和引黄济青水。大沂公路、大九公路、荣乌高速公路、潍日高速公路从镇境穿过。2015年，全镇土地面积31.8万亩，其中耕地面积13.81万亩。完成地区生产总值76亿元，其中地方财政收入7.5亿元。5年间，先后荣获全国重点镇、全国人口和计划生育依法行政示范镇、中国产业集群经济示范镇、中国县域产业集群竞争力100强、全国妇联基层组织建设示范镇、省级中心镇、山东省历史文化名镇、山东省小城镇建设示范镇、省级旅游强镇、山东盐化工产业第一镇等荣誉称号。

【农 业】 5年间，全镇主要种植作物为小麦、玉米、棉花、蔬菜、果树等，每年粮食亩产达1000公斤以上。根据镇域土地状况、市场需求、农民群众的专业特长及社会发展趋势，全镇形成南部种植蔬菜、西部种植大棚葡萄、东部与北部种植苹果和粮棉的区域特色优势。

在蔬菜种植方面，全镇蔬菜大棚一直稳定在1300个、3500亩左右。其中，高温蔬菜大棚1100多个，面积近3000亩；拱棚近200个，面积600多亩。在葡萄种植方面，全镇葡萄大棚一直稳定在500个、1300亩左右。其中，高温葡萄大棚200多个，面积近500亩；拱棚近300个，面积800多亩。在果树种植方面，由于果树树龄老化，种植果树效益低等原因，全镇果树种植面积逐年减少，面积由2011年的1万多亩减至2015年的7500亩左右。2011年始，面对激烈的国内外市场竞争新形势，围绕农业发展、农民增收，对农业和农村经济结构进行战略性调整，实施“公司＋科技＋农户”的发展模式，大力兴办农民专业合作社。至2015年底，全镇共建立各类农民专业合作组织242家，部分示范社实现“合作社＋农户＋市场”及“企业＋基地＋农户＋市场”的运营模式，取得较好成绩。

【工 业】 2011—2015年，采取经济支持等各项措施鼓励支持工业转型、调整、创新发展，规模以上企业由2011年的35个发展到2015年的48个。积极支持鼓励企业上市挂牌，2015年全镇挂牌企业共2家，山东同成医药科技有限公司在“新三板”挂牌，寿光海纳宏洲物流有限公司在山东齐鲁证券挂牌。全镇主要工业产品有抗震型螺纹钢、人造板材、原盐、氯碱、溴素、氯气、汽油、柴油、尿素、磷复肥、半钢子午胎、全钢子午胎、重交沥青、医药中间体、染料中间体、白酒、棉纱、家具等，其中名牌产品有金鲁丽牌人造板、金盾牌轮胎、春光蕾牌棉纱、艳珊牌工业盐、艳珊牌工业溴、联盟牌尿素、联盟牌磷复肥、侯镇宏源牌白酒、博泉牌家具等。

【固定资产投资】 2011年，全镇完成固定资产投资70.7亿元。投资过5000万元项目35个，完成投资63.7亿元。2012年，完成固定资产投资62.4亿元。投资过5000万元项目36个，完成投资59亿元，其中过亿元项目23个。2013年，完成固定资产投资56亿元。投资过5000万元项目26个，完成投资52亿元，其中过亿元项目18个。2014年，完成固定资产投资98.9亿元。投资过5000万元项目24个，完成投资66.5亿元，其中过亿元项目18个。2015年，完成固定资产投资68亿元。投资过5000万元项目23个，完成投资63亿元，其中过亿元项目16个。

【贸 易】 2011年，批发零售企业8家，其中过亿元销售企业1家。社会消费品零售总额3.97亿元。2012—2013年，按照“优化产业结构，扩大三产总量，实现跨越发展”的总体要求，以工业企业主辅分离为重点，促使工业企业的服务化经济活动外置，进一步优化产业结构和税收收入结构，壮大地方财力。2012年批发零售贸易企业8家、2013年17家、2014年19家、2015家达到26家，社会消费品零售总额分别是5.62亿元、14.4亿元、16.7亿元、21.8亿元。

【名优产品】 “艳珊”。是山东大地盐化集团1989年3月国家工商总局注册的商标，2000年10月国家工商总局注册“艳珊”牌产品有化学用溴、灭火混合剂、防火制剂、工业化学品，注册号1464079。1988年12月，“艳珊”牌工业溴被国家轻工业部评为“全国轻工业优质产品”。2007年9月，“艳珊”商标获山东省著名商标。2011年12月，“艳珊”牌工业溴被评为“山东名牌”产品。2012年12月，“艳珊”商标获中国驰名商标。

“井泉”。是山东大地盐化集团1989年3月国家工商总局注册的商标，2000年10月国家工商总局注册“井泉”牌产品有原盐、含碘盐，注册号1464080。1990年，“井泉”牌工业盐获“全国轻工业优质产品”荣誉，2011年获山东省质量奖、山东省名牌产品、山东省著名商标，2015年9月续展山东省著名商标。

“金鲁丽”。是国家工商总局2012年4月认定核定使用商品（第19类），2013年12月被国家林业总局和国家标准化管理委员会评为国家林业标准化示范企业，2014年9月荣获定向刨花板金奖，2014年10月被中国建筑材料流通协会评为星级品牌认证企业、星级售后认证企业，2015年12月通过森林管理委员会(FSC)的FSC认证。

“鲁丽”。2011年12月—2014年，“鲁丽”牌管坯钢、螺纹钢被山东省名牌战略推进委员会、山东省质量技术监督局认定为山东名牌产品，“鲁丽”牌优质碳素结构钢2013—2018年1月被认定为山东名牌产品。

圣翔葡萄。是寿光市金百果品专业合作社生产的绿色无公害葡萄，2010年该合作社圣翔牌系列葡萄获全国特色种植名优产品品牌。

鲁圣百信。是山东寿光市百信蔬菜专业合作社2012年2月在国家工商总局注册的有机蔬菜商标，产品主要有百信种苗、百信蔬菜等。

“葡状元”和“萄状元”。是寿光市乡韵葡萄园艺场2015年5月在国家工商总局注册的有机葡萄商标，2015年共有11个产品取得绿色认证。

新概念橱柜。是寿光市家秀木业有限公司2011年3月在国家工商总局注册的橱柜、衣柜、实木门等家具商标，取得ISO 9001:2008质量管理体系认证、美国CARB认证，及国家环保标志。

【电力供应】 2011年，新建、改造10kV线路6.39千米，0.4kV线路16.9千米；新上、增容公变15台3260kVA，专变61台20485kVA；完成供电量2.8亿kWh与去年同期(1.9亿kWh)比增长47.36%。2012年，新建、改造10kV线路18.99千米，0.4kV线路27.11千米；新上、增容公变18台3260kVA，专变50台17860kVA；完成供电量3.37亿kWh与去年同期(2.8亿kWh)比增长20.3%。2013年，新建、改造10kV线路106.06千米，0.4kV线路9.5千米；新上、增容公变25台4800kVA，专变45台58735kVA；完成供电量3.98亿kWh与去年同期(3.37亿kWh)比增长18.1%。2014年，新建、改造10kV线路11.96千米，0.4kV线路35.57千米；新上、增容公变42台7920kVA，专变36台37715kVA；完成供电量6.35亿kWh与去年同期(3.98亿kWh)比增长59.54%。2015年，新建、改造10kV线路10.31千米，0.4kV线路29.09千米；新上、增容公变47台9630kVA，专变21台8420kVA；完成供电量6.78亿kWh与去年同期(6.35亿kWh)比增长6.77%。

【文教卫生】 **教育事业**。2011年，投资700万元建设侯镇三中实验室，解决学生做实验场所的问题。2012年，投资800万元，建设高标准的侯镇二中小学部（五台小学）；投资1000万元建成侯镇第二实验小学；投资200万元，为岔河小学新建伙房、餐厅及塑胶跑道。2013年，投资5000万元，建设高标准的侯镇实验小学和实验幼儿园，2015年9月建成投入使用；投资700万元，新建挑沟小学和幼儿园，2014年9月建成投入使用。

卫生事业。2011年，侯镇医院投资86.2万元新进内窥镜；总投资约600万元动工新建宿舍楼，建筑面积5211平方米，2012年建成投入使用；投资54.8万元新进手术床、除颤仪、无影灯等设备。2013年，投资31万元购进除颤仪、全自动生化分析仪等设备，投资54.6万元购进救护车2辆。2014年，投资570万元购进16层螺旋CT、数字胃肠机、彩超等设备，投资28万购进救护车1辆。2015年，投资238.4万元购进彩超、口腔全景仪、麻醉机等。

2011—2015 年侯镇卫生事业发展有关情况统计表

表 7 单位：万元

年份	医院床位	卫生技术人员	村卫生室	乡村医生	医院建设投资	卫生室建设投资
2011	134	138	52	118	137	—
2012	140	149	52	116	387	—
2013	140	154	52	115	323	71
2014	152	152	51	113	662	—
2015	152	155	49	108	270	34

（董玉方 李宗云）

台头镇

【概 况】 地处市境西北部，东邻田柳镇，南接化龙镇，西部与东营市广饶县大王镇接壤，北部与羊口镇相连，东西长 15 公里，南北宽 9 公里，面积 100 平方公里。辖 37 个自然村、41 个行政村，1.4 万户，5.4 万人。镇政府驻地北洋头村，距市区 25 公里。市 3 号公路台头段东西长 12.5 公里，市大西环纵贯全境，直通荣乌高速，西距东青高速西水出口 10 公里。2015 年，全镇财政收入 13904 万元。

【工 业】 2011 年始，以支持发展防水材料、橡胶轮胎两大支柱产业为重点，促进全镇工业生产蓬勃发展。至 2015 年，全镇共拥有民营企业 300 多家，其中规模以上企业 60 家，规模以上工业企业主营业务收入 132.3 亿元，利税 9.8 亿元，利润 7.5 亿元，较 2011 年同比分别增长 44.8%、66.7%、101.8%。2013 年，映康牧业在齐鲁股权交易中心挂牌，2014 年华冠实业、金源防水在上海股权交易中心 Q 板挂牌，2015 年金帅防水、兴源防水等 20 家防水企业在深圳前海股权交易中心集体挂牌，全镇挂牌企业 23 家。2015 年，汇源建材集团与天津电交所合作，成立全国首个聚酯胎电子交易平台；被山东省中小企业局授予“互联网 +”产业强镇。

防水材料产业。2011 年，全镇新型防水材料及相关企业近 200 家，防水材料年产 4.6 亿平方米，2015 年新型防水材料及相关企业发展到 200 多家，其中国家级高新技术企业 2 家，防水材料年产 5.8 亿平方米，占全国三分之一，是全国最大的防水材料生产基地。2011 年，在全国率先淘汰石油沥青纸胎油毡和沥青复合胎柔性防水卷材等落后产能，至 2014 年 80% 以上的企业实现生产自动化，环保节能技术装备、质量抽检合格率位居全国前列，初步形成以弹性体改性沥青、高分子防水材料、环保型防水涂料为主导的新型防水材料产业集群，先后成立防水产业技术创新战略联盟、行业知识产权保护联盟、工会联合会，2015 年被国家质检总局授予“建筑防水卷材全国质量提升示范项目”荣誉。2012 年始，先后新建长纤聚酯胎生产线 18 条，占全国一半以上。2013 年创建宏源、宇虹等 6 个应用技术研发中心。2014 年始，先后组建齐鲁防水装备应用技术研究所和 4 个省级企业技术和工程技术研究中心。5 年间先后获得国家专利300项，参编国家标准28个；获得省级新产品新技术159项，其中2014年被国家科技部授予“国家火炬计划新型防水材料特色产业基地”称号。先后争创中国驰名商标7个，山东省著名商标24个，山东名牌21个，其中2014年被国家质检总局授予“防水产业全国知名品牌创建示范区”称号。

橡胶轮胎产业。2011年，全镇拥有橡胶轮胎相关企业18家，橡胶轮胎年产2000万套。至2015年，橡胶轮胎相关企业发展到20多家，橡胶轮胎年产3000多万套，其中全钢载重子午轮胎年产400万套，橡胶轮胎产业实现主营业务收入60亿元，利税5亿元，利润4亿元。5年间，在寿北高新技术产业园区和先进制造业园区先后引荐钢研稀土新材料、东方新材料、丰汇新材料、国鹏橡胶、山橡防水、驼王实业等大项目6个。

【农　业】 2015年，全镇集体所有农用地总面积86454亩，其中耕地面积72865亩。5年间，按照市委、市政府发展高效农业部署，沿大西环两侧引进建设大德福、以诚农场等现代种植业园区18个，以及天成种鸭、映康牧业、金枫种鸭、鸡宝宝肉鸡养殖合作社、中慧肉鸡养殖、利波生猪等现代畜牧养殖园区16个，引进德霖农场、丰泽苗木、映康园林、丰发农场、景泰立体种养等苗木基地12个，建有标准化蔬菜大棚7500个，标准化饲养小区16处，畜禽存养量230万头（只），形成菜、畜、林三大特色产业，2011年、2012年连年被评为“潍坊市农业园区”先进乡镇。太平村、桥子、马家庄村、刘茅村、马茅村、桥子村、李王村、邢西村、邢东村等村重点发展蔬菜大棚，三楼、南台头村、北洋头村、道二村、南洋头、郑辇村等村重点发展畜禽规模养殖，三座楼村重点发展特色养殖。2015年，全镇农业收入373470万元，其中种植业收入82842万元，其他农业收入6500万元；林业收入8305万元，畜牧业收入26284万元。农民家庭经营收入213926万元，农民外出劳务收入35013万元。2015年始，采取“土地入股、按股分红”办法，大坨、北洋头、连城、南兵等村完成土地集约经营、整村流转，解决人地矛盾。5年间采取引进项目、集中流转，土地收益定向分配的办法，邢西、马家庄、北台头、郑辇等20多个村集中流转土地3万多亩。

【镇村建设】 新农村建设。2012年始，根据城镇发展总体规划，扎实推进社区建设，先后规划以怡馨苑、益寿家园为重点的中心社区，以及东庄、道口、张庄、邢茅、南兵5个新型社区。2014年在北台头村东侧建成的益寿家园社区，新建公寓楼8栋、入住240户，配套建设社区幼儿园；2015年在北洋头村建成的怡馨苑社区，新建公寓楼12栋、入住420户。5年间，大坨、连城、禹王沟争取城乡土地增减挂钩试点政策，完成旧村社区改造；三座楼、南洋头、刘家河头、小坨、张家庄、邢西、郑辇等村先后建设新型社区。2014年，与寿光市乐义华玺天然气利用有限公司签订协议，投资1000多万元建设镇区天然气主管道8.7公里，配套管网约40公里。2015年，启动“美丽乡村”建设工程，投资1505万元开展连片治理，北洋头、小坨、郑辇等9个村实施道路、排水沟、游园、路灯、监控、绿化等改造提升工程。东庄、南兵等18个村被评为寿光市“美丽乡村”示范村。是年，委托山东省城乡规划设计研究院重新修改编制《寿光市台头镇总体规划（2015—2030）》。

道路改造。5来间，先后投资2559万元对北五路、台兵路、双坨路、永张路、道河路进行维修改造，硬化改造面积349777平方米。农村道路网化投入524万元，硬化改造北洋头、北台头等9个村街道及出村路5.77公里。2014年，完成对三号路东段硬化改造。投资203万元，在丽泰花园小区北侧建设镇区游园1处，配套建设篮球场、景观亭等。2015年，完成对三号路西段拓宽、南伸对接广饶以及三号路与大西环交叉路口渠化岛改造工程。投资1029万元，先后对南五路、南九路、王钦河路、南一路、北一路、阳河东坝、织女河北坝，以及大坨、郑堼、付茅、北洋头出村路、连村路进行硬化改造，累计改造道路13公里。投资247万元，对丰台路北段、王钦河、阳河进行植树绿化。投资130万元，对丰台路、三号路两侧安装LED路灯148盏，并对三号路两侧的300余盏路灯进行维修。

河道治理。2015年，投资3000多万元，实施阳河、织女河生态修复工程，进行河道清淤、河床拓宽、河坝硬化，新建沿河游园，新建改造桥梁7座、管涵27处，完成北坝硬化，在郑堼村北新修拦河闸1处，在阳河、织女河分别安装水质在线实时监测系统。狠抓污水治理，2011年正式投入使用的污水综合处理厂，日处理污水5000立方米，配套管网20多公里，将北台头、北洋头、大坨等社区的污水并入镇区管网，河头、连城、三座楼等村完善垃圾、污水集中收集处理设施，杜绝社区污水直排。2014年，配合南水北调工程东线，完成在台头镇（太平村）内的4处阀门井建设工作。

房地产开发。2011年，台头镇政府将14.94亩土地使用权转让给寿光市欣源置业有限公司用于房地产开发，极大地提高镇区土地使用率。2013年，潍坊新捷能源有限公司投资600万元，在马家庄村北侧建设能源分输站。鲁清石化物流有限公司投资1500余万元，在大西环与三号路交叉口建设加油气站1座，2014年建成投用。

【社会事业】 **教育事业**。2012—2015年，全镇教育基础设施改造累计完成投入2828万元，先后新建大坨小学、幼儿园，三座楼幼儿园，北台头幼儿园北孙村幼儿园；台头一中、台头实验小学分别新建实验楼、餐厅楼；先后对赵埠、实验小学、台头小学、郑堼小学、中心小学、中心幼儿园、张庄幼儿园、郑堼幼儿园、东庄幼儿园、北台头幼儿园进行餐厅改造；台头一中、台头小学、台头中心小学、赵埠小学、台头中心幼儿园、张庄幼儿园、东庄幼儿园、道口幼儿园等学校完成低压电线、低压配电箱、建筑物室内线路等供电设施改造。

卫生事业。5年间，投入近千万元，在东庄、郑堼、三座楼、南洋头、北孙等村新建卫生室，对南兵、马家庄、付茅、纪家桥子、北洋头等村的卫生室进行改造提升。

2011—2015年台头镇主要社会经济情况统计表

表8　　单位：万元

年份	财政收入		规模以上工业总产值		工业企业主营业务收入		工业企业利润		工业企业利税	
	共计	增长%	共计	增长%	共计	增长%	共计	增长%	共计	增长%
2011	4447	30	918946	32.6	918428	32.6	37174	33.3	59205	38.9

续表

单位：万元

年份	财政收入		规模以上工业总产值		工业企业主营业务收入		工业企业利润		工业企业利税	
	共计	增长%	共计	增长%	共计	增长%	共计	增长%	共计	增长%
2012	6073	50	1057850	14.8	1050496	14.1	43055	15.8	57106	14.5
2013	8634	42	1214643	9.9	1189469	9.3	61544	35.7	81137	35.8
2014	10786	25	1175677	4.6	1166585	4.9	59931	4.0	79869	5.4
2015	13903	29	1330350	12.5	1322572	12.8	75021	24.3	98726	23.0

（王亮）

羊口镇

【概 况】 地处寿光市东北部，莱州湾西侧，小清河入海处的南岸，距寿光城区48公里。东邻莱州湾，西至双王城生态经济园区，南与营里镇毗邻，北与东营市接壤，人民政府驻羊口镇区，小清河南岸。辖区东西最大距离32.40千米，南北最大距离25.08千米，总面积310.72平方公里，其中陆地223.86平方公里，水域86.86平方公里。下辖22个行政村、6个居民委员会，总人口4.2万人。境内盛产的毛蛤、蚂蚬、螃蟹、光鱼、虾皮、大虾、米虾等土特产享誉全国，其中蚂蚬、咸螃蟹为国家地理标志产品。先后获得全国重点镇、全国环境优美乡镇、省级文明镇、省级中心镇、山东省旅游强乡镇、山东省小城镇建设示范镇等荣誉称号，是山东省首批扩权强镇试点镇。

全镇完成地区生产总值由2011年的43.12亿元增至2015年的67.49亿元，实现地方财政收入由2011年的21666万元增至2015年的90294万元，完成规模以上工业总产值、销售收入、利税分别由2011年的982778万元、964463万元和575258万元，增至2015年的2737302万元、2819217万元和138835万元。

【工 业】 2011年，着力突破大项目建设，引进过亿元项目28个，其中在渤海化工园二期开工建设鲁清石化、英利实业2个过10亿元大项目，鲁清石化总投资达120亿元以上。在先进制造业园区不断完善基础设施，引进光耀新材料、福麦斯轮胎、富士木业、永力重工、天隆新能源、丰汇新型材料、健元春包装等7个过10亿元新型制造业项目。全年规模以上工业企业实现产值114.6亿元，实现主营业务收入111.2亿元，实现利税7.5亿元，同比分别增长36.9%、37%和39.1%。

2012年，重点引进过亿元工业项目，为城镇持续发展积蓄实力。全镇新建过亿元工业项目16个，项目总投资额69亿元以上。其中，在先进制造业园区，新建慧通塑业、森岳木制品、福瑞化工3个总投资过10亿元的新型制造业项目；在高新技术产业园区，新建金航塑业年产4万吨超高分子量聚乙烯耐磨管材和默锐科技“安健环”培训基地2个项目，总投资达13亿元；在渤海化工园区，新建泰来化学、大有生物2个过亿元项目，总投资共4.4亿元。在大项目推动下，全镇工业经济运行质量和效益稳步提升。全年规模以上工业企业实现产值166.5亿元，实现主营业务收入164.5亿元，实现利税7.8亿元，同比分别增长43.2%、45.9%和3.3%。

2013年，全镇新建过亿元工业项目12个，总投资214.4亿元。其中，在先进制造业园区引进康城木材、懋隆新材料、神华国华寿光发电3个项目，立项投资额分别为20亿元、23亿元、78.7亿元；在渤海化工园引进荣晟化工石油助剂项目，总投资2.2亿元；在高新技术产业园区引进玉晶框业、中钢研、兰典生物3个过10亿元项目。全年规模以上工业企业实现产值211.8亿元，实现主营业务收入211.7亿元，实现利税15.2亿元，同比分别增长20%、21%和74.2%。

2014年，发挥羊口区位优势，大力引进过亿元高新技术项目12个，计划总投资40.4亿元。其中，在先进制造业园区，充分利用园区内企业厂房屋顶闲置空间，引进分布式屋顶太阳能光伏发电项目3个，总投资3.2亿元；在高新技术产业园区引进高新技术塑胶项目4个，总投资28亿元。全镇经济稳步前进，规模以上工业企业实现产值285.8亿元，实现主营业务收入288.3亿元，实现利税18.9亿元，同比分别增长26.2%、28.2%和7.9%。

2015年，引进过亿元项目14个，其中在先进制造业园区引进瑞源水务、默锐中材水务、健元春包装、中科五和、宜华木业、东方宝鼎、鸿石新材料、坤隆私有等过亿元项目8个，总投资60.6亿元；在渤海化工园引进富康和新天地2个项目，总投资15.3亿元；在高新技术产业园区引进美康惠科技、力创橡塑、星悦机械、玛博伦4个项目，总投资29.2亿元。是年底，羊口镇共规划建成三大经济园区，包括60平方公里的先进制造业产业区、10平方公里的高新技术产业区和35平方公里的渤海化工园区，面积10平方公里的临港物流产业区正在建设完善中。基础设施的完善，促进产业集聚效应，瞄准产业链上下游项目实行补链招商，实现重点产业的链条式集聚。创建国家级卤水精细化工产业技术创新战略联盟，吸引中科院化学研究所等30家科研院所、高校加入，加快海洋精细化工行业的转型升级。以兰典生物科技、英利绿色纤维等为代表的潍坊市生物基地新材料示范基地，引领全国生物基材料的行业水平。通过产业集聚，全镇已落户过亿元新型工业和现代物流项目108个，初步形成石油化工、海洋化工、新材料、装备制造、清洁能源和临港物流六大产业链，神华、光大、中钢研、中材、华能等5家央企在此投资建厂。全镇规模以上工业企业实现产值318.8亿元，实现主营业务收入326.2亿元，实现利税18.6亿元，同比分别增长10.6%、12.3~3.6%。

【镇村建设】 镇区建设。5年间，羊口镇按照功能完善、配套齐全、宜居宜业的规划理念和经济发达、生态文明、群众满意的总要求，狠抓民生和社会事业建设，着力改善人民群众的生活居住水平，加快老旧小区拆迁改造及现代化小区建设。2011年，全镇投资1.6亿元，对三居委居住区进行拆迁改造，规划总面积7.9万平方米，建设楼房12栋，共614户，是年底建成入住；投资1.2亿元对羊桥周边地区进行改造并开发建设洋桥世嘉居住小区，总建筑面积5.3万平方米，建设楼房20栋，共282户，是年底建成入住；投资1.2亿元，建设学府花园，总建筑面积5万平方米，建设10栋住宅楼、1栋商业沿街，共260户，2012年底建成交付使用。

2012年，以拆旧建新为突破口，投资1.2亿元对五居委居住片区进行拆迁改造，规划总面积5.3万平方米，建设楼房10栋，共330户，5月开工建设，2013年10月建成交付使用。以建设新型城镇化为契机，开发建设多个现代化居住小区，其中投资1.6亿建设万隆华府，规划总面积4.3万平方米，建设楼房13栋，340户；投资1亿元建设皮拉尔小镇，规划总面积1.3万平方米，建设楼房5栋，100户；投资1亿元建设普利龙湾城，规划总面积3.4万平方米，建设住宅楼9栋、商业楼1栋，共241户，以上建设均于2014年底建成交付使用。

2013年，羊口镇被确定为省级示范镇，按照新型城镇化建设要求，进一步完善住房保障体系。投资3亿元建设企业职工保障房，企业职工以成本价购房，彻底解决企业职工的住房难问题。一期35栋楼房于2014年10月建成交付使用，共有26家企业的2200多名职工享受到保障房待遇；二期17栋楼房于2015年初开工建设，预计2016年7月建成交付使用。

2015年，积极响应国家加快推进棚户区改造的号召，9月对杨庄社区低效土地进行盘活，进行集中改造，总投资2.25亿元，规划总面积7.9万平方米，建设楼房16栋，424户，建设幼儿园、小学教学楼、餐厅各1栋，学校建设预计2016年8月建成投用，住宅部分预计2017年10月建成交付使用。

服务业建设。2011年始，在大力建设现代化居住小区的同时，兼顾商服设施的建设。2012年，普利龙湾城建设商业沿街房6000平方米，洋桥世嘉建设商业服务设施面积8615平方米，学府花园建设商业沿街房7000多平方米，开发建设盐都路沿街房1.1万平方米，预计2016年底建成投入使用。投资6000多万元，建设羊口镇综合贸易市场，2015年9月建成投入使用。2013年，开发建设望海街楼商业沿街房9600多平方米，预计2016年底建成投用。

基础设施建设。5年来，羊口镇以每年不低于10亿元的投入，完善基础设施配套。先后建设220千伏变电站1座、110千伏变电站2座。先后投入40多亿元，新修道路140公里，镇区道路已形成“十纵十横”的城镇道路格局，道路总长度达18.07万米。其中，2011年投资3400万元，新修高新路、向阳街、府后街等多个路段。投资2亿元，新增绿化面积100万平方米。

2012年，投资8000万元建设羊口医疗保健中心1处。投资1.2亿元对中心路南伸、中新东路、营子沟桥、中心街等路段进行新修改造，道路全长12公里。投资2.2亿元对海洋公园、新修路段等进行绿化，新增绿化面积100万平方米。

2013年，投资2亿元对南环路、学府街、南环路弥河大桥、中新路西伸、太平东路、向阳路北伸等多个路段进行新修改造，新增道路20多公里。投资2.5亿元对新修路段、湿地公园等进行绿化，新增绿化面积120万平方米。投资2400多万元，对新修路段进行亮化，新增路灯200多盏。

2014年，新修和谐路北伸、望海街、民生街等路段5公里，道路新修累计32条，亮化率100%。投资2.8亿元对新世纪家园东侧游园、湿地公园、医疗保健中心广场、新修路段等进行绿化，绿化新增110多万平方米；建设新区幼儿园1处，总建筑面积66000平方米。投资3.8亿元，建设渤海实验学校，9月开工建设，预计2016年9月建成投入使用。

2015年，投资9600万元对水德园湿地公园进行建设。投资 8500 万，建设羊口工业展览馆及室外配套设施。投资 2800 万元对太平路东段、保障房小区道路等进行新修改造。投资 1000 万元新修公共墓地 1 处。投资 2.42 亿元实施镇区绿化，新增绿化面积 120 万平方米。

美丽乡村建设。2014 年始，根据市委、市政府提出的“美丽乡村”建设要求，结合镇域实际情况，制定“美丽乡村”建设考核办法和实施方案，按照硬化、亮化、绿化、净化、美化“五化标准”，分一类、二类、三类村分别打造，逐步推进。共投资 500 多万元，重点对村内外“三大堆”、湾塘、出村路等进行整治，高标准安装路灯、硬化街巷道路、建设文化广场等，齐庄、郑家、菜央子、宅四、宅五、南宅科、侯辛、西桃等村被评为全市第一批“美丽乡村建设示范村”，齐庄村被市政府评为“绿化模范村”。

2015 年，镇财政通过“以奖代补政策”，立足全镇村村达到“美丽乡村”标准这一目标，在村庄绿化提升上，由政府统一规划、统一招标、统一标准，共投资 700 万元对 22 个村的街巷高标准进行绿化，栽植树木 4.5 万株，模纹 6 万多平方米，大大改善村庄生态环境，郑家村被市政府评为“绿化模范村”。投资 52 万元完成南宅科村、郑家村共 650 户的旱厕改造试点。每村建设“文化一条街”，共粉刷墙壁 15.4 万平方米；喷刷和绘制以中国梦、爱护环境、敬老爱老、乡村文明、道德宣传、法律法规为主题的宣传标语 186 条幅，手绘画 268 幅。在长效机制建设上，各村根据实际情况研究制定奖惩政策，菜央子村每季度一检查验收，验收合格的每人每季度奖励 50 元，不合格的从年终分红款中每人扣 50 元；宅一、宅二、宅三、宅四、宅五、南宅科、营子、郑家、曹辛等村与农户签订卫生区域责任书，达到标准的每人每年发放 12 公斤液化气；齐庄村实行村干部、小组长包卫生区域责任制，每月 1 日、15 日党支部书记带领检查，对不合格的由责任人限期清理，这些奖惩措施的制定与实施，有力促进农村环境卫生整治和效果的保持。

【现代农业】 农业园区建设。2015 年始，为改变受淡水资源、土地盐碱等自然条件限制，打破靠天吃饭的局面，羊口镇开始推行大棚“两改”建设，促进农业转型。通过整体流转的方式在弥河以南、羊田路两侧流转丁家、单家、任家、郑家 4 个村的 7500 亩土地建设万亩良田示范园区工程。投资 3000 万元，对园区内的道路、管网、水井、电力等基础设施进行配套建设。规划 2000 亩的无土栽培大棚、生态经济林、高效农作物种植三大板块。万亩示范园区工程建设将对全镇农业结构调整、转变种植模式、提高单位面积效益、增加农民收入产生积极影响。

专业合作社建设。2011 年，投资 1266 万元，共建有专业合作社 17 个。其中，天润福棉花专业合作社、迎宾养殖旅游专业合作社被评为寿光市先进农民专业合作社。2012 年，投资 1100 万元，新成立 10 家专业合作社，全镇专业合作社发展到 27 家。2013 年，投资 1740 万元，新成立 6 家专业合作社，全镇专业合作社达到 33 家，其中天润福棉花专业合作社被评为潍坊市先进农民专业合作社。2014 年，投资 4055、6 万元，新成立 21 家专业合作社，全镇专业合作社达到 54 家。2015 年，投资 423 万元，新成立 7 家专业合作社，全镇专业合作社达到 61 家。

农作物增产增收。2011—2015 年，全镇主要农作物有小麦、玉米、棉花。小麦主推精播、半精播，实行氮肥后移、宽幅播种、一喷三防等技术增产增收；玉米采用一增四改、一防双减技术，实行适时晚收来增产增收；棉花主推抗虫棉，采用超高产栽培技术、盐碱地棉花丰产栽培技术。通过以上增产增收措施，小麦每亩增产35公斤，玉米每亩增产30公斤，棉花每亩增产40公斤。

【现代物流业】 2011年，随着寿北开发，工业企业快速发展，各类物流业应运而生，镇党委、政府立足实际，积极与各部门协调，优化土地结构，为园区规划和现代物流业建设与发展提供优越条件。

2012年，在经济建设方面，把握“蓝黄”开发和寿北开发机遇，规划占地6万亩的先进制造业园区，落户过亿元项目30个，在发展先进制造业和高技术产业的同时，规划占地4800亩的临港物流园区，发展现代物流业，为先进制造业发展提供高效服务，为建设综合性、多功能城市提供条件。同时，规划发展港口服务，港口一期工程占地4600亩，沿小清河岸线总长约2200米，共建设13个5000吨级泊位，其中多用途泊位6个（含集装箱泊位2个）、液体化工泊位7个。配套建设道路、堆场及后方物流园区，一期投资18亿元。全年全镇贸易服务业经营收入2.1亿元，同比增长75.3%。

2013年，大力发展现代服务业，支持第三方服务平台建设，积极实行主辅业分离。主辅分离在促进主业做强做大的同时，充分释放辅业的生存发展空间，从为一家服务接轨到社会产业链，实现工业和服务业配套发展，互惠互赢，优化结构。全镇新成立贸易服务业企业130家，达到服务业规模以上标准的8家，不仅带动全镇经济快速发展，同时增强服务业企业的市场竞争力。

2014年，现代物流基础设施日趋完善，拥有公路主干线80公里，黄大、德大铁路线从镇域通过，并经过那宅科货运站和5000吨港口码头2处。物资集散疏运能力明显提高，规模以上货船运输企业2家，拥有2000吨级－20500吨级货船10艘；普通道路运输企业5家，拥有车辆600多辆，仓储2家，5000吨港口码头2处。物流服务方式呈多样化发展，物流配送、电子商务、连锁经营出现积极发展势头，超市、专卖店、便利店等新的组织形式和服务方式蓬勃兴起。由传统仓储、运输企业转型而成的第三方物流企业加快发展，寿光港、天丰海运、临港物流、信德物流、巨泰物流等企业运行良好，现代物流业区域格局已初步确定。

2015年，以铁路、公路、水运、航空并行的综合运输体系和通讯网络逐步形成，成为发展现代物流的重要支撑。占地1万亩统筹规划建设的集大型货物运输、集装箱中转、电商物流、货物仓储、港口服务于一体的服务业体系基本建成。各项优势突显，寿光港所在的羊口地区正在聚集和建设一大批工业、产业，这些产业将成为寿光港的临港产业，为港口发展提供有力依托和支持。小清河复航使寿光港腹地进一步延伸。德大、黄大铁路及寿平铁路的建设将成为寿光港货物集疏运的重要通道。全年规上服务业实现营业收入11.6亿元，增幅21%，税收1亿元。围绕“3+1”产业集群，建成一批与之相配套的物流项目，重点建设临港物流基地，以港口带动物流＋互联网发展。依托寿光港的特殊区位，建设以康城木材为首的集市场、信息、仓储、配送、展示、交易等功能于一体的现代物流中心，规划建设大型停车场、集装箱货场和标准化仓储等设施。搭建信息化和高科技服务平台，努力推进羊口镇现代物流健康稳步快速发展。

【民生事业】 教育事业。2011年1月，将潍坊科技中专、市工贸职业中专、市第二职业中专、市劳动技校、潍坊水产学校5处学校整合，筹建寿光市职业教育中心学校，总投资6.2亿元，占地面积800亩，2013年8月建成投入使用。8月，投资千万元新建的羊口中心小学（含中心幼儿园）投入使用，将原羊口镇第一小学和第二小学合并为中心小学。

2013年，投资1.2亿元新建的寿光一中羊口校区（寿光渤海实验学校）占地200多亩，建筑面积5.6万平方米，容纳45个教学班、2300多名学生就读，2014年8月建成投用。

2015年，全镇共有中职学校1处（寿光职业教育中心学校）；普通高中1处（寿光一中羊口校区（渤海实验学校）），在校生1100人；初中1处（羊口镇初级中学），在校生 1165人，初中适龄人口入学率、小升初升学率、九年义务教育覆盖率均达100%。共有小学 2处（羊口镇中心小学，羊口镇杨庄小学），在校学生2078人，小学适龄儿童入学率100%。幼儿园 4处（羊口镇中心幼儿园、新区幼儿园、杨庄幼儿园、曹辛幼儿园），在园幼儿1198人。

社会保障事业。2015年，城镇最低生活保障168户，人数395人，支出95.2万元，比上年增长8%；医疗救助405人；民政部门资助参加合作医疗1522人次，共支出8.5万元，比上年增长25%。农村最低生活保障620户，人数1522人，支出201万元，比上年增长131%；国家抚恤、补助各类优抚对象205人，抚恤事业费支出98万元，比上年增长1%。建有社区服务设施52个，其中社区服务大厅2个、社区服务中心6个。设有慈善分会1个，全年接受社会捐款25万元，使78人（次）困难群众受益。城镇职工养老保险参保率100%，城镇职工医疗保险参保率100%。

供排水工程。镇区设有污水处理厂3处，其中2处建成投入使用，分别为寿光清源水务污水厂、羊口镇城镇污水综合处理厂（总投资1500万，日处理能力1万立方米，2012年建成投用），另1处为寿光瑞源污水处理有限公司寿光先进制造业园区污水处理厂，预计2016年建成投用，日处理污水7万立方米。镇区主要道路两侧铺设排水管道12.6万米；设有3处生活供水厂，1处中水供水厂，日供水5万方米。

公共交通。2013年，开通贯穿全镇的免费镇村公交及羊口到寿光直通公交车，共投用公交车39辆，公共自行车350辆，公交站点实现全覆盖，公共自行车解决群众出行“最后一公里”问题。

城镇绿化。2015年，镇区绿化总面积达到1210万平方米，公园绿地面积117万平方米，道路绿化总面积504万平方米，庭院、居住区绿地达到589万平方米，镇区绿化覆盖率达到45.69%，绿地率达到43.95%，人均公园绿地面积达到15.92平方米。

文化卫生事业。在发展文化事业方面，2011年开始全力推进文化体育健身工程，农家书屋实现全覆盖。2015年，建有镇文化服务中心、广播电视站各1处，有村级文化活动中心28处，各类文化专业户10户，各类图书室30个，藏书35万余册，音乐、美术、书法、摄影及文学业余创作队伍达520人。

在发展卫生事业方面，2011年全镇有卫生院1处，村卫生室27处，其中改造建设卫生室3处；2012年村卫生室发展到28处，其中改造村卫生室2处；2013年，投资120

万元新建村卫生室6处，改建村卫生室2处；2014年，投资50万元新建村卫生室2处；11月，投资8千万元新建的羊口中心卫生院正式启用，并由市人民医院进行托管。新医院主楼共计13层、建筑面积18803平方米，设计床位200张，集门诊、住院、办公多功能于一体，附楼建筑面积2400平方米，主要有预防接种、基本公共卫生等科室。2015年，全镇共有卫生院1处，卫生技术人员123人；村卫生室28处，乡村医生59人。投资70万元新建村卫生室2处，改建村卫生室3处。

党员服务中心。2015年，投资200多万元新建清河、望海2个社区党员群众服务中心，面积均为500平方米以上，按照“两室、一厅、三区”规范要求进行建设，共有户政、社保、计生等9部门入驻；投资100多万元完善齐庄、曹辛、宅科3个社区服务中心。

2011—2015年羊口镇有关主要经济指标情况统计表

表9 单位：亿元

年份	地区生产总值		固定资产投资		地方财政收入	
	共计	增长%	共计	增长%	共计	增长%
2011	43.12	19.9	130.8	32.3	2.16	27.8
2012	50.23	16.5	176.2	34.7	4.02	86.1
2013	56.62	12.7	159.3	−9.6	6.00	49.3
2014	60.55	6.9	204.4	28.3	7.21	20.2
2015	67.49	11.5	221.9	8.6	9.03	25.2

（刘学敏）

上口镇

【概况】 位于寿光市中部，是原寿光县城所在地，面积80.6平方公里，辖65个村、6.8万人，耕地面积7.5万亩。该镇交通便利，区位优势明显，西南距寿光城区15千米，荣乌高速、羊田路、新海路穿越镇境，弥河、丹河、引黄济青水渠流经镇域，是“国家级生态镇”“省级中心镇”“省级卫生镇”“省级生态镇”“省级绿化示范镇”“省级特色产业镇”、省级文明村镇、“中国窗饰之乡”。2015年，全镇完成工业主营业务收入86.67亿元，同比增长13.7%；固定资产投资27.69亿元，同比增长25.76%。实现地方财政收入12190万元，首次突破亿元大关，同比增长31.3%，增幅居全市15个镇街第二位，在2015年全市科学发展综合考核中，列全市第9名，比2014年前进4个名次，进入全市镇（街区）考核一等奖行列。

【工业】 2011年，在建、续建工业项目14个，其中落户寿北临港工业园过2亿元项目2个，分别是总投资9.1亿元的东宝特管项目和总投资5.6亿元的冠华木塑项目；东宝特管项目一期工程已建成投产，年产值1.2亿元，二期工程建设面积3.2万平方米，2012年12月建成投产，年产值8000万元。冠华木塑项目于8月建成投产，年产值3.8亿元。墨龙集团的“墨龙及图”商标荣膺中国驰名商标，“墨龙ML”品牌被省商务厅认定为“省重点培育和发展的国际知名品牌”；东宝集团被认定为省级高新技术企业，全镇高新技术产业产值比重达到96.7%，名列全市第1名。

2012年，在羊口工业园建设墨龙中澳高端石油装备产业园项目，占地1070亩，总投资23亿元，预计2016年6月建成投用，年产值约30亿元。“鲁和”工业铝型材获“山东省名牌产品”称号，墨龙（ML）商标被评为2011-2013年度“山东省重点培育和发展的国际知名品牌”。全镇高新技术产业投资达59744万元，同比增长22.5%，高新技术产业产值占比达到95.7%，连续2年稳居全市第1名，被市政府评为全市外贸工作先进单位。

2013年，在寿北，东宝特管项目投资1.2亿元新上7条PE实壁管、2条隔热管、2条玻璃钢管等一批高新管材生产线，提升产品竞争力，年实现销售收入1.4亿元。在侯镇，新建昊邦物流项目，占地160.6亩，总投资4.2亿元，2014年10月建成投用，年实现销售收入1.44亿元，利税9869万元。引进、新上汉诺森重工机械制造、方瑞物流、二和铝型材加工等项目。其中，投资1亿元的汉诺森重工机械制造项目2个车间已投入使用。方瑞物流项目总投资3000万元，以汽车运输、物流配送、货运代理为主，主要建设仓储物流中心、加油站及道路等附属设施，2013年11月建成投用，年产值1200万元。先后成立窗帘窗饰、机械制造、造纸包装、建筑建材4大支柱产业行业协会，为产业上档升级、加快镇域经济发展搭建良好的平台。墨龙集团大力实施科研创新战略，获评国家火炬计划高新技术重点企业，通过8项省级技术创新项目，首期成功发行5亿元公司债。二和铝型材公司投资800万元扩建铝型材加工车间1万多平方米，新上污水回收利用设备、自动化喷涂生产线。雅美窗饰公司投入80万元研究新品种和更新设备，经营业绩比去年增长51.93%。墨龙集团被评为2013年山东省机械工业百强企业、2013年潍坊市百强民营企业。墨龙商标荣膺2014—2016年山东省重点培育和发展的国际知名品牌。

2014年，孚盛纺织机械投资200万元新建产品加工车间，新上大型磨床设备，实现由依托外地加工到自主加工产品的转变，提高产品质量和效益。在寿北，新建冀东新型建材、墨龙仓储物流、英超环保机械3个过2亿元项目，其中冀东新型建材总投资6.02亿元、墨龙仓储物流项目总投资2.3亿元、英超环保机械项目总投资2.3亿元；续建懋隆公司铸造厂整体搬迁技改、余热余气综合利用、氯碱综合利用3个过亿元项目。在镇区，新建总投资1亿元的恒源铝合金门窗、总投资2.1亿元的光伏太阳能项目、总投资7768万元的华天工贸公司聚乙烯耐磨板材项目。全年新获国家专利授权20项。

2015年，通过盘活闲置资源、企业嫁接改造等多种方式，新上美能光伏发电、利隆竹木制品、晨宇窗饰等项目，其中投资1.2亿元的美能电力公司光伏太阳能项目预计2016年4月建成投产，年产值约1800万元。

【农　业】 **农业园区与合作社建设。**2011年，付二村欣航蔬菜园区、河疃村中兴园区和润佳牧业、邵留营村邦农果蔬园、张北楼村泉泰牧业等园区规模大、示范带动好。全镇在建和建成中兴、邦农、永康、欣航、润佳、泉泰、中慧等高标准蔬菜、畜牧园区32处。发展特色合作社35家，隆恺、春澳、绿之峰、振农高科、绿科蔬菜均已通过绿色、有机、无公害“三品”认证，认证产品达34个。成立全市首家以土地折价入股的农民土地专业合作社和全市首家股份合作制农业园区。欣航蔬菜专业合作社、生之道蔬菜专业合作社、振农蔬菜专业合作社被评为市先进农民专业合作社。

2012年，全镇流转土地6700多亩，引进、新建依林育苗、欣凯果蔬、东伊种苗、华银苗木、清香核桃产业园等种植业园区15个，新建华银牧业、辉林牧业、华神牧业、依林牧业、合丰牧业等高标准养殖业园区7个，先后有8家基地通过绿色、无公害认证，认证面积达4000亩。华源面业、绿之峰蔬菜、振农科技等进入2012年潍坊市农业产业化市级重点龙头企业行列。新发展贾王益民土地、欣航蔬菜股份、欣凯果蔬等农民专业合作社71家，全镇农民专业合作社总数达126家。其中，贾王益民土地专业合作社被评为潍坊市农民专业合作社市级示范社，欣航蔬菜专业合作社“三方出资、合股经营、共同受益”的模式，为村集体、村民和投资大户三方共赢搭建平台，并作为典型在全市推广，潍坊市党建工作现场会也推广这一模式。

2013年，对羊田路生态农业走廊实施高标准规划、高质量打造，新引进元鸣农圣农场、万芳农场、王北楼珍贵苗木基地、建波园区等高端、特色、观光农业项目，新建永泰农业、东润农业、宇轩农场、舜泽牧业等农业园区20个，总占地5650亩。其中，东润农业园区月产盆景蔬菜2万盆，产品远销广东、东北、天津及济南、青岛、东营等大中城市，专供高档酒店和家庭食用。全镇已发展家庭农场55处。探索实施的“跨村联合经营”“大户承包经营”“股份合作经营”“村户联合经营”“招商引资经营”5种土地流转模式，先后被《大众日报》《农村大众》《中国农民合作社》等报刊予以专题报道。

2014年，新建东北上口土地信托农场、齐氏沃土农场、丰泽庄园有机葡萄农场、绿宝休闲农场、张北楼农业园区、新时代农机合作社等农业园区13处；续建永泰农业二期、元鸣生物农场2个园区。新流转土地5377亩，为潍坊市三秋生产暨粮食全程社会化服务示范区建设会议提供现场。全镇已发展家庭农场59家、农民专业合作社198家，认证绿色、无公害基地10家，6家企业成为潍坊市农业龙头企业，“上口冰果”“寿光大葱”被认定为国家地理标志证明商标，华银牧业被认定为农业部畜禽标准化示范场，泉泰牧业被评为“山东省无公害农产品产地”，春澳农业成为山东省富硒农产品产业化开发先进单位。

2015年，全镇新流转土地3000多亩，发展村两委领办合作社16个，建设大棚400多个，共评出“大棚蔬菜种植能手”10人。

农产品安全监管。2011年始，严格实行市场准入、基地准出和产品质量责任追溯制，对16处村头地边市场、53处农资农药及兽药经销门市部进行拉网式检查，查扣多抗霉素等未登记备案农药品种21个，有效保障农产品安全。

2012年，狠抓蔬菜质量安全，代表寿光迎接农业部蔬菜抽检，成绩名列前茅。上口冰果成功获批国家地理标志证明商标，实现上口地理标志商标零的突破。对14家村头地边市场、46家农资经营店进行摸底排查，共查处无证经营商户1家，收缴未备案登记农药12类、21.6公斤，下发整改通知单17份，确保镇内无违禁农业投入品生产和流通。

2013年，完成5个试点村的土地经营权登记颁证及7个村的农村产权制度改革，新申报邦都果蔬、绿之峰2个绿色食品基地，申报绿色食品14个，上口冰果、寿光大葱被认定为“国家地理标志证明商标”，泉泰牧业被认定为“山东省无公害农产品产地”。

2014—2015年，继续对辖区内农资生产经营单位、蔬菜市场定期进行拉网式检查，确保镇内无违禁农业投入品生产和流通，有效保障蔬菜质量安全。

粮食生产。2011—2015年，加强农田水利建设，确保粮食稳产高产。全镇65个村共打机井62眼，整修生产路8.56万米，改造线路36千米，埋设管道及地埋线1.8万米，复垦土地50亩。积极争取上级政策，实施总投资832万元的农业综合开发工程，有效改造中低产田1.25万亩，被评为潍坊市农村经营管理工作先进集体。2012年，高标准完成万亩中低产田改造项目和覆盖2万亩的小型农田水利建设项目，顺利通过山东省验收，在各县市区项目评比中名列第一名。2013年始，扎实开展潍坊市300亩粮食高产创建示范方建设，全面推广小麦宽幅播种、氮肥后移、玉米一增四改、玉米适时晚收技术，有效推广粮食高产面积5000亩，示范带动3万亩，2015年普及全镇，得到省农业厅、潍坊市农业局相关专家认可。2015年，争取小农水项目和土地整理项目，总投资800多万元实施农业开发项目。

【镇村建设】 小城镇建设。2011年，采取镇村联建、村企合作、外资参与等方式，开工建设开元小区、盛世华府、兴业家园、祥源社区、建筑小区、广陵社区等6个居住小区，在建和建成公寓楼41栋，沿街商住两用楼7.2万平方米。

2012年，新建盛强向阳花园居住小区，一期4栋公寓楼、1栋沿街楼。兴业家园一期9栋公寓楼建成交付使用，并被省住建厅评定为绿色建筑示范工程和低碳示范小区。2013年，续建盛强向阳花园、兴业家园三期及贾王村镇中村改造工程，推进林二村、林三村、南广村挂钩试点建设，并对开元小区、盛世华府社区进行配套完善。盛强向阳花园一期4栋公寓楼、1栋沿街楼建成交付使用，二期沿街楼主体完工。兴业家园二期2栋高层、3栋多层和三期4栋多层建成交付使用，被潍坊市住建局命名为“市第三批低碳示范社区”。贾王镇中村改造工程、南广挂钩试点社区建设挖槽动工。

2014年，动工建设广陵中心社区一期和南广新村。2015年，聘请山东省城乡规划设计院启动镇区总体规划和控制性详规修编工作。续建、新建嘉祥茗苑、南广新村、开元小区3个社区，其中南广新村7栋公寓楼、嘉祥茗苑10栋公寓楼建成入住。同时，通过盘活利用废旧低效土地，开工建设福泰居、嘉祥茗苑、德龙商城等重点项目。

综合治理。2011年，实施四大工程，即道路硬化、绿化东伸、拆旧改丑、管理配套工程。投资1300万元新修方齐路、二号路、南邵一前路、口子前路、景明路等6条道路，总长达1.8万米。在寒五路两侧栽植樱花、合欢、丛生百日红等各类绿化树木及乔灌木10多万株，延伸绿化带3.5公里；新建完善农田林网2.5万亩，完成成片造林3.95万亩，新栽植绿化苗木138万株。在镇区共拆除两侧平房、废旧厂房及违章建设10.3万平方米，新建沿街商住两用楼1.6万平方米。投资150万元，对镇区内所有绿化树木和镇区卫生进行托管，并成立执法中队，对沿街乱搭乱建、乱摆乱放等定期集中整治，保证镇区规范整洁。对涉及有色金属冶炼及延压加工业的二和铝业等4家高耗能企业实施相关停产、限产措施，万元GDP能耗和水耗分别下降14.75%和11.6%，全镇生态环境质量明显改善。总投资4300万元启动安全饮水工程、垃圾处理配套工程和污水处理工程，建成垃圾处理中转站1个，65个村实现生活垃圾一体化处理，55个村申报省级生态文明村。东北上口、西堤、双井口、河疃、南邵三、郎家、上口三等村被评为全市农村环境综合整治先进村。先后开展6次食品药品安全专项整治行动，被评为潍坊市食品安全工作先进乡镇。

2012年，完成65个村的农村集体土地确权登记工作。对镇区中心街、上广路等主要路段进行修补，对所有路灯进行维修，提升镇区品质。立案查处土地违法行为7宗，集中拆除违章房屋40间，收回违法占地15亩，并对镇商贸城和沿街乱搭乱建、乱摆乱放定期集中整治。实施“柴草入户、垃圾出村”集中清理行动，先后3次对全镇主要道路和65个村的大街小巷进行集中整治，共清理柴草垃圾6万多方，先后为国家生态市验收、全省环卫一体化现场会、全市农村环境综合整治会议提供现场。河疃、上口三、东北上口、西堤、张北楼、南邵一5个村被评为2012年度“市级生态村”；付二、南邵二、广二、上口一、贾王、王北楼、吴家下口7个村被评为全市生态文明乡村建设先进村。通过BOT模式，投资1500万元新建日处理能力5000立方米的镇污水处理厂及管网配套工程。

2013年，加大对乱搭乱建、占道经营、店外经营等现象整治及土地违法建设巡查力度，查处违法占地案件15宗，拆除违法建设房屋11间，并对东堤市场 、上口二集贸市场进行规范管理，确保镇区整洁有序。关闭、转产、淘汰涉污企业及畜牧小区11家，整修河道、湾塘16处。定期对65个村的大街小巷进行集中清理，为全省城乡环卫一体化管理现场会、全市农村环境整治等会议提供现场。对危险化学品、建筑施工、加油站经营网点等7个重点领域开展6次拉网式安全生产大检查，共排查整改各类安全隐患831项，关停无手续加油站3家，取缔非法小酸洗作坊4家、不安全涉氨小冷库3家、有污染窗饰制品厂1家和在建小化工项目1处。督促有关村对镇辖弥河、丹河沿途等区域发现的病死猪全部进行无害化处理，规范食品市场经济秩序。

2014年， 62个村顺利完成土地承包经营权确权登记颁证工作，土地确权面积6.57万亩，其中老庄村因土地确权登记工作成绩突出，受到省委常委、副省长孙伟的高度评价。对污水处理厂进行提标改造，污水厂出水达到一级A标准。封闭自备井70眼，铺设雨污分离管道4公里，整顿治理涉污企业19家。总投资1787万元实施南楼片“乡村连片治理”工程，整修硬化大街小巷4.6万平方米，整修排水沟5000多米，新建广场、游园4处，安装路灯126盏。全镇扎实开展“清洁家园、美丽乡村”行动，先后清运垃圾400多车，12月代表寿光市为全省及潍坊市环卫一体化暗访检查提供现场。

2015年，新修、改造镇区内道路20公里，铺设雨污管道3000多米，铺装彩砖3.7万平方米，统一更换镇区LED路灯，对二号路、上广路、开元路、祥源路、辰虹路等道路进行高标准绿化，镇区形象得到明显改善。关闭取缔钢渣场、沙料场及废旧塑料场5处，督促镇区企业安装污水处理设备，收取相关企业排污费20多万元，保证污水处理厂正常运转。

美丽乡村建设。2015年始，以“改变农村环境，提高农民素质，改善精神风貌”为重点，开展“美丽乡村”建设，全镇65个村共投入2000多万元，硬化道路26.6公里，新修排水沟35.2公里，新安路灯990盏，栽植绿化苗木1.13万株，为全市美丽乡村建设现场会、潍坊市乡村文明行动城乡环卫一体化推进会和省生态文明乡村示范县考核提供现场。南半截河等17个村被镇党委、政府评为“美丽乡村建设先进单位”。

【服务业】 2011年始，重视发展服务业。

2012 年，新建沿街商住两用楼 1.2 万平方，新增规模以上企业 6 家，净增限额以上批零住餐企业 3 家、个体户 1 家。全镇限额以上单位社会商品零售额 5608 万元，同比增长 29.1%；限额以上单位社会商品销售额 1.3 亿元，同比增长 50.4%。六丰实业被确定为山东省第九届消费者满意单位。

2013 年，新发展方瑞物流、福惠商业综合体等物流项目 7 个，其中东西堤福惠商业综合体拆迁已动工建设，建成后不仅分别群众购物，还能有效解决脏乱差和交通不安全问题，靓化上口西大门。新发展三产企业 126 家，其中主辅分离企业 23 家，合作社转法人企业 27 家，个体工商户转企业法人 76 家。认定规模以上企业 23 家。

2014 年，新建窗帘窗饰产业园，由山东建邦集团投资，一期占地 174.6 亩，投资 2.1 亿元。依托潍坊市服务业重点镇这一平台，加大闲置资源盘活力度，先后建成福惠商贸综合体、广陵商贸街、贾王商贸街、文化商贸街等项目，引进墨龙临港物流、方瑞物流、晨兴物流、东星物流等项目，为促进三产物流业上档升级、镇区商贸发展奠定基础。

2015 年，成立上口窗帘窗饰制品标准联盟，制定“窗帘用罗马杆”“窗帘轨道用硬聚氯乙烯（PVC）型材”两个联盟标准，规划建设遮阳窗饰创业基地，争取用 3~5 年时间，打造产值过 5000 万元的窗帘窗饰企业 10 家以上。

【社会事业】 **文教卫生**。2011 年，扎实开展“孝行上口、情义上口、洁净上口”活动，评选二十四孝贤，弘扬社会新风尚。投资 1200 万元，对全镇农村中小学校舍进行改造。有 56 个村建立高标准人口学校服务室，全镇合法生育率 99%。

2012 年，推进农村安全饮水工程，总投资 2186 万元，建成安全供水加压站，铺设入村主管道 8 万米、入户管道 120 万米，基本实现 24 小时集中供水。新建、续建开元路步行街、兴业商业综合体等文化项目，成功举办第三届群众文化艺术节、庆“七·一”书画展、计生之夜等系列活动。投资 8 万多元建设上口镇“道德讲堂”，顺利通过省级文明村镇的复查验收。河疃村被评为全国妇联基层组织建设示范村，王北楼村被命名为潍坊市文明村。新建上口一中、上口三中塑胶跑道，对北上口、河疃、前王 3 处小学进行合并。对 65 个村的村规民约进行修订完善，与 1.3 万对已婚育龄夫妇签订《计划生育双向承诺合同》，全镇合法生育率达 98.1%，被评为潍坊市家庭阳光幸福工程先进单位。

2013 年，投资 1700 万元，对原二职专资产进行整合利用，投资 420 万元新建教学楼 3500 平方米，投资 160 万元对内部设施进行整修配备。投资 170 万元，完成中心幼儿园整体搬迁。投资 74 万元对镇一中、三中两处学校餐厅及原二职专教学楼、成教楼进行改造。全镇 65 个村实现村村通安全饮用水，并顺利通过潍坊市级验收。投资 300 万元，对东北上口大将军祠进行整修，评选寿光好人 7 名，上口李氏全羊宴做法被列入第三批寿光市级非物质文化遗产。认定文化产业投入 1.9 亿元，居全市前列。投资近 500 万元新建计生服务站 1 处。

2014 年，重建原二职专学校沿街楼 3500 平方米，新建教职工公寓楼 3500 平方米，新建塑胶跑道和球场。将原上口一中搬迁到原二职专校区，合并景明、东堤、南邵、中心 4 所小学，成立新的上口中心小学。投资 30 余万元，为 13 处中小学安装电热水器，使全镇 5000 多名中小学生每天随时都能喝上卫生纯净热水；为10处小学配备37套乒乓球台。先后为15个村新建文体广场游园18处，为24个村配备体育器材。

2015年，投资50多元对全镇26处卫生室进行修缮改造，投资30多万元新建北楼、林一卫生室。新建邵村小学，完成广陵初中、中心小学等7处学校的旱厕改造及校车配置改造工程。

社会保障。2011年，扎实推进低保救济、五保供养、新农合、新农保、助残助困等惠民工程，全镇有2.9万人加入新农保，参保额和参保率均居全市前列。2012年，镇残联先后为14名重度残疾人配备轮椅，为45名贫困白内障患者实施复明手术，对78名残疾人进行康复训练，成功协办首届残疾人运动会，并取得全市第3名的好成绩。2013年，新农合、新农保投保率均达到100%，为4900名老年人加入意外伤害保险，及时发放2013年义务兵优待金、计生补助、优秀士兵奖励36.9万元。扎实开展低保核查、朝阳助学、真情助孤活动，分别建设上口二村幸福院和口子村幸福院。2014年，为935户困难群众发放农村低保、五保补助资金183.02万元，为90人提供大病救助、康复助医、特别生活救助20.3万元，为16名困难学生和6名孤儿学生分别提供“朝阳助学”救助、“真情助孤”救助金6.58万元。圆满完成农村扶贫开发精准识别任务，帮助800多人脱贫致富。2015年，为764位年满60周岁的老人办理老年证，为219名90岁以上的老人发放高龄补贴，为60户困难家庭进行救助。

路网建设。2011年始，加强镇域路网建设，全镇共筹资2300多万元，新建镇村道路40条，改造总里程35公里，并率先开通城乡公交和农村公交。方吕北、增城、三北楼、林二等村对村内道路和排水沟进行整修。2012年，圆满完成丹河拆迁及绿化任务，完成成片造林2900亩，新建、完善农田林网2.7万亩，完成四旁植树3万株，完成560亩的龙泽生态林场绿化任务，全镇国土绿化考核工作列全市一等奖第3名。2013年，投资3400万元，维修镇村道路50条、46公里。争取上级资金80多万元，对寒五路南段、上广路、镇区中心街破损路段进行挖补整修，镇村骨干道路硬化覆盖率达90%，村路、镇路、市路全部实现联网。顺利完成成片造林1860亩、林业园区1480亩及寒五路、上广路、市三号路、华银路、镇三号路绿化补植任务，全镇绿化覆盖率已达38%。2014—2015年，完成安顺街东伸拆迁和寿济路拓宽拆迁任务。投资800多万元实施寒五路改造、南环路维修及配套设施工程，完成辰虹路南段、方齐路北段道路维修工程，共整修镇路6280米、村路1万米。完成丹河、弥河“两清一绿”（清理垃圾、清理河道、村庄绿化）工作任务，共清运垃圾3万余立方米。对口子旧村河道进行清理筑坝，对东引弥干渠进行清淤畅通，保障汛期安全。

农网改造升级。2011—2012年，投资1200万元为28个村新上变压器，新架10KV线路3.2万米、低压线路1.7万米，改造低压线路1.3万米，免费投资安装磁卡表2.19万只。2013年，投资1740元，将29个用电村高耗能变压器更换为新式S11-200kVA变压器，改造高压线路12.6公里，新建高压线路2.2公里，并对村内10kV线路统一进行改良，满足用电需求。2014年，总投资2960万元，为方吕东、后赵、东北上口、广二、邵留营等村新上变压器45台，改造高压线路44.7千米、低压线路8.9千米。2015年，投资4500万元，为相关村更换变压器115台，架设高压线路43公里、低压线路27公里。

2011—2015 年上口镇主要社会经济情况统计表

表 10 单位：万元

年份	财政收入		规模以上企业总产值		工业主营业务收入		工业企业利税	
	共计	增长 %	共计	增长 %	共计	增长 %	共计	增长 %
2011	4270	6.5	655623	10.5	700185	20.5	28737	−44.4
2012	5025	17.6	745757	12.9	725591	8.5	24919	−14.4
2013	6797	18.4	768039	2.5	731647	0.3	27624	10.4
2014	9281	36.5	790705	1.0	745348	−0.1	26018	−6.3
2015	12190	31.3	888807	9.9	866749	13.7	30485	15.3

（柴晓欢）

营里镇

【概　况】 位于寿光市中北部，东邻滨海经济开发区，北接羊口新港，面积303平方公里，辖50个行政村，16972户，人口5.6万，耕地面积12万亩。境内省道新海路、南大路横贯东西，羊临路、羊田路纵贯南北，荣乌高速、黄大铁路、德大铁路穿境而过，镇域内村村通柏油路，是寿北地区重要的交通枢纽。辖区矿产资源蕴藏丰富，拥有滩涂5万亩，海岸线11.6公里，宜盐面积30万公亩，2015年年产原盐100多万吨，溴素1万多吨，是国内重要的原盐及盐化工生产基地。

全镇完成地区生产总值由2011年的22.45亿元增至2015年的23.10亿元，实现地方财政收入由2011年的5651万元增至2015年的15395万元，完成规模以上工业总产值、销售收入、利税由2011年的258278万元、253993万元和21383万元增至2015年的283953万元、273952万元和26984万元。2015年第三产业增加值达 92253万元，农民人均纯收入16060元。5年间，先后荣获“国家级生态乡镇”“省级环境优美乡镇”“省级文明镇”“潍坊市级中心镇”等荣誉。

【工　业】 2011年，着力突破大项目建设，在寿北园区开工建设富顺兴木业、金得易刹车片、汇力机械等过亿元大项目10余个，总投资30亿元以上。全镇限额以上企业达到30家，纳税过千万元的2家，过百万元的8家。全年完成工业投入20亿元，限额以上企业实现产值25.7亿元，实现利税2.3亿元，同比分别增长27%、25%和18%。海惠集团被评为“全市年度五十强企业“。

2012年，重点引进过亿元工业项目，为城镇持续发展积蓄实力。全镇新建续建过亿元工业项目6个，项目总投资额28亿元以上。其中，在寿北园区，新建邦源科技、天华聚酯纤维和大地苏普3个过3亿元项目，续建汇力机械和金得易刹车片2个过亿元项目；在营里镇区，新建成投资1.1亿元的鑫岳建材。在大项目的推动下，全镇的工业经济运行质量和效益稳步提升。

2013年，全镇新建续建过亿元工业项目4个，总投资10.2亿元。其中，在寿北园区新建过3亿元工业项目2个，分别是落户侯镇项目区投资3.5亿元的三氯化铝项目和投资4亿元的焕星工贸机械加工项目。在营里镇区，新建投资1.1亿元的天成包装制品和投资1.6亿元润城建材双30项目。

2014年，发挥营里区位优势，盘活镇区低效土地500亩，大力发展物流业、建材业和水产品流通业，总投资34.5亿元，新建过千万元重点工业、服务业和社会事业项目22个。其中，润城建材双30、三家加气站等9个项目顺利实现当年建设当年投产、投用。在项目集群发展基础上突出重点，在寿北园区新建飞龙特种纸、双冠新材料和荣丰高效农业及太阳能光伏发电3个书记、镇长项目。总投资1.4亿元，新建西能集团、胜利股份和金利三家加气站、道口热源厂。

2015年，在羊口先进业制造园，盘活低效闲置土地560余亩，招商引资22.3亿元，新上过3亿元项目4个，分别是投资8.3亿元的金得易PE、PVC管材项目，投资6.5亿元的年产6万吨金瑞达木塑型材项目，投资4.17亿元的年产5万吨飞龙特种纸项目和投资3.3亿元的年产5万吨双冠新材料项目。其中，飞龙特种纸、双冠新材料、金得易管材3个项目设备安装基本完成，金瑞达木塑型材项目建成一条生产线。同时，出台优惠政策，积极鼓励、引导企业上市融资。3月24日，辖区内的潍坊金正食品有限公司成为寿光市首批“新三板”挂牌企业，上市融资1.56亿元。2015年，通过示范引领，重点培植乘达物流、鑫海集团、宏宇化工、蓝顶化工、恒鑫建材5家拟上市企业。

【镇村建设】 社区建设。5年间，营里镇把镇村建设定位于打造沿海开发保障服务基地，重点突破营里、道口两大区域建设。2011年，在营里镇区老党委院新建的怡圆社区、在营里镇区明胶厂新建的盈圆社区、在西黑后、西黑前村新建的西黑社区，在营里镇小枣厂新建的盈湖社区，分别于2013年3月、2012年10月、2012年6月、2014年12月建成运营，4大新型社区共计入住940户，镇区面积由4平方公里扩展到7平方公里。

2012年，以拆旧建新为突破口，盘活土地资源500余亩。其中，在老道口镇区新开工投资2.38亿元、占地170亩的福海佳苑和投资1.2亿元、占地120亩的金海花园新型社区。福海佳苑于2012年10月开始建设，规划建设公寓楼9栋，建筑面积4.2万平米，入住265户，已于2014年底完工；金海花园于2012年12月开始动工建设，规划建设6栋公寓楼，建筑面积2.43万平米，规划设计163户，2015年完工投入使用。西黑土地增减挂钩项目顺利通过验收。全年完成社区建设总投入2.3亿元，总建筑面积15万平方米，形成营里镇区和道口镇区两翼齐飞的镇域新格局。

2013年，加快营里、道口两个镇区改造。在原道口镇区打造万人社区：拆迁原石化厂。在原道口工业园投资3000万元，新建玫瑰园，计划于2016年底建成运营，可入住116户。全年完成社区投入1.6亿元，总建筑面积8万平方米。

2015年，总投资1.6亿元，盘活镇区低效土地300亩，在营里镇区新建盈春社区，规划设计240户，建设公寓楼8栋，建筑面积4万平方米，是年底6栋公寓楼已全部封顶。福海佳苑续建4栋公寓楼，建筑面积3.2万平米，规划设计120户，地基已完成，计划于2017年建成运营。

服务业建设。2012年，在营里镇区利

用拆迁地块和批而未供土地，规划4个物流园区。2013年，总投资4.7亿元，新建天成包装制品、乘达物流园及集装箱中转站、润城建材双30和西能集团LNG加气站4个工业、服务业项目。同时，拆迁7家废旧院落，完成道口商贸街沿街楼主体建设，建筑面积10305平方米。

基础设施建设。2011年，在营里镇区新海路两侧新修排水沟，铺设大理石人行道、压力转路面，三线下地，供水管道安装，路灯维修改造等工程，总投资1000万元。在原道口镇区南大路两侧安装路灯174盏，投资170万元。2012年完成道路网化工程，共修建、改造镇村道路21公里；完成营子沟绿化、12条生产路绿化等镇村绿化工程。2013年，投资2000万元，新建总长7公里的晋疃、郝柳等9条村级道路；投资1000万元，完成镇村绿化工程，绿化覆盖率达28.2%。2014年，在原道口镇区新建道口供暖站1处，并埋设地下供暖管道，总投资3000万元。2015年，基础设施建设总投资8500万元，其中投资500万元，完成总长3000米的营里雨污综合管网铺装；投资500万元对道口东环路、道口商贸街、新庄至鹿家出村路等5条总长4.5公里的镇级道路进行大修。

美丽乡村建设。2014年始，根据市里提出的“美丽乡村”理念，结合市里文件安排和镇域实际情况，制定美丽乡村考核办法和实施方案，按一、二、三类村分别打造，逐步推进。共投资200多万元，重点打造陈营、北道口、晋疃、东油北等村庄，按照硬化、亮化、绿化、净化、美化“五化标准”重点打造。2015年，加强村容村貌整治、路域治理和镇区综合治理，镇村面貌发生明显变化。全镇有孙家庄、孙河南、王河南、西油北、西黑前、南单前、南单后、李营、李湾、央子、河涯子11个村被评为全市第一批“美丽乡村建设示范村”。投资500多万对全镇30个村大街小巷进行全硬化。同时，坚持镇村联动，分类指导，以社区为单位，以孙家庄等美丽乡村建设示范村为核心，重点打造营里组团、北单组团、道口组团、西黑组团、油北组团五大美丽乡村组团。其中，道口组团中的陈营、东道口、北道口、孙河南、王河南和西黑组团中的央子、李湾、北陈、南单前、宋家、西黑前等村成效明显。

【现代农业】 **农业园区建设**。2011年，投资8000万元，分别在在寿光市华宝牧业有限公司、亚太中慧营里社鸡场、亚太中慧西黑鸡场、寿光弘德畜牧业有限公司、寿光市金泰生猪养殖有限公司、寿光市益涵养殖有限公司建成大型畜牧园区6处，占地面积最小的4万平方米，最大的7.1万平方米。投资7000万元，在北岔河、东中和西中新发展500亩蔬菜种植园区2处。投资2000万元，在老河口新增赋海等贝类养殖基地2处。总投资2亿多元。这10处农业园区建成后，全镇形成以海水养殖为特色，以畜牧养殖为重点，以蔬菜种植为新兴产业的现代农业发展格局。

2012年，全镇共流转土地5000亩，新建农业园区21处。其中在李营、牟营、宋家、北单4个村新建4处工厂化水产养殖园区，每亩地产值可达到50万元。在东中村、杨柳村各新建500亩以上苗木种植园区1处；在西油北、周家、北南河等村新开工正向牧业、金正孵化、和宸绿多牧业等5处畜牧养殖园区，面积均在7万平方米以上。投资3000万元，在老河口续建贝类养殖基地2处。

2013年，深入实施“五化”（标准化、

基地化、品牌化、种苗化、高端化）战略，加快农业产业结构调整。全镇共流转土地7000亩，新建各类农业园区29处，其中新建的金正农业庄园、维多利食用菌产业园等农业园区占地达千亩以上，形成畜牧、水产、苗木、优质菜果和食用菌4类主导产业齐头并进的现代农业新局面。2013年，寿光和宸绿多牧业有限公司通过农业部农产品质量安全中心的《无公害农产品证书》，山东省畜牧局的《无公害农产品产地认定证书》。

2014年，流转土地1万亩，新建农业园区23个，过500亩的农业园区8个。其中，荣丰高效农业及太阳能光伏发电项目，总投资10亿元、规划占地4013亩，上层建光伏发电，下层种植油牡丹，是目前潍坊市第一家油牡丹种植基地。2014年，寿光市华宝牧业有限公司通过农业部农产品质量安全中心的《无公害农产品证书》，山东省畜牧局的《无公害农产品产地认定证书》。

2015年，依托羊青路、羊田路两大生态农业走廊，镇村联动共流转西黑前、西黑后、陈营、北道口、河崖子、东中等20个村、2200余户的土地共8370亩，建设媛博家庭农场等过千亩的农业项目4个，年可新增产值260万元。积极探索施行“三个一”发展模式，即“配强一套班子、选准一条路子、落实一套政策”，村级集体经济实现持续、快速发展。全镇所有行政村的年集体经济收入均达5万元以上，其中47个村年集体经济收入达10万元以上，为强化农业基础、增强农业发展后劲和实现农民增收提供重要保证。2015年，寿光正向牧业有限公司和寿光市泓德畜牧业有限公司通过农业部农产品质量安全中心的《无公害农产品证书》，山东省畜牧局的《无公害农产品产地认定证书》。

专业合作社建设。2011年，全镇共建有专业合作社19个。其中，海惠水产合作社被评为潍坊市示范专业合作社。海诺、腾慧、盈慧、兴牧4个合作社被评为寿光市先进农民专业合作社。2012年，投资2594万元，新成立20家专业合作社，全镇专业合作社发展到56家，其中渔业合作社被评为省级示范专业合作社。2013年，投资10282.5万元，新成立13家专业合作社，全镇专业合作社达到63家。注册成立大地苗木、东源水产、绿韵苑等61户种植、养殖家庭农场。赋海、海诺渔业合作社的养殖场被农业部认定为水产健康养殖示范场，山东维多利牧业有限公司、寿光鸿德牧业有限公司、寿光和宸绿多牧业有限公司获得农业部授予的2013年“菜篮子”畜产品生产项目。2014年，投资6076万元，新成立9家专业合作社，全镇专业合作社达到74家。其中，海慧养殖专业合作社被评为国家农民合作社示范社；海源水产养殖场和祥润水产养殖场被认定为山东省水产健康养殖示范场；海诺渔业专业合作社和众向生猪养殖专业合作社被评为寿光市农民专业合作社示范社。2015年，投资3163.4万元，新成立9家专业合作社，全镇专业合作社达到83家。其中，翠丰果蔬专业合作社被评为寿光市农民专业合作社示范社。

品牌创建工作。2011年，养殖专业合作社科学养殖的“寿光文蛤”“老河口白蛤”2个水产品成为国家地理标志产品。营里社、西浊北、西黑前、晋疃、孙河南、西黑后、益隆道口、东北河、李湾、东中等村在各项工作中表现出色，获得寿光农村工作综合考核一等奖。2012年，在保持寿光文蛤、老河口白蛤品牌的同时，水产品寿光麻蚬又获得国家地理标志产品认证。

农作物增产增收。2011—2015年，全镇生产的主要农作物有小麦、玉米、棉花。小麦主推精播、半精播，实行氮肥后移、宽幅播种、一喷三防等技术来增产增收；玉米采用一增四改、一防双减技术，实行适时晚收来增产增收；棉花主推抗虫棉，采用超高产栽培技术、盐碱地棉花丰产栽培技术。通过以上增产增收措施，小麦每亩增产40公斤，玉米每亩增产36公斤，棉花每亩增产30公斤。

【现代物流业】 2011年，镇党委、政府立足本镇发展实际，大胆探索，打破营里主营业务单一瓶颈，描绘物流产业蓝图。同时积极与市国土局、住建局、规划局等部门对接，完善土地指标，调整土地结构，为全面规划和实施物流业建设和发展奠定坚实的基础。

2012年，立足区位优势，把握“蓝黄”开发和寿北开发机遇，规划占地1000亩的“四大物流园区”，分别是在镇西南部规划占地200亩以港口服务为主的物流园区，总投资1200万元，2012年5月份开始建设；在镇西北部规划占地300亩以货物运输为主的物流园区，投资200多万元，2012年2月份开始拆迁；在镇东部规划占地300亩以货物配送为主的物流园区，投资400多万元，成立货物配送中心13家；在镇东北部规划占地200亩以货物仓储为主的物流园区，投资500多万元，当年实现投产运营。全镇重点培育壮大乘达、恒丰、富民、通达、鑫顺等10余家物流骨干企业，物流行业经营收入1.2亿元，完成物流总量4.58亿吨，增长19.4%，新增地方税收1000多万元。

2013年，以物流业为龙头，大力发展现代服务业。积极实行主辅业分离，新成立122家贸易服务业企业，带动全镇新增商户100余家，促进附近农贸、农机配件等一批专业市场的发展。全镇物流及商贸企业整合后，年内可实现地方财政收入1500万元。2014年，把物流业作为全镇支柱产业来做，突出建设占地320亩总投资3亿元的道口水产品综合市场和规划建设占地238亩总投资1.5亿元的乘达物流园及集装箱中转站。大力发展道口商贸街、西能集团加气站等现代服务业项目，贸易服务业企业增加至122家。

2015年，统筹规划建设集货物运输、集装箱中转、电商物流、货物仓储、汽车维修、汽车4S店、餐饮住宿、休闲服务于一体，占地1000亩的综合物流产业园。其中，以新海路为轴，以乘达运输公司为龙头，南扩350亩建设乘达物流园；在新海路以北，以营顺物流、润城建材双30为依托，北扩300亩建设营里物流创业园。通过土地、政策优惠和升级物流区基础设施，重点扶持经营港口物流的乘达物流公司加快发展，吸引东营、滨州等10家物流企业入驻，年可新增利税2000万元，全镇形成港口、新型建材和商贸三类物流齐头并进的发展局面，有力地促进营里镇域经济发展和财政收入转型。

【民生事业】 **教育事业**。2011年，营里、道口两大教育片区基本建成，给孩子们提供一个优良的教育环境。2012年，投资230万元，对营里、道口两个教育片区学校的供暖、餐厅、操场等设施进行配套完善。2014年，投资430万元，实施营里镇2处中小学改扩建工程。2015年，投资4000万元，分别为营里一中、营里二中各新建1处操场、1处餐厅、1栋教学楼，为营里一中新建1栋学生公寓楼，为西黑小学新建1栋教学楼，总建筑面积5.7万平米。全镇共有中学2处，在校学生1055人；小学3处，在校学生

2021人；幼儿园8处。

安全饮水工程。2011年，建成营里、道口供水加压站各1座，保证居民饮水安全卫生，至2015年运行良好。

环境卫生综合整治。2011年，投资300万元，实施环卫一体化工程，建成垃圾中转站1个，各村都配备垃圾容器和保洁员。实施镇村综合整治，李湾、西浊北、营里社、东道口、孙河南、北陈、南单前等村在镇村环境综合整治中工作扎实、表现突出，被评为市农村环境综合整治先进村。2012年，投资50多万元，对营里社、益隆道口、西浊北等村进行重点改造提升，重点是卫生保洁和绿化。2013年，投资50多万元，对孙河南、央子、李湾等村进行重点打造，主要是道路硬化和配齐垃圾桶以及绿化补植。2014年投资500万元，新建营里污水处理厂，年处理污水54.75万立方米。2015年，投资500万元，完成总长3000米的营里雨污综合管网铺装，提高污水处理能力。

村级道路维修与建设。2011年，投资333万元，完成岔河路、陈营路等道路进行维修工程。2012年完成道路网化工程，共修建、改造镇村道路21公里；完成营子沟绿化、12条生产路绿化等镇村绿化工程。2013年，投资2000万元，新建总长7公里的晋疃、郝柳等9条村级道路；投资1000万元，完成镇村绿化工程，绿化覆盖率达28.2%。2014年大修乡级道路7公里。2015年投资500万元，对道口东环路、道口商贸街、营里老医院路、新庄鹿家出村路等5条总长4.5公里的镇级道路进行大修，居民出行便捷畅通。

文化卫生事业。2011年始，全力推进文化体育健身工程，农家书屋实现全覆盖。2014年，新建改造9处标准化村级卫生室；2015年投资100万元，新建道口中心卫生室、改造6处村级卫生室，改善群众的医疗条件。2011年全镇有卫生院1处，卫生技术人员87人；村卫生室35处；乡村医生73人。2012年改造村卫生室1处；2013年卫生技术人员增至92人，投资125万元改造村卫生室9处；2015年全镇有卫生院1处，卫生技术人员89人，乡村医生58人，村卫生室35处，其中投资90万元改造村卫生室3处。

作风建设。2011年，村“两委”换届工作顺利完成。至2014年，不断充实年轻骨干力量，基层班子更加坚强，更具活力；紧抓信访、治安、安全生产3条主线，扎实开展“矛盾纠纷大排查、大调处、大整治”活动，4年间共解决各类难题449项，全镇未发生一起重大集体上访案件和安全责任事故。2015年，投资100多万元，新建营里、道口两个社区党员群众服务中心，面积均达到500平米以上，按照“两室、一厅”规范要求进行建设，共有户政、社保、计生等9部门入驻；投资30多万元完善浊北、岔河、孙河南、西黑4处社区服务中心。坚持维护稳定“第一责任”，对重大信访案件实行领导班子成员包靠，第一时间协调、依法依规处置，较好的化解信访积案。畅通群众诉求渠道，及时处理市长热线、寿光民声等群众来信来访300多件。建设法治宣传“一条街”，排查各类矛盾纠纷149起，达成调解协议142起，全镇未发生一起越级访、集体访案件。积极参与“全国文明城市创建”工作，坚持中秋节、春节等重大节日走访慰问老党员、困难党员、道德模范和困难群众。深入开展“好家风、好家训”和“寿光好人”、道德模范评选活动，全镇17人被评为“寿光好人”，其中西道口村孙彦芹荣获“全国孝亲敬老之星”称号；群众文化生活日益丰富，举办“金正杯”第三届群众文化艺术节，以文化正能量弘扬社会新风尚。

2011—2015年营里镇有关主要经济指标情况统计表

表11　　　　　　　　　　单位：亿元

年份	地区生产总值		固定资产投资		地方财政收入	
	共计	增长%	共计	增长%	共计	增长%
2011	22.45	11.4	23.6	20	0.5651	15.7
2012	22.45	11.4	23.6	20	0.7515	33
2013	24.5	11.6	16.6	−7.3	1.1322	42.3
2014	25.6	11.8	27.3	64.6	1.3	15.6
2015	27.3	28.7	34.8	27	1.54	17.9

（刘正学）

田柳镇

【概　况】 位于寿光市域中部，东邻上口镇、西毗台头镇、南接古城街道、北连营里镇，荣乌高速公路、省道羊临公路、市三号公路和益羊铁路穿境而过。距济（南）青（岛）高速公路15公里，距国家二类开放港口—羊口港、东距潍坊港均20公里。镇域面积108平方公里，辖68个行政村，人口6.8万，耕地面积6866.7公顷。5年来，以创建“文明、生态、活力”新田柳为目标，各项工作在稳定和谐的基础上迈上新台阶。2015年全镇完成地区生产总值29.24亿元，同比增长10.76%；地方财政收入8127万元，同比增长25.1%；工业实现销售收入643930万元、利税68302万元，分别增长11.5%和9.4%。先后获得第二次农业普查全国先进单位、国家级生态镇、省级生态镇、省级卫生镇、省级文明镇和潍坊市先进基层党组织等称号。

【工　业】 2011年始，以招商引资为抓手，以产业升级为导向，以盘活闲置资源为支撑，培植新的经济增长点，着力打造高端、高质、高效新型工业，2015年完成工业产值64亿元，实现利税6.8亿元，固定资产投入22.9亿元。

2011年投资2亿元的新龙集团四氯乙烯项目，进一步拉长氯碱产业链条，可年产4万吨四氯乙烯，实现销售收入6亿元；2012—2013年田柳项目区内以新龙集团为龙头，注重科学投入，加快转调发展，投资2000多万元购买韩国生产专利技术，总投资3亿元新上过氧化氢项目，先后完成离子膜烧碱（二期）和热电技改项目，一批科技含量高、环境污染少、税收贡献大的项目落户田柳项目区，形成产业集聚效应；2014年投资1.5亿元的祥生CPVC新材料项目，自主研发建成世界上第4条水相悬浮法CPVC生产线，一期已顺利投产，年产值3亿元，利税3000万元；盘活低效土地240亩，引进明德中慧饲料、圣美环保卫浴、辉煌氧化镁等高新技术项目；在镇区引进寿光泰盛经贸有限公司、山东齐鲁保险代理有限公司等服务业项目，增加税收200万元；2015年新建过亿元项目3个，分别是祥生CPVC项目、聚盈米糠油项目、人造刚玉项目，CPVC项目于2015年投资建设，预计2017年建成投产，届时年产值预计11亿元，利税3亿元；聚盈米糠油项目总投资2.8亿元，预计2017年投产；人造刚玉项目总投资1.2亿元，预计2016年10月份运营。在寿北，2013—2015年新建过亿元项目6个，分别是中鸿万海电力项目、弘泰港行物流项目、寿光巨能金玉米年产20万吨配合饲料、健元春年产10000

套节水环保型滴灌设备、佰浩停车设备、正固机械制造。其中，一期中鸿万海35MW光伏发电项目已于2015年8月完成，实现发电并网，年发电量5000万千瓦时，年创产值6000万元，是潍坊市已并网单体最大的地面光伏电站；二期中鸿鸿海5MW光伏项目已开工，预计2016年建成，总规划1GW中鸿光伏电站项目（属于中鸿集团，一期、二期叫法不同），作为寿光市8个百亿级产业重点项目，2015年开始申报国家级滩涂光伏项目示范基地。2015年，祥生CPVC、新龙纳米过滤膜（正在试验阶段）、正固机械（预计2017年建成投产，总投资2.2亿元，占地90亩，建成后可实现销售收入19000万元，工业增加值5598万元）项目纳入寿光市"十三五"重大事项、重大工程。2015年底，在工业园区投资2亿元建设恒通钢缆项目，该项目是非化工项目，占地40亩，新建车间3座及水处理循环系统2座，建设面积1万平方米。

【农 业】 2011—2015年，田柳镇始终坚持以农业园区建设为着力点，以农产品质量安全为保障，不断完善园区+合作社+农户的产业模式，有效地促进农业增效、农民增收。一是进一步加强涉农基础设施建设，实施高标准基本农田项目。先后整修一级道路2.8万米，整修二级田间道3.7万米，新打机井69座，新上变压器26台，铺设相应线路，新建、整修交通桥涵7座，镇域内农业生产条件得到较大改善，为农业增收提供保障。二是积极引导群众发展蔬菜种植，蔬菜种植覆盖面由镇域南部扩展到全镇。新增蔬菜大棚1.5万亩，流转土地2.3万亩，农民人均收入由2011年的1.06万元提高到2015年的1.76万元。三是积极建设大型蔬菜园区和村"两委"领办创办合作社。2011年始，对土地进行成方连片的流转，先后建设富昌有机蔬菜、鑫农源有机蔬菜、凯瑞有机蔬菜、富园农业、华浚蔬菜园艺、凯瑞航天丹参、中意生态农业、东光、强民、浩丰、刘家等11处大型蔬菜园区。抓好合作社建设，鼓励村党组织领办、创办各类专业合作社61家，入社社员平均增收3000元，实现村集体和社员的双赢，保障农产品质量安全。四是实施无害化绿色种植措施，打造特色农业，推进农业品牌高端化。加大对北岭樱桃、王里大葱、凯瑞丹参、富集人参等品牌的宣传推广力度，利用菜博会、文博会等平台提升品牌知名度，其中田家特制咸菜、王高虎头鸡等产品已入住市内各大超市。五是粮食等农作物增产增效。全镇主要农作物为小麦、玉米、棉花、蔬菜及食用菌等，小麦、玉米、棉花等主要农作物每年单产量基本持平，略有增加，蔬菜及食用菌因大棚技术成熟等原因由2011年的单产4600斤提高到2015年的单产4800多斤，增福4.4%。

【镇村建设】 社区建设。2011—2015年，在镇区新建福瑞家园、学景花园、文汇苑、阳光小区、秀河社区、凤翔苑、樱景苑等社区12个、建设楼房84栋，在农村完成邵岭、薛家、朱家、西兴王等7个村的土地增减挂钩项目，建设楼房40栋，安置群众1200户。2015年，坚持以人为本、宜居宜业的理念，聘请山东省城镇规划建筑设计院对全镇进行总体规划修编，明确"一轴、两心、七区"（一轴即以田王东路为中轴，依托王高塔，围绕其周边5000亩地块的控制性总体规划和田王东路两厢的城市设计，打造成以王高塔文化景区为中心，辐射田柳、原王高两个镇区的文化旅游景区；两心是以田柳镇区、王高镇区为中心，合理调整商业布局，加大道路、亮化、绿化等基础设施建设，完善商贸、流通、休闲、服务功能，全方位吸引人口、产业、资金向两个镇区聚集；七区是规划田柳、王高、秀河、弥鑫、卫东、跃龙、邢姚七个新型社区，将全镇68个村全部纳入这7个新型社区，建设成为覆盖范围广、功能完善、交通便捷、自然宜居的大型居住社区）的新型城镇发展蓝图。

基础设施建设。2011—2015年，按照配套功能齐全、服务功能完善的要求，先后投资2500多万元，对全镇22个村的40多条道路进行新建翻修，总长度达37公里，改善辖区内的道路交通条件。2015年，投资180万元新建镇区直排污水管道2.5公里，整修直排污水管网3.5公里，基本解决污水污染问题。

美丽乡村建设。2014年始，坚持"尊重民意、维护民利、依靠民资、强化民管"的思路，开展美丽乡村建设，全镇68个村内引外联筹措资金1500万元，新建大棚垃圾池63处，硬化道路17公里，铺设彩砖1.8万平方米，新上路灯295盏，建设文化活动广场14处，清理拆除乱搭乱建1400多处，高标准增植绿化树木1.1万株，群众生活环境得到极大改善。同时，对田柳、王高两个镇区全部实行环卫托管，镇村两级投入60多万元，合理规划新建大棚垃圾池、暂存点62个，实行镇村生活垃圾统一收集、统一运输、统一处置，有效改善镇村环境面貌。

【社会事业】 教育事业。2011年，为改善教学环境，田柳中心小学投资1000万元，按照省标准化学校要求，配套建设学生餐厅、塑胶操场，2013年建成投用，建筑面积5600平方米，容纳18个教学班。田柳朱崖小学投资1000万元建设教学楼，2015年建成投用，学校占地1.32万平方米，校舍建筑面积3828平方米，辐射朱崖村、寨里村等10个村，在校学生300余人。5年间，田柳镇党委、政府多方筹措资金，投资180万元对田柳二中教学楼、王高小学教学楼、办公楼进行整改加固；投资160万元建设中心小学、邢姚小学塑胶操场；投资200万元对全镇中小学幼儿园低压线路、变压器、供暖设施进行全面改造，达到小学供暖碳晶板化、幼儿园供暖空调化，全镇总体教育条件得到极大改善。2015年，田柳镇共有初中2处，分别是田柳一中、田柳二中；小学6处，分别是田柳中心小学、邢姚小学、朱崖小学、王高小学、实验小学、常宋小学。

卫生事业。2011年始，围绕满足群众医疗保健需求，不断加强卫生建设。2013年，投资300万元对田柳医院门诊楼改造提升，新建改造18处村级卫生室。2014年，为进一步满足群众就医需求，多方筹资1000万元动工建设田柳医院病房楼，建筑面积3600平方米，增加病床200多张，同时启用投资300万元的数字化接种门诊。2015年，按照标准化要求，新建改建10处村级卫生室，对28处村卫生室的诊疗设备进行配套更新，提升村级医疗卫生条件。全镇共有卫生院1处，卫生院分院1处（王高），村卫生室41处。

利民措施。全镇68各村全部实现供水联网，总投资达到1000万元，保障群众用水安全。2011年投资460万元，新修崔后路，促进田柳、王高2个镇区融合，繁荣镇域经济。投资300多万元，建设垃圾中转站，配备垃圾收集容器，实现城乡环卫一体化。2015年，为进一步转变政府职能，搭建便民服务平台，提高办事效率和服务水平，创建政府形象窗口，投资500万元新建党群服务中心，建筑面积800平方米。

文化事业。2011年，为重现王高塔寿光“古八景”之首的盛景，投资3.2亿元，实施王高塔文化遗址恢复重建项目。规划项目中轴线从南到北依次为山门、天王殿、大雄宝殿、王高塔，两侧为观音殿、地藏殿等偏殿及其他殿堂。其中，王高塔参照原有形制、布局和规模，在原址附近建设，设计为九层八棱、三层露台，总高度为69.9米。至2015年，王高塔、大雄宝殿、观音殿、珈蓝殿、普贤殿、地藏殿、文殊殿等“一塔六殿”完成主体及内部彩绘，山门殿及两侧钟鼓二楼完成主体，景区已初具规模。2012年，投资1000万元，高标准建设李植庭纪念馆和崔家庄党史展馆，“两馆”被命名为潍坊市党史教育基地、潍坊市干部教育培训现场教学基地、寿光市党员干部党性教育基地和寿光市青少年革命传统教育基地。2015年，投资800万元，规划建设李植庭纪念馆新馆，位于田柳镇崔家庄植庭学校内老大礼堂东侧。新馆楼高2层，建筑面积1280平方米。1层为新型农民培训学校，配套多媒体教室、图书馆、办公室等，2层为李植庭纪念馆新馆和崔家庄党支部党史展馆。新馆打造成为集革命传统教育、新型农民知识培训、健身休闲为一体的现代红色教育基地。

社会保障事业。5年间，新农合工作扎实稳妥推进，参合农民55361人，覆盖率95%以上，进一步缓解农民因病致贫、因病返贫问题。积极开展低保、五保、养老保险，农村社会。

2011—2015年田柳镇主要社会经济情况统计表

表12 单位：亿元

年份	财政收入		规模以上企业总产值		工业主营业务收入		工业企业利税	
	共计	增长%	共计	增长%	共计	增长%	共计	增长%
2011	3185	−10.5	41	36.3	40	31.7	4.3	39.3
2012	3670	15.2	46	13.4	47	15.5	4.9	13.3
2013	5672	55	52	9.6	52	12.2	6.0	21.2
2014	6500	14.6	57	15.3	57	12.7	6.2	8.2
2015	8127	25	64	11.9	64	11.5	6.8	9.4

（刘国栋）

纪台镇

【概 况】 是周朝纪国古都，位于寿光南部，弥河东岸，济青高速11号路口处，与昌乐、青州两县市搭界，是寿光的南大门。总面积90平方公里，耕地面积7.4万亩，辖72个行政村，总人口5.3万人，1.3万户。2015年全镇完成科学投入17.6亿元，实现地方财政收入3516万元，同比分别增长13.9%和16.6%。

【现代农业】 5年间，纪台镇以农业增效为重点，以增加农民收入为前提，积极探索现代农业发展模式，建立集约化现代农业产业体系，促进农业向高产、优质、高效方向发展。

蔬菜标准化生产。纪台镇蔬菜种植以大棚为主，主要蔬菜品种有茄子、辣椒、西瓜等。2011年，全镇建有蔬菜大棚接近3万个，蔬菜大棚种植面积5万余亩；2015年蔬菜大棚种植面积发展到6万亩。为提高蔬菜标准化生产水平，2015年开始创新性的开展“智慧农业”新型发展模式。“智慧农业”就是利用物联网技术将智能化控制系统应用于大棚种植管理的一种模式。该模式的推行取得两大效果，一是实现大棚精准化管理，降低菜农的劳动强度。全镇有蔬菜大棚3万余个，种植户1.4万户，有的夫妻2人种植4个大棚，各个大棚不在一处，管理难度大，使用“智慧农业”系统后，解决蔬菜大棚种植标准化程度低和劳动强度大的发展瓶颈，菜农可随时掌握棚内温度、湿度、光照度、二氧化碳等生长参数，根据参数变化对蔬菜进行标准化管理。大棚智能温控机和精密传感器可根据温度变化自动调解出风口大小，确保棚内温度、湿度均衡，使蔬菜始终处于一个最适宜生长的环境，缩短蔬菜生长周期，减少病虫害的发生，提高蔬菜品质和产量，年增产10%以上。同时，该系统使菜农足不出户就可通过机顶盒或手机对卷帘机进行远程升降控制，解决原来每天必须到大棚进行卷帘、放帘和开放、关闭通风口而投入大量时间和精力的问题。二是实现对大棚的安全防护，提高大棚安全性。借助高清监控探头，种植户通过机顶盒或手机可随时查看棚内及四周情况，防盗报警装置在设防状态下，当探头探到有人非法进入，便会自动拨打用户电话报警，有效防止因人为因素对大棚及棚内农作物造成的损害。

发展专业合作社。2011年始，积极扶持发展农民专业合作社为主要形式的新型农业经营模式，至2015年先后成立80个家庭农场，其中种植业48家、畜牧业32家；通过土地流转和适度规模经营，共发展农民专业合作社104家，其中村两委创办领办合作社56家。其中，亮腾果菜专业合作社、令欣蔬菜专业合作社被2014年评为省级优秀合作社，成为全镇农民专业合作社的骨干带头企业，全镇以家庭农场和农民专业合作社为依托，逐渐形成“品牌＋基地＋社员”的发展模式，在市场经营中走出品牌化、专业化、高端化的新型发展方式。

发展品牌产业。利用紧临弥河的地理环境优势，大力发展和保护黄桃产业，2015年黄桃种植面积达1000亩；黄桃产值由2011年的每亩5000元增加到2015年的每亩8000元，“弥河黄桃”和“桃树一边倒”逐渐形成品牌优势。弥河黄桃沿弥河种植，与其他黄桃相比，肉质细密、硬度大，香气浓郁风味独特，含可溶性固形物11~12%，每100克含碳水化合物14克，另外含有苹果酸和柠檬酸等成分。为提高产品知名度和产品附加值，5年间每年举办一次黄桃文化艺术节，通过政府搭台，宣传黄桃品牌，带动当地旅游业的发展，游客可在黄桃园内赏桃、摘桃，享受农家园的乐趣。黄桃产业和黄桃苗木的良性发展，为纪台经济可持续增长增添活力。

【工　业】 5年间，突出“全党抓经济、重点抓工业、关键抓投入”的思路，纪台镇全面支持发展物流税源，积极扶持引导贝斯特物流、刘军物流、泰威物流等物流公司做大做强，同时探索成立纪台现代物流管理公司，引导所有物流个体统一开票，将税收留在纪台，支持地方发展。2015年，纪台镇大力引进金融税源，积极抓好深圳前海创亿达融资租赁公司寿光分公司的业务开展和税收征管。5年间全镇规模以上工业企业虽然均为10家，但总产值由2011年的7.3亿元增加到2015年的8.2亿元，增长幅度达11%。2015年，完成利润5900万元，同比增长11.6%；实现利税7600万元，同比增长10.7%。重点服务业企业实现主营业务收入2亿元，同比增长21.1%；全镇固定资产投资完成16.7亿元，同比增长14.2%。规模以上批零住餐业销售营业额12亿元，同比增长20.3%。全镇初步形成以水泥预制、有机复合肥、动力机械配件、精细化工、果菜及畜牧深加工为主的工业经济发展新格局。

【美丽乡村建设】 2011年始，以“建设寿光南大门”为目标，积极开展村庄道路建设。2015年始，大力实施“美丽乡村”提升工程，通过实施“党员干部带头、在外人员带动、群众自愿捐款、社会各界捐助”等多种模式，在全镇掀起美丽乡村建设热潮，投资5000万元用于镇村道路建设，投资360万元用于22个绿化提升村和连片提升村的建设。其中，宋家村于2015年上半年开展环境卫生大清理，先后拆除乱搭乱建112处，清运垃圾400余车，先后硬化大街小巷13条3万平方米，配套新修高标准排水沟9200米，栽种法桐、海棠等优质绿化树木5000余棵，构建起“四季常青、花绿结合、错落有致”的景观格局。2015年，为有效解决大棚秸秆处理难题，积极实施环境卫生整治，在前期引进华源秸秆利用项目、“蔬菜秸秆堆肥化处理和利用技术”试验项目以及玉皇沼肥能源站项目试点成功的基础上，重点扶持华源秸秆利用项目，取缔原镇级以上道路沿路大棚垃圾存放点，成立城管执法中队，对不按规定倾倒的村民进行及时劝阻和引导。按照区域划分和大棚数量，对原有秸秆垃圾暂存点进行重新规划和布局，在全镇重新设立40处秸秆垃圾集中存放点，并实施市场化运作，吸引种植户自行将分拣的大棚秸秆运往指定的4处蔬菜秸秆收购点，每吨可获40元的补贴或兑换4袋生物有机肥料，既保证华源秸秆项目的生产原料供应，又让老百姓真正得到实惠。同时，华源秸秆利用有限公司在原有设备基础上，投资500多万元，新上4部铲车和4台大型秸秆粉碎机，日消化大棚秸秆2000多吨；新上一套木炭成型设备，通过将粉碎后的秸秆进行烘干、高温碳化、压缩成型等流程，最终制成木炭，使大棚秸秆变废为宝，真正实现社会效益、经济效益和生态效益的同步提高。

【社会事业】 **教育事业**。2012年8月，投资48.5万元，新建吴庙小学塑胶操场，面积1875平方米；2013年7月，投资574万元，新建纪台二中综合楼1幢，建筑面积5500平方米，完成合班并校及农村义务教育学校校舍标准化建设工程。2014年9月，投资15万元，新建纪台一中独立水水冲式厕所1处，面积144平方米；12月，又投资19.2万元，对学校供电主线路完成改造。投资10.7万元，对纪台镇中心小学供电主线路进行改造。2015年3月，投资9.5万元，对纪台一中餐厅进行改造，面积642平方米。6月，投资782.4万元，新建吴庙小学教学综合楼1幢，建筑面积4700平方米，投资150多万元新建水冲式厕所、大门、硬化路面、铺设活动广场、排球场、篮球场等设施，建设面积6600平方米。7月，投资29万元，将纪台中心小学原旱厕改建为独立生态水冲厕所，建设面积264平方米。9月，实施旱厕改造工程，投资36.13万元，新建纪台二中独立水冲厕所2处，面积315平方米。2015年全镇共有初级中学1处，在校学生860名；九年一贯制学校1处，在校生1833名；小学2处，在校生1664名。4处幼儿园，在园幼儿600名。

卫生事业。2012年8月，投资11万元新建齐家卫生室。12月，纪台医院投资25万元购进医用诊断X光机1台；投资19万元购进生化分析仪1台；投资8.8万元购进数子遥控监护系统2台。2013年9月，投资共68.5万元，分别新建、改建纪东、吴庙、王牟、赵家尧河、曹官5处卫生室。2014年10月，纪台医院投资7.9万元购进中央监护系统一套；12月投资289万元购进东软16层螺旋CT1台，进一步提高临床诊断符合率。2015年，共投资 46.55万元新建宋家村、凤凰村卫生室，为群众看病治病提供方便，就医环境得到改善。2015年全镇有卫生院1处，拥有卫生专业技术人员97人，建有村卫生室37处，拥有乡村医生79人。

（马有君）

化龙镇

【概 况】 位于寿光市西部，面积75平方公里，辖53个行政村，14709户，人口5.3万，耕地面积5700公顷。全镇地区生产总值由2011年的16亿元增加到2015年的29.2亿元，地方财政收入由1703万元增长到5269万元，年均分别增长16.5%和36.9%。2015年工业实现销售收入56.6亿元，利税2.9亿元，分别增长23.9%和23%；第三产业增加值达95305万元，比上年增长7.3%。先后获得中国胡萝卜第一镇、国家级胡萝卜标准化生产示范区、全国农产品加工创业基地等称号。

【工 业】 5年间，围绕加快转型升级，坚持大项目与招商引资双轮驱动，实现工业项目提质增效。为进一步优化产业布局，开拓发展空间，先后在晨鸣工业园、羊口工业园、化龙镇区等地引进顺福昌钢圈及轮胎、宏恒达PET、瑞华新型工程材料、诺盟化工、顺华半钢农业子午胎及炭黑、力创橡塑、龙奥橡塑、华星医疗器械等一批大项目、好项目。其中，2011年在临港工业园和侯镇工业园引进总投资35亿元的年产1200万套顺华轿车轮胎、投资4亿元的年产2万吨瑞华新型工程材料、投资2亿元的诺盟化工年产1800吨的DAP 3个过亿元项目。2012年在羊口先进制造产业园，引进潍坊顺福昌集团总投资8亿元的年产150万套农业机械装备轮胎项目。2013年在侯镇项目区引进建设投资3.3亿元的潍坊金囤化工、投资3亿元的寿光顺昌泰新型材料项目；在镇区投资1.1亿元，新上碧龙食品高端小麦粉车间项目。2014年在羊口高新技术产业园区引进总投资5亿元的山东力创高强度传送带以及投资3亿元的山东龙奥橡塑年产200万套船舶游艇护舷项目，在镇区新上投资2亿元的宏恒达新型防水材料项目。2015年引进的山东力创机械有限公司高精度轮胎模具项目，总投资1.35亿元，占地50亩，投产后可年加工高精度轮胎模具1500套；投资2亿元的宏恒达新型防水材料项目和在寿北羊口工业园新上的投资3亿元的山东龙奥橡塑有限公司年产200万套船舶游艇护舷项目已投产；华星医疗器械新上安全采血针项目，占地57亩，7月份开工建设，投产后，可年产安全采血针6000万支、输液器2亿支，实现年销售收入5.2亿元，利税1.1亿元。至2015年，全镇形成以橡胶橡塑、医疗器械、防水卷材为支柱的工业格局。全镇民营企业由2011年的85家发展到2015年的110家，限额以上工业企业由2011年的16家发展到2015年的27家。

【农 业】 **现代农业园区建设**。2011年始，化龙镇沿羊青路、寿济路流转土地2万多亩，引进30家以种苗繁育、蔬菜种植为主的农业园区，年繁育种苗6.5亿株，占到全市繁育种苗的一半以上。其中，2011年全镇完成土地流转3000亩，引进荷兰必久、新利农、崇山3个现代化种植园区，以及2个畜牧园区，建成育苗温室5万平方米，年育苗能力达到4亿株。2012年，全镇完成土地流转4000亩，引进山东天力10万头生态化生猪养殖、阳光控股生态基地、荷兰必久亚太区育种基地、锦丰有机蔬菜园区等4个高端农业项目，建成高标准大棚560个，拱棚350个，智能育苗温室8万平方米。2013年流转土地4000亩，引进高端种子种苗项目4个，生态养殖基地2个，其中国家种业基地顺利落户大西环现代农业走廊；占地480亩投资2.5亿元的山东金百利、占地250亩投资1亿元的寿光鲁盛“育繁推”项目被列为全市重点推进项目。2014年，新上的总投资1.5亿元，占地200亩的东北农业大学寿光育种基地项目科研大棚已建设完成；投资5000万元的鲁寿种苗与中国农科院合作建设的中国农科院寿光种苗健康检测中心项目现已动工。2015年，鲁寿种苗与中国农科院合作投资1200万元建设的中国农科院寿光种苗健康检测中心项目和东北农业大学寿光育种基地科研大棚项目建成投用，为全市优质优良种苗研发提供技术保障。

发展蔬菜产业。5年间，围绕大棚蔬菜发展，积极引导群众建设蔬菜大棚，对每个新建大棚镇财政补贴现金1000元。2015年始，积极推进蔬菜大棚建设，流转土地7000余亩，规划建设蔬菜大棚园区19个，建设高标准大棚1000多个，全镇大棚数量由2011年的3600个发展到5000个。2011—2015年，每年平均建设大棚280个，年亩产值近3万元。

2011年始，积极培育蔬菜品牌，完成有机蔬菜基地认证9000亩，培育出“弥香庄园”“雨润”“鲁丰”“晓青菜园”“晓和春”有机蔬菜及“凯西姆”高钙蔬菜8个蔬菜品牌，市级农业龙头企业达到12家。中兴、全福元、雨润园区积极加强对外宣传和品牌推介，拓展营销渠道，分别与香港百佳、潍坊银座、青岛利群、齐鲁石化等大型超市和企业实现农超对接和定向配送，全镇形成品牌蔬菜自产自销、农超对接、定向配送3种营销模式。2012年，引进产销一体化与质量可追溯的西红柿种植“荷兰模式”，科技创新能力大幅增强。2013年，新世纪种苗公司与中国农科院共同起草的《国家学盘育苗标准》，获农业部科技进步一等奖，现代农业园区投资1000万元，新建物联网工程项目，实现蔬菜种植研发自动化数据采集和智能化控制。2014年，新上总投资1.5亿元，占地200亩的东北农业大学寿光育种基地项目，科研大棚已建设完成；投资5000万元的鲁寿种苗与中国农科院合作建设的中国农科院寿光种苗健康检测中心项目动工建设，山东金百利、山东鲁盛高端育种项目一期建设完成投入生产。2015年，鲁寿种苗与中国农科院合作投资1200万元建设的中国农科院寿光种苗健康检测中心项目和东北农业大学寿光育种基地科研大棚项目建成投用，为全市优质优良种苗研发提供技术保障。

发展蔬菜生产与加工龙头企业、合作社。2011 年组建农民专业合作社 5 家、农民合作联社 1 家，增强农民组织化管理水平，提升抵御市场风险能力。至 2015 年，全镇拥有潍坊市级龙头企业 12 家，注册农民专业合作社 148 家，带动 4000 余户农民发家致富。

胡萝卜品牌。化龙镇胡萝卜以种植面积大产量高、品质好营养丰富成为当地农业一大品牌，2000 年被农业部授予“中国胡萝卜第一镇”称号， 2008 年被国家标准化委员会确定为“国家级胡萝卜农业标准化示范区”。2001 年建成的裴岭胡萝卜加工园，2015 年交易量达到 80 万吨，交易额 5 亿元。2002 年化龙镇建成寿光市第一家胡萝卜专业合作社，2011 年全镇胡萝卜专业合作社（协会）达到 26 家，2015 年发展到 34 家，业务范围涉及胡萝卜生产、加工、销售全过程。全镇胡萝卜种植面积由 2011 年的 3.6 万亩发展到 2015 年的 4.2 万亩，总产值由 2011 年的 28820 万元增加到 2015 年的 33321 万元，产品 80% 出口到日本、韩国、俄罗斯、东南亚等国家和地区，2015 年出口创汇 5000 万美元。2012 年，“化龙胡萝卜”顺利获得国家地理标志产品保护。

粮食生产。全镇主要粮食生产品种为小麦和玉米。5 年间，认真落实国家有关农业保护补贴、农机补贴等支持农业发展政策，激发农民种粮积极性，粮食产量逐年提高，实现粮食增产增效和农民增收的目标。

【服务业】 2011 年，全镇服务业主要以经营家具为主，共建有维经、金泰、红双喜、东方、鑫木缘等家具门店 9 家。2012 年，在原有 6 家家具门店的基础上，成立华龙家具公司，家具经营门店达到 10 家。2015 年，为整合升级传统家具产业，在化龙镇政府驻地新建化龙家具城，总投资 2.2 亿元，占地 105 亩，建有家具交易展厅 7 万平方米，其中一期工程建设 4 万平方米家具销售展厅，总投资 8000 万元，4 月动工，计划 2016 年 7 月份交付使用；二期工程建筑面积近 2 万平方米，计划 11 月动工，2016 年底建成投用。该项目建成投用后，将进一步增强化龙家具对广饶、青州等周边市（县）的辐射影响力。利用镇域内闲置土地分别规划建设占地 200 亩的中汇物流产业园和占地 130 亩的恒盛物流园，在镇域西部依托铁路规划建设占地 2000 亩的铁路物流园。其中，中汇物流产业园为综合性现代物流产业园，2014 年 3 月开工建设，2015 年 5 月建成投用，有办公区、仓储区、汽修区、服务区 4 大功能区，集办公、仓储、食宿、加油、加气（LNG）、车辆维护、呼叫调度及保险、信息、网络等功能于一体，为物流企业提供“一站式”全方位服务；恒盛物流园位于辛家村南，占地 130 亩，投资 1.5 亿元，规划建设仓储、装卸、管理服务 3 个分区，计划 2016 年 3 月开工建设，12 月建成投用；铁路物流园正在进行详细规划和招商，计划 2016 年 10 月开工建设。全镇物流企业由 2011 年的 5 家发展到 2015 年的 17 家，累计营运车辆达 500 余辆，2015 年物流产业实现税收 798 万元。

【镇村建设】 2011 年，投资 300 万元，完善镇区公厕、水电管网建设，新增群众游园 1 处，顺利通过“省级环境优美乡镇”验收。2012 年，投资 80 万元，对乌阳河进行高标准整治，镇村面貌明显改善。2013 年，按照镇村一体、全域统筹、融合发展的理念，以基础设施的提升增强城镇内涵，以镇域产业的布局全力增进发展活力。总投资2.3亿元的化龙文化商务区一期工程包括小学、幼儿园、10栋公寓楼建成启用，二期工程化龙医院建成、8栋公寓楼主体完成，三期工程购物中心主体完成、居民区开工建设；投资1000万元，对镇区南洋路及乌阳河景观带进行改造；投资8000万元，开工建设丰城文化商务区，新建公寓10栋，配套建设实验小学、实验幼儿园等基础设施；投资200万元，对丰城商贸街进行高标准提升改造。2014年，以化龙、丰城两大镇区为中心，加快基础设施配套建设，不断完善功能配套，投资600万元对南洋路进行拓宽改造及绿化、亮化建设，投资100万元对丰王路进行硬化，化龙镇区文化商务区二期顺利竣工，已实现入住，三期2栋公寓楼、7栋别墅楼正在进行主体施工；丰城镇区丰城嘉苑、新丰育苑项目13栋公寓楼已完工，并实现入住；人员的聚集带动三产服务业的发展，全福元化龙店、南洋路特色商贸街、丰一商贸城等服务设施的建设提升镇区活力。2015年，化龙镇采取“政府出一块，社会受益方集一块”的筹资模式，扩大城镇基础设施投入，社会受益方出资比例达40%以上。实施乌阳河综合治理工程，对河道进行挖填整平及混凝土防渗处理，实现雨污分流；新建东岸道路1000米；对乌阳河东坝实施绿化，栽植樱花600余株。引进投资1200万元的集中供暖项目，9月开工建设，11月15日正式供暖，镇区内政府机关、学校、医院、企业、居民小区及周边农村社区均接入集中供暖管网，集中供热面积达到25万平方米，停用小锅炉12个。对镇区内裸露土地进行高标准绿化，栽植法桐、樱花、卫矛等乔灌木1万平方米。为促进化龙、丰城两个镇区均衡发展，加大对老丰城镇区基础设施的建设力度，投资100万元，硬化丰王路；维修改造丰台路丰城镇区段，安装更换LED高亮路灯200盏。同时，新修县乡、农村道路73公里。大力推进农村社区建设，

5年间，加强社区建设，先后规划建设裴岭、马庄、西庄子、北柴、辛店、南柴等11个农村社区，建成公寓楼39栋，别墅楼230栋，及时配套完善社区公共服务、休闲娱乐、文体广场等休闲娱乐设施，改善群众居住环境。2015年，全镇21个行政村实施“美丽乡村”建设工程，硬化街巷256条、24.6万平方米；实施绿化工程，栽植各类绿化苗木近50万株、3万多平方米。

【民生事业】 教育事业。2012年7月，投资1000万元，在化龙镇政府驻地新建化龙镇中心幼儿园，2013年8月投入使用。幼儿园占地面积12亩（7359平方米），建筑面积4311平方米，化龙中心幼儿园现开设大中小12个教学班,2015年共有377名幼儿，教职工37人，教师学历达标率为100%。2013年9月，投资2500万元，新建化龙镇中心小学。新建省标准四层教学楼10171平方米。有面积126平方米的图书阅览室1处，图书31565册。有96平方米微机室1处，配备60台微机，师生用机总计132台。学校现有20个教学班，学生853名，65名教职工。2013年10月，在化龙镇丰城商贸街西首，新建实验幼儿园，占地面积4543平方米，建筑面积3528平方米。共有12个教学班，在园幼儿362人，教职工34人，教师学历达标率100%。2015年3月，投资1500万元，新建化龙镇实验小学竣工交付使用。新建省标准综合教学楼 5136平方米，综合餐厅楼2421平方米。学校现有24个教学班，学生1080名，73名专任教师。教学楼24间

教室均配备电子白板，配有高标准录播室、微机室，配备图书38000余册的图书阅览室，文理科仪器齐全的科学仪器室，设施先进的多功能教室；建有300米标准环形跑道，省标田径运动场，2个标准篮球场，2个足球场。

卫生事业。2012年10月28日，投资2200万元，迁址建成投用化龙镇卫生院，总建筑面积1.1万平方米，包括门诊楼、病房楼、综合楼及其配套设施。医院有职工148人，其中卫生专业技术人员127人。医院科室设置合理齐全，开放床位100张。配备有德国产CR、F30型500毫安程控X光机、飞利普彩色多普勒超声诊断仪、全自动生化分析仪、美国产同步12导全自动心电图分析仪、全自动洗胃机、心电监护仪、呼吸机等大型医疗设备20多台件，满足当地群众诊疗需求。

文化事业。2011年始，不断加强农家书屋和农村文化大院建设，至2015年累计投入2000万元，共建设农家书屋53个，农村文化大院53个，覆盖率分别达到100%。

社会保障事业。5年间，全镇基本医疗保险参保率达到95%以上，养老保险投保率达到90%以上。2012年，建立社会慈善救助资金，大力开展捐资助学助残助困行动，至2015年共捐资300多万元。

【综合治理】 2011年始，不断加强和创新社会管理，优化群众服务工作模式，定期开展群众矛盾纠纷排查活动，及时了解群众需求，解决好群众最关心、最迫切的现实问题。2015年，搭建“互联网+”行政服务体系，投资200万元，建设1个镇级、5个社区党员群众服务中心和53个村级党群服务站，整合21项服务审批业务实行网上办理，达到群众少跑腿、网络代替腿的目的。改进农村片工作机制，将民警编入党总支，任党总支副书记，归党总支管理，实现“党委领导、警片联合、干群共治”的良好效果。大力推行农村社会管理网格化管理模式，群众服务实现无缝隙、全覆盖。积极推进社会治安综合管理创新，顺利通过省级无邪教乡镇验收。镇党委、政府主要负责人每月定期开展领导干部接访制度，畅通群众信访渠道，累计接待来访群众400余人次，推动社会和谐。

【精神文明建设】 5年间，坚持围绕中心、服务大局，大力开展精神文明创建活动。一是坚持贴近生活、贴近群众、贴近实际的“三贴近”原则，积极利用报纸、广播等各种媒体，以社会主义核心价值体系为主题，广泛开展形式多样的宣传教育活动，丰富群众业余文化生活，激发干事创业热情。二是不断加强农村文艺人才队伍建设，先后投资60多万元，组建20多支文艺演出队伍，发展农村各类文化人才600人，开展各类文艺演出300场。以中心社区为重点，积极推进5分钟健身圈建设，共建立群众体育健身场所53处。三是大力开展宣传普及社会主义法治、道德、计划生育新风等主旋律活动，通过“十星级文明村、文明户”“好媳妇、好婆婆”评选，举办乡村文明晚会等方式，大力弘扬社会主义新风。先后投资500万元，在全镇53个村建设文明、科技、法制一条街，推动社会文明和谐。

2011—2015 年化龙镇主要社会经济情况统计表

表 13　　单位：亿元

年份	财政收入		规模以上企业总产值		工业主营业务收入		工业企业利税	
	共计	增长 %	共计	增长 %	共计	增长 %	共计	增长 %
2011	0.17	11.6	27.01	24.5	25.4	73.7	1.26	41.2
2012	0.26	56	33.9	23.3	33.7	30	1.7	32.6
2013	0.35	34.6	41.89	20.4	40.72	17.6	2.11	15.4
2014	0.384	23	43.98	8.7	45.75	11.2	2.27	4.9
2015	0.507	36.9	57.2	24.5	56.65	23.9	2.97	23

（吕洪光）

双王城生态经济园区

【概　述】　2011 年 12 月，成立双王城生态经济园区，行使镇级管理权限。该园区位于寿光市西北部，东邻羊口镇、营里镇，西毗台头镇、东营市广饶县，南与台头镇、田柳镇接壤，北倚羊口镇。辖双王城水库区域、机械林场区域、清水泊农场区域、巨淀湖区域和牛头镇、寇家坞、李家坞共 14 个行政村，7052 户、23926 人，总面积 193 平方公里。园区管委会驻双王城水库东。2015 年，全区完成社会固定资产投资 11.2 亿元，实现财政总收入 6795 万元，其中地方财政收入 6043 万元，同比增长 19.7%。4 年间，园区先后获得全国美丽乡村试点单位、国家湿地公园、山东省首批生态旅游示范单位和休闲农业与乡村旅游示范点、山东省爱国主义教育基地、山东省国防教育基地、山东省党史教育基地等荣誉称号。

【生态开发】　2011 年始，园区围绕巨淀湖生态湿地、滨海国家湿地公园（林海生态博览园）、双王城水库等重点区域，先后完成 3 万亩的成片造林和湿地建设，建成 3000 亩的中国·北方盐碱地苗木基地。2012 年，投资 1.7 亿元，动工建设巨淀湖景区、双王城一号大街等 8 个项目。完成双王城环库林场建设项目，开始进行园区生态开发。结合小清河流域生态修复，推进总投资 10 亿元的洰淀湖湿地引水、湿地水网、退耕还湿、湿地保护和治污减排 5 大生态治理工程，启动环巨淀湖沿塌河的大型生态修复工程建设。2013 年，投资 5.8 亿元，建设巨淀湖路、海洋湿地研发中心等 6 个项目，生态开发初现成效。2014 年，投资 7.3 亿元，新建双王城净水厂，续建巨淀湖路等 8 个项目，巨淀湖景区开始投入运营，生态开发效果显著。2015 年，投资 11.18 亿元，完成海洋湿地研发中心、汉文化产业园、双王城净水厂以及多个民生项目建设，双王城生态开发带来的经济效益、生态效益和社会效益实现同步提升。4 年间，栽植湿地适生树种 60 多万株、水生植物 12 万平方米。恢复芦苇沼泽湿地

145公顷，盐碱湿地植被100多公顷。完成造林绿化面积4万亩，其中生态公益林2.2万亩、社会资本造林1.3万亩，整个区域绿量进一步提升。

【特色旅游】 2012年始，邀请国内知名设计公司对2万亩巨淀湖区域进行总体规划，在科学论证的基础上，确立“保护性开发”大方向，开发建设的巨淀湖风景区、海洋湿地休闲度假中心、环双王城水库生态开发区域、林海生态博览园4大重点景区。其中，巨淀湖风景区总规划面积2万亩，突出原生态特色，投资500万元对马保三故居、牛头镇抗日武装起义纪念碑进行修缮，扩建巨淀湖广场，新建汉文化公园、湿地文化长廊和精彩世界游乐场、动物园等项目，将党性教育、爱国主义教育、革命传统教育、国防教育和生态旅游开发融为一体，在挖掘利用地域传统文化资源的基础上，充分融进现代文化元素与手段，集中再现以生态休闲、汉武文化、湿地文化为主体的湿地大氧吧特点，2014年全面建成投入运营，并晋升为国家AAAA级景区。2013年，策划组织“水上王城”原生态之旅、自行车有氧骑行、越野车比赛等景区活动，形成海洋湿地休闲度假、洰淀湖生态旅游、环双王城水库休闲运动、林海生态博览园和西外环沿线高效生态农业集中展示区“四区一线”的生态休闲度假区。2015年，投资3亿元，建设巨淀湖游乐场、月亮湾沙滩水上运动中心等项目，预计2016年7月建成投入运营。至2015年底，景区共累计接待游客40多万人次。双王城先后成为全国“美丽乡村”试点单位、国家湿地公园、山东省首批生态旅游示范单位和休闲农业与乡村旅游示范点、山东省爱国主义教育基地、山东省国防教育基地、山东省党史教育基地。

【清洁能源】 2015年，园区利用未利用荒地、太阳能等资源，集中规划5000亩的垃圾焚烧发电、光伏太阳能新能源产业园区。潍坊景世乾双王城120兆瓦光伏电站项目，由潍坊景世乾太阳能有限公司总投资9.9亿元建设，规划面积3000亩，环评、能评、土地等手续已全部完成，并完成预制桩30兆瓦，电池板支架到场20兆瓦，安装15兆瓦，计划2016年上半年并网发电，运营后年可实现销售收入2亿元，利税4000万元。昌盛日电光伏小镇项目，由青岛昌盛日电股份有限公司投资建设，计划总投资2.94亿元，规划面积1000亩，主要建设30兆瓦光伏农业科技大棚电站，该项目能评、环评、土地预审、规划选址等手续已办理完毕，已开始展示区的施工，预计2016年建成投用，运营后年均发电量3450万度，可节约标准煤9000吨。

【农业生产】 园区在流转土地确保生态旅游项目建设的同时，着力改变寿北单一种植模式，发展生态观光休闲农业，培育盐碱地优质特色农产品，郭井子西瓜、南木桥西红柿、巨淀湖稻米、牛头小菠菜、双王城莲藕等盐碱地农业品牌逐渐形成，与园区建立初期相比，2015年农民人均收入增加1500元。2014年，启动双王城优质自然农产品集中“上线”计划，充分依托电商发展大潮，叫响“双王城”优质农产品品牌，坚持农产品发展基地化、经营合作化，为整体品牌的打造打下基础。是年，郭井子西瓜每亩效益2000元左右，水稻亩产达1400多斤，各农作物收入大大超过种棉收益。在盐碱地品牌农业发展过程中，注重与生态旅游产业的结合，发展生态休闲观光农业，集农业、渔业、养殖业为一体，完善旅游要素，打造“一块地方一个休闲农村一处观光旅游点”，形成新的经济增长点。

【园区建设】 **园区路网建设**。建立园区后，实施道路硬化工程，实现村村通公路。2013年，随着园区路网的改善，投资100万元开通城乡公交和镇村公交，实现村村通公交，居民出行更加便捷。2015年，区域内主要路网全部完成新修或改造，新修卧甲路、李大路、巨大路等县乡道路22.6公里；新修水库北环路、吴家卧铺出村路、林海路、寇家坞村内大街、牛头景点路等乡村路9.5公里；新修改造李家坞西塌河大桥、巨大路西段小桥。

农村电气化建设。2011年，先后对辖区内16个村的变压器、低压线路、集表箱、电能表进行改造，对村内低压线路布局进行调整，电压质量进一步提高。投资1230万元，对牛头线、牛工线、寇家坞支线、卧铺线、林海线、三营线等6条10千伏配网线路进行大修改造，共新架、改造线路108.71公里，提高供电可靠性及电压质量。为方便群众用电，2014年共设置POS售电点15个，实现“十分钟购电缴费圈”。

安全生产管理。4年间，高度重视安全生产工作，每年都进行安全生产隐患大排查。2014年，成立消防队，购置消防水车和消防设施。2015年，进行安全生产隐患大排查，拆除鱼粉厂2家，关停手续到期的化工厂2家、污染严重的弹毛厂4家、扬尘灰厂1家，整改火灾隐患200余项。

美丽乡村建设。4年间，把村级“五化”（硬化、亮化、绿化、净化、美化）提升作为“美丽乡村”建设的基础性工作，实施村容村貌整治、路域治理和环境卫生综合治理，园区村庄面貌发生显著变化。2015年，投资46万元，对全区14个村实行环卫一体化托管，建设垃圾中转站1个、垃圾存放点3个，购置清运垃圾车5部，聘用保洁清扫人员93人，实现垃圾每日一清运。全区14个村已有10个村的大街小巷全部进行硬化或红砖铺设硬化。在水利设施配套方面，完成总长40公里的马塘沟、水库周边等6条河、沟、渠的疏浚工作。投资560万元，实施农村饮水安全工程，村村用上洁净卫生自来水。

【社会事业】 **教育事业**。2013年，投资700余万元完成牛头初中塑胶操场、图书实验楼建设，验楼建筑面积2770平方米。2014年，投资450万元，完成双王城牛头初中餐厅改造建设及相关内部设施的更新配套；改建牛头初中原电教院，成为爱国主义教育特色的学生艺术沙龙。2015年，投资200余万元新建卧铺小学餐厅，可满足全校635名学生就餐，计划2016年上半年建成投入使用；9月，投资800余万元新建牛头初中教学楼，建筑面积4449平方米，计划2016年秋季投入使用。2015年，园区共有中学1处，小学3处，幼儿园3处；在校中学生553人，小学学生1260人。5年间，牛头初中、中心小学、卧铺小学先后被评为寿光市教书育人先进单位，牛头初中、中心小学被评为寿光市素质教育实施先进单位、寿光市学校管理工作先进单位。2014年在全国第三届幼儿园自制玩教具比赛中，卧铺幼儿园丁美芹、于淑艳、刘延芹制作的教玩具获潍坊市一等奖第一名、省级一等奖、全国二等奖，并作为山东代表队成员到浙江温州参赛。2015年11月双王城生态经济园区被评为潍坊市普及学前教育工作先进镇街。

卫生事业。以满足群众医疗保健需求，提高健康水平为目标，进一步加强医疗卫生事业建设。2014年，投资100万元，新建牛头社区卫生室。2015年，投资180万元新建寇家坞社区卫生室。投资16万元，对李家坞村、北木桥村、南木桥村、卧铺村、郭井子村卫生室进行高标准改造，并为各卫生室发放取暖补贴，全区医疗条件和卫生条件进一步提升。全区共建有卫生所6处，拥有乡村医生22人。

2011—2015年双王城生态经济园区主要经济指标统计表

表14 单位：亿元

年份	地区生产总值		固定资产投资		地方财政收入	
	共计	增长%	共计	增长%	共计	增长%
2012	—	—	1.6596	—	—	—
2013	4.2650	17.3	6.1949	273.3	0.1173	—
2014	5.0628	9.47	7.4698	20.58	0.5048	330.3
2015	5.9434	17.39	11.18686	49.76	0.6043	19.7

（董清林）

人物

2015年中共寿光市委常委

朱兰玺 男，汉族，1969年11月出生，潍坊市寒亭区人，硕士研究生学历，中共寿光市委书记。1992年7月参加工作，1992年6月加入中国共产党。1992年7月至1994年10月任临朐县临朐镇团委副书记、镇政府文书；1994年10月至1997年4月任奎文区委组织部干事、办公室副主任、办公室主任；1997年4月至1999年1月任奎文区人大副秘书长、办公室副主任；1999年1月至2000年8月任奎文区廿里堡街道党工委副书记、街道办主任；2000年8月至2002年12月任潍城区政府党组成员、区长助理（其间：2001年3月至7月参加潍坊市委党校中青年干部培训班学习；2001年9月至12月参加潍坊市首批青年干部赴德国培训班学习）；2002年12月至2006年5月任寿光市委常委、宣传部部长；2006年5月至12月任寿光市委常委、组织部部长；2006年12月至2009年4月任寿光市委常委、市政府副市长；2009年4月至2009年7月任寿光市委副书记、市政府代市长；2009年7月至2014年2月任寿光市委副书记、市政府市长；2014年2月至今任中共寿光市委书记、市委党校校长。

赵绪春 男，汉族，1969年4月出生，潍坊市昌乐县人，硕士研究生学历，中共寿光市委副书记、市政府市长。1987年7月参加工作，1990年3月加入中国共产党。1987年7月至1989年2月任昌乐县实验小学教师；1989年2月至11月任昌乐县教育局办公室秘书；1989年11月至1994年7月任昌乐县委办公室秘书；1994年7月至1996年1月任昌乐县委办公室综合科副科长；1996年1月至1997年3月任昌乐县委办公室综合科科长；1997年3月至1998年8月任昌乐县包庄乡党委副书记、乡长；1998年8月至11月任昌乐县委组织部主任科员；1998年11月至2000年9月任昌乐县委组织部副部长（正科级）；2000年9月至2002年1月任昌乐县北岩镇党委书记；2002年1月至12月任昌乐县北岩镇党委书记、人大主席；2002年12月至2006年12月任青州市委常委、组织部部长；2006年12月至2007年1月任临朐县委常委；2007年1月至2010年1月任临朐县委常委、副县长；2010年1月至2011年11月任临朐县委副书记；2011年11月至12月任寿光市委副书记；2011年12月至2014年3任寿光市委副书记、政法委书记；2014年3月至今任寿光市委副书记、市政府市长。

邱 旺 男，汉族，1973年10月出生，潍坊市诸城市人，中共党员，硕士研究生学历，中共寿光市委副书记，山东省第九届政协委员，潍坊市第八届政协委员、界别召集人。1993年9月至1997年7月，在曲阜师范大学学习，任系学生会主席；1997年7月至2000年8月，选调到诸城市辛兴镇任党委秘书、工作片长、党委组织委员；2000年8月至2001年5月，任高密市政府党组成员、市长助理；2001年5月至2007年10月，任共青团潍坊市委副书记（其中：2003年10月至2004年12月在团市委书记赴美培训学习期间主持团市委工作）；2007年10月至2009年1月，任昌乐县委常委、宣传部长；2009年1月至2011年11月，任昌乐县委常委、县委秘书长、县委办公室主任；2011年11月至2014年3月，任昌乐县委常委、常务副县长；2014年3月至今任寿光市委副书记。

李宝华 男，汉族，1962年10月出生，寿光市田柳镇人，大学学历，寿光市委常委、市政府副市长、党组副书记。1981年12月参加工作，1984年6月加入中国共产党。1981年12月至1982年6月在寿光县园艺场工作；1982年6月至1983年1月任寿光县农业局办事员；1983年1月至1988年3月任寿光县物价局办事员（其间：1985年9月至1987年6月在中共潍坊市委党校脱产学习）；1988年3月至4月任寿光县物价局科员；1988年4月至1990年2月任寿光县经协办副主任；1990年2月至1993年2月任寿光县统计局副局长、党组成员；1993年2月至1994年3月任寿光县（市）统计局副局长、党组成员兼市政府驻大连办事处副主任；1994年3月至1996年3月任寿光市政府驻大连办事处副主任；1996年3月至8月任寿光市政府驻大连办事处主任；1996年8月至1999年1月任寿光市留吕镇党委副书记、镇长；1999年1月至2000年9月任寿光市东埠乡党委书记（其间：1997年9月至2000年1月在中共山东省委党校经济管理专业在职学习）；2000年9月至2001年12月任寿光市纪台镇党委书记；2001年12月至2002年7月任寿光市纪台镇党委书记、人大主席；2002年7月至2004年1月任寿光市政府党组成员、秘书长、办公室主任；2004

年1月至2006年12月任寿光市政府党组成员、市长助理、秘书长、办公室主任；2006年12月至2007年1月任寿光市政府党组成员、市长助理；2007年1月至2009年4月任寿光市委常委、秘书长；2009年4月至今任寿光市委常委、市政府副市长、党组副书记。

王惠玲 女，汉族，1966年1月出生，寿光市侯镇人，省委党校大学学历，寿光市委常委、市政府副市长。1985年4月参加工作，1986年10月加入中国共产党。1985年4月至1993年3月任寿光县侯镇经管站经管员、副站长、站长；1993年3月至1995年1月任寿光县（市）上口镇妇联主席；1995年1月到1997年8月任寿光市上口镇党委委员、妇联主席；1997年8月到1998年1月任寿光市上口镇政府副镇长；1998年1月至2000年9月任寿光市寒桥镇党委副书记、镇长；2000年9月至2001年3月任寿光市文家乡党委书记；2001年3月至12月任寿光市北洛镇党委书记；2001年12月至2003年1月任寿光市北洛镇党委书记、人大主席；2003年1月至2006年4月任寿光市政府副市长；2006年4月至5月任中共寿光市委常委；2006年5月至12月任寿光市委常委、宣传部长；2006年12月至2007年1月任寿光市委常委；2007年1月至今任寿光市委常委、市政府副市长。

徐 莹 女，汉族，1975年7月出生，潍坊市潍城区人，中共党员，省委党校研究生、公共管理硕士，寿光市委常委、组织部部长、统战部部长。1997年7月参加工作，1997年7月至1999年5月任潍坊市奎文区大虞街办党政办文书、秘书；1999年5月至2001年3月任潍坊市奎文区直机关党工委干事；2001年3月至2002年1月任共青团潍坊市奎文区委副书记、党组副书记（主持工作）；2002年1月至2006年10月任共青团潍坊市奎文区委书记、党组书记（其间：2002年9月至2004年6月在山东省委党校党政干部研究生班学习）；2006年10月至12月任副县级干部；2006年12月至2011年1月任共青团潍坊市委副书记；2011年1月至11月任潍坊市体育局副局长（其间：2009年4月至2011年6月在青岛大学公共管理专业学习，获公共管理硕士学位）；2011年11月至2015年1月任中共寿光市委常委、宣传部部长；2015年1月至7月任寿光市委常委、组织部部长；2015年7月至今任寿光市委常委、组织部部长、统战部部长。

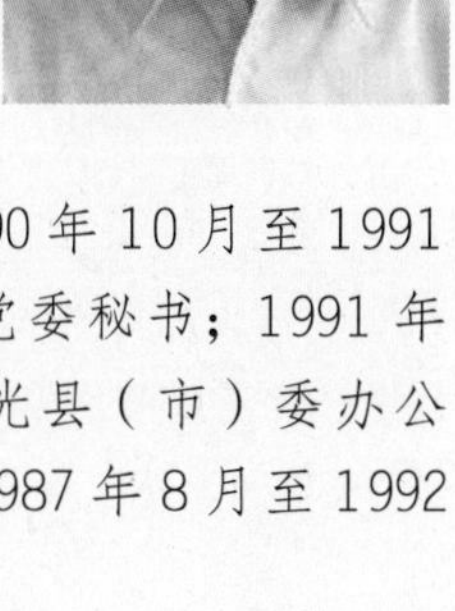

孙成华 男，汉族，1967年6月出生，寿光市洛城街道人，中共党员，寿光市委常委、滨海（羊口）经济开发区管委会主任，寿光市政法委书记。1986年7月至1990年9月任寿光县五台乡第一初中教师；1990年10月至1991年6月任寿光县五台乡党委秘书；1991年6月至1994年4月任寿光县（市）委办公室调研科秘书（其间：1987年8月至1992

年8月在山东师范大学中文专业函授在职学习）；1994年4月至1995年1月任寿光市委办公室调研科副科长；1995年1月至9月任寿光市委办公室调研科科长；1995年9月至1996年3月任寿光市委办公室副科级秘书；1996年3月至1997年3月任寿光市委研究室副主任；1997年3月至1998年3月任寿光市委办公室副主任；1998年3月至2001年3月任寿光市委副秘书长、办公室副主任科员；2001年3月至12月任寿光市委副秘书长、办公室副主任兼研究室主任；2001年12月至2002年7月任寿光市委副秘书长、保密办主任；2002年7月至2004年12月任寿光市纪台镇党委书记、人大主席；2004年12月至2006年12月任寿光市文家街道党工委书记、人大工作室主任；2006年12月至2008年1月任寿光市圣城街道党工委书记、人大工作室主任；2008年1月至7月任寿光市侯镇党委书记、人大主席、侯镇项目区管理办主任；2008年7月至2009年1月任潍坊市沿海经济开发办（油区办）副主任、寿光市侯镇党委书记、人大主席；2010年1月至2011年11月任中共寿光市委常委、市沿海经济开发办党委书记、羊口镇党委书记、人大主席；2011年11月至今任寿光市委常委、滨海（羊口）经济开发区管委会主任，寿光市政法委书记。

武治强 男，汉族，1969年1月出生，寿光市稻田镇人，省委党校大学学历，中共寿光市委常委、办公室主任。1988年9月参加工作，1990年11月加入中国共产党。1988年9月至1990年4月在寿光县职工教育办公室工作；1990年4月至1997年3月在寿光县（市）政府办公室工作；1997年3月至2001年3月任寿光市政府办公室副主任科员；2001年3月至2002年8月任寿光市政府办公室副主任、副秘书长；2002年8月至2003年6月任寿光市政府副秘书长、人防办主任；2003年6月至2004年1月任寿光市政府副秘书长（正科级）；2004年1月至12月任寿光市政府副秘书长、行政审批中心主任；2004年12月至2005年7月任寿光市卧铺乡党委书记、人大主席；2005年7月至2008年1月任寿光市营里镇党委书记、人大主席；2008年1月至2010年1月任寿光市圣城街道党工委书记、人大工作室主任；2010年1月至2011年11月任寿光市副县级干部、圣城街道党工委书记、人大工作室主任；2011年11月至12月任寿光市副县级干部；2011年12月至今任中共寿光市委常委、办公室主任。

李志平 男，汉族，1971年7月出生，山西省朔州市人，中共寿光市委常委、寿光市人民武装部政治委员。1989年3月入伍，1990年6月加入中国共产党。1989年3月至1990年9月，任26集团军77师131团1营1连战士；1990年9月至1992年7月在解放军电子技术学院学习；1992年7月至1994年7月任26集团军司令部机要处参谋；1994年7月至1995年7月任26集团军警备队副政治指导员；1995年7月至1998年9月任26集团军司令部军务装备处副连、正连职参谋；

1998年10月至2008年7月任26集团军司令部军务处正连职、副营职、正营职、副团职参谋；2008年7月至2011年3月任26集团军司令部军务处副处长；2011年3月至2013年3月任山东省聊城市东昌府区人武部部长；2013年3月至今任中共寿光市委常委、寿光市人民武装部政治委员。

侯法强 男，汉族，1975年6月出生，潍坊市临朐县人，研究生学历，农学硕士，中共寿光市委常委、纪委书记。1997年12月加入中国共产党，2001年7月参加工作。1994年9月至2001年7月在山东农业大学学习；2001年7月至2003年1月任临朐县杨善镇党委副书记；2003年1月至2005年3月任共青团临朐县委书记、党组书记；2005年3月至2006年10月任临朐县大关镇党委副书记、镇长；2006年10月至12月任副县级干部人选；2006年12月至2009年12月任安丘市委常委、秘书长；2009年12月至2014年3月任安丘市委常委、办公室主任；2014年3月至今任中共寿光市委常委、纪委书记。

高 翔 男，汉族，1973年2月出生，甘肃省兰州市人，祖籍河南省长葛市，1991年加入中国共产党，中共寿光市委常委、市政府副市长（挂职）。1992年9月至1996年7月在北京大学技术物理系学习，1994年通过参加北大攻读双学位资格考试，同时就读于北京大学知识产权学院（法律系），1996年获得美国杜邦奖学金；1997年8月至2001年7月在国务院机关事务管理局体改司工作；2001年7月至2013年12月在中共中央对外联络部研究室新闻宣传处工作，先后任副处长、处长；2013年12月至2014年9月任中联部《当代世界》杂志社副社长；2014年9月至今任中共寿光市委常委、副市长（挂职）。

袁世俊 男，汉族，1967年12月出生，潍坊市寒亭区人，大学学历，中共寿光市委常委、宣传部部长、市总工会主席。1987年7月至1991至8月任寿光一中教师（其间：1988年8月至1991年7月在潍坊教育学院政史专业在职学习）；1991年8月至1993年5月任寿光县政府办公室办事员；1993年5月至1995年12月任寿光县（市）政府办公室秘书；1995年12月至1998年1月任寿光市胡营乡副乡长；1998年1月至2001年3月任寿光市寒桥镇党委委员、纪委书记；2001年3月至2003年1月任寿光市洛城镇党委副书记；2003年1月至9月任寿光市洛城镇党委副书记、镇长；2003年9月至2006年1月任寿光市洛城街道党工委副书记、办事处主任（其间：2001年9月至2003年12月在中共山东省委党校法律专业在职学习）；2006年1月至2008年1月任寿光市孙家集街道党工委书记、人大工作室主任；2008年1月至2009年4月任寿光市营里镇党委书记、人大主席；2009年4月至2011年11月任寿光市沿海经济开发办公室主任、营里镇党委

书记、人大主席；2011年11月至2012年1月任寿光市政府党组成员、寿光市沿海经济开发办公室主任；2012年1月至2015年1月任寿光市政府副市长、党组成员；2015年1月至4月任中共寿光市委常委、宣传部部长；2015年4月至今任中共寿光市委常委、宣传部部长、市总工会主席。

2015年寿光市人大常委会领导成员

杨德峰 男，汉族，1958年6月出生，寿光市营里镇人，省委党校大学学历，寿光市人大常委会主任、党组书记。1976年12月至1978年12月任寿光县农业学大寨工作队队员（计算连续工龄）；1978年12月至1984年4月先后任寿光县古城公社团委副书记、党委宣传委员，上口公社党委组织委员；1984年4月至1986年10月任寿光县上口镇党委副书记；1986年10月至1989年2月任寿光县岔河乡党委副书记、乡长；1989年2月至1993年6月先后任寿光县留吕乡、羊角沟镇党委书记；1993年6月至11月任寿光市政府党组成员、市长助理，市农委主任、党组书记；1993年11月至1994年6月任寿光市政府党组成员、市长助理，农委主任、党工委书记；1994年6月至1995年1月任寿光市外向型工业加工区管委会主任、党委副书记（主持张建桥乡工作）；1995年1月至1998年1月任寿光市外向型工业加工区管委会主任、党委书记、张建桥乡党委书记；1998年1月至2001年2月任寿光市政府副市长、党组成员；2001年2月至2003年1月任中共寿光市委常委、市政府副市长、党组副书记；2003年1月至2006年12月任寿光市委副书记；2006年12月至2007年1月任寿光市人大常委会党组书记、潍坊市委提名寿光市人大常委会副主任；2007年1月至12月任寿光市人大常委会党组书记、副主任；2007年12月至2012年8月任寿光市人大常委会党组书记、第一副主任；2012年8月至今任寿光市人大常委会主任、党组书记。

林立星 男，汉族，1962年5月出生，寿光市古城街道人，省委党校大学学历，寿光市人大常委会副主任、党组成员。1979年9月至1981年7月在昌潍教师进修学院中文专业学习；1981年7月至1988年7月任寿光县十三中教师，团总支书记；1988年7月至1990年10月任寿光县技工学校团委书记，政工科副科长、科长；1990年10月至1992年12月任寿光县委组织员办公室组织员；1992年12月至1994年3月任寿光县（市）委组织部组织科副科长；1994年3月至1995年9月任寿光市委组织部电教中心副主任；1995年9月至1996年6月任寿光市委副科级组织员、组织部电教中心副主任；1996年6月至1998年3月任寿光市委副科级组织员、组织部组织员办公室主任；1998年3月至1999年1月任寿光市委党校副校长；1999年1月至2001年2月任寿光镇党委副书记、

镇长；2001年2月至2003年3月任寿光市委组织部副部长（正科级）；2003年3月至2004年1月任寿光市委组织部常务副部长（正科级）；2004年1月至2006年12月任寿光市圣城街道党工委书记、人大工作室主任；2006年12月至2007年3月任寿光市政府党组成员、市长助理；2007年3月至2009年4月任寿光市政府副市长、党组成员；2009年4月至12月任中共寿光市委常委、秘书长；2009年12月至2011年12月任寿光市委常委、办公室主任；2011年12月至2012年1月任寿光市人大常委会党组书记；2012年1月至2014年10月任寿光市人大常委会党组书记、副主任；2014年10月至今任寿光市人大常委会副主任、党组成员。

李昌武 男，汉族，1963年4月出生，寿光市洛城街道人，大学学历，寿光市人大常委会副主任、潍坊科技学院院长。1980年4月至1983年8月任寿光县洛城中心联中教师，寒桥公社教育团总支书记；1983年8月至1985年7月任潍坊教育学院政史系政治班学员；1985年7月至1989年8月任寿光第一农技中学、寿光三中教师；1989年8月至1991年3月任寿光三中教导副主任、中学二级教师；1991年3月至1993年8月任寿光三中副校长、中学二级教师；1993年8月至1996年12月任寿光三中(寿光中学)副校长、中学一级教师；1996年12月至1998年3月任寿光中学副校长、中学高级教师；1998年3月至1999年12月任寿光市实验中学副校长、中学高级教师；1999年12月至2001年8月任寿光一中副校长、中学高级教师；2001年8月至12月任寿光市教委副主任(正科级)；2001年12月至2003年1月任寿光市教育局副局长（正科级）；2003年1月至9月任寿光市人大常委会副主任、教育局副局长；2003年9月至2004年8月任寿光市人大常委会副主任、寿光一中副校长；2004年8月至2010年8月任寿光市人大常委会副主任、现代中学校长；2010年8月至今任寿光市人大常委会副主任、潍坊科技学院院长。

毛德荣 男，汉族，1960年12月出生，山东省莱州市人，省委党校大学学历，寿光市人大常委会党组副书记。1977年8月至1978年12月为寿光县纪台公社孟家村下乡知青；1978年12月至1984年9月任寿光县财政局办事员；1984年9月至1986年7月在潍坊市委党校党政干部大专班学习；1986年7月至1988年6月先后任寿光县财政局办事员、副股长；1988年6月至1989年4月任寿光县财政局股长；1989年4月至1990年11月任寿光县财政局企业财务科科长（副科级)；1990年11月至1995年1月任寿光县（市）财政局副局长、党组成员；1995年1月至2000年9月任寿光市财政局副局长、党组成员、国资局局长（其间：1994年9月至1996年12月在省委党校经济管理专业在职学习）；2000年9月至2002年9月任寿光市财政局局长、党组书记；2002年9月至2004年1月任寿光市财政局局长、党组书记、寿光现代中学党委书记；2004年1月至

2006年12月任寿光市政府党组成员、市长助理，财政局局长、党组书记，潍坊市小清河管理处党支部书记；2006年12月至2007年1月任寿光市政府党组成员、市长助理，财政局局长，潍坊市小清河管理处党支部书记；2007年1月至12月任寿光市政府副市长、党组成员；2007年12月至2008年1月任寿光市政府党组成员（副县级）；2008年1月至2月任寿光市政府党组副书记（副县级）；2008年2月至4月提名寿光市政府副市长；2008年4月至2011年10月任寿光市政府副市长、党组副书记；2011年10月至2012年1月任寿光市政府副市长、党组副书记，工商联主席；2012年1月至9月任寿光市政府党组副书记、工商联主席；2012年9月至2013年2月任寿光市政府党组副书记；2013年2月至今任寿光市人大常委会党组副书记。

桑文军 男，汉族，1960年11月出生，寿光市古城街道人，省委党校大学学历，中共党员，寿光市人大常委会党组副书记。。1979年9月至1981年7月在昌潍农校农学专业学习；1981年7月至1984年5月任寿光县纪台乡农技站技术员；1984年5月至1985年7月任寿光县纪台乡团委副书记；1985年7月至1986年7月任寿光县纪台乡团委书记；1986年7月至1990年5月任寿光县东埠乡党委宣传委员；1990年5月至1991年3月任寿光县五台乡党委委员、人武部长；1991年3月至1992年12月任寿光县五台乡副乡长；1992年12月至1998年1月任寿光县（市）五台乡党委副书记（其间：1993年9月至1996年7月在山东省农业管理干部学院农技推广专业在职学习）；1998年1月至1999年1月任寿光市洛城镇党委副书记、镇长；1999年1月至2001年3月任寿光市马店乡党委副书记、乡长；（其间：1997年9月至1999年12月在省委党校经济管理专业在职学习）；2001年3月至12月任寿光市文家街道党工委书记；2001年12月至2004年12月任寿光市文家街道党工委书记、人大工作室主任；2004年12月至2007年9月任寿光市侯镇党委书记、人大主席；2007年9月至2008年1月任潍坊市沿海经济开发办（油区工作办）副主任，寿光市侯镇党委书记、人大主席，侯镇项目区管理办主任；2008年1月至7月任潍坊市沿海经济开发办（油区工作办）副主任、寿光市发展和改革局局长；2008年7月至2009年4月任寿光市发展和改革局局长（副县级）；2009年4月至5月任寿光市政府副市长、党组成员，发展和改革局局长；2009年5月至2011年12月任寿光市政府副市长、党组成员；2011年12月至2012年1月任寿光市政府副市长、党组副书记；2012年1月至2013年2月任寿光市政府党组副书记；2013年2月至今任寿光市人大常委会党组副书记。

房师平 男，汉族，1959年9月出生，寿光市纪台镇人，硕士研究生学历，中共党员，寿光市人大常委会党组副书记。1978年12月至1981年11月在部队服役；1981年11月至1982年2月在寿光县前杨供销社工作；

1982年2月至1986年3月任寿光县前杨公社（孙家集镇）人武部干事；1986年3月至1987年5月任寿光县文家乡人武部副部长；1987年5月至1990年2月任寿光县文家乡党委委员、人武部长；1990年2月至1991年3月任寿光县文家乡副乡长；1991年3月至1992年12月任寿光县文家乡党委副书记；1992年12月至1995年12月任寿光县（市）文家乡党委副书记、乡长；1995年12月至2000年9月任寿光市胡营乡党委书记；2000年9月至2001年12月任寿光市孙家集镇党委书记；2001年12月至2003年1月任寿光市孙家集镇党委书记、人大主席；2003年1月至2006年12月任寿光市交通局局长、党委书记；2006年12月至2009年1月任寿光市政府党组成员、市长助理，交通局局长、党委书记；2009年1月至12月任寿光市政府党组成员，市交通局局长、党委书记，市生态林场党支部书记；2009年12月至2010年1月任寿光市政府党组成员，市交通局局长，市生态林场党支部书记；2010年1月至2012年1月任寿光市人大常委会副主任、党组成员；2012年1月至8月任寿光市人大常委会党组副书记；2012年8月至今任寿光市人大常委会副主任、党组成员。

郑建民 男，汉族，1964年10月出生，山东省临朐县人，中央党校大学学历，中共党员，寿光市人大常委会副主任、党组成员。1981年10月至1984年8月任炮12师15团指挥连战士，班长；1984年8月至1986年7月在济南陆军学院通信指挥专业学习；1986年7月至11月任炮12师15团指挥连排长；1986年11月至1989年1月任67军炮兵旅通信连技术员；1989年1月至1998年10月先后任67军炮兵旅通信科参谋、副科长、科长；1998年10月至2004年1月任潍坊军分区司令部作训科科长；2004年1月至2006年1月任寿光市人武部部长；2006年1月至4月任寿光市人武部政委；2006年4月至2010年4月任中共寿光市委常委、人武部政委；2010年4月至8月任寿光市委常委；2010年8月至11月提名寿光市人大常委会副主任；2010年11月至2011年1月提名寿光市人大常委会副主任、党组成员；2011年1月至今任寿光市人大常委会副主任、党组成员。

傅小妹 女，汉族，1963年6月出生，寿光市圣城街道人，大学学历，中共党员，寿光市人大常委会副主任、党组成员。1983年12月至1998年3月任寿光县（市）物价检查所办事员，科员；1998年3月至2001年8月任寿光市物价检查所所长；2001年8月至2004年1月任寿光市物价局副局长、党组成员；2004年1月至2006年7月任寿光市人事局副局长、党组成员，人才市场管理办党支部书记；2006年7月至2009年1月任寿光市人事局副局长、党组成员、编委办主任；2009年1月至2011年1月任寿光市司法局局长、党组书记；2011年1月至12月任寿光市人力资源和社会保障局局长；2011年12月至2012年1月任寿光市人大常委会党组成员；2012年1月至今任寿光市人大常委会副主

任、党组成员。

韩文国 男，汉族，1963年7月出生，寿光市稻田镇人，省委党校研究生学历，寿光市人大常委会党组成员。1981年12月至1983年8月任寿光县田马供销社文书；1983年8月至1985年8月任寿光县政府招待所接待科科长；1985年8月至1989年4月任寿光县政府招待所副所长（其间：1986年9月至1988年7月在潍坊市委党校党政干部大专班学习）；1989年4月至1992年12月任寿光县政府招待所副所长（副科级）；1992年12月至1995年7月任共青团寿光县（市）委书记、党组书记；1995年7月至1998年1月任寿光市孙家集镇党委副书记、镇长；1998年1月至2001年12月任寿光市洛城镇党委书记；2001年12月至2003年1月任寿光市洛城镇党委书记、人大主席；2003年1月至2004年1月任寿光市建设局党委书记、局长；2004年1月至2006年12月任寿光市政府党组成员、市长助理，建设局党委书记、局长；2006年12月至2007年9月任寿光市政府党组成员、市长助理，建设局党委书记、局长，机械林场党委副书记；2007年9月至2009年1月任寿光市政府党组成员、市长助理，建设局党委书记、局长，机械林场党委书记；2009年1月至2010年2月任寿光市政府党组成员，建设局党委书记、局长，机械林场党委书记；2010年2月至2011年12月任寿光市政府党组成员，建设局局长，机械林场党委书记；2011年12月至2012年1月任寿光市建设局局长，机械林场党委书记；2012年1月至2012年4月任寿光市人大常委会党组副书记，寿光市机械林场党委书记；2012年4月至2014年10 月任寿光市人大常委会党组副书记；2014年10月至今任寿光市人大常委会党组成员。

高立华 男，汉族，1969年3月出生，山东省诸城市人，省业余大学学历，中共党员，寿光市人大常委会党组成员。1988年9月至1990年7月在青岛大学管理系工业企业管理专业学习；1990年7月至1992年8月任诸城市贾悦镇党委干事；1992年8月至1995年11月任诸城市人武部政工科干事；1995年11月至1996年4月任诸城市人武部政工科副科级干事；1996年4月至1998年1月任诸城市人武部政工科副科长；1998年1月至1999年2月任诸城市人武部政工科科长；1999年2月至2002年1月任潍坊军分区政治部宣传保卫科正营职干事；2002年1月至2004年12月任潍坊军分区政治部宣传保卫科科长（其间：2001年3月至2003年3月在南京政治学院研究生课程进修班马克思主义理论与思想政治教育专业学习）；2004年12月至2006年1月任潍坊军分区政治部副团职干事；2006年1月至3月任沂南县人武部政委；2006年3月至2008年1月任沂南县委常委、人武部政委；2008年1月至2010年4月任寿光市人武部部长；2010年4月至8月任寿光市人武部政委；2010年8月至2013年5月任中共寿光市委常委、人武部政委；2013年5月至11月转业待安置；

2013年11月至12月任寿光市副县级干部；2013年12月至2014年12月任寿光市副县级干部、市人大常委会党组成员；2014年12至今任寿光市人大常委会党组成员（保留副县级）。

2015年寿光市人民政府市长、副市长

赵绪春　寿光市人民政府市长（见中共寿光市委常委）。

李宝华　寿光市人民政府副市长（见中共寿光市委常委）。

王慧玲　寿光市人民政府副市长（见中共寿光市委常委）。

高　翔　寿光市人民政府副市长（见中共寿光市委常委）。

刘广斌　男，汉族，1976年10月出生，潍坊市昌乐县人，研究生学历，寿光市政府副市长。2003年7月参加工作，2003年7月至2006年9月任潍坊市教育局副主任科员；2006年9月至2010年12月任潍坊市教育局基础教育科科长（其间:2007年4月至2010年6月援藏挂职南木林县教育局局长）；2010年12月至2011年11月任潍坊市教育局高等教育科科长；2011年12月至今任寿光市政府副市长。

王安文　男，汉族，1966年3月出生，寿光市化龙镇人，大学学历，寿光市政府副市长。1984年10月参加工作，1987年3月加入中国共产党。1984年10月至1985年12月任孙集镇政府生产干事；1985年12月至1992年12月任胡营乡政府生产干事；1992年12月至1996年11月任纪台乡党委宣传委员；1996年11月至1997年5月任寿光市纪台乡计生办主任；1997年5月至1999年1月任洛城镇计生办主任；1999年1月至2001年3月任洛城镇副镇长；2001年3月至12月任上口镇党委副书记；2001年12月至2003年1月任上口镇党委副书记、纪委书记；2003年1月至2004年1月任寿光经济开发区管委会副主任；2004年1月至2006年12月任寿光市文家街道党工委副书记、街办主任；2006年12月至2007年8月任留吕镇党委书记、人大主席；2007年8月至2008年1月在寿光市委组织部工作；2008年1月至2009年1 月任田柳镇党委书记、人大主席；2009年1月至2011年11月任洛城街道党工委书记、人大工作室主任；2011年11月至2012年1月任寿光市政府党组成员；2012年1月至今任寿光市政府副市长。

宋执湖　男，汉族，1967年2月出生，潍坊市青州市人，省委党校研究生学历，

中共党员，寿光市政府副市长。1985年7月至1986年11月任青州市莲花盆乡初中教师；1986年11月至2000年2月先后任青州市委组织部干事、办公室副主任、知工科科长、副科级组织员、组织科科长；2000年2月至2002年1月任青州市东坝镇党委副书记；2002年1月至2006年12月任青州市郑母镇党委副书记、镇长；2006年12月至2007年10月任青州市朱良镇党委书记、人大主席；2007年10月至2011年11月任青州市安全生产监督管理局局长、党组书记；2011年11月至2012年4月任青州经济开发区党工委副书记、人大工作室主任；2012年4月至2014年9月任青州经济开发区党工委书记、人大工作室主任；2014年9月至2015年1月任青州经济开发区党工委书记、管委会主任、人大工作室主任；2015年1月至今任寿光市人民政府副市长。

刘建东 男，汉族，1966年5月出生，山东潍坊高密人，大学学历，硕士学位，中共党员，寿光市人民政府副市长，公安局党委书记、局长、督察长。1982年12月参加工作。1982年12月至1984年9月在潍坊市棉纺织厂工作；1984年9月至1987年4月任潍坊市交通监理站监理员；1987年4月至1993年7月任潍坊市公安局潍城分局办事员；1993年7月至1994年7月任潍坊市公安局潍城分局科员；1994年7月至1995年10月任潍坊市公安局交通警察支队奎文大队事故股科员；1995年10月至1997年7月任潍坊市公安局交通警察支队事故科科员；1997年7月至1999年5月任潍坊市公安局交通警察支队事故科副科长；1999年5月至2006年3月任潍坊市公安局交通警察支队事故科科长；2006年3月至2008年5月任潍坊市公安局交通警察支队奎文大队大队长；2008年5月至2010年9月任潍坊市公安局车辆管理所所长；2010年9月至2011年11月任潍坊市公安局峡山生态经济发展区分局政委；2011年11月至2013年12月任潍坊市公安局峡山生态经济发展区分局政委、党委副书记；2013年12月至2015年7月任潍坊市公安局技术侦查支队支队长；2015年7月至今任寿光市人民政府副市长、公安局党委书记、局长、督察长。

2015年寿光市政协常委会领导成员

方新启 男，汉族，1961年7月出生，山东省荣成市人，中共党员，大学学历，寿光市政协主席、党组书记。1979年9月至1981年7月在昌潍师专中文专业学习；1981年7月至1982年12月任寿光镇西关联中职员；1982年12月至1984年10月任寿光县计委农业计划员，秘书；1984年10月至1989年4月任寿光

县委组织部干事；1989年4月至1992年3月任寿光县委组织部组织科科长；1992年3月至1995年12月任寿光县（市）土地管理局副局长（其间：1992年3月至1993年11月挂职陕西省甘泉县政府办公室副主任）；1995年12月至1998年1月任寿光市广陵乡党委副书记、乡长（其间:1995年9月至1997年12月在省委党校经济管理专业在职学习）；1998年1月至1999年1月任寿光市广陵乡党委书记；1999年1月至2001年2月任寿光市田柳镇党委书记；2001年2月至2001年12月任寿光市政府党组成员、秘书长、办公室主任；2001年12月至2002年7月任寿光市政府党组成员、市长助理、秘书长、办公室主任；2002年7月至2007年1月任寿光市政府副市长、党组成员（其间：2002年7月至2005年7月援疆任英吉沙县副县长）；2007年1月至2008年1月任寿光市委常委、政法委书记；2008年1月至2011年12月任中共寿光市委常委、政法委书记、市维护稳定工作领导小组办公室主任；2011年12月至2014年2月任寿光市政协党组书记；2014年2月至今任寿光市政协主席、党组书记。

刘建安　男，汉族，1962年8月出生，寿光市上口镇人，大学学历，学士学位，寿光市政协副主席。1980年12月至1989年10月任寿光县广播局编辑部编辑（其间：

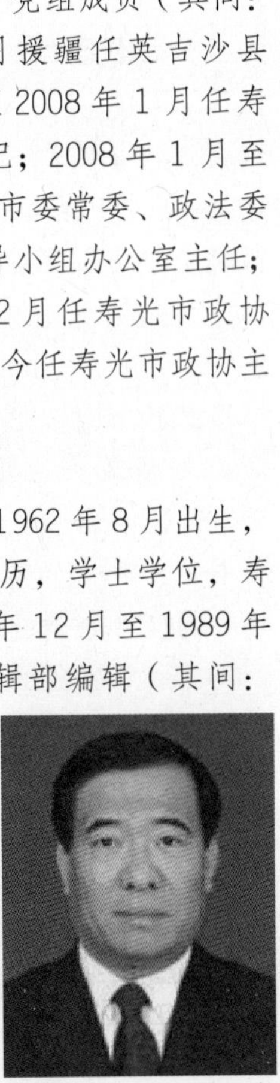

1984年8月至1987年6月在中国人民大学函授学院新闻专业大专班学习；1987年8月至1989年6月在中国人民大学函授学院新闻专业本科班在职学习，获法学学士学位）；1989年10月至1994年3月任寿光县（市）政府办公室秘书，秘书科副科长；1994年3月至1998年3月任寿光市政府办公室副科级秘书、秘书科科长；1998年3月至1999年7月任寿光市监察局副局长；1999年7月至2007年12月任寿光市政府副市长；2007年12月至今任寿光市政协副主席。

袁昌彪　男，汉族，1958年1月出生，潍坊市滨海经济开发区人，大学学历，寿光市政协副主席。1975年8月至1978年10月任寿光县羊口盐场商店会计(计算连续工龄)；

1978年10月至1982年7月在北镇医学院医疗专业学习；1982年7月至1983年11月任寿光县田柳医院医师；1983年11月至2001年8月任寿光市人民医院神经外科医生、副主任、主任；2001年8月至2003年1月任寿光市人民医院副院长；2003年1月至2011年3月任寿光市政协副主席、市人民医院副院长；2011年3月至今任寿光市政协副主席。

丁世波　男，汉族，1962年12月出生，寿光市洛城街道人，中央党校大学学历，寿光市政协副主席、党组成员。1980年11月参加工作，1984年12月加入中国共产党。

1980年11月至1982年9月任南京军区60军后勤部船队战士；1982年9月至1984年7月在陆军船艇技术学校航海专

业学习；1984年7月至1986年9月任江苏省军区后勤部船队副船长；1986年9月至1987年11月在解放军后勤学院后勤参谋专业学习；1987年11月至1989年6月任江苏省军区后勤部船队副连职机电长；1989年6月至1990年3月任江苏省军区后勤部民兵装备仓库组织计划处正连职参谋；1990年3月至6月任坦克第29团司令部通信股正连职参谋；1990年6月至10月任坦克第29团司令部作训股正连职参谋；1990年10月至1992年6月任坦克第8师后勤部战勤科正连职参谋；1992年6月至1994年12月任坦克第8师后勤部战勤科副营职参谋；1994年12月至1995年6月任坦克第8师后勤部油供站正营职站长；1995年6月至1997年1月任坦克第8师31团后勤处处长；1997年1月至1998年10月任坦克第8师后勤部战勤科科长；1998年10月至2000年10月任装甲第8师后勤部战勤科科长；2000年10月至2002年3月任装甲第8师后勤部副部长；2002年3月至2003年1月任山东省潍坊市奎文区人武部副部长；2003年1月至2005年1月任河南省黄泛区农场人武部部长；2005年1月至2006年1月任山东省费县人武部部长；2006年1月至2009年9月任山东省昌乐县人武部部长；2009年9月至11月任寿光市政协副主席候选人；2009年11月至2010年1月任寿光市政协党组成员、副主席候选人；2010年1月至今任寿光市政协副主席、党组成员。

崔建军 男，汉族，1963年2月出生，寿光市纪台镇人，省委党校大学学历，寿光市政协副主席、党组成员。1980年12月参加工作，1984年3月加入中国共产党。1979年3月至1980年12月在昌潍农校桑蚕专业学习；1980年12月至1984年6月在山东省邹平县林业局工作；1984年6月至1984年12月在寿光县直机关党委工作；1984年12月至1990年2月任寿光县直机关团委书记；1990年2月至5月任寿光县杨庄乡副乡长；1990年5月至1992年12月任寿光县杨庄乡副乡长、科委主任；1992年12月至1995年1月任寿光县（市）胡营乡副乡长；1995年1月至12月任寿光市胡营乡党委副书记；1995年12月至2001年3月任寿光市寿光镇党委副书记；2001年3月至2003年1月任寿光市圣城街道党工委副书记；2003年1月至9月任圣城街道党工委副书记、街办主任；2003年9月至2004年1月任寿光市古城街道党工委副书记、街办主任；2004年1月至12月任寿光市外经贸局局长、党组书记、招商办主任；2004年12月至2007年10月任寿光市洛城街道党工委书记、人大工作室主任；2007年10月至2009年1月任寿光市洛城街道党工委书记、人大工作室主任、寿光经济开发区管委会主任；2009年1月至2011年1月任寿光市教育局局长、党委副书记、寿光经济开发区管委会主任；2011年1月至今任寿光市政协副主席、党组成员。

寇振彦 男，汉族，1962年1月出生，寿光市圣城街道人，省委党校大学学历，寿光市政协副主席、党组成员。1981年7月参加工作，1983年12月加入中国共产党。1979年9月至1981年7月在山东省北镇农业学校农业经济专业学习；1981年7月至1984年5月任山东掖县南十里公社经管

站负责人；1984年5月至1985年9月在寿光县人事局工作；1985年9月至1987年6月在潍坊市委党校党政干部专修科学习；1987年6月至1993年12月任寿光县（市）人事局科员，干部调配科科长（其间：1987年9月至1990年9月在山东经济学院经济管理专业在职学习）；1993年12月至1995年9月任寿光市委组织部干部科副科长、干训科科长；1995年9月至2001年12月任寿光市委副科级组织员、组织部干训科科长、干部科科长（其间：1994年9月至1996年12月在省委党校经济管理专业在职学习）；2001年12月至2003年3月任寿光市委组织部副部长；2003年3月至2004年12月任寿光市委组织部副部长、组织员办公室主任；2004年12月至2006年6月任寿光市委组织部副部长（正科级）；2006年6月至2009年1月任寿光市委组织部常务副部长（正科级）；2009年1月至11月任寿光市委组织部副部长、市人事局局长、党组书记；2009年11月至2010年2月任寿光市委组织部副部长、市人事局局长、党组书记、山东农业科技人才服务中心主任；2010年2月至2011年1月任寿光市委组织部副部长、市人力资源和社会保障局局长、党委书记、山东农业科技人才服务中心主任；2011年1月至今任寿光市政协副主席、党组成员。

刘美霞　女，汉族，1971年9月出生，寿光市孙家集街道人，研究生学历，1992年参加工作，寿光市政协副主席。1990年9月至1992年7月在山东师范大学英语专业学习；1992年7月至1993年7月任寿光县胡营初中教师；1993年7月至2002年11月任寿光市第一职业中专教师（其间：1993年8月至1996年7月在青岛海洋大学英语专业在职学习；2000年8月至2002年8月在曲阜师范大学英语研究生班在职学习）；2002年11月至2003年9月在中国（寿光）国际蔬菜科技博览会组委会办公室工作；2003年9月至2004年8月任中国（寿光）国际蔬菜科技博览会组委会招商部副部长；2004年8月至2006年6月任中国（寿光）国际蔬菜科技博览会组委会办公室副主任；2006年6月至2011年3月任潍坊科技（职业）学院副院长（正科级）；2011年3月至2012年1月任寿光市监察局副局长（正科级）；2012年1月至2013年3月任寿光市政协副主席、监察局副局长；2013年3月至今任寿光市政协副主席。

王春吉　男，汉族，1959年10月出生，潍坊市临朐县人，大学学历，寿光市政协党组副书记。1978年3月至1980年7月在昌潍农校农学专业学习；1980年7月至1981年10月任临朐县龙岗公社农技站技术员；1981年10月至1982年10月任临朐县农业局农技站技术员；1982年10月至1984年5月任临朐县石家河公社文书；1984年5月至1986年12月任临朐县杨善乡政府文书；1986年12

月至1988年7月任临朐县人民法院秘书；1988年7月至1989年5月任临朐县委办公室秘书；1989年5月至1991年8月任临朐县委政法委秘书；1991年8月至1992年9月任潍坊市委政法委调研科秘书；1992年9月至1997年3月任潍坊市委政法委调研科副科长（其间：1985年4月至1992年12月在山东大学自考法律专业在职学习）；1997年3月至6月任潍坊市委政法委调研室副主任；1997年6月至9月任潍坊市委政法委调研室主任科员；1997年9月至2001年9月任潍坊市委政法委调研室主任；2001年9月至12月任潍坊市委政法委机关党支部专职副书记；2001年12月至2011年12月任寿光市人民检察院检察长、党组书记（其间：2002年9月至2004年12月在中共山东省委党校法律专业在职学习）；2011年12月至今任寿光市政协党组副书记。

柴寿增 男，汉族，1963年7月出生，寿光市化龙镇人，研究生学历，寿光市政协党组成员。1982年7月参加工作，1986年6月加入中国共产党。1980年9月至1982年7月在昌潍师专中文专业学习；1982年7月至1983年10月任寿光县经委办事员；1983年10月至1984年4月任寿光县二轻局办事员；1984年4月至1987年8月任共青团寿光县委秘书；1987年8月至1989年8月任共青团寿光县委工农青年部部长；1989年8月至1991年3月任共青团寿光县委副书记、党组成员；1991年3月至1994年6月任寿光县（市）台头镇党委副书记；1994年6月至1997年2月任寿光市大洼镇党委副书记、镇长（其间：1995年7月至1996年12月挂职担任潍坊市开发区经济发展局企业科科长）；1997年2月至1998年1月任寿光市寒桥镇党委副书记、镇长；1998年1月至2001年2月任寿光市寒桥镇党委书记；2001年2月至12月任寿光市上口镇党委书记；2001年12月至2003年1月任 寿光市上口镇党委书记、人大主席；2003年1月至2004年1月任寿光市发展计划局局长；2004年1月至2007年10月任寿光经济开发区党工委书记、古城街道党工委书记、人大工作室主任；2007年10月至2010年8月任潍坊市委农工办副主任；2010年8月至2013年2月任寿光市政府党组成员；2013年2月至2014年3月任寿光市政协党组成员、市委统战部部长；2014年3月至今任寿光市政协党组成员。

魏广利 男，汉族，1969年8月生，安徽省砀山县人，大学学历，寿光市政协党组成员。1987年11月参加工作，1991年3月加入中国共产党。1987年11月至1990年8月先后任步兵第60师178团3连战士、第58师173团1营1连战士；1990年8月至1993年7月在济南陆军学院步兵分院指挥专业学习；1993年7月至2001年2月先后任济南陆军学院技术教研室正排职、副连职、正连职、副营职教员；2001年2月至2003年3月任济南陆军学院射击教研室讲师；2003年3月至2006年3月任济南陆军学院步兵技术教研室讲师；2006年3月至2008年12月任济南军区综合训练基地军官训练教研室教师；2008年12月至2010年3月任山东省军区教导大队办公室讲师；2010年3月至2013年3月任寿光市人民武装部部长；2013年3月至11月转业待安置；2013年11月至12月任寿光市副县级干部；2013年12月至2014年10月任寿光市副县级干部、市政协党组成员；2014年10月至12月任寿光市副县级干部、市政协党组成员、提名寿光市政协常委；2014年12月至今任寿光市政协党组成员（保留副县级）。

2015年寿光市镇街区、市直部门（单位）主要负责人

2015年寿光市镇街区、市直部门（单位）主要负责人统计表

表1

姓　名	性别	出生年月	文化程度	政治面貌	部门（单位）名称及职务	籍贯
燕黎明	男	1971.10	大学	中共党员	圣城街道党工委书记	寿城古城
张其振	男	1970.02	大学	中共党员	圣城街道党工委副书记、办事处主任	寿光羊口
王宏伟	男	1969.03	研究生	中共党员	文家街道党工委书记	寿光营里
任玉章	男	1977.02	大学	中共党员	文家街道党工委副书记、办事处主任	寿光洛城
马焕军	男	1971.10	大学	中共党员	市蔬菜高科技示范园党支部书记、洛城街道党工委书记	寿光双王城
王立新	男	1973.10	大学	中共党员	洛城街道党工委副书记、街道办事处主任	寿光孙家集
袁恩庶	男	1967.09	大学	中共党员	市经济开发区管委会主任、古城街道党工委书记	潍坊寒亭区
任光学	男	1970.11	大学	中共党员	古城街道党工委副书记、办事处主任	寿光洛城
王　帅	男	1972.12	研究生	中共党员	孙家集街道党工委书记	寿光台头
李伟东	男	1973.05	大学	中共党员	孙家集街道党工委副书记、办事处主任、政协工作室主任	寿光圣城
张　帅	男	1980.09	研究生	中共党员	稻田镇党委书记	寿光台头
宋连勋	男	1971.01	大学	中共党员	稻田镇党委副书记、镇长	寿光侯镇
李增国	男	1972.04	大学	中共党员	侯镇党委书记	寿光上口

续表

姓 名	性别	出生年月	文化程度	政治面貌	部门（单位）名称及职务	籍贯
苗光盛	男	1980.09	研究生	中共党员	侯镇党委副书记、镇长	寿光古城
庞清滨	男	1970.12	大学	中共党员	纪台镇党委书记	寿光田柳
刘玉玲	男	1975.02	大学	中共党员	纪台镇党委副书记、镇长	寿光稻田
桑海强	男	1977.10	大学	中共党员	化龙镇党委书记、人大主任	寿光文家
韩效启	男	1971.12	大学	中共党员	化龙镇党委副书记、镇长	寿光稻田
步宪群	男	1974.03	大学	中共党员	上口镇党委书记	寿光稻田
张天华	男	1973.10	大学	中共党员	上口镇党委副书记、镇长	寿光田柳
崔 欣	女	1975.07	研究生	中共党员	田柳镇党委书记	寿光圣城
苗光彬	男	1980.08	研究生	中共党员	田柳镇党委副书记、镇长	寿光古城
范福民	男	1970.10	大学	中共党员	营里镇党委书记	寿光田柳
王庆忠	男	1972.09	大学	中共党员	营里镇党委副书记、镇长	寿光孙家集
吴振山	男	1979.08	研究生	中共党员	台头镇党委书记	寿光营里
张成俊	男	1973.03	大学	中共党员	台头镇党委副书记、镇长	寿光圣城
王桂芝	女	1971.11	大学	中共党员	双王城生态经济园区党工委书记	寿光营里
孙继业	男	1975.01	大学	中共党员	双王城生态经济园区党工委副书记、管委会主任	寿光孙家集
吴广兴	男	1970.11	大学	中共党员	市滨海（羊口）经济开发区党工委副书记 羊口镇党委书记（副县级）	寿光营里
孙向前	男	1968.04	大专	中共党员	羊口镇党委副书记、镇长	寿光化龙
杨树欣	男	1963.02	大学	中共党员	市纪委副书记、监察局局长	寿光洛城
胥永利	男	1970.10	大学	中共党员	市人民武装部部长	河南确山市
刘效国	男	1965.08	大学	中共党员	市委市直机关党工委书记	寿光侯镇
孙荣新	男	1969.10	研究生	中共党员	市总工会党组书记、常务副主席	寿光营里
张 伟	男	1983.07	大学	中共党员	市共青团寿光市委书记	寿光洛城
王 霞	女	1969.8	大学	中共党员	市妇联主席、党组书记	寿光羊口

续表

姓　名	性别	出生年月	文化程度	政治面貌	部门（单位）名称及职务	籍贯
郑林海	男	1972.01	大学	中共党员	市科协主席、党组书记	寿光台头
董　强	男	1969.3	大学	中共党员	市委党校校长	寿光纪台
葛树涛	男	1970.10	大学	中共党员	市老干部局局长	寿光洛城
李义君	男	1963.03	大专	中共党员	市委统战部副部长、工商联党组书记、第一副主席	寿光文家
韩兴武	男	1964.01	大学	中共党员	市委台办主任	寿光文家
张云鹏	男	1971.06	大专	中共党员	市委、市政府督查局局长	寿光化龙
丁孝博	男	1967.08	大学	中共党员	市委、市政府信访局局长	寿光营里
张祥森	男	1971.02	大学	中共党员	市党史研究室主任	寿光文家
张洪水	男	1966.06	大学	中共党员	市档案局局长、档案馆馆长	寿光田柳
胡明奎	男	1967.08	大专	中共党员	市委、市政府接待办主任	寿光稻田
黄树忠	男	1971.01	研究生	中共党员	市委组织部副部长、机构编制委员会办公室主任	寿光羊口
孙永乐	男	1966.03	大学	中共党员	市科学技术局局长、党组书记、潍坊（寿光）农业高新技术产业示范区党支部副书记、副主任	寿光纪台
杨秀英	女	1964.09	大学	中共党员	市民政局局长、党委书记	寿光羊口
汪秀丽	女	1966.01	大学	中共党员	市人社局局长、党委书记、兼任山东农业科技人才服务中心主任	寿光台头
张继英	女	1965.04	大专	中共党员	市招商局局长	寿光上口
冯玉成	男	1963.09	大学	中共党员	市审计局局长、党组书记	寿光纪台
王　波	男	1967.09	大学	中共党员	市地震局局长	寿光田柳
韩迎祥	男	1966.10	大学	中共党员	市油区办公室主任	山东青州市
王德生	男	1965.04	大学	中共党员	市机关事务管理局局长	寿光田柳
李　勇	男	1965.10	大学	中共党员	市旅游局局长、党支部书记、弥河省级生态旅游度假区管委会主任	寿光古城
王振兴	男	1975.09	大学	中共党员	市知识产权局局长	寿光古城
寇兴志	男	1963.04	大专	中共党员	市残联理事长、党组书记	寿光圣城

续表

姓名	性别	出生年月	文化程度	政治面貌	部门（单位）名称及职务	籍贯
王利	男	1967.06	大学	中共党员	市政务服务中心主任	寿光双王城
潘广科	男	1966.09	大学	中共党员	市人民防空办公室主任	寿光稻田
张宏雨	男	1970.11	大学	中共党员	市金融工作办公室主任	寿光台头
李玉明	男	1966.12	大学	中共党员	市教育局局长、党委书记	寿光侯镇
刘乐朋	男	1966.10	大学	中共党员	市卫计局局长、党委书记	寿光田柳
张春荣	女	1970.08	研究生	中共党员	市体育局局长、党支部书记	寿光稻田
李群成	男	1972.01	大学	中共党员	市广播影视集团董事长、党委书记、广播电视台台长	寿光侯镇
李志伟	男	1967.04	大学	中共党员	山东广电网络有限公司寿光分公司经理	寿光古城
周杰三	男	1956.06	大学	中共党员	寿光日报、北方蔬菜报社长、寿光日报传媒有限公司董事长	寿光孙家集
张文升	男	1963.02	大学	中共党员	寿光市文化广电新闻出版局局长、党组书记	寿光洛城
王光才	男	1963.03	研究生	中共党员	市法院院长	山东青州市
孙炜	男	1968.01	硕士	中共党员	市检察院检察长	山东诸城市
刘建东	男	1966.	研究生	中共党员	市人民政府副市长、公安局局长、党委书记、督察长	山东高密市
王宏志	男	1967.09	大学	中共党员	市司法局局长、党组书记	寿光营里
马康生	男	1967.03	大学	中共党员	市农工办主任	寿光台头
袁义林	男	1970.01	研究生	中共党员	市水利局局长、党委书记	潍坊滨海
张茂海	男	1969.02	研究生	中共党员	市农业局局长、党委书记	寿光侯镇
陈树林	男	1963.02	大学	中共党员	市海洋与渔业局局长、党委书记	寿光洛城
韩家讯	男	1968.01	大学	中共党员	市林业局局长	寿光上口
赵洪波	男	1964.08	大学	中共党员	市畜牧兽医管理局局长、党总支书记	寿光营里
李金刚	男	1963.07	大学	中共党员	市农业机械管理局局长、党总支书记	寿光上口
白晓东	男	1970.12	大学	中共党员	市农业局党委委员、农村经济管理局局长、农民专业合作社党工委书记	寿光圣城

续表

姓　名	性别	出生年月	文化程度	政治面貌	部门（单位）名称及职务	籍贯
王启龙	男	1966.08	大学	中共党员	市蔬菜示范园管理处主任兼菜博会组委会办公室主任（副县级）	寿光化龙
王永强	男	1973.10	大学	中共党员	市气象局局长	山东临朐县
李泮德	男	1962.08	大学	中共党员	市小清河管理处主任	寿光文家
李　民	男	1963.09	大学	中共党员	山东省胶东调水工程寿光管理站主任、党总支书记	寿光田柳
张新国	男	1962.09	大学	中共党员	市生态林场管委会主任	寿光上口
李昌军	男	1960.07	大学	中共党员	市清水泊农场场长	寿光孙家集
尹国良	男	1963.08	大学	中共党员	市机械林场场长	寿光营里
韩成吉	男	1962.12	大学	中共党员	市经信局局长、党委书记	寿光洛城
张丁奇	男	1967.01	大学	中共党员	市清产办主任	寿光圣城
王学江	男	1970.11	研究生	中共党员	市安全生产监督管理局局长、党组书记	寿光营里
隋永福	男	1966.08	大学	中共党员	市盐务局局长	寿光台头
杨维田	男	1973.01	大学	中共党员	市商务局局长	寿光羊口
张中山	男	1966.04	大学	中共党员	市财政局局长、党委书记	寿光圣城
李效明	男	1965.08	大学	中共党员	潍坊市住房公积金管理中心寿光分中心主任、党支部书记	寿光上口
郭京鹏	男	1971.05	大学	中共党员	潍坊海关驻寿光办事处主任	山东沂水县
李献忠	男	1963.03	大学	中共党员	市联社党委书记、理事会主任	寿光上口
王凤山	男	1965.11	大学	中共党员	市国税局局长、党组书记	寿光羊口
李　明	男	1975.08	研究生	中共党员	市地方税务局局长、党组书记	山东高密市
王国明	男	1964.07	大学	中共党员	市烟草专卖局局长、党总支书记	山东青州市
王德亭	男	1966.08	大学	中共党员	市农产品检测中心主任	寿光孙家集
刘国明	男	1967.10	大学	中共党员	市发展和改革局局长、党委书记	寿光上口
王春海	男	1971.03	研究生	中共党员	市国土资源局局长、党委书记、市国土资源执法监察大队大队长	寿光营里

续表

姓 名	性别	出生年月	文化程度	政治面貌	部门（单位）名称及职务	籍贯
田太卿	男	1967.02	大学	中共党员	市环保局局长、党委书记	寿光田柳
卜庆华	男	1970.04	大学	中共党员	市滨海（羊口）经济开发区管委会副主任、交通运输局局长、党委书记	寿光稻田
张树强	男	1966.03	大学	中共党员	市统计局局长	寿光上口
赵奎祥	男	1963.06	大学	中共党员	市粮食局局长、党委书记	寿光孙家集
王永伟	男	1961.12	大学	中共党员	市公路局局长、党委副书记	寿光孙家集
丁世超	男	1967.08	大学	中共党员	市物价局局长、党组书记	寿光洛城
崔维川	男	1967.06	大学	中共党员	市住房和城乡建设局局长	寿光化龙
李建东	男	1967.11	研究生	中共党员	市规划局局长。	寿光羊口
姜 森	男	1962.09	大学	中共党员	市人民银行行长	山东胶州
李 靖	女	1969.03	大学	中共党员	市银监办主任	潍坊